中国人口普查
CHINA POPULATION CENSUS

2020

广东省人口普查年鉴

(第5册)

GUANGDONG POPULATION CENSUS YEARBOOK 2020

(BOOK 5)

广　　东　　省　　统　　计　　局
广东省第七次全国人口普查领导小组办公室　编

Compiled by
Guangdong Provincial Bureau of Statistics
Office of the Leading Group of Guangdong Province for the Seventh National Population Census

中国统计出版社
China Statistics Press

图书在版编目（CIP）数据

广东省人口普查年鉴. 2020. 第 5 册 / 广东省统计局，广东省第七次全国人口普查领导小组办公室编. -- 北京：中国统计出版社, 2022.9
ISBN 978-7-5037-9948-8 -5

Ⅰ. ①广… Ⅱ. ①广… ②广… Ⅲ. ①人口普查－统计资料－广东－2020－年鉴 Ⅳ. ①C924.256.5-54

中国版本图书馆 CIP 数据核字(2022)第 157085 号

广东省人口普查年鉴-2020（第 5 册）
Guangdong Population Census Yearbook 2020 (Book 5)

作　　者/国务院第七次全国人口普查领导小组办公室
责任编辑/郭　栋　佘竞雄
执行编辑/张　怡
封面设计/李雪燕
出版发行/中国统计出版社有限公司
通信地址/北京市丰台区西三环南路甲 6 号　邮政编码/100073
发行电话/邮购（010）63376909　书店（010）68783171
网　　址/http://www.zgtjcbs.com/
印　　刷/河北鑫兆源印刷有限公司
经　　销/新华书店
开　　本/880mm×1230mm　1/16
字　　数/1000 千字
印　　张/41.25
版　　别/2022 年 9 月第 1 版
版　　次/2022 年 9 月第 1 次印刷
定　　价/1680.00 元（全六册附光盘）

目　　录

第5册

第二部分　长表数据资料（续）

第三部分　跨县（市、区）流动人口（全部数据资料）

第一卷　概要

第二部分　长表数据资料

第九卷　住房

9-1　各地区按建筑层数、承重类型分的家庭户户数

单位：户

地　　区	合　计	建筑层数				承重类型				
		平房	多层(7层及以下)	高层(8-33层)	超高层(34层及以上)	钢及钢筋混凝土结构	混合结构	砖木结构	竹草土坯结　构	其他结构
广　东	**3752057**	**429646**	**2273835**	**1015231**	**33345**	**3053160**	**561669**	**125547**	**2060**	**9621**
广州市	**662251**	**20156**	**421085**	**213250**	**7760**	**594459**	**62546**	**4243**	**40**	**963**
荔湾区	38087	1410	16545	18633	1499	32670	4578	755	6	78
越秀区	34815	699	11596	21623	897	30146	4124	528	1	16
海珠区	72479	1420	38221	31775	1063	62571	9365	479		64
天河区	86336	448	52895	31488	1505	82608	3621	29	1	77
白云区	144111	2057	93858	47948	248	137675	5890	456	9	81
黄埔区	44313	741	29922	12443	1207	41963	2236	69		45
番禺区	103026	2755	83660	15680	931	95433	7091	361	5	136
花都区	53002	2732	35847	14201	222	46292	6046	398	9	257
南沙区	28197	2009	21405	4726	57	22663	5300	136	6	92
从化区	16121	1539	11005	3577		8353	7487	229	1	51
增城区	41764	4346	26131	11156	131	34085	6808	803	2	66
韶关市	**83731**	**11449**	**49861**	**22379**	**42**	**65521**	**12644**	**5101**	**226**	**239**
武江区	11393	429	5120	5831	13	10424	727	215	22	5
浈江区	10684	537	5796	4325	26	9147	1322	186	2	27
曲江区	8483	920	5503	2060		6252	1738	451	27	15
始兴县	6003	1203	3590	1210		4391	714	852	27	19
仁化县	5682	1259	3887	536		3951	978	677	56	20
翁源县	8683	995	6186	1501	1	6971	1458	227	6	21
乳源瑶族自治县	5178	1037	3184	957		3750	1159	235	16	18
新丰县	4965	618	3425	922		4166	626	149	5	19
乐昌市	11379	1950	6657	2771	1	8901	1655	777	24	22
南雄市	11281	2501	6513	2266	1	7568	2267	1332	41	73
深圳市	**616351**	**8760**	**280827**	**310304**	**16460**	**578316**	**35739**	**1633**	**10**	**653**
罗湖区	35400	265	13242	19916	1977	33775	1591	17		17
福田区	47911	128	14605	31137	2041	45404	2462	18		27
南山区	51809	622	18991	28653	3543	49505	2174	25	2	103
宝安区	169561	2251	86857	79615	838	154169	14756	383	1	252
龙岗区	144333	3126	81460	55103	4644	134523	9213	435	4	158
盐田区	5692	101	2227	3105	259	5302	361	22		7
龙华区	99803	1016	30685	65804	2298	97257	2102	399		45
坪山区	18985	528	14285	3614	558	16705	2216	45	2	17
光明区	42857	723	18475	23357	302	41676	864	289	1	27
珠海市	**75440**	**3722**	**48501**	**22289**	**928**	**66604**	**7992**	**661**	**7**	**176**
香洲区	44661	995	27748	15168	750	39622	4809	136		94
斗门区	18926	1903	13097	3815	111	17495	1156	216	6	53
金湾区	11853	824	7656	3306	67	9487	2027	309	1	29
汕头市	**124087**	**37530**	**64105**	**22408**	**44**	**89206**	**15874**	**18692**	**25**	**290**
龙湖区	16593	1005	7898	7655	35	15578	426	580	1	8
金平区	22216	990	11616	9608	2	20877	968	350	1	20
濠江区	5267	1192	3669	406		4293	600	363		11
潮阳区	33720	14304	17034	2380	2	19196	7345	7119	9	51
潮南区	25757	14830	10626	296	5	12891	3700	9044	9	113
澄海区	18795	4887	12028	1880		15452	2220	1039	5	79
南澳县	1739	322	1234	183		919	615	197		8
佛山市	**298337**	**21629**	**192892**	**78302**	**5514**	**235092**	**56135**	**6802**	**31**	**277**
禅城区	47485	1155	27383	18567	380	40285	6719	472	1	8
南海区	107779	7707	66470	29483	4119	88253	16881	2544	5	96
顺德区	107986	8196	79472	19337	981	80308	25141	2439	8	90
三水区	21511	2591	12377	6511	32	15181	5201	1063	6	60
高明区	13576	1980	7190	4404	2	11065	2193	284	11	23

注：本表数据为居住在普通住宅的家庭户，下表同。

9-1 续表 1　　　　单位：户

地　区	合　计	建筑层数				承重类型				
		平房	多层(7层及以下)	高层(8-33层)	超高层(34层及以上)	钢及钢筋混凝土结构	混合结构	砖木结构	竹草土坯结　构	其他结构
江门市	**129568**	**22774**	**77550**	**29214**	**30**	**95623**	**28730**	**4779**	**63**	**373**
蓬江区	23724	2111	12238	9361	14	19100	4089	511	2	22
江海区	10119	800	6498	2819	2	8580	1343	188		8
新会区	24611	5160	13920	5531		18945	4601	1007	9	49
台山市	24902	7207	13211	4482	2	16288	6735	1727	10	142
开平市	19572	3283	13418	2871		15417	3513	539	8	95
鹤山市	15099	1627	10496	2965	11	9820	4873	368	25	13
恩平市	11541	2586	7769	1185	1	7473	3576	439	9	44
湛江市	**168568**	**50388**	**92902**	**25130**	**148**	**94479**	**64025**	**9249**	**89**	**726**
赤坎区	10998	342	5431	5173	52	9072	1726	180		20
霞山区	19080	630	8347	10019	84	14798	3928	244	1	109
坡头区	8887	2107	5646	1124	10	5617	3032	205	3	30
麻章区	10642	4166	6017	459		6131	3208	1250	5	48
遂溪县	20171	7730	11226	1215		9021	9294	1757	16	83
徐闻县	15321	7317	7242	762		7160	5494	2544	17	106
廉江市	30931	7008	21303	2618	2	8746	21338	784	5	58
雷州市	30540	17673	10451	2416		20053	8229	2016	32	210
吴川市	21998	3415	17239	1344		13881	7776	269	10	62
茂名市	**152188**	**19128**	**115983**	**16986**	**91**	**116844**	**33054**	**1849**	**54**	**387**
茂南区	27416	2003	16627	8741	45	21886	5103	351	5	71
电白区	33941	6457	25382	2102		22645	10561	603	23	109
高州市	34181	4117	27779	2264	21	24607	9103	389	9	73
化州市	31054	3121	26118	1814	1	26585	4138	259	8	64
信宜市	25596	3430	20077	2065	24	21121	4149	247	9	70
肇庆市	**110430**	**17977**	**71734**	**20652**	**67**	**93401**	**13555**	**3187**	**91**	**196**
端州区	17418	866	6919	9614	19	15691	1439	284		4
鼎湖区	4454	445	3469	540		3947	370	115	11	11
高要区	17981	5015	11950	1016		13625	3392	902	21	41
广宁县	11540	2421	8262	856	1	9006	2086	404	35	9
怀集县	21569	2392	17674	1470	33	18845	2545	143	13	23
封开县	10565	1641	8079	845		8722	1555	259	1	28
德庆县	10239	2130	7211	887	11	8704	1277	234	4	20
四会市	16664	3067	8170	5424	3	14861	891	846	6	60
惠州市	**158641**	**15699**	**95811**	**46348**	**783**	**144324**	**10036**	**3472**	**75**	**734**
惠城区	56945	2666	31258	22895	126	52981	3034	720	17	193
惠阳区	42981	2157	26306	13886	632	40748	1830	304	2	97
博罗县	27316	3962	18137	5199	18	24176	1881	992	17	250
惠东县	23587	5087	14610	3883	7	20439	1884	1092	28	144
龙门县	7812	1827	5500	485		5980	1407	364	11	50
梅州市	**98670**	**17126**	**67559**	**13976**	**9**	**67624**	**23880**	**5792**	**671**	**703**
梅江区	10445	819	5904	3717	5	7736	2332	247	21	109
梅县区	15300	2692	9401	3205	2	10294	3751	971	119	165
大埔县	9589	2910	4831	1848		6265	1306	1585	252	181
丰顺县	11265	2930	7744	591		6839	3419	910	16	81
五华县	20349	2580	16869	899	1	15440	4541	313	6	49
平远县	5757	1024	4394	339		3778	1394	537	22	26
蕉岭县	5808	954	4224	630		4046	1067	429	221	45
兴宁市	20157	3217	14192	2747	1	13226	6070	800	14	47

9-1 续表 2 单位：户

地区	合计	建筑层数				承重类型				
		平房	多层(7层及以下)	高层(8-33层)	超高层(34层及以上)	钢及钢筋混凝土结构	混合结构	砖木结构	竹草土坯结构	其他结构
汕尾市	**58753**	**16856**	**36362**	**5523**	**12**	**47275**	**7371**	**3553**	**67**	**487**
城区	9603	1641	6227	1733	2	7066	2015	496	2	24
海丰县	18185	3772	12484	1919	10	15012	1817	1245	12	99
陆河县	4928	742	4022	164		4207	669	34	1	17
陆丰市	26037	10701	13629	1707		20990	2870	1778	52	347
河源市	**72849**	**11833**	**47612**	**13403**	**1**	**54437**	**16875**	**1315**	**30**	**192**
源城区	16845	933	10107	5805		14648	2090	83	3	21
紫金县	13318	2335	10092	891		9109	3816	340	5	48
龙川县	16672	3690	9670	3311	1	11312	5065	228	5	62
连平县	7522	934	5956	632		5801	1484	196	11	30
和平县	10029	2003	6439	1587		6805	2923	291	2	8
东源县	8463	1938	5348	1177		6762	1497	177	4	23
阳江市	**63891**	**12674**	**43352**	**7863**	**2**	**41005**	**20488**	**2223**	**24**	**151**
江城区	19538	2724	12810	4004		15134	4036	339	4	25
阳东区	11290	2932	7347	1011		1193	9610	465	1	21
阳西县	10594	2662	6879	1051	2	8530	1612	421	7	24
阳春市	22469	4356	16316	1797		16148	5230	998	12	81
清远市	**100651**	**15877**	**58152**	**26407**	**215**	**73278**	**23164**	**3689**	**243**	**277**
清城区	27415	2150	12196	12862	207	21293	5373	692	12	45
清新区	16067	3007	7424	5636		11203	4085	701	32	46
佛冈县	8431	1594	5141	1688	8	5561	2494	349	6	21
阳山县	9260	1681	6327	1252		5857	3018	271	76	38
连山壮族瑶族自治县	2611	421	1872	318		1870	619	106	4	12
连南瑶族自治县	3715	848	2705	162		2437	1202	62	10	4
英德市	22928	4426	14957	3545		18176	3374	1175	98	105
连州市	10224	1750	7530	944		6881	2999	333	5	6
东莞市	**389633**	**18765**	**275021**	**95135**	**712**	**320270**	**64383**	**4435**	**21**	**524**
市辖区	389633	18765	275021	95135	712	320270	64383	4435	21	524
中山市	**138328**	**9126**	**100490**	**28255**	**457**	**123459**	**12611**	**1796**	**25**	**437**
市辖区	138328	9126	100490	28255	457	123459	12611	1796	25	437
潮州市	**62701**	**17648**	**38371**	**6633**	**49**	**41381**	**10251**	**10712**	**53**	**304**
湘桥区	15194	3252	7293	4601	48	11693	1801	1669	2	29
潮安区	26091	9808	14928	1354	1	16071	4228	5640	36	116
饶平县	21416	4588	16150	678		13617	4222	3403	15	159
揭阳市	**127265**	**69502**	**53048**	**4711**	**4**	**66017**	**28974**	**30690**	**179**	**1405**
榕城区	21275	11461	7538	2276		10625	4572	5941	1	136
揭东区	22289	15369	6439	478	3	8164	6449	7325	26	325
揭西县	15583	5943	9357	283		9515	4101	1835	31	101
惠来县	21241	11190	9722	329		14353	3620	3178	10	80
普宁市	46877	25539	19992	1345	1	23360	10232	12411	111	763
云浮市	**59724**	**11027**	**42617**	**6063**	**17**	**44545**	**13342**	**1674**	**36**	**127**
云城区	10229	1279	6150	2791	9	8817	1188	202	3	19
云安区	5497	1150	4218	129		3624	1786	74	4	9
新兴县	11416	2222	7472	1721	1	8118	2619	645	5	29
郁南县	9477	1504	7471	502		8424	650	367	9	27
罗定市	23105	4872	17306	920	7	15562	7099	386	15	43

9-1a 各地区按建筑层数、承重类型分的家庭户户数(城市)

单位：户

地 区	合 计	建筑层数				承重类型				
		平房	多层(7层及以下)	高层(8-33层)	超高层(34层及以上)	钢及钢筋混凝土结构	混合结构	砖木结构	竹草土坯结构	其他结构
广 东	**2506122**	**111259**	**1431512**	**930541**	**32810**	**2208993**	**260656**	**32837**	**151**	**3485**
广州市	**550547**	**9300**	**332167**	**201541**	**7539**	**509891**	**37590**	**2448**	**13**	**605**
荔湾区	38087	1410	16545	18633	1499	32670	4578	755	6	78
越秀区	34815	699	11596	21623	897	30146	4124	528	1	16
海珠区	72479	1420	38221	31775	1063	62571	9365	479		64
天河区	86336	448	52895	31488	1505	82608	3621	29	1	77
白云区	116278	646	70293	45091	248	113346	2831	73	1	27
黄埔区	40644	560	27323	11656	1105	38506	2054	44		40
番禺区	89215	1936	70807	15559	913	83023	5889	235	1	67
花都区	37035	891	23047	12886	211	34465	2278	104	1	187
南沙区	15838	623	10949	4220	46	15025	728	68	1	16
从化区	5584	86	2531	2967		4618	949	17		
增城区	14236	581	7960	5643	52	12913	1173	116	1	33
韶关市	**28950**	**555**	**12447**	**15908**	**40**	**26203**	**2535**	**149**		**63**
武江区	9759	106	3816	5824	13	9220	511	27		1
浈江区	8380	201	3867	4286	26	7354	943	62		21
曲江区	4587	53	2528	2006		3848	717	21		1
始兴县										
仁化县										
翁源县										
乳源瑶族自治县										
新丰县										
乐昌市	3048	78	1242	1728		2802	223	22		1
南雄市	3176	117	994	2064	1	2979	141	17		39
深圳市	**614811**	**8611**	**279543**	**310197**	**16460**	**577165**	**35396**	**1595**	**10**	**645**
罗湖区	35400	265	13242	19916	1977	33775	1591	17		17
福田区	47911	128	14605	31137	2041	45404	2462	18		27
南山区	51802	621	18985	28653	3543	49499	2173	25	2	103
宝安区	169561	2251	86857	79615	838	154169	14756	383	1	252
龙岗区	142875	2980	80183	55068	4644	133450	8872	399	4	150
盐田区	5692	101	2227	3105	259	5302	361	22		7
龙华区	99803	1016	30685	65804	2298	97257	2102	399		45
坪山区	18910	526	14284	3542	558	16633	2215	43	2	17
光明区	42857	723	18475	23357	302	41676	864	289	1	27
珠海市	**60124**	**1572**	**37385**	**20329**	**838**	**54223**	**5600**	**203**		**98**
香洲区	43774	975	27089	14976	734	38770	4784	136		84
斗门区	8354	308	5433	2576	37	8086	261	2		5
金湾区	7996	289	4863	2777	67	7367	555	65		9
汕头市	**61781**	**9407**	**31263**	**21073**	**38**	**53220**	**4894**	**3578**	**3**	**86**
龙湖区	14614	514	6416	7649	35	14037	296	275		6
金平区	21909	884	11419	9604	2	20636	941	314	1	17
濠江区	3844	733	2720	391		3161	462	214		7
潮阳区	7257	1640	3676	1940	1	5776	1099	371	2	9
潮南区	8532	4659	3671	202		4518	1665	2316		33
澄海区	5625	977	3361	1287		5092	431	88		14
南澳县										
佛山市	**272890**	**17343**	**174678**	**75384**	**5485**	**219843**	**47380**	**5441**	**17**	**209**
禅城区	41087	799	22847	17073	368	35539	5223	317	1	7
南海区	102712	7007	62363	29223	4119	84713	15528	2379	4	88
顺德区	106542	8088	78139	19334	981	79826	24217	2401	8	90
三水区	10945	491	5043	5396	15	9614	1110	211		10
高明区	11604	958	6286	4358	2	10151	1302	133	4	14

9-1a　续表 1　　　　　　　　　　　　　　　　　　　　　　　　　　　　单位：户

地　　区	合　计	建筑层数				承重类型				
		平房	多层(7层及以下)	高层(8–33层)	超高层(34层及以上)	钢及钢筋混凝土结构	混合结构	砖木结构	竹草土坯结　构	其他结构
江门市	**78679**	**5628**	**45209**	**27814**	**28**	**66871**	**10610**	**1135**	**6**	**57**
蓬江区	23075	1885	11815	9361	14	18675	3903	473	2	22
江海区	10119	800	6498	2819	2	8580	1343	188		8
新会区	13532	841	7472	5219		12093	1216	216		7
台山市	10177	838	4891	4447	1	8706	1264	190	1	16
开平市	8968	173	6370	2425		8218	729	17		4
鹤山市	8030	230	5093	2696	11	6833	1152	43	2	
恩平市	4778	861	3070	847		3766	1003	8	1	
湛江市	**51837**	**3413**	**26377**	**21899**	**148**	**39567**	**11341**	**761**	**4**	**164**
赤坎区	10792	293	5275	5172	52	8955	1646	172		19
霞山区	18214	401	7713	10016	84	14335	3602	173	1	103
坡头区	2005	242	873	880	10	1397	577	22		9
麻章区	2303	390	1583	330		1696	516	89		2
遂溪县	579	240	331	8		222	276	79		2
徐闻县										
廉江市	5954	331	3311	2310	2	2886	3041	26		1
雷州市	6198	946	3171	2081		5306	773	107	1	11
吴川市	5792	570	4120	1102		4770	910	93	2	17
茂名市	**44931**	**1857**	**27417**	**15566**	**91**	**36421**	**8126**	**296**	**8**	**80**
茂南区	18256	636	8865	8710	45	15615	2470	134	2	35
电白区	5477	338	3923	1216		3842	1558	63	1	13
高州市	7395	269	4923	2182	21	6090	1243	55	1	6
化州市	6576	291	4848	1436	1	5250	1300	22	1	3
信宜市	7227	323	4858	2022	24	5624	1555	22	3	23
肇庆市	**33102**	**1932**	**15106**	**16042**	**22**	**30232**	**2407**	**446**		**17**
端州区	17418	866	6919	9614	19	15691	1439	284		4
鼎湖区	2248	120	1593	535		2128	100	18		2
高要区	2641	220	1634	787		1989	641	11		
广宁县										
怀集县										
封开县										
德庆县										
四会市	10795	726	4960	5106	3	10424	227	133		11
惠州市	**79331**	**1931**	**41640**	**35005**	**755**	**75176**	**3677**	**316**	**6**	**156**
惠城区	45818	902	23192	21600	124	43126	2375	231	6	80
惠阳区	32942	950	18072	13289	631	31549	1295	74		24
博罗县	571	79	376	116		501	7	11		52
惠东县										
龙门县										
梅州市	**23225**	**1051**	**12649**	**9517**	**8**	**19196**	**3583**	**322**	**20**	**104**
梅江区	9367	560	5163	3639	5	7201	1904	159	13	90
梅县区	6583	143	3277	3161	2	5933	595	43	7	5
大埔县										
丰顺县										
五华县	364	63	300	1		231	125	8		
平远县										
蕉岭县										
兴宁市	6911	285	3909	2716	1	5831	959	112		9

9-1a 续表 2

单位：户

地 区	合 计	建筑层数				承重类型				
		平房	多层(7层及以下)	高层(8-33层)	超高层(34层及以上)	钢及钢筋混凝土结构	混合结构	砖木结构	竹草土坯结构	其他结构
汕尾市	**11372**	**1778**	**7002**	**2591**	**1**	**9543**	**1449**	**305**	**5**	**70**
城 区	6549	732	4372	1444	1	5077	1270	194	2	6
海丰县										
陆河县										
陆丰市	4823	1046	2630	1147		4466	179	111	3	64
河源市	**15203**	**641**	**8896**	**5666**		**13168**	**1945**	**69**	**3**	**18**
源城区	15203	641	8896	5666		13168	1945	69	3	18
紫金县										
龙川县										
连平县										
和平县										
东源县										
阳江市	**25133**	**1387**	**17108**	**6638**		**19396**	**5549**	**161**		**27**
江城区	13876	857	9074	3945		12744	1036	85		11
阳东区	4708	307	3431	970		668	4016	23		1
阳西县										
阳春市	6549	223	4603	1723		5984	497	53		15
清远市	**32409**	**577**	**11478**	**20147**	**207**	**29941**	**2319**	**121**	**1**	**27**
清城区	17060	349	5012	11492	207	15629	1349	75		7
清新区	6529	26	1451	5052		6373	154	1		1
佛冈县										
阳山县										
连山壮族瑶族自治县										
连南瑶族自治县										
英德市	5155	118	2374	2663		4838	265	32	1	19
连州市	3665	84	2641	940		3101	551	13		
东莞市	**362826**	**16579**	**253401**	**92136**	**710**	**300027**	**58363**	**3946**	**20**	**470**
市辖区	362826	16579	253401	92136	710	300027	58363	3946	20	470
中山市	**88006**	**5210**	**62752**	**19668**	**376**	**79641**	**6821**	**1313**	**7**	**224**
市辖区	88006	5210	62752	19668	376	79641	6821	1313	7	224
潮州市	**23537**	**5067**	**12594**	**5829**	**47**	**18085**	**2579**	**2796**	**24**	**53**
湘桥区	11959	1480	5845	4587	47	10142	982	821	2	12
潮安区	11578	3587	6749	1242		7943	1597	1975	22	41
饶平县										
揭阳市	**33981**	**16475**	**13611**	**3894**	**1**	**19221**	**7110**	**7349**	**4**	**297**
榕城区	14662	7270	5134	2258		8187	3372	2990	1	112
揭东区	6892	4543	1907	442		2840	1903	1999	1	149
揭西县										
惠来县										
普宁市	12427	4662	6570	1194	1	8194	1835	2360	2	36
云浮市	**13447**	**945**	**8789**	**3697**	**16**	**11963**	**1382**	**87**		**15**
云城区	7663	475	4390	2789	9	6943	650	60		10
云安区	426	113	267	46		326	97	2		1
新兴县										
郁南县										
罗定市	5358	357	4132	862	7	4694	635	25		4

9-1b　各地区按建筑层数、承重类型分的家庭户户数(镇)

单位：户

地　　区	合　计	建筑层数				承重类型				
		平房	多层(7层及以下)	高层(8—33层)	超高层(34层及以上)	钢及钢筋混凝土结构	混合结构	砖木结构	竹草土坯结构	其他结构
广　东	**428831**	**64904**	**290684**	**72751**	**492**	**335616**	**69478**	**22285**	**190**	**1262**
广州市	**36501**	**1727**	**24760**	**9811**	**203**	**31226**	**4851**	**394**		**30**
荔湾区										
越秀区										
海珠区										
天河区										
白云区	7067	83	5464	1520		6676	360	30		1
黄埔区	1186	20	289	775	102	1177	9			
番禺区	2723	61	2656	6		2394	322	6		1
花都区	2613	74	1483	1045	11	2300	289	19		5
南沙区	5126	460	4170	485	11	3299	1781	31		15
从化区	1707	65	1051	591		1280	414	13		
增城区	16079	964	9647	5389	79	14100	1676	295		8
韶关市	**19834**	**1389**	**12623**	**5820**	**2**	**17058**	**2124**	**622**	**14**	**16**
武江区	89	15	73	1		66	9	9	5	
浈江区	948	24	886	38		881	55	12		
曲江区	867	74	747	46		637	182	43	1	4
始兴县	2420	97	1155	1168		2250	108	58	1	3
仁化县	2460	285	1645	530		2102	227	125	4	2
翁源县	3307	99	1837	1370	1	3084	187	36		
乳源瑶族自治县	2476	118	1409	949		2136	279	59	1	1
新丰县	2485	62	1532	891		2266	203	12		4
乐昌市	3006	389	1926	690	1	2432	417	154	2	1
南雄市	1776	226	1413	137		1204	457	114		1
深圳市	**82**	**3**	**7**	**72**		**78**	**2**	**2**		
罗湖区										
福田区										
南山区	7	1	6			6	1			
宝安区										
龙岗区										
盐田区										
龙华区										
坪山区	75	2	1	72		72	1	2		
光明区										
珠海市	**8451**	**685**	**5803**	**1873**	**90**	**6639**	**1555**	**227**	**2**	**28**
香洲区	882	17	657	192	16	847	25			10
斗门区	4188	247	2711	1156	74	3976	187	20	1	4
金湾区	3381	421	2435	525		1816	1343	207	1	14
汕头市	**27581**	**10244**	**16113**	**1218**	**6**	**17445**	**4902**	**5174**	**8**	**52**
龙湖区										
金平区										
濠江区	130	35	95			95	32	3		
潮阳区	11132	4180	6553	398	1	6826	2439	1863	1	3
潮南区	6749	3614	3062	68	5	3223	841	2678	2	5
澄海区	8175	2202	5399	574		6518	1132	481	5	39
南澳县	1395	213	1004	178		783	458	149		5
佛山市	**14814**	**1477**	**10581**	**2742**	**14**	**10629**	**3610**	**543**	**2**	**30**
禅城区	6398	356	4536	1494	12	4746	1496	155		1
南海区	1893	130	1654	109		1667	180	45		1
顺德区										
三水区	5801	747	3958	1094	2	3670	1784	322	2	23
高明区	722	244	433	45		546	150	21		5

9-1b 续表 1　　　　单位：户

地　　区	合　计	建筑层数				承重类型				
		平房	多层(7层及以下)	高层(8-33层)	超高层(34层及以上)	钢及钢筋混凝土结构	混合结构	砖木结构	竹草土坯结构	其他结构
江门市	**11026**	**2232**	**7642**	**1151**	**1**	**8101**	**2439**	**448**	**2**	**36**
蓬江区										
江海区										
新会区	3156	921	1965	270		2306	684	162		4
台山市	2178	519	1632	27		1591	460	120	1	6
开平市	2463	521	1677	265		1980	360	100	1	22
鹤山市	1966	164	1536	266		1406	511	47		2
恩平市	1263	107	832	323	1	818	424	19		2
湛江市	**26622**	**5705**	**18096**	**2821**		**15072**	**10046**	**1366**	**3**	**135**
赤坎区										
霞山区	111	37	72	2		72	28	8		3
坡头区	1854	230	1397	227		1247	558	39		10
麻章区	1502	417	994	91		1172	259	66		5
遂溪县	6361	1166	4000	1195		3773	2298	258	1	31
徐闻县	5586	1557	3294	735		3107	1760	668	1	50
廉江市	4278	582	3514	182		925	3184	156		13
雷州市	3736	1258	2199	279		2807	771	143	1	14
吴川市	3194	458	2626	110		1969	1188	28		9
茂名市	**20406**	**2328**	**16750**	**1328**		**15941**	**4095**	**300**	**6**	**64**
茂南区	998	141	847	10		610	361	24		3
电白区	8338	1218	6273	847		6077	2059	166	4	32
高州市	4175	405	3699	71		3203	919	45	1	7
化州市	4591	293	3933	365		4132	403	37	1	18
信宜市	2304	271	1998	35		1919	353	28		4
肇庆市	**22869**	**2552**	**15832**	**4442**	**43**	**20413**	**2075**	**338**	**14**	**29**
端州区										
鼎湖区	745	53	688	4		651	77	17		
高要区	3567	958	2427	182		2814	603	141	1	8
广宁县	4555	536	3171	848		4013	466	67	6	3
怀集县	6083	249	4345	1457	32	5520	506	47	6	4
封开县	3642	283	2532	827		3357	231	48	1	5
德庆县	3504	366	2263	864	11	3320	174	3		7
四会市	773	107	406	260		738	18	15		2
惠州市	**40666**	**3797**	**26584**	**10263**	**22**	**37506**	**2179**	**840**	**11**	**130**
惠城区	3191	255	2173	762	1	3029	93	61		8
惠阳区	3095	213	2534	348		2974	85	25	1	10
博罗县	15886	1435	9399	5035	17	14733	677	408	4	64
惠东县	15133	1510	9970	3649	4	13971	892	231	6	33
龙门县	3361	384	2508	469		2799	432	115		15
梅州市	**25627**	**2587**	**18864**	**4175**	**1**	**20328**	**4366**	**796**	**48**	**89**
梅江区	181	54	126	1		106	58	11	2	4
梅县区	1079	60	1004	15		797	252	25	1	4
大埔县	4285	362	2158	1765		3727	333	206	10	9
丰顺县	5896	1137	4206	553		3819	1739	294	2	42
五华县	6737	456	5387	893	1	5687	953	83	1	13
平远县	2700	152	2210	338		2232	379	83	3	3
蕉岭县	2946	111	2249	586		2632	221	52	29	12
兴宁市	1803	255	1524	24		1328	431	42		2

9-1b　续表 2　　　　　　　　　　　　　　　　　　　　　　　　　　单位：户

地　　区	合　计	建筑层数				承重类型				
		平房	多层(7层及以下)	高层(8-33层)	超高层(34层及以上)	钢及钢筋混凝土结构	混合结构	砖木结构	竹草土坯结　构	其他结构
汕尾市	**23340**	**3604**	**16972**	**2753**	**11**	**20101**	**2330**	**805**	**6**	**98**
城　区	899	104	538	256	1	674	219	6		
海丰县	13043	1282	9889	1862	10	11537	1038	422	1	45
陆河县	2555	251	2149	155		2415	128	8		4
陆丰市	6843	1967	4396	480		5475	945	369	5	49
河源市	**18919**	**968**	**11708**	**6242**	**1**	**16414**	**2370**	**95**	**3**	**37**
源城区	504	2	363	139		483	21			
紫金县	4798	419	3495	884		3717	1037	31	1	12
龙川县	5460	199	2865	2395	1	4727	708	4	1	20
连平县	2775	138	2176	461		2506	238	26	1	4
和平县	3047	70	1496	1481		2783	241	22		1
东源县	2335	140	1313	882		2198	125	12		
阳江市	**9914**	**948**	**7830**	**1134**	**2**	**6915**	**2737**	**250**	**1**	**11**
江城区	1325	171	1105	49		284	957	84		
阳东区	1423	298	1110	15		116	1254	48		5
阳西县	4690	236	3430	1022	2	4449	186	53		2
阳春市	2476	243	2185	48		2066	340	65	1	4
清远市	**23724**	**2071**	**16542**	**5103**	**8**	**18941**	**4155**	**575**	**17**	**36**
清城区	6546	790	4448	1308		4543	1666	318	4	15
清新区	1140	59	1005	76		1017	115	8		
佛冈县	3705	179	1905	1613	8	3297	383	23		2
阳山县	3844	177	2421	1246		3104	706	30		4
连山壮族瑶族自治县	1088	78	692	318		916	154	13		5
连南瑶族自治县	1660	176	1333	151		1292	351	15		2
英德市	4783	485	3907	391		4196	427	139	13	8
连州市	958	127	831			576	353	29		
东莞市	**2392**	**300**	**1877**	**214**	**1**	**1892**	**357**	**140**		**3**
市辖区	2392	300	1877	214	1	1892	357	140		3
中山市	**35941**	**1942**	**26069**	**7849**	**81**	**32340**	**3181**	**282**	**15**	**123**
市辖区	35941	1942	26069	7849	81	32340	3181	282	15	123
潮州市	**16870**	**4620**	**11501**	**747**	**2**	**10446**	**3480**	**2862**	**9**	**73**
湘桥区	1560	734	812	13	1	874	266	414		6
潮安区	5097	2158	2857	81	1	2997	940	1124	2	34
饶平县	10213	1728	7832	653		6575	2274	1324	7	33
揭阳市	**31153**	**14618**	**15829**	**703**	**3**	**18163**	**6760**	**5980**	**28**	**222**
榕城区	1994	1143	833	18		1038	296	653		7
揭东区	4806	3267	1508	28	3	1849	1265	1620	18	54
揭西县	4703	859	3570	274		3206	1180	297	2	18
惠来县	9509	3950	5278	281		6946	1747	792	1	23
普宁市	10141	5399	4640	102		5124	2272	2618	7	120
云浮市	**12099**	**1107**	**8701**	**2290**	**1**	**9968**	**1864**	**246**	**1**	**20**
云城区										
云安区	1025	131	824	70		730	282	13		
新兴县	5014	409	2890	1714	1	3932	933	140		9
郁南县	4171	309	3375	487		3936	152	74		9
罗定市	1889	258	1612	19		1370	497	19	1	2

9－1c　各地区按建筑层数、承重类型分的家庭户户数(乡村)

单位：户

地　　区	合　计	建筑层数				承重类型				
		平房	多层(7层及以下)	高层(8－33层)	超高层(34层及以上)	钢及钢筋混凝土结构	混合结构	砖木结构	竹草土坯结构	其他结构
广　东	**817104**	**253483**	**551639**	**11939**	**43**	**508551**	**231535**	**70425**	**1719**	**4874**
广州市	**75203**	**9129**	**64158**	**1898**	**18**	**53342**	**20105**	**1401**	**27**	**328**
荔湾区										
越秀区										
海珠区										
天河区										
白云区	20766	1328	18101	1337		17653	2699	353	8	53
黄埔区	2483	161	2310	12		2280	173	25		5
番禺区	11088	758	10197	115	18	10016	880	120	4	68
花都区	13354	1767	11317	270		9527	3479	275	8	65
南沙区	7233	926	6286	21		4339	2791	37	5	61
从化区	8830	1388	7423	19		2455	6124	199	1	51
增城区	11449	2801	8524	124		7072	3959	392	1	25
韶关市	**34947**	**9505**	**24791**	**651**		**22260**	**7985**	**4330**	**212**	**160**
武江区	1545	308	1231	6		1138	207	179	17	4
浈江区	1356	312	1043	1		912	324	112	2	6
曲江区	3029	793	2228	8		1767	839	387	26	10
始兴县	3583	1106	2435	42		2141	606	794	26	16
仁化县	3222	974	2242	6		1849	751	552	52	18
翁源县	5376	896	4349	131		3887	1271	191	6	21
乳源瑶族自治县	2702	919	1775	8		1614	880	176	15	17
新丰县	2480	556	1893	31		1900	423	137	5	15
乐昌市	5325	1483	3489	353		3667	1015	601	22	20
南雄市	6329	2158	4106	65		3385	1669	1201	41	33
深圳市	**1458**	**146**	**1277**	**35**		**1073**	**341**	**36**		**8**
罗湖区										
福田区										
南山区										
宝安区										
龙岗区	1458	146	1277	35		1073	341	36		8
盐田区										
龙华区										
坪山区										
光明区										
珠海市	**6865**	**1465**	**5313**	**87**		**5742**	**837**	**231**	**5**	**50**
香洲区	5	3	2			5				
斗门区	6384	1348	4953	83		5433	708	194	5	44
金湾区	476	114	358	4		304	129	37		6
汕头市	**34725**	**17879**	**16729**	**117**		**18541**	**6078**	**9940**	**14**	**152**
龙湖区	1979	491	1482	6		1541	130	305	1	2
金平区	307	106	197	4		241	27	36		3
濠江区	1293	424	854	15		1037	106	146		4
潮阳区	15331	8484	6805	42		6594	3807	4885	6	39
潮南区	10476	6557	3893	26		5150	1194	4050	7	75
澄海区	4995	1708	3268	19		3842	657	470		26
南澳县	344	109	230	5		136	157	48		3
佛山市	**10633**	**2809**	**7633**	**176**	**15**	**4620**	**5145**	**818**	**12**	**38**
禅城区										
南海区	3174	570	2453	151		1873	1173	120	1	7
顺德区	1444	108	1333	3		482	924	38		
三水区	4765	1353	3376	21	15	1897	2307	530	4	27
高明区	1250	778	471	1		368	741	130	7	4

9-1c 续表 1

单位：户

地区	合计	建筑层数				承重类型				
		平房	多层(7层及以下)	高层(8-33层)	超高层(34层及以上)	钢及钢筋混凝土结构	混合结构	砖木结构	竹草土坯结构	其他结构
江门市	**39863**	**14914**	**24699**	**249**	**1**	**20651**	**15681**	**3196**	**55**	**280**
蓬江区	649	226	423			425	186	38		
江海区										
新会区	7923	3398	4483	42		4546	2701	629	9	38
台山市	12547	5850	6688	8	1	5991	5011	1417	8	120
开平市	8141	2589	5371	181		5219	2424	422	7	69
鹤山市	5103	1233	3867	3		1581	3210	278	23	11
恩平市	5500	1618	3867	15		2889	2149	412	8	42
湛江市	**90109**	**41270**	**48429**	**410**		**39840**	**42638**	**7122**	**82**	**427**
赤坎区	206	49	156	1		117	80	8		1
霞山区	755	192	562	1		391	298	63		3
坡头区	5028	1635	3376	17		2973	1897	144	3	11
麻章区	6837	3359	3440	38		3263	2433	1095	5	41
遂溪县	13231	6324	6895	12		5026	6720	1420	15	50
徐闻县	9735	5760	3948	27		4053	3734	1876	16	56
廉江市	20699	6095	14478	126		4935	15113	602	5	44
雷州市	20606	15469	5081	56		11940	6685	1766	30	185
吴川市	13012	2387	10493	132		7142	5678	148	8	36
茂名市	**86851**	**14943**	**71816**	**92**		**64482**	**20833**	**1253**	**40**	**243**
茂南区	8162	1226	6915	21		5661	2272	193	3	33
电白区	20126	4901	15186	39		12726	6944	374	18	64
高州市	22611	3443	19157	11		15314	6941	289	7	60
化州市	19887	2537	17337	13		17203	2435	200	6	43
信宜市	16065	2836	13221	8		13578	2241	197	6	43
肇庆市	**54459**	**13493**	**40796**	**168**	**2**	**42756**	**9073**	**2403**	**77**	**150**
端州区										
鼎湖区	1461	272	1188	1		1168	193	80	11	9
高要区	11773	3837	7889	47		8822	2148	750	20	33
广宁县	6985	1885	5091	8	1	4993	1620	337	29	6
怀集县	15486	2143	13329	13	1	13325	2039	96	7	19
封开县	6923	1358	5547	18		5365	1324	211		23
德庆县	6735	1764	4948	23		5384	1103	231	4	13
四会市	5096	2234	2804	58		3699	646	698	6	47
惠州市	**38644**	**9971**	**27587**	**1080**	**6**	**31642**	**4180**	**2316**	**58**	**448**
惠城区	7936	1509	5893	533	1	6826	566	428	11	105
惠阳区	6944	994	5700	249	1	6225	450	205	1	63
博罗县	10859	2448	8362	48	1	8942	1197	573	13	134
惠东县	8454	3577	4640	234	3	6468	992	861	22	111
龙门县	4451	1443	2992	16		3181	975	249	11	35
梅州市	**49818**	**13488**	**36046**	**284**		**28100**	**15931**	**4674**	**603**	**510**
梅江区	897	205	615	77		429	370	77	6	15
梅县区	7638	2489	5120	29		3564	2904	903	111	156
大埔县	5304	2548	2673	83		2538	973	1379	242	172
丰顺县	5369	1793	3538	38		3020	1680	616	14	39
五华县	13248	2061	11182	5		9522	3463	222	5	36
平远县	3057	872	2184	1		1546	1015	454	19	23
蕉岭县	2862	843	1975	44		1414	846	377	192	33
兴宁市	11443	2677	8759	7		6067	4680	646	14	36

9-1c 续表 2

单位：户

地　　区	合　计	建筑层数				承重类型				
		平房	多层(7层及以下)	高层(8–33层)	超高层(34层及以上)	钢及钢筋混凝土结构	混合结构	砖木结构	竹草土坯结构	其他结构
汕尾市	**24041**	**11474**	**12388**	**179**		**17631**	**3592**	**2443**	**56**	**319**
城　区	2155	805	1317	33		1315	526	296		18
海丰县	5142	2490	2595	57		3475	779	823	11	54
陆河县	2373	491	1873	9		1792	541	26	1	13
陆丰市	14371	7688	6603	80		11049	1746	1298	44	234
河源市	**38727**	**10224**	**27008**	**1495**		**24855**	**12560**	**1151**	**24**	**137**
源城区	1138	290	848			997	124	14		3
紫金县	8520	1916	6597	7		5392	2779	309	4	36
龙川县	11212	3491	6805	916		6585	4357	224	4	42
连平县	4747	796	3780	171		3295	1246	170	10	26
和平县	6982	1933	4943	106		4022	2682	269	2	7
东源县	6128	1798	4035	295		4564	1372	165	4	23
阳江市	**28844**	**10339**	**18414**	**91**		**14694**	**12202**	**1812**	**23**	**113**
江城区	4337	1696	2631	10		2106	2043	170	4	14
阳东区	5159	2327	2806	26		409	4340	394	1	15
阳西县	5904	2426	3449	29		4081	1426	368	7	22
阳春市	13444	3890	9528	26		8098	4393	880	11	62
清远市	**44518**	**13229**	**30132**	**1157**		**24396**	**16690**	**2993**	**225**	**214**
清城区	3809	1011	2736	62		1121	2358	299	8	23
清新区	8398	2922	4968	508		3813	3816	692	32	45
佛冈县	4726	1415	3236	75		2264	2111	326	6	19
阳山县	5416	1504	3906	6		2753	2312	241	76	34
连山壮族瑶族自治县	1523	343	1180			954	465	93	4	7
连南瑶族自治县	2055	672	1372	11		1145	851	47	10	2
英德市	12990	3823	8676	491		9142	2682	1004	84	78
连州市	5601	1539	4058	4		3204	2095	291	5	6
东莞市	**24415**	**1886**	**19743**	**2785**	**1**	**18351**	**5663**	**349**	**1**	**51**
市辖区	24415	1886	19743	2785	1	18351	5663	349	1	51
中山市	**14381**	**1974**	**11669**	**738**		**11478**	**2609**	**201**	**3**	**90**
市辖区	14381	1974	11669	738		11478	2609	201	3	90
潮州市	**22294**	**7961**	**14276**	**57**		**12850**	**4192**	**5054**	**20**	**178**
湘桥区	1675	1038	636	1		677	553	434		11
潮安区	9416	4063	5322	31		5131	1691	2541	12	41
饶平县	11203	2860	8318	25		7042	1948	2079	8	126
揭阳市	**62131**	**38409**	**23608**	**114**		**28633**	**15104**	**17361**	**147**	**886**
榕城区	4619	3048	1571			1400	904	2298		17
揭东区	10591	7559	3024	8		3475	3281	3706	7	122
揭西县	10880	5084	5787	9		6309	2921	1538	29	83
惠来县	11732	7240	4444	48		7407	1873	2386	9	57
普宁市	24309	15478	8782	49		10042	6125	7433	102	607
云浮市	**34178**	**8975**	**25127**	**76**		**22614**	**10096**	**1341**	**35**	**92**
云城区	2566	804	1760	2		1874	538	142	3	9
云安区	4046	906	3127	13		2568	1407	59	4	8
新兴县	6402	1813	4582	7		4186	1686	505	5	20
郁南县	5306	1195	4096	15		4488	498	293	9	18
罗定市	15858	4257	11562	39		9498	5967	342	14	37

9–2　各地区按住房建成时间分的家庭户住房状况

单位：户、间、平方米

地　区	合　计			1949年以前		
	户数	间数	面积	户数	间数	面积
广　东	**3752057**	**10317155**	**334867164**	**16595**	**37466**	**1115752**
广州市	**662251**	**1380435**	**43445372**	**2283**	**3912**	**108750**
荔湾区	38087	73898	2301359	586	944	22820
越秀区	34815	73385	2286244	695	1157	28892
海珠区	72479	132726	4068117	236	393	9202
天河区	86336	153793	4549688	17	29	773
白云区	144111	277242	8225921	107	218	8767
黄埔区	44313	89025	2676827	10	20	575
番禺区	103026	201373	6317250	58	118	4789
花都区	53002	127675	4113414	369	610	17936
南沙区	28197	69049	2512864	25	49	2064
从化区	16121	60254	1933198	21	35	1029
增城区	41764	122015	4460490	159	339	11903
韶关市	**83731**	**301074**	**10101598**	**276**	**752**	**22154**
武江区	11393	32712	1192309	12	28	825
浈江区	10684	32449	1169474	15	27	807
曲江区	8483	27957	960048	29	89	2441
始兴县	6003	23358	776282	59	175	5530
仁化县	5682	23996	816233	38	105	3231
翁源县	8683	37413	1118163	13	34	905
乳源瑶族自治县	5178	19012	638904	19	46	1390
新丰县	4965	20168	626759	11	31	860
乐昌市	11379	42724	1449139	27	77	2107
南雄市	11281	41285	1354287	53	140	4058
深圳市	**616351**	**1071578**	**29516828**	**320**	**508**	**12389**
罗湖区	35400	70578	2199874	10	17	466
福田区	47911	100201	3186695	5	8	199
南山区	51809	105769	3453292	2	3	74
宝安区	169561	264505	6776868	123	188	4483
龙岗区	144333	262641	7167590	121	194	4826
盐田区	5692	12611	385928	12	15	216
龙华区	99803	159414	3996995	14	23	825
坪山区	18985	33126	834775	15	42	971
光明区	42857	62733	1514811	18	18	329
珠海市	**75440**	**177995**	**5703505**	**137**	**258**	**8455**
香洲区	44661	98671	3175274	58	116	3688
斗门区	18926	50872	1646167	74	132	4506
金湾区	11853	28452	882064	5	10	261
汕头市	**124087**	**395682**	**13563858**	**1872**	**4701**	**142766**
龙湖区	16593	52149	1915695	63	133	4018
金平区	22216	57742	1978687	120	241	7096
濠江区	5267	21872	746948	100	215	5677
潮阳区	33720	105446	3607064	335	772	21255
潮南区	25757	93772	3045801	691	2139	72075
澄海区	18795	59230	2064638	522	1102	29842
南澳县	1739	5471	205025	41	99	2803
佛山市	**298337**	**730769**	**26215397**	**479**	**1082**	**37336**
禅城区	47485	104885	3639035	79	159	5236
南海区	107779	274476	9734961	161	355	12676
顺德区	107986	259062	9774881	113	289	10147
三水区	21511	58493	2001965	90	219	7406
高明区	13576	33853	1064555	36	60	1871

9-2 续表 1 单位：户、间、平方米

地区	合计			1949年以前		
	户数	间数	面积	户数	间数	面积
江门市	**129568**	**386608**	**13306737**	**2398**	**5589**	**197231**
蓬江区	23724	66707	2411454	163	417	12398
江海区	10119	25713	911626	28	64	2186
新会区	24611	69686	2319792	408	823	27446
台山市	24902	74503	2513613	1327	3107	114506
开平市	19572	59157	1887304	347	871	30126
鹤山市	15099	45552	1511699	62	149	4714
恩平市	11541	45290	1751249	63	158	5855
湛江市	**168568**	**745023**	**24693147**	**283**	**792**	**23901**
赤坎区	10998	31581	1077400	50	97	2946
霞山区	19080	49952	1653123	10	20	704
坡头区	8887	41481	1498481	2	5	140
麻章区	10642	50973	1564817	19	55	1645
遂溪县	20171	93666	3020908	45	134	4259
徐闻县	15321	63825	1937328	18	52	1503
廉江市	30931	161876	5415803	48	150	4746
雷州市	30540	133511	3901799	64	204	5514
吴川市	21998	118158	4623488	27	75	2444
茂名市	**152188**	**826873**	**27728958**	**112**	**404**	**12663**
茂南区	27416	108405	3343939	21	72	2005
电白区	33941	190757	7200456	30	97	3249
高州市	34181	187767	6489432	27	95	3039
化州市	31054	195006	6231089	16	73	2380
信宜市	25596	144938	4464042	18	67	1990
肇庆市	**110430**	**412180**	**12342319**	**371**	**833**	**26947**
端州区	17418	49446	1646289	36	65	1961
鼎湖区	4454	15084	536430	35	58	2246
高要区	17981	50636	1424884	101	206	5912
广宁县	11540	45961	1479662	32	73	3180
怀集县	21569	110345	3176067	21	84	2263
封开县	10565	52419	1347147	15	44	945
德庆县	10239	39413	1125926	31	84	2235
四会市	16664	48876	1605914	100	219	8205
惠州市	**158641**	**464406**	**15322561**	**294**	**740**	**22733**
惠城区	56945	154902	5120654	82	202	6166
惠阳区	42981	103536	3248500	34	85	2793
博罗县	27316	95924	3252618	55	139	4311
惠东县	23587	79602	2694445	97	257	7871
龙门县	7812	30442	1006344	26	57	1592
梅州市	**98670**	**471959**	**13953130**	**1742**	**6251**	**148374**
梅江区	10445	39882	1354461	177	633	15251
梅县区	15300	70718	1932045	456	1883	40462
大埔县	9589	39333	1100160	534	1919	49497
丰顺县	11265	42147	1272226	179	446	10665
五华县	20349	128994	3942286	26	94	2564
平远县	5757	31044	925670	74	344	8633
蕉岭县	5808	24851	781017	113	382	9206
兴宁市	20157	94990	2645265	183	550	12096

9-2　续表 2

单位：户、间、平方米

地　区	合　计			1949年以前		
	户数	间数	面积	户数	间数	面积
汕尾市	**58753**	**198609**	**7077562**	**407**	**747**	**24734**
城　区	9603	27364	950544	54	89	2451
海丰县	18185	57633	1918489	174	324	9731
陆河县	4928	25497	887046	5	20	530
陆丰市	26037	88115	3321483	174	314	12022
河源市	**72849**	**320276**	**10427135**	**135**	**459**	**13133**
源城区	16845	58304	2087716	13	29	844
紫金县	13318	69388	2481935	34	132	4190
龙川县	16672	75685	2300987	28	103	3078
连平县	7522	36222	1158883	15	44	1043
和平县	10029	43185	1233537	23	80	2018
东源县	8463	37492	1164077	22	71	1960
阳江市	**63891**	**253401**	**9732548**	**160**	**450**	**15161**
江城区	19538	70029	2775840	52	129	4472
阳东区	11290	38129	1494618	43	113	3739
阳西县	10594	44612	1670280	29	96	2813
阳春市	22469	100631	3791810	36	112	4137
清远市	**100651**	**387928**	**12721300**	**264**	**712**	**20351**
清城区	27415	96132	3347572	35	116	3806
清新区	16067	57222	1857518	45	133	3903
佛冈县	8431	28608	872620	33	57	1620
阳山县	9260	40722	1318454	18	50	1587
连山壮族瑶族自治县	2611	12137	387323			
连南瑶族自治县	3715	15669	521250	6	9	277
英德市	22928	92962	2920594	101	281	6889
连州市	10224	44476	1495969	26	66	2269
东莞市	**389633**	**672208**	**20769909**	**547**	**962**	**29627**
市辖区	389633	672208	20769909	547	962	29627
中山市	**138328**	**309120**	**10704864**	**306**	**763**	**27554**
市辖区	138328	309120	10704864	306	763	27554
潮州市	**62701**	**185859**	**7040880**	**1912**	**3264**	**94424**
湘桥区	15194	41967	1634387	514	873	24379
潮安区	26091	84299	3078053	682	1281	34863
饶平县	21416	59593	2328440	716	1110	35182
揭阳市	**127265**	**347247**	**11912350**	**2129**	**3889**	**114358**
榕城区	21275	47412	1758397	630	1103	25584
揭东区	22289	48760	1828404	561	925	31546
揭西县	15583	49753	1587677	261	519	15813
惠来县	21241	74698	2341827	160	342	9240
普宁市	46877	126624	4396045	517	1000	32175
云浮市	**59724**	**277925**	**8587206**	**168**	**398**	**12711**
云城区	10229	36349	1186602	31	42	1645
云安区	5497	27792	912095	6	24	838
新兴县	11416	41738	1334240	73	136	4368
郁南县	9477	48824	1550839	30	92	2720
罗定市	23105	123222	3603430	28	104	3140

9-2 续表 3

单位：户、间、平方米

地 区	1949-1959年			1960-1969年		
	户数	间数	面积	户数	间数	面积
广 东	**11390**	**25124**	**762226**	**25598**	**59402**	**1801245**
广州市	**1897**	**3090**	**85496**	**4270**	**7351**	**207704**
荔湾区	410	594	14317	763	1107	26827
越秀区	384	608	15372	853	1375	34865
海珠区	416	597	14821	1082	1539	38252
天河区	74	125	3318	348	537	14741
白云区	147	282	10088	176	409	14690
黄埔区	36	64	1641	146	229	6085
番禺区	70	124	4218	196	418	12838
花都区	119	234	6955	136	356	12053
南沙区	51	103	3536	122	366	14238
从化区	22	48	1282	79	221	6249
增城区	168	311	9948	369	794	26866
韶关市	**245**	**698**	**20065**	**895**	**2648**	**73061**
武江区	13	32	870	67	155	4625
浈江区	16	34	975	74	171	5092
曲江区	34	80	2907	113	325	8494
始兴县	33	97	3106	114	367	10405
仁化县	29	99	2828	91	305	8782
翁源县	11	40	872	39	118	3365
乳源瑶族自治县	18	56	1464	27	81	2233
新丰县	15	55	1255	33	113	2920
乐昌市	26	57	1648	195	593	15256
南雄市	50	148	4140	142	420	11889
深圳市	**300**	**403**	**9159**	**691**	**1111**	**27633**
罗湖区	1	1	70	16	38	1305
福田区	2	2	50	63	124	3493
南山区	38	41	758	81	152	3968
宝安区	78	92	2069	185	290	7028
龙岗区	141	209	4850	204	320	7779
盐田区	4	5	93	19	28	525
龙华区	16	24	586	48	56	1442
坪山区	13	20	443	49	71	1319
光明区	7	9	240	26	32	774
珠海市	**89**	**180**	**5434**	**180**	**368**	**10989**
香洲区	54	106	3157	43	76	2178
斗门区	28	56	1755	85	177	5639
金湾区	7	18	522	52	115	3172
汕头市	**842**	**2074**	**66823**	**1847**	**4774**	**150005**
龙湖区	50	129	4088	61	189	5126
金平区	80	156	4308	156	270	6978
濠江区	41	90	3189	79	187	5883
潮阳区	195	410	13145	541	1312	43373
潮南区	306	953	32624	761	2291	73376
澄海区	136	259	7341	217	465	13513
南澳县	34	77	2128	32	60	1756
佛山市	**534**	**1092**	**37381**	**1627**	**3512**	**119300**
禅城区	93	157	5243	219	430	13143
南海区	168	380	12915	580	1297	45616
顺德区	174	315	11526	455	948	33121
三水区	68	176	6055	256	624	21014
高明区	31	64	1642	117	213	6406

9-2 续表 4

单位：户、间、平方米

地 区	1949-1959年			1960-1969年		
	户数	间数	面积	户数	间数	面积
江门市	**1172**	**2741**	**90348**	**1819**	**4326**	**142058**
蓬江区	117	248	7152	208	438	12590
江海区	10	23	880	29	71	1936
新会区	216	434	13686	298	630	19932
台山市	551	1319	45272	769	1872	62476
开平市	170	430	12784	256	636	20780
鹤山市	34	87	2820	89	259	7648
恩平市	74	200	7754	170	420	16696
湛江市	**380**	**1097**	**32724**	**1253**	**3614**	**106340**
赤坎区	38	81	2428	87	182	5074
霞山区	83	164	4418	167	312	8190
坡头区	10	33	1250	35	97	3425
麻章区	16	60	1538	136	425	12161
遂溪县	66	211	6572	232	704	22472
徐闻县	34	96	2805	132	408	11331
廉江市	54	197	6231	153	474	13718
雷州市	58	189	5138	231	720	20090
吴川市	21	66	2344	80	292	9879
茂名市	**179**	**663**	**20611**	**470**	**1695**	**52057**
茂南区	33	102	3250	90	266	7677
电白区	50	161	6321	119	411	13476
高州市	40	157	4771	95	368	12550
化州市	18	77	2048	95	411	11391
信宜市	38	166	4221	71	239	6963
肇庆市	**330**	**757**	**24042**	**993**	**2358**	**73575**
端州区	27	46	1348	79	147	4170
鼎湖区	13	25	948	55	99	3398
高要区	99	190	5109	275	552	15064
广宁县	49	106	3926	112	283	10118
怀集县	14	57	1730	60	256	7079
封开县	9	35	1020	64	156	4134
德庆县	26	94	2324	114	344	10684
四会市	93	204	7637	234	521	18928
惠州市	**386**	**855**	**25343**	**852**	**2112**	**62985**
惠城区	104	256	7187	218	542	15673
惠阳区	40	89	2495	103	248	7267
博罗县	80	189	6058	238	606	18443
惠东县	132	256	7768	213	529	16141
龙门县	30	65	1835	80	187	5461
梅州市	**580**	**2164**	**49842**	**1211**	**4457**	**111586**
梅江区	44	151	3884	70	216	6080
梅县区	114	469	10277	208	917	21290
大埔县	182	701	15722	320	1215	30934
丰顺县	82	229	5938	258	598	16544
五华县	38	180	4556	59	333	8800
平远县	20	110	2335	62	311	7688
蕉岭县	40	124	2895	91	329	8298
兴宁市	60	200	4235	143	538	11952

9-2 续表 5　　单位：户、间、平方米

地　区	1949-1959年			1960-1969年		
	户数	间数	面积	户数	间数	面积
汕尾市	**319**	**605**	**20286**	**591**	**1323**	**43906**
城　区	64	112	4013	95	198	6160
海丰县	79	144	4636	214	476	14761
陆河县	13	65	1993	7	36	1090
陆丰市	163	284	9644	275	613	21895
河源市	**101**	**357**	**10595**	**314**	**1088**	**31561**
源城区	7	21	771	15	37	1372
紫金县	15	49	1893	51	199	6528
龙川县	34	129	3950	98	353	10372
连平县	7	21	513	49	173	4513
和平县	25	84	2078	62	195	5218
东源县	13	53	1390	39	131	3558
阳江市	**169**	**457**	**16316**	**618**	**1717**	**60200**
江城区	39	100	3291	140	366	13388
阳东区	66	156	6375	138	347	12893
阳西县	29	90	2890	137	425	14235
阳春市	35	111	3760	203	579	19684
清远市	**296**	**836**	**24397**	**856**	**2479**	**73974**
清城区	48	140	4562	183	582	19785
清新区	62	204	6250	163	526	16780
佛冈县	18	48	1316	69	182	4731
阳山县	24	55	1719	79	217	6064
连山壮族瑶族自治县	4	16	570	12	35	1008
连南瑶族自治县	9	34	1070	9	23	805
英德市	113	300	7781	282	734	19449
连州市	18	39	1129	59	180	5352
东莞市	**878**	**1413**	**44853**	**1800**	**3112**	**94547**
市辖区	878	1413	44853	1800	3112	94547
中山市	**229**	**459**	**14787**	**522**	**1169**	**38739**
市辖区	229	459	14787	522	1169	38739
潮州市	**554**	**982**	**31131**	**1152**	**2151**	**70634**
湘桥区	79	130	3793	163	297	9540
潮安区	161	328	8876	400	873	25475
饶平县	314	524	18462	589	981	35619
揭阳市	**1788**	**3898**	**123358**	**3238**	**6881**	**216627**
榕城区	286	547	13765	428	782	22337
揭东区	361	679	21520	805	1549	49507
揭西县	242	490	16019	446	1030	31875
惠来县	278	771	21850	513	1332	39853
普宁市	621	1411	50204	1046	2188	73055
云浮市	**122**	**303**	**9235**	**399**	**1156**	**33764**
云城区	20	44	1362	53	107	3395
云安区	5	10	298	20	59	1944
新兴县	48	107	3546	151	363	11088
郁南县	18	52	1451	85	330	9384
罗定市	31	90	2578	90	297	7953

9-2 续表 6 单位：户、间、平方米

地区	1970—1979年			1980—1989年			1990—1999年		
	户数	间数	面积	户数	间数	面积	户数	间数	面积
广 东	**75290**	**183308**	**5638976**	**308508**	**845344**	**26655895**	**920518**	**2531877**	**80639094**
广州市	**12618**	**24321**	**702828**	**52031**	**115384**	**3497078**	**181117**	**382425**	**11825585**
荔湾区	1657	2654	69149	5516	9973	277687	10767	20785	647144
越秀区	2438	4478	117851	11836	23905	674802	12092	26004	825609
海珠区	2849	4425	115242	9149	16037	435468	29095	48580	1388386
天河区	882	1535	40602	4204	8104	222496	28409	51668	1498530
白云区	771	1808	62499	5767	14384	492559	42699	84679	2543803
黄埔区	748	1324	39586	1987	4583	140206	7717	15602	474671
番禺区	775	1613	46439	3536	8308	256505	19519	43512	1389751
花都区	618	1603	49465	3366	10393	329795	11159	31959	1044988
南沙区	568	1516	51369	1635	4578	167668	5140	12838	463343
从化区	241	641	19557	1325	4384	136949	5395	20091	625317
增城区	1071	2724	91069	3710	10735	362943	9125	26707	924043
韶关市	**2415**	**6903**	**192506**	**7236**	**22017**	**659966**	**16608**	**55038**	**1781415**
武江区	245	577	16811	916	2316	72128	2345	6113	210542
浈江区	370	846	24585	1258	3208	100407	3016	7883	263704
曲江区	279	702	19238	992	2719	79625	1682	5025	162043
始兴县	271	875	22886	608	2053	59524	848	3114	103024
仁化县	261	856	24436	631	2149	64983	1055	4184	137071
翁源县	95	312	7828	475	1770	47323	1947	8202	238487
乳源瑶族自治县	101	264	7747	250	752	22010	644	2332	72927
新丰县	68	222	6263	343	1154	34177	911	3491	109703
乐昌市	398	1233	34754	993	3393	105158	2209	7878	259506
南雄市	327	1016	27958	770	2503	74631	1951	6816	224408
深圳市	**2746**	**4248**	**99776**	**26233**	**46876**	**1267126**	**167082**	**284004**	**7591815**
罗湖区	182	332	8552	6358	12852	367115	15927	30252	909442
福田区	85	127	2840	3963	7504	214492	25437	48550	1415413
南山区	311	492	12102	3730	6052	170383	17182	30744	883325
宝安区	924	1360	31073	4552	7460	183407	36356	56043	1362738
龙岗区	885	1372	32639	4561	7615	190885	49296	80806	2073994
盐田区	58	101	2450	891	1685	44455	1505	2956	82387
龙华区	117	161	2867	1120	1759	44899	12690	20392	509232
坪山区	106	176	3997	598	1186	30848	4620	7963	197202
光明区	78	127	3256	460	763	20642	4069	6298	158082
珠海市	**812**	**1866**	**56197**	**4936**	**12367**	**364947**	**19740**	**46699**	**1431202**
香洲区	193	358	9013	3363	7891	224284	13853	30236	913427
斗门区	369	868	28886	1152	3292	106807	3408	10024	320925
金湾区	250	640	18298	421	1184	33856	2479	6439	196850
汕头市	**4702**	**12080**	**385906**	**22693**	**62748**	**2022382**	**41525**	**127310**	**4287061**
龙湖区	133	456	13306	1087	3860	126374	5953	17478	641981
金平区	597	1268	36800	5481	12457	389143	8549	21129	710124
濠江区	191	583	17906	835	2759	88749	1756	6475	224901
潮阳区	1476	3391	113247	6117	14952	497908	10652	32684	1086537
潮南区	1579	4768	154987	5808	19538	626124	7943	29087	935144
澄海区	628	1412	43037	3085	8558	271587	6143	18879	631736
南澳县	98	202	6623	280	624	22497	529	1578	56638
佛山市	**5578**	**12583**	**429304**	**22147**	**55610**	**1963173**	**66804**	**167637**	**6151236**
禅城区	875	1661	53561	4663	10458	351211	14083	29082	1007848
南海区	1865	4310	147940	6970	18404	655072	23025	61736	2275684
顺德区	1789	4102	146088	6848	17054	638906	21572	54455	2140129
三水区	742	1878	63579	2366	6611	227971	4815	13776	472714
高明区	307	632	18136	1300	3083	90013	3309	8588	254861

9-2 续表 7

单位：户、间、平方米

地区	1970-1979年			1980-1989年			1990-1999年		
	户数	间数	面积	户数	间数	面积	户数	间数	面积
江门市	**5170**	**13159**	**427417**	**21044**	**59460**	**1930501**	**39132**	**119291**	**4008173**
蓬江区	510	1212	38848	3221	8252	280563	7384	20268	720255
江海区	135	302	9991	809	2055	71736	2695	7412	273297
新会区	1011	2341	71646	4482	11594	361112	7761	21759	701365
台山市	2043	5184	170701	5040	14064	449610	6566	20022	642033
开平市	702	1869	58257	3629	10471	316754	7201	21975	674908
鹤山市	271	779	23664	1558	4777	150841	4006	12992	422667
恩平市	498	1472	54310	2305	8247	299885	3519	14863	573648
湛江市	**4703**	**14565**	**420740**	**19152**	**70764**	**2163928**	**37581**	**160422**	**5206445**
赤坎区	323	735	20501	1405	3815	115671	2399	6806	219223
霞山区	696	1375	37797	2393	5619	167738	4628	11840	384261
坡头区	162	582	21097	1128	4282	144134	2147	9507	330541
麻章区	452	1419	38995	1164	4153	113590	2013	8719	252798
遂溪县	768	2466	71909	2295	8582	260069	3928	16908	532395
徐闻县	474	1463	38241	1580	5483	147059	2983	11315	318940
廉江市	520	1911	57088	2829	12417	398128	7168	38065	1244645
雷州市	936	3227	87284	3750	14283	387941	6228	25432	712903
吴川市	372	1387	47828	2608	12130	429598	6087	31830	1210739
茂名市	**1812**	**6697**	**208475**	**9970**	**44506**	**1420548**	**40921**	**214728**	**6949301**
茂南区	551	1546	43263	2831	9490	267584	8825	33944	985661
电白区	426	1670	57223	2379	11105	404375	8075	43555	1578178
高州市	331	1308	43364	1707	7980	264207	10214	55137	1857425
化州市	356	1575	46318	2183	11648	360502	8330	51775	1615639
信宜市	148	598	18307	870	4283	123880	5477	30317	912398
肇庆市	**2601**	**6545**	**195197**	**9450**	**27006**	**809752**	**25376**	**88129**	**2624575**
端州区	419	921	27641	2058	5215	159165	4679	12737	406652
鼎湖区	142	307	10080	493	1256	44281	1019	3520	121945
高要区	673	1396	39609	2446	5954	169484	4767	13499	371435
广宁县	217	608	19837	742	2421	78467	2567	10142	317660
怀集县	135	505	15424	716	2818	87684	3389	16779	500563
封开县	216	725	16478	659	2339	58700	2165	9134	245184
德庆县	277	810	23202	798	2629	75059	2731	10175	291902
四会市	522	1273	42926	1538	4374	136912	4059	12143	369234
惠州市	**2346**	**6346**	**192815**	**9036**	**27361**	**854655**	**28105**	**87412**	**2793055**
惠城区	595	1600	47062	3051	8095	241925	10364	28333	881738
惠阳区	372	1009	30646	1683	5604	172234	6112	18212	574631
博罗县	526	1408	42748	1574	4867	152905	5619	19725	634178
惠东县	609	1675	53669	2053	6557	218320	4475	15139	509580
龙门县	244	654	18690	675	2238	69271	1535	6003	192928
梅州市	**3199**	**13097**	**345072**	**11421**	**53271**	**1463307**	**24786**	**120667**	**3486113**
梅江区	299	1244	37444	1835	7619	237306	3240	12557	413788
梅县区	544	2691	63876	1986	10761	256353	3770	18602	492662
大埔县	601	2513	64621	1015	4251	113359	1740	7217	205616
丰顺县	676	1701	50648	1580	5117	149510	2432	9498	271582
五华县	237	1244	34608	1410	8400	247831	5018	31416	939347
平远县	135	769	20507	732	4026	108161	1078	5747	168651
蕉岭县	280	1132	29808	871	3879	113806	1572	6670	207675
兴宁市	427	1803	43560	1992	9218	236981	5936	28960	786792

9-2　续表 8　　　　单位：户、间、平方米

地　区	1970—1979年			1980—1989年			1990—1999年		
	户数	间数	面积	户数	间数	面积	户数	间数	面积
汕尾市	**1555**	**3820**	**129448**	**5583**	**15340**	**537882**	**13732**	**44731**	**1572248**
城　区	336	782	24762	1276	3355	110447	3133	8903	298867
海丰县	435	1059	33591	1466	4070	128659	3430	10631	346873
陆河县	37	165	4611	177	831	26947	1502	7597	250076
陆丰市	747	1814	66484	2664	7084	271829	5667	17600	676432
河源市	**687**	**2732**	**80339**	**3273**	**13897**	**422854**	**14854**	**68213**	**2149419**
源城区	75	264	8694	670	2499	84332	3139	11848	405503
紫金县	124	519	16901	453	2005	66167	2591	13620	483031
龙川县	225	978	29142	989	4601	136596	4113	19421	581367
连平县	65	228	6329	299	1203	36906	1303	6160	194290
和平县	133	464	11592	563	2199	59105	1751	7644	207098
东源县	65	279	7681	299	1390	39748	1957	9520	278130
阳江市	**1575**	**4678**	**160110**	**5962**	**20642**	**729478**	**14060**	**57440**	**2151861**
江城区	466	1327	46863	2327	7742	285552	5004	18545	730013
阳东区	338	915	32478	1050	3299	115826	2118	7418	279359
阳西县	327	1096	35946	918	3546	120565	2369	10337	364734
阳春市	444	1340	44823	1667	6055	207535	4569	21140	777755
清远市	**1915**	**5884**	**177004**	**7030**	**25296**	**791663**	**21618**	**86886**	**2740045**
清城区	327	1087	35360	1721	6312	204946	6319	23728	768173
清新区	465	1582	50410	1377	5467	178359	3275	12574	391185
佛冈县	189	465	12743	539	1576	44294	1995	6883	201608
阳山县	144	427	12969	543	1953	62220	1975	9300	291899
连山壮族瑶族自治县	58	204	5927	199	707	20790	455	1950	58781
连南瑶族自治县	47	138	4538	273	1028	33762	821	3477	113582
英德市	499	1435	38401	1451	4789	138950	3776	15607	471957
连州市	186	546	16656	927	3464	108342	3002	13367	442860
东莞市	**4714**	**8493**	**270612**	**16507**	**34537**	**1147840**	**76424**	**136772**	**4256788**
市辖区	4714	8493	270612	16507	34537	1147840	76424	136772	4256788
中山市	**1465**	**3472**	**116664**	**6711**	**17352**	**595974**	**22568**	**55576**	**2001889**
市辖区	1465	3472	116664	6711	17352	595974	22568	55576	2001889
潮州市	**2950**	**6035**	**193759**	**10361**	**24770**	**844911**	**16254**	**46970**	**1734573**
湘桥区	549	1086	35474	2631	5960	200707	4836	13241	507165
潮安区	1116	2364	69197	4568	11688	379708	6595	20520	722575
饶平县	1285	2585	89088	3162	7122	264496	4823	13209	504833
揭阳市	**10567**	**21983**	**745483**	**32143**	**72855**	**2485779**	**34753**	**97179**	**3356389**
榕城区	1842	3107	106183	6303	12031	424275	6118	14526	546106
揭东区	2845	5212	192636	8297	16107	570787	4448	10425	397689
揭西县	1340	3145	101283	3477	9429	302954	4079	13555	422568
惠来县	1393	3608	108379	2696	8031	248419	5179	16914	537567
普宁市	3147	6911	237002	11370	27257	939344	14929	41759	1452459
云浮市	**1160**	**3801**	**109324**	**5589**	**23285**	**682151**	**17478**	**84348**	**2539906**
云城区	136	359	11470	1172	3845	117075	2755	9808	306167
云安区	50	193	5695	412	1907	59636	1694	8427	269677
新兴县	383	995	29552	1228	3843	112859	2458	8908	269886
郁南县	236	925	26661	995	4737	141201	2571	13365	412486
罗定市	355	1329	35946	1782	8953	251380	8000	43840	1281690

9-2 续表 9　　单位：户、间、平方米

地区	2000—2009年			2010—2014年			2015年以后		
	户数	间数	面积	户数	间数	面积	户数	间数	面积
广　东	**1313437**	**3406474**	**109980786**	**674374**	**1983548**	**66210089**	**406347**	**1244612**	**42063101**
广州市	**231726**	**470008**	**15004497**	**117968**	**241075**	**7720636**	**58341**	**132869**	**4292798**
荔湾区	7551	15893	520270	5125	10201	341276	5712	11747	381869
越秀区	4976	12098	451941	877	2158	82178	664	1602	54734
海珠区	21817	46492	1581780	5679	10911	369586	2156	3752	115380
天河区	36911	65132	1982078	10966	18448	539847	4525	8215	247303
白云区	52006	93757	2693600	30669	57853	1689542	11769	23852	710373
黄埔区	17001	29997	875541	8405	16359	500421	8263	20847	638101
番禺区	44044	83696	2632925	25151	44051	1344643	9677	19533	625142
花都区	18668	41890	1370675	13325	28126	877291	5242	12504	404256
南沙区	9865	21631	752419	6397	15870	610206	4394	12098	448021
从化区	5429	20244	668541	2817	11414	372847	792	3176	101427
增城区	13458	39178	1474727	8557	25684	992799	5147	15543	566192
韶关市	**25628**	**96962**	**3297258**	**18686**	**71941**	**2517762**	**11742**	**44115**	**1537411**
武江区	3625	10294	392821	2177	6573	241733	1993	6624	251954
浈江区	2303	7702	287628	2359	8266	338104	1273	4312	148172
曲江区	2581	8796	315548	1750	6332	226568	1023	3889	143184
始兴县	1545	6203	209917	1546	6389	222297	979	4085	139593
仁化县	1163	5241	178998	1352	6274	223140	1062	4783	172764
翁源县	2949	13470	399036	1810	8061	247049	1344	5406	173298
乳源瑶族自治县	2082	7995	274955	1468	5417	185396	569	2069	70782
新丰县	1815	7976	248185	1154	4828	150810	615	2298	72586
乐昌市	3617	14479	496502	2360	9186	329633	1554	5828	204575
南雄市	3948	14806	493668	2710	10615	353032	1330	4821	160503
深圳市	**300636**	**495683**	**13417631**	**77543**	**153585**	**4544859**	**40800**	**85160**	**2546440**
罗湖区	10795	22006	730782	1127	2760	98307	984	2320	83835
福田区	15353	36463	1274181	2032	5025	183566	971	2398	92461
南山区	19813	44539	1542658	6155	13662	475918	4497	10084	364106
宝安区	93576	138121	3426532	22081	40846	1205978	11686	20105	553560
龙岗区	65459	116312	3168773	13356	32126	980422	10310	23687	703422
盐田区	2027	4635	152848	646	1647	52896	530	1539	50058
龙华区	63463	92527	2193477	16661	31469	887580	5674	13003	356087
坪山区	10027	14949	344713	1802	4538	124132	1755	4181	131150
光明区	20123	26131	583667	13683	21512	536060	4393	7843	211761
珠海市	**27687**	**62175**	**2018197**	**14365**	**33598**	**1104136**	**7494**	**20484**	**703948**
香洲区	17909	38833	1297082	6233	13616	463913	2955	7439	258532
斗门区	6815	16396	508149	4586	11528	374663	2409	8399	294837
金湾区	2963	6946	212966	3546	8454	265560	2130	4646	150579
汕头市	**27731**	**97089**	**3414947**	**14427**	**54184**	**1949106**	**8448**	**30722**	**1144862**
龙湖区	4536	14290	524445	2922	9278	351434	1788	6336	244923
金平区	4289	13007	481942	1262	4218	162615	1682	4996	179681
濠江区	1093	5433	181630	717	3849	134776	455	2281	84237
潮阳区	7816	27315	940783	4744	17914	635752	1844	6696	255064
潮南区	5566	21763	721323	2387	10145	329719	716	3088	100429
澄海区	4221	14521	534977	2163	7889	297897	1680	6145	234708
南澳县	210	760	29847	232	891	36913	283	1180	45820
佛山市	**93154**	**224550**	**8248144**	**61912**	**149019**	**5211203**	**46102**	**115684**	**4018320**
禅城区	12745	28622	1054365	9372	21244	715710	5356	13072	432718
南海区	30914	80691	2947916	23275	56339	1941398	20821	50964	1695744
顺德区	39889	91007	3412385	22339	53144	1941215	14807	37748	1441364
三水区	5622	14564	514375	3917	10680	365386	3635	9965	323465
高明区	3984	9666	319103	3009	7612	247494	1483	3935	125029

9–2　续表 10　　　　单位：户、间、平方米

地　区	2000—2009年			2010—2014年			2015年以后		
	户数	间数	面积	户数	间数	面积	户数	间数	面积
江门市	**26783**	**83309**	**3011690**	**17418**	**53329**	**1918952**	**14632**	**45404**	**1580367**
蓬江区	5580	16213	627798	3395	9887	367365	3146	9772	344485
江海区	2186	5783	217310	1935	4469	151302	2292	5534	182988
新会区	5029	15109	542150	3325	10373	362792	2081	6623	219663
台山市	4262	14041	479158	2175	7505	282346	2169	7389	267511
开平市	3435	10807	360159	2284	7361	251376	1548	4737	162160
鹤山市	4033	11897	404767	2773	7736	266595	2273	6876	227983
恩平市	2258	9459	380348	1531	5998	237176	1123	4473	175577
湛江市	**41879**	**192242**	**6465419**	**35592**	**167327**	**5702052**	**27745**	**134200**	**4571598**
赤坎区	2664	7567	277825	2462	7329	268071	1570	4969	165661
霞山区	4696	12828	462795	3911	9987	334129	2496	7807	253091
坡头区	1816	9399	343934	2029	10258	379643	1558	7318	274317
麻章区	2315	11575	354128	2578	13821	441435	1949	10746	348527
遂溪县	5124	24827	801133	4316	22151	733986	3397	17683	588113
徐闻县	4002	16392	497672	3119	14169	453844	2979	14447	465933
廉江市	8624	48539	1631676	6483	35281	1204403	5052	24842	855168
雷州市	7312	31533	926097	6716	31425	955837	5245	26498	800995
吴川市	5326	29582	1170159	3978	22906	930704	3499	19890	819793
茂名市	**46694**	**263877**	**8820878**	**29631**	**169986**	**5845231**	**22399**	**124317**	**4399194**
茂南区	7312	30595	987251	3724	15933	514465	4029	16457	532783
电白区	9405	54657	2036112	7660	45067	1737724	5797	34034	1363798
高州市	11919	67598	2332682	5581	32011	1136548	4267	23113	834846
化州市	8991	58528	1856153	6599	42242	1373263	4466	28677	963395
信宜市	9067	52499	1608680	6067	34733	1083231	3840	22036	704372
肇庆市	**37446**	**151746**	**4516230**	**22427**	**92438**	**2764213**	**11436**	**42368**	**1307788**
端州区	5744	16991	585087	2870	8912	307792	1506	4412	152473
鼎湖区	1239	4540	157134	876	3169	116675	582	2110	79723
高要区	5236	15458	431499	2824	8682	250689	1560	4699	136083
广宁县	3777	16164	524368	2523	10498	338795	1521	5666	183311
怀集县	9582	51488	1460269	5593	29006	829180	2059	9352	271875
封开县	3345	18019	455671	2913	16035	406311	1179	5932	158704
德庆县	3502	14200	404613	1790	7259	210119	970	3818	105788
四会市	5021	14886	497589	3038	8877	304652	2059	6379	219831
惠州市	**51056**	**147624**	**4966189**	**44149**	**123544**	**4110474**	**22417**	**68412**	**2294312**
惠城区	20766	54104	1840310	15455	43096	1455867	6310	18674	624726
惠阳区	12204	28190	896713	14977	31570	976673	7456	18529	585048
博罗县	8635	31772	1092524	6245	21988	768908	4344	15230	532543
惠东县	7109	23894	812929	5797	20033	680796	3102	11262	387371
龙门县	2342	9664	323713	1675	6857	228230	1205	4717	164624
梅州市	**27717**	**137892**	**4155626**	**17521**	**84854**	**2640791**	**10493**	**49306**	**1552419**
梅江区	2357	8944	328920	1383	4966	180482	1040	3552	131306
梅县区	3955	17842	506306	2745	11279	351995	1522	6274	188824
大埔县	2461	9969	291758	1573	6580	187805	1163	4968	140848
丰顺县	3080	12609	383735	1856	7561	238797	1122	4388	144807
五华县	6793	43996	1343624	4354	28200	876981	2414	15131	483975
平远县	1606	8735	266101	1152	6307	193340	898	4695	150254
蕉岭县	1289	5676	186435	961	4095	138482	591	2564	84412
兴宁市	6176	30121	848747	3497	15866	472909	1743	7734	227993

9-2 续表 11

单位：户、间、平方米

地区	2000-2009年			2010-2014年			2015年以后		
	户数	间数	面积	户数	间数	面积	户数	间数	面积
汕尾市	**16298**	**58062**	**2039221**	**13972**	**50431**	**1845549**	**6296**	**23550**	**864288**
城　区	2067	6249	226193	1875	5408	198341	703	2268	79310
海丰县	5682	18548	603719	4798	15946	549740	1907	6435	226779
陆河县	1638	8619	298689	933	4926	181540	616	3238	121570
陆丰市	6911	24646	910620	6366	24151	915928	3070	11609	436629
河源市	**27148**	**122486**	**3989361**	**17278**	**74795**	**2495312**	**9059**	**36249**	**1234561**
源城区	6180	21058	762606	4218	13988	512261	2528	8560	311333
紫金县	5201	28041	1003444	3261	17330	623131	1588	7493	276650
龙川县	6054	27919	844624	3519	15345	474484	1612	6836	217374
连平县	2727	13607	438081	2195	10817	351559	862	3969	125649
和平县	3909	17542	499435	2378	10378	304029	1185	4599	142964
东源县	3077	14319	441171	1707	6937	229848	1284	4792	160591
阳江市	**18920**	**78323**	**3079299**	**13715**	**55942**	**2195926**	**8712**	**33752**	**1324197**
江城区	5146	19196	805422	3943	14267	562047	2421	8357	324792
阳东区	3713	12202	490666	2483	8938	361628	1341	4741	191654
阳西县	2996	13618	517689	2337	9839	389356	1452	5565	222052
阳春市	7065	33307	1265522	4952	22898	882895	3498	15089	585699
清远市	**31755**	**126304**	**4149820**	**22434**	**86445**	**2943773**	**14483**	**53086**	**1800273**
清城区	7959	28044	992626	6433	21731	810911	4390	14392	507403
清新区	5902	19990	646652	3119	10915	365449	1659	5831	198530
佛冈县	2780	9789	304598	1642	5710	177938	1166	3898	123772
阳山县	3304	15706	507602	1849	8072	267502	1324	4942	166892
连山壮族瑶族自治县	749	3686	116423	718	3529	117306	416	2010	66518
连南瑶族自治县	1309	5717	192312	824	3491	115046	417	1752	59858
英德市	6682	29425	914407	6216	25484	831935	3808	14907	490825
连州市	3070	13947	475200	1633	7513	257686	1303	5354	186475
东莞市	**175390**	**283586**	**8598802**	**66716**	**117183**	**3658911**	**46657**	**86150**	**2667929**
市辖区	175390	283586	8598802	66716	117183	3658911	46657	86150	2667929
中山市	**50559**	**105484**	**3611581**	**35392**	**76639**	**2581091**	**20576**	**48206**	**1716585**
市辖区	50559	105484	3611581	35392	76639	2581091	20576	48206	1716585
潮州市	**14165**	**47795**	**1907731**	**9552**	**33169**	**1334132**	**5801**	**20723**	**829585**
湘桥区	3110	9709	410802	1965	6172	257919	1347	4499	184608
潮安区	6339	23124	896245	3840	14766	576258	2390	9355	364856
饶平县	4716	14962	600684	3747	12231	499955	2064	6869	280121
揭阳市	**24537**	**79400**	**2724074**	**12703**	**42644**	**1485313**	**5407**	**18518**	**660969**
榕城区	3344	9121	362155	1546	4192	175347	778	2003	82645
揭东区	2722	7402	303436	1547	4433	178621	703	2028	82662
揭西县	3048	11416	354479	1656	6272	212772	1034	3897	129914
惠来县	6182	23581	733377	3609	14769	471166	1231	5350	171976
普宁市	9241	27880	970627	4345	12978	447407	1661	5240	193772
云浮市	**16528**	**81877**	**2544191**	**10973**	**51420**	**1640667**	**7307**	**31337**	**1015257**
云城区	2449	9143	298176	2105	7717	264814	1508	5284	182498
云安区	1646	8655	283526	979	5199	177015	685	3318	113466
新兴县	2928	11449	369579	2500	9803	326523	1647	6134	206839
郁南县	2592	14254	465302	1675	8905	293306	1275	6164	198328
罗定市	6913	38376	1127608	3714	19796	579009	2192	10437	314126

9-2a 各地区按住房建成时间分的家庭户住房状况(城市)

单位：户、间、平方米

地 区	合 计			1949年以前		
	户数	间数	面积	户数	间数	面积
广 东	**2506122**	**5443981**	**175707457**	**6626**	**13305**	**388967**
广州市	**550547**	**1054141**	**31911277**	**1971**	**3244**	**84169**
荔湾区	38087	73898	2301359	586	944	22820
越秀区	34815	73385	2286244	695	1157	28892
海珠区	72479	132726	4068117	236	393	9202
天河区	86336	153793	4549688	17	29	773
白云区	116278	199227	5386302	18	27	795
黄埔区	40644	76712	2208925	4	6	195
番禺区	89215	170997	5310564	44	86	3373
花都区	37035	78264	2468663	334	509	14655
南沙区	15838	35164	1177049	11	23	1082
从化区	5584	16597	570289			
增城区	14236	43378	1584077	26	70	2382
韶关市	**28950**	**81128**	**2968378**	**25**	**57**	**1700**
武江区	9759	26186	956110			
浈江区	8380	23057	844687	14	26	787
曲江区	4587	12920	467071	1	3	100
始兴县						
仁化县						
翁源县						
乳源瑶族自治县						
新丰县						
乐昌市	3048	9192	352731	2	7	210
南雄市	3176	9773	347779	8	21	603
深圳市	**614811**	**1068298**	**29417057**	**310**	**478**	**11286**
罗湖区	35400	70578	2199874	10	17	466
福田区	47911	100201	3186695	5	8	199
南山区	51802	105762	3453166	2	3	74
宝安区	169561	264505	6776868	123	188	4483
龙岗区	142875	259648	7077014	114	175	4103
盐田区	5692	12611	385928	12	15	216
龙华区	99803	159414	3996995	14	23	825
坪山区	18910	32846	825706	12	31	591
光明区	42857	62733	1514811	18	18	329
珠海市	**60124**	**136253**	**4354485**	**63**	**127**	**3899**
香洲区	43774	96901	3120699	58	116	3688
斗门区	8354	20034	633078	1	4	50
金湾区	7996	19318	600708	4	7	161
汕头市	**61781**	**189235**	**6580753**	**689**	**1811**	**58655**
龙湖区	14614	42424	1615052	55	114	3302
金平区	21909	56701	1939268	117	236	7036
濠江区	3844	15420	518611	87	190	4981
潮阳区	7257	26611	906119	22	54	1591
潮南区	8532	31047	999705	347	1069	38214
澄海区	5625	17032	601998	61	148	3531
南澳县						
佛山市	**272890**	**661238**	**23715399**	**365**	**824**	**28209**
禅城区	41087	86417	2889312	55	115	3456
南海区	102712	259972	9186162	143	324	11475
顺德区	106542	255483	9640817	113	289	10147
三水区	10945	30361	1067344	32	59	1958
高明区	11604	29005	931764	22	37	1173

9—2a 续表 1

单位：户、间、平方米

地区	合计			1949年以前		
	户数	间数	面积	户数	间数	面积
江门市	**78679**	**222861**	**7956023**	**483**	**1133**	**36452**
蓬江区	23075	63839	2297325	151	374	11014
江海区	10119	25713	911626	28	64	2186
新会区	13532	36518	1279723	51	108	3359
台山市	10177	29390	1036555	206	461	16034
开平市	8968	26350	873908	38	108	3061
鹤山市	8030	21433	745667	8	13	598
恩平市	4778	19618	811219	1	5	200
湛江市	**51837**	**172495**	**6081556**	**102**	**224**	**6696**
赤坎区	10792	30534	1041148	50	97	2946
霞山区	18214	46151	1542653	10	20	704
坡头区	2005	7457	249027	1	3	85
麻章区	2303	10019	328215	1	1	80
遂溪县	579	2337	82457	1	4	100
徐闻县						
廉江市	5954	24579	926903	4	9	245
雷州市	6198	24070	764302	22	63	1546
吴川市	5792	27348	1146851	13	27	990
茂名市	**44931**	**184017**	**6539544**	**17**	**43**	**1436**
茂南区	18256	60021	2065546	4	7	215
电白区	5477	25846	1037673	1	2	50
高州市	7395	28555	1013033	9	26	841
化州市	6576	35481	1282113	2	7	290
信宜市	7227	34114	1141179	1	1	40
肇庆市	**33102**	**96858**	**3210825**	**61**	**138**	**4800**
端州区	17418	49446	1646289	36	65	1961
鼎湖区	2248	7888	284641	8	17	773
高要区	2641	8525	271250	3	10	440
广宁县						
怀集县						
封开县						
德庆县						
四会市	10795	30999	1008645	14	46	1626
惠州市	**79331**	**193001**	**6234824**	**73**	**167**	**4941**
惠城区	45818	117020	3882602	57	143	4180
惠阳区	32942	74520	2302772	16	24	761
博罗县	571	1461	49450			
惠东县						
龙门县						
梅州市	**23225**	**86078**	**2908656**	**190**	**642**	**15807**
梅江区	9367	34469	1203327	135	474	11688
梅县区	6583	23488	819615	10	38	1015
大埔县						
丰顺县						
五华县	364	2538	73643	3	17	480
平远县						
蕉岭县						
兴宁市	6911	25583	812071	42	113	2624

9–2a 续表 2

单位：户、间、平方米

地区	合计			1949年以前		
	户数	间数	面积	户数	间数	面积
汕尾市	**11372**	**34332**	**1278939**	**23**	**44**	**1439**
城 区	6549	18272	655210	16	28	920
海丰县						
陆河县						
陆丰市	4823	16060	623729	7	16	519
河源市	**15203**	**53199**	**1920933**	**13**	**29**	**844**
源城区	15203	53199	1920933	13	29	844
紫金县						
龙川县						
连平县						
和平县						
东源县						
阳江市	**25133**	**88060**	**3702276**	**29**	**73**	**2711**
江城区	13876	48135	2003136	25	61	2141
阳东区	4708	15638	667335			
阳西县						
阳春市	6549	24287	1031805	4	12	570
清远市	**32409**	**103639**	**3715444**	**11**	**38**	**1256**
清城区	17060	53521	1922477	7	23	736
清新区	6529	19377	651053			
佛冈县						
阳山县						
连山壮族瑶族自治县						
连南瑶族自治县						
英德市	5155	16099	574634	3	13	400
连州市	3665	14642	567280	1	2	120
东莞市	**362826**	**619612**	**18983712**	**508**	**888**	**27113**
市辖区	362826	619612	18983712	508	888	27113
中山市	**88006**	**192361**	**6613860**	**246**	**602**	**21922**
市辖区	88006	192361	6613860	246	602	21922
潮州市	**23537**	**68245**	**2654509**	**658**	**1226**	**33745**
湘桥区	11959	33123	1297625	302	565	16033
潮安区	11578	35122	1356884	356	661	17712
饶平县						
揭阳市	**33981**	**85032**	**3162998**	**763**	**1437**	**39227**
榕城区	14662	33876	1245447	542	994	22272
揭东区	6892	14038	591684	160	293	11614
揭西县						
惠来县						
普宁市	12427	37118	1325867	61	150	5341
云浮市	**13447**	**53898**	**1796009**	**26**	**80**	**2660**
云城区	7663	25766	865445	12	17	645
云安区	426	2054	70541	1	2	80
新兴县						
郁南县						
罗定市	5358	26078	860023	13	61	1935

9-2a 续表 3 单位：户、间、平方米

地 区	1949-1959年			1960-1969年		
	户数	间数	面积	户数	间数	面积
广 东	**5105**	**9611**	**285526**	**10950**	**21205**	**627829**
广州市	**1564**	**2402**	**61220**	**3550**	**5537**	**144060**
荔湾区	410	594	14317	763	1107	26827
越秀区	384	608	15372	853	1375	34865
海珠区	416	597	14821	1082	1539	38252
天河区	74	125	3318	348	537	14741
白云区	84	141	4090	69	115	2933
黄埔区	33	46	1101	138	201	4895
番禺区	45	76	2456	138	280	8352
花都区	75	125	2778	45	91	2634
南沙区	15	27	893	48	165	6602
从化区	3	7	240	19	38	1137
增城区	25	56	1834	47	89	2822
韶关市	**42**	**103**	**2995**	**133**	**309**	**8923**
武江区	6	18	470	42	97	2909
浈江区	14	30	825	59	133	3861
曲江区	16	34	1002	26	64	1695
始兴县						
仁化县						
翁源县						
乳源瑶族自治县						
新丰县						
乐昌市	1	2	60	6	15	458
南雄市	5	19	638			
深圳市	**294**	**393**	**8949**	**680**	**1087**	**26877**
罗湖区	1	1	70	16	38	1305
福田区	2	2	50	63	124	3493
南山区	38	41	758	81	152	3968
宝安区	78	92	2069	185	290	7028
龙岗区	135	199	4640	193	296	7023
盐田区	4	5	93	19	28	525
龙华区	16	24	586	48	56	1442
坪山区	13	20	443	49	71	1319
光明区	7	9	240	26	32	774
珠海市	**27**	**49**	**1252**	**51**	**96**	**2479**
香洲区	23	41	1032	31	50	1344
斗门区	1	2	40	4	10	290
金湾区	3	6	180	16	36	845
汕头市	**350**	**933**	**31464**	**744**	**2226**	**68831**
龙湖区	46	115	3660	36	88	2489
金平区	75	147	4048	154	267	6878
濠江区	29	71	2543	44	110	3332
潮阳区	20	38	1038	91	321	10834
潮南区	173	549	19845	395	1381	43581
澄海区	7	13	330	24	59	1717
南澳县						
佛山市	**435**	**863**	**29152**	**1321**	**2799**	**94110**
禅城区	76	130	4005	182	346	9903
南海区	148	336	11180	543	1212	42099
顺德区	171	305	11148	447	930	32518
三水区	24	56	1944	96	217	6741
高明区	16	36	875	53	94	2849

9-2a　续表 4　　　　单位：户、间、平方米

地　区	1949-1959年			1960-1969年		
	户数	间数	面积	户数	间数	面积
江门市	**285**	**619**	**18588**	**442**	**984**	**30055**
蓬江区	110	226	6212	204	430	12250
江海区	10	23	880	29	71	1936
新会区	38	82	2191	52	105	3320
台山市	99	229	7436	108	250	8442
开平市	19	35	1068	20	55	1257
鹤山市	3	5	191	9	18	585
恩平市	6	19	610	20	55	2265
湛江市	**139**	**287**	**8346**	**340**	**736**	**21159**
赤坎区	38	81	2428	86	180	5024
霞山区	77	143	3942	161	295	7780
坡头区						
麻章区				5	10	350
遂溪县	5	16	705	14	35	1249
徐闻县						
廉江市	3	8	186	10	27	795
雷州市	11	30	795	37	105	3085
吴川市	5	9	290	27	84	2876
茂名市	**50**	**134**	**4642**	**119**	**335**	**10000**
茂南区	21	56	1910	54	131	3670
电白区	9	25	934	21	76	2394
高州市	7	17	585	16	41	1443
化州市	4	12	480	12	34	1020
信宜市	9	24	733	16	53	1473
肇庆市	**47**	**103**	**2993**	**134**	**297**	**8416**
端州区	27	46	1348	79	147	4170
鼎湖区	3	5	148	4	9	303
高要区	2	4	143	18	55	1517
广宁县						
怀集县						
封开县						
德庆县						
四会市	15	48	1354	33	86	2426
惠州市	**114**	**258**	**7014**	**234**	**580**	**16150**
惠城区	83	195	5285	160	399	11201
惠阳区	31	63	1729	74	181	4949
博罗县						
惠东县						
龙门县						
梅州市	**56**	**171**	**4439**	**103**	**314**	**9129**
梅江区	38	121	3334	58	163	4630
梅县区	9	25	615	19	73	2490
大埔县						
丰顺县						
五华县	1	4	100	4	26	670
平远县						
蕉岭县						
兴宁市	8	21	390	22	52	1339

9—2a 续表 5

单位：户、间、平方米

地区	1949—1959年			1960—1969年		
	户数	间数	面积	户数	间数	面积
汕尾市	**83**	**171**	**5343**	**82**	**185**	**5757**
城　区	51	87	3167	42	85	2821
海丰县						
陆河县						
陆丰市	32	84	2176	40	100	2936
河源市	**7**	**21**	**771**	**13**	**34**	**1112**
源城区	7	21	771	13	34	1112
紫金县						
龙川县						
连平县						
和平县						
东源县						
阳江市	**26**	**81**	**3302**	**95**	**244**	**10063**
江城区	18	54	1872	58	148	6167
阳东区	5	22	1220	12	38	1769
阳西县						
阳春市	3	5	210	25	58	2127
清远市	**21**	**63**	**1902**	**59**	**195**	**7100**
清城区	10	29	998	47	152	5440
清新区				2	8	340
佛冈县						
阳山县						
连山壮族瑶族自治县						
连南瑶族自治县						
英德市	7	22	574	3	6	340
连州市	4	12	330	7	29	980
东莞市	**798**	**1284**	**40210**	**1554**	**2584**	**77080**
市辖区	798	1284	40210	1554	2584	77080
中山市	**163**	**328**	**10072**	**345**	**756**	**24905**
市辖区	163	328	10072	345	756	24905
潮州市	**108**	**209**	**5927**	**230**	**412**	**12875**
湘桥区	40	70	1867	84	157	4793
潮安区	68	139	4060	146	255	8082
饶平县						
揭阳市	**487**	**1118**	**36185**	**689**	**1413**	**46100**
榕城区	235	484	11876	298	595	16425
揭东区	53	114	3406	202	345	12194
揭西县						
惠来县						
普宁市	199	520	20903	189	473	17481
云浮市	**9**	**21**	**760**	**32**	**82**	**2648**
云城区	6	15	547	19	45	1470
云安区	1	3	60	1	2	60
新兴县						
郁南县						
罗定市	2	3	153	12	35	1118

9-2a　续表 6　　　　单位：户、间、平方米

地　区	1970-1979年			1980-1989年			1990-1999年		
	户数	间数	面积	户数	间数	面积	户数	间数	面积
广　东	**35462**	**73191**	**2227485**	**176930**	**413241**	**12952879**	**639069**	**1402925**	**44440562**
广州市	**10292**	**17922**	**483441**	**43131**	**85687**	**2437431**	**156598**	**300686**	**8959726**
荔湾区	1657	2654	69149	5516	9973	277687	10767	20785	647144
越秀区	2438	4478	117851	11836	23905	674802	12092	26004	825609
海珠区	2849	4425	115242	9149	16037	435468	29095	48580	1388386
天河区	882	1535	40602	4204	8104	222496	28409	51668	1498530
白云区	358	570	15374	3858	6842	189530	36372	62508	1710393
黄埔区	709	1213	34896	1802	3850	114022	7199	13486	385975
番禺区	578	1073	29107	2804	6200	187565	17717	38931	1230681
花都区	288	588	16840	1766	4355	127117	7196	17153	548815
南沙区	173	428	14636	421	1210	43685	2745	6345	217614
从化区	60	140	4108	656	1874	58191	2131	6244	202600
增城区	300	818	25636	1119	3337	106868	2875	8982	303979
韶关市	**719**	**1667**	**48483**	**3106**	**7983**	**248116**	**7423**	**19499**	**659740**
武江区	199	461	13304	812	2031	62942	2138	5355	182898
浈江区	324	722	21151	1137	2739	85531	2761	6860	228758
曲江区	125	289	7775	684	1809	53160	1091	2976	97929
始兴县									
仁化县									
翁源县									
乳源瑶族自治县									
新丰县									
乐昌市	45	119	3785	327	991	32531	663	1867	67296
南雄市	26	76	2468	146	413	13952	770	2441	82859
深圳市	**2715**	**4175**	**97357**	**26136**	**46533**	**1255651**	**166734**	**283153**	**7564460**
罗湖区	182	332	8552	6358	12852	367115	15927	30252	909442
福田区	85	127	2840	3963	7504	214492	25437	48550	1415413
南山区	311	492	12102	3730	6052	170383	17182	30744	883325
宝安区	924	1360	31073	4552	7460	183407	36356	56043	1362738
龙岗区	854	1299	30220	4464	7272	179410	48948	79955	2046639
盐田区	58	101	2450	891	1685	44455	1505	2956	82387
龙华区	117	161	2867	1120	1759	44899	12690	20392	509232
坪山区	106	176	3997	598	1186	30848	4620	7963	197202
光明区	78	127	3256	460	763	20642	4069	6298	158082
珠海市	**332**	**714**	**19727**	**4025**	**9818**	**281646**	**17629**	**40066**	**1215818**
香洲区	181	338	8688	3330	7806	221794	13736	30005	906733
斗门区	45	102	3231	451	1311	39855	1948	5155	162458
金湾区	106	274	7808	244	701	19997	1945	4906	146627
汕头市	**1647**	**4557**	**139230**	**10699**	**29853**	**941513**	**22712**	**66528**	**2272257**
龙湖区	61	202	5800	779	2477	85329	5511	15509	583024
金平区	582	1236	35939	5434	12337	383943	8456	20831	699276
濠江区	137	448	13487	662	2276	72383	1374	4982	169090
潮阳区	109	359	10794	749	2454	78064	2831	9509	315820
潮南区	673	2123	68350	2419	8525	268718	2338	9065	278790
澄海区	85	189	4860	656	1784	53076	2202	6632	226257
南澳县									
佛山市	**4757**	**10483**	**355950**	**19575**	**48001**	**1688263**	**61950**	**151867**	**5553870**
禅城区	761	1370	40653	4308	9306	302051	12807	24570	802470
南海区	1750	4010	136970	6570	17152	607977	22264	58946	2164142
顺德区	1767	4041	143977	6793	16877	631977	21372	53856	2116103
三水区	312	725	24231	1027	2511	82277	2721	7264	253493
高明区	167	337	10119	877	2155	63981	2786	7231	217662

9-2a 续表 7

单位：户、间、平方米

地区	1970-1979年			1980-1989年			1990-1999年		
	户数	间数	面积	户数	间数	面积	户数	间数	面积
江门市	**1400**	**3348**	**106345**	**10448**	**27868**	**909772**	**24960**	**70906**	**2449581**
蓬江区	493	1167	37242	3137	7945	269495	7177	19347	685572
江海区	135	302	9991	809	2055	71736	2695	7412	273297
新会区	221	467	13377	2048	4897	153664	4565	11693	386907
台山市	311	758	24734	1612	4284	130673	2926	8354	265727
开平市	94	230	6316	1248	3391	99996	4005	11587	362267
鹤山市	58	137	4311	622	1670	52487	2068	5629	189760
恩平市	88	287	10374	972	3626	131721	1524	6884	286051
湛江市	**1429**	**3459**	**99893**	**6058**	**18170**	**577480**	**11569**	**38409**	**1337963**
赤坎区	320	729	20331	1379	3715	112736	2345	6579	211348
霞山区	661	1302	35742	2261	5199	156500	4504	11313	369946
坡头区	20	61	2260	268	825	24255	443	1622	47655
麻章区	29	94	2886	121	449	14230	469	1792	55684
遂溪县	49	114	3164	83	291	9528	102	410	14944
徐闻县									
廉江市	79	264	8068	676	2582	89026	1144	5370	209552
雷州市	161	519	15009	599	2252	66625	1077	3951	119109
吴川市	110	376	12433	671	2857	104580	1485	7372	309725
茂名市	**697**	**2045**	**62597**	**3985**	**14058**	**448388**	**13571**	**53872**	**1815764**
茂南区	420	1025	28641	2098	6005	176805	6001	19059	604279
电白区	95	352	12080	613	2706	100199	1645	7782	300249
高州市	75	221	6978	539	1875	61183	2455	9446	319779
化州市	71	303	10475	439	2080	68091	1641	9144	321830
信宜市	36	144	4423	296	1392	42110	1829	8441	269627
肇庆市	**656**	**1571**	**47612**	**3301**	**8842**	**271330**	**8753**	**25028**	**783359**
端州区	419	921	27641	2058	5215	159165	4679	12737	406652
鼎湖区	18	50	1683	115	362	13564	508	1812	63700
高要区	23	74	2401	325	988	31336	756	2483	78102
广宁县									
怀集县									
封开县									
德庆县									
四会市	196	526	15887	803	2277	67265	2810	7996	234905
惠州市	**706**	**1834**	**54639**	**3748**	**10219**	**306539**	**13373**	**35212**	**1100562**
惠城区	418	1069	31165	2531	6365	189520	8738	22239	694337
惠阳区	286	758	23324	1211	3840	116534	4600	12866	402541
博罗县	2	7	150	6	14	485	35	107	3684
惠东县									
龙门县									
梅州市	**422**	**1637**	**48488**	**2427**	**9898**	**304555**	**6084**	**23056**	**755701**
梅江区	245	972	30398	1606	6446	206296	2889	10709	361609
梅县区	87	339	9919	331	1587	46009	1286	4783	164652
大埔县									
丰顺县									
五华县	7	43	820	20	149	4401	96	628	17966
平远县									
蕉岭县									
兴宁市	83	283	7351	470	1716	47849	1813	6936	211474

9–2a　续表 8　　　　　　　　　　　　　　　　　　　　　　　　　　　　单位：户、间、平方米

地　区	1970–1979年			1980–1989年			1990–1999年		
	户数	间数	面积	户数	间数	面积	户数	间数	面积
汕尾市	**389**	**997**	**33545**	**1237**	**3481**	**125853**	**3408**	**9981**	**363964**
城　区	186	441	14344	762	2078	70486	2310	6501	225864
海丰县									
陆河县									
陆丰市	203	556	19201	475	1403	55367	1098	3480	138100
河源市	**63**	**230**	**7644**	**635**	**2331**	**78829**	**2924**	**10903**	**375452**
源城区	63	230	7644	635	2331	78829	2924	10903	375452
紫金县									
龙川县									
连平县									
和平县									
东源县									
阳江市	**335**	**980**	**36662**	**2124**	**7285**	**278795**	**5096**	**18969**	**809955**
江城区	231	676	25401	1472	4988	196039	3277	11777	500333
阳东区	16	59	2982	89	330	14202	562	2042	89323
阳西县									
阳春市	88	245	8279	563	1967	68554	1257	5150	220299
清远市	**185**	**513**	**16639**	**1564**	**5150**	**166755**	**6415**	**21345**	**711566**
清城区	79	233	7529	913	2920	93124	3745	11847	385010
清新区	20	60	2139	59	198	7333	867	2654	79175
佛冈县									
阳山县									
连山壮族瑶族自治县									
连南瑶族自治县									
英德市	41	116	3366	247	769	23190	808	2555	80859
连州市	45	104	3605	345	1263	43108	995	4289	166522
东莞市	**4169**	**7351**	**232715**	**15114**	**30984**	**1013909**	**72088**	**126644**	**3897025**
市辖区	4169	7351	232715	15114	30984	1013909	72088	126644	3897025
中山市	**950**	**2215**	**72397**	**4773**	**11888**	**402586**	**15093**	**36162**	**1302056**
市辖区	950	2215	72397	4773	11888	402586	15093	36162	1302056
潮州市	**805**	**1587**	**47696**	**3402**	**8046**	**267116**	**7022**	**20095**	**758906**
湘桥区	328	669	19998	1769	4137	134103	4066	11113	427861
潮安区	477	918	27698	1633	3909	133013	2956	8982	331045
饶平县									
揭阳市	**2587**	**5207**	**194498**	**9932**	**21363**	**771412**	**11235**	**31104**	**1124411**
榕城区	1135	2087	68934	4187	8385	288566	4465	11123	413647
揭东区	804	1390	61218	2648	4691	189826	1589	3637	147178
揭西县									
惠来县									
普宁市	648	1730	64346	3097	8287	293020	5181	16344	563586
云浮市	**207**	**699**	**21927**	**1510**	**5783**	**176940**	**4432**	**19440**	**628426**
云城区	90	235	7844	932	3062	93089	2058	6924	220933
云安区	4	21	530	42	188	6662	198	983	32812
新兴县									
郁南县									
罗定市	113	443	13553	536	2533	77189	2176	11533	374681

9-2a 续表 9 单位：户、间、平方米

地区	2000-2009年			2010-2014年			2015年以后		
	户数	间数	面积	户数	间数	面积	户数	间数	面积
广东	**953720**	**1934639**	**62245546**	**425574**	**963880**	**32110793**	**252686**	**611984**	**20427870**
广州市	**196567**	**372993**	**11614044**	**91827**	**170555**	**5180655**	**45047**	**95115**	**2946531**
荔湾区	7551	15893	520270	5125	10201	341276	5712	11747	381869
越秀区	4976	12098	451941	877	2158	82178	664	1602	54734
海珠区	21817	46492	1581780	5679	10911	369586	2156	3752	115380
天河区	36911	65132	1982078	10966	18448	539847	4525	8215	247303
白云区	44888	75079	2026436	22830	39878	1063288	7801	14067	373463
黄埔区	15825	25766	701693	7813	14659	435372	7121	17485	530776
番禺区	38263	72087	2262981	21546	36780	1102810	8080	15484	483239
花都区	14022	28674	935040	9616	18393	552555	3693	8376	268229
南沙区	5618	11181	358700	3974	8777	301454	2833	7008	232383
从化区	2227	6812	250931	370	1164	42624	118	318	10458
增城区	4469	13779	542194	3031	9186	349665	2344	7061	248697
韶关市	**8414**	**24111**	**926333**	**5590**	**16602**	**662382**	**3498**	**10797**	**409706**
武江区	3196	8534	329685	1732	4651	173698	1634	5039	190204
浈江区	1758	5123	195658	1746	5662	241892	567	1762	66224
曲江区	1338	3916	152901	891	2557	102935	415	1272	49574
始兴县									
仁化县									
翁源县									
乳源瑶族自治县									
新丰县									
乐昌市	761	2337	95829	719	2168	87311	524	1686	65251
南雄市	1361	4201	152260	502	1564	56546	358	1038	38453
深圳市	**299731**	**494143**	**13375022**	**77491**	**153467**	**4540515**	**40720**	**84869**	**2536940**
罗湖区	10795	22006	730782	1127	2760	98307	984	2320	83835
福田区	15353	36463	1274181	2032	5025	183566	971	2398	92461
南山区	19806	44532	1542532	6155	13662	475918	4497	10084	364106
宝安区	93576	138121	3426532	22081	40846	1205978	11686	20105	553560
龙岗区	64561	114779	3126290	13304	32008	976078	10302	23665	702611
盐田区	2027	4635	152848	646	1647	52896	530	1539	50058
龙华区	63463	92527	2193477	16661	31469	887580	5674	13003	356087
坪山区	10027	14949	344713	1802	4538	124132	1683	3912	122461
光明区	20123	26131	583667	13683	21512	536060	4393	7843	211761
珠海市	**23023**	**50219**	**1651629**	**10203**	**23124**	**773771**	**4771**	**12040**	**404264**
香洲区	17676	38389	1284042	6063	13244	451996	2676	6912	241382
斗门区	3367	7145	220650	1763	4007	131348	774	2298	75156
金湾区	1980	4685	146937	2377	5873	190427	1321	2830	87726
汕头市	**13412**	**44207**	**1603217**	**6795**	**23483**	**876951**	**4733**	**15637**	**588635**
龙湖区	4001	11376	437553	2571	7444	292476	1554	5099	201419
金平区	4231	12784	473289	1233	4096	158157	1627	4767	170702
濠江区	732	3523	115307	455	2263	80392	324	1557	57096
潮阳区	1711	6897	234482	1402	5733	205663	322	1246	47833
潮南区	1520	5699	192677	468	1867	63034	199	769	26496
澄海区	1217	3928	149909	666	2080	77229	707	2199	85089
南澳县									
佛山市	**85952**	**206400**	**7599985**	**56335**	**134888**	**4720120**	**42200**	**105113**	**3645740**
禅城区	11000	23824	853144	7453	16248	535438	4445	10508	338192
南海区	29359	76708	2802552	22048	53171	1826081	19887	48113	1583686
顺德区	39411	89828	3368324	21973	52334	1911269	14495	37023	1415354
三水区	2655	7535	288067	2052	6090	214950	2026	5904	193683
高明区	3527	8505	287898	2809	7045	232382	1347	3565	114825

9-2a 续表 10 单位：户、间、平方米

地区	2000-2009年			2010-2014年			2015年以后		
	户数	间数	面积	户数	间数	面积	户数	间数	面积
江门市	**18142**	**53129**	**2036276**	**11985**	**34081**	**1277783**	**10534**	**30793**	**1091171**
蓬江区	5458	15643	605426	3314	9500	349955	3031	9207	320159
江海区	2186	5783	217310	1935	4469	151302	2292	5534	182988
新会区	3256	9389	359731	2127	6298	235523	1174	3479	121651
台山市	2318	6907	255247	1258	3983	167280	1339	4164	160982
开平市	1635	5069	185368	1075	3302	121224	834	2573	93351
鹤山市	2273	6063	221697	1614	3980	143992	1375	3918	132046
恩平市	1016	4275	191497	662	2549	108507	489	1918	79994
湛江市	**12381**	**42298**	**1583862**	**11502**	**38842**	**1395776**	**8317**	**30070**	**1050381**
赤坎区	2612	7294	268235	2420	7088	259386	1542	4771	158714
霞山区	4500	11986	438503	3714	9003	304170	2326	6890	225366
坡头区	277	1315	42031	421	1614	59747	575	2017	72994
麻章区	536	2405	76450	653	3095	105071	489	2173	73464
遂溪县	143	613	20919	109	507	19015	73	347	12833
徐闻县									
廉江市	1211	5530	232632	1452	5571	205677	1375	5218	180722
雷州市	1714	6532	216658	1621	6594	211504	956	4024	129971
吴川市	1388	6623	288434	1112	5370	231206	981	4630	196317
茂名市	**13383**	**57135**	**2089773**	**7182**	**31127**	**1152304**	**5927**	**25268**	**954640**
茂南区	4898	17204	641749	2153	7543	283288	2607	8991	324989
电白区	1309	6134	252175	1043	4950	205366	741	3819	164226
高州市	2547	9985	364003	862	3387	123912	885	3557	134309
化州市	2007	11299	405909	1443	7493	275803	957	5109	198215
信宜市	2622	12513	425937	1681	7754	263935	737	3792	132901
肇庆市	**10911**	**32745**	**1120599**	**5981**	**18320**	**634623**	**3258**	**9814**	**337093**
端州区	5744	16991	585087	2870	8912	307792	1506	4412	152473
鼎湖区	760	2687	96888	521	1885	68819	311	1061	38763
高要区	801	2609	82565	506	1621	52855	207	681	21891
广宁县									
怀集县									
封开县									
德庆县									
四会市	3606	10458	356059	2084	5902	205157	1234	3660	123966
惠州市	**27393**	**64806**	**2170762**	**24092**	**55646**	**1797691**	**9598**	**24279**	**776526**
惠城区	18051	44492	1526970	11810	31084	1051991	3970	11034	367953
惠阳区	9170	19869	628974	12082	24071	729563	5472	12848	394397
博罗县	172	445	14818	200	491	16137	156	397	14176
惠东县									
龙门县									
梅州市	**6557**	**24397**	**850744**	**4713**	**16602**	**589031**	**2673**	**9361**	**330762**
梅江区	2184	8002	302913	1295	4515	167534	917	3067	114925
梅县区	2069	7239	257004	1784	6048	219458	988	3356	118453
大埔县									
丰顺县									
五华县	130	934	26710	52	376	11868	51	361	10628
平远县									
蕉岭县									
兴宁市	2174	8222	264117	1582	5663	190171	717	2577	86756

9-2a 续表 11 单位：户、间、平方米

地　区	2000-2009年			2010-2014年			2015年以后		
	户数	间数	面积	户数	间数	面积	户数	间数	面积
汕尾市	**2714**	**8714**	**330241**	**2457**	**7553**	**292346**	**979**	**3206**	**120451**
城　区	1415	4104	154000	1406	3907	146755	361	1041	36853
海丰县									
陆河县									
陆丰市	1299	4610	176241	1051	3646	145591	618	2165	83598
河源市	**5230**	**18608**	**686725**	**3938**	**13084**	**479559**	**2380**	**7959**	**289997**
源城区	5230	18608	686725	3938	13084	479559	2380	7959	289997
紫金县									
龙川县									
连平县									
和平县									
东源县									
阳江市	**8103**	**28258**	**1238789**	**5992**	**20679**	**848378**	**3333**	**11491**	**473621**
江城区	3918	13969	617243	3045	10428	416181	1832	6034	237759
阳东区	2123	6586	281777	1420	4840	201161	481	1721	74901
阳西县									
阳春市	2062	7703	339769	1527	5411	231036	1020	3736	160961
清远市	**10904**	**34499**	**1244956**	**8343**	**26336**	**1004367**	**4907**	**15500**	**560903**
清城区	4917	15426	567125	4472	14015	545145	2870	8876	317370
清新区	3229	9344	308936	1583	4715	168131	769	2398	84999
佛冈县									
阳山县									
连山壮族瑶族自治县									
连南瑶族自治县									
英德市	1616	5084	183687	1684	5241	196699	746	2293	85519
连州市	1142	4645	185208	604	2365	94392	522	1933	73015
东莞市	**164498**	**264676**	**7990716**	**61340**	**107270**	**3327341**	**42757**	**77931**	**2377603**
市辖区	164498	264676	7990716	61340	107270	3327341	42757	77931	2377603
中山市	**32656**	**67915**	**2348101**	**21901**	**46546**	**1549892**	**11879**	**25949**	**881929**
市辖区	32656	67915	2348101	21901	46546	1549892	11879	25949	881929
潮州市	**5740**	**18594**	**782474**	**3407**	**11085**	**461590**	**2165**	**6991**	**284180**
湘桥区	2619	7949	340819	1614	4894	206239	1137	3569	145912
潮安区	3121	10645	441655	1793	6191	255351	1028	3422	138268
饶平县									
揭阳市	**4950**	**14016**	**562675**	**2069**	**5748**	**238632**	**1269**	**3626**	**149858**
榕城区	2236	6199	253089	1032	2771	119217	532	1238	51421
揭东区	914	2228	100139	363	905	45465	159	435	20644
揭西县									
惠来县									
普宁市	1800	5589	209447	674	2072	73950	578	1953	77793
云浮市	**3059**	**12776**	**438623**	**2431**	**8842**	**307086**	**1741**	**6175**	**216939**
云城区	1690	5703	194503	1651	5718	201455	1205	4047	144959
云安区	97	532	18487	42	158	5845	40	165	6005
新兴县									
郁南县									
罗定市	1272	6541	225633	738	2966	99786	496	1963	65975

9-2b　各地区按住房建成时间分的家庭户住房状况(镇)

单位：户、间、平方米

地　区	合　计			1949年以前		
	户数	间数	面积	户数	间数	面积
广　东	**428831**	**1442081**	**49571095**	**2949**	**6490**	**195467**
广州市	**36501**	**90059**	**3137723**	**78**	**182**	**6950**
荔湾区						
越秀区						
海珠区						
天河区						
白云区	7067	15620	477496	11	23	1030
黄埔区	1186	3798	125397			
番禺区	2723	5525	168262	1	4	160
花都区	2613	7008	232366	2	3	160
南沙区	5126	12789	482576	10	18	682
从化区	1707	5033	162526			
增城区	16079	40286	1489100	54	134	4918
韶关市	**19834**	**65447**	**2260867**	**55**	**138**	**4297**
武江区	89	279	9032	2	7	160
浈江区	948	2774	84309			
曲江区	867	2658	86083	8	28	850
始兴县	2420	7561	271600	14	31	993
仁化县	2460	8247	290433	8	19	640
翁源县	3307	10942	371595	4	11	270
乳源瑶族自治县	2476	7562	283053	7	18	570
新丰县	2485	8473	283487	3	6	220
乐昌市	3006	10079	339696	3	6	231
南雄市	1776	6872	241579	6	12	363
深圳市	**82**	**287**	**9195**	**3**	**11**	**380**
罗湖区						
福田区						
南山区	7	7	126			
宝安区						
龙岗区						
盐田区						
龙华区						
坪山区	75	280	9069	3	11	380
光明区						
珠海市	**8451**	**20530**	**629219**	**11**	**24**	**865**
香洲区	882	1760	54405			
斗门区	4188	11096	345537	10	21	765
金湾区	3381	7674	229277	1	3	100
汕头市	**27581**	**93865**	**3132342**	**651**	**1558**	**41693**
龙湖区						
金平区						
濠江区	130	556	19131			
潮阳区	11132	38045	1246677	219	569	14303
潮南区	6749	26147	840099	77	208	5891
澄海区	8175	24929	864668	324	702	19396
南澳县	1395	4188	161767	31	79	2103
佛山市	**14814**	**37119**	**1332605**	**43**	**85**	**3220**
禅城区	6398	18468	749723	24	44	1780
南海区	1893	3942	135469	4	6	165
顺德区						
三水区	5801	13076	401354	12	27	1115
高明区	722	1633	46059	3	8	160

9-2b 续表 1

单位：户、间、平方米

地区	合计			1949年以前		
	户数	间数	面积	户数	间数	面积
江门市	**11026**	**33152**	**1072226**	**186**	**442**	**15360**
蓬江区						
江海区						
新会区	3156	9187	289979	77	143	4907
台山市	2178	6950	227172	76	209	7781
开平市	2463	6578	199727	23	60	1807
鹤山市	1966	5118	151689	8	23	605
恩平市	1263	5319	203659	2	7	260
湛江市	**26622**	**119096**	**4167395**	**56**	**142**	**5446**
赤坎区						
霞山区	111	483	15747			
坡头区	1854	8232	289332	1	2	55
麻章区	1502	6112	194744	5	19	560
遂溪县	6361	26288	919861	11	31	1423
徐闻县	5586	21902	723218	7	18	570
廉江市	4278	22199	813654	26	53	2061
雷州市	3736	16718	545446	4	15	681
吴川市	3194	17162	665393	2	4	96
茂名市	**20406**	**113517**	**3986959**	**21**	**67**	**2204**
茂南区	998	5369	161030	1	2	80
电白区	8338	45331	1764329	13	34	1303
高州市	4175	23225	809030	4	22	561
化州市	4591	26412	836483	2	6	180
信宜市	2304	13180	416087	1	3	80
肇庆市	**22869**	**81263**	**2597272**	**54**	**140**	**4120**
端州区						
鼎湖区	745	2713	85897	5	8	240
高要区	3567	9382	275000	21	49	1195
广宁县	4555	16615	554853	5	10	455
怀集县	6083	24184	787589	9	27	963
封开县	3642	14551	442959	5	19	490
德庆县	3504	11472	370320	7	25	687
四会市	773	2346	80654	2	2	90
惠州市	**40666**	**125662**	**4305398**	**76**	**181**	**5385**
惠城区	3191	8592	272105	3	6	170
惠阳区	3095	8494	280494			
博罗县	15886	49057	1708037	35	84	2660
惠东县	15133	48335	1660438	24	61	1785
龙门县	3361	11184	384324	14	30	770
梅州市	**25627**	**112078**	**3624254**	**290**	**895**	**25449**
梅江区	181	922	31819	3	14	260
梅县区	1079	5199	135995	42	122	3563
大埔县	4285	15451	487828	137	456	13358
丰顺县	5896	20794	710567	52	122	3407
五华县	6737	37716	1228607	7	21	596
平远县	2700	12308	394967	22	91	2613
蕉岭县	2946	10891	369794	21	57	1382
兴宁市	1803	8797	264677	6	12	270

9-2b　续表 2　　　　单位：户、间、平方米

地　区	合　计			1949年以前		
	户数	间数	面积	户数	间数	面积
汕尾市	**23340**	**76774**	**2713512**	**202**	**342**	**10415**
城　区	899	2982	100455	6	13	458
海丰县	13043	40632	1375460	120	221	6457
陆河县	2555	12744	467232	3	7	180
陆丰市	6843	20416	770365	73	101	3320
河源市	**18919**	**73065**	**2558146**	**19**	**52**	**1656**
源城区	504	936	32902			
紫金县	4798	22474	846547	7	18	460
龙川县	5460	19138	621607	3	9	330
连平县	2775	12029	422328	5	13	433
和平县	3047	10565	362910	3	7	243
东源县	2335	7923	271852	1	5	190
阳江市	**9914**	**40066**	**1703415**	**20**	**48**	**1967**
江城区	1325	4910	201399	7	18	710
阳东区	1423	5011	211756	5	11	566
阳西县	4690	19012	822451	6	14	503
阳春市	2476	11133	467809	2	5	188
清远市	**23724**	**89040**	**2985682**	**42**	**105**	**3198**
清城区	6546	24842	830735	16	45	1428
清新区	1140	3747	115023	1	4	120
佛冈县	3705	11475	381004	5	8	205
阳山县	3844	13988	481530	3	9	280
连山壮族瑶族自治县	1088	4171	140116			
连南瑶族自治县	1660	6556	231170			
英德市	4783	19967	659456	15	36	1045
连州市	958	4294	146648	2	3	120
东莞市	**2392**	**4077**	**118237**			
市辖区	2392	4077	118237			
中山市	**35941**	**76488**	**2545230**	**32**	**82**	**3224**
市辖区	35941	76488	2545230	32	82	3224
潮州市	**16870**	**49733**	**1888457**	**572**	**936**	**27002**
湘桥区	1560	4707	183283	78	115	2970
潮安区	5097	16611	600192	107	174	4646
饶平县	10213	28415	1104982	387	647	19386
揭阳市	**31153**	**89648**	**3022178**	**496**	**953**	**29227**
榕城区	1994	3876	165253	15	18	707
揭东区	4806	11877	425099	136	244	7274
揭西县	4703	15927	502074	98	150	5168
惠来县	9509	31558	966031	77	159	4260
普宁市	10141	26410	963721	170	382	11818
云浮市	**12099**	**51115**	**1780783**	**42**	**107**	**3409**
云城区						
云安区	1025	5030	186373	3	16	528
新兴县	5014	16678	556199	25	49	1486
郁南县	4171	19031	691781	13	40	1310
罗定市	1889	10376	346430	1	2	85

9-2b 续表 3

单位：户、间、平方米

地区	1949-1959年			1960-1969年		
	户数	间数	面积	户数	间数	面积
广东	**2058**	**4832**	**151033**	**4161**	**10148**	**318997**
广州市	**84**	**155**	**5345**	**202**	**435**	**15643**
荔湾区						
越秀区						
海珠区						
天河区						
白云区	5	12	413	7	14	488
黄埔区				1	5	300
番禺区	5	10	349	15	24	619
花都区	1	2	144	3	5	150
南沙区	20	40	1513	27	61	2581
从化区	4	9	298	10	26	808
增城区	49	82	2628	139	300	10697
韶关市	**43**	**119**	**3836**	**159**	**389**	**10942**
武江区	2	4	135	8	16	325
浈江区				4	9	246
曲江区	6	10	525	24	58	1632
始兴县	12	31	1125	13	28	830
仁化县	6	25	729	16	40	1102
翁源县	4	17	377	9	21	623
乳源瑶族自治县	2	7	157	5	12	335
新丰县	3	11	400	5	14	390
乐昌市	7	12	318	62	158	4452
南雄市	1	2	70	13	33	1007
深圳市						
罗湖区						
福田区						
南山区						
宝安区						
龙岗区						
盐田区						
龙华区						
坪山区						
光明区						
珠海市	**38**	**85**	**2752**	**58**	**132**	**3770**
香洲区	31	65	2125	12	26	834
斗门区	5	13	437	11	28	709
金湾区	2	7	190	35	78	2227
汕头市	**250**	**630**	**18333**	**459**	**1197**	**35580**
龙湖区						
金平区						
濠江区						
潮阳区	73	201	5791	165	449	13109
潮南区	62	202	6132	121	385	12021
澄海区	91	171	4824	144	311	9017
南澳县	24	56	1586	29	52	1433
佛山市	**43**	**96**	**3547**	**100**	**231**	**8043**
禅城区	17	27	1238	37	84	3240
南海区	2	3	100	2	2	55
顺德区						
三水区	19	55	1931	51	128	4226
高明区	5	11	278	10	17	522

9-2b 续表 4

单位：户、间、平方米

地区	1949—1959年			1960—1969年		
	户数	间数	面积	户数	间数	面积
江门市	**138**	**350**	**10138**	**188**	**479**	**14899**
蓬江区						
江海区						
新会区	46	101	2841	64	141	4233
台山市	72	198	5776	86	240	7457
开平市	12	22	613	23	50	1365
鹤山市	3	17	308	7	25	804
恩平市	5	12	600	8	23	1040
湛江市	**74**	**222**	**7760**	**202**	**577**	**18401**
赤坎区						
霞山区						
坡头区	3	12	480	10	28	1035
麻章区	5	18	615	31	74	2529
遂溪县	20	62	2019	46	145	4796
徐闻县	17	41	1315	31	80	2325
廉江市	19	53	2104	46	114	3313
雷州市	6	19	619	30	103	3318
吴川市	4	17	608	8	33	1085
茂名市	**40**	**141**	**4591**	**94**	**318**	**10573**
茂南区	1	9	160	2	5	155
电白区	20	55	2344	41	108	4178
高州市	12	34	1287	13	41	1331
化州市	3	19	370	27	124	3607
信宜市	4	24	430	11	40	1302
肇庆市	**58**	**130**	**4076**	**215**	**494**	**14725**
端州区						
鼎湖区	1	1	30	13	19	593
高要区	29	51	1439	90	182	5303
广宁县	10	26	892	17	51	1646
怀集县	3	13	430	16	55	1826
封开县	3	9	290	39	89	2524
德庆县	10	26	815	37	91	2643
四会市	2	4	180	3	7	190
惠州市	**155**	**270**	**8164**	**314**	**742**	**22846**
惠城区	2	4	75	13	23	538
惠阳区				5	18	430
博罗县	42	93	2999	139	347	10882
惠东县	95	143	4155	123	272	8671
龙门县	16	30	935	34	82	2325
梅州市	**104**	**361**	**9388**	**221**	**679**	**19109**
梅江区	1	4	60	5	21	630
梅县区	16	64	1645	15	40	1055
大埔县	25	90	2141	39	145	4073
丰顺县	27	76	2486	117	243	7484
五华县	9	43	850	16	97	2224
平远县	8	31	915	10	64	1713
蕉岭县	13	31	870	13	40	1220
兴宁市	5	22	421	6	29	710

9-2b 续表 5

单位：户、间、平方米

地　　区	1949-1959年			1960-1969年		
	户数	间数	面积	户数	间数	面积
汕尾市	**138**	**221**	**7433**	**212**	**457**	**14088**
城　区	4	12	350	6	8	221
海丰县	33	60	1837	100	213	6270
陆河县	6	24	1053	2	18	490
陆丰市	95	125	4193	104	218	7107
河源市	**32**	**106**	**3300**	**75**	**245**	**7731**
源城区						
紫金县	4	10	418	12	38	1306
龙川县	21	72	2335	38	139	4473
连平县	2	8	195	8	24	706
和平县	4	15	312	11	31	780
东源县	1	1	40	6	13	466
阳江市	**38**	**86**	**3068**	**118**	**298**	**12491**
江城区	7	18	550	29	58	2338
阳东区	19	31	1258	20	51	2161
阳西县	9	29	1090	43	115	4655
阳春市	3	8	170	26	74	3337
清远市	**46**	**110**	**3487**	**141**	**399**	**12078**
清城区	24	60	1751	70	212	6961
清新区	2	2	80	3	11	300
佛冈县	2	8	200	10	27	725
阳山县	3	4	180	7	16	506
连山壮族瑶族自治县	1	3	80	2	4	115
连南瑶族自治县	2	8	230	3	8	185
英德市	12	25	966	35	87	2308
连州市				11	34	978
东莞市	**2**	**2**	**80**	**38**	**64**	**1495**
市辖区	2	2	80	38	64	1495
中山市	**49**	**91**	**3390**	**124**	**285**	**9434**
市辖区	49	91	3390	124	285	9434
潮州市	**161**	**285**	**9971**	**324**	**566**	**19758**
湘桥区	17	25	835	40	81	2886
潮安区	15	25	719	53	107	2947
饶平县	129	235	8417	231	378	13925
揭阳市	**535**	**1297**	**40323**	**843**	**1929**	**60256**
榕城区	13	14	540	25	35	1364
揭东区	93	203	5934	198	504	15508
揭西县	99	186	7076	145	329	10311
惠来县	203	563	15589	267	644	18860
普宁市	127	331	11184	208	417	14213
云浮市	**30**	**75**	**2051**	**74**	**232**	**7135**
云城区						
云安区	2	4	110	7	32	1211
新兴县	15	32	857	41	109	3089
郁南县	8	20	556	22	77	2405
罗定市	5	19	528	4	14	430

9-2b　续表 6　　　　单位：户、间、平方米

地　区	1970-1979年			1980-1989年			1990-1999年		
	户数	间数	面积	户数	间数	面积	户数	间数	面积
广　东	**11484**	**29855**	**946592**	**42454**	**131628**	**4303828**	**98945**	**346247**	**11704539**
广州市	**750**	**1844**	**60934**	**2417**	**6503**	**226211**	**8585**	**22225**	**752259**
荔湾区									
越秀区									
海珠区									
天河区									
白云区	68	150	4597	255	774	25622	2385	6233	198307
黄埔区	6	18	750	26	103	3583	92	434	16289
番禺区	47	120	3535	85	236	6808	273	661	22069
花都区	19	56	1277	182	516	16252	614	1949	62947
南沙区	204	546	18985	598	1542	57199	1169	2946	112369
从化区	63	143	4483	75	188	5557	428	1390	41579
增城区	343	811	27307	1196	3144	111190	3624	8612	298699
韶关市	**432**	**1167**	**33078**	**1605**	**4959**	**151732**	**4216**	**13673**	**455821**
武江区	4	11	300	8	24	754	14	44	1412
浈江区	16	42	1163	37	102	2807	107	302	10034
曲江区	35	75	1911	96	262	7647	213	633	20017
始兴县	39	102	2867	180	514	16827	476	1494	51589
仁化县	83	205	5568	340	1030	32607	595	1944	65021
翁源县	27	80	2624	240	827	24759	946	3028	98127
乳源瑶族自治县	52	135	4057	152	406	12361	323	971	33776
新丰县	27	78	2456	238	781	23917	603	2062	67911
乐昌市	113	330	9016	250	802	23620	655	2086	68582
南雄市	36	109	3116	64	211	6433	284	1109	39352
深圳市									
罗湖区									
福田区									
南山区									
宝安区									
龙岗区									
盐田区									
龙华区									
坪山区									
光明区									
珠海市	**194**	**500**	**14692**	**341**	**1010**	**31137**	**1271**	**3551**	**112553**
香洲区	10	16	265	33	85	2490	116	227	6614
斗门区	71	187	5803	175	520	17510	684	1972	61564
金湾区	113	297	8624	133	405	11137	471	1352	44375
汕头市	**1203**	**3341**	**103510**	**5183**	**15493**	**487446**	**8641**	**29825**	**957568**
龙湖区									
金平区									
濠江区	19	54	1848	21	70	2246	41	139	4402
潮阳区	386	1092	31341	1957	5602	171389	3404	11830	369774
潮南区	380	1267	41421	1431	4967	159647	2238	8737	276437
澄海区	341	769	23726	1536	4350	135601	2528	7899	261671
南澳县	77	159	5174	238	504	18563	430	1220	45284
佛山市	**246**	**580**	**22296**	**911**	**2576**	**97317**	**2544**	**7870**	**315008**
禅城区	114	291	12908	355	1152	49160	1276	4512	205378
南海区	8	17	628	48	144	4988	138	422	17930
顺德区									
三水区	109	242	7994	399	1076	37187	913	2400	76581
高明区	15	30	766	109	204	5982	217	536	15119

9-2b 续表 7 单位：户、间、平方米

地区	1970-1979年			1980-1989年			1990-1999年		
	户数	间数	面积	户数	间数	面积	户数	间数	面积
江门市	**418**	**1057**	**32371**	**1876**	**5486**	**167316**	**3249**	**10228**	**329735**
蓬江区									
江海区									
新会区	130	312	9154	613	1722	51590	1097	3317	103990
台山市	155	404	12627	550	1670	51768	687	2227	73420
开平市	75	172	5178	426	1022	29440	753	2016	57732
鹤山市	29	95	2677	124	393	11720	358	1059	32565
恩平市	29	74	2735	163	679	22798	354	1609	62028
湛江市	**609**	**1873**	**57993**	**3147**	**12157**	**398577**	**5932**	**25891**	**894800**
赤坎区									
霞山区	3	7	236	15	40	1046	17	62	1778
坡头区	42	137	4735	209	768	25680	441	1927	66673
麻章区	55	160	5301	148	560	16326	228	1033	31473
遂溪县	149	447	13938	814	2866	92067	1500	5828	199537
徐闻县	138	379	10173	553	1855	52904	1099	4068	123009
廉江市	91	334	10418	574	2525	89327	1033	5392	200590
雷州市	82	238	7230	400	1454	44419	748	2994	98453
吴川市	49	171	5962	434	2089	76808	866	4587	173287
茂名市	**262**	**945**	**31328**	**1458**	**6882**	**241170**	**5309**	**29516**	**1000077**
茂南区	11	38	1120	71	362	9510	331	1741	50203
电白区	122	440	15499	670	2993	116358	1922	10408	391039
高州市	54	207	7268	283	1374	47078	1275	6866	235914
化州市	63	217	5733	334	1722	54554	1293	7649	236390
信宜市	12	43	1708	100	431	13670	488	2852	86531
肇庆市	**584**	**1525**	**45269**	**2023**	**5940**	**184984**	**5728**	**19907**	**626829**
端州区									
鼎湖区	26	43	1434	102	237	8044	234	879	27131
高要区	156	330	9067	463	1101	32019	877	2298	65666
广宁县	79	231	7007	319	1028	31660	1147	4054	130355
怀集县	66	202	7248	410	1394	49194	1184	4852	163948
封开县	125	351	9044	363	1104	30842	1106	3935	119374
德庆县	117	327	10091	307	900	27250	1057	3437	106682
四会市	15	41	1378	59	176	5975	123	452	13673
惠州市	**819**	**2189**	**67972**	**2801**	**8947**	**291912**	**8290**	**26858**	**893741**
惠城区	41	102	3180	125	374	10977	452	1398	43193
惠阳区	22	71	2151	129	469	15974	541	1875	64129
博罗县	317	816	24899	884	2641	82164	3318	10475	346098
惠东县	292	806	26206	1250	4176	142210	3207	10434	352419
龙门县	147	394	11536	413	1287	40587	772	2676	87902
梅州市	**758**	**2496**	**73360**	**2808**	**11631**	**353782**	**6327**	**28200**	**891953**
梅江区	7	32	980	49	251	8740	66	328	11900
梅县区	23	97	2368	164	809	20228	342	1613	42730
大埔县	119	465	12379	290	1107	33792	845	3067	96929
丰顺县	407	967	30776	970	2983	94886	1297	4776	155033
五华县	92	479	13936	607	3286	102915	1787	9980	320621
平远县	27	144	4178	256	1196	34046	530	2434	75097
蕉岭县	63	217	6375	302	1149	36634	887	3244	106108
兴宁市	20	95	2368	170	850	22541	573	2758	83535

9-2b　续表 8　　　　单位：户、间、平方米

地　区	1970-1979年			1980-1989年			1990-1999年		
	户数	间数	面积	户数	间数	面积	户数	间数	面积
汕尾市	**437**	**1066**	**33857**	**1866**	**5161**	**173347**	**5245**	**17327**	**602903**
城　区	14	40	1219	70	191	5399	203	657	18072
海丰县	214	535	15891	825	2330	70255	2330	7177	237049
陆河县	24	111	3210	115	515	17226	865	4205	145620
陆丰市	185	380	13537	856	2125	80467	1847	5288	202162
河源市	**164**	**574**	**17924**	**890**	**3348**	**106839**	**3551**	**14508**	**498559**
源城区	7	11	270				4	4	140
紫金县	35	128	4448	239	985	32740	1105	5326	196407
龙川县	64	239	7251	280	994	30807	1112	3828	121644
连平县	16	58	1969	123	471	15976	634	2666	91532
和平县	34	100	2801	176	606	17823	382	1337	42567
东源县	8	38	1185	72	292	9493	314	1347	46269
阳江市	**239**	**703**	**26674**	**922**	**3219**	**126784**	**2135**	**9118**	**375916**
江城区	67	191	7428	197	611	24581	390	1535	63749
阳东区	61	162	5663	212	634	24770	338	1228	50381
阳西县	76	251	10058	256	1004	41198	776	3481	145527
阳春市	35	99	3525	257	970	36235	631	2874	116259
清远市	**398**	**1192**	**35326**	**1692**	**5831**	**185161**	**5742**	**22808**	**728769**
清城区	114	380	11686	445	1772	55967	1519	6600	211510
清新区	18	48	1373	104	354	10881	381	1281	38552
佛冈县	61	144	3918	172	481	13862	912	2807	86409
阳山县	32	101	2984	268	861	28730	773	2961	94792
连山壮族瑶族自治县	24	76	2249	115	369	10577	259	940	29589
连南瑶族自治县	27	80	2529	204	762	25436	409	1639	56339
英德市	101	298	8471	300	953	29802	1129	4952	157021
连州市	21	65	2116	84	279	9906	360	1628	54557
东莞市	**52**	**93**	**2382**	**144**	**272**	**7477**	**810**	**1538**	**45739**
市辖区	52	93	2382	144	272	7477	810	1538	45739
中山市	**282**	**638**	**21627**	**1104**	**2851**	**98538**	**5209**	**12150**	**425037**
市辖区	282	638	21627	1104	2851	98538	5209	12150	425037
潮州市	**832**	**1743**	**60112**	**3107**	**7382**	**261971**	**4478**	**12921**	**478650**
湘桥区	104	225	8299	373	824	30913	375	1127	42785
潮安区	168	367	11331	1023	2594	84056	1355	4139	144787
饶平县	560	1151	40482	1711	3964	147002	2748	7655	291078
揭阳市	**2552**	**5592**	**183317**	**6938**	**17255**	**564342**	**8745**	**25167**	**876786**
榕城区	202	250	11631	699	1215	51219	509	1024	47172
揭东区	476	958	32155	1794	3977	131763	1041	2672	98381
揭西县	280	768	23794	949	3183	89921	1432	4855	155981
惠来县	840	2038	58910	1243	3614	106690	2447	7808	245231
普宁市	754	1578	56827	2253	5266	184749	3316	8808	330021
云浮市	**253**	**737**	**22570**	**1221**	**4725**	**147785**	**2938**	**12966**	**441836**
云城区									
云安区	8	26	781	58	295	9956	278	1395	50187
新兴县	137	334	9820	520	1586	43749	803	2608	77967
郁南县	96	323	10555	490	2102	71567	1198	5445	192731
罗定市	12	54	1414	153	742	22513	659	3518	120951

9-2b 续表 9

单位：户、间、平方米

地区	2000-2009年			2010-2014年			2015年以后		
	户数	间数	面积	户数	间数	面积	户数	间数	面积
广　东	**123693**	**421519**	**14642230**	**89715**	**303982**	**10689198**	**53372**	**187380**	**6619211**
广州市	**11668**	**27323**	**961480**	**7735**	**18314**	**662329**	**4982**	**13078**	**446572**
荔湾区									
越秀区									
海珠区									
天河区									
白云区	1822	3536	103590	1619	2938	84365	895	1940	59084
黄埔区	57	243	9506	16	58	3169	988	2937	91800
番禺区	1291	2724	84882	771	1245	34083	235	501	15757
花都区	686	1794	61698	949	2275	76038	157	408	13700
南沙区	1822	4032	142775	604	1697	73056	672	1907	73416
从化区	442	1230	39763	512	1540	53272	173	507	16766
增城区	5548	13764	519266	3264	8561	338346	1862	4878	176049
韶关市	**5919**	**20243**	**717397**	**4463**	**14862**	**537010**	**2942**	**9897**	**346754**
武江区	23	67	2286	13	43	1334	15	63	2326
浈江区	105	315	10649	218	654	20556	461	1350	38854
曲江区	226	727	24911	175	574	19000	84	291	9590
始兴县	709	2277	83345	629	1941	73054	348	1143	40970
仁化县	481	1683	61708	513	1806	67263	418	1495	55795
翁源县	995	3299	112971	541	1777	62869	541	1882	68975
乳源瑶族自治县	944	2997	115339	731	2210	84759	260	806	31699
新丰县	830	2972	99402	500	1617	56599	276	932	32192
乐昌市	993	3459	119034	553	1944	70670	370	1282	43773
南雄市	613	2447	87752	590	2296	80906	169	653	22580
深圳市	**7**	**7**	**126**				**72**	**269**	**8689**
罗湖区									
福田区									
南山区	7	7	126						
宝安区									
龙岗区									
盐田区									
龙华区									
坪山区							72	269	8689
光明区									
珠海市	**2587**	**5991**	**177860**	**2282**	**5087**	**149946**	**1669**	**4150**	**135644**
香洲区	232	443	13020	170	372	11917	278	526	17140
斗门区	1500	3739	113703	1080	2571	77712	652	2045	67334
金湾区	855	1809	51137	1032	2144	60317	739	1579	51170
汕头市	**6546**	**23810**	**823290**	**3055**	**11839**	**426879**	**1593**	**6172**	**238043**
龙湖区									
金平区									
濠江区	14	63	2136	17	106	3843	18	124	4656
潮阳区	2836	10071	340464	1397	5384	192737	695	2847	107769
潮南区	1616	6651	217337	651	2973	97123	173	757	24090
澄海区	1913	6427	239157	802	2667	102993	496	1633	68283
南澳县	167	598	24196	188	709	30183	211	811	33245
佛山市	**4594**	**10522**	**373834**	**3857**	**9006**	**300867**	**2476**	**6153**	**208473**
禅城区	1745	4798	201221	1919	4996	180272	911	2564	94526
南海区	659	1154	35189	520	983	30696	512	1211	45718
顺德区									
三水区	1969	4113	124621	1328	2795	83513	1001	2240	64186
高明区	221	457	12803	90	232	6386	52	138	4043

9-2b 续表 10

单位：户、间、平方米

地区	2000—2009年			2010—2014年			2015年以后		
	户数	间数	面积	户数	间数	面积	户数	间数	面积
江门市	**2116**	**6294**	**203343**	**1765**	**5636**	**192600**	**1090**	**3180**	**106464**
蓬江区									
江海区									
新会区	482	1382	45056	400	1270	41732	247	799	26476
台山市	286	978	33275	163	610	20780	103	414	14288
开平市	520	1426	43864	442	1400	47380	189	410	12348
鹤山市	574	1328	35671	496	1308	40556	367	870	26783
恩平市	254	1180	45477	264	1048	42152	184	687	26569
湛江市	**6256**	**29440**	**1048706**	**5759**	**26557**	**946622**	**4587**	**22237**	**789090**
赤坎区									
霞山区	13	48	1505	23	146	4868	40	180	6314
坡头区	351	1712	64667	513	2297	77742	284	1349	48265
麻章区	340	1480	46767	440	1717	56247	250	1051	34926
遂溪县	1529	6635	237718	1368	5982	215474	924	4292	152889
徐闻县	1444	5677	188191	1193	4959	172352	1104	4825	172379
廉江市	1138	6325	236291	744	4148	151522	607	3255	118028
雷州市	706	3330	107813	921	4375	148629	839	4190	134284
吴川市	735	4233	165754	557	2933	119788	539	3095	122005
茂名市	**5851**	**34154**	**1188713**	**4364**	**24427**	**882766**	**3007**	**17067**	**625537**
茂南区	247	1402	42628	196	1061	33561	138	749	23613
电白区	2143	12308	476722	1939	10773	427724	1468	8212	329162
高州市	1324	7683	265342	716	4166	149569	494	2832	100680
化州市	1261	7735	244743	1031	5599	183363	577	3341	107543
信宜市	876	5026	159278	482	2828	88549	330	1933	64539
肇庆市	**7071**	**26821**	**864129**	**4722**	**17533**	**569629**	**2414**	**8773**	**283511**
端州区									
鼎湖区	207	917	25500	96	375	13909	61	234	9016
高要区	1075	2765	81974	536	1596	47899	320	1010	30438
广宁县	1374	5360	184146	1048	3822	130381	556	2033	68311
怀集县	2250	9447	306449	1525	5867	187137	620	2327	70394
封开县	898	4095	127791	753	3497	105449	350	1452	47155
德庆县	1119	3804	124651	581	1894	67090	269	968	30411
四会市	148	433	13618	183	482	17764	238	749	27786
惠州市	**12226**	**37957**	**1333153**	**10422**	**31387**	**1090620**	**5563**	**17131**	**591605**
惠城区	790	1898	58973	1181	3206	105315	584	1581	49684
惠阳区	1061	2722	90030	855	1974	63494	482	1365	44286
博罗县	4782	15288	552143	3936	11893	427097	2433	7420	259095
惠东县	4612	14686	508633	3857	12349	426657	1673	5408	189702
龙门县	981	3363	123374	593	1965	68057	391	1357	48838
梅州市	**7160**	**32289**	**1065664**	**4928**	**22175**	**739232**	**3031**	**13352**	**446317**
梅江区	33	174	5840	11	66	2219	6	32	1190
梅县区	281	1402	35460	132	713	21924	64	339	7022
大埔县	1464	5232	170653	845	3027	96129	521	1862	58374
丰顺县	1375	5438	192321	1008	3795	135823	643	2394	88351
五华县	1821	10272	342116	1478	8440	276760	920	5098	168589
平远县	838	3864	126691	569	2577	85281	440	1907	64433
蕉岭县	754	2925	102629	602	2188	77587	291	1040	36989
兴宁市	594	2982	89954	283	1369	43509	146	680	21369

9-2b 续表 11 单位：户、间、平方米

地区	2000-2009年			2010-2014年			2015年以后		
	户数	间数	面积	户数	间数	面积	户数	间数	面积
汕尾市	**6631**	**22249**	**786101**	**6007**	**20512**	**741252**	**2602**	**9439**	**344116**
城　区	250	863	30757	179	593	22390	167	605	21589
海丰县	4096	12862	435223	3903	12541	436453	1422	4693	166025
陆河县	687	3501	132072	492	2486	96449	361	1877	70932
陆丰市	1598	5023	188049	1433	4892	185960	652	2264	85570
河源市	**6717**	**25968**	**915658**	**4822**	**18265**	**651803**	**2649**	**9999**	**354676**
源城区	322	490	18018	122	273	9471	49	158	5003
紫金县	1676	8218	312312	1086	5045	193458	634	2706	104998
龙川县	1990	6910	225977	1305	4574	150365	647	2373	78425
连平县	1025	4573	162195	732	3188	114240	230	1028	35082
和平县	1019	3600	125864	829	2801	98640	589	2068	73880
东源县	685	2177	71292	748	2384	85629	500	1666	57288
阳江市	**2868**	**12450**	**543767**	**2257**	**8927**	**388592**	**1317**	**5217**	**224156**
江城区	243	959	43300	203	773	30310	182	747	28433
阳东区	406	1533	67058	232	897	40040	130	464	19859
阳西县	1444	6253	271866	1334	5050	222688	746	2815	124866
阳春市	775	3705	161543	488	2207	95554	259	1191	50998
清远市	**7209**	**27890**	**947582**	**5065**	**18283**	**632653**	**3389**	**12422**	**437428**
清城区	1877	7219	244378	1427	5050	173672	1054	3504	123382
清新区	347	1131	35482	216	704	21652	68	212	6583
佛冈县	1291	4022	137458	774	2397	83175	478	1581	55052
阳山县	1267	4876	168896	882	3050	109007	609	2110	76155
连山壮族瑶族自治县	283	1145	41074	278	1073	37878	126	561	18554
连南瑶族自治县	541	2219	79989	293	1125	40371	181	715	26091
英德市	1338	6025	197408	1086	4324	147860	767	3267	114575
连州市	265	1253	42897	109	560	19038	106	472	17036
东莞市	**1153**	**1678**	**45928**	**131**	**260**	**9697**	**62**	**170**	**5439**
市辖区	1153	1678	45928	131	260	9697	62	170	5439
中山市	**13457**	**26423**	**856497**	**9851**	**20600**	**666877**	**5833**	**13368**	**460606**
市辖区	13457	26423	856497	9851	20600	666877	5833	13368	460606
潮州市	**3688**	**12550**	**499186**	**2313**	**8231**	**327487**	**1395**	**5119**	**204320**
湘桥区	287	1118	44443	186	727	29951	100	465	20201
潮安区	1203	4482	168554	694	2790	107058	479	1933	76094
饶平县	2198	6950	286189	1433	4714	190478	816	2721	108025
揭阳市	**6614**	**22064**	**739991**	**3329**	**11470**	**390223**	**1101**	**3921**	**137713**
榕城区	354	817	30353	122	338	15248	55	165	7019
揭东区	585	1798	73655	337	1074	41789	146	447	18640
揭西县	971	3649	113841	495	1917	66023	234	890	29959
惠来县	2530	9366	282368	1460	5630	175980	442	1736	58143
普宁市	2174	6434	239774	915	2511	91183	224	683	23952
云浮市	**3355**	**15396**	**549825**	**2588**	**10611**	**382114**	**1598**	**6266**	**224058**
云城区									
云安区	313	1622	60016	214	1055	41659	142	585	21925
新兴县	1305	4491	153210	1325	4605	163402	843	2864	102619
郁南县	1103	5545	211210	772	3433	127295	469	2046	74152
罗定市	634	3738	125389	277	1518	49758	144	771	25362

9-2c 各地区按住房建成时间分的家庭户住房状况(乡村)

单位：户、间、平方米

地 区	合 计			1949年以前		
	户数	间数	面积	户数	间数	面积
广 东	**817104**	**3431093**	**109588612**	**7020**	**17671**	**531318**
广州市	**75203**	**236235**	**8396372**	**234**	**486**	**17631**
荔湾区						
越秀区						
海珠区						
天河区						
白云区	20766	62395	2362123	78	168	6942
黄埔区	2483	8515	342505	6	14	380
番禺区	11088	24851	838424	13	28	1256
花都区	13354	42403	1412385	33	98	3121
南沙区	7233	21096	853239	4	8	300
从化区	8830	38624	1200383	21	35	1029
增城区	11449	38351	1387313	79	135	4603
韶关市	**34947**	**154499**	**4872353**	**196**	**557**	**16157**
武江区	1545	6247	227167	10	21	665
浈江区	1356	6618	240478	1	1	20
曲江区	3029	12379	406894	20	58	1491
始兴县	3583	15797	504682	45	144	4537
仁化县	3222	15749	525800	30	86	2591
翁源县	5376	26471	746568	9	23	635
乳源瑶族自治县	2702	11450	355851	12	28	820
新丰县	2480	11695	343272	8	25	640
乐昌市	5325	23453	756712	22	64	1666
南雄市	6329	24640	764929	39	107	3092
深圳市	**1458**	**2993**	**90576**	**7**	**19**	**723**
罗湖区						
福田区						
南山区						
宝安区						
龙岗区	1458	2993	90576	7	19	723
盐田区						
龙华区						
坪山区						
光明区						
珠海市	**6865**	**21212**	**719801**	**63**	**107**	**3691**
香洲区	5	10	170			
斗门区	6384	19742	667552	63	107	3691
金湾区	476	1460	52079			
汕头市	**34725**	**112582**	**3850763**	**532**	**1332**	**42418**
龙湖区	1979	9725	300643	8	19	716
金平区	307	1041	39419	3	5	60
濠江区	1293	5896	209206	13	25	696
潮阳区	15331	40790	1454268	94	149	5361
潮南区	10476	36578	1205997	267	862	27970
澄海区	4995	17269	597972	137	252	6915
南澳县	344	1283	43258	10	20	700
佛山市	**10633**	**32412**	**1167393**	**71**	**173**	**5907**
禅城区						
南海区	3174	10562	413330	14	25	1036
顺德区	1444	3579	134064			
三水区	4765	15056	533267	46	133	4333
高明区	1250	3215	86732	11	15	538

9-2c 续表 1 单位：户、间、平方米

地 区	合 计			1949年以前		
	户数	间数	面积	户数	间数	面积
江门市	**39863**	**130595**	**4278488**	**1729**	**4014**	**145419**
蓬江区	649	2868	114129	12	43	1384
江海区						
新会区	7923	23981	750090	280	572	19180
台山市	12547	38163	1249886	1045	2437	90691
开平市	8141	26229	813669	286	703	25258
鹤山市	5103	19001	614343	46	113	3511
恩平市	5500	20353	736371	60	146	5395
湛江市	**90109**	**453432**	**14444196**	**125**	**426**	**11759**
赤坎区	206	1047	36252			
霞山区	755	3318	94723			
坡头区	5028	25792	960122			
麻章区	6837	34842	1041858	13	35	1005
遂溪县	13231	65041	2018590	33	99	2736
徐闻县	9735	41923	1214110	11	34	933
廉江市	20699	115098	3675246	18	88	2440
雷州市	20606	92723	2592051	38	126	3287
吴川市	13012	73648	2811244	12	44	1358
茂名市	**86851**	**529339**	**17202455**	**74**	**294**	**9023**
茂南区	8162	43015	1117363	16	63	1710
电白区	20126	119580	4398454	16	61	1896
高州市	22611	135987	4667369	14	47	1637
化州市	19887	133113	4112493	12	60	1910
信宜市	16065	97644	2906776	16	63	1870
肇庆市	**54459**	**234059**	**6534222**	**256**	**555**	**18027**
端州区						
鼎湖区	1461	4483	165892	22	33	1233
高要区	11773	32729	878634	77	147	4277
广宁县	6985	29346	924809	27	63	2725
怀集县	15486	86161	2388478	12	57	1300
封开县	6923	37868	904188	10	25	455
德庆县	6735	27941	755606	24	59	1548
四会市	5096	15531	516615	84	171	6489
惠州市	**38644**	**145743**	**4782339**	**145**	**392**	**12407**
惠城区	7936	29290	965947	22	53	1816
惠阳区	6944	20522	665234	18	61	2032
博罗县	10859	45406	1495131	20	55	1651
惠东县	8454	31267	1034007	73	196	6086
龙门县	4451	19258	622020	12	27	822
梅州市	**49818**	**273803**	**7420220**	**1262**	**4714**	**107118**
梅江区	897	4491	119315	39	145	3303
梅县区	7638	42031	976435	404	1723	35884
大埔县	5304	23882	612332	397	1463	36139
丰顺县	5369	21353	561659	127	324	7258
五华县	13248	88740	2640036	16	56	1488
平远县	3057	18736	530703	52	253	6020
蕉岭县	2862	13960	411223	92	325	7824
兴宁市	11443	60610	1568517	135	425	9202

9-2c 续表 2

单位：户、间、平方米

地区	合计			1949年以前		
	户数	间数	面积	户数	间数	面积
汕尾市	**24041**	**87503**	**3085111**	**182**	**361**	**12880**
城 区	2155	6110	194879	32	48	1073
海丰县	5142	17001	543029	54	103	3274
陆河县	2373	12753	419814	2	13	350
陆丰市	14371	51639	1927389	94	197	8183
河源市	**38727**	**194012**	**5948056**	**103**	**378**	**10633**
源城区	1138	4169	133881			
紫金县	8520	46914	1635388	27	114	3730
龙川县	11212	56547	1679380	25	94	2748
连平县	4747	24193	736555	10	31	610
和平县	6982	32620	870627	20	73	1775
东源县	6128	29569	892225	21	66	1770
阳江市	**28844**	**125275**	**4326857**	**111**	**329**	**10483**
江城区	4337	16984	571305	20	50	1621
阳东区	5159	17480	615527	38	102	3173
阳西县	5904	25600	847829	23	82	2310
阳春市	13444	65211	2292196	30	95	3379
清远市	**44518**	**195249**	**6020174**	**211**	**569**	**15897**
清城区	3809	17769	594360	12	48	1642
清新区	8398	34098	1091442	44	129	3783
佛冈县	4726	17133	491616	28	49	1415
阳山县	5416	26734	836924	15	41	1307
连山壮族瑶族自治县	1523	7966	247207			
连南瑶族自治县	2055	9113	290080	6	9	277
英德市	12990	56896	1686504	83	232	5444
连州市	5601	25540	782041	23	61	2029
东莞市	**24415**	**48519**	**1667960**	**39**	**74**	**2514**
市辖区	24415	48519	1667960	39	74	2514
中山市	**14381**	**40271**	**1545774**	**28**	**79**	**2408**
市辖区	14381	40271	1545774	28	79	2408
潮州市	**22294**	**67881**	**2497914**	**682**	**1102**	**33677**
湘桥区	1675	4137	153479	134	193	5376
潮安区	9416	32566	1120977	219	446	12505
饶平县	11203	31178	1223458	329	463	15796
揭阳市	**62131**	**172567**	**5727174**	**870**	**1499**	**45904**
榕城区	4619	9660	347697	73	91	2605
揭东区	10591	22845	811621	265	388	12658
揭西县	10880	33826	1085603	163	369	10645
惠来县	11732	43140	1375796	83	183	4980
普宁市	24309	63096	2106457	286	468	15016
云浮市	**34178**	**172912**	**5010414**	**100**	**211**	**6642**
云城区	2566	10583	321157	19	25	1000
云安区	4046	20708	655181	2	6	230
新兴县	6402	25060	778041	48	87	2882
郁南县	5306	29793	859058	17	52	1410
罗定市	15858	86768	2396977	14	41	1120

9-2c 续表 3

单位：户、间、平方米

地区	1949—1959年			1960—1969年		
	户数	间数	面积	户数	间数	面积
广　东	**4227**	**10681**	**325667**	**10487**	**28049**	**854419**
广州市	**249**	**533**	**18931**	**518**	**1379**	**48001**
荔湾区						
越秀区						
海珠区						
天河区						
白云区	58	129	5585	100	280	11269
黄埔区	3	18	540	7	23	890
番禺区	20	38	1413	43	114	3867
花都区	43	107	4033	88	260	9269
南沙区	16	36	1130	47	140	5055
从化区	15	32	744	50	157	4304
增城区	94	173	5486	183	405	13347
韶关市	**160**	**476**	**13234**	**603**	**1950**	**53196**
武江区	5	10	265	17	42	1391
浈江区	2	4	150	11	29	985
曲江区	12	36	1380	63	203	5167
始兴县	21	66	1981	101	339	9575
仁化县	23	74	2099	75	265	7680
翁源县	7	23	495	30	97	2742
乳源瑶族自治县	16	49	1307	22	69	1898
新丰县	12	44	855	28	99	2530
乐昌市	18	43	1270	127	420	10346
南雄市	44	127	3432	129	387	10882
深圳市	**6**	**10**	**210**	**11**	**24**	**756**
罗湖区						
福田区						
南山区						
宝安区						
龙岗区	6	10	210	11	24	756
盐田区						
龙华区						
坪山区						
光明区						
珠海市	**24**	**46**	**1430**	**71**	**140**	**4740**
香洲区						
斗门区	22	41	1278	70	139	4640
金湾区	2	5	152	1	1	100
汕头市	**242**	**511**	**17026**	**644**	**1351**	**45594**
龙湖区	4	14	428	25	101	2637
金平区	5	9	260	2	3	100
濠江区	12	19	646	35	77	2551
潮阳区	102	171	6316	285	542	19430
潮南区	71	202	6647	245	525	17774
澄海区	38	75	2187	49	95	2779
南澳县	10	21	542	3	8	323
佛山市	**56**	**133**	**4682**	**206**	**482**	**17147**
禅城区						
南海区	18	41	1635	35	83	3462
顺德区	3	10	378	8	18	603
三水区	25	65	2180	109	279	10047
高明区	10	17	489	54	102	3035

9-2c 续表 4

单位：户、间、平方米

地区	1949-1959年			1960-1969年		
	户数	间数	面积	户数	间数	面积
江门市	**749**	**1772**	**61622**	**1189**	**2863**	**97104**
蓬江区	7	22	940	4	8	340
江海区						
新会区	132	251	8654	182	384	12379
台山市	380	892	32060	575	1382	46577
开平市	139	373	11103	213	531	18158
鹤山市	28	65	2321	73	216	6259
恩平市	63	169	6544	142	342	13391
湛江市	**167**	**588**	**16618**	**711**	**2301**	**66780**
赤坎区				1	2	50
霞山区	6	21	476	6	17	410
坡头区	7	21	770	25	69	2390
麻章区	11	42	923	100	341	9282
遂溪县	41	133	3848	172	524	16427
徐闻县	17	55	1490	101	328	9006
廉江市	32	136	3941	97	333	9610
雷州市	41	140	3724	164	512	13687
吴川市	12	40	1446	45	175	5918
茂名市	**89**	**388**	**11378**	**257**	**1042**	**31484**
茂南区	11	37	1180	34	130	3852
电白区	21	81	3043	57	227	6904
高州市	21	106	2899	66	286	9776
化州市	11	46	1198	56	253	6764
信宜市	25	118	3058	44	146	4188
肇庆市	**225**	**524**	**16973**	**644**	**1567**	**50434**
端州区						
鼎湖区	9	19	770	38	71	2502
高要区	68	135	3527	167	315	8244
广宁县	39	80	3034	95	232	8472
怀集县	11	44	1300	44	201	5253
封开县	6	26	730	25	67	1610
德庆县	16	68	1509	77	253	8041
四会市	76	152	6103	198	428	16312
惠州市	**117**	**327**	**10165**	**304**	**790**	**23989**
惠城区	19	57	1827	45	120	3934
惠阳区	9	26	766	24	49	1888
博罗县	38	96	3059	99	259	7561
惠东县	37	113	3613	90	257	7470
龙门县	14	35	900	46	105	3136
梅州市	**420**	**1632**	**36015**	**887**	**3464**	**83348**
梅江区	5	26	490	7	32	820
梅县区	89	380	8017	174	804	17745
大埔县	157	611	13581	281	1070	26861
丰顺县	55	153	3452	141	355	9060
五华县	28	133	3606	39	210	5906
平远县	12	79	1420	52	247	5975
蕉岭县	27	93	2025	78	289	7078
兴宁市	47	157	3424	115	457	9903

9-2c 续表 5

单位：户、间、平方米

地区	1949-1959年			1960-1969年		
	户数	间数	面积	户数	间数	面积
汕尾市	**98**	**213**	**7510**	**297**	**681**	**24061**
城　区	9	13	496	47	105	3118
海丰县	46	84	2799	114	263	8491
陆河县	7	41	940	5	18	600
陆丰市	36	75	3275	131	295	11852
河源市	**62**	**230**	**6524**	**226**	**809**	**22718**
源城区				2	3	260
紫金县	11	39	1475	39	161	5222
龙川县	13	57	1615	60	214	5899
连平县	5	13	318	41	149	3807
和平县	21	69	1766	51	164	4438
东源县	12	52	1350	33	118	3092
阳江市	**105**	**290**	**9946**	**405**	**1175**	**37646**
江城区	14	28	869	53	160	4883
阳东区	42	103	3897	106	258	8963
阳西县	20	61	1800	94	310	9580
阳春市	29	98	3380	152	447	14220
清远市	**229**	**663**	**19008**	**656**	**1885**	**54796**
清城区	14	51	1813	66	218	7384
清新区	60	202	6170	158	507	16140
佛冈县	16	40	1116	59	155	4006
阳山县	21	51	1539	72	201	5558
连山壮族瑶族自治县	3	13	490	10	31	893
连南瑶族自治县	7	26	840	6	15	620
英德市	94	253	6241	244	641	16801
连州市	14	27	799	41	117	3394
东莞市	**78**	**127**	**4563**	**208**	**464**	**15972**
市辖区	78	127	4563	208	464	15972
中山市	**17**	**40**	**1325**	**53**	**128**	**4400**
市辖区	17	40	1325	53	128	4400
潮州市	**285**	**488**	**15233**	**598**	**1173**	**38001**
湘桥区	22	35	1091	39	59	1861
潮安区	78	164	4097	201	511	14446
饶平县	185	289	10045	358	603	21694
揭阳市	**766**	**1483**	**46850**	**1706**	**3539**	**110271**
榕城区	38	49	1349	105	152	4548
揭东区	215	362	12180	405	700	21805
揭西县	143	304	8943	301	701	21564
惠来县	75	208	6261	246	688	20993
普宁市	295	560	18117	649	1298	41361
云浮市	**83**	**207**	**6424**	**293**	**842**	**23981**
云城区	14	29	815	34	62	1925
云安区	2	3	128	12	25	673
新兴县	33	75	2689	110	254	7999
郁南县	10	32	895	63	253	6979
罗定市	24	68	1897	74	248	6405

9-2c　续表 6　　　　单位：户、间、平方米

地　区	1970-1979年			1980-1989年			1990-1999年		
	户数	间数	面积	户数	间数	面积	户数	间数	面积
广　东	**28344**	**80262**	**2464899**	**89124**	**300475**	**9399188**	**182504**	**782705**	**24493993**
广州市	**1576**	**4555**	**158453**	**6483**	**23194**	**833436**	**15934**	**59514**	**2113600**
荔湾区									
越秀区									
海珠区									
天河区									
白云区	345	1088	42528	1654	6768	277407	3942	15938	635103
黄埔区	33	93	3940	159	630	22601	426	1682	72407
番禺区	150	420	13797	647	1872	62132	1529	3920	137001
花都区	311	959	31348	1418	5522	186426	3349	12857	433226
南沙区	191	542	17748	616	1826	66784	1226	3547	133360
从化区	118	358	10966	594	2322	73201	2836	12457	381138
增城区	428	1095	38126	1395	4254	144885	2626	9113	321365
韶关市	**1264**	**4069**	**110945**	**2525**	**9075**	**260118**	**4969**	**21866**	**665854**
武江区	42	105	3207	96	261	8432	193	714	26232
浈江区	30	82	2271	84	367	12069	148	721	24912
曲江区	119	338	9552	212	648	18818	378	1416	44097
始兴县	232	773	20019	428	1539	42697	372	1620	51435
仁化县	178	651	18868	291	1119	32376	460	2240	72050
翁源县	68	232	5204	235	943	22564	1001	5174	140360
乳源瑶族自治县	49	129	3690	98	346	9649	321	1361	39151
新丰县	41	144	3807	105	373	10260	308	1429	41792
乐昌市	240	784	21953	416	1600	49007	891	3925	123628
南雄市	265	831	22374	560	1879	54246	897	3266	102197
深圳市	**31**	**73**	**2419**	**97**	**343**	**11475**	**348**	**851**	**27355**
罗湖区									
福田区									
南山区									
宝安区									
龙岗区	31	73	2419	97	343	11475	348	851	27355
盐田区									
龙华区									
坪山区									
光明区									
珠海市	**286**	**652**	**21778**	**570**	**1539**	**52164**	**840**	**3082**	**102831**
香洲区	2	4	60				1	4	80
斗门区	253	579	19852	526	1461	49442	776	2897	96903
金湾区	31	69	1866	44	78	2722	63	181	5848
汕头市	**1852**	**4182**	**143166**	**6811**	**17402**	**593423**	**10172**	**30957**	**1057236**
龙湖区	72	254	7506	308	1383	41045	442	1969	58957
金平区	15	32	861	47	120	5200	93	298	10848
濠江区	35	81	2571	152	413	14120	341	1354	51409
潮阳区	981	1940	71112	3411	6896	248455	4417	11345	400943
潮南区	526	1378	45216	1958	6046	197759	3367	11285	379917
澄海区	202	454	14451	893	2424	82910	1413	4348	143808
南澳县	21	43	1449	42	120	3934	99	358	11354
佛山市	**575**	**1520**	**51058**	**1661**	**5033**	**177593**	**2310**	**7900**	**282358**
禅城区									
南海区	107	283	10342	352	1108	42107	623	2368	93612
顺德区	22	61	2111	55	177	6929	200	599	24026
三水区	321	911	31354	940	3024	108507	1181	4112	142640
高明区	125	265	7251	314	724	20050	306	821	22080

9－2c 续表 7 单位：户、间、平方米

地 区	1970－1979年			1980－1989年			1990－1999年		
	户数	间数	面积	户数	间数	面积	户数	间数	面积
江门市	**3352**	**8754**	**288701**	**8720**	**26106**	**853413**	**10923**	**38157**	**1228857**
蓬江区	17	45	1606	84	307	11068	207	921	34683
江海区									
新会区	660	1562	49115	1821	4975	155858	2099	6749	210468
台山市	1577	4022	133340	2878	8110	267169	2953	9441	302886
开平市	533	1467	46763	1955	6058	187318	2443	8372	254909
鹤山市	184	547	16676	812	2714	86634	1580	6304	200342
恩平市	381	1111	41201	1170	3942	145366	1641	6370	225569
湛江市	**2665**	**9233**	**262854**	**9947**	**40437**	**1187871**	**20080**	**96122**	**2973682**
赤坎区	3	6	170	26	100	2935	54	227	7875
霞山区	32	66	1819	117	380	10192	107	465	12537
坡头区	100	384	14102	651	2689	94199	1263	5958	216213
麻章区	368	1165	30808	895	3144	83034	1316	5894	165641
遂溪县	570	1905	54807	1398	5425	158474	2326	10670	317914
徐闻县	336	1084	28068	1027	3628	94155	1884	7247	195931
廉江市	350	1313	38602	1579	7310	219775	4991	27303	834503
雷州市	693	2470	65045	2751	10577	276897	4403	18487	495341
吴川市	213	840	29433	1503	7184	248210	3736	19871	727727
茂名市	**853**	**3707**	**114550**	**4527**	**23566**	**730990**	**22041**	**131340**	**4133460**
茂南区	120	483	13502	662	3123	81269	2493	13144	331179
电白区	209	878	29644	1096	5406	187818	4508	25365	886890
高州市	202	880	29118	885	4731	155946	6484	38825	1301732
化州市	222	1055	30110	1410	7846	237857	5396	34982	1057419
信宜市	100	411	12176	474	2460	68100	3160	19024	556240
肇庆市	**1361**	**3449**	**102316**	**4126**	**12224**	**353438**	**10895**	**43194**	**1214387**
端州区									
鼎湖区	98	214	6963	276	657	22673	277	829	31114
高要区	494	992	28141	1658	3865	106129	3134	8718	227667
广宁县	138	377	12830	423	1393	46807	1420	6088	187305
怀集县	69	303	8176	306	1424	38490	2205	11927	336615
封开县	91	374	7434	296	1235	27858	1059	5199	125810
德庆县	160	483	13111	491	1729	47809	1674	6738	185220
四会市	311	706	25661	676	1921	63672	1126	3695	120656
惠州市	**821**	**2323**	**70204**	**2487**	**8195**	**256204**	**6442**	**25342**	**798752**
惠城区	136	429	12717	395	1356	41428	1174	4696	144208
惠阳区	64	180	5171	343	1295	39726	971	3471	107961
博罗县	207	585	17699	684	2212	70256	2266	9143	284396
惠东县	317	869	27463	803	2381	76110	1268	4705	157161
龙门县	97	260	7154	262	951	28684	763	3327	105026
梅州市	**2019**	**8964**	**223224**	**6186**	**31742**	**804970**	**12375**	**69411**	**1838459**
梅江区	47	240	6066	180	922	22270	285	1520	40279
梅县区	434	2255	51589	1491	8365	190116	2142	12206	285280
大埔县	482	2048	52242	725	3144	79567	895	4150	108687
丰顺县	269	734	19872	610	2134	54624	1135	4722	116549
五华县	138	722	19852	783	4965	140515	3135	20808	600760
平远县	108	625	16329	476	2830	74115	548	3313	93554
蕉岭县	217	915	23433	569	2730	77172	685	3426	101567
兴宁市	324	1425	33841	1352	6652	166591	3550	19266	491783

9-2c 续表 8

单位：户、间、平方米

地区	1970—1979年			1980—1989年			1990—1999年		
	户数	间数	面积	户数	间数	面积	户数	间数	面积
汕尾市	**729**	**1757**	**62046**	**2480**	**6698**	**238682**	**5079**	**17423**	**605381**
城　区	136	301	9199	444	1086	34562	620	1745	54931
海丰县	221	524	17700	641	1740	58404	1100	3454	109824
陆河县	13	54	1401	62	316	9721	637	3392	104456
陆丰市	359	878	33746	1333	3556	135995	2722	8832	336170
河源市	**460**	**1928**	**54771**	**1748**	**8218**	**237186**	**8379**	**42802**	**1275408**
源城区	5	23	780	35	168	5503	211	941	29911
紫金县	89	391	12453	214	1020	33427	1486	8294	286624
龙川县	161	739	21891	709	3607	105789	3001	15593	459723
连平县	49	170	4360	176	732	20930	669	3494	102758
和平县	99	364	8791	387	1593	41282	1369	6307	164531
东源县	57	241	6496	227	1098	30255	1643	8173	231861
阳江市	**1001**	**2995**	**96774**	**2916**	**10138**	**323899**	**6829**	**29353**	**965990**
江城区	168	460	14034	658	2143	64932	1337	5233	165931
阳东区	261	694	23833	749	2335	76854	1218	4148	139655
阳西县	251	845	25888	662	2542	79367	1593	6856	219207
阳春市	321	996	33019	847	3118	102746	2681	13116	441197
清远市	**1332**	**4179**	**125039**	**3774**	**14315**	**439747**	**9461**	**42733**	**1299710**
清城区	134	474	16145	363	1620	55855	1055	5281	171653
清新区	427	1474	46898	1214	4915	160145	2027	8639	273458
佛冈县	128	321	8825	367	1095	30432	1083	4076	115199
阳山县	112	326	9985	275	1092	33490	1202	6339	197107
连山壮族瑶族自治县	34	128	3678	84	338	10213	196	1010	29192
连南瑶族自治县	20	58	2009	69	266	8326	412	1838	57243
英德市	357	1021	26564	904	3067	85958	1839	8100	234077
连州市	120	377	10935	498	1922	55328	1647	7450	221781
东莞市	**493**	**1049**	**35515**	**1249**	**3281**	**126454**	**3526**	**8590**	**314024**
市辖区	493	1049	35515	1249	3281	126454	3526	8590	314024
中山市	**233**	**619**	**22640**	**834**	**2613**	**94850**	**2266**	**7264**	**274796**
市辖区	233	619	22640	834	2613	94850	2266	7264	274796
潮州市	**1313**	**2705**	**85951**	**3852**	**9342**	**315824**	**4754**	**13954**	**497017**
湘桥区	117	192	7177	489	999	35691	395	1001	36519
潮安区	471	1079	30168	1912	5185	162639	2284	7399	246743
饶平县	725	1434	48606	1451	3158	117494	2075	5554	213755
揭阳市	**5428**	**11184**	**367668**	**15273**	**34237**	**1150025**	**14773**	**40908**	**1355192**
榕城区	505	770	25618	1417	2431	84490	1144	2379	85287
揭东区	1565	2864	99263	3855	7439	249198	1818	4116	152130
揭西县	1060	2377	77489	2528	6246	213033	2647	8700	266587
惠来县	553	1570	49469	1453	4417	141729	2732	9106	292336
普宁市	1745	3603	115829	6020	13704	461575	6432	16607	558852
云浮市	**700**	**2365**	**64827**	**2858**	**12777**	**357426**	**10108**	**51942**	**1469644**
云城区	46	124	3626	240	783	23986	697	2884	85234
云安区	38	146	4384	312	1424	43018	1218	6049	186678
新兴县	246	661	19732	708	2257	69110	1655	6300	191919
郁南县	140	602	16106	505	2635	69634	1373	7920	219755
罗定市	230	832	20979	1093	5678	151678	5165	28789	786058

9-2c 续表 9　　单位：户、间、平方米

地 区	2000-2009年			2010-2014年			2015年以后		
	户数	间数	面积	户数	间数	面积	户数	间数	面积
广 东	**236024**	**1050316**	**33093010**	**159085**	**715686**	**23410098**	**100289**	**445248**	**15016020**
广州市	**23491**	**69692**	**2428973**	**18406**	**52206**	**1877652**	**8312**	**24676**	**899695**
荔湾区									
越秀区									
海珠区									
天河区									
白云区	5296	15142	563574	6220	15037	541889	3073	7845	277826
黄埔区	1119	3988	164342	576	1642	61880	154	425	15525
番禺区	4490	8885	285062	2834	6026	207750	1362	3548	126146
花都区	3960	11422	373937	2760	7458	248698	1392	3720	122327
南沙区	2425	6418	250944	1819	5396	235696	889	3183	142222
从化区	2760	12202	377847	1935	8710	276951	501	2351	74203
增城区	3441	11635	413267	2262	7937	304788	941	3604	141446
韶关市	**11295**	**52608**	**1653528**	**8633**	**40477**	**1318370**	**5302**	**23421**	**780951**
武江区	406	1693	60850	432	1879	66701	344	1522	59424
浈江区	440	2264	81321	395	1950	75656	245	1200	43094
曲江区	1017	4153	137736	684	3201	104633	524	2326	84020
始兴县	836	3926	126572	917	4448	149243	631	2942	98623
仁化县	682	3558	117290	839	4468	155877	644	3288	116969
翁源县	1954	10171	286065	1269	6284	184180	803	3524	104323
乳源瑶族自治县	1138	4998	159616	737	3207	100637	309	1263	39083
新丰县	985	5004	148783	654	3211	94211	339	1366	40394
乐昌市	1863	8683	281639	1088	5074	171652	660	2860	95551
南雄市	1974	8158	253656	1618	6755	215580	803	3130	99470
深圳市	**898**	**1533**	**42483**	**52**	**118**	**4344**	**8**	**22**	**811**
罗湖区									
福田区									
南山区									
宝安区									
龙岗区	898	1533	42483	52	118	4344	8	22	811
盐田区									
龙华区									
坪山区									
光明区									
珠海市	**2077**	**5965**	**188708**	**1880**	**5387**	**180419**	**1054**	**4294**	**164040**
香洲区	1	1	20				1	1	10
斗门区	1948	5512	173796	1743	4950	165603	983	4056	152347
金湾区	128	452	14892	137	437	14816	70	237	11683
汕头市	**7773**	**29072**	**988440**	**4577**	**18862**	**645276**	**2122**	**8913**	**318184**
龙湖区	535	2914	86892	351	1834	58958	234	1237	43504
金平区	58	223	8653	29	122	4458	55	229	8979
濠江区	347	1847	64187	245	1480	50541	113	600	22485
潮阳区	3269	10347	365837	1945	6797	237352	827	2603	99462
潮南区	2430	9413	311309	1268	5305	169562	344	1562	49843
澄海区	1091	4166	145911	695	3142	117675	477	2313	81336
南澳县	43	162	5651	44	182	6730	72	369	12575
佛山市	**2608**	**7628**	**274325**	**1720**	**5125**	**190216**	**1426**	**4418**	**164107**
禅城区									
南海区	896	2829	110175	707	2185	84621	422	1640	66340
顺德区	478	1179	44061	366	810	29946	312	725	26010
三水区	998	2916	101687	537	1795	66923	608	1821	65596
高明区	236	704	18402	110	335	8726	84	232	6161

9-2c 续表 10

单位：户、间、平方米

地 区	2000—2009年			2010—2014年			2015年以后		
	户数	间数	面积	户数	间数	面积	户数	间数	面积
江门市	**6525**	**23886**	**772071**	**3668**	**13612**	**448569**	**3008**	**11431**	**382732**
蓬江区	122	570	22372	81	387	17410	115	565	24326
江海区									
新会区	1291	4338	137363	798	2805	85537	660	2345	71536
台山市	1658	6156	190636	754	2912	94286	727	2811	92241
开平市	1280	4312	130927	767	2659	82772	525	1754	56461
鹤山市	1186	4506	147399	663	2448	82047	531	2088	69154
恩平市	988	4004	143374	605	2401	86517	450	1868	69014
湛江市	**23242**	**120504**	**3832851**	**18331**	**101928**	**3359654**	**14841**	**81893**	**2732127**
赤坎区	52	273	9590	42	241	8685	28	198	6947
霞山区	183	794	22787	174	838	25091	130	737	21411
坡头区	1188	6372	237236	1095	6347	242154	699	3952	153058
麻章区	1439	7690	230911	1485	9009	280117	1210	7522	240137
遂溪县	3452	17579	542496	2839	15662	499497	2400	13044	422391
徐闻县	2558	10715	309481	1926	9210	281492	1875	9622	293554
廉江市	6275	36684	1162753	4287	25562	847204	3070	16369	556418
雷州市	4892	21671	601626	4174	20456	595704	3450	18284	536740
吴川市	3203	18726	715971	2309	14603	579710	1979	12165	501471
茂名市	**27460**	**172588**	**5542392**	**18085**	**114432**	**3810161**	**13465**	**81982**	**2819017**
茂南区	2167	11989	302874	1375	7329	197616	1284	6717	184181
电白区	5953	36215	1307215	4678	29344	1104634	3588	22003	870410
高州市	8048	49930	1703337	4003	24458	863067	2888	16724	599857
化州市	5723	39494	1205501	4125	29150	914097	2932	20227	657637
信宜市	5569	34960	1023465	3904	24151	730747	2773	16311	506932
肇庆市	**19464**	**92180**	**2531502**	**11724**	**56585**	**1559961**	**5764**	**23781**	**687184**
端州区									
鼎湖区	272	936	34746	259	909	33947	210	815	31944
高要区	3360	10084	266960	1782	5465	149935	1033	3008	83754
广宁县	2403	10804	340222	1475	6676	208414	965	3633	115000
怀集县	7332	42041	1153820	4068	23139	642043	1439	7025	201481
封开县	2447	13924	327880	2160	12538	300862	829	4480	111549
德庆县	2383	10396	279962	1209	5365	143029	701	2850	75377
四会市	1267	3995	127912	771	2493	81731	587	1970	68079
惠州市	**11437**	**44861**	**1462274**	**9635**	**36511**	**1222163**	**7256**	**27002**	**926181**
惠城区	1925	7714	254367	2464	8806	298561	1756	6059	207089
惠阳区	1973	5599	177709	2040	5525	183616	1502	4316	146365
博罗县	3681	16039	525563	2109	9604	325674	1755	7413	259272
惠东县	2497	9208	304296	1940	7684	254139	1429	5854	197669
龙门县	1361	6301	200339	1082	4892	160173	814	3360	115786
梅州市	**14000**	**81206**	**2239218**	**7880**	**46077**	**1312528**	**4789**	**26593**	**775340**
梅江区	140	768	20167	77	385	10729	117	453	15191
梅县区	1605	9201	213842	829	4518	110613	470	2579	63349
大埔县	997	4737	121105	728	3553	91676	642	3106	82474
丰顺县	1705	7171	191414	848	3766	102974	479	1994	56456
五华县	4842	32790	974798	2824	19384	588353	1443	9672	304758
平远县	768	4871	139410	583	3730	108059	458	2788	85821
蕉岭县	535	2751	83806	359	1907	60895	300	1524	47423
兴宁市	3408	18917	494676	1632	8834	239229	880	4477	119868

9-2c 续表 11 单位：户、间、平方米

地区	2000-2009年			2010-2014年			2015年以后		
	户数	间数	面积	户数	间数	面积	户数	间数	面积
汕尾市	**6953**	**27099**	**922879**	**5508**	**22366**	**811951**	**2715**	**10905**	**399721**
城 区	402	1282	41436	290	908	29196	175	622	20868
海丰县	1586	5686	168496	895	3405	113287	485	1742	60754
陆河县	951	5118	166617	441	2440	85091	255	1361	50638
陆丰市	4014	15013	546330	3882	15613	584377	1800	7180	267461
河源市	**15201**	**77910**	**2386978**	**8518**	**43446**	**1363950**	**4030**	**18291**	**589888**
源城区	628	1960	57863	158	631	23231	99	443	16333
紫金县	3525	19823	691132	2175	12285	429673	954	4787	171652
龙川县	4064	21009	618647	2214	10771	324119	965	4463	138949
连平县	1702	9034	275886	1463	7629	237319	632	2941	90567
和平县	2890	13942	373571	1549	7577	205389	596	2531	69084
东源县	2392	12142	369879	959	4553	144219	784	3126	103303
阳江市	**7949**	**37615**	**1296743**	**5466**	**26336**	**958956**	**4062**	**17044**	**626420**
江城区	985	4268	144879	695	3066	115556	407	1576	58600
阳东区	1184	4083	141831	831	3201	120427	730	2556	96894
阳西县	1552	7365	245823	1003	4789	166668	706	2750	97186
阳春市	4228	21899	764210	2937	15280	556305	2219	10162	373740
清远市	**13642**	**63915**	**1957282**	**9026**	**41826**	**1306753**	**6187**	**25164**	**801942**
清城区	1165	5399	181123	534	2666	92094	466	2012	66651
清新区	2326	9515	302234	1320	5496	175666	822	3221	106948
佛冈县	1489	5767	167140	868	3313	94763	688	2317	68720
阳山县	2037	10830	338706	967	5022	158495	715	2832	90737
连山壮族瑶族自治县	466	2541	75349	440	2456	79428	290	1449	47964
连南瑶族自治县	768	3498	112323	531	2366	74675	236	1037	33767
英德市	3728	18316	533312	3446	15919	487376	2295	9347	290731
连州市	1663	8049	247095	920	4588	144256	675	2949	96424
东莞市	**9739**	**17232**	**562158**	**5245**	**9653**	**321873**	**3838**	**8049**	**284887**
市辖区	9739	17232	562158	5245	9653	321873	3838	8049	284887
中山市	**4446**	**11146**	**406983**	**3640**	**9493**	**364322**	**2864**	**8889**	**374050**
市辖区	4446	11146	406983	3640	9493	364322	2864	8889	374050
潮州市	**4737**	**16651**	**626071**	**3832**	**13853**	**545055**	**2241**	**8613**	**341085**
湘桥区	204	642	25540	165	551	21729	110	465	18495
潮安区	2015	7997	286036	1353	5785	213849	883	4000	150494
饶平县	2518	8012	314495	2314	7517	309477	1248	4148	172096
揭阳市	**12973**	**43320**	**1421408**	**7305**	**25426**	**856458**	**3037**	**10971**	**373398**
榕城区	754	2105	78713	392	1083	40882	191	600	24205
揭东区	1223	3376	129642	847	2454	91367	398	1146	43378
揭西县	2077	7767	240638	1161	4355	146749	800	3007	99955
惠来县	3652	14215	451009	2149	9139	295186	789	3614	113833
普宁市	5267	15857	521406	2756	8395	282274	859	2604	92027
云浮市	**10114**	**53705**	**1555743**	**5954**	**31967**	**951467**	**3968**	**18896**	**574260**
云城区	759	3440	103673	454	1999	63359	303	1237	37539
云安区	1236	6501	205023	723	3986	129511	503	2568	85536
新兴县	1623	6958	216369	1175	5198	163121	804	3270	104220
郁南县	1489	8709	254092	903	5472	166011	806	4118	124176
罗定市	5007	28097	776586	2699	15312	429465	1552	7703	222789

9-3　各地区按住房设施状况分的家庭户户数

单位：户

地　区	合　计	住房所在建筑有无电梯		主要炊事燃料				
		有	无	燃气	电	煤炭	柴草	其他
广　东	**3752057**	**932799**	**2819258**	**3023785**	**533109**	**8611**	**92801**	**93751**
广州市	**662251**	**184278**	**477973**	**505641**	**137060**	**667**	**1662**	**17221**
荔湾区	38087	14268	23819	32058	5774	25	3	227
越秀区	34815	12947	21868	31206	3342	22	1	244
海珠区	72479	23564	48915	62190	9271	7	1	1010
天河区	86336	28060	58276	62219	22809	35		1273
白云区	144111	40598	103513	97857	40370	102	116	5666
黄埔区	44313	12777	31536	35765	7078	33	19	1418
番禺区	103026	17914	85112	70518	29578	63	36	2831
花都区	53002	14566	38436	41569	8313	162	228	2730
南沙区	28197	4955	23242	20940	6429	51	84	693
从化区	16121	2495	13626	14350	750	76	767	178
增城区	41764	12134	29630	36969	3346	91	407	951
韶关市	**83731**	**14364**	**69367**	**71734**	**4740**	**255**	**6569**	**433**
武江区	11393	4080	7313	10763	501	2	106	21
浈江区	10684	2754	7930	10392	167	3	105	17
曲江区	8483	1207	7276	7614	497		354	18
始兴县	6003	1014	4989	4350	212	12	1351	78
仁化县	5682	423	5259	4651	306	26	677	22
翁源县	8683	993	7690	7623	672	5	357	26
乳源瑶族自治县	5178	696	4482	4450	484	11	209	24
新丰县	4965	559	4406	4316	418	20	180	31
乐昌市	11379	1728	9651	9560	1072	59	645	43
南雄市	11281	910	10371	8015	411	117	2585	153
深圳市	**616351**	**265462**	**350889**	**443245**	**133576**	**853**	**25**	**38652**
罗湖区	35400	16642	18758	31664	2784	90		862
福田区	47911	25842	22069	42162	4488	50		1211
南山区	51809	27458	24351	43528	7006	75	1	1199
宝安区	169561	69503	100058	105890	47735	133	5	15798
龙岗区	144333	49569	94764	111988	25083	365	10	6887
盐田区	5692	2926	2766	5315	271	2		104
龙华区	99803	48943	50860	63159	30176	77	1	6390
坪山区	18985	3903	15082	13986	3282	31		1686
光明区	42857	20676	22181	25553	12751	30	8	4515
珠海市	**75440**	**22780**	**52660**	**69714**	**4693**	**38**	**104**	**891**
香洲区	44661	15788	28873	41646	2548	13	10	444
斗门区	18926	3635	15291	17114	1496	15	76	225
金湾区	11853	3357	8496	10954	649	10	18	222
汕头市	**124087**	**12966**	**111121**	**121251**	**2070**	**305**	**85**	**376**
龙湖区	16593	4717	11876	16096	319	2		176
金平区	22216	3165	19051	21901	298	1		16
濠江区	5267	257	5010	5156	29	32		50
潮阳区	33720	1879	31841	32892	623	183	9	13
潮南区	25757	796	24961	25178	332	85	66	96
澄海区	18795	1989	16806	18342	431	2	6	14
南澳县	1739	163	1576	1686	38		4	11
佛山市	**298337**	**82472**	**215865**	**233818**	**60228**	**325**	**886**	**3080**
禅城区	47485	16824	30661	40512	6153	50	19	751
南海区	107779	33707	74072	81235	25466	82	98	898
顺德区	107986	23034	84952	82556	24073	118	35	1204
三水区	21511	5766	15745	18400	2793	40	165	113
高明区	13576	3141	10435	11115	1743	35	569	114

9-3 续表 1 单位：户

地　区	合　计	住房所在建筑有无电梯		主要炊事燃料				
		有	无	燃气	电	煤炭	柴草	其他
江门市	**129568**	**21146**	**108422**	**110387**	**12043**	**485**	**5735**	**918**
蓬江区	23724	6318	17406	21459	2045	38	38	144
江海区	10119	2815	7304	7954	1958	5	8	194
新会区	24611	3597	21014	22334	1655	68	444	110
台山市	24902	2209	22693	20859	1716	150	2039	138
开平市	19572	2671	16901	16021	1597	158	1667	129
鹤山市	15099	2421	12678	12915	1563	25	491	105
恩平市	11541	1115	10426	8845	1509	41	1048	98
湛江市	**168568**	**20189**	**148379**	**143575**	**12579**	**808**	**10366**	**1240**
赤坎区	10998	4201	6797	10356	464	42	18	118
霞山区	19080	6556	12524	18509	379	34	18	140
坡头区	8887	1031	7856	7932	221	86	622	26
麻章区	10642	538	10104	9666	450	17	429	80
遂溪县	20171	1094	19077	17807	760	170	1305	129
徐闻县	15321	988	14333	11285	2196	143	1581	116
廉江市	30931	2861	28070	25758	1558	138	3264	213
雷州市	30540	1549	28991	22701	5313	106	2069	351
吴川市	21998	1371	20627	19561	1238	72	1060	67
茂名市	**152188**	**12795**	**139393**	**117907**	**18396**	**391**	**14616**	**878**
茂南区	27416	4958	22458	25041	897	90	939	449
电白区	33941	2103	31838	28190	2212	56	3298	185
高州市	34181	2008	32173	26290	3559	100	4145	87
化州市	31054	2103	28951	19952	8620	62	2327	93
信宜市	25596	1623	23973	18434	3108	83	3907	64
肇庆市	**110430**	**16681**	**93749**	**82933**	**11471**	**516**	**14705**	**805**
端州区	17418	6282	11136	17008	315	10	30	55
鼎湖区	4454	656	3798	3992	269	52	136	5
高要区	17981	1164	16817	12958	1581	171	3136	135
广宁县	11540	918	10622	7875	951	109	2572	33
怀集县	21569	2018	19551	15174	4327	75	1788	205
封开县	10565	602	9963	5744	1914	20	2831	56
德庆县	10239	776	9463	5472	891	60	3631	185
四会市	16664	4265	12399	14710	1223	19	581	131
惠州市	**158641**	**49841**	**108800**	**143973**	**9022**	**674**	**2458**	**2514**
惠城区	56945	22399	34546	52006	2906	225	403	1405
惠阳区	42981	16290	26691	39016	3170	73	263	459
博罗县	27316	6038	21278	24186	1640	235	930	325
惠东县	23587	4555	19032	21767	956	111	479	274
龙门县	7812	559	7253	6998	350	30	383	51
梅州市	**98670**	**12368**	**86302**	**93453**	**3372**	**183**	**1182**	**480**
梅江区	10445	3326	7119	9937	432	5	17	54
梅县区	15300	2540	12760	14493	591	36	110	70
大埔县	9589	1034	8555	8947	289	14	242	97
丰顺县	11265	889	10376	10770	251	15	154	75
五华县	20349	1152	19197	19112	721	26	395	95
平远县	5757	449	5308	5361	241	23	111	21
蕉岭县	5808	632	5176	5516	145	16	85	46
兴宁市	20157	2346	17811	19317	702	48	68	22

9-3 续表 2　　　　单位：户

地　区	合　计	住房所在建筑有无电梯		主要炊事燃料				
		有	无	燃气	电	煤炭	柴草	其他
汕尾市	**58753**	**6121**	**52632**	**56031**	**1644**	**174**	**325**	**579**
城　区	9603	1674	7929	9144	269	80	6	104
海丰县	18185	2164	16021	17559	325	16	38	247
陆河县	4928	275	4653	4758	57	31	67	15
陆丰市	26037	2008	24029	24570	993	47	214	213
河源市	**72849**	**12797**	**60052**	**67469**	**2804**	**167**	**1935**	**474**
源城区	16845	6227	10618	15790	812	37	27	179
紫金县	13318	1130	12188	12471	388	20	359	80
龙川县	16672	1895	14777	15343	582	72	598	77
连平县	7522	677	6845	7245	99	19	137	22
和平县	10029	1561	8468	8860	596	8	527	38
东源县	8463	1307	7156	7760	327	11	287	78
阳江市	**63891**	**9361**	**54530**	**52299**	**2578**	**315**	**8275**	**424**
江城区	19538	4682	14856	18454	379	56	597	52
阳东区	11290	1318	9972	9233	241	26	1709	81
阳西县	10594	1276	9318	8331	536	95	1578	54
阳春市	22469	2085	20384	16281	1422	138	4391	237
清远市	**100651**	**20144**	**80507**	**78814**	**10170**	**436**	**10598**	**633**
清城区	27415	10651	16764	25407	1147	141	581	139
清新区	16067	2524	13543	12207	2156	50	1562	92
佛冈县	8431	1219	7212	6347	758	33	1270	23
阳山县	9260	1187	8073	5938	1639	13	1635	35
连山壮族瑶族自治县	2611	215	2396	1751	333	27	474	26
连南瑶族自治县	3715	215	3500	2243	442	17	993	20
英德市	22928	3088	19840	17890	2015	136	2618	269
连州市	10224	1045	9179	7031	1680	19	1465	29
东莞市	**389633**	**115133**	**274500**	**291235**	**77758**	**851**	**344**	**19445**
市辖区	389633	115133	274500	291235	77758	851	344	19445
中山市	**138328**	**38021**	**100307**	**115389**	**19270**	**188**	**94**	**3387**
市辖区	138328	38021	100307	115389	19270	188	94	3387
潮州市	**62701**	**4962**	**57739**	**60231**	**2095**	**35**	**141**	**199**
湘桥区	15194	2527	12667	14723	415	3	9	44
潮安区	26091	1738	24353	25229	712	5	52	93
饶平县	21416	697	20719	20279	968	27	80	62
揭阳市	**127265**	**4952**	**122313**	**122574**	**2743**	**722**	**536**	**690**
榕城区	21275	1664	19611	20650	435	114	2	74
揭东区	22289	644	21645	21676	512	11	25	65
揭西县	15583	413	15170	14834	532	48	118	51
惠来县	21241	464	20777	20512	437	70	154	68
普宁市	46877	1767	45110	44902	827	479	237	432
云浮市	**59724**	**5966**	**53758**	**42112**	**4797**	**223**	**12160**	**432**
云城区	10229	2196	8033	9043	317	42	807	20
云安区	5497	171	5326	3648	713	51	1066	19
新兴县	11416	1886	9530	8053	1375	59	1869	60
郁南县	9477	494	8983	5485	460	38	3408	86
罗定市	23105	1219	21886	15883	1932	33	5010	247

9–3 续表 3 单位：户

地　区	住房内有无管道自来水		住房内有无厨房			住房内有无厕所	
	有	无	独立使用	与其他户合用	无	水冲式卫生厕所	水冲式非卫生厕所
广　东	**3543693**	**208364**	**3545623**	**35920**	**170514**	**3604270**	**80100**
广州市	**651534**	**10717**	**635047**	**4931**	**22273**	**640599**	**13467**
荔湾区	37705	382	36626	609	852	36761	659
越秀区	34556	259	33416	668	731	33948	377
海珠区	71847	632	69807	719	1953	69180	2749
天河区	84750	1586	84376	452	1508	83484	1937
白云区	142388	1723	140328	439	3344	139172	3108
黄埔区	43664	649	43210	177	926	43182	582
番禺区	102161	865	96898	601	5527	102092	405
花都区	52038	964	49371	442	3189	49836	1929
南沙区	27782	415	25776	448	1973	27141	573
从化区	13999	2122	15792	103	226	15762	165
增城区	40644	1120	39447	273	2044	40041	983
韶关市	**78302**	**5429**	**82600**	**417**	**714**	**80046**	**1845**
武江区	10530	863	11230	25	138	11205	119
浈江区	9567	1117	10579	24	81	10278	275
曲江区	8400	83	8403	30	50	8340	30
始兴县	5287	716	5844	71	88	5489	191
仁化县	5520	162	5606	40	36	5502	45
翁源县	7849	834	8561	54	68	8398	175
乳源瑶族自治县	5112	66	5066	48	64	4340	664
新丰县	4924	41	4922	19	24	4889	28
乐昌市	10524	855	11225	61	93	10791	149
南雄市	10589	692	11164	45	72	10814	169
深圳市	**612892**	**3459**	**563321**	**5689**	**47341**	**603803**	**9003**
罗湖区	35216	184	33328	723	1349	35164	84
福田区	47684	227	44727	1246	1938	47360	303
南山区	51449	360	48535	680	2594	50978	671
宝安区	168642	919	150129	1111	18321	163434	4718
龙岗区	142942	1391	134223	1062	9048	141088	2202
盐田区	5659	33	5280	196	216	5661	3
龙华区	99663	140	90298	532	8973	99126	534
坪山区	18839	146	17993	54	938	18300	449
光明区	42798	59	38808	85	3964	42692	39
珠海市	**74709**	**731**	**73386**	**581**	**1473**	**73717**	**963**
香洲区	44308	353	43431	424	806	44309	199
斗门区	18687	239	18255	129	542	18233	356
金湾区	11714	139	11700	28	125	11175	408
汕头市	**121801**	**2286**	**122377**	**856**	**854**	**120087**	**1980**
龙湖区	16449	144	16448	29	116	16279	267
金平区	22008	208	22089	41	86	21963	148
濠江区	5227	40	5177	61	29	4871	179
潮阳区	32362	1358	33326	229	165	32404	686
潮南区	25411	346	25178	416	163	24659	482
澄海区	18630	165	18431	75	289	18282	177
南澳县	1714	25	1728	5	6	1629	41
佛山市	**295943**	**2394**	**277270**	**3505**	**17562**	**285964**	**8682**
禅城区	47217	268	46466	292	727	46598	618
南海区	107109	670	101503	660	5616	104082	2523
顺德区	106888	1098	96246	2304	9436	102591	4077
三水区	21312	199	20273	130	1108	19901	1252
高明区	13417	159	12782	119	675	12792	212

9-3 续表 4

单位：户

地 区	住房内有无管道自来水		住房内有无厨房			住房内有无厕所	
	有	无	独立使用	与其他户合用	无	水冲式卫生厕所	水冲式非卫生厕所
江门市	**126556**	**3012**	**124657**	**868**	**4043**	**121080**	**2464**
蓬江区	23519	205	23185	101	438	23419	161
江海区	10073	46	9005	69	1045	9967	78
新会区	24443	168	23963	115	533	22774	692
台山市	24551	351	24170	252	480	22294	753
开平市	18868	704	18998	96	478	17557	353
鹤山市	14442	657	14318	79	702	14562	165
恩平市	10660	881	11018	156	367	10507	262
湛江市	**132842**	**35726**	**156447**	**4388**	**7733**	**154777**	**4809**
赤坎区	10696	302	10832	59	107	10589	178
霞山区	18860	220	18728	130	222	18424	292
坡头区	5491	3396	8565	174	148	8394	136
麻章区	7558	3084	9616	447	579	8851	552
遂溪县	17782	2389	18955	534	682	18393	603
徐闻县	8370	6951	13256	304	1761	13829	379
廉江市	21979	8952	27772	851	2308	28539	1104
雷州市	22372	8168	28545	1063	932	27040	1006
吴川市	19734	2264	20178	826	994	20718	559
茂名市	**95491**	**56697**	**145648**	**2164**	**4376**	**146813**	**2812**
茂南区	26654	762	26422	266	728	26746	255
电白区	23167	10774	30547	1078	2316	32047	826
高州市	16238	17943	33193	291	697	32917	834
化州市	19054	12000	30221	282	551	30297	343
信宜市	10378	15218	25265	247	84	24806	554
肇庆市	**105180**	**5250**	**108469**	**822**	**1139**	**105746**	**2189**
端州区	17307	111	17286	51	81	17026	217
鼎湖区	4417	37	4351	42	61	4302	74
高要区	17428	553	17346	227	408	16457	519
广宁县	10891	649	11478	42	20	11263	85
怀集县	20465	1104	21420	83	66	21027	407
封开县	9997	568	10299	161	105	9943	417
德庆县	8461	1778	10014	126	99	9776	212
四会市	16214	450	16275	90	299	15952	258
惠州市	**156711**	**1930**	**152817**	**963**	**4861**	**154103**	**2449**
惠城区	56279	666	54944	267	1734	55527	704
惠阳区	42686	295	41609	189	1183	41719	802
博罗县	26830	486	25908	187	1221	26738	339
惠东县	23382	205	22819	253	515	22608	480
龙门县	7534	278	7537	67	208	7511	124
梅州市	**84474**	**14196**	**97175**	**800**	**695**	**95088**	**1749**
梅江区	10115	330	10312	45	88	10282	111
梅县区	13442	1858	15050	139	111	14851	200
大埔县	7943	1646	9427	97	65	8807	292
丰顺县	10042	1223	11058	82	125	10636	330
五华县	15238	5111	19918	255	176	19743	403
平远县	4973	784	5699	18	40	5590	47
蕉岭县	5511	297	5740	35	33	5618	101
兴宁市	17210	2947	19971	129	57	19561	265

9-3 续表 5　　　　单位：户

地区	住房内有无管道自来水		住房内有无厨房			住房内有无厕所	
	有	无	独立使用	与其他户合用	无	水冲式卫生厕所	水冲式非卫生厕所
汕尾市	**55589**	**3164**	**57003**	**837**	**913**	**54794**	**2034**
城　区	9435	168	9423	36	144	9270	169
海丰县	17686	499	17772	124	289	17211	526
陆河县	4802	126	4853	43	32	4823	35
陆丰市	23666	2371	24955	634	448	23490	1304
河源市	**60305**	**12544**	**71092**	**647**	**1110**	**71254**	**926**
源城区	16772	73	15873	199	773	16617	173
紫金县	10680	2638	13115	146	57	13101	112
龙川县	14107	2565	16479	127	66	16312	234
连平县	5383	2139	7455	33	34	7362	79
和平县	6102	3927	9947	57	25	9681	191
东源县	7261	1202	8223	85	155	8181	137
阳江市	**52267**	**11624**	**62025**	**657**	**1209**	**59572**	**2272**
江城区	18997	541	19265	87	186	18776	348
阳东区	8811	2479	10704	64	522	10439	242
阳西县	8192	2402	10220	193	181	9787	325
阳春市	16267	6202	21836	313	320	20570	1357
清远市	**93097**	**7554**	**98805**	**468**	**1378**	**94749**	**2901**
清城区	26555	860	27007	116	292	26688	436
清新区	15704	363	15622	70	375	14856	828
佛冈县	7141	1290	8310	40	81	8134	138
阳山县	7347	1913	9125	71	64	8891	100
连山壮族瑶族自治县	2252	359	2586	7	18	2445	58
连南瑶族自治县	3675	40	3603	14	98	2977	316
英德市	20433	2495	22416	115	397	21185	796
连州市	9990	234	10136	35	53	9573	229
东莞市	**385582**	**4051**	**348589**	**2978**	**38066**	**376335**	**8685**
市辖区	385582	4051	348589	2978	38066	376335	8685
中山市	**137061**	**1267**	**126196**	**1673**	**10459**	**132162**	**3982**
市辖区	137061	1267	126196	1673	10459	132162	3982
潮州市	**60331**	**2370**	**60422**	**438**	**1841**	**58295**	**1237**
湘桥区	15025	169	14779	37	378	14362	307
潮安区	25456	635	25095	232	764	24301	447
饶平县	19850	1566	20548	169	699	19632	483
揭阳市	**115890**	**11375**	**124707**	**1292**	**1266**	**119291**	**3498**
榕城区	21029	246	20993	22	260	20437	280
揭东区	21409	880	21912	75	302	21118	552
揭西县	12819	2764	15460	74	49	14995	263
惠来县	20008	1233	20762	224	255	19114	1032
普宁市	40625	6252	45580	897	400	43627	1371
云浮市	**47136**	**12588**	**57570**	**946**	**1208**	**55995**	**2153**
云城区	8374	1855	10030	68	131	10027	61
云安区	3446	2051	5288	109	100	5151	288
新兴县	11080	336	11228	84	104	10762	388
郁南县	6131	3346	8925	122	430	8481	524
罗定市	18105	5000	22099	563	443	21574	892

9-3　续表 6　　　　　　　　　　　　　　　　　　　　　　　　　　　　单位：户

地　区	住房内有无厕所			住房内有无洗澡设施			
	卫生旱厕	普通旱厕	无	统　一供热水	家庭自装热水器	其他	无
广　东	**18933**	**20683**	**28071**	**130899**	**3387769**	**119550**	**113839**
广州市	**2059**	**3205**	**2921**	**14502**	**617816**	**14154**	**15779**
荔湾区	145	143	379	861	36163	547	516
越秀区	75	59	356	515	33488	354	458
海珠区	78	120	352	903	69791	1061	724
天河区	443	384	88	1839	83889	329	279
白云区	602	870	359	2687	131640	4520	5264
黄埔区	100	385	64	826	40404	1583	1500
番禺区	112	135	282	3257	95886	1236	2647
花都区	277	804	156	1568	47473	2266	1695
南沙区	100	65	318	721	25292	970	1214
从化区	37	45	112	191	15355	326	249
增城区	90	195	455	1134	38435	962	1233
韶关市	**413**	**470**	**957**	**695**	**78582**	**3018**	**1436**
武江区	11	15	43	120	10998	145	130
浈江区	32	40	59	131	10393	89	71
曲江区	19	7	87	33	8112	229	109
始兴县	60	86	177	56	5340	387	220
仁化县	17	56	62	52	5189	370	71
翁源县	53	14	43	37	8392	175	79
乳源瑶族自治县	34	48	92	47	4844	195	92
新丰县	16	17	15	48	4785	90	42
乐昌市	94	102	243	54	10613	396	316
南雄市	77	85	136	117	9916	942	306
深圳市	**876**	**1102**	**1567**	**41544**	**501327**	**33474**	**40006**
罗湖区	10	11	131	680	34076	334	310
福田区	54	7	187	1439	45630	388	454
南山区	18	42	100	2501	48038	687	583
宝安区	333	548	528	17469	124027	11575	16490
龙岗区	305	411	327	7309	125000	6474	5550
盐田区		1	27	124	5414	52	102
龙华区		4	139	9412	75159	5977	9255
坪山区	130	64	42	445	14535	2157	1848
光明区	26	14	86	2165	29448	5830	5414
珠海市	**427**	**179**	**154**	**1599**	**71025**	**1723**	**1093**
香洲区	44	68	41	880	42511	904	366
斗门区	231	20	86	147	17798	471	510
金湾区	152	91	27	572	10716	348	217
汕头市	**899**	**900**	**221**	**1909**	**121357**	**558**	**263**
龙湖区	13	18	16	354	16107	88	44
金平区	30	51	24	403	21735	39	39
濠江区	153	49	15	38	5195	11	23
潮阳区	238	351	41	385	33223	74	38
潮南区	300	262	54	489	24913	294	61
澄海区	116	154	66	222	18486	40	47
南澳县	49	15	5	18	1698	12	11
佛山市	**1280**	**1269**	**1142**	**9249**	**279304**	**5407**	**4377**
禅城区	37	147	85	1394	45191	487	413
南海区	532	427	215	3836	101415	1506	1022
顺德区	498	491	329	3444	99676	2655	2211
三水区	136	64	158	373	20436	384	318
高明区	77	140	355	202	12586	375	413

9—3 续表 7 单位：户

地 区	住房内有无厕所			住房内有无洗澡设施			
	卫生旱厕	普通旱厕	无	统 一 供热水	家庭自装 热水器	其他	无
江门市	**704**	**544**	**4776**	**1390**	**122716**	**2255**	**3207**
蓬江区	17	43	84	379	22832	281	232
江海区	36	16	22	183	9590	130	216
新会区	190	119	836	149	23502	328	632
台山市	244	158	1453	162	23817	468	455
开平市	91	86	1485	156	18334	367	715
鹤山市	81	77	214	211	14104	302	482
恩平市	45	45	682	150	10537	379	475
湛江市	**1755**	**1930**	**5297**	**1751**	**154216**	**4772**	**7829**
赤坎区	66	56	109	280	10561	79	78
霞山区	96	94	174	335	18429	146	170
坡头区	111	64	182	109	8261	223	294
麻章区	249	336	654	101	9615	300	626
遂溪县	255	283	637	112	18734	525	800
徐闻县	273	215	625	99	13448	674	1100
廉江市	222	128	938	287	28278	942	1424
雷州市	423	652	1419	180	26254	1469	2637
吴川市	60	102	559	248	20636	414	700
茂名市	**503**	**600**	**1460**	**1097**	**143094**	**4351**	**3646**
茂南区	78	112	225	320	26331	393	372
电白区	136	203	729	234	31479	966	1262
高州市	113	120	197	219	32517	812	633
化州市	99	95	220	141	29598	714	601
信宜市	77	70	89	183	23169	1466	778
肇庆市	**679**	**572**	**1244**	**2140**	**100483**	**5132**	**2675**
端州区	73	35	67	467	16880	31	40
鼎湖区	5	3	70	77	4202	100	75
高要区	312	144	549	272	15225	1508	976
广宁县	21	82	89	161	10317	786	276
怀集县	36	44	55	645	19978	707	239
封开县	51	71	83	42	9603	606	314
德庆县	75	63	113	234	8758	872	375
四会市	106	130	218	242	15520	522	380
惠州市	**798**	**741**	**550**	**10511**	**143326**	**3286**	**1518**
惠城区	278	341	95	2521	53106	861	457
惠阳区	340	81	39	5653	36204	854	270
博罗县	54	93	92	620	25744	577	375
惠东县	106	191	202	1619	21165	611	192
龙门县	20	35	122	98	7107	383	224
梅州市	**491**	**591**	**751**	**1921**	**94382**	**1807**	**560**
梅江区	13	14	25	286	10089	56	14
梅县区	68	64	117	279	14723	217	81
大埔县	130	138	222	107	9246	150	86
丰顺县	61	120	118	644	10180	335	106
五华县	73	75	55	131	19598	510	110
平远县	24	51	45	17	5574	125	41
蕉岭县	21	23	45	80	5572	113	43
兴宁市	101	106	124	377	19400	301	79

9-3 续表 8

单位：户

地 区	住房内有无厕所			住房内有无洗澡设施			
	卫生旱厕	普通旱厕	无	统 一 供热水	家庭自装 热水器	其他	无
汕尾市	**622**	**795**	**508**	**1073**	**55560**	**1318**	**802**
城 区	38	89	37	137	9259	137	70
海丰县	101	139	208	460	17198	340	187
陆河县	12	47	11	110	4531	264	23
陆丰市	471	520	252	366	24572	577	522
河源市	**205**	**244**	**220**	**1651**	**68719**	**2047**	**432**
源城区	21	19	15	861	15536	386	62
紫金县	24	29	52	190	12754	313	61
龙川县	50	44	32	192	16051	357	72
连平县	11	24	46	64	7244	172	42
和平县	54	67	36	86	9442	378	123
东源县	45	61	39	258	7692	441	72
阳江市	**357**	**324**	**1366**	**989**	**58145**	**2727**	**2030**
江城区	79	42	293	478	18567	254	239
阳东区	35	33	541	143	10143	493	511
阳西县	83	97	302	148	9224	689	533
阳春市	160	152	230	220	20211	1291	747
清远市	**927**	**863**	**1211**	**1043**	**91724**	**5448**	**2436**
清城区	50	129	112	500	26125	509	281
清新区	129	112	142	124	14877	683	383
佛冈县	45	25	89	128	7442	596	265
阳山县	121	50	98	46	8263	685	266
连山壮族瑶族自治县	16	14	78	20	2211	267	113
连南瑶族自治县	143	153	126	37	2571	930	177
英德市	313	281	353	108	20966	1181	673
连州市	110	99	213	80	9269	597	278
东莞市	**1377**	**2217**	**1019**	**30745**	**322973**	**17910**	**18005**
市辖区	1377	2217	1019	30745	322973	17910	18005
中山市	**789**	**981**	**414**	**4483**	**126453**	**3264**	**4128**
市辖区	789	981	414	4483	126453	3264	4128
潮州市	**1225**	**910**	**1034**	**561**	**60622**	**786**	**732**
湘桥区	125	122	278	189	14735	148	122
潮安区	410	407	526	276	25144	282	389
饶平县	690	381	230	96	20743	356	221
揭阳市	**2164**	**1983**	**329**	**1339**	**124369**	**1018**	**539**
榕城区	366	158	34	139	21056	46	34
揭东区	415	168	36	283	21836	116	54
揭西县	129	168	28	116	15192	227	48
惠来县	503	504	88	277	20471	306	187
普宁市	751	985	143	524	45814	323	216
云浮市	**383**	**263**	**930**	**707**	**51576**	**5095**	**2346**
云城区	36	23	82	197	9390	427	215
云安区	8	10	40	24	4634	620	219
新兴县	19	31	216	267	10081	814	254
郁南县	62	68	342	46	7481	1190	760
罗定市	258	131	250	173	19990	2044	898

9-3a 各地区按住房设施状况分的家庭户户数(城市)

单位：户

地区	合计	住房所在建筑有无电梯		主要炊事燃料				
		有	无	燃气	电	煤炭	柴草	其他
广东	**2506122**	**834247**	**1671875**	**2007800**	**411472**	**4449**	**2297**	**80104**
广州市	**550547**	**169743**	**380804**	**420578**	**115660**	**443**	**127**	**13739**
荔湾区	38087	14268	23819	32058	5774	25	3	227
越秀区	34815	12947	21868	31206	3342	22	1	244
海珠区	72479	23564	48915	62190	9271	7	1	1010
天河区	86336	28060	58276	62219	22809	35		1273
白云区	116278	37053	79225	79488	32194	77	7	4512
黄埔区	40644	11812	28832	32643	6646	30	9	1316
番禺区	89215	17600	71615	61806	25026	62	14	2307
花都区	37035	12668	24367	28739	6091	40	17	2148
南沙区	15838	4347	11491	11618	3741	38	18	423
从化区	5584	1803	3781	5355	129	35	23	42
增城区	14236	5621	8615	13256	637	72	34	237
韶关市	**28950**	**9860**	**19090**	**28131**	**681**	**11**	**24**	**103**
武江区	9759	4061	5698	9342	389	2	7	19
浈江区	8380	2696	5684	8246	111		9	14
曲江区	4587	1169	3418	4507	71			9
始兴县								
仁化县								
翁源县								
乳源瑶族自治县								
新丰县								
乐昌市	3048	1148	1900	2985	56		2	5
南雄市	3176	786	2390	3051	54	9	6	56
深圳市	**614811**	**265343**	**349468**	**442050**	**133399**	**853**	**24**	**38485**
罗湖区	35400	16642	18758	31664	2784	90		862
福田区	47911	25842	22069	42162	4488	50		1211
南山区	51802	27458	24344	43528	7006	75	1	1192
宝安区	169561	69503	100058	105890	47735	133	5	15798
龙岗区	142875	49522	93353	110868	24906	365	9	6727
盐田区	5692	2926	2766	5315	271	2		104
龙华区	99803	48943	50860	63159	30176	77	1	6390
坪山区	18910	3831	15079	13911	3282	31		1686
光明区	42857	20676	22181	25553	12751	30	8	4515
珠海市	**60124**	**20541**	**39583**	**56067**	**3381**	**23**	**16**	**637**
香洲区	43774	15562	28212	40892	2454	13	10	405
斗门区	8354	2152	6202	7645	564	1	1	143
金湾区	7996	2827	5169	7530	363	9	5	89
汕头市	**61781**	**10585**	**51196**	**60331**	**957**	**217**	**1**	**275**
龙湖区	14614	4663	9951	14151	290	2		171
金平区	21909	3160	18749	21630	262	1		16
濠江区	3844	222	3622	3750	20	25		49
潮阳区	7257	1033	6224	6943	136	176		2
潮南区	8532	392	8140	8372	111	13	1	35
澄海区	5625	1115	4510	5485	138			2
南澳县								
佛山市	**272890**	**78693**	**194197**	**214994**	**54456**	**277**	**292**	**2871**
禅城区	41087	15054	26033	35513	4806	45	6	717
南海区	102712	33210	69502	77689	24034	70	83	836
顺德区	106542	22963	83579	81670	23522	118	35	1197
三水区	10945	4383	6562	10025	849	21	28	22
高明区	11604	3083	8521	10097	1245	23	140	99

9-3a　续表 1　　单位：户

地　区	合　计	住房所在建筑有无电梯		主要炊事燃料				
		有	无	燃气	电	煤炭	柴草	其他
江门市	**78679**	**19265**	**59414**	**71567**	**6138**	**223**	**323**	**428**
蓬江区	23075	6311	16764	20937	1946	38	30	124
江海区	10119	2815	7304	7954	1958	5	8	194
新会区	13532	3187	10345	12812	622	26	27	45
台山市	10177	2092	8085	9441	413	62	243	18
开平市	8968	2125	6843	8628	244	90	4	2
鹤山市	8030	2008	6022	7519	467		6	38
恩平市	4778	727	4051	4276	488	2	5	7
湛江市	**51837**	**16172**	**35665**	**49383**	**1797**	**122**	**228**	**307**
赤坎区	10792	4197	6595	10155	462	42	15	118
霞山区	18214	6545	11669	17677	372	23	11	131
坡头区	2005	742	1263	1944	7	32	19	3
麻章区	2303	340	1963	2202	42	2	42	15
遂溪县	579	13	566	503	36		39	1
徐闻县								
廉江市	5954	2305	3649	5770	142	19	10	13
雷州市	6198	1093	5105	5545	573	4	54	22
吴川市	5792	937	4855	5587	163		38	4
茂名市	**44931**	**10097**	**34834**	**42172**	**1570**	**146**	**572**	**471**
茂南区	18256	4817	13439	17240	373	79	142	422
电白区	5477	956	4521	5251	65	16	112	33
高州市	7395	1525	5870	6897	366	17	109	6
化州市	6576	1399	5177	5824	606	10	129	7
信宜市	7227	1400	5827	6960	160	24	80	3
肇庆市	**33102**	**11464**	**21638**	**32187**	**666**	**39**	**46**	**164**
端州区	17418	6282	11136	17008	315	10	30	55
鼎湖区	2248	604	1644	2158	86		2	2
高要区	2641	694	1947	2594	9	28	6	4
广宁县								
怀集县								
封开县								
德庆县								
四会市	10795	3884	6911	10427	256	1	8	103
惠州市	**79331**	**36085**	**43246**	**72967**	**4543**	**270**	**29**	**1522**
惠城区	45818	20642	25176	42289	2145	215	24	1145
惠阳区	32942	15316	17626	30129	2389	54	5	365
博罗县	571	127	444	549	9	1		12
惠东县								
龙门县								
梅州市	**23225**	**7751**	**15474**	**22488**	**598**	**50**	**5**	**84**
梅江区	9367	3234	6133	8975	336	4	3	49
梅县区	6583	2400	4183	6330	194	26	1	32
大埔县								
丰顺县								
五华县	364	4	360	358	6			
平远县								
蕉岭县								
兴宁市	6911	2113	4798	6825	62	20	1	3

9–3a 续表 2

单位：户

地区	合计	住房所在建筑有无电梯		主要炊事燃料				
		有	无	燃气	电	煤炭	柴草	其他
汕尾市	**11372**	**2653**	**8719**	**10698**	**456**	**81**	**2**	**135**
城　区	6549	1349	5200	6250	127	79		93
海丰县								
陆河县								
陆丰市	4823	1304	3519	4448	329	2	2	42
河源市	**15203**	**6015**	**9188**	**14543**	**518**	**31**	**15**	**96**
源城区	15203	6015	9188	14543	518	31	15	96
紫金县								
龙川县								
连平县								
和平县								
东源县								
阳江市	**25133**	**7543**	**17590**	**24561**	**317**	**77**	**66**	**112**
江城区	13876	4525	9351	13636	146	48	18	28
阳东区	4708	1205	3503	4534	120		3	51
阳西县								
阳春市	6549	1813	4736	6391	51	29	45	33
清远市	**32409**	**14736**	**17673**	**30752**	**1156**	**200**	**39**	**262**
清城区	17060	9140	7920	16485	355	122	19	79
清新区	6529	2313	4216	6071	377	25		56
佛冈县								
阳山县								
连山壮族瑶族自治县								
连南瑶族自治县								
英德市	5155	2307	2848	4660	306	53	11	125
连州市	3665	976	2689	3536	118		9	2
东莞市	**362826**	**110925**	**251901**	**271011**	**72325**	**753**	**277**	**18460**
市辖区	362826	110925	251901	271011	72325	753	277	18460
中山市	**88006**	**26331**	**61675**	**75167**	**10938**	**113**	**32**	**1756**
市辖区	88006	26331	61675	75167	10938	113	32	1756
潮州市	**23537**	**3940**	**19597**	**22617**	**838**	**3**	**11**	**68**
湘桥区	11959	2490	9469	11533	406	3	4	13
潮安区	11578	1450	10128	11084	432		7	55
饶平县								
揭阳市	**33981**	**3342**	**30639**	**32626**	**814**	**490**	**7**	**44**
榕城区	14662	1609	13053	14146	397	111	1	7
揭东区	6892	506	6386	6617	270	2		3
揭西县								
惠来县								
普宁市	12427	1227	11200	11863	147	377	6	34
云浮市	**13447**	**3163**	**10284**	**12910**	**264**	**27**	**161**	**85**
云城区	7663	2184	5479	7431	113	19	90	10
云安区	426	27	399	406	6	6	8	
新兴县								
郁南县								
罗定市	5358	952	4406	5073	145	2	63	75

9-3a　续表 3　　　　单位：户

地　区	住房内有无管道自来水		住房内有无厨房			住房内有无厕所	
	有	无	独立使用	与其他户合用	无	水冲式卫生厕所	水冲式非卫生厕所
广　东	**2479094**	**27028**	**2354597**	**19891**	**131634**	**2434427**	**47008**
广州市	**544673**	**5874**	**529432**	**4073**	**17042**	**533302**	**11165**
荔湾区	37705	382	36626	609	852	36761	659
越秀区	34556	259	33416	668	731	33948	377
海珠区	71847	632	69807	719	1953	69180	2749
天河区	84750	1586	84376	452	1508	83484	1937
白云区	115169	1109	113588	321	2369	112276	2671
黄埔区	40084	560	39627	169	848	39578	539
番禺区	88523	692	83900	506	4809	88535	314
花都区	36681	354	34286	345	2404	34574	1458
南沙区	15717	121	14547	221	1070	15569	149
从化区	5544	40	5514	4	66	5568	6
增城区	14097	139	13745	59	432	13829	306
韶关市	**28668**	**282**	**28680**	**44**	**226**	**28591**	**247**
武江区	9717	42	9646	11	102	9726	18
浈江区	8216	164	8309	16	55	8170	163
曲江区	4579	8	4563	10	14	4584	
始兴县							
仁化县							
翁源县							
乳源瑶族自治县							
新丰县							
乐昌市	3026	22	3034	5	9	3037	7
南雄市	3130	46	3128	2	46	3074	59
深圳市	**611394**	**3417**	**561984**	**5678**	**47149**	**602309**	**9001**
罗湖区	35216	184	33328	723	1349	35164	84
福田区	47684	227	44727	1246	1938	47360	303
南山区	51447	355	48535	680	2587	50976	671
宝安区	168642	919	150129	1111	18321	163434	4718
龙岗区	141518	1357	132961	1051	8863	139668	2200
盐田区	5659	33	5280	196	216	5661	3
龙华区	99663	140	90298	532	8973	99126	534
坪山区	18767	143	17918	54	938	18228	449
光明区	42798	59	38808	85	3964	42692	39
珠海市	**59611**	**513**	**58780**	**418**	**926**	**59085**	**647**
香洲区	43430	344	42657	398	719	43430	194
斗门区	8254	100	8203	10	141	8167	156
金湾区	7927	69	7920	10	66	7488	297
汕头市	**61254**	**527**	**61048**	**259**	**474**	**60667**	**671**
龙湖区	14483	131	14474	27	113	14350	231
金平区	21704	205	21785	38	86	21663	145
濠江区	3821	23	3782	37	25	3553	82
潮阳区	7199	58	7235	10	12	7163	72
潮南区	8463	69	8375	110	47	8340	123
澄海区	5584	41	5397	37	191	5598	18
南澳县							
佛山市	**270775**	**2115**	**253672**	**3235**	**15983**	**261651**	**8143**
禅城区	40865	222	40285	220	582	40253	592
南海区	102078	634	96751	606	5355	99184	2407
顺德区	105455	1087	94936	2292	9314	101156	4075
三水区	10873	72	10738	17	190	9905	909
高明区	11504	100	10962	100	542	11153	160

9-3a 续表 4

单位：户

地　　区	住房内有无管道自来水		住房内有无厨房			住房内有无厕所	
	有	无	独立使用	与其他户合用	无	水冲式卫生厕所	水冲式非卫生厕所
江门市	**78055**	**624**	**76164**	**303**	**2212**	**77109**	**991**
蓬江区	22944	131	22541	99	435	22797	143
江海区	10073	46	9005	69	1045	9967	78
新会区	13465	67	13290	27	215	13210	224
台山市	10111	66	10022	70	85	9561	410
开平市	8812	156	8942	9	17	8885	61
鹤山市	7949	81	7665	15	350	7954	34
恩平市	4701	77	4699	14	65	4735	41
湛江市	**49664**	**2173**	**50830**	**420**	**587**	**49471**	**1352**
赤坎区	10520	272	10636	51	105	10389	178
霞山区	18032	182	17931	99	184	17616	286
坡头区	1932	73	1958	40	7	1933	45
麻章区	1529	774	2182	40	81	2091	114
遂溪县	566	13	572	4	3	521	9
徐闻县							
廉江市	5746	208	5850	20	84	5403	452
雷州市	5645	553	6075	75	48	5927	148
吴川市	5694	98	5626	91	75	5591	120
茂名市	**41723**	**3208**	**44177**	**274**	**480**	**44115**	**497**
茂南区	17979	277	17983	82	191	18003	133
电白区	5316	161	5134	157	186	5290	66
高州市	6632	763	7319	20	56	7242	112
化州市	6029	547	6525	8	43	6491	60
信宜市	5767	1460	7216	7	4	7089	126
肇庆市	**32831**	**271**	**32683**	**81**	**338**	**32428**	**307**
端州区	17307	111	17286	51	81	17026	217
鼎湖区	2230	18	2218	4	26	2233	6
高要区	2610	31	2628	11	2	2604	11
广宁县							
怀集县							
封开县							
德庆县							
四会市	10684	111	10551	15	229	10565	73
惠州市	**78878**	**453**	**77014**	**299**	**2018**	**77139**	**1273**
惠城区	45418	400	44478	183	1157	44793	518
惠阳区	32892	50	31995	115	832	31780	751
博罗县	568	3	541	1	29	566	4
惠东县							
龙门县							
梅州市	**22724**	**501**	**22992**	**99**	**134**	**22961**	**154**
梅江区	9292	75	9249	35	83	9257	75
梅县区	6357	226	6517	25	41	6526	38
大埔县							
丰顺县							
五华县	245	119	334	29	1	335	23
平远县							
蕉岭县							
兴宁市	6830	81	6892	10	9	6843	18

9-3a　续表 5　　　　单位：户

地　区	住房内有无管道自来水		住房内有无厨房			住房内有无厕所	
	有	无	独立使用	与其他户合用	无	水冲式卫生厕所	水冲式非卫生厕所
汕尾市	**11173**	**199**	**11184**	**52**	**136**	**10980**	**193**
城　区	6429	120	6434	16	99	6352	86
海丰县							
陆河县							
陆丰市	4744	79	4750	36	37	4628	107
河源市	**15150**	**53**	**14540**	**182**	**481**	**14984**	**167**
源城区	15150	53	14540	182	481	14984	167
紫金县							
龙川县							
连平县							
和平县							
东源县							
阳江市	**24745**	**388**	**24516**	**52**	**565**	**24720**	**299**
江城区	13674	202	13774	21	81	13699	122
阳东区	4679	29	4269	10	429	4666	36
阳西县							
阳春市	6392	157	6473	21	55	6355	141
清远市	**32242**	**167**	**31945**	**46**	**418**	**31711**	**561**
清城区	16988	72	16950	18	92	16882	131
清新区	6521	8	6256	9	264	6148	349
佛冈县							
阳山县							
连山壮族瑶族自治县							
连南瑶族自治县							
英德市	5110	45	5077	17	61	5037	69
连州市	3623	42	3662	2	1	3644	12
东莞市	**358967**	**3859**	**324391**	**2804**	**35631**	**350475**	**8086**
市辖区	358967	3859	324391	2804	35631	350475	8086
中山市	**87293**	**713**	**80981**	**1111**	**5914**	**84367**	**2434**
市辖区	87293	713	80981	1111	5914	84367	2434
潮州市	**23206**	**331**	**22748**	**185**	**604**	**22637**	**200**
湘桥区	11845	114	11732	27	200	11626	83
潮安区	11361	217	11016	158	404	11011	117
饶平县							
揭阳市	**33115**	**866**	**33535**	**222**	**224**	**32531**	**459**
榕城区	14444	218	14472	18	172	14035	129
揭东区	6818	74	6851	17	24	6568	54
揭西县							
惠来县							
普宁市	11853	574	12212	187	28	11928	276
云浮市	**12953**	**494**	**13301**	**54**	**92**	**13194**	**161**
云城区	7257	406	7564	29	70	7585	36
云安区	416	10	423	3		406	19
新兴县							
郁南县							
罗定市	5280	78	5314	22	22	5203	106

9-3a 续表 6

单位：户

地　区	住房内有无厕所			住房内有无洗澡设施			
	卫生旱厕	普通旱厕	无	统　一 供热水	家庭自装 热水器	其他	无
广　东	**8162**	**9742**	**6783**	**112005**	**2243037**	**73043**	**78037**
广州市	**1739**	**2710**	**1631**	**12469**	**515714**	**10912**	**11452**
荔湾区	145	143	379	861	36163	547	516
越秀区	75	59	356	515	33488	354	458
海珠区	78	120	352	903	69791	1061	724
天河区	443	384	88	1839	83889	329	279
白云区	504	722	105	2133	106017	3840	4288
黄埔区	97	380	50	796	37017	1512	1319
番禺区	98	119	149	3080	83179	945	2011
花都区	238	713	52	1376	32811	1710	1138
南沙区	33	47	40	424	14501	375	538
从化区		2	8	76	5448	49	11
增城区	28	21	52	466	13410	190	170
韶关市	**23**	**8**	**81**	**313**	**28337**	**158**	**142**
武江区	4	2	9	109	9509	82	59
浈江区	14	4	29	106	8210	42	22
曲江区	1		2	11	4555	10	11
始兴县							
仁化县							
翁源县							
乳源瑶族自治县							
新丰县							
乐昌市	2		2	7	3021	11	9
南雄市	2	2	39	80	3042	13	41
深圳市	**869**	**1101**	**1531**	**41511**	**500129**	**33350**	**39821**
罗湖区	10	11	131	680	34076	334	310
福田区	54	7	187	1439	45630	388	454
南山区	18	42	95	2501	48036	687	578
宝安区	333	548	528	17469	124027	11575	16490
龙岗区	301	410	296	7276	123879	6350	5370
盐田区		1	27	124	5414	52	102
龙华区		4	139	9412	75159	5977	9255
坪山区	127	64	42	445	14460	2157	1848
光明区	26	14	86	2165	29448	5830	5414
珠海市	**195**	**152**	**45**	**1313**	**56774**	**1291**	**746**
香洲区	44	68	38	855	41673	889	357
斗门区	18	11	2	60	7723	273	298
金湾区	133	73	5	398	7378	129	91
汕头市	**210**	**154**	**79**	**1223**	**60121**	**328**	**109**
龙湖区	3	16	14	273	14237	62	42
金平区	29	50	22	400	21439	32	38
濠江区	151	46	12	35	3782	8	19
潮阳区	3	11	8	166	7079	10	2
潮南区	23	28	18	220	8103	206	3
澄海区	1	3	5	129	5481	10	5
南澳县							
佛山市	**1169**	**1196**	**731**	**8403**	**255892**	**4811**	**3784**
禅城区	31	135	76	986	39293	420	388
南海区	525	412	184	3675	96635	1452	950
顺德区	493	491	327	3385	98304	2652	2201
三水区	54	24	53	180	10616	84	65
高明区	66	134	91	177	11044	203	180

9-3a 续表 7　　　　单位：户

地　区	住房内有无厕所			住房内有无洗澡设施			
	卫生旱厕	普通旱厕	无	统　一供热水	家庭自装热水器	其他	无
江门市	**141**	**135**	**303**	**1041**	**76248**	**640**	**750**
蓬江区	17	36	82	374	22199	279	223
江海区	36	16	22	183	9590	130	216
新会区	14	26	58	62	13312	46	112
台山市	55	47	104	111	9897	86	83
开平市			22	106	8853	3	6
鹤山市	18	10	14	126	7752	53	99
恩平市	1		1	79	4645	43	11
湛江市	**278**	**290**	**446**	**1133**	**49768**	**424**	**512**
赤坎区	66	54	105	276	10367	76	73
霞山区	89	87	136	331	17617	126	140
坡头区	15	6	6	69	1907	17	12
麻章区	22	36	40	29	2187	24	63
遂溪县	17	3	29		537	34	8
徐闻县							
廉江市	56	20	23	193	5718	13	30
雷州市	9	79	35	56	5950	79	113
吴川市	4	5	72	179	5485	55	73
茂名市	**51**	**78**	**190**	**564**	**43767**	**336**	**264**
茂南区	22	55	43	253	17754	169	80
电白区	3	7	111	91	5236	65	85
高州市	19	8	14	92	7244	25	34
化州市	4	1	20	67	6430	37	42
信宜市	3	7	2	61	7103	40	23
肇庆市	**129**	**156**	**82**	**817**	**32012**	**104**	**169**
端州区	73	35	67	467	16880	31	40
鼎湖区	4		5	64	2157	12	15
高要区		21	5	90	2535	11	5
广宁县							
怀集县							
封开县							
德庆县							
四会市	52	100	5	196	10440	50	109
惠州市	**504**	**364**	**51**	**6782**	**71193**	**923**	**433**
惠城区	184	292	31	1901	43181	468	268
惠阳区	320	72	19	4866	27466	448	162
博罗县			1	15	546	7	3
惠东县							
龙门县							
梅州市	**27**	**45**	**38**	**749**	**22341**	**110**	**25**
梅江区	10	9	16	280	9045	36	6
梅县区	4	10	5	209	6332	31	11
大埔县							
丰顺县							
五华县	4	2			358	4	2
平远县							
蕉岭县							
兴宁市	9	24	17	260	6606	39	6

9-3a 续表 8

单位：户

地　区	住房内有无厕所			住房内有无洗澡设施			
	卫生旱厕	普通旱厕	无	统　一供热水	家庭自装热水器	其他	无
汕尾市	**72**	**104**	**23**	**243**	**10928**	**136**	**65**
城　区	34	61	16	115	6312	86	36
海丰县							
陆河县							
陆丰市	38	43	7	128	4616	50	29
河源市	**21**	**17**	**14**	**781**	**14177**	**198**	**47**
源城区	21	17	14	781	14177	198	47
紫金县							
龙川县							
连平县							
和平县							
东源县							
阳江市	**46**	**31**	**37**	**599**	**24366**	**96**	**72**
江城区	28	5	22	356	13449	40	31
阳东区		1	5	104	4564	17	23
阳西县							
阳春市	18	25	10	139	6353	39	18
清远市	**54**	**65**	**18**	**619**	**31499**	**176**	**115**
清城区	18	16	13	442	16515	63	40
清新区	19	11	2	90	6307	71	61
佛冈县							
阳山县							
连山壮族瑶族自治县							
连南瑶族自治县							
英德市	10	37	2	37	5077	30	11
连州市	7	1	1	50	3600	12	3
东莞市	**1259**	**2123**	**883**	**29394**	**299695**	**16734**	**17003**
市辖区	1259	2123	883	29394	299695	16734	17003
中山市	**531**	**505**	**169**	**2968**	**81017**	**1906**	**2115**
市辖区	531	505	169	2968	81017	1906	2115
潮州市	**136**	**173**	**391**	**334**	**22650**	**258**	**295**
湘桥区	50	70	130	156	11632	117	54
潮安区	86	103	261	178	11018	141	241
饶平县							
揭阳市	**659**	**313**	**19**	**480**	**33420**	**46**	**35**
榕城区	345	146	7	115	14508	27	12
揭东区	238	26	6	111	6762	7	12
揭西县							
惠来县							
普宁市	76	141	6	254	12150	12	11
云浮市	**49**	**22**	**21**	**269**	**12989**	**106**	**83**
云城区	14	13	15	181	7343	76	63
云安区			1	1	414	10	1
新兴县							
郁南县							
罗定市	35	9	5	87	5232	20	19

9-3b　各地区按住房设施状况分的家庭户户数(镇)

单位：户

地　区	合　计	住房所在建筑有无电梯		主要炊事燃料				
		有	无	燃气	电	煤炭	柴草	其他
广　东	**428831**	**76105**	**352726**	**383287**	**32926**	**1065**	**6301**	**5252**
广州市	**36501**	**10832**	**25669**	**29048**	**6200**	**31**	**69**	**1153**
荔湾区								
越秀区								
海珠区								
天河区								
白云区	7067	1357	5710	4751	1977	6	3	330
黄埔区	1186	922	264	1171	14			1
番禺区	2723	51	2672	1696	968		1	58
花都区	2613	1207	1406	2209	345	10	4	45
南沙区	5126	520	4606	3817	1179	9	8	113
从化区	1707	565	1142	1566	91	3	16	31
增城区	16079	6210	9869	13838	1626	3	37	575
韶关市	**19834**	**3667**	**16167**	**18235**	**939**	**53**	**467**	**140**
武江区	89	2	87	83	1		5	
浈江区	948	43	905	934	11	1	1	1
曲江区	867	7	860	775	75		13	4
始兴县	2420	928	1492	2291	68	2	29	30
仁化县	2460	392	2068	2339	80	4	26	11
翁源县	3307	857	2450	3130	152	1	13	11
乳源瑶族自治县	2476	654	1822	2348	94	8	15	11
新丰县	2485	490	1995	2343	106	15		21
乐昌市	3006	269	2737	2667	239	22	68	10
南雄市	1776	25	1751	1325	113		297	41
深圳市	**82**	**72**	**10**	**75**				**7**
罗湖区								
福田区								
南山区	7		7					7
宝安区								
龙岗区								
盐田区								
龙华区								
坪山区	75	72	3	75				
光明区								
珠海市	**8451**	**2089**	**6362**	**7517**	**698**	**13**	**21**	**202**
香洲区	882	226	656	752	93			37
斗门区	4188	1337	2851	3809	324	12	10	33
金湾区	3381	526	2855	2956	281	1	11	132
汕头市	**27581**	**1658**	**25923**	**26860**	**617**	**66**	**5**	**33**
龙湖区								
金平区								
濠江区	130		130	130				
潮阳区	11132	516	10616	10792	335	1		4
潮南区	6749	230	6519	6663	13	64	1	8
澄海区	8175	754	7421	7919	240	1	4	11
南澳县	1395	158	1237	1356	29			10
佛山市	**14814**	**3358**	**11456**	**10981**	**3590**	**26**	**89**	**128**
禅城区	6398	1770	4628	4999	1347	5	13	34
南海区	1893	256	1637	916	951	1	1	24
顺德区								
三水区	5801	1282	4519	4521	1166	19	31	64
高明区	722	50	672	545	126	1	44	6

9－3b 续表 1

单位：户

地 区	合 计	住房所在建筑有无电梯		主要炊事燃料				
		有	无	燃气	电	煤炭	柴草	其他
江门市	**11026**	**1365**	**9661**	**9668**	**982**	**14**	**184**	**178**
蓬江区								
江海区								
新会区	3156	309	2847	2862	219	4	46	25
台山市	2178	41	2137	1966	183	1	24	4
开平市	2463	295	2168	2329	58	1	39	36
鹤山市	1966	377	1589	1496	370	7	55	38
恩平市	1263	343	920	1015	152	1	20	75
湛江市	**26622**	**2862**	**23760**	**23784**	**1828**	**79**	**827**	**104**
赤坎区								
霞山区	111	4	107	111				
坡头区	1854	232	1622	1751	44	1	52	6
麻章区	1502	119	1383	1459	20	2	17	4
遂溪县	6361	936	5425	6079	155	5	110	12
徐闻县	5586	860	4726	4656	613	22	244	51
廉江市	4278	249	4029	3879	155	1	231	12
雷州市	3736	302	3434	2988	605	48	82	13
吴川市	3194	160	3034	2861	236		91	6
茂名市	**20406**	**1506**	**18900**	**16668**	**2171**	**26**	**1491**	**50**
茂南区	998	25	973	905	39	1	52	1
电白区	8338	878	7460	7324	470	3	512	29
高州市	4175	128	4047	3442	328	17	375	13
化州市	4591	423	4168	3156	1183	4	243	5
信宜市	2304	52	2252	1841	151	1	309	2
肇庆市	**22869**	**3882**	**18987**	**20049**	**1650**	**103**	**958**	**109**
端州区								
鼎湖区	745	27	718	724	16		4	1
高要区	3567	230	3337	2948	432	31	147	9
广宁县	4555	748	3807	3979	260	9	301	6
怀集县	6083	1537	4546	5452	458	36	125	12
封开县	3642	463	3179	3037	268	1	327	9
德庆县	3504	615	2889	3242	117	25	48	72
四会市	773	262	511	667	99	1	6	
惠州市	**40666**	**11758**	**28908**	**37271**	**2437**	**241**	**112**	**605**
惠城区	3191	912	2279	2794	291	1	9	96
惠阳区	3095	501	2594	2935	149		4	7
博罗县	15886	5691	10195	14288	1126	174	46	252
惠东县	15133	4137	10996	14101	724	51	21	236
龙门县	3361	517	2844	3153	147	15	32	14
梅州市	**25627**	**3781**	**21846**	**24875**	**548**	**42**	**46**	**116**
梅江区	181	4	177	163	17		1	
梅县区	1079	32	1047	1034	42		2	1
大埔县	4285	962	3323	4213	47	4	5	16
丰顺县	5896	782	5114	5725	114	8	14	35
五华县	6737	934	5803	6504	198	5	11	19
平远县	2700	437	2263	2612	57	23	6	2
蕉岭县	2946	567	2379	2849	45	2	7	43
兴宁市	1803	63	1740	1775	28			

9-3b 续表 2

单位：户

地　区	合　计	住房所在建筑有无电梯		主要炊事燃料				
		有	无	燃气	电	煤炭	柴草	其他
汕尾市	**23340**	**3116**	**20224**	**22583**	**441**	**7**	**29**	**280**
城　区	899	279	620	866	32		1	
海丰县	13043	2059	10984	12595	218	5	1	224
陆河县	2555	220	2335	2509	32		7	7
陆丰市	6843	558	6285	6613	159	2	20	49
河源市	**18919**	**5455**	**13464**	**18084**	**673**	**46**	**18**	**98**
源城区	504	200	304	335	149			20
紫金县	4798	1026	3772	4686	95	1	10	6
龙川县	5460	1373	4087	5281	131	27	3	18
连平县	2775	442	2333	2729	29	12	3	2
和平县	3047	1456	1591	2950	92		1	4
东源县	2335	958	1377	2103	177	6	1	48
阳江市	**9914**	**1353**	**8561**	**9449**	**219**	**6**	**219**	**21**
江城区	1325	95	1230	1296	13	1	12	3
阳东区	1423	23	1400	1331	12	1	76	3
阳西县	4690	1156	3534	4510	105	3	65	7
阳春市	2476	79	2397	2312	89	1	66	8
清远市	**23724**	**4405**	**19319**	**21193**	**1535**	**75**	**819**	**102**
清城区	6546	1418	5128	6030	309	16	155	36
清新区	1140	70	1070	921	210		4	5
佛冈县	3705	1144	2561	3426	235	7	29	8
阳山县	3844	1095	2749	3483	254	5	98	4
连山壮族瑶族自治县	1088	208	880	885	118	21	54	10
连南瑶族自治县	1660	186	1474	1366	82	4	203	5
英德市	4783	273	4510	4329	197	22	202	33
连州市	958	11	947	753	130		74	1
东莞市	**2392**	**335**	**2057**	**1776**	**333**	**2**	**9**	**272**
市辖区	2392	335	2057	1776	333	2	9	272
中山市	**35941**	**10504**	**25437**	**28397**	**6160**	**39**	**21**	**1324**
市辖区	35941	10504	25437	28397	6160	39	21	1324
潮州市	**16870**	**752**	**16118**	**16126**	**656**	**5**	**24**	**59**
湘桥区	1560	27	1533	1529	3		2	26
潮安区	5097	165	4932	5021	62	2	8	4
饶平县	10213	560	9653	9576	591	3	14	29
揭阳市	**31153**	**1004**	**30149**	**30144**	**592**	**130**	**66**	**221**
榕城区	1994	35	1959	1896	34	3		61
揭东区	4806	51	4755	4701	93	1	2	9
揭西县	4703	324	4379	4424	258	18	1	2
惠来县	9509	339	9170	9315	109	46	32	7
普宁市	10141	255	9886	9808	98	62	31	142
云浮市	**12099**	**2351**	**9748**	**10504**	**657**	**61**	**827**	**50**
云城区								
云安区	1025	87	938	806	108	1	108	2
新兴县	5014	1782	3232	4596	261	37	89	31
郁南县	4171	451	3720	3577	147	18	413	16
罗定市	1889	31	1858	1525	141	5	217	1

9-3b 续表 3

单位：户

地　　区	住房内有无管道自来水		住房内有无厨房			住房内有无厕所	
	有	无	独立使用	与其他户合用	无	水冲式卫生厕所	水冲式非卫生厕所
广　东	**409010**	**19821**	**412704**	**3601**	**12526**	**411997**	**9040**
广州市	**36220**	**281**	**34355**	**295**	**1851**	**35198**	**811**
荔湾区							
越秀区							
海珠区							
天河区							
白云区	7032	35	6845	12	210	6919	112
黄埔区	1184	2	1174		12	1185	
番禺区	2699	24	2576	6	141	2671	34
花都区	2594	19	2555	3	55	2511	80
南沙区	5046	80	4770	120	236	4710	310
从化区	1684	23	1669	24	14	1687	12
增城区	15981	98	14766	130	1183	15515	263
韶关市	**19587**	**247**	**19597**	**75**	**162**	**19254**	**362**
武江区	56	33	86	1	2	84	4
浈江区	912	36	947		1	937	7
曲江区	855	12	856	1	10	860	2
始兴县	2404	16	2343	27	50	2363	33
仁化县	2444	16	2432	10	18	2370	34
翁源县	3283	24	3276	7	24	3225	68
乳源瑶族自治县	2474	2	2456	7	13	2310	152
新丰县	2473	12	2474	6	5	2451	21
乐昌市	2939	67	2966	5	35	2910	33
南雄市	1747	29	1761	11	4	1744	8
深圳市	**74**	**8**	**75**		**7**	**74**	
罗湖区							
福田区							
南山区	2	5			7	2	
宝安区							
龙岗区							
盐田区							
龙华区							
坪山区	72	3	75			72	
光明区							
珠海市	**8397**	**54**	**8156**	**47**	**248**	**8102**	**88**
香洲区	873	9	771	26	85	874	5
斗门区	4167	21	4066	9	113	3943	29
金湾区	3357	24	3319	12	50	3285	54
汕头市	**27303**	**278**	**27172**	**216**	**193**	**26591**	**369**
龙湖区							
金平区							
濠江区	128	2	130			129	1
潮阳区	11035	97	10970	98	64	10712	161
潮南区	6691	58	6610	95	44	6485	82
澄海区	8076	99	8075	19	81	7971	85
南澳县	1373	22	1387	4	4	1294	40
佛山市	**14694**	**120**	**13652**	**156**	**1006**	**14476**	**168**
禅城区	6352	46	6181	72	145	6345	26
南海区	1883	10	1654	14	225	1888	1
顺德区							
三水区	5753	48	5161	56	584	5581	129
高明区	706	16	656	14	52	662	12

9-3b　续表 4　　　　单位：户

地　区	住房内有无管道自来水		住房内有无厨房			住房内有无厕所	
	有	无	独立使用	与其他户合用	无	水冲式卫生厕所	水冲式非卫生厕所
江门市	**10914**	**112**	**10557**	**85**	**384**	**10390**	**304**
蓬江区							
江海区							
新会区	3138	18	3051	26	79	2929	76
台山市	2163	15	2152	4	22	2050	52
开平市	2438	25	2346	18	99	2346	55
鹤山市	1948	18	1765	33	168	1877	58
恩平市	1227	36	1243	4	16	1188	63
湛江市	**21901**	**4721**	**25250**	**479**	**893**	**24827**	**737**
赤坎区							
霞山区	109	2	101	6	4	108	
坡头区	1338	516	1802	27	25	1791	21
麻章区	1396	106	1415	5	82	1343	27
遂溪县	5786	575	6216	95	50	6067	149
徐闻县	4069	1517	5068	127	391	5064	195
廉江市	3603	675	4120	77	81	4056	82
雷州市	2721	1015	3586	55	95	3360	222
吴川市	2879	315	2942	87	165	3038	41
茂名市	**14486**	**5920**	**19614**	**346**	**446**	**19679**	**432**
茂南区	951	47	962	16	20	968	17
电白区	6557	1781	7803	242	293	7964	192
高州市	2350	1825	4096	37	42	4021	98
化州市	3460	1131	4493	32	66	4521	37
信宜市	1168	1136	2260	19	25	2205	88
肇庆市	**22113**	**756**	**22585**	**196**	**88**	**22185**	**352**
端州区							
鼎湖区	738	7	714	26	5	712	16
高要区	3522	45	3441	86	40	3301	74
广宁县	4385	170	4534	14	7	4500	21
怀集县	5756	327	6059	17	7	6008	59
封开县	3534	108	3597	32	13	3497	118
德庆县	3414	90	3485	16	3	3412	54
四会市	764	9	755	5	13	755	10
惠州市	**40349**	**317**	**38753**	**299**	**1614**	**39923**	**369**
惠城区	3166	25	2987	21	183	3090	20
惠阳区	3093	2	2965	10	120	3072	14
博罗县	15745	141	14945	92	849	15687	121
惠东县	15008	125	14571	165	397	14777	183
龙门县	3337	24	3285	11	65	3297	31
梅州市	**24369**	**1258**	**25335**	**129**	**163**	**25006**	**370**
梅江区	139	42	179	2		161	17
梅县区	1013	66	1065	7	7	1051	16
大埔县	4098	187	4251	10	24	4204	36
丰顺县	5678	218	5833	29	34	5702	102
五华县	6275	462	6623	59	55	6523	160
平远县	2635	65	2675	5	20	2676	12
蕉岭县	2871	75	2920	7	19	2914	15
兴宁市	1660	143	1789	10	4	1775	12

9-3b 续表 5

单位：户

地　　区	住房内有无管道自来水		住房内有无厨房			住房内有无厕所	
	有	无	独立使用	与其他户合用	无	水冲式卫生厕所	水冲式非卫生厕所
汕尾市	**22697**	**643**	**22863**	**146**	**331**	**22185**	**771**
城　区	876	23	894	1	4	896	2
海丰县	12832	211	12790	78	175	12497	418
陆河县	2502	53	2524	14	17	2530	17
陆丰市	6487	356	6655	53	135	6262	334
河源市	**18221**	**698**	**18580**	**66**	**273**	**18645**	**180**
源城区	503	1	381	4	119	502	1
紫金县	4588	210	4734	35	29	4728	59
龙川县	5336	124	5420	5	35	5390	61
连平县	2553	222	2762	7	6	2760	9
和平县	2917	130	3033	5	9	2992	5
东源县	2324	11	2250	10	75	2273	45
阳江市	**9414**	**500**	**9753**	**70**	**91**	**9592**	**229**
江城区	1294	31	1293	23	9	1254	36
阳东区	1306	117	1411	2	10	1399	9
阳西县	4530	160	4614	23	53	4572	92
阳春市	2284	192	2435	22	19	2367	92
清远市	**23160**	**564**	**23388**	**68**	**268**	**22759**	**582**
清城区	6431	115	6381	29	136	6314	150
清新区	1128	12	1119	7	14	1121	17
佛冈县	3655	50	3662	9	34	3606	95
阳山县	3662	182	3828	3	13	3750	28
连山壮族瑶族自治县	1011	77	1082	2	4	1060	16
连南瑶族自治县	1651	9	1637	2	21	1493	90
英德市	4684	99	4724	15	44	4513	146
连州市	938	20	955	1	2	902	40
东莞市	**2357**	**35**	**1831**	**30**	**531**	**2311**	**36**
市辖区	2357	35	1831	30	531	2311	36
中山市	**35657**	**284**	**32209**	**441**	**3291**	**34525**	**879**
市辖区	35657	284	32209	441	3291	34525	879
潮州市	**16549**	**321**	**16435**	**76**	**359**	**15705**	**346**
湘桥区	1527	33	1456	5	99	1380	63
潮安区	5049	48	4991	32	74	4705	65
饶平县	9973	240	9988	39	186	9620	218
揭阳市	**29455**	**1698**	**30643**	**315**	**195**	**29212**	**1040**
榕城区	1980	14	1984	1	9	1881	94
揭东区	4536	270	4693	11	102	4563	147
揭西县	4347	356	4666	23	14	4469	110
惠来县	9273	236	9411	51	47	8884	283
普宁市	9319	822	9889	229	23	9415	406
云浮市	**11093**	**1006**	**11901**	**66**	**132**	**11358**	**615**
云城区							
云安区	751	274	997	10	18	952	69
新兴县	4949	65	4960	10	44	4765	203
郁南县	3698	473	4101	20	50	3806	300
罗定市	1695	194	1843	26	20	1835	43

9-3b 续表 6 单位：户

地 区	住房内有无厕所			住房内有无洗澡设施			
	卫生旱厕	普通旱厕	无	统 一 供热水	家庭自装 热水器	其他	无
广 东	**2812**	**2542**	**2440**	**10290**	**404205**	**7938**	**6398**
广州市	**98**	**161**	**233**	**976**	**33222**	**1160**	**1143**
荔湾区							
越秀区							
海珠区							
天河区							
白云区	12	6	18	120	6527	239	181
黄埔区		1		10	1170	3	3
番禺区	7	2	9	23	2514	84	102
花都区	1	18	3	72	2469	36	36
南沙区	39	5	62	156	4488	307	175
从化区	5	2	1	66	1617	17	7
增城区	34	127	140	529	14437	474	639
韶关市	**32**	**73**	**113**	**198**	**19114**	**361**	**161**
武江区			1		82		7
浈江区		1	3	15	929	2	2
曲江区			5	3	811	42	11
始兴县	1	2	21	49	2300	51	20
仁化县		35	21	38	2354	56	12
翁源县	7	1	6	11	3270	17	9
乳源瑶族自治县		1	13	34	2415	16	11
新丰县	1	12		26	2443	12	4
乐昌市	16	16	31	16	2872	72	46
南雄市	7	5	12	6	1638	93	39
深圳市	**3**		**5**		**77**		**5**
罗湖区							
福田区							
南山区			5		2		5
宝安区							
龙岗区							
盐田区							
龙华区							
坪山区	3				75		
光明区							
珠海市	**212**	**22**	**27**	**246**	**7773**	**272**	**160**
香洲区			3	25	833	15	9
斗门区	202	5	9	50	4049	45	44
金湾区	10	17	15	171	2891	212	107
汕头市	**328**	**234**	**59**	**302**	**27168**	**59**	**52**
龙湖区							
金平区							
濠江区					130		
潮阳区	128	111	20	131	10965	23	13
潮南区	109	67	6	102	6627	10	10
澄海区	45	42	32	52	8080	20	23
南澳县	46	14	1	17	1366	6	6
佛山市	**42**	**39**	**89**	**650**	**13657**	**275**	**232**
禅城区	6	12	9	408	5898	67	25
南海区			4	105	1735	13	40
顺德区							
三水区	33	27	31	125	5378	163	135
高明区	3		45	12	646	32	32

9-3b 续表 7 单位：户

地 区	住房内有无厕所			住房内有无洗澡设施			
	卫生旱厕	普通旱厕	无	统 一 供热水	家庭自装 热水器	其他	无
江门市	**64**	**38**	**230**	**159**	**10460**	**190**	**217**
蓬江区							
江海区							
新会区	32	9	110	23	2992	59	82
台山市	24	7	45	5	2146	17	10
开平市	3	6	53	17	2376	25	45
鹤山市	5	10	16	71	1757	69	69
恩平市		6	6	43	1189	20	11
湛江市	**294**	**320**	**444**	**271**	**25031**	**562**	**758**
赤坎区							
霞山区			3	2	106	1	2
坡头区	9	13	20	15	1773	33	33
麻章区	53	35	44	13	1429	28	32
遂溪县	50	48	47	59	6155	66	81
徐闻县	103	110	114	70	5026	202	288
廉江市	40	30	70	28	4089	85	76
雷州市	13	73	68	52	3431	101	152
吴川市	26	11	78	32	3022	46	94
茂名市	**65**	**64**	**166**	**148**	**19495**	**407**	**356**
茂南区	6	2	5	3	973	12	10
电白区	36	36	110	78	7870	178	212
高州市	15	17	24	20	4021	85	49
化州市	3	9	21	32	4464	46	49
信宜市	5		6	15	2167	86	36
肇庆市	**152**	**96**	**84**	**891**	**21338**	**379**	**261**
端州区							
鼎湖区			17	4	722	5	14
高要区	115	38	39	64	3276	101	126
广宁县	4	22	8	113	4300	115	27
怀集县	1	9	6	524	5465	55	39
封开县	4	12	11	19	3496	76	51
德庆县	21	14	3	160	3326	14	4
四会市	7	1		7	753	13	
惠州市	**146**	**147**	**81**	**2173**	**37432**	**684**	**377**
惠城区	57	12	12	186	2810	122	73
惠阳区	6	3		146	2860	68	21
博罗县	24	27	27	490	15028	184	184
惠东县	53	100	20	1290	13531	238	74
龙门县	6	5	22	61	3203	72	25
梅州市	**77**	**113**	**61**	**923**	**24315**	**310**	**79**
梅江区	1		2		176	4	1
梅县区	10	1	1	8	1065	4	2
大埔县	11	14	20	76	4185	14	10
丰顺县	22	57	13	597	5127	149	23
五华县	21	26	7	89	6547	80	21
平远县	1	6	5	11	2667	14	8
蕉岭县	3	4	10	59	2861	16	10
兴宁市	8	5	3	83	1687	29	4

9–3b　续表 8　　单位：户

地　区	住房内有无厕所			住房内有无洗澡设施			
	卫生旱厕	普通旱厕	无	统　一 供热水	家庭自装 热水器	其他	无
汕尾市	**72**	**186**	**126**	**549**	**22280**	**359**	**152**
城　区	1			10	883	5	1
海丰县	14	59	55	392	12466	132	53
陆河县	1	4	3	69	2347	134	5
陆丰市	56	123	68	78	6584	88	93
河源市	**8**	**62**	**24**	**480**	**18175**	**216**	**48**
源城区		1		23	460	15	6
紫金县	2	2	7	151	4570	65	12
龙川县	3		6	79	5361	10	10
连平县	1	2	3	39	2716	16	4
和平县		44	6	60	2938	39	10
东源县	2	13	2	128	2130	71	6
阳江市	**38**	**10**	**45**	**192**	**9498**	**139**	**85**
江城区	26	4	5	61	1241	13	10
阳东区	1		14	8	1376	19	20
阳西县	7	3	16	109	4477	73	31
阳春市	4	3	10	14	2404	34	24
清远市	**191**	**74**	**118**	**205**	**22586**	**627**	**306**
清城区	13	29	40	51	6262	157	76
清新区			2	2	1112	13	13
佛冈县			4	93	3566	31	15
阳山县	60		6	12	3738	61	33
连山壮族瑶族自治县			12	13	1023	34	18
连南瑶族自治县	33	28	16	6	1424	167	63
英德市	84	15	25	20	4596	107	60
连州市	1	2	13	8	865	57	28
东莞市	**1**	**2**	**42**	**138**	**1896**	**254**	**104**
市辖区	1	2	42	138	1896	254	104
中山市	**189**	**247**	**101**	**1088**	**32489**	**849**	**1515**
市辖区	189	247	101	1088	32489	849	1515
潮州市	**391**	**200**	**228**	**116**	**16462**	**167**	**125**
湘桥区	17	14	86	28	1480	14	38
潮安区	167	85	75	35	4994	44	24
饶平县	207	101	67	53	9988	109	63
揭阳市	**389**	**419**	**93**	**352**	**30431**	**259**	**111**
榕城区	12		7	4	1978	7	5
揭东区	36	48	12	81	4687	28	10
揭西县	42	73	9	48	4544	95	16
惠来县	190	121	31	175	9243	51	40
普宁市	109	177	34	44	9979	78	40
云浮市	**20**	**35**	**71**	**233**	**11306**	**409**	**151**
云城区							
云安区			4	2	928	85	10
新兴县	4	17	25	188	4748	54	24
郁南县	14	15	36	36	3881	165	89
罗定市	2	3	6	7	1749	105	28

9-3c 各地区按住房设施状况分的家庭户户数(乡村)

单位：户

地 区	合 计	住房所在建筑有无电梯		主要炊事燃料				
		有	无	燃气	电	煤炭	柴草	其他
广 东	**817104**	**22447**	**794657**	**632698**	**88711**	**3097**	**84203**	**8395**
广州市	**75203**	**3703**	**71500**	**56015**	**15200**	**193**	**1466**	**2329**
荔湾区								
越秀区								
海珠区								
天河区								
白云区	20766	2188	18578	13618	6199	19	106	824
黄埔区	2483	43	2440	1951	418	3	10	101
番禺区	11088	263	10825	7016	3584	1	21	466
花都区	13354	691	12663	10621	1877	112	207	537
南沙区	7233	88	7145	5505	1509	4	58	157
从化区	8830	127	8703	7429	530	38	728	105
增城区	11449	303	11146	9875	1083	16	336	139
韶关市	**34947**	**837**	**34110**	**25368**	**3120**	**191**	**6078**	**190**
武江区	1545	17	1528	1338	111		94	2
浈江区	1356	15	1341	1212	45	2	95	2
曲江区	3029	31	2998	2332	351		341	5
始兴县	3583	86	3497	2059	144	10	1322	48
仁化县	3222	31	3191	2312	226	22	651	11
翁源县	5376	136	5240	4493	520	4	344	15
乳源瑶族自治县	2702	42	2660	2102	390	3	194	13
新丰县	2480	69	2411	1973	312	5	180	10
乐昌市	5325	311	5014	3908	777	37	575	28
南雄市	6329	99	6230	3639	244	108	2282	56
深圳市	**1458**	**47**	**1411**	**1120**	**177**		**1**	**160**
罗湖区								
福田区								
南山区								
宝安区								
龙岗区	1458	47	1411	1120	177		1	160
盐田区								
龙华区								
坪山区								
光明区								
珠海市	**6865**	**150**	**6715**	**6130**	**614**	**2**	**67**	**52**
香洲区	5		5	2	1			2
斗门区	6384	146	6238	5660	608	2	65	49
金湾区	476	4	472	468	5		2	1
汕头市	**34725**	**723**	**34002**	**34060**	**496**	**22**	**79**	**68**
龙湖区	1979	54	1925	1945	29			5
金平区	307	5	302	271	36			
濠江区	1293	35	1258	1276	9	7		1
潮阳区	15331	330	15001	15157	152	6	9	7
潮南区	10476	174	10302	10143	208	8	64	53
澄海区	4995	120	4875	4938	53	1	2	1
南澳县	344	5	339	330	9		4	1
佛山市	**10633**	**421**	**10212**	**7843**	**2182**	**22**	**505**	**81**
禅城区								
南海区	3174	241	2933	2630	481	11	14	38
顺德区	1444	71	1373	886	551			7
三水区	4765	101	4664	3854	778		106	27
高明区	1250	8	1242	473	372	11	385	9

9-3c 续表 1

单位：户

地　区	合　计	住房所在建筑有无电梯		主要炊事燃料				
		有	无	燃气	电	煤炭	柴草	其他
江门市	**39863**	**516**	**39347**	**29152**	**4923**	**248**	**5228**	**312**
蓬江区	649	7	642	522	99		8	20
江海区								
新会区	7923	101	7822	6660	814	38	371	40
台山市	12547	76	12471	9452	1120	87	1772	116
开平市	8141	251	7890	5064	1295	67	1624	91
鹤山市	5103	36	5067	3900	726	18	430	29
恩平市	5500	45	5455	3554	869	38	1023	16
湛江市	**90109**	**1155**	**88954**	**70408**	**8954**	**607**	**9311**	**829**
赤坎区	206	4	202	201	2		3	
霞山区	755	7	748	721	7	11	7	9
坡头区	5028	57	4971	4237	170	53	551	17
麻章区	6837	79	6758	6005	388	13	370	61
遂溪县	13231	145	13086	11225	569	165	1156	116
徐闻县	9735	128	9607	6629	1583	121	1337	65
廉江市	20699	307	20392	16109	1261	118	3023	188
雷州市	20606	154	20452	14168	4135	54	1933	316
吴川市	13012	274	12738	11113	839	72	931	57
茂名市	**86851**	**1192**	**85659**	**59067**	**14655**	**219**	**12553**	**357**
茂南区	8162	116	8046	6896	485	10	745	26
电白区	20126	269	19857	15615	1677	37	2674	123
高州市	22611	355	22256	15951	2865	66	3661	68
化州市	19887	281	19606	10972	6831	48	1955	81
信宜市	16065	171	15894	9633	2797	58	3518	59
肇庆市	**54459**	**1335**	**53124**	**30697**	**9155**	**374**	**13701**	**532**
端州区								
鼎湖区	1461	25	1436	1110	167	52	130	2
高要区	11773	240	11533	7416	1140	112	2983	122
广宁县	6985	170	6815	3896	691	100	2271	27
怀集县	15486	481	15005	9722	3869	39	1663	193
封开县	6923	139	6784	2707	1646	19	2504	47
德庆县	6735	161	6574	2230	774	35	3583	113
四会市	5096	119	4977	3616	868	17	567	28
惠州市	**38644**	**1998**	**36646**	**33735**	**2042**	**163**	**2317**	**387**
惠城区	7936	845	7091	6923	470	9	370	164
惠阳区	6944	473	6471	5952	632	19	254	87
博罗县	10859	220	10639	9349	505	60	884	61
惠东县	8454	418	8036	7666	232	60	458	38
龙门县	4451	42	4409	3845	203	15	351	37
梅州市	**49818**	**836**	**48982**	**46090**	**2226**	**91**	**1131**	**280**
梅江区	897	88	809	799	79	1	13	5
梅县区	7638	108	7530	7129	355	10	107	37
大埔县	5304	72	5232	4734	242	10	237	81
丰顺县	5369	107	5262	5045	137	7	140	40
五华县	13248	214	13034	12250	517	21	384	76
平远县	3057	12	3045	2749	184		105	19
蕉岭县	2862	65	2797	2667	100	14	78	3
兴宁市	11443	170	11273	10717	612	28	67	19

9-3c 续表 2

单位：户

地区	合计	住房所在建筑有无电梯		主要炊事燃料				
		有	无	燃气	电	煤炭	柴草	其他
汕尾市	**24041**	**352**	**23689**	**22750**	**747**	**86**	**294**	**164**
城 区	2155	46	2109	2028	110	1	5	11
海丰县	5142	105	5037	4964	107	11	37	23
陆河县	2373	55	2318	2249	25	31	60	8
陆丰市	14371	146	14225	13509	505	43	192	122
河源市	**38727**	**1327**	**37400**	**34842**	**1613**	**90**	**1902**	**280**
源城区	1138	12	1126	912	145	6	12	63
紫金县	8520	104	8416	7785	293	19	349	74
龙川县	11212	522	10690	10062	451	45	595	59
连平县	4747	235	4512	4516	70	7	134	20
和平县	6982	105	6877	5910	504	8	526	34
东源县	6128	349	5779	5657	150	5	286	30
阳江市	**28844**	**465**	**28379**	**18289**	**2042**	**232**	**7990**	**291**
江城区	4337	62	4275	3522	220	7	567	21
阳东区	5159	90	5069	3368	109	25	1630	27
阳西县	5904	120	5784	3821	431	92	1513	47
阳春市	13444	193	13251	7578	1282	108	4280	196
清远市	**44518**	**1003**	**43515**	**26869**	**7479**	**161**	**9740**	**269**
清城区	3809	93	3716	2892	483	3	407	24
清新区	8398	141	8257	5215	1569	25	1558	31
佛冈县	4726	75	4651	2921	523	26	1241	15
阳山县	5416	92	5324	2455	1385	8	1537	31
连山壮族瑶族自治县	1523	7	1516	866	215	6	420	16
连南瑶族自治县	2055	29	2026	877	360	13	790	15
英德市	12990	508	12482	8901	1512	61	2405	111
连州市	5601	58	5543	2742	1432	19	1382	26
东莞市	**24415**	**3873**	**20542**	**18448**	**5100**	**96**	**58**	**713**
市辖区	24415	3873	20542	18448	5100	96	58	713
中山市	**14381**	**1186**	**13195**	**11825**	**2172**	**36**	**41**	**307**
市辖区	14381	1186	13195	11825	2172	36	41	307
潮州市	**22294**	**270**	**22024**	**21488**	**601**	**27**	**106**	**72**
湘桥区	1675	10	1665	1661	6		3	5
潮安区	9416	123	9293	9124	218	3	37	34
饶平县	11203	137	11066	10703	377	24	66	33
揭阳市	**62131**	**606**	**61525**	**59804**	**1337**	**102**	**463**	**425**
榕城区	4619	20	4599	4608	4		1	6
揭东区	10591	87	10504	10358	149	8	23	53
揭西县	10880	89	10791	10410	274	30	117	49
惠来县	11732	125	11607	11197	328	24	122	61
普宁市	24309	285	24024	23231	582	40	200	256
云浮市	**34178**	**452**	**33726**	**18698**	**3876**	**135**	**11172**	**297**
云城区	2566	12	2554	1612	204	23	717	10
云安区	4046	57	3989	2436	599	44	950	17
新兴县	6402	104	6298	3457	1114	22	1780	29
郁南县	5306	43	5263	1908	313	20	2995	70
罗定市	15858	236	15622	9285	1646	26	4730	171

9-3c 续表 3

单位：户

地 区	住房内有无管道自来水		住房内有无厨房			住房内有无厕所	
	有	无	独立使用	与其他户合用	无	水冲式卫生厕所	水冲式非卫生厕所
广 东	**655589**	**161515**	**778322**	**12428**	**26354**	**757846**	**24052**
广州市	**70641**	**4562**	**71260**	**563**	**3380**	**72099**	**1491**
荔湾区							
越秀区							
海珠区							
天河区							
白云区	20187	579	19895	106	765	19977	325
黄埔区	2396	87	2409	8	66	2419	43
番禺区	10939	149	10422	89	577	10886	57
花都区	12763	591	12530	94	730	12751	391
南沙区	7019	214	6459	107	667	6862	114
从化区	6771	2059	8609	75	146	8507	147
增城区	10566	883	10936	84	429	10697	414
韶关市	**30047**	**4900**	**34323**	**298**	**326**	**32201**	**1236**
武江区	757	788	1498	13	34	1395	97
浈江区	439	917	1323	8	25	1171	105
曲江区	2966	63	2984	19	26	2896	28
始兴县	2883	700	3501	44	38	3126	158
仁化县	3076	146	3174	30	18	3132	11
翁源县	4566	810	5285	47	44	5173	107
乳源瑶族自治县	2638	64	2610	41	51	2030	512
新丰县	2451	29	2448	13	19	2438	7
乐昌市	4559	766	5225	51	49	4844	109
南雄市	5712	617	6275	32	22	5996	102
深圳市	**1424**	**34**	**1262**	**11**	**185**	**1420**	**2**
罗湖区							
福田区							
南山区							
宝安区							
龙岗区	1424	34	1262	11	185	1420	2
盐田区							
龙华区							
坪山区							
光明区							
珠海市	**6701**	**164**	**6450**	**116**	**299**	**6530**	**228**
香洲区	5		3		2	5	
斗门区	6266	118	5986	110	288	6123	171
金湾区	430	46	461	6	9	402	57
汕头市	**33244**	**1481**	**34157**	**381**	**187**	**32829**	**940**
龙湖区	1966	13	1974	2	3	1929	36
金平区	304	3	304	3		300	3
濠江区	1278	15	1265	24	4	1189	96
潮阳区	14128	1203	15121	121	89	14529	453
潮南区	10257	219	10193	211	72	9834	277
澄海区	4970	25	4959	19	17	4713	74
南澳县	341	3	341	1	2	335	1
佛山市	**10474**	**159**	**9946**	**114**	**573**	**9837**	**371**
禅城区							
南海区	3148	26	3098	40	36	3010	115
顺德区	1433	11	1310	12	122	1435	2
三水区	4686	79	4374	57	334	4415	214
高明区	1207	43	1164	5	81	977	40

9-3c 续表 4

单位：户

地区	住房内有无管道自来水		住房内有无厨房			住房内有无厕所	
	有	无	独立使用	与其他户合用	无	水冲式卫生厕所	水冲式非卫生厕所
江门市	**37587**	**2276**	**37936**	**480**	**1447**	**33581**	**1169**
蓬江区	575	74	644	2	3	622	18
江海区							
新会区	7840	83	7622	62	239	6635	392
台山市	12277	270	11996	178	373	10683	291
开平市	7618	523	7710	69	362	6326	237
鹤山市	4545	558	4888	31	184	4731	73
恩平市	4732	768	5076	138	286	4584	158
湛江市	**61277**	**28832**	**80367**	**3489**	**6253**	**80479**	**2720**
赤坎区	176	30	196	8	2	200	
霞山区	719	36	696	25	34	700	6
坡头区	2221	2807	4805	107	116	4670	70
麻章区	4633	2204	6019	402	416	5417	411
遂溪县	11430	1801	12167	435	629	11805	445
徐闻县	4301	5434	8188	177	1370	8765	184
廉江市	12630	8069	17802	754	2143	19080	570
雷州市	14006	6600	18884	933	789	17753	636
吴川市	11161	1851	11610	648	754	12089	398
茂名市	**39282**	**47569**	**81857**	**1544**	**3450**	**83019**	**1883**
茂南区	7724	438	7477	168	517	7775	105
电白区	11294	8832	17610	679	1837	18793	568
高州市	7256	15355	21778	234	599	21654	624
化州市	9565	10322	19203	242	442	19285	246
信宜市	3443	12622	15789	221	55	15512	340
肇庆市	**50236**	**4223**	**53201**	**545**	**713**	**51133**	**1530**
端州区							
鼎湖区	1449	12	1419	12	30	1357	52
高要区	11296	477	11277	130	366	10552	434
广宁县	6506	479	6944	28	13	6763	64
怀集县	14709	777	15361	66	59	15019	348
封开县	6463	460	6702	129	92	6446	299
德庆县	5047	1688	6529	110	96	6364	158
四会市	4766	330	4969	70	57	4632	175
惠州市	**37484**	**1160**	**37050**	**365**	**1229**	**37041**	**807**
惠城区	7695	241	7479	63	394	7644	166
惠阳区	6701	243	6649	64	231	6867	37
博罗县	10517	342	10422	94	343	10485	214
惠东县	8374	80	8248	88	118	7831	297
龙门县	4197	254	4252	56	143	4214	93
梅州市	**37381**	**12437**	**48848**	**572**	**398**	**47121**	**1225**
梅江区	684	213	884	8	5	864	19
梅县区	6072	1566	7468	107	63	7274	146
大埔县	3845	1459	5176	87	41	4603	256
丰顺县	4364	1005	5225	53	91	4934	228
五华县	8718	4530	12961	167	120	12885	220
平远县	2338	719	3024	13	20	2914	35
蕉岭县	2640	222	2820	28	14	2704	86
兴宁市	8720	2723	11290	109	44	10943	235

9-3c　续表 5　　单位：户

地　区	住房内有无管道自来水		住房内有无厨房			住房内有无厕所	
	有	无	独立使用	与其他户合用	无	水冲式卫生厕所	水冲式非卫生厕所
汕尾市	**21719**	**2322**	**22956**	**639**	**446**	**21629**	**1070**
城　区	2130	25	2095	19	41	2022	81
海丰县	4854	288	4982	46	114	4714	108
陆河县	2300	73	2329	29	15	2293	18
陆丰市	12435	1936	13550	545	276	12600	863
河源市	**26934**	**11793**	**37972**	**399**	**356**	**37625**	**579**
源城区	1119	19	952	13	173	1131	5
紫金县	6092	2428	8381	111	28	8373	53
龙川县	8771	2441	11059	122	31	10922	173
连平县	2830	1917	4693	26	28	4602	70
和平县	3185	3797	6914	52	16	6689	186
东源县	4937	1191	5973	75	80	5908	92
阳江市	**18108**	**10736**	**27756**	**535**	**553**	**25260**	**1744**
江城区	4029	308	4198	43	96	3823	190
阳东区	2826	2333	5024	52	83	4374	197
阳西县	3662	2242	5606	170	128	5215	233
阳春市	7591	5853	12928	270	246	11848	1124
清远市	**37695**	**6823**	**43472**	**354**	**692**	**40279**	**1758**
清城区	3136	673	3676	69	64	3492	155
清新区	8055	343	8247	54	97	7587	462
佛冈县	3486	1240	4648	31	47	4528	43
阳山县	3685	1731	5297	68	51	5141	72
连山壮族瑶族自治县	1241	282	1504	5	14	1385	42
连南瑶族自治县	2024	31	1966	12	77	1484	226
英德市	10639	2351	12615	83	292	11635	581
连州市	5429	172	5519	32	50	5027	177
东莞市	**24258**	**157**	**22367**	**144**	**1904**	**23549**	**563**
市辖区	24258	157	22367	144	1904	23549	563
中山市	**14111**	**270**	**13006**	**121**	**1254**	**13270**	**669**
市辖区	14111	270	13006	121	1254	13270	669
潮州市	**20576**	**1718**	**21239**	**177**	**878**	**19953**	**691**
湘桥区	1653	22	1591	5	79	1356	161
潮安区	9046	370	9088	42	286	8585	265
饶平县	9877	1326	10560	130	513	10012	265
揭阳市	**53320**	**8811**	**60529**	**755**	**847**	**57548**	**1999**
榕城区	4605	14	4537	3	79	4521	57
揭东区	10055	536	10368	47	176	9987	351
揭西县	8472	2408	10794	51	35	10526	153
惠来县	10735	997	11351	173	208	10230	749
普宁市	19453	4856	23479	481	349	22284	689
云浮市	**23090**	**11088**	**32368**	**826**	**984**	**31443**	**1377**
云城区	1117	1449	2466	39	61	2442	25
云安区	2279	1767	3868	96	82	3793	200
新兴县	6131	271	6268	74	60	5997	185
郁南县	2433	2873	4824	102	380	4675	224
罗定市	11130	4728	14942	515	401	14536	743

9-3c　续表 6　　　　单位：户

地　区	住房内有无厕所			住房内有无洗澡设施			
	卫生旱厕	普通旱厕	无	统　一供热水	家庭自装热水器	其他	无
广　东	**7959**	**8399**	**18848**	**8604**	**740527**	**38569**	**29404**
广州市	**222**	**334**	**1057**	**1057**	**68880**	**2082**	**3184**
荔湾区							
越秀区							
海珠区							
天河区							
白云区	86	142	236	434	19096	441	795
黄埔区	3	4	14	20	2217	68	178
番禺区	7	14	124	154	10193	207	534
花都区	38	73	101	120	12193	520	521
南沙区	28	13	216	141	6303	288	501
从化区	32	41	103	49	8290	260	231
增城区	28	47	263	139	10588	298	424
韶关市	**358**	**389**	**763**	**184**	**31131**	**2499**	**1133**
武江区	7	13	33	11	1407	63	64
浈江区	18	35	27	10	1254	45	47
曲江区	18	7	80	19	2746	177	87
始兴县	59	84	156	7	3040	336	200
仁化县	17	21	41	14	2835	314	59
翁源县	46	13	37	26	5122	158	70
乳源瑶族自治县	34	47	79	13	2429	179	81
新丰县	15	5	15	22	2342	78	38
乐昌市	76	86	210	31	4720	313	261
南雄市	68	78	85	31	5236	836	226
深圳市	**4**	**1**	**31**	**33**	**1121**	**124**	**180**
罗湖区							
福田区							
南山区							
宝安区							
龙岗区	4	1	31	33	1121	124	180
盐田区							
龙华区							
坪山区							
光明区							
珠海市	**20**	**5**	**82**	**40**	**6478**	**160**	**187**
香洲区					5		
斗门区	11	4	75	37	6026	153	168
金湾区	9	1	7	3	447	7	19
汕头市	**361**	**512**	**83**	**384**	**34068**	**171**	**102**
龙湖区	10	2	2	81	1870	26	2
金平区	1	1	2	3	296	7	1
濠江区	2	3	3	3	1283	3	4
潮阳区	107	229	13	88	15179	41	23
潮南区	168	167	30	167	10183	78	48
澄海区	70	109	29	41	4925	10	19
南澳县	3	1	4	1	332	6	5
佛山市	**69**	**34**	**322**	**196**	**9755**	**321**	**361**
禅城区							
南海区	7	15	27	56	3045	41	32
顺德区	5		2	59	1372	3	10
三水区	49	13	74	68	4442	137	118
高明区	8	6	219	13	896	140	201

9-3c　续表 7　　单位：户

地　区	住房内有无厕所			住房内有无洗澡设施			
	卫生旱厕	普通旱厕	无	统一供热水	家庭自装热水器	其他	无
江门市	**499**	**371**	**4243**	**190**	**36008**	**1425**	**2240**
蓬江区		7	2	5	633	2	9
江海区							
新会区	144	84	668	64	7198	223	438
台山市	165	104	1304	46	11774	365	362
开平市	88	80	1410	33	7105	339	664
鹤山市	58	57	184	14	4595	180	314
恩平市	44	39	675	28	4703	316	453
湛江市	**1183**	**1320**	**4407**	**347**	**79417**	**3786**	**6559**
赤坎区		2	4	4	194	3	5
霞山区	7	7	35	2	706	19	28
坡头区	87	45	156	25	4581	173	249
麻章区	174	265	570	59	5999	248	531
遂溪县	188	232	561	53	12042	425	711
徐闻县	170	105	511	29	8422	472	812
廉江市	126	78	845	66	18471	844	1318
雷州市	401	500	1316	72	16873	1289	2372
吴川市	30	86	409	37	12129	313	533
茂名市	**387**	**458**	**1104**	**385**	**79832**	**3608**	**3026**
茂南区	50	55	177	64	7604	212	282
电白区	97	160	508	65	18373	723	965
高州市	79	95	159	107	21252	702	550
化州市	92	85	179	42	18704	631	510
信宜市	69	63	81	107	13899	1340	719
肇庆市	**398**	**320**	**1078**	**432**	**47133**	**4649**	**2245**
端州区							
鼎湖区	1	3	48	9	1323	83	46
高要区	197	85	505	118	9414	1396	845
广宁县	17	60	81	48	6017	671	249
怀集县	35	35	49	121	14513	652	200
封开县	47	59	72	23	6107	530	263
德庆县	54	49	110	74	5432	858	371
四会市	47	29	213	39	4327	459	271
惠州市	**148**	**230**	**418**	**1556**	**34701**	**1679**	**708**
惠城区	37	37	52	434	7115	271	116
惠阳区	14	6	20	641	5878	338	87
博罗县	30	66	64	115	10170	386	188
惠东县	53	91	182	329	7634	373	118
龙门县	14	30	100	37	3904	311	199
梅州市	**387**	**433**	**652**	**249**	**47726**	**1387**	**456**
梅江区	2	5	7	6	868	16	7
梅县区	54	53	111	62	7326	182	68
大埔县	119	124	202	31	5061	136	76
丰顺县	39	63	105	47	5053	186	83
五华县	48	47	48	42	12693	426	87
平远县	23	45	40	6	2907	111	33
蕉岭县	18	19	35	21	2711	97	33
兴宁市	84	77	104	34	11107	233	69

9-3c 续表 8 单位：户

地　　区	住房内有无厕所			住房内有无洗澡设施			
	卫生旱厕	普通旱厕	无	统一供热水	家庭自装热水器	其他	无
汕尾市	**478**	**505**	**359**	**281**	**22352**	**823**	**585**
城　区	3	28	21	12	2064	46	33
海丰县	87	80	153	68	4732	208	134
陆河县	11	43	8	41	2184	130	18
陆丰市	377	354	177	160	13372	439	400
河源市	**176**	**165**	**182**	**390**	**36367**	**1633**	**337**
源城区		1	1	57	899	173	9
紫金县	22	27	45	39	8184	248	49
龙川县	47	44	26	113	10690	347	62
连平县	10	22	43	25	4528	156	38
和平县	54	23	30	26	6504	339	113
东源县	43	48	37	130	5562	370	66
阳江市	**273**	**283**	**1284**	**198**	**24281**	**2492**	**1873**
江城区	25	33	266	61	3877	201	198
阳东区	34	32	522	31	4203	457	468
阳西县	76	94	286	39	4747	616	502
阳春市	138	124	210	67	11454	1218	705
清远市	**682**	**724**	**1075**	**219**	**37639**	**4645**	**2015**
清城区	19	84	59	7	3348	289	165
清新区	110	101	138	32	7458	599	309
佛冈县	45	25	85	35	3876	565	250
阳山县	61	50	92	34	4525	624	233
连山壮族瑶族自治县	16	14	66	7	1188	233	95
连南瑶族自治县	110	125	110	31	1147	763	114
英德市	219	229	326	51	11293	1044	602
连州市	102	96	199	22	4804	528	247
东莞市	**117**	**92**	**94**	**1213**	**21382**	**922**	**898**
市辖区	117	92	94	1213	21382	922	898
中山市	**69**	**229**	**144**	**427**	**12947**	**509**	**498**
市辖区	69	229	144	427	12947	509	498
潮州市	**698**	**537**	**415**	**111**	**21510**	**361**	**312**
湘桥区	58	38	62	5	1623	17	30
潮安区	157	219	190	63	9132	97	124
饶平县	483	280	163	43	10755	247	158
揭阳市	**1116**	**1251**	**217**	**507**	**60518**	**713**	**393**
榕城区	9	12	20	20	4570	12	17
揭东区	141	94	18	91	10387	81	32
揭西县	87	95	19	68	10648	132	32
惠来县	313	383	57	102	11228	255	147
普宁市	566	667	103	226	23685	233	165
云浮市	**314**	**206**	**838**	**205**	**27281**	**4580**	**2112**
云城区	22	10	67	16	2047	351	152
云安区	8	10	35	21	3292	525	208
新兴县	15	14	191	79	5333	760	230
郁南县	48	53	306	10	3600	1025	671
罗定市	221	119	239	79	13009	1919	851

9-4 各地区按住房来源分的家庭户户数

单位：户

地 区	合 计	租赁廉租住房/公租房	租赁其他住房	购买新建商品房	购买二手房	购买原公有住房	购买经济适用房/两限房	自建住房	继承或赠予	其 他
广 东	**3752057**	**190996**	**1364487**	**571492**	**208868**	**81585**	**25167**	**1174820**	**37488**	**97154**
广州市	**662251**	**33740**	**338273**	**91258**	**53386**	**30048**	**5397**	**83808**	**4468**	**21873**
荔湾区	38087	2148	13380	7941	4048	4084	895	2781	778	2032
越秀区	34815	2081	9565	4848	5715	7823	316	717	1013	2737
海珠区	72479	1905	35009	13794	8221	7179	450	3286	681	1954
天河区	86336	2829	54928	9905	7239	4529	1268	2651	360	2627
白云区	144111	9698	91893	9532	6830	2836	1749	15169	612	5792
黄埔区	44313	1555	26977	6502	2096	1450	304	3986	131	1312
番禺区	103026	5588	59759	13276	9596	715	44	12591	207	1250
花都区	53002	4373	21820	10465	3940	431	43	10644	189	1097
南沙区	28197	1603	12983	3664	944	93	41	8068	111	690
从化区	16121	138	1210	2893	1284	384	58	8799	154	1201
增城区	41764	1822	10749	8438	3473	524	229	15116	232	1181
韶关市	**83731**	**1828**	**7516**	**20958**	**5407**	**5220**	**730**	**38839**	**702**	**2531**
武江区	11393	435	2057	4083	1297	1009	89	2141	42	240
浈江区	10684	475	1461	3430	1193	1534	213	1939	70	369
曲江区	8483	144	874	2261	893	701	50	3062	100	398
始兴县	6003	54	406	1308	163	159	35	3705	81	92
仁化县	5682	105	347	754	201	236	12	3643	90	294
翁源县	8683	85	414	1754	353	339	42	5272	65	359
乳源瑶族自治县	5178	83	435	1051	202	225	44	2907	28	203
新丰县	4965	65	312	964	188	238	27	3002	50	119
乐昌市	11379	214	820	2845	648	524	113	5882	69	264
南雄市	11281	168	390	2508	269	255	105	7286	107	193
深圳市	**616351**	**31715**	**441914**	**55288**	**39620**	**4743**	**5712**	**12322**	**1627**	**23410**
罗湖区	35400	716	20446	5085	5965	1318	187	358	179	1146
福田区	47911	1884	26615	7649	7315	1273	1361	332	166	1316
南山区	51809	3710	27654	9574	6514	927	961	425	249	1795
宝安区	169561	9114	134846	9042	5971	452	606	2759	368	6403
龙岗区	144333	8160	99903	14459	9522	304	957	4751	420	5857
盐田区	5692	210	2963	1260	802	75	40	73	40	229
龙华区	99803	4028	79519	5779	2974	96	1135	1704	107	4461
坪山区	18985	2125	13602	1404	272	34	179	1068	20	281
光明区	42857	1768	36366	1036	285	264	286	852	78	1922
珠海市	**75440**	**3315**	**32837**	**18134**	**8244**	**1781**	**619**	**8142**	**283**	**2085**
香洲区	44661	1494	21348	11138	6173	1151	292	1403	145	1517
斗门区	18926	799	6890	3963	1233	288	58	5395	83	217
金湾区	11853	1022	4599	3033	838	342	269	1344	55	351
汕头市	**124087**	**2020**	**6444**	**19977**	**6630**	**3267**	**1442**	**76368**	**5562**	**2377**
龙湖区	16593	287	2967	5927	1918	259	93	4786	92	264
金平区	22216	1023	1800	7045	3176	2767	963	3950	415	1077
濠江区	5267	40	90	551	153	37	54	4210	85	47
潮阳区	33720	137	243	3096	572	74	154	26276	2729	439
潮南区	25757	142	317	292	69	12	112	23064	1581	168
澄海区	18795	376	955	2845	656	80	22	12940	578	343
南澳县	1739	15	72	221	86	38	44	1142	82	39
佛山市	**298337**	**13545**	**126755**	**73003**	**18289**	**4696**	**1248**	**56047**	**1150**	**3604**
禅城区	47485	2564	21882	11722	2958	2748	202	3737	336	1336
南海区	107779	5611	42806	28304	6012	763	570	22131	415	1167
顺德区	107986	4511	52648	20217	7134	498	268	21877	253	580
三水区	21511	619	5819	7312	1381	382	178	5367	92	361
高明区	13576	240	3600	5448	804	305	30	2935	54	160

9-4 续表 1

单位：户

地区	合计	租赁廉租住房/公租房	租赁其他住房	购买新建商品房	购买二手房	购买原公有住房	购买经济适用房/两限房	自建住房	继承或赠予	其他
江门市	**129568**	**3328**	**16390**	**41388**	**9771**	**3255**	**580**	**51522**	**1880**	**1454**
蓬江区	23724	875	4512	9461	3230	892	84	4166	118	386
江海区	10119	493	2878	3210	894	133	25	2279	38	169
新会区	24611	618	2952	7764	2314	776	93	9500	358	236
台山市	24902	277	1096	7223	1058	464	87	13497	925	275
开平市	19572	430	1294	7857	708	492	145	8217	299	130
鹤山市	15099	479	3223	4040	1169	263	111	5611	60	143
恩平市	11541	156	435	1833	398	235	35	8252	82	115
湛江市	**168568**	**2711**	**10752**	**18673**	**4051**	**7999**	**949**	**116396**	**1993**	**5044**
赤坎区	10998	640	1972	3730	825	1493	149	1552	77	560
霞山区	19080	1045	4228	5029	1545	3273	375	2268	214	1103
坡头区	8887	55	401	893	163	294	19	6617	113	332
麻章区	10642	61	491	443	93	211	3	8676	153	511
遂溪县	20171	170	324	1108	183	692	159	16734	256	545
徐闻县	15321	134	649	865	212	577	57	12326	132	369
廉江市	30931	191	1063	2494	297	330	75	25416	278	787
雷州市	30540	238	744	2903	549	984	91	24151	315	565
吴川市	21998	177	880	1208	184	145	21	18656	455	272
茂名市	**152188**	**1191**	**6264**	**14102**	**3100**	**4192**	**854**	**112292**	**2253**	**7940**
茂南区	27416	465	2801	5594	1804	2712	336	12988	305	411
电白区	33941	132	655	1862	333	358	88	29911	264	338
高州市	34181	284	939	2530	668	357	199	28561	248	395
化州市	31054	209	1161	2101	132	350	75	26389	281	356
信宜市	25596	101	708	2015	163	415	156	14443	1155	6440
肇庆市	**110430**	**1116**	**6875**	**22497**	**3910**	**3084**	**601**	**70055**	**720**	**1572**
端州区	17418	344	1712	9079	1944	1850	140	1993	82	274
鼎湖区	4454	36	349	757	174	66	5	3004	30	33
高要区	17981	101	697	1402	336	117	22	14836	133	337
广宁县	11540	49	211	1302	116	241	42	9383	104	92
怀集县	21569	66	343	1627	48	82	28	19076	126	173
封开县	10565	75	140	945	222	255	116	8537	71	204
德庆县	10239	75	365	1103	224	269	63	7797	75	268
四会市	16664	370	3058	6282	846	204	185	5429	99	191
惠州市	**158641**	**10761**	**49328**	**32560**	**8633**	**2207**	**785**	**49440**	**1059**	**3868**
惠城区	56945	4906	18198	16266	4064	1161	388	10283	279	1400
惠阳区	42981	2386	22501	7761	1977	138	149	7173	138	758
博罗县	27316	1241	4257	4596	1187	374	141	14211	321	988
惠东县	23587	2102	3702	3344	1074	289	71	12435	167	403
龙门县	7812	126	670	593	331	245	36	5338	154	319
梅州市	**98670**	**1012**	**3812**	**17625**	**4978**	**1296**	**600**	**66212**	**1746**	**1389**
梅江区	10445	250	880	3778	1485	458	99	3162	178	155
梅县区	15300	220	733	3802	1048	53	116	8589	444	295
大埔县	9589	102	390	2216	403	234	68	5532	457	187
丰顺县	11265	117	383	787	291	170	54	9040	250	173
五华县	20349	77	388	1327	258	90	28	17971	67	143
平远县	5757	35	179	943	222	105	9	4170	60	34
蕉岭县	5808	61	242	1365	489	41	39	3406	108	57
兴宁市	20157	150	617	3407	782	145	187	14342	182	345

9-4　续表 2　　　　单位：户

地　区	合　计	租赁廉租住房/公租房	租　赁其他住房	购买新建商品房	购　买二手房	购买原公有住房	购买经济适用房/两限房	自建住房	继承或赠　予	其　他
汕尾市	**58753**	**1350**	**5051**	**10218**	**2749**	**881**	**454**	**35628**	**1080**	**1342**
城　区	9603	324	1183	2070	1063	312	41	4043	160	407
海丰县	18185	648	2601	5662	885	295	270	7297	207	320
陆河县	4928	59	184	191	100	63	25	4195	36	75
陆丰市	26037	319	1083	2295	701	211	118	20093	677	540
河源市	**72849**	**845**	**6486**	**14510**	**3473**	**523**	**290**	**44602**	**461**	**1659**
源城区	16845	341	3803	5555	2150	155	123	4163	81	474
紫金县	13318	76	377	1024	201	118	34	11192	97	199
龙川县	16672	194	1023	3864	395	124	89	10352	113	518
连平县	7522	58	184	984	241	41	12	5859	47	96
和平县	10029	78	458	1875	251	67	25	7133	47	95
东源县	8463	98	641	1208	235	18	7	5903	76	277
阳江市	**63891**	**741**	**2742**	**10967**	**3079**	**624**	**199**	**44388**	**432**	**719**
江城区	19538	226	857	4565	1861	210	119	11309	143	248
阳东区	11290	352	1028	1700	388	45	4	7566	81	126
阳西县	10594	79	231	1729	341	40	8	7944	90	132
阳春市	22469	84	626	2973	489	329	68	17569	118	213
清远市	**100651**	**1538**	**7717**	**25999**	**6095**	**1707**	**585**	**54579**	**559**	**1872**
清城区	27415	632	2780	11377	2639	344	212	8708	108	615
清新区	16067	156	1468	5133	1271	69	55	7619	127	169
佛冈县	8431	149	612	1922	681	108	28	4817	41	73
阳山县	9260	65	487	1412	174	227	66	6578	41	210
连山壮族瑶族自治县	2611	33	103	326	94	109	22	1809	19	96
连南瑶族自治县	3715	31	195	270	90	93	56	2924	16	40
英德市	22928	340	1629	4349	822	531	123	14444	152	538
连州市	10224	132	443	1210	324	226	23	7680	55	131
东莞市	**389633**	**63119**	**228052**	**36750**	**13996**	**1629**	**1251**	**35877**	**990**	**7969**
市辖区	389633	63119	228052	36750	13996	1629	1251	35877	990	7969
中山市	**138328**	**14658**	**59484**	**26873**	**7983**	**1023**	**681**	**25607**	**385**	**1634**
市辖区	138328	14658	59484	26873	7983	1023	681	25607	385	1634
潮州市	**62701**	**1130**	**3719**	**7639**	**2106**	**821**	**326**	**43331**	**2391**	**1238**
湘桥区	15194	467	1425	4929	1157	406	258	5523	473	556
潮安区	26091	566	2086	1848	413	90	41	19857	684	506
饶平县	21416	97	208	862	536	325	27	17951	1234	176
揭阳市	**127265**	**840**	**1271**	**5857**	**2440**	**1774**	**1762**	**103802**	**7163**	**2356**
榕城区	21275	226	244	1902	583	750	577	15346	1148	499
揭东区	22289	126	283	496	104	219	253	19886	839	83
揭西县	15583	33	86	382	102	88	22	14287	401	182
惠来县	21241	44	132	679	183	221	44	17737	1425	776
普宁市	46877	411	526	2398	1468	496	866	36546	3350	816
云浮市	**59724**	**493**	**2805**	**7216**	**928**	**815**	**102**	**45563**	**584**	**1218**
云城区	10229	148	1293	2866	316	348	41	4867	58	292
云安区	5497	7	53	126	28	4	3	5157	82	37
新兴县	11416	152	851	2113	188	251	25	7651	102	83
郁南县	9477	43	231	745	159	138	6	7419	168	568
罗定市	23105	143	377	1366	237	74	27	20469	174	238

9-4a 各地区按住房来源分的家庭户户数(城市)

单位：户

地区	合计	租赁廉租住房/公租房	租赁其他住房	购买新建商品房	购买二手房	购买原公有住房	购买经济适用房/两限房	自建住房	继承或赠予	其他
广东	**2506122**	**162444**	**1224585**	**478614**	**186680**	**70645**	**21230**	**278588**	**14073**	**69263**
广州市	**550547**	**28911**	**295707**	**83641**	**50563**	**29616**	**5019**	**35390**	**3742**	**17958**
荔湾区	38087	2148	13380	7941	4048	4084	895	2781	778	2032
越秀区	34815	2081	9565	4848	5715	7823	316	717	1013	2737
海珠区	72479	1905	35009	13794	8221	7179	450	3286	681	1954
天河区	86336	2829	54928	9905	7239	4529	1268	2651	360	2627
白云区	116278	7965	77891	9059	6447	2752	1505	5637	406	4616
黄埔区	40644	1525	25617	5642	2059	1441	304	2731	113	1212
番禺区	89215	5095	51467	12883	9535	711	41	8347	153	983
花都区	37035	3662	16218	9285	3488	381	38	3063	85	815
南沙区	15838	1129	8127	3240	704	55	37	2272	54	220
从化区	5584	102	564	2286	1132	356	25	898	30	191
增城区	14236	470	2941	4758	1975	305	140	3007	69	571
韶关市	**28950**	**1128**	**4340**	**12621**	**3848**	**3521**	**427**	**2077**	**192**	**796**
武江区	9759	424	1935	4029	1289	992	88	769	35	198
浈江区	8380	444	1274	2825	1167	1414	207	683	59	307
曲江区	4587	100	585	2066	773	649	30	189	55	140
始兴县										
仁化县										
翁源县										
乳源瑶族自治县										
新丰县										
乐昌市	3048	40	353	1685	405	226	39	208	23	69
南雄市	3176	120	193	2016	214	240	63	228	20	82
深圳市	**614811**	**31655**	**440821**	**55207**	**39602**	**4742**	**5712**	**12106**	**1617**	**23349**
罗湖区	35400	716	20446	5085	5965	1318	187	358	179	1146
福田区	47911	1884	26615	7649	7315	1273	1361	332	166	1316
南山区	51802	3710	27654	9574	6514	927	961	425	244	1793
宝安区	169561	9114	134846	9042	5971	452	606	2759	368	6403
龙岗区	142875	8100	98816	14444	9505	303	957	4535	415	5800
盐田区	5692	210	2963	1260	802	75	40	73	40	229
龙华区	99803	4028	79519	5779	2974	96	1135	1704	107	4461
坪山区	18910	2125	13596	1338	271	34	179	1068	20	279
光明区	42857	1768	36366	1036	285	264	286	852	78	1922
珠海市	**60124**	**2511**	**26699**	**16543**	**7833**	**1582**	**512**	**2511**	**188**	**1745**
香洲区	43774	1396	20809	11056	6158	1147	290	1328	139	1451
斗门区	8354	260	3263	2772	912	247	18	770	21	91
金湾区	7996	855	2627	2715	763	188	204	413	28	203
汕头市	**61781**	**1711**	**5733**	**17985**	**6172**	**3164**	**1363**	**22467**	**1313**	**1873**
龙湖区	14614	280	2907	5916	1918	256	92	2908	80	257
金平区	21909	1023	1795	7040	3176	2766	963	3657	414	1075
濠江区	3844	40	77	513	140	31	54	2882	64	43
潮阳区	7257	32	137	2295	419	55	139	3752	127	301
潮南区	8532	65	124	171	23	9	108	7401	566	65
澄海区	5625	271	693	2050	496	47	7	1867	62	132
南澳县										
佛山市	**272890**	**12165**	**117365**	**70324**	**17960**	**4630**	**1145**	**45183**	**977**	**3141**
禅城区	41087	2341	19118	10548	2867	2734	195	1750	291	1243
南海区	102712	4958	41190	28094	5995	763	570	19634	385	1123
顺德区	106542	4486	51766	20217	7134	498	268	21358	237	578
三水区	10945	172	2002	6083	1174	344	84	946	33	107
高明区	11604	208	3289	5382	790	291	28	1495	31	90

9-4a 续表 1 单位：户

地 区	合 计	租赁廉租住房/公租房	租赁其他住房	购买新建商品房	购买二手房	购买原公有住房	购买经济适用房/两限房	自建住房	继承或赠予	其 他
江门市	**78679**	**2365**	**12449**	**38006**	**9125**	**2976**	**516**	**11785**	**514**	**943**
蓬江区	23075	872	4508	9461	3230	892	84	3528	118	382
江海区	10119	493	2878	3210	894	133	25	2279	38	169
新会区	13532	351	1796	7000	2069	701	85	1301	81	148
台山市	10177	212	798	6429	872	375	79	1169	130	113
开平市	8968	82	299	6799	580	432	132	506	117	21
鹤山市	8030	296	1868	3635	1133	242	79	683	17	77
恩平市	4778	59	302	1472	347	201	32	2319	13	33
湛江市	**51837**	**2109**	**8147**	**15316**	**3408**	**6031**	**628**	**13261**	**485**	**2452**
赤坎区	10792	640	1969	3729	825	1493	149	1354	75	558
霞山区	18214	1035	4165	5029	1545	3272	375	1499	201	1093
坡头区	2005	19	131	720	141	241	5	686	31	31
麻章区	2303	45	340	315	85	111		1305	12	90
遂溪县	579	7	19	5	12	85	6	411	2	32
徐闻县										
廉江市	5954	107	618	2125	215	236	36	2150	38	429
雷州市	6198	108	356	2370	428	467	41	2256	71	101
吴川市	5792	148	549	1023	157	126	16	3600	55	118
茂名市	**44931**	**900**	**5063**	**12675**	**2857**	**3876**	**773**	**16598**	**464**	**1725**
茂南区	18256	459	2747	5547	1798	2706	336	4122	200	341
电白区	5477	59	383	1079	191	242	45	3359	32	87
高州市	7395	230	778	2433	632	306	186	2660	52	118
化州市	6576	84	610	1649	95	213	56	3725	39	105
信宜市	7227	68	545	1967	141	409	150	2732	141	1074
肇庆市	**33102**	**722**	**4167**	**16993**	**3140**	**2172**	**316**	**4827**	**157**	**608**
端州区	17418	344	1712	9079	1944	1850	140	1993	82	274
鼎湖区	2248	29	230	744	168	61	5	980	6	25
高要区	2641	5	101	1147	239	60	5	883	17	184
广宁县										
怀集县										
封开县										
德庆县										
四会市	10795	344	2124	6023	789	201	166	971	52	125
惠州市	**79331**	**5231**	**34030**	**22991**	**5854**	**1219**	**474**	**7479**	**266**	**1787**
惠城区	45818	3631	15664	15623	3924	1116	340	4113	192	1215
惠阳区	32942	1534	18116	7302	1927	102	134	3211	74	542
博罗县	571	66	250	66	3	1		155		30
惠东县										
龙门县										
梅州市	**23225**	**555**	**1993**	**10510**	**3028**	**625**	**362**	**5578**	**175**	**399**
梅江区	9367	248	877	3697	1474	457	95	2260	112	147
梅县区	6583	177	622	3569	858	41	103	1136	17	60
大埔县										
丰顺县										
五华县	364		3	2				359		
平远县										
蕉岭县										
兴宁市	6911	130	491	3242	696	127	164	1823	46	192

9—4a 续表 2　　单位：户

地　区	合　计	租赁廉租住房/公租房	租赁其他住房	购买新建商品房	购买二手房	购买原公有住房	购买经济适用房/两限房	自建住房	继承或赠予	其　他
汕尾市	**11372**	**426**	**1481**	**3131**	**1284**	**393**	**106**	**3849**	**164**	**538**
城　区	6549	295	1090	1739	971	301	37	1747	93	276
海丰县										
陆河县										
陆丰市	4823	131	391	1392	313	92	69	2102	71	262
河源市	**15203**	**222**	**3135**	**5392**	**2115**	**155**	**120**	**3541**	**74**	**449**
源城区	15203	222	3135	5392	2115	155	120	3541	74	449
紫金县										
龙川县										
连平县										
和平县										
东源县										
阳江市	**25133**	**486**	**1851**	**8760**	**2293**	**454**	**180**	**10691**	**108**	**310**
江城区	13876	189	719	4467	1708	205	116	6208	78	186
阳东区	4708	245	691	1586	187	21	1	1922	5	50
阳西县										
阳春市	6549	52	441	2707	398	228	63	2561	25	74
清远市	**32409**	**771**	**3684**	**18026**	**3952**	**711**	**243**	**4181**	**98**	**743**
清城区	17060	395	1705	9705	2214	282	167	2030	57	505
清新区	6529	97	874	4251	1004	42	17	168	9	67
佛冈县										
阳山县										
连山壮族瑶族自治县										
连南瑶族自治县										
英德市	5155	169	738	2877	462	168	42	563	19	117
连州市	3665	110	367	1193	272	219	17	1420	13	54
东莞市	**362826**	**58803**	**214558**	**35826**	**13870**	**1576**	**1183**	**28808**	**833**	**7369**
市辖区	362826	58803	214558	35826	13870	1576	1183	28808	833	7369
中山市	**88006**	**9860**	**37865**	**19438**	**5716**	**921**	**559**	**12493**	**242**	**912**
市辖区	88006	9860	37865	19438	5716	921	559	12493	242	912
潮州市	**23537**	**964**	**3200**	**6564**	**1515**	**463**	**292**	**9060**	**550**	**929**
湘桥区	11959	467	1420	4910	1154	405	257	2541	268	537
潮安区	11578	497	1780	1654	361	58	35	6519	282	392
饶平县										
揭阳市	**33981**	**668**	**743**	**4493**	**1999**	**1401**	**1233**	**20766**	**1844**	**834**
榕城区	14662	224	217	1852	521	743	425	9377	898	405
揭东区	6892	104	202	436	85	207	250	5467	131	10
揭西县										
惠来县										
普宁市	12427	340	324	2205	1393	451	558	5922	815	419
云浮市	**13447**	**281**	**1554**	**4172**	**546**	**417**	**67**	**5937**	**70**	**403**
云城区	7663	145	1279	2862	314	348	41	2349	42	283
云安区	426	4	14	30	17	1	2	351	2	5
新兴县										
郁南县										
罗定市	5358	132	261	1280	215	68	24	3237	26	115

9-4b　各地区按住房来源分的家庭户户数(镇)

单位：户

地　　区	合　计	租赁廉租住房/公租房	租　　赁其他住房	购买新建商品房	购　买二手房	购买原公有住房	购买经济适用房/两限房	自建住房	继承或赠　予	其　他
广　东	**428831**	**16930**	**74152**	**83423**	**19676**	**9252**	**3023**	**203554**	**7705**	**11116**
广州市	**36501**	**2240**	**14394**	**7103**	**2605**	**355**	**349**	**7854**	**135**	**1466**
荔湾区										
越秀区										
海珠区										
天河区										
白云区	7067	662	3688	330	283	46	222	1070	41	725
黄埔区	1186	5	170	858	37	9		106		1
番禺区	2723	110	1662	300	39	4	3	546	9	50
花都区	2613	52	814	958	388	22	5	350	2	22
南沙区	5126	272	2144	410	223	34	3	1835	23	182
从化区	1707	12	433	578	146	22	32	395	9	80
增城区	16079	1127	5483	3669	1489	218	84	3552	51	406
韶关市	**19834**	**601**	**2213**	**7545**	**1359**	**1533**	**235**	**5163**	**183**	**1002**
武江区	89	1	14	10	3	6	1	39		15
浈江区	948	30	81	590	26	120	6	59	7	29
曲江区	867	36	113	152	93	38	20	276	13	126
始兴县	2420	47	332	1252	159	156	28	372	28	46
仁化县	2460	93	280	735	181	228	12	621	45	265
翁源县	3307	81	324	1631	322	317	14	409	21	188
乳源瑶族自治县	2476	80	376	1039	192	217	41	413	7	111
新丰县	2485	63	279	950	182	235	24	673	26	53
乐昌市	3006	166	357	844	175	213	59	1051	17	124
南雄市	1776	4	57	342	26	3	30	1250	19	45
深圳市	**82**		**6**	**66**	**1**				**5**	**4**
罗湖区										
福田区										
南山区	7								5	2
宝安区										
龙岗区										
盐田区										
龙华区										
坪山区	75		6	66	1					2
光明区										
珠海市	**8451**	**397**	**4008**	**1531**	**386**	**177**	**60**	**1606**	**40**	**246**
香洲区	882	98	539	82	15	4	2	73	4	65
斗门区	4188	156	1610	1131	302	38	5	874	11	61
金湾区	3381	143	1859	318	69	135	53	659	25	120
汕头市	**27581**	**251**	**474**	**1767**	**403**	**85**	**65**	**22297**	**1916**	**323**
龙湖区										
金平区										
濠江区	130		2	17				109	2	
潮阳区	11132	89	74	695	135	12	7	9141	939	40
潮南区	6749	46	110	81	30	3		5952	468	59
澄海区	8175	101	220	774	156	32	14	6246	443	189
南澳县	1395	15	68	200	82	38	44	849	64	35
佛山市	**14814**	**1061**	**6581**	**2505**	**306**	**64**	**102**	**3833**	**68**	**294**
禅城区	6398	223	2764	1174	91	14	7	1987	45	93
南海区	1893	432	933	63	15			430	2	18
顺德区										
三水区	5801	376	2606	1205	187	36	94	1151	16	130
高明区	722	30	278	63	13	14	1	265	5	53

9-4b 续表 1 单位：户

地区	合计	租赁廉租住房/公租房	租赁其他住房	购买新建商品房	购买二手房	购买原公有住房	购买经济适用房/两限房	自建住房	继承或赠予	其他
江门市	**11026**	**522**	**1955**	**2797**	**480**	**204**	**50**	**4662**	**210**	**146**
蓬江区										
江海区										
新会区	3156	102	400	689	196	63	2	1619	67	18
台山市	2178	17	90	525	112	36	5	1260	108	25
开平市	2463	249	591	841	98	53	11	586	16	18
鹤山市	1966	116	811	400	32	18	30	510	9	40
恩平市	1263	38	63	342	42	34	2	687	10	45
湛江市	**26622**	**429**	**2043**	**2804**	**535**	**1315**	**258**	**17562**	**337**	**1339**
赤坎区										
霞山区	111	10	20					81		
坡头区	1854	32	262	171	22	52	13	1164	29	109
麻章区	1502	9	125	90	6	75	3	834	28	332
遂溪县	6361	136	288	1086	164	594	150	3528	71	344
徐闻县	5586	94	617	801	187	294	26	3305	40	222
廉江市	4278	80	299	217	76	89	37	3305	54	121
雷州市	3736	43	131	382	59	194	24	2722	32	149
吴川市	3194	25	301	57	21	17	5	2623	83	62
茂名市	**20406**	**232**	**1058**	**1323**	**218**	**291**	**72**	**15798**	**331**	**1083**
茂南区	998	4	32	13	1	4		926	9	9
电白区	8338	55	246	757	137	109	41	6813	67	113
高州市	4175	39	129	89	31	48	11	3609	58	161
化州市	4591	108	510	434	32	125	15	3249	42	76
信宜市	2304	26	141	30	17	5	5	1201	155	724
肇庆市	**22869**	**328**	**1707**	**5309**	**727**	**897**	**262**	**12807**	**192**	**640**
端州区										
鼎湖区	745	7	109	8	6	5		592	15	3
高要区	3567	80	393	175	82	56	10	2663	14	94
广宁县	4555	47	192	1290	113	239	38	2562	30	44
怀集县	6083	55	336	1616	44	80	20	3777	60	95
封开县	3642	64	125	924	217	247	113	1767	30	155
德庆县	3504	72	358	1064	221	269	63	1182	42	233
四会市	773	3	194	232	44	1	18	264	1	16
惠州市	**40666**	**3690**	**9524**	**9190**	**2643**	**912**	**281**	**12872**	**381**	**1173**
惠城区	3191	420	1072	566	124	43	38	797	34	97
惠阳区	3095	286	1500	284	44	31	10	833	20	87
博罗县	15886	1028	3358	4492	1123	323	131	4672	184	575
惠东县	15133	1842	2978	3267	1038	287	68	5310	73	270
龙门县	3361	114	616	581	314	228	34	1260	70	144
梅州市	**25627**	**423**	**1624**	**6640**	**1740**	**646**	**191**	**13611**	**288**	**464**
梅江区	181	1		1	2	1	4	155	15	2
梅县区	1079	40	75	149	112	5	7	641	22	28
大埔县	4285	87	332	2073	368	225	58	938	95	109
丰顺县	5896	112	361	739	281	169	34	3977	90	133
五华县	6737	76	362	1319	251	88	27	4510	24	80
平远县	2700	34	174	939	210	104	9	1193	17	20
蕉岭县	2946	57	229	1293	454	41	39	786	14	33
兴宁市	1803	16	91	127	62	13	13	1411	11	59

9-4b 续表 2

单位：户

地 区	合 计	租赁廉租住房/公租房	租 赁其他住房	购买新建商品房	购 买二手房	购买原公有住房	购买经济适用房/两限房	自建住房	继承或赠 予	其 他
汕尾市	**23340**	**827**	**2932**	**6502**	**1257**	**437**	**313**	**10376**	**295**	**401**
城 区	899	15	34	283	62	4		484	10	7
海丰县	13043	613	2236	5261	751	272	263	3319	117	211
陆河县	2555	53	170	177	98	62	25	1895	23	52
陆丰市	6843	146	492	781	346	99	25	4678	145	131
河源市	**18919**	**479**	**2390**	**7511**	**1169**	**332**	**137**	**6398**	**99**	**404**
源城区	504	78	226	161	30		2	3	4	
紫金县	4798	67	351	1015	193	116	33	2878	25	120
龙川县	5460	139	789	2950	330	115	67	856	35	179
连平县	2775	49	158	774	210	35	9	1481	18	41
和平县	3047	60	393	1718	217	62	20	521	13	43
东源县	2335	86	473	893	189	4	6	659	4	21
阳江市	**9914**	**151**	**489**	**2004**	**647**	**127**	**14**	**6237**	**81**	**164**
江城区	1325	31	96	79	113	1	2	935	34	34
阳东区	1423	35	90	49	163	22	2	1027	9	26
阳西县	4690	60	171	1662	301	36	6	2385	21	48
阳春市	2476	25	132	214	70	68	4	1890	17	56
清远市	**23724**	**572**	**2773**	**6813**	**1737**	**705**	**186**	**10304**	**114**	**520**
清城区	6546	184	906	1614	417	57	42	3206	39	81
清新区	1140	25	146	440	57	8	5	442	3	14
佛冈县	3705	115	430	1861	665	94	11	489	8	32
阳山县	3844	64	455	1377	146	225	46	1412	14	105
连山壮族瑶族自治县	1088	32	96	324	92	106	21	344	8	65
连南瑶族自治县	1660	28	192	269	83	92	25	941	7	23
英德市	4783	104	493	925	236	117	33	2656	32	187
连州市	958	20	55	3	41	6	3	814	3	13
东莞市	**2392**	**659**	**1013**	**159**	**51**	**1**	**13**	**393**	**21**	**82**
市辖区	2392	659	1013	159	51	1	13	393	21	82
中山市	**35941**	**3650**	**17239**	**6709**	**2117**	**96**	**111**	**5478**	**74**	**467**
市辖区	35941	3650	17239	6709	2117	96	111	5478	74	467
潮州市	**16870**	**129**	**282**	**1002**	**554**	**329**	**26**	**13550**	**831**	**167**
湘桥区	1560		4	18	2		1	1432	90	13
潮安区	5097	42	97	163	39	28	3	4569	128	28
饶平县	10213	87	181	821	513	301	22	7549	613	126
揭阳市	**31153**	**123**	**327**	**1222**	**385**	**363**	**264**	**25950**	**1947**	**572**
榕城区	1994	2	6	49	61	7	23	1735	55	56
揭东区	4806	20	54	44	8	10		4349	283	38
揭西县	4703	27	57	363	81	85	21	3881	126	62
惠来县	9509	35	112	618	174	220	42	7254	830	224
普宁市	10141	39	98	148	61	41	178	8731	653	192
云浮市	**12099**	**166**	**1120**	**2921**	**356**	**383**	**34**	**6803**	**157**	**159**
云城区										
云安区	1025	2	29	76	7	2	1	868	37	3
新兴县	5014	120	776	2087	180	239	25	1506	36	45
郁南县	4171	42	218	727	155	137	6	2729	61	96
罗定市	1889	2	97	31	14	5	2	1700	23	15

9-4c 各地区按住房来源分的家庭户户数(乡村)

单位：户

地区	合计	租赁廉租住房/公租房	租赁其他住房	购买新建商品房	购买二手房	购买原公有住房	购买经济适用房/两限房	自建住房	继承或赠予	其他
广东	**817104**	**11622**	**65750**	**9455**	**2512**	**1688**	**914**	**692678**	**15710**	**16775**
广州市	**75203**	**2589**	**28172**	**514**	**218**	**77**	**29**	**40564**	**591**	**2449**
荔湾区										
越秀区										
海珠区										
天河区										
白云区	20766	1071	10314	143	100	38	22	8462	165	451
黄埔区	2483	25	1190	2				1149	18	99
番禺区	11088	383	6630	93	22			3698	45	217
花都区	13354	659	4788	222	64	28		7231	102	260
南沙区	7233	202	2712	14	17	4	1	3961	34	288
从化区	8830	24	213	29	6	6	1	7506	115	930
增城区	11449	225	2325	11	9	1	5	8557	112	204
韶关市	**34947**	**99**	**963**	**792**	**200**	**166**	**68**	**31599**	**327**	**733**
武江区	1545	10	108	44	5	11		1333	7	27
浈江区	1356	1	106	15				1197	4	33
曲江区	3029	8	176	43	27	14		2597	32	132
始兴县	3583	7	74	56	4	3	7	3333	53	46
仁化县	3222	12	67	19	20	8		3022	45	29
翁源县	5376	4	90	123	31	22	28	4863	44	171
乳源瑶族自治县	2702	3	59	12	10	8	3	2494	21	92
新丰县	2480	2	33	14	6	3	3	2329	24	66
乐昌市	5325	8	110	316	68	85	15	4623	29	71
南雄市	6329	44	140	150	29	12	12	5808	68	66
深圳市	**1458**	**60**	**1087**	**15**	**17**	**1**		**216**	**5**	**57**
罗湖区										
福田区										
南山区										
宝安区										
龙岗区	1458	60	1087	15	17	1		216	5	57
盐田区										
龙华区										
坪山区										
光明区										
珠海市	**6865**	**407**	**2130**	**60**	**25**	**22**	**47**	**4025**	**55**	**94**
香洲区	5							2	2	1
斗门区	6384	383	2017	60	19	3	35	3751	51	65
金湾区	476	24	113		6	19	12	272	2	28
汕头市	**34725**	**58**	**237**	**225**	**55**	**18**	**14**	**31604**	**2333**	**181**
龙湖区	1979	7	60	11		3	1	1878	12	7
金平区	307		5	5		1		293	1	2
濠江区	1293		11	21	13	6		1219	19	4
潮阳区	15331	16	32	106	18	7	8	13383	1663	98
潮南区	10476	31	83	40	16		4	9711	547	44
澄海区	4995	4	42	21	4	1	1	4827	73	22
南澳县	344		4	21	4			293	18	4
佛山市	**10633**	**319**	**2809**	**174**	**23**	**2**	**1**	**7031**	**105**	**169**
禅城区										
南海区	3174	221	683	147	2			2067	28	26
顺德区	1444	25	882					519	16	2
三水区	4765	71	1211	24	20	2		3270	43	124
高明区	1250	2	33	3	1		1	1175	18	17

9-4c　续表 1　　　　单位：户

地　　区	合　计	租赁廉租住房/公租房	租　　赁其他住房	购买新建商品房	购　买二手房	购买原公有住房	购买经济适用房/两限房	自建住房	继承或赠　予	其　他
江门市	**39863**	**441**	**1986**	**585**	**166**	**75**	**14**	**35075**	**1156**	**365**
蓬江区	649	3	4					638		4
江海区										
新会区	7923	165	756	75	49	12	6	6580	210	70
台山市	12547	48	208	269	74	53	3	11068	687	137
开平市	8141	99	404	217	30	7	2	7125	166	91
鹤山市	5103	67	544	5	4	3	2	4418	34	26
恩平市	5500	59	70	19	9		1	5246	59	37
湛江市	**90109**	**173**	**562**	**553**	**108**	**653**	**63**	**85573**	**1171**	**1253**
赤坎区	206		3	1				198	2	2
霞山区	755		43			1		688	13	10
坡头区	5028	4	8	2		1	1	4767	53	192
麻章区	6837	7	26	38	2	25		6537	113	89
遂溪县	13231	27	17	17	7	13	3	12795	183	169
徐闻县	9735	40	32	64	25	283	31	9021	92	147
廉江市	20699	4	146	152	6	5	2	19961	186	237
雷州市	20606	87	257	151	62	323	26	19173	212	315
吴川市	13012	4	30	128	6	2		12433	317	92
茂名市	**86851**	**59**	**143**	**104**	**25**	**25**	**9**	**79896**	**1458**	**5132**
茂南区	8162	2	22	34	5	2		7940	96	61
电白区	20126	18	26	26	5	7	2	19739	165	138
高州市	22611	15	32	8	5	3	2	22292	138	116
化州市	19887	17	41	18	5	12	4	19415	200	175
信宜市	16065	7	22	18	5	1	1	10510	859	4642
肇庆市	**54459**	**66**	**1001**	**195**	**43**	**15**	**23**	**52421**	**371**	**324**
端州区										
鼎湖区	1461		10	5				1432	9	5
高要区	11773	16	203	80	15	1	7	11290	102	59
广宁县	6985	2	19	12	3	2	4	6821	74	48
怀集县	15486	11	7	11	4	2	8	15299	66	78
封开县	6923	11	15	21	5	8	3	6770	41	49
德庆县	6735	3	7	39	3			6615	33	35
四会市	5096	23	740	27	13	2	1	4194	46	50
惠州市	**38644**	**1840**	**5774**	**379**	**136**	**76**	**30**	**29089**	**412**	**908**
惠城区	7936	855	1462	77	16	2	10	5373	53	88
惠阳区	6944	566	2885	175	6	5	5	3129	44	129
博罗县	10859	147	649	38	61	50	10	9384	137	383
惠东县	8454	260	724	77	36	2	3	7125	94	133
龙门县	4451	12	54	12	17	17	2	4078	84	175
梅州市	**49818**	**34**	**195**	**475**	**210**	**25**	**47**	**47023**	**1283**	**526**
梅江区	897	1	3	80	9			747	51	6
梅县区	7638	3	36	84	78	7	6	6812	405	207
大埔县	5304	15	58	143	35	9	10	4594	362	78
丰顺县	5369	5	22	48	10	1	20	5063	160	40
五华县	13248	1	23	6	7	2	1	13102	43	63
平远县	3057	1	5	4	12	1		2977	43	14
蕉岭县	2862	4	13	72	35			2620	94	24
兴宁市	11443	4	35	38	24	5	10	11108	125	94

9—4c 续表 2

单位：户

地　　区	合　计	租赁廉租住房/公租房	租　　赁其他住房	购买新建商品房	购　买二手房	购买原公有住房	购买经济适用房/两限房	自建住房	继承或赠　予	其　他
汕尾市	**24041**	**97**	**638**	**585**	**208**	**51**	**35**	**21403**	**621**	**403**
城　区	2155	14	59	48	30	7	4	1812	57	124
海丰县	5142	35	365	401	134	23	7	3978	90	109
陆河县	2373	6	14	14	2	1		2300	13	23
陆丰市	14371	42	200	122	42	20	24	13313	461	147
河源市	**38727**	**144**	**961**	**1607**	**189**	**36**	**33**	**34663**	**288**	**806**
源城区	1138	41	442	2	5		1	619	3	25
紫金县	8520	9	26	9	8	2	1	8314	72	79
龙川县	11212	55	234	914	65	9	22	9496	78	339
连平县	4747	9	26	210	31	6	3	4378	29	55
和平县	6982	18	65	157	34	5	5	6612	34	52
东源县	6128	12	168	315	46	14	1	5244	72	256
阳江市	**28844**	**104**	**402**	**203**	**139**	**43**	**5**	**27460**	**243**	**245**
江城区	4337	6	42	19	40	4	1	4166	31	28
阳东区	5159	72	247	65	38	2	1	4617	67	50
阳西县	5904	19	60	67	40	4	2	5559	69	84
阳春市	13444	7	53	52	21	33	1	13118	76	83
清远市	**44518**	**195**	**1260**	**1160**	**406**	**291**	**156**	**40094**	**347**	**609**
清城区	3809	53	169	58	8	5	3	3472	12	29
清新区	8398	34	448	442	210	19	33	7009	115	88
佛冈县	4726	34	182	61	16	14	17	4328	33	41
阳山县	5416	1	32	35	28	2	20	5166	27	105
连山壮族瑶族自治县	1523	1	7	2	2	3	1	1465	11	31
连南瑶族自治县	2055	3	3	1	7	1	31	1983	9	17
英德市	12990	67	398	547	124	246	48	11225	101	234
连州市	5601	2	21	14	11	1	3	5446	39	64
东莞市	**24415**	**3657**	**12481**	**765**	**75**	**52**	**55**	**6676**	**136**	**518**
市辖区	24415	3657	12481	765	75	52	55	6676	136	518
中山市	**14381**	**1148**	**4380**	**726**	**150**	**6**	**11**	**7636**	**69**	**255**
市辖区	14381	1148	4380	726	150	6	11	7636	69	255
潮州市	**22294**	**37**	**237**	**73**	**37**	**29**	**8**	**20721**	**1010**	**142**
湘桥区	1675		1	1	1	1		1550	115	6
潮安区	9416	27	209	31	13	4	3	8769	274	86
饶平县	11203	10	27	41	23	24	5	10402	621	50
揭阳市	**62131**	**49**	**201**	**142**	**56**	**10**	**265**	**57086**	**3372**	**950**
榕城区	4619		21	1	1		129	4234	195	38
揭东区	10591	2	27	16	11	2	3	10070	425	35
揭西县	10880	6	29	19	21	3	1	10406	275	120
惠来县	11732	9	20	61	9	1	2	10483	595	552
普宁市	24309	32	104	45	14	4	130	21893	1882	205
云浮市	**34178**	**46**	**131**	**123**	**26**	**15**	**1**	**32823**	**357**	**656**
云城区	2566	3	14	4	2			2518	16	9
云安区	4046	1	10	20	4	1		3938	43	29
新兴县	6402	32	75	26	8	12		6145	66	38
郁南县	5306	1	13	18	4	1		4690	107	472
罗定市	15858	9	19	55	8	1	1	15532	125	108

9-5 各地区按月租房费用分的家庭户户数

单位：户

地　　区	合　计	200元以下	200-499元	500-999元	1000-1999元
广　东	**1555483**	**78742**	**561071**	**481226**	**268289**
广州市	**372013**	**19100**	**109218**	**134465**	**72204**
荔湾区	15528	2021	2854	5035	3431
越秀区	11646	2066	865	1797	2866
海珠区	36914	1553	2584	15120	11006
天河区	57757	642	2720	27975	17774
白云区	101591	3826	36913	35135	19797
黄埔区	28532	638	10727	10204	3946
番禺区	65347	3204	22063	27185	8872
花都区	26193	2516	16672	4410	1694
南沙区	14586	1603	7427	4020	999
从化区	1348	137	728	299	129
增城区	12571	894	5665	3285	1690
韶关市	**9344**	**1851**	**4558**	**2181**	**584**
武江区	2492	336	1401	522	170
浈江区	1936	520	917	338	124
曲江区	1018	229	526	199	60
始兴县	460	82	206	156	14
仁化县	452	154	164	106	25
翁源县	499	75	193	171	43
乳源瑶族自治县	518	126	240	119	24
新丰县	377	50	165	137	14
乐昌市	1034	193	543	230	54
南雄市	558	86	203	203	56
深圳市	**473629**	**2216**	**67754**	**157310**	**140497**
罗湖区	21162	56	103	908	6912
福田区	28499	82	134	620	6353
南山区	31364	69	86	2335	10803
宝安区	143960	570	16025	63464	42812
龙岗区	108063	492	14597	37459	38529
盐田区	3173	32	47	559	972
龙华区	83547	350	13267	29646	28362
坪山区	15727	218	7619	5831	1543
光明区	38134	347	15876	16488	4211
珠海市	**36152**	**1364**	**16933**	**8353**	**5150**
香洲区	22842	432	8389	5805	4071
斗门区	7689	668	5532	994	431
金湾区	5621	264	3012	1554	648
汕头市	**8464**	**1368**	**3494**	**2315**	**980**
龙湖区	3254	415	1813	715	207
金平区	2823	562	926	898	379
濠江区	130	42	29	31	25
潮阳区	380	96	78	92	72
潮南区	459	94	151	104	74
澄海区	1331	143	467	444	216
南澳县	87	16	30	31	7
佛山市	**140300**	**9050**	**74472**	**43026**	**10543**
禅城区	24446	2179	12854	6702	2076
南海区	48417	3106	25064	14585	4145
顺德区	57159	2684	30027	19650	3853
三水区	6438	592	3809	1569	380
高明区	3840	489	2718	520	89

9–5 续表 1

单位：户

地 区	合 计	200元以下	200–499元	500–999元	1000–1999元
江门市	**19718**	**3024**	**10401**	**4732**	**1155**
蓬江区	5387	871	2597	1303	459
江海区	3371	222	1833	1065	184
新会区	3570	617	1554	1102	239
台山市	1373	325	581	342	97
开平市	1724	272	1040	304	59
鹤山市	3702	617	2448	509	94
恩平市	591	100	348	107	23
湛江市	**13463**	**1367**	**4699**	**5751**	**1230**
赤坎区	2612	160	913	1225	220
霞山区	5273	442	1673	2429	589
坡头区	456	22	191	184	39
麻章区	552	50	157	271	55
遂溪县	494	111	159	183	27
徐闻县	783	99	400	175	91
廉江市	1254	109	381	570	139
雷州市	982	294	402	233	29
吴川市	1057	80	423	481	41
茂名市	**7455**	**621**	**2988**	**3093**	**572**
茂南区	3266	283	1160	1552	217
电白区	787	35	240	356	110
高州市	1223	116	471	465	135
化州市	1370	105	728	424	84
信宜市	809	82	389	296	26
肇庆市	**7991**	**782**	**3445**	**2599**	**939**
端州区	2056	268	850	645	257
鼎湖区	385	34	145	135	45
高要区	798	120	448	153	60
广宁县	260	45	140	64	6
怀集县	409	29	154	191	30
封开县	215	42	109	53	6
德庆县	440	61	171	183	20
四会市	3428	183	1428	1175	515
惠州市	**60089**	**4185**	**32511**	**15260**	**5898**
惠城区	23104	1532	10971	6545	2882
惠阳区	24887	1436	15145	5837	2009
博罗县	5498	582	2851	1168	553
惠东县	5804	557	3235	1388	402
龙门县	796	78	309	322	52
梅州市	**4824**	**469**	**1296**	**1970**	**754**
梅江区	1130	112	305	457	214
梅县区	953	74	234	454	140
大埔县	492	38	146	228	65
丰顺县	500	123	143	110	84
五华县	465	13	103	141	109
平远县	214	19	82	97	8
蕉岭县	303	40	111	127	18
兴宁市	767	50	172	356	116

9–5　续表 2

单位：户

地　区	合　计	200元以下	200–499元	500–999元	1000–1999元
汕尾市	**6401**	**607**	**1724**	**3142**	**695**
城　区	1507	56	383	779	241
海丰县	3249	355	897	1626	309
陆河县	243	22	79	100	27
陆丰市	1402	174	365	637	118
河源市	**7331**	**837**	**2993**	**2479**	**689**
源城区	4144	480	1706	1300	446
紫金县	453	47	171	151	48
龙川县	1217	59	434	628	82
连平县	242	18	88	82	32
和平县	536	78	230	168	42
东源县	739	155	364	150	39
阳江市	**3483**	**523**	**1847**	**685**	**294**
江城区	1083	149	507	257	123
阳东区	1380	250	855	182	61
阳西县	310	25	160	83	28
阳春市	710	99	325	163	82
清远市	**9255**	**1049**	**4367**	**2459**	**1037**
清城区	3412	350	1552	744	615
清新区	1624	230	861	407	103
佛冈县	761	78	432	176	51
阳山县	552	36	368	117	18
连山壮族瑶族自治县	136	25	47	56	4
连南瑶族自治县	226	39	128	50	6
英德市	1969	199	735	709	219
连州市	575	92	244	200	21
东莞市	**291171**	**24068**	**166024**	**72884**	**19606**
市辖区	291171	24068	166024	72884	19606
中山市	**74142**	**4712**	**47630**	**15513**	**4823**
市辖区	74142	4712	47630	15513	4823
潮州市	**4849**	**919**	**2388**	**1190**	**230**
湘桥区	1892	352	996	453	64
潮安区	2652	498	1312	655	117
饶平县	305	69	80	82	49
揭阳市	**2111**	**398**	**1026**	**425**	**179**
榕城区	470	57	364	42	4
揭东区	409	62	192	81	50
揭西县	119	40	37	27	10
惠来县	176	53	49	30	23
普宁市	937	186	384	245	92
云浮市	**3298**	**232**	**1303**	**1394**	**230**
云城区	1441	77	501	740	88
云安区	60	3	13	19	15
新兴县	1003	77	438	413	50
郁南县	274	31	142	82	10
罗定市	520	44	209	140	67

9-5 续表 3

单位：户

地　区	2000-2999元	3000-3999元	4000-5999元	6000-7999元	8000-9999元	10000元及以上
广　东	**85955**	**36389**	**27090**	**10051**	**3399**	**3271**
广州市	**19481**	**9394**	**5828**	**1477**	**390**	**456**
荔湾区	1151	632	323	65	13	3
越秀区	1854	1067	811	222	50	48
海珠区	3526	1634	1113	260	70	48
天河区	3640	2014	1877	698	175	242
白云区	3693	1417	687	77	22	24
黄埔区	1460	1133	374	30	13	7
番禺区	2227	1126	516	80	25	49
花都区	649	160	48	19	9	16
南沙区	443	70	13	3	4	4
从化区	44	9	2			
增城区	794	132	64	23	9	15
韶关市	**131**	**24**	**9**	**3**	**2**	**1**
武江区	51	10	1	1		
浈江区	28	7	2			
曲江区	3			1		
始兴县	2					
仁化县	3					
翁源县	12	1	3			1
乳源瑶族自治县	8				1	
新丰县	7	1	1	1	1	
乐昌市	9	4	1			
南雄市	8	1	1			
深圳市	**50708**	**22317**	**19323**	**8122**	**2830**	**2552**
罗湖区	4472	3308	4004	962	251	186
福田区	7792	4388	4344	2932	1029	825
南山区	7235	3024	3382	2249	987	1194
宝安区	12327	4344	3009	881	362	166
龙岗区	9663	4210	2512	456	66	79
盐田区	587	543	344	66	10	13
龙华区	7463	2141	1550	561	123	84
坪山区	311	168	34	2		1
光明区	858	191	144	13	2	4
珠海市	**2836**	**977**	**455**	**56**	**16**	**12**
香洲区	2668	954	444	54	15	10
斗门区	45	10	7	1		1
金湾区	123	13	4	1	1	1
汕头市	**223**	**49**	**19**	**9**	**3**	**4**
龙湖区	76	15	10	2		1
金平区	48	9	1			
濠江区	1	1	1			
潮阳区	31	6		3	1	1
潮南区	22	7	3	2	1	1
澄海区	43	10	4	2	1	1
南澳县	2	1				
佛山市	**2393**	**605**	**155**	**17**	**13**	**26**
禅城区	453	150	27	3	1	1
南海区	1088	313	77	10	9	20
顺德区	763	129	43	3	3	4
三水区	70	9	7	1		1
高明区	19	4	1			

9-5　续表 4　　单位：户

地　区	2000—2999元	3000—3999元	4000—5999元	6000—7999元	8000—9999元	10000元及以上
江门市	**308**	**66**	**18**	**6**	**5**	**3**
蓬江区	121	27	4	2	2	1
江海区	56	6	4			1
新会区	46	8	4			
台山市	22	3	2		1	
开平市	36	9	1	1	2	
鹤山市	20	8	3	2		1
恩平市	7	5		1		
湛江市	**287**	**82**	**26**	**12**	**1**	**8**
赤坎区	74	13	2	3		2
霞山区	108	29	2	1		
坡头区	11	1	7	1		
麻章区	11	4	1	1	1	1
遂溪县	6	2	2	3		1
徐闻县	14	2				2
廉江市	33	16	3	2		1
雷州市	16	4	2	1		1
吴川市	14	11	7			
茂名市	**111**	**32**	**28**	**4**	**3**	**3**
茂南区	47	6		1		
电白区	28	6	10	1		1
高州市	17	10	6	1	1	1
化州市	13	6	10			
信宜市	6	4	2	1	2	1
肇庆市	**167**	**39**	**10**	**5**	**1**	**4**
端州区	30	4	2			
鼎湖区	18	4	2	1	1	
高要区	11	2	1	2		1
广宁县	4	1				
怀集县	4		1			
封开县	4					1
德庆县	3		1	1		
四会市	93	28	3	1		2
惠州市	**1490**	**430**	**190**	**62**	**20**	**43**
惠城区	851	192	74	27	7	23
惠阳区	318	89	34	10	3	6
博罗县	197	89	29	16	9	4
惠东县	112	50	42	8	1	9
龙门县	12	10	11	1		1
梅州市	**215**	**69**	**39**	**4**	**5**	**3**
梅江区	26	8	7	1		
梅县区	26	15	9	1		
大埔县	15					
丰顺县	26	8	3	1	1	1
五华县	66	17	10	1	3	2
平远县	7		1			
蕉岭县	3	3	1			
兴宁市	46	18	8		1	

9-5 续表 5 单位：户

地　区	2000–2999元	3000–3999元	4000–5999元	6000–7999元	8000–9999元	10000元及以上
汕尾市	**105**	**34**	**41**	**30**	**11**	**12**
城　区	30	9	7	1		1
海丰县	40	8	10	2		2
陆河县	7	5	2	1		
陆丰市	28	12	22	26	11	9
河源市	**216**	**55**	**40**	**8**	**6**	**8**
源城区	153	34	18	2	1	4
紫金县	20	5	6	2	1	2
龙川县	8	4	2			
连平县	11	5	6			
和平县	8	2	1	3	3	1
东源县	16	5	7	1	1	1
阳江市	**82**	**28**	**14**	**2**	**5**	**3**
江城区	37	7	3			
阳东区	17	10	4		1	
阳西县	8	4	1		1	
阳春市	20	7	6	2	3	3
清远市	**230**	**54**	**36**	**8**	**6**	**9**
清城区	108	18	13	5	3	4
清新区	14	5	2			2
佛冈县	13	9	1		1	
阳山县	6	4	1		1	1
连山壮族瑶族自治县	2	1	1			
连南瑶族自治县		1	2			
英德市	75	13	13	3	1	2
连州市	12	3	3			
东莞市	**5685**	**1806**	**749**	**183**	**75**	**91**
市辖区	5685	1806	749	183	75	91
中山市	**1087**	**236**	**83**	**31**	**3**	**24**
市辖区	1087	236	83	31	3	24
潮州市	**67**	**30**	**13**	**5**	**3**	**4**
湘桥区	17	6	1		2	1
潮安区	39	16	9	3	1	2
饶平县	11	8	3	2		1
揭阳市	**45**	**25**	**7**	**5**		**1**
榕城区	3					
揭东区	17	6	1			
揭西县	2	3				
惠来县	15	3	1	2		
普宁市	8	13	5	3		1
云浮市	**88**	**37**	**7**	**2**	**1**	**4**
云城区	26	5	3	1		
云安区	3	6				1
新兴县	15	7	1	1		1
郁南县	7	2				
罗定市	37	17	3		1	2

9–5a　各地区按月租房费用分的家庭户户数(城市)

单位：户

地　区	合　计	200元以下	200–499元	500–999元	1000–1999元
广　东	**1387029**	**59778**	**469279**	**439271**	**257287**
广州市	**324618**	**14547**	**84168**	**121651**	**68692**
荔湾区	15528	2021	2854	5035	3431
越秀区	11646	2066	865	1797	2866
海珠区	36914	1553	2584	15120	11006
天河区	57757	642	2720	27975	17774
白云区	85856	2638	28736	30198	18657
黄埔区	27142	580	10020	9857	3822
番禺区	56562	2482	17701	24175	8312
花都区	19880	1796	12762	3143	1404
南沙区	9256	540	4464	3069	728
从化区	666	44	334	179	72
增城区	3411	185	1128	1103	620
韶关市	**5468**	**1041**	**2712**	**1206**	**404**
武江区	2359	324	1317	495	164
浈江区	1718	475	798	298	118
曲江区	685	127	342	162	51
始兴县					
仁化县					
翁源县					
乳源瑶族自治县					
新丰县					
乐昌市	393	48	154	150	34
南雄市	313	67	101	101	37
深圳市	**472476**	**2193**	**67058**	**157059**	**140401**
罗湖区	21162	56	103	908	6912
福田区	28499	82	134	620	6353
南山区	31364	69	86	2335	10803
宝安区	143960	570	16025	63464	42812
龙岗区	106916	470	13901	37208	38434
盐田区	3173	32	47	559	972
龙华区	83547	350	13267	29646	28362
坪山区	15721	217	7619	5831	1542
光明区	38134	347	15876	16488	4211
珠海市	**29210**	**805**	**12534**	**7160**	**4619**
香洲区	22205	426	8384	5602	3851
斗门区	3523	220	2442	538	299
金湾区	3482	159	1708	1020	469
汕头市	**7444**	**1123**	**3132**	**2087**	**878**
龙湖区	3187	411	1777	694	201
金平区	2818	561	922	898	379
濠江区	117	35	27	29	24
潮阳区	169	7	23	68	56
潮南区	189	34	63	42	34
澄海区	964	75	320	356	184
南澳县					
佛山市	**129530**	**8085**	**67892**	**40217**	**10199**
禅城区	21459	1879	11323	5723	1929
南海区	46148	2956	23392	14184	4104
顺德区	56252	2672	29656	19158	3823
三水区	2174	154	1042	662	261
高明区	3497	424	2479	490	82

9-5a 续表 1 单位：户

地 区	合 计	200元以下	200-499元	500-999元	1000-1999元
江门市	**14814**	**1912**	**7733**	**3869**	**986**
蓬江区	5380	869	2592	1303	459
江海区	3371	222	1833	1065	184
新会区	2147	238	918	763	186
台山市	1010	173	475	275	70
开平市	381	34	254	78	10
鹤山市	2164	306	1463	308	67
恩平市	361	70	198	77	10
湛江市	**10256**	**813**	**3316**	**4835**	**993**
赤坎区	2609	160	912	1225	219
霞山区	5200	429	1639	2407	586
坡头区	150	3	40	67	34
麻章区	385	33	92	199	44
遂溪县	26	10	12		1
徐闻县					
廉江市	725	64	156	422	64
雷州市	464	45	223	172	14
吴川市	697	69	242	343	31
茂名市	**5963**	**492**	**2268**	**2672**	**433**
茂南区	3206	281	1145	1521	214
电白区	442	15	139	210	57
高州市	1008	94	385	412	103
化州市	694	40	344	256	44
信宜市	613	62	255	273	15
肇庆市	**4889**	**378**	**1887**	**1682**	**783**
端州区	2056	268	850	645	257
鼎湖区	259	19	74	114	38
高要区	106	1	32	54	17
广宁县					
怀集县					
封开县					
德庆县					
四会市	2468	90	931	869	471
惠州市	**39261**	**1778**	**20715**	**10817**	**4521**
惠城区	19295	1021	8714	5802	2706
惠阳区	19650	749	11842	4906	1787
博罗县	316	8	159	109	28
惠东县					
龙门县					
梅州市	**2548**	**185**	**609**	**1193**	**414**
梅江区	1125	110	305	455	213
梅县区	799	36	181	421	123
大埔县					
丰顺县					
五华县	3		1	2	
平远县					
蕉岭县					
兴宁市	621	39	122	315	78

9–5a　续表 2　　　　单位：户

地　　区	合　计	200元以下	200–499元	500–999元	1000–1999元
汕尾市	**1907**	**119**	**463**	**988**	**266**
城　区	1385	41	342	733	232
海丰县					
陆河县					
陆丰市	522	78	121	255	34
河源市	**3357**	**342**	**1232**	**1182**	**400**
源城区	3357	342	1232	1182	400
紫金县					
龙川县					
连平县					
和平县					
东源县					
阳江市	**2337**	**311**	**1258**	**466**	**222**
江城区	908	110	430	209	116
阳东区	936	147	588	140	44
阳西县					
阳春市	493	54	240	117	62
清远市	**4455**	**275**	**1882**	**1425**	**700**
清城区	2100	134	916	479	464
清新区	971	72	509	298	85
佛冈县					
阳山县					
连山壮族瑶族自治县					
连南瑶族自治县					
英德市	907	16	251	457	137
连州市	477	53	206	191	14
东莞市	**273361**	**21553**	**155342**	**69031**	**19016**
市辖区	273361	21553	155342	69031	19016
中山市	**47725**	**2755**	**31515**	**9554**	**2964**
市辖区	47725	2755	31515	9554	2964
潮州市	**4164**	**757**	**2139**	**1027**	**158**
湘桥区	1887	351	994	452	63
潮安区	2277	406	1145	575	95
饶平县					
揭阳市	**1411**	**196**	**763**	**295**	**111**
榕城区	441	56	339	39	4
揭东区	306	35	139	68	45
揭西县					
惠来县					
普宁市	664	105	285	188	62
云浮市	**1835**	**118**	**661**	**855**	**127**
云城区	1424	76	499	731	84
云安区	18	2	6	5	1
新兴县					
郁南县					
罗定市	393	40	156	119	42

9-5a 续表 3

单位：户

地　　区	2000-2999元	3000-3999元	4000-5999元	6000-7999元	8000-9999元	10000元及以上
广　东	**82921**	**35484**	**26607**	**9915**	**3333**	**3154**
广州市	**18396**	**9147**	**5746**	**1452**	**380**	**439**
荔湾区	1151	632	323	65	13	3
越秀区	1854	1067	811	222	50	48
海珠区	3526	1634	1113	260	70	48
天河区	3640	2014	1877	698	175	242
白云区	3501	1354	663	70	20	19
黄埔区	1370	1083	362	29	12	7
番禺区	2133	1102	508	78	24	47
花都区	559	142	43	14	6	11
南沙区	377	60	8	2	4	4
从化区	33	3	1			
增城区	252	56	37	14	6	10
韶关市	**83**	**16**	**4**	**2**		
武江区	49	8	1	1		
浈江区	23	5	1			
曲江区	2			1		
始兴县						
仁化县						
翁源县						
乳源瑶族自治县						
新丰县						
乐昌市	4	2	1			
南雄市	5	1	1			
深圳市	**50674**	**22304**	**19310**	**8115**	**2827**	**2535**
罗湖区	4472	3308	4004	962	251	186
福田区	7792	4388	4344	2932	1029	825
南山区	7235	3024	3382	2249	987	1194
宝安区	12327	4344	3009	881	362	166
龙岗区	9630	4198	2501	449	63	62
盐田区	587	543	344	66	10	13
龙华区	7463	2141	1550	561	123	84
坪山区	310	167	32	2		1
光明区	858	191	144	13	2	4
珠海市	**2707**	**923**	**387**	**53**	**15**	**7**
香洲区	2580	910	380	52	14	6
斗门区	16	4	4			
金湾区	111	9	3	1	1	1
汕头市	**168**	**32**	**16**	**4**	**2**	**2**
龙湖区	76	15	10	2		1
金平区	48	9	1			
濠江区	1		1			
潮阳区	11	1		2	1	
潮南区	8	4	2		1	1
澄海区	24	3	2			
南澳县						
佛山市	**2343**	**596**	**145**	**16**	**13**	**24**
禅城区	431	145	24	3	1	1
南海区	1085	313	76	10	9	19
顺德区	761	129	43	3	3	4
三水区	48	6	1			
高明区	18	3	1			

9-5a　续表 4　　单位：户

地　区	2000—2999元	3000—3999元	4000—5999元	6000—7999元	8000—9999元	10000元及以上
江门市	**251**	**44**	**11**	**3**	**2**	**3**
蓬江区	121	27	4	2	2	1
江海区	56	6	4			1
新会区	35	5	2			
台山市	17					
开平市	3	2				
鹤山市	14	3	1	1		1
恩平市	5	1				
湛江市	**222**	**54**	**13**	**8**		**2**
赤坎区	74	13	2	3		1
霞山区	108	28	2	1		
坡头区	6					
麻章区	10	4	1	1		1
遂溪县			1	2		
徐闻县						
廉江市	10	6	2	1		
雷州市	9		1			
吴川市	5	3	4			
茂名市	**70**	**12**	**10**	**4**	**1**	**1**
茂南区	41	3		1		
电白区	13	3	3	1		1
高州市	8	2	3	1		
化州市	5	2	3			
信宜市	3	2	1	1	1	
肇庆市	**121**	**30**	**5**	**2**	**1**	
端州区	30	4	2			
鼎湖区	9	2	1	1	1	
高要区	2					
广宁县						
怀集县						
封开县						
德庆县						
四会市	80	24	2	1		
惠州市	**1054**	**225**	**89**	**31**	**8**	**23**
惠城区	791	160	57	21	6	17
惠阳区	257	61	31	9	2	6
博罗县	6	4	1	1		
惠东县						
龙门县						
梅州市	**86**	**37**	**21**	**2**	**1**	
梅江区	26	8	7	1		
梅县区	20	11	6	1		
大埔县						
丰顺县						
五华县						
平远县						
蕉岭县						
兴宁市	40	18	8		1	

9－5a 续表 5 单位：户

地　区	2000－2999元	3000－3999元	4000－5999元	6000－7999元	8000－9999元	10000元及以上
汕尾市	**35**	**11**	**15**	**7**	**1**	**2**
城　区	22	8	6			1
海丰县						
陆河县						
陆丰市	13	3	9	7	1	1
河源市	**147**	**29**	**18**	**2**	**1**	**4**
源城区	147	29	18	2	1	4
紫金县						
龙川县						
连平县						
和平县						
东源县						
阳江市	**54**	**15**	**8**	**1**	**2**	
江城区	34	6	3			
阳东区	9	6	2			
阳西县						
阳春市	11	3	3	1	2	
清远市	**141**	**16**	**13**	**3**		
清城区	87	10	10			
清新区	4	2	1			
佛冈县						
阳山县						
连山壮族瑶族自治县						
连南瑶族自治县						
英德市	41	1	1	3		
连州市	9	3	1			
东莞市	**5575**	**1778**	**725**	**179**	**73**	**89**
市辖区	5575	1778	725	179	73	89
中山市	**681**	**160**	**52**	**24**	**2**	**18**
市辖区	681	160	52	24	2	18
潮州市	**44**	**20**	**10**	**3**	**3**	**3**
湘桥区	17	6	1		2	1
潮安区	27	14	9	3	1	2
饶平县						
揭阳市	**22**	**15**	**5**	**3**		**1**
榕城区	3					
揭东区	14	4	1			
揭西县						
惠来县						
普宁市	5	11	4	3		1
云浮市	**47**	**20**	**4**	**1**	**1**	**1**
云城区	25	5	3	1		
云安区	1	3				
新兴县						
郁南县						
罗定市	21	12	1		1	1

9-5b　各地区按月租房费用分的家庭户户数(镇)

单位：户

地　区	合　计	200元以下	200-499元	500-999元	1000-1999元
广　东	**91082**	**8971**	**46819**	**24338**	**7429**
广州市	**16634**	**1441**	**7967**	**4379**	**1815**
荔湾区					
越秀区					
海珠区					
天河区					
白云区	4350	341	1947	1552	359
黄埔区	175	3	15	16	28
番禺区	1772	46	866	694	139
花都区	866	41	571	140	72
南沙区	2416	472	1237	482	171
从化区	445	68	224	89	52
增城区	6610	470	3107	1406	994
韶关市	**2814**	**626**	**1279**	**731**	**135**
武江区	15	3	10	2	
浈江区	111	36	35	34	3
曲江区	149	61	72	10	5
始兴县	379	45	177	143	12
仁化县	373	127	135	91	17
翁源县	405	54	161	140	38
乳源瑶族自治县	456	121	190	113	23
新丰县	342	45	148	127	13
乐昌市	523	122	334	52	11
南雄市	61	12	17	19	13
深圳市	**6**	**1**			**1**
罗湖区					
福田区					
南山区					
宝安区					
龙岗区					
盐田区					
龙华区					
坪山区	6	1			1
光明区					
珠海市	**4405**	**251**	**2446**	**975**	**486**
香洲区	637	6	5	203	220
斗门区	1766	157	1220	264	97
金湾区	2002	88	1221	508	169
汕头市	**725**	**192**	**241**	**148**	**70**
龙湖区					
金平区					
濠江区	2			2	
潮阳区	163	80	38	13	12
潮南区	156	45	42	26	23
澄海区	321	52	132	78	28
南澳县	83	15	29	29	7
佛山市	**7642**	**716**	**4601**	**1990**	**279**
禅城区	2987	300	1531	979	147
南海区	1365	78	907	335	41
顺德区					
三水区	2982	296	1932	648	85
高明区	308	42	231	28	6

9-5b 续表 1

单位：户

地　区	合　计	200元以下	200-499元	500-999元	1000-1999元
江门市	**2477**	**472**	**1413**	**439**	**94**
蓬江区					
江海区					
新会区	502	123	253	100	21
台山市	107	17	38	36	8
开平市	840	130	490	149	37
鹤山市	927	179	583	139	19
恩平市	101	23	49	15	9
湛江市	**2472**	**248**	**1161**	**789**	**183**
赤坎区					
霞山区	30	4	9	13	3
坡头区	294	19	146	112	4
麻章区	134	13	56	57	7
遂溪县	424	81	135	173	25
徐闻县	711	64	381	165	85
廉江市	379	35	160	108	47
雷州市	174	21	102	36	8
吴川市	326	11	172	125	4
茂名市	**1290**	**99**	**647**	**363**	**115**
茂南区	36		8	23	1
电白区	301	15	88	126	47
高州市	168	17	70	43	24
化州市	618	54	359	155	34
信宜市	167	13	122	16	9
肇庆市	**2035**	**253**	**1029**	**600**	**103**
端州区					
鼎湖区	116	10	68	21	6
高要区	473	76	277	80	29
广宁县	239	42	128	58	6
怀集县	391	23	148	188	28
封开县	189	28	101	49	6
德庆县	430	59	169	178	19
四会市	197	15	138	26	9
惠州市	**13214**	**1352**	**6949**	**3220**	**1059**
惠城区	1492	290	692	336	95
惠阳区	1786	148	1093	394	103
博罗县	4386	443	2313	890	458
惠东县	4820	407	2575	1291	355
龙门县	730	64	276	309	48
梅州市	**2047**	**248**	**623**	**698**	**302**
梅江区	1				1
梅县区	115	32	33	26	13
大埔县	419	32	130	189	58
丰顺县	473	119	133	104	79
五华县	438	8	95	133	104
平远县	208	19	81	92	8
蕉岭县	286	34	110	121	15
兴宁市	107	4	41	33	24

9-5b　续表 2　　　　单位：户

地　　区	合　计	200元以下	200–499元	500–999元	1000–1999元
汕尾市	**3759**	**329**	**1074**	**1886**	**351**
城　区	49	1	8	25	8
海丰县	2849	246	807	1489	257
陆河县	223	19	72	93	25
陆丰市	638	63	187	279	61
河源市	**2869**	**297**	**1301**	**949**	**218**
源城区	304	16	221	34	28
紫金县	418	42	155	143	45
龙川县	928	24	347	491	59
连平县	207	11	72	73	29
和平县	453	60	199	143	34
东源县	559	144	307	65	23
阳江市	**640**	**99**	**291**	**159**	**45**
江城区	127	27	52	40	4
阳东区	125	33	57	14	9
阳西县	231	9	121	67	20
阳春市	157	30	61	38	12
清远市	**3345**	**415**	**1837**	**748**	**244**
清城区	1090	165	552	218	125
清新区	171	12	115	29	11
佛冈县	545	37	319	137	39
阳山县	519	31	345	114	17
连山壮族瑶族自治县	128	25	40	55	4
连南瑶族自治县	220	35	127	50	5
英德市	597	78	313	138	37
连州市	75	32	26	7	6
东莞市	**1672**	**292**	**1104**	**218**	**43**
市辖区	1672	292	1104	218	43
中山市	**20889**	**1317**	**11988**	**5380**	**1710**
市辖区	20889	1317	11988	5380	1710
潮州市	**411**	**100**	**140**	**89**	**53**
湘桥区	4	1	2		1
潮安区	139	37	70	12	13
饶平县	268	62	68	77	39
揭阳市	**450**	**134**	**166**	**86**	**37**
榕城区	8		6	2	
揭东区	74	19	37	11	2
揭西县	84	31	24	18	7
惠来县	147	45	46	23	18
普宁市	137	39	53	32	10
云浮市	**1286**	**89**	**562**	**491**	**86**
云城区					
云安区	31		6	9	12
新兴县	896	57	380	389	46
郁南县	260	30	137	76	9
罗定市	99	2	39	17	19

9-5b 续表 3 单位：户

地 区	2000-2999元	3000-3999元	4000-5999元	6000-7999元	8000-9999元	10000元及以上
广 东	**2324**	**639**	**364**	**89**	**43**	**66**
广州市	**805**	**160**	**49**	**10**	**4**	**4**
荔湾区						
越秀区						
海珠区						
天河区						
白云区	101	37	9	2	1	1
黄埔区	68	34	10	1		
番禺区	13	10	4			
花都区	40	2				
南沙区	49	3	2			
从化区	8	3	1			
增城区	526	71	23	7	3	3
韶关市	**34**	**3**	**3**	**1**	**2**	
武江区						
浈江区	2	1				
曲江区	1					
始兴县	2					
仁化县	3					
翁源县	9	1	2			
乳源瑶族自治县	8				1	
新丰县	6		1	1	1	
乐昌市	3	1				
南雄市						
深圳市	**1**	**1**	**2**			
罗湖区						
福田区						
南山区						
宝安区						
龙岗区						
盐田区						
龙华区						
坪山区	1	1	2			
光明区						
珠海市	**118**	**52**	**68**	**3**	**1**	**5**
香洲区	88	44	64	2	1	4
斗门区	19	4	3	1		1
金湾区	11	4	1			
汕头市	**49**	**14**	**3**	**5**	**1**	**2**
龙湖区						
金平区						
濠江区						
潮阳区	14	4		1		1
潮南区	14	3	1	2		
澄海区	19	6	2	2	1	1
南澳县	2	1				
佛山市	**38**	**6**	**9**	**1**		**2**
禅城区	22	5	3			
南海区	2		1			1
顺德区						
三水区	14		5	1		1
高明区		1				

9-5b　续表 4　　　　单位：户

地　区	2000—2999元	3000—3999元	4000—5999元	6000—7999元	8000—9999元	10000元及以上
江门市	**35**	**15**	**5**	**2**	**2**	
蓬江区						
江海区						
新会区	4		1			
台山市	3	3	2			
开平市	24	7	1		2	
鹤山市	3	2	1	1		
恩平市	1	3		1		
湛江市	**53**	**19**	**13**	**3**	**1**	**2**
赤坎区						
霞山区		1				
坡头区	5		7	1		
麻章区					1	
遂溪县	5	2	1	1		1
徐闻县	13	2				1
廉江市	18	9	1	1		
雷州市	6		1			
吴川市	6	5	3			
茂名市	**31**	**15**	**16**		**2**	**2**
茂南区	2	2				
电白区	15	3	7			
高州市	5	4	3		1	1
化州市	6	4	6			
信宜市	3	2			1	1
肇庆市	**33**	**8**	**4**	**3**		**2**
端州区						
鼎湖区	8	2	1			
高要区	5	2	1	2		1
广宁县	4	1				
怀集县	3		1			
封开县	4					1
德庆县	3		1	1		
四会市	6	3				
惠州市	**356**	**145**	**83**	**24**	**10**	**16**
惠城区	43	20	10	2	1	3
惠阳区	38	9	1			
博罗县	168	65	23	14	8	4
惠东县	95	41	39	7	1	9
龙门县	12	10	10	1		
梅州市	**118**	**31**	**18**	**2**	**4**	**3**
梅江区						
梅县区	5	3	3			
大埔县	10					
丰顺县	24	8	3	1	1	1
五华县	65	17	10	1	3	2
平远县	7		1			
蕉岭县	2	3	1			
兴宁市	5					

9−5b 续表 5

单位：户

地　　区	2000−2999元	3000−3999元	4000−5999元	6000−7999元	8000−9999元	10000元及以上
汕尾市	**51**	**17**	**23**	**15**	**5**	**8**
城　区	5	1	1			
海丰县	32	6	8	2		2
陆河县	7	5	2			
陆丰市	7	5	12	13	5	6
河源市	**55**	**18**	**18**	**5**	**4**	**4**
源城区	3	2				
紫金县	17	5	6	2	1	2
龙川县	4	2	1			
连平县	11	5	6			
和平县	8	2	1	3	2	1
东源县	12	2	4		1	1
阳江市	**26**	**12**	**3**		**2**	**3**
江城区	3	1				
阳东区	7	3	1		1	
阳西县	8	4	1		1	
阳春市	8	4	1			3
清远市	**58**	**22**	**10**	**3**	**4**	**4**
清城区	15	6	1	3	2	3
清新区	3	1				
佛冈县	9	4				
阳山县	6	4			1	1
连山壮族瑶族自治县	2	1	1			
连南瑶族自治县		1	2			
英德市	21	5	4		1	
连州市	2		2			
东莞市	**8**	**3**	**3**	**1**		
市辖区	8	3	3	1		
中山市	**389**	**66**	**27**	**6**	**1**	**5**
市辖区	389	66	27	6	1	5
潮州市	**15**	**8**	**3**	**2**		**1**
湘桥区						
潮安区	5	2				
饶平县	10	6	3	2		1
揭阳市	**17**	**7**	**1**	**2**		
榕城区						
揭东区	3	2				
揭西县	2	2				
惠来县	12	1		2		
普宁市		2	1			
云浮市	**34**	**17**	**3**	**1**		**3**
云城区						
云安区		3				1
新兴县	14	7	1	1		1
郁南县	6	2				
罗定市	14	5	2			1

9–5c　各地区按月租房费用分的家庭户户数(乡村)

单位：户

地　　区	合　计	200元以下	200–499元	500–999元	1000–1999元
广　东	**77372**	**9993**	**44973**	**17617**	**3573**
广州市	**30761**	**3112**	**17083**	**8435**	**1697**
荔湾区					
越秀区					
海珠区					
天河区					
白云区	11385	847	6230	3385	781
黄埔区	1215	55	692	331	96
番禺区	7013	676	3496	2316	421
花都区	5447	679	3339	1127	218
南沙区	2914	591	1726	469	100
从化区	237	25	170	31	5
增城区	2550	239	1430	776	76
韶关市	**1062**	**184**	**567**	**244**	**45**
武江区	118	9	74	25	6
浈江区	107	9	84	6	3
曲江区	184	41	112	27	4
始兴县	81	37	29	13	2
仁化县	79	27	29	15	8
翁源县	94	21	32	31	5
乳源瑶族自治县	62	5	50	6	1
新丰县	35	5	17	10	1
乐昌市	118	23	55	28	9
南雄市	184	7	85	83	6
深圳市	**1147**	**22**	**696**	**251**	**95**
罗湖区					
福田区					
南山区					
宝安区					
龙岗区	1147	22	696	251	95
盐田区					
龙华区					
坪山区					
光明区					
珠海市	**2537**	**308**	**1953**	**218**	**45**
香洲区					
斗门区	2400	291	1870	192	35
金湾区	137	17	83	26	10
汕头市	**295**	**53**	**121**	**80**	**32**
龙湖区	67	4	36	21	6
金平区	5	1	4		
濠江区	11	7	2		1
潮阳区	48	9	17	11	4
潮南区	114	15	46	36	17
澄海区	46	16	15	10	4
南澳县	4	1	1	2	
佛山市	**3128**	**249**	**1979**	**819**	**65**
禅城区					
南海区	904	72	765	66	
顺德区	907	12	371	492	30
三水区	1282	142	835	259	34
高明区	35	23	8	2	1

9-5c 续表 1

单位：户

地　区	合　计	200元以下	200-499元	500-999元	1000-1999元
江门市	**2427**	**640**	**1255**	**424**	**75**
蓬江区	7	2	5		
江海区					
新会区	921	256	383	239	32
台山市	256	135	68	31	19
开平市	503	108	296	77	12
鹤山市	611	132	402	62	8
恩平市	129	7	101	15	4
湛江市	**735**	**306**	**222**	**127**	**54**
赤坎区	3		1		1
霞山区	43	9	25	9	
坡头区	12		5	5	1
麻章区	33	4	9	15	4
遂溪县	44	20	12	10	1
徐闻县	72	35	19	10	6
廉江市	150	10	65	40	28
雷州市	344	228	77	25	7
吴川市	34		9	13	6
茂名市	**202**	**30**	**73**	**58**	**24**
茂南区	24	2	7	8	2
电白区	44	5	13	20	6
高州市	47	5	16	10	8
化州市	58	11	25	13	6
信宜市	29	7	12	7	2
肇庆市	**1067**	**151**	**529**	**317**	**53**
端州区					
鼎湖区	10	5	3		1
高要区	219	43	139	19	14
广宁县	21	3	12	6	
怀集县	18	6	6	3	2
封开县	26	14	8	4	
德庆县	10	2	2	5	1
四会市	763	78	359	280	35
惠州市	**7614**	**1055**	**4847**	**1223**	**318**
惠城区	2317	221	1565	407	81
惠阳区	3451	539	2210	537	119
博罗县	796	131	379	169	67
惠东县	984	150	660	97	47
龙门县	66	14	33	13	4
梅州市	**229**	**36**	**64**	**79**	**38**
梅江区	4	2		2	
梅县区	39	6	20	7	4
大埔县	73	6	16	39	7
丰顺县	27	4	10	6	5
五华县	24	5	7	6	5
平远县	6		1	5	
蕉岭县	17	6	1	6	3
兴宁市	39	7	9	8	14

9-5c　续表 2　　　　单位：户

地　区	合　计	200元以下	200-499元	500-999元	1000-1999元
汕尾市	**735**	**159**	**187**	**268**	**78**
城　区	73	14	33	21	1
海丰县	400	109	90	137	52
陆河县	20	3	7	7	2
陆丰市	242	33	57	103	23
河源市	**1105**	**198**	**460**	**348**	**71**
源城区	483	122	253	84	18
紫金县	35	5	16	8	3
龙川县	289	35	87	137	23
连平县	35	7	16	9	3
和平县	83	18	31	25	8
东源县	180	11	57	85	16
阳江市	**506**	**113**	**298**	**60**	**27**
江城区	48	12	25	8	3
阳东区	319	70	210	28	8
阳西县	79	16	39	16	8
阳春市	60	15	24	8	8
清远市	**1455**	**359**	**648**	**286**	**93**
清城区	222	51	84	47	26
清新区	482	146	237	80	7
佛冈县	216	41	113	39	12
阳山县	33	5	23	3	1
连山壮族瑶族自治县	8		7	1	
连南瑶族自治县	6	4	1		1
英德市	465	105	171	114	45
连州市	23	7	12	2	1
东莞市	**16138**	**2223**	**9578**	**3635**	**547**
市辖区	16138	2223	9578	3635	547
中山市	**5528**	**640**	**4127**	**579**	**149**
市辖区	5528	640	4127	579	149
潮州市	**274**	**62**	**109**	**74**	**19**
湘桥区	1			1	
潮安区	236	55	97	68	9
饶平县	37	7	12	5	10
揭阳市	**250**	**68**	**97**	**44**	**31**
榕城区	21	1	19	1	
揭东区	29	8	16	2	3
揭西县	35	9	13	9	3
惠来县	29	8	3	7	5
普宁市	136	42	46	25	20
云浮市	**177**	**25**	**80**	**48**	**17**
云城区	17	1	2	9	4
云安区	11	1	1	5	2
新兴县	107	20	58	24	4
郁南县	14	1	5	6	1
罗定市	28	2	14	4	6

9-5c 续表 3 单位：户

地 区	2000-2999元	3000-3999元	4000-5999元	6000-7999元	8000-9999元	10000元及以上
广 东	**710**	**266**	**119**	**47**	**23**	**51**
广州市	**280**	**87**	**33**	**15**	**6**	**13**
荔湾区						
越秀区						
海珠区						
天河区						
白云区	91	26	15	5	1	4
黄埔区	22	16	2		1	
番禺区	81	14	4	2	1	2
花都区	50	16	5	5	3	5
南沙区	17	7	3	1		
从化区	3	3				
增城区	16	5	4	2		2
韶关市	**14**	**5**	**2**			**1**
武江区	2	2				
浈江区	3	1	1			
曲江区						
始兴县						
仁化县						
翁源县	3		1			1
乳源瑶族自治县						
新丰县	1	1				
乐昌市	2	1				
南雄市	3					
深圳市	**33**	**12**	**11**	**7**	**3**	**17**
罗湖区						
福田区						
南山区						
宝安区						
龙岗区	33	12	11	7	3	17
盐田区						
龙华区						
坪山区						
光明区						
珠海市	**11**	**2**				
香洲区						
斗门区	10	2				
金湾区	1					
汕头市	**6**	**3**				
龙湖区						
金平区						
濠江区		1				
潮阳区	6	1				
潮南区						
澄海区		1				
南澳县						
佛山市	**12**	**3**	**1**			
禅城区						
南海区	1					
顺德区	2					
三水区	8	3	1			
高明区	1					

9-5c 续表 4

单位：户

地　区	2000-2999元	3000-3999元	4000-5999元	6000-7999元	8000-9999元	10000元及以上
江门市	**22**	**7**	**2**	**1**	**1**	
蓬江区						
江海区						
新会区	7	3	1			
台山市	2				1	
开平市	9			1		
鹤山市	3	3	1			
恩平市	1	1				
湛江市	**12**	**9**		**1**		**4**
赤坎区						1
霞山区						
坡头区		1				
麻章区	1					
遂溪县	1					
徐闻县	1					1
廉江市	5	1				1
雷州市	1	4		1		1
吴川市	3	3				
茂名市	**10**	**5**	**2**			
茂南区	4	1				
电白区						
高州市	4	4				
化州市	2		1			
信宜市			1			
肇庆市	**13**	**1**	**1**			**2**
端州区						
鼎湖区	1					
高要区	4					
广宁县						
怀集县	1					
封开县						
德庆县						
四会市	7	1	1			2
惠州市	**80**	**60**	**18**	**7**	**2**	**4**
惠城区	17	12	7	4		3
惠阳区	23	19	2	1	1	
博罗县	23	20	5	1	1	
惠东县	17	9	3	1		
龙门县			1			1
梅州市	**11**	**1**				
梅江区						
梅县区	1	1				
大埔县	5					
丰顺县	2					
五华县	1					
平远县						
蕉岭县	1					
兴宁市	1					

9-5c 续表 5 单位：户

地 区	2000-2999元	3000-3999元	4000-5999元	6000-7999元	8000-9999元	10000元及以上
汕尾市	**19**	**6**	**3**	**8**	**5**	**2**
城 区	3			1		
海丰县	8	2	2			
陆河县				1		
陆丰市	8	4	1	6	5	2
河源市	**14**	**8**	**4**	**1**	**1**	
源城区	3	3				
紫金县	3					
龙川县	4	2	1			
连平县						
和平县					1	
东源县	4	3	3	1		
阳江市	**2**	**1**	**3**	**1**	**1**	
江城区						
阳东区	1	1	1			
阳西县						
阳春市	1		2	1	1	
清远市	**31**	**16**	**13**	**2**	**2**	**5**
清城区	6	2	2	2	1	1
清新区	7	2	1			2
佛冈县	4	5	1		1	
阳山县			1			
连山壮族瑶族自治县						
连南瑶族自治县						
英德市	13	7	8			2
连州市	1					
东莞市	**102**	**25**	**21**	**3**	**2**	**2**
市辖区	102	25	21	3	2	2
中山市	**17**	**10**	**4**	**1**		**1**
市辖区	17	10	4	1		1
潮州市	**8**	**2**				
湘桥区						
潮安区	7					
饶平县	1	2				
揭阳市	**6**	**3**	**1**			
榕城区						
揭东区						
揭西县		1				
惠来县	3	2	1			
普宁市	3					
云浮市	**7**					
云城区	1					
云安区	2					
新兴县	1					
郁南县	1					
罗定市	2					

9-6 各地区按住房来源分的同时拥有厨房和厕所的家庭户户数

单位：户

地 区	合 计	租赁廉租住房/公租房	租 赁其他住房	购买新建商品房	购 买二手房	购买原公有住房	购买经济适用房/两限房	自建住房	继承或赠 予	其 他
广 东	**3564018**	**172729**	**1242886**	**570992**	**208463**	**81275**	**25142**	**1140826**	**33911**	**87794**
广州市	**638459**	**31718**	**319981**	**91115**	**53317**	**29978**	**5396**	**82086**	**4187**	**20681**
荔湾区	36977	2019	12607	7934	4038	4075	895	2746	710	1953
越秀区	33868	1917	8943	4836	5702	7805	316	704	985	2660
海珠区	70330	1778	33176	13782	8215	7150	450	3256	664	1859
天河区	84783	2777	53580	9881	7226	4527	1268	2644	316	2564
白云区	140563	9415	89054	9528	6828	2831	1749	14972	578	5608
黄埔区	43351	1528	26152	6478	2093	1449	304	3969	119	1259
番禺区	97423	5191	55006	13234	9592	711	44	12357	195	1093
花都区	49710	3993	19255	10460	3935	430	43	10496	169	929
南沙区	26142	1445	11545	3660	941	93	41	7679	98	640
从化区	15827	133	1107	2892	1279	384	58	8681	148	1145
增城区	39485	1522	9556	8430	3468	523	228	14582	205	971
韶关市	**82252**	**1775**	**7294**	**20953**	**5396**	**5215**	**729**	**37933**	**617**	**2340**
武江区	11227	434	2023	4082	1297	1007	89	2071	41	183
浈江区	10557	456	1417	3428	1192	1534	213	1887	69	361
曲江区	8362	139	859	2261	893	701	49	2993	97	370
始兴县	5760	43	357	1307	163	157	35	3549	64	85
仁化县	5592	100	325	754	197	236	12	3600	84	284
翁源县	8586	81	401	1754	352	339	42	5215	57	345
乳源瑶族自治县	5044	83	423	1051	201	225	44	2805	17	195
新丰县	4932	64	310	964	188	238	27	2976	47	118
乐昌市	11079	208	798	2845	647	524	113	5641	61	242
南雄市	11113	167	381	2507	266	254	105	7196	80	157
深圳市	**568669**	**29009**	**399929**	**55229**	**39511**	**4731**	**5710**	**12152**	**1395**	**21003**
罗湖区	34012	683	19288	5077	5943	1315	187	352	159	1008
福田区	45931	1801	24937	7642	7297	1271	1360	327	145	1151
南山区	49178	3529	25404	9569	6503	926	961	422	216	1648
宝安区	151155	8157	118317	9036	5952	449	606	2708	316	5614
龙岗区	135214	7453	92324	14443	9499	301	957	4685	355	5197
盐田区	5468	182	2806	1254	799	75	40	73	33	206
龙华区	90809	3747	71139	5776	2964	96	1134	1689	85	4179
坪山区	18035	1976	12870	1398	270	34	179	1060	17	231
光明区	38867	1481	32844	1034	284	264	286	836	69	1769
珠海市	**73891**	**3199**	**31644**	**18113**	**8238**	**1777**	**619**	**8012**	**266**	**2023**
香洲区	43833	1432	20641	11121	6169	1151	292	1397	141	1489
斗门区	18351	756	6498	3961	1231	288	58	5281	71	207
金湾区	11707	1011	4505	3031	838	338	269	1334	54	327
汕头市	**123130**	**1955**	**6164**	**19961**	**6616**	**3259**	**1441**	**76014**	**5401**	**2319**
龙湖区	16473	270	2892	5916	1914	259	93	4777	90	262
金平区	22117	998	1771	7043	3171	2760	963	3938	404	1069
濠江区	5232	40	88	551	153	37	54	4194	74	41
潮阳区	33540	135	239	3094	570	74	153	26143	2698	434
潮南区	25569	135	309	292	69	12	112	22951	1525	164
澄海区	18471	362	795	2844	653	79	22	12876	529	311
南澳县	1728	15	70	221	86	38	44	1135	81	38
佛山市	**280166**	**12015**	**111440**	**72926**	**18266**	**4690**	**1246**	**55385**	**1107**	**3091**
禅城区	46693	2460	21251	11712	2953	2745	202	3723	333	1314
南海区	102040	4910	38144	28277	6008	763	569	22042	399	928
顺德区	98473	3895	43973	20211	7126	496	268	21809	248	447
三水区	20301	539	4923	7284	1377	382	177	5261	85	273
高明区	12659	211	3149	5442	802	304	30	2550	42	129

9−6 续表 1

单位：户

地 区	合 计	租赁廉租住房/公租房	租 赁其他住房	购买新建商品房	购 买二手房	购买原公有住房	购买经济适用房/两限房	自建住房	继承或赠 予	其 他
江门市	**121445**	**3004**	**13825**	**41374**	**9748**	**3253**	**580**	**47092**	**1403**	**1166**
蓬江区	23223	830	4151	9459	3228	892	84	4142	105	332
江海区	9069	391	2038	3205	889	133	25	2253	32	103
新会区	23386	576	2549	7762	2309	775	93	8818	289	215
台山市	23156	267	990	7222	1052	464	87	12184	663	227
开平市	17795	353	1119	7856	707	492	145	6838	212	73
鹤山市	14234	451	2624	4039	1167	262	111	5414	48	118
恩平市	10582	136	354	1831	396	235	35	7443	54	98
湛江市	**157676**	**2582**	**10215**	**18665**	**4029**	**7867**	**947**	**107049**	**1681**	**4641**
赤坎区	10812	607	1884	3730	824	1488	149	1519	71	540
霞山区	18781	1010	4076	5026	1544	3265	375	2190	204	1091
坡头区	8614	54	395	893	163	292	19	6380	101	317
麻章区	9690	59	472	443	92	165	3	7866	110	480
遂溪县	19079	164	315	1108	183	676	159	15747	212	515
徐闻县	13392	123	534	864	206	556	56	10631	110	312
廉江市	28128	169	1003	2493	292	317	75	22860	218	701
雷州市	28518	229	708	2900	541	964	90	22376	255	455
吴川市	20662	167	828	1208	184	144	21	17480	400	230
茂名市	**147022**	**1162**	**6130**	**14089**	**3095**	**4174**	**852**	**107735**	**2075**	**7710**
茂南区	26564	463	2742	5592	1804	2712	336	12295	267	353
电白区	31262	123	624	1853	329	350	86	27448	195	254
高州市	33368	275	918	2529	667	354	199	27836	221	369
化州市	30388	200	1143	2101	132	343	75	25806	250	338
信宜市	25440	101	703	2014	163	415	156	14350	1142	6396
肇庆市	**108422**	**1097**	**6536**	**22478**	**3907**	**3073**	**598**	**68561**	**665**	**1507**
端州区	17286	337	1636	9074	1944	1844	140	1966	81	264
鼎湖区	4350	34	344	744	173	66	5	2935	18	31
高要区	17238	100	688	1401	336	117	20	14132	118	326
广宁县	11437	45	210	1302	116	241	41	9296	95	91
怀集县	21470	66	341	1627	48	82	28	18987	123	168
封开县	10404	75	135	945	222	253	116	8397	66	195
德庆县	10072	75	362	1103	224	268	63	7638	71	268
四会市	16165	365	2820	6282	844	202	185	5210	93	164
惠州市	**153434**	**10090**	**46165**	**32541**	**8609**	**2201**	**784**	**48621**	**942**	**3481**
惠城区	55166	4579	17047	16255	4052	1158	388	10148	253	1286
惠阳区	41780	2345	21497	7754	1976	138	149	7122	130	669
博罗县	26044	1127	3521	4595	1181	372	141	13965	269	873
惠东县	22914	1921	3485	3344	1073	289	71	12225	150	356
龙门县	7530	118	615	593	327	244	35	5161	140	297
梅州市	**97386**	**967**	**3643**	**17617**	**4971**	**1295**	**600**	**65482**	**1522**	**1289**
梅江区	10339	235	827	3775	1484	458	99	3152	172	137
梅县区	15099	213	691	3802	1048	53	116	8498	401	277
大埔县	9328	97	379	2213	400	233	68	5379	384	175
丰顺县	11070	113	370	787	291	170	54	8921	198	166
五华县	20141	68	373	1327	258	90	28	17813	61	123
平远县	5676	32	167	942	222	105	9	4115	55	29
蕉岭县	5735	60	225	1365	487	41	39	3365	98	55
兴宁市	19998	149	611	3406	781	145	187	14239	153	327

9-6　续表 2　　单位：户

地　　区	合　计	租赁廉租住房/公租房	租　　赁其他住房	购买新建商品房	购　买二手房	购买原公有住房	购买经济适用房/两限房	自建住房	继承或赠　予	其　他
汕尾市	**57551**	**1278**	**4762**	**10209**	**2739**	**877**	**452**	**34986**	**964**	**1284**
城　区	9443	309	1120	2068	1061	312	40	3977	153	403
海丰县	17765	613	2438	5655	882	294	270	7126	179	308
陆河县	4888	56	171	191	100	63	25	4175	34	73
陆丰市	25455	300	1033	2295	696	208	117	19708	598	500
河源市	**71574**	**795**	**5677**	**14503**	**3471**	**523**	**290**	**44310**	**417**	**1588**
源城区	16065	330	3102	5551	2150	155	123	4142	72	440
紫金县	13222	75	359	1024	199	118	34	11136	88	189
龙川县	16587	190	990	3862	395	124	89	10316	109	512
连平县	7450	57	182	984	241	41	12	5805	34	94
和平县	9973	77	451	1874	251	67	25	7098	42	88
东源县	8277	66	593	1208	235	18	7	5813	72	265
阳江市	**61497**	**595**	**2272**	**10961**	**3063**	**616**	**197**	**42819**	**367**	**607**
江城区	19111	221	793	4561	1850	210	119	10987	128	242
阳东区	10252	217	713	1699	385	43	3	7051	65	76
阳西县	10166	78	196	1728	340	40	8	7606	70	100
阳春市	21968	79	570	2973	488	323	67	17175	104	189
清远市	**98299**	**1463**	**7135**	**25979**	**6077**	**1701**	**582**	**53156**	**464**	**1742**
清城区	27044	605	2621	11375	2633	342	211	8590	99	568
清新区	15560	144	1163	5122	1271	69	55	7480	110	146
佛冈县	8274	135	590	1921	681	108	28	4713	29	69
阳山县	9112	64	484	1412	174	227	65	6459	34	193
连山壮族瑶族自治县	2522	32	100	326	94	108	22	1734	15	91
连南瑶族自治县	3529	30	194	270	90	93	56	2750	7	39
英德市	22263	322	1546	4343	812	528	122	13954	126	510
连州市	9995	131	437	1210	322	226	23	7476	44	126
东莞市	**351229**	**54869**	**201061**	**36717**	**13982**	**1619**	**1251**	**35434**	**769**	**5527**
市辖区	351229	54869	201061	36717	13982	1619	1251	35434	769	5527
中山市	**127751**	**12886**	**51802**	**26855**	**7968**	**1018**	**678**	**24944**	**343**	**1257**
市辖区	127751	12886	51802	26855	7968	1018	678	24944	343	1257
潮州市	**60380**	**968**	**3269**	**7637**	**2096**	**819**	**326**	**42193**	**1904**	**1168**
湘桥区	14678	409	1313	4928	1154	405	258	5327	348	536
潮安区	25079	463	1766	1848	408	89	41	19478	504	482
饶平县	20623	96	190	861	534	325	27	17388	1052	150
揭阳市	**125866**	**832**	**1232**	**5856**	**2438**	**1774**	**1762**	**102770**	**6923**	**2279**
榕城区	21003	225	234	1901	583	750	577	15126	1113	494
揭东区	21972	122	273	496	104	219	253	19623	810	72
揭西县	15522	33	85	382	102	88	22	14250	384	176
惠来县	20949	44	131	679	181	221	44	17542	1360	747
普宁市	46420	408	509	2398	1468	496	866	36229	3256	790
云浮市	**57919**	**470**	**2710**	**7214**	**926**	**815**	**102**	**44092**	**499**	**1091**
云城区	10037	131	1248	2866	315	348	41	4746	52	290
云安区	5374	7	52	126	28	4	3	5045	77	32
新兴县	11134	148	816	2112	187	251	25	7435	87	73
郁南县	8873	43	223	744	159	138	6	6943	134	483
罗定市	22501	141	371	1366	237	74	27	19923	149	213

9-6a 各地区按住房来源分的同时拥有厨房和厕所的家庭户户数(城市)

单位：户

地 区	合 计	租赁廉租住房/公租房	租 赁 其他住房	购买新建商品房	购 买 二手房	购买原公有住房	购买经济适用房/两限房	自建住房	继承或赠 予	其 他
广 东	**2371543**	**147161**	**1116710**	**478216**	**186394**	**70486**	**21217**	**275784**	**13094**	**62481**
广州市	**532620**	**27449**	**280901**	**83508**	**50499**	**29546**	**5018**	**34994**	**3542**	**17163**
荔湾区	36977	2019	12607	7934	4038	4075	895	2746	710	1953
越秀区	33868	1917	8943	4836	5702	7805	316	704	985	2660
海珠区	70330	1778	33176	13782	8215	7150	450	3256	664	1859
天河区	84783	2777	53580	9881	7226	4527	1268	2644	316	2564
白云区	113878	7805	75785	9055	6445	2747	1505	5610	401	4525
黄埔区	39769	1501	24855	5618	2056	1440	304	2725	102	1168
番禺区	84367	4752	47263	12841	9531	707	41	8226	150	856
花都区	34602	3367	14285	9281	3484	380	38	3024	72	671
南沙区	14753	1007	7233	3237	703	55	37	2226	49	206
从化区	5517	102	528	2286	1127	356	25	898	29	166
增城区	13776	424	2646	4757	1972	304	139	2935	64	535
韶关市	**28694**	**1107**	**4254**	**12617**	**3844**	**3518**	**426**	**2042**	**182**	**704**
武江区	9651	423	1906	4028	1289	990	88	743	35	149
浈江区	8303	426	1233	2823	1166	1414	207	677	58	299
曲江区	4573	99	576	2066	773	649	29	189	55	137
始兴县										
仁化县										
翁源县										
乳源瑶族自治县										
新丰县										
乐昌市	3038	40	347	1685	404	226	39	206	23	68
南雄市	3129	119	192	2015	212	239	63	227	11	51
深圳市	**567328**	**28958**	**398994**	**55149**	**39493**	**4730**	**5710**	**11940**	**1393**	**20961**
罗湖区	34012	683	19288	5077	5943	1315	187	352	159	1008
福田区	45931	1801	24937	7642	7297	1271	1360	327	145	1151
南山区	49178	3529	25404	9569	6503	926	961	422	216	1648
宝安区	151155	8157	118317	9036	5952	449	606	2708	316	5614
龙岗区	133948	7402	91395	14429	9482	300	957	4473	353	5157
盐田区	5468	182	2806	1254	799	75	40	73	33	206
龙华区	90809	3747	71139	5776	2964	96	1134	1689	85	4179
坪山区	17960	1976	12864	1332	269	34	179	1060	17	229
光明区	38867	1481	32844	1034	284	264	286	836	69	1769
珠海市	**59172**	**2440**	**25878**	**16525**	**7829**	**1581**	**512**	**2507**	**186**	**1714**
香洲区	43035	1348	20165	11041	6154	1147	290	1325	138	1427
斗门区	8211	245	3138	2771	912	247	18	770	20	90
金湾区	7926	847	2575	2713	763	187	204	412	28	197
汕头市	**61276**	**1661**	**5478**	**17969**	**6163**	**3157**	**1363**	**22387**	**1271**	**1827**
龙湖区	14499	263	2835	5905	1914	256	92	2901	78	255
金平区	21812	998	1767	7038	3171	2759	963	3646	403	1067
濠江区	3815	40	75	513	140	31	54	2869	56	37
潮阳区	7243	31	133	2293	419	55	139	3748	126	299
潮南区	8475	59	120	171	23	9	108	7361	560	64
澄海区	5432	270	548	2049	496	47	7	1862	48	105
南澳县										
佛山市	**256593**	**10761**	**103286**	**70276**	**17939**	**4624**	**1143**	**44881**	**953**	**2730**
禅城区	40446	2243	18620	10541	2863	2731	195	1738	290	1225
南海区	97255	4286	36757	28067	5991	763	569	19560	370	892
顺德区	97151	3875	43206	20211	7126	496	268	21291	232	446
三水区	10731	168	1840	6080	1170	344	83	923	33	90
高明区	11010	189	2863	5377	789	290	28	1369	28	77

9−6a 续表 1

单位：户

地 区	合 计	租赁廉租住房/公租房	租 赁其他住房	购买新建商品房	购 买二手房	购买原公有住房	购买经济适用房/两限房	自建住房	继承或赠 予	其 他
江门市	**76235**	**2192**	**10589**	**37997**	**9113**	**2976**	**516**	**11587**	**462**	**803**
蓬江区	22579	827	4148	9459	3228	892	84	3508	105	328
江海区	9069	391	2038	3205	889	133	25	2253	32	103
新会区	13270	340	1592	7000	2067	701	85	1266	73	146
台山市	9996	208	732	6429	871	375	79	1082	111	109
开平市	8936	81	290	6798	580	432	132	490	112	21
鹤山市	7672	288	1543	3635	1131	242	79	671	16	67
恩平市	4713	57	246	1471	347	201	32	2317	13	29
湛江市	**51003**	**2020**	**7819**	**15310**	**3404**	**5997**	**628**	**12975**	**461**	**2389**
赤坎区	10611	607	1881	3729	824	1488	149	1325	70	538
霞山区	17969	1002	4021	5026	1544	3264	375	1461	194	1082
坡头区	1994	18	130	720	141	240	5	681	31	28
麻章区	2210	44	333	315	85	110		1222	11	90
遂溪县	548	6	16	5	12	70	6	399	2	32
徐闻县										
廉江市	5864	94	580	2124	215	233	36	2126	34	422
雷州市	6128	107	348	2368	426	467	41	2212	66	93
吴川市	5679	142	510	1023	157	125	16	3549	53	104
茂名市	**44349**	**891**	**4967**	**12671**	**2855**	**3875**	**771**	**16215**	**440**	**1664**
茂南区	18041	458	2689	5545	1798	2706	336	4024	184	301
电白区	5232	56	368	1078	190	242	43	3148	28	79
高州市	7330	227	765	2432	631	306	186	2626	50	107
化州市	6525	82	601	1649	95	212	56	3689	37	104
信宜市	7221	68	544	1967	141	409	150	2728	141	1073
肇庆市	**32700**	**712**	**3877**	**16975**	**3139**	**2164**	**316**	**4774**	**154**	**589**
端州区	17286	337	1636	9074	1944	1844	140	1966	81	264
鼎湖区	2219	27	229	731	167	61	5	970	5	24
高要区	2634	5	99	1147	239	60	5	879	16	184
广宁县										
怀集县										
封开县										
德庆县										
四会市	10561	343	1913	6023	789	199	166	959	52	117
惠州市	**77299**	**4980**	**32436**	**22974**	**5843**	**1216**	**474**	**7462**	**252**	**1662**
惠城区	44652	3411	14827	15612	3914	1113	340	4105	182	1148
惠阳区	32105	1505	17383	7296	1926	102	134	3202	70	487
博罗县	542	64	226	66	3	1		155		27
惠东县										
龙门县										
梅州市	**23065**	**533**	**1900**	**10506**	**3027**	**625**	**362**	**5564**	**167**	**381**
梅江区	9274	233	824	3694	1473	457	95	2258	110	130
梅县区	6538	170	586	3569	858	41	103	1134	17	60
大埔县										
丰顺县										
五华县	363		3	2				358		
平远县										
蕉岭县										
兴宁市	6890	130	487	3241	696	127	164	1814	40	191

9-6a 续表 2 单位：户

地 区	合 计	租赁廉租住房/公租房	租 赁 其他住房	购买新建商品房	购 买 二手房	购买原公有住房	购买经济适用房/两限房	自建住房	继承或赠 予	其 他
汕尾市	**11229**	**407**	**1404**	**3129**	**1281**	**393**	**106**	**3818**	**159**	**532**
城 区	6447	282	1031	1737	969	301	37	1727	90	273
海丰县										
陆河县										
陆丰市	4782	125	373	1392	312	92	69	2091	69	259
河源市	**14715**	**220**	**2700**	**5392**	**2115**	**155**	**120**	**3528**	**70**	**415**
源城区	14715	220	2700	5392	2115	155	120	3528	70	415
紫金县										
龙川县										
连平县										
和平县										
东源县										
阳江市	**24547**	**352**	**1463**	**8758**	**2287**	**451**	**179**	**10667**	**102**	**288**
江城区	13783	184	661	4466	1702	205	116	6192	73	184
阳东区	4278	116	410	1585	187	20	1	1922	5	32
阳西县										
阳春市	6486	52	392	2707	398	226	62	2553	24	72
清远市	**31979**	**733**	**3357**	**18015**	**3951**	**708**	**241**	**4168**	**97**	**709**
清城区	16960	376	1656	9703	2213	280	166	2022	57	487
清新区	6263	88	638	4246	1004	42	17	164	9	55
佛冈县										
阳山县										
连山壮族瑶族自治县										
连南瑶族自治县										
英德市	5093	160	697	2873	462	167	41	562	18	113
连州市	3663	109	366	1193	272	219	17	1420	13	54
东莞市	**326895**	**51179**	**189121**	**35793**	**13856**	**1573**	**1183**	**28463**	**636**	**5091**
市辖区	326895	51179	189121	35793	13856	1573	1183	28463	636	5091
中山市	**82018**	**8834**	**33246**	**19425**	**5703**	**916**	**557**	**12383**	**228**	**726**
市辖区	82018	8834	33246	19425	5703	916	557	12383	228	726
潮州市	**22735**	**806**	**2816**	**6563**	**1509**	**463**	**292**	**8937**	**447**	**902**
湘桥区	11678	409	1308	4909	1152	405	257	2492	221	525
潮安区	11057	397	1508	1654	357	58	35	6445	226	377
饶平县										
揭阳市	**33748**	**664**	**720**	**4492**	**1999**	**1401**	**1233**	**20586**	**1824**	**829**
榕城区	14488	223	207	1851	521	743	425	9235	879	404
揭东区	6863	101	199	436	85	207	250	5445	131	9
揭西县										
惠来县										
普宁市	12397	340	314	2205	1393	451	558	5906	814	416
云浮市	**13343**	**262**	**1504**	**4172**	**545**	**417**	**67**	**5906**	**68**	**402**
云城区	7584	128	1234	2862	313	348	41	2335	41	282
云安区	425	4	14	30	17	1	2	350	2	5
新兴县										
郁南县										
罗定市	5334	130	256	1280	215	68	24	3221	25	115

9–6b　各地区按住房来源分的同时拥有厨房和厕所的家庭户户数(镇)

单位：户

地　区	合　计	租赁廉租住房/公租房	租　赁其他住房	购买新建商品房	购　买二手房	购买原公有住房	购买经济适用房/两限房	自建住房	继承或赠　予	其　他
广　东	**414979**	**15290**	**66525**	**83344**	**19605**	**9164**	**3015**	**200735**	**7125**	**10176**
广州市	**34549**	**1975**	**13054**	**7096**	**2603**	**355**	**349**	**7705**	**123**	**1289**
荔湾区										
越秀区										
海珠区										
天河区										
白云区	6843	620	3525	330	283	46	222	1061	39	717
黄埔区	1174	4	159	858	37	9		106		1
番禺区	2581	109	1530	300	39	4	3	540	8	48
花都区	2556	48	767	958	387	22	5	346	2	21
南沙区	4862	254	1959	410	223	34	3	1783	21	175
从化区	1692	12	426	577	146	22	32	392	9	76
增城区	14841	928	4688	3663	1488	218	84	3477	44	251
韶关市	**19588**	**572**	**2114**	**7545**	**1354**	**1531**	**235**	**5118**	**169**	**950**
武江区	87	1	13	10	3	6	1	39		14
浈江区	945	29	81	590	26	120	6	57	7	29
曲江区	854	33	110	152	93	38	20	274	13	121
始兴县	2356	36	293	1252	159	154	28	368	22	44
仁化县	2424	90	264	735	177	228	12	618	45	255
翁源县	3280	77	313	1631	321	317	14	406	20	181
乳源瑶族自治县	2454	80	366	1039	192	217	41	404	7	108
新丰县	2480	62	277	950	182	235	24	673	25	52
乐昌市	2948	160	343	844	175	213	59	1032	17	105
南雄市	1760	4	54	342	26	3	30	1247	13	41
深圳市	**75**		**6**	**66**	**1**					**2**
罗湖区										
福田区										
南山区										
宝安区										
龙岗区										
盐田区										
龙华区										
坪山区	75		6	66	1					2
光明区										
珠海市	**8181**	**373**	**3811**	**1528**	**385**	**174**	**60**	**1592**	**38**	**220**
香洲区	795	84	476	80	15	4	2	70	3	61
斗门区	4067	149	1511	1130	301	38	5	865	11	57
金湾区	3319	140	1824	318	69	132	53	657	24	102
汕头市	**27366**	**236**	**454**	**1767**	**398**	**84**	**64**	**22205**	**1842**	**316**
龙湖区										
金平区										
濠江区	130		2	17				109	2	
潮阳区	11060	88	74	695	133	12	6	9088	924	40
潮南区	6703	45	106	81	30	3		5947	434	57
澄海区	8083	88	206	774	153	31	14	6213	419	185
南澳县	1390	15	66	200	82	38	44	848	63	34
佛山市	**13756**	**961**	**5779**	**2477**	**304**	**64**	**102**	**3765**	**65**	**239**
禅城区	6247	217	2631	1171	90	14	7	1985	43	89
南海区	1668	411	737	63	15			426	2	14
顺德区										
三水区	5195	313	2151	1180	187	36	94	1127	15	92
高明区	646	20	260	63	12	14	1	227	5	44

9－6b 续表 1 单位：户

地 区	合 计	租赁廉租住房/公租房	租赁其他住房	购买新建商品房	购买二手房	购买原公有住房	购买经济适用房/两限房	自建住房	继承或赠予	其 他
江门市	**10469**	**444**	**1707**	**2794**	**480**	**202**	**50**	**4494**	**176**	**122**
蓬江区										
江海区										
新会区	3004	89	348	688	196	62	2	1556	48	15
台山市	2115	17	85	524	112	36	5	1217	99	20
开平市	2319	202	540	841	98	53	11	544	12	18
鹤山市	1789	99	678	399	32	17	30	498	8	28
恩平市	1242	37	56	342	42	34	2	679	9	41
湛江市	**25515**	**401**	**1867**	**2803**	**522**	**1260**	**258**	**16866**	**298**	**1240**
赤坎区										
霞山区	107	8	19					80		
坡头区	1817	32	257	171	22	52	13	1140	26	104
麻章区	1415	9	114	90	6	36	3	820	22	315
遂溪县	6278	131	282	1086	164	594	150	3467	66	338
徐闻县	5171	88	509	800	184	293	26	3051	31	189
廉江市	4143	71	284	217	71	81	37	3221	47	114
雷州市	3597	39	112	382	54	187	24	2641	32	126
吴川市	2987	23	290	57	21	17	5	2446	74	54
茂名市	**19863**	**217**	**1029**	**1316**	**215**	**276**	**72**	**15391**	**316**	**1031**
茂南区	976	3	32	13	1	4		906	9	8
电白区	7979	52	234	750	134	102	41	6521	60	85
高州市	4121	34	124	89	31	45	11	3575	56	156
化州市	4513	102	502	434	32	120	15	3204	37	67
信宜市	2274	26	137	30	17	5	5	1185	154	715
肇庆市	**22723**	**324**	**1690**	**5309**	**726**	**894**	**259**	**12711**	**186**	**624**
端州区										
鼎湖区	728	7	108	8	6	5		581	10	3
高要区	3501	80	390	175	82	56	8	2604	14	92
广宁县	4540	44	191	1290	113	239	37	2553	29	44
怀集县	6071	55	334	1616	44	80	20	3768	60	94
封开县	3624	64	122	924	217	245	113	1760	30	149
德庆县	3499	72	355	1064	221	268	63	1181	42	233
四会市	760	2	190	232	43	1	18	264	1	9
惠州市	**39003**	**3400**	**8414**	**9189**	**2635**	**909**	**280**	**12806**	**330**	**1040**
惠城区	2997	404	932	566	123	43	38	792	29	70
惠阳区	2975	285	1386	284	44	31	10	833	20	82
博罗县	15027	926	2733	4491	1121	321	131	4643	147	514
惠东县	14725	1677	2794	3267	1037	287	68	5290	66	239
龙门县	3279	108	569	581	310	227	33	1248	68	135
梅州市	**25428**	**401**	**1554**	**6637**	**1737**	**646**	**191**	**13553**	**274**	**435**
梅江区	179	1		1	2	1	4	153	15	2
梅县区	1071	40	70	149	112	5	7	638	22	28
大埔县	4252	83	322	2071	367	225	58	931	89	106
丰顺县	5857	108	348	739	281	169	34	3965	85	128
五华县	6677	67	347	1319	251	88	27	4490	23	65
平远县	2676	31	163	938	210	104	9	1189	16	16
蕉岭县	2920	56	213	1293	453	41	39	778	14	33
兴宁市	1796	15	91	127	61	13	13	1409	10	57

9-6b 续表 2

单位：户

地　区	合　计	租赁廉租住房/公租房	租赁其他住房	购买新建商品房	购买二手房	购买原公有住房	购买经济适用房/两限房	自建住房	继承或赠予	其　他
汕尾市	**22946**	**779**	**2767**	**6496**	**1250**	**434**	**312**	**10261**	**262**	**385**
城　区	895	14	33	283	62	4		482	10	7
海丰县	12839	581	2112	5255	748	271	263	3292	110	207
陆河县	2536	50	159	177	98	62	25	1892	21	52
陆丰市	6676	134	463	781	342	97	24	4595	121	119
河源市	**18634**	**437**	**2193**	**7505**	**1167**	**332**	**137**	**6378**	**90**	**395**
源城区	385	75	118	157	30		2	3		
紫金县	4766	66	337	1015	191	116	33	2868	21	119
龙川县	5424	135	765	2949	330	115	67	853	35	175
连平县	2766	48	156	774	210	35	9	1476	18	40
和平县	3034	59	386	1717	217	62	20	521	12	40
东源县	2259	54	431	893	189	4	6	657	4	21
阳江市	**9787**	**145**	**439**	**2001**	**645**	**127**	**13**	**6197**	**74**	**146**
江城区	1311	31	91	77	113	1	2	931	31	34
阳东区	1400	34	79	49	162	22	1	1020	9	24
阳西县	4625	59	142	1661	300	36	6	2366	18	37
阳春市	2451	21	127	214	70	68	4	1880	16	51
清远市	**23364**	**544**	**2633**	**6809**	**1726**	**704**	**185**	**10181**	**99**	**483**
清城区	6380	178	820	1614	414	57	42	3167	32	56
清新区	1125	24	135	438	57	8	5	441	3	14
佛冈县	3667	101	415	1861	665	94	11	481	7	32
阳山县	3826	63	452	1377	146	225	45	1404	14	100
连山壮族瑶族自治县	1073	31	93	324	92	105	21	335	8	64
连南瑶族自治县	1629	27	191	269	83	92	25	914	6	22
英德市	4720	100	476	923	229	117	33	2634	26	182
连州市	944	20	51	3	40	6	3	805	3	13
东莞市	**1858**	**497**	**717**	**159**	**51**	**1**	**13**	**381**	**3**	**36**
市辖区	1858	497	717	159	51	1	13	381	3	36
中山市	**32619**	**3172**	**14630**	**6704**	**2115**	**96**	**111**	**5371**	**61**	**359**
市辖区	32619	3172	14630	6704	2115	96	111	5371	61	359
潮州市	**16412**	**126**	**267**	**1002**	**551**	**329**	**26**	**13280**	**683**	**148**
湘桥区	1440		4	18	1		1	1361	48	7
潮安区	4973	40	93	163	39	28	3	4493	89	25
饶平县	9999	86	170	821	511	301	22	7426	546	116
揭阳市	**30920**	**121**	**325**	**1222**	**384**	**363**	**264**	**25793**	**1886**	**562**
榕城区	1984	2	6	49	61	7	23	1731	51	54
揭东区	4702	19	54	44	8	10		4266	269	32
揭西县	4685	27	56	363	81	85	21	3870	120	62
惠来县	9454	35	112	618	173	220	42	7222	809	223
普宁市	10095	38	97	148	61	41	178	8704	637	191
云浮市	**11923**	**165**	**1075**	**2919**	**356**	**383**	**34**	**6687**	**150**	**154**
云城区										
云安区	1005	2	28	76	7	2	1	851	35	3
新兴县	4951	119	741	2086	180	239	25	1482	36	43
郁南县	4102	42	210	726	155	137	6	2674	56	96
罗定市	1865	2	96	31	14	5	2	1680	23	12

9—6c 各地区按住房来源分的同时拥有厨房和厕所的家庭户户数(乡村)

单位：户

地　区	合　计	租赁廉租住房/公租房	租　赁其他住房	购买新建商品房	购　买二手房	购买原公有住房	购买经济适用房/两限房	自建住房	继承或赠　予	其　他
广　东	**777496**	**10278**	**59651**	**9432**	**2464**	**1625**	**910**	**664307**	**13692**	**15137**
广州市	**71290**	**2294**	**26026**	**511**	**215**	**77**	**29**	**39387**	**522**	**2229**
荔湾区										
越秀区										
海珠区										
天河区										
白云区	19842	990	9744	143	100	38	22	8301	138	366
黄埔区	2408	23	1138	2				1138	17	90
番禺区	10475	330	6213	93	22			3591	37	189
花都区	12552	578	4203	221	64	28		7126	95	237
南沙区	6527	184	2353	13	15	4	1	3670	28	259
从化区	8618	19	153	29	6	6	1	7391	110	903
增城区	10868	170	2222	10	8	1	5	8170	97	185
韶关市	**33970**	**96**	**926**	**791**	**198**	**166**	**68**	**30773**	**266**	**686**
武江区	1489	10	104	44	5	11		1289	6	20
浈江区	1309	1	103	15				1153	4	33
曲江区	2935	7	173	43	27	14		2530	29	112
始兴县	3404	7	64	55	4	3	7	3181	42	41
仁化县	3168	10	61	19	20	8		2982	39	29
翁源县	5306	4	88	123	31	22	28	4809	37	164
乳源瑶族自治县	2590	3	57	12	9	8	3	2401	10	87
新丰县	2452	2	33	14	6	3	3	2303	22	66
乐昌市	5093	8	108	316	68	85	15	4403	21	69
南雄市	6224	44	135	150	28	12	12	5722	56	65
深圳市	**1266**	**51**	**929**	**14**	**17**	**1**		**212**	**2**	**40**
罗湖区										
福田区										
南山区										
宝安区										
龙岗区	1266	51	929	14	17	1		212	2	40
盐田区										
龙华区										
坪山区										
光明区										
珠海市	**6538**	**386**	**1955**	**60**	**24**	**22**	**47**	**3913**	**42**	**89**
香洲区	3							2		1
斗门区	6073	362	1849	60	18	3	35	3646	40	60
金湾区	462	24	106		6	19	12	265	2	28
汕头市	**34488**	**58**	**232**	**225**	**55**	**18**	**14**	**31422**	**2288**	**176**
龙湖区	1974	7	57	11		3	1	1876	12	7
金平区	305		4	5		1		292	1	2
濠江区	1287		11	21	13	6		1216	16	4
潮阳区	15237	16	32	106	18	7	8	13307	1648	95
潮南区	10391	31	83	40	16		4	9643	531	43
澄海区	4956	4	41	21	4	1	1	4801	62	21
南澳县	338		4	21	4			287	18	4
佛山市	**9817**	**293**	**2375**	**173**	**23**	**2**	**1**	**6739**	**89**	**122**
禅城区										
南海区	3117	213	650	147	2			2056	27	22
顺德区	1322	20	767					518	16	1
三水区	4375	58	932	24	20	2		3211	37	91
高明区	1003	2	26	2	1		1	954	9	8

9−6c　续表 1　　　　单位：户

地　区	合　计	租赁廉租住房/公租房	租　赁其他住房	购买新建商品房	购　买二手房	购买原公有住房	购买经济适用房/两限房	自建住房	继承或赠　予	其　他
江门市	**34741**	**368**	**1529**	**583**	**155**	**75**	**14**	**31011**	**765**	**241**
蓬江区	644	3	3					634		4
江海区										
新会区	7112	147	609	74	46	12	6	5996	168	54
台山市	11045	42	173	269	69	53	3	9885	453	98
开平市	6540	70	289	217	29	7	2	5804	88	34
鹤山市	4773	64	403	5	4	3	2	4245	24	23
恩平市	4627	42	52	18	7		1	4447	32	28
湛江市	**81158**	**161**	**529**	**552**	**103**	**610**	**61**	**77208**	**922**	**1012**
赤坎区	201		3	1				194	1	2
霞山区	705		36			1		649	10	9
坡头区	4803	4	8	2			1	4559	44	185
麻章区	6065	6	25	38	1	19		5824	77	75
遂溪县	12253	27	17	17	7	12	3	11881	144	145
徐闻县	8221	35	25	64	22	263	30	7580	79	123
廉江市	18121	4	139	152	6	3	2	17513	137	165
雷州市	18793	83	248	150	61	310	25	17523	157	236
吴川市	11996	2	28	128	6	2		11485	273	72
茂名市	**82810**	**54**	**134**	**102**	**25**	**23**	**9**	**76129**	**1319**	**5015**
茂南区	7547	2	21	34	5	2		7365	74	44
电白区	18051	15	22	25	5	6	2	17779	107	90
高州市	21917	14	29	8	5	3	2	21635	115	106
化州市	19350	16	40	18	5	11	4	18913	176	167
信宜市	15945	7	22	17	5	1	1	10437	847	4608
肇庆市	**52999**	**61**	**969**	**194**	**42**	**15**	**23**	**51076**	**325**	**294**
端州区										
鼎湖区	1403		7	5				1384	3	4
高要区	11103	15	199	79	15	1	7	10649	88	50
广宁县	6897	1	19	12	3	2	4	6743	66	47
怀集县	15399	11	7	11	4	2	8	15219	63	74
封开县	6780	11	13	21	5	8	3	6637	36	46
德庆县	6573	3	7	39	3			6457	29	35
四会市	4844	20	717	27	12	2	1	3987	40	38
惠州市	**37132**	**1710**	**5315**	**378**	**131**	**76**	**30**	**28353**	**360**	**779**
惠城区	7517	764	1288	77	15	2	10	5251	42	68
惠阳区	6700	555	2728	174	6	5	5	3087	40	100
博罗县	10475	137	562	38	57	50	10	9167	122	332
惠东县	8189	244	691	77	36	2	3	6935	84	117
龙门县	4251	10	46	12	17	17	2	3913	72	162
梅州市	**48893**	**33**	**189**	**474**	**207**	**24**	**47**	**46365**	**1081**	**473**
梅江区	886	1	3	80	9			741	47	5
梅县区	7490	3	35	84	78	7	6	6726	362	189
大埔县	5076	14	57	142	33	8	10	4448	295	69
丰顺县	5213	5	22	48	10	1	20	4956	113	38
五华县	13101	1	23	6	7	2	1	12965	38	58
平远县	3000	1	4	4	12	1		2926	39	13
蕉岭县	2815	4	12	72	34			2587	84	22
兴宁市	11312	4	33	38	24	5	10	11016	103	79

9—6c 续表 2 单位：户

地　区	合　计	租赁廉租住房/公租房	租　赁其他住房	购买新建商品房	购　买二手房	购买原公有住房	购买经济适用房/两限房	自建住房	继承或赠　予	其　他
汕尾市	**23376**	**92**	**591**	**584**	**208**	**50**	**34**	**20907**	**543**	**367**
城　区	2101	13	56	48	30	7	3	1768	53	123
海丰县	4926	32	326	400	134	23	7	3834	69	101
陆河县	2352	6	12	14	2	1		2283	13	21
陆丰市	13997	41	197	122	42	19	24	13022	408	122
河源市	**38225**	**138**	**784**	**1606**	**189**	**36**	**33**	**34404**	**257**	**778**
源城区	965	35	284	2	5		1	611	2	25
紫金县	8456	9	22	9	8	2	1	8268	67	70
龙川县	11163	55	225	913	65	9	22	9463	74	337
连平县	4684	9	26	210	31	6	3	4329	16	54
和平县	6939	18	65	157	34	5	5	6577	30	48
东源县	6018	12	162	315	46	14	1	5156	68	244
阳江市	**27163**	**98**	**370**	**202**	**131**	**38**	**5**	**25955**	**191**	**173**
江城区	4017	6	41	18	35	4	1	3864	24	24
阳东区	4574	67	224	65	36	1	1	4109	51	20
阳西县	5541	19	54	67	40	4	2	5240	52	63
阳春市	13031	6	51	52	20	29	1	12742	64	66
清远市	**42956**	**186**	**1145**	**1155**	**400**	**289**	**156**	**38807**	**268**	**550**
清城区	3704	51	145	58	6	5	3	3401	10	25
清新区	8172	32	390	438	210	19	33	6875	98	77
佛冈县	4607	34	175	60	16	14	17	4232	22	37
阳山县	5286	1	32	35	28	2	20	5055	20	93
连山壮族瑶族自治县	1449	1	7	2	2	3	1	1399	7	27
连南瑶族自治县	1900	3	3	1	7	1	31	1836	1	17
英德市	12450	62	373	547	121	244	48	10758	82	215
连州市	5388	2	20	14	10	1	3	5251	28	59
东莞市	**22476**	**3193**	**11223**	**765**	**75**	**45**	**55**	**6590**	**130**	**400**
市辖区	22476	3193	11223	765	75	45	55	6590	130	400
中山市	**13114**	**880**	**3926**	**726**	**150**	**6**	**10**	**7190**	**54**	**172**
市辖区	13114	880	3926	726	150	6	10	7190	54	172
潮州市	**21233**	**36**	**186**	**72**	**36**	**27**	**8**	**19976**	**774**	**118**
湘桥区	1560		1	1	1			1474	79	4
潮安区	9049	26	165	31	12	3	3	8540	189	80
饶平县	10624	10	20	40	23	24	5	9962	506	34
揭阳市	**61198**	**47**	**187**	**142**	**55**	**10**	**265**	**56391**	**3213**	**888**
榕城区	4531		21	1	1		129	4160	183	36
揭东区	10407	2	20	16	11	2	3	9912	410	31
揭西县	10837	6	29	19	21	3	1	10380	264	114
惠来县	11495	9	19	61	8	1	2	10320	551	524
普宁市	23928	30	98	45	14	4	130	21619	1805	183
云浮市	**32653**	**43**	**131**	**123**	**25**	**15**	**1**	**31499**	**281**	**535**
云城区	2453	3	14	4	2			2411	11	8
云安区	3944	1	10	20	4	1		3844	40	24
新兴县	6183	29	75	26	7	12		5953	51	30
郁南县	4771	1	13	18	4	1		4269	78	387
罗定市	15302	9	19	55	8	1	1	15022	101	86

9–7 全省按户主的受教育程度、住房来源分的家庭户户数

单位：户

受教育程度	合 计	租赁廉租住房/公租房	租 赁其他住房	购买新建商品房	购 买二手房	购买原公有住房	购买经济适用房/两限房	自建住房	继承或赠 予	其 他
总 计	**3605210**	**187735**	**1343069**	**558781**	**203996**	**78224**	**24581**	**1080568**	**34754**	**93502**
未上过学	51567	1026	4248	2398	1033	1129	229	38287	1479	1738
学前教育	3988	158	518	231	94	61	22	2705	94	105
小 学	590450	20817	115562	40700	14632	11354	2490	361042	8995	14858
初 中	1443444	87174	597402	134806	47241	21552	6313	500754	14819	33383
高 中	762319	44202	335576	141316	47033	22943	6701	137559	6022	20967
大学专科	393604	17106	169179	111434	37857	10827	4183	28957	2028	12033
大学本科	317559	14643	108775	112950	46704	8970	4008	10940	1224	9345
硕士研究生	38060	2163	10755	13727	8452	1103	539	297	82	942
博士研究生	4219	446	1054	1219	950	285	96	27	11	131

9–7a 全省按户主的受教育程度、住房来源分的家庭户户数(城市)

单位：户

受教育程度	合 计	租赁廉租住房/公租房	租 赁其他住房	购买新建商品房	购 买二手房	购买原公有住房	购买经济适用房/两限房	自建住房	继承或赠 予	其 他
总 计	**2456287**	**159639**	**1205407**	**468025**	**182350**	**67596**	**20780**	**271275**	**13578**	**67637**
未上过学	16216	780	3442	1658	659	848	143	7772	315	599
学前教育	1656	121	456	193	83	44	18	663	29	49
小 学	256377	16376	96435	29495	10997	9452	1765	81662	2472	7723
初 中	892001	71470	520927	102384	38364	17764	4736	109068	4815	22473
高 中	605055	38870	307148	120004	42435	20252	5838	49778	3420	17310
大学专科	349672	15578	160441	97508	35527	9515	3855	15358	1462	10428
大学本科	294137	13872	104962	102379	45019	8348	3798	6744	979	8036
硕士研究生	37044	2128	10561	13224	8327	1090	532	217	75	890
博士研究生	4129	444	1035	1180	939	283	95	13	11	129

9-7b　全省按户主的受教育程度、住房来源分的家庭户户数(镇)

单位：户

受教育程度	合　计	租赁廉租住房/公租房	租　　赁其他住房	购买新建商品房	购　买二手房	购买原公有住房	购买经济适用房/两限房	自建住房	继承或赠　予	其　他
总　计	**413951**	**16684**	**73042**	**81901**	**19290**	**9005**	**2942**	**193116**	**7199**	**10772**
未上过学	9238	170	515	639	316	185	59	6748	337	269
学前教育	560	17	37	34	9	10		428	14	11
小　学	93317	2842	10868	9897	3018	1467	487	60623	1987	2128
初　中	189109	9236	40005	28943	7807	3148	1195	91264	3286	4225
高　中	74249	3016	14580	19333	4204	2401	734	26857	1147	1977
大学专科	28663	885	4582	12791	2198	1209	278	5307	283	1130
大学本科	17947	492	2313	9796	1608	571	182	1854	142	989
硕士研究生	806	26	127	438	120	12	6	31	3	43
博士研究生	62		15	30	10	2	1	4		

9-7c　全省按户主的受教育程度、住房来源分的家庭户户数(乡村)

单位：户

受教育程度	合　计	租赁廉租住房/公租房	租　　赁其他住房	购买新建商品房	购　买二手房	购买原公有住房	购买经济适用房/两限房	自建住房	继承或赠　予	其　他
总　计	**734972**	**11412**	**64620**	**8855**	**2356**	**1623**	**859**	**616177**	**13977**	**15093**
未上过学	26113	76	291	101	58	96	27	23767	827	870
学前教育	1772	20	25	4	2	7	4	1614	51	45
小　学	240756	1599	8259	1308	617	435	238	218757	4536	5007
初　中	362334	6468	36470	3479	1070	640	382	300422	6718	6685
高　中	83015	2316	13848	1979	394	290	129	60924	1455	1680
大学专科	15269	643	4156	1135	132	103	50	8292	283	475
大学本科	5475	279	1500	775	77	51	28	2342	103	320
硕士研究生	210	9	67	65	5	1	1	49	4	9
博士研究生	28	2	4	9	1			10		2

9-8 全省按户主的受教育程度、月租房费用分的家庭户户数

单位：户

受教育程度	合 计	200元以下	200-499元	500-999元	1000-1999元
总 计	**1530804**	**77583**	**554837**	**474165**	**262917**
未上过学	5274	944	2342	1255	479
学前教育	676	82	319	160	78
小 学	136379	15703	67452	35583	12324
初 中	684576	41779	319523	215736	76185
高 中	379778	14239	127078	132723	69632
大学专科	186285	2957	28084	59200	57957
大学本科	123418	1666	9452	27748	42558
硕士研究生	12918	163	515	1562	3358
博士研究生	1500	50	72	198	346

9-8 续表

单位：户

受教育程度	2000-2999元	3000-3999元	4000-5999元	6000-7999元	8000-9999元	10000元及以上
总 计	**83826**	**35291**	**26138**	**9656**	**3263**	**3128**
未上过学	139	55	37	15	7	1
学前教育	25	5	5	1	1	
小 学	3128	1169	694	191	58	77
初 中	18574	6900	4060	1109	357	353
高 中	20334	7886	5283	1720	470	413
大学专科	19885	8342	6207	2284	733	636
大学本科	19058	9231	7864	3404	1238	1199
硕士研究生	2459	1519	1747	829	356	410
博士研究生	224	184	241	103	43	39

9-8a 全省按户主的受教育程度、月租房费用分的家庭户户数(城市)

单位：户

受教育程度	合 计	200元以下	200-499元	500-999元	1000-1999元
总 计	**1365046**	**58843**	**464163**	**433015**	**252287**
未上过学	4222	680	1796	1070	443
学前教育	577	63	260	144	73
小 学	112811	11415	54321	30848	11346
初 中	592397	31150	265484	194673	71698
高 中	346018	11588	109487	122952	66946
大学专科	176019	2411	24170	55455	56476
大学本科	118834	1349	8110	26181	41666
硕士研究生	12689	139	468	1502	3295
博士研究生	1479	48	67	190	344

9-8a 续表

单位：户

受教育程度	2000-2999元	3000-3999元	4000-5999元	6000-7999元	8000-9999元	10000元及以上
总 计	**80898**	**34423**	**25678**	**9524**	**3198**	**3017**
未上过学	126	51	35	14	6	1
学前教育	25	5	5	1	1	
小 学	2875	1083	644	168	48	63
初 中	17411	6486	3833	1044	326	292
高 中	19632	7676	5196	1692	455	394
大学专科	19454	8254	6168	2276	728	627
大学本科	18716	9171	7816	3398	1235	1192
硕士研究生	2437	1514	1740	829	356	409
博士研究生	222	183	241	102	43	39

9-8b　全省按户主的受教育程度、月租房费用分的家庭户户数(镇)

单位：户

受教育程度	合　计	200元以下	200-499元	500-999元	1000-1999元
总　计	**89726**	**8861**	**46303**	**23947**	**7216**
未上过学	685	154	361	123	28
学前教育	54	9	36	7	2
小　学	13710	2169	7535	3044	660
初　中	49241	4860	27634	12441	2927
高　中	17596	1182	8270	5486	1854
大学专科	5467	263	1773	1944	1005
大学本科	2805	203	671	867	683
硕士研究生	153	21	19	29	55
博士研究生	15		4	6	2

9-8b　续表

单位：户

受教育程度	2000-2999元	3000-3999元	4000-5999元	6000-7999元	8000-9999元	10000元及以上
总　计	**2239**	**618**	**352**	**87**	**43**	**60**
未上过学	11	4	2	1	1	
学前教育						
小　学	178	62	31	16	6	9
初　中	829	278	177	42	20	33
高　中	555	146	65	18	11	9
大学专科	365	73	30	4	3	7
大学本科	281	51	40	5	2	2
硕士研究生	19	3	7			
博士研究生	1	1		1		

9-8c 全省按户主的受教育程度、月租房费用分的家庭户户数(乡村)

单位：户

受教育程度	合 计	200元以下	200-499元	500-999元	1000-1999元
总 计	**76032**	**9879**	**44371**	**17203**	**3414**
未上过学	367	110	185	62	8
学前教育	45	10	23	9	3
小 学	9858	2119	5596	1691	318
初 中	42938	5769	26405	8622	1560
高 中	16164	1469	9321	4285	832
大学专科	4799	283	2141	1801	476
大学本科	1779	114	671	700	209
硕士研究生	76	3	28	31	8
博士研究生	6	2	1	2	

9-8c 续表

单位：户

受教育程度	2000-2999元	3000-3999元	4000-5999元	6000-7999元	8000-9999元	10000元及以上
总 计	**689**	**250**	**108**	**45**	**22**	**51**
未上过学	2					
学前教育						
小 学	75	24	19	7	4	5
初 中	334	136	50	23	11	28
高 中	147	64	22	10	4	10
大学专科	66	15	9	4	2	2
大学本科	61	9	8	1	1	5
硕士研究生	3	2				1
博士研究生	1					

9-9　全省按户主的职业、住房来源分的家庭户户数

单位：户

职业大类	合　计	租赁廉租住房/公租房	租　赁其他住房	购买新建商品房	购　买二手房
总　计	**2528796**	**151294**	**1167917**	**376648**	**144100**
党的机关、国家机关、群众团体和社会组织、企事业单位负责人	103148	3818	33241	36193	11567
专业技术人员	273156	14774	109657	77099	31732
办事人员和有关人员	201041	9513	61341	60893	20034
社会生产服务和生活服务人员	982763	53488	503343	145919	61164
农、林、牧、渔业生产及辅助人员	182579	1086	5196	4922	1536
生产制造及有关人员	783555	68470	454224	51117	17956
不便分类的其他从业人员	2554	145	915	505	111

9-9　续表

单位：户

职业大类	购买原公有住房	购买经济适用房/两限房	自建住房	继承或赠　予	其　他
总　计	**27102**	**13995**	**568933**	**19382**	**59425**
党的机关、国家机关、群众团体和社会组织、企事业单位负责人	1170	729	13267	472	2691
专业技术人员	5749	2753	21287	1323	8782
办事人员和有关人员	5695	2228	33003	1399	6935
社会生产服务和生活服务人员	10416	5973	171891	7530	23039
农、林、牧、渔业生产及辅助人员	565	277	162220	3173	3604
生产制造及有关人员	3483	2018	166501	5463	14323
不便分类的其他从业人员	24	17	764	22	51

9-9a 全省按户主的职业、住房来源分的家庭户户数(城市)

单位：户

职业大类	合　计	租赁廉租住房/公租房	租　赁其他住房	购买新建商品房	购　买二手房
总　计	**1840265**	**128075**	**1048943**	**316559**	**130267**
党的机关、国家机关、群众团体和社会组织、企事业单位负责人	88483	3319	30765	32708	10949
专业技术人员	237127	13487	103500	66834	29924
办事人员和有关人员	165179	8492	56673	52649	18655
社会生产服务和生活服务人员	776832	46169	461202	122666	55057
农、林、牧、渔业生产及辅助人员	17230	502	2655	2561	754
生产制造及有关人员	553701	55990	393321	38727	14833
不便分类的其他从业人员	1713	116	827	414	95

9-9a 续表

单位：户

职业大类	购买原公有住房	购买经济适用房/两限房	自建住房	继承或赠　予	其　他
总　计	**22500**	**11876**	**130779**	**6971**	**44295**
党的机关、国家机关、群众团体和社会组织、企事业单位负责人	1013	652	6403	256	2418
专业技术人员	4872	2494	8410	771	6835
办事人员和有关人员	4846	1984	15163	882	5835
社会生产服务和生活服务人员	8868	5140	55558	3324	18848
农、林、牧、渔业生产及辅助人员	168	76	9798	198	518
生产制造及有关人员	2712	1517	35271	1528	9802
不便分类的其他从业人员	21	13	176	12	39

9–9b　全省按户主的职业、住房来源分的家庭户户数(镇)

单位：户

职业大类	合　计	租赁廉租住房/公租房	租　赁其他住房	购买新建商品房	购　买二手房
总　计	**260848**	**13449**	**62112**	**54323**	**12366**
党的机关、国家机关、群众团体和社会组织、企事业单位负责人	8393	324	1402	3121	549
专业技术人员	22443	768	3368	9462	1695
办事人员和有关人员	19489	628	2500	7622	1281
社会生产服务和生活服务人员	99005	4510	23448	21118	5579
农、林、牧、渔业生产及辅助人员	25909	282	1049	1921	549
生产制造及有关人员	85247	6914	30300	10995	2698
不便分类的其他从业人员	362	23	45	84	15

9–9b　续表

单位：户

职业大类	购买原公有住房	购买经济适用房/两限房	自建住房	继承或赠　予	其　他
总　计	**3907**	**1621**	**102107**	**4227**	**6736**
党的机关、国家机关、群众团体和社会组织、企事业单位负责人	135	66	2562	86	148
专业技术人员	798	223	4432	286	1411
办事人员和有关人员	777	201	5548	226	706
社会生产服务和生活服务人员	1376	658	38434	1759	2123
农、林、牧、渔业生产及辅助人员	186	106	20678	579	559
生产制造及有关人员	633	367	30272	1286	1782
不便分类的其他从业人员	2		181	5	7

9-9c 全省按户主的职业、住房来源分的家庭户户数(乡村)

单位：户

职业大类	合　计	租赁廉租住房/公租房	租　　赁其他住房	购买新建商品房	购　买二手房
总　计	**427683**	**9770**	**56862**	**5766**	**1467**
党的机关、国家机关、群众团体和社会组织、企事业单位负责人	6272	175	1074	364	69
专业技术人员	13586	519	2789	803	113
办事人员和有关人员	16373	393	2168	622	98
社会生产服务和生活服务人员	106926	2809	18693	2135	528
农、林、牧、渔业生产及辅助人员	139440	302	1492	440	233
生产制造及有关人员	144607	5566	30603	1395	425
不便分类的其他从业人员	479	6	43	7	1

9-9c　续表

单位：户

职业大类	购买原公有住房	购买经济适用房/两限房	自建住房	继承或赠　予	其　他
总　计	**695**	**498**	**336047**	**8184**	**8394**
党的机关、国家机关、群众团体和社会组织、企事业单位负责人	22	11	4302	130	125
专业技术人员	79	36	8445	266	536
办事人员和有关人员	72	43	12292	291	394
社会生产服务和生活服务人员	172	175	77899	2447	2068
农、林、牧、渔业生产及辅助人员	211	95	131744	2396	2527
生产制造及有关人员	138	134	100958	2649	2739
不便分类的其他从业人员	1	4	407	5	5

9—10　全省按户主的职业、月租房费用分的家庭户户数

单位：户

职业大类	合　计	200元以下	200—499元	500—999元	1000—1999元
总　计	**1319211**	**60260**	**488388**	**412701**	**225641**
党的机关、国家机关、群众团体和社会组织、企事业单位负责人	37059	606	6349	10229	9784
专业技术人员	124431	2829	22638	37206	34752
办事人员和有关人员	70854	2713	18527	21746	16327
社会生产服务和生活服务人员	556831	17209	152811	187005	126533
农、林、牧、渔业生产及辅助人员	6282	1221	2874	1567	438
生产制造及有关人员	522694	35617	284806	154640	37611
不便分类的其他从业人员	1060	65	383	308	196

9—10　续表　　单位：户

职业大类	2000—2999元	3000—3999元	4000—5999元	6000—7999元	8000—9999元	10000元及以上
总　计	**69956**	**29040**	**20852**	**7538**	**2515**	**2320**
党的机关、国家机关、群众团体和社会组织、企事业单位负责人	4439	2186	1971	822	298	375
专业技术人员	13139	6122	4741	1842	658	504
办事人员和有关人员	5651	2501	1964	770	309	346
社会生产服务和生活服务人员	40075	16168	11114	3822	1129	965
农、林、牧、渔业生产及辅助人员	105	38	26	4	3	6
生产制造及有关人员	6488	2001	1019	272	117	123
不便分类的其他从业人员	59	24	17	6	1	1

9-10a 全省按户主的职业、月租房费用分的家庭户户数(城市)

单位：户

职业大类	合 计	200元以下	200-499元	500-999元	1000-1999元
总 计	**1177018**	**44581**	**409210**	**378124**	**216721**
党的机关、国家机关、群众团体和社会组织、企事业单位负责人	34084	472	5431	9233	9206
专业技术人员	116987	2214	19400	34802	33911
办事人员和有关人员	65165	2123	15807	20138	15789
社会生产服务和生活服务人员	507371	13322	129421	171848	121797
农、林、牧、渔业生产及辅助人员	3157	355	1451	918	300
生产制造及有关人员	449311	26040	237380	140910	35531
不便分类的其他从业人员	943	55	320	275	187

9-10a 续表

单位：户

职业大类	2000-2999元	3000-3999元	4000-5999元	6000-7999元	8000-9999元	10000元及以上
总 计	**67524**	**28299**	**20450**	**7428**	**2459**	**2222**
党的机关、国家机关、群众团体和社会组织、企事业单位负责人	4237	2113	1922	814	294	362
专业技术人员	12874	6078	4715	1839	656	498
办事人员和有关人员	5489	2463	1946	764	307	339
社会生产服务和生活服务人员	38668	15691	10878	3747	1092	907
农、林、牧、渔业生产及辅助人员	76	33	19	1	1	3
生产制造及有关人员	6121	1897	954	257	108	113
不便分类的其他从业人员	59	24	16	6	1	

9-10b　全省按户主的职业、月租房费用分的家庭户户数(镇)

单位：户

职业大类	合　计	200元以下	200-499元	500-999元	1000-1999元
总　计	**75561**	**7058**	**39813**	**19849**	**6007**
党的机关、国家机关、群众团体和社会组织、企事业单位负责人	1726	61	497	536	375
专业技术人员	4136	339	1547	1360	609
办事人员和有关人员	3128	307	1336	905	389
社会生产服务和生活服务人员	27958	1839	12078	9064	3269
农、林、牧、渔业生产及辅助人员	1331	241	620	367	75
生产制造及有关人员	37214	4264	23701	7598	1284
不便分类的其他从业人员	68	7	34	19	6

9-10b　续表

单位：户

职业大类	2000-2999元	3000-3999元	4000-5999元	6000-7999元	8000-9999元	10000元及以上
总　计	**1848**	**520**	**303**	**69**	**38**	**56**
党的机关、国家机关、群众团体和社会组织、企事业单位负责人	158	52	38	3	1	5
专业技术人员	216	34	23	2	1	5
办事人员和有关人员	138	26	16	4	2	5
社会生产服务和生活服务人员	1074	351	175	48	26	34
农、林、牧、渔业生产及辅助人员	14	3	6	2	1	2
生产制造及有关人员	248	54	44	10	7	4
不便分类的其他从业人员			1			1

9-10c 全省按户主的职业、月租房费用分的家庭户户数(乡村)

单位：户

职业大类	合计	200元以下	200-499元	500-999元	1000-1999元
总计	**66632**	**8621**	**39365**	**14728**	**2913**
党的机关、国家机关、群众团体和社会组织、企事业单位负责人	1249	73	421	460	203
专业技术人员	3308	276	1691	1044	232
办事人员和有关人员	2561	283	1384	703	149
社会生产服务和生活服务人员	21502	2048	11312	6093	1467
农、林、牧、渔业生产及辅助人员	1794	625	803	282	63
生产制造及有关人员	36169	5313	23725	6132	796
不便分类的其他从业人员	49	3	29	14	3

9-10c 续表

单位：户

职业大类	2000-2999元	3000-3999元	4000-5999元	6000-7999元	8000-9999元	10000元及以上
总计	**584**	**221**	**99**	**41**	**18**	**42**
党的机关、国家机关、群众团体和社会组织、企事业单位负责人	44	21	11	5	3	8
专业技术人员	49	10	3	1	1	1
办事人员和有关人员	24	12	2	2		2
社会生产服务和生活服务人员	333	126	61	27	11	24
农、林、牧、渔业生产及辅助人员	15	2	1	1	1	1
生产制造及有关人员	119	50	21	5	2	6
不便分类的其他从业人员						

9-11　全省按户主的职业分的家庭户住房状况

职业大类	户　数（户）	人　数（人）	平均每户住房间数（间/户）	人均住房建筑面积（平方米/人）	人均住房间　数（间/人）
总　计	**2528796**	**6782209**	**2.45**	**29.12**	**0.91**
党的机关、国家机关、群众团体和社会组织、企事业单位负责人	103148	323289	2.81	32.96	0.90
专业技术人员	273156	706312	2.37	30.59	0.92
办事人员和有关人员	201041	569648	2.67	33.11	0.94
社会生产服务和生活服务人员	982763	2574502	2.30	27.86	0.88
农、林、牧、渔业生产及辅助人员	182579	700456	4.41	37.07	1.15
生产制造及有关人员	783555	1901021	2.11	25.48	0.87
不便分类的其他从业人员	2554	6981	2.59	30.56	0.95

9-11a　全省按户主的职业分的家庭户住房状况(城市)

职业大类	户　数（户）	人　数（人）	平均每户住房间数（间/户）	人均住房建筑面积（平方米/人）	人均住房间　数（间/人）
总　计	**1840265**	**4425543**	**1.99**	**25.69**	**0.83**
党的机关、国家机关、群众团体和社会组织、企事业单位负责人	88483	271994	2.69	32.05	0.87
专业技术人员	237127	599430	2.23	29.09	0.88
办事人员和有关人员	165179	452426	2.47	31.60	0.90
社会生产服务和生活服务人员	776832	1876190	1.98	25.24	0.82
农、林、牧、渔业生产及辅助人员	17230	65384	3.48	34.29	0.92
生产制造及有关人员	553701	1156080	1.59	20.37	0.76
不便分类的其他从业人员	1713	4039	2.13	28.59	0.90

9-11b 全省按户主的职业分的家庭户住房状况(镇)

职业大类	户　数 (户)	人　数 (人)	平均每户 住房间数 (间/户)	人均住房 建筑面积 (平方米/人)	人均住房 间　数 (间/人)
总　计	**260848**	**844843**	**3.11**	**33.00**	**0.96**
党的机关、国家机关、群众团体和社会组织、企事业单位负责人	8393	28632	3.35	37.43	0.98
专业技术人员	22443	65466	3.09	38.04	1.06
办事人员和有关人员	19489	61788	3.31	38.05	1.04
社会生产服务和生活服务人员	99005	324478	3.15	33.44	0.96
农、林、牧、渔业生产及辅助人员	25909	105671	3.94	33.02	0.97
生产制造及有关人员	85247	257634	2.75	29.44	0.91
不便分类的其他从业人员	362	1174	3.31	36.32	1.02

9-11c 全省按户主的职业分的家庭户住房状况(乡村)

职业大类	户　数 (户)	人　数 (人)	平均每户 住房间数 (间/户)	人均住房 建筑面积 (平方米/人)	人均住房 间　数 (间/人)
总　计	**427683**	**1511823**	**4.04**	**36.96**	**1.14**
党的机关、国家机关、群众团体和社会组织、企事业单位负责人	6272	22663	3.90	38.25	1.08
专业技术人员	13586	41416	3.65	40.44	1.20
办事人员和有关人员	16373	55434	3.96	39.90	1.17
社会生产服务和生活服务人员	106926	373834	3.78	36.19	1.08
农、林、牧、渔业生产及辅助人员	139440	529401	4.61	38.22	1.21
生产制造及有关人员	144607	487307	3.73	35.50	1.11
不便分类的其他从业人员	479	1768	3.70	31.24	1.00

9-12　全省按户主的职业、人均住房建筑面积分的家庭户户数

单位：户

职业大类	合　计	人均住房建筑面积(平方米)			
		8及以下	9-12	13-16	17-19
总　计	**2528796**	**216573**	**324410**	**343076**	**111533**
党的机关、国家机关、群众团体和社会组织、企事业单位负责人	103148	4970	7341	9318	5125
专业技术人员	273156	12470	24032	31078	14523
办事人员和有关人员	201041	8745	15562	19447	9118
社会生产服务和生活服务人员	982763	78636	126244	136607	46414
农、林、牧、渔业生产及辅助人员	182579	5994	9789	13712	6457
生产制造及有关人员	783555	105584	141177	132590	29778
不便分类的其他从业人员	2554	174	265	324	118

9-12　续表　　单位：户

职业大类	人均住房建筑面积(平方米)					
	20-29	30-39	40-49	50-59	60-69	70及以上
总　计	**591216**	**328952**	**189966**	**107312**	**85184**	**230574**
党的机关、国家机关、群众团体和社会组织、企事业单位负责人	25872	16963	10707	5651	4400	12801
专业技术人员	70207	44502	26408	13030	9808	27098
办事人员和有关人员	49092	33549	21598	11384	8810	23736
社会生产服务和生活服务人员	242537	129920	70876	39358	29818	82353
农、林、牧、渔业生产及辅助人员	34913	26082	21102	14154	13918	36458
生产制造及有关人员	167999	77601	39034	23617	18349	47826
不便分类的其他从业人员	596	335	241	118	81	302

9–12a 全省按户主的职业、人均住房建筑面积分的家庭户户数(城市)

单位：户

职业大类	合 计	人均住房建筑面积(平方米)			
		8及以下	9–12	13–16	17–19
总 计	**1840265**	**184381**	**272503**	**278026**	**86179**
党的机关、国家机关、群众团体和社会组织、企事业单位负责人	88483	4447	6480	8179	4643
专业技术人员	237127	11564	22350	28548	13321
办事人员和有关人员	165179	7819	13848	16928	7958
社会生产服务和生活服务人员	776832	69831	111189	117012	38376
农、林、牧、渔业生产及辅助人员	17230	928	1336	1613	700
生产制造及有关人员	553701	89649	117092	105508	21108
不便分类的其他从业人员	1713	143	208	238	73

9–12a 续表

单位：户

职业大类	人均住房建筑面积(平方米)					
	20–29	30–39	40–49	50–59	60–69	70及以上
总 计	**443946**	**231240**	**119755**	**62724**	**43750**	**117761**
党的机关、国家机关、群众团体和社会组织、企事业单位负责人	22687	14611	9092	4680	3489	10175
专业技术人员	62333	38360	22028	10581	7554	20488
办事人员和有关人员	41706	27608	17242	8700	6436	16934
社会生产服务和生活服务人员	194943	99758	50320	26474	18383	50546
农、林、牧、渔业生产及辅助人员	3843	2533	1751	1200	943	2383
生产制造及有关人员	118020	48161	19170	11025	6906	17062
不便分类的其他从业人员	414	209	152	64	39	173

9–12b　全省按户主的职业、人均住房建筑面积分的家庭户户数(镇)

单位：户

职业大类	合　计	人均住房建筑面积(平方米)			
		8及以下	9–12	13–16	17–19
总　计	**260848**	**12896**	**20955**	**26075**	**10886**
党的机关、国家机关、群众团体和社会组织、企事业单位负责人	8393	225	409	595	285
专业技术人员	22443	393	757	1250	801
办事人员和有关人员	19489	379	723	1160	685
社会生产服务和生活服务人员	99005	3854	6902	9287	4277
农、林、牧、渔业生产及辅助人员	25909	1159	1715	2343	1110
生产制造及有关人员	85247	6873	10426	11405	3712
不便分类的其他从业人员	362	13	23	35	16

9–12b　续表

单位：户

职业大类	人均住房建筑面积(平方米)					
	20–29	30–39	40–49	50–59	60–69	70及以上
总　计	**61817**	**39713**	**26006**	**15130**	**12644**	**34726**
党的机关、国家机关、群众团体和社会组织、企事业单位负责人	1917	1473	1012	578	482	1417
专业技术人员	5189	4195	3004	1587	1394	3873
办事人员和有关人员	4257	3512	2585	1483	1244	3461
社会生产服务和生活服务人员	24433	15507	10037	5929	4864	13915
农、林、牧、渔业生产及辅助人员	5640	3898	2778	1676	1540	4050
生产制造及有关人员	20307	11078	6549	3850	3098	7949
不便分类的其他从业人员	74	50	41	27	22	61

9-12c 全省按户主的职业、人均住房建筑面积分的家庭户户数(乡村)

单位：户

职业大类	合 计	人均住房建筑面积(平方米)			
		8及以下	9-12	13-16	17-19
总 计	**427683**	**19296**	**30952**	**38975**	**14468**
党的机关、国家机关、群众团体和社会组织、企事业单位负责人	6272	298	452	544	197
专业技术人员	13586	513	925	1280	401
办事人员和有关人员	16373	547	991	1359	475
社会生产服务和生活服务人员	106926	4951	8153	10308	3761
农、林、牧、渔业生产及辅助人员	139440	3907	6738	9756	4647
生产制造及有关人员	144607	9062	13659	15677	4958
不便分类的其他从业人员	479	18	34	51	29

9-12c 续表

单位：户

职业大类	人均住房建筑面积(平方米)					
	20-29	30-39	40-49	50-59	60-69	70及以上
总 计	**85453**	**57999**	**44205**	**29458**	**28790**	**78087**
党的机关、国家机关、群众团体和社会组织、企事业单位负责人	1268	879	603	393	429	1209
专业技术人员	2685	1947	1376	862	860	2737
办事人员和有关人员	3129	2429	1771	1201	1130	3341
社会生产服务和生活服务人员	23161	14655	10519	6955	6571	17892
农、林、牧、渔业生产及辅助人员	25430	19651	16573	11278	11435	30025
生产制造及有关人员	29672	18362	13315	8742	8345	22815
不便分类的其他从业人员	108	76	48	27	20	68

9-13　各地区按拥有全部家用汽车总价分的家庭户户数

单位：户

地　区	合　计	不　满10万元	10万元以上，不满20万元	20万元以上，不满30万元	30万元以上，不满50万元	50万元以上，不满100万元	100万元及以上	没有汽车
广　东	**3752057**	**380062**	**688365**	**214822**	**110014**	**48098**	**16374**	**2294322**
广州市	**662251**	**39263**	**102443**	**42958**	**20883**	**8325**	**2905**	**445474**
荔湾区	38087	1426	4398	2077	978	309	100	28799
越秀区	34815	1101	4117	3149	1667	534	147	24100
海珠区	72479	2326	7423	4227	1842	719	243	55699
天河区	86336	2457	8853	6347	3210	1383	496	63590
白云区	144111	8335	17675	7176	3159	1177	399	106190
黄埔区	44313	2236	8158	3350	1429	534	144	28462
番禺区	103026	6074	18413	6932	3885	1748	658	65316
花都区	53002	4986	11945	3616	1800	795	278	29582
南沙区	28197	2321	6674	1641	643	197	80	16641
从化区	16121	3311	3900	821	334	113	45	7597
增城区	41764	4690	10887	3622	1936	816	315	19498
韶关市	**83731**	**10548**	**17404**	**3425**	**1436**	**461**	**129**	**50328**
武江区	11393	1358	2788	663	324	105	26	6129
浈江区	10684	1129	2307	577	258	99	21	6293
曲江区	8483	1228	1920	315	119	32	10	4859
始兴县	6003	723	1206	211	78	16	7	3762
仁化县	5682	780	1085	192	74	25	4	3522
翁源县	8683	1056	2149	438	159	53	19	4809
乳源瑶族自治县	5178	815	1006	154	68	19	9	3107
新丰县	4965	733	977	205	100	32	8	2910
乐昌市	11379	1280	1775	337	151	45	15	7776
南雄市	11281	1446	2191	333	105	35	10	7161
深圳市	**616351**	**30086**	**94029**	**47824**	**30017**	**15574**	**5841**	**392980**
罗湖区	35400	1253	4523	3777	2439	1196	420	21792
福田区	47911	1272	5156	5700	4452	2419	894	28018
南山区	51809	1849	7208	6282	4710	2847	1298	27615
宝安区	169561	8927	26358	10595	6304	3360	1186	112831
龙岗区	144333	7842	23284	11120	6313	2893	980	91901
盐田区	5692	227	1029	762	463	237	85	2889
龙华区	99803	4501	15225	6284	3617	1777	741	67658
坪山区	18985	1429	3849	1191	627	314	93	11482
光明区	42857	2786	7397	2113	1092	531	144	28794
珠海市	**75440**	**6033**	**17987**	**5824**	**3210**	**1310**	**477**	**40599**
香洲区	44661	2906	10190	4052	2375	1050	396	23692
斗门区	18926	1716	4758	1061	514	142	50	10685
金湾区	11853	1411	3039	711	321	118	31	6222
汕头市	**124087**	**12981**	**17595**	**4725**	**1813**	**838**	**248**	**85887**
龙湖区	16593	2173	4327	1250	486	216	82	8059
金平区	22216	2752	4761	982	279	97	19	13326
濠江区	5267	439	519	97	45	17	5	4145
潮阳区	33720	2077	2589	851	361	218	53	27571
潮南区	25757	1712	1798	625	254	125	52	21191
澄海区	18795	3715	3392	890	373	162	36	10227
南澳县	1739	113	209	30	15	3	1	1368
佛山市	**298337**	**32446**	**75808**	**24204**	**12271**	**4684**	**1679**	**147245**
禅城区	47485	5013	11189	3661	1806	695	248	24873
南海区	107779	10824	27903	10378	5301	1957	758	50658
顺德区	107986	11503	26233	7921	4115	1687	586	55941
三水区	21511	2394	6783	1516	723	231	52	9812
高明区	13576	2712	3700	728	326	114	35	5961

9-13 续表 1

单位：户

地　区	合　计	不　满 10万元	10万元以上，不满20万元	20万元以上，不满30万元	30万元以上，不满50万元	50万元以上，不满100万元	100万元及以上	没有汽车
江门市	**129568**	**19387**	**31240**	**6102**	**2811**	**1029**	**271**	**68728**
蓬江区	23724	3205	6927	1850	962	376	82	10322
江海区	10119	1394	2547	503	288	103	38	5246
新会区	24611	3272	6263	1175	536	193	46	13126
台山市	24902	3230	4277	668	272	102	23	16330
开平市	19572	3588	4643	741	238	80	33	10249
鹤山市	15099	2447	4077	801	403	142	36	7193
恩平市	11541	2251	2506	364	112	33	13	6262
湛江市	**168568**	**22285**	**22467**	**5431**	**2697**	**877**	**254**	**114557**
赤坎区	10998	1324	2429	626	281	98	27	6213
霞山区	19080	1977	3411	879	361	145	47	12260
坡头区	8887	1012	1507	289	127	45	9	5898
麻章区	10642	1103	1072	307	204	74	25	7857
遂溪县	20171	3329	2120	476	254	67	17	13908
徐闻县	15321	1734	1670	431	287	81	9	11109
廉江市	30931	5450	4653	978	399	142	38	19271
雷州市	30540	3574	2367	675	461	99	31	23333
吴川市	21998	2782	3238	770	323	126	51	14708
茂名市	**152188**	**25809**	**27003**	**5113**	**1943**	**692**	**216**	**91412**
茂南区	27416	4699	6347	1184	442	185	46	14513
电白区	33941	4847	5706	1338	607	235	81	21127
高州市	34181	6330	6435	1150	392	102	37	19735
化州市	31054	5950	4754	817	283	97	33	19120
信宜市	25596	3983	3761	624	219	73	19	16917
肇庆市	**110430**	**16229**	**22676**	**4021**	**1362**	**443**	**119**	**65580**
端州区	17418	2524	4938	1209	458	162	42	8085
鼎湖区	4454	564	1380	255	114	37	16	2088
高要区	17981	3633	3332	522	160	65	16	10253
广宁县	11540	1671	2064	275	93	25	7	7405
怀集县	21569	3040	3366	392	64	28	11	14668
封开县	10565	1476	1633	292	101	13	4	7046
德庆县	10239	1283	1393	168	42	13	2	7338
四会市	16664	2038	4570	908	330	100	21	8697
惠州市	**158641**	**20681**	**38755**	**9772**	**4483**	**1912**	**519**	**82519**
惠城区	56945	6582	14950	4280	2123	925	269	27816
惠阳区	42981	4462	9199	2427	1091	442	120	25240
博罗县	27316	4335	7512	1574	695	314	82	12804
惠东县	23587	3909	5370	1135	428	172	36	12537
龙门县	7812	1393	1724	356	146	59	12	4122
梅州市	**98670**	**16269**	**21422**	**4095**	**1597**	**611**	**183**	**54493**
梅江区	10445	1371	3201	697	288	119	35	4734
梅县区	15300	2622	3941	662	255	88	27	7705
大埔县	9589	1406	1337	281	171	55	10	6329
丰顺县	11265	1785	1879	387	105	43	16	7050
五华县	20349	4251	4689	879	332	128	44	10026
平远县	5757	1027	1301	259	116	37	11	3006
蕉岭县	5808	957	1246	264	102	33	7	3199
兴宁市	20157	2850	3828	666	228	108	33	12444

9-13 续表 2

单位：户

地　　区	合　计	不　满10万元	10万元以上，不满20万元	20万元以上，不满30万元	30万元以上，不满50万元	50万元以上，不满100万元	100万元及以上	没有汽车
汕尾市	**58753**	**8338**	**7298**	**1581**	**800**	**405**	**130**	**40201**
城　区	9603	1204	1279	231	120	43	13	6713
海丰县	18185	3178	2333	473	186	105	55	11855
陆河县	4928	1089	1226	272	98	60	25	2158
陆丰市	26037	2867	2460	605	396	197	37	19475
河源市	**72849**	**10981**	**15956**	**3084**	**1442**	**536**	**127**	**40723**
源城区	16845	2140	4893	1219	708	287	64	7534
紫金县	13318	2370	3124	565	217	55	12	6975
龙川县	16672	2467	2894	472	193	87	17	10542
连平县	7522	1259	1262	216	68	22	4	4691
和平县	10029	1390	1977	344	100	24	13	6181
东源县	8463	1355	1806	268	156	61	17	4800
阳江市	**63891**	**8502**	**16064**	**3568**	**1387**	**424**	**118**	**33828**
江城区	19538	2308	5740	1506	568	180	35	9201
阳东区	11290	1352	2984	593	217	68	21	6055
阳西县	10594	1142	2376	466	220	73	26	6291
阳春市	22469	3700	4964	1003	382	103	36	12281
清远市	**100651**	**15882**	**21201**	**4195**	**1894**	**715**	**224**	**56540**
清城区	27415	4166	7387	1919	983	390	124	12446
清新区	16067	2678	3054	491	199	61	19	9565
佛冈县	8431	1786	1509	249	98	33	10	4746
阳山县	9260	1605	1631	226	91	27	12	5668
连山壮族瑶族自治县	2611	433	451	78	19	10	2	1618
连南瑶族自治县	3715	540	437	51	18	2	4	2663
英德市	22928	3502	5299	990	420	171	45	12501
连州市	10224	1172	1433	191	66	21	8	7333
东莞市	**389633**	**32224**	**71161**	**22786**	**12612**	**5973**	**1906**	**242971**
市辖区	389633	32224	71161	22786	12612	5973	1906	242971
中山市	**138328**	**15466**	**30890**	**7842**	**4262**	**2130**	**658**	**77080**
市辖区	138328	15466	30890	7842	4262	2130	658	77080
潮州市	**62701**	**10322**	**10526**	**2320**	**1069**	**417**	**132**	**37915**
湘桥区	15194	2481	3138	700	354	118	40	8363
潮安区	26091	5172	4903	1117	506	229	73	14091
饶平县	21416	2669	2485	503	209	70	19	15461
揭阳市	**127265**	**15344**	**15949**	**4008**	**1199**	**446**	**146**	**90173**
榕城区	21275	2801	4275	1128	277	101	38	12655
揭东区	22289	3238	3428	782	205	78	25	14533
揭西县	15583	2104	2410	429	134	63	22	10421
惠来县	21241	1324	1278	447	224	101	16	17851
普宁市	46877	5877	4558	1222	359	103	45	34713
云浮市	**59724**	**10986**	**10491**	**1944**	**826**	**296**	**92**	**35089**
云城区	10229	1985	2739	561	271	115	33	4525
云安区	5497	1270	1066	179	58	15	7	2902
新兴县	11416	2137	2370	533	233	93	32	6018
郁南县	9477	1554	1380	213	108	28	4	6190
罗定市	23105	4040	2936	458	156	45	16	15454

9-13a 各地区按拥有全部家用汽车总价分的家庭户户数(城市)

单位：户

地区	合计	不满10万元	10万元以上，不满20万元	20万元以上，不满30万元	30万元以上，不满50万元	50万元以上，不满100万元	100万元及以上	没有汽车
广东	**2506122**	**203198**	**475368**	**171165**	**91824**	**41050**	**14326**	**1509191**
广州市	**550547**	**26035**	**78390**	**36862**	**18317**	**7342**	**2630**	**380971**
荔湾区	38087	1426	4398	2077	978	309	100	28799
越秀区	34815	1101	4117	3149	1667	534	147	24100
海珠区	72479	2326	7423	4227	1842	719	243	55699
天河区	86336	2457	8853	6347	3210	1383	496	63590
白云区	116278	5693	13055	5946	2719	1031	353	87481
黄埔区	40644	1919	7088	2941	1244	463	131	26858
番禺区	89215	4916	15660	6317	3635	1646	628	56413
花都区	37035	2838	8045	2818	1483	649	245	20957
南沙区	15838	1139	3836	1015	412	128	64	9244
从化区	5584	735	1700	431	198	66	31	2423
增城区	14236	1485	4215	1594	929	414	192	5407
韶关市	**28950**	**3303**	**7100**	**1598**	**764**	**245**	**64**	**15876**
武江区	9759	1094	2498	611	310	99	25	5122
浈江区	8380	840	1929	506	228	89	19	4769
曲江区	4587	606	1207	213	87	22	10	2442
始兴县								
仁化县								
翁源县								
乳源瑶族自治县								
新丰县								
乐昌市	3048	292	627	139	76	18	6	1890
南雄市	3176	471	839	129	63	17	4	1653
深圳市	**614811**	**29939**	**93789**	**47731**	**29938**	**15532**	**5829**	**392053**
罗湖区	35400	1253	4523	3777	2439	1196	420	21792
福田区	47911	1272	5156	5700	4452	2419	894	28018
南山区	51802	1849	7207	6282	4710	2847	1298	27609
宝安区	169561	8927	26358	10595	6304	3360	1186	112831
龙岗区	142875	7698	23057	11048	6256	2860	970	90986
盐田区	5692	227	1029	762	463	237	85	2889
龙华区	99803	4501	15225	6284	3617	1777	741	67658
坪山区	18910	1426	3837	1170	605	305	91	11476
光明区	42857	2786	7397	2113	1092	531	144	28794
珠海市	**60124**	**4435**	**14378**	**5114**	**2905**	**1221**	**435**	**31636**
香洲区	43774	2840	10023	3979	2343	1037	389	23163
斗门区	8354	659	2182	585	306	86	19	4517
金湾区	7996	936	2173	550	256	98	27	3956
汕头市	**61781**	**6867**	**11272**	**2963**	**1065**	**460**	**159**	**38995**
龙湖区	14614	1846	3840	1163	456	206	76	7027
金平区	21909	2689	4695	968	277	96	19	13165
濠江区	3844	317	376	70	29	8	2	3042
潮阳区	7257	373	583	135	47	18	7	6094
潮南区	8532	649	633	249	95	56	40	6810
澄海区	5625	993	1145	378	161	76	15	2857
南澳县								
佛山市	**272890**	**29090**	**68922**	**22383**	**11457**	**4357**	**1582**	**135099**
禅城区	41087	4293	9413	2931	1422	514	180	22334
南海区	102712	10278	26536	9984	5120	1909	745	48140
顺德区	106542	11224	25880	7836	4081	1678	586	55257
三水区	10945	1090	3771	979	545	156	38	4366
高明区	11604	2205	3322	653	289	100	33	5002

9-13a　续表 1　　　　单位：户

地　区	合　计	不　满10万元	10万元以上，不满20万元	20万元以上，不满30万元	30万元以上，不满50万元	50万元以上，不满100万元	100万元及以上	没有汽车
江门市	**78679**	**11786**	**22028**	**4763**	**2351**	**854**	**209**	**36688**
蓬江区	23075	3120	6727	1810	943	374	79	10022
江海区	10119	1394	2547	503	288	103	38	5246
新会区	13532	1823	3898	822	401	154	39	6395
台山市	10177	1461	2405	414	185	69	15	5628
开平市	8968	1760	2713	459	143	26	4	3863
鹤山市	8030	1186	2413	534	313	110	25	3449
恩平市	4778	1042	1325	221	78	18	9	2085
湛江市	**51837**	**6269**	**9509**	**2333**	**1081**	**369**	**123**	**32153**
赤坎区	10792	1302	2404	624	280	98	27	6057
霞山区	18214	1889	3317	852	343	135	46	11632
坡头区	2005	239	516	114	42	10	4	1080
麻章区	2303	306	370	121	43	25	11	1427
遂溪县	579	115	37	13	4	5		405
徐闻县								
廉江市	5954	1010	1337	280	115	35	17	3160
雷州市	6198	607	469	101	166	23	2	4830
吴川市	5792	801	1059	228	88	38	16	3562
茂名市	**44931**	**8080**	**10931**	**2076**	**795**	**299**	**83**	**22667**
茂南区	18256	2895	4855	960	361	157	38	8990
电白区	5477	722	1147	319	160	63	16	3050
高州市	7395	1695	1991	318	112	29	9	3241
化州市	6576	1372	1413	248	92	34	11	3406
信宜市	7227	1396	1525	231	70	16	9	3980
肇庆市	**33102**	**4627**	**9835**	**2205**	**817**	**284**	**65**	**15269**
端州区	17418	2524	4938	1209	458	162	42	8085
鼎湖区	2248	356	751	159	83	26	7	866
高要区	2641	604	713	140	34	27	6	1117
广宁县								
怀集县								
封开县								
德庆县								
四会市	10795	1143	3433	697	242	69	10	5201
惠州市	**79331**	**7948**	**19645**	**5724**	**2770**	**1210**	**341**	**41693**
惠城区	45818	4797	12335	3722	1871	838	241	22014
惠阳区	32942	3100	7149	1976	893	371	100	19353
博罗县	571	51	161	26	6	1		326
惠东县								
龙门县								
梅州市	**23225**	**2963**	**6933**	**1385**	**541**	**215**	**68**	**11120**
梅江区	9367	1202	2931	638	272	113	34	4177
梅县区	6583	985	2221	408	158	52	17	2742
大埔县								
丰顺县								
五华县	364	55	79	15	5	1	3	206
平远县								
蕉岭县								
兴宁市	6911	721	1702	324	106	49	14	3995

9–13a 续表 2

单位：户

地区	合计	不满10万元	10万元以上，不满20万元	20万元以上，不满30万元	30万元以上，不满50万元	50万元以上，不满100万元	100万元及以上	没有汽车
汕尾市	**11372**	**1512**	**1693**	**294**	**150**	**62**	**14**	**7647**
城区	6549	822	860	150	72	35	6	4604
海丰县								
陆河县								
陆丰市	4823	690	833	144	78	27	8	3043
河源市	**15203**	**1879**	**4520**	**1166**	**691**	**278**	**63**	**6606**
源城区	15203	1879	4520	1166	691	278	63	6606
紫金县								
龙川县								
连平县								
和平县								
东源县								
阳江市	**25133**	**3455**	**7867**	**2017**	**805**	**250**	**61**	**10678**
江城区	13876	1740	4551	1279	484	151	31	5640
阳东区	4708	592	1539	333	137	47	13	2047
阳西县								
阳春市	6549	1123	1777	405	184	52	17	2991
清远市	**32409**	**4414**	**8504**	**2073**	**1061**	**399**	**122**	**15836**
清城区	17060	2315	4837	1384	734	285	81	7424
清新区	6529	1047	1467	273	117	39	10	3576
佛冈县								
阳山县								
连山壮族瑶族自治县								
连南瑶族自治县								
英德市	5155	694	1525	329	172	65	25	2345
连州市	3665	358	675	87	38	10	6	2491
东莞市	**362826**	**29941**	**65553**	**21380**	**11998**	**5741**	**1850**	**226363**
市辖区	362826	29941	65553	21380	11998	5741	1850	226363
中山市	**88006**	**9919**	**19756**	**5272**	**2926**	**1430**	**446**	**48257**
市辖区	88006	9919	19756	5272	2926	1430	446	48257
潮州市	**23537**	**3878**	**5037**	**1224**	**639**	**251**	**90**	**12418**
湘桥区	11959	1789	2624	625	323	105	38	6455
潮安区	11578	2089	2413	599	316	146	52	5963
饶平县								
揭阳市	**33981**	**4633**	**6420**	**1954**	**445**	**130**	**55**	**20344**
榕城区	14662	1900	3331	915	231	83	34	8168
揭东区	6892	940	1353	391	99	30	6	4073
揭西县								
惠来县								
普宁市	12427	1793	1736	648	115	17	15	8103
云浮市	**13447**	**2225**	**3286**	**648**	**308**	**121**	**37**	**6822**
云城区	7663	1358	2293	512	251	107	31	3111
云安区	426	85	100	14	4	2		221
新兴县								
郁南县								
罗定市	5358	782	893	122	53	12	6	3490

9-13b　各地区按拥有全部家用汽车总价分的家庭户户数(镇)

单位：户

地　　区	合　计	不　满 10万元	10万元以上， 不满20万元	20万元以上， 不满30万元	30万元以上， 不满50万元	50万元以上， 不满100万元	100万元 及以上	没有汽车
广　东	**428831**	**55349**	**82942**	**18684**	**8290**	**3472**	**987**	**259107**
广州市	**36501**	**3315**	**8586**	**2787**	**1271**	**518**	**128**	**19896**
荔湾区								
越秀区								
海珠区								
天河区								
白云区	7067	567	1116	333	129	38	5	4879
黄埔区	1186	107	464	250	96	44	6	219
番禺区	2723	224	594	131	44	18	4	1708
花都区	2613	302	776	223	89	41	9	1173
南沙区	5126	512	1213	258	93	33	10	3007
从化区	1707	240	426	117	54	18	4	848
增城区	16079	1363	3997	1475	766	326	90	8062
韶关市	**19834**	**2401**	**4210**	**830**	**337**	**116**	**30**	**11910**
武江区	89	11	18					60
浈江区	948	87	99	26	4	5	1	726
曲江区	867	117	171	30	7	3		539
始兴县	2420	294	574	120	40	8	4	1380
仁化县	2460	310	616	111	41	14	2	1366
翁源县	3307	360	905	214	85	31	10	1702
乳源瑶族自治县	2476	362	614	104	55	16	4	1321
新丰县	2485	312	557	111	70	18	7	1410
乐昌市	3006	290	400	65	27	11	1	2212
南雄市	1776	258	256	49	8	10	1	1194
深圳市	**82**	**3**	**13**	**21**	**22**	**9**	**2**	**12**
罗湖区								
福田区								
南山区	7		1					6
宝安区								
龙岗区								
盐田区								
龙华区								
坪山区	75	3	12	21	22	9	2	6
光明区								
珠海市	**8451**	**887**	**2128**	**430**	**181**	**56**	**23**	**4746**
香洲区	882	66	167	73	32	13	7	524
斗门区	4188	419	1189	215	94	26	12	2233
金湾区	3381	402	772	142	55	17	4	1989
汕头市	**27581**	**2801**	**2794**	**789**	**364**	**192**	**40**	**20601**
龙湖区								
金平区								
濠江区	130	14	24	4	1	1		86
潮阳区	11132	702	733	262	118	87	18	9212
潮南区	6749	419	514	179	83	41	4	5509
澄海区	8175	1586	1366	319	150	61	17	4676
南澳县	1395	80	157	25	12	2	1	1118
佛山市	**14814**	**1646**	**3866**	**1132**	**528**	**223**	**77**	**7342**
禅城区	6398	720	1776	730	384	181	68	2539
南海区	1893	115	368	126	51	12	3	1218
顺德区								
三水区	5801	648	1582	252	81	28	6	3204
高明区	722	163	140	24	12	2		381

9-13b 续表 1

单位：户

地　　区	合　计	不　满10万元	10万元以上，不满20万元	20万元以上，不满30万元	30万元以上，不满50万元	50万元以上，不满100万元	100万元及以上	没有汽车
江门市	**11026**	**1574**	**2358**	**325**	**130**	**48**	**13**	**6578**
蓬江区								
江海区								
新会区	3156	405	645	96	32	10	4	1964
台山市	2178	224	322	36	21	6		1569
开平市	2463	431	549	79	34	10	2	1358
鹤山市	1966	292	485	54	27	14	6	1088
恩平市	1263	222	357	60	16	8	1	599
湛江市	**26622**	**3607**	**3441**	**705**	**392**	**124**	**31**	**18322**
赤坎区								
霞山区	111	26	14	5				66
坡头区	1854	248	300	44	13	4	3	1242
麻章区	1502	89	118	24	15	4		1252
遂溪县	6361	1113	901	177	76	22	6	4066
徐闻县	5586	656	730	202	156	49	5	3788
廉江市	4278	720	718	117	55	19	3	2646
雷州市	3736	400	248	48	38	11	5	2986
吴川市	3194	355	412	88	39	15	9	2276
茂名市	**20406**	**3406**	**3766**	**801**	**291**	**125**	**29**	**11988**
茂南区	998	180	168	23	7	8	1	611
电白区	8338	1226	1522	394	178	82	18	4918
高州市	4175	815	888	170	38	12	1	2251
化州市	4591	892	906	143	40	9	8	2593
信宜市	2304	293	282	71	28	14	1	1615
肇庆市	**22869**	**3172**	**4471**	**723**	**222**	**53**	**19**	**14209**
端州区								
鼎湖区	745	57	199	24	12	3		450
高要区	3567	679	585	96	43	11	2	2151
广宁县	4555	643	953	138	54	10	4	2753
怀集县	6083	741	1257	225	25	8	3	3824
封开县	3642	471	604	97	32	1	2	2435
德庆县	3504	478	677	96	29	11	2	2211
四会市	773	103	196	47	27	9	6	385
惠州市	**40666**	**5888**	**10630**	**2507**	**1122**	**489**	**121**	**19909**
惠城区	3191	437	838	215	117	35	16	1533
惠阳区	3095	355	688	175	60	24	8	1785
博罗县	15886	2177	4542	1101	525	250	64	7227
惠东县	15133	2386	3724	809	333	140	29	7712
龙门县	3361	533	838	207	87	40	4	1652
梅州市	**25627**	**3993**	**5436**	**1089**	**492**	**181**	**49**	**14387**
梅江区	181	29	40	7	2	1		102
梅县区	1079	168	189	39	13	8	2	660
大埔县	4285	545	635	118	119	29	6	2833
丰顺县	5896	847	1050	219	63	25	12	3680
五华县	6737	1275	1788	346	144	53	13	3118
平远县	2700	409	760	172	69	23	8	1259
蕉岭县	2946	460	693	153	60	26	6	1548
兴宁市	1803	260	281	35	22	16	2	1187

9-13b 续表 2

单位：户

地 区	合 计	不 满 10万元	10万元以上，不满20万元	20万元以上，不满30万元	30万元以上，不满50万元	50万元以上，不满100万元	100万元及以上	没有汽车
汕尾市	**23340**	**3478**	**3119**	**622**	**330**	**216**	**68**	**15507**
城 区	899	120	198	40	32	5	3	501
海丰县	13043	2314	1782	338	137	86	48	8338
陆河县	2555	520	731	160	68	41	8	1027
陆丰市	6843	524	408	84	93	84	9	5641
河源市	**18919**	**2677**	**4441**	**774**	**305**	**104**	**14**	**10604**
源城区	504	86	97	19	5	4		293
紫金县	4798	732	1313	250	96	20	3	2384
龙川县	5460	704	1071	181	68	53	1	3382
连平县	2775	448	546	117	33	7	1	1623
和平县	3047	362	773	131	42	9	5	1725
东源县	2335	345	641	76	61	11	4	1197
阳江市	**9914**	**1178**	**2457**	**479**	**213**	**69**	**26**	**5492**
江城区	1325	93	261	54	15	10		892
阳东区	1423	151	282	68	25	6	3	888
阳西县	4690	560	1345	264	127	43	15	2336
阳春市	2476	374	569	93	46	10	8	1376
清远市	**23724**	**3804**	**5146**	**987**	**417**	**174**	**64**	**13132**
清城区	6546	1013	1665	394	194	83	37	3160
清新区	1140	186	169	18	9	3	1	754
佛冈县	3705	729	833	176	68	21	5	1873
阳山县	3844	634	783	93	38	15	7	2274
连山壮族瑶族自治县	1088	172	262	57	12	6	2	577
连南瑶族自治县	1660	242	292	42	12	2	2	1068
英德市	4783	699	1065	195	79	42	9	2694
连州市	958	129	77	12	5	2	1	732
东莞市	**2392**	**216**	**412**	**88**	**47**	**19**	**6**	**1604**
市辖区	2392	216	412	88	47	19	6	1604
中山市	**35941**	**3587**	**7710**	**1894**	**1006**	**506**	**170**	**21068**
市辖区	35941	3587	7710	1894	1006	506	170	21068
潮州市	**16870**	**2376**	**2300**	**466**	**180**	**81**	**20**	**11447**
湘桥区	1560	316	251	28	14	3	1	947
潮安区	5097	991	875	182	61	40	9	2939
饶平县	10213	1069	1174	256	105	38	10	7561
揭阳市	**31153**	**3302**	**3180**	**706**	**197**	**81**	**26**	**23661**
榕城区	1994	235	270	54	15	6	2	1412
揭东区	4806	769	642	164	33	9	11	3178
揭西县	4703	631	806	146	46	37	6	3031
惠来县	9509	589	608	129	33	10	1	8139
普宁市	10141	1078	854	213	70	19	6	7901
云浮市	**12099**	**2038**	**2478**	**529**	**243**	**88**	**31**	**6692**
云城区								
云安区	1025	234	230	52	13	5	2	489
新兴县	5014	829	1307	333	172	66	25	2282
郁南县	4171	637	694	97	46	14	2	2681
罗定市	1889	338	247	47	12	3	2	1240

9-13c 各地区按拥有全部家用汽车总价分的家庭户户数(乡村)

单位：户

地　　区	合　计	不　满 10万元	10万元以上，不满20万元	20万元以上，不满30万元	30万元以上，不满50万元	50万元以上，不满100万元	100万元 及以上	没有汽车
广　东	**817104**	**121515**	**130055**	**24973**	**9900**	**3576**	**1061**	**526024**
广州市	**75203**	**9913**	**15467**	**3309**	**1295**	**465**	**147**	**44607**
荔湾区								
越秀区								
海珠区								
天河区								
白云区	20766	2075	3504	897	311	108	41	13830
黄埔区	2483	210	606	159	89	27	7	1385
番禺区	11088	934	2159	484	206	84	26	7195
花都区	13354	1846	3124	575	228	105	24	7452
南沙区	7233	670	1625	368	138	36	6	4390
从化区	8830	2336	1774	273	82	29	10	4326
增城区	11449	1842	2675	553	241	76	33	6029
韶关市	**34947**	**4844**	**6094**	**997**	**335**	**100**	**35**	**22542**
武江区	1545	253	272	52	14	6	1	947
浈江区	1356	202	279	45	26	5	1	798
曲江区	3029	505	542	72	25	7		1878
始兴县	3583	429	632	91	38	8	3	2382
仁化县	3222	470	469	81	33	11	2	2156
翁源县	5376	696	1244	224	74	22	9	3107
乳源瑶族自治县	2702	453	392	50	13	3	5	1786
新丰县	2480	421	420	94	30	14	1	1500
乐昌市	5325	698	748	133	48	16	8	3674
南雄市	6329	717	1096	155	34	8	5	4314
深圳市	**1458**	**144**	**227**	**72**	**57**	**33**	**10**	**915**
罗湖区								
福田区								
南山区								
宝安区								
龙岗区	1458	144	227	72	57	33	10	915
盐田区								
龙华区								
坪山区								
光明区								
珠海市	**6865**	**711**	**1481**	**280**	**124**	**33**	**19**	**4217**
香洲区	5							5
斗门区	6384	638	1387	261	114	30	19	3935
金湾区	476	73	94	19	10	3		277
汕头市	**34725**	**3313**	**3529**	**973**	**384**	**186**	**49**	**26291**
龙湖区	1979	327	487	87	30	10	6	1032
金平区	307	63	66	14	2	1		161
濠江区	1293	108	119	23	15	8	3	1017
潮阳区	15331	1002	1273	454	196	113	28	12265
潮南区	10476	644	651	197	76	28	8	8872
澄海区	4995	1136	881	193	62	25	4	2694
南澳县	344	33	52	5	3	1		250
佛山市	**10633**	**1710**	**3020**	**689**	**286**	**104**	**20**	**4804**
禅城区								
南海区	3174	431	999	268	130	36	10	1300
顺德区	1444	279	353	85	34	9		684
三水区	4765	656	1430	285	97	47	8	2242
高明区	1250	344	238	51	25	12	2	578

9-13c　续表 1　　　　单位：户

地　区	合　计	不　满10万元	10万元以上，不满20万元	20万元以上，不满30万元	30万元以上，不满50万元	50万元以上，不满100万元	100万元及以上	没有汽车
江门市	**39863**	**6027**	**6854**	**1014**	**330**	**127**	**49**	**25462**
蓬江区	649	85	200	40	19	2	3	300
江海区								
新会区	7923	1044	1720	257	103	29	3	4767
台山市	12547	1545	1550	218	66	27	8	9133
开平市	8141	1397	1381	203	61	44	27	5028
鹤山市	5103	969	1179	213	63	18	5	2656
恩平市	5500	987	824	83	18	7	3	3578
湛江市	**90109**	**12409**	**9517**	**2393**	**1224**	**384**	**100**	**64082**
赤坎区	206	22	25	2	1			156
霞山区	755	62	80	22	18	10	1	562
坡头区	5028	525	691	131	72	31	2	3576
麻章区	6837	708	584	162	146	45	14	5178
遂溪县	13231	2101	1182	286	174	40	11	9437
徐闻县	9735	1078	940	229	131	32	4	7321
廉江市	20699	3720	2598	581	229	88	18	13465
雷州市	20606	2567	1650	526	257	65	24	15517
吴川市	13012	1626	1767	454	196	73	26	8870
茂名市	**86851**	**14323**	**12306**	**2236**	**857**	**268**	**104**	**56757**
茂南区	8162	1624	1324	201	74	20	7	4912
电白区	20126	2899	3037	625	269	90	47	13159
高州市	22611	3820	3556	662	242	61	27	14243
化州市	19887	3686	2435	426	151	54	14	13121
信宜市	16065	2294	1954	322	121	43	9	11322
肇庆市	**54459**	**8430**	**8370**	**1093**	**323**	**106**	**35**	**36102**
端州区								
鼎湖区	1461	151	430	72	19	8	9	772
高要区	11773	2350	2034	286	83	27	8	6985
广宁县	6985	1028	1111	137	39	15	3	4652
怀集县	15486	2299	2109	167	39	20	8	10844
封开县	6923	1005	1029	195	69	12	2	4611
德庆县	6735	805	716	72	13	2		5127
四会市	5096	792	941	164	61	22	5	3111
惠州市	**38644**	**6845**	**8480**	**1541**	**591**	**213**	**57**	**20917**
惠城区	7936	1348	1777	343	135	52	12	4269
惠阳区	6944	1007	1362	276	138	47	12	4102
博罗县	10859	2107	2809	447	164	63	18	5251
惠东县	8454	1523	1646	326	95	32	7	4825
龙门县	4451	860	886	149	59	19	8	2470
梅州市	**49818**	**9313**	**9053**	**1621**	**564**	**215**	**66**	**28986**
梅江区	897	140	230	52	14	5	1	455
梅县区	7638	1469	1531	215	84	28	8	4303
大埔县	5304	861	702	163	52	26	4	3496
丰顺县	5369	938	829	168	42	18	4	3370
五华县	13248	2921	2822	518	183	74	28	6702
平远县	3057	618	541	87	47	14	3	1747
蕉岭县	2862	497	553	111	42	7	1	1651
兴宁市	11443	1869	1845	307	100	43	17	7262

9-13c 续表 2

单位：户

地 区	合 计	不 满 10万元	10万元以上，不满20万元	20万元以上，不满30万元	30万元以上，不满50万元	50万元以上，不满100万元	100万元及以上	没有汽车
汕尾市	**24041**	**3348**	**2486**	**665**	**320**	**127**	**48**	**17047**
城 区	2155	262	221	41	16	3	4	1608
海丰县	5142	864	551	135	49	19	7	3517
陆河县	2373	569	495	112	30	19	17	1131
陆丰市	14371	1653	1219	377	225	86	20	10791
河源市	**38727**	**6425**	**6995**	**1144**	**446**	**154**	**50**	**23513**
源城区	1138	175	276	34	12	5	1	635
紫金县	8520	1638	1811	315	121	35	9	4591
龙川县	11212	1763	1823	291	125	34	16	7160
连平县	4747	811	716	99	35	15	3	3068
和平县	6982	1028	1204	213	58	15	8	4456
东源县	6128	1010	1165	192	95	50	13	3603
阳江市	**28844**	**3869**	**5740**	**1072**	**369**	**105**	**31**	**17658**
江城区	4337	475	928	173	69	19	4	2669
阳东区	5159	609	1163	192	55	15	5	3120
阳西县	5904	582	1031	202	93	30	11	3955
阳春市	13444	2203	2618	505	152	41	11	7914
清远市	**44518**	**7664**	**7551**	**1135**	**416**	**142**	**38**	**27572**
清城区	3809	838	885	141	55	22	6	1862
清新区	8398	1445	1418	200	73	19	8	5235
佛冈县	4726	1057	676	73	30	12	5	2873
阳山县	5416	971	848	133	53	12	5	3394
连山壮族瑶族自治县	1523	261	189	21	7	4		1041
连南瑶族自治县	2055	298	145	9	6		2	1595
英德市	12990	2109	2709	466	169	64	11	7462
连州市	5601	685	681	92	23	9	1	4110
东莞市	**24415**	**2067**	**5196**	**1318**	**567**	**213**	**50**	**15004**
市辖区	24415	2067	5196	1318	567	213	50	15004
中山市	**14381**	**1960**	**3424**	**676**	**330**	**194**	**42**	**7755**
市辖区	14381	1960	3424	676	330	194	42	7755
潮州市	**22294**	**4068**	**3189**	**630**	**250**	**85**	**22**	**14050**
湘桥区	1675	376	263	47	17	10	1	961
潮安区	9416	2092	1615	336	129	43	12	5189
饶平县	11203	1600	1311	247	104	32	9	7900
揭阳市	**62131**	**7409**	**6349**	**1348**	**557**	**235**	**65**	**46168**
榕城区	4619	666	674	159	31	12	2	3075
揭东区	10591	1529	1433	227	73	39	8	7282
揭西县	10880	1473	1604	283	88	26	16	7390
惠来县	11732	735	670	318	191	91	15	9712
普宁市	24309	3006	1968	361	174	67	24	18709
云浮市	**34178**	**6723**	**4727**	**767**	**275**	**87**	**24**	**21575**
云城区	2566	627	446	49	20	8	2	1414
云安区	4046	951	736	113	41	8	5	2192
新兴县	6402	1308	1063	200	61	27	7	3736
郁南县	5306	917	686	116	62	14	2	3509
罗定市	15858	2920	1796	289	91	30	8	10724

第三部分 跨县（市、区）流动人口（全部数据资料）

第一卷 概要

1-1 各地区户数、

地区	户数				合计		
	合计	家庭户	集体户	合计	男	女	性别比(女=100)
广东	**22975868**	**19225085**	**3750783**	**50792391**	**28884396**	**21907995**	**131.84**
广州市	**5047003**	**4296553**	**750450**	**10458040**	**5789070**	**4668970**	**123.99**
荔湾区	274892	193332	81560	677361	364063	313298	116.20
越秀区	138408	112437	25971	350607	179867	170740	105.35
海珠区	458619	407478	51141	937820	493731	444089	111.18
天河区	736722	596535	140187	1462248	794120	668128	118.86
白云区	1343334	1193839	149495	2657569	1474250	1183319	124.59
黄埔区	366563	314976	51587	767736	449583	318153	141.31
番禺区	863643	746371	117272	1634695	900310	734385	122.59
花都区	395653	345720	49933	843923	478394	365529	130.88
南沙区	202043	172143	29900	417605	255299	162306	157.29
从化区	36834	24691	12143	163521	93376	70145	133.12
增城区	230292	189031	41261	544955	306077	238878	128.13
韶关市	**160565**	**129742**	**30823**	**454391**	**238326**	**216065**	**110.30**
武江区	49743	42154	7589	139676	71674	68002	105.40
浈江区	40897	29986	10911	122924	62478	60446	103.36
曲江区	19380	15699	3681	57112	31149	25963	119.97
始兴县	5063	4121	942	12642	6782	5860	115.73
仁化县	9011	7950	1061	23335	12831	10504	122.15
翁源县	7183	5397	1786	20358	11184	9174	121.91
乳源瑶族自治县	5386	4455	931	15882	8735	7147	122.22
新丰县	5341	4400	941	14627	8346	6281	132.88
乐昌市	11335	9631	1704	30399	15632	14767	105.86
南雄市	7226	5949	1277	17436	9515	7921	120.12
深圳市	**5971629**	**4998970**	**972659**	**13330374**	**7572771**	**5757603**	**131.53**
罗湖区	265552	222248	43304	716679	376971	339708	110.97
福田区	339630	271836	67794	896528	487673	408855	119.28
南山区	386253	279813	106440	1008327	565278	443049	127.59
宝安区	1802297	1517149	285148	3782083	2178437	1603646	135.84
龙岗区	1435700	1227350	208350	3228657	1800609	1428048	126.09
盐田区	49152	37773	11379	146305	83147	63158	131.65
龙华区	992656	847927	144729	2106418	1223383	883035	138.54
坪山区	210623	178731	31892	453881	267856	186025	143.99
光明区	489766	416143	73623	991496	589417	402079	146.59
珠海市	**558120**	**449690**	**108430**	**1286297**	**736172**	**550125**	**133.82**
香洲区	322477	261175	61302	737302	415606	321696	129.19
斗门区	118256	105202	13054	262922	154570	108352	142.66
金湾区	117387	83313	34074	286073	165996	120077	138.24
汕头市	**200964**	**147242**	**53722**	**699606**	**394613**	**304993**	**129.38**
龙湖区	65037	55300	9737	179455	98822	80633	122.56
金平区	46968	38286	8682	138195	73122	65073	112.37
濠江区	7540	3169	4371	26771	17506	9265	188.95
潮阳区	18804	9801	9003	115852	66708	49144	135.74
潮南区	18873	10395	8478	77090	44840	32250	139.04
澄海区	42484	29350	13134	158818	91808	67010	137.01
南澳县	1258	941	317	3425	1807	1618	111.68
佛山市	**2326020**	**1900983**	**425037**	**5138358**	**3044860**	**2093498**	**145.44**
禅城区	319677	271133	48544	697162	395654	301508	131.23
南海区	948815	750193	198622	2132680	1266953	865727	146.35
顺德区	819046	697568	121478	1761017	1048311	712706	147.09
三水区	162911	121834	41077	384420	235330	149090	157.84
高明区	75571	60255	15316	163079	98612	64467	152.97

人口数和性别比

单位：户、人

人口数								平均家庭户规模（人/户）
家庭户				集体户				
小计	男	女	性别比（女=100）	小计	男	女	性别比（女=100）	
38847960	**21331665**	**17516295**	**121.78**	**11944431**	**7552731**	**4391700**	**171.98**	**2.02**
8027192	**4361938**	**3665254**	**119.01**	**2430848**	**1427132**	**1003716**	**142.18**	**1.87**
398012	207339	190673	108.74	279349	156724	122625	127.81	2.06
264623	131316	133307	98.51	85984	48551	37433	129.70	2.35
782090	408483	373607	109.33	155730	85248	70482	120.95	1.92
1055082	567758	487324	116.51	407166	226362	180804	125.20	1.77
2167166	1184131	983035	120.46	490403	290119	200284	144.85	1.82
592827	332920	259907	128.09	174909	116663	58246	200.29	1.88
1325242	723062	602180	120.07	309453	177248	132205	134.07	1.78
659866	370607	289259	128.12	184057	107787	76270	141.32	1.91
328870	188221	140649	133.82	88735	67078	21657	309.73	1.91
57465	31112	26353	118.06	106056	62264	43792	142.18	2.33
395949	216989	178960	121.25	149006	89088	59918	148.68	2.09
348561	**176829**	**171732**	**102.97**	**105830**	**61497**	**44333**	**138.72**	**2.69**
111379	55620	55759	99.75	28297	16054	12243	131.13	2.64
84692	42733	41959	101.84	38232	19745	18487	106.80	2.82
43207	22173	21034	105.42	13905	8976	4929	182.11	2.75
10359	5428	4931	110.08	2283	1354	929	145.75	2.51
20036	10535	9501	110.88	3299	2296	1003	228.91	2.52
15116	7678	7438	103.23	5242	3506	1736	201.96	2.80
12614	6549	6065	107.98	3268	2186	1082	202.03	2.83
11332	6040	5292	114.13	3295	2306	989	233.16	2.58
25412	12521	12891	97.13	4987	3111	1876	165.83	2.64
14414	7552	6862	110.06	3022	1963	1059	185.36	2.42
10482319	**5635856**	**4846463**	**116.29**	**2848055**	**1936915**	**911140**	**212.58**	**2.10**
560005	275613	284392	96.91	156674	101358	55316	183.23	2.52
665752	334775	330977	101.15	230776	152898	77878	196.33	2.45
650390	329540	320850	102.71	357937	235738	122199	192.91	2.32
2991808	1642570	1349238	121.74	790275	535867	254408	210.63	1.97
2658603	1418347	1240256	114.36	570054	382262	187792	203.56	2.17
104151	53784	50367	106.78	42154	29363	12791	229.56	2.76
1693401	931709	761692	122.32	413017	291674	121343	240.37	2.00
360674	201001	159673	125.88	93207	66855	26352	253.70	2.02
797535	448517	349018	128.51	193961	140900	53061	265.54	1.92
955121	**525290**	**429831**	**122.21**	**331176**	**210882**	**120294**	**175.31**	**2.12**
551650	297453	254197	117.02	185652	118153	67499	175.04	2.11
222850	126280	96570	130.77	40072	28290	11782	240.11	2.12
180621	101557	79064	128.45	105452	64439	41013	157.12	2.17
375908	**201950**	**173958**	**116.09**	**323698**	**192663**	**131035**	**147.03**	**2.55**
135395	71962	63433	113.45	44060	26860	17200	156.16	2.45
110928	57643	53285	108.18	27267	15479	11788	131.31	2.90
7562	4359	3203	136.09	19209	13147	6062	216.88	2.39
26478	14576	11902	122.47	89374	52132	37242	139.98	2.70
24277	13831	10446	132.40	52813	31009	21804	142.22	2.34
68745	38317	30428	125.93	90073	53491	36582	146.22	2.34
2523	1262	1261	100.08	902	545	357	152.66	2.68
3778134	**2157890**	**1620244**	**133.18**	**1360224**	**886970**	**473254**	**187.42**	**1.99**
536862	298402	238460	125.14	160300	97252	63048	154.25	1.98
1476462	840242	636220	132.07	656218	426711	229507	185.93	1.97
1386874	799488	587386	136.11	374143	248823	125320	198.55	1.99
258897	150493	108404	138.83	125523	84837	40686	208.52	2.12
119039	69265	49774	139.16	44040	29347	14693	199.73	1.98

1-1 续表 1

地区	户数			合计			
	合计	家庭户	集体户	合计	男	女	性别比(女=100)
江门市	**494319**	**423920**	**70399**	**1311288**	**745880**	**565408**	**131.92**
蓬江区	139543	116563	22980	367729	205406	162323	126.54
江海区	77305	65579	11726	204023	113786	90237	126.10
新会区	84771	73920	10851	227966	132694	95272	139.28
台山市	36523	29965	6558	106031	61389	44642	137.51
开平市	54452	48382	6070	155527	86554	68973	125.49
鹤山市	80082	72221	7861	186238	108954	77284	140.98
恩平市	21643	17290	4353	63774	37097	26677	139.06
湛江市	**276998**	**207386**	**69612**	**839130**	**433223**	**405907**	**106.73**
赤坎区	56009	44744	11265	169399	83482	85917	97.17
霞山区	91881	78390	13491	271816	140084	131732	106.34
坡头区	9731	8260	1471	27708	14882	12826	116.03
麻章区	33288	13659	19629	112702	60171	52531	114.54
遂溪县	17266	12442	4824	53244	27095	26149	103.62
徐闻县	12874	10052	2822	38902	21287	17615	120.85
廉江市	24301	16801	7500	75050	37203	37847	98.30
雷州市	15236	10976	4260	42442	22773	19669	115.78
吴川市	16412	12062	4350	47867	26246	21621	121.39
茂名市	**117706**	**76117**	**41589**	**365997**	**193393**	**172604**	**112.04**
茂南区	45291	30503	14788	136683	72464	64219	112.84
电白区	21605	13137	8468	71543	38267	33276	115.00
高州市	17296	10566	6730	63314	33414	29900	111.75
化州市	21784	13596	8188	60489	31377	29112	107.78
信宜市	11730	8315	3415	33968	17871	16097	111.02
肇庆市	**230029**	**171826**	**58203**	**636466**	**367146**	**269320**	**136.32**
端州区	63925	46867	17058	191199	102739	88460	116.14
鼎湖区	16669	9916	6753	69894	40517	29377	137.92
高要区	42705	33643	9062	98021	58681	39340	149.16
广宁县	6527	4538	1989	20254	11840	8414	140.72
怀集县	6116	4554	1562	15401	8748	6653	131.49
封开县	4409	3354	1055	11765	6717	5048	133.06
德庆县	4751	3903	848	13294	7068	6226	113.52
四会市	84927	65051	19876	216638	130836	85802	152.49
惠州市	**1106507**	**913014**	**193493**	**2740849**	**1589592**	**1151257**	**138.07**
惠城区	423365	347697	75668	1066286	606645	459641	131.98
惠阳区	411980	344219	67761	929603	550605	378998	145.28
博罗县	161818	127874	33944	444876	260004	184872	140.64
惠东县	95102	82803	12299	258455	147799	110656	133.57
龙门县	14242	10421	3821	41629	24539	17090	143.59
梅州市	**131294**	**97689**	**33605**	**415919**	**215283**	**200636**	**107.30**
梅江区	48916	34518	14398	162390	82084	80306	102.21
梅县区	33908	28832	5076	105556	53469	52087	102.65
大埔县	7024	5073	1951	23871	12916	10955	117.90
丰顺县	8642	6301	2341	23604	12977	10627	122.11
五华县	13055	8552	4503	38526	21576	16950	127.29
平远县	3566	2832	734	11558	6075	5483	110.80
蕉岭县	4324	3441	883	13114	6973	6141	113.55
兴宁市	11859	8140	3719	37300	19213	18087	106.23

单位：户、人

人口数								平均家庭户规模（人/户）
家庭户				集体户				
小计	男	女	性别比（女=100）	小计	男	女	性别比（女=100）	
1031272	**566249**	**465023**	**121.77**	**280016**	**179631**	**100385**	**178.94**	**2.43**
279036	150397	128639	116.91	88693	55009	33684	163.31	2.39
160924	87476	73448	119.10	43099	26310	16789	156.71	2.45
182539	102292	80247	127.47	45427	30402	15025	202.34	2.47
75657	40913	34744	117.76	30374	20476	9898	206.87	2.52
134062	72926	61136	119.28	21465	13628	7837	173.89	2.77
152558	86421	66137	130.67	33680	22533	11147	202.14	2.11
46496	25824	20672	124.92	17278	11273	6005	187.73	2.69
594243	**304506**	**289737**	**105.10**	**244887**	**128717**	**116170**	**110.80**	**2.87**
123573	63198	60375	104.68	45826	20284	25542	79.41	2.76
226098	114643	111455	102.86	45718	25441	20277	125.47	2.88
22864	11903	10961	108.59	4844	2979	1865	159.73	2.77
39478	21270	18208	116.82	73224	38901	34323	113.34	2.89
37772	19519	18253	106.94	15472	7576	7896	95.95	3.04
29791	16003	13788	116.06	9111	5284	3827	138.07	2.96
50872	24450	26422	92.54	24178	12753	11425	111.62	3.03
30666	16223	14443	112.32	11776	6550	5226	125.33	2.79
33129	17297	15832	109.25	14738	8949	5789	154.59	2.75
207006	**103610**	**103396**	**100.21**	**158991**	**89783**	**69208**	**129.73**	**2.72**
80995	41913	39082	107.24	55688	30551	25137	121.54	2.66
38567	18694	19873	94.07	32976	19573	13403	146.03	2.94
25513	12784	12729	100.43	37801	20630	17171	120.14	2.41
37264	17983	19281	93.27	23225	13394	9831	136.24	2.74
24667	12236	12431	98.43	9301	5635	3666	153.71	2.97
405885	**223324**	**182561**	**122.33**	**230581**	**143822**	**86759**	**165.77**	**2.36**
119952	63659	56293	113.09	71247	39080	32167	121.49	2.56
31897	16837	15060	111.80	37997	23680	14317	165.40	3.22
63380	37016	26364	140.40	34641	21665	12976	166.96	1.88
11307	5999	5308	113.02	8947	5841	3106	188.06	2.49
10120	5421	4699	115.36	5281	3327	1954	170.27	2.22
7597	3850	3747	102.75	4168	2867	1301	220.37	2.27
10002	5141	4861	105.76	3292	1927	1365	141.17	2.56
151630	85401	66229	128.95	65008	45435	19573	232.13	2.33
2024306	**1126539**	**897767**	**125.48**	**716543**	**463053**	**253490**	**182.67**	**2.22**
814274	447060	367214	121.74	252012	159585	92427	172.66	2.34
686659	390165	296494	131.59	242944	160440	82504	194.46	1.99
288724	160228	128496	124.69	156152	99776	56376	176.98	2.26
208833	114999	93834	122.56	49622	32800	16822	194.98	2.52
25816	14087	11729	120.10	15813	10452	5361	194.96	2.48
296230	**148959**	**147271**	**101.15**	**119689**	**66324**	**53365**	**124.28**	**3.03**
105097	51823	53274	97.28	57293	30261	27032	111.95	3.04
89961	45377	44584	101.78	15595	8092	7503	107.85	3.12
16119	8205	7914	103.68	7752	4711	3041	154.92	3.18
16081	8370	7711	108.55	7523	4607	2916	157.99	2.55
24407	13079	11328	115.46	14119	8497	5622	151.14	2.85
9011	4455	4556	97.78	2547	1620	927	174.76	3.18
10448	5122	5326	96.17	2666	1851	815	227.12	3.04
25106	12528	12578	99.60	12194	6685	5509	121.35	3.08

1-1 续表 2

地区	户数						
				合计			
	合计	家庭户	集体户	合计	男	女	性别比(女=100)
汕尾市	**88556**	**70981**	**17575**	**247685**	**137767**	**109918**	**125.34**
城　区	25885	19504	6381	74325	41276	33049	124.89
海丰县	44220	37861	6359	126291	70863	55428	127.85
陆河县	4665	3559	1106	14460	8133	6327	128.54
陆丰市	13786	10057	3729	32609	17495	15114	115.75
河源市	**193201**	**157672**	**35529**	**582178**	**309087**	**273091**	**113.18**
源城区	131165	110635	20530	397115	206429	190686	108.26
紫金县	15810	11743	4067	44691	25427	19264	131.99
龙川县	14002	10902	3100	39314	21765	17549	124.02
连平县	6548	4415	2133	21672	12020	9652	124.53
和平县	4700	3579	1121	15069	8505	6564	129.57
东源县	20976	16398	4578	64317	34941	29376	118.94
阳江市	**113636**	**91855**	**21781**	**342406**	**186400**	**156006**	**119.48**
江城区	56647	44868	11779	179388	97028	82360	117.81
阳东区	33957	29164	4793	99253	54702	44551	122.79
阳西县	9843	7520	2323	27831	15352	12479	123.02
阳春市	13189	10303	2886	35934	19318	16616	116.26
清远市	**230304**	**175835**	**54469**	**691203**	**379684**	**311519**	**121.88**
清城区	134076	100099	33977	417392	229397	187995	122.02
清新区	36068	31267	4801	105213	56049	49164	114.00
佛冈县	11982	8841	3141	31321	18322	12999	140.95
阳山县	6461	4790	1671	18126	9979	8147	122.49
连山壮族瑶族自治县	1939	1567	372	5669	2974	2695	110.35
连南瑶族自治县	2222	1881	341	5751	2947	2804	105.10
英德市	31502	22836	8666	88421	49633	38788	127.96
连州市	6054	4554	1500	19310	10383	8927	116.31
东莞市	**4193716**	**3569629**	**624087**	**7952214**	**4669818**	**3282396**	**142.27**
市辖区	4193716	3569629	624087	7952214	4669818	3282396	142.27
中山市	**1277539**	**1149332**	**128207**	**2584447**	**1486075**	**1098372**	**135.30**
市辖区	1277539	1149332	128207	2584447	1486075	1098372	135.30
潮州市	**107890**	**87840**	**20050**	**285664**	**156065**	**129599**	**120.42**
湘桥区	40330	30254	10076	112462	57229	55233	103.61
潮安区	61690	53485	8205	159114	91057	68057	133.80
饶平县	5870	4101	1769	14088	7779	6309	123.30
揭阳市	**72099**	**51403**	**20696**	**192787**	**108956**	**83831**	**129.97**
榕城区	17297	11071	6226	45806	25778	20028	128.71
揭东区	15782	11971	3811	43233	25362	17871	141.92
揭西县	7432	6076	1356	20436	11104	9332	118.99
惠来县	7026	4844	2182	19728	10937	8791	124.41
普宁市	24562	17441	7121	63584	35775	27809	128.65
云浮市	**77773**	**57406**	**20367**	**237092**	**130215**	**106877**	**121.84**
云城区	33422	27204	6218	108565	59643	48922	121.91
云安区	7308	3872	3436	19562	11654	7908	147.37
新兴县	14383	10836	3547	43113	24049	19064	126.15
郁南县	5992	4635	1357	17386	9026	8360	107.97
罗定市	16668	10859	5809	48466	25843	22623	114.23

单位：户、人

人口数								平均家庭户规模（人/户）
家庭户				集体户				
小计	男	女	性别比（女=100）	小计	男	女	性别比（女=100）	
182724	**98275**	**84449**	**116.37**	**64961**	**39492**	**25469**	**155.06**	**2.57**
48906	26785	22121	121.08	25419	14491	10928	132.60	2.51
100067	53852	46215	116.52	26224	17011	9213	184.64	2.64
10332	5388	4944	108.98	4128	2745	1383	198.48	2.90
23419	12250	11169	109.68	9190	5245	3945	132.95	2.33
459178	**236950**	**222228**	**106.62**	**123000**	**72137**	**50863**	**141.83**	**2.91**
333531	170883	162648	105.06	63584	35546	28038	126.78	3.01
31391	16639	14752	112.79	13300	8788	4512	194.77	2.67
28403	14678	13725	106.94	10911	7087	3824	185.33	2.61
13407	6992	6415	108.99	8265	5028	3237	155.33	3.04
10322	5332	4990	106.85	4747	3173	1574	201.59	2.88
42124	22426	19698	113.85	22193	12515	9678	129.31	2.57
256721	**136039**	**120682**	**112.73**	**85685**	**50361**	**35324**	**142.57**	**2.79**
131588	70424	61164	115.14	47800	26604	21196	125.51	2.93
78269	41642	36627	113.69	20984	13060	7924	164.82	2.68
19763	10182	9581	106.27	8068	5170	2898	178.40	2.63
27101	13791	13310	103.61	8833	5527	3306	167.18	2.63
501401	**260459**	**240942**	**108.10**	**189802**	**119225**	**70577**	**168.93**	**2.85**
295015	154050	140965	109.28	122377	75347	47030	160.21	2.95
88092	45313	42779	105.92	17121	10736	6385	168.14	2.82
20817	11357	9460	120.05	10504	6965	3539	196.81	2.35
13304	6866	6438	106.65	4822	3113	1709	182.15	2.78
4475	2206	2269	97.22	1194	768	426	180.28	2.86
4910	2462	2448	100.57	841	485	356	136.24	2.61
61523	31368	30155	104.02	26898	18265	8633	211.57	2.69
13265	6837	6428	106.36	6045	3546	2499	141.90	2.91
6227027	**3557615**	**2669412**	**133.27**	**1725187**	**1112203**	**612984**	**181.44**	**1.74**
6227027	3557615	2669412	133.27	1725187	1112203	612984	181.44	1.74
2192847	**1236826**	**956021**	**129.37**	**391600**	**249249**	**142351**	**175.09**	**1.91**
2192847	1236826	956021	129.37	391600	249249	142351	175.09	1.91
213873	**116910**	**96963**	**120.57**	**71791**	**39155**	**32636**	**119.97**	**2.43**
76762	40526	36236	111.84	35700	16703	18997	87.92	2.54
127409	71413	55996	127.53	31705	19644	12061	162.87	2.38
9702	4971	4731	105.07	4386	2808	1578	177.95	2.37
125828	**70303**	**55525**	**126.62**	**66959**	**38653**	**28306**	**136.55**	**2.45**
26285	14897	11388	130.81	19521	10881	8640	125.94	2.37
29902	17230	12672	135.97	13331	8132	5199	156.41	2.50
16058	8615	7443	115.75	4378	2489	1889	131.76	2.64
12579	6752	5827	115.87	7149	4185	2964	141.19	2.60
41004	22809	18195	125.36	22580	12966	9614	134.87	2.35
162184	**85348**	**76836**	**111.08**	**74908**	**44867**	**30041**	**149.35**	**2.83**
83334	44028	39306	112.01	25231	15615	9616	162.39	3.06
9315	5142	4173	123.22	10247	6512	3735	174.35	2.41
25715	14192	11523	123.16	17398	9857	7541	130.71	2.37
13170	6452	6718	96.04	4216	2574	1642	156.76	2.84
30650	15534	15116	102.77	17816	10309	7507	137.33	2.82

1-2 各地区分性别的户口登记地在外乡镇街道的人口状况

单位：人

地　　区	户口登记地								
	合　　计			本省其他县(市、区)			省　　外		
	合计	男	女	小计	男	女	小计	男	女
广　东	**50792391**	**28884396**	**21907995**	**21170281**	**11372715**	**9797566**	**29622110**	**17511681**	**12110429**
广州市	**10458040**	**5789070**	**4668970**	**5523042**	**2916652**	**2606390**	**4934998**	**2872418**	**2062580**
荔湾区	677361	364063	313298	479467	247675	231792	197894	116388	81506
越秀区	350607	179867	170740	211422	104626	106796	139185	75241	63944
海珠区	937820	493731	444089	486512	242425	244087	451308	251306	200002
天河区	1462248	794120	668128	899782	473037	426745	562466	321083	241383
白云区	2657569	1474250	1183319	1418946	750584	668362	1238623	723666	514957
黄埔区	767736	449583	318153	364362	201448	162914	403374	248135	155239
番禺区	1634695	900310	734385	796880	421035	375845	837815	479275	358540
花都区	843923	478394	365529	330174	178198	151976	513749	300196	213553
南沙区	417605	255299	162306	159196	93855	65341	258409	161444	96965
从化区	163521	93376	70145	118294	66135	52159	45227	27241	17986
增城区	544955	306077	238878	258007	137634	120373	286948	168443	118505
韶关市	**454391**	**238326**	**216065**	**307073**	**154272**	**152801**	**147318**	**84054**	**63264**
武江区	139676	71674	68002	98585	48431	50154	41091	23243	17848
浈江区	122924	62478	60446	94549	46826	47723	28375	15652	12723
曲江区	57112	31149	25963	39007	20403	18604	18105	10746	7359
始兴县	12642	6782	5860	6976	3539	3437	5666	3243	2423
仁化县	23335	12831	10504	13748	7204	6544	9587	5627	3960
翁源县	20358	11184	9174	12412	6329	6083	7946	4855	3091
乳源瑶族自治县	15882	8735	7147	9702	4988	4714	6180	3747	2433
新丰县	14627	8346	6281	8040	4222	3818	6587	4124	2463
乐昌市	30399	15632	14767	15423	7844	7579	14976	7788	7188
南雄市	17436	9515	7921	8631	4486	4145	8805	5029	3776
深圳市	**13330374**	**7572771**	**5757603**	**5109168**	**2749238**	**2359930**	**8221206**	**4823533**	**3397673**
罗湖区	716679	376971	339708	371138	187234	183904	345541	189737	155804
福田区	896528	487673	408855	433378	230818	202560	463150	256855	206295
南山区	1008327	565278	443049	375743	201700	174043	632584	363578	269006
宝安区	3782083	2178437	1603646	1262063	691285	570778	2520020	1487152	1032868
龙岗区	3228657	1800609	1428048	1401577	745814	655763	1827080	1054795	772285
盐田区	146305	83147	63158	74723	40263	34460	71582	42884	28698
龙华区	2106418	1223383	883035	752774	406376	346398	1353644	817007	536637
坪山区	453881	267856	186025	151488	84391	67097	302393	183465	118928
光明区	991496	589417	402079	286284	161357	124927	705212	428060	277152
珠海市	**1286297**	**736172**	**550125**	**549996**	**299464**	**250532**	**736301**	**436708**	**299593**
香洲区	737302	415606	321696	325128	176045	149083	412174	239561	172613
斗门区	262922	154570	108352	104240	58165	46075	158682	96405	62277
金湾区	286073	165996	120077	120628	65254	55374	165445	100742	64703
汕头市	**699606**	**394613**	**304993**	**284246**	**149587**	**134659**	**415360**	**245026**	**170334**
龙湖区	179455	98822	80633	102801	52968	49833	76654	45854	30800
金平区	138195	73122	65073	84912	42768	42144	53283	30354	22929
濠江区	26771	17506	9265	16759	10720	6039	10012	6786	3226
潮阳区	115852	66708	49144	28856	15549	13307	86996	51159	35837
潮南区	77090	44840	32250	24254	12998	11256	52836	31842	20994
澄海区	158818	91808	67010	25170	13883	11287	133648	77925	55723
南澳县	3425	1807	1618	1494	701	793	1931	1106	825
佛山市	**5138358**	**3044860**	**2093498**	**2031591**	**1150213**	**881378**	**3106767**	**1894647**	**1212120**
禅城区	697162	395654	301508	377202	204970	172232	319960	190684	129276
南海区	2132680	1266953	865727	933841	533520	400321	1198839	733433	465406
顺德区	1761017	1048311	712706	522070	298084	223986	1238947	750227	488720
三水区	384420	235330	149090	141330	81552	59778	243090	153778	89312
高明区	163079	98612	64467	57148	32087	25061	105931	66525	39406

1-2　续表 1

单位：人

地　　区	户口登记地								
	合　　计			本省其他县(市、区)			省　　外		
	合计	男	女	小计	男	女	小计	男	女
江门市	**1311288**	**745880**	**565408**	**528732**	**282386**	**246346**	**782556**	**463494**	**319062**
蓬江区	367729	205406	162323	176812	92663	84149	190917	112743	78174
江海区	204023	113786	90237	94212	48527	45685	109811	65259	44552
新会区	227966	132694	95272	65908	36055	29853	162058	96639	65419
台山市	106031	61389	44642	39843	22022	17821	66188	39367	26821
开平市	155527	86554	68973	65013	34459	30554	90514	52095	38419
鹤山市	186238	108954	77284	50893	28770	22123	135345	80184	55161
恩平市	63774	37097	26677	36051	19890	16161	27723	17207	10516
湛江市	**839130**	**433223**	**405907**	**703059**	**356994**	**346065**	**136071**	**76229**	**59842**
赤坎区	169399	83482	85917	149687	72736	76951	19712	10746	8966
霞山区	271816	140084	131732	242367	123793	118574	29449	16291	13158
坡头区	27708	14882	12826	19366	9924	9442	8342	4958	3384
麻章区	112702	60171	52531	95407	48848	46559	17295	11323	5972
遂溪县	53244	27095	26149	46431	23441	22990	6813	3654	3159
徐闻县	38902	21287	17615	28739	15497	13242	10163	5790	4373
廉江市	75050	37203	37847	54437	27685	26752	20613	9518	11095
雷州市	42442	22773	19669	35980	19032	16948	6462	3741	2721
吴川市	47867	26246	21621	30645	16038	14607	17222	10208	7014
茂名市	**365997**	**193393**	**172604**	**273609**	**142855**	**130754**	**92388**	**50538**	**41850**
茂南区	136683	72464	64219	105380	54003	51377	31303	18461	12842
电白区	71543	38267	33276	54327	28780	25547	17216	9487	7729
高州市	63314	33414	29900	44037	22850	21187	19277	10564	8713
化州市	60489	31377	29112	46651	24751	21900	13838	6626	7212
信宜市	33968	17871	16097	23214	12471	10743	10754	5400	5354
肇庆市	**636466**	**367146**	**269320**	**349859**	**191692**	**158167**	**286607**	**175454**	**111153**
端州区	191199	102739	88460	152935	80447	72488	38264	22292	15972
鼎湖区	69894	40517	29377	44039	23487	20552	25855	17030	8825
高要区	98021	58681	39340	35203	20282	14921	62818	38399	24419
广宁县	20254	11840	8414	12122	6591	5531	8132	5249	2883
怀集县	15401	8748	6653	7925	4303	3622	7476	4445	3031
封开县	11765	6717	5048	5633	3051	2582	6132	3666	2466
德庆县	13294	7068	6226	9296	4792	4504	3998	2276	1722
四会市	216638	130836	85802	82706	48739	33967	133932	82097	51835
惠州市	**2740849**	**1589592**	**1151257**	**1126667**	**613359**	**513308**	**1614182**	**976233**	**637949**
惠城区	1066286	606645	459641	514308	275989	238319	551978	330656	221322
惠阳区	929603	550605	378998	326851	181977	144874	602752	368628	234124
博罗县	444876	260004	184872	147865	81188	66677	297011	178816	118195
惠东县	258455	147799	110656	117824	63397	54427	140631	84402	56229
龙门县	41629	24539	17090	19819	10808	9011	21810	13731	8079
梅州市	**415919**	**215283**	**200636**	**327113**	**164258**	**162855**	**88806**	**51025**	**37781**
梅江区	162390	82084	80306	138671	68552	70119	23719	13532	10187
梅县区	105556	53469	52087	83267	41010	42257	22289	12459	9830
大埔县	23871	12916	10955	17995	9493	8502	5876	3423	2453
丰顺县	23604	12977	10627	15058	7910	7148	8546	5067	3479
五华县	38526	21576	16950	29276	15802	13474	9250	5774	3476
平远县	11558	6075	5483	7130	3696	3434	4428	2379	2049
蕉岭县	13114	6973	6141	7724	3822	3902	5390	3151	2239
兴宁市	37300	19213	18087	27992	13973	14019	9308	5240	4068

1−2 续表 2

单位：人

地区	户口登记地								
	合计			本省其他县(市、区)			省外		
	合计	男	女	小计	男	女	小计	男	女
汕尾市	**247685**	**137767**	**109918**	**149927**	**78848**	**71079**	**97758**	**58919**	**38839**
城　区	74325	41276	33049	48807	25214	23593	25518	16062	9456
海丰县	126291	70863	55428	70715	37512	33203	55576	33351	22225
陆河县	14460	8133	6327	8917	4666	4251	5543	3467	2076
陆丰市	32609	17495	15114	21488	11456	10032	11121	6039	5082
河源市	**582178**	**309087**	**273091**	**431017**	**218462**	**212555**	**151161**	**90625**	**60536**
源城区	397115	206429	190686	309387	155224	154163	87728	51205	36523
紫金县	44691	25427	19264	27936	14814	13122	16755	10613	6142
龙川县	39314	21765	17549	25547	13463	12084	13767	8302	5465
连平县	21672	12020	9652	15823	8523	7300	5849	3497	2352
和平县	15069	8505	6564	10122	5351	4771	4947	3154	1793
东源县	64317	34941	29376	42202	21087	21115	22115	13854	8261
阳江市	**342406**	**186400**	**156006**	**232132**	**122033**	**110099**	**110274**	**64367**	**45907**
江城区	179388	97028	82360	136531	71669	64862	42857	25359	17498
阳东区	99253	54702	44551	55863	29562	26301	43390	25140	18250
阳西县	27831	15352	12479	18262	9677	8585	9569	5675	3894
阳春市	35934	19318	16616	21476	11125	10351	14458	8193	6265
清远市	**691203**	**379684**	**311519**	**463780**	**242861**	**220919**	**227423**	**136823**	**90600**
清城区	417392	229397	187995	291636	153667	137969	125756	75730	50026
清新区	105213	56049	49164	75789	39079	36710	29424	16970	12454
佛冈县	31321	18322	12999	15305	8230	7075	16016	10092	5924
阳山县	18126	9979	8147	12233	6380	5853	5893	3599	2294
连山壮族瑶族自治县	5669	2974	2695	3447	1798	1649	2222	1176	1046
连南瑶族自治县	5751	2947	2804	4535	2292	2243	1216	655	561
英德市	88421	49633	38788	48169	24977	23192	40252	24656	15596
连州市	19310	10383	8927	12666	6438	6228	6644	3945	2699
东莞市	**7952214**	**4669818**	**3282396**	**1758711**	**994310**	**764401**	**6193503**	**3675508**	**2517995**
市辖区	7952214	4669818	3282396	1758711	994310	764401	6193503	3675508	2517995
中山市	**2584447**	**1486075**	**1098372**	**654445**	**356563**	**297882**	**1930002**	**1129512**	**800490**
市辖区	2584447	1486075	1098372	654445	356563	297882	1930002	1129512	800490
潮州市	**285664**	**156065**	**129599**	**110523**	**53582**	**56941**	**175141**	**102483**	**72658**
湘桥区	112462	57229	55233	70119	32659	37460	42343	24570	17773
潮安区	159114	91057	68057	33141	17136	16005	125973	73921	52052
饶平县	14088	7779	6309	7263	3787	3476	6825	3992	2833
揭阳市	**192787**	**108956**	**83831**	**86720**	**45241**	**41479**	**106067**	**63715**	**42352**
榕城区	45806	25778	20028	16285	7558	8727	29521	18220	11301
揭东区	43233	25362	17871	12750	6831	5919	30483	18531	11952
揭西县	20436	11104	9332	12698	6666	6032	7738	4438	3300
惠来县	19728	10937	8791	14913	7895	7018	4815	3042	1773
普宁市	63584	35775	27809	30074	16291	13783	33510	19484	14026
云浮市	**237092**	**130215**	**106877**	**168871**	**89845**	**79026**	**68221**	**40370**	**27851**
云城区	108565	59643	48922	83571	44084	39487	24994	15559	9435
云安区	19562	11654	7908	13481	7574	5907	6081	4080	2001
新兴县	43113	24049	19064	23717	12497	11220	19396	11552	7844
郁南县	17386	9026	8360	12276	6335	5941	5110	2691	2419
罗定市	48466	25843	22623	35826	19355	16471	12640	6488	6152

1-3 各地区分性别、民族的人口

单位：人

地 区	合 计			汉 族		
	合计	男	女	小计	男	女
广 东	**50792391**	**28884396**	**21907995**	**46594466**	**26410020**	**20184446**
广州市	**10458040**	**5789070**	**4668970**	**9947361**	**5492867**	**4454494**
荔湾区	677361	364063	313298	654235	350422	303813
越秀区	350607	179867	170740	338164	173113	165051
海珠区	937820	493731	444089	913414	480132	433282
天河区	1462248	794120	668128	1418800	770203	648597
白云区	2657569	1474250	1183319	2506834	1387815	1119019
黄埔区	767736	449583	318153	724149	422962	301187
番禺区	1634695	900310	734385	1554934	854860	700074
花都区	843923	478394	365529	779330	440315	339015
南沙区	417605	255299	162306	384899	235200	149699
从化区	163521	93376	70145	157217	89473	67744
增城区	544955	306077	238878	515385	288372	227013
韶关市	**454391**	**238326**	**216065**	**438834**	**229582**	**209252**
武江区	139676	71674	68002	135390	69306	66084
浈江区	122924	62478	60446	121146	61525	59621
曲江区	57112	31149	25963	55357	30089	25268
始兴县	12642	6782	5860	11834	6331	5503
仁化县	23335	12831	10504	21616	11873	9743
翁源县	20358	11184	9174	18886	10360	8526
乳源瑶族自治县	15882	8735	7147	15176	8359	6817
新丰县	14627	8346	6281	13631	7736	5895
乐昌市	30399	15632	14767	29203	14961	14242
南雄市	17436	9515	7921	16595	9042	7553
深圳市	**13330374**	**7572771**	**5757603**	**12344600**	**6998455**	**5346145**
罗湖区	716679	376971	339708	689708	362120	327588
福田区	896528	487673	408855	859593	467522	392071
南山区	1008327	565278	443049	966997	541389	425608
宝安区	3782083	2178437	1603646	3427467	1972487	1454980
龙岗区	3228657	1800609	1428048	3043721	1693565	1350156
盐田区	146305	83147	63158	139982	79218	60764
龙华区	2106418	1223383	883035	1948249	1129171	819078
坪山区	453881	267856	186025	413926	244018	169908
光明区	991496	589417	402079	854957	508965	345992
珠海市	**1286297**	**736172**	**550125**	**1197160**	**682953**	**514207**
香洲区	737302	415606	321696	694948	390596	304352
斗门区	262922	154570	108352	239126	140028	99098
金湾区	286073	165996	120077	263086	152329	110757
汕头市	**699606**	**394613**	**304993**	**622854**	**348928**	**273926**
龙湖区	179455	98822	80633	169909	92953	76956
金平区	138195	73122	65073	128456	67297	61159
濠江区	26771	17506	9265	24185	15799	8386
潮阳区	115852	66708	49144	96988	55721	41267
潮南区	77090	44840	32250	66937	38751	28186
澄海区	158818	91808	67010	133266	76781	56485
南澳县	3425	1807	1618	3113	1626	1487
佛山市	**5138358**	**3044860**	**2093498**	**4665789**	**2757351**	**1908438**
禅城区	697162	395654	301508	667917	378336	289581
南海区	2132680	1266953	865727	1928716	1142513	786203
顺德区	1761017	1048311	712706	1593720	946813	646907
三水区	384420	235330	149090	331592	203029	128563
高明区	163079	98612	64467	143844	86660	57184

1-3 续表 1

单位：人

地 区	合计			汉族		
	合计	男	女	小计	男	女
江门市	**1311288**	**745880**	**565408**	**1119479**	**634581**	**484898**
蓬江区	367729	205406	162323	330167	183678	146489
江海区	204023	113786	90237	179484	99465	80019
新会区	227966	132694	95272	181975	105686	76289
台山市	106031	61389	44642	92095	53159	38936
开平市	155527	86554	68973	124109	68597	55512
鹤山市	186238	108954	77284	154824	90938	63886
恩平市	63774	37097	26677	56825	33058	23767
湛江市	**839130**	**433223**	**405907**	**804989**	**414243**	**390746**
赤坎区	169399	83482	85917	166008	81586	84422
霞山区	271816	140084	131732	266769	137288	129481
坡头区	27708	14882	12826	25964	13865	12099
麻章区	112702	60171	52531	109747	58403	51344
遂溪县	53244	27095	26149	51091	25917	25174
徐闻县	38902	21287	17615	34352	18729	15623
廉江市	75050	37203	37847	69814	34617	35197
雷州市	42442	22773	19669	39986	21381	18605
吴川市	47867	26246	21621	41258	22457	18801
茂名市	**365997**	**193393**	**172604**	**340184**	**180034**	**160150**
茂南区	136683	72464	64219	129258	68373	60885
电白区	71543	38267	33276	66692	35907	30785
高州市	63314	33414	29900	55495	29150	26345
化州市	60489	31377	29112	56942	29691	27251
信宜市	33968	17871	16097	31797	16913	14884
肇庆市	**636466**	**367146**	**269320**	**577559**	**331458**	**246101**
端州区	191199	102739	88460	184829	98942	85887
鼎湖区	69894	40517	29377	65092	37432	27660
高要区	98021	58681	39340	75826	45450	30376
广宁县	20254	11840	8414	18325	10584	7741
怀集县	15401	8748	6653	13361	7522	5839
封开县	11765	6717	5048	10810	6107	4703
德庆县	13294	7068	6226	12410	6550	5860
四会市	216638	130836	85802	196906	118871	78035
惠州市	**2740849**	**1589592**	**1151257**	**2485365**	**1435651**	**1049714**
惠城区	1066286	606645	459641	987132	558263	428869
惠阳区	929603	550605	378998	836027	493992	342035
博罗县	444876	260004	184872	386233	225400	160833
惠东县	258455	147799	110656	238952	136288	102664
龙门县	41629	24539	17090	37021	21708	15313
梅州市	**415919**	**215283**	**200636**	**405956**	**209257**	**196699**
梅江区	162390	82084	80306	159972	80640	79332
梅县区	105556	53469	52087	103844	52475	51369
大埔县	23871	12916	10955	23153	12443	10710
丰顺县	23604	12977	10627	22486	12327	10159
五华县	38526	21576	16950	36627	20383	16244
平远县	11558	6075	5483	11249	5909	5340
蕉岭县	13114	6973	6141	12686	6706	5980
兴宁市	37300	19213	18087	35939	18374	17565

1-3 续表 2

单位：人

地区	合计			汉族		
	合计	男	女	小计	男	女
汕尾市	**247685**	**137767**	**109918**	**236143**	**130627**	**105516**
城区	74325	41276	33049	72149	39869	32280
海丰县	126291	70863	55428	119034	66399	52635
陆河县	14460	8133	6327	13721	7648	6073
陆丰市	32609	17495	15114	31239	16711	14528
河源市	**582178**	**309087**	**273091**	**554452**	**292691**	**261761**
源城区	397115	206429	190686	381653	197482	184171
紫金县	44691	25427	19264	40941	23088	17853
龙川县	39314	21765	17549	37736	20862	16874
连平县	21672	12020	9652	20672	11423	9249
和平县	15069	8505	6564	14220	7952	6268
东源县	64317	34941	29376	59230	31884	27346
阳江市	**342406**	**186400**	**156006**	**300343**	**162479**	**137864**
江城区	179388	97028	82360	163830	88064	75766
阳东区	99253	54702	44551	78798	43094	35704
阳西县	27831	15352	12479	24823	13680	11143
阳春市	35934	19318	16616	32892	17641	15251
清远市	**691203**	**379684**	**311519**	**652999**	**357261**	**295738**
清城区	417392	229397	187995	395781	216431	179350
清新区	105213	56049	49164	100824	53530	47294
佛冈县	31321	18322	12999	28622	16704	11918
阳山县	18126	9979	8147	17097	9363	7734
连山壮族瑶族自治县	5669	2974	2695	4518	2424	2094
连南瑶族自治县	5751	2947	2804	5109	2632	2477
英德市	88421	49633	38788	82983	46462	36521
连州市	19310	10383	8927	18065	9715	8350
东莞市	**7952214**	**4669818**	**3282396**	**7028115**	**4121352**	**2906763**
市辖区	7952214	4669818	3282396	7028115	4121352	2906763
中山市	**2584447**	**1486075**	**1098372**	**2262468**	**1297626**	**964842**
市辖区	2584447	1486075	1098372	2262468	1297626	964842
潮州市	**285664**	**156065**	**129599**	**233235**	**125294**	**107941**
湘桥区	112462	57229	55233	102299	51278	51021
潮安区	159114	91057	68057	118524	67234	51290
饶平县	14088	7779	6309	12412	6782	5630
揭阳市	**192787**	**108956**	**83831**	**153894**	**85493**	**68401**
榕城区	45806	25778	20028	33042	18005	15037
揭东区	43233	25362	17871	31831	18445	13386
揭西县	20436	11104	9332	16258	8641	7617
惠来县	19728	10937	8791	18671	10304	8367
普宁市	63584	35775	27809	54092	30098	23994
云浮市	**237092**	**130215**	**106877**	**222687**	**121837**	**100850**
云城区	108565	59643	48922	103130	56347	46783
云安区	19562	11654	7908	18222	10810	7412
新兴县	43113	24049	19064	39056	21694	17362
郁南县	17386	9026	8360	16572	8585	7987
罗定市	48466	25843	22623	45707	24401	21306

1-3 续表 3　　单位：人

地　　区	蒙古族			回　族			藏　族		
	小计	男	女	小计	男	女	小计	男	女
广　东	**22226**	**12761**	**9465**	**64835**	**37814**	**27021**	**8921**	**4758**	**4163**
广州市	**4754**	**2590**	**2164**	**12830**	**7030**	**5800**	**1565**	**768**	**797**
荔湾区	220	129	91	843	457	386	66	35	31
越秀区	156	83	73	1328	723	605	46	18	28
海珠区	328	177	151	894	453	441	115	37	78
天河区	835	400	435	1645	870	775	170	65	105
白云区	1145	613	532	3750	2115	1635	490	252	238
黄埔区	478	285	193	1114	630	484	125	73	52
番禺区	668	354	314	1451	790	661	215	105	110
花都区	373	209	164	789	426	363	160	88	72
南沙区	263	173	90	459	271	188	85	45	40
从化区	57	38	19	127	77	50	35	14	21
增城区	231	129	102	430	218	212	58	36	22
韶关市	**85**	**48**	**37**	**212**	**121**	**91**	**29**	**13**	**16**
武江区	18	7	11	52	25	27	4	1	3
浈江区	22	9	13	36	24	12	2		2
曲江区	10	6	4	27	16	11	2	1	1
始兴县	2	2		8	4	4	5	2	3
仁化县	8	7	1	14	9	5	3	1	2
翁源县	8	5	3	20	11	9	3	3	
乳源瑶族自治县	6	4	2	11	7	4	1		1
新丰县	4	4		10	6	4	4	1	3
乐昌市	5	4	1	18	9	9	3	2	1
南雄市	2		2	16	10	6	2	2	
深圳市	**8104**	**4588**	**3516**	**21252**	**12116**	**9136**	**2170**	**1190**	**980**
罗湖区	494	267	227	1313	696	617	99	60	39
福田区	832	414	418	1758	923	835	104	62	42
南山区	849	445	404	2056	1132	924	267	143	124
宝安区	2149	1239	910	5873	3392	2481	670	353	317
龙岗区	1769	1008	761	4224	2390	1834	415	219	196
盐田区	125	58	67	296	163	133	19	16	3
龙华区	1240	749	491	3546	2116	1430	268	153	115
坪山区	226	137	89	718	438	280	136	68	68
光明区	420	271	149	1468	866	602	192	116	76
珠海市	**906**	**462**	**444**	**2203**	**1293**	**910**	**476**	**235**	**241**
香洲区	568	267	301	1497	867	630	335	150	185
斗门区	126	76	50	261	167	94	83	55	28
金湾区	212	119	93	445	259	186	58	30	28
汕头市	**270**	**196**	**74**	**766**	**445**	**321**	**64**	**32**	**32**
龙湖区	51	34	17	81	38	43	10	6	4
金平区	24	14	10	120	61	59	8	2	6
濠江区	14	10	4	18	11	7	2		2
潮阳区	24	18	6	134	80	54	25	13	12
潮南区	15	11	4	57	37	20	9	5	4
澄海区	141	109	32	355	217	138	10	6	4
南澳县	1		1	1	1				
佛山市	**1367**	**808**	**559**	**4087**	**2496**	**1591**	**782**	**431**	**351**
禅城区	125	77	48	376	211	165	154	67	87
南海区	541	316	225	1345	806	539	317	194	123
顺德区	500	292	208	1876	1163	713	206	119	87
三水区	131	77	54	203	118	85	61	29	32
高明区	70	46	24	287	198	89	44	22	22

1-3　续表 4　　　　单位：人

地　　区	蒙古族			回　　族			藏　　族		
	小计	男	女	小计	男	女	小计	男	女
江门市	**442**	**289**	**153**	**867**	**518**	**349**	**369**	**185**	**184**
蓬江区	101	70	31	251	142	109	87	52	35
江海区	67	39	28	120	67	53	55	17	38
新会区	76	51	25	109	62	47	64	39	25
台山市	50	32	18	67	46	21	27	18	9
开平市	43	27	16	79	52	27	42	17	25
鹤山市	85	55	30	200	123	77	48	19	29
恩平市	20	15	5	41	26	15	46	23	23
湛江市	**162**	**100**	**62**	**354**	**190**	**164**	**83**	**39**	**44**
赤坎区	25	15	10	55	28	27	17	6	11
霞山区	51	28	23	95	50	45	16	4	12
坡头区	13	5	8	19	8	11	5	4	1
麻章区	27	20	7	94	64	30	13	7	6
遂溪县	3	2	1	14	6	8	8	6	2
徐闻县	6	3	3	13	8	5			
廉江市	18	12	6	21	9	12	13	4	9
雷州市	8	6	2	26	13	13	2	1	1
吴川市	11	9	2	17	4	13	9	7	2
茂名市	**77**	**47**	**30**	**147**	**74**	**73**	**80**	**26**	**54**
茂南区	40	27	13	70	34	36	30	13	17
电白区	19	10	9	48	25	23	7	2	5
高州市	6	6		16	8	8	12	2	10
化州市	7	4	3	8	5	3	15	5	10
信宜市	5		5	5	2	3	16	4	12
肇庆市	**416**	**284**	**132**	**445**	**248**	**197**	**305**	**187**	**118**
端州区	78	51	27	68	24	44	18	11	7
鼎湖区	34	24	10	45	29	16	11	6	5
高要区	85	62	23	53	32	21	50	30	20
广宁县	1		1	29	20	9	2	1	1
怀集县	7	4	3	1		1	2	2	
封开县	6	4	2	12	10	2	1	1	
德庆县	2	1	1	9	4	5	1		1
四会市	203	138	65	228	129	99	220	136	84
惠州市	**1207**	**695**	**512**	**3855**	**2422**	**1433**	**550**	**298**	**252**
惠城区	488	283	205	1885	1224	661	259	139	120
惠阳区	489	279	210	1242	744	498	157	84	73
博罗县	125	71	54	568	355	213	90	55	35
惠东县	87	51	36	136	85	51	34	15	19
龙门县	18	11	7	24	14	10	10	5	5
梅州市	**79**	**48**	**31**	**166**	**113**	**53**	**30**	**14**	**16**
梅江区	31	18	13	78	56	22	6	5	1
梅县区	15	6	9	16	8	8	4		4
大埔县	2	1	1	8	6	2	3	2	1
丰顺县	5	3	2	20	15	5			
五华县	17	14	3	17	12	5	6	2	4
平远县	1		1	4	4		4	2	2
蕉岭县	1	1		9	5	4	5	2	3
兴宁市	7	5	2	14	7	7	2	1	1

1-3 续表 5

单位：人

地　区	蒙古族			回　族			藏　族		
	小计	男	女	小计	男	女	小计	男	女
汕尾市	**76**	**50**	**26**	**132**	**87**	**45**	**17**	**8**	**9**
城　区	21	13	8	25	17	8	2	1	1
海丰县	42	29	13	88	58	30	10	3	7
陆河县	1	1		8	5	3	4	3	1
陆丰市	12	7	5	11	7	4	1	1	
河源市	**112**	**69**	**43**	**325**	**191**	**134**	**71**	**41**	**30**
源城区	66	42	24	226	129	97	29	12	17
紫金县	13	5	8	26	12	14	12	8	4
龙川县	17	11	6	33	24	9	16	11	5
连平县	6	4	2	12	7	5	3	2	1
和平县	3	1	2	6	4	2	1		1
东源县	7	6	1	22	15	7	10	8	2
阳江市	**81**	**42**	**39**	**133**	**80**	**53**	**140**	**81**	**59**
江城区	30	12	18	56	37	19	38	20	18
阳东区	31	16	15	34	17	17	75	45	30
阳西县	7	5	2	26	17	9	11	9	2
阳春市	13	9	4	17	9	8	16	7	9
清远市	**184**	**93**	**91**	**475**	**298**	**177**	**66**	**29**	**37**
清城区	121	61	60	281	169	112	29	14	15
清新区	19	11	8	47	31	16	5	4	1
佛冈县	13	7	6	74	46	28	4	3	1
阳山县	1		1	12	9	3	5	1	4
连山壮族瑶族自治县	1		1	4	2	2			
连南瑶族自治县	2	2		4	3	1	5	2	3
英德市	22	10	12	47	33	14	16	4	12
连州市	5	2	3	6	5	1	2	1	1
东莞市	**2879**	**1787**	**1092**	**13545**	**8236**	**5309**	**1524**	**861**	**663**
市辖区	2879	1787	1092	13545	8236	5309	1524	861	663
中山市	**825**	**442**	**383**	**2748**	**1679**	**1069**	**548**	**294**	**254**
市辖区	825	442	383	2748	1679	1069	548	294	254
潮州市	**52**	**30**	**22**	**79**	**45**	**34**	**25**	**15**	**10**
湘桥区	23	12	11	27	16	11	7	4	3
潮安区	22	12	10	37	21	16	17	11	6
饶平县	7	6	1	15	8	7	1		1
揭阳市	**104**	**63**	**41**	**118**	**74**	**44**	**12**	**7**	**5**
榕城区	27	15	12	21	11	10	1	1	
揭东区	45	30	15	20	14	6	7	3	4
揭西县				8	4	4	1		1
惠来县	5	4	1	17	14	3	3	3	
普宁市	27	14	13	52	31	21			
云浮市	**44**	**30**	**14**	**96**	**58**	**38**	**15**	**4**	**11**
云城区	10	10		42	24	18	3	2	1
云安区	5	4	1	26	22	4			
新兴县	13	5	8	8	6	2	2	1	1
郁南县	2	1	1	9	3	6	2		2
罗定市	14	10	4	11	3	8	8	1	7

1–3　续表 6

单位：人

地　区	维吾尔族			苗　族			彝　族		
	小计	男	女	小计	男	女	小计	男	女
广　东	**8247**	**4262**	**3985**	**581400**	**342554**	**238846**	**136275**	**77942**	**58333**
广州市	**2269**	**1098**	**1171**	**56869**	**33566**	**23303**	**12549**	**7042**	**5507**
荔湾区	250	101	149	2628	1598	1030	359	220	139
越秀区	161	66	95	1009	561	448	168	85	83
海珠区	225	99	126	2298	1345	953	399	199	200
天河区	472	248	224	4343	2424	1919	757	387	370
白云区	289	143	146	15188	8748	6440	2786	1496	1290
黄埔区	125	63	62	5064	3133	1931	1482	888	594
番禺区	565	276	289	8172	4811	3361	2181	1168	1013
花都区	45	27	18	8751	5103	3648	1440	798	642
南沙区	42	21	21	4030	2572	1458	2255	1346	909
从化区	34	20	14	1175	728	447	174	114	60
增城区	61	34	27	4211	2543	1668	548	341	207
韶关市	**36**	**22**	**14**	**2429**	**1482**	**947**	**358**	**217**	**141**
武江区	6	5	1	581	357	224	92	55	37
浈江区	3		3	209	115	94	37	22	15
曲江区	7	5	2	337	219	118	28	22	6
始兴县	3	1	2	120	76	44	24	10	14
仁化县	3	1	2	122	67	55	23	14	9
翁源县	8	5	3	405	242	163	65	37	28
乳源瑶族自治县	1	1		82	45	37	10	7	3
新丰县	3	3		253	152	101	32	22	10
乐昌市	1		1	140	94	46	30	14	16
南雄市	1	1		180	115	65	17	14	3
深圳市	**1528**	**864**	**664**	**121359**	**70278**	**51081**	**36688**	**20967**	**15721**
罗湖区	118	59	59	3612	2009	1603	654	397	257
福田区	245	160	85	4364	2371	1993	1117	643	474
南山区	354	185	169	5256	3103	2153	1639	1067	572
宝安区	210	119	91	36262	20820	15442	14094	7759	6335
龙岗区	213	123	90	24997	14453	10544	6117	3572	2545
盐田区	5	3	2	817	487	330	326	229	97
龙华区	102	55	47	18873	11201	7672	5408	3006	2402
坪山区	128	44	84	6183	3640	2543	2306	1429	877
光明区	153	116	37	20995	12194	8801	5027	2865	2162
珠海市	**601**	**240**	**361**	**9137**	**5513**	**3624**	**3400**	**1954**	**1446**
香洲区	334	140	194	4469	2689	1780	1244	745	499
斗门区	18	13	5	2259	1377	882	861	479	382
金湾区	249	87	162	2409	1447	962	1295	730	565
汕头市	**65**	**40**	**25**	**27247**	**16253**	**10994**	**3825**	**2259**	**1566**
龙湖区	13	4	9	3019	1871	1148	250	143	107
金平区	11	7	4	5300	3118	2182	370	218	152
濠江区	4		4	875	554	321	100	64	36
潮阳区	17	13	4	5978	3545	2433	544	329	215
潮南区	11	9	2	2758	1650	1108	398	238	160
澄海区	9	7	2	9225	5462	3763	2161	1265	896
南澳县				92	53	39	2	2	
佛山市	**524**	**301**	**223**	**42116**	**25470**	**16646**	**9783**	**5758**	**4025**
禅城区	80	44	36	2216	1300	916	425	248	177
南海区	180	105	75	19344	11710	7634	3663	2122	1541
顺德区	187	110	77	13367	8009	5358	3945	2319	1626
三水区	52	26	26	4967	3048	1919	1245	766	479
高明区	25	16	9	2222	1403	819	505	303	202

1-3 续表 7

单位：人

地区	维吾尔族			苗族			彝族		
	小计	男	女	小计	男	女	小计	男	女
江门市	**548**	**201**	**347**	**21273**	**12476**	**8797**	**3719**	**2137**	**1582**
蓬江区	474	150	324	4444	2611	1833	660	369	291
江海区	20	15	5	3016	1799	1217	567	310	257
新会区	13	10	3	5468	3302	2166	479	274	205
台山市	4	2	2	1907	1117	790	178	112	66
开平市	7	4	3	2312	1277	1035	486	287	199
鹤山市	15	9	6	3244	1866	1378	1154	675	479
恩平市	15	11	4	882	504	378	195	110	85
湛江市	**62**	**27**	**35**	**3547**	**2012**	**1535**	**790**	**426**	**364**
赤坎区	4	3	1	325	195	130	37	20	17
霞山区	13	8	5	423	235	188	83	38	45
坡头区				251	169	82	29	14	15
麻章区	24	7	17	355	228	127	52	29	23
遂溪县	1		1	367	214	153	45	16	29
徐闻县	1		1	756	408	348	22	9	13
廉江市	5	2	3	334	163	171	50	20	30
雷州市	3	1	2	180	109	71	15	9	6
吴川市	11	6	5	556	291	265	457	271	186
茂名市	**28**	**13**	**15**	**3735**	**1959**	**1776**	**576**	**280**	**296**
茂南区	3	2	1	902	499	403	151	83	68
电白区	11	6	5	978	478	500	206	94	112
高州市	4	1	3	1090	573	517	116	50	66
化州市	6	2	4	440	235	205	77	37	40
信宜市	4	2	2	325	174	151	26	16	10
肇庆市	**178**	**76**	**102**	**7578**	**4718**	**2860**	**944**	**591**	**353**
端州区	139	46	93	873	538	335	80	50	30
鼎湖区	2	2		651	420	231	106	72	34
高要区	5	4	1	3029	1835	1194	164	93	71
广宁县	3	3		329	219	110	27	19	8
怀集县	3	3		475	288	187	44	34	10
封开县	1	1		140	96	44	18	15	3
德庆县	1		1	173	110	63	8	5	3
四会市	24	17	7	1908	1212	696	497	303	194
惠州市	**315**	**188**	**127**	**56326**	**33649**	**22677**	**14488**	**8409**	**6079**
惠城区	119	70	49	13972	8517	5455	4475	2661	1814
惠阳区	104	59	45	20401	12332	8069	6617	3823	2794
博罗县	24	14	10	15820	9195	6625	2525	1432	1093
惠东县	65	42	23	4562	2690	1872	725	410	315
龙门县	3	3		1571	915	656	146	83	63
梅州市	**126**	**83**	**43**	**2705**	**1717**	**988**	**425**	**291**	**134**
梅江区	45	32	13	603	373	230	65	40	25
梅县区	20	13	7	537	331	206	59	33	26
大埔县	5	4	1	147	107	40	25	15	10
丰顺县	4	4		371	220	151	77	57	20
五华县	21	13	8	521	338	183	105	82	23
平远县	1	1		50	30	20	25	15	10
蕉岭县	10	4	6	141	94	47	16	10	6
兴宁市	20	12	8	335	224	111	53	39	14

1-3　续表 8　　　　单位：人

地　区	维吾尔族			苗　族			彝　族		
	小计	男	女	小计	男	女	小计	男	女
汕尾市	**52**	**27**	**25**	**2223**	**1419**	**804**	**564**	**342**	**222**
城　区	4	1	3	457	309	148	114	76	38
海丰县	27	17	10	1285	807	478	374	217	157
陆河县	4	3	1	191	136	55	26	19	7
陆丰市	17	6	11	290	167	123	50	30	20
河源市	**61**	**35**	**26**	**7665**	**4675**	**2990**	**1229**	**710**	**519**
源城区	39	21	18	3838	2288	1550	550	325	225
紫金县	2	1	1	1421	910	511	125	72	53
龙川县	9	7	2	456	270	186	96	47	49
连平县	6	2	4	305	172	133	26	16	10
和平县	2	2		285	205	80	30	20	10
东源县	3	2	1	1360	830	530	402	230	172
阳江市	**51**	**34**	**17**	**6618**	**3632**	**2986**	**646**	**374**	**272**
江城区	15	8	7	2622	1428	1194	170	123	47
阳东区	17	13	4	2336	1276	1060	346	182	164
阳西县	10	6	4	1118	622	496	64	30	34
阳春市	9	7	2	542	306	236	66	39	27
清远市	**183**	**114**	**69**	**5652**	**3420**	**2232**	**808**	**524**	**284**
清城区	54	32	22	2942	1775	1167	401	272	129
清新区	22	20	2	559	334	225	68	39	29
佛冈县	81	48	33	504	318	186	133	82	51
阳山县				171	124	47	17	12	5
连山壮族瑶族自治县				31	12	19	1		1
连南瑶族自治县				41	19	22			
英德市	18	8	10	1301	772	529	178	111	67
连州市	8	6	2	103	66	37	10	8	2
东莞市	**1317**	**716**	**601**	**138469**	**81391**	**57078**	**38339**	**21626**	**16713**
市辖区	1317	716	601	138469	81391	57078	38339	21626	16713
中山市	**235**	**137**	**98**	**29363**	**16943**	**12420**	**4964**	**2751**	**2213**
市辖区	235	137	98	29363	16943	12420	4964	2751	2213
潮州市	**26**	**18**	**8**	**20813**	**12167**	**8646**	**992**	**569**	**423**
湘桥区	5	3	2	2871	1685	1186	174	90	84
潮安区	15	11	4	17210	10043	7167	773	456	317
饶平县	6	4	2	732	439	293	45	23	22
揭阳市	**25**	**20**	**5**	**13782**	**8359**	**5423**	**971**	**592**	**379**
榕城区	11	10	1	5798	3494	2304	354	222	132
揭东区	1	1		4052	2426	1626	368	222	146
揭西县	7	5	2	828	508	320	29	12	17
惠来县	1		1	311	184	127	36	23	13
普宁市	5	4	1	2793	1747	1046	184	113	71
云浮市	**17**	**8**	**9**	**2494**	**1455**	**1039**	**217**	**123**	**94**
云城区	8	4	4	783	482	301	52	28	24
云安区	1		1	332	192	140	16	8	8
新兴县	1	1		670	393	277	105	62	43
郁南县	3	2	1	185	109	76	4	2	2
罗定市	4	1	3	524	279	245	40	23	17

1−3 续表 9

单位：人

地 区	壮 族			布 依 族			朝 鲜 族		
	小计	男	女	小计	男	女	小计	男	女
广 东	**1858706**	**1098716**	**759990**	**222084**	**130370**	**91714**	**18106**	**9725**	**8381**
广州市	**226967**	**132182**	**94785**	**20273**	**11837**	**8436**	**5556**	**2936**	**2620**
荔湾区	10722	6318	4404	800	480	320	119	64	55
越秀区	6033	3303	2730	393	218	175	64	35	29
海珠区	11037	6304	4733	1163	671	492	284	136	148
天河区	20154	11348	8806	1088	591	497	341	157	184
白云区	72844	42204	30640	6279	3583	2696	2278	1220	1058
黄埔区	16406	10032	6374	1409	892	517	723	431	292
番禺区	34764	19941	14823	3182	1825	1357	751	382	369
花都区	28336	16911	11425	2809	1644	1165	620	318	302
南沙区	11962	7196	4766	1621	993	628	85	45	40
从化区	2141	1297	844	264	168	96	31	15	16
增城区	12568	7328	5240	1265	772	493	260	133	127
韶关市	**4067**	**2214**	**1853**	**426**	**235**	**191**	**26**	**14**	**12**
武江区	1152	619	533	113	65	48	2	1	1
浈江区	445	235	210	45	22	23	6	5	1
曲江区	502	287	215	72	45	27	8	3	5
始兴县	332	187	145	17	9	8			
仁化县	284	179	105	21	10	11	2	1	1
翁源县	388	208	180	36	17	19	1	1	
乳源瑶族自治县	197	91	106	20	9	11	2		2
新丰县	250	138	112	22	12	10			
乐昌市	238	124	114	38	23	15			
南雄市	279	146	133	42	23	19	5	3	2
深圳市	**433392**	**255250**	**178142**	**46853**	**27509**	**19344**	**6108**	**3204**	**2904**
罗湖区	9642	5455	4187	1299	785	514	303	160	143
福田区	13101	7346	5755	1285	743	542	575	289	286
南山区	12903	7664	5239	1430	912	518	594	280	314
宝安区	180570	105942	74628	12876	7578	5298	2061	1091	970
龙岗区	73159	42725	30434	8927	5214	3713	1196	621	575
盐田区	2025	1307	718	252	173	79	50	20	30
龙华区	60166	36369	23797	12595	7338	5257	886	468	418
坪山区	13287	7945	5342	3124	1798	1326	126	68	58
光明区	68539	40497	28042	5065	2968	2097	317	207	110
珠海市	**37202**	**22356**	**14846**	**2192**	**1262**	**930**	**308**	**148**	**160**
香洲区	15881	9384	6497	966	575	391	213	99	114
斗门区	11815	7206	4609	562	323	239	41	21	20
金湾区	9506	5766	3740	664	364	300	54	28	26
汕头市	**20427**	**11988**	**8439**	**8359**	**4961**	**3398**	**51**	**30**	**21**
龙湖区	3074	1893	1181	587	367	220	10	3	7
金平区	1633	1005	628	426	282	144	5	2	3
濠江区	623	419	204	111	78	33	3	2	1
潮阳区	7147	4065	3082	547	325	222	6	5	1
潮南区	3928	2333	1595	593	350	243	4	3	1
澄海区	3956	2241	1715	6065	3536	2529	21	13	8
南澳县	66	32	34	30	23	7	2	2	
佛山市	**248356**	**151731**	**96625**	**21619**	**12797**	**8822**	**716**	**407**	**309**
禅城区	16901	10021	6880	826	504	322	58	29	29
南海区	110499	67795	42704	5295	3175	2120	365	211	154
顺德区	87916	53537	34379	14023	8232	5791	227	125	102
三水区	23361	14423	8938	925	550	375	55	35	20
高明区	9679	5955	3724	550	336	214	11	7	4

1–3　续表 10　　　　单位：人

地　区	壮　族			布依族			朝鲜族		
	小计	男	女	小计	男	女	小计	男	女
江门市	**103846**	**59997**	**43849**	**4863**	**2778**	**2085**	**136**	**66**	**70**
蓬江区	19553	11340	8213	977	566	411	26	14	12
江海区	11235	6622	4613	813	478	335	66	36	30
新会区	22767	13174	9593	770	429	341	15	7	8
台山市	7981	4646	3335	551	321	230	6	4	2
开平市	20171	11581	8590	893	496	397	4	2	2
鹤山市	18227	10402	7825	755	432	323	12	2	10
恩平市	3912	2232	1680	104	56	48	7	1	6
湛江市	**19657**	**10961**	**8696**	**1645**	**921**	**724**	**64**	**41**	**23**
赤坎区	1907	1093	814	169	85	84	9	5	4
霞山区	3014	1712	1302	267	146	121	15	10	5
坡头区	951	558	393	84	49	35	4	4	
麻章区	1331	797	534	126	76	50	14	11	3
遂溪县	839	448	391	116	63	53	9	5	4
徐闻县	2591	1456	1135	243	156	87	2		2
廉江市	3350	1660	1690	290	145	145	7	3	4
雷州市	1583	875	708	87	46	41	3	2	1
吴川市	4091	2362	1729	263	155	108	1	1	
茂名市	**14477**	**7490**	**6987**	**1265**	**646**	**619**	**23**	**10**	**13**
茂南区	4399	2448	1951	350	190	160	8	5	3
电白区	2300	1153	1147	296	144	152	5	2	3
高州市	4498	2461	2037	404	222	182	2	1	1
化州市	2133	984	1149	140	57	83	7	2	5
信宜市	1147	444	703	75	33	42	1		1
肇庆市	**24589**	**14523**	**10066**	**1288**	**764**	**524**	**40**	**22**	**18**
端州区	2400	1414	986	130	71	59	8	5	3
鼎湖区	1707	1062	645	130	84	46	4		4
高要区	9855	5760	4095	424	260	164	2	2	
广宁县	693	425	268	61	41	20			
怀集县	563	287	276	27	15	12	4	4	
封开县	391	228	163	17	11	6	3	1	2
德庆县	324	184	140	32	18	14	1	1	
四会市	8656	5163	3493	467	264	203	18	9	9
惠州市	**75772**	**45786**	**29986**	**17303**	**10362**	**6941**	**1108**	**628**	**480**
惠城区	22046	13486	8560	5025	3056	1969	636	362	274
惠阳区	27990	17123	10867	7301	4374	2927	343	190	153
博罗县	18897	11179	7718	3325	1967	1358	92	53	39
惠东县	6010	3472	2538	1469	853	616	33	22	11
龙门县	829	526	303	183	112	71	4	1	3
梅州市	**2349**	**1222**	**1127**	**419**	**246**	**173**	**24**	**11**	**13**
梅江区	644	358	286	118	72	46	9	3	6
梅县区	430	220	210	60	31	29	4	1	3
大埔县	217	133	84	25	16	9	6	4	2
丰顺县	261	134	127	48	18	30			
五华县	350	168	182	47	32	15	2	1	1
平远县	67	25	42	23	15	8			
蕉岭县	104	58	46	22	15	7			
兴宁市	276	126	150	76	47	29	3	2	1

1–3 续表 11

单位：人

地　区	壮　族			布依族			朝鲜族		
	小计	男	女	小计	男	女	小计	男	女
汕尾市	**4584**	**2776**	**1808**	**475**	**293**	**182**	**19**	**9**	**10**
城　区	664	418	246	107	65	42	12	7	5
海丰县	3253	1971	1282	283	183	100	3	1	2
陆河县	190	111	79	33	18	15	2	1	1
陆丰市	477	276	201	52	27	25	2		2
河源市	**5336**	**2883**	**2453**	**895**	**543**	**352**	**42**	**23**	**19**
源城区	2613	1366	1247	411	252	159	33	19	14
紫金县	813	459	354	163	105	58	1		1
龙川县	360	162	198	78	47	31	2	1	1
连平县	337	192	145	28	13	15	1	1	
和平县	191	102	89	23	14	9			
东源县	1022	602	420	192	112	80	5	2	3
阳江市	**25901**	**14822**	**11079**	**1216**	**681**	**535**	**11**	**6**	**5**
江城区	9878	5736	4142	353	185	168	2		2
阳东区	13510	7723	5787	648	382	266	4	2	2
阳西县	1102	617	485	111	57	54	2	2	
阳春市	1411	746	665	104	57	47	3	2	1
清远市	**11286**	**6359**	**4927**	**1000**	**588**	**412**	**223**	**116**	**107**
清城区	5799	3450	2349	458	268	190	199	104	95
清新区	1748	973	775	118	64	54	15	7	8
佛冈县	663	375	288	119	64	55			
阳山县	327	171	156	31	17	14	1	1	
连山壮族瑶族自治县	513	216	297	5	3	2			
连南瑶族自治县	137	65	72	9	5	4			
英德市	1708	897	811	234	149	85	8	4	4
连州市	391	212	179	26	18	8			
东莞市	**390635**	**233239**	**157396**	**71146**	**41859**	**29287**	**3169**	**1794**	**1375**
市辖区	390635	233239	157396	71146	41859	29287	3169	1794	1375
中山市	**180659**	**105932**	**74727**	**10001**	**5598**	**4403**	**431**	**235**	**196**
市辖区	180659	105932	74727	10001	5598	4403	431	235	196
潮州市	**12329**	**7133**	**5196**	**8003**	**4793**	**3210**	**17**	**9**	**8**
湘桥区	1793	1051	742	3188	1885	1303	9	6	3
潮安区	10211	5888	4323	4714	2850	1864	6	3	3
饶平县	325	194	131	101	58	43	2		2
揭阳市	**9678**	**5788**	**3890**	**2472**	**1489**	**983**	**14**	**6**	**8**
榕城区	2495	1555	940	1138	685	453	3	2	1
揭东区	2774	1666	1108	792	493	299	1		1
揭西县	1616	963	653	117	69	48	1		1
惠来县	282	162	120	76	40	36	7	3	4
普宁市	2511	1442	1069	349	202	147	2	1	1
云浮市	**7197**	**4084**	**3113**	**371**	**208**	**163**	**20**	**10**	**10**
云城区	3279	1941	1338	138	82	56	4	2	2
云安区	539	345	194	37	21	16	4	2	2
新兴县	1812	1041	771	124	69	55	4	2	2
郁南县	325	153	172	21	11	10	2		2
罗定市	1242	604	638	51	25	26	6	4	2

1-3　续表 12　　　　单位：人

地　区	满　族			侗　族			瑶　族		
	小计	男	女	小计	男	女	小计	男	女
广　东	**36585**	**20299**	**16286**	**227431**	**140361**	**87070**	**348343**	**204574**	**143769**
广州市	**8005**	**4312**	**3693**	**26340**	**16297**	**10043**	**51141**	**29581**	**21560**
荔湾区	382	202	180	1019	676	343	1991	1194	797
越秀区	292	141	151	474	285	189	716	381	335
海珠区	594	276	318	1934	1091	843	1664	913	751
天河区	1151	591	560	2036	1209	827	4128	2245	1883
白云区	2028	1139	889	7150	4366	2784	14473	8102	6371
黄埔区	832	478	354	2687	1725	962	4589	2808	1781
番禺区	1237	638	599	4032	2479	1553	8721	4924	3797
花都区	565	309	256	3380	2115	1265	7859	4676	3183
南沙区	432	285	147	1496	978	518	4006	2507	1499
从化区	96	47	49	343	244	99	537	354	183
增城区	396	206	190	1789	1129	660	2457	1477	980
韶关市	**182**	**101**	**81**	**650**	**412**	**238**	**4413**	**2327**	**2086**
武江区	66	33	33	198	117	81	1201	615	586
浈江区	31	17	14	91	56	35	571	298	273
曲江区	19	11	8	61	43	18	429	236	193
始兴县	6	3	3	32	17	15	134	77	57
仁化县	11	8	3	48	31	17	961	500	461
翁源县	11	7	4	57	33	24	193	103	90
乳源瑶族自治县	4		4	25	17	8	232	127	105
新丰县	6	4	2	48	38	10	122	72	50
乐昌市	15	10	5	49	33	16	499	262	237
南雄市	13	8	5	41	27	14	71	37	34
深圳市	**16274**	**8945**	**7329**	**55135**	**33529**	**21606**	**71793**	**41367**	**30426**
罗湖区	1135	575	560	1697	954	743	1775	931	844
福田区	1893	962	931	1981	1116	865	3031	1501	1530
南山区	1892	1008	884	2345	1382	963	3191	1727	1464
宝安区	3803	2212	1591	17381	10434	6947	27031	15584	11447
龙岗区	3552	1938	1614	11474	7001	4473	13125	7481	5644
盐田区	281	147	134	386	251	135	494	308	186
龙华区	2508	1376	1132	10269	6433	3836	12263	7376	4887
坪山区	514	302	212	2606	1653	953	2850	1733	1117
光明区	696	425	271	6996	4305	2691	8033	4726	3307
珠海市	**1644**	**859**	**785**	**3952**	**2502**	**1450**	**9040**	**5465**	**3575**
香洲区	1066	543	523	2276	1427	849	3772	2243	1529
斗门区	240	134	106	757	498	259	2799	1750	1049
金湾区	338	182	156	919	577	342	2469	1472	997
汕头市	**154**	**82**	**72**	**4760**	**3018**	**1742**	**2326**	**1414**	**912**
龙湖区	35	17	18	670	418	252	488	306	182
金平区	37	21	16	522	321	201	317	201	116
濠江区	3	1	2	445	304	141	93	62	31
潮阳区	33	18	15	1234	736	498	664	388	276
潮南区	15	7	8	874	560	314	445	263	182
澄海区	31	18	13	964	647	317	306	187	119
南澳县				51	32	19	13	7	6
佛山市	**1673**	**958**	**715**	**25759**	**16121**	**9638**	**44415**	**27122**	**17293**
禅城区	195	97	98	1118	744	374	2622	1541	1081
南海区	702	404	298	15870	9895	5975	19873	12018	7855
顺德区	587	341	246	4302	2722	1580	16606	10305	6301
三水区	166	102	64	3658	2225	1433	3832	2347	1485
高明区	23	14	9	811	535	276	1482	911	571

1–3 续表 13

单位：人

地区	满族			侗族			瑶族		
	小计	男	女	小计	男	女	小计	男	女
江门市	**382**	**217**	**165**	**4903**	**2963**	**1940**	**16313**	**9568**	**6745**
蓬江区	98	52	46	797	497	300	2994	1733	1261
江海区	59	32	27	754	445	309	2441	1427	1014
新会区	63	32	31	856	512	344	5453	3225	2228
台山市	32	19	13	382	223	159	1304	769	535
开平市	57	40	17	697	432	265	1600	902	698
鹤山市	62	34	28	970	584	386	1840	1083	757
恩平市	11	8	3	447	270	177	681	429	252
湛江市	**289**	**148**	**141**	**1454**	**947**	**507**	**2377**	**1282**	**1095**
赤坎区	55	26	29	142	88	54	226	123	103
霞山区	96	46	50	173	102	71	272	157	115
坡头区	18	11	7	77	48	29	85	44	41
麻章区	53	28	25	162	116	46	285	149	136
遂溪县	19	10	9	47	28	19	200	103	97
徐闻县	5	2	3	240	160	80	305	173	132
廉江市	15	7	8	264	165	99	490	233	257
雷州市	18	12	6	106	74	32	231	137	94
吴川市	10	6	4	243	166	77	283	163	120
茂名市	**104**	**64**	**40**	**831**	**462**	**369**	**2013**	**1021**	**992**
茂南区	44	30	14	203	117	86	493	245	248
电白区	25	16	9	150	72	78	216	107	109
高州市	10	7	3	291	176	115	791	434	357
化州市	18	8	10	86	49	37	321	146	175
信宜市	7	3	4	101	48	53	192	89	103
肇庆市	**144**	**91**	**53**	**6392**	**3960**	**2432**	**4413**	**2700**	**1713**
端州区	18	13	5	519	312	207	329	204	125
鼎湖区	16	9	7	426	313	113	372	230	142
高要区	13	9	4	4338	2612	1726	1198	723	475
广宁县	9	5	4	102	68	34	236	150	86
怀集县	2	2		175	112	63	404	246	158
封开县	3	3		69	49	20	178	111	67
德庆县	5	3	2	64	42	22	84	44	40
四会市	78	47	31	699	452	247	1612	992	620
惠州市	**1758**	**1018**	**740**	**12402**	**7749**	**4653**	**14918**	**9123**	**5795**
惠城区	630	358	272	3422	2168	1254	4698	2853	1845
惠阳区	872	510	362	4805	3038	1767	5801	3587	2214
博罗县	165	91	74	2222	1332	890	2962	1813	1149
惠东县	73	47	26	1651	1016	635	1147	682	465
龙门县	18	12	6	302	195	107	310	188	122
梅州市	**91**	**57**	**34**	**654**	**387**	**267**	**628**	**353**	**275**
梅江区	25	11	14	148	82	66	131	70	61
梅县区	15	8	7	107	73	34	158	88	70
大埔县	4	2	2	30	19	11	46	25	21
丰顺县	8	5	3	67	37	30	51	27	24
五华县	11	8	3	197	118	79	93	56	37
平远县	5	3	2	35	19	16	37	19	18
蕉岭县	4	3	1	17	8	9	10	6	4
兴宁市	19	17	2	53	31	22	102	62	40

1—3　续表 14　　　　　　　　　　　　　　　　　　　　　　　　　　单位：人

地　区	满族			侗族			瑶族		
	小计	男	女	小计	男	女	小计	男	女
汕尾市	**69**	**40**	**29**	**616**	**403**	**213**	**671**	**422**	**249**
城　区	12	6	6	131	88	43	193	123	70
海丰县	41	24	17	311	207	104	315	194	121
陆河县	5	4	1	70	48	22	37	24	13
陆丰市	11	6	5	104	60	44	126	81	45
河源市	**145**	**92**	**53**	**1121**	**708**	**413**	**1313**	**753**	**560**
源城区	75	51	24	546	344	202	608	335	273
紫金县	9	4	5	137	95	42	165	108	57
龙川县	31	22	9	81	51	30	78	36	42
连平县	2	1	1	38	21	17	88	62	26
和平县	4	4		30	14	16	56	33	23
东源县	24	10	14	289	183	106	318	179	139
阳江市	**107**	**70**	**37**	**1226**	**744**	**482**	**3261**	**1787**	**1474**
江城区	42	22	20	354	222	132	992	554	438
阳东区	29	25	4	607	362	245	1809	999	810
阳西县	15	8	7	99	56	43	141	72	69
阳春市	21	15	6	166	104	62	319	162	157
清远市	**281**	**152**	**129**	**1944**	**1226**	**718**	**8391**	**4703**	**3688**
清城区	196	103	93	1300	804	496	4606	2671	1935
清新区	26	15	11	187	124	63	951	532	419
佛冈县	12	9	3	127	79	48	390	231	159
阳山县	5	3	2	35	27	8	279	150	129
连山壮族瑶族自治县	3	1	2	16	13	3	538	277	261
连南瑶族自治县	2	1	1	17	12	5	405	192	213
英德市	31	17	14	232	149	83	675	392	283
连州市	6	3	3	30	18	12	547	258	289
东莞市	**3711**	**2213**	**1498**	**56905**	**35462**	**21443**	**70519**	**41518**	**29001**
市辖区	3711	2213	1498	56905	35462	21443	70519	41518	29001
中山市	**1380**	**761**	**619**	**10980**	**6536**	**4444**	**36065**	**21571**	**14494**
市辖区	1380	761	619	10980	6536	4444	36065	21571	14494
潮州市	**45**	**23**	**22**	**4431**	**2703**	**1728**	**1135**	**651**	**484**
湘桥区	17	9	8	483	285	198	215	129	86
潮安区	17	8	9	3753	2297	1456	862	491	371
饶平县	11	6	5	195	121	74	58	31	27
揭阳市	**44**	**28**	**16**	**6112**	**3701**	**2411**	**2176**	**1229**	**947**
榕城区	7	5	2	1715	1048	667	231	140	91
揭东区	8	7	1	2120	1271	849	281	173	108
揭西县	4	2	2	332	216	116	1052	584	468
惠来县	11	6	5	66	34	32	81	56	25
普宁市	14	8	6	1879	1132	747	531	276	255
云浮市	**103**	**68**	**35**	**864**	**531**	**333**	**1022**	**617**	**405**
云城区	62	40	22	350	230	120	265	180	85
云安区	17	13	4	75	43	32	79	46	33
新兴县	15	10	5	217	134	83	327	197	130
郁南县				56	32	24	115	74	41
罗定市	9	5	4	166	92	74	236	120	116

1-3 续表 15

单位：人

地区	白族			土家族			哈尼族		
	小计	男	女	小计	男	女	小计	男	女
广 东	**32938**	**19339**	**13599**	**388312**	**229133**	**159179**	**32948**	**19927**	**13021**
广州市	**3131**	**1760**	**1371**	**48324**	**28143**	**20181**	**2060**	**1179**	**881**
荔湾区	111	57	54	2553	1520	1033	16	8	8
越秀区	60	28	32	880	470	410	15	6	9
海珠区	129	66	63	2025	1093	932	48	21	27
天河区	282	140	142	3473	1925	1548	99	45	54
白云区	662	384	278	12537	7118	5419	771	450	321
黄埔区	732	438	294	4981	3037	1944	181	112	69
番禺区	451	235	216	7890	4462	3428	335	184	151
花都区	259	148	111	5797	3312	2485	322	200	122
南沙区	232	137	95	3717	2320	1397	175	99	76
从化区	32	16	16	755	487	268	31	16	15
增城区	181	111	70	3716	2399	1317	67	38	29
韶关市	**84**	**55**	**29**	**1554**	**967**	**587**	**38**	**22**	**16**
武江区	31	21	10	463	281	182	4		4
浈江区	5	3	2	143	80	63	1		1
曲江区	14	11	3	129	84	45	9	8	1
始兴县	1		1	69	41	28	3	1	2
仁化县	10	7	3	129	83	46	9	6	3
翁源县	14	6	8	152	96	56	5	2	3
乳源瑶族自治县	1	1		66	41	25	4	4	
新丰县	2	1	1	192	130	62	1	1	
乐昌市	6	5	1	100	64	36	1		1
南雄市				111	67	44	1		1
深圳市	**10854**	**6333**	**4521**	**87704**	**49755**	**37949**	**9612**	**5780**	**3832**
罗湖区	240	122	118	2673	1360	1313	79	44	35
福田区	344	196	148	3730	1983	1747	161	95	66
南山区	488	288	200	5126	2843	2283	193	123	70
宝安区	3746	2123	1623	24044	13580	10464	4568	2741	1827
龙岗区	1865	1093	772	21500	12069	9431	1510	896	614
盐田区	73	53	20	755	454	301	30	18	12
龙华区	1918	1159	759	18239	10463	7776	1394	884	510
坪山区	951	580	371	3772	2271	1501	520	311	209
光明区	1229	719	510	7865	4732	3133	1157	668	489
珠海市	**1696**	**1064**	**632**	**10227**	**6206**	**4021**	**622**	**384**	**238**
香洲区	1009	643	366	5772	3472	2300	205	123	82
斗门区	321	202	119	2142	1324	818	183	112	71
金湾区	366	219	147	2313	1410	903	234	149	85
汕头市	**619**	**371**	**248**	**4221**	**2567**	**1654**	**341**	**200**	**141**
龙湖区	49	29	20	755	459	296	16	13	3
金平区	30	22	8	558	344	214	35	19	16
濠江区	7	7		165	114	51	15	13	2
潮阳区	286	168	118	1487	883	604	35	20	15
潮南区	94	55	39	547	340	207	5	2	3
澄海区	153	90	63	672	407	265	235	133	102
南澳县				37	20	17			
佛山市	**2591**	**1590**	**1001**	**52487**	**31783**	**20704**	**1469**	**876**	**593**
禅城区	229	147	82	2798	1667	1131	39	19	20
南海区	771	457	314	18324	11105	7219	606	355	251
顺德区	1202	738	464	16260	9895	6365	668	392	276
三水区	185	117	68	12452	7477	4975	84	63	21
高明区	204	131	73	2653	1639	1014	72	47	25

1−3　续表 16　　单位：人

地　区	白　族			土家族			哈尼族		
	小计	男	女	小计	男	女	小计	男	女
江门市	**535**	**312**	**223**	**25773**	**15077**	**10696**	**369**	**201**	**168**
蓬江区	93	55	38	5746	3367	2379	58	25	33
江海区	91	49	42	4139	2369	1770	100	58	42
新会区	114	73	41	6358	3807	2551	46	25	21
台山市	48	37	11	989	644	345	17	7	10
开平市	23	12	11	4348	2459	1889	16	10	6
鹤山市	157	83	74	3795	2181	1614	128	74	54
恩平市	9	3	6	398	250	148	4	2	2
湛江市	**102**	**42**	**60**	**1072**	**605**	**467**	**83**	**31**	**52**
赤坎区	12	4	8	176	82	94	3	2	1
霞山区	15	5	10	260	136	124	17	9	8
坡头区	10	5	5	70	41	29	11	4	7
麻章区	16	9	7	140	89	51	18	8	10
遂溪县	13	3	10	53	28	25	2	1	1
徐闻县	3		3	56	31	25	4	1	3
廉江市	11	4	7	105	57	48	8	2	6
雷州市	4	2	2	83	50	33			
吴川市	18	10	8	129	91	38	20	4	16
茂名市	**85**	**48**	**37**	**936**	**622**	**314**	**56**	**14**	**42**
茂南区	39	21	18	306	202	104	15	2	13
电白区	18	10	8	206	134	72	15	3	12
高州市	18	12	6	239	161	78	11	5	6
化州市	6	3	3	89	64	25	13	3	10
信宜市	4	2	2	96	61	35	2	1	1
肇庆市	**176**	**107**	**69**	**9202**	**5643**	**3559**	**91**	**59**	**32**
端州区	27	13	14	1260	761	499	3	1	2
鼎湖区	24	16	8	888	564	324	38	27	11
高要区	35	24	11	2068	1239	829	12	8	4
广宁县	2	2		337	236	101	2	1	1
怀集县	6	3	3	188	126	62	5	5	
封开县				78	54	24	1		1
德庆县	2	1	1	113	68	45	1		1
四会市	80	48	32	4270	2595	1675	29	17	12
惠州市	**2625**	**1570**	**1055**	**33504**	**20338**	**13166**	**4749**	**2943**	**1806**
惠城区	632	394	238	15016	9161	5855	1005	684	321
惠阳区	1539	905	634	8504	5094	3410	1239	811	428
博罗县	310	179	131	6789	4085	2704	2075	1212	863
惠东县	87	58	29	2264	1388	876	418	229	189
龙门县	57	34	23	931	610	321	12	7	5
梅州市	**79**	**52**	**27**	**1415**	**963**	**452**	**57**	**43**	**14**
梅江区	14	3	11	325	223	102	7	1	6
梅县区	9	7	2	174	118	56			
大埔县	6	4	2	118	88	30	24	21	3
丰顺县	2	2		121	78	43			
五华县	31	20	11	297	200	97	25	21	4
平远县				33	18	15			
蕉岭县	5	5		58	45	13			
兴宁市	12	11	1	289	193	96	1		1

1-3 续表 17 单位：人

地 区	白 族			土 家 族			哈 尼 族		
	小计	男	女	小计	男	女	小计	男	女
汕尾市	**56**	**32**	**24**	**1364**	**861**	**503**	**44**	**34**	**10**
城 区	7	4	3	264	190	74	7	5	2
海丰县	42	23	19	864	530	334	32	25	7
陆河县	2	1	1	95	65	30	2	2	
陆丰市	5	4	1	141	76	65	3	2	1
河源市	**145**	**78**	**67**	**5762**	**3612**	**2150**	**182**	**103**	**79**
源城区	70	34	36	3565	2181	1384	145	86	59
紫金县	6	3	3	704	469	235	15	8	7
龙川县	27	16	11	207	148	59			
连平县	8	5	3	87	64	23	8	6	2
和平县	8	6	2	153	111	42	1	1	
东源县	26	14	12	1046	639	407	13	2	11
阳江市	**82**	**52**	**30**	**1212**	**742**	**470**	**35**	**23**	**12**
江城区	43	33	10	478	306	172	22	16	6
阳东区	33	14	19	368	209	159	9	5	4
阳西县	2	2		178	108	70	1		1
阳春市	4	3	1	188	119	69	3	2	1
清远市	**192**	**129**	**63**	**5885**	**3743**	**2142**	**89**	**60**	**29**
清城区	103	69	34	4275	2682	1593	41	28	13
清新区	12	8	4	423	257	166	7	3	4
佛冈县	45	30	15	300	198	102	20	19	1
阳山县	6	3	3	113	82	31	2		2
连山壮族瑶族自治县				23	13	10			
连南瑶族自治县	1		1	15	10	5			
英德市	23	18	5	661	448	213	16	8	8
连州市	2	1	1	75	53	22	3	2	1
东莞市	**8111**	**4705**	**3406**	**61415**	**36180**	**25235**	**11846**	**7242**	**4604**
市辖区	8111	4705	3406	61415	36180	25235	11846	7242	4604
中山市	**1439**	**843**	**596**	**30388**	**17770**	**12618**	**994**	**610**	**384**
市辖区	1439	843	596	30388	17770	12618	994	610	384
潮州市	**156**	**83**	**73**	**2595**	**1513**	**1082**	**187**	**104**	**83**
湘桥区	19	13	6	574	320	254	3		3
潮安区	122	62	60	1944	1145	799	180	102	78
饶平县	15	8	7	77	48	29	4	2	2
揭阳市	**147**	**93**	**54**	**1866**	**1184**	**682**	**9**	**7**	**2**
榕城区	51	31	20	505	306	199			
揭东区	50	32	18	563	381	182	5	3	2
揭西县	5	4	1	91	58	33			
惠来县				113	74	39	2	2	
普宁市	41	26	15	594	365	229	2	2	
云浮市	**33**	**20**	**13**	**1406**	**859**	**547**	**15**	**12**	**3**
云城区	2	2		286	178	108	1	1	
云安区	3	2	1	118	82	36	10	10	
新兴县	13	7	6	642	369	273	3	1	2
郁南县	3	2	1	54	32	22	1		1
罗定市	12	7	5	306	198	108			

1-3　续表 18　　　　　　　　　　　　　　　　　　　　　　　　　　　　　　　　单位：人

地　　区	哈萨克族			傣　　族			黎　　族		
	小计	男	女	小计	男	女	小计	男	女
广　东	**828**	**393**	**435**	**15321**	**8558**	**6763**	**28154**	**15212**	**12942**
广州市	**283**	**123**	**160**	**1383**	**712**	**671**	**4724**	**2469**	**2255**
荔湾区	60	29	31	20	6	14	83	44	39
越秀区	15	6	9	15	7	8	82	37	45
海珠区	26	10	16	34	12	22	229	114	115
天河区	50	24	26	101	44	57	560	267	293
白云区	36	19	17	391	199	192	1792	980	812
黄埔区	15	5	10	214	123	91	368	193	175
番禺区	64	21	43	200	105	95	788	393	395
花都区	5	4	1	150	81	69	418	220	198
南沙区	5	3	2	151	77	74	164	85	79
从化区	4	1	3	19	9	10	44	24	20
增城区	3	1	2	88	49	39	196	112	84
韶关市	**4**	**2**	**2**	**43**	**21**	**22**	**73**	**21**	**52**
武江区	1		1	14	7	7	19	6	13
浈江区				4	1	3	15	7	8
曲江区	1	1		3	2	1	5	2	3
始兴县				2		2	3		3
仁化县	2	1	1	4	1	3	7		7
翁源县				2	1	1	3	1	2
乳源瑶族自治县				3	1	2			
新丰县				1	1		5	1	4
乐昌市				10	7	3	6	1	5
南雄市							10	3	7
深圳市	**191**	**109**	**82**	**4320**	**2415**	**1905**	**9353**	**5010**	**4343**
罗湖区	4		4	50	28	22	334	116	218
福田区	18	13	5	113	64	49	491	236	255
南山区	32	15	17	172	103	69	382	173	209
宝安区	40	20	20	1957	1079	878	3445	1898	1547
龙岗区	17	10	7	666	379	287	1895	1009	886
盐田区				32	13	19	51	25	26
龙华区	19	11	8	507	296	211	1729	993	736
坪山区	18	7	11	257	155	102	306	164	142
光明区	43	33	10	566	298	268	720	396	324
珠海市	**75**	**24**	**51**	**304**	**176**	**128**	**726**	**397**	**329**
香洲区	35	10	25	130	73	57	426	241	185
斗门区	1		1	101	59	42	137	76	61
金湾区	39	14	25	73	44	29	163	80	83
汕头市	**3**	**2**	**1**	**378**	**204**	**174**	**741**	**379**	**362**
龙湖区				7	4	3	35	19	16
金平区				23	9	14	50	24	26
濠江区				44	25	19	8	4	4
潮阳区				19	12	7	197	90	107
潮南区				23	13	10	98	52	46
澄海区	3	2	1	261	141	120	350	188	162
南澳县				1		1	3	2	1
佛山市	**24**	**13**	**11**	**882**	**483**	**399**	**1506**	**845**	**661**
禅城区	5	3	2	38	15	23	144	77	67
南海区	11	6	5	332	166	166	575	310	265
顺德区	6	2	4	342	201	141	596	341	255
三水区	1	1		146	87	59	136	81	55
高明区	1	1		24	14	10	55	36	19

1-3 续表 19 单位：人

地区	哈萨克族			傣族			黎族		
	小计	男	女	小计	男	女	小计	男	女
江门市	**40**	**13**	**27**	**204**	**109**	**95**	**518**	**290**	**228**
蓬江区	36	11	25	42	20	22	145	80	65
江海区				43	22	21	103	64	39
新会区				51	33	18	73	41	32
台山市	4	2	2	9	4	5	50	22	28
开平市				20	13	7	56	30	26
鹤山市				35	15	20	75	46	29
恩平市				4	2	2	16	7	9
湛江市	**5**	**2**	**3**	**72**	**13**	**59**	**737**	**343**	**394**
赤坎区				4	1	3	51	20	31
霞山区	1	1		9	4	5	94	41	53
坡头区				6	3	3	14	9	5
麻章区	4	1	3	7	1	6	64	36	28
遂溪县				2		2	94	56	38
徐闻县				10		10	97	25	72
廉江市				7		7	69	25	44
雷州市				2	1	1	15	4	11
吴川市				25	3	22	239	127	112
茂名市	**10**	**1**	**9**	**76**	**20**	**56**	**409**	**108**	**301**
茂南区				19	6	13	89	27	62
电白区	1		1	32	6	26	154	26	128
高州市	8	1	7	14	6	8	68	27	41
化州市	1		1	6	1	5	37	11	26
信宜市				5	1	4	61	17	44
肇庆市				**161**	**96**	**65**	**145**	**79**	**66**
端州区				3	1	2	20	11	9
鼎湖区				12	8	4	35	20	15
高要区				10	5	5	24	15	9
广宁县				6	3	3	3	1	2
怀集县				1	1		5		5
封开县							1	1	
德庆县				4	3	1	5	1	4
四会市				125	75	50	52	30	22
惠州市	**39**	**28**	**11**	**1695**	**1037**	**658**	**1345**	**763**	**582**
惠城区	24	17	7	664	399	265	457	263	194
惠阳区	8	6	2	704	438	266	518	292	226
博罗县				287	172	115	292	165	127
惠东县	7	5	2	30	19	11	54	32	22
龙门县				10	9	1	24	11	13
梅州市	**1**	**1**		**44**	**24**	**20**	**78**	**28**	**50**
梅江区				8	3	5	18	6	12
梅县区				3	3		15	6	9
大埔县	1	1		4	2	2	9	1	8
丰顺县				5	1	4	12	3	9
五华县				12	9	3	7	3	4
平远县				2	1	1	3	1	2
蕉岭县				2		2	5	3	2
兴宁市				8	5	3	9	5	4

1-3 续表 20 单位：人

地区	哈萨克族			傣族			黎族		
	小计	男	女	小计	男	女	小计	男	女
汕尾市				**39**	**27**	**12**	**107**	**54**	**53**
城　区				21	14	7	17	7	10
海丰县				14	11	3	55	30	25
陆河县				1	1		16	7	9
陆丰市				3	1	2	19	10	9
河源市	**2**	**2**		**125**	**72**	**53**	**122**	**60**	**62**
源城区				102	60	42	77	38	39
紫金县	2	2		5	2	3	18	5	13
龙川县				8	5	3	8	7	1
连平县							3	1	2
和平县				3	1	2	4	1	3
东源县				7	4	3	12	8	4
阳江市				**32**	**17**	**15**	**159**	**77**	**82**
江城区				7	3	4	34	14	20
阳东区				4	2	2	48	26	22
阳西县				12	7	5	21	4	17
阳春市				9	5	4	56	33	23
清远市	**1**		**1**	**64**	**32**	**32**	**220**	**92**	**128**
清城区	1		1	42	26	16	127	56	71
清新区				5		5	21	9	12
佛冈县				5	2	3	27	9	18
阳山县				1		1	5	1	4
连山壮族瑶族自治县									
连南瑶族自治县									
英德市				11	4	7	39	17	22
连州市							1		1
东莞市	**130**	**58**	**72**	**4946**	**2810**	**2136**	**5458**	**3217**	**2241**
市辖区	130	58	72	4946	2810	2136	5458	3217	2241
中山市	**15**	**11**	**4**	**505**	**258**	**247**	**1151**	**655**	**496**
市辖区	15	11	4	505	258	247	1151	655	496
潮州市	**2**	**1**	**1**	**21**	**14**	**7**	**213**	**120**	**93**
湘桥区				3	1	2	92	47	45
潮安区	2	1	1	15	11	4	105	65	40
饶平县				3	2	1	16	8	8
揭阳市	**1**	**1**		**19**	**11**	**8**	**296**	**170**	**126**
榕城区	1	1		3		3	139	78	61
揭东区				3	2	1	72	48	24
揭西县				1	1		19	5	14
惠来县							11	5	6
普宁市				12	8	4	55	34	21
云浮市	**2**	**2**		**8**	**7**	**1**	**73**	**35**	**38**
云城区				2	2		15	10	5
云安区							32	16	16
新兴县	1	1		5	5		4	1	3
郁南县	1	1					1		1
罗定市				1		1	21	8	13

1-3 续表 21 单位：人

地区	傈僳族			佤族			畲族		
	小计	男	女	小计	男	女	小计	男	女
广东	**6912**	**3838**	**3074**	**11417**	**6065**	**5352**	**18888**	**10967**	**7921**
广州市	**394**	**181**	**213**	**1178**	**670**	**508**	**3340**	**1890**	**1450**
荔湾区	22	7	15	11	5	6	129	62	67
越秀区	6	2	4	6	3	3	68	31	37
海珠区	12	6	6	26	16	10	172	103	69
天河区	26	9	17	31	10	21	349	178	171
白云区	87	40	47	320	167	153	1093	616	477
黄埔区	96	56	40	124	84	40	278	167	111
番禺区	47	14	33	150	68	82	630	361	269
花都区	28	14	14	163	80	83	275	173	102
南沙区	51	26	25	301	203	98	122	71	51
从化区	1		1	9	5	4	61	36	25
增城区	18	7	11	37	29	8	163	92	71
韶关市	**24**	**12**	**12**	**23**	**12**	**11**	**332**	**177**	**155**
武江区	1		1	9	8	1	113	53	60
浈江区	1		1	4	1	3	60	34	26
曲江区	2		2	1		1	24	14	10
始兴县							31	16	15
仁化县	5	3	2				26	14	12
翁源县	9	6	3	3	2	1	12	9	3
乳源瑶族自治县	1	1					21	13	8
新丰县				2		2	5	2	3
乐昌市	5	2	3	2	1	1	15	11	4
南雄市				2		2	25	11	14
深圳市	**1656**	**929**	**727**	**2986**	**1568**	**1418**	**5319**	**3112**	**2207**
罗湖区	13	3	10	24	16	8	237	130	107
福田区	25	16	9	35	18	17	280	156	124
南山区	59	46	13	267	188	79	274	146	128
宝安区	576	318	258	845	408	437	1661	971	690
龙岗区	364	200	164	790	412	378	1349	796	553
盐田区	6	4	2	19	17	2	53	24	29
龙华区	282	164	118	395	187	208	860	539	321
坪山区	98	53	45	163	93	70	186	102	84
光明区	233	125	108	448	229	219	419	248	171
珠海市	**729**	**461**	**268**	**195**	**122**	**73**	**298**	**171**	**127**
香洲区	344	211	133	116	83	33	159	91	68
斗门区	259	172	87	25	12	13	61	30	31
金湾区	126	78	48	54	27	27	78	50	28
汕头市	**121**	**62**	**59**	**60**	**25**	**35**	**354**	**204**	**150**
龙湖区	31	20	11	1		1	82	43	39
金平区	25	8	17	1		1	94	54	40
濠江区	3	3		2	1	1	8	7	1
潮阳区	8	4	4	8	4	4	47	24	23
潮南区	2		2	14	8	6	18	11	7
澄海区	52	27	25	33	12	21	105	65	40
南澳县				1		1			
佛山市	**217**	**104**	**113**	**594**	**321**	**273**	**1015**	**605**	**410**
禅城区	21	9	12	34	15	19	90	52	38
南海区	75	39	36	229	136	93	405	245	160
顺德区	92	39	53	290	154	136	436	250	186
三水区	27	17	10	24	10	14	54	35	19
高明区	2		2	17	6	11	30	23	7

1-3　续表 22　　　　单位：人

地　区	傈僳族			佤　族			畲　族		
	小计	男	女	小计	男	女	小计	男	女
江门市	**79**	**47**	**32**	**133**	**60**	**73**	**212**	**121**	**91**
蓬江区	8	6	2	21	10	11	51	28	23
江海区	21	10	11	21	9	12	34	20	14
新会区	23	14	9	13	8	5	35	19	16
台山市	2	1	1	7	5	2	17	9	8
开平市	2	1	1	5		5	25	15	10
鹤山市	23	15	8	51	23	28	47	27	20
恩平市				15	5	10	3	3	
湛江市	**18**	**9**	**9**	**28**	**15**	**13**	**94**	**54**	**40**
赤坎区	4	4					12	7	5
霞山区	3	2	1	1		1	11	7	4
坡头区	5	1	4	3	1	2	2	1	1
麻章区	2	1	1	7	7		28	14	14
遂溪县							10	6	4
徐闻县				2	1	1	12	9	3
廉江市	2	1	1	6	2	4	11	7	4
雷州市							7	3	4
吴川市	2		2	9	4	5	1		1
茂名市	**13**	**5**	**8**	**37**	**19**	**18**	**80**	**30**	**50**
茂南区	4	1	3	5	4	1	23	11	12
电白区	4	1	3	13	4	9	16	6	10
高州市	2		2	14	7	7	18	4	14
化州市	3	3					15	7	8
信宜市				5	4	1	8	2	6
肇庆市	**25**	**16**	**9**	**44**	**34**	**10**	**86**	**57**	**29**
端州区	1	1		7	7		11	5	6
鼎湖区	3	2	1				11	8	3
高要区	3	2	1	3	1	2	14	8	6
广宁县	2	1	1				3	2	1
怀集县				1	1				
封开县	3	3					10	6	4
德庆县									
四会市	13	7	6	33	25	8	37	28	9
惠州市	**718**	**418**	**300**	**1221**	**673**	**548**	**1164**	**686**	**478**
惠城区	209	126	83	179	102	77	610	353	257
惠阳区	368	214	154	901	493	408	320	194	126
博罗县	110	60	50	85	44	41	175	101	74
惠东县	22	12	10	28	15	13	46	32	14
龙门县	9	6	3	28	19	9	13	6	7
梅州市	**29**	**21**	**8**	**22**	**11**	**11**	**162**	**90**	**72**
梅江区	18	15	3	3	3		44	23	21
梅县区	3	2	1	4	3	1	32	15	17
大埔县							21	12	9
丰顺县				3	1	2	10	8	2
五华县	1		1	2		2	17	11	6
平远县	1	1					10	7	3
蕉岭县				7	3	4	8	3	5
兴宁市	6	3	3	3	1	2	20	11	9

1-3 续表 23 单位：人

地区	傈僳族			佤族			畲族		
	小计	男	女	小计	男	女	小计	男	女
汕尾市	**9**	**3**	**6**	**18**	**10**	**8**	**40**	**23**	**17**
城　区	4	2	2	2	2		15	8	7
海丰县	4	1	3	15	8	7	18	11	7
陆河县							3	1	2
陆丰市	1		1	1		1	4	3	1
河源市	**12**	**6**	**6**	**50**	**35**	**15**	**2331**	**1260**	**1071**
源城区	11	5	6	13	7	6	2100	1127	973
紫金县				6	3	3	29	15	14
龙川县	1	1		4	1	3	32	22	10
连平县							14	9	5
和平县							19	13	6
东源县				27	24	3	137	74	63
阳江市	**10**	**4**	**6**	**7**	**4**	**3**	**34**	**18**	**16**
江城区	4	2	2	3	1	2	9	4	5
阳东区				3	2	1	16	10	6
阳西县	1		1	1	1		3	1	2
阳春市	5	2	3				6	3	3
清远市	**46**	**24**	**22**	**46**	**22**	**24**	**152**	**77**	**75**
清城区	13	6	7	14	6	8	86	42	44
清新区	2		2	5	2	3	18	9	9
佛冈县	5	2	3	23	12	11	8	3	5
阳山县	3	1	2	1	1		2	2	
连山壮族瑶族自治县	2		2				2	2	
连南瑶族自治县							1	1	
英德市	20	14	6	1	1		26	12	14
连州市	1	1		2		2	9	6	3
东莞市	**2602**	**1430**	**1172**	**4418**	**2290**	**2128**	**2817**	**1769**	**1048**
市辖区	2602	1430	1172	4418	2290	2128	2817	1769	1048
中山市	**184**	**94**	**90**	**327**	**157**	**170**	**645**	**391**	**254**
市辖区	184	94	90	327	157	170	645	391	254
潮州市	**17**	**9**	**8**	**8**	**3**	**5**	**301**	**172**	**129**
湘桥区	5	1	4	1		1	167	103	64
潮安区	5	2	3	6	2	4	121	62	59
饶平县	7	6	1	1	1		13	7	6
揭阳市	**2**		**2**	**3**	**3**		**77**	**49**	**28**
榕城区	1		1	1	1		17	12	5
揭东区							31	20	11
揭西县							7	3	4
惠来县							8	6	2
普宁市	1		1	2	2		14	8	6
云浮市	**7**	**3**	**4**	**19**	**11**	**8**	**35**	**11**	**24**
云城区				4		4	13	4	9
云安区				12	10	2	2		2
新兴县	4	2	2	3	1	2	10	5	5
郁南县									
罗定市	3	1	2				10	2	8

1-3 续表 24

单位：人

地区	高山族			拉祜族			水族		
	小计	男	女	小计	男	女	小计	男	女
广东	**113**	**55**	**58**	**5312**	**2954**	**2358**	**22307**	**13506**	**8801**
广州市	**20**	**10**	**10**	**576**	**331**	**245**	**2572**	**1567**	**1005**
荔湾区				12	8	4	153	105	48
越秀区	1		1	6	2	4	62	43	19
海珠区	1	1		26	15	11	138	90	48
天河区	3	2	1	30	16	14	167	90	77
白云区	3		3	183	105	78	626	352	274
黄埔区	1	1		76	47	29	440	270	170
番禺区	5	3	2	84	55	29	342	200	142
花都区	2	1	1	101	49	52	271	174	97
南沙区	1		1	36	21	15	166	104	62
从化区				6	3	3	51	35	16
增城区	3	2	1	16	10	6	156	104	52
韶关市				**10**	**3**	**7**	**61**	**37**	**24**
武江区				1		1	22	16	6
浈江区							2	1	1
曲江区				1	1		4	3	1
始兴县							2		2
仁化县				3	2	1	4	1	3
翁源县				2		2	4	2	2
乳源瑶族自治县							3	1	2
新丰县							14	9	5
乐昌市							6	4	2
南雄市				3		3			
深圳市	**29**	**13**	**16**	**1254**	**708**	**546**	**6982**	**4224**	**2758**
罗湖区				24	16	8	212	151	61
福田区	4	2	2	36	21	15	214	145	69
南山区				42	27	15	205	134	71
宝安区	8	3	5	428	240	188	1963	1189	774
龙岗区	9	6	3	250	132	118	1129	683	446
盐田区				2	2		43	29	14
龙华区	6	2	4	211	116	95	904	568	336
坪山区				76	45	31	251	148	103
光明区	2		2	185	109	76	2061	1177	884
珠海市	**1**		**1**	**74**	**45**	**29**	**635**	**377**	**258**
香洲区	1		1	33	22	11	198	122	76
斗门区				21	10	11	284	170	114
金湾区				20	13	7	153	85	68
汕头市	**4**	**2**	**2**	**45**	**24**	**21**	**442**	**262**	**180**
龙湖区				2		2	75	45	30
金平区	1	1		2	1	1	44	29	15
濠江区				2	2		12	5	7
潮阳区				9	4	5	177	105	72
潮南区				8	4	4	51	31	20
澄海区	3	1	2	22	13	9	81	46	35
南澳县							2	1	1
佛山市	**23**	**13**	**10**	**404**	**227**	**177**	**1644**	**980**	**664**
禅城区	3	2	1	45	27	18	110	54	56
南海区	10	5	5	171	100	71	854	521	333
顺德区	6	3	3	110	56	54	479	277	202
三水区	2	2		48	26	22	133	82	51
高明区	2	1	1	30	18	12	68	46	22

1-3 续表 25　　　　单位：人

地　区	高山族			拉祜族			水　族		
	小计	男	女	小计	男	女	小计	男	女
江门市				**85**	**45**	**40**	**563**	**323**	**240**
蓬江区				12	6	6	95	61	34
江海区				16	8	8	114	60	54
新会区				24	12	12	123	72	51
台山市				10	8	2	20	11	9
开平市				5	2	3	126	74	52
鹤山市				17	9	8	57	28	29
恩平市				1		1	28	17	11
湛江市	**1**		**1**	**69**	**14**	**55**	**508**	**295**	**213**
赤坎区				1		1	47	32	15
霞山区				2	1	1	32	19	13
坡头区				13	1	12	16	9	7
麻章区	1		1	2	1	1	67	35	32
遂溪县							249	148	101
徐闻县				1	1		9	2	7
廉江市				1	1		28	14	14
雷州市							39	23	16
吴川市				49	9	40	21	13	8
茂名市	**1**	**1**		**17**	**4**	**13**	**211**	**127**	**84**
茂南区	1	1		4	2	2	45	28	17
电白区				6	1	5	25	10	15
高州市				4		4	89	55	34
化州市				3	1	2	38	25	13
信宜市							14	9	5
肇庆市				**19**	**8**	**11**	**237**	**139**	**98**
端州区				2	1	1	28	19	9
鼎湖区				4	3	1	42	22	20
高要区							64	38	26
广宁县							9	7	2
怀集县				1		1	28	20	8
封开县							1	1	
德庆县							5	2	3
四会市				12	4	8	60	30	30
惠州市	**7**	**4**	**3**	**470**	**275**	**195**	**1224**	**758**	**466**
惠城区				127	69	58	389	246	143
惠阳区	2	1	1	251	158	93	516	319	197
博罗县	3	2	1	79	43	36	224	133	91
惠东县	2	1	1	10	2	8	82	50	32
龙门县				3	3		13	10	3
梅州市	**1**	**1**		**13**	**11**	**2**	**51**	**31**	**20**
梅江区	1	1		1		1	13	8	5
梅县区				2	2		3	3	
大埔县							7	2	5
丰顺县				3	2	1	4	4	
五华县				7	7		5	3	2
平远县							3	3	
蕉岭县							3	1	2
兴宁市							13	7	6

1-3　续表 26　　　　单位：人

地　区	高山族			拉祜族			水　族		
	小计	男	女	小计	男	女	小计	男	女
汕尾市	**1**		**1**	**28**	**17**	**11**	**35**	**19**	**16**
城　区				9	5	4	13	7	6
海丰县	1		1	18	12	6	12	6	6
陆河县							2	2	
陆丰市				1		1	8	4	4
河源市				**67**	**45**	**22**	**66**	**46**	**20**
源城区				5	4	1	32	19	13
紫金县				2	1	1	15	12	3
龙川县				2		2	1	1	
连平县							2		2
和平县							4	4	
东源县				58	40	18	12	10	2
阳江市	**1**		**1**	**5**	**3**	**2**	**247**	**131**	**116**
江城区				1	1		113	66	47
阳东区	1		1	3	1	2	93	40	53
阳西县				1	1		30	18	12
阳春市							11	7	4
清远市				**24**	**15**	**9**	**167**	**105**	**62**
清城区				14	9	5	77	49	28
清新区				2	1	1	27	16	11
佛冈县				3	1	2	29	13	16
阳山县				1		1	1	1	
连山壮族瑶族自治县							12	11	1
连南瑶族自治县									
英德市				4	4		18	13	5
连州市							3	2	1
东莞市	**21**	**11**	**10**	**1965**	**1096**	**869**	**5405**	**3345**	**2060**
市辖区	21	11	10	1965	1096	869	5405	3345	2060
中山市	**2**		**2**	**171**	**74**	**97**	**1014**	**601**	**413**
市辖区	2		2	171	74	97	1014	601	413
潮州市				**7**	**3**	**4**	**105**	**59**	**46**
湘桥区							26	17	9
潮安区				7	3	4	67	36	31
饶平县							12	6	6
揭阳市	**1**		**1**	**5**	**3**	**2**	**110**	**65**	**45**
榕城区							30	25	5
揭东区				2	1	1	39	20	19
揭西县	1		1				14	5	9
惠来县				1		1	2		2
普宁市				2	2		25	15	10
云浮市				**4**	**3**	**1**	**28**	**15**	**13**
云城区				1		1	8	4	4
云安区				2	2		6	6	
新兴县				1	1		5	2	3
郁南县							2	1	1
罗定市							7	2	5

1-3 续表 27 单位：人

地区	东乡族			纳西族			景颇族		
	小计	男	女	小计	男	女	小计	男	女
广东	**4539**	**2940**	**1599**	**702**	**361**	**341**	**2747**	**1430**	**1317**
广州市	**365**	**231**	**134**	**106**	**48**	**58**	**189**	**87**	**102**
荔湾区	26	19	7	5		5	14	10	4
越秀区	78	55	23	3		3	1		1
海珠区	14	5	9	10	2	8	5	2	3
天河区	33	24	9	25	10	15	16	6	10
白云区	63	42	21	28	15	13	44	17	27
黄埔区	12	5	7	9	6	3	29	12	17
番禺区	71	43	28	11	7	4	12	4	8
花都区	33	18	15	6	4	2	34	17	17
南沙区	21	11	10	2	1	1	27	15	12
从化区				4	3	1			
增城区	14	9	5	3		3	7	4	3
韶关市	**3**	**1**	**2**	**1**		**1**	**3**	**1**	**2**
武江区									
浈江区	2	1	1				1		1
曲江区									
始兴县									
仁化县	1		1						
翁源县									
乳源瑶族自治县									
新丰县									
乐昌市				1		1	2	1	1
南雄市									
深圳市	**847**	**530**	**317**	**263**	**135**	**128**	**611**	**325**	**286**
罗湖区	58	34	24	6	5	1	7	4	3
福田区	39	28	11	17	6	11	11	7	4
南山区	17	8	9	34	19	15	37	26	11
宝安区	157	90	67	61	37	24	185	92	93
龙岗区	233	135	98	42	14	28	143	74	69
盐田区	1	1		1	1		11	11	
龙华区	197	136	61	61	32	29	107	65	42
坪山区	69	46	23	12	4	8	27	10	17
光明区	76	52	24	29	17	12	83	36	47
珠海市	**261**	**188**	**73**	**21**	**9**	**12**	**55**	**35**	**20**
香洲区	178	123	55	17	6	11	34	21	13
斗门区				2	1	1	13	8	5
金湾区	83	65	18	2	2		8	6	2
汕头市	**4**	**3**	**1**	**3**	**1**	**2**	**49**	**22**	**27**
龙湖区	1		1				1	1	
金平区									
濠江区							1	1	
潮阳区							1	1	
潮南区	1	1					7	3	4
澄海区	2	2		3	1	2	39	16	23
南澳县									
佛山市	**189**	**122**	**67**	**46**	**23**	**23**	**154**	**84**	**70**
禅城区	7	5	2	2	1	1	12	5	7
南海区	64	41	23	10	4	6	53	28	25
顺德区	109	71	38	24	11	13	73	42	31
三水区	1		1	1	1		12	7	5
高明区	8	5	3	9	6	3	4	2	2

1-3　续表 28　　　　　　　　　　　　　　　　　　　　　　　　　　　单位：人

地　区	东乡族			纳西族			景颇族		
	小计	男	女	小计	男	女	小计	男	女
江门市	**87**	**50**	**37**	**16**	**10**	**6**	**13**	**6**	**7**
蓬江区	9	7	2	3	1	2	6	2	4
江海区	2	1	1	5	3	2	3	1	2
新会区	15	8	7	1	1		1		1
台山市	1	1					2	2	
开平市	39	22	17						
鹤山市	21	11	10	7	5	2	1	1	
恩平市									
湛江市				**5**	**2**	**3**	**12**	**5**	**7**
赤坎区									
霞山区									
坡头区							3		3
麻章区				2	1	1	1		1
遂溪县									
徐闻县									
廉江市				3	1	2			
雷州市									
吴川市							8	5	3
茂名市	**2**		**2**	**1**	**1**		**22**	**8**	**14**
茂南区	1		1				3		3
电白区	1		1				10	1	9
高州市				1	1		6	4	2
化州市							3	3	
信宜市									
肇庆市	**10**	**5**	**5**	**3**	**1**	**2**	**3**	**1**	**2**
端州区				1		1			
鼎湖区	1		1						
高要区									
广宁县									
怀集县									
封开县									
德庆县	2	1	1				1		1
四会市	7	4	3	2	1	1	2	1	1
惠州市	**460**	**322**	**138**	**50**	**33**	**17**	**506**	**288**	**218**
惠城区	228	163	65	11	4	7	145	83	62
惠阳区	120	81	39	26	19	7	248	135	113
博罗县	108	75	33	12	9	3	100	64	36
惠东县	4	3	1	1	1		11	6	5
龙门县							2		2
梅州市	**9**	**4**	**5**	**6**	**5**	**1**	**1**	**1**	
梅江区	4	2	2	2	1	1			
梅县区	5	2	3						
大埔县									
丰顺县									
五华县				4	4		1	1	
平远县									
蕉岭县									
兴宁市									

1−3 续表 29 单位：人

地　区	东乡族			纳西族			景颇族		
	小计	男	女	小计	男	女	小计	男	女
汕尾市							**29**	**3**	**26**
城　区							27	3	24
海丰县							1		1
陆河县									
陆丰市							1		1
河源市	**83**	**66**	**17**	**8**	**5**	**3**	**11**	**6**	**5**
源城区	77	63	14	3	2	1	2	1	1
紫金县									
龙川县									
连平县									
和平县	5	2	3						
东源县	1	1		5	3	2	9	5	4
阳江市	**1**		**1**	**1**	**1**		**4**	**2**	**2**
江城区							2	1	1
阳东区	1		1				2	1	1
阳西县									
阳春市				1	1				
清远市	**6**	**2**	**4**	**2**	**1**	**1**	**16**	**8**	**8**
清城区	5	2	3	1		1	11	5	6
清新区	1		1				1		1
佛冈县									
阳山县									
连山壮族瑶族自治县									
连南瑶族自治县									
英德市				1	1		4	3	1
连州市									
东莞市	**1942**	**1232**	**710**	**140**	**72**	**68**	**931**	**473**	**458**
市辖区	1942	1232	710	140	72	68	931	473	458
中山市	**253**	**174**	**79**	**23**	**11**	**12**	**112**	**59**	**53**
市辖区	253	174	79	23	11	12	112	59	53
潮州市	**13**	**7**	**6**	**1**		**1**	**22**	**13**	**9**
湘桥区	4	2	2				2		2
潮安区	9	5	4	1		1	12	7	5
饶平县							8	6	2
揭阳市	**1**	**1**		**1**	**1**		**1**		**1**
榕城区				1	1				
揭东区							1		1
揭西县									
惠来县									
普宁市	1	1							
云浮市	**3**	**2**	**1**	**5**	**2**	**3**	**3**	**3**	
云城区	3	2	1						
云安区				2	2		3	3	
新兴县				3		3			
郁南县									
罗定市									

1-3 续表 30

单位：人

地 区	柯尔克孜族			土 族			达斡尔族		
	小计	男	女	小计	男	女	小计	男	女
广 东	**460**	**242**	**218**	**5214**	**3027**	**2187**	**550**	**286**	**264**
广州市	**31**	**11**	**20**	**679**	**360**	**319**	**125**	**61**	**64**
荔湾区	6	2	4	20	11	9	3	1	2
越秀区	2		2	14	7	7	2		2
海珠区	2	1	1	28	15	13	12	7	5
天河区	8	4	4	52	26	26	23	5	18
白云区	3	1	2	182	93	89	40	19	21
黄埔区	5	2	3	71	40	31	11	8	3
番禺区	5	1	4	123	67	56	13	9	4
花都区				73	37	36	5	3	2
南沙区				42	25	17	3	2	1
从化区				19	7	12	2	1	1
增城区				55	32	23	11	6	5
韶关市				**18**	**10**	**8**			
武江区				8	6	2			
浈江区				4	2	2			
曲江区				1		1			
始兴县									
仁化县				2		2			
翁源县									
乳源瑶族自治县				1	1				
新丰县				1	1				
乐昌市				1		1			
南雄市									
深圳市	**29**	**10**	**19**	**850**	**508**	**342**	**248**	**132**	**116**
罗湖区	2		2	30	13	17	12	5	7
福田区	3		3	48	23	25	27	15	12
南山区	5	1	4	45	23	22	35	11	24
宝安区				230	144	86	69	38	31
龙岗区	5		5	203	125	78	42	27	15
盐田区				11	7	4	3	1	2
龙华区	5	3	2	165	104	61	29	21	8
坪山区	5	2	3	33	19	14	14	6	8
光明区	4	4		85	50	35	17	8	9
珠海市	**16**	**2**	**14**	**180**	**103**	**77**	**26**	**12**	**14**
香洲区	3		3	96	54	42	15	6	9
斗门区				36	21	15	7	3	4
金湾区	13	2	11	48	28	20	4	3	1
汕头市				**112**	**64**	**48**	**1**	**1**	
龙湖区				4	3	1			
金平区				17	8	9	1	1	
濠江区									
潮阳区				17	11	6			
潮南区				69	40	29			
澄海区				5	2	3			
南澳县									
佛山市	**2**		**2**	**555**	**319**	**236**	**28**	**13**	**15**
禅城区				44	22	22	2	1	1
南海区	1		1	227	130	97	7	2	5
顺德区				179	104	75	12	6	6
三水区	1		1	78	46	32	4	2	2
高明区				27	17	10	3	2	1

1-3 续表 31

单位：人

地　区	柯尔克孜族			土　族			达斡尔族		
	小计	男	女	小计	男	女	小计	男	女
江门市	**21**	**8**	**13**	**375**	**210**	**165**	**1**	**1**	
蓬江区	8	2	6	96	52	44	1	1	
江海区				58	31	27			
新会区	8	3	5	84	50	34			
台山市				12	10	2			
开平市	5	3	2	30	16	14			
鹤山市				80	44	36			
恩平市				15	7	8			
湛江市				**18**	**10**	**8**	**2**	**1**	**1**
赤坎区				1	1				
霞山区				4	1	3			
坡头区				1	1				
麻章区				2	2		1	1	
遂溪县									
徐闻县				2	2				
廉江市				5	1	4			
雷州市				1	1		1		1
吴川市				2	1	1			
茂名市				**17**	**8**	**9**	**2**	**2**	
茂南区				4	1	3	1	1	
电白区				3	1	2	1	1	
高州市				6	4	2			
化州市				2		2			
信宜市				2	2				
肇庆市				**142**	**90**	**52**	**5**	**1**	**4**
端州区				73	50	23			
鼎湖区				6	3	3			
高要区				21	11	10			
广宁县				6	5	1			
怀集县				2	2				
封开县				1	1				
德庆县									
四会市				33	18	15	5	1	4
惠州市	**265**	**160**	**105**	**551**	**314**	**237**	**25**	**14**	**11**
惠城区				197	109	88	7	5	2
惠阳区	206	120	86	176	94	82	15	7	8
博罗县	1		1	122	76	46			
惠东县	58	40	18	37	25	12	1		1
龙门县				19	10	9	2	2	
梅州市				**19**	**11**	**8**			
梅江区				4	1	3			
梅县区				3	2	1			
大埔县				2	1	1			
丰顺县				9	7	2			
五华县				1		1			
平远县									
蕉岭县									
兴宁市									

1-3 续表 32

单位：人

地区	柯尔克孜族			土族			达斡尔族		
	小计	男	女	小计	男	女	小计	男	女
汕尾市				**28**	**11**	**17**			
城　区				4	1	3			
海丰县				21	10	11			
陆河县									
陆丰市				3		3			
河源市	**1**	**1**		**53**	**36**	**17**	**1**	**1**	
源城区	1	1		28	19	9			
紫金县				7	5	2			
龙川县							1	1	
连平县									
和平县				1	1				
东源县				17	11	6			
阳江市				**35**	**27**	**8**	**2**	**1**	**1**
江城区				10	8	2	1		1
阳东区				21	16	5			
阳西县									
阳春市				4	3	1	1	1	
清远市	**2**	**1**	**1**	**50**	**29**	**21**	**10**	**3**	**7**
清城区	2	1	1	28	16	12	6	2	4
清新区				4		4			
佛冈县				14	10	4	1	1	
阳山县									
连山壮族瑶族自治县									
连南瑶族自治县									
英德市				4	3	1	1		1
连州市							2		2
东莞市	**91**	**47**	**44**	**971**	**592**	**379**	**60**	**34**	**26**
市辖区	91	47	44	971	592	379	60	34	26
中山市	**1**	**1**		**469**	**266**	**203**	**14**	**9**	**5**
市辖区	1	1		469	266	203	14	9	5
潮州市				**34**	**22**	**12**			
湘桥区				5	3	2			
潮安区				29	19	10			
饶平县									
揭阳市	**1**	**1**		**28**	**17**	**11**			
榕城区	1	1		1	1				
揭东区				2		2			
揭西县				4	3	1			
惠来县				1	1				
普宁市				20	12	8			
云浮市				**30**	**20**	**10**			
云城区				6	5	1			
云安区				2	2				
新兴县				5	2	3			
郁南县									
罗定市				17	11	6			

1-3 续表 33

单位：人

地　区	仫佬族			羌　族			布朗族		
	小计	男	女	小计	男	女	小计	男	女
广　东	**27280**	**15927**	**11353**	**1241**	**713**	**528**	**1691**	**904**	**787**
广州市	**3109**	**1804**	**1305**	**210**	**110**	**100**	**221**	**113**	**108**
荔湾区	116	56	60	9	2	7	2	1	1
越秀区	80	45	35	2		2	7	3	4
海珠区	126	65	61	8	6	2			
天河区	293	170	123	28	6	22	6	3	3
白云区	1086	613	473	47	27	20	58	25	33
黄埔区	218	135	83	25	19	6	14	9	5
番禺区	455	247	208	41	21	20	22	10	12
花都区	436	274	162	19	12	7	90	52	38
南沙区	145	98	47	8	5	3	13	7	6
从化区	32	17	15				3	1	2
增城区	122	84	38	23	12	11	6	2	4
韶关市	**77**	**40**	**37**	**6**	**2**	**4**	**7**	**5**	**2**
武江区	18	10	8	2	1	1			
浈江区	14	8	6	2	1	1			
曲江区	10	7	3				3	3	
始兴县	1		1				1		1
仁化县	3	3							
翁源县	3		3	1		1	3	2	1
乳源瑶族自治县	6	2	4						
新丰县	11	7	4						
乐昌市	2		2						
南雄市	9	3	6	1		1			
深圳市	**7777**	**4518**	**3259**	**426**	**231**	**195**	**461**	**236**	**225**
罗湖区	208	104	104	31	13	18	13	8	5
福田区	256	127	129	23	9	14	12	5	7
南山区	313	170	143	47	23	24	22	9	13
宝安区	2539	1456	1083	133	80	53	121	61	60
龙岗区	1198	706	492	85	37	48	126	69	57
盐田区	55	31	24	7	5	2	1	1	
龙华区	972	588	384	63	42	21	38	18	20
坪山区	290	165	125	16	11	5	39	19	20
光明区	1946	1171	775	21	11	10	89	46	43
珠海市	**384**	**227**	**157**	**42**	**22**	**20**	**24**	**14**	**10**
香洲区	188	104	84	21	11	10	5	4	1
斗门区	113	73	40	4	2	2	15	9	6
金湾区	83	50	33	17	9	8	4	1	3
汕头市	**224**	**135**	**89**	**8**	**5**	**3**	**19**	**10**	**9**
龙湖区	64	43	21	2	1	1			
金平区	31	18	13	2	2				
濠江区	6	5	1						
潮阳区	19	8	11	1	1		1		1
潮南区	16	8	8	1		1	3	2	1
澄海区	86	52	34	2	1	1	15	8	7
南澳县	2	1	1						
佛山市	**2158**	**1301**	**857**	**83**	**51**	**32**	**92**	**49**	**43**
禅城区	145	80	65	12	8	4	1	1	
南海区	880	525	355	29	18	11	45	25	20
顺德区	802	496	306	38	21	17	33	12	21
三水区	222	128	94	2	2		10	9	1
高明区	109	72	37	2	2		3	2	1

1-3　续表 34　　　　单位：人

地　区	仫佬族			羌　族			布朗族		
	小计	男	女	小计	男	女	小计	男	女
江门市	**3477**	**2036**	**1441**	**20**	**11**	**9**	**32**	**17**	**15**
蓬江区	334	196	138	1	1		9	6	3
江海区	279	153	126	5	3	2	2	1	1
新会区	2409	1427	982	3	1	2	1		1
台山市	97	55	42	2	2				
开平市	157	93	64	2	1	1	1		1
鹤山市	146	78	68	6	3	3	14	7	7
恩平市	55	34	21	1		1	5	3	2
湛江市	**421**	**226**	**195**	**6**	**2**	**4**	**8**	**2**	**6**
赤坎区	34	15	19				3	2	1
霞山区	23	7	16						
坡头区	23	13	10				1		1
麻章区	19	8	11	3	1	2			
遂溪县	21	12	9						
徐闻县	147	98	49	1		1			
廉江市	73	28	45	2	1	1			
雷州市	20	11	9						
吴川市	61	34	27				4		4
茂名市	**134**	**54**	**80**	**4**	**2**	**2**	**1**		**1**
茂南区	41	16	25	1		1	1		1
电白区	34	15	19	2	1	1			
高州市	20	12	8						
化州市	22	4	18	1	1				
信宜市	17	7	10						
肇庆市	**250**	**151**	**99**	**7**	**6**	**1**	**13**	**6**	**7**
端州区	39	27	12	3	3				
鼎湖区	23	16	7						
高要区	96	55	41	2	1	1			
广宁县	21	15	6						
怀集县	5	2	3						
封开县	9	5	4						
德庆县	11	6	5						
四会市	46	25	21	2	2		13	6	7
惠州市	**1178**	**710**	**468**	**68**	**39**	**29**	**133**	**68**	**65**
惠城区	343	207	136	22	14	8	16	10	6
惠阳区	418	262	156	26	14	12	77	41	36
博罗县	287	169	118	17	9	8	38	17	21
惠东县	98	54	44	3	2	1	2		2
龙门县	32	18	14						
梅州市	**38**	**21**	**17**	**8**	**3**	**5**	**2**	**2**	
梅江区	10	5	5	2		2			
梅县区	7	3	4	2	1	1			
大埔县				1	1				
丰顺县	9	6	3	1		1			
五华县	4	2	2				2	2	
平远县	2		2						
蕉岭县									
兴宁市	6	5	1	2	1	1			

1－3 续表 35

单位：人

地 区	仫佬族			羌 族			布朗族		
	小计	男	女	小计	男	女	小计	男	女
汕尾市	**45**	**32**	**13**	**2**	**1**	**1**	**1**	**1**	
城 区	8	6	2						
海丰县	23	17	6	1	1		1	1	
陆河县	8	5	3						
陆丰市	6	4	2	1		1			
河源市	**100**	**69**	**31**	**10**	**8**	**2**	**6**	**4**	**2**
源城区	47	29	18	2	1	1	2	2	
紫金县	9	7	2	5	5				
龙川县	6	1	5	2	1	1	3	1	2
连平县	8	6	2						
和平县	9	8	1						
东源县	21	18	3	1	1		1	1	
阳江市	**500**	**279**	**221**				**2**	**1**	**1**
江城区	150	79	71						
阳东区	297	175	122				1	1	
阳西县	18	12	6				1		1
阳春市	35	13	22						
清远市	**150**	**86**	**64**	**17**	**10**	**7**	**2**	**1**	**1**
清城区	80	45	35	10	7	3	2	1	1
清新区	24	13	11						
佛冈县	12	8	4	1	1				
阳山县									
连山壮族瑶族自治县									
连南瑶族自治县	2	2		1	1				
英德市	30	16	14	4	1	3			
连州市	2	2		1		1			
东莞市	**4806**	**2829**	**1977**	**255**	**164**	**91**	**595**	**329**	**266**
市辖区	4806	2829	1977	255	164	91	595	329	266
中山市	**2305**	**1329**	**976**	**51**	**35**	**16**	**66**	**42**	**24**
市辖区	2305	1329	976	51	35	16	66	42	24
潮州市	**43**	**30**	**13**	**6**	**3**	**3**	**5**	**3**	**2**
湘桥区	7	7		1		1			
潮安区	34	22	12	4	3	1	5	3	2
饶平县	2	1	1	1		1			
揭阳市	**55**	**26**	**29**	**3**	**2**	**1**			
榕城区	14	2	12						
揭东区	17	11	6						
揭西县	1		1	1	1				
惠来县	4	4							
普宁市	19	9	10	2	1	1			
云浮市	**49**	**24**	**25**	**9**	**6**	**3**	**1**	**1**	
云城区	14	9	5						
云安区	1	1							
新兴县	17	6	11	9	6	3	1	1	
郁南县	4	1	3						
罗定市	13	7	6						

1-3 续表 36

单位：人

地 区	撒拉族			毛南族			仡佬族		
	小计	男	女	小计	男	女	小计	男	女
广 东	**2220**	**1261**	**959**	**12521**	**7633**	**4888**	**26705**	**16556**	**10149**
广州市	**302**	**171**	**131**	**1819**	**1092**	**727**	**4328**	**2672**	**1656**
荔湾区	5	2	3	60	36	24	200	131	69
越秀区	26	17	9	24	13	11	86	51	35
海珠区	26	14	12	47	31	16	177	117	60
天河区	71	35	36	109	62	47	252	156	96
白云区	101	57	44	601	363	238	735	434	301
黄埔区	24	15	9	110	73	37	336	210	126
番禺区	17	11	6	405	238	167	1252	778	474
花都区	11	8	3	263	144	119	518	321	197
南沙区	6	3	3	87	60	27	407	241	166
从化区	1	1		13	4	9	181	111	70
增城区	14	8	6	100	68	32	184	122	62
韶关市	**20**	**11**	**9**	**17**	**8**	**9**	**195**	**100**	**95**
武江区	11	6	5	11	5	6	57	38	19
浈江区	9	5	4				10	6	4
曲江区				1	1		31	18	13
始兴县				1	1		7	2	5
仁化县				1		1	10	8	2
翁源县				2	1	1	60	22	38
乳源瑶族自治县							7	2	5
新丰县				1		1	3	2	1
乐昌市							2		2
南雄市							8	2	6
深圳市	**1375**	**779**	**596**	**2466**	**1456**	**1010**	**4806**	**2965**	**1841**
罗湖区	95	53	42	90	51	39	236	152	84
福田区	184	103	81	95	56	39	217	135	82
南山区	150	85	65	91	59	32	287	193	94
宝安区	404	218	186	862	496	366	1585	954	631
龙岗区	183	110	73	500	310	190	991	618	373
盐田区	4	2	2	3	2	1	45	32	13
龙华区	273	158	115	348	228	120	675	418	257
坪山区	28	14	14	151	80	71	302	184	118
光明区	54	36	18	326	174	152	468	279	189
珠海市	**60**	**37**	**23**	**158**	**92**	**66**	**681**	**428**	**253**
香洲区	38	23	15	93	58	35	349	232	117
斗门区	5	4	1	36	19	17	104	68	36
金湾区	17	10	7	29	15	14	228	128	100
汕头市	**16**	**7**	**9**	**39**	**22**	**17**	**350**	**225**	**125**
龙湖区				11	6	5	78	54	24
金平区				2	2		24	17	7
濠江区				3	2	1	16	11	5
潮阳区				9	3	6	84	51	33
潮南区				8	5	3	42	25	17
澄海区	16	7	9	6	4	2	102	64	38
南澳县							4	3	1
佛山市	**34**	**22**	**12**	**2105**	**1360**	**745**	**2091**	**1337**	**754**
禅城区	2	1	1	107	68	39	178	117	61
南海区	22	13	9	1081	710	371	846	537	309
顺德区	10	8	2	699	426	273	648	411	237
三水区				136	99	37	324	211	113
高明区				82	57	25	95	61	34

1-3 续表 37

单位：人

地 区	撒拉族			毛南族			仡佬族		
	小计	男	女	小计	男	女	小计	男	女
江门市	**15**	**8**	**7**	**409**	**242**	**167**	**894**	**545**	**349**
蓬江区	6	2	4	67	48	19	192	109	83
江海区				64	38	26	186	110	76
新会区	3	2	1	96	55	41	312	199	113
台山市				51	32	19	69	43	26
开平市	1	1		89	48	41	35	20	15
鹤山市	5	3	2	33	16	17	78	51	27
恩平市				9	5	4	22	13	9
湛江市	**1**		**1**	**81**	**40**	**41**	**164**	**108**	**56**
赤坎区				10	5	5	37	27	10
霞山区				17	7	10	16	8	8
坡头区				3	1	2	10	6	4
麻章区	1		1	2	1	1	24	16	8
遂溪县				9	6	3	12	9	3
徐闻县				5	4	1	12	6	6
廉江市				21	8	13	10	5	5
雷州市				6	3	3	6	2	4
吴川市				8	5	3	37	29	8
茂名市	**4**	**2**	**2**	**80**	**39**	**41**	**168**	**110**	**58**
茂南区	1		1	19	8	11	63	40	23
电白区				7	3	4	28	20	8
高州市	1	1		20	14	6	18	6	12
化州市	2	1	1	27	12	15	15	10	5
信宜市				7	2	5	44	34	10
肇庆市	**8**	**4**	**4**	**178**	**124**	**54**	**1293**	**853**	**440**
端州区				28	20	8	187	129	58
鼎湖区				7	6	1	199	136	63
高要区				65	42	23	541	347	194
广宁县				4	4		40	27	13
怀集县				1	1		87	67	20
封开县				1	1		10	8	2
德庆县	5	3	2	10	7	3	19	12	7
四会市	3	1	2	62	43	19	210	127	83
惠州市	**121**	**70**	**51**	**592**	**393**	**199**	**1662**	**1035**	**627**
惠城区	39	25	14	193	138	55	502	329	173
惠阳区	78	41	37	242	155	87	578	351	227
博罗县	4	4		113	65	48	422	259	163
惠东县				37	29	8	144	85	59
龙门县				7	6	1	16	11	5
梅州市				**20**	**15**	**5**	**156**	**110**	**46**
梅江区				5	3	2	27	20	7
梅县区				2	2		6	4	2
大埔县							7	6	1
丰顺县							25	16	9
五华县				7	5	2	79	54	25
平远县				1		1			
蕉岭县				1	1				
兴宁市				4	4		12	10	2

1-3 续表 38

单位：人

地 区	撒拉族			毛南族			仡佬族		
	小计	男	女	小计	男	女	小计	男	女
汕尾市				**50**	**33**	**17**	**123**	**93**	**30**
城 区				4	3	1	24	20	4
海丰县				42	27	15	52	38	14
陆河县				2	1	1	36	26	10
陆丰市				2	2		11	9	2
河源市	**3**	**2**	**1**	**56**	**35**	**21**	**139**	**80**	**59**
源城区	1	1		34	20	14	77	44	33
紫金县				11	7	4	18	11	7
龙川县	1		1	3	3		8	5	3
连平县				3	2	1	9	7	2
和平县				1		1	3	2	1
东源县	1	1		4	3	1	24	11	13
阳江市	**2**	**2**		**67**	**42**	**25**	**174**	**109**	**65**
江城区	1	1		20	15	5	80	49	31
阳东区				31	19	12	60	34	26
阳西县				7	3	4	16	10	6
阳春市	1	1		9	5	4	18	16	2
清远市	**9**	**7**	**2**	**83**	**54**	**29**	**370**	**236**	**134**
清城区	8	6	2	46	31	15	183	126	57
清新区				12	7	5	52	35	17
佛冈县	1	1		11	6	5	57	29	28
阳山县							8	8	
连山壮族瑶族自治县									
连南瑶族自治县									
英德市				12	8	4	63	36	27
连州市				2	2		7	2	5
东莞市	**185**	**100**	**85**	**2810**	**1674**	**1136**	**6361**	**3889**	**2472**
市辖区	185	100	85	2810	1674	1136	6361	3889	2472
中山市	**45**	**28**	**17**	**920**	**561**	**359**	**1977**	**1165**	**812**
市辖区	45	28	17	920	561	359	1977	1165	812
潮州市	**20**	**11**	**9**	**494**	**299**	**195**	**138**	**84**	**54**
湘桥区	6	3	3	368	216	152	36	22	14
潮安区	14	8	6	124	82	42	92	54	38
饶平县				2	1	1	10	8	2
揭阳市				**43**	**24**	**19**	**482**	**308**	**174**
榕城区				15	8	7	161	106	55
揭东区				13	10	3	105	64	41
揭西县							29	14	15
惠来县				2		2	17	12	5
普宁市				13	6	7	170	112	58
云浮市				**34**	**28**	**6**	**153**	**104**	**49**
云城区				18	15	3	58	33	25
云安区				2	2		13	10	3
新兴县				10	8	2	20	14	6
郁南县				1	1		21	15	6
罗定市				3	2	1	41	32	9

1-3 续表 39 单位：人

地 区	锡伯族			阿昌族			普米族		
	小计	男	女	小计	男	女	小计	男	女
广 东	**819**	**435**	**384**	**1080**	**578**	**502**	**414**	**268**	**146**
广州市	**205**	**105**	**100**	**55**	**35**	**20**	**26**	**22**	**4**
荔湾区	4		4						
越秀区	13	4	9						
海珠区	24	12	12				3	3	
天河区	35	18	17	2	2		5	4	1
白云区	47	26	21	20	15	5	3	3	
黄埔区	17	9	8	11	7	4	10	9	1
番禺区	41	21	20	8	4	4	1	1	
花都区	11	6	5	2		2			
南沙区	5	3	2	8	3	5	4	2	2
从化区	1	1							
增城区	7	5	2	4	4				
韶关市	**4**	**2**	**2**						
武江区	2	1	1						
浈江区									
曲江区	1	1							
始兴县									
仁化县									
翁源县									
乳源瑶族自治县									
新丰县									
乐昌市									
南雄市	1		1						
深圳市	**374**	**195**	**179**	**213**	**109**	**104**	**171**	**108**	**63**
罗湖区	29	15	14	3	1	2	2		2
福田区	47	18	29	2		2	4	3	1
南山区	44	25	19	23	15	8	9	7	2
宝安区	86	44	42	101	52	49	105	67	38
龙岗区	87	50	37	27	16	11	17	11	6
盐田区	7	6	1						
龙华区	48	25	23	22	10	12	23	14	9
坪山区	11	5	6	12	6	6	4	1	3
光明区	15	7	8	23	9	14	7	5	2
珠海市	**42**	**23**	**19**	**13**	**9**	**4**	**45**	**30**	**15**
香洲区	31	17	14	4	4		33	25	8
斗门区	1		1	6	4	2	8	2	6
金湾区	10	6	4	3	1	2	4	3	1
汕头市	**3**	**2**	**1**	**4**		**4**	**1**		**1**
龙湖区	1	1							
金平区									
濠江区									
潮阳区	2	1	1	2		2	1		1
潮南区									
澄海区				2		2			
南澳县									
佛山市	**32**	**18**	**14**	**99**	**53**	**46**	**15**	**10**	**5**
禅城区	5	3	2	4		4			
南海区	15	8	7	54	29	25	3	2	1
顺德区	11	7	4	17	9	8	12	8	4
三水区	1		1	20	12	8			
高明区				4	3	1			

1–3　续表 40　　　　单位：人

地　区	锡伯族			阿昌族			普米族		
	小计	男	女	小计	男	女	小计	男	女
江门市	**2**	**2**		**22**	**13**	**9**	**10**	**6**	**4**
蓬江区				6	3	3	3	3	
江海区									
新会区				16	10	6	4	2	2
台山市	1	1							
开平市							1		1
鹤山市	1	1					2	1	1
恩平市									
湛江市	**6**	**2**	**4**	**4**		**4**	**1**		**1**
赤坎区									
霞山区	2	1	1						
坡头区	3	1	2	2		2			
麻章区									
遂溪县							1		1
徐闻县	1		1						
廉江市									
雷州市									
吴川市				2		2			
茂名市	**2**	**1**	**1**	**3**	**1**	**2**			
茂南区	1	1		2	1	1			
电白区				1		1			
高州市	1		1						
化州市									
信宜市									
肇庆市	**4**	**1**	**3**	**8**	**5**	**3**			
端州区	1		1	1		1			
鼎湖区	1		1						
高要区	2	1	1						
广宁县									
怀集县									
封开县									
德庆县									
四会市				7	5	2			
惠州市	**36**	**21**	**15**	**164**	**87**	**77**	**50**	**36**	**14**
惠城区	10	6	4	90	48	42	24	15	9
惠阳区	26	15	11	65	36	29	22	18	4
博罗县				8	3	5	4	3	1
惠东县				1		1			
龙门县									
梅州市	**4**	**3**	**1**	**2**	**2**				
梅江区	1	1							
梅县区	3	2	1						
大埔县									
丰顺县									
五华县				2	2				
平远县									
蕉岭县									
兴宁市									

1－3 续表 41

单位：人

地　　区	锡伯族			阿昌族			普米族		
	小计	男	女	小计	男	女	小计	男	女
汕尾市	**2**	**1**	**1**	**1**		**1**			
城　区	1	1							
海丰县									
陆河县									
陆丰市	1		1	1		1			
河源市	**2**	**1**	**1**	**1**	**1**		**1**	**1**	
源城区	1		1	1	1				
紫金县	1	1					1	1	
龙川县									
连平县									
和平县									
东源县									
阳江市	**1**		**1**	**3**	**1**	**2**			
江城区				1	1				
阳东区	1		1	2		2			
阳西县									
阳春市									
清远市	**2**	**1**	**1**	**2**	**2**				
清城区	2	1	1	2	2				
清新区									
佛冈县									
阳山县									
连山壮族瑶族自治县									
连南瑶族自治县									
英德市									
连州市									
东莞市	**67**	**39**	**28**	**455**	**242**	**213**	**85**	**50**	**35**
市辖区	67	39	28	455	242	213	85	50	35
中山市	**28**	**16**	**12**	**27**	**16**	**11**	**6**	**3**	**3**
市辖区	28	16	12	27	16	11	6	3	3
潮州市							**2**	**2**	
湘桥区							1	1	
潮安区							1	1	
饶平县									
揭阳市	**2**	**1**	**1**	**3**	**2**	**1**			
榕城区	1		1	2	2				
揭东区									
揭西县	1	1							
惠来县									
普宁市				1		1			
云浮市	**1**	**1**		**1**		**1**	**1**		**1**
云城区	1	1							
云安区									
新兴县							1		1
郁南县									
罗定市				1		1			

1-3 续表 42

单位：人

地 区	塔吉克族			怒 族			乌孜别克族		
	小计	男	女	小计	男	女	小计	男	女
广 东	**95**	**63**	**32**	**395**	**225**	**170**	**23**	**12**	**11**
广州市	**8**	**6**	**2**	**17**	**9**	**8**	**5**	**3**	**2**
荔湾区				2	1	1	1		1
越秀区									
海珠区	1		1						
天河区	5	5		4	4				
白云区				2	1	1			
黄埔区				1	1				
番禺区	2	1	1	5	1	4	4	3	1
花都区									
南沙区				2	1	1			
从化区									
增城区				1		1			
韶关市									
武江区									
浈江区									
曲江区									
始兴县									
仁化县									
翁源县									
乳源瑶族自治县									
新丰县									
乐昌市									
南雄市									
深圳市	**4**	**1**	**3**	**83**	**46**	**37**	**4**	**2**	**2**
罗湖区									
福田区	1	1		4	2	2	1		1
南山区				8	2	6			
宝安区				25	16	9	1		1
龙岗区	1		1	15	7	8	1	1	
盐田区									
龙华区				13	9	4	1	1	
坪山区				2	1	1			
光明区	2		2	16	9	7			
珠海市	**2**		**2**	**117**	**73**	**44**	**6**	**3**	**3**
香洲区	1		1	54	29	25	1		1
斗门区				37	29	8			
金湾区	1		1	26	15	11	5	3	2
汕头市	**1**	**1**		**6**	**1**	**5**			
龙湖区				1		1			
金平区									
濠江区									
潮阳区	1	1		1		1			
潮南区				2		2			
澄海区				2	1	1			
南澳县									
佛山市	**2**	**2**		**12**	**7**	**5**	**1**	**1**	
禅城区				4	2	2			
南海区	1	1		6	4	2			
顺德区	1	1		2	1	1	1	1	
三水区									
高明区									

1−3 续表 43 单位：人

地区	塔吉克族			怒族			乌孜别克族		
	小计	男	女	小计	男	女	小计	男	女
江门市				**4**	**3**	**1**			
蓬江区				3	2	1			
江海区				1	1				
新会区									
台山市									
开平市									
鹤山市									
恩平市									
湛江市				**1**		**1**	**1**		**1**
赤坎区									
霞山区									
坡头区				1		1			
麻章区							1		1
遂溪县									
徐闻县									
廉江市									
雷州市									
吴川市									
茂名市	**1**	**1**							
茂南区									
电白区									
高州市	1	1							
化州市									
信宜市									
肇庆市									
端州区									
鼎湖区									
高要区									
广宁县									
怀集县									
封开县									
德庆县									
四会市									
惠州市	**76**	**52**	**24**	**29**	**12**	**17**	**2**	**2**	
惠城区	76	52	24	11	5	6			
惠阳区				16	7	9	1	1	
博罗县				1		1	1	1	
惠东县				1		1			
龙门县									
梅州市									
梅江区									
梅县区									
大埔县									
丰顺县									
五华县									
平远县									
蕉岭县									
兴宁市									

1-3　续表 44　　　　单位：人

地　区	塔吉克族			怒　族			乌孜别克族		
	小计	男	女	小计	男	女	小计	男	女
汕尾市									
城　区									
海丰县									
陆河县									
陆丰市									
河源市									
源城区									
紫金县									
龙川县									
连平县									
和平县									
东源县									
阳江市									
江城区									
阳东区									
阳西县									
阳春市									
清远市									
清城区									
清新区									
佛冈县									
阳山县									
连山壮族瑶族自治县									
连南瑶族自治县									
英德市									
连州市									
东莞市	**1**		**1**	**115**	**70**	**45**	**4**	**1**	**3**
市辖区	1		1	115	70	45	4	1	3
中山市				**9**	**3**	**6**			
市辖区				9	3	6			
潮州市				**2**	**1**	**1**			
湘桥区									
潮安区				2	1	1			
饶平县									
揭阳市									
榕城区									
揭东区									
揭西县									
惠来县									
普宁市									
云浮市									
云城区									
云安区									
新兴县									
郁南县									
罗定市									

1-3 续表 45

单位：人

地　区	俄罗斯族			鄂温克族			德 昂 族		
	小计	男	女	小计	男	女	小计	男	女
广　东	**124**	**55**	**69**	**144**	**77**	**67**	**439**	**216**	**223**
广州市	**32**	**10**	**22**	**32**	**12**	**20**	**37**	**17**	**20**
荔湾区	4	1	3	1	1		1		1
越秀区	1		1	1	1				
海珠区	3	1	2				3		3
天河区	5	2	3	11	4	7	1		1
白云区	7		7	9	3	6	12	8	4
黄埔区	2	2		3	1	2	9	3	6
番禺区	9	3	6	2		2			
花都区							2	1	1
南沙区	1	1					3	1	2
从化区				1	1		2	1	1
增城区				4	1	3	4	3	1
韶关市									
武江区									
浈江区									
曲江区									
始兴县									
仁化县									
翁源县									
乳源瑶族自治县									
新丰县									
乐昌市									
南雄市									
深圳市	**51**	**30**	**21**	**55**	**32**	**23**	**126**	**62**	**64**
罗湖区	1		1	3	1	2	1		1
福田区	8	5	3	5	3	2	2		2
南山区	5	2	3	3	1	2	4	2	2
宝安区	13	8	5	17	11	6	31	13	18
龙岗区	18	12	6	18	11	7	29	16	13
盐田区	1	1							
龙华区	4	2	2	7	4	3	26	17	9
坪山区	1		1	1		1	22	12	10
光明区				1	1		11	2	9
珠海市	**15**	**7**	**8**	**7**	**4**	**3**	**20**	**9**	**11**
香洲区	4	1	3	2	1	1	20	9	11
斗门区	4	2	2	4	2	2			
金湾区	7	4	3	1	1				
汕头市							**4**	**1**	**3**
龙湖区									
金平区									
濠江区									
潮阳区									
潮南区									
澄海区							4	1	3
南澳县									
佛山市	**7**	**3**	**4**	**11**	**7**	**4**	**13**	**6**	**7**
禅城区									
南海区	3	1	2	8	5	3	6	4	2
顺德区	4	2	2	2	1	1	5	1	4
三水区				1	1		2	1	1
高明区									

1-3　续表 46　　　　　　　　　　　　　　　　　　　　　　　　　　单位：人

地　　区	俄罗斯族			鄂温克族			德 昂 族		
	小计	男	女	小计	男	女	小计	男	女
江门市	**2**	**1**	**1**	**4**	**2**	**2**	**10**	**5**	**5**
蓬江区							9	5	4
江海区	1		1						
新会区									
台山市	1	1		4	2	2			
开平市							1		1
鹤山市									
恩平市									
湛江市				**1**	**1**		**1**		**1**
赤坎区									
霞山区									
坡头区				1	1				
麻章区							1		1
遂溪县									
徐闻县									
廉江市									
雷州市									
吴川市									
茂名市									
茂南区									
电白区									
高州市									
化州市									
信宜市									
肇庆市				**2**	**1**	**1**	**3**		**3**
端州区							1		1
鼎湖区									
高要区									
广宁县									
怀集县									
封开县									
德庆县									
四会市				2	1	1	2		2
惠州市	**3**		**3**	**9**	**5**	**4**	**47**	**23**	**24**
惠城区				1	1		12	8	4
惠阳区	2		2	8	4	4	30	13	17
博罗县	1		1				3	2	1
惠东县							2		2
龙门县									
梅州市	**1**		**1**	**1**		**1**			
梅江区									
梅县区	1		1						
大埔县									
丰顺县									
五华县				1		1			
平远县									
蕉岭县									
兴宁市									

1-3 续表 47　　单位：人

地　区	俄罗斯族			鄂温克族			德昂族		
	小计	男	女	小计	男	女	小计	男	女
汕尾市									
城　区									
海丰县									
陆河县									
陆丰市									
河源市							**1**		**1**
源城区							1		1
紫金县									
龙川县									
连平县									
和平县									
东源县									
阳江市				**1**	**1**				
江城区									
阳东区				1	1				
阳西县									
阳春市									
清远市				**1**		**1**	**2**	**1**	**1**
清城区				1		1	1	1	
清新区							1		1
佛冈县									
阳山县									
连山壮族瑶族自治县									
连南瑶族自治县									
英德市									
连州市									
东莞市	**3**		**3**	**14**	**7**	**7**	**164**	**90**	**74**
市辖区	3		3	14	7	7	164	90	74
中山市	**10**	**4**	**6**	**6**	**5**	**1**	**11**	**2**	**9**
市辖区	10	4	6	6	5	1	11	2	9
潮州市									
湘桥区									
潮安区									
饶平县									
揭阳市									
榕城区									
揭东区									
揭西县									
惠来县									
普宁市									
云浮市									
云城区									
云安区									
新兴县									
郁南县									
罗定市									

1-3 续表 48

单位：人

地区	保安族			裕固族			京族		
	小计	男	女	小计	男	女	小计	男	女
广东	**185**	**111**	**74**	**37**	**19**	**18**	**295**	**160**	**135**
广州市	**18**	**11**	**7**	**2**		**2**	**65**	**36**	**29**
荔湾区							4	3	1
越秀区	1	1					3	3	
海珠区							8	2	6
天河区							11	5	6
白云区	5	3	2				11	4	7
黄埔区	3	2	1				10	7	3
番禺区	3	2	1	1		1	11	7	4
花都区	5	3	2	1		1	3	2	1
南沙区									
从化区									
增城区	1		1				4	3	1
韶关市	**1**		**1**						
武江区	1		1						
浈江区									
曲江区									
始兴县									
仁化县									
翁源县									
乳源瑶族自治县									
新丰县									
乐昌市									
南雄市									
深圳市	**42**	**27**	**15**	**19**	**11**	**8**	**73**	**38**	**35**
罗湖区	1	1					2		2
福田区	6	4	2	2	1	1	9	7	2
南山区							7	5	2
宝安区	12	6	6	6	2	4	16	8	8
龙岗区	5	3	2	4	3	1	15	5	10
盐田区									
龙华区	14	10	4	2	1	1	18	9	9
坪山区							2	2	
光明区	4	3	1	5	4	1	4	2	2
珠海市	**16**	**9**	**7**	**3**	**2**	**1**	**8**	**4**	**4**
香洲区	15	8	7	3	2	1	4	2	2
斗门区							2	2	
金湾区	1	1					2		2
汕头市							**2**		**2**
龙湖区									
金平区									
濠江区									
潮阳区							2		2
潮南区									
澄海区									
南澳县									
佛山市	**4**	**2**	**2**	**4**	**2**	**2**	**18**	**14**	**4**
禅城区							1		1
南海区				3	1	2	7	5	2
顺德区	4	2	2	1	1		9	8	1
三水区							1	1	
高明区									

1-3 续表 49

单位：人

地　区	保安族			裕固族			京　族		
	小计	男	女	小计	男	女	小计	男	女
江门市	**13**	**7**	**6**				**4**	**1**	**3**
蓬江区	8	4	4				1		1
江海区	3	2	1						
新会区							2	1	1
台山市									
开平市							1		1
鹤山市	2	1	1						
恩平市									
湛江市							**14**	**5**	**9**
赤坎区									
霞山区							2		2
坡头区							1	1	
麻章区							1	1	
遂溪县									
徐闻县							1	1	
廉江市							7	2	5
雷州市							2		2
吴川市									
茂名市							**3**		**3**
茂南区							2		2
电白区									
高州市									
化州市							1		1
信宜市									
肇庆市							**1**	**1**	
端州区									
鼎湖区									
高要区							1	1	
广宁县									
怀集县									
封开县									
德庆县									
四会市									
惠州市	**29**	**18**	**11**				**33**	**23**	**10**
惠城区	21	12	9				14	11	3
惠阳区	4	3	1				6	4	2
博罗县	3	2	1				13	8	5
惠东县									
龙门县	1	1							
梅州市									
梅江区									
梅县区									
大埔县									
丰顺县									
五华县									
平远县									
蕉岭县									
兴宁市									

1-3　续表 50　　　　单位：人

地　区	保安族			裕固族			京　族		
	小计	男	女	小计	男	女	小计	男	女
汕尾市									
城　区									
海丰县									
陆河县									
陆丰市									
河源市	**1**		**1**						
源城区	1		1						
紫金县									
龙川县									
连平县									
和平县									
东源县									
阳江市									
江城区									
阳东区									
阳西县									
阳春市									
清远市							**1**		**1**
清城区									
清新区									
佛冈县									
阳山县									
连山壮族瑶族自治县									
连南瑶族自治县									
英德市							1		1
连州市									
东莞市	**44**	**28**	**16**	**6**	**3**	**3**	**53**	**28**	**25**
市辖区	44	28	16	6	3	3	53	28	25
中山市	**17**	**9**	**8**	**2**		**2**	**16**	**9**	**7**
市辖区	17	9	8	2		2	16	9	7
潮州市							**2**		**2**
湘桥区									
潮安区									
饶平县							2		2
揭阳市				**1**	**1**		**1**	**1**	
榕城区							1	1	
揭东区									
揭西县									
惠来县									
普宁市				1	1				
云浮市							**1**		**1**
云城区									
云安区									
新兴县									
郁南县									
罗定市							1		1

1-3 续表 51

单位：人

地　区	塔塔尔族			独 龙 族			鄂伦春族		
	小计	男	女	小计	男	女	小计	男	女
广　东	**4**	**3**	**1**	**67**	**35**	**32**	**38**	**23**	**15**
广州市	**1**	**1**		**7**	**2**	**5**	**7**	**4**	**3**
荔湾区									
越秀区				1		1			
海珠区				1	1				
天河区				1		1			
白云区				3		3	2	1	1
黄埔区							4	3	1
番禺区	1	1		1	1				
花都区							1		1
南沙区									
从化区									
增城区									
韶关市									
武江区									
浈江区									
曲江区									
始兴县									
仁化县									
翁源县									
乳源瑶族自治县									
新丰县									
乐昌市									
南雄市									
深圳市	**1**		**1**	**9**	**4**	**5**	**16**	**9**	**7**
罗湖区				1	1		1	1	
福田区							5	3	2
南山区				1	1		2	1	1
宝安区				5	2	3	3	2	1
龙岗区	1		1	1		1	1		1
盐田区									
龙华区							3	1	2
坪山区									
光明区				1		1	1	1	
珠海市	**1**	**1**		**25**	**15**	**10**			
香洲区	1	1		8	2	6			
斗门区				5	4	1			
金湾区				12	9	3			
汕头市									
龙湖区									
金平区									
濠江区									
潮阳区									
潮南区									
澄海区									
南澳县									
佛山市				**6**	**3**	**3**	**6**	**4**	**2**
禅城区									
南海区				2	1	1	1	1	
顺德区				3	2	1	5	3	2
三水区				1		1			
高明区									

1-3　续表 52　　　　　　　　　　　　　　　　　　　　　　　　单位：人

地　区	塔塔尔族			独 龙 族			鄂伦春族		
	小计	男	女	小计	男	女	小计	男	女
江门市							**1**	**1**	
蓬江区									
江海区									
新会区									
台山市									
开平市							1	1	
鹤山市									
恩平市									
湛江市							**1**		**1**
赤坎区									
霞山区									
坡头区									
麻章区									
遂溪县									
徐闻县									
廉江市									
雷州市									
吴川市							1		1
茂名市							**1**		**1**
茂南区							1		1
电白区									
高州市									
化州市									
信宜市									
肇庆市									
端州区									
鼎湖区									
高要区									
广宁县									
怀集县									
封开县									
德庆县									
四会市									
惠州市	**1**	**1**		**1**		**1**	**1**	**1**	
惠城区				1		1	1	1	
惠阳区	1	1							
博罗县									
惠东县									
龙门县									
梅州市									
梅江区									
梅县区									
大埔县									
丰顺县									
五华县									
平远县									
蕉岭县									
兴宁市									

1-3 续表 53 单位：人

地区	塔塔尔族			独龙族			鄂伦春族		
	小计	男	女	小计	男	女	小计	男	女
汕尾市							**2**	**2**	
城区							2	2	
海丰县									
陆河县									
陆丰市									
河源市									
源城区									
紫金县									
龙川县									
连平县									
和平县									
东源县									
阳江市				**2**	**1**	**1**			
江城区				2	1	1			
阳东区									
阳西县									
阳春市									
清远市									
清城区									
清新区									
佛冈县									
阳山县									
连山壮族瑶族自治县									
连南瑶族自治县									
英德市									
连州市									
东莞市				**16**	**10**	**6**			
市辖区				16	10	6			
中山市				**1**		**1**	**3**	**2**	**1**
市辖区				1		1	3	2	1
潮州市									
湘桥区									
潮安区									
饶平县									
揭阳市									
榕城区									
揭东区									
揭西县									
惠来县									
普宁市									
云浮市									
云城区									
云安区									
新兴县									
郁南县									
罗定市									

1-3 续表 54

单位：人

地 区	赫哲族			门巴族			珞巴族		
	小计	男	女	小计	男	女	小计	男	女
广 东	**71**	**34**	**37**	**16**	**8**	**8**	**9**	**5**	**4**
广州市	**11**	**6**	**5**	**3**		**3**	**3**	**1**	**2**
荔湾区									
越秀区									
海珠区	3	2	1						
天河区	2	1	1	2		2			
白云区	2	1	1				3	1	2
黄埔区				1		1			
番禺区	2	1	1						
花都区	1		1						
南沙区									
从化区									
增城区	1	1							
韶关市									
武江区									
浈江区									
曲江区									
始兴县									
仁化县									
翁源县									
乳源瑶族自治县									
新丰县									
乐昌市									
南雄市									
深圳市	**22**	**10**	**12**	**2**	**1**	**1**	**1**	**1**	
罗湖区									
福田区	1		1						
南山区	4	2	2				1	1	
宝安区	6	4	2						
龙岗区	4	1	3	1		1			
盐田区									
龙华区	5	1	4	1	1				
坪山区	2	2							
光明区									
珠海市	**6**	**4**	**2**	**1**		**1**			
香洲区	5	4	1	1		1			
斗门区	1		1						
金湾区									
汕头市				**1**		**1**			
龙湖区				1		1			
金平区									
濠江区									
潮阳区									
潮南区									
澄海区									
南澳县									
佛山市	**6**	**3**	**3**	**2**	**1**	**1**	**4**	**2**	**2**
禅城区	1	1		1		1	2	1	1
南海区	2	1	1	1	1		2	1	1
顺德区	2	1	1						
三水区	1		1						
高明区									

1-3 续表 55

单位：人

地　区	赫哲族			门巴族			珞巴族		
	小计	男	女	小计	男	女	小计	男	女
江门市	**5**	**3**	**2**						
蓬江区									
江海区									
新会区									
台山市									
开平市	5	3	2						
鹤山市									
恩平市									
湛江市	**1**		**1**						
赤坎区									
霞山区	1		1						
坡头区									
麻章区									
遂溪县									
徐闻县									
廉江市									
雷州市									
吴川市									
茂名市									
茂南区									
电白区									
高州市									
化州市									
信宜市									
肇庆市									
端州区									
鼎湖区									
高要区									
广宁县									
怀集县									
封开县									
德庆县									
四会市									
惠州市	**2**	**2**					**1**	**1**	
惠城区									
惠阳区							1	1	
博罗县	2	2							
惠东县									
龙门县									
梅州市									
梅江区									
梅县区									
大埔县									
丰顺县									
五华县									
平远县									
蕉岭县									
兴宁市									

1-3　续表 56　　　　单位：人

地　区	赫哲族			门巴族			珞巴族		
	小计	男	女	小计	男	女	小计	男	女
汕尾市	**4**	**2**	**2**						
城　区									
海丰县	3	2	1						
陆河县									
陆丰市	1		1						
河源市									
源城区									
紫金县									
龙川县									
连平县									
和平县									
东源县									
阳江市	**2**	**1**	**1**						
江城区									
阳东区	1	1							
阳西县									
阳春市	1		1						
清远市									
清城区									
清新区									
佛冈县									
阳山县									
连山壮族瑶族自治县									
连南瑶族自治县									
英德市									
连州市									
东莞市	**11**	**3**	**8**	**5**	**4**	**1**			
市辖区	11	3	8	5	4	1			
中山市	**1**		**1**	**2**	**2**				
市辖区	1		1	2	2				
潮州市									
湘桥区									
潮安区									
饶平县									
揭阳市									
榕城区									
揭东区									
揭西县									
惠来县									
普宁市									
云浮市									
云城区									
云安区									
新兴县									
郁南县									
罗定市									

1-3 续表 57

单位：人

地 区	基诺族			未定族称人口			入 籍		
	小计	男	女	小计	男	女	小计	男	女
广 东	**80**	**32**	**48**	**10759**	**6456**	**4303**	**352**	**198**	**154**
广州市	**16**	**6**	**10**	**1479**	**851**	**628**	**63**	**32**	**31**
荔湾区	1	1		71	38	33	2		2
越秀区				42	20	22			
海珠区	1		1	100	63	37	3	2	1
天河区				149	75	74	8	5	3
白云区	6	3	3	391	236	155	23	13	10
黄埔区	5	1	4	104	68	36	3	3	
番禺区				311	171	140	7	3	4
花都区	2	1	1	144	91	53	15	5	10
南沙区				64	41	23	1	1	
从化区				18	7	11			
增城区	1		1	85	41	44	1		1
韶关市	**2**	**2**		**44**	**27**	**17**			
武江区	2	2		11	7	4			
浈江区				3		3			
曲江区				13	10	3			
始兴县				4	2	2			
仁化县				3	1	2			
翁源县				2	2				
乳源瑶族自治县				2	1	1			
新丰县				4	3	1			
乐昌市				1		1			
南雄市				1	1				
深圳市	**15**	**6**	**9**	**3289**	**1962**	**1327**	**129**	**74**	**55**
罗湖区				97	53	44	11	2	9
福田区	1		1	165	112	53	3	3	
南山区	5	1	4	111	63	48	4		4
宝安区	4	3	1	1525	921	604	53	32	21
龙岗区	4	1	3	405	241	164	19	11	8
盐田区				31	25	6	2	2	
龙华区	1	1		442	257	185	18	14	4
坪山区				110	65	45			
光明区				403	225	178	19	10	9
珠海市	**1**	**1**		**253**	**136**	**117**	**5**	**4**	**1**
香洲区				80	43	37	1		1
斗门区				34	21	13	2	2	
金湾区	1	1		139	72	67	2	2	
汕头市				**260**	**163**	**97**	**2**	**2**	
龙湖区				41	28	13			
金平区				26	14	12			
濠江区				3	2	1			
潮阳区				95	59	36	2	2	
潮南区				37	23	14			
澄海区				54	35	19			
南澳县				4	2	2			
佛山市	**1**	**1**		**724**	**443**	**281**	**12**	**6**	**6**
禅城区				59	29	30	4	3	1
南海区				223	144	79	5	2	3
顺德区	1	1		358	218	140	3	1	2
三水区				62	37	25			
高明区				22	15	7			

1-3　续表 58　　　　单位：人

地　区	基诺族			未定族称人口			入　籍		
	小计	男	女	小计	男	女	小计	男	女
江门市	**1**		**1**	**196**	**117**	**79**	**3**	**1**	**2**
蓬江区				31	19	12			
江海区	1		1	33	21	12	1		1
新会区				42	27	15	1	1	
台山市				34	22	12			
开平市				32	16	16	1		1
鹤山市				21	9	12			
恩平市				3	3				
湛江市				**119**	**59**	**60**			
赤坎区				25	7	18			
霞山区				19	11	8			
坡头区				9	4	5			
麻章区				5	3	2			
遂溪县				19	8	11			
徐闻县				3	2	1			
廉江市				10	4	6			
雷州市				8	7	1			
吴川市				21	13	8			
茂名市	**1**	**1**		**79**	**37**	**42**	**1**	**1**	
茂南区	1	1		40	24	16			
电白区				13	8	5			
高州市				20	2	18			
化州市				4	2	2	1	1	
信宜市				2	1	1			
肇庆市				**59**	**36**	**23**			
端州区				14	9	5			
鼎湖区				4	3	1			
高要区				18	11	7			
广宁县				2	1	1			
怀集县				3	1	2			
封开县				1		1			
德庆县				2	2				
四会市				15	9	6			
惠州市	**7**		**7**	**598**	**377**	**221**	**21**	**14**	**7**
惠城区				217	140	77	6	5	1
惠阳区	1		1	180	115	65	11	7	4
博罗县	2		2	134	81	53	3	2	1
惠东县	4		4	56	38	18	1		1
龙门县				11	3	8			
梅州市				**48**	**31**	**17**			
梅江区				8	5	3			
梅县区				13	7	6			
大埔县									
丰顺县				2	2				
五华县				7	5	2			
平远县				2	2				
蕉岭县									
兴宁市				16	10	6			

1-3 续表 59

单位：人

地区	基诺族			未定族称人口			入籍		
	小计	男	女	小计	男	女	小计	男	女
汕尾市				**15**	**5**	**10**	**1**		**1**
城　区				5	3	2			
海丰县				5		5	1		1
陆河县				1	1				
陆丰市				4	1	3			
河源市				**66**	**35**	**31**	**4**	**3**	**1**
源城区				29	17	12	1	1	
紫金县				9	3	6			
龙川县				7	1	6			
连平县				3	2	1	3	2	1
和平县				7	4	3			
东源县				11	8	3			
阳江市				**48**	**28**	**20**	**3**	**1**	**2**
江城区				23	15	8	2	1	1
阳东区				12	9	3	1		1
阳西县				10	4	6			
阳春市				3		3			
清远市				**98**	**59**	**39**	**2**	**1**	**1**
清城区				44	24	20			
清新区				5	4	1	2	1	1
佛冈县				17	11	6			
阳山县				2	2				
连山壮族瑶族自治县									
连南瑶族自治县									
英德市				29	18	11			
连州市				1		1			
东莞市	**33**	**14**	**19**	**2497**	**1536**	**961**	**87**	**51**	**36**
市辖区	33	14	19	2497	1536	961	87	51	36
中山市	**3**	**1**	**2**	**552**	**348**	**204**	**15**	**6**	**9**
市辖区	3	1	2	552	348	204	15	6	9
潮州市				**85**	**57**	**28**	**3**	**2**	**1**
湘桥区				30	19	11	1	1	
潮安区				51	36	15	1		1
饶平县				4	2	2	1	1	
揭阳市				**227**	**136**	**91**			
榕城区				18	9	9			
揭东区				30	19	11			
揭西县				9	5	4			
惠来县									
普宁市				170	103	67			
云浮市				**23**	**13**	**10**	**1**		**1**
云城区				7	5	2			
云安区				1		1			
新兴县				2	2				
郁南县				2	1	1			
罗定市				11	5	6	1		1

1-4　各地区分年龄、性别的人口

单位：人

地　区	合　计			0岁			1-4岁		
	合计	男	女	小计	男	女	小计	男	女
广　东	**50792391**	**28884396**	**21907995**	**166765**	**90071**	**76694**	**1571883**	**845062**	**726821**
广州市	**10458040**	**5789070**	**4668970**	**29712**	**16057**	**13655**	**264334**	**141622**	**122712**
荔湾区	677361	364063	313298	2554	1363	1191	24552	13135	11417
越秀区	350607	179867	170740	847	446	401	8531	4569	3962
海珠区	937820	493731	444089	2253	1175	1078	19153	10377	8776
天河区	1462248	794120	668128	3378	1803	1575	28833	15423	13410
白云区	2657569	1474250	1183319	7976	4364	3612	67499	36080	31419
黄埔区	767736	449583	318153	2832	1492	1340	21842	11670	10172
番禺区	1634695	900310	734385	3978	2162	1816	36447	19611	16836
花都区	843923	478394	365529	2221	1201	1020	23298	12462	10836
南沙区	417605	255299	162306	1331	741	590	11441	6122	5319
从化区	163521	93376	70145	298	145	153	2746	1479	1267
增城区	544955	306077	238878	2044	1165	879	19992	10694	9298
韶关市	**454391**	**238326**	**216065**	**2304**	**1232**	**1072**	**19887**	**10609**	**9278**
武江区	139676	71674	68002	729	378	351	6048	3258	2790
浈江区	122924	62478	60446	556	294	262	4807	2563	2244
曲江区	57112	31149	25963	262	146	116	2445	1297	1148
始兴县	12642	6782	5860	96	54	42	663	359	304
仁化县	23335	12831	10504	116	65	51	1065	564	501
翁源县	20358	11184	9174	114	73	41	1002	540	462
乳源瑶族自治县	15882	8735	7147	92	52	40	747	402	345
新丰县	14627	8346	6281	67	39	28	644	359	285
乐昌市	30399	15632	14767	177	82	95	1588	830	758
南雄市	17436	9515	7921	95	49	46	878	437	441
深圳市	**13330374**	**7572771**	**5757603**	**51847**	**27807**	**24040**	**433610**	**232283**	**201327**
罗湖区	716679	376971	339708	2553	1378	1175	23385	12665	10720
福田区	896528	487673	408855	2917	1562	1355	26347	14166	12181
南山区	1008327	565278	443049	2354	1257	1097	21765	11610	10155
宝安区	3782083	2178437	1603646	15398	8365	7033	121218	65014	56204
龙岗区	3228657	1800609	1428048	13066	6920	6146	115727	61798	53929
盐田区	146305	83147	63158	521	287	234	4317	2284	2033
龙华区	2106418	1223383	883035	9139	4882	4257	72101	38676	33425
坪山区	453881	267856	186025	1796	958	838	15405	8257	7148
光明区	991496	589417	402079	4103	2198	1905	33345	17813	15532
珠海市	**1286297**	**736172**	**550125**	**3722**	**1966**	**1756**	**36895**	**19822**	**17073**
香洲区	737302	415606	321696	1930	1011	919	19236	10312	8924
斗门区	262922	154570	108352	1044	555	489	9550	5106	4444
金湾区	286073	165996	120077	748	400	348	8109	4404	3705
汕头市	**699606**	**394613**	**304993**	**1724**	**892**	**832**	**22482**	**11921**	**10561**
龙湖区	179455	98822	80633	484	261	223	5927	3148	2779
金平区	138195	73122	65073	447	232	215	5299	2787	2512
濠江区	26771	17506	9265	44	21	23	438	241	197
潮阳区	115852	66708	49144	245	123	122	4051	2138	1913
潮南区	77090	44840	32250	184	86	98	2597	1401	1196
澄海区	158818	91808	67010	306	159	147	3998	2118	1880
南澳县	3425	1807	1618	14	10	4	172	88	84
佛山市	**5138358**	**3044860**	**2093498**	**15017**	**8144**	**6873**	**138736**	**75421**	**63315**
禅城区	697162	395654	301508	2682	1462	1220	20192	10964	9228
南海区	2132680	1266953	865727	5819	3154	2665	56545	30834	25711
顺德区	1761017	1048311	712706	4679	2526	2153	45571	24733	20838
三水区	384420	235330	149090	1352	740	612	11478	6192	5286
高明区	163079	98612	64467	485	262	223	4950	2698	2252

1-4 续表 1

单位：人

地　　区	合　　计			0岁			1-4岁		
	合计	男	女	小计	男	女	小计	男	女
江门市	**1311288**	**745880**	**565408**	**4861**	**2618**	**2243**	**51271**	**27551**	**23720**
蓬江区	367729	205406	162323	1278	673	605	12774	6853	5921
江海区	204023	113786	90237	910	485	425	8443	4514	3929
新会区	227966	132694	95272	832	452	380	9191	4976	4215
台山市	106031	61389	44642	342	178	164	4041	2177	1864
开平市	155527	86554	68973	610	333	277	6983	3727	3256
鹤山市	186238	108954	77284	646	369	277	7347	3931	3416
恩平市	63774	37097	26677	243	128	115	2492	1373	1119
湛江市	**839130**	**433223**	**405907**	**3758**	**2048**	**1710**	**40879**	**22114**	**18765**
赤坎区	169399	83482	85917	729	391	338	8284	4518	3766
霞山区	271816	140084	131732	1360	748	612	15084	8295	6789
坡头区	27708	14882	12826	190	111	79	1662	885	777
麻章区	112702	60171	52531	269	140	129	2847	1515	1332
遂溪县	53244	27095	26149	251	140	111	2874	1533	1341
徐闻县	38902	21287	17615	192	113	79	2080	1098	982
廉江市	75050	37203	37847	329	174	155	3526	1850	1676
雷州市	42442	22773	19669	244	119	125	2379	1289	1090
吴川市	47867	26246	21621	194	112	82	2143	1131	1012
茂名市	**365997**	**193393**	**172604**	**1233**	**680**	**553**	**14144**	**7616**	**6528**
茂南区	136683	72464	64219	418	237	181	4654	2501	2153
电白区	71543	38267	33276	263	141	122	2778	1490	1288
高州市	63314	33414	29900	130	81	49	1925	1036	889
化州市	60489	31377	29112	281	148	133	3066	1642	1424
信宜市	33968	17871	16097	141	73	68	1721	947	774
肇庆市	**636466**	**367146**	**269320**	**1906**	**1042**	**864**	**21087**	**11598**	**9489**
端州区	191199	102739	88460	616	347	269	6525	3606	2919
鼎湖区	69894	40517	29377	182	100	82	2189	1223	966
高要区	98021	58681	39340	222	116	106	2663	1477	1186
广宁县	20254	11840	8414	66	37	29	816	443	373
怀集县	15401	8748	6653	56	23	33	704	367	337
封开县	11765	6717	5048	53	29	24	513	279	234
德庆县	13294	7068	6226	63	41	22	701	380	321
四会市	216638	130836	85802	648	349	299	6976	3823	3153
惠州市	**2740849**	**1589592**	**1151257**	**9965**	**5438**	**4527**	**100115**	**53698**	**46417**
惠城区	1066286	606645	459641	4046	2210	1836	39546	21328	18218
惠阳区	929603	550605	378998	3363	1822	1541	32283	17150	15133
博罗县	444876	260004	184872	1475	817	658	15910	8593	7317
惠东县	258455	147799	110656	902	499	403	10681	5720	4961
龙门县	41629	24539	17090	179	90	89	1695	907	788
梅州市	**415919**	**215283**	**200636**	**2115**	**1146**	**969**	**19082**	**10064**	**9018**
梅江区	162390	82084	80306	670	342	328	5756	3063	2693
梅县区	105556	53469	52087	664	389	275	5813	3098	2715
大埔县	23871	12916	10955	131	71	60	1312	690	622
丰顺县	23604	12977	10627	115	66	49	1056	539	517
五华县	38526	21576	16950	195	106	89	1865	1005	860
平远县	11558	6075	5483	77	41	36	666	345	321
蕉岭县	13114	6973	6141	69	42	27	731	378	353
兴宁市	37300	19213	18087	194	89	105	1883	946	937

1-4　续表 2　　　　单位：人

地　区	合　计			0岁			1-4岁		
	合计	男	女	小计	男	女	小计	男	女
汕尾市	**247685**	**137767**	**109918**	**1133**	**634**	**499**	**10973**	**5781**	**5192**
城　区	74325	41276	33049	305	174	131	2859	1528	1331
海丰县	126291	70863	55428	604	332	272	5925	3135	2790
陆河县	14460	8133	6327	86	55	31	697	354	343
陆丰市	32609	17495	15114	138	73	65	1492	764	728
河源市	**582178**	**309087**	**273091**	**2972**	**1618**	**1354**	**28578**	**15470**	**13108**
源城区	397115	206429	190686	2059	1123	936	20090	10890	9200
紫金县	44691	25427	19264	248	144	104	2148	1180	968
龙川县	39314	21765	17549	195	108	87	1936	1034	902
连平县	21672	12020	9652	106	55	51	1074	565	509
和平县	15069	8505	6564	79	41	38	751	401	350
东源县	64317	34941	29376	285	147	138	2579	1400	1179
阳江市	**342406**	**186400**	**156006**	**1582**	**874**	**708**	**15890**	**8591**	**7299**
江城区	179388	97028	82360	840	457	383	8263	4457	3806
阳东区	99253	54702	44551	437	233	204	4525	2495	2030
阳西县	27831	15352	12479	136	86	50	1223	655	568
阳春市	35934	19318	16616	169	98	71	1879	984	895
清远市	**691203**	**379684**	**311519**	**3497**	**1921**	**1576**	**32899**	**17770**	**15129**
清城区	417392	229397	187995	2178	1213	965	19610	10731	8879
清新区	105213	56049	49164	616	338	278	5818	3094	2724
佛冈县	31321	18322	12999	98	50	48	1115	580	535
阳山县	18126	9979	8147	85	43	42	936	502	434
连山壮族瑶族自治县	5669	2974	2695	31	20	11	301	166	135
连南瑶族自治县	5751	2947	2804	36	19	17	343	177	166
英德市	88421	49633	38788	382	205	177	3920	2085	1835
连州市	19310	10383	8927	71	33	38	856	435	421
东莞市	**7952214**	**4669818**	**3282396**	**18267**	**9941**	**8326**	**207485**	**111930**	**95555**
市辖区	7952214	4669818	3282396	18267	9941	8326	207485	111930	95555
中山市	**2584447**	**1486075**	**1098372**	**8453**	**4509**	**3944**	**83283**	**44751**	**38532**
市辖区	2584447	1486075	1098372	8453	4509	3944	83283	44751	38532
潮州市	**285664**	**156065**	**129599**	**887**	**483**	**404**	**10859**	**5834**	**5025**
湘桥区	112462	57229	55233	380	207	173	4034	2131	1903
潮安区	159114	91057	68057	465	249	216	6279	3404	2875
饶平县	14088	7779	6309	42	27	15	546	299	247
揭阳市	**192787**	**108956**	**83831**	**646**	**340**	**306**	**7944**	**4267**	**3677**
榕城区	45806	25778	20028	145	70	75	1739	923	816
揭东区	43233	25362	17871	138	81	57	1751	961	790
揭西县	20436	11104	9332	83	45	38	995	507	488
惠来县	19728	10937	8791	71	38	33	944	495	449
普宁市	63584	35775	27809	209	106	103	2515	1381	1134
云浮市	**237092**	**130215**	**106877**	**1164**	**681**	**483**	**11450**	**6349**	**5101**
云城区	108565	59643	48922	634	383	251	6036	3368	2668
云安区	19562	11654	7908	59	30	29	573	321	252
新兴县	43113	24049	19064	169	93	76	1547	885	662
郁南县	17386	9026	8360	95	59	36	1038	564	474
罗定市	48466	25843	22623	207	116	91	2256	1211	1045

1-4 续表 3

单位：人

地 区	5-9岁			10-14岁			15-19岁		
	小计	男	女	小计	男	女	小计	男	女
广 东	**2073604**	**1140186**	**933418**	**1698444**	**950133**	**748311**	**2877338**	**1664380**	**1212958**
广州市	**295965**	**162700**	**133265**	**243206**	**136248**	**106958**	**695637**	**389052**	**306585**
荔湾区	27318	14889	12429	26296	14468	11828	34060	19128	14932
越秀区	10114	5596	4518	9897	5517	4380	17839	9589	8250
海珠区	22195	12440	9755	20329	11421	8908	45499	24726	20773
天河区	29862	16319	13543	24655	13816	10839	113037	60396	52641
白云区	70436	39009	31427	55340	31332	24008	187170	107586	79584
黄埔区	21975	12101	9874	15653	8896	6757	34520	20223	14297
番禺区	40780	22379	18401	33704	18896	14808	91484	48737	42747
花都区	32714	17999	14715	26581	14899	11682	61182	34555	26627
南沙区	12934	7143	5791	9826	5509	4317	17879	11605	6274
从化区	3490	1896	1594	3214	1747	1467	44032	25452	18580
增城区	24147	12929	11218	17711	9747	7964	48935	27055	21880
韶关市	**30462**	**16339**	**14123**	**26174**	**13804**	**12370**	**40117**	**21467**	**18650**
武江区	8957	4873	4084	7307	3938	3369	12040	6233	5807
浈江区	7458	4035	3423	6493	3472	3021	18390	9828	8562
曲江区	3942	2095	1847	3593	1902	1691	5051	2911	2140
始兴县	984	526	458	832	445	387	430	233	197
仁化县	1599	838	761	1421	759	662	754	412	342
翁源县	1562	815	747	1316	632	684	715	388	327
乳源瑶族自治县	1182	662	520	1094	565	529	682	370	312
新丰县	914	484	430	779	391	388	404	225	179
乐昌市	2487	1282	1205	2208	1118	1090	1120	578	542
南雄市	1377	729	648	1131	582	549	531	289	242
深圳市	**540940**	**297272**	**243668**	**420200**	**235558**	**184642**	**522798**	**313833**	**208965**
罗湖区	34723	19017	15706	30540	16854	13686	30687	17417	13270
福田区	36425	19722	16703	28680	15563	13117	39857	24347	15510
南山区	29947	16363	13584	25174	14031	11143	48959	27448	21511
宝安区	145318	80391	64927	109834	61974	47860	137806	84487	53319
龙岗区	145424	79832	65592	117264	65674	51590	119042	70713	48329
盐田区	6733	3656	3077	6335	3620	2715	9606	5287	4319
龙华区	78531	42945	35586	54914	30822	24092	72828	44526	28302
坪山区	22234	12341	9893	17960	10161	7799	22972	14604	8368
光明区	41605	23005	18600	29499	16859	12640	41041	25004	16037
珠海市	**49521**	**27029**	**22492**	**43074**	**24061**	**19013**	**84425**	**46371**	**38054**
香洲区	25744	14054	11690	23380	13032	10348	45842	24928	20914
斗门区	12098	6608	5490	10375	5879	4496	11710	7157	4553
金湾区	11679	6367	5312	9319	5150	4169	26873	14286	12587
汕头市	**37205**	**20220**	**16985**	**36553**	**19861**	**16692**	**57297**	**32497**	**24800**
龙湖区	9455	5177	4278	9539	5261	4278	13129	6547	6582
金平区	10019	5408	4611	10259	5448	4811	11553	5884	5669
濠江区	626	310	316	587	316	271	10178	6850	3328
潮阳区	6236	3432	2804	5232	2805	2427	8700	5089	3611
潮南区	4193	2275	1918	3717	2023	1694	3102	1775	1327
澄海区	6482	3519	2963	7071	3942	3129	10541	6307	4234
南澳县	194	99	95	148	66	82	94	45	49
佛山市	**164500**	**92198**	**72302**	**145026**	**83369**	**61657**	**260698**	**158951**	**101747**
禅城区	20563	11484	9079	17027	9927	7100	29167	17320	11847
南海区	66057	37050	29007	53117	30338	22779	105526	64424	41102
顺德区	56083	31469	24614	55970	32306	23664	88449	55727	32722
三水区	14523	8202	6321	12364	7064	5300	27775	15864	11911
高明区	7274	3993	3281	6548	3734	2814	9781	5616	4165

1–4 续表 4

单位：人

地区	5–9岁			10–14岁			15–19岁		
	小计	男	女	小计	男	女	小计	男	女
江门市	**80286**	**43986**	**36300**	**71239**	**39370**	**31869**	**82820**	**47107**	**35713**
蓬江区	18002	9823	8179	16329	8919	7410	30139	17311	12828
江海区	11070	6046	5024	8735	4794	3941	15804	7845	7959
新会区	15844	8642	7202	13998	7737	6261	12741	7635	5106
台山市	6594	3542	3052	6369	3510	2859	6017	3500	2517
开平市	12657	6956	5701	11853	6533	5320	7689	4454	3235
鹤山市	11974	6746	5228	10248	5845	4403	7948	4913	3035
恩平市	4145	2231	1914	3707	2032	1675	2482	1449	1033
湛江市	**58831**	**32105**	**26726**	**51057**	**28238**	**22819**	**83000**	**42448**	**40552**
赤坎区	12585	6912	5673	10739	5992	4747	15793	6883	8910
霞山区	23392	13036	10356	20148	11372	8776	21405	11929	9476
坡头区	2036	1093	943	1529	811	718	1440	801	639
麻章区	4132	2206	1926	3788	2072	1716	30542	15567	14975
遂溪县	3822	2027	1795	3373	1807	1566	3134	1170	1964
徐闻县	2668	1450	1218	2487	1346	1141	1328	740	588
廉江市	4594	2402	2192	4163	2180	1983	6450	3733	2717
雷州市	2688	1451	1237	2352	1289	1063	1359	720	639
吴川市	2914	1528	1386	2478	1369	1109	1549	905	644
茂名市	**18488**	**9889**	**8599**	**17331**	**9517**	**7814**	**55755**	**30862**	**24893**
茂南区	5658	3095	2563	5147	2902	2245	21716	11937	9779
电白区	3464	1805	1659	3043	1598	1445	10801	5744	5057
高州市	3056	1659	1397	3443	1942	1501	17834	9853	7981
化州市	4041	2136	1905	3769	2034	1735	4063	2584	1479
信宜市	2269	1194	1075	1929	1041	888	1341	744	597
肇庆市	**33202**	**18511**	**14691**	**30469**	**16998**	**13471**	**79071**	**45303**	**33768**
端州区	7546	4300	3246	8046	4577	3469	43248	24519	18729
鼎湖区	3902	2128	1774	3430	1854	1576	10797	5422	5375
高要区	4985	2829	2156	4737	2746	1991	8458	5098	3360
广宁县	1022	537	485	1025	512	513	677	399	278
怀集县	910	483	427	667	343	324	464	260	204
封开县	734	378	356	558	266	292	352	191	161
德庆县	1114	623	491	1019	535	484	566	292	274
四会市	12989	7233	5756	10987	6165	4822	14509	9122	5387
惠州市	**148393**	**80841**	**67552**	**124077**	**68276**	**55801**	**175628**	**104849**	**70779**
惠城区	55038	30024	25014	47630	26267	21363	86345	51197	35148
惠阳区	44439	24132	20307	35712	19712	16000	46310	27863	18447
博罗县	24918	13701	11217	20876	11582	9294	31474	19313	12161
惠东县	21794	11788	10006	17936	9703	8233	9489	5360	4129
龙门县	2204	1196	1008	1923	1012	911	2010	1116	894
梅州市	**26180**	**13723**	**12457**	**24818**	**13061**	**11757**	**35517**	**17635**	**17882**
梅江区	8707	4598	4109	9217	4780	4437	23175	11648	11527
梅县区	8225	4293	3932	7088	3819	3269	6468	3097	3371
大埔县	1523	784	739	1438	749	689	709	403	306
丰顺县	1319	696	623	1177	642	535	855	492	363
五华县	2295	1200	1095	1956	1043	913	1221	681	540
平远县	789	411	378	760	399	361	339	198	141
蕉岭县	965	516	449	872	423	449	415	223	192
兴宁市	2357	1225	1132	2310	1206	1104	2335	893	1442

1-4 续表 5

单位：人

地区	5-9岁			10-14岁			15-19岁		
	小计	男	女	小计	男	女	小计	男	女
汕尾市	**16397**	**8685**	**7712**	**14908**	**7948**	**6960**	**16393**	**8598**	**7795**
城　区	4146	2166	1980	3884	2048	1836	8292	4111	4181
海丰县	9339	4986	4353	8365	4507	3858	6075	3355	2720
陆河县	828	460	368	808	396	412	757	405	352
陆丰市	2084	1073	1011	1851	997	854	1269	727	542
河源市	**45829**	**24611**	**21218**	**42181**	**22614**	**19567**	**41667**	**21354**	**20313**
源城区	34316	18436	15880	31556	16901	14655	25954	13436	12518
紫金县	2718	1439	1279	2437	1307	1130	2088	1231	857
龙川县	2583	1409	1174	2477	1301	1176	2202	1318	884
连平县	1420	799	621	1299	697	602	791	445	346
和平县	868	431	437	831	458	373	713	382	331
东源县	3924	2097	1827	3581	1950	1631	9919	4542	5377
阳江市	**23222**	**12595**	**10627**	**21825**	**11845**	**9980**	**23018**	**12413**	**10605**
江城区	12199	6654	5545	11379	6221	5158	14144	7264	6880
阳东区	6773	3661	3112	6513	3549	2964	6190	3605	2585
阳西县	1857	1014	843	1663	902	761	1078	641	437
阳春市	2393	1266	1127	2270	1173	1097	1606	903	703
清远市	**49496**	**26904**	**22592**	**38998**	**20995**	**18003**	**58734**	**32087**	**26647**
清城区	29085	15909	13176	21805	11884	9921	45674	24964	20710
清新区	9184	5067	4117	7586	4102	3484	5870	3643	2227
佛冈县	1672	897	775	1595	838	757	1768	882	886
阳山县	1467	772	695	1276	656	620	732	365	367
连山壮族瑶族自治县	436	232	204	350	162	188	171	81	90
连南瑶族自治县	464	245	219	355	173	182	177	89	88
英德市	5984	3166	2818	4947	2614	2333	2888	1548	1340
连州市	1204	616	588	1084	566	518	1454	515	939
东莞市	**303328**	**168811**	**134517**	**224673**	**128908**	**95765**	**390517**	**240084**	**150433**
市辖区	303328	168811	134517	224673	128908	95765	390517	240084	150433
中山市	**106203**	**59304**	**46899**	**84225**	**48489**	**35736**	**113775**	**68594**	**45181**
市辖区	106203	59304	46899	84225	48489	35736	113775	68594	45181
潮州市	**16554**	**9040**	**7514**	**14114**	**7741**	**6373**	**21732**	**10102**	**11630**
湘桥区	6147	3312	2835	5486	2927	2559	14387	5875	8512
潮安区	9719	5362	4357	8069	4514	3555	6958	3999	2959
饶平县	688	366	322	559	300	259	387	228	159
揭阳市	**12467**	**6670**	**5797**	**10608**	**5782**	**4826**	**17622**	**9329**	**8293**
榕城区	2653	1448	1205	2345	1272	1073	5152	2249	2903
揭东区	3365	1806	1559	2783	1512	1271	4338	2314	2024
揭西县	1364	689	675	1219	655	564	728	406	322
惠来县	1175	602	573	1004	557	447	594	336	258
普宁市	3910	2125	1785	3257	1786	1471	6810	4024	2786
云浮市	**16135**	**8753**	**7382**	**13688**	**7450**	**6238**	**21117**	**11444**	**9673**
云城区	8843	4869	3974	7197	3998	3199	7645	4358	3287
云安区	788	418	370	718	414	304	4191	2498	1693
新兴县	2216	1206	1010	2079	1112	967	4925	1971	2954
郁南县	1331	669	662	1116	561	555	578	316	262
罗定市	2957	1591	1366	2578	1365	1213	3778	2301	1477

1-4 续表 6 单位：人

地 区	20—24岁			25—29岁			30—34岁		
	小计	男	女	小计	男	女	小计	男	女
广 东	**5618743**	**3182358**	**2436385**	**6616658**	**3815351**	**2801307**	**7354509**	**4321826**	**3032683**
广州市	**1533301**	**813574**	**719727**	**1519671**	**841523**	**678148**	**1462276**	**844088**	**618188**
荔湾区	62736	33876	28860	83130	44050	39080	78416	42644	35772
越秀区	42918	22099	20819	48686	24521	24165	42530	22339	20191
海珠区	110126	54459	55667	128986	68062	60924	140938	76079	64859
天河区	317029	165718	151311	280602	154077	126525	187797	108865	78932
白云区	404718	207701	197017	395427	216833	178594	367611	216017	151594
黄埔区	99815	58588	41227	126159	73572	52587	130189	79024	51165
番禺区	248611	130557	118054	244274	135355	108919	242290	139176	103114
花都区	96504	52691	43813	95351	55459	39892	124786	72617	52169
南沙区	38062	25233	12829	54597	34308	20289	65360	40293	25067
从化区	48524	27602	20922	8629	4640	3989	9825	5485	4340
增城区	64258	35050	29208	53830	30646	23184	72534	41549	30985
韶关市	**37356**	**19262**	**18094**	**33519**	**16759**	**16760**	**43198**	**21515**	**21683**
武江区	7924	3987	3937	11103	5550	5553	14220	7093	7127
浈江区	16550	7791	8759	7614	3728	3886	9854	4751	5103
曲江区	6114	3783	2331	3422	1752	1670	5175	2642	2533
始兴县	632	330	302	1077	536	541	1294	655	639
仁化县	981	558	423	1716	928	788	2165	1131	1034
翁源县	1204	661	543	1832	897	935	2130	1114	1016
乳源瑶族自治县	898	494	404	1402	694	708	1606	818	788
新丰县	793	489	304	1333	736	597	1629	833	796
乐昌市	1317	686	631	2336	1098	1238	3117	1461	1656
南雄市	943	483	460	1684	840	844	2008	1017	991
深圳市	**1504207**	**853704**	**650503**	**2132208**	**1223725**	**908483**	**2200503**	**1307910**	**892593**
罗湖区	74583	37681	36902	99831	50601	49230	93518	49938	43580
福田区	111381	62409	48972	148335	81566	66769	122522	69509	53013
南山区	136704	76986	59718	166706	95933	70773	140452	83722	56730
宝安区	430047	247264	182783	633040	369356	263684	683809	408813	274996
龙岗区	335004	184105	150899	474086	264930	209156	492680	286052	206628
盐田区	12483	7525	4958	16093	9461	6632	16936	9989	6947
龙华区	265361	153260	112101	389355	228413	160942	396290	245199	151091
坪山区	40082	25070	15012	59681	36037	23644	72937	43650	29287
光明区	98562	59404	39158	145081	87428	57653	181359	111038	70321
珠海市	**167116**	**92651**	**74465**	**156349**	**92343**	**64006**	**176746**	**105583**	**71163**
香洲区	98705	54293	44412	94789	54342	40447	100654	58910	41744
斗门区	21836	13774	8062	32843	20164	12679	40044	24460	15584
金湾区	46575	24584	21991	28717	17837	10880	36048	22213	13835
汕头市	**55434**	**32659**	**22775**	**63461**	**36580**	**26881**	**80191**	**45858**	**34333**
龙湖区	12726	7048	5678	16679	9168	7511	20149	11293	8856
金平区	11501	6022	5479	10383	5324	5059	13189	6895	6294
濠江区	3950	2711	1239	1677	1138	539	1776	1123	653
潮阳区	8237	5238	2999	11556	7034	4522	13834	8281	5553
潮南区	5874	3452	2422	8065	4790	3275	9780	5831	3949
澄海区	12997	8103	4894	14766	8969	5797	21043	12245	8798
南澳县	149	85	64	335	157	178	420	190	230
佛山市	**503112**	**304498**	**198614**	**617887**	**371264**	**246623**	**731957**	**445601**	**286356**
禅城区	72942	40593	32349	97651	54519	43132	105566	61002	44564
南海区	211431	128916	82515	259387	155268	104119	302438	184240	118198
顺德区	164278	101805	62473	207609	127369	80240	254599	156403	98196
三水区	41337	25091	16246	38165	24630	13535	48410	30944	17466
高明区	13124	8093	5031	15075	9478	5597	20944	13012	7932

1-4 续表 7 单位：人

地　区	20-24岁			25-29岁			30-34岁		
	小计	男	女	小计	男	女	小计	男	女
江门市	**98340**	**59692**	**38648**	**113582**	**66061**	**47521**	**154072**	**87988**	**66084**
蓬江区	41290	24202	17088	32532	18478	14054	42600	23989	18611
江海区	16401	10033	6368	20848	12294	8554	26594	15369	11225
新会区	12945	8366	4579	18437	11040	7397	25310	14768	10542
台山市	5724	3584	2140	8702	5096	3606	11674	6711	4963
开平市	7705	4609	3096	11343	6350	4993	16833	9059	7774
鹤山市	10700	6700	4000	16179	9494	6685	24434	14189	10245
恩平市	3575	2198	1377	5541	3309	2232	6627	3903	2724
湛江市	**96074**	**45070**	**51004**	**72686**	**35981**	**36705**	**80193**	**39269**	**40924**
赤坎区	22272	8448	13824	14740	7204	7536	17158	8493	8665
霞山区	20024	10717	9307	24642	11613	13029	28943	13593	15350
坡头区	1343	761	582	2810	1466	1344	3219	1578	1641
麻章区	32008	15514	16494	6741	4154	2587	6290	3619	2671
遂溪县	4279	1837	2442	4816	2316	2500	4750	2217	2533
徐闻县	2455	1307	1148	3538	1879	1659	3596	1872	1724
廉江市	8073	3431	4642	6655	2873	3782	6997	3117	3880
雷州市	2777	1452	1325	4251	2132	2119	4214	2100	2114
吴川市	2843	1603	1240	4493	2344	2149	5026	2680	2346
茂名市	**40830**	**19868**	**20962**	**29977**	**14780**	**15197**	**32631**	**16475**	**16156**
茂南区	22503	10810	11693	11245	5666	5579	12750	6808	5942
电白区	7705	4540	3165	6174	3078	3096	6436	3189	3247
高州市	5181	1797	3384	3848	1867	1981	4553	2292	2261
化州市	3517	1793	1724	5728	2750	2978	5735	2643	3092
信宜市	1924	928	996	2982	1419	1563	3157	1543	1614
肇庆市	**61544**	**34292**	**27252**	**52179**	**30242**	**21937**	**70825**	**40994**	**29831**
端州区	23678	11296	12382	13525	6720	6805	17089	9091	7998
鼎湖区	8356	4639	3717	4950	3130	1820	6451	3939	2512
高要区	11321	6897	4424	7078	4401	2677	10096	6063	4033
广宁县	1267	751	516	2064	1162	902	2315	1289	1026
怀集县	1029	574	455	1541	872	669	1854	1021	833
封开县	767	418	349	1228	671	557	1545	884	661
德庆县	685	349	336	1156	570	586	1494	733	761
四会市	14441	9368	5073	20637	12716	7921	29981	17974	12007
惠州市	**246701**	**150107**	**96594**	**303593**	**181568**	**122025**	**363716**	**215704**	**148012**
惠城区	108123	63075	45048	120554	70621	49933	134966	79285	55681
惠阳区	86729	55533	31196	115026	70964	44062	137172	83299	53873
博罗县	35942	22038	13904	42044	25303	16741	54658	32015	22643
惠东县	13195	7799	5396	22098	12470	9628	32109	18346	13763
龙门县	2712	1662	1050	3871	2210	1661	4811	2759	2052
梅州市	**32275**	**15498**	**16777**	**33417**	**16640**	**16777**	**38679**	**19435**	**19244**
梅江区	18076	8442	9634	11400	5680	5720	13219	6710	6509
梅县区	6006	2658	3348	8269	4113	4156	10530	5084	5446
大埔县	1340	697	643	2344	1152	1192	2442	1267	1175
丰顺县	1425	796	629	2252	1179	1073	2531	1380	1151
五华县	2335	1301	1034	3789	1982	1807	3808	2076	1732
平远县	539	263	276	1039	476	563	1189	554	635
蕉岭县	525	246	279	1033	487	546	1348	644	704
兴宁市	2029	1095	934	3291	1571	1720	3612	1720	1892

1-4 续表 8

单位：人

地 区	20-24岁			25-29岁			30-34岁		
	小计	男	女	小计	男	女	小计	男	女
汕尾市	**19355**	**10643**	**8712**	**24493**	**13919**	**10574**	**26007**	**14876**	**11131**
城 区	8273	4187	4086	7576	4451	3125	7457	4529	2928
海丰县	8165	4809	3356	12397	7061	5336	13679	7739	5940
陆河县	822	503	319	1221	672	549	1500	872	628
陆丰市	2095	1144	951	3299	1735	1564	3371	1736	1635
河源市	**35518**	**19279**	**16239**	**48793**	**25686**	**23107**	**58832**	**30434**	**28398**
源城区	25140	13580	11560	32778	17101	15677	40522	20624	19898
紫金县	2579	1436	1143	4051	2196	1855	4450	2405	2045
龙川县	2237	1296	941	3626	1941	1685	4187	2156	2031
连平县	1233	666	567	1829	926	903	2015	1038	977
和平县	800	449	351	1526	783	743	1602	879	723
东源县	3529	1852	1677	4983	2739	2244	6056	3332	2724
阳江市	**23603**	**12805**	**10798**	**29438**	**15897**	**13541**	**34538**	**18384**	**16154**
江城区	14486	7616	6870	14572	7861	6711	17033	8973	8060
阳东区	5269	3048	2221	8468	4740	3728	10240	5621	4619
阳西县	1823	1067	756	2937	1561	1376	3019	1555	1464
阳春市	2025	1074	951	3461	1735	1726	4246	2235	2011
清远市	**51556**	**29135**	**22421**	**56619**	**30432**	**26187**	**73994**	**39782**	**34212**
清城区	37069	21022	16047	33045	18109	14936	44095	24234	19861
清新区	4640	2592	2048	7935	3926	4009	11030	5476	5554
佛冈县	1875	1141	734	2874	1669	1205	3474	1985	1489
阳山县	1026	571	455	1654	859	795	1872	976	896
连山壮族瑶族自治县	374	168	206	539	266	273	582	288	294
连南瑶族自治县	341	152	189	525	246	279	606	297	309
英德市	5161	2913	2248	8351	4441	3910	10353	5522	4831
连州市	1070	576	494	1696	916	780	1982	1004	978
东莞市	**820909**	**499369**	**321540**	**978527**	**596684**	**381843**	**1273556**	**763139**	**510417**
市辖区	820909	499369	321540	978527	596684	381843	1273556	763139	510417
中山市	**235361**	**140367**	**94994**	**289927**	**172093**	**117834**	**378928**	**224041**	**154887**
市辖区	235361	140367	94994	289927	172093	117834	378928	224041	154887
潮州市	**23553**	**11811**	**11742**	**22456**	**12416**	**10040**	**29751**	**16326**	**13425**
湘桥区	13055	5409	7646	7673	4024	3649	10299	5339	4960
潮安区	9526	5830	3696	13200	7559	5641	17757	10055	7702
饶平县	972	572	400	1583	833	750	1695	932	763
揭阳市	**15698**	**8619**	**7079**	**17105**	**9801**	**7304**	**20126**	**11575**	**8551**
榕城区	5442	2732	2710	3781	2295	1486	4377	2627	1750
揭东区	2444	1584	860	3569	2121	1448	5007	2982	2025
揭西县	1294	739	555	1910	994	916	2045	1084	961
惠来县	1430	789	641	2079	1123	956	2087	1122	965
普宁市	5088	2775	2313	5766	3268	2498	6610	3760	2850
云浮市	**16900**	**9455**	**7445**	**20771**	**10957**	**9814**	**23790**	**12849**	**10941**
云城区	5631	3211	2420	9729	5182	4547	11959	6520	5439
云安区	2670	1470	1200	1368	779	589	1581	943	638
新兴县	2748	1559	1189	3647	2085	1562	4274	2479	1795
郁南县	1102	533	569	1771	808	963	1672	825	847
罗定市	4749	2682	2067	4256	2103	2153	4304	2082	2222

1-4 续表 9

单位：人

地区	35-39岁			40-44岁			45-49岁		
	小计	男	女	小计	男	女	小计	男	女
广东	**5568869**	**3285317**	**2283552**	**4375828**	**2534097**	**1841731**	**4532355**	**2543816**	**1988539**
广州市	**1029236**	**598572**	**430664**	**792723**	**451676**	**341047**	**843689**	**466764**	**376925**
荔湾区	60186	32451	27735	51041	27214	23827	57178	30144	27034
越秀区	32204	16756	15448	27181	14083	13098	29507	15105	14402
海珠区	99064	54010	45054	78057	41859	36198	83682	43850	39832
天河区	108516	62647	45869	78261	43954	34307	85490	45906	39584
白云区	257363	152826	104537	200195	114628	85567	217513	119028	98485
黄埔区	81858	50946	30912	56075	34355	21720	57321	34159	23162
番禺区	174645	101291	73354	133112	76181	56931	137148	76281	60867
花都区	100475	58947	41528	77135	44749	32386	76007	43115	32892
南沙区	48220	29972	18248	40126	24685	15441	45009	27262	17747
从化区	8592	4909	3683	7526	4359	3167	8446	4926	3520
增城区	58113	33817	24296	44014	25609	18405	46388	26988	19400
韶关市	**39118**	**19571**	**19547**	**34581**	**18350**	**16231**	**39132**	**21554**	**17578**
武江区	13122	6551	6571	11131	5708	5423	12210	6316	5894
浈江区	8961	4322	4639	7694	3899	3795	8496	4513	3983
曲江区	4821	2442	2379	4278	2351	1927	4822	2817	2005
始兴县	1238	665	573	1105	612	493	1363	722	641
仁化县	1776	928	848	1804	988	816	2537	1450	1087
翁源县	1943	1016	927	1818	1033	785	2105	1237	868
乳源瑶族自治县	1476	770	706	1398	817	581	1484	890	594
新丰县	1538	805	733	1451	834	617	1664	990	674
乐昌市	2604	1223	1381	2359	1241	1118	2764	1565	1199
南雄市	1639	849	790	1543	867	676	1687	1054	633
深圳市	**1474055**	**879873**	**594182**	**1034470**	**604956**	**429514**	**1014052**	**567993**	**446059**
罗湖区	71203	38540	32663	55789	30786	25003	60062	32140	27922
福田区	83303	47063	36240	60986	34229	26757	67214	35739	31475
南山区	91064	54842	36222	69427	41364	28063	78428	44496	33932
宝安区	453717	273009	180708	305859	179556	126303	276203	155329	120874
龙岗区	353045	206939	146106	262613	151114	111499	267765	148360	119405
盐田区	14763	8661	6102	12610	7259	5351	14591	8245	6346
龙华区	229138	142013	87125	141426	85036	56390	128449	72748	55701
坪山区	53304	31841	21463	39487	23518	15969	39811	23268	16543
光明区	124518	76965	47553	86273	52094	34179	81529	47668	33861
珠海市	**132039**	**79308**	**52731**	**101232**	**59810**	**41422**	**108279**	**62900**	**45379**
香洲区	74208	43625	30583	57372	33282	24090	61910	35544	26366
斗门区	29523	18066	11457	22190	13156	9034	23242	13343	9899
金湾区	28308	17617	10691	21670	13372	8298	23127	14013	9114
汕头市	**71617**	**40210**	**31407**	**68774**	**38407**	**30367**	**74699**	**41962**	**32737**
龙湖区	18232	10040	8192	17132	9476	7656	18438	10477	7961
金平区	13701	7145	6556	12862	6851	6011	12885	7185	5700
濠江区	1465	971	494	1414	884	530	1653	1031	622
潮阳区	11379	6572	4807	11294	6393	4901	13615	7446	6169
潮南区	8015	4740	3275	7554	4296	3258	9052	5143	3909
澄海区	18471	10566	7905	18181	10325	7856	18659	10459	8200
南澳县	354	176	178	337	182	155	397	221	176
佛山市	**615140**	**376935**	**238205**	**516281**	**308172**	**208109**	**551806**	**318887**	**232919**
禅城区	83758	49486	34272	64384	37303	27081	67367	38064	29303
南海区	254034	156875	97159	212550	127618	84932	227514	131539	95975
顺德区	215379	131691	83688	183664	108972	74692	195088	111621	83467
三水区	42442	26964	15478	38045	23601	14444	42551	25964	16587
高明区	19527	11919	7608	17638	10678	6960	19286	11699	7587

1-4 续表 10

单位：人

地 区	35-39岁			40-44岁			45-49岁		
	小计	男	女	小计	男	女	小计	男	女
江门市	**140936**	**81223**	**59713**	**127571**	**73306**	**54265**	**137205**	**78237**	**58968**
蓬江区	37678	21367	16311	33138	18843	14295	34336	19490	14846
江海区	21985	12878	9107	18245	10547	7698	18920	10414	8506
新会区	24113	14194	9919	23714	13902	9812	26872	15508	11364
台山市	10560	6066	4494	10091	5719	4372	12419	7114	5305
开平市	16746	9182	7564	15323	8602	6721	16047	9063	6984
鹤山市	23726	13881	9845	21105	12253	8852	21698	12611	9087
恩平市	6128	3655	2473	5955	3440	2515	6913	4037	2876
湛江市	**68855**	**34674**	**34181**	**59825**	**30697**	**29128**	**60856**	**32058**	**28798**
赤坎区	14813	7439	7374	12024	6142	5882	11006	5784	5222
霞山区	25825	12491	13334	21953	10847	11106	20232	10448	9784
坡头区	2519	1351	1168	1997	1120	877	2232	1217	1015
麻章区	5161	3014	2147	4414	2542	1872	4690	2852	1838
遂溪县	4081	2023	2058	3821	1908	1913	4218	2178	2040
徐闻县	3015	1576	1439	3068	1658	1410	3666	1943	1723
廉江市	5928	2760	3168	5225	2495	2730	5900	2876	3024
雷州市	3205	1671	1534	3065	1663	1402	3719	1953	1766
吴川市	4308	2349	1959	4258	2322	1936	5193	2807	2386
茂名市	**27247**	**14272**	**12975**	**25573**	**13502**	**12071**	**27468**	**14451**	**13017**
茂南区	10072	5594	4478	8814	4906	3908	9102	5102	4000
电白区	5292	2691	2601	5039	2608	2431	5739	2995	2744
高州市	4351	2386	1965	4319	2323	1996	4464	2370	2094
化州市	4892	2258	2634	4812	2359	2453	5310	2550	2760
信宜市	2640	1343	1297	2589	1306	1283	2853	1434	1419
肇庆市	**62928**	**37051**	**25877**	**53618**	**31739**	**21879**	**59199**	**35201**	**23998**
端州区	15780	8665	7115	12681	7104	5577	13248	7617	5631
鼎湖区	6186	3772	2414	5270	3238	2032	6033	3740	2293
高要区	10204	6214	3990	9943	5814	4129	11317	6573	4744
广宁县	2073	1189	884	1842	1098	744	2198	1322	876
怀集县	1677	912	765	1491	857	634	1666	958	708
封开县	1266	714	552	1024	616	408	1165	698	467
德庆县	1326	696	630	1107	596	511	1145	634	511
四会市	24416	14889	9527	20260	12416	7844	22427	13659	8768
惠州市	**292377**	**174160**	**118217**	**234882**	**138047**	**96835**	**251539**	**144544**	**106995**
惠城区	106174	63027	43147	81180	47419	33761	85873	48720	37153
惠阳区	103682	63021	40661	82129	48814	33315	85699	49397	36302
博罗县	49234	28800	20434	43608	25385	18223	47306	27242	20064
惠东县	29178	16923	12255	24213	14206	10007	28036	16339	11697
龙门县	4109	2389	1720	3752	2223	1529	4625	2846	1779
梅州市	**33888**	**16768**	**17120**	**30102**	**15448**	**14654**	**35310**	**18479**	**16831**
梅江区	12024	5926	6098	10344	5159	5185	12087	6276	5811
梅县区	9165	4513	4652	7876	4058	3818	8894	4473	4421
大埔县	2051	1000	1051	1907	1017	890	2139	1144	995
丰顺县	2103	1072	1031	2014	1023	991	2642	1439	1203
五华县	3231	1681	1550	3132	1708	1424	3736	2058	1678
平远县	993	466	527	977	515	462	1073	597	476
蕉岭县	1253	650	603	1073	585	488	1399	767	632
兴宁市	3068	1460	1608	2779	1383	1396	3340	1725	1615

1-4 续表 11 单位：人

地区	35-39岁			40-44岁			45-49岁		
	小计	男	女	小计	男	女	小计	男	女
汕尾市	**22391**	**12574**	**9817**	**18745**	**10460**	**8285**	**23666**	**13083**	**10583**
城　区	5920	3403	2517	4786	2756	2030	6292	3577	2715
海丰县	12420	7082	5338	10118	5698	4420	12465	6895	5570
陆河县	1265	695	570	1255	694	561	1509	836	673
陆丰市	2786	1394	1392	2586	1312	1274	3400	1775	1625
河源市	**56247**	**29292**	**26955**	**46044**	**24639**	**21405**	**48478**	**26361**	**22117**
源城区	39460	20290	19170	30269	15871	14398	30343	15972	14371
紫金县	4023	2166	1857	3878	2199	1679	4809	2808	2001
龙川县	3792	1973	1819	3362	1812	1550	3524	1990	1534
连平县	1889	962	927	1901	982	919	2224	1263	961
和平县	1389	736	653	1343	744	599	1473	880	593
东源县	5694	3165	2529	5291	3031	2260	6105	3448	2657
阳江市	**32385**	**17580**	**14805**	**30331**	**16750**	**13581**	**32248**	**17725**	**14523**
江城区	16075	8737	7338	15185	8443	6742	15871	8830	7041
阳东区	10126	5561	4565	9679	5340	4339	10326	5565	4761
阳西县	2786	1510	1276	2432	1346	1086	2699	1491	1208
阳春市	3398	1772	1626	3035	1621	1414	3352	1839	1513
清远市	**66238**	**36196**	**30042**	**54795**	**31110**	**23685**	**57500**	**33316**	**24184**
清城区	38447	21566	16881	30649	17696	12953	31157	18067	13090
清新区	10807	5550	5257	8937	4714	4223	9318	5083	4235
佛冈县	3453	1981	1472	3218	1924	1294	3538	2181	1357
阳山县	1625	854	771	1473	798	675	1660	965	695
连山壮族瑶族自治县	521	256	265	416	220	196	535	296	239
连南瑶族自治县	531	284	247	416	212	204	445	235	210
英德市	9113	4786	4327	8137	4668	3469	9062	5428	3634
连州市	1741	919	822	1549	878	671	1785	1061	724
东莞市	**1017439**	**610161**	**407278**	**814657**	**476951**	**337706**	**810757**	**453003**	**357754**
市辖区	1017439	610161	407278	814657	476951	337706	810757	453003	357754
中山市	**318885**	**189071**	**129814**	**265810**	**152939**	**112871**	**283349**	**155980**	**127369**
市辖区	318885	189071	129814	265810	152939	112871	283349	155980	127369
潮州市	**28517**	**15627**	**12890**	**29183**	**16180**	**13003**	**33221**	**18916**	**14305**
湘桥区	9902	5239	4663	9376	5082	4294	10415	5844	4571
潮安区	17189	9687	7502	18414	10377	8037	21201	12180	9021
饶平县	1426	701	725	1393	721	672	1605	892	713
揭阳市	**17818**	**10292**	**7526**	**17257**	**10078**	**7179**	**18926**	**10732**	**8194**
榕城区	4179	2561	1618	4262	2582	1680	4541	2722	1819
揭东区	4448	2659	1789	4285	2679	1606	4210	2510	1700
揭西县	1918	1008	910	1841	983	858	1984	1066	918
惠来县	1707	918	789	1489	825	664	1830	988	842
普宁市	5566	3146	2420	5380	3009	2371	6361	3446	2915
云浮市	**21513**	**11907**	**9606**	**19374**	**10880**	**8494**	**20976**	**11670**	**9306**
云城区	10718	5884	4834	9104	5088	4016	9246	5236	4010
云安区	1318	823	495	1394	895	499	1451	898	553
新兴县	4268	2497	1771	4011	2379	1632	4666	2692	1974
郁南县	1492	749	743	1355	699	656	1580	849	731
罗定市	3717	1954	1763	3510	1819	1691	4033	1995	2038

1-4　续表 12　　　　单位：人

地　　区	50-54岁			55-59岁			60-64岁		
	小计	男	女	小计	男	女	小计	男	女
广　东	**3550542**	**2004382**	**1546160**	**2133844**	**1178295**	**955549**	**1065734**	**546694**	**519040**
广州市	**692255**	**379522**	**312733**	**446471**	**241568**	**204903**	**239175**	**122417**	**116758**
荔湾区	51854	27596	24258	38679	20924	17755	24400	13095	11305
越秀区	26413	13127	13286	19126	9651	9475	11694	5535	6159
海珠区	71654	37305	34349	46194	24199	21995	25802	13030	12772
天河区	77098	40495	36603	53389	28165	25224	29000	14456	14544
白云区	178076	96864	81212	112551	62206	50345	57426	30998	26428
黄埔区	47740	28020	19720	32081	17286	14795	17341	8380	8961
番禺区	103727	56998	46729	62856	33215	29641	32890	15889	17001
花都区	56675	32040	24635	33332	18354	14978	16457	8510	7947
南沙区	34425	21295	13130	19114	11304	7810	8662	4464	4198
从化区	6861	4193	2668	4427	2733	1694	2432	1343	1089
增城区	37732	21589	16143	24722	13531	11191	13071	6717	6354
韶关市	**35727**	**20351**	**15376**	**26480**	**14742**	**11738**	**15136**	**8020**	**7116**
武江区	10796	5942	4854	8430	4415	4015	5100	2549	2551
浈江区	8171	4374	3797	6475	3404	3071	3778	1965	1813
曲江区	4462	2632	1830	3088	1776	1312	1768	948	820
始兴县	1102	639	463	734	459	275	368	211	157
仁化县	2685	1572	1113	1915	1180	735	906	516	390
翁源县	1743	1080	663	1110	688	422	589	367	222
乳源瑶族自治县	1263	805	458	957	568	389	550	302	248
新丰县	1419	903	516	856	578	278	412	258	154
乐昌市	2651	1509	1142	1949	1106	843	1147	608	539
南雄市	1435	895	540	966	568	398	518	296	222
深圳市	**812123**	**446745**	**365378**	**528324**	**271491**	**256833**	**287091**	**135991**	**151100**
罗湖区	52493	27991	24502	35539	18168	17371	20216	9512	10704
福田区	61646	31793	29853	42491	20979	21512	24741	11413	13328
南山区	69991	38259	31732	48617	24047	24570	30537	13544	16993
宝安区	206546	114322	92224	126794	65756	61038	63524	30556	32968
龙岗区	212864	117153	95711	139770	71797	67973	78650	37187	41463
盐田区	12414	7219	5195	8390	4784	3606	4266	2063	2203
龙华区	105185	56336	48849	73607	35944	37663	41624	19589	22035
坪山区	30554	18177	12377	18564	10465	8099	9113	4619	4494
光明区	60430	35495	24935	34552	19551	15001	14420	7508	6912
珠海市	**89623**	**52803**	**36820**	**58355**	**32714**	**25641**	**30702**	**15757**	**14945**
香洲区	51735	30202	21533	34015	18995	15020	18053	9112	8941
斗门区	19227	11040	8187	12515	6856	5659	6671	3467	3204
金湾区	18661	11561	7100	11825	6863	4962	5978	3178	2800
汕头市	**57377**	**32965**	**24412**	**31473**	**18493**	**12980**	**14380**	**8022**	**6358**
龙湖区	14187	8358	5829	8898	5145	3753	5002	2685	2317
金平区	9670	5432	4238	5927	3303	2624	3422	1723	1699
濠江区	1310	862	448	779	533	246	310	200	110
潮阳区	10382	5797	4585	5345	3120	2225	2028	1174	854
潮南区	7071	4212	2859	3684	2297	1387	1468	945	523
澄海区	14410	8094	6316	6617	3953	2664	2056	1249	807
南澳县	347	210	137	223	142	81	94	46	48
佛山市	**423117**	**250066**	**173051**	**226105**	**134070**	**92035**	**96268**	**51529**	**44739**
禅城区	52686	30168	22518	29285	16558	12727	13600	6943	6657
南海区	177466	105009	72457	97248	57806	39442	43088	23383	19705
顺德区	145959	84831	61128	74972	44088	30884	30040	15956	14084
三水区	33028	21026	12002	17399	10960	6439	6625	3684	2941
高明区	13978	9032	4946	7201	4658	2543	2915	1563	1352

1-4 续表 13 单位：人

地　区	50-54岁			55-59岁			60-64岁		
	小计	男	女	小计	男	女	小计	男	女
江门市	**105809**	**61661**	**44148**	**61440**	**35561**	**25879**	**29564**	**15876**	**13688**
蓬江区	25808	14636	11172	15885	8560	7325	8769	4268	4501
江海区	14245	7769	6476	8746	4647	4099	4709	2368	2341
新会区	21272	12561	8711	11473	6955	4518	4404	2513	1891
台山市	10712	6458	4254	6108	3874	2234	2615	1630	985
开平市	12619	7327	5292	7966	4570	3396	4061	2188	1873
鹤山市	15227	9392	5835	7534	4682	2852	2994	1695	1299
恩平市	5926	3518	2408	3728	2273	1455	2012	1214	798
湛江市	**51597**	**28005**	**23592**	**37007**	**20237**	**16770**	**23239**	**12451**	**10788**
赤坎区	9033	4842	4191	6707	3518	3189	4478	2248	2230
霞山区	16164	8503	7661	11339	5844	5495	7486	3760	3726
坡头区	2023	1130	893	1543	845	698	1012	517	495
麻章区	4020	2511	1509	2761	1676	1085	1570	905	665
遂溪县	3747	2001	1746	2848	1614	1234	1886	1118	768
徐闻县	3519	1987	1532	2613	1521	1092	1463	912	551
廉江市	5119	2628	2491	3669	2006	1663	2257	1225	1032
雷州市	3431	1858	1573	2619	1534	1085	1600	935	665
吴川市	4541	2545	1996	2908	1679	1229	1487	831	656
茂名市	**23193**	**12687**	**10506**	**15944**	**8789**	**7155**	**9916**	**5349**	**4567**
茂南区	7772	4429	3343	5388	2816	2572	3368	1704	1664
电白区	4763	2529	2234	3214	1833	1381	1779	1007	772
高州市	3417	1945	1472	2223	1258	965	1247	670	577
化州市	4608	2399	2209	3151	1767	1384	1949	1107	842
信宜市	2633	1385	1248	1968	1115	853	1573	861	712
肇庆市	**46983**	**28917**	**18066**	**27680**	**16879**	**10801**	**12832**	**6991**	**5841**
端州区	10141	5807	4334	6811	3616	3195	3894	1873	2021
鼎湖区	4983	3224	1759	2969	1894	1075	1426	786	640
高要区	8894	5494	3400	4542	2956	1586	1436	866	570
广宁县	1838	1164	674	1147	771	376	546	353	193
怀集县	1311	807	504	847	571	276	403	238	165
封开县	1041	682	359	650	416	234	329	186	143
德庆县	993	589	404	762	432	330	423	220	203
四会市	17782	11150	6632	9952	6223	3729	4375	2469	1906
惠州市	**203260**	**117934**	**85326**	**125092**	**71023**	**54069**	**62855**	**33660**	**29195**
惠城区	72704	40634	32070	49426	26136	23290	28182	14163	14019
惠阳区	67133	39496	27637	40437	23347	17090	19617	10681	8936
博罗县	36987	21832	15155	20229	12280	7949	8499	4929	3570
惠东县	22272	13318	8954	12481	7606	4875	5442	3174	2268
龙门县	4164	2654	1510	2519	1654	865	1115	713	402
梅州市	**30036**	**16728**	**13308**	**23188**	**12879**	**10309**	**15156**	**8261**	**6895**
梅江区	10205	5589	4616	8310	4342	3968	5758	2867	2891
梅县区	7546	3912	3634	6341	3260	3081	4154	2176	1978
大埔县	1948	1133	815	1341	841	500	921	584	337
丰顺县	2230	1323	907	1351	831	520	747	454	293
五华县	3175	1888	1287	2323	1479	844	1329	850	479
平远县	1005	578	427	713	435	278	426	247	179
蕉岭县	1184	732	452	796	488	308	449	256	193
兴宁市	2743	1573	1170	2013	1203	810	1372	827	545

1-4 续表 14

单位：人

地 区	50-54岁			55-59岁			60-64岁		
	小计	男	女	小计	男	女	小计	男	女
汕尾市	**21260**	**12188**	**9072**	**12888**	**7625**	**5263**	**6358**	**3691**	**2667**
城 区	5832	3421	2411	3493	2058	1435	1706	949	757
海丰县	11166	6345	4821	6678	3916	2762	3135	1839	1296
陆河县	1332	788	544	801	498	303	465	268	197
陆丰市	2930	1634	1296	1916	1153	763	1052	635	417
河源市	**42193**	**23409**	**18784**	**30079**	**16306**	**13773**	**18544**	**9689**	**8855**
源城区	26606	14009	12597	20114	10059	10055	13342	6590	6752
紫金县	4104	2505	1599	2694	1721	973	1322	817	505
龙川县	3123	1873	1250	2095	1272	823	1219	730	489
连平县	1982	1164	818	1354	888	466	727	443	284
和平县	1259	790	469	819	529	290	485	302	183
东源县	5119	3068	2051	3003	1837	1166	1449	807	642
阳江市	**26560**	**14815**	**11745**	**17542**	**9800**	**7742**	**9635**	**5265**	**4370**
江城区	13326	7458	5868	9012	4946	4066	5323	2847	2476
阳东区	8259	4527	3732	5109	2840	2269	2488	1373	1115
阳西县	2237	1262	975	1479	882	597	771	431	340
阳春市	2738	1568	1170	1942	1132	810	1053	614	439
清远市	**49243**	**28833**	**20410**	**35665**	**19652**	**16013**	**20928**	**10759**	**10169**
清城区	27129	15451	11678	20874	10862	10012	12893	6292	6601
清新区	7680	4322	3358	5378	2884	2494	3302	1635	1667
佛冈县	2822	1864	958	1599	1042	557	744	460	284
阳山县	1446	889	557	951	602	349	546	319	227
连山壮族瑶族自治县	482	276	206	397	236	161	174	120	54
连南瑶族自治县	443	248	195	375	208	167	204	122	82
英德市	7703	4816	2887	4987	3165	1822	2411	1421	990
连州市	1538	967	571	1104	653	451	654	390	264
东莞市	**573950**	**326908**	**247042**	**288558**	**166071**	**122487**	**112725**	**60577**	**52148**
市辖区	573950	326908	247042	288558	166071	122487	112725	60577	52148
中山市	**208458**	**116412**	**92046**	**107980**	**60492**	**47488**	**44863**	**23226**	**21637**
市辖区	208458	116412	92046	107980	60492	47488	44863	23226	21637
潮州市	**25059**	**14663**	**10396**	**13434**	**8151**	**5283**	**6014**	**3358**	**2656**
湘桥区	8099	4677	3422	5033	2920	2113	2941	1539	1402
潮安区	15710	9241	6469	7689	4781	2908	2712	1606	1106
饶平县	1250	745	505	712	450	262	361	213	148
揭阳市	**14764**	**8631**	**6133**	**8377**	**5062**	**3315**	**4011**	**2426**	**1585**
榕城区	3372	2018	1354	1733	1055	678	671	414	257
揭东区	3190	1943	1247	1625	1002	623	724	450	274
揭西县	1655	924	731	1017	601	416	631	390	241
惠来县	1626	939	687	1193	751	442	661	412	249
普宁市	4921	2807	2114	2809	1653	1156	1324	760	564
云浮市	**17955**	**10139**	**7816**	**11762**	**6690**	**5072**	**6342**	**3379**	**2963**
云城区	7912	4458	3454	5465	2969	2496	2903	1415	1488
云安区	1344	847	497	819	535	284	372	241	131
新兴县	3628	2182	1446	2050	1277	773	947	540	407
郁南县	1447	789	658	907	517	390	569	332	237
罗定市	3624	1863	1761	2521	1392	1129	1551	851	700

1-4 续表 15

单位：人

地区	65-69岁			70-74岁			75-79岁		
	小计	男	女	小计	男	女	小计	男	女
广　东	**760277**	**375541**	**384736**	**373970**	**190955**	**183015**	**201007**	**98955**	**102052**
广州市	**170760**	**85203**	**85557**	**86445**	**44533**	**41912**	**46409**	**23248**	**23161**
荔湾区	19377	10158	9219	12255	6882	5373	8102	4556	3546
越秀区	9977	4601	5376	5660	2834	2826	3063	1494	1569
海珠区	19293	9358	9935	10608	5250	5358	5704	2676	3028
天河区	21637	10504	11133	10859	5373	5486	5724	2835	2889
白云区	36643	19076	17567	17763	9165	8598	9229	4462	4767
黄埔区	11661	5655	6006	5052	2538	2514	2462	1215	1247
番禺区	24416	11688	12728	11745	5838	5907	5839	2800	3039
花都区	11181	5717	5464	4946	2578	2368	2471	1226	1245
南沙区	5722	2887	2835	2437	1273	1164	1179	586	593
从化区	1869	1026	843	1049	605	444	631	339	292
增城区	8984	4533	4451	4071	2197	1874	2005	1059	946
韶关市	**12380**	**6068**	**6312**	**7647**	**3728**	**3919**	**4723**	**2187**	**2536**
武江区	4310	2058	2252	2523	1229	1294	1573	707	866
浈江区	3029	1482	1547	1848	880	968	1157	507	650
曲江区	1429	626	803	1041	456	585	581	249	332
始兴县	304	150	154	161	84	77	104	38	66
仁化县	770	410	360	491	248	243	283	130	153
翁源县	394	230	164	274	155	119	189	109	80
乳源瑶族自治县	423	216	207	229	108	121	177	97	80
新丰县	285	164	121	174	107	67	105	61	44
乐昌市	1016	498	518	666	330	336	402	191	211
南雄市	420	234	186	240	131	109	152	98	54
深圳市	**204169**	**95381**	**108788**	**87239**	**42382**	**44857**	**41034**	**18448**	**22586**
罗湖区	15913	7251	8662	7702	3634	4068	3794	1657	2137
福田区	19837	8806	11031	9366	4380	4986	4972	2125	2847
南山区	24447	10772	13675	11854	5519	6335	5806	2466	3340
宝安区	42020	19932	22088	16547	8121	8426	7166	3270	3896
龙岗区	55893	26390	29503	23855	11808	12047	11209	5265	5944
盐田区	3062	1423	1639	1480	698	782	775	325	450
龙华区	28380	13499	14881	10871	5406	5465	4739	2175	2564
坪山区	5668	2816	2852	2261	1138	1123	1026	491	535
光明区	8949	4492	4457	3303	1678	1625	1547	674	873
珠海市	**23101**	**11311**	**11790**	**11235**	**5529**	**5706**	**6318**	**2909**	**3409**
香洲区	13959	6676	7283	7132	3450	3682	3960	1811	2149
斗门区	4786	2401	2385	2260	1168	1092	1375	631	744
金湾区	4356	2234	2122	1843	911	932	983	467	516
汕头市	**11320**	**5838**	**5482**	**6920**	**3671**	**3249**	**3822**	**2115**	**1707**
龙湖区	3933	1981	1952	2478	1245	1233	1390	714	676
金平区	3053	1426	1627	1941	970	971	959	539	420
濠江区	217	130	87	127	72	55	93	56	37
潮阳区	1524	807	717	946	558	388	526	318	208
潮南区	1019	597	422	660	371	289	422	255	167
澄海区	1516	862	654	738	437	301	414	217	197
南澳县	58	35	23	30	18	12	18	16	2
佛山市	**66320**	**33060**	**33260**	**31612**	**16114**	**15498**	**16077**	**7944**	**8133**
禅城区	9732	4712	5020	4907	2501	2406	2535	1264	1271
南海区	30105	15329	14776	14345	7421	6924	7310	3674	3636
顺德区	19959	9740	10219	9236	4593	4643	4552	2172	2380
三水区	4470	2228	2242	2084	1081	1003	1115	547	568
高明区	2054	1051	1003	1040	518	522	565	287	278

1-4　续表 16　　　　单位：人

地　区	65-69岁			70-74岁			75-79岁		
	小计	男	女	小计	男	女	小计	男	女
江门市	**22913**	**11373**	**11540**	**13192**	**6712**	**6480**	**7095**	**3440**	**3655**
蓬江区	7858	3631	4227	4612	2243	2369	2204	1024	1180
江海区	3746	1773	1973	2072	985	1087	1051	470	581
新会区	2950	1561	1389	1606	808	798	986	489	497
台山市	1719	950	769	934	562	372	560	282	278
开平市	3046	1561	1485	1880	986	894	955	469	486
鹤山市	2082	1068	1014	1104	550	554	601	313	288
恩平市	1512	829	683	984	578	406	738	393	345
湛江市	**17492**	**9202**	**8290**	**12364**	**6939**	**5425**	**8351**	**4669**	**3682**
赤坎区	3440	1718	1722	2299	1255	1044	1406	736	670
霞山区	5452	2686	2766	3356	1736	1620	2142	1056	1086
坡头区	763	413	350	512	288	224	360	208	152
麻章区	1124	607	517	844	488	356	562	313	249
遂溪县	1487	861	626	1234	749	485	881	547	334
徐闻县	994	591	403	715	434	281	521	314	207
廉江市	1848	972	876	1464	835	629	1075	649	426
雷州市	1300	726	574	1049	633	416	787	475	312
吴川市	1084	628	456	891	521	370	617	371	246
茂名市	**8317**	**4381**	**3936**	**6334**	**3745**	**2589**	**4566**	**2681**	**1885**
茂南区	2635	1250	1385	1938	1000	938	1345	676	669
电白区	1508	822	686	1241	786	455	893	571	322
高州市	1055	596	459	841	526	315	649	391	258
化州市	1727	944	783	1232	759	473	907	554	353
信宜市	1392	769	623	1082	674	408	772	489	283
肇庆市	**9722**	**4919**	**4803**	**5631**	**2866**	**2765**	**3269**	**1610**	**1659**
端州区	3541	1530	2011	2112	940	1172	1252	546	706
鼎湖区	1197	626	571	667	339	328	407	208	199
高要区	888	520	368	488	271	217	316	154	162
广宁县	458	278	180	309	184	125	211	135	76
怀集县	265	162	103	185	114	71	123	78	45
封开县	193	103	90	127	74	53	87	47	40
德庆县	278	144	134	192	99	93	120	61	59
四会市	2902	1556	1346	1551	845	706	753	381	372
惠州市	**44836**	**22991**	**21845**	**23013**	**12005**	**11008**	**13427**	**6618**	**6809**
惠城区	21212	10453	10759	10894	5525	5369	6481	3096	3385
惠阳区	13769	7128	6641	7008	3694	3314	3893	1979	1914
博罗县	5490	2965	2525	2749	1520	1229	1469	728	741
惠东县	3640	2013	1627	1951	1017	934	1292	667	625
龙门县	725	432	293	411	249	162	292	148	144
梅州市	**12856**	**6862**	**5994**	**8414**	**4663**	**3751**	**5860**	**3221**	**2639**
梅江区	5087	2575	2512	3078	1576	1502	2111	1037	1074
梅县区	3375	1763	1612	2039	1092	947	1315	721	594
大埔县	714	406	308	514	329	185	420	261	159
丰顺县	565	327	238	395	251	144	315	184	131
五华县	1225	735	490	956	608	348	665	409	256
平远县	326	191	135	231	126	105	169	100	69
蕉岭县	361	200	161	240	112	128	150	85	65
兴宁市	1203	665	538	961	569	392	715	424	291

1-4 续表 17

单位：人

地区	65-69岁			70-74岁			75-79岁		
	小计	男	女	小计	男	女	小计	男	女
汕尾市	**4926**	**2648**	**2278**	**3077**	**1821**	**1256**	**1887**	**1113**	**774**
城　区	1379	737	642	854	502	352	532	314	218
海丰县	2406	1279	1127	1427	844	583	782	448	334
陆河县	381	187	194	257	159	98	206	136	70
陆丰市	760	445	315	539	316	223	367	215	152
河源市	**13803**	**7108**	**6695**	**8302**	**4407**	**3895**	**6061**	**3035**	**3026**
源城区	9808	4818	4990	5592	2775	2817	4072	1850	2222
紫金县	1015	581	434	699	423	276	566	366	200
龙川县	939	522	417	663	371	292	480	279	201
连平县	574	367	207	406	271	135	305	186	119
和平县	390	235	155	272	188	84	189	114	75
东源县	1077	585	492	670	379	291	449	240	209
阳江市	**7820**	**4180**	**3640**	**5041**	**2792**	**2249**	**3220**	**1762**	**1458**
江城区	4509	2389	2120	2795	1543	1252	1832	1007	825
阳东区	1931	1032	899	1230	667	563	725	368	357
阳西县	584	339	245	434	248	186	266	151	115
阳春市	796	420	376	582	334	248	397	236	161
清远市	**16764**	**8426**	**8338**	**9843**	**5144**	**4699**	**6221**	**3244**	**2977**
清城区	10302	4989	5313	5743	2857	2886	3407	1658	1749
清新区	2794	1392	1402	1690	907	783	1179	632	547
佛冈县	585	324	261	345	203	142	209	119	90
阳山县	426	235	191	342	217	125	241	152	89
连山壮族瑶族自治县	145	79	66	65	39	26	53	25	28
连南瑶族自治县	175	85	90	114	51	63	81	44	37
英德市	1767	996	771	1194	680	514	817	471	346
连州市	570	326	244	350	190	160	234	143	91
东莞市	**69911**	**35348**	**34563**	**26708**	**13122**	**13586**	**11220**	**5056**	**6164**
市辖区	69911	35348	34563	26708	13122	13586	11220	5056	6164
中山市	**29823**	**14434**	**15389**	**12955**	**6219**	**6736**	**6415**	**2824**	**3591**
市辖区	29823	14434	15389	12955	6219	6736	6415	2824	3591
潮州市	**4803**	**2460**	**2343**	**2421**	**1342**	**1079**	**1297**	**703**	**594**
湘桥区	2520	1233	1287	1243	683	560	655	364	291
潮安区	1991	1055	936	980	536	444	502	261	241
饶平县	292	172	120	198	123	75	140	78	62
揭阳市	**3095**	**1692**	**1403**	**2204**	**1334**	**870**	**1464**	**861**	**603**
榕城区	520	271	249	341	206	135	207	127	80
揭东区	473	269	204	323	197	126	205	118	87
揭西县	536	286	250	406	260	146	273	159	114
惠来县	558	315	243	442	253	189	290	169	121
普宁市	1008	551	457	692	418	274	489	288	201
云浮市	**5146**	**2656**	**2490**	**3373**	**1887**	**1486**	**2271**	**1267**	**1004**
云城区	2268	1087	1181	1301	649	652	852	433	419
云安区	309	173	136	206	126	80	163	104	59
新兴县	733	401	332	469	269	200	259	162	97
郁南县	482	266	216	307	190	117	221	126	95
罗定市	1354	729	625	1090	653	437	776	442	334

1-4　续表 18　　　　单位：人

地　区	80-84岁			85-89岁			90岁及以上		
	小计	男	女	小计	男	女	小计	男	女
广　东	**136465**	**64104**	**72361**	**77071**	**35082**	**41989**	**38485**	**17791**	**20694**
广州市	**34247**	**16134**	**18113**	**21417**	**9625**	**11792**	**11111**	**4944**	**6167**
荔湾区	6892	3432	3460	5097	2490	2607	3238	1568	1670
越秀区	2251	1042	1209	1446	655	791	723	308	415
海珠区	4226	1883	2343	2730	1077	1653	1327	495	832
天河区	3958	1926	2032	2145	982	1163	978	460	518
白云区	7321	3168	4153	4946	1975	2971	2366	932	1434
黄埔区	1613	755	858	1036	474	562	511	234	277
番禺区	3897	1888	2009	1929	939	990	923	429	494
花都区	1480	722	758	754	371	383	373	182	191
南沙区	747	370	377	370	165	205	164	82	82
从化区	492	274	218	285	152	133	153	71	82
增城区	1370	674	696	679	345	334	355	183	172
韶关市	**3518**	**1566**	**1952**	**1951**	**798**	**1153**	**981**	**404**	**577**
武江区	1202	530	672	626	237	389	325	122	203
浈江区	851	376	475	525	206	319	217	88	129
曲江区	463	187	276	235	99	136	120	38	82
始兴县	82	33	49	50	20	30	23	11	12
仁化县	192	88	104	107	44	63	52	22	30
翁源县	159	82	77	92	38	54	67	29	38
乳源瑶族自治县	121	48	73	60	33	27	41	24	17
新丰县	78	44	34	60	33	27	22	13	9
乐昌市	267	128	139	145	60	85	79	38	41
南雄市	103	50	53	51	28	23	35	19	16
深圳市	**25011**	**10656**	**14355**	**11939**	**4990**	**6949**	**4554**	**1773**	**2781**
罗湖区	2491	1075	1416	1191	495	696	466	171	295
福田区	3351	1404	1947	1565	684	881	592	214	378
南山区	3677	1554	2123	1737	775	962	681	290	391
宝安区	4359	1788	2571	2080	809	1271	798	325	473
龙岗区	6367	2796	3571	3154	1322	1832	1179	454	725
盐田区	565	239	326	264	88	176	101	34	67
龙华区	2759	1198	1561	1256	544	712	465	172	293
坪山区	589	268	321	306	123	183	131	54	77
光明区	853	334	519	386	150	236	141	59	82
珠海市	**4283**	**1861**	**2422**	**2281**	**990**	**1291**	**1001**	**454**	**547**
香洲区	2698	1155	1543	1409	610	799	571	262	309
斗门区	901	410	491	480	219	261	252	110	142
金湾区	684	296	388	392	161	231	178	82	96
汕头市	**2578**	**1315**	**1263**	**1490**	**733**	**757**	**809**	**394**	**415**
龙湖区	928	450	478	514	249	265	235	99	136
金平区	639	326	313	334	162	172	152	60	92
濠江区	48	23	25	48	22	26	31	12	19
潮阳区	361	188	173	222	116	106	139	79	60
潮南区	300	164	136	200	107	93	133	80	53
澄海区	287	154	133	158	71	87	107	59	48
南澳县	15	10	5	14	6	8	12	5	7
佛山市	**10371**	**4854**	**5517**	**5629**	**2527**	**3102**	**2699**	**1256**	**1443**
禅城区	1661	764	897	959	414	545	498	206	292
南海区	4812	2301	2511	2605	1179	1426	1283	595	688
顺德区	2864	1339	1525	1439	659	780	627	311	316
三水区	670	287	383	402	177	225	185	84	101
高明区	364	163	201	224	98	126	106	60	46

1-4 续表 19

单位：人

地 区	80-84岁			85-89岁			90岁及以上		
	小计	男	女	小计	男	女	小计	男	女
江门市	**4787**	**2237**	**2550**	**2799**	**1241**	**1558**	**1506**	**640**	**866**
蓬江区	1369	646	723	765	311	454	363	139	224
江海区	740	298	442	507	174	333	252	83	169
新会区	702	322	380	383	182	201	193	83	110
台山市	432	233	199	271	141	130	147	62	85
开平市	625	301	324	371	183	188	215	101	114
鹤山市	387	173	214	186	89	97	118	60	58
恩平市	532	264	268	316	161	155	218	112	106
湛江市	**6400**	**3469**	**2931**	**4102**	**2130**	**1972**	**2564**	**1419**	**1145**
赤坎区	1012	512	500	568	281	287	313	166	147
霞山区	1468	731	737	885	426	459	516	253	263
坡头区	283	165	118	148	72	76	87	50	37
麻章区	470	247	223	300	150	150	169	79	90
遂溪县	799	486	313	577	339	238	366	224	142
徐闻县	455	250	205	315	170	145	214	126	88
廉江市	818	463	355	574	306	268	386	228	158
雷州市	645	361	284	452	229	223	306	183	123
吴川市	450	254	196	283	157	126	207	110	97
茂名市	**3464**	**1891**	**1573**	**2229**	**1193**	**1036**	**1357**	**765**	**592**
茂南区	1065	518	547	726	335	391	367	178	189
电白区	676	392	284	451	265	186	284	183	101
高州市	397	211	186	227	127	100	154	84	70
化州市	789	447	342	518	281	237	394	222	172
信宜市	537	323	214	307	185	122	158	98	60
肇庆市	**2256**	**1055**	**1201**	**1359**	**624**	**735**	**706**	**314**	**392**
端州区	811	323	488	458	191	267	197	71	126
鼎湖区	274	138	136	146	77	69	79	40	39
高要区	209	96	113	138	59	79	86	37	49
广宁县	176	107	69	127	68	59	77	41	36
怀集县	101	58	43	59	24	35	48	26	22
封开县	68	39	29	45	21	24	20	5	15
德庆县	85	42	43	45	23	22	20	9	11
四会市	532	252	280	341	161	180	179	85	94
惠州市	**9484**	**4521**	**4963**	**5199**	**2386**	**2813**	**2697**	**1222**	**1475**
惠城区	4344	1977	2367	2398	1014	1384	1170	474	696
惠阳区	2830	1381	1449	1546	788	758	826	404	422
博罗县	1093	542	551	599	265	334	316	154	162
惠东县	952	470	482	508	243	265	286	138	148
龙门县	265	151	114	148	76	72	99	52	47
梅州市	**4561**	**2510**	**2051**	**2892**	**1454**	**1438**	**1573**	**808**	**765**
梅江区	1617	797	820	1038	460	578	511	217	294
梅县区	986	554	432	544	269	275	258	127	131
大埔县	319	189	130	209	108	101	149	91	58
丰顺县	240	126	114	161	95	66	111	62	49
五华县	587	365	222	444	249	195	259	152	107
平远县	121	64	57	75	38	37	51	31	20
蕉岭县	152	93	59	72	33	39	27	13	14
兴宁市	539	322	217	349	202	147	207	115	92

1-4　续表 20　　　　单位：人

地　区	80-84岁			85-89岁			90岁及以上		
	小计	男	女	小计	男	女	小计	男	女
汕尾市	**1428**	**746**	**682**	**902**	**473**	**429**	**498**	**261**	**237**
城　区	377	194	183	244	111	133	118	60	58
海丰县	590	289	301	347	192	155	208	112	96
陆河县	138	83	55	81	46	35	51	26	25
陆丰市	323	180	143	230	124	106	121	63	58
河源市	**4243**	**2035**	**2208**	**2537**	**1154**	**1383**	**1277**	**586**	**691**
源城区	2859	1260	1599	1579	625	954	656	219	437
紫金县	407	236	171	276	161	115	179	106	73
龙川县	294	165	129	231	126	105	149	89	60
连平县	246	128	118	174	105	69	123	70	53
和平县	139	82	57	82	38	44	59	43	16
东源县	298	164	134	195	99	96	111	59	52
阳江市	**2270**	**1198**	**1072**	**1374**	**671**	**703**	**864**	**458**	**406**
江城区	1251	682	569	800	393	407	493	250	243
阳东区	518	252	266	284	137	147	163	88	75
阳西县	207	107	100	128	62	66	72	42	30
阳春市	294	157	137	162	79	83	136	78	58
清远市	**4318**	**2088**	**2230**	**2506**	**1180**	**1326**	**1389**	**710**	**679**
清城区	2288	1036	1252	1269	542	727	673	315	358
清新区	759	369	390	446	203	243	244	120	124
佛冈县	170	92	78	109	55	54	58	35	23
阳山县	183	95	88	106	64	42	79	45	34
连山壮族瑶族自治县	52	22	30	32	15	17	13	7	6
连南瑶族自治县	53	27	26	44	19	25	23	14	9
英德市	622	343	279	381	222	159	241	143	98
连州市	191	104	87	119	60	59	58	31	27
东莞市	**5794**	**2439**	**3355**	**2427**	**984**	**1443**	**806**	**332**	**474**
市辖区	5794	2439	3355	2427	984	1443	806	332	474
中山市	**3606**	**1490**	**2116**	**1526**	**600**	**926**	**622**	**240**	**382**
市辖区	3606	1490	2116	1526	600	926	622	240	382
潮州市	**915**	**456**	**459**	**611**	**315**	**296**	**283**	**141**	**142**
湘桥区	398	201	197	289	151	138	130	72	58
潮安区	392	188	204	249	127	122	112	46	66
饶平县	125	67	58	73	37	36	41	23	18
揭阳市	**1235**	**686**	**549**	**848**	**460**	**388**	**572**	**319**	**253**
榕城区	177	113	64	105	55	50	64	38	26
揭东区	166	80	86	108	48	60	81	46	35
揭西县	244	143	101	166	95	71	127	70	57
惠来县	246	138	108	191	107	84	111	60	51
普宁市	402	212	190	278	155	123	189	105	84
云浮市	**1696**	**897**	**799**	**1053**	**554**	**499**	**616**	**351**	**265**
云城区	597	277	320	349	161	188	176	97	79
云安区	112	65	47	83	47	36	43	27	16
新兴县	243	135	108	147	79	68	87	46	41
郁南县	153	87	66	105	50	55	65	37	28
罗定市	591	333	258	369	217	152	245	144	101

1-5 各地区分性别、受教育程度的3岁及以上人口

单位：人

地区	3岁及以上人口			未上过学		
	合计	男	女	小计	男	女
广 东	**49921592**	**28416220**	**21505372**	**525912**	**193194**	**332718**
广州市	**10306739**	**5708125**	**4598614**	**84656**	**32184**	**52472**
荔湾区	663179	356448	306731	8454	3443	5011
越秀区	345816	177321	168495	3035	1124	1911
海珠区	926880	487826	439054	5517	2063	3454
天河区	1445496	785211	660285	8809	3376	5433
白云区	2618398	1453375	1165023	20287	7501	12786
黄埔区	754457	442483	311974	7294	2550	4744
番禺区	1614110	889294	724816	12480	4984	7496
花都区	831519	471727	359792	7655	3104	4551
南沙区	410913	251698	159215	4299	1582	2717
从化区	161961	92543	69418	953	369	584
增城区	534010	300199	233811	5873	2088	3785
韶关市	**443373**	**232428**	**210945**	**8188**	**2374**	**5814**
武江区	136335	69860	66475	2453	696	1757
浈江区	120272	61039	59233	1988	551	1437
曲江区	55794	30465	25329	1171	301	870
始兴县	12247	6565	5682	222	58	164
仁化县	22755	12512	10243	584	173	411
翁源县	19787	10875	8912	379	136	243
乳源瑶族自治县	15449	8511	6938	283	90	193
新丰县	14311	8168	6143	175	78	97
乐昌市	29490	15171	14319	699	233	466
南雄市	16933	9262	7671	234	58	176
深圳市	**13081134**	**7439308**	**5641826**	**126373**	**39802**	**86571**
罗湖区	703811	369957	333854	7544	2115	5429
福田区	881908	479843	402065	8491	2340	6151
南山区	996658	559008	437650	9079	2525	6554
宝安区	3710666	2140086	1570580	31880	10623	21257
龙岗区	3163522	1765887	1397635	35121	11143	23978
盐田区	143827	81816	62011	1489	453	1036
龙华区	2063612	1200464	863148	17411	5567	11844
坪山区	445130	263163	181967	5413	1789	3624
光明区	972000	579084	392916	9945	3247	6698
珠海市	**1266140**	**725434**	**540706**	**17178**	**5742**	**11436**
香洲区	726815	410029	316786	9678	3106	6572
斗门区	257549	151735	105814	4095	1404	2691
金湾区	281776	163670	118106	3405	1232	2173
汕头市	**688477**	**388783**	**299694**	**11907**	**4763**	**7144**
龙湖区	176509	97288	79221	2450	982	1468
金平区	135607	71763	63844	2759	810	1949
濠江区	26520	17364	9156	337	104	233
潮阳区	113898	65721	48177	2315	1093	1222
潮南区	75813	44154	31659	1743	895	848
澄海区	156798	90736	66062	2179	828	1351
南澳县	3332	1757	1575	124	51	73
佛山市	**5060631**	**3002647**	**2057984**	**47057**	**18973**	**28084**
禅城区	685324	389219	296105	5779	2427	3352
南海区	2101188	1249847	851341	18980	7727	11253
顺德区	1736015	1034787	701228	16215	6591	9624
三水区	377666	231613	146053	4677	1653	3024
高明区	160438	97181	63257	1406	575	831

1-5 续表 1

单位：人

地区	3岁及以上人口			未上过学		
	合计	男	女	小计	男	女
江门市	**1284542**	**731484**	**553058**	**15180**	**5641**	**9539**
蓬江区	360786	201722	159064	3925	1452	2473
江海区	199386	111330	88056	2506	840	1666
新会区	223289	130165	93124	2709	994	1715
台山市	103943	60248	43695	1274	521	753
开平市	152069	84695	67374	2034	789	1245
鹤山市	182637	106968	75669	1522	556	966
恩平市	62432	36356	26076	1210	489	721
湛江市	**817259**	**421374**	**395885**	**13335**	**5323**	**8012**
赤坎区	165152	81163	83989	2125	857	1268
霞山区	264048	135795	128253	4263	1703	2560
坡头区	26747	14352	12395	518	182	336
麻章区	111155	59330	51825	960	414	546
遂溪县	51620	26237	25383	1158	463	695
徐闻县	37747	20673	17074	887	353	534
廉江市	73060	36169	36891	1369	528	841
雷州市	41048	22036	19012	1122	485	637
吴川市	46682	25619	21063	933	338	595
茂名市	**358379**	**189253**	**169126**	**5368**	**2032**	**3336**
茂南区	134241	71132	63109	1601	545	1056
电白区	69974	37402	32572	1222	452	770
高州市	62320	32866	29454	807	314	493
化州市	58827	30497	28330	1055	457	598
信宜市	33017	17356	15661	683	264	419
肇庆市	**625385**	**360996**	**264389**	**6696**	**2578**	**4118**
端州区	187729	100786	86943	1822	610	1212
鼎湖区	68817	39930	28887	697	276	421
高要区	96623	57913	38710	1041	416	625
广宁县	19784	11586	8198	289	125	164
怀集县	15012	8554	6458	246	100	146
封开县	11471	6555	4916	164	63	101
德庆县	12920	6852	6068	235	94	141
四会市	213029	128820	84209	2202	894	1308
惠州市	**2687135**	**1560724**	**1126411**	**40755**	**15702**	**25053**
惠城区	1044910	595072	449838	17086	6092	10994
惠阳区	911713	541106	370607	11709	4722	6987
博罗县	436519	255472	181047	5957	2365	3592
惠东县	253312	145036	108276	5363	2248	3115
龙门县	40681	24038	16643	640	275	365
梅州市	**405096**	**209616**	**195480**	**6621**	**2757**	**3864**
梅江区	159230	80438	78792	2119	836	1283
梅县区	102282	51701	50581	1640	729	911
大埔县	23103	12525	10578	410	191	219
丰顺县	22973	12667	10306	417	176	241
五华县	37425	20983	16442	771	353	418
平远县	11155	5872	5283	272	86	186
蕉岭县	12725	6758	5967	246	71	175
兴宁市	36203	18672	17531	746	315	431

1-5 续表 2

单位：人

地区	3岁及以上人口			未上过学		
	合计	男	女	小计	男	女
汕尾市	**241582**	**134561**	**107021**	**5800**	**2262**	**3538**
城　区	72721	40422	32299	1861	678	1183
海丰县	123067	69153	53914	2701	1095	1606
陆河县	14040	7918	6122	310	132	178
陆丰市	31754	17068	14686	928	357	571
河源市	**566399**	**300514**	**265885**	**9432**	**3724**	**5708**
源城区	386195	200465	185730	6478	2402	4076
紫金县	43443	24742	18701	813	400	413
龙川县	38209	21162	17047	613	275	338
连平县	21058	11700	9358	373	168	205
和平县	14639	8275	6364	265	126	139
东源县	62855	34170	28685	890	353	537
阳江市	**333585**	**181619**	**151966**	**5604**	**2201**	**3403**
江城区	174759	94538	80221	3027	1259	1768
阳东区	96795	53356	43439	1353	504	849
阳西县	27113	14947	12166	584	201	383
阳春市	34918	18778	16140	640	237	403
清远市	**673000**	**369771**	**303229**	**12978**	**4361**	**8617**
清城区	406418	223379	183039	7217	2383	4834
清新区	102045	54327	47718	2713	807	1906
佛冈县	30745	18026	12719	452	198	254
阳山县	17599	9683	7916	398	162	236
连山壮族瑶族自治县	5506	2889	2617	97	34	63
连南瑶族自治县	5552	2842	2710	147	47	100
英德市	86283	48477	37806	1562	593	969
连州市	18852	10148	8704	392	137	255
东莞市	**7844086**	**4611488**	**3232598**	**68918**	**28022**	**40896**
市辖区	7844086	4611488	3232598	68918	28022	40896
中山市	**2539042**	**1461547**	**1077495**	**26399**	**9852**	**16547**
市辖区	2539042	1461547	1077495	26399	9852	16547
潮州市	**280242**	**153152**	**127090**	**5829**	**1929**	**3900**
湘桥区	110387	56132	54255	1664	574	1090
潮安区	156069	89413	66656	3828	1233	2595
饶平县	13786	7607	6179	337	122	215
揭阳市	**188586**	**106720**	**81866**	**4098**	**1562**	**2536**
榕城区	44900	25299	19601	1066	346	720
揭东区	42355	24889	17466	992	366	626
揭西县	19890	10826	9064	460	185	275
惠来县	19199	10660	8539	412	160	252
普宁市	62242	35046	27196	1168	505	663
云浮市	**230780**	**126676**	**104104**	**3540**	**1410**	**2130**
云城区	105305	57788	47517	1509	593	916
云安区	19222	11466	7756	242	99	143
新兴县	42224	23538	18686	489	190	299
郁南县	16825	8722	8103	360	151	209
罗定市	47204	25162	22042	940	377	563

1–5 续表 3

单位：人

地 区	学前教育			小 学		
	小计	男	女	小计	男	女
广 东	**1287239**	**694140**	**593099**	**7089907**	**3564115**	**3525792**
广州市	**200875**	**107943**	**92932**	**1100874**	**546857**	**554017**
荔湾区	18050	9564	8486	97706	49547	48159
越秀区	6517	3526	2991	36455	16874	19581
海珠区	14699	7990	6709	94415	45648	48767
天河区	21612	11507	10105	98320	47450	50870
白云区	51093	27638	23455	286268	140128	146140
黄埔区	15969	8487	7482	74014	36723	37291
番禺区	27206	14737	12469	158995	79785	79210
花都区	19068	10246	8822	109236	55515	53721
南沙区	8664	4697	3967	55331	28995	26336
从化区	2158	1159	999	11787	6091	5696
增城区	15839	8392	7447	78347	40101	38246
韶关市	**16973**	**9049**	**7924**	**85238**	**40738**	**44500**
武江区	5097	2725	2372	25236	11831	13405
浈江区	4272	2262	2010	19810	9370	10440
曲江区	2102	1124	978	11292	5385	5907
始兴县	570	305	265	2648	1279	1369
仁化县	936	496	440	5104	2477	2627
翁源县	806	434	372	4306	2119	2187
乳源瑶族自治县	616	346	270	3433	1719	1714
新丰县	558	311	247	2687	1318	1369
乐昌市	1272	672	600	7047	3322	3725
南雄市	744	374	370	3675	1918	1757
深圳市	**346788**	**186824**	**159964**	**1485686**	**704453**	**781233**
罗湖区	19383	10482	8901	92066	42808	49258
福田区	22084	11860	10224	99946	46618	53328
南山区	18603	9956	8647	98289	45957	52332
宝安区	95521	51621	43900	385243	182691	202552
龙岗区	93234	50109	43125	409331	194787	214544
盐田区	3539	1889	1650	17886	8517	9369
龙华区	55978	30048	25930	192588	89202	103386
坪山区	12187	6548	5639	67290	33587	33703
光明区	26259	14311	11948	123047	60286	62761
珠海市	**29276**	**15813**	**13463**	**177856**	**90670**	**87186**
香洲区	15621	8408	7213	94362	47608	46754
斗门区	7165	3884	3281	44295	22299	21996
金湾区	6490	3521	2969	39199	20763	18436
汕头市	**19504**	**10294**	**9210**	**161695**	**85072**	**76623**
龙湖区	5242	2767	2475	37456	19160	18296
金平区	5164	2703	2461	32606	15972	16634
濠江区	381	202	179	3035	1668	1367
潮阳区	3169	1726	1443	24993	13667	11326
潮南区	1938	1009	929	19888	11079	8809
澄海区	3485	1828	1657	42818	23042	19776
南澳县	125	59	66	899	484	415
佛山市	**112657**	**61532**	**51125**	**795230**	**423826**	**371404**
禅城区	15193	8260	6933	82265	42767	39498
南海区	45719	25014	20705	340068	183102	156966
顺德区	38860	21320	17540	278161	147029	131132
三水区	8691	4645	4046	67228	35905	31323
高明区	4194	2293	1901	27508	15023	12485

1-5 续表 4

单位：人

地区	学前教育			小学		
	小计	男	女	小计	男	女
江门市	**45686**	**24591**	**21095**	**277269**	**140102**	**137167**
蓬江区	10750	5786	4964	66510	32384	34126
江海区	7429	3963	3466	38039	18368	19671
新会区	8583	4632	3951	58297	30221	28076
台山市	3411	1838	1573	22254	11573	10681
开平市	6464	3471	2993	40983	20776	20207
鹤山市	7151	3863	3288	36728	19255	17473
恩平市	1898	1038	860	14458	7525	6933
湛江市	**33894**	**18437**	**15457**	**143968**	**72718**	**71250**
赤坎区	7186	3969	3217	25273	12772	12501
霞山区	13031	7189	5842	50556	25189	25367
坡头区	1275	643	632	5207	2675	2532
麻章区	2305	1228	1077	9835	5163	4672
遂溪县	2297	1225	1072	10626	5478	5148
徐闻县	1606	850	756	9220	4806	4414
廉江市	2764	1472	1292	13797	6608	7189
雷州市	1663	906	757	8815	4550	4265
吴川市	1767	955	812	10639	5477	5162
茂名市	**11691**	**6224**	**5467**	**59650**	**29397**	**30253**
茂南区	4001	2144	1857	18330	9048	9282
电白区	2156	1104	1052	12263	6039	6224
高州市	1655	892	763	9378	4694	4684
化州市	2493	1336	1157	12114	5992	6122
信宜市	1386	748	638	7565	3624	3941
肇庆市	**18672**	**10259**	**8413**	**103297**	**53855**	**49442**
端州区	5547	3075	2472	22739	11098	11641
鼎湖区	2000	1140	860	12391	6639	5752
高要区	2421	1341	1080	19448	10473	8975
广宁县	664	364	300	3384	1772	1612
怀集县	499	253	246	3223	1852	1371
封开县	425	212	213	2018	1014	1004
德庆县	584	312	272	2652	1306	1346
四会市	6532	3562	2970	37442	19701	17741
惠州市	**80902**	**43201**	**37701**	**495683**	**255543**	**240140**
惠城区	32009	17155	14854	176437	87505	88932
惠阳区	25497	13472	12025	153975	80552	73423
博罗县	13003	7011	5992	85107	44545	40562
惠东县	9188	4902	4286	70917	37719	33198
龙门县	1205	661	544	9247	5222	4025
梅州市	**14418**	**7613**	**6805**	**72227**	**35602**	**36625**
梅江区	4586	2472	2114	24297	11328	12969
梅县区	4305	2247	2058	18647	9058	9589
大埔县	951	491	460	4614	2368	2246
丰顺县	740	377	363	5098	2714	2384
五华县	1395	762	633	7615	4057	3558
平远县	505	261	244	2438	1218	1220
蕉岭县	568	318	250	2819	1372	1447
兴宁市	1368	685	683	6699	3487	3212

1-5　续表 5　　　　单位：人

地　　区	学前教育			小　　学		
	小计	男	女	小计	男	女
汕尾市	**8723**	**4606**	**4117**	**65579**	**33340**	**32239**
城　区	2185	1169	1016	17154	8748	8406
海丰县	4994	2637	2357	36682	18629	18053
陆河县	477	245	232	3436	1768	1668
陆丰市	1067	555	512	8307	4195	4112
河源市	**24996**	**13377**	**11619**	**114480**	**56172**	**58308**
源城区	18628	9965	8663	79701	37652	42049
紫金县	1551	823	728	8867	4780	4087
龙川县	1423	751	672	7336	3824	3512
连平县	842	466	376	4380	2385	1995
和平县	527	270	257	2835	1633	1202
东源县	2025	1102	923	11361	5898	5463
阳江市	**12888**	**6931**	**5957**	**75549**	**37940**	**37609**
江城区	6712	3617	3095	38826	19710	19116
阳东区	3766	2047	1719	23053	11461	11592
阳西县	935	490	445	6577	3337	3240
阳春市	1475	777	698	7093	3432	3661
清远市	**28874**	**15583**	**13291**	**143577**	**71133**	**72444**
清城区	17633	9582	8051	83139	40565	42574
清新区	5348	2906	2442	25958	12738	13220
佛冈县	902	468	434	5696	2971	2725
阳山县	742	390	352	3886	2009	1877
连山壮族瑶族自治县	254	137	117	1284	641	643
连南瑶族自治县	234	127	107	1281	645	636
英德市	3159	1667	1492	18565	9631	8934
连州市	602	306	296	3768	1933	1835
东莞市	**183292**	**99519**	**83773**	**1106287**	**567587**	**538700**
市辖区	183292	99519	83773	1106287	567587	538700
中山市	**70577**	**37926**	**32651**	**453287**	**229519**	**223768**
市辖区	70577	37926	32651	453287	229519	223768
潮州市	**10489**	**5665**	**4824**	**79934**	**41855**	**38079**
湘桥区	3737	2021	1716	24132	12173	11959
潮安区	6310	3406	2904	52833	28180	24653
饶平县	442	238	204	2969	1502	1467
揭阳市	**6611**	**3541**	**3070**	**46290**	**24662**	**21628**
榕城区	1529	830	699	10947	5962	4985
揭东区	1616	886	730	11945	6416	5529
揭西县	745	389	356	5045	2633	2412
惠来县	683	355	328	4097	2145	1952
普宁市	2038	1081	957	14256	7506	6750
云浮市	**9453**	**5212**	**4241**	**46251**	**23074**	**23177**
云城区	5128	2864	2264	22916	11275	11641
云安区	469	256	213	2687	1474	1213
新兴县	1277	704	573	7661	4046	3615
郁南县	818	450	368	3469	1635	1834
罗定市	1761	938	823	9518	4644	4874

1-5 续表 6 单位：人

地 区	初 中			高 中			大学专科		
	小计	男	女	小计	男	女	小计	男	女
广 东	**20762106**	**12289217**	**8472889**	**11132076**	**6727587**	**4404489**	**5220671**	**2841217**	**2379454**
广州市	**3620714**	**2114138**	**1506576**	**2552108**	**1492242**	**1059866**	**1502963**	**787121**	**715842**
荔湾区	219386	125014	94372	167284	92138	75146	84853	43235	41618
越秀区	105474	58428	47046	92927	50788	42139	42836	20014	22822
海珠区	391092	218859	172233	201555	110716	90839	100937	47479	53458
天河区	291875	165410	126465	437649	252348	185301	334650	175432	159218
白云区	1003187	590021	413166	647071	377881	269190	381302	197749	183553
黄埔区	235047	142885	92162	201499	128239	73260	111840	63762	48078
番禺区	574481	330977	243504	426757	246880	179877	204566	102705	101861
花都区	401919	238473	163446	144622	87464	57158	77313	43237	34076
南沙区	175748	110370	65378	103728	68336	35392	39397	23740	15657
从化区	34378	20695	13683	25296	15466	9830	47714	28455	19259
增城区	188127	113006	75121	103720	61986	41734	77555	41313	36242
韶关市	**149198**	**81764**	**67434**	**90544**	**49154**	**41390**	**47768**	**25923**	**21845**
武江区	47518	25523	21995	30397	15730	14667	13590	7037	6553
浈江区	32477	17317	15160	27528	14759	12769	13095	6586	6509
曲江区	19803	11175	8628	9276	5236	4040	9861	5952	3909
始兴县	4684	2540	2144	2218	1322	896	992	556	436
仁化县	8415	4867	3548	4007	2273	1734	1958	1168	790
翁源县	8150	4640	3510	3261	1927	1334	1490	871	619
乳源瑶族自治县	5207	3015	2192	2901	1621	1280	1592	897	695
新丰县	6099	3547	2552	2746	1690	1056	1167	704	463
乐昌市	10759	5708	5051	5102	2777	2325	2361	1267	1094
南雄市	6086	3432	2654	3108	1819	1289	1662	885	777
深圳市	**5056730**	**2955053**	**2101677**	**3060292**	**1878270**	**1182022**	**1727729**	**948121**	**779608**
罗湖区	232004	129055	102949	183767	102534	81233	98896	47512	51384
福田区	272115	155921	116194	224743	132987	91756	128108	64167	63941
南山区	276671	162360	114311	239268	142426	96842	159535	84932	74603
宝安区	1619449	940622	678827	800402	502271	298131	455378	259648	195730
龙岗区	1226152	710126	516026	733910	438336	295574	406545	216386	190159
盐田区	49053	29507	19546	40864	24966	15898	17648	9375	8273
龙华区	739893	442735	297158	515075	326022	189053	329282	185472	143810
坪山区	189257	113242	76015	99684	64553	35131	42234	25240	16994
光明区	452136	271485	180651	222579	144175	78404	90103	55389	34714
珠海市	**468007**	**283321**	**184686**	**293607**	**180149**	**113458**	**138048**	**75769**	**62279**
香洲区	247225	147291	99934	180770	108369	72401	79978	43435	36543
斗门区	114748	70123	44625	58219	37056	21163	18127	10591	7536
金湾区	106034	65907	40127	54618	34724	19894	39943	21743	18200
汕头市	**313113**	**185085**	**128028**	**119251**	**69124**	**50127**	**37498**	**20573**	**16925**
龙湖区	72599	42256	30343	37208	20731	16477	13173	6856	6317
金平区	48221	27176	21045	26747	14647	12100	9961	5051	4910
濠江区	9342	6899	2443	7602	4832	2770	5023	3139	1884
潮阳区	56605	33191	23414	20633	12423	8210	3881	2345	1536
潮南区	38660	23179	15481	9614	5807	3807	2108	1198	910
澄海区	86376	51653	34723	16953	10447	6506	3142	1879	1263
南澳县	1310	731	579	494	237	257	210	105	105
佛山市	**2429039**	**1500882**	**928157**	**1066187**	**656957**	**409230**	**383399**	**214799**	**168600**
禅城区	315600	185378	130222	159057	93157	65900	65268	34763	30505
南海区	993827	616931	376896	432012	265295	166717	173004	98172	74832
顺德区	855512	527351	328161	381557	238849	142708	105665	58802	46863
三水区	186375	121886	64489	64034	40930	23104	24087	14716	9371
高明区	77725	49336	28389	29527	18726	10801	15375	8346	7029

1-5　续表 7

单位：人

地　区	初　中			高　中			大学专科		
	小计	男	女	小计	男	女	小计	男	女
江门市	**561198**	**334614**	**226584**	**236323**	**143401**	**92922**	**90901**	**49504**	**41397**
蓬江区	138260	81610	56650	73568	43939	29629	39927	20404	19523
江海区	82193	47935	34258	41928	25143	16785	19081	10519	8562
新会区	103118	63359	39759	35068	21864	13204	9239	5404	3835
台山市	45015	27117	17898	21884	13051	8833	5680	3406	2274
开平市	69738	40463	29275	23828	14096	9732	5599	3116	2483
鹤山市	93234	55927	37307	30556	19471	11085	8285	4874	3411
恩平市	29640	18203	11437	9491	5837	3654	3090	1781	1309
湛江市	**254204**	**133548**	**120656**	**181292**	**98643**	**82649**	**79522**	**39192**	**40330**
赤坎区	46970	24246	22724	38201	19906	18295	17365	8800	8565
霞山区	86812	43802	43010	63084	33469	29615	24107	12396	11711
坡头区	8304	4538	3766	5141	2836	2305	3180	1764	1416
麻章区	21482	12247	9235	27730	16826	10904	10662	4537	6125
遂溪县	17094	9112	7982	9610	5144	4466	6748	2662	4086
徐闻县	13977	7875	6102	6313	3577	2736	2994	1685	1309
廉江市	26423	13200	13223	16258	8361	7897	7167	3350	3817
雷州市	13398	7307	6091	7746	4385	3361	3973	2136	1837
吴川市	19744	11221	8523	7209	4139	3070	3326	1862	1464
茂名市	**114770**	**62059**	**52711**	**81770**	**47217**	**34553**	**49377**	**23544**	**25833**
茂南区	37925	21217	16708	29276	17338	11938	21651	9564	12087
电白区	21101	11535	9566	14581	7829	6752	13609	7879	5730
高州市	21551	11947	9604	19553	11511	8042	6893	2178	4715
化州市	21396	10591	10805	12522	7235	5287	4699	2519	2180
信宜市	12797	6769	6028	5838	3304	2534	2525	1404	1121
肇庆市	**246540**	**150237**	**96303**	**137018**	**82495**	**54523**	**55891**	**32957**	**22934**
端州区	47939	26620	21319	56899	32626	24273	24564	13884	10680
鼎湖区	25534	16172	9362	11912	7234	4678	8355	4690	3665
高要区	46068	28901	17167	12859	8129	4730	4810	3330	1480
广宁县	9441	5814	3627	3344	2030	1314	1371	779	592
怀集县	6717	3906	2811	2306	1301	1005	1057	600	457
封开县	4663	2754	1909	2215	1346	869	1016	588	428
德庆县	5294	2893	2401	2395	1338	1057	931	486	445
四会市	100884	63177	37707	45088	28491	16597	13787	8600	5187
惠州市	**1267715**	**765903**	**501812**	**477043**	**295084**	**181959**	**201580**	**114144**	**87436**
惠城区	441716	262186	179530	208306	127413	80893	102995	56902	46093
惠阳区	459403	282071	177332	164176	103264	60912	60892	35796	25096
博罗县	223851	136010	87841	69335	43248	26087	26544	14941	11603
惠东县	125417	74911	50506	27777	16774	11003	8583	4974	3609
龙门县	17328	10725	6603	7449	4385	3064	2566	1531	1035
梅州市	**144243**	**76788**	**67455**	**91116**	**49011**	**42105**	**34422**	**17399**	**17023**
梅江区	50345	26212	24133	41003	22304	18699	12447	6284	6163
梅县区	38413	19863	18550	22932	11787	11145	10143	4721	5422
大埔县	8628	4825	3803	4270	2383	1887	2023	1090	933
丰顺县	9262	5211	4051	3941	2229	1712	1795	1021	774
五华县	14452	8272	6180	6928	4059	2869	3198	1781	1417
平远县	4368	2314	2054	1812	1058	754	866	434	432
蕉岭县	5285	3001	2284	2233	1234	999	809	400	409
兴宁市	13490	7090	6400	7997	3957	4040	3141	1668	1473

1-5 续表 8

单位：人

地区	初中			高中			大学专科		
	小计	男	女	小计	男	女	小计	男	女
汕尾市	**98065**	**57887**	**40178**	**34764**	**20912**	**13852**	**17916**	**9228**	**8688**
城区	24895	15192	9703	12566	7573	4993	10055	4604	5451
海丰县	54356	32052	22304	15486	9403	6083	4675	2832	1843
陆河县	6457	3873	2584	2014	1159	855	788	451	337
陆丰市	12357	6770	5587	4698	2777	1921	2398	1341	1057
河源市	**232366**	**125595**	**106771**	**113544**	**63360**	**50184**	**44620**	**23890**	**20730**
源城区	158298	83142	75156	77124	42752	34372	30849	16342	14507
紫金县	19226	11414	7812	7412	4250	3162	2987	1671	1316
龙川县	14878	8093	6785	7651	4429	3222	3584	2222	1362
连平县	8574	4866	3708	3740	2134	1606	1739	936	803
和平县	5586	3194	2392	2987	1723	1264	1286	730	556
东源县	25804	14886	10918	14630	8072	6558	4175	1989	2186
阳江市	**123966**	**69886**	**54080**	**61442**	**35050**	**26392**	**35962**	**19102**	**16860**
江城区	61364	34709	26655	33177	18738	14439	22706	11549	11157
阳东区	39329	22119	17210	16899	9859	7040	7726	4460	3266
阳西县	10210	5782	4428	4668	2687	1981	2188	1254	934
阳春市	13063	7276	5787	6698	3766	2932	3342	1839	1503
清远市	**258672**	**150369**	**108303**	**108197**	**62875**	**45322**	**85037**	**45676**	**39361**
清城区	149603	88004	61599	61973	36319	25654	66300	35233	31067
清新区	41034	22729	18305	16530	9566	6964	5985	3185	2800
佛冈县	14004	8567	5437	5766	3479	2287	2373	1409	964
阳山县	6818	3814	3004	3050	1749	1301	1421	820	601
连山壮族瑶族自治县	2081	1094	987	844	471	373	453	249	204
连南瑶族自治县	1917	986	931	895	487	408	525	263	262
英德市	36060	21006	15054	15165	8839	6326	6391	3656	2735
连州市	7155	4169	2986	3974	1965	2009	1589	861	728
东莞市	**3879298**	**2323245**	**1556053**	**1841307**	**1148953**	**692354**	**475929**	**277051**	**198878**
市辖区	3879298	2323245	1556053	1841307	1148953	692354	475929	277051	198878
中山市	**1261961**	**751940**	**510021**	**478050**	**293494**	**184556**	**159815**	**89725**	**70090**
市辖区	1261961	751940	510021	478050	293494	184556	159815	89725	70090
潮州市	**113942**	**68295**	**45647**	**37499**	**20486**	**17013**	**13065**	**6340**	**6725**
湘桥区	37708	21493	16215	20834	10541	10293	7748	3458	4290
潮安区	70471	43553	26918	14532	8716	5816	4205	2263	1942
饶平县	5763	3249	2514	2133	1229	904	1112	619	493
揭阳市	**78576**	**47909**	**30667**	**30052**	**17383**	**12669**	**15235**	**7472**	**7763**
榕城区	18616	12034	6582	5423	3083	2340	6140	2400	3740
揭东区	17941	11461	6480	7239	4215	3024	1587	967	620
揭西县	8153	4647	3506	2851	1595	1256	1372	746	626
惠来县	7020	4022	2998	3532	2002	1530	1765	1017	748
普宁市	26846	15745	11101	11007	6488	4519	4371	2342	2029
云浮市	**89789**	**50699**	**39090**	**40670**	**23327**	**17343**	**23994**	**13687**	**10307**
云城区	41956	23781	18175	18272	10701	7571	9214	5109	4105
云安区	5897	3796	2101	3528	2313	1215	2944	1783	1161
新兴县	18522	10949	7573	8869	4631	4238	2780	1471	1309
郁南县	6590	3433	3157	2688	1516	1172	1482	781	701
罗定市	16824	8740	8084	7313	4166	3147	7574	4543	3031

1-5　续表 9　　　　单位：人

地　区	大学本科			硕士研究生			博士研究生		
	小计	男	女	小计	男	女	小计	男	女
广　东	**3566322**	**1918934**	**1647388**	**300457**	**163790**	**136667**	**36902**	**24026**	**12876**
广州市	**1118031**	**562206**	**555825**	**110196**	**55541**	**54655**	**16322**	**9893**	**6429**
荔湾区	62078	30689	31389	4808	2492	2316	560	326	234
越秀区	49842	22341	27501	7745	3648	4097	985	578	407
海珠区	102730	47295	55435	13331	6178	7153	2604	1598	1006
天河区	221450	113799	107651	27171	13483	13688	3960	2406	1554
白云区	211885	104104	107781	14676	6932	7744	2629	1421	1208
黄埔区	97858	53735	44123	9761	5325	4436	1175	777	398
番禺区	181682	93990	87692	24365	13018	11347	3578	2218	1360
花都区	68909	32108	36801	2581	1431	1150	216	149	67
南沙区	21980	12957	9023	1568	886	682	198	135	63
从化区	38468	19769	18699	1101	459	642	106	80	26
增城区	61149	31419	29730	3089	1689	1400	311	205	106
韶关市	**43460**	**22233**	**21227**	**1840**	**1079**	**761**	**164**	**114**	**50**
武江区	11210	5830	5380	787	449	338	47	39	8
浈江区	20591	9899	10692	439	245	194	72	50	22
曲江区	2162	1210	952	115	76	39	12	6	6
始兴县	866	477	389	45	26	19	2	2	
仁化县	1679	1002	677	66	51	15	6	5	1
翁源县	1316	703	613	73	43	30	6	2	4
乳源瑶族自治县	1303	741	562	107	77	30	7	5	2
新丰县	827	493	334	48	25	23	4	2	2
乐昌市	2147	1135	1012	98	55	43	5	2	3
南雄市	1359	743	616	62	32	30	3	1	2
深圳市	**1146909**	**651310**	**495599**	**119589**	**67675**	**51914**	**11038**	**7800**	**3238**
罗湖区	62582	31531	31051	7034	3558	3476	535	362	173
福田区	107323	55787	51536	17657	9143	8514	1441	1020	421
南山区	162049	91360	70689	29501	17032	12469	3663	2460	1203
宝安区	298451	177842	120609	22892	13677	9215	1450	1091	359
龙岗区	236950	131862	105088	20429	11795	8634	1850	1343	507
盐田区	11597	6182	5415	1543	789	754	208	138	70
龙华区	197164	112143	85021	14937	8357	6580	1284	918	366
坪山区	26239	16505	9734	2603	1524	1079	223	175	48
光明区	44554	28098	16456	2993	1800	1193	384	293	91
珠海市	**131710**	**68352**	**63358**	**8779**	**4583**	**4196**	**1679**	**1035**	**644**
香洲区	90613	47284	43329	7132	3652	3480	1436	876	560
斗门区	10069	5919	4150	761	412	349	70	47	23
金湾区	31028	15149	15879	886	519	367	173	112	61
汕头市	**23499**	**12794**	**10705**	**1771**	**932**	**839**	**239**	**146**	**93**
龙湖区	7873	4235	3638	444	262	182	64	39	25
金平区	8960	4797	4163	1048	518	530	141	89	52
濠江区	765	502	263	32	17	15	3	1	2
潮阳区	2205	1221	984	88	51	37	9	4	5
潮南区	1774	943	831	77	38	39	11	6	5
澄海区	1759	1010	749	76	43	33	10	6	4
南澳县	163	86	77	6	3	3	1	1	
佛山市	**213396**	**117814**	**95582**	**12406**	**7011**	**5395**	**1260**	**853**	**407**
禅城区	39858	21220	18638	2116	1126	990	188	121	67
南海区	92030	50522	41508	5012	2737	2275	536	347	189
顺德区	55488	32034	23454	4121	2498	1623	436	313	123
三水区	21622	11352	10270	869	467	402	83	59	24
高明区	4398	2686	1712	288	183	105	17	13	4

1-5 续表 10 单位：人

地 区	大学本科			硕士研究生			博士研究生		
	小计	男	女	小计	男	女	小计	男	女
江门市	**55289**	**32000**	**23289**	**2446**	**1453**	**993**	**250**	**178**	**72**
蓬江区	26655	15416	11239	1075	645	430	116	86	30
江海区	7741	4284	3457	430	252	178	39	26	13
新会区	5916	3465	2451	338	210	128	21	16	5
台山市	4211	2611	1600	206	128	78	8	3	5
开平市	3268	1905	1363	129	63	66	26	16	10
鹤山市	4964	2899	2065	171	102	69	26	21	5
恩平市	2534	1420	1114	97	53	44	14	10	4
湛江市	**106898**	**51253**	**55645**	**3638**	**1930**	**1708**	**508**	**330**	**178**
赤坎区	27314	10187	17127	565	326	239	153	100	53
霞山区	20776	11299	9477	1257	646	611	162	102	60
坡头区	2909	1591	1318	203	115	88	10	8	2
麻章区	37356	18477	18879	754	388	366	71	50	21
遂溪县	3873	2042	1831	188	98	90	26	13	13
徐闻县	2620	1453	1167	112	65	47	18	9	9
廉江市	4999	2502	2497	252	126	126	31	22	9
雷州市	4128	2160	1968	179	90	89	24	17	7
吴川市	2923	1542	1381	128	76	52	13	9	4
茂名市	**34361**	**17987**	**16374**	**1202**	**653**	**549**	**190**	**140**	**50**
茂南区	20845	10922	9923	511	275	236	101	79	22
电白区	4721	2401	2320	280	135	145	41	28	13
高州市	2344	1246	1098	130	79	51	9	5	4
化州市	4326	2235	2091	193	110	83	29	22	7
信宜市	2125	1183	942	88	54	34	10	6	4
肇庆市	**55967**	**27909**	**28058**	**1192**	**633**	**559**	**112**	**73**	**39**
端州区	27754	12634	15120	423	211	212	42	28	14
鼎湖区	7776	3696	4080	137	72	65	15	11	4
高要区	9913	5286	4627	55	34	21	8	3	5
广宁县	1227	673	554	58	27	31	6	2	4
怀集县	913	514	399	46	24	22	5	4	1
封开县	920	548	372	46	27	19	4	3	1
德庆县	767	393	374	60	30	30	2		2
四会市	6697	4165	2532	367	208	159	30	22	8
惠州市	**116911**	**67254**	**49657**	**5937**	**3488**	**2449**	**609**	**405**	**204**
惠城区	63099	35795	27304	2966	1825	1141	296	199	97
惠阳区	33870	19972	13898	1973	1117	856	218	140	78
博罗县	12104	7010	5094	554	300	254	64	42	22
惠东县	5713	3306	2407	332	187	145	22	15	7
龙门县	2125	1171	954	112	59	53	9	9	
梅州市	**40669**	**19676**	**20993**	**1223**	**660**	**563**	**157**	**110**	**47**
梅江区	23849	10672	13177	511	274	237	73	56	17
梅县区	5942	3151	2791	235	128	107	25	17	8
大埔县	2115	1125	990	79	45	34	13	7	6
丰顺县	1645	897	748	64	34	30	11	8	3
五华县	2911	1612	1299	143	79	64	12	8	4
平远县	859	477	382	33	22	11	2	2	
蕉岭县	717	339	378	48	23	25			
兴宁市	2631	1403	1228	110	55	55	21	12	9

1-5 续表 11

单位：人

地 区	大学本科			硕士研究生			博士研究生		
	小计	男	女	小计	男	女	小计	男	女
汕尾市	**9943**	**5883**	**4060**	**724**	**398**	**326**	**68**	**45**	**23**
城 区	3743	2297	1446	243	145	98	19	16	3
海丰县	3786	2290	1496	352	193	159	35	22	13
陆河县	537	278	259	19	11	8	2	1	1
陆丰市	1877	1018	859	110	49	61	12	6	6
河源市	**25786**	**13706**	**12080**	**1068**	**617**	**451**	**107**	**73**	**34**
源城区	14409	7763	6646	651	407	244	57	40	17
紫金县	2490	1348	1142	85	47	38	12	9	3
龙川县	2605	1508	1097	111	52	59	8	8	
连平县	1343	709	634	55	31	24	12	5	7
和平县	1108	579	529	38	16	22	7	4	3
东源县	3831	1799	2032	128	64	64	11	7	4
阳江市	**17198**	**9936**	**7262**	**882**	**519**	**363**	**94**	**54**	**40**
江城区	8419	4661	3758	469	261	208	59	34	25
阳东区	4450	2774	1676	201	123	78	18	9	9
阳西县	1857	1134	723	87	56	31	7	6	1
阳春市	2472	1367	1105	125	79	46	10	5	5
清远市	**33500**	**18459**	**15041**	**1954**	**1173**	**781**	**211**	**142**	**69**
清城区	19113	10425	8688	1311	780	531	129	88	41
清新区	4258	2267	1991	191	110	81	28	19	9
佛冈县	1471	881	590	77	50	27	4	3	1
阳山县	1219	694	525	56	38	18	9	7	2
连山壮族瑶族自治县	474	253	221	17	9	8	2	1	1
连南瑶族自治县	526	275	251	26	12	14	1		1
英德市	5123	2922	2201	227	142	85	31	21	10
连州市	1316	742	574	49	32	17	7	3	4
东莞市	**265875**	**152677**	**113198**	**19872**	**12182**	**7690**	**3308**	**2252**	**1056**
市辖区	265875	152677	113198	19872	12182	7690	3308	2252	1056
中山市	**84641**	**46617**	**38024**	**3940**	**2226**	**1714**	**372**	**248**	**124**
市辖区	84641	46617	38024	3940	2226	1714	372	248	124
潮州市	**18841**	**8200**	**10641**	**568**	**332**	**236**	**75**	**50**	**25**
湘桥区	14203	5652	8551	308	186	122	53	34	19
潮安区	3655	1926	1729	219	124	95	16	12	4
饶平县	983	622	361	41	22	19	6	4	2
揭阳市	**7263**	**3942**	**3321**	**413**	**226**	**187**	**48**	**23**	**25**
榕城区	1112	601	511	61	40	21	6	3	3
揭东区	972	544	428	57	29	28	6	5	1
揭西县	1189	592	597	67	35	32	8	4	4
惠来县	1582	905	677	96	51	45	12	3	9
普宁市	2408	1300	1108	132	71	61	16	8	8
云浮市	**16175**	**8726**	**7449**	**817**	**479**	**338**	**91**	**62**	**29**
云城区	5970	3259	2711	317	190	127	23	16	7
云安区	3375	1703	1672	67	33	34	13	9	4
新兴县	2361	1385	976	238	142	96	27	20	7
郁南县	1356	721	635	57	34	23	5	1	4
罗定市	3113	1658	1455	138	80	58	23	16	7

1-6 各地区分性别的15岁及以上文盲人口

单位：人、%

地区	15岁及以上人口			文盲人口			文盲人口占15岁及以上人口比重		
	合计	男	女	合计	男	女	合计	男	女
广　东	**45281695**	**25858944**	**19422751**	**307876**	**70627**	**237249**	**0.68**	**0.27**	**1.22**
广州市	**9624823**	**5332443**	**4292380**	**47500**	**11253**	**36247**	**0.49**	**0.21**	**0.84**
荔湾区	596641	320208	276433	5029	1613	3416	0.84	0.50	1.24
越秀区	321218	163739	157479	1558	355	1203	0.49	0.22	0.76
海珠区	873890	458318	415572	2779	543	2236	0.32	0.12	0.54
天河区	1375520	746759	628761	4771	1010	3761	0.35	0.14	0.60
白云区	2456318	1363465	1092853	13208	3181	10027	0.54	0.23	0.92
黄埔区	705434	415424	290010	5213	1172	4041	0.74	0.28	1.39
番禺区	1519786	837262	682524	5076	1081	3995	0.33	0.13	0.59
花都区	759109	431833	327276	3443	772	2671	0.45	0.18	0.82
南沙区	382073	235784	146289	2793	719	2074	0.73	0.30	1.42
从化区	153773	88109	65664	459	119	340	0.30	0.14	0.52
增城区	481061	271542	209519	3171	688	2483	0.66	0.25	1.19
韶关市	**375564**	**196342**	**179222**	**5404**	**1036**	**4368**	**1.44**	**0.53**	**2.44**
武江区	116635	59227	57408	1517	250	1267	1.30	0.42	2.21
浈江区	103610	52114	51496	1324	271	1053	1.28	0.52	2.04
曲江区	46870	25709	21161	814	132	682	1.74	0.51	3.22
始兴县	10067	5398	4669	161	27	134	1.60	0.50	2.87
仁化县	19134	10605	8529	433	98	335	2.26	0.92	3.93
翁源县	16364	9124	7240	243	53	190	1.48	0.58	2.62
乳源瑶族自治县	12767	7054	5713	208	39	169	1.63	0.55	2.96
新丰县	12223	7073	5150	77	29	48	0.63	0.41	0.93
乐昌市	23939	12320	11619	477	112	365	1.99	0.91	3.14
南雄市	13955	7718	6237	150	25	125	1.07	0.32	2.00
深圳市	**11883777**	**6779851**	**5103926**	**87509**	**15542**	**71967**	**0.74**	**0.23**	**1.41**
罗湖区	625478	327057	298421	5806	999	4807	0.93	0.31	1.61
福田区	802159	436660	365499	6393	934	5459	0.80	0.21	1.49
南山区	929087	522017	407070	6044	1257	4787	0.65	0.24	1.18
宝安区	3390315	1962693	1427622	21130	3694	17436	0.62	0.19	1.22
龙岗区	2837176	1586385	1250791	23993	4235	19758	0.85	0.27	1.58
盐田区	128399	73300	55099	1071	184	887	0.83	0.25	1.61
龙华区	1891733	1106058	785675	11766	1865	9901	0.62	0.17	1.26
坪山区	396486	236139	160347	3865	771	3094	0.97	0.33	1.93
光明区	882944	529542	353402	7441	1603	5838	0.84	0.30	1.65
珠海市	**1153085**	**663294**	**489791**	**10978**	**2485**	**8493**	**0.95**	**0.37**	**1.73**
香洲区	667012	377197	289815	6441	1414	5027	0.97	0.37	1.73
斗门区	229855	136422	93433	2621	580	2041	1.14	0.43	2.18
金湾区	256218	149675	106543	1916	491	1425	0.75	0.33	1.34
汕头市	**601642**	**341719**	**259923**	**6573**	**1897**	**4676**	**1.09**	**0.56**	**1.80**
龙湖区	154050	84975	69075	1390	391	999	0.90	0.46	1.45
金平区	112171	59247	52924	1916	402	1514	1.71	0.68	2.86
濠江区	25076	16618	8458	291	86	205	1.16	0.52	2.42
潮阳区	100088	58210	41878	917	339	578	0.92	0.58	1.38
潮南区	66399	39055	27344	663	283	380	1.00	0.72	1.39
澄海区	140961	82070	58891	1313	369	944	0.93	0.45	1.60
南澳县	2897	1544	1353	83	27	56	2.87	1.75	4.14
佛山市	**4675079**	**2785728**	**1889351**	**25496**	**6967**	**18529**	**0.55**	**0.25**	**0.98**
禅城区	636698	361817	274881	2379	557	1822	0.37	0.15	0.66
南海区	1951142	1165577	785565	9853	2689	7164	0.50	0.23	0.91
顺德区	1598714	957277	641437	9832	2973	6859	0.61	0.31	1.07
三水区	344703	213132	131571	2679	545	2134	0.78	0.26	1.62
高明区	143822	87925	55897	753	203	550	0.52	0.23	0.98

1–6　续表 1　　　　单位：人、%

地　区	15岁及以上人口			文盲人口			文盲人口占15岁及以上人口比重		
	合计	男	女	合计	男	女	合计	男	女
江门市	**1103631**	**632355**	**471276**	**8580**	**2090**	**6490**	**0.78**	**0.33**	**1.38**
蓬江区	319346	179138	140208	2195	523	1672	0.69	0.29	1.19
江海区	174865	97947	76918	1547	325	1222	0.88	0.33	1.59
新会区	188101	110887	77214	1647	386	1261	0.88	0.35	1.63
台山市	88685	51982	36703	577	151	426	0.65	0.29	1.16
开平市	123424	69005	54419	1121	311	810	0.91	0.45	1.49
鹤山市	156023	92063	63960	823	196	627	0.53	0.21	0.98
恩平市	53187	31333	21854	670	198	472	1.26	0.63	2.16
湛江市	**684605**	**348718**	**335887**	**7411**	**2176**	**5235**	**1.08**	**0.62**	**1.56**
赤坎区	137062	65669	71393	904	226	678	0.66	0.34	0.95
霞山区	211832	106633	105199	2096	522	1574	0.99	0.49	1.50
坡头区	22291	11982	10309	311	72	239	1.40	0.60	2.32
麻章区	101666	54238	47428	650	242	408	0.64	0.45	0.86
遂溪县	42924	21588	21336	698	231	467	1.63	1.07	2.19
徐闻县	31475	17280	14195	584	171	413	1.86	0.99	2.91
廉江市	62438	30597	31841	844	255	589	1.35	0.83	1.85
雷州市	34779	18625	16154	711	272	439	2.04	1.46	2.72
吴川市	40138	22106	18032	613	185	428	1.53	0.84	2.37
茂名市	**314801**	**165691**	**149110**	**3382**	**920**	**2462**	**1.07**	**0.56**	**1.65**
茂南区	120806	63729	57077	1069	240	829	0.88	0.38	1.45
电白区	61995	33233	28762	785	198	587	1.27	0.60	2.04
高州市	54760	28696	26064	455	123	332	0.83	0.43	1.27
化州市	49332	25417	23915	634	233	401	1.29	0.92	1.68
信宜市	27908	14616	13292	439	126	313	1.57	0.86	2.35
肇庆市	**549802**	**318997**	**230805**	**3472**	**825**	**2647**	**0.63**	**0.26**	**1.15**
端州区	168466	89909	78557	1108	236	872	0.66	0.26	1.11
鼎湖区	60191	35212	24979	369	95	274	0.61	0.27	1.10
高要区	85414	51513	33901	621	146	475	0.73	0.28	1.40
广宁县	17325	10311	7014	157	55	102	0.91	0.53	1.45
怀集县	13064	7532	5532	129	33	96	0.99	0.44	1.74
封开县	9907	5765	4142	75	20	55	0.76	0.35	1.33
德庆县	10397	5489	4908	131	40	91	1.26	0.73	1.85
四会市	185038	113266	71772	882	200	682	0.48	0.18	0.95
惠州市	**2358299**	**1381339**	**976960**	**19828**	**4852**	**14976**	**0.84**	**0.35**	**1.53**
惠城区	920026	526816	393210	8008	1719	6289	0.87	0.33	1.60
惠阳区	813806	487789	326017	5955	1573	4382	0.73	0.32	1.34
博罗县	381697	225311	156386	3071	770	2301	0.80	0.34	1.47
惠东县	207142	120089	87053	2429	662	1767	1.17	0.55	2.03
龙门县	35628	21334	14294	365	128	237	1.02	0.60	1.66
梅州市	**343724**	**177289**	**166435**	**3157**	**1007**	**2150**	**0.92**	**0.57**	**1.29**
梅江区	138040	69301	68739	981	284	697	0.71	0.41	1.01
梅县区	83766	41870	41896	524	144	380	0.63	0.34	0.91
大埔县	19467	10622	8845	223	81	142	1.15	0.76	1.61
丰顺县	19937	11034	8903	251	88	163	1.26	0.80	1.83
五华县	32215	18222	13993	440	180	260	1.37	0.99	1.86
平远县	9266	4879	4387	155	28	127	1.67	0.57	2.89
蕉岭县	10477	5614	4863	215	78	137	2.05	1.39	2.82
兴宁市	30556	15747	14809	368	124	244	1.20	0.79	1.65

1-6 续表 2

单位：人、%

地区	15岁及以上人口			文盲人口			文盲人口占15岁及以上人口比重		
	合计	男	女	合计	男	女	合计	男	女
汕尾市	**204274**	**114719**	**89555**	**3608**	**1026**	**2582**	**1.77**	**0.89**	**2.88**
城　区	63131	35360	27771	1266	359	907	2.01	1.02	3.27
海丰县	102058	57903	44155	1550	447	1103	1.52	0.77	2.50
陆河县	12041	6868	5173	184	55	129	1.53	0.80	2.49
陆丰市	27044	14588	12456	608	165	443	2.25	1.13	3.56
河源市	**462618**	**244774**	**217844**	**4993**	**1137**	**3856**	**1.08**	**0.46**	**1.77**
源城区	309094	159079	150015	3453	615	2838	1.12	0.39	1.89
紫金县	37140	21357	15783	386	147	239	1.04	0.69	1.51
龙川县	32123	17913	14210	322	111	211	1.00	0.62	1.48
连平县	17773	9904	7869	203	84	119	1.14	0.85	1.51
和平县	12540	7174	5366	126	45	81	1.00	0.63	1.51
东源县	53948	29347	24601	503	135	368	0.93	0.46	1.50
阳江市	**279887**	**152495**	**127392**	**3020**	**854**	**2166**	**1.08**	**0.56**	**1.70**
江城区	146707	79239	67468	1462	465	997	1.00	0.59	1.48
阳东区	81005	44764	36241	845	223	622	1.04	0.50	1.72
阳西县	22952	12695	10257	334	68	266	1.46	0.54	2.59
阳春市	29223	15797	13426	379	98	281	1.30	0.62	2.09
清远市	**566313**	**312094**	**254219**	**7751**	**1703**	**6048**	**1.37**	**0.55**	**2.38**
清城区	344714	189660	155054	4289	848	3441	1.24	0.45	2.22
清新区	82009	43448	38561	1739	362	1377	2.12	0.83	3.57
佛冈县	26841	15957	10884	228	72	156	0.85	0.45	1.43
阳山县	14362	8006	6356	228	71	157	1.59	0.89	2.47
连山壮族瑶族自治县	4551	2394	2157	62	14	48	1.36	0.58	2.23
连南瑶族自治县	4553	2333	2220	69	16	53	1.52	0.69	2.39
英德市	73188	41563	31625	929	268	661	1.27	0.64	2.09
连州市	16095	8733	7362	207	52	155	1.29	0.60	2.11
东莞市	**7198461**	**4250228**	**2948233**	**34901**	**8832**	**26069**	**0.48**	**0.21**	**0.88**
市辖区	7198461	4250228	2948233	34901	8832	26069	0.48	0.21	0.88
中山市	**2302283**	**1329022**	**973261**	**15667**	**3683**	**11984**	**0.68**	**0.28**	**1.23**
市辖区	2302283	1329022	973261	15667	3683	11984	0.68	0.28	1.23
潮州市	**243250**	**132967**	**110283**	**4316**	**1173**	**3143**	**1.77**	**0.88**	**2.85**
湘桥区	96415	48652	47763	1138	364	774	1.18	0.75	1.62
潮安区	134582	77528	57054	2950	746	2204	2.19	0.96	3.86
饶平县	12253	6787	5466	228	63	165	1.86	0.93	3.02
揭阳市	**161122**	**91897**	**69225**	**2478**	**657**	**1821**	**1.54**	**0.71**	**2.63**
榕城区	38924	22065	16859	695	136	559	1.79	0.62	3.32
揭东区	35196	21002	14194	620	145	475	1.76	0.69	3.35
揭西县	16775	9208	7567	272	88	184	1.62	0.96	2.43
惠来县	16534	9245	7289	237	78	159	1.43	0.84	2.18
普宁市	53693	30377	23316	654	210	444	1.22	0.69	1.90
云浮市	**194655**	**106982**	**87673**	**1852**	**512**	**1340**	**0.95**	**0.48**	**1.53**
云城区	85855	47025	38830	676	160	516	0.79	0.34	1.33
云安区	17424	10471	6953	182	56	126	1.04	0.53	1.81
新兴县	37102	20753	16349	270	74	196	0.73	0.36	1.20
郁南县	13806	7173	6633	187	51	136	1.35	0.71	2.05
罗定市	40468	21560	18908	537	171	366	1.33	0.79	1.94

1–7　各地区家庭户规模

单位：户、%

地　　区	家庭户	一人户		二人户		三人户	
	户　数	户数	比重	户数	比重	户数	比重
广　东	**19225085**	**9261443**	**48.17**	**5330616**	**27.73**	**2206714**	**11.48**
广州市	**4296553**	**2274637**	**52.94**	**1182596**	**27.52**	**454557**	**10.58**
荔湾区	193332	89999	46.55	57818	29.91	26053	13.48
越秀区	112437	46330	41.21	33974	30.22	17031	15.15
海珠区	407478	206539	50.69	119461	29.32	46716	11.46
天河区	596535	345227	57.87	149767	25.11	56814	9.52
白云区	1193839	631022	52.86	334561	28.02	126565	10.60
黄埔区	314976	168449	53.48	83661	26.56	32676	10.37
番禺区	746371	415523	55.67	208090	27.88	68347	9.16
花都区	345720	184086	53.25	89991	26.03	34228	9.90
南沙区	172143	88022	51.13	50895	29.57	17191	9.99
从化区	24691	10432	42.25	6146	24.89	4481	18.15
增城区	189031	89008	47.09	48232	25.52	24455	12.94
韶关市	**129742**	**44483**	**34.29**	**32590**	**25.12**	**23387**	**18.03**
武江区	42154	14272	33.86	10913	25.89	7214	17.11
浈江区	29986	8929	29.78	7413	24.72	5702	19.02
曲江区	15699	5399	34.39	3562	22.69	2696	17.17
始兴县	4121	1686	40.91	994	24.12	807	19.58
仁化县	7950	2806	35.30	2192	27.57	1485	18.68
翁源县	5397	2016	37.35	1162	21.53	1206	22.35
乳源瑶族自治县	4455	1331	29.88	1085	24.35	1005	22.56
新丰县	4400	1918	43.59	1135	25.80	591	13.43
乐昌市	9631	3341	34.69	2617	27.17	1910	19.83
南雄市	5949	2785	46.81	1517	25.50	771	12.96
深圳市	**4998970**	**2259444**	**45.20**	**1420812**	**28.42**	**587166**	**11.75**
罗湖区	222248	80716	36.32	57762	25.99	33638	15.14
福田区	271836	108459	39.90	69485	25.56	38344	14.11
南山区	279813	111045	39.69	76827	27.46	40012	14.30
宝安区	1517149	710812	46.85	460231	30.34	163315	10.76
龙岗区	1227350	541619	44.13	333747	27.19	152397	12.42
盐田区	37773	11223	29.71	9848	26.07	6573	17.40
龙华区	847927	408838	48.22	237454	28.00	91603	10.80
坪山区	178731	86418	48.35	48495	27.13	19470	10.89
光明区	416143	200314	48.14	126963	30.51	41814	10.05
珠海市	**449690**	**214920**	**47.79**	**117018**	**26.02**	**53255**	**11.84**
香洲区	261175	127290	48.74	67669	25.91	30454	11.66
斗门区	105202	50567	48.07	26532	25.22	12393	11.78
金湾区	83313	37063	44.49	22817	27.39	10408	12.49
汕头市	**147242**	**48681**	**33.06**	**41182**	**27.97**	**24658**	**16.75**
龙湖区	55300	20403	36.90	15023	27.17	8249	14.92
金平区	38286	9821	25.65	9761	25.49	6934	18.11
濠江区	3169	1267	39.98	856	27.01	507	16.00
潮阳区	9801	2643	26.97	2984	30.45	2546	25.98
潮南区	10395	4356	41.90	2625	25.25	1660	15.97
澄海区	29350	9828	33.49	9672	32.95	4616	15.73
南澳县	941	363	38.58	261	27.74	146	15.52
佛山市	**1900983**	**933735**	**49.12**	**561882**	**29.56**	**201374**	**10.59**
禅城区	271133	138429	51.06	75949	28.01	28832	10.63
南海区	750193	380371	50.70	212766	28.36	76974	10.26
顺德区	697568	333051	47.74	219055	31.40	73911	10.60
三水区	121834	52307	42.93	37897	31.11	14768	12.12
高明区	60255	29577	49.09	16215	26.91	6889	11.43

1-7 续表 1

单位：户、%

地区	家庭户	一人户		二人户		三人户	
	户数	户数	比重	户数	比重	户数	比重
江门市	**423920**	**158643**	**37.42**	**107186**	**25.28**	**72052**	**17.00**
蓬江区	116563	48093	41.26	28648	24.58	17720	15.20
江海区	65579	24030	36.64	17674	26.95	10732	16.36
新会区	73920	24171	32.70	20610	27.88	13337	18.04
台山市	29965	9945	33.19	7755	25.88	6302	21.03
开平市	48382	12394	25.62	11947	24.69	10381	21.46
鹤山市	72221	33942	47.00	16944	23.46	10473	14.50
恩平市	17290	6068	35.10	3608	20.87	3107	17.97
湛江市	**207386**	**61030**	**29.43**	**39837**	**19.21**	**46384**	**22.37**
赤坎区	44744	14459	32.31	9656	21.58	7357	16.44
霞山区	78390	23460	29.93	15921	20.31	13003	16.59
坡头区	8260	2710	32.81	1673	20.25	1909	23.11
麻章区	13659	4030	29.50	2390	17.50	3058	22.39
遂溪县	12442	3319	26.68	1752	14.08	3561	28.62
徐闻县	10052	2235	22.23	1991	19.81	3481	34.63
廉江市	16801	4126	24.56	2586	15.39	6352	37.81
雷州市	10976	2854	26.00	1397	12.73	4530	41.27
吴川市	12062	3837	31.81	2471	20.49	3133	25.97
茂名市	**76117**	**26706**	**35.09**	**18175**	**23.88**	**17794**	**23.38**
茂南区	30503	12206	40.02	6521	21.38	5541	18.17
电白区	13137	3567	27.15	3136	23.87	4475	34.06
高州市	10566	4408	41.72	3117	29.50	1674	15.84
化州市	13596	4881	35.90	1879	13.82	4321	31.78
信宜市	8315	1644	19.77	3522	42.36	1783	21.44
肇庆市	**171826**	**74320**	**43.25**	**39257**	**22.85**	**25784**	**15.01**
端州区	46867	19714	42.06	10347	22.08	7362	15.71
鼎湖区	9916	2314	23.34	2054	20.71	1881	18.97
高要区	33643	18110	53.83	7379	21.93	4388	13.04
广宁县	4538	1512	33.32	1156	25.47	1352	29.79
怀集县	4554	2372	52.09	798	17.52	840	18.45
封开县	3354	1871	55.78	677	20.18	291	8.68
德庆县	3903	1687	43.22	822	21.06	560	14.35
四会市	65051	26740	41.11	16024	24.63	9110	14.00
惠州市	**913014**	**408831**	**44.78**	**223301**	**24.46**	**115072**	**12.60**
惠城区	347697	145565	41.87	84462	24.29	46189	13.28
惠阳区	344219	174818	50.79	84882	24.66	35822	10.41
博罗县	127874	54162	42.36	31429	24.58	18395	14.39
惠东县	82803	29866	36.07	20363	24.59	12850	15.52
龙门县	10421	4420	42.41	2165	20.78	1816	17.43
梅州市	**97689**	**26015**	**26.63**	**19712**	**20.18**	**21181**	**21.68**
梅江区	34518	8702	25.21	7803	22.61	6332	18.34
梅县区	28832	6502	22.55	5813	20.16	6365	22.08
大埔县	5073	1125	22.18	750	14.78	1619	31.91
丰顺县	6301	2439	38.71	1137	18.04	1701	27.00
五华县	8552	2969	34.72	1222	14.29	1679	19.63
平远县	2832	888	31.36	525	18.54	813	28.71
蕉岭县	3441	1055	30.66	964	28.02	614	17.84
兴宁市	8140	2335	28.69	1498	18.40	2058	25.28

1-7 续表 2

单位：户、%

地区	家庭户户数	一人户		二人户		三人户	
		户数	比重	户数	比重	户数	比重
汕尾市	**70981**	**25982**	**36.60**	**16412**	**23.12**	**10888**	**15.34**
城 区	19504	8259	42.35	3484	17.86	2764	14.17
海丰县	37861	13037	34.43	8097	21.39	6400	16.90
陆河县	3559	951	26.72	1245	34.98	532	14.95
陆丰市	10057	3735	37.14	3586	35.66	1192	11.85
河源市	**157672**	**48804**	**30.95**	**29457**	**18.68**	**30049**	**19.06**
源城区	110635	32848	29.69	21020	19.00	16707	15.10
紫金县	11743	4511	38.41	1891	16.10	3295	28.06
龙川县	10902	3582	32.86	1924	17.65	3448	31.63
连平县	4415	955	21.63	793	17.96	1788	40.50
和平县	3579	878	24.53	589	16.46	1557	43.50
东源县	16398	6030	36.77	3240	19.76	3254	19.84
阳江市	**91855**	**25459**	**27.72**	**22115**	**24.08**	**18256**	**19.87**
江城区	44868	11189	24.94	9239	20.59	9001	20.06
阳东区	29164	8558	29.34	6866	23.54	5954	20.42
阳西县	7520	2603	34.61	2188	29.10	1395	18.55
阳春市	10303	3109	30.18	3822	37.10	1906	18.50
清远市	**175835**	**53451**	**30.40**	**37709**	**21.45**	**34582**	**19.67**
清城区	100099	27714	27.69	22172	22.15	17724	17.71
清新区	31267	9088	29.07	6033	19.30	6418	20.53
佛冈县	8841	3996	45.20	1959	22.16	1522	17.22
阳山县	4790	1860	38.83	726	15.16	1362	28.43
连山壮族瑶族自治县	1567	531	33.89	447	28.53	319	20.36
连南瑶族自治县	1881	523	27.80	763	40.56	277	14.73
英德市	22836	8440	36.96	4779	20.93	5350	23.43
连州市	4554	1299	28.52	830	18.23	1610	35.35
东莞市	**3569629**	**1935073**	**54.21**	**1041747**	**29.18**	**310325**	**8.69**
市辖区	3569629	1935073	54.21	1041747	29.18	310325	8.69
中山市	**1149332**	**580004**	**50.46**	**326633**	**28.42**	**119580**	**10.40**
市辖区	1149332	580004	50.46	326633	28.42	119580	10.40
潮州市	**87840**	**27153**	**30.91**	**27973**	**31.85**	**15510**	**17.66**
湘桥区	30254	8941	29.55	8836	29.21	5306	17.54
潮安区	53485	16293	30.46	18177	33.99	9324	17.43
饶平县	4101	1919	46.79	960	23.41	880	21.46
揭阳市	**51403**	**15834**	**30.80**	**13987**	**27.21**	**13516**	**26.29**
榕城区	11071	3730	33.69	3272	29.55	2046	18.48
揭东区	11971	3589	29.98	3204	26.76	2690	22.47
揭西县	6076	1679	27.63	1006	16.56	2479	40.80
惠来县	4844	1622	33.48	494	10.20	2237	46.18
普宁市	17441	5214	29.90	6011	34.46	4064	23.30
云浮市	**57406**	**18238**	**31.77**	**11035**	**19.22**	**11344**	**19.76**
云城区	27204	6608	24.29	5590	20.55	4812	17.69
云安区	3872	1784	46.07	656	16.94	689	17.79
新兴县	10836	4368	40.31	2256	20.82	1947	17.97
郁南县	4635	1846	39.83	788	17.00	988	21.32
罗定市	10859	3632	33.45	1745	16.07	2908	26.78

1-7 续表 3

单位：户、%

地　区	四人户		五人户		六人户	
	户数	比重	户数	比重	户数	比重
广　东	**1422338**	**7.40**	**601341**	**3.13**	**256163**	**1.33**
广州市	**239878**	**5.58**	**91747**	**2.14**	**35024**	**0.82**
荔湾区	12423	6.43	4627	2.39	1660	0.86
越秀区	8949	7.96	3582	3.19	1467	1.30
海珠区	21701	5.33	8321	2.04	3095	0.76
天河区	27823	4.66	10596	1.78	3995	0.67
白云区	63011	5.28	24787	2.08	9244	0.77
黄埔区	19079	6.06	7302	2.32	2753	0.87
番禺区	35169	4.71	12527	1.68	4657	0.62
花都区	22206	6.42	9122	2.64	3702	1.07
南沙区	10067	5.85	3728	2.17	1444	0.84
从化区	2525	10.23	671	2.72	271	1.10
增城区	16925	8.95	6484	3.43	2736	1.45
韶关市	**17071**	**13.16**	**7290**	**5.62**	**3313**	**2.55**
武江区	5623	13.34	2526	5.99	1170	2.78
浈江区	4591	15.31	1958	6.53	881	2.94
曲江区	2373	15.12	1023	6.52	463	2.95
始兴县	382	9.27	157	3.81	69	1.67
仁化县	898	11.30	371	4.67	138	1.74
翁源县	593	10.99	224	4.15	115	2.13
乳源瑶族自治县	620	13.92	238	5.34	130	2.92
新丰县	394	8.95	171	3.89	62	1.41
乐昌市	1083	11.24	420	4.36	171	1.78
南雄市	514	8.64	202	3.40	114	1.92
深圳市	**409836**	**8.20**	**190431**	**3.81**	**84041**	**1.68**
罗湖区	25596	11.52	13473	6.06	6607	2.97
福田区	28266	10.40	14911	5.49	7273	2.68
南山区	28069	10.03	14011	5.01	6259	2.24
宝安区	107761	7.10	46153	3.04	19185	1.26
龙岗区	109920	8.96	52700	4.29	23748	1.93
盐田区	5195	13.75	2563	6.79	1387	3.67
龙华区	62766	7.40	28655	3.38	12147	1.43
坪山区	14143	7.91	6035	3.38	2668	1.49
光明区	28120	6.76	11930	2.87	4767	1.15
珠海市	**37260**	**8.29**	**16132**	**3.59**	**6804**	**1.51**
香洲区	20918	8.01	8859	3.39	3730	1.43
斗门区	8721	8.29	3971	3.77	1709	1.62
金湾区	7621	9.15	3302	3.96	1365	1.64
汕头市	**19325**	**13.12**	**7989**	**5.43**	**3079**	**2.09**
龙湖区	6885	12.45	2971	5.37	1108	2.00
金平区	6971	18.21	3038	7.94	1159	3.03
濠江区	332	10.48	126	3.98	41	1.29
潮阳区	749	7.64	374	3.82	181	1.85
潮南区	995	9.57	279	2.68	168	1.62
澄海区	3283	11.19	1164	3.97	408	1.39
南澳县	110	11.69	37	3.93	14	1.49
佛山市	**123710**	**6.51**	**49238**	**2.59**	**19494**	**1.03**
禅城区	17246	6.36	6619	2.44	2556	0.94
南海区	47166	6.29	20158	2.69	7643	1.02
顺德区	44107	6.32	16476	2.36	7081	1.02
三水区	10219	8.39	4226	3.47	1603	1.32
高明区	4972	8.25	1759	2.92	611	1.01

1-7　续表 4　　　　单位：户、%

地　区	四人户		五人户		六人户	
	户数	比重	户数	比重	户数	比重
江门市	**52734**	**12.44**	**19721**	**4.65**	**8969**	**2.12**
蓬江区	13145	11.28	5414	4.64	2499	2.14
江海区	7757	11.83	3340	5.09	1497	2.28
新会区	9858	13.34	3566	4.82	1506	2.04
台山市	3933	13.13	1147	3.83	539	1.80
开平市	8454	17.47	2977	6.15	1435	2.97
鹤山市	7093	9.82	2235	3.09	1018	1.41
恩平市	2494	14.42	1042	6.03	475	2.75
湛江市	**35852**	**17.29**	**15329**	**7.39**	**5374**	**2.59**
赤坎区	7394	16.53	3766	8.42	1324	2.96
霞山区	14236	18.16	7659	9.77	2549	3.25
坡头区	1327	16.07	422	5.11	152	1.84
麻章区	2432	17.81	967	7.08	434	3.18
遂溪县	2586	20.78	886	7.12	172	1.38
徐闻县	1543	15.35	445	4.43	188	1.87
廉江市	2783	16.56	525	3.12	256	1.52
雷州市	1851	16.86	192	1.75	78	0.71
吴川市	1700	14.09	467	3.87	221	1.83
茂名市	**7900**	**10.38**	**3030**	**3.98**	**1318**	**1.73**
茂南区	3640	11.93	1555	5.10	611	2.00
电白区	1173	8.93	386	2.94	182	1.39
高州市	719	6.80	330	3.12	158	1.50
化州市	1721	12.66	412	3.03	191	1.40
信宜市	647	7.78	347	4.17	176	2.12
肇庆市	**18727**	**10.90**	**7757**	**4.51**	**3418**	**1.99**
端州区	5792	12.36	2148	4.58	871	1.86
鼎湖区	1844	18.60	886	8.94	448	4.52
高要区	2474	7.35	825	2.45	300	0.89
广宁县	355	7.82	99	2.18	36	0.79
怀集县	196	4.30	115	2.53	61	1.34
封开县	244	7.27	168	5.01	53	1.58
德庆县	405	10.38	219	5.61	100	2.56
四会市	7417	11.40	3297	5.07	1549	2.38
惠州市	**90187**	**9.88**	**42982**	**4.71**	**20042**	**2.20**
惠城区	38168	10.98	19003	5.47	8927	2.57
惠阳区	27258	7.92	12681	3.68	5792	1.68
博罗县	13709	10.72	5787	4.53	2738	2.14
惠东县	9823	11.86	5075	6.13	2391	2.89
龙门县	1229	11.79	436	4.18	194	1.86
梅州市	**17305**	**17.71**	**7425**	**7.60**	**3959**	**4.05**
梅江区	5920	17.15	3212	9.31	1707	4.95
梅县区	4930	17.10	2843	9.86	1579	5.48
大埔县	1200	23.65	256	5.05	72	1.42
丰顺县	622	9.87	224	3.55	110	1.75
五华县	2195	25.67	212	2.48	130	1.52
平远县	345	12.18	143	5.05	82	2.90
蕉岭县	419	12.18	228	6.63	111	3.23
兴宁市	1674	20.57	307	3.77	168	2.06

1-7 续表 5

单位：户、%

地 区	四人户		五人户		六人户	
	户数	比重	户数	比重	户数	比重
汕尾市	**8464**	**11.92**	**4764**	**6.71**	**2473**	**3.48**
城 区	2233	11.45	1408	7.22	752	3.86
海丰县	5132	13.55	2743	7.24	1360	3.59
陆河县	307	8.63	244	6.86	150	4.21
陆丰市	792	7.88	369	3.67	211	2.10
河源市	**23113**	**14.66**	**13420**	**8.51**	**7525**	**4.77**
源城区	17742	16.04	11225	10.15	6529	5.90
紫金县	1164	9.91	466	3.97	202	1.72
龙川县	1129	10.36	492	4.51	188	1.72
连平县	576	13.05	162	3.67	80	1.81
和平县	367	10.25	114	3.19	36	1.01
东源县	2135	13.02	961	5.86	490	2.99
阳江市	**14530**	**15.82**	**6359**	**6.92**	**2895**	**3.15**
江城区	8362	18.64	3984	8.88	1699	3.79
阳东区	4642	15.92	1656	5.68	911	3.12
阳西县	685	9.11	363	4.83	138	1.84
阳春市	841	8.16	356	3.46	147	1.43
清远市	**26646**	**15.15**	**12858**	**7.31**	**6673**	**3.80**
清城区	16253	16.24	8699	8.69	4757	4.75
清新区	5562	17.79	2324	7.43	1201	3.84
佛冈县	848	9.59	314	3.55	119	1.35
阳山县	573	11.96	155	3.24	63	1.32
连山壮族瑶族自治县	162	10.34	73	4.66	20	1.28
连南瑶族自治县	174	9.25	85	4.52	39	2.07
英德市	2588	11.33	1015	4.44	393	1.72
连州市	486	10.67	193	4.24	81	1.78
东莞市	**180123**	**5.05**	**66049**	**1.85**	**24547**	**0.69**
市辖区	180123	5.05	66049	1.85	24547	0.69
中山市	**74331**	**6.47**	**29116**	**2.53**	**12887**	**1.12**
市辖区	74331	6.47	29116	2.53	12887	1.12
潮州市	**10613**	**12.08**	**4008**	**4.56**	**1796**	**2.04**
湘桥区	4513	14.92	1641	5.42	760	2.51
潮安区	5903	11.04	2278	4.26	1011	1.89
饶平县	197	4.80	89	2.17	25	0.61
揭阳市	**4844**	**9.42**	**1862**	**3.62**	**731**	**1.42**
榕城区	1230	11.11	468	4.23	199	1.80
揭东区	1517	12.67	631	5.27	213	1.78
揭西县	692	11.39	126	2.07	55	0.91
惠来县	276	5.70	66	1.36	27	0.56
普宁市	1129	6.47	571	3.27	237	1.36
云浮市	**9889**	**17.23**	**3834**	**6.68**	**1801**	**3.14**
云城区	5153	18.94	2772	10.19	1358	4.99
云安区	558	14.41	108	2.79	46	1.19
新兴县	1618	14.93	429	3.96	142	1.31
郁南县	724	15.62	154	3.32	79	1.70
罗定市	1836	16.91	371	3.42	176	1.62

1-7　续表 6　　　　单位：户、%

地　区	七人户		八人户		九人户		十人及以上户	
	户数	比重	户数	比重	户数	比重	户数	比重
广　东	**82151**	**0.43**	**31111**	**0.16**	**14129**	**0.07**	**19079**	**0.10**
广州市	**10040**	**0.23**	**3900**	**0.09**	**1642**	**0.04**	**2532**	**0.06**
荔湾区	440	0.23	173	0.09	50	0.03	89	0.05
越秀区	557	0.50	251	0.22	110	0.10	186	0.17
海珠区	896	0.22	391	0.10	157	0.04	201	0.05
天河区	1308	0.22	594	0.10	179	0.03	232	0.04
白云区	2724	0.23	973	0.08	431	0.04	521	0.04
黄埔区	607	0.19	203	0.06	99	0.03	147	0.05
番禺区	1187	0.16	448	0.06	184	0.02	239	0.03
花都区	1095	0.32	449	0.13	234	0.07	607	0.18
南沙区	413	0.24	152	0.09	89	0.05	142	0.08
从化区	95	0.38	29	0.12	10	0.04	31	0.13
增城区	718	0.38	237	0.13	99	0.05	137	0.07
韶关市	**927**	**0.71**	**301**	**0.23**	**164**	**0.13**	**216**	**0.17**
武江区	275	0.65	84	0.20	34	0.08	43	0.10
浈江区	288	0.96	108	0.36	54	0.18	62	0.21
曲江区	125	0.80	31	0.20	15	0.10	12	0.08
始兴县	16	0.39	2	0.05	6	0.15	2	0.05
仁化县	33	0.42	10	0.13	9	0.11	8	0.10
翁源县	36	0.67	20	0.37	8	0.15	17	0.31
乳源瑶族自治县	30	0.67	8	0.18	4	0.09	4	0.09
新丰县	39	0.89	15	0.34	18	0.41	57	1.30
乐昌市	54	0.56	16	0.17	11	0.11	8	0.08
南雄市	31	0.52	7	0.12	5	0.08	3	0.05
深圳市	**27372**	**0.55**	**10669**	**0.21**	**4667**	**0.09**	**4532**	**0.09**
罗湖区	2553	1.15	1034	0.47	440	0.20	429	0.19
福田区	2756	1.01	1207	0.44	531	0.20	604	0.22
南山区	1939	0.69	840	0.30	388	0.14	423	0.15
宝安区	5822	0.38	2123	0.14	897	0.06	850	0.06
龙岗区	7719	0.63	2997	0.24	1337	0.11	1166	0.10
盐田区	515	1.36	239	0.63	111	0.29	119	0.32
龙华区	3807	0.45	1433	0.17	639	0.08	585	0.07
坪山区	837	0.47	315	0.18	149	0.08	201	0.11
光明区	1424	0.34	481	0.12	175	0.04	155	0.04
珠海市	**2289**	**0.51**	**925**	**0.21**	**462**	**0.10**	**625**	**0.14**
香洲区	1229	0.47	483	0.18	240	0.09	303	0.12
斗门区	620	0.59	286	0.27	163	0.15	240	0.23
金湾区	440	0.53	156	0.19	59	0.07	82	0.10
汕头市	**1142**	**0.78**	**400**	**0.27**	**182**	**0.12**	**604**	**0.41**
龙湖区	359	0.65	133	0.24	60	0.11	109	0.20
金平区	399	1.04	115	0.30	42	0.11	46	0.12
濠江区	24	0.76	6	0.19	2	0.06	8	0.25
潮阳区	92	0.94	31	0.32	16	0.16	185	1.89
潮南区	103	0.99	61	0.59	31	0.30	117	1.13
澄海区	158	0.54	52	0.18	31	0.11	138	0.47
南澳县	7	0.74	2	0.21			1	0.11
佛山市	**6276**	**0.33**	**2344**	**0.12**	**1157**	**0.06**	**1773**	**0.09**
禅城区	815	0.30	315	0.12	143	0.05	229	0.08
南海区	2669	0.36	1119	0.15	531	0.07	796	0.11
顺德区	2136	0.31	711	0.10	373	0.05	667	0.10
三水区	492	0.40	166	0.14	91	0.07	65	0.05
高明区	164	0.27	33	0.05	19	0.03	16	0.03

1-7 续表 7 单位：户、%

地　　区	七人户		八人户		九人户		十人及以上户	
	户数	比重	户数	比重	户数	比重	户数	比重
江门市	**2628**	**0.62**	**854**	**0.20**	**466**	**0.11**	**667**	**0.16**
蓬江区	617	0.53	191	0.16	96	0.08	140	0.12
江海区	376	0.57	96	0.15	40	0.06	37	0.06
新会区	498	0.67	158	0.21	93	0.13	123	0.17
台山市	173	0.58	62	0.21	45	0.15	64	0.21
开平市	455	0.94	156	0.32	81	0.17	102	0.21
鹤山市	301	0.42	101	0.14	34	0.05	80	0.11
恩平市	208	1.20	90	0.52	77	0.45	121	0.70
湛江市	**1945**	**0.94**	**782**	**0.38**	**341**	**0.16**	**512**	**0.25**
赤坎区	439	0.98	165	0.37	84	0.19	100	0.22
霞山区	919	1.17	367	0.47	125	0.16	151	0.19
坡头区	37	0.45	14	0.17	4	0.05	12	0.15
麻章区	174	1.27	73	0.53	42	0.31	59	0.43
遂溪县	75	0.60	42	0.34	22	0.18	27	0.22
徐闻县	82	0.82	36	0.36	16	0.16	35	0.35
廉江市	87	0.52	24	0.14	19	0.11	43	0.26
雷州市	39	0.36	14	0.13	5	0.05	16	0.15
吴川市	93	0.77	47	0.39	24	0.20	69	0.57
茂名市	**565**	**0.74**	**234**	**0.31**	**138**	**0.18**	**257**	**0.34**
茂南区	236	0.77	81	0.27	43	0.14	69	0.23
电白区	80	0.61	32	0.24	35	0.27	71	0.54
高州市	66	0.62	32	0.30	23	0.22	39	0.37
化州市	95	0.70	37	0.27	20	0.15	39	0.29
信宜市	88	1.06	52	0.63	17	0.20	39	0.47
肇庆市	**1310**	**0.76**	**559**	**0.33**	**261**	**0.15**	**433**	**0.25**
端州区	297	0.63	122	0.26	64	0.14	150	0.32
鼎湖区	226	2.28	107	1.08	58	0.58	98	0.99
高要区	98	0.29	34	0.10	8	0.02	27	0.08
广宁县	8	0.18	7	0.15	3	0.07	10	0.22
怀集县	62	1.36	56	1.23	25	0.55	29	0.64
封开县	22	0.66	10	0.30			18	0.54
德庆县	52	1.33	31	0.79	9	0.23	18	0.46
四会市	545	0.84	192	0.30	94	0.14	83	0.13
惠州市	**6773**	**0.74**	**2617**	**0.29**	**1157**	**0.13**	**2052**	**0.22**
惠城区	3149	0.91	1143	0.33	443	0.13	648	0.19
惠阳区	1560	0.45	596	0.17	282	0.08	528	0.15
博罗县	925	0.72	347	0.27	131	0.10	251	0.20
惠东县	1070	1.29	496	0.60	285	0.34	584	0.71
龙门县	69	0.66	35	0.34	16	0.15	41	0.39
梅州市	**1230**	**1.26**	**439**	**0.45**	**196**	**0.20**	**227**	**0.23**
梅江区	510	1.48	179	0.52	75	0.22	78	0.23
梅县区	487	1.69	162	0.56	79	0.27	72	0.25
大埔县	26	0.51	14	0.28	2	0.04	9	0.18
丰顺县	37	0.59	14	0.22	8	0.13	9	0.14
五华县	74	0.87	29	0.34	10	0.12	32	0.37
平远县	18	0.64	10	0.35	3	0.11	5	0.18
蕉岭县	31	0.90	7	0.20	7	0.20	5	0.15
兴宁市	47	0.58	24	0.29	12	0.15	17	0.21

1-7　续表 8

单位：户、%

地　区	七人户		八人户		九人户		十人及以上户	
	户数	比重	户数	比重	户数	比重	户数	比重
汕尾市	**1056**	**1.49**	**459**	**0.65**	**211**	**0.30**	**272**	**0.38**
城　区	333	1.71	137	0.70	63	0.32	71	0.36
海丰县	572	1.51	263	0.69	111	0.29	146	0.39
陆河县	59	1.66	22	0.62	18	0.51	31	0.87
陆丰市	92	0.91	37	0.37	19	0.19	24	0.24
河源市	**3039**	**1.93**	**1079**	**0.68**	**538**	**0.34**	**648**	**0.41**
源城区	2635	2.38	941	0.85	461	0.42	527	0.48
紫金县	95	0.81	42	0.36	23	0.20	54	0.46
龙川县	85	0.78	22	0.20	18	0.17	14	0.13
连平县	29	0.66	16	0.36	5	0.11	11	0.25
和平县	24	0.67	5	0.14	4	0.11	5	0.14
东源县	171	1.04	53	0.32	27	0.16	37	0.23
阳江市	**1212**	**1.32**	**460**	**0.50**	**211**	**0.23**	**358**	**0.39**
江城区	761	1.70	293	0.65	142	0.32	198	0.44
阳东区	337	1.16	119	0.41	52	0.18	69	0.24
阳西县	56	0.74	28	0.37	8	0.11	56	0.74
阳春市	58	0.56	20	0.19	9	0.09	35	0.34
清远市	**2215**	**1.26**	**837**	**0.48**	**338**	**0.19**	**526**	**0.30**
清城区	1575	1.57	601	0.60	241	0.24	363	0.36
清新区	387	1.24	141	0.45	47	0.15	66	0.21
佛冈县	40	0.45	18	0.20	11	0.12	14	0.16
阳山县	22	0.46	11	0.23	6	0.13	12	0.25
连山壮族瑶族自治县	12	0.77	1	0.06			2	0.13
连南瑶族自治县	8	0.43	7	0.37	3	0.16	2	0.11
英德市	142	0.62	48	0.21	25	0.11	56	0.25
连州市	29	0.64	10	0.22	5	0.11	11	0.24
东莞市	**6881**	**0.19**	**2410**	**0.07**	**1069**	**0.03**	**1405**	**0.04**
市辖区	6881	0.19	2410	0.07	1069	0.03	1405	0.04
中山市	**3725**	**0.32**	**1352**	**0.12**	**676**	**0.06**	**1028**	**0.09**
市辖区	3725	0.32	1352	0.12	676	0.06	1028	0.09
潮州市	**496**	**0.56**	**144**	**0.16**	**60**	**0.07**	**87**	**0.10**
湘桥区	171	0.57	46	0.15	15	0.05	25	0.08
潮安区	305	0.57	92	0.17	44	0.08	58	0.11
饶平县	20	0.49	6	0.15	1	0.02	4	0.10
揭阳市	**319**	**0.62**	**104**	**0.20**	**80**	**0.16**	**126**	**0.25**
榕城区	79	0.71	22	0.20	14	0.13	11	0.10
揭东区	88	0.74	17	0.14	13	0.11	9	0.08
揭西县	25	0.41	6	0.10	5	0.08	3	0.05
惠来县	23	0.47	9	0.19	15	0.31	75	1.55
普宁市	104	0.60	50	0.29	33	0.19	28	0.16
云浮市	**711**	**1.24**	**242**	**0.42**	**113**	**0.20**	**199**	**0.35**
云城区	547	2.01	181	0.67	81	0.30	102	0.37
云安区	13	0.34	8	0.21	3	0.08	7	0.18
新兴县	47	0.43	10	0.09	4	0.04	15	0.14
郁南县	26	0.56	13	0.28	4	0.09	13	0.28
罗定市	78	0.72	30	0.28	21	0.19	62	0.57

1-8 各地区家庭户类别

单位：户、%

地 区	家庭户户数	一代户		二代户	
		户数	比重	户数	比重
广 东	**19225085**	**14589247**	**75.89**	**3732897**	**19.42**
广州市	**4296553**	**3477317**	**80.93**	**687150**	**15.99**
荔湾区	193332	143215	74.08	43530	22.52
越秀区	112437	83713	74.45	24787	22.05
海珠区	407478	331448	81.34	65638	16.11
天河区	596535	499346	83.71	83099	13.93
白云区	1193839	965385	80.86	193092	16.17
黄埔区	314976	249669	79.27	52070	16.53
番禺区	746371	632666	84.77	96011	12.86
花都区	345720	276680	80.03	56361	16.30
南沙区	172143	139050	80.78	26864	15.61
从化区	24691	18951	76.75	4733	19.17
增城区	189031	137194	72.58	40965	21.67
韶关市	**129742**	**75031**	**57.83**	**41902**	**32.30**
武江区	42154	23517	55.79	14152	33.57
浈江区	29986	15191	50.66	11390	37.98
曲江区	15699	8684	55.32	5280	33.63
始兴县	4121	2818	68.38	1018	24.70
仁化县	7950	5106	64.23	2193	27.58
翁源县	5397	3776	69.96	1202	22.27
乳源瑶族自治县	4455	2573	57.76	1421	31.90
新丰县	4400	3226	73.32	929	21.11
乐昌市	9631	5914	61.41	2985	30.99
南雄市	5949	4226	71.04	1332	22.39
深圳市	**4998970**	**3645888**	**72.93**	**1052144**	**21.05**
罗湖区	222248	136891	61.59	67959	30.58
福田区	271836	181834	66.89	71294	26.23
南山区	279813	189432	67.70	67941	24.28
宝安区	1517149	1160047	76.46	280615	18.50
龙岗区	1227350	861720	70.21	281440	22.93
盐田区	37773	20690	54.77	12943	34.27
龙华区	847927	642873	75.82	157455	18.57
坪山区	178731	131256	73.44	37167	20.79
光明区	416143	321145	77.17	75330	18.10
珠海市	**449690**	**329110**	**73.19**	**95587**	**21.26**
香洲区	261175	193913	74.25	54681	20.94
斗门区	105202	76752	72.96	21487	20.42
金湾区	83313	58445	70.15	19419	23.31
汕头市	**147242**	**90806**	**61.67**	**48286**	**32.79**
龙湖区	55300	34049	61.57	18131	32.79
金平区	38286	18223	47.60	17180	44.87
濠江区	3169	2271	71.66	762	24.05
潮阳区	9801	7156	73.01	2214	22.59
潮南区	10395	8376	80.58	1738	16.72
澄海区	29350	20056	68.33	8037	27.38
南澳县	941	675	71.73	224	23.80
佛山市	**1900983**	**1501224**	**78.97**	**335170**	**17.63**
禅城区	271133	218986	80.77	44433	16.39
南海区	750193	594104	79.19	130420	17.38
顺德区	697568	553179	79.30	121822	17.46
三水区	121834	89816	73.72	25891	21.25
高明区	60255	45139	74.91	12604	20.92

1-8 续表 1

单位：户、%

地区	家庭户	一代户		二代户	
	户数	户数	比重	户数	比重
江门市	**423920**	**264645**	**62.43**	**128586**	**30.33**
蓬江区	116563	75064	64.40	33038	28.34
江海区	65579	39845	60.76	19848	30.27
新会区	73920	44247	59.86	24496	33.14
台山市	29965	18951	63.24	9322	31.11
开平市	48382	25063	51.80	18794	38.85
鹤山市	72221	50044	69.29	18807	26.04
恩平市	17290	11431	66.11	4281	24.76
湛江市	**207386**	**120690**	**58.20**	**73744**	**35.56**
赤坎区	44744	22504	50.30	19068	42.62
霞山区	78390	36710	46.83	35812	45.68
坡头区	8260	5160	62.47	2508	30.36
麻章区	13659	8169	59.81	4540	33.24
遂溪县	12442	9776	78.57	2222	17.86
徐闻县	10052	7289	72.51	2264	22.52
廉江市	16801	12916	76.88	3242	19.30
雷州市	10976	9474	86.32	1285	11.71
吴川市	12062	8692	72.06	2803	23.24
茂名市	**76117**	**54559**	**71.68**	**17662**	**23.20**
茂南区	30503	19823	64.99	8769	28.75
电白区	13137	10098	76.87	2526	19.23
高州市	10566	8066	76.34	2072	19.61
化州市	13596	10688	78.61	2443	17.97
信宜市	8315	5884	70.76	1852	22.27
肇庆市	**171826**	**115595**	**67.27**	**45187**	**26.30**
端州区	46867	28875	61.61	15062	32.14
鼎湖区	9916	4587	46.26	3752	37.84
高要区	33643	26587	79.03	6004	17.85
广宁县	4538	3718	81.93	674	14.85
怀集县	4554	3820	83.88	618	13.57
封开县	3354	2624	78.23	552	16.46
德庆县	3903	2501	64.08	1039	26.62
四会市	65051	42883	65.92	17486	26.88
惠州市	**913014**	**627722**	**68.75**	**220710**	**24.17**
惠城区	347697	226283	65.08	91465	26.31
惠阳区	344219	255705	74.29	69098	20.07
博罗县	127874	87026	68.06	32408	25.34
惠东县	82803	50840	61.40	25645	30.97
龙门县	10421	7868	75.50	2094	20.09
梅州市	**97689**	**53481**	**54.75**	**30343**	**31.06**
梅江区	34518	15541	45.02	12836	37.19
梅县区	28832	12549	43.52	10675	37.02
大埔县	5073	3868	76.25	925	18.23
丰顺县	6301	4837	76.77	1174	18.63
五华县	8552	7004	81.90	1155	13.51
平远县	2832	1848	65.25	711	25.11
蕉岭县	3441	1945	56.52	1097	31.88
兴宁市	8140	5889	72.35	1770	21.74

1-8 续表 2

单位：户、%

地区	家庭户	一代户		二代户	
	户数	户数	比重	户数	比重
汕尾市	**70981**	**43915**	**61.87**	**21182**	**29.84**
城区	19504	12097	62.02	5742	29.44
海丰县	37861	21868	57.76	12533	33.10
陆河县	3559	2286	64.23	890	25.01
陆丰市	10057	7664	76.21	2017	20.06
河源市	**157672**	**83203**	**52.77**	**48702**	**30.89**
源城区	110635	49996	45.19	38258	34.58
紫金县	11743	8977	76.45	2189	18.64
龙川县	10902	7565	69.39	2575	23.62
连平县	4415	3193	72.32	948	21.47
和平县	3579	2690	75.16	708	19.78
东源县	16398	10782	65.75	4024	24.54
阳江市	**91855**	**49187**	**53.55**	**32453**	**35.33**
江城区	44868	20652	46.03	18091	40.32
阳东区	29164	15885	54.47	10271	35.22
阳西县	7520	5104	67.87	1923	25.57
阳春市	10303	7546	73.24	2168	21.04
清远市	**175835**	**96463**	**54.86**	**55114**	**31.34**
清城区	100099	48244	48.20	34852	34.82
清新区	31267	16652	53.26	10067	32.20
佛冈县	8841	6458	73.05	1929	21.82
阳山县	4790	3616	75.49	940	19.62
连山壮族瑶族自治县	1567	1077	68.73	374	23.87
连南瑶族自治县	1881	1226	65.18	473	25.15
英德市	22836	15936	69.78	5490	24.04
连州市	4554	3254	71.45	989	21.72
东莞市	**3569629**	**2942013**	**82.42**	**532531**	**14.92**
市辖区	3569629	2942013	82.42	532531	14.92
中山市	**1149332**	**890649**	**77.49**	**210739**	**18.34**
市辖区	1149332	890649	77.49	210739	18.34
潮州市	**87840**	**55568**	**63.26**	**26609**	**30.29**
湘桥区	30254	16949	56.02	10728	35.46
潮安区	53485	35195	65.80	15300	28.61
饶平县	4101	3424	83.49	581	14.17
揭阳市	**51403**	**37808**	**73.55**	**11849**	**23.05**
榕城区	11071	7288	65.83	3301	29.82
揭东区	11971	7770	64.91	3668	30.64
揭西县	6076	4967	81.75	999	16.44
惠来县	4844	4498	92.86	308	6.36
普宁市	17441	13285	76.17	3573	20.49
云浮市	**57406**	**34373**	**59.88**	**17247**	**30.04**
云城区	27204	11943	43.90	11035	40.56
云安区	3872	3049	78.74	674	17.41
新兴县	10836	7697	71.03	2563	23.65
郁南县	4635	3506	75.64	879	18.96
罗定市	10859	8178	75.31	2096	19.30

1-8 续表 3

单位：户、%

地区	三代户		四代户		五代及以上户	
	户数	比重	户数	比重	户数	比重
广东	**888469**	**4.62**	**14454**	**0.08**	**18**	
广州市	**130077**	**3.03**	**2007**	**0.05**	**2**	
荔湾区	6505	3.36	82	0.04		
越秀区	3909	3.48	28	0.02		
海珠区	10238	2.51	154	0.04		
天河区	13909	2.33	181	0.03		
白云区	34625	2.90	737	0.06		
黄埔区	13045	4.14	191	0.06	1	
番禺区	17501	2.34	192	0.03	1	
花都区	12479	3.61	200	0.06		
南沙区	6156	3.58	73	0.04		
从化区	999	4.05	8	0.03		
增城区	10711	5.67	161	0.09		
韶关市	**12562**	**9.68**	**247**	**0.19**		
武江区	4391	10.42	94	0.22		
浈江区	3324	11.09	81	0.27		
曲江区	1706	10.87	29	0.18		
始兴县	277	6.72	8	0.19		
仁化县	647	8.14	4	0.05		
翁源县	411	7.62	8	0.15		
乳源瑶族自治县	451	10.12	10	0.22		
新丰县	243	5.52	2	0.05		
乐昌市	725	7.53	7	0.07		
南雄市	387	6.51	4	0.07		
深圳市	**296349**	**5.93**	**4583**	**0.09**	**6**	
罗湖区	17097	7.69	299	0.13	2	
福田区	18401	6.77	306	0.11	1	
南山区	22200	7.93	240	0.09		
宝安区	75426	4.97	1060	0.07	1	
龙岗区	82756	6.74	1433	0.12	1	
盐田区	4062	10.75	78	0.21		
龙华区	46909	5.53	690	0.08		
坪山区	10081	5.64	227	0.13		
光明区	19417	4.67	250	0.06	1	
珠海市	**24664**	**5.48**	**328**	**0.07**	**1**	
香洲区	12412	4.75	169	0.06		
斗门区	6852	6.51	110	0.10	1	
金湾区	5400	6.48	49	0.06		
汕头市	**8076**	**5.48**	**74**	**0.05**		
龙湖区	3089	5.59	31	0.06		
金平区	2858	7.46	25	0.07		
濠江区	134	4.23	2	0.06		
潮阳区	428	4.37	3	0.03		
潮南区	279	2.68	2	0.02		
澄海区	1246	4.25	11	0.04		
南澳县	42	4.46				
佛山市	**63975**	**3.37**	**614**	**0.03**		
禅城区	7650	2.82	64	0.02		
南海区	25448	3.39	221	0.03		
顺德区	22324	3.20	243	0.03		
三水区	6054	4.97	73	0.06		
高明区	2499	4.15	13	0.02		

1-8 续表 4

单位：户、%

地 区	三代户		四代户		五代及以上户	
	户数	比重	户数	比重	户数	比重
江门市	**30209**	**7.13**	**480**	**0.11**		
蓬江区	8342	7.16	119	0.10		
江海区	5795	8.84	91	0.14		
新会区	5089	6.88	88	0.12		
台山市	1665	5.56	27	0.09		
开平市	4456	9.21	69	0.14		
鹤山市	3317	4.59	53	0.07		
恩平市	1545	8.94	33	0.19		
湛江市	**12799**	**6.17**	**153**	**0.07**		
赤坎区	3148	7.04	24	0.05		
霞山区	5812	7.41	56	0.07		
坡头区	582	7.05	10	0.12		
麻章区	938	6.87	12	0.09		
遂溪县	435	3.50	9	0.07		
徐闻县	479	4.77	20	0.20		
廉江市	633	3.77	10	0.06		
雷州市	215	1.96	2	0.02		
吴川市	557	4.62	10	0.08		
茂名市	**3813**	**5.01**	**83**	**0.11**		
茂南区	1876	6.15	35	0.11		
电白区	505	3.84	8	0.06		
高州市	417	3.95	11	0.10		
化州市	455	3.35	10	0.07		
信宜市	560	6.73	19	0.23		
肇庆市	**10897**	**6.34**	**147**	**0.09**		
端州区	2889	6.16	41	0.09		
鼎湖区	1553	15.66	24	0.24		
高要区	1046	3.11	6	0.02		
广宁县	146	3.22				
怀集县	116	2.55				
封开县	177	5.28	1	0.03		
德庆县	360	9.22	3	0.08		
四会市	4610	7.09	72	0.11		
惠州市	**63293**	**6.93**	**1289**	**0.14**		
惠城区	29288	8.42	661	0.19		
惠阳区	19102	5.55	314	0.09		
博罗县	8272	6.47	168	0.13		
惠东县	6180	7.46	138	0.17		
龙门县	451	4.33	8	0.08		
梅州市	**13504**	**13.82**	**361**	**0.37**		
梅江区	5984	17.34	157	0.45		
梅县区	5457	18.93	151	0.52		
大埔县	275	5.42	5	0.10		
丰顺县	284	4.51	6	0.10		
五华县	372	4.35	21	0.25		
平远县	268	9.46	5	0.18		
蕉岭县	391	11.36	8	0.23		
兴宁市	473	5.81	8	0.10		

1-8　续表 5

单位：户、%

地　区	三代户		四代户		五代及以上户	
	户数	比重	户数	比重	户数	比重
汕尾市	**5738**	**8.08**	**145**	**0.20**	**1**	
城　区	1621	8.31	44	0.23		
海丰县	3390	8.95	69	0.18	1	
陆河县	359	10.09	24	0.67		
陆丰市	368	3.66	8	0.08		
河源市	**24809**	**15.73**	**957**	**0.61**	**1**	
源城区	21501	19.43	879	0.79	1	
紫金县	557	4.74	20	0.17		
龙川县	747	6.85	15	0.14		
连平县	272	6.16	2	0.05		
和平县	178	4.97	3	0.08		
东源县	1554	9.48	38	0.23		
阳江市	**10032**	**10.92**	**181**	**0.20**	**2**	
江城区	6026	13.43	97	0.22	2	
阳东区	2936	10.07	72	0.25		
阳西县	489	6.50	4	0.05		
阳春市	581	5.64	8	0.08		
清远市	**23680**	**13.47**	**576**	**0.33**	**2**	
清城区	16570	16.55	431	0.43	2	
清新区	4448	14.23	100	0.32		
佛冈县	447	5.06	7	0.08		
阳山县	232	4.84	2	0.04		
连山壮族瑶族自治县	115	7.34	1	0.06		
连南瑶族自治县	178	9.46	4	0.21		
英德市	1389	6.08	21	0.09		
连州市	301	6.61	10	0.22		
东莞市	**94031**	**2.63**	**1053**	**0.03**	**1**	
市辖区	94031	2.63	1053	0.03	1	
中山市	**46938**	**4.08**	**1004**	**0.09**	**2**	
市辖区	46938	4.08	1004	0.09	2	
潮州市	**5606**	**6.38**	**57**	**0.06**		
湘桥区	2559	8.46	18	0.06		
潮安区	2951	5.52	39	0.07		
饶平县	96	2.34				
揭阳市	**1725**	**3.36**	**21**	**0.04**		
榕城区	473	4.27	9	0.08		
揭东区	531	4.44	2	0.02		
揭西县	109	1.79	1	0.02		
惠来县	38	0.78				
普宁市	574	3.29	9	0.05		
云浮市	**5692**	**9.92**	**94**	**0.16**		
云城区	4160	15.29	66	0.24		
云安区	148	3.82	1	0.03		
新兴县	572	5.28	4	0.04		
郁南县	243	5.24	7	0.15		
罗定市	569	5.24	16	0.15		

1-9 各地区分性别、月份的出生人口
(2019.11.1-2020.10.31)

单位：人

地 区	出生人口			2019年11月		
	合计	男	女	小计	男	女
广 东	**391037**	**209196**	**181841**	**144603**	**76793**	**67810**
广州市	**54946**	**29529**	**25417**	**17685**	**9474**	**8211**
荔湾区	3737	1987	1750	1073	556	517
越秀区	2088	1124	964	804	431	373
海珠区	4160	2174	1986	1383	715	668
天河区	5710	3058	2652	1687	893	794
白云区	12057	6570	5487	3328	1818	1510
黄埔区	4921	2586	2335	1509	773	736
番禺区	7523	4045	3478	2500	1358	1142
花都区	4767	2556	2211	1667	895	772
南沙区	2852	1545	1307	957	511	446
从化区	1933	1016	917	852	459	393
增城区	5198	2868	2330	1925	1065	860
韶关市	**7843**	**4075**	**3768**	**3273**	**1658**	**1615**
武江区	1274	666	608	404	197	207
浈江区	1055	547	508	340	176	164
曲江区	739	405	334	309	168	141
始兴县	547	283	264	238	120	118
仁化县	457	258	199	190	113	77
翁源县	935	486	449	480	229	251
乳源瑶族自治县	521	259	262	248	113	135
新丰县	465	244	221	205	98	107
乐昌市	1007	504	503	448	224	224
南雄市	843	423	420	411	220	191
深圳市	**71618**	**38254**	**33364**	**18286**	**9687**	**8599**
罗湖区	3979	2121	1858	1105	579	526
福田区	4992	2650	2342	1586	826	760
南山区	4902	2630	2272	1709	898	811
宝安区	19557	10505	9052	4496	2392	2104
龙岗区	18302	9712	8590	4805	2559	2246
盐田区	784	425	359	208	96	112
龙华区	11841	6306	5535	2743	1459	1284
坪山区	2385	1287	1098	592	326	266
光明区	4876	2618	2258	1042	552	490
珠海市	**7305**	**3849**	**3456**	**2468**	**1278**	**1190**
香洲区	3763	1961	1802	1269	640	629
斗门区	2155	1134	1021	729	374	355
金湾区	1387	754	633	470	264	206
汕头市	**14977**	**7777**	**7200**	**7424**	**3800**	**3624**
龙湖区	1593	836	757	657	331	326
金平区	1689	873	816	764	388	376
濠江区	688	353	335	362	187	175
潮阳区	5061	2624	2437	2700	1400	1300
潮南区	3989	2110	1879	2063	1056	1007
澄海区	1807	895	912	813	403	410
南澳县	150	86	64	65	35	30
佛山市	**28065**	**15093**	**12972**	**9321**	**5015**	**4306**
禅城区	4597	2502	2095	1454	807	647
南海区	10921	5836	5085	3625	1928	1697
顺德区	8810	4711	4099	2927	1551	1376
三水区	2439	1308	1131	779	415	364
高明区	1298	736	562	536	314	222

1-9 续表 1

单位：人

地 区	出生人口			2019年11月		
	合计	男	女	小计	男	女
江门市	**11637**	**6155**	**5482**	**4335**	**2266**	**2069**
蓬江区	2415	1259	1156	794	426	368
江海区	1313	708	605	355	203	152
新会区	2123	1130	993	812	409	403
台山市	1619	843	776	729	376	353
开平市	1658	890	768	660	342	318
鹤山市	1421	763	658	514	271	243
恩平市	1088	562	526	471	239	232
湛江市	**23969**	**12770**	**11199**	**11385**	**6048**	**5337**
赤坎区	1430	744	686	485	242	243
霞山区	2432	1351	1081	771	448	323
坡头区	1256	711	545	591	351	240
麻章区	1595	849	746	748	399	349
遂溪县	2804	1456	1348	1418	754	664
徐闻县	1923	1073	850	959	515	444
廉江市	4686	2436	2250	2354	1211	1143
雷州市	4746	2496	2250	2396	1265	1131
吴川市	3097	1654	1443	1663	863	800
茂名市	**19400**	**10614**	**8786**	**9955**	**5426**	**4529**
茂南区	2981	1655	1326	1407	795	612
电白区	4873	2679	2194	2564	1426	1138
高州市	3942	2170	1772	2035	1116	919
化州市	4630	2522	2108	2396	1275	1121
信宜市	2974	1588	1386	1553	814	739
肇庆市	**10876**	**5862**	**5014**	**5065**	**2715**	**2350**
端州区	1736	959	777	705	393	312
鼎湖区	613	343	270	262	149	113
高要区	1758	915	843	840	437	403
广宁县	870	485	385	456	253	203
怀集县	2496	1321	1175	1304	678	626
封开县	919	459	460	456	220	236
德庆县	878	500	378	456	259	197
四会市	1606	880	726	586	326	260
惠州市	**20321**	**10998**	**9323**	**7072**	**3834**	**3238**
惠城区	7666	4126	3540	2488	1325	1163
惠阳区	5327	2884	2443	1605	879	726
博罗县	3473	1896	1577	1305	704	601
惠东县	3052	1684	1368	1286	729	557
龙门县	803	408	395	388	197	191
梅州市	**10620**	**5664**	**4956**	**4654**	**2473**	**2181**
梅江区	1307	665	642	406	207	199
梅县区	1663	930	733	569	308	261
大埔县	770	414	356	358	202	156
丰顺县	1214	651	563	605	337	268
五华县	3001	1621	1380	1499	796	703
平远县	402	210	192	176	86	90
蕉岭县	398	211	187	166	88	78
兴宁市	1865	962	903	875	449	426

1-9 续表 2

单位：人

地 区	出生人口			2019年11月		
	合计	男	女	小计	男	女
汕尾市	**8494**	**4521**	**3973**	**4144**	**2178**	**1966**
城 区	1303	690	613	587	305	282
海丰县	2478	1312	1166	1112	573	539
陆河县	830	429	401	408	209	199
陆丰市	3883	2090	1793	2037	1091	946
河源市	**8398**	**4517**	**3881**	**3270**	**1714**	**1556**
源城区	2970	1602	1368	805	423	382
紫金县	1545	850	695	697	363	334
龙川县	1493	822	671	684	379	305
连平县	687	359	328	318	174	144
和平县	857	437	420	426	206	220
东源县	846	447	399	340	169	171
阳江市	**6762**	**3600**	**3162**	**2978**	**1528**	**1450**
江城区	2292	1207	1085	887	445	442
阳东区	1290	686	604	507	260	247
阳西县	1065	578	487	502	265	237
阳春市	2115	1129	986	1082	558	524
清远市	**12238**	**6539**	**5699**	**5078**	**2674**	**2404**
清城区	4151	2235	1916	1244	641	603
清新区	1899	1028	871	772	425	347
佛冈县	840	460	380	410	215	195
阳山县	1154	616	538	586	318	268
连山壮族瑶族自治县	295	151	144	152	78	74
连南瑶族自治县	366	190	176	188	95	93
英德市	2697	1430	1267	1305	685	620
连州市	836	429	407	421	217	204
东莞市	**26759**	**14411**	**12348**	**7670**	**4094**	**3576**
市辖区	26759	14411	12348	7670	4094	3576
中山市	**14459**	**7639**	**6820**	**4513**	**2419**	**2094**
市辖区	14459	7639	6820	4513	2419	2094
潮州市	**6328**	**3388**	**2940**	**2986**	**1602**	**1384**
湘桥区	1416	727	689	592	301	291
潮安区	3017	1630	1387	1421	765	656
饶平县	1895	1031	864	973	536	437
揭阳市	**19123**	**10160**	**8963**	**9786**	**5162**	**4624**
榕城区	2881	1494	1387	1484	793	691
揭东区	3103	1643	1460	1590	817	773
揭西县	2574	1378	1196	1264	670	594
惠来县	3674	1988	1686	1932	1048	884
普宁市	6891	3657	3234	3516	1834	1682
云浮市	**6899**	**3781**	**3118**	**3255**	**1748**	**1507**
云城区	1436	815	621	530	280	250
云安区	665	340	325	345	178	167
新兴县	1074	587	487	521	287	234
郁南县	992	547	445	471	254	217
罗定市	2732	1492	1240	1388	749	639

1-9　续表 3　　　　单位：人

地　区	2019年12月			2020年1月		
	小计	男	女	小计	男	女
广　东	**130675**	**69633**	**61042**	**20583**	**11153**	**9430**
广州市	**16555**	**8835**	**7720**	**3671**	**2017**	**1654**
荔湾区	944	507	437	332	178	154
越秀区	718	393	325	112	58	54
海珠区	1232	646	586	281	142	139
天河区	1611	854	757	414	237	177
白云区	3177	1725	1452	998	566	432
黄埔区	1418	752	666	339	173	166
番禺区	2226	1171	1055	472	259	213
花都区	1573	838	735	266	136	130
南沙区	940	498	442	172	99	73
从化区	872	454	418	44	25	19
增城区	1844	997	847	241	144	97
韶关市	**2866**	**1488**	**1378**	**295**	**156**	**139**
武江区	339	182	157	79	46	33
浈江区	318	158	160	76	42	34
曲江区	239	129	110	33	16	17
始兴县	227	111	116	15	8	7
仁化县	172	95	77	16	8	8
翁源县	373	204	169	17	11	6
乳源瑶族自治县	207	109	98	12	6	6
新丰县	212	119	93	10	5	5
乐昌市	418	214	204	27	11	16
南雄市	361	167	194	10	3	7
深圳市	**16410**	**8752**	**7658**	**6031**	**3204**	**2827**
罗湖区	1086	562	524	305	162	143
福田区	1342	707	635	341	189	152
南山区	1543	844	699	286	162	124
宝安区	3987	2106	1881	1767	981	786
龙岗区	4266	2294	1972	1502	774	728
盐田区	196	112	84	74	41	33
龙华区	2558	1344	1214	1025	527	498
坪山区	506	283	223	234	114	120
光明区	926	500	426	497	254	243
珠海市	**2301**	**1197**	**1104**	**447**	**256**	**191**
香洲区	1184	604	580	239	140	99
斗门区	694	374	320	120	64	56
金湾区	423	219	204	88	52	36
汕头市	**6461**	**3402**	**3059**	**249**	**138**	**111**
龙湖区	614	330	284	66	39	27
金平区	640	334	306	52	28	24
濠江区	294	152	142	8	4	4
潮阳区	2203	1146	1057	46	27	19
潮南区	1826	1007	819	23	9	14
澄海区	806	386	420	53	31	22
南澳县	78	47	31	1		1
佛山市	**8469**	**4482**	**3987**	**1842**	**1007**	**835**
禅城区	1279	689	590	323	173	150
南海区	3353	1752	1601	727	398	329
顺德区	2684	1414	1270	577	319	258
三水区	720	376	344	151	79	72
高明区	433	251	182	64	38	26

1-9 续表 4

单位：人

地 区	2019年12月			2020年1月		
	小计	男	女	小计	男	女
江门市	**3927**	**2060**	**1867**	**609**	**340**	**269**
蓬江区	710	346	364	151	80	71
江海区	320	166	154	119	75	44
新会区	747	409	338	112	67	45
台山市	646	339	307	35	19	16
开平市	573	315	258	79	39	40
鹤山市	475	252	223	77	40	37
恩平市	456	233	223	36	20	16
湛江市	**10011**	**5300**	**4711**	**516**	**278**	**238**
赤坎区	459	239	220	84	44	40
霞山区	719	388	331	187	103	84
坡头区	541	286	255	27	14	13
麻章区	664	350	314	39	24	15
遂溪县	1221	608	613	40	21	19
徐闻县	832	476	356	15	7	8
廉江市	2095	1097	998	45	22	23
雷州市	2174	1145	1029	42	19	23
吴川市	1306	711	595	37	24	13
茂名市	**8609**	**4730**	**3879**	**151**	**84**	**67**
茂南区	1296	707	589	43	23	20
电白区	2129	1155	974	35	20	15
高州市	1805	988	817	21	16	5
化州市	2060	1159	901	32	17	15
信宜市	1319	721	598	20	8	12
肇庆市	**4537**	**2445**	**2092**	**227**	**122**	**105**
端州区	644	351	293	56	32	24
鼎湖区	241	134	107	17	8	9
高要区	773	404	369	32	17	15
广宁县	372	207	165	6	4	2
怀集县	1142	619	523	11	3	8
封开县	429	221	208	10	7	3
德庆县	379	207	172	7	6	1
四会市	557	302	255	88	45	43
惠州市	**6406**	**3420**	**2986**	**1229**	**666**	**563**
惠城区	2378	1264	1114	515	278	237
惠阳区	1401	748	653	387	203	184
博罗县	1179	644	535	183	108	75
惠东县	1165	621	544	117	62	55
龙门县	283	143	140	27	15	12
梅州市	**4433**	**2343**	**2090**	**280**	**154**	**126**
梅江区	408	199	209	101	55	46
梅县区	605	332	273	74	42	32
大埔县	323	168	155	21	13	8
丰顺县	531	272	259	12	7	5
五华县	1360	743	617	31	15	16
平远县	170	90	80	8	6	2
蕉岭县	183	90	93	7	4	3
兴宁市	853	449	404	26	12	14

1-9　续表 5　　　　单位：人

地　区	2019年12月			2020年1月		
	小计	男	女	小计	男	女
汕尾市	**3602**	**1920**	**1682**	**106**	**59**	**47**
城　区	512	268	244	33	15	18
海丰县	961	510	451	52	29	23
陆河县	366	185	181	11	9	2
陆丰市	1763	957	806	10	6	4
河源市	**3062**	**1677**	**1385**	**409**	**221**	**188**
源城区	739	408	331	286	152	134
紫金县	663	376	287	36	23	13
龙川县	673	369	304	24	11	13
连平县	292	145	147	23	13	10
和平县	376	201	175	8	5	3
东源县	319	178	141	32	17	15
阳江市	**2701**	**1467**	**1234**	**219**	**123**	**96**
江城区	829	442	387	118	71	47
阳东区	486	272	214	57	25	32
阳西县	466	249	217	16	11	5
阳春市	920	504	416	28	16	12
清远市	**4689**	**2490**	**2199**	**433**	**233**	**200**
清城区	1348	716	632	265	148	117
清新区	702	363	339	85	43	42
佛冈县	358	209	149	17	8	9
阳山县	503	264	239	9	6	3
连山壮族瑶族自治县	115	55	60	3	3	
连南瑶族自治县	153	81	72	3	1	2
英德市	1141	608	533	45	21	24
连州市	369	194	175	6	3	3
东莞市	**7023**	**3726**	**3297**	**2388**	**1301**	**1087**
市辖区	7023	3726	3297	2388	1301	1087
中山市	**4228**	**2192**	**2036**	**1071**	**576**	**495**
市辖区	4228	2192	2036	1071	576	495
潮州市	**2741**	**1469**	**1272**	**132**	**68**	**64**
湘桥区	571	288	283	47	20	27
潮安区	1282	708	574	72	42	30
饶平县	888	473	415	13	6	7
揭阳市	**8837**	**4697**	**4140**	**133**	**62**	**71**
榕城区	1304	656	648	30	10	20
揭东区	1417	767	650	34	17	17
揭西县	1181	603	578	16	11	5
惠来县	1695	917	778	16	9	7
普宁市	3240	1754	1486	37	15	22
云浮市	**2807**	**1541**	**1266**	**145**	**88**	**57**
云城区	440	253	187	77	50	27
云安区	277	140	137	7	2	5
新兴县	446	238	208	22	11	11
郁南县	452	253	199	12	5	7
罗定市	1192	657	535	27	20	7

1–9 续表 6 单位：人

地区	2020年2月			2020年3月			2020年4月		
	小计	男	女	小计	男	女	小计	男	女
广东	**16334**	**8849**	**7485**	**15542**	**8380**	**7162**	**12542**	**6823**	**5719**
广州市	**2957**	**1629**	**1328**	**2758**	**1463**	**1295**	**2392**	**1305**	**1087**
荔湾区	289	160	129	264	131	133	276	148	128
越秀区	87	49	38	77	42	35	63	38	25
海珠区	203	102	101	207	117	90	169	83	86
天河区	336	196	140	329	165	164	288	158	130
白云区	774	448	326	717	385	332	617	334	283
黄埔区	299	160	139	253	148	105	207	106	101
番禺区	406	230	176	337	163	174	317	173	144
花都区	223	115	108	222	123	99	170	102	68
南沙区	125	56	69	124	71	53	101	57	44
从化区	36	17	19	27	12	15	25	16	9
增城区	179	96	83	201	106	95	159	90	69
韶关市	**206**	**115**	**91**	**220**	**119**	**101**	**174**	**91**	**83**
武江区	60	32	28	73	41	32	52	23	29
浈江区	43	26	17	51	28	23	37	23	14
曲江区	21	12	9	20	10	10	21	13	8
始兴县	11	7	4	4	3	1	10	7	3
仁化县	15	6	9	10	5	5	11	6	5
翁源县	11	7	4	8	4	4	8	4	4
乳源瑶族自治县	9	7	2	10	4	6	11	5	6
新丰县	7	5	2	7	4	3	3	2	1
乐昌市	24	11	13	18	10	8	13	5	8
南雄市	5	2	3	19	10	9	8	3	5
深圳市	**4771**	**2522**	**2249**	**4600**	**2458**	**2142**	**3660**	**1982**	**1678**
罗湖区	264	138	126	222	123	99	199	115	84
福田区	290	153	137	271	143	128	215	123	92
南山区	233	118	115	178	94	84	164	89	75
宝安区	1363	726	637	1361	737	624	1118	624	494
龙岗区	1159	599	560	1174	617	557	904	479	425
盐田区	48	28	20	62	37	25	21	10	11
龙华区	872	466	406	794	412	382	648	329	319
坪山区	174	95	79	178	102	76	119	62	57
光明区	368	199	169	360	193	167	272	151	121
珠海市	**367**	**205**	**162**	**350**	**202**	**148**	**272**	**147**	**125**
香洲区	188	102	86	186	103	83	142	80	62
斗门区	107	62	45	105	61	44	87	44	43
金湾区	72	41	31	59	38	21	43	23	20
汕头市	**189**	**96**	**93**	**190**	**98**	**92**	**151**	**86**	**65**
龙湖区	52	26	26	49	31	18	46	29	17
金平区	37	20	17	44	23	21	37	21	16
濠江区	3		3	9	4	5	3	1	2
潮阳区	37	17	20	31	13	18	25	14	11
潮南区	25	11	14	18	8	10	16	7	9
澄海区	35	22	13	39	19	20	23	13	10
南澳县							1	1	
佛山市	**1481**	**811**	**670**	**1419**	**768**	**651**	**1167**	**634**	**533**
禅城区	270	158	112	261	141	120	223	114	109
南海区	566	318	248	535	289	246	429	238	191
顺德区	459	240	219	430	236	194	386	211	175
三水区	125	66	59	144	74	70	95	54	41
高明区	61	29	32	49	28	21	34	17	17

1-9　续表 7　　单位：人

地　区	2020年2月			2020年3月			2020年4月		
	小计	男	女	小计	男	女	小计	男	女
江门市	**515**	**287**	**228**	**429**	**230**	**199**	**397**	**202**	**195**
蓬江区	133	85	48	121	60	61	121	60	61
江海区	83	40	43	68	27	41	62	36	26
新会区	94	55	39	69	40	29	61	26	35
台山市	31	19	12	34	18	16	39	19	20
开平市	82	37	45	51	35	16	51	30	21
鹤山市	64	36	28	61	33	28	45	23	22
恩平市	28	15	13	25	17	8	18	8	10
湛江市	**410**	**216**	**194**	**406**	**228**	**178**	**309**	**182**	**127**
赤坎区	73	38	35	82	42	40	63	39	24
霞山区	150	77	73	137	79	58	101	53	48
坡头区	25	17	8	13	10	3	18	9	9
麻章区	28	11	17	26	12	14	15	12	3
遂溪县	24	14	10	25	13	12	30	18	12
徐闻县	20	13	7	33	19	14	17	11	6
廉江市	43	23	20	44	29	15	28	16	12
雷州市	31	14	17	30	16	14	17	10	7
吴川市	16	9	7	16	8	8	20	14	6
茂名市	**155**	**88**	**67**	**141**	**73**	**68**	**119**	**62**	**57**
茂南区	49	28	21	47	24	23	30	17	13
电白区	34	18	16	28	15	13	27	13	14
高州市	18	12	6	16	12	4	11	7	4
化州市	37	20	17	37	17	20	28	16	12
信宜市	17	10	7	13	5	8	23	9	14
肇庆市	**204**	**108**	**96**	**186**	**119**	**67**	**145**	**81**	**64**
端州区	60	31	29	52	29	23	51	30	21
鼎湖区	19	11	8	12	9	3	8	4	4
高要区	30	16	14	33	16	17	18	9	9
广宁县	8	6	2	7	6	1	7	2	5
怀集县	14	5	9	4	3	1	8	5	3
封开县	2		2	8	5	3	3	2	1
德庆县	2	2		8	8		7	7	
四会市	69	37	32	62	43	19	43	22	21
惠州市	**995**	**538**	**457**	**984**	**545**	**439**	**735**	**403**	**332**
惠城区	394	214	180	409	227	182	274	159	115
惠阳区	329	173	156	324	181	143	251	137	114
博罗县	156	89	67	152	84	68	129	67	62
惠东县	95	52	43	83	44	39	60	32	28
龙门县	21	10	11	16	9	7	21	8	13
梅州市	**236**	**135**	**101**	**227**	**112**	**115**	**156**	**88**	**68**
梅江区	67	37	30	64	27	37	56	35	21
梅县区	82	49	33	63	32	31	41	22	19
大埔县	13	6	7	19	8	11	9	4	5
丰顺县	12	7	5	16	8	8	9	4	5
五华县	28	17	11	24	14	10	17	9	8
平远县	5	3	2	5	3	2	5	2	3
蕉岭县	7	5	2	8	4	4	6	4	2
兴宁市	22	11	11	28	16	12	13	8	5

1-9 续表 8　　　　单位：人

地　区	2020年2月			2020年3月			2020年4月		
	小计	男	女	小计	男	女	小计	男	女
汕尾市	**107**	**61**	**46**	**100**	**54**	**46**	**84**	**47**	**37**
城　区	32	16	16	29	16	13	20	11	9
海丰县	50	29	21	55	29	26	50	29	21
陆河县	6	4	2	6	5	1	4	3	1
陆丰市	19	12	7	10	4	6	10	4	6
河源市	**322**	**185**	**137**	**280**	**137**	**143**	**229**	**121**	**108**
源城区	212	128	84	182	92	90	151	77	74
紫金县	31	17	14	32	15	17	24	14	10
龙川县	25	13	12	18	8	10	20	13	7
连平县	13	6	7	10	4	6	10	4	6
和平县	6	4	2	6	3	3	11	8	3
东源县	35	17	18	32	15	17	13	5	8
阳江市	**153**	**90**	**63**	**166**	**92**	**74**	**136**	**73**	**63**
江城区	84	43	41	87	48	39	77	42	35
阳东区	38	24	14	44	21	23	42	21	21
阳西县	16	10	6	10	9	1	9	7	2
阳春市	15	13	2	25	14	11	8	3	5
清远市	**370**	**211**	**159**	**382**	**205**	**177**	**277**	**158**	**119**
清城区	227	136	91	236	132	104	167	91	76
清新区	76	39	37	61	32	29	47	28	19
佛冈县	9	8	1	10	5	5	14	9	5
阳山县	6	2	4	7	4	3	17	10	7
连山壮族瑶族自治县	4	2	2	6	5	1	4	2	2
连南瑶族自治县	3		3	7	3	4	2	2	
英德市	40	22	18	50	23	27	18	13	5
连州市	5	2	3	5	1	4	8	3	5
东莞市	**1769**	**938**	**831**	**1630**	**914**	**716**	**1303**	**696**	**607**
市辖区	1769	938	831	1630	914	716	1303	696	607
中山市	**804**	**427**	**377**	**786**	**407**	**379**	**605**	**315**	**290**
市辖区	804	427	377	786	407	379	605	315	290
潮州市	**101**	**61**	**40**	**105**	**52**	**53**	**58**	**33**	**25**
湘桥区	41	24	17	47	25	22	15	11	4
潮安区	54	32	22	53	23	30	38	17	21
饶平县	6	5	1	5	4	1	5	5	
揭阳市	**86**	**44**	**42**	**64**	**37**	**27**	**82**	**58**	**24**
榕城区	22	10	12	15	10	5	14	9	5
揭东区	17	10	7	11	6	5	11	10	1
揭西县	13	7	6	11	9	2	31	25	6
惠来县	10	3	7	9	4	5	4	1	3
普宁市	24	14	10	18	8	10	22	13	9
云浮市	**136**	**82**	**54**	**119**	**67**	**52**	**91**	**59**	**32**
云城区	71	43	28	60	34	26	42	28	14
云安区	8	5	3	10	6	4	3	1	2
新兴县	18	10	8	14	10	4	17	10	7
郁南县	11	6	5	7	5	2	7	7	
罗定市	28	18	10	28	12	16	22	13	9

1-9　续表 9　　　　单位：人

地　区	2020年5月			2020年6月			2020年7月		
	小计	男	女	小计	男	女	小计	男	女
广　东	**12664**	**6912**	**5752**	**11908**	**6464**	**5444**	**10769**	**5801**	**4968**
广州市	**2235**	**1215**	**1020**	**2054**	**1106**	**948**	**1793**	**933**	**860**
荔湾区	131	70	61	139	70	69	104	66	38
越秀区	46	23	23	56	25	31	43	18	25
海珠区	161	87	74	159	91	68	135	64	71
天河区	259	153	106	249	132	117	209	113	96
白云区	609	323	286	562	297	265	493	253	240
黄埔区	246	133	113	218	120	98	183	87	96
番禺区	304	161	143	274	147	127	266	135	131
花都区	171	89	82	146	81	65	151	79	72
南沙区	117	73	44	84	51	33	88	48	40
从化区	21	10	11	19	6	13	11	4	7
增城区	170	93	77	148	86	62	110	66	44
韶关市	**176**	**101**	**75**	**177**	**96**	**81**	**151**	**85**	**66**
武江区	63	39	24	68	38	30	45	28	17
浈江区	48	28	20	37	18	19	36	19	17
曲江区	16	10	6	16	7	9	28	17	11
始兴县	10	7	3	6	5	1	8	4	4
仁化县	8	5	3	10	5	5	7	3	4
翁源县	8	4	4	12	10	2	2	2	
乳源瑶族自治县	5	1	4	3	2	1	7	6	1
新丰县	4	2	2	4	1	3	5	2	3
乐昌市	8	2	6	13	6	7	9	2	7
南雄市	6	3	3	8	4	4	4	2	2
深圳市	**4384**	**2388**	**1996**	**4156**	**2234**	**1922**	**3805**	**2026**	**1779**
罗湖区	199	111	88	193	103	90	175	103	72
福田区	194	106	88	202	104	98	219	119	100
南山区	186	97	89	181	94	87	169	96	73
宝安区	1350	735	615	1224	648	576	1152	606	546
龙岗区	1080	574	506	1065	571	494	926	479	447
盐田区	47	25	22	41	21	20	37	28	9
龙华区	803	444	359	762	419	343	704	385	319
坪山区	140	77	63	147	77	70	112	60	52
光明区	385	219	166	341	197	144	311	150	161
珠海市	**318**	**169**	**149**	**250**	**125**	**125**	**223**	**115**	**108**
香洲区	166	94	72	131	69	62	115	56	59
斗门区	84	42	42	71	32	39	66	37	29
金湾区	68	33	35	48	24	24	42	22	20
汕头市	**70**	**32**	**38**	**75**	**41**	**34**	**69**	**32**	**37**
龙湖区	20	9	11	21	9	12	23	10	13
金平区	29	16	13	35	19	16	17	8	9
濠江区	3	1	2	1	1		2		2
潮阳区	2	1	1	3	2	1	9	2	7
潮南区	5	2	3	2	1	1	4	3	1
澄海区	11	3	8	11	9	2	12	7	5
南澳县				2		2	2	2	
佛山市	**1003**	**528**	**475**	**1076**	**581**	**495**	**973**	**537**	**436**
禅城区	172	92	80	179	95	84	168	89	79
南海区	402	226	176	415	225	190	387	209	178
顺德区	306	153	153	339	182	157	294	172	122
三水区	99	48	51	107	62	45	100	56	44
高明区	24	9	15	36	17	19	24	11	13

1-9 续表 10 单位：人

地 区	2020年5月			2020年6月			2020年7月		
	小计	男	女	小计	男	女	小计	男	女
江门市	**358**	**182**	**176**	**301**	**164**	**137**	**321**	**179**	**142**
蓬江区	89	47	42	87	44	43	84	45	39
江海区	84	45	39	69	41	28	83	42	41
新会区	58	26	32	58	32	26	40	24	16
台山市	25	13	12	18	5	13	22	11	11
开平市	39	19	20	21	12	9	42	27	15
鹤山市	51	27	24	40	25	15	35	19	16
恩平市	12	5	7	8	5	3	15	11	4
湛江市	**261**	**148**	**113**	**225**	**129**	**96**	**192**	**112**	**80**
赤坎区	48	27	21	49	28	21	39	25	14
霞山区	117	65	52	82	48	34	73	39	34
坡头区	8	5	3	13	9	4	4	1	3
麻章区	24	14	10	13	7	6	19	11	8
遂溪县	15	8	7	6	2	4	10	10	
徐闻县	11	7	4	12	7	5	8	7	1
廉江市	18	10	8	17	8	9	17	8	9
雷州市	12	6	6	19	10	9	10	6	4
吴川市	8	6	2	14	10	4	12	5	7
茂名市	**67**	**30**	**37**	**61**	**37**	**24**	**57**	**35**	**22**
茂南区	24	10	14	27	14	13	27	16	11
电白区	12	5	7	9	8	1	15	9	6
高州市	11	4	7	6	4	2	7	4	3
化州市	12	6	6	7	2	5	4	2	2
信宜市	8	5	3	12	9	3	4	4	
肇庆市	**124**	**71**	**53**	**118**	**60**	**58**	**109**	**58**	**51**
端州区	31	18	13	44	25	19	33	17	16
鼎湖区	18	9	9	9	6	3	12	5	7
高要区	9	3	6	10	6	4	7	5	2
广宁县	2	2		4	2	2	2	1	1
怀集县	4	3	1	1		1	4	3	1
封开县	4	1	3	2		2	1		1
德庆县	8	4	4	7	5	2	2	1	1
四会市	48	31	17	41	16	25	48	26	22
惠州市	**739**	**419**	**320**	**704**	**385**	**319**	**625**	**344**	**281**
惠城区	289	163	126	299	167	132	251	136	115
惠阳区	282	159	123	225	126	99	218	119	99
博罗县	98	57	41	94	42	52	94	54	40
惠东县	59	32	27	78	47	31	49	30	19
龙门县	11	8	3	8	3	5	13	5	8
梅州市	**128**	**72**	**56**	**165**	**86**	**79**	**139**	**76**	**63**
梅江区	42	20	22	53	26	27	45	23	22
梅县区	49	31	18	55	30	25	45	27	18
大埔县	3	1	2	11	6	5	6	2	4
丰顺县	5	4	1	10	4	6	8	3	5
五华县	8	5	3	10	8	2	13	8	5
平远县	7	3	4	8	4	4	6	5	1
蕉岭县	5	5		4	2	2	5	5	
兴宁市	9	3	6	14	6	8	11	3	8

1-9　续表 11　　　　单位：人

地　区	2020年5月			2020年6月			2020年7月		
	小计	男	女	小计	男	女	小计	男	女
汕尾市	**88**	**44**	**44**	**71**	**46**	**25**	**76**	**42**	**34**
城　区	25	14	11	14	9	5	19	14	5
海丰县	47	23	24	46	32	14	43	21	22
陆河县	9	4	5	3		3	8	5	3
陆丰市	7	3	4	8	5	3	6	2	4
河源市	**213**	**114**	**99**	**212**	**121**	**91**	**195**	**114**	**81**
源城区	146	74	72	161	91	70	149	81	68
紫金县	19	15	4	14	9	5	11	10	1
龙川县	16	8	8	9	4	5	13	9	4
连平县	4	2	2	7	3	4	7	5	2
和平县	3	1	2	3	1	2	5	3	2
东源县	25	14	11	18	13	5	10	6	4
阳江市	**106**	**57**	**49**	**98**	**56**	**42**	**78**	**43**	**35**
江城区	58	37	21	51	26	25	37	19	18
阳东区	27	13	14	31	20	11	23	11	12
阳西县	10	5	5	12	6	6	11	9	2
阳春市	11	2	9	4	4		7	4	3
清远市	**259**	**151**	**108**	**245**	**144**	**101**	**220**	**118**	**102**
清城区	179	107	72	157	88	69	138	71	67
清新区	36	22	14	35	26	9	37	24	13
佛冈县	8	2	6	3	2	1	5	1	4
阳山县	6	4	2	9	3	6	7	3	4
连山壮族瑶族自治县	2		2	2	1	1	3	2	1
连南瑶族自治县	1		1	3	3		1	1	
英德市	21	13	8	30	20	10	24	13	11
连州市	6	3	3	6	1	5	5	3	2
东莞市	**1348**	**751**	**597**	**1196**	**659**	**537**	**1073**	**602**	**471**
市辖区	1348	751	597	1196	659	537	1073	602	471
中山市	**629**	**345**	**284**	**565**	**307**	**258**	**524**	**268**	**256**
市辖区	629	345	284	565	307	258	524	268	256
潮州市	**44**	**25**	**19**	**55**	**25**	**30**	**51**	**28**	**23**
湘桥区	29	17	12	27	13	14	25	16	9
潮安区	15	8	7	25	11	14	24	11	13
饶平县				3	1	2	2	1	1
揭阳市	**29**	**24**	**5**	**31**	**22**	**9**	**30**	**17**	**13**
榕城区	3	3		3	1	2	4		4
揭东区	6	5	1	3	1	2	8	5	3
揭西县	10	9	1	16	16		9	6	3
惠来县	1	1		1	1		3	2	1
普宁市	9	6	3	8	3	5	6	4	2
云浮市	**85**	**46**	**39**	**73**	**40**	**33**	**65**	**37**	**28**
云城区	55	34	21	46	25	21	34	17	17
云安区	4	3	1				1		1
新兴县	7	2	5	12	8	4	6	4	2
郁南县	10	4	6	6	3	3	8	6	2
罗定市	9	3	6	9	4	5	16	10	6

1-9 续表 12

单位：人

地区	2020年8月			2020年9月			2020年10月		
	小计	男	女	小计	男	女	小计	男	女
广 东	**8868**	**4849**	**4019**	**4807**	**2605**	**2202**	**1742**	**934**	**808**
广州市	**1581**	**870**	**711**	**909**	**498**	**411**	**356**	**184**	**172**
荔湾区	103	54	49	59	35	24	23	12	11
越秀区	47	28	19	23	12	11	12	7	5
海珠区	119	68	51	82	43	39	29	16	13
天河区	179	88	91	107	50	57	42	19	23
白云区	463	257	206	240	129	111	79	35	44
黄埔区	149	86	63	79	39	40	21	9	12
番禺区	221	127	94	134	86	48	66	35	31
花都区	90	46	44	66	38	28	22	14	8
南沙区	71	39	32	50	27	23	23	15	8
从化区	19	10	9	4	2	2	3	1	2
增城区	120	67	53	65	37	28	36	21	15
韶关市	**150**	**84**	**66**	**115**	**65**	**50**	**40**	**17**	**23**
武江区	41	21	20	35	13	22	15	6	9
浈江区	34	13	21	25	12	13	10	4	6
曲江区	18	13	5	11	8	3	7	2	5
始兴县	9	6	3	9	5	4			
仁化县	8	6	2	8	5	3	2	1	1
翁源县	7	4	3	7	6	1	2	1	1
乳源瑶族自治县	5	2	3	4	4				
新丰县	4	2	2	3	3		1	1	
乐昌市	17	11	6	9	6	3	3	2	1
南雄市	7	6	1	4	3	1			
深圳市	**3135**	**1693**	**1442**	**1838**	**996**	**842**	**542**	**312**	**230**
罗湖区	127	69	58	79	44	35	25	12	13
福田区	202	104	98	99	56	43	31	20	11
南山区	139	79	60	78	39	39	36	20	16
宝安区	976	521	455	572	318	254	191	111	80
龙岗区	788	437	351	506	257	249	127	72	55
盐田区	30	19	11	16	8	8	4		4
龙华区	553	301	252	307	178	129	72	42	30
坪山区	106	58	48	56	23	33	21	10	11
光明区	214	105	109	125	73	52	35	25	10
珠海市	**188**	**101**	**87**	**88**	**39**	**49**	**33**	**15**	**18**
香洲区	92	48	44	34	15	19	17	10	7
斗门区	51	26	25	30	14	16	11	4	7
金湾区	45	27	18	24	10	14	5	1	4
汕头市	**56**	**30**	**26**	**30**	**17**	**13**	**13**	**5**	**8**
龙湖区	26	14	12	15	7	8	4	1	3
金平区	15	6	9	12	7	5	7	3	4
濠江区	2	2		1	1				
潮阳区	3	1	2	1	1		1		1
潮南区	5	4	1	1	1		1	1	
澄海区	4	2	2						
南澳县	1	1							
佛山市	**758**	**430**	**328**	**385**	**212**	**173**	**171**	**88**	**83**
禅城区	140	82	58	86	42	44	42	20	22
南海区	294	155	139	128	65	63	60	33	27
顺德区	232	128	104	120	76	44	56	29	27
三水区	71	51	20	40	23	17	8	4	4
高明区	21	14	7	11	6	5	5	2	3

1-9　续表 13　　　　单位：人

地　区	2020年8月			2020年9月			2020年10月		
	小计	男	女	小计	男	女	小计	男	女
江门市	**265**	**148**	**117**	**122**	**66**	**56**	**58**	**31**	**27**
蓬江区	83	47	36	31	13	18	11	6	5
江海区	39	20	19	20	6	14	11	7	4
新会区	42	25	17	20	12	8	10	5	5
台山市	24	15	9	11	8	3	5	1	4
开平市	36	19	17	13	8	5	11	7	4
鹤山市	30	17	13	20	15	5	9	5	4
恩平市	11	5	6	7	4	3	1		1
湛江市	**166**	**83**	**83**	**61**	**34**	**27**	**27**	**12**	**15**
赤坎区	35	17	18	11	3	8	2		2
霞山区	65	31	34	22	15	7	8	5	3
坡头区	8	4	4	5	3	2	3	2	1
麻章区	13	6	7	2	1	1	4	2	2
遂溪县	8	7	1	5	1	4	2		2
徐闻县	9	6	3	5	5		2		2
廉江市	16	8	8	5	3	2	4	1	3
雷州市	9	2	7	6	3	3			
吴川市	3	2	1				2	2	
茂名市	**51**	**32**	**19**	**20**	**9**	**11**	**14**	**8**	**6**
茂南区	23	17	6	7	3	4	1	1	
电白区	13	6	7	3	2	1	4	2	2
高州市	4	3	1	5	2	3	3	2	1
化州市	9	5	4	3	1	2	5	2	3
信宜市	2	1	1	2	1	1	1	1	
肇庆市	**87**	**50**	**37**	**52**	**21**	**31**	**22**	**12**	**10**
端州区	35	20	15	16	8	8	9	5	4
鼎湖区	12	6	6	3	2	1			
高要区	3	1	2	3	1	2			
广宁县	2		2	4	2	2			
怀集县				2	1	1	2	1	1
封开县	3	2	1	1	1				
德庆县				1		1	1	1	
四会市	32	21	11	22	6	16	10	5	5
惠州市	**509**	**275**	**234**	**248**	**135**	**113**	**75**	**34**	**41**
惠城区	222	118	104	111	61	50	36	14	22
惠阳区	198	103	95	83	43	40	24	13	11
博罗县	46	25	21	31	18	13	6	4	2
惠东县	33	23	10	19	10	9	8	2	6
龙门县	10	6	4	4	3	1	1	1	
梅州市	**101**	**62**	**39**	**65**	**39**	**26**	**36**	**24**	**12**
梅江区	34	18	16	23	11	12	8	7	1
梅县区	38	27	11	26	19	7	16	11	5
大埔县	4	2	2	3	2	1			
丰顺县	2	2		4	3	1			
五华县	5	2	3	1		1	5	4	1
平远县	7	6	1	4	1	3	1	1	
蕉岭县	5	3	2	1	1		1		1
兴宁市	6	2	4	3	2	1	5	1	4

1-9 续表 14

单位：人

地　　区	2020年8月			2020年9月			2020年10月		
	小计	男	女	小计	男	女	小计	男	女
汕尾市	**60**	**36**	**24**	**45**	**28**	**17**	**11**	**6**	**5**
城　区	16	10	6	14	10	4	2	2	
海丰县	35	21	14	22	14	8	5	2	3
陆河县	2	1	1	5	3	2	2	1	1
陆丰市	7	4	3	4	1	3	2	1	1
河源市	**126**	**75**	**51**	**58**	**29**	**29**	**22**	**9**	**13**
源城区	86	49	37	38	21	17	15	6	9
紫金县	12	6	6	5	1	4	1	1	
龙川县	5	4	1	5	3	2	1	1	
连平县	1	1		2	2				
和平县	6	3	3	6	2	4	1		1
东源县	16	12	4	2		2	4	1	3
阳江市	**70**	**38**	**32**	**38**	**22**	**16**	**19**	**11**	**8**
江城区	41	21	20	17	10	7	6	3	3
阳东区	12	7	5	13	7	6	10	5	5
阳西县	8	5	3	4	1	3	1	1	
阳春市	9	5	4	4	4		2	2	
清远市	**175**	**95**	**80**	**71**	**39**	**32**	**39**	**21**	**18**
清城区	114	64	50	50	28	22	26	13	13
清新区	32	17	15	11	6	5	5	3	2
佛冈县	5	1	4	1		1			
阳山县	3	1	2				1	1	
连山壮族瑶族自治县	2	2					2	1	1
连南瑶族自治县	2	1	1	2	2		1	1	
英德市	15	8	7	5	2	3	3	2	1
连州市	2	1	1	2	1	1	1		1
东莞市	**808**	**439**	**369**	**384**	**198**	**186**	**167**	**93**	**74**
市辖区	808	439	369	384	198	186	167	93	74
中山市	**455**	**232**	**223**	**213**	**117**	**96**	**66**	**34**	**32**
市辖区	455	232	223	213	117	96	66	34	32
潮州市	**34**	**15**	**19**	**16**	**9**	**7**	**5**	**1**	**4**
湘桥区	15	7	8	7	5	2			
潮安区	19	8	11	9	4	5	5	1	4
饶平县									
揭阳市	**24**	**20**	**4**	**9**	**8**	**1**	**12**	**9**	**3**
榕城区	1	1					1	1	
揭东区	5	4	1	1	1				
揭西县	10	9	1	6	6		7	7	
惠来县	1	1		1	1		1		1
普宁市	7	5	2	1		1	3	1	2
云浮市	**69**	**41**	**28**	**40**	**24**	**16**	**14**	**8**	**6**
云城区	47	28	19	27	18	9	7	5	2
云安区	5	3	2	4	1	3	1	1	
新兴县	6	6		5	1	4			
郁南县	5	2	3	2	2		1		1
罗定市	6	2	4	2	2		5	2	3

1-10 各地区家庭户的住房间数和面积

地区	家庭户户数（户）	家庭户人数（人）	平均每户住房建筑面积（平方米/户）	平均每户住房间数（间/户）	人均住房建筑面积（平方米/人）	人均住房间数（间/人）
广东	**16602710**	**33094221**	**44.94**	**1.65**	**22.55**	**0.83**
广州市	**3986421**	**7178758**	**41.35**	**1.56**	**22.96**	**0.87**
荔湾区	166395	312757	48.42	1.66	25.76	0.88
越秀区	103156	216582	51.07	1.76	24.33	0.84
海珠区	385695	703058	43.07	1.54	23.63	0.85
天河区	566340	962821	37.74	1.46	22.20	0.86
白云区	1115482	2001262	39.00	1.56	21.74	0.87
黄埔区	292557	533668	39.22	1.55	21.50	0.85
番禺区	712382	1222793	37.73	1.46	21.98	0.85
花都区	306109	567248	45.61	1.64	24.61	0.88
南沙区	155021	287055	37.51	1.51	20.26	0.82
从化区	16338	32429	70.42	2.15	35.48	1.09
增城区	166946	339085	64.26	1.97	31.64	0.97
韶关市	**108394**	**276006**	**90.49**	**2.59**	**35.54**	**1.02**
武江区	39097	96791	82.41	2.37	33.29	0.96
浈江区	28355	74827	93.85	2.61	35.56	0.99
曲江区	12577	33827	92.48	2.62	34.38	0.98
始兴县	2660	6312	89.12	2.63	37.55	1.11
仁化县	5949	14463	94.97	2.93	39.06	1.21
翁源县	2722	7245	100.64	3.12	37.81	1.17
乳源瑶族自治县	3411	9095	100.54	2.70	37.71	1.01
新丰县	2501	6660	98.50	2.98	36.99	1.12
乐昌市	7477	18243	100.04	2.78	41.00	1.14
南雄市	3645	8543	95.90	2.73	40.92	1.17
深圳市	**4625011**	**9697749**	**37.75**	**1.53**	**18.00**	**0.73**
罗湖区	207449	510480	49.27	1.71	20.02	0.70
福田区	254450	601826	47.42	1.70	20.05	0.72
南山区	261153	597340	46.90	1.60	20.50	0.70
宝安区	1410149	2791418	32.91	1.43	16.63	0.72
龙岗区	1109442	2426698	41.37	1.63	18.91	0.75
盐田区	34965	95187	56.73	1.99	20.84	0.73
龙华区	808671	1609164	34.83	1.49	17.50	0.75
坪山区	155668	322779	36.39	1.57	17.55	0.76
光明区	383064	742857	31.18	1.39	16.08	0.72
珠海市	**402423**	**825885**	**48.70**	**1.76**	**23.73**	**0.86**
香洲区	238780	482456	45.33	1.66	22.43	0.82
斗门区	92115	189017	52.70	1.90	25.68	0.93
金湾区	71528	154412	54.78	1.90	25.38	0.88
汕头市	**109787**	**270936**	**69.84**	**2.15**	**28.30**	**0.87**
龙湖区	49166	114076	65.71	2.03	28.32	0.88
金平区	35071	96171	72.73	2.23	26.52	0.81
濠江区	1164	2943	91.05	2.74	36.01	1.08
潮阳区	4239	10752	96.61	2.64	38.09	1.04
潮南区	4699	10471	78.73	2.25	35.33	1.01
澄海区	14803	35106	64.81	2.12	27.33	0.89
南澳县	645	1417	63.38	1.97	28.85	0.90
佛山市	**1568932**	**3026586**	**46.67**	**1.68**	**24.19**	**0.87**
禅城区	249503	465473	43.58	1.57	23.36	0.84
南海区	584802	1127732	50.95	1.77	26.42	0.92
顺德区	609916	1172133	42.65	1.62	22.19	0.84
三水区	80066	172197	53.98	1.82	25.10	0.85
高明区	44645	89051	49.67	1.74	24.90	0.87

注：本表数据为居住在普通住宅的家庭。

1-10 续表 1

地　区	家庭户户　数(户)	家庭户人　数(人)	平均每户住房建筑面积(平方米/户)	平均每户住房间数(间/户)	人均住房建筑面积(平方米/人)	人　均住房间数(间/人)
江门市	**317300**	**771423**	**64.79**	**2.12**	**26.65**	**0.87**
蓬江区	95556	225021	62.85	2.04	26.69	0.87
江海区	56862	137015	58.60	1.96	24.32	0.81
新会区	50672	127235	64.63	2.20	25.74	0.88
台山市	18772	46171	84.52	2.48	34.36	1.01
开平市	33245	94533	71.15	2.40	25.02	0.84
鹤山市	51994	113145	53.52	1.86	24.60	0.85
恩平市	10199	28303	118.81	3.25	42.81	1.17
湛江市	**155346**	**425891**	**80.87**	**2.46**	**29.50**	**0.90**
赤坎区	42671	113759	77.09	2.35	28.92	0.88
霞山区	74218	208057	69.26	2.18	24.71	0.78
坡头区	5551	14338	103.48	2.94	40.06	1.14
麻章区	9448	27410	96.52	3.01	33.27	1.04
遂溪县	4102	11464	119.43	3.46	42.73	1.24
徐闻县	4946	13264	89.20	2.74	33.26	1.02
廉江市	5812	15262	123.12	3.46	46.89	1.32
雷州市	2525	6276	93.30	2.97	37.54	1.19
吴川市	6073	16061	125.82	3.34	47.58	1.26
茂名市	**43381**	**107912**	**103.50**	**3.05**	**41.61**	**1.23**
茂南区	24297	57215	79.18	2.46	33.63	1.04
电白区	5240	13830	148.70	3.79	56.34	1.44
高州市	4781	11967	115.95	3.32	46.32	1.33
化州市	4791	12920	135.31	3.93	50.17	1.46
信宜市	4272	11980	136.80	4.20	48.78	1.50
肇庆市	**120139**	**283941**	**76.23**	**2.43**	**32.25**	**1.03**
端州区	42826	98603	79.78	2.48	34.65	1.08
鼎湖区	8131	25919	106.93	3.34	33.54	1.05
高要区	15924	28183	49.79	1.74	28.13	0.98
广宁县	1677	3724	90.59	2.78	40.79	1.25
怀集县	1566	4371	103.08	3.10	36.93	1.11
封开县	1418	3627	104.13	3.22	40.71	1.26
德庆县	2610	7172	103.18	3.08	37.55	1.12
四会市	45987	112342	72.83	2.36	29.81	0.97
惠州市	**749533**	**1675933**	**62.43**	**2.06**	**27.92**	**0.92**
惠城区	300089	701305	62.54	2.09	26.76	0.89
惠阳区	292951	591852	55.98	1.91	27.71	0.95
博罗县	84683	199082	75.28	2.28	32.02	0.97
惠东县	65922	169995	72.27	2.24	28.03	0.87
龙门县	5888	13699	82.44	2.48	35.44	1.07
梅州市	**71266**	**211420**	**112.14**	**3.27**	**37.80**	**1.10**
梅江区	30537	91033	107.98	3.08	36.22	1.03
梅县区	24251	76909	116.82	3.37	36.84	1.06
大埔县	2311	6059	101.20	3.18	38.60	1.21
丰顺县	3052	7596	92.15	2.67	37.03	1.07
五华县	2695	7230	143.85	4.50	53.62	1.68
平远县	1793	4810	123.58	3.85	46.06	1.43
蕉岭县	2619	7226	114.43	3.42	41.48	1.24
兴宁市	4008	10557	109.06	3.46	41.40	1.31

1-10　续表 2

地　　区	家庭户户　数（户）	家庭户人　数（人）	平均每户住房建筑面积（平方米/户）	平均每户住房间数（间/户）	人均住房建筑面积（平方米/人）	人　均住房间数（间/人）
汕尾市	**52400**	**146909**	**82.04**	**2.45**	**29.26**	**0.87**
城　区	14119	40578	76.79	2.24	26.72	0.78
海丰县	30857	86785	78.78	2.45	28.01	0.87
陆河县	2181	6657	140.14	3.94	45.91	1.29
陆丰市	5243	12889	91.19	2.42	37.09	0.99
河源市	**121939**	**367521**	**101.03**	**2.99**	**33.52**	**0.99**
源城区	97020	301487	99.76	2.97	32.10	0.95
紫金县	4299	12084	145.27	3.90	51.68	1.39
龙川县	6455	16321	97.57	3.05	38.59	1.21
连平县	2157	5581	122.79	3.45	47.46	1.33
和平县	1618	4138	108.25	3.29	42.33	1.29
东源县	10390	27910	91.14	2.72	33.93	1.01
阳江市	**65537**	**189182**	**113.64**	**2.94**	**39.37**	**1.02**
江城区	34693	107133	120.36	3.12	38.98	1.01
阳东区	21542	58235	98.94	2.55	36.60	0.94
阳西县	4001	10696	132.28	3.43	49.48	1.28
阳春市	5301	13118	115.39	2.95	46.63	1.19
清远市	**135768**	**387046**	**92.23**	**2.76**	**32.35**	**0.97**
清城区	85462	254270	94.13	2.81	31.64	0.94
清新区	24161	68712	83.46	2.60	29.35	0.91
佛冈县	5184	11715	73.97	2.33	32.73	1.03
阳山县	2177	5551	106.26	3.04	41.67	1.19
连山壮族瑶族自治县	883	2239	106.80	3.14	42.12	1.24
连南瑶族自治县	1222	3089	110.86	3.19	43.85	1.26
英德市	14243	35099	92.63	2.73	37.59	1.11
连州市	2436	6371	121.74	3.24	46.55	1.24
东莞市	**2965791**	**5241836**	**36.92**	**1.42**	**20.89**	**0.80**
市辖区	2965791	5241836	36.92	1.42	20.89	0.80
中山市	**888052**	**1717759**	**44.75**	**1.66**	**23.14**	**0.86**
市辖区	888052	1717759	44.75	1.66	23.14	0.86
潮州市	**59803**	**144069**	**70.42**	**1.99**	**29.23**	**0.83**
湘桥区	25898	64726	80.51	2.16	32.21	0.86
潮安区	32636	76453	61.69	1.84	26.33	0.79
饶平县	1269	2890	89.21	2.43	39.17	1.07
揭阳市	**17717**	**39136**	**66.71**	**1.89**	**30.20**	**0.86**
榕城区	3774	7259	55.09	1.54	28.64	0.80
揭东区	4685	12048	64.67	1.69	25.15	0.66
揭西县	1284	2846	81.65	2.59	36.84	1.17
惠来县	1273	3021	76.55	2.37	32.26	1.00
普宁市	6701	13962	69.95	2.00	33.57	0.96
云浮市	**37770**	**108323**	**96.87**	**2.93**	**33.78**	**1.02**
云城区	23834	73731	93.28	2.81	30.15	0.91
云安区	1471	3411	114.17	3.26	49.23	1.41
新兴县	6401	14731	74.80	2.34	32.50	1.02
郁南县	1874	4742	128.45	3.56	50.76	1.41
罗定市	4190	11708	130.88	4.10	46.84	1.47

第三部分 跨县（市、区）流动人口（全部数据资料）

第二卷 民族

2-1　全省各民族分年龄、性别的人口

单位：人

年龄组	合　计			汉　族		
	合计	男	女	小计	男	女
总　计	**50792391**	**28884396**	**21907995**	**46594466**	**26410020**	**20184446**
0-4岁	1738648	935133	803515	1614380	868977	745403
5-9岁	2073604	1140186	933418	1930353	1060423	869930
10-14岁	1698444	950133	748311	1594287	890117	704170
15-19岁	2877338	1664380	1212958	2655638	1525146	1130492
20-24岁	5618743	3182358	2436385	5136953	2886887	2250066
25-29岁	6616658	3815351	2801307	6059499	3475294	2584205
30-34岁	7354509	4321826	3032683	6683205	3911329	2771876
35-39岁	5568869	3285317	2283552	4995715	2939409	2056306
40-44岁	4375828	2534097	1841731	3918109	2270790	1647319
45-49岁	4532355	2543816	1988539	4128580	2320718	1807862
50-54岁	3550542	2004382	1546160	3287841	1857892	1429949
55-59岁	2133844	1178295	955549	2010638	1109256	901382
60-64岁	1065734	546694	519040	1027786	527016	500770
65-69岁	760277	375541	384736	739449	365907	373542
70-74岁	373970	190955	183015	365508	187434	178074
75-79岁	201007	98955	102052	197360	97598	99762
80-84岁	136465	64104	72361	134642	63369	71273
85-89岁	77071	35082	41989	76315	34786	41529
90岁及以上	38485	17791	20694	38208	17672	20536

2-1　续表 1

单位：人

年龄组	蒙古族			回　族			藏　族		
	小计	男	女	小计	男	女	小计	男	女
总　计	**22226**	**12761**	**9465**	**64835**	**37814**	**27021**	**8921**	**4758**	**4163**
0-4岁	957	495	462	2380	1268	1112	141	79	62
5-9岁	925	476	449	2544	1391	1153	217	124	93
10-14岁	605	305	300	1825	979	846	327	175	152
15-19岁	1043	566	477	4218	2659	1559	1053	537	516
20-24岁	2657	1452	1205	8634	5276	3358	1381	750	631
25-29岁	3105	1862	1243	10035	5867	4168	1093	604	489
30-34岁	3628	2178	1450	10626	6307	4319	1176	650	526
35-39岁	2904	1792	1112	6767	4068	2699	1007	563	444
40-44岁	1763	1084	679	5216	3087	2129	887	437	450
45-49岁	1577	963	614	4669	2722	1947	762	408	354
50-54岁	1066	636	430	3369	1970	1399	496	244	252
55-59岁	777	391	386	1927	1027	900	227	110	117
60-64岁	599	274	325	1027	496	531	79	45	34
65-69岁	383	184	199	832	383	449	41	17	24
70-74岁	119	53	66	372	155	217	15	8	7
75-79岁	61	27	34	217	81	136	10	4	6
80-84岁	46	17	29	122	55	67	3		3
85-89岁	9	5	4	43	17	26	5	3	2
90岁及以上	2	1	1	12	6	6	1		1

2-1 续表 2

单位：人

年龄组	维吾尔族			苗族			彝族		
	小计	男	女	小计	男	女	小计	男	女
总计	**8247**	**4262**	**3985**	**581400**	**342554**	**238846**	**136275**	**77942**	**58333**
0-4岁	227	115	112	19390	10240	9150	2311	1214	1097
5-9岁	319	163	156	19915	11243	8672	2207	1235	972
10-14岁	154	84	70	12958	7308	5650	1582	863	719
15-19岁	2180	918	1262	37086	22752	14334	14340	8501	5839
20-24岁	1775	854	921	77376	47187	30189	28966	16961	12005
25-29岁	991	563	428	79691	48494	31197	23225	13740	9485
30-34岁	854	520	334	90061	54548	35513	20739	12177	8562
35-39岁	571	348	223	70296	42061	28235	14151	7986	6165
40-44岁	361	241	120	59386	33745	25641	11894	6121	5773
45-49岁	292	185	107	56106	31608	24498	9540	5034	4506
50-54岁	200	105	95	36350	20293	16057	4816	2771	2045
55-59岁	136	75	61	15383	9128	6255	1790	1018	772
60-64岁	51	32	19	3878	2195	1683	393	199	194
65-69岁	60	25	35	2110	1112	998	189	68	121
70-74岁	35	15	20	808	382	426	74	33	41
75-79岁	21	9	12	327	137	190	37	10	27
80-84岁	10	7	3	192	83	109	11	6	5
85-89岁	9	3	6	58	26	32	6	2	4
90岁及以上	1		1	29	12	17	4	3	1

2-1 续表 3

单位：人

年龄组	壮族			布依族			朝鲜族		
	小计	男	女	小计	男	女	小计	男	女
总计	**1858706**	**1098716**	**759990**	**222084**	**130370**	**91714**	**18106**	**9725**	**8381**
0-4岁	49833	26687	23146	5645	3057	2588	983	525	458
5-9岁	66848	37623	29225	5438	3057	2381	1002	509	493
10-14岁	52924	31304	21620	3382	2011	1371	693	359	334
15-19岁	79847	52183	27664	14166	9041	5125	543	266	277
20-24岁	173020	108613	64407	35073	21532	13541	717	337	380
25-29岁	222970	137910	85060	35315	21628	13687	1576	799	777
30-34岁	299646	184431	115215	33482	20664	12818	3169	1722	1447
35-39岁	286238	173489	112749	26083	15575	10508	2803	1594	1209
40-44岁	227734	131518	96216	23497	12890	10607	1934	1215	719
45-49岁	187101	101881	85220	20578	10665	9913	1244	826	418
50-54岁	121166	66615	54551	12652	6607	6045	708	450	258
55-59岁	58179	31610	26569	4891	2757	2134	687	305	382
60-64岁	17753	8774	8979	1092	546	546	725	294	431
65-69岁	8941	3806	5135	479	216	263	689	271	418
70-74岁	3812	1371	2441	193	77	116	373	151	222
75-79岁	1564	500	1064	70	25	45	150	64	86
80-84岁	717	252	465	34	14	20	75	27	48
85-89岁	302	106	196	10	4	6	32	11	21
90岁及以上	111	43	68	4	4		3		3

2-1　续表 4　　　　单位：人

年龄组	满　族			侗　族			瑶　族		
	小计	男	女	小计	男	女	小计	男	女
总　计	**36585**	**20299**	**16286**	**227431**	**140361**	**87070**	**348343**	**204574**	**143769**
0–4岁	1898	974	924	6970	3728	3242	11404	6044	5360
5–9岁	1596	833	763	7735	4381	3354	12550	6849	5701
10–14岁	973	490	483	4995	2900	2095	8799	4986	3813
15–19岁	1311	702	609	9911	6608	3303	20765	12502	8263
20–24岁	3317	1804	1513	25183	16581	8602	39836	23427	16409
25–29岁	5142	2966	2176	31101	20193	10908	48825	29388	19437
30–34岁	5858	3438	2420	39151	25018	14133	60251	36979	23272
35–39岁	4136	2441	1695	30775	19321	11454	49046	29627	19419
40–44岁	2882	1707	1175	23521	14201	9320	34224	20008	14216
45–49岁	2220	1331	889	23654	13529	10125	27962	15665	12297
50–54岁	1928	1076	852	14844	8543	6301	19221	10800	8421
55–59岁	1859	874	985	6535	3789	2746	9431	5254	4177
60–64岁	1647	786	861	1638	899	739	3161	1718	1443
65–69岁	1114	533	581	845	410	435	1582	773	809
70–74岁	356	189	167	336	153	183	670	311	359
75–79岁	158	67	91	143	62	81	323	122	201
80–84岁	110	46	64	61	30	31	177	78	99
85–89岁	56	27	29	27	12	15	82	33	49
90岁及以上	24	15	9	6	3	3	34	10	24

2-1　续表 5　　　　单位：人

年龄组	白　族			土家族			哈尼族		
	小计	男	女	小计	男	女	小计	男	女
总　计	**32938**	**19339**	**13599**	**388312**	**229133**	**159179**	**32948**	**19927**	**13021**
0–4岁	723	378	345	15001	7999	7002	404	199	205
5–9岁	680	367	313	14451	7776	6675	363	195	168
10–14岁	515	277	238	9920	5423	4497	212	129	83
15–19岁	1921	1276	645	16687	10234	6453	3054	2008	1046
20–24岁	4871	2959	1912	40132	24368	15764	6701	4347	2354
25–29岁	4910	2878	2032	48283	28890	19393	6031	3817	2214
30–34岁	6123	3682	2441	55979	34109	21870	5801	3509	2292
35–39岁	3826	2272	1554	44971	27511	17460	3954	2284	1670
40–44岁	3444	1912	1532	38529	22565	15964	3074	1640	1434
45–49岁	3088	1720	1368	46650	26554	20096	2142	1136	1006
50–54岁	1790	1036	754	33439	19503	13936	861	461	400
55–59岁	672	383	289	15946	9647	6299	251	145	106
60–64岁	175	103	72	4201	2488	1713	68	42	26
65–69岁	124	58	66	2611	1373	1238	10	5	5
70–74岁	45	22	23	887	429	458	10	6	4
75–79岁	12	5	7	368	152	216	6	1	5
80–84岁	12	6	6	164	74	90	3	2	1
85–89岁	5	4	1	71	29	42	2		2
90岁及以上	2	1	1	22	9	13	1	1	

2-1 续表 6 单位：人

年龄组	哈萨克族			傣族			黎族		
	小计	男	女	小计	男	女	小计	男	女
总 计	**828**	**393**	**435**	**15321**	**8558**	**6763**	**28154**	**15212**	**12942**
0-4岁	7	4	3	133	66	67	762	406	356
5-9岁	4	3	1	143	72	71	923	505	418
10-14岁	5	2	3	84	38	46	623	334	289
15-19岁	309	135	174	1018	694	324	1575	1038	537
20-24岁	211	94	117	2693	1616	1077	4426	2687	1739
25-29岁	122	63	59	2928	1628	1300	6125	3354	2771
30-34岁	68	36	32	3113	1766	1347	4868	2576	2292
35-39岁	43	23	20	2031	1092	939	3376	1736	1640
40-44岁	27	17	10	1468	756	712	2186	1142	1044
45-49岁	12	1	11	1051	516	535	1532	681	851
50-54岁	10	9	1	445	227	218	844	350	494
55-59岁	5	4	1	141	59	82	445	204	241
60-64岁	3	1	2	44	20	24	194	81	113
65-69岁	1	1		14	4	10	139	58	81
70-74岁	1		1	12	4	8	69	29	40
75-79岁				2		2	35	16	19
80-84岁							23	11	12
85-89岁							6	3	3
90岁及以上				1		1	3	1	2

2-1 续表 7 单位：人

年龄组	傈僳族			佤族			畲族		
	小计	男	女	小计	男	女	小计	男	女
总 计	**6912**	**3838**	**3074**	**11417**	**6065**	**5352**	**18888**	**10967**	**7921**
0-4岁	73	34	39	64	32	32	1046	531	515
5-9岁	69	36	33	49	22	27	1239	670	569
10-14岁	31	13	18	31	22	9	870	485	385
15-19岁	810	494	316	887	484	403	1031	568	463
20-24岁	1738	1002	736	2389	1199	1190	1899	1019	880
25-29岁	1469	843	626	2477	1315	1162	2563	1527	1036
30-34岁	1178	679	499	2407	1312	1095	2918	1713	1205
35-39岁	670	338	332	1452	818	634	2097	1245	852
40-44岁	439	184	255	856	450	406	1602	996	606
45-49岁	271	126	145	526	270	256	1377	897	480
50-54岁	106	59	47	202	104	98	911	549	362
55-59岁	36	20	16	56	27	29	581	339	242
60-64岁	11	5	6	16	8	8	358	203	155
65-69岁	5	1	4	3	2	1	188	107	81
70-74岁	2	1	1	2		2	82	47	35
75-79岁	1		1				68	46	22
80-84岁	3	3					28	12	16
85-89岁							19	7	12
90岁及以上							11	6	5

2–1 续表 8

单位：人

年龄组	高山族			拉祜族			水族		
	小计	男	女	小计	男	女	小计	男	女
总 计	**113**	**55**	**58**	**5312**	**2954**	**2358**	**22307**	**13506**	**8801**
0–4岁	6	4	2	35	18	17	688	362	326
5–9岁	3	1	2	21	10	11	612	340	272
10–14岁	2		2	18	8	10	352	199	153
15–19岁	9	3	6	519	350	169	1611	990	621
20–24岁	17	10	7	1157	691	466	3845	2321	1524
25–29岁	14	4	10	1053	597	456	3770	2383	1387
30–34岁	11	5	6	981	567	414	3570	2323	1247
35–39岁	15	8	7	660	340	320	2624	1657	967
40–44岁	12	7	5	445	202	243	2054	1204	850
45–49岁	12	7	5	250	104	146	1611	859	752
50–54岁	5	3	2	119	50	69	1029	566	463
55–59岁	4	1	3	35	9	26	393	222	171
60–64岁	2	1	1	16	6	10	81	51	30
65–69岁	1	1		1		1	48	21	27
70–74岁				2	2		11	5	6
75–79岁							4	2	2
80–84岁							2	1	1
85–89岁							1		1
90岁及以上							1		1

2–1 续表 9

单位：人

年龄组	东乡族			纳西族			景颇族		
	小计	男	女	小计	男	女	小计	男	女
总 计	**4539**	**2940**	**1599**	**702**	**361**	**341**	**2747**	**1430**	**1317**
0–4岁	94	55	39	24	12	12	20	13	7
5–9岁	118	67	51	17	7	10	21	10	11
10–14岁	56	30	26	8	4	4	12	9	3
15–19岁	553	400	153	42	20	22	216	138	78
20–24岁	991	664	327	155	89	66	509	313	196
25–29岁	953	607	346	138	77	61	484	266	218
30–34岁	699	433	266	120	61	59	538	263	275
35–39岁	373	242	131	60	30	30	409	208	201
40–44岁	283	161	122	55	24	31	302	123	179
45–49岁	266	169	97	39	19	20	163	67	96
50–54岁	108	79	29	20	9	11	59	18	41
55–59岁	24	20	4	14	5	9	8	2	6
60–64岁	12	9	3	2	1	1	5		5
65–69岁	5	1	4	7	2	5			
70–74岁	2	2		1	1		1		1
75–79岁	1	1							
80–84岁	1		1						
85–89岁									
90岁及以上									

2–1 续表 10 单位：人

年龄组	柯尔克孜族			土 族			达斡尔族		
	小计	男	女	小计	男	女	小计	男	女
总 计	**460**	**242**	**218**	**5214**	**3027**	**2187**	**550**	**286**	**264**
0–4岁	1		1	134	76	58	23	15	8
5–9岁	2	1	1	182	95	87	32	17	15
10–14岁				95	50	45	16	7	9
15–19岁	74	26	48	236	146	90	18	10	8
20–24岁	84	42	42	596	346	250	66	31	35
25–29岁	70	41	29	640	380	260	74	38	36
30–34岁	81	43	38	750	458	292	108	61	47
35–39岁	65	39	26	600	365	235	72	38	34
40–44岁	37	21	16	541	302	239	36	26	10
45–49岁	31	21	10	626	345	281	22	12	10
50–54岁	13	7	6	462	268	194	22	4	18
55–59岁	1	1		223	130	93	20	9	11
60–64岁	1		1	67	37	30	18	9	9
65–69岁				28	14	14	12	4	8
70–74岁				21	8	13	3	1	2
75–79岁				9	5	4	5	2	3
80–84岁				4	2	2	2	1	1
85–89岁							1	1	
90岁及以上									

2–1 续表 11 单位：人

年龄组	仫佬族			羌 族			布朗族		
	小计	男	女	小计	男	女	小计	男	女
总 计	**27280**	**15927**	**11353**	**1241**	**713**	**528**	**1691**	**904**	**787**
0–4岁	928	501	427	50	28	22	20	14	6
5–9岁	1118	609	509	55	29	26	14	5	9
10–14岁	763	453	310	26	17	9	11	4	7
15–19岁	1031	700	331	40	16	24	156	95	61
20–24岁	2529	1578	951	132	72	60	373	199	174
25–29岁	3376	2003	1373	213	121	92	353	195	158
30–34岁	4679	2823	1856	229	137	92	309	164	145
35–39岁	4175	2448	1727	126	73	53	173	85	88
40–44岁	2865	1672	1193	140	92	48	126	63	63
45–49岁	2616	1443	1173	106	65	41	89	46	43
50–54岁	1903	1041	862	60	32	28	46	20	26
55–59岁	889	479	410	23	13	10	14	11	3
60–64岁	239	121	118	16	6	10	4	2	2
65–69岁	100	37	63	18	10	8	2	1	1
70–74岁	38	13	25	4	1	3			
75–79岁	18	3	15	2	1	1	1		1
80–84岁	7	1	6	1		1			
85–89岁	5	1	4						
90岁及以上	1	1							

2-1 续表 12

单位：人

年龄组	撒拉族			毛南族			仡佬族		
	小计	男	女	小计	男	女	小计	男	女
总　计	**2220**	**1261**	**959**	**12521**	**7633**	**4888**	**26705**	**16556**	**10149**
0–4岁	132	62	70	374	205	169	953	485	468
5–9岁	166	95	71	364	211	153	909	511	398
10–14岁	145	86	59	228	150	78	648	367	281
15–19岁	174	104	70	426	305	121	1385	875	510
20–24岁	233	116	117	1228	769	459	3610	2266	1344
25–29岁	370	208	162	1597	996	601	3526	2262	1264
30–34岁	401	221	180	1951	1270	681	3484	2243	1241
35–39岁	258	162	96	1951	1260	691	2816	1825	991
40–44岁	146	92	54	1570	921	649	2960	1817	1143
45–49岁	93	52	41	1329	732	597	3192	1923	1269
50–54岁	61	38	23	901	509	392	1953	1160	793
55–59岁	32	21	11	425	221	204	890	587	303
60–64岁	2	1	1	107	54	53	161	113	48
65–69岁	1		1	42	19	23	135	82	53
70–74岁	2	1	1	22	8	14	52	27	25
75–79岁	3	2	1	4	2	2	18	6	12
80–84岁				2	1	1	7	5	2
85–89岁	1		1				3		3
90岁及以上							3	2	1

2-1 续表 13

单位：人

年龄组	锡伯族			阿昌族			普米族		
	小计	男	女	小计	男	女	小计	男	女
总　计	**819**	**435**	**384**	**1080**	**578**	**502**	**414**	**268**	**146**
0–4岁	34	16	18	10	4	6	5	3	2
5–9岁	35	18	17	3	2	1	2		2
10–14岁	29	12	17	6	4	2	4	3	1
15–19岁	44	20	24	88	53	35	43	29	14
20–24岁	70	37	33	194	106	88	85	61	24
25–29岁	115	62	53	193	102	91	82	58	24
30–34岁	139	72	67	209	117	92	79	51	28
35–39岁	77	40	37	140	75	65	51	29	22
40–44岁	65	38	27	103	50	53	25	10	15
45–49岁	46	32	14	81	38	43	27	17	10
50–54岁	37	21	16	41	20	21	4	3	1
55–59岁	41	19	22	7	4	3	6	4	2
60–64岁	38	19	19	2	1	1			
65–69岁	31	19	12	1	1				
70–74岁	9	6	3	1		1	1		1
75–79岁	2	2		1	1				
80–84岁	5		5						
85–89岁	1	1							
90岁及以上	1	1							

2-1 续表 14 单位：人

年龄组	塔吉克族			怒族			乌孜别克族		
	小计	男	女	小计	男	女	小计	男	女
总计	**95**	**63**	**32**	**395**	**225**	**170**	**23**	**12**	**11**
0-4岁				3	2	1			
5-9岁	1		1	3	1	2			
10-14岁				3		3	2	2	
15-19岁	6	3	3	64	36	28	2	1	1
20-24岁	26	21	5	110	73	37	7	4	3
25-29岁	14	11	3	71	42	29	3	2	1
30-34岁	12	10	2	62	36	26	2	1	1
35-39岁	13	7	6	35	20	15			
40-44岁	12	4	8	24	7	17	4	1	3
45-49岁	6	4	2	14	6	8	2	1	1
50-54岁	3	2	1	5	1	4			
55-59岁	2	1	1						
60-64岁				1	1				
65-69岁									
70-74岁							1		1
75-79岁									
80-84岁									
85-89岁									
90岁及以上									

2-1 续表 15 单位：人

年龄组	俄罗斯族			鄂温克族			德昂族		
	小计	男	女	小计	男	女	小计	男	女
总计	**124**	**55**	**69**	**144**	**77**	**67**	**439**	**216**	**223**
0-4岁	6	3	3	8	4	4	3		3
5-9岁	8	3	5	4	2	2	7	7	
10-14岁	3	3		3	1	2	2	1	1
15-19岁	9	2	7	7	5	2	39	18	21
20-24岁	15	7	8	17	8	9	97	50	47
25-29岁	17	7	10	31	23	8	74	36	38
30-34岁	14	9	5	27	14	13	86	46	40
35-39岁	13	6	7	18	11	7	64	30	34
40-44岁	10	4	6	7	3	4	34	16	18
45-49岁	5	3	2	10	2	8	20	7	13
50-54岁	8	3	5	7	4	3	10	4	6
55-59岁	4	1	3	3		3	2	1	1
60-64岁	2	1	1	1		1	1		1
65-69岁	5	2	3	1		1			
70-74岁	2	1	1						
75-79岁	3		3						
80-84岁									
85-89岁									
90岁及以上									

2-1 续表 16

单位：人

年龄组	保安族			裕固族			京族		
	小计	男	女	小计	男	女	小计	男	女
总　计	**185**	**111**	**74**	**37**	**19**	**18**	**295**	**160**	**135**
0–4岁	3	1	2	3	3		15	7	8
5–9岁	6	2	4	1	1		17	11	6
10–14岁	1	1		2	2		9	8	1
15–19岁	13	10	3	1		1	32	22	10
20–24岁	40	23	17	4	1	3	31	19	12
25–29岁	40	29	11	9	4	5	56	31	25
30–34岁	29	15	14	7	3	4	31	20	11
35–39岁	20	13	7	5	4	1	41	24	17
40–44岁	13	7	6				24	9	15
45–49岁	10	4	6	2		2	17	4	13
50–54岁	5	2	3	1		1	4	2	2
55–59岁	1		1	1		1	5	1	4
60–64岁	3	3					4	1	3
65–69岁	1	1					6		6
70–74岁				1	1		2		2
75–79岁							1	1	
80–84岁									
85–89岁									
90岁及以上									

2-1 续表 17

单位：人

年龄组	塔塔尔族			独龙族			鄂伦春族		
	小计	男	女	小计	男	女	小计	男	女
总　计	**4**	**3**	**1**	**67**	**35**	**32**	**38**	**23**	**15**
0–4岁							3	1	2
5–9岁							3		3
10–14岁				1		1	2	2	
15–19岁				10	4	6			
20–24岁				14	5	9	6	4	2
25–29岁				13	8	5	4	2	2
30–34岁				10	8	2	6	3	3
35–39岁				8	4	4	6	6	
40–44岁	2	2		4	2	2	2	2	
45–49岁				4	2	2	1		1
50–54岁	1	1		2	2		1	1	
55–59岁							3	1	2
60–64岁	1		1				1	1	
65–69岁									
70–74岁				1		1			
75–79岁									
80–84岁									
85–89岁									
90岁及以上									

2-1 续表 18

单位：人

年龄组	赫哲族			门巴族			珞巴族		
	小计	男	女	小计	男	女	小计	男	女
总　计	**71**	**34**	**37**	**16**	**8**	**8**	**9**	**5**	**4**
0-4岁									
5-9岁	4	4							
10-14岁	2		2	2		2			
15-19岁				3	3		3	2	1
20-24岁	10	8	2	5	3	2	1		1
25-29岁	11	5	6	3	1	2			
30-34岁	12	3	9				1	1	
35-39岁	12	8	4	1	1				
40-44岁	6	2	4				2		2
45-49岁	3		3				1	1	
50-54岁	7	1	6						
55-59岁	1	1		1		1			
60-64岁	1	1							
65-69岁	2	1	1	1		1	1	1	
70-74岁									
75-79岁									
80-84岁									
85-89岁									
90岁及以上									

2-1 续表 19

单位：人

年龄组	基诺族			未定族称人口			入籍		
	小计	男	女	小计	男	女	小计	男	女
总　计	**80**	**32**	**48**	**10759**	**6456**	**4303**	**352**	**198**	**154**
0-4岁	2	1	1	331	180	151	8	6	2
5-9岁				297	170	127	9	4	5
10-14岁	1		1	188	102	86	9	4	5
15-19岁	10	4	6	1045	651	394	36	27	9
20-24岁	13	4	9	2439	1414	1025	86	51	35
25-29岁	14	10	4	1742	1081	661	59	36	23
30-34岁	12	7	5	1513	966	547	46	29	17
35-39岁	8	2	6	1033	645	388	35	19	16
40-44岁	3		3	855	496	359	28	11	17
45-49岁	9	1	8	696	389	307	22	5	17
50-54岁	5		5	365	206	159	10	5	5
55-59岁	3	3		174	106	68	2		2
60-64岁				45	29	16	2	1	1
65-69岁				19	10	9			
70-74岁				12	8	4			
75-79岁				2	1	1			
80-84岁				1	1				
85-89岁				2	1	1			
90岁及以上									

2–2　全省各民族分性别、受教育程度的3岁及以上人口

单位：人

民族	3岁及以上人口			未上过学		
	合计	男	女	小计	男	女
总　计	**49921592**	**28416220**	**21505372**	**525912**	**193194**	**332718**
汉　族	45788108	25976052	19812056	472464	175620	296844
蒙古族	21735	12513	9222	184	76	108
回　族	63656	37182	26474	1061	408	653
藏　族	8851	4719	4132	92	34	58
维吾尔族	8174	4227	3947	83	45	38
苗　族	570906	337035	233871	14652	4086	10566
彝　族	135023	77306	57717	1924	662	1262
壮　族	1834030	1085508	748522	15285	5830	9455
布依族	218912	128678	90234	4161	997	3164
朝鲜族	17612	9467	8145	136	71	65
满　族	35547	19770	15777	252	110	142
侗　族	223726	138413	85313	2932	945	1987
瑶　族	342410	201423	140987	4089	1448	2641
白　族	32545	19137	13408	240	87	153
土家族	380290	224833	155457	5229	1725	3504
哈尼族	32717	19808	12909	604	195	409
哈萨克族	822	390	432	1		1
傣　族	15254	8524	6730	109	39	70
黎　族	27774	15011	12763	303	99	204
傈僳族	6874	3822	3052	89	34	55
佤　族	11377	6047	5330	102	47	55
畲　族	18358	10708	7650	239	78	161
高山族	109	53	56			
拉祜族	5296	2946	2350	96	36	60
水　族	21905	13299	8606	324	86	238
东乡族	4492	2911	1581	118	47	71
纳西族	686	354	332	6	4	2
景颇族	2740	1424	1316	20	5	15
柯尔克孜族	460	242	218			
土　族	5138	2982	2156	60	25	35
达斡尔族	544	281	263	2		2
仫佬族	26800	15662	11138	266	89	177
羌　族	1213	697	516	14	6	8
布朗族	1682	897	785	23	7	16
撒拉族	2153	1226	927	97	29	68
毛南族	12318	7523	4795	80	34	46
仡佬族	26144	16268	9876	339	112	227
锡伯族	799	427	372	9	4	5
阿昌族	1075	575	500	9	2	7
普米族	411	266	145	2	2	
塔吉克族	95	63	32	2	1	1
怒　族	393	223	170	6	3	3
乌孜别克族	23	12	11			
俄罗斯族	121	53	68			
鄂温克族	141	77	64	1		1
德昂族	437	216	221	11	7	4
保安族	184	110	74	7	2	5
裕固族	35	17	18			
京　族	287	157	130	2		2
塔塔尔族	4	3	1			
独龙族	67	35	32	1		1
鄂伦春族	35	22	13	1	1	
赫哲族	71	34	37			
门巴族	16	8	8			
珞巴族	9	5	4			
基诺族	79	32	47			
未定族称人口	10581	6352	4229	177	54	123
入　籍	348	195	153	8	2	6

2－2 续表 1

单位：人

民 族	学前教育			小 学		
	小计	男	女	小计	男	女
总 计	**1287239**	**694140**	**593099**	**7089907**	**3564115**	**3525792**
汉 族	1198127	646156	551971	6316950	3167498	3149452
蒙古族	684	368	316	2267	1204	1063
回 族	1739	914	825	9690	5279	4411
藏 族	114	66	48	1400	662	738
维吾尔族	214	105	109	700	417	283
苗 族	12577	6804	5773	132551	69362	63189
彝 族	1529	823	706	24472	12455	12017
壮 族	38963	21121	17842	326837	166100	160737
布依族	3707	2027	1680	46940	23292	23648
朝鲜族	677	362	315	1620	767	853
满 族	1223	637	586	3403	1703	1700
侗 族	4794	2633	2161	42366	22337	20029
瑶 族	7971	4190	3781	63025	32366	30659
白 族	460	249	211	4214	2124	2090
土家族	10041	5329	4712	71438	36722	34716
哈尼族	257	131	126	6722	3581	3141
哈萨克族	5	3	2	29	19	10
傣 族	120	64	56	2073	1034	1039
黎 族	576	300	276	3085	1534	1551
傈僳族	45	19	26	998	466	532
佤 族	49	29	20	1934	1007	927
畲 族	783	433	350	2736	1372	1364
高山族	4	3	1	5		5
拉祜族	21	11	10	1021	506	515
水 族	397	192	205	4181	2157	2024
东乡族	87	50	37	1056	653	403
纳西族	8	4	4	60	22	38
景颇族	20	8	12	431	203	228
柯尔克孜族	1		1	66	43	23
土 族	101	54	47	956	505	451
达斡尔族	22	12	10	60	34	26
仫佬族	696	370	326	5685	3001	2684
羌 族	34	20	14	154	76	78
布朗族	15	10	5	245	134	111
撒拉族	87	48	39	769	397	372
毛南族	245	143	102	2223	1159	1064
仡佬族	588	305	283	5180	2693	2487
锡伯族	19	10	9	64	34	30
阿昌族	6	2	4	120	49	71
普米族	2		2	55	27	28
塔吉克族	1		1	12	8	4
怒 族	3	1	2	45	23	22
乌孜别克族				4	1	3
俄罗斯族	5	2	3	10	4	6
鄂温克族	5	4	1	13	5	8
德昂族	3	1	2	83	39	44
保安族	3	1	2	39	20	19
裕固族	2	2		1		1
京 族	11	7	4	40	21	19
塔塔尔族				1	1	
独龙族	1	1		9	3	6
鄂伦春族	1		1	5	2	3
赫哲族	1	1		7	6	1
门巴族	1	1		3		3
珞巴族				2	1	1
基诺族	1	1		5	1	4
未定族称人口	188	110	78	1797	965	832
入 籍	5	3	2	50	21	29

2–2　续表 2　　　　单位：人

民　族	初　中			高　中			大学专科		
	小计	男	女	小计	男	女	小计	男	女
总　计	**20762106**	**12289217**	**8472889**	**11132076**	**6727587**	**4404489**	**5220671**	**2841217**	**2379454**
汉　族	18483911	10876715	7607196	10505451	6332287	4173164	5037003	2738439	2298564
蒙古族	6434	4123	2311	4117	2486	1631	2925	1702	1223
回　族	25295	15768	9527	12614	7713	4901	5525	3109	2416
藏　族	3759	2049	1710	1993	1163	830	692	385	307
维吾尔族	2008	1298	710	2948	1359	1589	823	436	387
苗　族	299954	188230	111724	78145	49801	28344	21246	12226	9020
彝　族	79915	47411	32504	20562	12451	8111	4155	2288	1867
壮　族	1080710	665520	415190	265423	169003	96420	68809	38539	30270
布依族	128197	80462	47735	26957	17041	9916	5363	3006	2357
朝鲜族	2794	1572	1222	4528	2528	2000	3464	1924	1540
满　族	7879	4787	3092	6769	3935	2834	5857	3264	2593
侗　族	122901	80201	42700	35012	23183	11829	9889	5901	3988
瑶　族	182270	112555	69715	57184	36075	21109	17699	9484	8215
白　族	17791	10807	6984	6456	4033	2423	1799	1022	777
土家族	186756	117064	69692	65540	41339	24201	24053	13356	10697
哈尼族	19977	12756	7221	4256	2674	1582	633	345	288
哈萨克族	119	70	49	375	177	198	65	36	29
傣　族	9797	5601	4196	2426	1425	1001	449	240	209
黎　族	14000	8084	5916	5747	3099	2648	2250	1053	1197
傈僳族	4113	2338	1775	1338	813	525	195	111	84
佤　族	7459	4000	3459	1592	849	743	185	87	98
畲　族	6511	3988	2523	3925	2472	1453	2190	1238	952
高山族	46	24	22	27	15	12	15	6	9
拉祜族	3288	1885	1403	699	410	289	111	63	48
水　族	12386	7922	4464	3390	2187	1203	781	473	308
东乡族	2423	1639	784	681	437	244	69	50	19
纳西族	279	160	119	135	67	68	84	41	43
景颇族	1764	920	844	423	256	167	59	25	34
柯尔克孜族	284	164	120	72	23	49	6	2	4
土　族	2534	1524	1010	947	568	379	282	171	111
达斡尔族	97	55	42	125	71	54	85	42	43
仫佬族	14503	8983	5520	3626	2209	1417	1214	598	616
羌　族	424	270	154	258	169	89	164	86	78
布朗族	1078	573	505	241	134	107	56	28	28
撒拉族	897	560	337	232	150	82	40	24	16
毛南族	7459	4806	2653	1613	1023	590	414	229	185
仡佬族	14141	9404	4737	3806	2473	1333	1144	718	426
锡伯族	121	76	45	141	76	65	148	82	66
阿昌族	728	397	331	176	102	74	23	14	9
普米族	236	156	80	89	66	23	19	11	8
塔吉克族	60	40	20	8	5	3	6	5	1
怒　族	233	135	98	85	50	35	17	9	8
乌孜别克族	4	3	1	4	2	2	3	2	1
俄罗斯族	15	6	9	16	5	11	19	10	9
鄂温克族	27	14	13	21	12	9	26	15	11
德昂族	265	128	137	58	32	26	13	7	6
保安族	98	62	36	28	21	7	3	1	2
裕固族	11	6	5	5	2	3	5	3	2
京　族	110	67	43	60	35	25	27	12	15
塔塔尔族	1	1		1	1				
独龙族	29	20	9	18	6	12	5	2	3
鄂伦春族	7	6	1	9	5	4	4	4	
赫哲族	24	10	14	13	6	7	8	4	4
门巴族	8	5	3	2	2				
珞巴族	2	1	1	4	2	2			
基诺族	47	20	27	13	6	7	7	3	4
未定族称人口	5756	3674	2082	1615	1006	609	523	272	251
入　籍	171	102	69	77	47	30	22	14	8

2-2 续表 3

单位：人

民族	大学本科			硕士研究生			博士研究生		
	小计	男	女	小计	男	女	小计	男	女
总　计	**3566322**	**1918934**	**1647388**	**300457**	**163790**	**136667**	**36902**	**24026**	**12876**
汉　族	3448663	1857198	1591465	290030	158996	131034	35509	23143	12366
蒙古族	4288	2172	2116	750	330	420	86	52	34
回　族	6372	3311	3061	1209	583	626	151	97	54
藏　族	733	332	401	58	21	37	10	7	3
维吾尔族	1329	537	792	59	24	35	10	6	4
苗　族	10868	6083	4785	805	373	432	108	70	38
彝　族	2260	1132	1128	173	67	106	33	17	16
壮　族	35903	18362	17541	1813	847	966	287	186	101
布依族	3290	1722	1568	256	105	151	41	26	15
朝鲜族	3931	2029	1902	394	172	222	68	42	26
满　族	8420	4486	3934	1562	733	829	182	115	67
侗　族	5418	3011	2407	364	168	196	50	34	16
瑶　族	9559	5001	4558	537	255	282	76	49	27
白　族	1392	733	659	174	69	105	19	13	6
土家族	15447	8424	7023	1603	757	846	183	117	66
哈尼族	228	105	123	32	15	17	8	6	2
哈萨克族	213	81	132	13	3	10	2	1	1
傣　族	257	111	146	18	6	12	5	4	1
黎　族	1726	804	922	77	32	45	10	6	4
傈僳族	87	40	47	9	1	8			
佤　族	51	24	27	4	4		1		1
畲　族	1821	1045	776	139	75	64	14	7	7
高山族	9	4	5	3	1	2			
拉祜族	54	32	22	6	3	3			
水　族	415	265	150	29	16	13	2	1	1
东乡族	52	32	20	6	3	3			
纳西族	87	47	40	22	6	16	5	3	2
景颇族	23	7	16						
柯尔克孜族	28	10	18	3		3			
土　族	230	125	105	21	7	14	7	3	4
达斡尔族	125	57	68	26	9	17	2	1	1
仫佬族	740	376	364	64	33	31	6	3	3
羌　族	138	62	76	26	8	18	1		1
布朗族	22	11	11	2		2			
撒拉族	26	16	10	3		3	2	2	
毛南族	269	120	149	11	7	4	4	2	2
仡佬族	890	540	350	48	17	31	8	6	2
锡伯族	248	125	123	43	17	26	6	3	3
阿昌族	13	9	4						
普米族	6	3	3	2	1	1			
塔吉克族	6	4	2						
怒　族	4	2	2						
乌孜别克族	8	4	4						
俄罗斯族	44	21	23	10	4	6	2	1	1
鄂温克族	45	25	20	3	2	1			
德昂族	4	2	2						
保安族	5	2	3	1	1				
裕固族	8	4	4	2		2	1		1
京　族	34	13	21	3	2	1			
塔塔尔族	1		1						
独龙族	3	2	1				1	1	
鄂伦春族	6	3	3	2	1	1			
赫哲族	13	5	8	5	2	3			
门巴族	2		2						
珞巴族	1	1							
基诺族	5	1	4	1		1			
未定族称人口	488	256	232	35	13	22	2	2	
入　籍	14	5	9	1	1				

第三部分 跨县（市、区）流动人口（全部数据资料）

第三卷 年龄

3-1　全省分年龄、性别的人口

单位：人、%

年　龄	人　口　数			占总人口比重			性别比
	合计	男	女	合计	男	女	(女=100)
总　计	**50792391**	**28884396**	**21907995**	**100.00**	**56.87**	**43.13**	**131.84**
0-4岁	**1738648**	**935133**	**803515**	**3.42**	**1.84**	**1.58**	**116.38**
0	166765	90071	76694	0.33	0.18	0.15	117.44
1	334729	179830	154899	0.66	0.35	0.30	116.10
2	369305	198275	171030	0.73	0.39	0.34	115.93
3	434416	232713	201703	0.86	0.46	0.40	115.37
4	433433	234244	199189	0.85	0.46	0.39	117.60
5-9岁	**2073604**	**1140186**	**933418**	**4.08**	**2.24**	**1.84**	**122.15**
5	410492	223648	186844	0.81	0.44	0.37	119.70
6	402838	220964	181874	0.79	0.44	0.36	121.49
7	405278	223073	182205	0.80	0.44	0.36	122.43
8	452409	249507	202902	0.89	0.49	0.40	122.97
9	402587	222994	179593	0.79	0.44	0.35	124.17
10-14岁	**1698444**	**950133**	**748311**	**3.34**	**1.87**	**1.47**	**126.97**
10	380900	213106	167794	0.75	0.42	0.33	127.00
11	379232	211899	167333	0.75	0.42	0.33	126.63
12	341723	190833	150890	0.67	0.38	0.30	126.47
13	306216	171254	134962	0.60	0.34	0.27	126.89
14	290373	163041	127332	0.57	0.32	0.25	128.04
15-19岁	**2877338**	**1664380**	**1212958**	**5.66**	**3.28**	**2.39**	**137.22**
15	341577	192631	148946	0.67	0.38	0.29	129.33
16	484549	281875	202674	0.95	0.55	0.40	139.08
17	536787	319752	217035	1.06	0.63	0.43	147.33
18	642465	376162	266303	1.26	0.74	0.52	141.25
19	871960	493960	378000	1.72	0.97	0.74	130.68
20-24岁	**5618743**	**3182358**	**2436385**	**11.06**	**6.27**	**4.80**	**130.62**
20	992050	558601	433449	1.95	1.10	0.85	128.87
21	1025921	578707	447214	2.02	1.14	0.88	129.40
22	1151243	657318	493925	2.27	1.29	0.97	133.08
23	1189137	675729	513408	2.34	1.33	1.01	131.62
24	1260392	712003	548389	2.48	1.40	1.08	129.84
25-29岁	**6616658**	**3815351**	**2801307**	**13.03**	**7.51**	**5.52**	**136.20**
25	1324898	753699	571199	2.61	1.48	1.12	131.95
26	1255912	716590	539322	2.47	1.41	1.06	132.87
27	1326677	763539	563138	2.61	1.50	1.11	135.59
28	1342321	781491	560830	2.64	1.54	1.10	139.35
29	1366850	800032	566818	2.69	1.58	1.12	141.14
30-34岁	**7354509**	**4321826**	**3032683**	**14.48**	**8.51**	**5.97**	**142.51**
30	1617951	948664	669287	3.19	1.87	1.32	141.74
31	1524058	894283	629775	3.00	1.76	1.24	142.00
32	1400125	822373	577752	2.76	1.62	1.14	142.34
33	1492460	880638	611822	2.94	1.73	1.20	143.94
34	1319915	775868	544047	2.60	1.53	1.07	142.61
35-39岁	**5568869**	**3285317**	**2283552**	**10.96**	**6.47**	**4.50**	**143.87**
35	1169713	689427	480286	2.30	1.36	0.95	143.55
36	1153407	680100	473307	2.27	1.34	0.93	143.69
37	1067832	631784	436048	2.10	1.24	0.86	144.89
38	1148965	679581	469384	2.26	1.34	0.92	144.78
39	1028952	604425	424527	2.03	1.19	0.84	142.38
40-44岁	**4375828**	**2534097**	**1841731**	**8.62**	**4.99**	**3.63**	**137.59**
40	914491	535408	379083	1.80	1.05	0.75	141.24
41	953243	557598	395645	1.88	1.10	0.78	140.93
42	855999	496363	359636	1.69	0.98	0.71	138.02
43	784711	450750	333961	1.54	0.89	0.66	134.97
44	867384	493978	373406	1.71	0.97	0.74	132.29

3-1 续表

单位：人、%

年 龄	人口数			占总人口比重			性别比
	合计	男	女	合计	男	女	(女=100)
45-49岁	**4532355**	**2543816**	**1988539**	**8.92**	**5.01**	**3.92**	**127.92**
45	884616	498182	386434	1.74	0.98	0.76	128.92
46	968234	541403	426831	1.91	1.07	0.84	126.84
47	931406	522137	409269	1.83	1.03	0.81	127.58
48	892278	500210	392068	1.76	0.98	0.77	127.58
49	855821	481884	373937	1.68	0.95	0.74	128.87
50-54岁	**3550542**	**2004382**	**1546160**	**6.99**	**3.95**	**3.04**	**129.64**
50	848384	476013	372371	1.67	0.94	0.73	127.83
51	750394	424655	325739	1.48	0.84	0.64	130.37
52	773468	436149	337319	1.52	0.86	0.66	129.30
53	580345	327818	252527	1.14	0.65	0.50	129.82
54	597951	339747	258204	1.18	0.67	0.51	131.58
55-59岁	**2133844**	**1178295**	**955549**	**4.20**	**2.32**	**1.88**	**123.31**
55	546799	308417	238382	1.08	0.61	0.47	129.38
56	493292	273855	219437	0.97	0.54	0.43	124.80
57	515391	286665	228726	1.01	0.56	0.45	125.33
58	386357	209645	176712	0.76	0.41	0.35	118.64
59	192005	99713	92292	0.38	0.20	0.18	108.04
60-64岁	**1065734**	**546694**	**519040**	**2.10**	**1.08**	**1.02**	**105.33**
60	191995	98569	93426	0.38	0.19	0.18	105.50
61	193618	100821	92797	0.38	0.20	0.18	108.65
62	235810	122206	113604	0.46	0.24	0.22	107.57
63	244392	125151	119241	0.48	0.25	0.23	104.96
64	199919	99947	99972	0.39	0.20	0.20	99.97
65-69岁	**760277**	**375541**	**384736**	**1.50**	**0.74**	**0.76**	**97.61**
65	190341	94803	95538	0.37	0.19	0.19	99.23
66	179296	88284	91012	0.35	0.17	0.18	97.00
67	148680	72945	75735	0.29	0.14	0.15	96.32
68	133817	65839	67978	0.26	0.13	0.13	96.85
69	108143	53670	54473	0.21	0.11	0.11	98.53
70-74岁	**373970**	**190955**	**183015**	**0.74**	**0.38**	**0.36**	**104.34**
70	99046	50010	49036	0.20	0.10	0.10	101.99
71	89443	46231	43212	0.18	0.09	0.09	106.99
72	70196	35660	34536	0.14	0.07	0.07	103.25
73	61035	31144	29891	0.12	0.06	0.06	104.19
74	54250	27910	26340	0.11	0.05	0.05	105.96
75-79岁	**201007**	**98955**	**102052**	**0.40**	**0.19**	**0.20**	**96.97**
75	48881	24807	24074	0.10	0.05	0.05	103.04
76	43342	21799	21543	0.09	0.04	0.04	101.19
77	38664	18877	19787	0.08	0.04	0.04	95.40
78	36211	17339	18872	0.07	0.03	0.04	91.88
79	33909	16133	17776	0.07	0.03	0.03	90.76
80-84岁	**136465**	**64104**	**72361**	**0.27**	**0.13**	**0.14**	**88.59**
80	32274	15557	16717	0.06	0.03	0.03	93.06
81	27893	13152	14741	0.05	0.03	0.03	89.22
82	27904	13024	14880	0.05	0.03	0.03	87.53
83	25050	11714	13336	0.05	0.02	0.03	87.84
84	23344	10657	12687	0.05	0.02	0.02	84.00
85-89岁	**77071**	**35082**	**41989**	**0.15**	**0.07**	**0.08**	**83.55**
85	19802	8792	11010	0.04	0.02	0.02	79.85
86	17852	8029	9823	0.04	0.02	0.02	81.74
87	16559	7681	8878	0.03	0.02	0.02	86.52
88	12437	5817	6620	0.02	0.01	0.01	87.87
89	10421	4763	5658	0.02	0.01	0.01	84.18
90岁及以上	**38485**	**17791**	**20694**	**0.08**	**0.04**	**0.04**	**85.97**

3-1a 全省分年龄、性别的人口(城市)

单位：人、%

年 龄	人口数			占总人口比重			性别比
	合计	男	女	合计	男	女	(女=100)
总 计	**42709738**	**24152086**	**18557652**	**100.00**	**56.55**	**43.45**	**130.15**
0-4岁	**1443061**	**776705**	**666356**	**3.38**	**1.82**	**1.56**	**116.56**
0	140388	75723	64665	0.33	0.18	0.15	117.10
1	277547	149142	128405	0.65	0.35	0.30	116.15
2	305610	164241	141369	0.72	0.38	0.33	116.18
3	359951	192971	166980	0.84	0.45	0.39	115.57
4	359565	194628	164937	0.84	0.46	0.39	118.00
5-9岁	**1695768**	**934685**	**761083**	**3.97**	**2.19**	**1.78**	**122.81**
5	338840	185092	153748	0.79	0.43	0.36	120.39
6	329281	181057	148224	0.77	0.42	0.35	122.15
7	330264	182233	148031	0.77	0.43	0.35	123.10
8	369434	204349	165085	0.86	0.48	0.39	123.78
9	327949	181954	145995	0.77	0.43	0.34	124.63
10-14岁	**1380495**	**774749**	**605746**	**3.23**	**1.81**	**1.42**	**127.90**
10	310771	174513	136258	0.73	0.41	0.32	128.08
11	308280	172812	135468	0.72	0.40	0.32	127.57
12	277325	155373	121952	0.65	0.36	0.29	127.41
13	248763	139459	109304	0.58	0.33	0.26	127.59
14	235356	132592	102764	0.55	0.31	0.24	129.03
15-19岁	**2342435**	**1354608**	**987827**	**5.48**	**3.17**	**2.31**	**137.13**
15	278442	157502	120940	0.65	0.37	0.28	130.23
16	397335	230881	166454	0.93	0.54	0.39	138.71
17	444028	264011	180017	1.04	0.62	0.42	146.66
18	519665	304285	215380	1.22	0.71	0.50	141.28
19	702965	397929	305036	1.65	0.93	0.71	130.45
20-24岁	**4832053**	**2718228**	**2113825**	**11.31**	**6.36**	**4.95**	**128.59**
20	817893	459658	358235	1.92	1.08	0.84	128.31
21	866946	487395	379551	2.03	1.14	0.89	128.41
22	996244	564283	431961	2.33	1.32	1.01	130.63
23	1041334	586174	455160	2.44	1.37	1.07	128.78
24	1109636	620718	488918	2.60	1.45	1.14	126.96
25-29岁	**5791879**	**3319523**	**2472356**	**13.56**	**7.77**	**5.79**	**134.27**
25	1165449	657237	508212	2.73	1.54	1.19	129.32
26	1102643	624348	478295	2.58	1.46	1.12	130.54
27	1162409	665106	497303	2.72	1.56	1.16	133.74
28	1172063	679237	492826	2.74	1.59	1.15	137.82
29	1189315	693595	495720	2.78	1.62	1.16	139.92
30-34岁	**6347071**	**3718790**	**2628281**	**14.86**	**8.71**	**6.15**	**141.49**
30	1404989	820873	584116	3.29	1.92	1.37	140.53
31	1318850	771599	547251	3.09	1.81	1.28	141.00
32	1209043	708081	500962	2.83	1.66	1.17	141.34
33	1283679	755447	528232	3.01	1.77	1.24	143.01
34	1130510	662790	467720	2.65	1.55	1.10	141.71
35-39岁	**4721532**	**2779171**	**1942361**	**11.05**	**6.51**	**4.55**	**143.08**
35	998032	586751	411281	2.34	1.37	0.96	142.66
36	982703	578325	404378	2.30	1.35	0.95	143.02
37	906204	535015	371189	2.12	1.25	0.87	144.14
38	970445	572564	397881	2.27	1.34	0.93	143.90
39	864148	506516	357632	2.02	1.19	0.84	141.63
40-44岁	**3629751**	**2095387**	**1534364**	**8.50**	**4.91**	**3.59**	**136.56**
40	764858	446916	317942	1.79	1.05	0.74	140.57
41	796764	464589	332175	1.87	1.09	0.78	139.86
42	709492	410012	299480	1.66	0.96	0.70	136.91
43	647509	370439	277070	1.52	0.87	0.65	133.70
44	711128	403431	307697	1.67	0.94	0.72	131.11

3-1a　续表　　　　　　　　　　　　　　　　　　　　　　单位：人、%

年　龄	人　口　数			占总人口比重			性别比
	合计	男	女	合计	男	女	(女=100)
45-49岁	**3687388**	**2056216**	**1631172**	**8.63**	**4.81**	**3.82**	**126.06**
45	721726	404776	316950	1.69	0.95	0.74	127.71
46	788180	438147	350033	1.85	1.03	0.82	125.17
47	758225	422424	335801	1.78	0.99	0.79	125.80
48	725361	403655	321706	1.70	0.95	0.75	125.47
49	693896	387214	306682	1.62	0.91	0.72	126.26
50-54岁	**2872501**	**1599286**	**1273215**	**6.73**	**3.74**	**2.98**	**125.61**
50	685880	381018	304862	1.61	0.89	0.71	124.98
51	606998	339416	267582	1.42	0.79	0.63	126.85
52	625893	348154	277739	1.47	0.82	0.65	125.35
53	469647	260872	208775	1.10	0.61	0.49	124.95
54	484083	269826	214257	1.13	0.63	0.50	125.94
55-59岁	**1753986**	**943738**	**810248**	**4.11**	**2.21**	**1.90**	**116.48**
55	445352	245647	199705	1.04	0.58	0.47	123.00
56	404029	218890	185139	0.95	0.51	0.43	118.23
57	424726	229717	195009	0.99	0.54	0.46	117.80
58	319786	168615	151171	0.75	0.39	0.35	111.54
59	160093	80869	79224	0.37	0.19	0.19	102.08
60-64岁	**905417**	**452512**	**452905**	**2.12**	**1.06**	**1.06**	**99.91**
60	162154	80948	81206	0.38	0.19	0.19	99.68
61	163982	83213	80769	0.38	0.19	0.19	103.03
62	199555	100661	98894	0.47	0.24	0.23	101.79
63	208771	104188	104583	0.49	0.24	0.24	99.62
64	170955	83502	87453	0.40	0.20	0.20	95.48
65-69岁	**649537**	**314558**	**334979**	**1.52**	**0.74**	**0.78**	**93.90**
65	162950	79467	83483	0.38	0.19	0.20	95.19
66	153598	74147	79451	0.36	0.17	0.19	93.32
67	126765	60928	65837	0.30	0.14	0.15	92.54
68	114182	55168	59014	0.27	0.13	0.14	93.48
69	92042	44848	47194	0.22	0.11	0.11	95.03
70-74岁	**310204**	**154896**	**155308**	**0.73**	**0.36**	**0.36**	**99.73**
70	83104	41220	41884	0.19	0.10	0.10	98.41
71	74584	37702	36882	0.17	0.09	0.09	102.22
72	58190	28905	29285	0.14	0.07	0.07	98.70
73	50211	24944	25267	0.12	0.06	0.06	98.72
74	44115	22125	21990	0.10	0.05	0.05	100.61
75-79岁	**159554**	**76114**	**83440**	**0.37**	**0.18**	**0.20**	**91.22**
75	39253	19346	19907	0.09	0.05	0.05	97.18
76	34469	16776	17693	0.08	0.04	0.04	94.82
77	30661	14511	16150	0.07	0.03	0.04	89.85
78	28633	13265	15368	0.07	0.03	0.04	86.32
79	26538	12216	14322	0.06	0.03	0.03	85.30
80-84岁	**104695**	**47432**	**57263**	**0.25**	**0.11**	**0.13**	**82.83**
80	24912	11580	13332	0.06	0.03	0.03	86.86
81	21473	9789	11684	0.05	0.02	0.03	83.78
82	21494	9679	11815	0.05	0.02	0.03	81.92
83	19012	8530	10482	0.04	0.02	0.02	81.38
84	17804	7854	9950	0.04	0.02	0.02	78.93
85-89岁	**56614**	**24540**	**32074**	**0.13**	**0.06**	**0.08**	**76.51**
85	14788	6226	8562	0.03	0.01	0.02	72.72
86	13253	5698	7555	0.03	0.01	0.02	75.42
87	12129	5360	6769	0.03	0.01	0.02	79.18
88	9031	4029	5002	0.02	0.01	0.01	80.55
89	7413	3227	4186	0.02	0.01	0.01	77.09
90岁及以上	**25797**	**10948**	**14849**	**0.06**	**0.03**	**0.03**	**73.73**

3–1b 全省分年龄、性别的人口(镇)

单位：人、%

年龄	人口数			占总人口比重			性别比
	合计	男	女	合计	男	女	(女=100)
总 计	**3906896**	**2238170**	**1668726**	**100.00**	**57.29**	**42.71**	**134.12**
0–4岁	**155592**	**83608**	**71984**	**3.98**	**2.14**	**1.84**	**116.15**
0	14069	7685	6384	0.36	0.20	0.16	120.38
1	29498	15969	13529	0.76	0.41	0.35	118.04
2	33017	17643	15374	0.85	0.45	0.39	114.76
3	39441	21128	18313	1.01	0.54	0.47	115.37
4	39567	21183	18384	1.01	0.54	0.47	115.23
5–9岁	**202982**	**110455**	**92527**	**5.20**	**2.83**	**2.37**	**119.38**
5	38704	20820	17884	0.99	0.53	0.46	116.42
6	39460	21461	17999	1.01	0.55	0.46	119.23
7	40271	21886	18385	1.03	0.56	0.47	119.04
8	44545	24240	20305	1.14	0.62	0.52	119.38
9	40002	22048	17954	1.02	0.56	0.46	122.80
10–14岁	**169676**	**93404**	**76272**	**4.34**	**2.39**	**1.95**	**122.46**
10	37754	20830	16924	0.97	0.53	0.43	123.08
11	37938	20829	17109	0.97	0.53	0.44	121.74
12	34514	19001	15513	0.88	0.49	0.40	122.48
13	30316	16647	13669	0.78	0.43	0.35	121.79
14	29154	16097	13057	0.75	0.41	0.33	123.28
15–19岁	**256612**	**147072**	**109540**	**6.57**	**3.76**	**2.80**	**134.26**
15	31305	17413	13892	0.80	0.45	0.36	125.35
16	40866	23554	17312	1.05	0.60	0.44	136.06
17	42777	25027	17750	1.09	0.64	0.45	141.00
18	58094	33733	24361	1.49	0.86	0.62	138.47
19	83570	47345	36225	2.14	1.21	0.93	130.70
20–24岁	**377939**	**219286**	**158653**	**9.67**	**5.61**	**4.06**	**138.22**
20	87895	49123	38772	2.25	1.26	0.99	126.70
21	77928	44040	33888	1.99	1.13	0.87	129.96
22	72984	43226	29758	1.87	1.11	0.76	145.26
23	68344	40913	27431	1.75	1.05	0.70	149.15
24	70788	41984	28804	1.81	1.07	0.74	145.76
25–29岁	**392193**	**231136**	**161057**	**10.04**	**5.92**	**4.12**	**143.51**
25	74943	44664	30279	1.92	1.14	0.78	147.51
26	72739	42901	29838	1.86	1.10	0.76	143.78
27	78285	45845	32440	2.00	1.17	0.83	141.32
28	80975	47765	33210	2.07	1.22	0.85	143.83
29	85251	49961	35290	2.18	1.28	0.90	141.57
30–34岁	**493517**	**286861**	**206656**	**12.63**	**7.34**	**5.29**	**138.81**
30	102791	60143	42648	2.63	1.54	1.09	141.02
31	99907	57967	41940	2.56	1.48	1.07	138.21
32	93406	54200	39206	2.39	1.39	1.00	138.24
33	102998	59910	43088	2.64	1.53	1.10	139.04
34	94415	54641	39774	2.42	1.40	1.02	137.38
35–39岁	**425666**	**247378**	**178288**	**10.90**	**6.33**	**4.56**	**138.75**
35	85758	49686	36072	2.20	1.27	0.92	137.74
36	86331	50025	36306	2.21	1.28	0.93	137.79
37	81270	47144	34126	2.08	1.21	0.87	138.15
38	89928	52652	37276	2.30	1.35	0.95	141.25
39	82379	47871	34508	2.11	1.23	0.88	138.72
40–44岁	**359899**	**208280**	**151619**	**9.21**	**5.33**	**3.88**	**137.37**
40	73603	42615	30988	1.88	1.09	0.79	137.52
41	76588	44644	31944	1.96	1.14	0.82	139.76
42	70831	41175	29656	1.81	1.05	0.76	138.84
43	65020	37459	27561	1.66	0.96	0.71	135.91
44	73857	42387	31470	1.89	1.08	0.81	134.69

3-1b 续表 单位：人、%

年 龄	人口数			占总人口比重			性别比
	合计	男	女	合计	男	女	(女=100)
45-49岁	**394037**	**223906**	**170131**	**10.09**	**5.73**	**4.35**	**131.61**
45	76720	43288	33432	1.96	1.11	0.86	129.48
46	84468	47723	36745	2.16	1.22	0.94	129.88
47	81070	45922	35148	2.08	1.18	0.90	130.65
48	77403	44136	33267	1.98	1.13	0.85	132.67
49	74376	42837	31539	1.90	1.10	0.81	135.82
50-54岁	**309907**	**180894**	**129013**	**7.93**	**4.63**	**3.30**	**140.21**
50	74436	42770	31666	1.91	1.09	0.81	135.07
51	65759	38303	27456	1.68	0.98	0.70	139.51
52	67019	38947	28072	1.72	1.00	0.72	138.74
53	50532	29803	20729	1.29	0.76	0.53	143.77
54	52161	31071	21090	1.34	0.80	0.54	147.33
55-59岁	**175502**	**103485**	**72017**	**4.49**	**2.65**	**1.84**	**143.70**
55	46988	28042	18946	1.20	0.72	0.48	148.01
56	41408	24452	16956	1.06	0.63	0.43	144.21
57	41596	24768	16828	1.06	0.63	0.43	147.18
58	30664	17963	12701	0.78	0.46	0.33	141.43
59	14846	8260	6586	0.38	0.21	0.17	125.42
60-64岁	**78801**	**43450**	**35351**	**2.02**	**1.11**	**0.90**	**122.91**
60	14465	8065	6400	0.37	0.21	0.16	126.02
61	14308	7919	6389	0.37	0.20	0.16	123.95
62	18023	10038	7985	0.46	0.26	0.20	125.71
63	17627	9743	7884	0.45	0.25	0.20	123.58
64	14378	7685	6693	0.37	0.20	0.17	114.82
65-69岁	**53425**	**27812**	**25613**	**1.37**	**0.71**	**0.66**	**108.59**
65	13403	7116	6287	0.34	0.18	0.16	113.19
66	12579	6503	6076	0.32	0.17	0.16	107.03
67	10610	5512	5098	0.27	0.14	0.13	108.12
68	9397	4803	4594	0.24	0.12	0.12	104.55
69	7436	3878	3558	0.19	0.10	0.09	108.99
70-74岁	**26730**	**14145**	**12585**	**0.68**	**0.36**	**0.32**	**112.40**
70	6883	3607	3276	0.18	0.09	0.08	110.10
71	6340	3395	2945	0.16	0.09	0.08	115.28
72	5005	2606	2399	0.13	0.07	0.06	108.63
73	4495	2398	2097	0.12	0.06	0.05	114.35
74	4007	2139	1868	0.10	0.05	0.05	114.51
75-79岁	**15205**	**7746**	**7459**	**0.39**	**0.20**	**0.19**	**103.85**
75	3674	1940	1734	0.09	0.05	0.04	111.88
76	3321	1759	1562	0.09	0.05	0.04	112.61
77	2904	1441	1463	0.07	0.04	0.04	98.50
78	2688	1311	1377	0.07	0.03	0.04	95.21
79	2618	1295	1323	0.07	0.03	0.03	97.88
80-84岁	**10436**	**5080**	**5356**	**0.27**	**0.13**	**0.14**	**94.85**
80	2536	1246	1290	0.06	0.03	0.03	96.59
81	2123	1045	1078	0.05	0.03	0.03	96.94
82	2165	1063	1102	0.06	0.03	0.03	96.46
83	1920	936	984	0.05	0.02	0.03	95.12
84	1692	790	902	0.04	0.02	0.02	87.58
85-89岁	**5711**	**2699**	**3012**	**0.15**	**0.07**	**0.08**	**89.61**
85	1503	712	791	0.04	0.02	0.02	90.01
86	1285	583	702	0.03	0.01	0.02	83.05
87	1236	609	627	0.03	0.02	0.02	97.13
88	928	446	482	0.02	0.01	0.01	92.53
89	759	349	410	0.02	0.01	0.01	85.12
90岁及以上	**3066**	**1473**	**1593**	**0.08**	**0.04**	**0.04**	**92.47**

3-1c　全省分年龄、性别的人口(乡村)

单位：人、%

年　龄	人　口　数			占总人口比重			性别比
	合计	男	女	合计	男	女	(女=100)
总　计	**4175757**	**2494140**	**1681617**	**100.00**	**59.73**	**40.27**	**148.32**
0-4岁	**139995**	**74820**	**65175**	**3.35**	**1.79**	**1.56**	**114.80**
0	12308	6663	5645	0.29	0.16	0.14	118.03
1	27684	14719	12965	0.66	0.35	0.31	113.53
2	30678	16391	14287	0.73	0.39	0.34	114.73
3	35024	18614	16410	0.84	0.45	0.39	113.43
4	34301	18433	15868	0.82	0.44	0.38	116.16
5-9岁	**174854**	**95046**	**79808**	**4.19**	**2.28**	**1.91**	**119.09**
5	32948	17736	15212	0.79	0.42	0.36	116.59
6	34097	18446	15651	0.82	0.44	0.37	117.86
7	34743	18954	15789	0.83	0.45	0.38	120.05
8	38430	20918	17512	0.92	0.50	0.42	119.45
9	34636	18992	15644	0.83	0.45	0.37	121.40
10-14岁	**148273**	**81980**	**66293**	**3.55**	**1.96**	**1.59**	**123.66**
10	32375	17763	14612	0.78	0.43	0.35	121.56
11	33014	18258	14756	0.79	0.44	0.35	123.73
12	29884	16459	13425	0.72	0.39	0.32	122.60
13	27137	15148	11989	0.65	0.36	0.29	126.35
14	25863	14352	11511	0.62	0.34	0.28	124.68
15-19岁	**278291**	**162700**	**115591**	**6.66**	**3.90**	**2.77**	**140.75**
15	31830	17716	14114	0.76	0.42	0.34	125.52
16	46348	27440	18908	1.11	0.66	0.45	145.12
17	49982	30714	19268	1.20	0.74	0.46	159.40
18	64706	38144	26562	1.55	0.91	0.64	143.60
19	85425	48686	36739	2.05	1.17	0.88	132.52
20-24岁	**408751**	**244844**	**163907**	**9.79**	**5.86**	**3.93**	**149.38**
20	86262	49820	36442	2.07	1.19	0.87	136.71
21	81047	47272	33775	1.94	1.13	0.81	139.96
22	82015	49809	32206	1.96	1.19	0.77	154.66
23	79459	48642	30817	1.90	1.16	0.74	157.84
24	79968	49301	30667	1.92	1.18	0.73	160.76
25-29岁	**432586**	**264692**	**167894**	**10.36**	**6.34**	**4.02**	**157.65**
25	84506	51798	32708	2.02	1.24	0.78	158.36
26	80530	49341	31189	1.93	1.18	0.75	158.20
27	85983	52588	33395	2.06	1.26	0.80	157.47
28	89283	54489	34794	2.14	1.30	0.83	156.60
29	92284	56476	35808	2.21	1.35	0.86	157.72
30-34岁	**513921**	**316175**	**197746**	**12.31**	**7.57**	**4.74**	**159.89**
30	110171	67648	42523	2.64	1.62	1.02	159.09
31	105301	64717	40584	2.52	1.55	0.97	159.46
32	97676	60092	37584	2.34	1.44	0.90	159.89
33	105783	65281	40502	2.53	1.56	0.97	161.18
34	94990	58437	36553	2.27	1.40	0.88	159.87
35-39岁	**421671**	**258768**	**162903**	**10.10**	**6.20**	**3.90**	**158.85**
35	85923	52990	32933	2.06	1.27	0.79	160.90
36	84373	51750	32623	2.02	1.24	0.78	158.63
37	80358	49625	30733	1.92	1.19	0.74	161.47
38	88592	54365	34227	2.12	1.30	0.82	158.84
39	82425	50038	32387	1.97	1.20	0.78	154.50
40-44岁	**386178**	**230430**	**155748**	**9.25**	**5.52**	**3.73**	**147.95**
40	76030	45877	30153	1.82	1.10	0.72	152.15
41	79891	48365	31526	1.91	1.16	0.75	153.41
42	75676	45176	30500	1.81	1.08	0.73	148.12
43	72182	42852	29330	1.73	1.03	0.70	146.10
44	82399	48160	34239	1.97	1.15	0.82	140.66

3－1c 续表

单位：人、%

年 龄	人 口 数			占总人口比重			性别比
	合计	男	女	合计	男	女	(女=100)
45－49岁	**450930**	**263694**	**187236**	**10.80**	**6.31**	**4.48**	**140.84**
45	86170	50118	36052	2.06	1.20	0.86	139.02
46	95586	55533	40053	2.29	1.33	0.96	138.65
47	92111	53791	38320	2.21	1.29	0.92	140.37
48	89514	52419	37095	2.14	1.26	0.89	141.31
49	87549	51833	35716	2.10	1.24	0.86	145.13
50－54岁	**368134**	**224202**	**143932**	**8.82**	**5.37**	**3.45**	**155.77**
50	88068	52225	35843	2.11	1.25	0.86	145.70
51	77637	46936	30701	1.86	1.12	0.74	152.88
52	80556	49048	31508	1.93	1.17	0.75	155.67
53	60166	37143	23023	1.44	0.89	0.55	161.33
54	61707	38850	22857	1.48	0.93	0.55	169.97
55－59岁	**204356**	**131072**	**73284**	**4.89**	**3.14**	**1.75**	**178.85**
55	54459	34728	19731	1.30	0.83	0.47	176.01
56	47855	30513	17342	1.15	0.73	0.42	175.95
57	49069	32180	16889	1.18	0.77	0.40	190.54
58	35907	23067	12840	0.86	0.55	0.31	179.65
59	17066	10584	6482	0.41	0.25	0.16	163.28
60－64岁	**81516**	**50732**	**30784**	**1.95**	**1.21**	**0.74**	**164.80**
60	15376	9556	5820	0.37	0.23	0.14	164.19
61	15328	9689	5639	0.37	0.23	0.14	171.82
62	18232	11507	6725	0.44	0.28	0.16	171.11
63	17994	11220	6774	0.43	0.27	0.16	165.63
64	14586	8760	5826	0.35	0.21	0.14	150.36
65－69岁	**57315**	**33171**	**24144**	**1.37**	**0.79**	**0.58**	**137.39**
65	13988	8220	5768	0.33	0.20	0.14	142.51
66	13119	7634	5485	0.31	0.18	0.13	139.18
67	11305	6505	4800	0.27	0.16	0.11	135.52
68	10238	5868	4370	0.25	0.14	0.10	134.28
69	8665	4944	3721	0.21	0.12	0.09	132.87
70－74岁	**37036**	**21914**	**15122**	**0.89**	**0.52**	**0.36**	**144.91**
70	9059	5183	3876	0.22	0.12	0.09	133.72
71	8519	5134	3385	0.20	0.12	0.08	151.67
72	7001	4149	2852	0.17	0.10	0.07	145.48
73	6329	3802	2527	0.15	0.09	0.06	150.46
74	6128	3646	2482	0.15	0.09	0.06	146.90
75－79岁	**26248**	**15095**	**11153**	**0.63**	**0.36**	**0.27**	**135.34**
75	5954	3521	2433	0.14	0.08	0.06	144.72
76	5552	3264	2288	0.13	0.08	0.05	142.66
77	5099	2925	2174	0.12	0.07	0.05	134.54
78	4890	2763	2127	0.12	0.07	0.05	129.90
79	4753	2622	2131	0.11	0.06	0.05	123.04
80－84岁	**21334**	**11592**	**9742**	**0.51**	**0.28**	**0.23**	**118.99**
80	4826	2731	2095	0.12	0.07	0.05	130.36
81	4297	2318	1979	0.10	0.06	0.05	117.13
82	4245	2282	1963	0.10	0.05	0.05	116.25
83	4118	2248	1870	0.10	0.05	0.04	120.21
84	3848	2013	1835	0.09	0.05	0.04	109.70
85－89岁	**14746**	**7843**	**6903**	**0.35**	**0.19**	**0.17**	**113.62**
85	3511	1854	1657	0.08	0.04	0.04	111.89
86	3314	1748	1566	0.08	0.04	0.04	111.62
87	3194	1712	1482	0.08	0.04	0.04	115.52
88	2478	1342	1136	0.06	0.03	0.03	118.13
89	2249	1187	1062	0.05	0.03	0.03	111.77
90岁及以上	**9622**	**5370**	**4252**	**0.23**	**0.13**	**0.10**	**126.29**

3–2　各地区人口年龄构成(一)

单位：人、%

地　区	人口数				比重			
	合计	0–14岁	15–64岁	65岁及以上	合计	0–14岁	15–64岁	65岁及以上
广　东	**50792391**	**5510696**	**43694420**	**1587275**	**100.00**	**10.85**	**86.03**	**3.13**
广州市	**10458040**	**833217**	**9254434**	**370389**	**100.00**	**7.97**	**88.49**	**3.54**
荔湾区	677361	80720	541680	54961	100.00	11.92	79.97	8.11
越秀区	350607	29389	298098	23120	100.00	8.38	85.02	6.59
海珠区	937820	63930	830002	43888	100.00	6.82	88.50	4.68
天河区	1462248	86728	1330219	45301	100.00	5.93	90.97	3.10
白云区	2657569	201251	2378050	78268	100.00	7.57	89.48	2.95
黄埔区	767736	62302	683099	22335	100.00	8.12	88.98	2.91
番禺区	1634695	114909	1471037	48749	100.00	7.03	89.99	2.98
花都区	843923	84814	737904	21205	100.00	10.05	87.44	2.51
南沙区	417605	35532	371454	10619	100.00	8.51	88.95	2.54
从化区	163521	9748	149294	4479	100.00	5.96	91.30	2.74
增城区	544955	63894	463597	17464	100.00	11.72	85.07	3.20
韶关市	**454391**	**78827**	**344364**	**31200**	**100.00**	**17.35**	**75.79**	**6.87**
武江区	139676	23041	106076	10559	100.00	16.50	75.94	7.56
浈江区	122924	19314	95983	7627	100.00	15.71	78.08	6.20
曲江区	57112	10242	43001	3869	100.00	17.93	75.29	6.77
始兴县	12642	2575	9343	724	100.00	20.37	73.90	5.73
仁化县	23335	4201	17239	1895	100.00	18.00	73.88	8.12
翁源县	20358	3994	15189	1175	100.00	19.62	74.61	5.77
乳源瑶族自治县	15882	3115	11716	1051	100.00	19.61	73.77	6.62
新丰县	14627	2404	11499	724	100.00	16.44	78.61	4.95
乐昌市	30399	6460	21364	2575	100.00	21.25	70.28	8.47
南雄市	17436	3481	12954	1001	100.00	19.96	74.29	5.74
深圳市	**13330374**	**1446597**	**11509831**	**373946**	**100.00**	**10.85**	**86.34**	**2.81**
罗湖区	716679	91201	593921	31557	100.00	12.73	82.87	4.40
福田区	896528	94369	762476	39683	100.00	10.53	85.05	4.43
南山区	1008327	79240	880885	48202	100.00	7.86	87.36	4.78
宝安区	3782083	391768	3317345	72970	100.00	10.36	87.71	1.93
龙岗区	3228657	391481	2735519	101657	100.00	12.13	84.73	3.15
盐田区	146305	17906	122152	6247	100.00	12.24	83.49	4.27
龙华区	2106418	214685	1843263	48470	100.00	10.19	87.51	2.30
坪山区	453881	57395	386505	9981	100.00	12.65	85.16	2.20
光明区	991496	108552	867765	15179	100.00	10.95	87.52	1.53
珠海市	**1286297**	**133212**	**1104866**	**48219**	**100.00**	**10.36**	**85.90**	**3.75**
香洲区	737302	70290	637283	29729	100.00	9.53	86.43	4.03
斗门区	262922	33067	219801	10054	100.00	12.58	83.60	3.82
金湾区	286073	29855	247782	8436	100.00	10.44	86.61	2.95
汕头市	**699606**	**97964**	**574703**	**26939**	**100.00**	**14.00**	**82.15**	**3.85**
龙湖区	179455	25405	144572	9478	100.00	14.16	80.56	5.28
金平区	138195	26024	105093	7078	100.00	18.83	76.05	5.12
濠江区	26771	1695	24512	564	100.00	6.33	91.56	2.11
潮阳区	115852	15764	96370	3718	100.00	13.61	83.18	3.21
潮南区	77090	10691	63665	2734	100.00	13.87	82.59	3.55
澄海区	158818	17857	137741	3220	100.00	11.24	86.73	2.03
南澳县	3425	528	2750	147	100.00	15.42	80.29	4.29
佛山市	**5138358**	**463279**	**4542371**	**132708**	**100.00**	**9.02**	**88.40**	**2.58**
禅城区	697162	60464	616406	20292	100.00	8.67	88.42	2.91
南海区	2132680	181538	1890682	60460	100.00	8.51	88.65	2.83
顺德区	1761017	162303	1560037	38677	100.00	9.22	88.59	2.20
三水区	384420	39717	335777	8926	100.00	10.33	87.35	2.32
高明区	163079	19257	139469	4353	100.00	11.81	85.52	2.67

3-2 续表 1

单位：人、%

地　区	人口数				比重			
	合计	0-14岁	15-64岁	65岁及以上	合计	0-14岁	15-64岁	65岁及以上
江门市	**1311288**	**207657**	**1051339**	**52292**	**100.00**	**15.84**	**80.18**	**3.99**
蓬江区	367729	48383	302175	17171	100.00	13.16	82.17	4.67
江海区	204023	29158	166497	8368	100.00	14.29	81.61	4.10
新会区	227966	39865	181281	6820	100.00	17.49	79.52	2.99
台山市	106031	17346	84622	4063	100.00	16.36	79.81	3.83
开平市	155527	32103	116332	7092	100.00	20.64	74.80	4.56
鹤山市	186238	30215	151545	4478	100.00	16.22	81.37	2.40
恩平市	63774	10587	48887	4300	100.00	16.60	76.66	6.74
湛江市	**839130**	**154525**	**633332**	**51273**	**100.00**	**18.41**	**75.47**	**6.11**
赤坎区	169399	32337	128024	9038	100.00	19.09	75.58	5.34
霞山区	271816	59984	198013	13819	100.00	22.07	72.85	5.08
坡头区	27708	5417	20138	2153	100.00	19.55	72.68	7.77
麻章区	112702	11036	98197	3469	100.00	9.79	87.13	3.08
遂溪县	53244	10320	37580	5344	100.00	19.38	70.58	10.04
徐闻县	38902	7427	28261	3214	100.00	19.09	72.65	8.26
廉江市	75050	12612	56273	6165	100.00	16.80	74.98	8.21
雷州市	42442	7663	30240	4539	100.00	18.06	71.25	10.69
吴川市	47867	7729	36606	3532	100.00	16.15	76.47	7.38
茂名市	**365997**	**51196**	**288534**	**26267**	**100.00**	**13.99**	**78.84**	**7.18**
茂南区	136683	15877	112730	8076	100.00	11.62	82.48	5.91
电白区	71543	9548	56942	5053	100.00	13.35	79.59	7.06
高州市	63314	8554	51437	3323	100.00	13.51	81.24	5.25
化州市	60489	11157	43765	5567	100.00	18.44	72.35	9.20
信宜市	33968	6060	23660	4248	100.00	17.84	69.65	12.51
肇庆市	**636466**	**86664**	**526859**	**22943**	**100.00**	**13.62**	**82.78**	**3.60**
端州区	191199	22733	160095	8371	100.00	11.89	83.73	4.38
鼎湖区	69894	9703	57421	2770	100.00	13.88	82.15	3.96
高要区	98021	12607	83289	2125	100.00	12.86	84.97	2.17
广宁县	20254	2929	15967	1358	100.00	14.46	78.83	6.70
怀集县	15401	2337	12283	781	100.00	15.17	79.75	5.07
封开县	11765	1858	9367	540	100.00	15.79	79.62	4.59
德庆县	13294	2897	9657	740	100.00	21.79	72.64	5.57
四会市	216638	31600	178780	6258	100.00	14.59	82.52	2.89
惠州市	**2740849**	**382550**	**2259643**	**98656**	**100.00**	**13.96**	**82.44**	**3.60**
惠城区	1066286	146260	873527	46499	100.00	13.72	81.92	4.36
惠阳区	929603	115797	783934	29872	100.00	12.46	84.33	3.21
博罗县	444876	63179	369981	11716	100.00	14.20	83.16	2.63
惠东县	258455	51313	198513	8629	100.00	19.85	76.81	3.34
龙门县	41629	6001	33688	1940	100.00	14.42	80.92	4.66
梅州市	**415919**	**72195**	**307568**	**36156**	**100.00**	**17.36**	**73.95**	**8.69**
梅江区	162390	24350	124598	13442	100.00	14.99	76.73	8.28
梅县区	105556	21790	75249	8517	100.00	20.64	71.29	8.07
大埔县	23871	4404	17142	2325	100.00	18.45	71.81	9.74
丰顺县	23604	3667	18150	1787	100.00	15.54	76.89	7.57
五华县	38526	6311	28079	4136	100.00	16.38	72.88	10.74
平远县	11558	2292	8293	973	100.00	19.83	71.75	8.42
蕉岭县	13114	2637	9475	1002	100.00	20.11	72.25	7.64
兴宁市	37300	6744	26582	3974	100.00	18.08	71.27	10.65

3-2　续表 2　　　　单位：人、%

地　区	人口数				比重			
	合计	0–14岁	15–64岁	65岁及以上	合计	0–14岁	15–64岁	65岁及以上
汕尾市	**247685**	**43411**	**191556**	**12718**	**100.00**	**17.53**	**77.34**	**5.13**
城　区	74325	11194	59627	3504	100.00	15.06	80.22	4.71
海丰县	126291	24233	96298	5760	100.00	19.19	76.25	4.56
陆河县	14460	2419	10927	1114	100.00	16.73	75.57	7.70
陆丰市	32609	5565	24704	2340	100.00	17.07	75.76	7.18
河源市	**582178**	**119560**	**426395**	**36223**	**100.00**	**20.54**	**73.24**	**6.22**
源城区	397115	88021	284528	24566	100.00	22.17	71.65	6.19
紫金县	44691	7551	33998	3142	100.00	16.90	76.07	7.03
龙川县	39314	7191	29367	2756	100.00	18.29	74.70	7.01
连平县	21672	3899	15945	1828	100.00	17.99	73.57	8.43
和平县	15069	2529	11409	1131	100.00	16.78	75.71	7.51
东源县	64317	10369	51148	2800	100.00	16.12	79.52	4.35
阳江市	**342406**	**62519**	**259298**	**20589**	**100.00**	**18.26**	**75.73**	**6.01**
江城区	179388	32681	135027	11680	100.00	18.22	75.27	6.51
阳东区	99253	18248	76154	4851	100.00	18.39	76.73	4.89
阳西县	27831	4879	21261	1691	100.00	17.53	76.39	6.08
阳春市	35934	6711	26856	2367	100.00	18.68	74.74	6.59
清远市	**691203**	**124890**	**525272**	**41041**	**100.00**	**18.07**	**75.99**	**5.94**
清城区	417392	72678	321032	23682	100.00	17.41	76.91	5.67
清新区	105213	23204	74897	7112	100.00	22.05	71.19	6.76
佛冈县	31321	4480	25365	1476	100.00	14.30	80.98	4.71
阳山县	18126	3764	12985	1377	100.00	20.77	71.64	7.60
连山壮族瑶族自治县	5669	1118	4191	360	100.00	19.72	73.93	6.35
连南瑶族自治县	5751	1198	4063	490	100.00	20.83	70.65	8.52
英德市	88421	15233	68166	5022	100.00	17.23	77.09	5.68
连州市	19310	3215	14573	1522	100.00	16.65	75.47	7.88
东莞市	**7952214**	**753753**	**7081595**	**116866**	**100.00**	**9.48**	**89.05**	**1.47**
市辖区	7952214	753753	7081595	116866	100.00	9.48	89.05	1.47
中山市	**2584447**	**282164**	**2247336**	**54947**	**100.00**	**10.92**	**86.96**	**2.13**
市辖区	2584447	282164	2247336	54947	100.00	10.92	86.96	2.13
潮州市	**285664**	**42414**	**232920**	**10330**	**100.00**	**14.85**	**81.54**	**3.62**
湘桥区	112462	16047	91180	5235	100.00	14.27	81.08	4.65
潮安区	159114	24532	130356	4226	100.00	15.42	81.93	2.66
饶平县	14088	1835	11384	869	100.00	13.03	80.81	6.17
揭阳市	**192787**	**31665**	**151704**	**9418**	**100.00**	**16.42**	**78.69**	**4.89**
榕城区	45806	6882	37510	1414	100.00	15.02	81.89	3.09
揭东区	43233	8037	33840	1356	100.00	18.59	78.27	3.14
揭西县	20436	3661	15023	1752	100.00	17.91	73.51	8.57
惠来县	19728	3194	14696	1838	100.00	16.19	74.49	9.32
普宁市	63584	9891	50635	3058	100.00	15.56	79.63	4.81
云浮市	**237092**	**42437**	**180500**	**14155**	**100.00**	**17.90**	**76.13**	**5.97**
云城区	108565	22710	80312	5543	100.00	20.92	73.98	5.11
云安区	19562	2138	16508	916	100.00	10.93	84.39	4.68
新兴县	43113	6011	35164	1938	100.00	13.94	81.56	4.50
郁南县	17386	3580	12473	1333	100.00	20.59	71.74	7.67
罗定市	48466	7998	36043	4425	100.00	16.50	74.37	9.13

3-2a 各地区人口年龄构成(一)(城市)

单位：人、%

地 区	人口数				比重			
	合计	0-14岁	15-64岁	65岁及以上	合计	0-14岁	15-64岁	65岁及以上
广 东	**42709738**	**4519324**	**36884013**	**1306401**	**100.00**	**10.58**	**86.36**	**3.06**
广州市	**8856200**	**703009**	**7818593**	**334598**	**100.00**	**7.94**	**88.28**	**3.78**
荔湾区	677361	80720	541680	54961	100.00	11.92	79.97	8.11
越秀区	350607	29389	298098	23120	100.00	8.38	85.02	6.59
海珠区	937820	63930	830002	43888	100.00	6.82	88.50	4.68
天河区	1462248	86728	1330219	45301	100.00	5.93	90.97	3.10
白云区	2133652	167616	1896712	69324	100.00	7.86	88.90	3.25
黄埔区	720147	57822	642459	19866	100.00	8.03	89.21	2.76
番禺区	1446225	103014	1297624	45587	100.00	7.12	89.72	3.15
花都区	575125	59208	500806	15111	100.00	10.29	87.08	2.63
南沙区	270244	23548	238826	7870	100.00	8.71	88.37	2.91
从化区	57442	3361	52319	1762	100.00	5.85	91.08	3.07
增城区	225329	27673	189848	7808	100.00	12.28	84.25	3.47
韶关市	**291525**	**50009**	**220858**	**20658**	**100.00**	**17.15**	**75.76**	**7.09**
武江区	129977	21583	98573	9821	100.00	16.61	75.84	7.56
浈江区	106902	16908	83361	6633	100.00	15.82	77.98	6.20
曲江区	32606	7305	22663	2638	100.00	22.40	69.51	8.09
始兴县								
仁化县								
翁源县								
乳源瑶族自治县								
新丰县								
乐昌市	13285	2640	9532	1113	100.00	19.87	71.75	8.38
南雄市	8755	1573	6729	453	100.00	17.97	76.86	5.17
深圳市	**13284820**	**1442699**	**11469260**	**372861**	**100.00**	**10.86**	**86.33**	**2.81**
罗湖区	716679	91201	593921	31557	100.00	12.73	82.87	4.40
福田区	896528	94369	762476	39683	100.00	10.53	85.05	4.43
南山区	1004362	79231	876954	48177	100.00	7.89	87.31	4.80
宝安区	3782083	391768	3317345	72970	100.00	10.36	87.71	1.93
龙岗区	3188290	387775	2699801	100714	100.00	12.16	84.68	3.16
盐田区	146305	17906	122152	6247	100.00	12.24	83.49	4.27
龙华区	2106418	214685	1843263	48470	100.00	10.19	87.51	2.30
坪山区	452659	57212	385583	9864	100.00	12.64	85.18	2.18
光明区	991496	108552	867765	15179	100.00	10.95	87.52	1.53
珠海市	**1007813**	**101490**	**866644**	**39679**	**100.00**	**10.07**	**85.99**	**3.94**
香洲区	693304	68278	595907	29119	100.00	9.85	85.95	4.20
斗门区	107615	12467	90876	4272	100.00	11.58	84.45	3.97
金湾区	206894	20745	179861	6288	100.00	10.03	86.93	3.04
汕头市	**454365**	**67429**	**367178**	**19758**	**100.00**	**14.84**	**80.81**	**4.35**
龙湖区	169820	23928	136798	9094	100.00	14.09	80.55	5.36
金平区	136826	25935	103847	7044	100.00	18.95	75.90	5.15
濠江区	14340	1287	12621	432	100.00	8.97	88.01	3.01
潮阳区	27423	3874	22500	1049	100.00	14.13	82.05	3.83
潮南区	31482	3766	26843	873	100.00	11.96	85.26	2.77
澄海区	74474	8639	64569	1266	100.00	11.60	86.70	1.70
南澳县								
佛山市	**4635005**	**422713**	**4088763**	**123529**	**100.00**	**9.12**	**88.21**	**2.67**
禅城区	583113	52106	512866	18141	100.00	8.94	87.95	3.11
南海区	2035455	176348	1800497	58610	100.00	8.66	88.46	2.88
顺德区	1736664	160840	1537503	38321	100.00	9.26	88.53	2.21
三水区	139529	17087	117524	4918	100.00	12.25	84.23	3.52
高明区	140244	16332	120373	3539	100.00	11.65	85.83	2.52

3-2a 续表 1

单位：人、%

地区	人口数				比重			
	合计	0-14岁	15-64岁	65岁及以上	合计	0-14岁	15-64岁	65岁及以上
江门市	**900392**	**136255**	**727202**	**36935**	**100.00**	**15.13**	**80.77**	**4.10**
蓬江区	364727	47916	299790	17021	100.00	13.14	82.20	4.67
江海区	204023	29158	166497	8368	100.00	14.29	81.61	4.10
新会区	111219	19372	88721	3126	100.00	17.42	79.77	2.81
台山市	55205	8846	44895	1464	100.00	16.02	81.32	2.65
开平市	55967	11513	41183	3271	100.00	20.57	73.58	5.84
鹤山市	92290	16518	73278	2494	100.00	17.90	79.40	2.70
恩平市	16961	2932	12838	1191	100.00	17.29	75.69	7.02
湛江市	**535395**	**108926**	**399349**	**27120**	**100.00**	**20.34**	**74.59**	**5.07**
赤坎区	168553	32191	127411	8951	100.00	19.10	75.59	5.31
霞山区	267438	58956	195001	13481	100.00	22.04	72.91	5.04
坡头区	14023	2737	10407	879	100.00	19.52	74.21	6.27
麻章区	40313	6867	32048	1398	100.00	17.03	79.50	3.47
遂溪县	2231	529	1506	196	100.00	23.71	67.50	8.79
徐闻县								
廉江市	18328	3095	14485	748	100.00	16.89	79.03	4.08
雷州市	7010	1418	5142	450	100.00	20.23	73.35	6.42
吴川市	17499	3133	13349	1017	100.00	17.90	76.28	5.81
茂名市	**188329**	**24419**	**153552**	**10358**	**100.00**	**12.97**	**81.53**	**5.50**
茂南区	104376	13074	85005	6297	100.00	12.53	81.44	6.03
电白区	13997	1938	11292	767	100.00	13.85	80.67	5.48
高州市	39554	4185	34339	1030	100.00	10.58	86.82	2.60
化州市	17515	3198	13466	851	100.00	18.26	76.88	4.86
信宜市	12887	2024	9450	1413	100.00	15.71	73.33	10.96
肇庆市	**418905**	**56340**	**347881**	**14684**	**100.00**	**13.45**	**83.05**	**3.51**
端州区	191199	22733	160095	8371	100.00	11.89	83.73	4.38
鼎湖区	48720	7104	39756	1860	100.00	14.58	81.60	3.82
高要区	20221	2963	16839	419	100.00	14.65	83.27	2.07
广宁县								
怀集县								
封开县								
德庆县								
四会市	158765	23540	131191	4034	100.00	14.83	82.63	2.54
惠州市	**1591350**	**213341**	**1312776**	**65233**	**100.00**	**13.41**	**82.49**	**4.10**
惠城区	865387	123751	701068	40568	100.00	14.30	81.01	4.69
惠阳区	708275	86684	597332	24259	100.00	12.24	84.34	3.43
博罗县	17688	2906	14376	406	100.00	16.43	81.28	2.30
惠东县								
龙门县								
梅州市	**258737**	**44911**	**193667**	**20159**	**100.00**	**17.36**	**74.85**	**7.79**
梅江区	156650	23327	120523	12800	100.00	14.89	76.94	8.17
梅县区	84745	18322	60431	5992	100.00	21.62	71.31	7.07
大埔县								
丰顺县								
五华县	558	98	362	98	100.00	17.56	64.87	17.56
平远县								
蕉岭县								
兴宁市	16784	3164	12351	1269	100.00	18.85	73.59	7.56

3-2a 续表 2

单位：人、%

地　区	人口数				比重			
	合计	0-14岁	15-64岁	65岁及以上	合计	0-14岁	15-64岁	65岁及以上
汕尾市	**64502**	**10839**	**50804**	**2859**	**100.00**	**16.80**	**78.76**	**4.43**
城　区	56310	9395	44341	2574	100.00	16.68	78.74	4.57
海丰县								
陆河县								
陆丰市	8192	1444	6463	285	100.00	17.63	78.89	3.48
河源市	**352692**	**81171**	**247907**	**23614**	**100.00**	**23.01**	**70.29**	**6.70**
源城区	352692	81171	247907	23614	100.00	23.01	70.29	6.70
紫金县								
龙川县								
连平县								
和平县								
东源县								
阳江市	**207891**	**41071**	**154312**	**12508**	**100.00**	**19.76**	**74.23**	**6.02**
江城区	140150	27069	103675	9406	100.00	19.31	73.97	6.71
阳东区	52425	10676	39443	2306	100.00	20.36	75.24	4.40
阳西县								
阳春市	15316	3326	11194	796	100.00	21.72	73.09	5.20
清远市	**347124**	**73556**	**251329**	**22239**	**100.00**	**21.19**	**72.40**	**6.41**
清城区	254094	51672	185280	17142	100.00	20.34	72.92	6.75
清新区	57898	14969	39389	3540	100.00	25.85	68.03	6.11
佛冈县								
阳山县								
连山壮族瑶族自治县								
连南瑶族自治县								
英德市	25042	4958	19127	957	100.00	19.80	76.38	3.82
连州市	10090	1957	7533	600	100.00	19.40	74.66	5.95
东莞市	**7320350**	**701415**	**6509226**	**109709**	**100.00**	**9.58**	**88.92**	**1.50**
市辖区	7320350	701415	6509226	109709	100.00	9.58	88.92	1.50
中山市	**1590765**	**168939**	**1387373**	**34453**	**100.00**	**10.62**	**87.21**	**2.17**
市辖区	1590765	168939	1387373	34453	100.00	10.62	87.21	2.17
潮州市	**197834**	**31746**	**158810**	**7278**	**100.00**	**16.05**	**80.27**	**3.68**
湘桥区	93263	15063	73515	4685	100.00	16.15	78.83	5.02
潮安区	104571	16683	85295	2593	100.00	15.95	81.57	2.48
饶平县								
揭阳市	**83157**	**14027**	**66999**	**2131**	**100.00**	**16.87**	**80.57**	**2.56**
榕城区	35227	5171	29002	1054	100.00	14.68	82.33	2.99
揭东区	22603	4971	17202	430	100.00	21.99	76.10	1.90
揭西县								
惠来县								
普宁市	25327	3885	20795	647	100.00	15.34	82.11	2.55
云浮市	**122587**	**25019**	**91530**	**6038**	**100.00**	**20.41**	**74.67**	**4.93**
云城区	101037	21684	74473	4880	100.00	21.46	73.71	4.83
云安区	1949	264	1603	82	100.00	13.55	82.25	4.21
新兴县								
郁南县								
罗定市	19601	3071	15454	1076	100.00	15.67	78.84	5.49

3-2b 各地区人口年龄构成(一)(镇)

单位：人、%

地区	人口数				比重			
	合计	0-14岁	15-64岁	65岁及以上	合计	0-14岁	15-64岁	65岁及以上
广东	**3906896**	**528250**	**3264073**	**114573**	**100.00**	**13.52**	**83.55**	**2.93**
广州市	**673856**	**60412**	**597225**	**16219**	**100.00**	**8.97**	**88.63**	**2.41**
荔湾区								
越秀区								
海珠区								
天河区								
白云区	181970	10841	168056	3073	100.00	5.96	92.35	1.69
黄埔区	13872	1656	10786	1430	100.00	11.94	77.75	10.31
番禺区	40301	2285	37349	667	100.00	5.67	92.68	1.66
花都区	62823	7396	53758	1669	100.00	11.77	85.57	2.66
南沙区	70286	5784	63115	1387	100.00	8.23	89.80	1.97
从化区	61150	2885	57293	972	100.00	4.72	93.69	1.59
增城区	243454	29565	206868	7021	100.00	12.14	84.97	2.88
韶关市	**75729**	**15246**	**55675**	**4808**	**100.00**	**20.13**	**73.52**	**6.35**
武江区	353	62	259	32	100.00	17.56	73.37	9.07
浈江区	7980	952	6587	441	100.00	11.93	82.54	5.53
曲江区	6308	1228	4630	450	100.00	19.47	73.40	7.13
始兴县	7247	1564	5293	390	100.00	21.58	73.04	5.38
仁化县	14882	2782	10860	1240	100.00	18.69	72.97	8.33
翁源县	8433	2062	5938	433	100.00	24.45	70.41	5.13
乳源瑶族自治县	11022	2287	8041	694	100.00	20.75	72.95	6.30
新丰县	8047	1606	6103	338	100.00	19.96	75.84	4.20
乐昌市	8824	2075	6089	660	100.00	23.52	69.00	7.48
南雄市	2633	628	1875	130	100.00	23.85	71.21	4.94
深圳市	**5187**	**192**	**4853**	**142**	**100.00**	**3.70**	**93.56**	**2.74**
罗湖区								
福田区								
南山区	3965	9	3931	25	100.00	0.23	99.14	0.63
宝安区								
龙岗区								
盐田区								
龙华区								
坪山区	1222	183	922	117	100.00	14.98	75.45	9.57
光明区								
珠海市	**200811**	**22580**	**172775**	**5456**	**100.00**	**11.24**	**86.04**	**2.72**
香洲区	43082	2011	40483	588	100.00	4.67	93.97	1.36
斗门区	85440	12319	70032	3089	100.00	14.42	81.97	3.62
金湾区	72289	8250	62260	1779	100.00	11.41	86.13	2.46
汕头市	**134410**	**18331**	**112759**	**3320**	**100.00**	**13.64**	**83.89**	**2.47**
龙湖区								
金平区								
濠江区	286	31	236	19	100.00	10.84	82.52	6.64
潮阳区	58534	8084	49146	1304	100.00	13.81	83.96	2.23
潮南区	22051	3314	18067	670	100.00	15.03	81.93	3.04
澄海区	50799	6480	43099	1220	100.00	12.76	84.84	2.40
南澳县	2740	422	2211	107	100.00	15.40	80.69	3.91
佛山市	**298653**	**26885**	**266653**	**5115**	**100.00**	**9.00**	**89.29**	**1.71**
禅城区	114049	8358	103540	2151	100.00	7.33	90.79	1.89
南海区	33523	2022	31023	478	100.00	6.03	92.54	1.43
顺德区								
三水区	137699	14764	120760	2175	100.00	10.72	87.70	1.58
高明区	13382	1741	11330	311	100.00	13.01	84.67	2.32

3-2b 续表 1

单位：人、%

地区	人口数				比重			
	合计	0-14岁	15-64岁	65岁及以上	合计	0-14岁	15-64岁	65岁及以上
江门市	**143388**	**26860**	**112796**	**3732**	**100.00**	**18.73**	**78.66**	**2.60**
蓬江区								
江海区								
新会区	35816	6736	28176	904	100.00	18.81	78.67	2.52
台山市	8573	1497	6774	302	100.00	17.46	79.02	3.52
开平市	43625	10444	32058	1123	100.00	23.94	73.49	2.57
鹤山市	44113	6172	37211	730	100.00	13.99	84.35	1.65
恩平市	11261	2011	8577	673	100.00	17.86	76.17	5.98
湛江市	**129525**	**16857**	**106916**	**5752**	**100.00**	**13.01**	**82.54**	**4.44**
赤坎区								
霞山区	1069	296	729	44	100.00	27.69	68.19	4.12
坡头区	5805	1392	4011	402	100.00	23.98	69.10	6.93
麻章区	50993	1509	49016	468	100.00	2.96	96.12	0.92
遂溪县	23543	4782	16947	1814	100.00	20.31	71.98	7.71
徐闻县	18304	3806	13391	1107	100.00	20.79	73.16	6.05
廉江市	15846	2380	12590	876	100.00	15.02	79.45	5.53
雷州市	5479	1113	3880	486	100.00	20.31	70.82	8.87
吴川市	8486	1579	6352	555	100.00	18.61	74.85	6.54
茂名市	**40010**	**7617**	**29305**	**3088**	**100.00**	**19.04**	**73.24**	**7.72**
茂南区	2724	485	1989	250	100.00	17.80	73.02	9.18
电白区	16490	2582	12722	1186	100.00	15.66	77.15	7.19
高州市	7162	1437	5292	433	100.00	20.06	73.89	6.05
化州市	9885	2217	6879	789	100.00	22.43	69.59	7.98
信宜市	3749	896	2423	430	100.00	23.90	64.63	11.47
肇庆市	**109371**	**14953**	**91435**	**2983**	**100.00**	**13.67**	**83.60**	**2.73**
端州区								
鼎湖区	16291	2069	13634	588	100.00	12.70	83.69	3.61
高要区	42477	4759	37162	556	100.00	11.20	87.49	1.31
广宁县	9099	1310	7414	375	100.00	14.40	81.48	4.12
怀集县	8871	1316	7303	252	100.00	14.83	82.32	2.84
封开县	6768	1191	5294	283	100.00	17.60	78.22	4.18
德庆县	8055	1996	5618	441	100.00	24.78	69.75	5.47
四会市	17810	2312	15010	488	100.00	12.98	84.28	2.74
惠州市	**666569**	**111345**	**536864**	**18360**	**100.00**	**16.70**	**80.54**	**2.75**
惠城区	75575	10693	62543	2339	100.00	14.15	82.76	3.09
惠阳区	81704	12491	66933	2280	100.00	15.29	81.92	2.79
博罗县	308823	46753	254337	7733	100.00	15.14	82.36	2.50
惠东县	181284	37922	138136	5226	100.00	20.92	76.20	2.88
龙门县	19183	3486	14915	782	100.00	18.17	77.75	4.08
梅州市	**67808**	**12685**	**50239**	**4884**	**100.00**	**18.71**	**74.09**	**7.20**
梅江区	796	150	551	95	100.00	18.84	69.22	11.93
梅县区	6047	1298	4258	491	100.00	21.47	70.42	8.12
大埔县	11416	2278	8165	973	100.00	19.95	71.52	8.52
丰顺县	14535	2258	11482	795	100.00	15.53	79.00	5.47
五华县	15692	2629	11905	1158	100.00	16.75	75.87	7.38
平远县	7156	1590	5104	462	100.00	22.22	71.32	6.46
蕉岭县	8372	1818	5933	621	100.00	21.72	70.87	7.42
兴宁市	3794	664	2841	289	100.00	17.50	74.88	7.62

3-2b　续表 2　　　　单位：人、%

地　区	人口数				比重			
	合计	0-14岁	15-64岁	65岁及以上	合计	0-14岁	15-64岁	65岁及以上
汕尾市	**119382**	**24282**	**89647**	**5453**	**100.00**	**20.34**	**75.09**	**4.57**
城　区	6097	657	5146	294	100.00	10.78	84.40	4.82
海丰县	93011	19636	69492	3883	100.00	21.11	74.71	4.17
陆河县	9855	1785	7464	606	100.00	18.11	75.74	6.15
陆丰市	10419	2204	7545	670	100.00	21.15	72.42	6.43
河源市	**104736**	**19185**	**81704**	**3847**	**100.00**	**18.32**	**78.01**	**3.67**
源城区	27572	3400	23759	413	100.00	12.33	86.17	1.50
紫金县	20711	4107	15654	950	100.00	19.83	75.58	4.59
龙川县	16545	3598	12144	803	100.00	21.75	73.40	4.85
连平县	9270	1902	6722	646	100.00	20.52	72.51	6.97
和平县	6775	1251	5266	258	100.00	18.46	77.73	3.81
东源县	23863	4927	18159	777	100.00	20.65	76.10	3.26
阳江市	**37176**	**7625**	**27645**	**1906**	**100.00**	**20.51**	**74.36**	**5.13**
江城区	8408	1478	6330	600	100.00	17.58	75.29	7.14
阳东区	9478	1829	7196	453	100.00	19.30	75.92	4.78
阳西县	15234	3315	11283	636	100.00	21.76	74.06	4.17
阳春市	4056	1003	2836	217	100.00	24.73	69.92	5.35
清远市	**154985**	**29096**	**118327**	**7562**	**100.00**	**18.77**	**76.35**	**4.88**
清城区	95914	16697	74623	4594	100.00	17.41	77.80	4.79
清新区	6837	1402	4945	490	100.00	20.51	72.33	7.17
佛冈县	15087	2902	11480	705	100.00	19.24	76.09	4.67
阳山县	8961	2162	6361	438	100.00	24.13	70.99	4.89
连山壮族瑶族自治县	3391	723	2483	185	100.00	21.32	73.22	5.46
连南瑶族自治县	3985	915	2770	300	100.00	22.96	69.51	7.53
英德市	18971	3916	14296	759	100.00	20.64	75.36	4.00
连州市	1839	379	1369	91	100.00	20.61	74.44	4.95
东莞市	**68584**	**5316**	**62535**	**733**	**100.00**	**7.75**	**91.18**	**1.07**
市辖区	68584	5316	62535	733	100.00	7.75	91.18	1.07
中山市	**752058**	**90767**	**645012**	**16279**	**100.00**	**12.07**	**85.77**	**2.16**
市辖区	752058	90767	645012	16279	100.00	12.07	85.77	2.16
潮州市	**38376**	**3744**	**33632**	**1000**	**100.00**	**9.76**	**87.64**	**2.61**
湘桥区	13250	522	12496	232	100.00	3.94	94.31	1.75
潮安区	18349	2448	15469	432	100.00	13.34	84.30	2.35
饶平县	6777	774	5667	336	100.00	11.42	83.62	4.96
揭阳市	**38650**	**6568**	**30041**	**2041**	**100.00**	**16.99**	**77.73**	**5.28**
榕城区	3289	540	2651	98	100.00	16.42	80.60	2.98
揭东区	7174	941	5962	271	100.00	13.12	83.11	3.78
揭西县	6084	1197	4399	488	100.00	19.67	72.30	8.02
惠来县	9668	1884	7224	560	100.00	19.49	74.72	5.79
普宁市	12435	2006	9805	624	100.00	16.13	78.85	5.02
云浮市	**47632**	**7704**	**38035**	**1893**	**100.00**	**16.17**	**79.85**	**3.97**
云城区								
云安区	7615	770	6676	169	100.00	10.11	87.67	2.22
新兴县	26780	4168	21806	806	100.00	15.56	81.43	3.01
郁南县	8921	1862	6566	493	100.00	20.87	73.60	5.53
罗定市	4316	904	2987	425	100.00	20.95	69.21	9.85

3-2c 各地区人口年龄构成(一)(乡村)

单位：人、%

地区	人口数				比重			
	合计	0-14岁	15-64岁	65岁及以上	合计	0-14岁	15-64岁	65岁及以上
广东	**4175757**	**463122**	**3546334**	**166301**	**100.00**	**11.09**	**84.93**	**3.98**
广州市	**927984**	**69796**	**838616**	**19572**	**100.00**	**7.52**	**90.37**	**2.11**
荔湾区								
越秀区								
海珠区								
天河区								
白云区	341947	22794	313282	5871	100.00	6.67	91.62	1.72
黄埔区	33717	2824	29854	1039	100.00	8.38	88.54	3.08
番禺区	148169	9610	136064	2495	100.00	6.49	91.83	1.68
花都区	205975	18210	183340	4425	100.00	8.84	89.01	2.15
南沙区	77075	6200	69513	1362	100.00	8.04	90.19	1.77
从化区	44929	3502	39682	1745	100.00	7.79	88.32	3.88
增城区	76172	6656	66881	2635	100.00	8.74	87.80	3.46
韶关市	**87137**	**13572**	**67831**	**5734**	**100.00**	**15.58**	**77.84**	**6.58**
武江区	9346	1396	7244	706	100.00	14.94	77.51	7.55
浈江区	8042	1454	6035	553	100.00	18.08	75.04	6.88
曲江区	18198	1709	15708	781	100.00	9.39	86.32	4.29
始兴县	5395	1011	4050	334	100.00	18.74	75.07	6.19
仁化县	8453	1419	6379	655	100.00	16.79	75.46	7.75
翁源县	11925	1932	9251	742	100.00	16.20	77.58	6.22
乳源瑶族自治县	4860	828	3675	357	100.00	17.04	75.62	7.35
新丰县	6580	798	5396	386	100.00	12.13	82.01	5.87
乐昌市	8290	1745	5743	802	100.00	21.05	69.28	9.67
南雄市	6048	1280	4350	418	100.00	21.16	71.92	6.91
深圳市	**40367**	**3706**	**35718**	**943**	**100.00**	**9.18**	**88.48**	**2.34**
罗湖区								
福田区								
南山区								
宝安区								
龙岗区	40367	3706	35718	943	100.00	9.18	88.48	2.34
盐田区								
龙华区								
坪山区								
光明区								
珠海市	**77673**	**9142**	**65447**	**3084**	**100.00**	**11.77**	**84.26**	**3.97**
香洲区	916	1	893	22	100.00	0.11	97.49	2.40
斗门区	69867	8281	58893	2693	100.00	11.85	84.29	3.85
金湾区	6890	860	5661	369	100.00	12.48	82.16	5.36
汕头市	**110831**	**12204**	**94766**	**3861**	**100.00**	**11.01**	**85.50**	**3.48**
龙湖区	9635	1477	7774	384	100.00	15.33	80.69	3.99
金平区	1369	89	1246	34	100.00	6.50	91.02	2.48
濠江区	12145	377	11655	113	100.00	3.10	95.97	0.93
潮阳区	29895	3806	24724	1365	100.00	12.73	82.70	4.57
潮南区	23557	3611	18755	1191	100.00	15.33	79.62	5.06
澄海区	33545	2738	30073	734	100.00	8.16	89.65	2.19
南澳县	685	106	539	40	100.00	15.47	78.69	5.84
佛山市	**204700**	**13681**	**186955**	**4064**	**100.00**	**6.68**	**91.33**	**1.99**
禅城区								
南海区	63702	3168	59162	1372	100.00	4.97	92.87	2.15
顺德区	24353	1463	22534	356	100.00	6.01	92.53	1.46
三水区	107192	7866	97493	1833	100.00	7.34	90.95	1.71
高明区	9453	1184	7766	503	100.00	12.53	82.15	5.32

3-2c　续表 1

单位：人、%

地　区	人口数				比重			
	合计	0-14岁	15-64岁	65岁及以上	合计	0-14岁	15-64岁	65岁及以上
江门市	**267508**	**44542**	**211341**	**11625**	**100.00**	**16.65**	**79.00**	**4.35**
蓬江区	3002	467	2385	150	100.00	15.56	79.45	5.00
江海区								
新会区	80931	13757	64384	2790	100.00	17.00	79.55	3.45
台山市	42253	7003	32953	2297	100.00	16.57	77.99	5.44
开平市	55935	10146	43091	2698	100.00	18.14	77.04	4.82
鹤山市	49835	7525	41056	1254	100.00	15.10	82.38	2.52
恩平市	35552	5644	27472	2436	100.00	15.88	77.27	6.85
湛江市	**174210**	**28742**	**127067**	**18401**	**100.00**	**16.50**	**72.94**	**10.56**
赤坎区	846	146	613	87	100.00	17.26	72.46	10.28
霞山区	3309	732	2283	294	100.00	22.12	68.99	8.88
坡头区	7880	1288	5720	872	100.00	16.35	72.59	11.07
麻章区	21396	2660	17133	1603	100.00	12.43	80.08	7.49
遂溪县	27470	5009	19127	3334	100.00	18.23	69.63	12.14
徐闻县	20598	3621	14870	2107	100.00	17.58	72.19	10.23
廉江市	40876	7137	29198	4541	100.00	17.46	71.43	11.11
雷州市	29953	5132	21218	3603	100.00	17.13	70.84	12.03
吴川市	21882	3017	16905	1960	100.00	13.79	77.26	8.96
茂名市	**137658**	**19160**	**105677**	**12821**	**100.00**	**13.92**	**76.77**	**9.31**
茂南区	29583	2318	25736	1529	100.00	7.84	87.00	5.17
电白区	41056	5028	32928	3100	100.00	12.25	80.20	7.55
高州市	16598	2932	11806	1860	100.00	17.66	71.13	11.21
化州市	33089	5742	23420	3927	100.00	17.35	70.78	11.87
信宜市	17332	3140	11787	2405	100.00	18.12	68.01	13.88
肇庆市	**108190**	**15371**	**87543**	**5276**	**100.00**	**14.21**	**80.92**	**4.88**
端州区								
鼎湖区	4883	530	4031	322	100.00	10.85	82.55	6.59
高要区	35323	4885	29288	1150	100.00	13.83	82.91	3.26
广宁县	11155	1619	8553	983	100.00	14.51	76.67	8.81
怀集县	6530	1021	4980	529	100.00	15.64	76.26	8.10
封开县	4997	667	4073	257	100.00	13.35	81.51	5.14
德庆县	5239	901	4039	299	100.00	17.20	77.09	5.71
四会市	40063	5748	32579	1736	100.00	14.35	81.32	4.33
惠州市	**482930**	**57864**	**410003**	**15063**	**100.00**	**11.98**	**84.90**	**3.12**
惠城区	125324	11816	109916	3592	100.00	9.43	87.71	2.87
惠阳区	139624	16622	119669	3333	100.00	11.90	85.71	2.39
博罗县	118365	13520	101268	3577	100.00	11.42	85.56	3.02
惠东县	77171	13391	60377	3403	100.00	17.35	78.24	4.41
龙门县	22446	2515	18773	1158	100.00	11.20	83.64	5.16
梅州市	**89374**	**14599**	**63662**	**11113**	**100.00**	**16.33**	**71.23**	**12.43**
梅江区	4944	873	3524	547	100.00	17.66	71.28	11.06
梅县区	14764	2170	10560	2034	100.00	14.70	71.53	13.78
大埔县	12455	2126	8977	1352	100.00	17.07	72.08	10.86
丰顺县	9069	1409	6668	992	100.00	15.54	73.53	10.94
五华县	22276	3584	15812	2880	100.00	16.09	70.98	12.93
平远县	4402	702	3189	511	100.00	15.95	72.44	11.61
蕉岭县	4742	819	3542	381	100.00	17.27	74.69	8.03
兴宁市	16722	2916	11390	2416	100.00	17.44	68.11	14.45

3-2c 续表 2

单位：人、%

地区	人口数				比重			
	合计	0-14岁	15-64岁	65岁及以上	合计	0-14岁	15-64岁	65岁及以上
汕尾市	**63801**	**8290**	**51105**	**4406**	**100.00**	**12.99**	**80.10**	**6.91**
城　区	11918	1142	10140	636	100.00	9.58	85.08	5.34
海丰县	33280	4597	26806	1877	100.00	13.81	80.55	5.64
陆河县	4605	634	3463	508	100.00	13.77	75.20	11.03
陆丰市	13998	1917	10696	1385	100.00	13.69	76.41	9.89
河源市	**124750**	**19204**	**96784**	**8762**	**100.00**	**15.39**	**77.58**	**7.02**
源城区	16851	3450	12862	539	100.00	20.47	76.33	3.20
紫金县	23980	3444	18344	2192	100.00	14.36	76.50	9.14
龙川县	22769	3593	17223	1953	100.00	15.78	75.64	8.58
连平县	12402	1997	9223	1182	100.00	16.10	74.37	9.53
和平县	8294	1278	6143	873	100.00	15.41	74.07	10.53
东源县	40454	5442	32989	2023	100.00	13.45	81.55	5.00
阳江市	**97339**	**13823**	**77341**	**6175**	**100.00**	**14.20**	**79.46**	**6.34**
江城区	30830	4134	25022	1674	100.00	13.41	81.16	5.43
阳东区	37350	5743	29515	2092	100.00	15.38	79.02	5.60
阳西县	12597	1564	9978	1055	100.00	12.42	79.21	8.38
阳春市	16562	2382	12826	1354	100.00	14.38	77.44	8.18
清远市	**189094**	**22238**	**155616**	**11240**	**100.00**	**11.76**	**82.30**	**5.94**
清城区	67384	4309	61129	1946	100.00	6.39	90.72	2.89
清新区	40478	6833	30563	3082	100.00	16.88	75.51	7.61
佛冈县	16234	1578	13885	771	100.00	9.72	85.53	4.75
阳山县	9165	1602	6624	939	100.00	17.48	72.27	10.25
连山壮族瑶族自治县	2278	395	1708	175	100.00	17.34	74.98	7.68
连南瑶族自治县	1766	283	1293	190	100.00	16.02	73.22	10.76
英德市	44408	6359	34743	3306	100.00	14.32	78.24	7.44
连州市	7381	879	5671	831	100.00	11.91	76.83	11.26
东莞市	**563280**	**47022**	**509834**	**6424**	**100.00**	**8.35**	**90.51**	**1.14**
市辖区	563280	47022	509834	6424	100.00	8.35	90.51	1.14
中山市	**241624**	**22458**	**214951**	**4215**	**100.00**	**9.29**	**88.96**	**1.74**
市辖区	241624	22458	214951	4215	100.00	9.29	88.96	1.74
潮州市	**49454**	**6924**	**40478**	**2052**	**100.00**	**14.00**	**81.85**	**4.15**
湘桥区	5949	462	5169	318	100.00	7.77	86.89	5.35
潮安区	36194	5401	29592	1201	100.00	14.92	81.76	3.32
饶平县	7311	1061	5717	533	100.00	14.51	78.20	7.29
揭阳市	**70980**	**11070**	**54664**	**5246**	**100.00**	**15.60**	**77.01**	**7.39**
榕城区	7290	1171	5857	262	100.00	16.06	80.34	3.59
揭东区	13456	2125	10676	655	100.00	15.79	79.34	4.87
揭西县	14352	2464	10624	1264	100.00	17.17	74.02	8.81
惠来县	10060	1310	7472	1278	100.00	13.02	74.27	12.70
普宁市	25822	4000	20035	1787	100.00	15.49	77.59	6.92
云浮市	**66873**	**9714**	**50935**	**6224**	**100.00**	**14.53**	**76.17**	**9.31**
云城区	7528	1026	5839	663	100.00	13.63	77.56	8.81
云安区	9998	1104	8229	665	100.00	11.04	82.31	6.65
新兴县	16333	1843	13358	1132	100.00	11.28	81.79	6.93
郁南县	8465	1718	5907	840	100.00	20.30	69.78	9.92
罗定市	24549	4023	17602	2924	100.00	16.39	71.70	11.91

3-3　各地区人口年龄构成(二)

单位：人、%

地　区	人口数				比重			
	合计	0-15岁	16-59岁	60岁及以上	合计	0-15岁	16-59岁	60岁及以上
广　东	**50792391**	**5852273**	**42287109**	**2653009**	**100.00**	**11.52**	**83.25**	**5.22**
广州市	**10458040**	**898495**	**8949981**	**609564**	**100.00**	**8.59**	**85.58**	**5.83**
荔湾区	677361	87243	510757	79361	100.00	12.88	75.40	11.72
越秀区	350607	31586	284207	34814	100.00	9.01	81.06	9.93
海珠区	937820	69026	799104	69690	100.00	7.36	85.21	7.43
天河区	1462248	94998	1292949	74301	100.00	6.50	88.42	5.08
白云区	2657569	217741	2304134	135694	100.00	8.19	86.70	5.11
黄埔区	767736	65746	662314	39676	100.00	8.56	86.27	5.17
番禺区	1634695	121611	1431445	81639	100.00	7.44	87.57	4.99
花都区	843923	91104	715157	37662	100.00	10.80	84.74	4.46
南沙区	417605	37908	360416	19281	100.00	9.08	86.31	4.62
从化区	163521	12270	144340	6911	100.00	7.50	88.27	4.23
增城区	544955	69262	445158	30535	100.00	12.71	81.69	5.60
韶关市	**454391**	**85186**	**322869**	**46336**	**100.00**	**18.75**	**71.06**	**10.20**
武江区	139676	25510	98507	15659	100.00	18.26	70.53	11.21
浈江区	122924	21508	90011	11405	100.00	17.50	73.22	9.28
曲江区	57112	10885	40590	5637	100.00	19.06	71.07	9.87
始兴县	12642	2678	8872	1092	100.00	21.18	70.18	8.64
仁化县	23335	4387	16147	2801	100.00	18.80	69.20	12.00
翁源县	20358	4144	14450	1764	100.00	20.36	70.98	8.66
乳源瑶族自治县	15882	3253	11028	1601	100.00	20.48	69.44	10.08
新丰县	14627	2505	10986	1136	100.00	17.13	75.11	7.77
乐昌市	30399	6715	19962	3722	100.00	22.09	65.67	12.24
南雄市	17436	3601	12316	1519	100.00	20.65	70.64	8.71
深圳市	**13330374**	**1512177**	**11157160**	**661037**	**100.00**	**11.34**	**83.70**	**4.96**
罗湖区	716679	96367	568539	51773	100.00	13.45	79.33	7.22
福田区	896528	99754	732350	64424	100.00	11.13	81.69	7.19
南山区	1008327	83989	845599	78739	100.00	8.33	83.86	7.81
宝安区	3782083	406080	3239509	136494	100.00	10.74	85.65	3.61
龙岗区	3228657	408373	2639977	180307	100.00	12.65	81.77	5.58
盐田区	146305	19493	116299	10513	100.00	13.32	79.49	7.19
龙华区	2106418	223309	1793015	90094	100.00	10.60	85.12	4.28
坪山区	453881	60976	373811	19094	100.00	13.43	82.36	4.21
光明区	991496	113836	848061	29599	100.00	11.48	85.53	2.99
珠海市	**1286297**	**142880**	**1064496**	**78921**	**100.00**	**11.11**	**82.76**	**6.14**
香洲区	737302	75477	614043	47782	100.00	10.24	83.28	6.48
斗门区	262922	35222	210975	16725	100.00	13.40	80.24	6.36
金湾区	286073	32181	239478	14414	100.00	11.25	83.71	5.04
汕头市	**699606**	**106773**	**551514**	**41319**	**100.00**	**15.26**	**78.83**	**5.91**
龙湖区	179455	27783	137192	14480	100.00	15.48	76.45	8.07
金平区	138195	27874	99821	10500	100.00	20.17	72.23	7.60
濠江区	26771	2834	23063	874	100.00	10.59	86.15	3.26
潮阳区	115852	17127	92979	5746	100.00	14.78	80.26	4.96
潮南区	77090	11193	61695	4202	100.00	14.52	80.03	5.45
澄海区	158818	19419	134123	5276	100.00	12.23	84.45	3.32
南澳县	3425	543	2641	241	100.00	15.85	77.11	7.04
佛山市	**5138358**	**492996**	**4416386**	**228976**	**100.00**	**9.59**	**85.95**	**4.46**
禅城区	697162	63868	599402	33892	100.00	9.16	85.98	4.86
南海区	2132680	193348	1835784	103548	100.00	9.07	86.08	4.86
顺德区	1761017	173119	1519181	68717	100.00	9.83	86.27	3.90
三水区	384420	42250	326619	15551	100.00	10.99	84.96	4.05
高明区	163079	20411	135400	7268	100.00	12.52	83.03	4.46

3-3 续表 1

单位：人、%

地区	人口数				比重			
	合计	0-15岁	16-59岁	60岁及以上	合计	0-15岁	16-59岁	60岁及以上
江门市	**1311288**	**221150**	**1008282**	**81856**	**100.00**	**16.87**	**76.89**	**6.24**
蓬江区	367729	51553	290236	25940	100.00	14.02	78.93	7.05
江海区	204023	31309	159637	13077	100.00	15.35	78.24	6.41
新会区	227966	42421	174321	11224	100.00	18.61	76.47	4.92
台山市	106031	18969	80384	6678	100.00	17.89	75.81	6.30
开平市	155527	33901	110473	11153	100.00	21.80	71.03	7.17
鹤山市	186238	31829	146937	7472	100.00	17.09	78.90	4.01
恩平市	63774	11168	46294	6312	100.00	17.51	72.59	9.90
湛江市	**839130**	**167400**	**597218**	**74512**	**100.00**	**19.95**	**71.17**	**8.88**
赤坎区	169399	34958	120925	13516	100.00	20.64	71.38	7.98
霞山区	271816	64012	186499	21305	100.00	23.55	68.61	7.84
坡头区	27708	5720	18823	3165	100.00	20.64	67.93	11.42
麻章区	112702	14525	93138	5039	100.00	12.89	82.64	4.47
遂溪县	53244	10761	35253	7230	100.00	20.21	66.21	13.58
徐闻县	38902	7749	26476	4677	100.00	19.92	68.06	12.02
廉江市	75050	13629	52999	8422	100.00	18.16	70.62	11.22
雷州市	42442	7996	28307	6139	100.00	18.84	66.70	14.46
吴川市	47867	8050	34798	5019	100.00	16.82	72.70	10.49
茂名市	**365997**	**58389**	**271425**	**36183**	**100.00**	**15.95**	**74.16**	**9.89**
茂南区	136683	17786	107453	11444	100.00	13.01	78.61	8.37
电白区	71543	10897	53814	6832	100.00	15.23	75.22	9.55
高州市	63314	11327	47417	4570	100.00	17.89	74.89	7.22
化州市	60489	12028	40945	7516	100.00	19.88	67.69	12.43
信宜市	33968	6351	21796	5821	100.00	18.70	64.17	17.14
肇庆市	**636466**	**97945**	**502746**	**35775**	**100.00**	**15.39**	**78.99**	**5.62**
端州区	191199	29001	149933	12265	100.00	15.17	78.42	6.41
鼎湖区	69894	10923	54775	4196	100.00	15.63	78.37	6.00
高要区	98021	13494	80966	3561	100.00	13.77	82.60	3.63
广宁县	20254	3085	15265	1904	100.00	15.23	75.37	9.40
怀集县	15401	2433	11784	1184	100.00	15.80	76.51	7.69
封开县	11765	1932	8964	869	100.00	16.42	76.19	7.39
德庆县	13294	3058	9073	1163	100.00	23.00	68.25	8.75
四会市	216638	34019	171986	10633	100.00	15.70	79.39	4.91
惠州市	**2740849**	**406817**	**2172521**	**161511**	**100.00**	**14.84**	**79.26**	**5.89**
惠城区	1066286	156878	834727	74681	100.00	14.71	78.28	7.00
惠阳区	929603	122516	757598	49489	100.00	13.18	81.50	5.32
博罗县	444876	67377	357284	20215	100.00	15.15	80.31	4.54
惠东县	258455	53545	190839	14071	100.00	20.72	73.84	5.44
龙门县	41629	6501	32073	3055	100.00	15.62	77.04	7.34
梅州市	**415919**	**78346**	**286261**	**51312**	**100.00**	**18.84**	**68.83**	**12.34**
梅江区	162390	27810	115380	19200	100.00	17.13	71.05	11.82
梅县区	105556	23122	69763	12671	100.00	21.90	66.09	12.00
大埔县	23871	4598	16027	3246	100.00	19.26	67.14	13.60
丰顺县	23604	3856	17214	2534	100.00	16.34	72.93	10.74
五华县	38526	6586	26475	5465	100.00	17.09	68.72	14.19
平远县	11558	2379	7780	1399	100.00	20.58	67.31	12.10
蕉岭县	13114	2759	8904	1451	100.00	21.04	67.90	11.06
兴宁市	37300	7236	24718	5346	100.00	19.40	66.27	14.33

3-3 续表 2

单位：人、%

地区	人口数				比重			
	合计	0-15岁	16-59岁	60岁及以上	合计	0-15岁	16-59岁	60岁及以上
汕尾市	**247685**	**46444**	**182165**	**19076**	**100.00**	**18.75**	**73.55**	**7.70**
城　区	74325	12377	56738	5210	100.00	16.65	76.34	7.01
海丰县	126291	25661	91735	8895	100.00	20.32	72.64	7.04
陆河县	14460	2591	10290	1579	100.00	17.92	71.16	10.92
陆丰市	32609	5815	23402	3392	100.00	17.83	71.77	10.40
河源市	**582178**	**128611**	**398800**	**54767**	**100.00**	**22.09**	**68.50**	**9.41**
源城区	397115	93871	265336	37908	100.00	23.64	66.82	9.55
紫金县	44691	8140	32087	4464	100.00	18.21	71.80	9.99
龙川县	39314	7643	27696	3975	100.00	19.44	70.45	10.11
连平县	21672	4085	15032	2555	100.00	18.85	69.36	11.79
和平县	15069	2680	10773	1616	100.00	17.78	71.49	10.72
东源县	64317	12192	47876	4249	100.00	18.96	74.44	6.61
阳江市	**342406**	**67323**	**244859**	**30224**	**100.00**	**19.66**	**71.51**	**8.83**
江城区	179388	35385	127000	17003	100.00	19.73	70.80	9.48
阳东区	99253	19675	72239	7339	100.00	19.82	72.78	7.39
阳西县	27831	5133	20236	2462	100.00	18.44	72.71	8.85
阳春市	35934	7130	25384	3420	100.00	19.84	70.64	9.52
清远市	**691203**	**132687**	**496547**	**61969**	**100.00**	**19.20**	**71.84**	**8.97**
清城区	417392	77675	303142	36575	100.00	18.61	72.63	8.76
清新区	105213	24437	70362	10414	100.00	23.23	66.88	9.90
佛冈县	31321	4838	24263	2220	100.00	15.45	77.47	7.09
阳山县	18126	3941	12262	1923	100.00	21.74	67.65	10.61
连山壮族瑶族自治县	5669	1151	3984	534	100.00	20.30	70.28	9.42
连南瑶族自治县	5751	1239	3818	694	100.00	21.54	66.39	12.07
英德市	88421	15881	65107	7433	100.00	17.96	73.63	8.41
连州市	19310	3525	13609	2176	100.00	18.25	70.48	11.27
东莞市	**7952214**	**788102**	**6934521**	**229591**	**100.00**	**9.91**	**87.20**	**2.89**
市辖区	7952214	788102	6934521	229591	100.00	9.91	87.20	2.89
中山市	**2584447**	**295193**	**2189444**	**99810**	**100.00**	**11.42**	**84.72**	**3.86**
市辖区	2584447	295193	2189444	99810	100.00	11.42	84.72	3.86
潮州市	**285664**	**45091**	**224229**	**16344**	**100.00**	**15.78**	**78.49**	**5.72**
湘桥区	112462	17423	86863	8176	100.00	15.49	77.24	7.27
潮安区	159114	25768	126408	6938	100.00	16.19	79.44	4.36
饶平县	14088	1900	10958	1230	100.00	13.49	77.78	8.73
揭阳市	**192787**	**34180**	**145178**	**13429**	**100.00**	**17.73**	**75.30**	**6.97**
榕城区	45806	7475	36246	2085	100.00	16.32	79.13	4.55
揭东区	43233	8589	32564	2080	100.00	19.87	75.32	4.81
揭西县	20436	3808	14245	2383	100.00	18.63	69.71	11.66
惠来县	19728	3304	13925	2499	100.00	16.75	70.58	12.67
普宁市	63584	11004	48198	4382	100.00	17.31	75.80	6.89
云浮市	**237092**	**46088**	**170507**	**20497**	**100.00**	**19.44**	**71.92**	**8.65**
云城区	108565	24276	75843	8446	100.00	22.36	69.86	7.78
云安区	19562	2605	15669	1288	100.00	13.32	80.10	6.58
新兴县	43113	7151	33077	2885	100.00	16.59	76.72	6.69
郁南县	17386	3708	11776	1902	100.00	21.33	67.73	10.94
罗定市	48466	8348	34142	5976	100.00	17.22	70.45	12.33

3-3a 各地区人口年龄构成(二)(城市)

单位：人、%

地区	人口数				比重			
	合计	0-15岁	16-59岁	60岁及以上	合计	0-15岁	16-59岁	60岁及以上
广东	**42709738**	**4797766**	**35700154**	**2211818**	**100.00**	**11.23**	**83.59**	**5.18**
广州市	**8856200**	**755768**	**7553242**	**547190**	**100.00**	**8.53**	**85.29**	**6.18**
荔湾区	677361	87243	510757	79361	100.00	12.88	75.40	11.72
越秀区	350607	31586	284207	34814	100.00	9.01	81.06	9.93
海珠区	937820	69026	799104	69690	100.00	7.36	85.21	7.43
天河区	1462248	94998	1292949	74301	100.00	6.50	88.42	5.08
白云区	2133652	179359	1834431	119862	100.00	8.41	85.98	5.62
黄埔区	720147	61160	623346	35641	100.00	8.49	86.56	4.95
番禺区	1446225	109152	1261238	75835	100.00	7.55	87.21	5.24
花都区	575125	63160	484916	27049	100.00	10.98	84.31	4.70
南沙区	270244	24753	231223	14268	100.00	9.16	85.56	5.28
从化区	57442	4191	50466	2785	100.00	7.30	87.86	4.85
增城区	225329	31140	180605	13584	100.00	13.82	80.15	6.03
韶关市	**291525**	**54951**	**205631**	**30943**	**100.00**	**18.85**	**70.54**	**10.61**
武江区	129977	23953	91345	14679	100.00	18.43	70.28	11.29
浈江区	106902	18713	78141	10048	100.00	17.50	73.10	9.40
曲江区	32606	7830	20953	3823	100.00	24.01	64.26	11.72
始兴县								
仁化县								
翁源县								
乳源瑶族自治县								
新丰县								
乐昌市	13285	2815	8802	1668	100.00	21.19	66.26	12.56
南雄市	8755	1640	6390	725	100.00	18.73	72.99	8.28
深圳市	**13284820**	**1507653**	**11118102**	**659065**	**100.00**	**11.35**	**83.69**	**4.96**
罗湖区	716679	96367	568539	51773	100.00	13.45	79.33	7.22
福田区	896528	99754	732350	64424	100.00	11.13	81.69	7.19
南山区	1004362	83979	841690	78693	100.00	8.36	83.80	7.84
宝安区	3782083	406080	3239509	136494	100.00	10.74	85.65	3.61
龙岗区	3188290	404046	2605674	178570	100.00	12.67	81.73	5.60
盐田区	146305	19493	116299	10513	100.00	13.32	79.49	7.19
龙华区	2106418	223309	1793015	90094	100.00	10.60	85.12	4.28
坪山区	452659	60789	372965	18905	100.00	13.43	82.39	4.18
光明区	991496	113836	848061	29599	100.00	11.48	85.53	2.99
珠海市	**1007813**	**109262**	**834214**	**64337**	**100.00**	**10.84**	**82.77**	**6.38**
香洲区	693304	73393	573581	46330	100.00	10.59	82.73	6.68
斗门区	107615	13043	87226	7346	100.00	12.12	81.05	6.83
金湾区	206894	22826	173407	10661	100.00	11.03	83.81	5.15
汕头市	**454365**	**74109**	**350041**	**30215**	**100.00**	**16.31**	**77.04**	**6.65**
龙湖区	169820	26229	129671	13920	100.00	15.45	76.36	8.20
金平区	136826	27772	98600	10454	100.00	20.30	72.06	7.64
濠江区	14340	2065	11613	662	100.00	14.40	80.98	4.62
潮阳区	27423	4594	21247	1582	100.00	16.75	77.48	5.77
潮南区	31482	3946	26045	1491	100.00	12.53	82.73	4.74
澄海区	74474	9503	62865	2106	100.00	12.76	84.41	2.83
南澳县								
佛山市	**4635005**	**449756**	**3972919**	**212330**	**100.00**	**9.70**	**85.72**	**4.58**
禅城区	583113	54985	498306	29822	100.00	9.43	85.46	5.11
南海区	2035455	187421	1747678	100356	100.00	9.21	85.86	4.93
顺德区	1736664	171582	1497064	68018	100.00	9.88	86.20	3.92
三水区	139529	18366	113035	8128	100.00	13.16	81.01	5.83
高明区	140244	17402	116836	6006	100.00	12.41	83.31	4.28

3-3a 续表 1

单位：人、%

地 区	人口数				比重			
	合计	0–15岁	16–59岁	60岁及以上	合计	0–15岁	16–59岁	60岁及以上
江门市	**900392**	**146573**	**696886**	**56933**	**100.00**	**16.28**	**77.40**	**6.32**
蓬江区	364727	51073	287943	25711	100.00	14.00	78.95	7.05
江海区	204023	31309	159637	13077	100.00	15.35	78.24	6.41
新会区	111219	20984	85262	4973	100.00	18.87	76.66	4.47
台山市	55205	10136	42619	2450	100.00	18.36	77.20	4.44
开平市	55967	12322	38599	5046	100.00	22.02	68.97	9.02
鹤山市	92290	17586	70612	4092	100.00	19.06	76.51	4.43
恩平市	16961	3163	12214	1584	100.00	18.65	72.01	9.34
湛江市	**535395**	**118335**	**374988**	**42072**	**100.00**	**22.10**	**70.04**	**7.86**
赤坎区	168553	34807	120349	13397	100.00	20.65	71.40	7.95
霞山区	267438	62961	183638	20839	100.00	23.54	68.67	7.79
坡头区	14023	2931	9667	1425	100.00	20.90	68.94	10.16
麻章区	40313	8825	29275	2213	100.00	21.89	72.62	5.49
遂溪县	2231	550	1387	294	100.00	24.65	62.17	13.18
徐闻县								
廉江市	18328	3453	13415	1460	100.00	18.84	73.19	7.97
雷州市	7010	1524	4516	970	100.00	21.74	64.42	13.84
吴川市	17499	3284	12741	1474	100.00	18.77	72.81	8.42
茂名市	**188329**	**29223**	**144225**	**14881**	**100.00**	**15.52**	**76.58**	**7.90**
茂南区	104376	14756	80579	9041	100.00	14.14	77.20	8.66
电白区	13997	2047	10859	1091	100.00	14.62	77.58	7.79
高州市	39554	6517	31506	1531	100.00	16.48	79.65	3.87
化州市	17515	3713	12560	1242	100.00	21.20	71.71	7.09
信宜市	12887	2190	8721	1976	100.00	16.99	67.67	15.33
肇庆市	**418905**	**66158**	**329652**	**23095**	**100.00**	**15.79**	**78.69**	**5.51**
端州区	191199	29001	149933	12265	100.00	15.17	78.42	6.41
鼎湖区	48720	8192	37662	2866	100.00	16.81	77.30	5.88
高要区	20221	3314	16237	670	100.00	16.39	80.30	3.31
广宁县								
怀集县								
封开县								
德庆县								
四会市	158765	25651	125820	7294	100.00	16.16	79.25	4.59
惠州市	**1591350**	**227806**	**1257892**	**105652**	**100.00**	**14.32**	**79.05**	**6.64**
惠城区	865387	132595	667614	65178	100.00	15.32	77.15	7.53
惠阳区	708275	91992	576515	39768	100.00	12.99	81.40	5.61
博罗县	17688	3219	13763	706	100.00	18.20	77.81	3.99
惠东县								
龙门县								
梅州市	**258737**	**49715**	**178753**	**30269**	**100.00**	**19.21**	**69.09**	**11.70**
梅江区	156650	26761	111485	18404	100.00	17.08	71.17	11.75
梅县区	84745	19399	55801	9545	100.00	22.89	65.85	11.26
大埔县								
丰顺县								
五华县	558	102	347	109	100.00	18.28	62.19	19.53
平远县								
蕉岭县								
兴宁市	16784	3453	11120	2211	100.00	20.57	66.25	13.17

3-3a 续表 2

单位：人、%

地　区	人口数				比重			
	合计	0-15岁	16-59岁	60岁及以上	合计	0-15岁	16-59岁	60岁及以上
汕尾市	**64502**	**11727**	**48426**	**4349**	**100.00**	**18.18**	**75.08**	**6.74**
城　区	56310	10222	42221	3867	100.00	18.15	74.98	6.87
海丰县								
陆河县								
陆丰市	8192	1505	6205	482	100.00	18.37	75.74	5.88
河源市	**352692**	**86544**	**230041**	**36107**	**100.00**	**24.54**	**65.22**	**10.24**
源城区	352692	86544	230041	36107	100.00	24.54	65.22	10.24
紫金县								
龙川县								
连平县								
和平县								
东源县								
阳江市	**207891**	**44382**	**144991**	**18518**	**100.00**	**21.35**	**69.74**	**8.91**
江城区	140150	29009	97482	13659	100.00	20.70	69.56	9.75
阳东区	52425	11802	37002	3621	100.00	22.51	70.58	6.91
阳西县								
阳春市	15316	3571	10507	1238	100.00	23.32	68.60	8.08
清远市	**347124**	**78444**	**233433**	**35247**	**100.00**	**22.60**	**67.25**	**10.15**
清城区	254094	55311	172113	26670	100.00	21.77	67.74	10.50
清新区	57898	15672	36204	6022	100.00	27.07	62.53	10.40
佛冈县								
阳山县								
连山壮族瑶族自治县								
连南瑶族自治县								
英德市	25042	5261	18109	1672	100.00	21.01	72.31	6.68
连州市	10090	2200	7007	883	100.00	21.80	69.44	8.75
东莞市	**7320350**	**733672**	**6372603**	**214075**	**100.00**	**10.02**	**87.05**	**2.92**
市辖区	7320350	733672	6372603	214075	100.00	10.02	87.05	2.92
中山市	**1590765**	**177545**	**1350989**	**62231**	**100.00**	**11.16**	**84.93**	**3.91**
市辖区	1590765	177545	1350989	62231	100.00	11.16	84.93	3.91
潮州市	**197834**	**33814**	**152198**	**11822**	**100.00**	**17.09**	**76.93**	**5.98**
湘桥区	93263	16221	69615	7427	100.00	17.39	74.64	7.96
潮安区	104571	17593	82583	4395	100.00	16.82	78.97	4.20
饶平县								
揭阳市	**83157**	**15570**	**64374**	**3213**	**100.00**	**18.72**	**77.41**	**3.86**
榕城区	35227	5659	28029	1539	100.00	16.06	79.57	4.37
揭东区	22603	5392	16503	708	100.00	23.86	73.01	3.13
揭西县								
惠来县								
普宁市	25327	4519	19842	966	100.00	17.84	78.34	3.81
云浮市	**122587**	**26759**	**86554**	**9274**	**100.00**	**21.83**	**70.61**	**7.57**
云城区	101037	23235	70201	7601	100.00	23.00	69.48	7.52
云安区	1949	302	1521	126	100.00	15.50	78.04	6.46
新兴县								
郁南县								
罗定市	19601	3222	14832	1547	100.00	16.44	75.67	7.89

3–3b 各地区人口年龄构成(二)(镇)

单位：人、%

地 区	人 口 数				比 重			
	合计	0–15岁	16–59岁	60岁及以上	合计	0–15岁	16–59岁	60岁及以上
广 东	**3906896**	**559555**	**3153967**	**193374**	**100.00**	**14.32**	**80.73**	**4.95**
广州市	**673856**	**65202**	**579308**	**29346**	**100.00**	**9.68**	**85.97**	**4.35**
荔湾区								
越秀区								
海珠区								
天河区								
白云区	181970	12462	164024	5484	100.00	6.85	90.14	3.01
黄埔区	13872	1691	9856	2325	100.00	12.19	71.05	16.76
番禺区	40301	2380	36705	1216	100.00	5.91	91.08	3.02
花都区	62823	8281	51539	3003	100.00	13.18	82.04	4.78
南沙区	70286	6156	61532	2598	100.00	8.76	87.55	3.70
从化区	61150	3259	56132	1759	100.00	5.33	91.79	2.88
增城区	243454	30973	199520	12961	100.00	12.72	81.95	5.32
韶关市	**75729**	**16202**	**52296**	**7231**	**100.00**	**21.39**	**69.06**	**9.55**
武江区	353	65	253	35	100.00	18.41	71.67	9.92
浈江区	7980	1294	6088	598	100.00	16.22	76.29	7.49
曲江区	6308	1272	4384	652	100.00	20.16	69.50	10.34
始兴县	7247	1642	4990	615	100.00	22.66	68.86	8.49
仁化县	14882	2921	10106	1855	100.00	19.63	67.91	12.46
翁源县	8433	2140	5603	690	100.00	25.38	66.44	8.18
乳源瑶族自治县	11022	2400	7554	1068	100.00	21.77	68.54	9.69
新丰县	8047	1687	5792	568	100.00	20.96	71.98	7.06
乐昌市	8824	2136	5745	943	100.00	24.21	65.11	10.69
南雄市	2633	645	1781	207	100.00	24.50	67.64	7.86
深圳市	**5187**	**197**	**4755**	**235**	**100.00**	**3.80**	**91.67**	**4.53**
罗湖区								
福田区								
南山区	3965	10	3909	46	100.00	0.25	98.59	1.16
宝安区								
龙岗区								
盐田区								
龙华区								
坪山区	1222	187	846	189	100.00	15.30	69.23	15.47
光明区								
珠海市	**200811**	**23902**	**167209**	**9700**	**100.00**	**11.90**	**83.27**	**4.83**
香洲区	43082	2082	39590	1410	100.00	4.83	91.89	3.27
斗门区	85440	13350	66919	5171	100.00	15.63	78.32	6.05
金湾区	72289	8470	60700	3119	100.00	11.72	83.97	4.31
汕头市	**134410**	**19392**	**109704**	**5314**	**100.00**	**14.43**	**81.62**	**3.95**
龙湖区								
金平区								
濠江区	286	31	225	30	100.00	10.84	78.67	10.49
潮阳区	58534	8452	47942	2140	100.00	14.44	81.90	3.66
潮南区	22051	3497	17514	1040	100.00	15.86	79.42	4.72
澄海区	50799	6977	41898	1924	100.00	13.73	82.48	3.79
南澳县	2740	435	2125	180	100.00	15.88	77.55	6.57
佛山市	**298653**	**28438**	**260733**	**9482**	**100.00**	**9.52**	**87.30**	**3.17**
禅城区	114049	8883	101096	4070	100.00	7.79	88.64	3.57
南海区	33523	2133	30504	886	100.00	6.36	90.99	2.64
顺德区								
三水区	137699	15625	118070	4004	100.00	11.35	85.74	2.91
高明区	13382	1797	11063	522	100.00	13.43	82.67	3.90

3-3b 续表 1

单位：人、%

地　　区	人口数				比重			
	合计	0-15岁	16-59岁	60岁及以上	合计	0-15岁	16-59岁	60岁及以上
江门市	**143388**	**28179**	**108884**	**6325**	**100.00**	**19.65**	**75.94**	**4.41**
蓬江区								
江海区								
新会区	35816	7118	27102	1596	100.00	19.87	75.67	4.46
台山市	8573	1543	6492	538	100.00	18.00	75.73	6.28
开平市	43625	10952	30746	1927	100.00	25.10	70.48	4.42
鹤山市	44113	6489	36336	1288	100.00	14.71	82.37	2.92
恩平市	11261	2077	8208	976	100.00	18.44	72.89	8.67
湛江市	**129525**	**18585**	**102234**	**8706**	**100.00**	**14.35**	**78.93**	**6.72**
赤坎区								
霞山区	1069	302	699	68	100.00	28.25	65.39	6.36
坡头区	5805	1453	3772	580	100.00	25.03	64.98	9.99
麻章区	50993	2291	47902	800	100.00	4.49	93.94	1.57
遂溪县	23543	5008	16151	2384	100.00	21.27	68.60	10.13
徐闻县	18304	4019	12332	1953	100.00	21.96	67.37	10.67
廉江市	15846	2717	11767	1362	100.00	17.15	74.26	8.60
雷州市	5479	1152	3565	762	100.00	21.03	65.07	13.91
吴川市	8486	1643	6046	797	100.00	19.36	71.25	9.39
茂名市	**40010**	**8152**	**27610**	**4248**	**100.00**	**20.37**	**69.01**	**10.62**
茂南区	2724	506	1868	350	100.00	18.58	68.58	12.85
电白区	16490	2694	12155	1641	100.00	16.34	73.71	9.95
高州市	7162	1697	4869	596	100.00	23.69	67.98	8.32
化州市	9885	2325	6493	1067	100.00	23.52	65.69	10.79
信宜市	3749	930	2225	594	100.00	24.81	59.35	15.84
肇庆市	**109371**	**15709**	**88688**	**4974**	**100.00**	**14.36**	**81.09**	**4.55**
端州区								
鼎湖区	16291	2164	13228	899	100.00	13.28	81.20	5.52
高要区	42477	5042	36380	1055	100.00	11.87	85.65	2.48
广宁县	9099	1398	7143	558	100.00	15.36	78.50	6.13
怀集县	8871	1374	7062	435	100.00	15.49	79.61	4.90
封开县	6768	1240	5046	482	100.00	18.32	74.56	7.12
德庆县	8055	2095	5254	706	100.00	26.01	65.23	8.76
四会市	17810	2396	14575	839	100.00	13.45	81.84	4.71
惠州市	**666569**	**117995**	**516629**	**31945**	**100.00**	**17.70**	**77.51**	**4.79**
惠城区	75575	11646	59950	3979	100.00	15.41	79.33	5.26
惠阳区	81704	12948	64868	3888	100.00	15.85	79.39	4.76
博罗县	308823	49789	245249	13785	100.00	16.12	79.41	4.46
惠东县	181284	39717	132669	8898	100.00	21.91	73.18	4.91
龙门县	19183	3895	13893	1395	100.00	20.30	72.42	7.27
梅州市	**67808**	**13283**	**47249**	**7276**	**100.00**	**19.59**	**69.68**	**10.73**
梅江区	796	156	524	116	100.00	19.60	65.83	14.57
梅县区	6047	1338	3939	770	100.00	22.13	65.14	12.73
大埔县	11416	2437	7709	1270	100.00	21.35	67.53	11.12
丰顺县	14535	2358	10964	1213	100.00	16.22	75.43	8.35
五华县	15692	2743	11012	1937	100.00	17.48	70.18	12.34
平远县	7156	1650	4812	694	100.00	23.06	67.24	9.70
蕉岭县	8372	1910	5545	917	100.00	22.81	66.23	10.95
兴宁市	3794	691	2744	359	100.00	18.21	72.32	9.46

3-3b　续表 2　　　　单位：人、%

地　区	人口数				比重			
	合计	0-15岁	16-59岁	60岁及以上	合计	0-15岁	16-59岁	60岁及以上
汕尾市	**119382**	**25614**	**85017**	**8751**	**100.00**	**21.46**	**71.21**	**7.33**
城　区	6097	681	4949	467	100.00	11.17	81.17	7.66
海丰县	93011	20692	65942	6377	100.00	22.25	70.90	6.86
陆河县	9855	1922	7038	895	100.00	19.50	71.42	9.08
陆丰市	10419	2319	7088	1012	100.00	22.26	68.03	9.71
河源市	**104736**	**20372**	**78002**	**6362**	**100.00**	**19.45**	**74.47**	**6.07**
源城区	27572	3783	22882	907	100.00	13.72	82.99	3.29
紫金县	20711	4256	14959	1496	100.00	20.55	72.23	7.22
龙川县	16545	3786	11547	1212	100.00	22.88	69.79	7.33
连平县	9270	2025	6203	1042	100.00	21.84	66.91	11.24
和平县	6775	1348	5009	418	100.00	19.90	73.93	6.17
东源县	23863	5174	17402	1287	100.00	21.68	72.92	5.39
阳江市	**37176**	**8013**	**26352**	**2811**	**100.00**	**21.55**	**70.88**	**7.56**
江城区	8408	1535	6008	865	100.00	18.26	71.46	10.29
阳东区	9478	1956	6844	678	100.00	20.64	72.21	7.15
阳西县	15234	3496	10785	953	100.00	22.95	70.80	6.26
阳春市	4056	1026	2715	315	100.00	25.30	66.94	7.77
清远市	**154985**	**30316**	**112663**	**12006**	**100.00**	**19.56**	**72.69**	**7.75**
清城区	95914	17286	71309	7319	100.00	18.02	74.35	7.63
清新区	6837	1524	4638	675	100.00	22.29	67.84	9.87
佛冈县	15087	3078	10946	1063	100.00	20.40	72.55	7.05
阳山县	8961	2272	6010	679	100.00	25.35	67.07	7.58
连山壮族瑶族自治县	3391	752	2354	285	100.00	22.18	69.42	8.40
连南瑶族自治县	3985	948	2604	433	100.00	23.79	65.35	10.87
英德市	18971	4059	13508	1404	100.00	21.40	71.20	7.40
连州市	1839	397	1294	148	100.00	21.59	70.36	8.05
东莞市	**68584**	**5556**	**61352**	**1676**	**100.00**	**8.10**	**89.46**	**2.44**
市辖区	68584	5556	61352	1676	100.00	8.10	89.46	2.44
中山市	**752058**	**94370**	**628190**	**29498**	**100.00**	**12.55**	**83.53**	**3.92**
市辖区	752058	94370	628190	29498	100.00	12.55	83.53	3.92
潮州市	**38376**	**4079**	**32755**	**1542**	**100.00**	**10.63**	**85.35**	**4.02**
湘桥区	13250	721	12179	350	100.00	5.44	91.92	2.64
潮安区	18349	2556	15087	706	100.00	13.93	82.22	3.85
饶平县	6777	802	5489	486	100.00	11.83	80.99	7.17
揭阳市	**38650**	**6923**	**28724**	**3003**	**100.00**	**17.91**	**74.32**	**7.77**
榕城区	3289	584	2557	148	100.00	17.76	77.74	4.50
揭东区	7174	982	5770	422	100.00	13.69	80.43	5.88
揭西县	6084	1240	4178	666	100.00	20.38	68.67	10.95
惠来县	9668	1948	6888	832	100.00	20.15	71.25	8.61
普宁市	12435	2169	9331	935	100.00	17.44	75.04	7.52
云浮市	**47632**	**9076**	**35613**	**2943**	**100.00**	**19.05**	**74.77**	**6.18**
云城区								
云安区	7615	999	6357	259	100.00	13.12	83.48	3.40
新兴县	26780	5213	20219	1348	100.00	19.47	75.50	5.03
郁南县	8921	1934	6229	758	100.00	21.68	69.82	8.50
罗定市	4316	930	2808	578	100.00	21.55	65.06	13.39

3-3c 各地区人口年龄构成(二)(乡村)

单位：人、%

地区	人口数				比重			
	合计	0-15岁	16-59岁	60岁及以上	合计	0-15岁	16-59岁	60岁及以上
广东	**4175757**	**494952**	**3432988**	**247817**	**100.00**	**11.85**	**82.21**	**5.93**
广州市	**927984**	**77525**	**817431**	**33028**	**100.00**	**8.35**	**88.09**	**3.56**
荔湾区								
越秀区								
海珠区								
天河区								
白云区	341947	25920	305679	10348	100.00	7.58	89.39	3.03
黄埔区	33717	2895	29112	1710	100.00	8.59	86.34	5.07
番禺区	148169	10079	133502	4588	100.00	6.80	90.10	3.10
花都区	205975	19663	178702	7610	100.00	9.55	86.76	3.69
南沙区	77075	6999	67661	2415	100.00	9.08	87.79	3.13
从化区	44929	4820	37742	2367	100.00	10.73	84.00	5.27
增城区	76172	7149	65033	3990	100.00	9.39	85.38	5.24
韶关市	**87137**	**14033**	**64942**	**8162**	**100.00**	**16.10**	**74.53**	**9.37**
武江区	9346	1492	6909	945	100.00	15.96	73.92	10.11
浈江区	8042	1501	5782	759	100.00	18.66	71.90	9.44
曲江区	18198	1783	15253	1162	100.00	9.80	83.82	6.39
始兴县	5395	1036	3882	477	100.00	19.20	71.96	8.84
仁化县	8453	1466	6041	946	100.00	17.34	71.47	11.19
翁源县	11925	2004	8847	1074	100.00	16.81	74.19	9.01
乳源瑶族自治县	4860	853	3474	533	100.00	17.55	71.48	10.97
新丰县	6580	818	5194	568	100.00	12.43	78.94	8.63
乐昌市	8290	1764	5415	1111	100.00	21.28	65.32	13.40
南雄市	6048	1316	4145	587	100.00	21.76	68.54	9.71
深圳市	**40367**	**4327**	**34303**	**1737**	**100.00**	**10.72**	**84.98**	**4.30**
罗湖区								
福田区								
南山区								
宝安区								
龙岗区	40367	4327	34303	1737	100.00	10.72	84.98	4.30
盐田区								
龙华区								
坪山区								
光明区								
珠海市	**77673**	**9716**	**63073**	**4884**	**100.00**	**12.51**	**81.20**	**6.29**
香洲区	916	2	872	42	100.00	0.22	95.20	4.59
斗门区	69867	8829	56830	4208	100.00	12.64	81.34	6.02
金湾区	6890	885	5371	634	100.00	12.84	77.95	9.20
汕头市	**110831**	**13272**	**91769**	**5790**	**100.00**	**11.97**	**82.80**	**5.22**
龙湖区	9635	1554	7521	560	100.00	16.13	78.06	5.81
金平区	1369	102	1221	46	100.00	7.45	89.19	3.36
濠江区	12145	738	11225	182	100.00	6.08	92.42	1.50
潮阳区	29895	4081	23790	2024	100.00	13.65	79.58	6.77
潮南区	23557	3750	18136	1671	100.00	15.92	76.99	7.09
澄海区	33545	2939	29360	1246	100.00	8.76	87.52	3.71
南澳县	685	108	516	61	100.00	15.77	75.33	8.91
佛山市	**204700**	**14802**	**182734**	**7164**	**100.00**	**7.23**	**89.27**	**3.50**
禅城区								
南海区	63702	3794	57602	2306	100.00	5.96	90.42	3.62
顺德区	24353	1537	22117	699	100.00	6.31	90.82	2.87
三水区	107192	8259	95514	3419	100.00	7.70	89.11	3.19
高明区	9453	1212	7501	740	100.00	12.82	79.35	7.83

3-3c 续表 1

单位：人、%

地区	人口数				比重			
	合计	0-15岁	16-59岁	60岁及以上	合计	0-15岁	16-59岁	60岁及以上
江门市	**267508**	**46398**	**202512**	**18598**	**100.00**	**17.34**	**75.70**	**6.95**
蓬江区	3002	480	2293	229	100.00	15.99	76.38	7.63
江海区								
新会区	80931	14319	61957	4655	100.00	17.69	76.56	5.75
台山市	42253	7290	31273	3690	100.00	17.25	74.01	8.73
开平市	55935	10627	41128	4180	100.00	19.00	73.53	7.47
鹤山市	49835	7754	39989	2092	100.00	15.56	80.24	4.20
恩平市	35552	5928	25872	3752	100.00	16.67	72.77	10.55
湛江市	**174210**	**30480**	**119996**	**23734**	**100.00**	**17.50**	**68.88**	**13.62**
赤坎区	846	151	576	119	100.00	17.85	68.09	14.07
霞山区	3309	749	2162	398	100.00	22.64	65.34	12.03
坡头区	7880	1336	5384	1160	100.00	16.95	68.32	14.72
麻章区	21396	3409	15961	2026	100.00	15.93	74.60	9.47
遂溪县	27470	5203	17715	4552	100.00	18.94	64.49	16.57
徐闻县	20598	3730	14144	2724	100.00	18.11	68.67	13.22
廉江市	40876	7459	27817	5600	100.00	18.25	68.05	13.70
雷州市	29953	5320	20226	4407	100.00	17.76	67.53	14.71
吴川市	21882	3123	16011	2748	100.00	14.27	73.17	12.56
茂名市	**137658**	**21014**	**99590**	**17054**	**100.00**	**15.27**	**72.35**	**12.39**
茂南区	29583	2524	25006	2053	100.00	8.53	84.53	6.94
电白区	41056	6156	30800	4100	100.00	14.99	75.02	9.99
高州市	16598	3113	11042	2443	100.00	18.76	66.53	14.72
化州市	33089	5990	21892	5207	100.00	18.10	66.16	15.74
信宜市	17332	3231	10850	3251	100.00	18.64	62.60	18.76
肇庆市	**108190**	**16078**	**84406**	**7706**	**100.00**	**14.86**	**78.02**	**7.12**
端州区								
鼎湖区	4883	567	3885	431	100.00	11.61	79.56	8.83
高要区	35323	5138	28349	1836	100.00	14.55	80.26	5.20
广宁县	11155	1687	8122	1346	100.00	15.12	72.81	12.07
怀集县	6530	1059	4722	749	100.00	16.22	72.31	11.47
封开县	4997	692	3918	387	100.00	13.85	78.41	7.74
德庆县	5239	963	3819	457	100.00	18.38	72.90	8.72
四会市	40063	5972	31591	2500	100.00	14.91	78.85	6.24
惠州市	**482930**	**61016**	**398000**	**23914**	**100.00**	**12.63**	**82.41**	**4.95**
惠城区	125324	12637	107163	5524	100.00	10.08	85.51	4.41
惠阳区	139624	17576	116215	5833	100.00	12.59	83.23	4.18
博罗县	118365	14369	98272	5724	100.00	12.14	83.02	4.84
惠东县	77171	13828	58170	5173	100.00	17.92	75.38	6.70
龙门县	22446	2606	18180	1660	100.00	11.61	80.99	7.40
梅州市	**89374**	**15348**	**60259**	**13767**	**100.00**	**17.17**	**67.42**	**15.40**
梅江区	4944	893	3371	680	100.00	18.06	68.18	13.75
梅县区	14764	2385	10023	2356	100.00	16.15	67.89	15.96
大埔县	12455	2161	8318	1976	100.00	17.35	66.78	15.87
丰顺县	9069	1498	6250	1321	100.00	16.52	68.92	14.57
五华县	22276	3741	15116	3419	100.00	16.79	67.86	15.35
平远县	4402	729	2968	705	100.00	16.56	67.42	16.02
蕉岭县	4742	849	3359	534	100.00	17.90	70.84	11.26
兴宁市	16722	3092	10854	2776	100.00	18.49	64.91	16.60

3-3c 续表 2 单位：人、%

地区	人口数				比重			
	合计	0-15岁	16-59岁	60岁及以上	合计	0-15岁	16-59岁	60岁及以上
汕尾市	**63801**	**9103**	**48722**	**5976**	**100.00**	**14.27**	**76.37**	**9.37**
城　区	11918	1474	9568	876	100.00	12.37	80.28	7.35
海丰县	33280	4969	25793	2518	100.00	14.93	77.50	7.57
陆河县	4605	669	3252	684	100.00	14.53	70.62	14.85
陆丰市	13998	1991	10109	1898	100.00	14.22	72.22	13.56
河源市	**124750**	**21695**	**90757**	**12298**	**100.00**	**17.39**	**72.75**	**9.86**
源城区	16851	3544	12413	894	100.00	21.03	73.66	5.31
紫金县	23980	3884	17128	2968	100.00	16.20	71.43	12.38
龙川县	22769	3857	16149	2763	100.00	16.94	70.93	12.13
连平县	12402	2060	8829	1513	100.00	16.61	71.19	12.20
和平县	8294	1332	5764	1198	100.00	16.06	69.50	14.44
东源县	40454	7018	30474	2962	100.00	17.35	75.33	7.32
阳江市	**97339**	**14928**	**73516**	**8895**	**100.00**	**15.34**	**75.53**	**9.14**
江城区	30830	4841	23510	2479	100.00	15.70	76.26	8.04
阳东区	37350	5917	28393	3040	100.00	15.84	76.02	8.14
阳西县	12597	1637	9451	1509	100.00	13.00	75.03	11.98
阳春市	16562	2533	12162	1867	100.00	15.29	73.43	11.27
清远市	**189094**	**23927**	**150451**	**14716**	**100.00**	**12.65**	**79.56**	**7.78**
清城区	67384	5078	59720	2586	100.00	7.54	88.63	3.84
清新区	40478	7241	29520	3717	100.00	17.89	72.93	9.18
佛冈县	16234	1760	13317	1157	100.00	10.84	82.03	7.13
阳山县	9165	1669	6252	1244	100.00	18.21	68.22	13.57
连山壮族瑶族自治县	2278	399	1630	249	100.00	17.52	71.55	10.93
连南瑶族自治县	1766	291	1214	261	100.00	16.48	68.74	14.78
英德市	44408	6561	33490	4357	100.00	14.77	75.41	9.81
连州市	7381	928	5308	1145	100.00	12.57	71.91	15.51
东莞市	**563280**	**48874**	**500566**	**13840**	**100.00**	**8.68**	**88.87**	**2.46**
市辖区	563280	48874	500566	13840	100.00	8.68	88.87	2.46
中山市	**241624**	**23278**	**210265**	**8081**	**100.00**	**9.63**	**87.02**	**3.34**
市辖区	241624	23278	210265	8081	100.00	9.63	87.02	3.34
潮州市	**49454**	**7198**	**39276**	**2980**	**100.00**	**14.55**	**79.42**	**6.03**
湘桥区	5949	481	5069	399	100.00	8.09	85.21	6.71
潮安区	36194	5619	28738	1837	100.00	15.52	79.40	5.08
饶平县	7311	1098	5469	744	100.00	15.02	74.81	10.18
揭阳市	**70980**	**11687**	**52080**	**7213**	**100.00**	**16.47**	**73.37**	**10.16**
榕城区	7290	1232	5660	398	100.00	16.90	77.64	5.46
揭东区	13456	2215	10291	950	100.00	16.46	76.48	7.06
揭西县	14352	2568	10067	1717	100.00	17.89	70.14	11.96
惠来县	10060	1356	7037	1667	100.00	13.48	69.95	16.57
普宁市	25822	4316	19025	2481	100.00	16.71	73.68	9.61
云浮市	**66873**	**10253**	**48340**	**8280**	**100.00**	**15.33**	**72.29**	**12.38**
云城区	7528	1041	5642	845	100.00	13.83	74.95	11.22
云安区	9998	1304	7791	903	100.00	13.04	77.93	9.03
新兴县	16333	1938	12858	1537	100.00	11.87	78.72	9.41
郁南县	8465	1774	5547	1144	100.00	20.96	65.53	13.51
罗定市	24549	4196	16502	3851	100.00	17.09	67.22	15.69

第三部分 跨县（市、区）流动人口（全部数据资料）

第四卷 教育

4-1 全省分年龄、性别、受教育程度的3岁及以上人口

单位：人

年龄	3岁及以上人口			未上过学		
	合计	男	女	小计	男	女
总 计	**49921592**	**28416220**	**21505372**	**525912**	**193194**	**332718**
3	434416	232713	201703	134407	72126	62281
4	433433	234244	199189	43574	23493	20081
5-9岁	**2073604**	**1140186**	**933418**	**30844**	**16884**	**13960**
5	410492	223648	186844	19980	10857	9123
6	402838	220964	181874	5987	3289	2698
7	405278	223073	182205	1960	1084	876
8	452409	249507	202902	1588	880	708
9	402587	222994	179593	1329	774	555
10-14岁	**1698444**	**950133**	**748311**	**6063**	**3420**	**2643**
10	380900	213106	167794	1240	712	528
11	379232	211899	167333	1393	788	605
12	341723	190833	150890	1446	788	658
13	306216	171254	134962	1119	627	492
14	290373	163041	127332	865	505	360
15-19岁	**2877338**	**1664380**	**1212958**	**3150**	**1943**	**1207**
15	341577	192631	148946	570	352	218
16	484549	281875	202674	591	373	218
17	536787	319752	217035	551	327	224
18	642465	376162	266303	677	418	259
19	871960	493960	378000	761	473	288
20-24岁	**5618743**	**3182358**	**2436385**	**5417**	**3225**	**2192**
20	992050	558601	433449	975	575	400
21	1025921	578707	447214	967	559	408
22	1151243	657318	493925	1137	693	444
23	1189137	675729	513408	1146	690	456
24	1260392	712003	548389	1192	708	484
25-29岁	**6616658**	**3815351**	**2801307**	**6387**	**3789**	**2598**
25	1324898	753699	571199	1214	709	505
26	1255912	716590	539322	1222	714	508
27	1326677	763539	563138	1279	793	486
28	1342321	781491	560830	1321	781	540
29	1366850	800032	566818	1351	792	559
30-34岁	**7354509**	**4321826**	**3032683**	**8397**	**4480**	**3917**
30	1617951	948664	669287	1668	950	718
31	1524058	894283	629775	1601	841	760
32	1400125	822373	577752	1636	906	730
33	1492460	880638	611822	1797	927	870
34	1319915	775868	544047	1695	856	839
35-39岁	**5568869**	**3285317**	**2283552**	**9641**	**4143**	**5498**
35	1169713	689427	480286	1683	794	889
36	1153407	680100	473307	1843	845	998
37	1067832	631784	436048	1737	785	952
38	1148965	679581	469384	2172	891	1281
39	1028952	604425	424527	2206	828	1378
40-44岁	**4375828**	**2534097**	**1841731**	**15094**	**4483**	**10611**
40	914491	535408	379083	2305	760	1545
41	953243	557598	395645	2793	880	1913
42	855999	496363	359636	2960	883	2077
43	784711	450750	333961	3255	933	2322
44	867384	493978	373406	3781	1027	2754

4-1 续表 1

单位：人

年 龄	3岁及以上人口			未上过学		
	合计	男	女	小计	男	女
45—49岁	**4532355**	**2543816**	**1988539**	**27780**	**7015**	**20765**
45	884616	498182	386434	4357	1140	3217
46	968234	541403	426831	5250	1371	3879
47	931406	522137	409269	5597	1421	4176
48	892278	500210	392068	6190	1499	4691
49	855821	481884	373937	6386	1584	4802
50—54岁	**3550542**	**2004382**	**1546160**	**38941**	**9518**	**29423**
50	848384	476013	372371	7273	1729	5544
51	750394	424655	325739	7562	1916	5646
52	773468	436149	337319	8733	2162	6571
53	580345	327818	252527	7219	1770	5449
54	597951	339747	258204	8154	1941	6213
55—59岁	**2133844**	**1178295**	**955549**	**34930**	**7144**	**27786**
55	546799	308417	238382	7754	1807	5947
56	493292	273855	219437	7357	1598	5759
57	515391	286665	228726	8191	1708	6483
58	386357	209645	176712	7125	1317	5808
59	192005	99713	92292	4503	714	3789
60—64岁	**1065734**	**546694**	**519040**	**40085**	**6667**	**33418**
60	191995	98569	93426	5129	864	4265
61	193618	100821	92797	6486	1108	5378
62	235810	122206	113604	8875	1551	7324
63	244392	125151	119241	10396	1701	8695
64	199919	99947	99972	9199	1443	7756
65—69岁	**760277**	**375541**	**384736**	**40610**	**6601**	**34009**
65	190341	94803	95538	9392	1426	7966
66	179296	88284	91012	9307	1452	7855
67	148680	72945	75735	8109	1331	6778
68	133817	65839	67978	7606	1279	6327
69	108143	53670	54473	6196	1113	5083
70—74岁	**373970**	**190955**	**183015**	**22892**	**5032**	**17860**
70	99046	50010	49036	5621	1150	4471
71	89443	46231	43212	5467	1262	4205
72	70196	35660	34536	4500	971	3529
73	61035	31144	29891	3794	884	2910
74	54250	27910	26340	3510	765	2745
75—79岁	**201007**	**98955**	**102052**	**16865**	**3518**	**13347**
75	48881	24807	24074	3556	764	2792
76	43342	21799	21543	3387	745	2642
77	38664	18877	19787	3370	699	2671
78	36211	17339	18872	3161	642	2519
79	33909	16133	17776	3391	668	2723
80—84岁	**136465**	**64104**	**72361**	**17799**	**3976**	**13823**
80	32274	15557	16717	3579	733	2846
81	27893	13152	14741	3541	786	2755
82	27904	13024	14880	3758	884	2874
83	25050	11714	13336	3461	802	2659
84	23344	10657	12687	3460	771	2689
85岁及以上	**115556**	**52873**	**62683**	**23036**	**5737**	**17299**

4-1 续表 2

单位：人

年龄	学前教育			小学		
	小计	男	女	小计	男	女
总 计	**1287239**	**694140**	**593099**	**7089907**	**3564115**	**3525792**
3	300009	160587	139422			
4	389859	210751	179108			
5-9岁	**531384**	**290288**	**241096**	**1477934**	**814086**	**663848**
5	351204	191140	160064	39308	21651	17657
6	125758	69450	56308	265315	144925	120390
7	24855	13498	11357	371374	204542	166832
8	17309	9513	7796	423702	233474	190228
9	12258	6687	5571	378235	209494	168741
10-14岁	**31229**	**17562**	**13667**	**895031**	**501426**	**393605**
10	10188	5695	4493	353704	197729	155975
11	8166	4533	3633	332698	185847	146851
12	5077	2885	2192	144051	81844	62207
13	3883	2198	1685	43413	24163	19250
14	3915	2251	1664	21165	11843	9322
15-19岁	**5469**	**3097**	**2372**	**59445**	**36805**	**22640**
15	2174	1272	902	9899	5741	4158
16	1270	726	544	9479	5750	3729
17	745	413	332	11208	6985	4223
18	651	364	287	13116	8304	4812
19	629	322	307	15743	10025	5718
20-24岁	**2109**	**1083**	**1026**	**101290**	**64183**	**37107**
20	616	298	318	16504	10660	5844
21	398	203	195	17013	10983	6030
22	348	179	169	20735	13232	7503
23	370	194	176	22503	14086	8417
24	377	209	168	24535	15222	9313
25-29岁	**1679**	**855**	**824**	**153523**	**92689**	**60834**
25	372	190	182	26822	16717	10105
26	301	165	136	26858	16423	10435
27	350	168	182	30392	18447	11945
28	327	163	164	33190	19795	13395
29	329	169	160	36261	21307	14954
30-34岁	**1818**	**937**	**881**	**269822**	**150429**	**119393**
30	380	192	188	46895	26964	19931
31	374	184	190	50391	28473	21918
32	362	185	177	51747	28705	23042
33	361	204	157	61157	33923	27234
34	341	172	169	59632	32364	27268
35-39岁	**1483**	**770**	**713**	**320511**	**165354**	**155157**
35	290	157	133	58166	31119	27047
36	302	167	135	60922	32051	28871
37	263	137	126	60568	31312	29256
38	346	173	173	70304	35967	34337
39	282	136	146	70551	34905	35646
40-44岁	**1897**	**834**	**1063**	**478163**	**229107**	**249056**
40	297	136	161	73323	35678	37645
41	382	162	220	91567	45062	46505
42	364	165	199	93716	44924	48792
43	384	164	220	98547	46807	51740
44	470	207	263	121010	56636	64374

4-1 续表 3

单位：人

年 龄	学前教育			小 学		
	小计	男	女	小计	男	女
45-49岁	**3342**	**1333**	**2009**	**795809**	**364100**	**431709**
45	547	236	311	135143	62483	72660
46	691	285	406	159568	73023	86545
47	649	257	392	162819	74425	88394
48	736	286	450	167019	76054	90965
49	719	269	450	171260	78115	93145
50-54岁	**4621**	**1867**	**2754**	**951917**	**448815**	**503102**
50	855	359	496	190182	86827	103355
51	898	366	532	199005	94589	104416
52	1045	416	629	215031	101527	113504
53	822	309	513	168632	79664	88968
54	1001	417	584	179067	86208	92859
55-59岁	**3510**	**1304**	**2206**	**599581**	**276698**	**322883**
55	850	329	521	159586	75712	83874
56	813	322	491	140378	65389	74989
57	850	338	512	141721	66406	75315
58	658	212	446	105760	47148	58612
59	339	103	236	52136	22043	30093
60-64岁	**2733**	**877**	**1856**	**338440**	**144094**	**194346**
60	374	136	238	54366	23122	31244
61	507	158	349	59044	25653	33391
62	645	207	438	76249	32993	43256
63	656	199	457	80572	34269	46303
64	551	177	374	68209	28057	40152
65-69岁	**2340**	**694**	**1646**	**286215**	**117668**	**168547**
65	563	194	369	67724	27707	40017
66	531	168	363	65783	26964	38819
67	483	131	352	56977	23229	33748
68	428	116	312	52645	21832	30813
69	335	85	250	43086	17936	25150
70-74岁	**1205**	**427**	**778**	**159197**	**69978**	**89219**
70	290	91	199	40555	17173	23382
71	286	119	167	38081	16958	21123
72	243	84	159	30563	13583	16980
73	208	80	128	26559	11825	14734
74	178	53	125	23439	10439	13000
75-79岁	**844**	**272**	**572**	**86832**	**37954**	**48878**
75	182	66	116	21281	9508	11773
76	173	47	126	18929	8509	10420
77	166	53	113	16711	7241	9470
78	141	48	93	15368	6500	8868
79	182	58	124	14543	6196	8347
80-84岁	**782**	**252**	**530**	**61358**	**26339**	**35019**
80	162	42	120	13910	6010	7900
81	163	61	102	12496	5389	7107
82	167	59	108	12682	5422	7260
83	141	46	95	11467	4939	6528
84	149	44	105	10803	4579	6224
85岁及以上	**926**	**350**	**576**	**54839**	**24390**	**30449**

4-1 续表 4

单位：人

年龄	初中			高中			大学专科		
	小计	男	女	小计	男	女	小计	男	女
总计	**20762106**	**12289217**	**8472889**	**11132076**	**6727587**	**4404489**	**5220671**	**2841217**	**2379454**
3									
4									
5–9岁	**33234**	**18811**	**14423**	**208**	**117**	**91**			
5									
6	5778	3300	2478						
7	7089	3949	3140						
8	9713	5578	4135	97	62	35			
9	10654	5984	4670	111	55	56			
10–14岁	**731005**	**409314**	**321691**	**34483**	**18067**	**16416**	**490**	**271**	**219**
10	15576	8867	6709	145	75	70	30	19	11
11	36672	20563	16109	255	141	114	33	21	12
12	190713	105070	85643	368	207	161	43	28	15
13	250508	140273	110235	7199	3938	3261	60	36	24
14	237536	134541	102995	26516	13706	12810	324	167	157
15–19岁	**927687**	**591964**	**335723**	**1247798**	**716955**	**530843**	**382807**	**197719**	**185088**
15	135953	80595	55358	186791	101124	85667	5581	3206	2375
16	143244	89947	53297	314247	175772	138475	14277	8507	5770
17	179545	116150	63395	302890	173964	128926	31817	17589	14228
18	211756	138197	73559	223579	134038	89541	114157	58896	55261
19	257189	167075	90114	220291	132057	88234	216975	109521	107454
20–24岁	**1841734**	**1166929**	**674805**	**1490589**	**881674**	**608915**	**1217875**	**606572**	**611303**
20	290827	188622	102205	241003	142989	98014	245577	122553	123024
21	324740	208529	116211	263233	155503	107730	222991	110450	112541
22	387983	245703	142280	313771	185969	127802	239781	120489	119292
23	405841	255247	150594	327177	193355	133822	249492	124262	125230
24	432343	268828	163515	345405	203858	141547	260034	128818	131216
25–29岁	**2445868**	**1499089**	**946779**	**1838322**	**1099054**	**739268**	**1174233**	**608278**	**565955**
25	461259	285907	175352	363779	215318	148461	261507	131261	130246
26	447608	275399	172209	343988	203734	140254	234938	119577	115361
27	488114	298476	189638	366308	218977	147331	235001	121583	113418
28	512232	313482	198750	375518	226093	149425	223594	118139	105455
29	536655	325825	210830	388729	234932	153797	219193	117718	101475
30–34岁	**3256003**	**1940153**	**1315850**	**2025084**	**1227325**	**797759**	**1020599**	**563622**	**456977**
30	663510	399677	263833	463389	280619	182770	246661	133684	112977
31	654742	391672	263070	426812	258408	168404	219975	120359	99616
32	621939	370435	251504	385729	233345	152384	193149	106746	86403
33	689709	409846	279863	402629	244475	158154	195023	109206	85817
34	626103	368523	257580	346525	210478	136047	165791	93627	72164
35–39岁	**2803844**	**1641082**	**1162762**	**1399858**	**857895**	**541963**	**606355**	**354815**	**251540**
35	570263	335109	235154	298627	181666	116961	139317	79953	59364
36	572963	335638	237325	290959	177146	113813	131199	76271	54928
37	535821	314873	220948	267827	164241	103586	117513	68856	48657
38	587144	343956	243188	286492	176510	109982	119590	70605	48985
39	537653	311506	226147	255953	158332	97621	98736	59130	39606
40–44岁	**2405718**	**1376330**	**1029388**	**958773**	**600803**	**357970**	**323420**	**200380**	**123040**
40	485909	280450	205459	221868	137998	83870	80713	48953	31760
41	514356	296299	218057	220389	138023	82366	77442	47840	29602
42	471441	269728	201713	187258	117774	69484	63014	39130	23884
43	439317	250117	189200	161232	101347	59885	51847	32432	19415
44	494695	279736	214959	168026	105661	62365	50404	32025	18379

4—1 续表 5

单位：人

年龄	初中			高中			大学专科		
	小计	男	女	小计	男	女	小计	男	女
45—49岁	**2587932**	**1462746**	**1125186**	**789096**	**498564**	**290532**	**207758**	**131836**	**75922**
45	509359	286129	223230	162624	101944	60680	46245	29275	16970
46	558640	312341	246299	171704	107843	63861	46336	29632	16704
47	531512	299840	231672	163229	103099	60130	42747	27115	15632
48	506761	287719	219042	150922	95711	55211	38213	24311	13902
49	481660	276717	204943	140617	89967	50650	34217	21503	12714
50—54岁	**1870396**	**1102172**	**768224**	**496536**	**319911**	**176625**	**111565**	**70605**	**40960**
50	466911	269625	197286	131866	84510	47356	31525	19911	11614
51	394779	232088	162691	106839	69117	37722	24594	15498	9096
52	403005	237926	165079	105324	68077	37247	23615	14827	8788
53	300719	179293	121426	75316	48546	26770	16109	10327	5782
54	304982	183240	121742	77191	49661	27530	15722	10042	5680
55—59岁	**998703**	**588476**	**410227**	**378186**	**229603**	**148583**	**70745**	**41804**	**28941**
55	274006	163418	110588	76805	48927	27878	15896	9801	6095
56	238691	140457	98234	78438	48496	29942	15929	9541	6388
57	239184	141852	97332	95173	57586	37587	18012	10408	7604
58	169332	98938	70394	81538	48325	33213	13651	7992	5659
59	77490	43811	33679	46232	26269	19963	7257	4062	3195
60—64岁	**384619**	**220508**	**164111**	**238993**	**136162**	**102831**	**41000**	**24879**	**16121**
60	72303	40759	31544	48274	26691	21583	7526	4322	3204
61	70103	40561	29542	46823	26573	20250	7168	4337	2831
62	84904	49155	35749	52482	30134	22348	8597	5373	3224
63	87654	50740	36914	51156	29424	21732	9519	5802	3717
64	69655	39293	30362	40258	23340	16918	8190	5045	3145
65—69岁	**256126**	**144280**	**111846**	**130917**	**78335**	**52582**	**30535**	**19011**	**11524**
65	64546	36520	28026	36747	21808	14939	7762	4771	2991
66	60129	33475	26654	32758	19423	13335	7570	4653	2917
67	49723	27923	21800	25013	15098	9915	5733	3523	2210
68	45465	25607	19858	20285	12222	8063	5220	3338	1882
69	36263	20755	15508	16114	9784	6330	4250	2726	1524
70—74岁	**114619**	**67101**	**47518**	**52377**	**32586**	**19791**	**16116**	**10606**	**5510**
70	32744	18878	13866	13986	8805	5181	4082	2685	1397
71	27604	16345	11259	12601	7869	4732	3791	2538	1253
72	20402	11834	8568	9997	6185	3812	3174	2085	1089
73	17859	10474	7385	8559	5221	3338	2773	1773	1000
74	16010	9570	6440	7234	4506	2728	2296	1525	771
75—79岁	**54571**	**31559**	**23012**	**26259**	**15601**	**10658**	**8195**	**5105**	**3090**
75	14077	8327	5750	6244	3823	2421	1898	1222	676
76	12054	7082	4972	5475	3270	2205	1713	1051	662
77	10358	6019	4339	5149	3020	2129	1542	953	589
78	9516	5271	4245	5069	3008	2061	1574	961	613
79	8566	4860	3706	4322	2480	1842	1468	918	550
80—84岁	**29032**	**16459**	**12573**	**15162**	**8992**	**6170**	**5821**	**3663**	**2158**
80	7645	4400	3245	3965	2420	1545	1463	934	529
81	5813	3298	2515	3213	1876	1337	1205	737	468
82	5730	3203	2527	3043	1776	1267	1193	758	435
83	5118	2878	2240	2628	1572	1056	1080	690	390
84	4726	2680	2046	2313	1348	965	880	544	336
85岁及以上	**21015**	**12244**	**8771**	**9435**	**5943**	**3492**	**3157**	**2051**	**1106**

4-1 续表 6

单位：人

年 龄	大学本科			硕士研究生			博士研究生		
	小计	男	女	小计	男	女	小计	男	女
总 计	**3566322**	**1918934**	**1647388**	**300457**	**163790**	**136667**	**36902**	**24026**	**12876**
3									
4									
5-9岁									
5									
6									
7									
8									
9									
10-14岁	**128**	**64**	**64**	**10**	**6**	**4**	**5**	**3**	**2**
10	17	9	8						
11	15	6	9						
12	20	8	12	5	3	2			
13	31	18	13	3	1	2			
14	45	23	22	2	2		5	3	2
15-19岁	**250414**	**115494**	**134920**	**346**	**223**	**123**	**222**	**180**	**42**
15	600	332	268	2	2		7	7	
16	1400	764	636	18	14	4	23	22	1
17	9939	4258	5681	49	30	19	43	36	7
18	78367	35834	42533	111	67	44	51	44	7
19	160108	74306	85802	166	110	56	98	71	27
20-24岁	**908918**	**434651**	**474267**	**48688**	**22807**	**25881**	**2123**	**1234**	**889**
20	196064	92620	103444	353	181	172	131	103	28
21	194534	91520	103014	1867	829	1038	178	131	47
22	177508	86254	91254	9646	4596	5050	334	203	131
23	165227	79768	85459	16773	7807	8966	608	320	288
24	175585	84489	91096	20049	9394	10655	872	477	395
25-29岁	**889338**	**457701**	**431637**	**97325**	**47985**	**49340**	**9983**	**5911**	**4072**
25	187130	92784	94346	21285	9950	11335	1530	863	667
26	179264	89946	89318	19834	9513	10321	1899	1119	780
27	183211	93974	89237	19900	9846	10054	2122	1275	847
28	175343	92437	82906	18602	9288	9314	2194	1313	881
29	164390	88560	75830	17704	9388	8316	2238	1341	897
30-34岁	**691481**	**389321**	**302160**	**71233**	**38952**	**32281**	**10072**	**6607**	**3465**
30	173697	94779	78918	19251	10199	9052	2500	1600	900
31	151657	84109	67548	16259	8786	7473	2247	1451	796
32	130070	73264	56806	13481	7464	6017	2012	1323	689
33	127604	73934	53670	12431	6968	5463	1749	1155	594
34	108453	63235	45218	9811	5535	4276	1564	1078	486
35-39岁	**386478**	**236681**	**149797**	**35317**	**21007**	**14310**	**5382**	**3570**	**1812**
35	91956	55050	36906	8158	4727	3431	1253	852	401
36	86464	52680	33784	7581	4513	3068	1174	789	385
37	76193	46859	29334	6915	4092	2823	995	629	366
38	74612	46406	28206	7214	4351	2863	1091	722	369
39	57253	35686	21567	5449	3324	2125	869	578	291
40-44岁	**171558**	**108409**	**63149**	**18011**	**11662**	**6349**	**3194**	**2089**	**1105**
40	44846	28071	16775	4516	2905	1611	714	457	257
41	41290	26099	15191	4285	2743	1542	739	490	249
42	33031	21002	12029	3520	2288	1232	695	469	226
43	26668	16742	9926	2920	1869	1051	541	339	202
44	25723	16495	9228	2770	1857	913	505	334	171

4-1 续表 7

单位：人

年 龄	大学本科			硕士研究生			博士研究生		
	小计	男	女	小计	男	女	小计	男	女
45-49岁	**106312**	**68463**	**37849**	**12054**	**8181**	**3873**	**2272**	**1578**	**694**
45	23292	14929	8363	2560	1705	855	489	341	148
46	23073	14862	8211	2509	1706	803	463	340	123
47	21831	13936	7895	2554	1730	824	468	314	154
48	19724	12783	6941	2292	1562	730	421	285	136
49	18392	11953	6439	2139	1478	661	431	298	133
50-54岁	**66844**	**44491**	**22353**	**8184**	**5854**	**2330**	**1538**	**1149**	**389**
50	17387	11369	6018	2034	1430	604	351	253	98
51	14638	9629	5009	1752	1223	529	327	229	98
52	14625	9717	4908	1761	1246	515	329	251	78
53	10038	6814	3224	1264	925	339	226	170	56
54	10156	6962	3194	1373	1030	343	305	246	59
55-59岁	**40961**	**27630**	**13331**	**5898**	**4560**	**1338**	**1330**	**1076**	**254**
55	10073	6989	3084	1483	1162	321	346	272	74
56	9857	6635	3222	1496	1147	349	333	270	63
57	10355	6881	3474	1547	1189	358	358	297	61
58	7124	4793	2331	960	750	210	209	170	39
59	3552	2332	1220	412	312	100	84	67	17
60-64岁	**17580**	**11724**	**5856**	**1845**	**1416**	**429**	**439**	**367**	**72**
60	3534	2293	1241	415	317	98	74	65	9
61	3068	2089	979	335	270	65	84	72	12
62	3597	2440	1157	359	273	86	102	80	22
63	3923	2621	1302	413	308	105	103	87	16
64	3458	2281	1177	323	248	75	76	63	13
65-69岁	**12437**	**8139**	**4298**	**908**	**672**	**236**	**189**	**141**	**48**
65	3248	2110	1138	288	209	79	71	58	13
66	2933	1936	997	243	182	61	42	31	11
67	2444	1572	872	162	114	48	36	24	12
68	2026	1334	692	120	95	25	22	16	6
69	1786	1187	599	95	72	23	18	12	6
70-74岁	**7210**	**4962**	**2248**	**294**	**213**	**81**	**60**	**50**	**10**
70	1664	1157	507	89	60	29	15	11	4
71	1521	1073	448	78	54	24	14	13	1
72	1257	874	383	46	33	13	14	11	3
73	1226	839	387	47	40	7	10	8	2
74	1542	1019	523	34	26	8	7	7	
75-79岁	**7251**	**4795**	**2456**	**163**	**130**	**33**	**27**	**21**	**6**
75	1597	1057	540	39	34	5	7	6	1
76	1562	1057	505	42	32	10	7	6	1
77	1328	860	468	37	30	7	3	2	1
78	1348	885	463	26	18	8	8	6	2
79	1416	936	480	19	16	3	2	1	1
80-84岁	**6376**	**4328**	**2048**	**98**	**67**	**31**	**37**	**28**	**9**
80	1527	999	528	15	11	4	8	8	
81	1431	984	447	23	15	8	8	6	2
82	1303	905	398	23	15	8	5	2	3
83	1125	766	359	23	18	5	7	3	4
84	990	674	316	14	8	6	9	9	
85岁及以上	**3036**	**2081**	**955**	**83**	**55**	**28**	**29**	**22**	**7**

4-1a　全省分年龄、性别、受教育程度的3岁及以上人口(城市)

单位：人

年　龄	3岁及以上人口			未上过学		
	合计	男	女	小计	男	女
总　计	**41986193**	**23762980**	**18223213**	**418164**	**150808**	**267356**
3	359951	192971	166980	107779	57787	49992
4	359565	194628	164937	33709	18225	15484
5-9岁	**1695768**	**934685**	**761083**	**24079**	**13299**	**10780**
5	338840	185092	153748	15578	8536	7042
6	329281	181057	148224	4626	2561	2065
7	330264	182233	148031	1537	868	669
8	369434	204349	165085	1284	723	561
9	327949	181954	145995	1054	611	443
10-14岁	**1380495**	**774749**	**605746**	**4790**	**2734**	**2056**
10	310771	174513	136258	1003	585	418
11	308280	172812	135468	1072	620	452
12	277325	155373	121952	1138	625	513
13	248763	139459	109304	898	506	392
14	235356	132592	102764	679	398	281
15-19岁	**2342435**	**1354608**	**987827**	**2603**	**1643**	**960**
15	278442	157502	120940	470	295	175
16	397335	230881	166454	476	308	168
17	444028	264011	180017	456	278	178
18	519665	304285	215380	563	357	206
19	702965	397929	305036	638	405	233
20-24岁	**4832053**	**2718228**	**2113825**	**4549**	**2729**	**1820**
20	817893	459658	358235	818	482	336
21	866946	487395	379551	823	478	345
22	996244	564283	431961	954	590	364
23	1041334	586174	455160	945	584	361
24	1109636	620718	488918	1009	595	414
25-29岁	**5791879**	**3319523**	**2472356**	**5301**	**3184**	**2117**
25	1165449	657237	508212	1018	601	417
26	1102643	624348	478295	1010	592	418
27	1162409	665106	497303	1073	668	405
28	1172063	679237	492826	1082	659	423
29	1189315	693595	495720	1118	664	454
30-34岁	**6347071**	**3718790**	**2628281**	**6732**	**3672**	**3060**
30	1404989	820873	584116	1366	799	567
31	1318850	771599	547251	1286	681	605
32	1209043	708081	500962	1317	740	577
33	1283679	755447	528232	1428	751	677
34	1130510	662790	467720	1335	701	634
35-39岁	**4721532**	**2779171**	**1942361**	**7401**	**3302**	**4099**
35	998032	586751	411281	1315	648	667
36	982703	578325	404378	1412	666	746
37	906204	535015	371189	1337	615	722
38	970445	572564	397881	1664	715	949
39	864148	506516	357632	1673	658	1015
40-44岁	**3629751**	**2095387**	**1534364**	**11276**	**3441**	**7835**
40	764858	446916	317942	1731	590	1141
41	796764	464589	332175	2069	672	1397
42	709492	410012	299480	2194	665	1529
43	647509	370439	277070	2426	707	1719
44	711128	403431	307697	2856	807	2049

4-1a 续表 1

单位：人

年 龄	3岁及以上人口			未上过学		
	合计	男	女	小计	男	女
45-49岁	**3687388**	**2056216**	**1631172**	**20997**	**5234**	**15763**
45	721726	404776	316950	3205	849	2356
46	788180	438147	350033	3985	1043	2942
47	758225	422424	335801	4239	1041	3198
48	725361	403655	321706	4657	1110	3547
49	693896	387214	306682	4911	1191	3720
50-54岁	**2872501**	**1599286**	**1273215**	**30389**	**7179**	**23210**
50	685880	381018	304862	5571	1282	4289
51	606998	339416	267582	5825	1445	4380
52	625893	348154	277739	6828	1657	5171
53	469647	260872	208775	5724	1339	4385
54	484083	269826	214257	6441	1456	4985
55-59岁	**1753986**	**943738**	**810248**	**28699**	**5504**	**23195**
55	445352	245647	199705	6268	1377	4891
56	404029	218890	185139	5971	1240	4731
57	424726	229717	195009	6714	1303	5411
58	319786	168615	151171	5969	1028	4941
59	160093	80869	79224	3777	556	3221
60-64岁	**905417**	**452512**	**452905**	**34595**	**5302**	**29293**
60	162154	80948	81206	4375	665	3710
61	163982	83213	80769	5544	867	4677
62	199555	100661	98894	7567	1194	6373
63	208771	104188	104583	9122	1379	7743
64	170955	83502	87453	7987	1197	6790
65-69岁	**649537**	**314558**	**334979**	**34872**	**5354**	**29518**
65	162950	79467	83483	8130	1167	6963
66	153598	74147	79451	7981	1166	6815
67	126765	60928	65837	6954	1076	5878
68	114182	55168	59014	6504	1050	5454
69	92042	44848	47194	5303	895	4408
70-74岁	**310204**	**154896**	**155308**	**18535**	**3806**	**14729**
70	83104	41220	41884	4713	906	3807
71	74584	37702	36882	4470	977	3493
72	58190	28905	29285	3627	727	2900
73	50211	24944	25267	3017	653	2364
74	44115	22125	21990	2708	543	2165
75-79岁	**159554**	**76114**	**83440**	**12817**	**2454**	**10363**
75	39253	19346	19907	2720	538	2182
76	34469	16776	17693	2604	523	2081
77	30661	14511	16150	2535	473	2062
78	28633	13265	15368	2381	451	1930
79	26538	12216	14322	2577	469	2108
80-84岁	**104695**	**47432**	**57263**	**13093**	**2584**	**10509**
80	24912	11580	13332	2664	468	2196
81	21473	9789	11684	2590	530	2060
82	21494	9679	11815	2765	559	2206
83	19012	8530	10482	2529	519	2010
84	17804	7854	9950	2545	508	2037
85岁及以上	**82411**	**35488**	**46923**	**15948**	**3375**	**12573**

4-1a　续表 2

单位：人

年　龄	学前教育			小　学		
	小计	男	女	小计	男	女
总　计	**1069768**	**577737**	**492031**	**5613776**	**2787769**	**2826007**
3	252172	135184	116988			
4	325856	176403	149453			
5–9岁	**437923**	**239722**	**198201**	**1208188**	**667152**	**541036**
5	292687	159674	133013	30575	16882	13693
6	101581	56158	45423	218702	119842	98860
7	19670	10743	8927	303642	167603	136039
8	13983	7701	6282	346635	191588	155047
9	10002	5446	4556	308634	171237	137397
10–14岁	**25572**	**14454**	**11118**	**722418**	**406361**	**316057**
10	8359	4693	3666	289207	162286	126921
11	6702	3745	2957	271356	152037	119319
12	4118	2345	1773	112973	64580	48393
13	3207	1830	1377	32915	18481	14434
14	3186	1841	1345	15967	8977	6990
15–19岁	**4539**	**2612**	**1927**	**46581**	**28872**	**17709**
15	1796	1065	731	7643	4451	3192
16	1055	625	430	7409	4490	2919
17	616	350	266	8812	5527	3285
18	553	314	239	10302	6530	3772
19	519	258	261	12415	7874	4541
20–24岁	**1767**	**897**	**870**	**79593**	**50591**	**29002**
20	522	248	274	13191	8499	4692
21	334	168	166	13456	8693	4763
22	288	149	139	16256	10411	5845
23	309	156	153	17487	10977	6510
24	314	176	138	19203	12011	7192
25–29岁	**1396**	**705**	**691**	**119398**	**72335**	**47063**
25	307	157	150	21032	13116	7916
26	252	133	119	20858	12823	8035
27	296	140	156	23676	14464	9212
28	275	135	140	25652	15304	10348
29	266	140	126	28180	16628	11552
30–34岁	**1501**	**773**	**728**	**208678**	**116331**	**92347**
30	298	152	146	36427	20959	15468
31	309	151	158	39021	22076	16945
32	313	163	150	40255	22245	18010
33	293	161	132	47179	26212	20967
34	288	146	142	45796	24839	20957
35–39岁	**1202**	**615**	**587**	**244518**	**125691**	**118827**
35	236	127	109	44707	23840	20867
36	247	136	111	46834	24575	22259
37	221	113	108	46244	23954	22290
38	276	136	140	53230	27130	26100
39	222	103	119	53503	26192	27311
40–44岁	**1472**	**649**	**823**	**362916**	**171792**	**191124**
40	225	104	121	55452	26741	28711
41	303	130	173	69965	34024	35941
42	276	122	154	70989	33634	37355
43	301	125	176	74913	35206	39707
44	367	168	199	91597	42187	49410

4-1a 续表 3 单位：人

年龄	学前教育			小学		
	小计	男	女	小计	男	女
45-49岁	**2694**	**1063**	**1631**	**610092**	**273989**	**336103**
45	432	184	248	102618	46716	55902
46	559	222	337	121949	55009	66940
47	525	207	318	124904	56075	68829
48	586	229	357	128569	57430	71139
49	592	221	371	132052	58759	73293
50-54岁	**3758**	**1470**	**2288**	**741021**	**340079**	**400942**
50	693	273	420	147016	65599	81417
51	733	295	438	154296	71597	82699
52	845	332	513	167386	76952	90434
53	673	248	425	131925	60563	71362
54	814	322	492	140398	65368	75030
55-59岁	**2846**	**1030**	**1816**	**475621**	**210609**	**265012**
55	697	262	435	125508	57313	68195
56	647	251	396	110936	49752	61184
57	695	265	430	112756	50628	62128
58	530	173	357	84552	35974	48578
59	277	79	198	41869	16942	24927
60-64岁	**2300**	**702**	**1598**	**278383**	**113659**	**164724**
60	323	120	203	44146	17930	26216
61	422	123	299	48291	20174	28117
62	546	165	381	62404	25849	36555
63	550	154	396	66851	27247	39604
64	459	140	319	56691	22459	34232
65-69岁	**1965**	**553**	**1412**	**238272**	**94843**	**143429**
65	478	160	318	56444	22222	34222
66	438	131	307	54867	21820	33047
67	408	106	302	47358	18644	28714
68	370	95	275	43846	17717	26129
69	271	61	210	35757	14440	21317
70-74岁	**968**	**330**	**638**	**128105**	**54188**	**73917**
70	241	72	169	33139	13603	19536
71	217	86	131	30741	13151	17590
72	197	70	127	24556	10540	14016
73	164	60	104	21188	9004	12184
74	149	42	107	18481	7890	10591
75-79岁	**640**	**196**	**444**	**66323**	**27488**	**38835**
75	141	47	94	16526	7044	9482
76	131	35	96	14438	6145	8293
77	129	40	89	12778	5245	7533
78	101	30	71	11686	4674	7012
79	138	44	94	10895	4380	6515
80-84岁	**580**	**170**	**410**	**45368**	**18226**	**27142**
80	123	27	96	10306	4164	6142
81	125	41	84	9216	3700	5516
82	116	38	78	9472	3809	5663
83	98	32	66	8412	3377	5035
84	118	32	86	7962	3176	4786
85岁及以上	**617**	**209**	**408**	**38301**	**15563**	**22738**

4–1a 续表 4

单位：人

年 龄	初 中			高 中			大学专科		
	小计	男	女	小计	男	女	小计	男	女
总 计	**17075436**	**10031931**	**7043505**	**9747451**	**5856040**	**3891411**	**4605681**	**2489339**	**2116342**
3									
4									
5–9岁	**25405**	**14417**	**10988**	**173**	**95**	**78**			
5									
6	4372	2496	1876						
7	5415	3019	2396						
8	7453	4287	3166	79	50	29			
9	8165	4615	3550	94	45	49			
10–14岁	**599243**	**336308**	**262935**	**27955**	**14602**	**13353**	**393**	**225**	**168**
10	12036	6861	5175	125	63	62	26	17	9
11	28887	16266	12621	224	121	103	27	19	8
12	158719	87605	71114	314	180	134	40	27	13
13	205916	115504	90412	5754	3096	2658	46	27	19
14	193685	110072	83613	21538	11142	10396	254	135	119
15–19岁	**763062**	**486900**	**276162**	**1051506**	**601810**	**449696**	**278355**	**141511**	**136844**
15	107294	63919	43375	156047	84724	71323	4677	2756	1921
16	114308	71945	42363	261113	145639	115474	11748	7194	4554
17	147289	95163	52126	254267	145394	108873	24584	13820	10764
18	177164	115273	61891	189109	112623	76486	80771	41022	39749
19	217007	140600	76407	190970	113430	77540	156575	76719	79856
20–24岁	**1557221**	**981991**	**575230**	**1322209**	**775605**	**546604**	**1058118**	**519203**	**538915**
20	246654	159286	87368	211270	124373	86897	191441	93067	98374
21	274978	175676	99302	232736	136262	96474	188497	91884	96613
22	328130	206655	121475	279143	163937	115206	214154	106206	107948
23	342442	214502	127940	291148	170733	120415	226598	111597	115001
24	365017	225872	139145	307912	180300	127612	237428	116449	120979
25–29岁	**2051268**	**1253541**	**797727**	**1631755**	**971556**	**660199**	**1069536**	**550305**	**519231**
25	388433	239826	148607	323628	190391	133237	238786	118681	120105
26	375454	230033	145421	306048	180354	125694	214443	108293	106150
27	409553	249796	159757	325216	193667	131549	214367	110198	104169
28	429234	262115	167119	332829	199777	133052	203193	106807	96386
29	448594	271771	176823	344034	207367	136667	198747	106326	92421
30–34岁	**2712462**	**1611316**	**1101146**	**1789785**	**1082273**	**707512**	**925313**	**509500**	**415813**
30	554933	333364	221569	410003	247619	162384	223890	120868	103022
31	546291	325885	220406	377845	228308	149537	199467	108822	90645
32	518462	307865	210597	340916	205743	135173	175441	96861	78580
33	573637	339779	233858	355384	215281	140103	176792	98719	78073
34	519139	304423	214716	305637	185322	120315	149723	84230	65493
35–39岁	**2303755**	**1342802**	**960953**	**1229991**	**751337**	**478654**	**547002**	**318902**	**228100**
35	471310	275973	195337	262874	159410	103464	125780	71959	53821
36	472749	276068	196681	256331	155611	100720	118580	68707	49873
37	440549	257852	182697	235307	143900	91407	106084	61882	44202
38	480744	280101	200643	251302	154330	96972	107933	63481	44452
39	438403	252808	185595	224177	138086	86091	88625	52873	35752
40–44岁	**1953612**	**1108812**	**844800**	**836876**	**522084**	**314792**	**289118**	**178505**	**110613**
40	395588	227077	168511	194004	120200	73804	72400	43816	28584
41	419659	239916	179743	193168	120514	72654	69518	42779	26739
42	382614	217074	165540	163267	102204	61063	56401	34871	21530
43	356029	200818	155211	140427	87792	52635	46216	28782	17434
44	399722	223927	175795	146010	91374	54636	44583	28257	16326

4-1a 续表 5

单位：人

年龄	初中			高中			大学专科		
	小计	男	女	小计	男	女	小计	男	女
45-49岁	**2081107**	**1162734**	**918373**	**681869**	**428101**	**253768**	**182479**	**115250**	**67229**
45	410172	228284	181888	140934	87908	53026	40739	25680	15059
46	449321	248363	200958	148379	92496	55883	40635	25872	14763
47	427666	238588	189078	141067	88529	52538	37527	23719	13808
48	407464	228426	179038	130461	82227	48234	33539	21211	12328
49	386484	219073	167411	121028	76941	44087	30039	18768	11271
50-54岁	**1503858**	**871389**	**632469**	**427349**	**272275**	**155074**	**97360**	**60932**	**36428**
50	374209	213183	161026	113196	71878	41318	27509	17210	10299
51	317353	183518	133835	92244	59199	33045	21463	13408	8055
52	324517	188459	136058	90613	57870	32743	20675	12835	7840
53	242083	141598	100485	64849	41213	23636	14051	8898	5153
54	245696	144631	101065	66447	42115	24332	13662	8581	5081
55-59岁	**811397**	**464796**	**346601**	**329408**	**195743**	**133665**	**62620**	**36286**	**26334**
55	221928	129235	92693	66375	41529	24846	13898	8418	5480
56	193863	110946	82917	68033	41228	26805	14060	8277	5783
57	194564	111871	82693	82966	49082	33884	16001	9096	6905
58	137755	78094	59661	71323	41269	30054	12175	6949	5226
59	63287	34650	28637	40711	22635	18076	6486	3546	2940
60-64岁	**321143**	**179018**	**142125**	**213541**	**119234**	**94307**	**37328**	**22337**	**14991**
60	59733	32643	27090	43035	23281	19754	6848	3871	2977
61	58269	32756	25513	41824	23233	18591	6485	3870	2615
62	70804	39818	30986	46726	26262	20464	7796	4828	2968
63	73694	41606	32088	45792	25857	19935	8702	5211	3491
64	58643	32195	26448	36164	20601	15563	7497	4557	2940
65-69岁	**216952**	**119432**	**97520**	**117006**	**68893**	**48113**	**28017**	**17279**	**10738**
65	54544	30213	24331	32943	19212	13731	7107	4332	2775
66	51039	27700	23339	29348	17130	12218	6963	4230	2733
67	42018	23028	18990	22344	13312	9032	5268	3211	2057
68	38621	21261	17360	18063	10680	7383	4773	3024	1749
69	30730	17230	13500	14308	8559	5749	3906	2482	1424
70-74岁	**94981**	**54185**	**40796**	**45881**	**27962**	**17919**	**14772**	**9623**	**5149**
70	27375	15478	11897	12263	7591	4672	3753	2444	1309
71	23074	13314	9760	11120	6815	4305	3478	2306	1172
72	16922	9541	7381	8759	5287	3472	2934	1910	1024
73	14675	8368	6307	7472	4461	3011	2515	1585	930
74	12935	7484	5451	6267	3808	2459	2092	1378	714
75-79岁	**43121**	**24030**	**19091**	**22418**	**12881**	**9537**	**7358**	**4505**	**2853**
75	11264	6448	4816	5350	3154	2196	1727	1097	630
76	9536	5387	4149	4722	2739	1983	1549	938	611
77	8138	4565	3573	4420	2512	1908	1385	844	541
78	7504	3979	3525	4289	2472	1817	1412	838	574
79	6679	3651	3028	3637	2004	1633	1285	788	497
80-84岁	**22062**	**12036**	**10026**	**12489**	**7156**	**5333**	**5170**	**3214**	**1956**
80	5816	3221	2595	3304	1967	1337	1286	805	481
81	4485	2462	2023	2667	1498	1169	1067	644	423
82	4349	2342	2007	2524	1425	1099	1051	662	389
83	3812	2044	1768	2136	1224	912	972	614	358
84	3600	1967	1633	1858	1042	816	794	489	305
85岁及以上	**14787**	**8224**	**6563**	**7240**	**4433**	**2807**	**2742**	**1762**	**980**

4-1a 续表 6

单位：人

年 龄	大学本科			硕士研究生			博士研究生		
	小计	男	女	小计	男	女	小计	男	女
总 计	**3138810**	**1692798**	**1446012**	**282322**	**153954**	**128368**	**34785**	**22604**	**12181**
3									
4									
5-9岁									
5									
6									
7									
8									
9									
10-14岁	**110**	**56**	**54**	**9**	**6**	**3**	**5**	**3**	**2**
10	15	8	7						
11	12	4	8						
12	19	8	11	4	3	1			
13	24	14	10	3	1	2			
14	40	22	18	2	2		5	3	2
15-19岁	**195288**	**90905**	**104383**	**305**	**192**	**113**	**196**	**163**	**33**
15	506	283	223	2	2		7	7	
16	1193	652	541	12	8	4	21	20	1
17	7921	3419	4502	43	26	17	40	34	6
18	61062	28072	32990	96	56	40	45	38	7
19	124606	58479	66127	152	100	52	83	64	19
20-24岁	**760192**	**364212**	**395980**	**46387**	**21837**	**24550**	**2017**	**1163**	**854**
20	153552	73447	80105	322	160	162	123	96	27
21	154192	73326	80866	1768	792	976	162	116	46
22	147822	71722	76100	9184	4423	4761	313	190	123
23	145831	69868	75963	15995	7457	8538	579	300	279
24	158795	75849	82946	19118	9005	10113	840	461	379
25-29岁	**811804**	**416801**	**395003**	**91852**	**45445**	**46407**	**9569**	**5651**	**3918**
25	170540	84145	86395	20254	9511	10743	1451	809	642
26	163947	81951	81996	18792	9084	9708	1839	1085	754
27	167484	85662	81822	18713	9294	9419	2031	1217	814
28	160207	84439	75768	17483	8742	8741	2108	1259	849
29	149626	80604	69022	16610	8814	7796	2140	1281	859
30-34岁	**626347**	**352134**	**274213**	**66736**	**36550**	**30186**	**9517**	**6241**	**3276**
30	157612	85994	71618	18090	9601	8489	2370	1517	853
31	137207	76023	61184	15296	8278	7018	2128	1375	753
32	117830	66227	51603	12608	6991	5617	1901	1246	655
33	115714	66945	48769	11600	6509	5091	1652	1090	562
34	97984	56945	41039	9142	5171	3971	1466	1013	453
35-39岁	**349729**	**213660**	**136069**	**32907**	**19530**	**13377**	**5027**	**3332**	**1695**
35	83035	49595	33440	7598	4395	3203	1177	804	373
36	78387	47628	30759	7068	4196	2872	1095	738	357
37	69087	42310	26777	6446	3806	2640	929	583	346
38	67570	41965	25605	6713	4037	2676	1013	669	344
39	51650	32162	19488	5082	3096	1986	813	538	275
40-44岁	**154722**	**97327**	**57395**	**16795**	**10838**	**5957**	**2964**	**1939**	**1025**
40	40569	25244	15325	4229	2721	1508	660	423	237
41	37382	23536	13846	4014	2565	1449	686	453	233
42	29824	18892	10932	3273	2110	1163	654	440	214
43	23978	14962	9016	2719	1732	987	500	315	185
44	22969	14693	8276	2560	1710	850	464	308	156

4-1a 续表 7

单位：人

年 龄	大学本科			硕士研究生			博士研究生		
	小计	男	女	小计	男	女	小计	男	女
45-49岁	**94838**	**60793**	**34045**	**11202**	**7586**	**3616**	**2110**	**1466**	**644**
45	20811	13276	7535	2374	1574	800	441	305	136
46	20573	13234	7339	2347	1596	751	432	312	120
47	19477	12362	7115	2384	1607	777	436	296	140
48	17582	11318	6264	2108	1433	675	395	271	124
49	16395	10603	5792	1989	1376	613	406	282	124
50-54岁	**59741**	**39478**	**20263**	**7579**	**5401**	**2178**	**1446**	**1083**	**363**
50	15472	10037	5435	1882	1317	565	332	239	93
51	13157	8608	4549	1617	1129	488	310	217	93
52	13096	8666	4430	1631	1151	480	302	232	70
53	8956	6001	2955	1172	852	320	214	160	54
54	9060	6166	2894	1277	952	325	288	235	53
55-59岁	**36726**	**24559**	**12167**	**5431**	**4209**	**1222**	**1238**	**1002**	**236**
55	8993	6188	2805	1365	1074	291	320	251	69
56	8825	5880	2945	1380	1062	318	314	254	60
57	9280	6104	3176	1420	1092	328	330	276	54
58	6400	4277	2123	886	692	194	196	159	37
59	3228	2110	1118	380	289	91	78	62	16
60-64岁	**16022**	**10616**	**5406**	**1707**	**1312**	**395**	**398**	**332**	**66**
60	3239	2083	1156	388	296	92	67	59	8
61	2763	1874	889	308	251	57	76	65	11
62	3283	2218	1065	333	253	80	96	74	22
63	3588	2374	1214	382	284	98	90	76	14
64	3149	2067	1082	296	228	68	69	58	11
65-69岁	**11445**	**7453**	**3992**	**839**	**624**	**215**	**169**	**127**	**42**
65	2980	1920	1060	263	190	73	61	51	10
66	2697	1771	926	226	170	56	39	29	10
67	2236	1426	810	146	104	42	33	21	12
68	1870	1234	636	113	91	22	22	16	6
69	1662	1102	560	91	69	22	14	10	4
70-74岁	**6639**	**4559**	**2080**	**266**	**196**	**70**	**57**	**47**	**10**
70	1524	1060	464	81	55	26	15	11	4
71	1399	990	409	73	52	21	12	11	1
72	1142	791	351	39	28	11	14	11	3
73	1129	769	360	42	37	5	9	7	2
74	1445	949	496	31	24	7	7	7	
75-79岁	**6701**	**4420**	**2281**	**152**	**121**	**31**	**24**	**19**	**5**
75	1482	980	502	38	33	5	5	5	
76	1445	975	470	38	29	9	6	5	1
77	1237	801	436	36	29	7	3	2	1
78	1228	798	430	24	17	7	8	6	2
79	1309	866	443	16	13	3	2	1	1
80-84岁	**5825**	**3969**	**1856**	**84**	**59**	**25**	**24**	**18**	**6**
80	1396	914	482	12	9	3	5	5	
81	1301	900	401	19	12	7	3	2	1
82	1193	830	363	21	13	8	3	1	2
83	1026	699	327	21	18	3	6	3	3
84	909	626	283	11	7	4	7	7	
85岁及以上	**2681**	**1856**	**825**	**71**	**48**	**23**	**24**	**18**	**6**

4-1b　全省分年龄、性别、受教育程度的3岁及以上人口(镇)

单位：人

年　龄	3岁及以上人口			未上过学		
	合计	男	女	小计	男	女
总　计	**3830312**	**2196873**	**1633439**	**50875**	**20105**	**30770**
3	39441	21128	18313	13613	7409	6204
4	39567	21183	18384	5109	2733	2376
5-9岁	**202982**	**110455**	**92527**	**3572**	**1972**	**1600**
5	38704	20820	17884	2338	1291	1047
6	39460	21461	17999	734	404	330
7	40271	21886	18385	225	125	100
8	44545	24240	20305	149	78	71
9	40002	22048	17954	126	74	52
10-14岁	**169676**	**93404**	**76272**	**625**	**334**	**291**
10	37754	20830	16924	114	62	52
11	37938	20829	17109	168	88	80
12	34514	19001	15513	150	77	73
13	30316	16647	13669	111	58	53
14	29154	16097	13057	82	49	33
15-19岁	**256612**	**147072**	**109540**	**233**	**138**	**95**
15	31305	17413	13892	44	28	16
16	40866	23554	17312	51	30	21
17	42777	25027	17750	32	17	15
18	58094	33733	24361	59	36	23
19	83570	47345	36225	47	27	20
20-24岁	**377939**	**219286**	**158653**	**374**	**224**	**150**
20	87895	49123	38772	72	44	28
21	77928	44040	33888	59	32	27
22	72984	43226	29758	65	43	22
23	68344	40913	27431	92	49	43
24	70788	41984	28804	86	56	30
25-29岁	**392193**	**231136**	**161057**	**488**	**284**	**204**
25	74943	44664	30279	84	50	34
26	72739	42901	29838	102	63	39
27	78285	45845	32440	88	53	35
28	80975	47765	33210	103	58	45
29	85251	49961	35290	111	60	51
30-34岁	**493517**	**286861**	**206656**	**803**	**415**	**388**
30	102791	60143	42648	146	82	64
31	99907	57967	41940	146	76	70
32	93406	54200	39206	159	89	70
33	102998	59910	43088	171	88	83
34	94415	54641	39774	181	80	101
35-39岁	**425666**	**247378**	**178288**	**990**	**404**	**586**
35	85758	49686	36072	157	73	84
36	86331	50025	36306	189	82	107
37	81270	47144	34126	187	87	100
38	89928	52652	37276	200	75	125
39	82379	47871	34508	257	87	170
40-44岁	**359899**	**208280**	**151619**	**1661**	**514**	**1147**
40	73603	42615	30988	248	83	165
41	76588	44644	31944	311	107	204
42	70831	41175	29656	337	111	226
43	65020	37459	27561	356	100	256
44	73857	42387	31470	409	113	296

4-1b 续表 1

单位：人

年 龄	3岁及以上人口			未上过学		
	合计	男	女	小计	男	女
45-49岁	**394037**	**223906**	**170131**	**3010**	**851**	**2159**
45	76720	43288	33432	496	142	354
46	84468	47723	36745	564	156	408
47	81070	45922	35148	589	173	416
48	77403	44136	33267	707	199	508
49	74376	42837	31539	654	181	473
50-54岁	**309907**	**180894**	**129013**	**3831**	**1076**	**2755**
50	74436	42770	31666	736	201	535
51	65759	38303	27456	780	239	541
52	67019	38947	28072	852	240	612
53	50532	29803	20729	672	178	494
54	52161	31071	21090	791	218	573
55-59岁	**175502**	**103485**	**72017**	**3045**	**743**	**2302**
55	46988	28042	18946	702	194	508
56	41408	24452	16956	685	175	510
57	41596	24768	16828	711	186	525
58	30664	17963	12701	558	115	443
59	14846	8260	6586	389	73	316
60-64岁	**78801**	**43450**	**35351**	**3021**	**637**	**2384**
60	14465	8065	6400	409	92	317
61	14308	7919	6389	497	113	384
62	18023	10038	7985	722	169	553
63	17627	9743	7884	699	146	553
64	14378	7685	6693	694	117	577
65-69岁	**53425**	**27812**	**25613**	**3135**	**602**	**2533**
65	13403	7116	6287	725	133	592
66	12579	6503	6076	725	144	581
67	10610	5512	5098	624	126	498
68	9397	4803	4594	605	102	503
69	7436	3878	3558	456	97	359
70-74岁	**26730**	**14145**	**12585**	**1978**	**448**	**1530**
70	6883	3607	3276	448	100	348
71	6340	3395	2945	467	109	358
72	5005	2606	2399	397	94	303
73	4495	2398	2097	328	68	260
74	4007	2139	1868	338	77	261
75-79岁	**15205**	**7746**	**7459**	**1629**	**370**	**1259**
75	3674	1940	1734	350	79	271
76	3321	1759	1562	319	78	241
77	2904	1441	1463	340	78	262
78	2688	1311	1377	305	59	246
79	2618	1295	1323	315	76	239
80-84岁	**10436**	**5080**	**5356**	**1713**	**423**	**1290**
80	2536	1246	1290	379	90	289
81	2123	1045	1078	358	81	277
82	2165	1063	1102	367	112	255
83	1920	936	984	309	72	237
84	1692	790	902	300	68	232
85岁及以上	**8777**	**4172**	**4605**	**2045**	**528**	**1517**

4-1b 续表 2

单位：人

年 龄	学前教育			小 学		
	小计	男	女	小计	男	女
总 计	**117301**	**62621**	**54680**	**705662**	**364594**	**341068**
3	25828	13719	12109			
4	34458	18450	16008			
5-9岁	**50652**	**27267**	**23385**	**144904**	**79056**	**65848**
5	31991	17109	14882	4375	2420	1955
6	12748	6947	5801	25288	13721	11567
7	2767	1474	1293	36434	19840	16594
8	1843	1011	832	41459	22501	18958
9	1303	726	577	37348	20574	16774
10-14岁	**3231**	**1803**	**1428**	**91267**	**50224**	**41043**
10	1101	619	482	34740	19113	15627
11	875	487	388	33016	18147	14869
12	516	290	226	15839	8821	7018
13	352	199	153	5072	2723	2349
14	387	208	179	2600	1420	1180
15-19岁	**488**	**241**	**247**	**6051**	**3670**	**2381**
15	186	101	85	1141	641	500
16	119	55	64	972	561	411
17	70	30	40	1116	664	452
18	58	25	33	1288	810	478
19	55	30	25	1534	994	540
20-24岁	**162**	**94**	**68**	**9831**	**6132**	**3699**
20	55	34	21	1461	949	512
21	32	21	11	1619	1056	563
22	27	13	14	2023	1256	767
23	24	14	10	2263	1386	877
24	24	12	12	2465	1485	980
25-29岁	**139**	**73**	**66**	**15944**	**9501**	**6443**
25	34	16	18	2695	1664	1031
26	20	11	9	2833	1697	1136
27	23	13	10	3142	1866	1276
28	27	17	10	3483	2105	1378
29	35	16	19	3791	2169	1622
30-34岁	**170**	**91**	**79**	**29351**	**16165**	**13186**
30	46	23	23	4999	2858	2141
31	39	20	19	5554	3129	2425
32	23	10	13	5425	3013	2412
33	35	24	11	6651	3582	3069
34	27	14	13	6722	3583	3139
35-39岁	**136**	**80**	**56**	**36416**	**18663**	**17753**
35	25	18	7	6494	3448	3046
36	27	15	12	6873	3627	3246
37	25	12	13	6865	3407	3458
38	32	21	11	8114	4154	3960
39	27	14	13	8070	4027	4043
40-44岁	**183**	**88**	**95**	**53453**	**26216**	**27237**
40	29	17	12	8302	4028	4274
41	32	14	18	10106	5101	5005
42	40	17	23	10647	5232	5415
43	34	17	17	10825	5243	5582
44	48	23	25	13573	6612	6961

4-1b 续表 3

单位：人

年 龄	学前教育			小 学		
	小计	男	女	小计	男	女
45-49岁	**324**	**135**	**189**	**85870**	**41142**	**44728**
45	55	25	30	15090	7243	7847
46	69	38	31	17611	8319	9292
47	57	23	34	17691	8456	9235
48	81	29	52	17769	8532	9237
49	62	20	42	17709	8592	9117
50-54岁	**418**	**186**	**232**	**95596**	**48182**	**47414**
50	78	43	35	19667	9560	10107
51	74	27	47	20378	10309	10069
52	100	41	59	21369	10735	10634
53	76	30	46	16631	8379	8252
54	90	45	45	17551	9199	8352
55-59岁	**340**	**124**	**216**	**55605**	**28251**	**27354**
55	83	33	50	15349	7980	7369
56	87	33	54	13141	6707	6434
57	79	30	49	12995	6671	6324
58	59	19	40	9556	4747	4809
59	32	9	23	4564	2146	2418
60-64岁	**226**	**81**	**145**	**28581**	**13267**	**15314**
60	30	10	20	4803	2256	2547
61	46	19	27	4949	2300	2649
62	51	20	31	6573	3090	3483
63	55	23	32	6596	3079	3517
64	44	9	35	5660	2542	3118
65-69岁	**211**	**70**	**141**	**23021**	**10168**	**12853**
65	42	15	27	5447	2475	2972
66	47	19	28	5354	2319	3035
67	50	15	35	4612	2045	2567
68	38	8	30	4170	1802	2368
69	34	13	21	3438	1527	1911
70-74岁	**111**	**41**	**70**	**13010**	**6063**	**6947**
70	27	9	18	3161	1416	1745
71	26	10	16	3123	1483	1640
72	26	8	18	2517	1156	1361
73	23	10	13	2243	1087	1156
74	9	4	5	1966	921	1045
75-79岁	**73**	**18**	**55**	**7378**	**3426**	**3952**
75	13	4	9	1778	850	928
76	12	2	10	1660	789	871
77	18	5	13	1403	641	762
78	9	2	7	1297	594	703
79	21	5	16	1240	552	688
80-84岁	**76**	**25**	**51**	**5095**	**2389**	**2706**
80	13	3	10	1199	557	642
81	17	8	9	1053	513	540
82	16	5	11	1043	494	549
83	20	6	14	956	446	510
84	10	3	7	844	379	465
85岁及以上	**75**	**35**	**40**	**4289**	**2079**	**2210**

4-1b 续表 4

单位：人

年 龄	初 中			高 中			大学专科		
	小计	男	女	小计	男	女	小计	男	女
总 计	**1712485**	**1022837**	**689648**	**674674**	**412595**	**262079**	**319347**	**180188**	**139159**
3									
4									
5—9岁	**3833**	**2149**	**1684**	**21**	**11**	**10**			
5									
6	690	389	301						
7	845	447	398						
8	1085	645	440	9	5	4			
9	1213	668	545	12	6	6			
10—14岁	**71244**	**39313**	**31931**	**3258**	**1705**	**1553**	**40**	**21**	**19**
10	1782	1026	756	13	8	5	3	2	1
11	3857	2093	1764	18	12	6	3	1	2
12	17977	9799	8178	29	13	16	2	1	1
13	24054	13253	10801	716	408	308	7	4	3
14	23574	13142	10432	2482	1264	1218	25	13	12
15—19岁	**71876**	**44941**	**26935**	**95034**	**55049**	**39985**	**49566**	**27072**	**22494**
15	13674	7876	5798	15689	8433	7256	520	305	215
16	11876	7225	4651	26371	14844	11527	1374	781	593
17	13319	8418	4901	23478	13418	10060	3565	1946	1619
18	15177	9845	5332	16037	9772	6265	15259	8209	7050
19	17830	11577	6253	13459	8582	4877	28848	15831	13017
20—24岁	**127356**	**81758**	**45598**	**77394**	**47720**	**29674**	**78068**	**41925**	**36143**
20	19729	12951	6778	13664	8408	5256	27190	14589	12601
21	22002	14331	7671	14040	8663	5377	16954	8876	8078
22	26666	17248	9418	15760	9777	5983	12231	6637	5594
23	28270	18041	10229	16461	10202	6259	10740	5853	4887
24	30689	19187	11502	17469	10670	6799	10953	5970	4983
25—29岁	**182336**	**111787**	**70549**	**98232**	**59138**	**39094**	**52523**	**28459**	**24064**
25	33584	21043	12541	18819	11458	7361	10946	5944	5002
26	33220	20584	12636	17941	10719	7222	10232	5573	4659
27	36476	22218	14258	19567	11712	7855	10346	5571	4775
28	38195	23298	14897	20463	12383	8080	10312	5547	4765
29	40861	24644	16217	21442	12866	8576	10687	5824	4863
30—34岁	**256896**	**151418**	**105478**	**115197**	**68422**	**46775**	**52587**	**28832**	**23755**
30	50678	30243	20435	25773	15474	10299	12006	6568	5438
31	50845	30050	20795	23732	14048	9684	11146	6017	5129
32	48923	28869	20054	21750	12874	8876	9900	5311	4589
33	55131	32415	22716	23521	13927	9594	10302	5725	4577
34	51319	29841	21478	20421	12099	8322	9233	5211	4022
35—39岁	**241619**	**140187**	**101432**	**86951**	**52387**	**34564**	**35635**	**20892**	**14743**
35	47412	27532	19880	17997	10721	7276	7986	4500	3486
36	48737	28175	20562	17677	10522	7155	7567	4348	3219
37	46057	26662	19395	16700	10024	6676	6751	4020	2731
38	51587	30176	21411	18190	11052	7138	7129	4261	2868
39	47826	27642	20184	16387	10068	6319	6202	3763	2439
40—44岁	**212582**	**123360**	**89222**	**61970**	**38891**	**23079**	**19708**	**12356**	**7352**
40	42946	24824	18122	14437	8870	5567	4921	2978	1943
41	44995	26121	18874	14017	8774	5243	4661	2912	1749
42	41898	24440	17458	12233	7727	4506	3762	2378	1384
43	38581	22338	16243	10438	6665	3773	3144	2001	1143
44	44162	25637	18525	10845	6855	3990	3220	2087	1133

4-1b　续表 5　　　　单位：人

年龄	初中			高中			大学专科		
	小计	男	女	小计	男	女	小计	男	女
45-49岁	**232479**	**134859**	**97620**	**51857**	**33461**	**18396**	**13738**	**8915**	**4823**
45	46111	26362	19749	10484	6599	3885	3030	1960	1070
46	50481	29015	21466	11272	7284	3988	3067	1992	1075
47	47799	27586	20213	10719	6912	3807	2809	1818	991
48	45134	26384	18750	9887	6451	3436	2529	1644	885
49	42954	25512	17442	9495	6215	3280	2303	1501	802
50-54岁	**164868**	**101054**	**63814**	**33129**	**22163**	**10966**	**7760**	**5183**	**2577**
50	41727	24852	16875	8899	5879	3020	2201	1445	756
51	34918	21319	13599	7022	4664	2358	1690	1130	560
52	35207	21559	13648	6970	4692	2278	1598	1047	551
53	26362	16555	9807	4999	3394	1605	1127	764	363
54	26654	16769	9885	5239	3534	1705	1144	797	347
55-59岁	**84366**	**53055**	**31311**	**24864**	**16333**	**8531**	**4575**	**3010**	**1565**
55	23691	14937	8754	5308	3602	1706	1151	768	383
56	20427	12786	7641	5319	3559	1760	1096	721	375
57	19900	12681	7219	6118	4002	2116	1091	686	405
58	14055	8813	5242	5189	3394	1795	809	564	245
59	6293	3838	2455	2930	1776	1154	428	271	157
60-64岁	**29595**	**18307**	**11288**	**14172**	**8947**	**5225**	**2197**	**1473**	**724**
60	5724	3523	2201	2890	1763	1127	397	263	134
61	5499	3396	2103	2732	1698	1034	397	263	134
62	6665	4171	2494	3309	2118	1191	502	322	180
63	6568	4076	2492	2991	1914	1077	503	347	156
64	5139	3141	1998	2250	1454	796	398	278	120
65-69岁	**17884**	**10927**	**6957**	**7092**	**4627**	**2465**	**1445**	**970**	**475**
65	4625	2796	1829	2000	1314	686	384	247	137
66	4175	2543	1632	1771	1133	638	347	235	112
67	3569	2179	1390	1347	869	478	273	183	90
68	3110	1897	1213	1133	762	371	256	180	76
69	2405	1512	893	841	549	292	185	125	60
70-74岁	**7922**	**4987**	**2935**	**2694**	**1868**	**826**	**698**	**511**	**187**
70	2230	1366	864	773	544	229	169	121	48
71	1883	1214	669	606	408	198	172	127	45
72	1383	860	523	496	352	144	115	82	33
73	1238	773	465	459	303	156	143	112	31
74	1188	774	414	360	261	99	99	69	30
75-79岁	**4006**	**2506**	**1500**	**1420**	**947**	**473**	**396**	**268**	**128**
75	1036	657	379	350	251	99	80	56	24
76	883	574	309	297	210	87	80	56	24
77	761	470	291	261	165	96	74	47	27
78	675	405	270	271	164	107	67	43	24
79	651	400	251	241	157	84	95	66	29
80-84岁	**2134**	**1289**	**845**	**851**	**573**	**278**	**268**	**192**	**76**
80	574	341	233	221	146	75	79	62	17
81	401	241	160	177	124	53	61	42	19
82	449	264	185	168	114	54	54	30	24
83	382	243	139	151	95	56	41	34	7
84	328	200	128	134	94	40	33	24	9
85岁及以上	**1489**	**940**	**549**	**538**	**353**	**185**	**143**	**109**	**34**

4-1b　续表 6　　　　单位：人

年　龄	大学本科			硕士研究生			博士研究生		
	小计	男	女	小计	男	女	小计	男	女
总　计	**239231**	**127964**	**111267**	**9690**	**5259**	**4431**	**1047**	**710**	**337**
3									
4									
5—9岁									
5									
6									
7									
8									
9									
10—14岁	**10**	**4**	**6**	**1**		**1**			
10	1		1						
11	1	1							
12				1		1			
13	4	2	2						
14	4	1	3						
15—19岁	**33342**	**15945**	**17397**	**13**	**9**	**4**	**9**	**7**	**2**
15	51	29	22						
16	101	56	45	1	1		1	1	
17	1192	531	661	2	1	1	3	2	1
18	10209	5029	5180	5	5		2	2	
19	21789	10300	11489	5	2	3	3	2	1
20—24岁	**83685**	**40967**	**42718**	**1022**	**431**	**591**	**47**	**35**	**12**
20	25714	12140	13574	4	3	1	6	5	1
21	23179	11035	12144	34	18	16	9	8	1
22	16015	8176	7839	189	72	117	8	4	4
23	10122	5195	4927	359	163	196	13	10	3
24	8655	4421	4234	436	175	261	11	8	3
25—29岁	**39500**	**20505**	**18995**	**2850**	**1279**	**1571**	**181**	**110**	**71**
25	8226	4243	3983	517	218	299	38	28	10
26	7804	4004	3800	562	234	328	25	16	9
27	7989	4130	3859	623	264	359	31	18	13
28	7760	4054	3706	589	277	312	43	26	17
29	7721	4074	3647	559	286	273	44	22	22
30—34岁	**35752**	**20033**	**15719**	**2499**	**1309**	**1190**	**262**	**176**	**86**
30	8458	4560	3898	622	298	324	63	37	26
31	7865	4314	3551	528	280	248	52	33	19
32	6689	3740	2949	485	257	228	52	37	15
33	6665	3845	2820	477	271	206	45	33	12
34	6075	3574	2501	387	203	184	50	36	14
35—39岁	**22304**	**13783**	**8521**	**1431**	**859**	**572**	**184**	**123**	**61**
35	5316	3178	2138	336	195	141	35	21	14
36	4919	3052	1867	300	179	121	42	25	17
37	4361	2730	1631	290	176	114	34	26	8
38	4341	2711	1630	295	175	120	40	27	13
39	3367	2112	1255	210	134	76	33	24	9
40—44岁	**9546**	**6304**	**3242**	**671**	**467**	**204**	**125**	**84**	**41**
40	2533	1691	842	157	106	51	30	18	12
41	2286	1494	792	150	100	50	30	21	9
42	1757	1151	606	134	103	31	23	16	7
43	1503	1000	503	114	77	37	25	18	7
44	1467	968	499	116	81	35	17	11	6

4-1b 续表 7　　　　单位：人

年　龄	大学本科			硕士研究生			博士研究生		
	小计	男	女	小计	男	女	小计	男	女
45-49岁	**6225**	**4155**	**2070**	**440**	**325**	**115**	**94**	**63**	**31**
45	1338	871	467	90	66	24	26	20	6
46	1308	848	460	78	54	24	18	17	1
47	1283	867	416	100	75	25	23	12	11
48	1179	811	368	103	79	24	14	7	7
49	1117	758	359	69	51	18	13	7	6
50-54岁	**3915**	**2756**	**1159**	**343**	**261**	**82**	**47**	**33**	**14**
50	1030	714	316	86	67	19	12	9	3
51	816	560	256	72	49	23	9	6	3
52	840	572	268	72	53	19	11	8	3
53	594	446	148	63	51	12	8	6	2
54	635	464	171	50	41	9	7	4	3
55-59岁	**2387**	**1722**	**665**	**267**	**207**	**60**	**53**	**40**	**13**
55	605	450	155	81	64	17	18	14	4
56	585	417	168	58	47	11	10	7	3
57	608	440	168	77	60	17	17	12	5
58	397	282	115	36	25	11	5	4	1
59	192	133	59	15	11	4	3	3	
60-64岁	**913**	**662**	**251**	**75**	**57**	**18**	**21**	**19**	**2**
60	191	139	52	15	13	2	6	6	
61	174	121	53	13	8	5	1	1	
62	181	131	50	16	13	3	4	4	
63	191	141	50	16	11	5	8	6	2
64	176	130	46	15	12	3	2	2	
65-69岁	**583**	**407**	**176**	**44**	**32**	**12**	**10**	**9**	**1**
65	158	118	40	18	15	3	4	3	1
66	148	101	47	10	7	3	2	2	
67	125	88	37	7	4	3	3	3	
68	79	48	31	6	4	2			
69	73	52	21	3	2	1	1	1	
70-74岁	**302**	**216**	**86**	**14**	**10**	**4**	**1**	**1**	
70	73	50	23	2	1	1			
71	60	42	18	2	1	1	1	1	
72	66	50	16	5	4	1			
73	57	42	15	4	3	1			
74	46	32	14	1	1				
75-79岁	**297**	**207**	**90**	**4**	**3**	**1**	**2**	**1**	**1**
75	64	41	23	1	1		2	1	1
76	69	49	20	1	1				
77	46	34	12	1	1				
78	63	44	19	1		1			
79	55	39	16						
80-84岁	**284**	**179**	**105**	**7**	**4**	**3**	**8**	**6**	**2**
80	68	45	23	1		1	2	2	
81	52	32	20	2	2		2	2	
82	65	42	23	1	1		2	1	1
83	59	40	19	1		1	1		1
84	40	20	20	2	1	1	1	1	
85岁及以上	**186**	**119**	**67**	**9**	**6**	**3**	**3**	**3**	

4−1c　全省分年龄、性别、受教育程度的3岁及以上人口(乡村)

单位：人

年　龄	3岁及以上人口			未上过学		
	合计	男	女	小计	男	女
总　计	**4105087**	**2456367**	**1648720**	**56873**	**22281**	**34592**
3	35024	18614	16410	13015	6930	6085
4	34301	18433	15868	4756	2535	2221
5−9岁	**174854**	**95046**	**79808**	**3193**	**1613**	**1580**
5	32948	17736	15212	2064	1030	1034
6	34097	18446	15651	627	324	303
7	34743	18954	15789	198	91	107
8	38430	20918	17512	155	79	76
9	34636	18992	15644	149	89	60
10−14岁	**148273**	**81980**	**66293**	**648**	**352**	**296**
10	32375	17763	14612	123	65	58
11	33014	18258	14756	153	80	73
12	29884	16459	13425	158	86	72
13	27137	15148	11989	110	63	47
14	25863	14352	11511	104	58	46
15−19岁	**278291**	**162700**	**115591**	**314**	**162**	**152**
15	31830	17716	14114	56	29	27
16	46348	27440	18908	64	35	29
17	49982	30714	19268	63	32	31
18	64706	38144	26562	55	25	30
19	85425	48686	36739	76	41	35
20−24岁	**408751**	**244844**	**163907**	**494**	**272**	**222**
20	86262	49820	36442	85	49	36
21	81047	47272	33775	85	49	36
22	82015	49809	32206	118	60	58
23	79459	48642	30817	109	57	52
24	79968	49301	30667	97	57	40
25−29岁	**432586**	**264692**	**167894**	**598**	**321**	**277**
25	84506	51798	32708	112	58	54
26	80530	49341	31189	110	59	51
27	85983	52588	33395	118	72	46
28	89283	54489	34794	136	64	72
29	92284	56476	35808	122	68	54
30−34岁	**513921**	**316175**	**197746**	**862**	**393**	**469**
30	110171	67648	42523	156	69	87
31	105301	64717	40584	169	84	85
32	97676	60092	37584	160	77	83
33	105783	65281	40502	198	88	110
34	94990	58437	36553	179	75	104
35−39岁	**421671**	**258768**	**162903**	**1250**	**437**	**813**
35	85923	52990	32933	211	73	138
36	84373	51750	32623	242	97	145
37	80358	49625	30733	213	83	130
38	88592	54365	34227	308	101	207
39	82425	50038	32387	276	83	193
40−44岁	**386178**	**230430**	**155748**	**2157**	**528**	**1629**
40	76030	45877	30153	326	87	239
41	79891	48365	31526	413	101	312
42	75676	45176	30500	429	107	322
43	72182	42852	29330	473	126	347
44	82399	48160	34239	516	107	409

4-1c 续表 1

单位：人

年 龄	3岁及以上人口			未上过学		
	合计	男	女	小计	男	女
45-49岁	**450930**	**263694**	**187236**	**3773**	**930**	**2843**
45	86170	50118	36052	656	149	507
46	95586	55533	40053	701	172	529
47	92111	53791	38320	769	207	562
48	89514	52419	37095	826	190	636
49	87549	51833	35716	821	212	609
50-54岁	**368134**	**224202**	**143932**	**4721**	**1263**	**3458**
50	88068	52225	35843	966	246	720
51	77637	46936	30701	957	232	725
52	80556	49048	31508	1053	265	788
53	60166	37143	23023	823	253	570
54	61707	38850	22857	922	267	655
55-59岁	**204356**	**131072**	**73284**	**3186**	**897**	**2289**
55	54459	34728	19731	784	236	548
56	47855	30513	17342	701	183	518
57	49069	32180	16889	766	219	547
58	35907	23067	12840	598	174	424
59	17066	10584	6482	337	85	252
60-64岁	**81516**	**50732**	**30784**	**2469**	**728**	**1741**
60	15376	9556	5820	345	107	238
61	15328	9689	5639	445	128	317
62	18232	11507	6725	586	188	398
63	17994	11220	6774	575	176	399
64	14586	8760	5826	518	129	389
65-69岁	**57315**	**33171**	**24144**	**2603**	**645**	**1958**
65	13988	8220	5768	537	126	411
66	13119	7634	5485	601	142	459
67	11305	6505	4800	531	129	402
68	10238	5868	4370	497	127	370
69	8665	4944	3721	437	121	316
70-74岁	**37036**	**21914**	**15122**	**2379**	**778**	**1601**
70	9059	5183	3876	460	144	316
71	8519	5134	3385	530	176	354
72	7001	4149	2852	476	150	326
73	6329	3802	2527	449	163	286
74	6128	3646	2482	464	145	319
75-79岁	**26248**	**15095**	**11153**	**2419**	**694**	**1725**
75	5954	3521	2433	486	147	339
76	5552	3264	2288	464	144	320
77	5099	2925	2174	495	148	347
78	4890	2763	2127	475	132	343
79	4753	2622	2131	499	123	376
80-84岁	**21334**	**11592**	**9742**	**2993**	**969**	**2024**
80	4826	2731	2095	536	175	361
81	4297	2318	1979	593	175	418
82	4245	2282	1963	626	213	413
83	4118	2248	1870	623	211	412
84	3848	2013	1835	615	195	420
85岁及以上	**24368**	**13213**	**11155**	**5043**	**1834**	**3209**

4－1c　续表 2　　　　单位：人

年　龄	学前教育			小　学		
	小计	男	女	小计	男	女
总　计	**100170**	**53782**	**46388**	**770469**	**411752**	**358717**
3	22009	11684	10325			
4	29545	15898	13647			
5－9岁	**42809**	**23299**	**19510**	**124842**	**67878**	**56964**
5	26526	14357	12169	4358	2349	2009
6	11429	6345	5084	21325	11362	9963
7	2418	1281	1137	31298	17099	14199
8	1483	801	682	35608	19385	16223
9	953	515	438	32253	17683	14570
10－14岁	**2426**	**1305**	**1121**	**81346**	**44841**	**36505**
10	728	383	345	29757	16330	13427
11	589	301	288	28326	15663	12663
12	443	250	193	15239	8443	6796
13	324	169	155	5426	2959	2467
14	342	202	140	2598	1446	1152
15－19岁	**442**	**244**	**198**	**6813**	**4263**	**2550**
15	192	106	86	1115	649	466
16	96	46	50	1098	699	399
17	59	33	26	1280	794	486
18	40	25	15	1526	964	562
19	55	34	21	1794	1157	637
20－24岁	**180**	**92**	**88**	**11866**	**7460**	**4406**
20	39	16	23	1852	1212	640
21	32	14	18	1938	1234	704
22	33	17	16	2456	1565	891
23	37	24	13	2753	1723	1030
24	39	21	18	2867	1726	1141
25－29岁	**144**	**77**	**67**	**18181**	**10853**	**7328**
25	31	17	14	3095	1937	1158
26	29	21	8	3167	1903	1264
27	31	15	16	3574	2117	1457
28	25	11	14	4055	2386	1669
29	28	13	15	4290	2510	1780
30－34岁	**147**	**73**	**74**	**31793**	**17933**	**13860**
30	36	17	19	5469	3147	2322
31	26	13	13	5816	3268	2548
32	26	12	14	6067	3447	2620
33	33	19	14	7327	4129	3198
34	26	12	14	7114	3942	3172
35－39岁	**145**	**75**	**70**	**39577**	**21000**	**18577**
35	29	12	17	6965	3831	3134
36	28	16	12	7215	3849	3366
37	17	12	5	7459	3951	3508
38	38	16	22	8960	4683	4277
39	33	19	14	8978	4686	4292
40－44岁	**242**	**97**	**145**	**61794**	**31099**	**30695**
40	43	15	28	9569	4909	4660
41	47	18	29	11496	5937	5559
42	48	26	22	12080	6058	6022
43	49	22	27	12809	6358	6451
44	55	16	39	15840	7837	8003

4-1c 续表 3

单位：人

年龄	学前教育			小学		
	小计	男	女	小计	男	女
45-49岁	**324**	**135**	**189**	**99847**	**48969**	**50878**
45	60	27	33	17435	8524	8911
46	63	25	38	20008	9695	10313
47	67	27	40	20224	9894	10330
48	69	28	41	20681	10092	10589
49	65	28	37	21499	10764	10735
50-54岁	**445**	**211**	**234**	**115300**	**60554**	**54746**
50	84	43	41	23499	11668	11831
51	91	44	47	24331	12683	11648
52	100	43	57	26276	13840	12436
53	73	31	42	20076	10722	9354
54	97	50	47	21118	11641	9477
55-59岁	**324**	**150**	**174**	**68355**	**37838**	**30517**
55	70	34	36	18729	10419	8310
56	79	38	41	16301	8930	7371
57	76	43	33	15970	9107	6863
58	69	20	49	11652	6427	5225
59	30	15	15	5703	2955	2748
60-64岁	**207**	**94**	**113**	**31476**	**17168**	**14308**
60	21	6	15	5417	2936	2481
61	39	16	23	5804	3179	2625
62	48	22	26	7272	4054	3218
63	51	22	29	7125	3943	3182
64	48	28	20	5858	3056	2802
65-69岁	**164**	**71**	**93**	**24922**	**12657**	**12265**
65	43	19	24	5833	3010	2823
66	46	18	28	5562	2825	2737
67	25	10	15	5007	2540	2467
68	20	13	7	4629	2313	2316
69	30	11	19	3891	1969	1922
70-74岁	**126**	**56**	**70**	**18082**	**9727**	**8355**
70	22	10	12	4255	2154	2101
71	43	23	20	4217	2324	1893
72	20	6	14	3490	1887	1603
73	21	10	11	3128	1734	1394
74	20	7	13	2992	1628	1364
75-79岁	**131**	**58**	**73**	**13131**	**7040**	**6091**
75	28	15	13	2977	1614	1363
76	30	10	20	2831	1575	1256
77	19	8	11	2530	1355	1175
78	31	16	15	2385	1232	1153
79	23	9	14	2408	1264	1144
80-84岁	**126**	**57**	**69**	**10895**	**5724**	**5171**
80	26	12	14	2405	1289	1116
81	21	12	9	2227	1176	1051
82	35	16	19	2167	1119	1048
83	23	8	15	2099	1116	983
84	21	9	12	1997	1024	973
85岁及以上	**234**	**106**	**128**	**12249**	**6748**	**5501**

4-1c 续表 4

单位：人

年 龄	初 中			高 中			大学专科		
	小计	男	女	小计	男	女	小计	男	女
总 计	**1974185**	**1234449**	**739736**	**709951**	**458952**	**250999**	**295643**	**171690**	**123953**
3									
4									
5-9岁	**3996**	**2245**	**1751**	**14**	**11**	**3**			
5									
6	716	415	301						
7	829	483	346						
8	1175	646	529	9	7	2			
9	1276	701	575	5	4	1			
10-14岁	**60518**	**33693**	**26825**	**3270**	**1760**	**1510**	**57**	**25**	**32**
10	1758	980	778	7	4	3	1		1
11	3928	2204	1724	13	8	5	3	1	2
12	14017	7666	6351	25	14	11	1		1
13	20538	11516	9022	729	434	295	7	5	2
14	20277	11327	8950	2496	1300	1196	45	19	26
15-19岁	**92749**	**60123**	**32626**	**101258**	**60096**	**41162**	**54886**	**29136**	**25750**
15	14985	8800	6185	15055	7967	7088	384	145	239
16	17060	10777	6283	26763	15289	11474	1155	532	623
17	18937	12569	6368	25145	15152	9993	3668	1823	1845
18	19415	13079	6336	18433	11643	6790	18127	9665	8462
19	22352	14898	7454	15862	10045	5817	31552	16971	14581
20-24岁	**157157**	**103180**	**53977**	**90986**	**58349**	**32637**	**81689**	**45444**	**36245**
20	24444	16385	8059	16069	10208	5861	26946	14897	12049
21	27760	18522	9238	16457	10578	5879	17540	9690	7850
22	33187	21800	11387	18868	12255	6613	13396	7646	5750
23	35129	22704	12425	19568	12420	7148	12154	6812	5342
24	36637	23769	12868	20024	12888	7136	11653	6399	5254
25-29岁	**212264**	**133761**	**78503**	**108335**	**68360**	**39975**	**52174**	**29514**	**22660**
25	39242	25038	14204	21332	13469	7863	11775	6636	5139
26	38934	24782	14152	19999	12661	7338	10263	5711	4552
27	42085	26462	15623	21525	13598	7927	10288	5814	4474
28	44803	28069	16734	22226	13933	8293	10089	5785	4304
29	47200	29410	17790	23253	14699	8554	9759	5568	4191
30-34岁	**286645**	**177419**	**109226**	**120102**	**76630**	**43472**	**42699**	**25290**	**17409**
30	57899	36070	21829	27613	17526	10087	10765	6248	4517
31	57606	35737	21869	25235	16052	9183	9362	5520	3842
32	54554	33701	20853	23063	14728	8335	7808	4574	3234
33	60941	37652	23289	23724	15267	8457	7929	4762	3167
34	55645	34259	21386	20467	13057	7410	6835	4186	2649
35-39岁	**258470**	**158093**	**100377**	**82916**	**54171**	**28745**	**23718**	**15021**	**8697**
35	51541	31604	19937	17756	11535	6221	5551	3494	2057
36	51477	31395	20082	16951	11013	5938	5052	3216	1836
37	49215	30359	18856	15820	10317	5503	4678	2954	1724
38	54813	33679	21134	17000	11128	5872	4528	2863	1665
39	51424	31056	20368	15389	10178	5211	3909	2494	1415
40-44岁	**239524**	**144158**	**95366**	**59927**	**39828**	**20099**	**14594**	**9519**	**5075**
40	47375	28549	18826	13427	8928	4499	3392	2159	1233
41	49702	30262	19440	13204	8735	4469	3263	2149	1114
42	46929	28214	18715	11758	7843	3915	2851	1881	970
43	44707	26961	17746	10367	6890	3477	2487	1649	838
44	50811	30172	20639	11171	7432	3739	2601	1681	920

4-1c 续表 5

单位：人

年 龄	初 中			高 中			大学专科		
	小计	男	女	小计	男	女	小计	男	女
45-49岁	**274346**	**165153**	**109193**	**55370**	**37002**	**18368**	**11541**	**7671**	**3870**
45	53076	31483	21593	11206	7437	3769	2476	1635	841
46	58838	34963	23875	12053	8063	3990	2634	1768	866
47	56047	33666	22381	11443	7658	3785	2411	1578	833
48	54163	32909	21254	10574	7033	3541	2145	1456	689
49	52222	32132	20090	10094	6811	3283	1875	1234	641
50-54岁	**201670**	**129729**	**71941**	**36058**	**25473**	**10585**	**6445**	**4490**	**1955**
50	50975	31590	19385	9771	6753	3018	1815	1256	559
51	42508	27251	15257	7573	5254	2319	1441	960	481
52	43281	27908	15373	7741	5515	2226	1342	945	397
53	32274	21140	11134	5468	3939	1529	931	665	266
54	32632	21840	10792	5505	4012	1493	916	664	252
55-59岁	**102940**	**70625**	**32315**	**23914**	**17527**	**6387**	**3550**	**2508**	**1042**
55	28387	19246	9141	5122	3796	1326	847	615	232
56	24401	16725	7676	5086	3709	1377	773	543	230
57	24720	17300	7420	6089	4502	1587	920	626	294
58	17522	12031	5491	5026	3662	1364	667	479	188
59	7910	5323	2587	2591	1858	733	343	245	98
60-64岁	**33881**	**23183**	**10698**	**11280**	**7981**	**3299**	**1475**	**1069**	**406**
60	6846	4593	2253	2349	1647	702	281	188	93
61	6335	4409	1926	2267	1642	625	286	204	82
62	7435	5166	2269	2447	1754	693	299	223	76
63	7392	5058	2334	2373	1653	720	314	244	70
64	5873	3957	1916	1844	1285	559	295	210	85
65-69岁	**21290**	**13921**	**7369**	**6819**	**4815**	**2004**	**1073**	**762**	**311**
65	5377	3511	1866	1804	1282	522	271	192	79
66	4915	3232	1683	1639	1160	479	260	188	72
67	4136	2716	1420	1322	917	405	192	129	63
68	3734	2449	1285	1089	780	309	191	134	57
69	3128	2013	1115	965	676	289	159	119	40
70-74岁	**11716**	**7929**	**3787**	**3802**	**2756**	**1046**	**646**	**472**	**174**
70	3139	2034	1105	950	670	280	160	120	40
71	2647	1817	830	875	646	229	141	105	36
72	2097	1433	664	742	546	196	125	93	32
73	1946	1333	613	628	457	171	115	76	39
74	1887	1312	575	607	437	170	105	78	27
75-79岁	**7444**	**5023**	**2421**	**2421**	**1773**	**648**	**441**	**332**	**109**
75	1777	1222	555	544	418	126	91	69	22
76	1635	1121	514	456	321	135	84	57	27
77	1459	984	475	468	343	125	83	62	21
78	1337	887	450	509	372	137	95	80	15
79	1236	809	427	444	319	125	88	64	24
80-84岁	**4836**	**3134**	**1702**	**1822**	**1263**	**559**	**383**	**257**	**126**
80	1255	838	417	440	307	133	98	67	31
81	927	595	332	369	254	115	77	51	26
82	932	597	335	351	237	114	88	66	22
83	924	591	333	341	253	88	67	42	25
84	798	513	285	321	212	109	53	31	22
85岁及以上	**4739**	**3080**	**1659**	**1657**	**1157**	**500**	**272**	**180**	**92**

4-1c 续表 6

单位：人

年 龄	大学本科			硕士研究生			博士研究生		
	小计	男	女	小计	男	女	小计	男	女
总 计	**188281**	**98172**	**90109**	**8445**	**4577**	**3868**	**1070**	**712**	**358**
3									
4									
5-9岁									
5									
6									
7									
8									
9									
10-14岁	**8**	**4**	**4**						
10	1	1							
11	2	1	1						
12	1		1						
13	3	2	1						
14	1		1						
15-19岁	**21784**	**8644**	**13140**	**28**	**22**	**6**	**17**	**10**	**7**
15	43	20	23						
16	106	56	50	5	5		1	1	
17	826	308	518	4	3	1			
18	7096	2733	4363	10	6	4	4	4	
19	13713	5527	8186	9	8	1	12	5	7
20-24岁	**65041**	**29472**	**35569**	**1279**	**539**	**740**	**59**	**36**	**23**
20	16798	7033	9765	27	18	9	2	2	
21	17163	7159	10004	65	19	46	7	7	
22	13671	6356	7315	273	101	172	13	9	4
23	9274	4705	4569	419	187	232	16	10	6
24	8135	4219	3916	495	214	281	21	8	13
25-29岁	**38034**	**20395**	**17639**	**2623**	**1261**	**1362**	**233**	**150**	**83**
25	8364	4396	3968	514	221	293	41	26	15
26	7513	3991	3522	480	195	285	35	18	17
27	7738	4182	3556	564	288	276	60	40	20
28	7376	3944	3432	530	269	261	43	28	15
29	7043	3882	3161	535	288	247	54	38	16
30-34岁	**29382**	**17154**	**12228**	**1998**	**1093**	**905**	**293**	**190**	**103**
30	7627	4225	3402	539	300	239	67	46	21
31	6585	3772	2813	435	228	207	67	43	24
32	5551	3297	2254	388	216	172	59	40	19
33	5225	3144	2081	354	188	166	52	32	20
34	4394	2716	1678	282	161	121	48	29	19
35-39岁	**14445**	**9238**	**5207**	**979**	**618**	**361**	**171**	**115**	**56**
35	3605	2277	1328	224	137	87	41	27	14
36	3158	2000	1158	213	138	75	37	26	11
37	2745	1819	926	179	110	69	32	20	12
38	2701	1730	971	206	139	67	38	26	12
39	2236	1412	824	157	94	63	23	16	7
40-44岁	**7290**	**4778**	**2512**	**545**	**357**	**188**	**105**	**66**	**39**
40	1744	1136	608	130	78	52	24	16	8
41	1622	1069	553	121	78	43	23	16	7
42	1450	959	491	113	75	38	18	13	5
43	1187	780	407	87	60	27	16	6	10
44	1287	834	453	94	66	28	24	15	9

4—1c 续表 7 单位：人

年 龄	大学本科			硕士研究生			博士研究生		
	小计	男	女	小计	男	女	小计	男	女
45—49岁	**5249**	**3515**	**1734**	**412**	**270**	**142**	**68**	**49**	**19**
45	1143	782	361	96	65	31	22	16	6
46	1192	780	412	84	56	28	13	11	2
47	1071	707	364	70	48	22	9	6	3
48	963	654	309	81	50	31	12	7	5
49	880	592	288	81	51	30	12	9	3
50—54岁	**3188**	**2257**	**931**	**262**	**192**	**70**	**45**	**33**	**12**
50	885	618	267	66	46	20	7	5	2
51	665	461	204	63	45	18	8	6	2
52	689	479	210	58	42	16	16	11	5
53	488	367	121	29	22	7	4	4	
54	461	332	129	46	37	9	10	7	3
55—59岁	**1848**	**1349**	**499**	**200**	**144**	**56**	**39**	**34**	**5**
55	475	351	124	37	24	13	8	7	1
56	447	338	109	58	38	20	9	9	
57	467	337	130	50	37	13	11	9	2
58	327	234	93	38	33	5	8	7	1
59	132	89	43	17	12	5	3	2	1
60—64岁	**645**	**446**	**199**	**63**	**47**	**16**	**20**	**16**	**4**
60	104	71	33	12	8	4	1		1
61	131	94	37	14	11	3	7	6	1
62	133	91	42	10	7	3	2	2	
63	144	106	38	15	13	2	5	5	
64	133	84	49	12	8	4	5	3	2
65—69岁	**409**	**279**	**130**	**25**	**16**	**9**	**10**	**5**	**5**
65	110	72	38	7	4	3	6	4	2
66	88	64	24	7	5	2	1		1
67	83	58	25	9	6	3			
68	77	52	25	1		1			
69	51	33	18	1	1		3	1	2
70—74岁	**269**	**187**	**82**	**14**	**7**	**7**	**2**	**2**	
70	67	47	20	6	4	2			
71	62	41	21	3	1	2	1	1	
72	49	33	16	2	1	1			
73	40	28	12	1		1	1	1	
74	51	38	13	2	1	1			
75—79岁	**253**	**168**	**85**	**7**	**6**	**1**	**1**	**1**	
75	51	36	15						
76	48	33	15	3	2	1	1	1	
77	45	25	20						
78	57	43	14	1	1				
79	52	31	21	3	3				
80—84岁	**267**	**180**	**87**	**7**	**4**	**3**	**5**	**4**	**1**
80	63	40	23	2	2		1	1	
81	78	52	26	2	1	1	3	2	1
82	45	33	12	1	1				
83	40	27	13	1		1			
84	41	28	13	1		1	1	1	
85岁及以上	**169**	**106**	**63**	**3**	**1**	**2**	**2**	**1**	**1**

4-2　各地区分性别、受教育程度的15岁及以上人口

单位：人

地　　区	15岁及以上人口			未上过学		
	合计	男	女	小计	男	女
广　东	**45281695**	**25858944**	**19422751**	**311024**	**77271**	**233753**
广州市	**9624823**	**5332443**	**4292380**	**50396**	**13727**	**36669**
荔湾区	596641	320208	276433	5301	1767	3534
越秀区	321218	163739	157479	1848	480	1368
海珠区	873890	458318	415572	2979	694	2285
天河区	1375520	746759	628761	5105	1381	3724
白云区	2456318	1363465	1092853	11807	2899	8908
黄埔区	705434	415424	290010	4785	1179	3606
番禺区	1519786	837262	682524	7227	2139	5088
花都区	759109	431833	327276	4356	1343	3013
南沙区	382073	235784	146289	2886	830	2056
从化区	153773	88109	65664	563	158	405
增城区	481061	271542	209519	3539	857	2682
韶关市	**375564**	**196342**	**179222**	**5688**	**1063**	**4625**
武江区	116635	59227	57408	1666	275	1391
浈江区	103610	52114	51496	1403	258	1145
曲江区	46870	25709	21161	859	138	721
始兴县	10067	5398	4669	154	24	130
仁化县	19134	10605	8529	428	90	338
翁源县	16364	9124	7240	234	54	180
乳源瑶族自治县	12767	7054	5713	198	41	157
新丰县	12223	7073	5150	93	33	60
乐昌市	23939	12320	11619	493	123	370
南雄市	13955	7718	6237	160	27	133
深圳市	**11883777**	**6779851**	**5103926**	**77234**	**13384**	**63850**
罗湖区	625478	327057	298421	4920	704	4216
福田区	802159	436660	365499	5722	862	4860
南山区	929087	522017	407070	6625	1259	5366
宝安区	3390315	1962693	1427622	18005	3147	14858
龙岗区	2837176	1586385	1250791	21680	3927	17753
盐田区	128399	73300	55099	958	159	799
龙华区	1891733	1106058	785675	10146	1588	8558
坪山区	396486	236139	160347	3374	666	2708
光明区	882944	529542	353402	5804	1072	4732
珠海市	**1153085**	**663294**	**489791**	**11688**	**2785**	**8903**
香洲区	667012	377197	289815	6953	1633	5320
斗门区	229855	136422	93433	2644	627	2017
金湾区	256218	149675	106543	2091	525	1566
汕头市	**601642**	**341719**	**259923**	**7312**	**2293**	**5019**
龙湖区	154050	84975	69075	1563	494	1069
金平区	112171	59247	52924	1964	407	1557
濠江区	25076	16618	8458	268	75	193
潮阳区	100088	58210	41878	1095	436	659
潮南区	66399	39055	27344	856	398	458
澄海区	140961	82070	58891	1478	453	1025
南澳县	2897	1544	1353	88	30	58
佛山市	**4675079**	**2785728**	**1889351**	**28035**	**8532**	**19503**
禅城区	636698	361817	274881	3019	937	2082
南海区	1951142	1165577	785565	11284	3446	7838
顺德区	1598714	957277	641437	10020	3216	6804
三水区	344703	213132	131571	2891	675	2216
高明区	143822	87925	55897	821	258	563

4-2 续表 1 单位：人

地区	15岁及以上人口			未上过学		
	合计	男	女	小计	男	女
江门市	**1103631**	**632355**	**471276**	**8834**	**2259**	**6575**
蓬江区	319346	179138	140208	2570	707	1863
江海区	174865	97947	76918	1587	345	1242
新会区	188101	110887	77214	1602	386	1216
台山市	88685	51982	36703	623	174	449
开平市	123424	69005	54419	1073	288	785
鹤山市	156023	92063	63960	766	185	581
恩平市	53187	31333	21854	613	174	439
湛江市	**684605**	**348718**	**335887**	**7532**	**2229**	**5303**
赤坎区	137062	65669	71393	1010	252	758
霞山区	211832	106633	105199	2215	582	1633
坡头区	22291	11982	10309	321	74	247
麻章区	101666	54238	47428	533	192	341
遂溪县	42924	21588	21336	729	250	479
徐闻县	31475	17280	14195	550	169	381
廉江市	62438	30597	31841	841	253	588
雷州市	34779	18625	16154	718	275	443
吴川市	40138	22106	18032	615	182	433
茂名市	**314801**	**165691**	**149110**	**3357**	**990**	**2367**
茂南区	120806	63729	57077	1037	251	786
电白区	61995	33233	28762	825	238	587
高州市	54760	28696	26064	451	132	319
化州市	49332	25417	23915	616	240	376
信宜市	27908	14616	13292	428	129	299
肇庆市	**549802**	**318997**	**230805**	**3880**	**1043**	**2837**
端州区	168466	89909	78557	1215	267	948
鼎湖区	60191	35212	24979	447	141	306
高要区	85414	51513	33901	648	193	455
广宁县	17325	10311	7014	179	65	114
怀集县	13064	7532	5532	142	41	101
封开县	9907	5765	4142	83	23	60
德庆县	10397	5489	4908	126	36	90
四会市	185038	113266	71772	1040	277	763
惠州市	**2358299**	**1381339**	**976960**	**22782**	**6028**	**16754**
惠城区	920026	526816	393210	10367	2477	7890
惠阳区	813806	487789	326017	6481	1907	4574
博罗县	381697	225311	156386	3189	845	2344
惠东县	207142	120089	87053	2389	674	1715
龙门县	35628	21334	14294	356	125	231
梅州市	**343724**	**177289**	**166435**	**3366**	**1041**	**2325**
梅江区	138040	69301	68739	1126	316	810
梅县区	83766	41870	41896	581	164	417
大埔县	19467	10622	8845	230	92	138
丰顺县	19937	11034	8903	245	77	168
五华县	32215	18222	13993	484	201	283
平远县	9266	4879	4387	164	35	129
蕉岭县	10477	5614	4863	159	31	128
兴宁市	30556	15747	14809	377	125	252

4-2 续表 2

单位：人

地　　区	15岁及以上人口			未上过学		
	合计	男	女	小计	男	女
汕尾市	**204274**	**114719**	**89555**	**3337**	**948**	**2389**
城　区	63131	35360	27771	1245	348	897
海丰县	102058	57903	44155	1358	380	978
陆河县	12041	6868	5173	171	53	118
陆丰市	27044	14588	12456	563	167	396
河源市	**462618**	**244774**	**217844**	**4679**	**1123**	**3556**
源城区	309094	159079	150015	3129	584	2545
紫金县	37140	21357	15783	395	160	235
龙川县	32123	17913	14210	320	111	209
连平县	17773	9904	7869	221	90	131
和平县	12540	7174	5366	124	49	75
东源县	53948	29347	24601	490	129	361
阳江市	**279887**	**152495**	**127392**	**3327**	**952**	**2375**
江城区	146707	79239	67468	1775	555	1220
阳东区	81005	44764	36241	800	206	594
阳西县	22952	12695	10257	373	85	288
阳春市	29223	15797	13426	379	106	273
清远市	**566313**	**312094**	**254219**	**8410**	**1918**	**6492**
清城区	344714	189660	155054	4693	993	3700
清新区	82009	43448	38561	1847	383	1464
佛冈县	26841	15957	10884	274	93	181
阳山县	14362	8006	6356	247	85	162
连山壮族瑶族自治县	4551	2394	2157	62	13	49
连南瑶族自治县	4553	2333	2220	87	21	66
英德市	73188	41563	31625	976	272	704
连州市	16095	8733	7362	224	58	166
东莞市	**7198461**	**4250228**	**2948233**	**36801**	**10635**	**26166**
市辖区	7198461	4250228	2948233	36801	10635	26166
中山市	**2302283**	**1329022**	**973261**	**15874**	**4089**	**11785**
市辖区	2302283	1329022	973261	15874	4089	11785
潮州市	**243250**	**132967**	**110283**	**4205**	**1056**	**3149**
湘桥区	96415	48652	47763	1181	319	862
潮安区	134582	77528	57054	2778	660	2118
饶平县	12253	6787	5466	246	77	169
揭阳市	**161122**	**91897**	**69225**	**2380**	**638**	**1742**
榕城区	38924	22065	16859	694	149	545
揭东区	35196	21002	14194	604	144	460
揭西县	16775	9208	7567	254	82	172
惠来县	16534	9245	7289	230	76	154
普宁市	53693	30377	23316	598	187	411
云浮市	**194655**	**106982**	**87673**	**1907**	**538**	**1369**
云城区	85855	47025	38830	752	192	560
云安区	17424	10471	6953	160	54	106
新兴县	37102	20753	16349	273	75	198
郁南县	13806	7173	6633	183	51	132
罗定市	40468	21560	18908	539	166	373

4-2 续表 3　　　　　　　　　　　　　　　　　　　　单位：人

地　区	学前教育			小　学		
	小计	男	女	小计	男	女
广　东	**34758**	**14952**	**19806**	**4716942**	**2248603**	**2468339**
广州市	**5341**	**2271**	**3070**	**771232**	**363866**	**407366**
荔湾区	554	266	288	65452	31845	33607
越秀区	194	96	98	24512	10249	14263
海珠区	363	163	200	68975	31321	37654
天河区	605	263	342	65767	29313	36454
白云区	1221	462	759	209701	97337	112364
黄埔区	315	107	208	50650	23655	26995
番禺区	995	458	537	113594	54672	58922
花都区	380	181	199	71832	34729	37103
南沙区	263	97	166	40969	21048	19921
从化区	64	39	25	7723	3861	3862
增城区	387	139	248	52057	25836	26221
韶关市	**381**	**163**	**218**	**49136**	**21460**	**27676**
武江区	112	41	71	14874	6215	8659
浈江区	114	55	59	11025	4608	6417
曲江区	35	14	21	6413	2772	3641
始兴县	6	1	5	1502	658	844
仁化县	23	8	15	3233	1498	1735
翁源县	17	7	10	2438	1158	1280
乳源瑶族自治县	10	5	5	1970	939	1031
新丰县	27	18	9	1595	762	833
乐昌市	22	8	14	4024	1776	2248
南雄市	15	6	9	2062	1074	988
深圳市	**5227**	**1605**	**3622**	**874724**	**365756**	**508968**
罗湖区	334	83	251	51286	20536	30750
福田区	355	88	267	59044	24412	34632
南山区	429	209	220	64010	26994	37016
宝安区	1310	404	906	221006	90815	130191
龙岗区	1463	465	998	243491	103027	140464
盐田区	50	15	35	9723	4010	5713
龙华区	772	197	575	107836	42434	65402
坪山区	188	58	130	41105	18906	22199
光明区	326	86	240	77223	34622	42601
珠海市	**1041**	**454**	**587**	**120426**	**59138**	**61288**
香洲区	686	315	371	64248	31035	33213
斗门区	166	59	107	30152	14505	15647
金湾区	189	80	109	26026	13598	12428
汕头市	**652**	**291**	**361**	**114639**	**59372**	**55267**
龙湖区	130	51	79	25482	12533	12949
金平区	116	45	71	19521	8904	10617
濠江区	20	10	10	2280	1288	992
潮阳区	137	82	55	17494	9578	7916
潮南区	68	28	40	14707	8237	6470
澄海区	180	75	105	34479	18458	16021
南澳县	1		1	676	374	302
佛山市	**5000**	**2489**	**2511**	**605613**	**316472**	**289141**
禅城区	540	246	294	59336	29743	29593
南海区	2290	1151	1139	266020	141242	124778
顺德区	1803	918	885	211264	109075	102189
三水区	251	118	133	50137	26192	23945
高明区	116	56	60	18856	10220	8636

4-2 续表 4

单位：人

地 区	学前教育			小 学		
	小计	男	女	小计	男	女
江门市	**854**	**369**	**485**	**180852**	**87082**	**93770**
蓬江区	310	132	178	45104	20721	24383
江海区	114	44	70	25978	11708	14270
新会区	160	75	85	39078	19680	19398
台山市	45	18	27	13949	7106	6843
开平市	115	50	65	24736	11847	12889
鹤山市	57	25	32	22730	11275	11455
恩平市	53	25	28	9277	4745	4532
湛江市	**726**	**315**	**411**	**74621**	**34704**	**39917**
赤坎区	117	57	60	10552	4649	5903
霞山区	224	114	110	22631	9535	13096
坡头区	24	7	17	2875	1403	1472
麻章区	76	31	45	5041	2593	2448
遂溪县	76	16	60	6133	3120	3013
徐闻县	41	17	24	6026	3060	2966
廉江市	65	28	37	8337	3766	4571
雷州市	59	24	35	5715	2874	2841
吴川市	44	21	23	7311	3704	3607
茂名市	**316**	**145**	**171**	**37651**	**17477**	**20174**
茂南区	82	39	43	11822	5395	6427
电白区	76	37	39	8160	3907	4253
高州市	58	25	33	5522	2546	2976
化州市	66	32	34	7204	3383	3821
信宜市	34	12	22	4943	2246	2697
肇庆市	**582**	**265**	**317**	**63354**	**31656**	**31698**
端州区	180	71	109	13536	5895	7641
鼎湖区	95	62	33	7556	3999	3557
高要区	97	36	61	13292	6980	6312
广宁县	21	11	10	2149	1153	996
怀集县	11	5	6	2198	1304	894
封开县	14	6	8	1191	592	599
德庆县	13	5	8	1292	577	715
四会市	151	69	82	22140	11156	10984
惠州市	**2526**	**1068**	**1458**	**322763**	**160716**	**162047**
惠城区	1170	469	701	113361	52921	60440
惠阳区	747	317	430	103138	52624	50514
博罗县	288	132	156	55787	28310	27477
惠东县	294	137	157	43904	23081	20823
龙门县	27	13	14	6573	3780	2793
梅州市	**361**	**170**	**191**	**40477**	**18854**	**21623**
梅江区	129	52	77	13376	5585	7791
梅县区	86	43	43	8837	3837	5000
大埔县	20	12	8	2797	1420	1377
丰顺县	17	7	10	3563	1870	1693
五华县	42	20	22	4987	2695	2292
平远县	7		7	1471	696	775
蕉岭县	11	9	2	1616	768	848
兴宁市	49	27	22	3830	1983	1847

4-2 续表 5

单位：人

地区	学前教育			小学		
	小计	男	女	小计	男	女
汕尾市	**230**	**103**	**127**	**46018**	**22959**	**23059**
城 区	74	33	41	12217	6166	6051
海丰县	118	58	60	25616	12703	12913
陆河县	8	4	4	2417	1229	1188
陆丰市	30	8	22	5768	2861	2907
河源市	**452**	**176**	**276**	**59983**	**26815**	**33168**
源城区	282	94	188	39028	15754	23274
紫金县	42	24	18	5647	3051	2596
龙川县	35	18	17	4186	2120	2066
连平县	22	13	9	2697	1439	1258
和平县	14	6	8	1793	1092	701
东源县	57	21	36	6632	3359	3273
阳江市	**444**	**213**	**231**	**47064**	**22437**	**24627**
江城区	300	150	150	23965	11576	12389
阳东区	80	37	43	14607	6849	7758
阳西县	26	12	14	4325	2111	2214
阳春市	38	14	24	4167	1901	2266
清远市	**561**	**224**	**337**	**87405**	**40725**	**46680**
清城区	354	139	215	51134	23062	28072
清新区	98	38	60	15280	6921	8359
佛冈县	18	8	10	3627	1868	1759
阳山县	15	9	6	2143	1091	1052
连山壮族瑶族自治县	5	2	3	761	372	389
连南瑶族自治县				733	359	374
英德市	58	21	37	11446	5896	5550
连州市	13	7	6	2281	1156	1125
东莞市	**7336**	**3431**	**3905**	**767284**	**376386**	**390898**
市辖区	7336	3431	3905	767284	376386	390898
中山市	**1925**	**813**	**1112**	**335157**	**162479**	**172678**
市辖区	1925	813	1112	335157	162479	172678
潮州市	**403**	**202**	**201**	**60160**	**31020**	**29140**
湘桥区	137	81	56	16788	8223	8565
潮安区	240	109	131	41183	21707	19476
饶平县	26	12	14	2189	1090	1099
揭阳市	**194**	**92**	**102**	**31229**	**16535**	**14694**
榕城区	27	12	15	7740	4227	3513
揭东区	64	36	28	7660	4093	3567
揭西县	27	13	14	3393	1780	1613
惠来县	25	10	15	2751	1436	1315
普宁市	51	21	30	9685	4999	4686
云浮市	**206**	**93**	**113**	**27154**	**12694**	**14460**
云城区	86	36	50	12487	5529	6958
云安区	17	5	12	1768	971	797
新兴县	31	11	20	4946	2549	2397
郁南县	18	8	10	1909	874	1035
罗定市	54	33	21	6044	2771	3273

4-2 续表 6

单位：人

地区	初中			高中			大学专科		
	小计	男	女	小计	男	女	小计	男	女
广 东	**19997867**	**11861092**	**8136775**	**11097385**	**6709403**	**4387982**	**5220181**	**2840946**	**2379235**
广州市	**3505442**	**2049412**	**1456030**	**2545148**	**1488544**	**1056604**	**1502757**	**787002**	**715755**
荔湾区	206500	117858	88642	166537	91731	74806	84851	43234	41617
越秀区	100558	55673	44885	92699	50661	42038	42836	20014	22822
海珠区	380919	213152	167767	201059	110442	90617	100933	47477	53456
天河区	280163	158863	121300	436697	251846	184851	334607	175408	159199
白云区	977655	575542	402113	645531	377066	268465	381228	197708	183520
黄埔区	227887	138822	89065	201177	128071	73106	111828	63754	48074
番禺区	557914	321675	236239	425874	246391	179483	204563	102703	101860
花都区	389593	231551	158042	143991	87141	56850	77256	43202	34054
南沙区	171375	107906	63469	103440	68188	35252	39396	23739	15657
从化区	32941	19926	13015	25095	15362	9733	47714	28455	19259
增城区	179937	108444	71493	103048	61645	41403	77545	41308	36237
韶关市	**137171**	**75452**	**61719**	**89958**	**48856**	**41102**	**47767**	**25922**	**21845**
武江区	44157	23722	20435	30192	15619	14573	13590	7037	6553
浈江区	29530	15746	13784	27343	14668	12675	13094	6585	6509
曲江区	18195	10340	7855	9218	5201	4017	9861	5952	3909
始兴县	4295	2339	1956	2205	1315	890	992	556	436
仁化县	7751	4518	3233	3990	2265	1725	1958	1168	790
翁源县	7542	4366	3176	3248	1920	1328	1490	871	619
乳源瑶族自治县	4691	2733	1958	2889	1616	1273	1592	897	695
新丰县	5738	3355	2383	2724	1681	1043	1167	704	463
乐昌市	9728	5194	4534	5061	2760	2301	2361	1267	1094
南雄市	5544	3139	2405	3088	1811	1277	1662	885	777
深圳市	**4866704**	**2848683**	**2018021**	**3054818**	**1875625**	**1179193**	**1727593**	**948048**	**779545**
罗湖区	216602	120490	96112	183304	102291	81013	98890	47507	51383
福田区	258202	148400	109802	224317	132787	91530	128103	64165	63938
南山区	264490	155562	108928	238786	142209	96577	159535	84932	74603
宝安区	1572486	914311	658175	799368	501773	297595	455362	259643	195719
龙岗区	1172512	680065	492447	732330	437553	294777	406491	216361	190130
盐田区	45934	27710	18224	40743	24925	15818	17644	9372	8272
龙华区	715929	429268	286661	514416	325707	188709	329254	185449	143805
坪山区	181168	108671	72497	99373	64401	34972	42215	25233	16982
光明区	439381	264206	175175	222181	143979	78202	90099	55386	34713
珠海市	**446985**	**271525**	**175460**	**292734**	**179656**	**113078**	**138043**	**75766**	**62277**
香洲区	235675	140863	94812	180292	108104	72188	79977	43435	36542
斗门区	109861	67334	42527	58005	36928	21077	18127	10591	7536
金湾区	101449	63328	38121	54437	34624	19813	39939	21740	18199
汕头市	**297513**	**176575**	**120938**	**118520**	**68744**	**49776**	**37497**	**20572**	**16925**
龙湖区	68321	39873	28448	37000	20632	16368	13173	6856	6317
金平区	43870	24880	18990	26590	14556	12034	9961	5051	4910
濠江区	9127	6781	2346	7558	4805	2753	5023	3139	1884
潮阳区	54707	32146	22561	20473	12348	8125	3880	2344	1536
潮南区	37232	22423	14809	9566	5784	3782	2108	1198	910
澄海区	82998	49764	33234	16839	10382	6457	3142	1879	1263
南澳县	1258	708	550	494	237	257	210	105	105
佛山市	**2362507**	**1462336**	**900171**	**1063485**	**655435**	**408050**	**383381**	**214788**	**168593**
禅城区	307637	180680	126957	158738	92983	65755	65266	34761	30505
南海区	970096	603278	366818	430875	264685	166190	172999	98169	74830
顺德区	829333	512160	317173	380592	238266	142326	105660	58798	46862
三水区	180917	118731	62186	63849	40825	23024	24085	14714	9371
高明区	74524	47487	27037	29431	18676	10755	15371	8346	7025

4-2 续表 7 单位：人

地区	初中			高中			大学专科		
	小计	男	女	小计	男	女	小计	男	女
江门市	**529110**	**316772**	**212338**	**235106**	**142744**	**92362**	**90894**	**49500**	**41394**
蓬江区	130341	77260	53081	73251	43769	29482	39925	20402	19523
江海区	78102	45686	32416	41796	25085	16711	19079	10518	8561
新会区	96914	59925	36989	34833	21726	13107	9239	5404	3835
台山市	42251	25583	16668	21714	12953	8761	5679	3406	2273
开平市	64821	37710	27111	23659	14012	9647	5598	3115	2483
鹤山市	88583	53276	35307	30441	19406	11035	8285	4874	3411
恩平市	28098	17332	10766	9412	5793	3619	3089	1781	1308
湛江市	**231373**	**120877**	**110496**	**179793**	**97891**	**81902**	**79517**	**39189**	**40328**
赤坎区	42095	21527	20568	37892	19772	18120	17364	8799	8565
霞山区	77801	38708	39093	62663	33252	29411	24104	12395	11709
坡头区	7652	4198	3454	5117	2822	2295	3180	1764	1416
麻章区	19852	11349	8503	27321	16621	10700	10662	4537	6125
遂溪县	15615	8281	7334	9536	5106	4430	6748	2662	4086
徐闻县	12850	7272	5578	6265	3551	2714	2993	1684	1309
廉江市	24600	12250	12350	16146	8300	7846	7167	3350	3817
雷州市	12297	6703	5594	7686	4346	3340	3973	2136	1837
吴川市	18611	10589	8022	7167	4121	3046	3326	1862	1464
茂名市	**107386**	**57957**	**49429**	**80989**	**46806**	**34183**	**49350**	**23536**	**25814**
茂南区	35682	19972	15710	29096	17235	11861	21630	9561	12069
电白区	19811	10822	8989	14474	7787	6687	13608	7878	5730
高州市	20123	11138	8985	19234	11351	7883	6889	2174	4715
化州市	19809	9725	10084	12391	7151	5240	4698	2519	2179
信宜市	11961	6300	5661	5794	3282	2512	2525	1404	1121
肇庆市	**232817**	**142547**	**90270**	**136011**	**81916**	**54095**	**55888**	**32956**	**22932**
端州区	44386	24603	19783	56367	32317	24050	24564	13884	10680
鼎湖区	23971	15349	8622	11842	7193	4649	8352	4689	3663
高要区	43829	27584	16245	12762	8067	4695	4810	3330	1480
广宁县	8990	5579	3411	3324	2022	1302	1371	779	592
怀集县	6400	3746	2654	2292	1294	998	1057	600	457
封开县	4426	2637	1789	2207	1341	866	1016	588	428
德庆县	4829	2637	2192	2377	1325	1052	931	486	445
四会市	95986	60412	35574	44840	28357	16483	13787	8600	5187
惠州市	**1211082**	**734670**	**476412**	**474142**	**293582**	**180560**	**201556**	**114129**	**87427**
惠城区	418855	249509	169346	206941	126732	80209	102975	56890	46085
惠阳区	443070	273053	170017	163420	102863	60557	60891	35796	25095
博罗县	214318	130748	83570	68854	42986	25868	26541	14938	11603
惠东县	118353	71063	47290	27552	16652	10900	8583	4974	3609
龙门县	16486	10297	6189	7375	4349	3026	2566	1531	1035
梅州市	**132587**	**70699**	**61888**	**90462**	**48680**	**41782**	**34422**	**17399**	**17023**
梅江区	45865	23925	21940	40664	22137	18527	12447	6284	6163
梅县区	35115	18092	17023	22802	11717	11085	10143	4721	5422
大埔县	7944	4460	3484	4246	2371	1875	2023	1090	933
丰顺县	8689	4907	3782	3908	2213	1695	1795	1021	774
五华县	13558	7792	5766	6880	4034	2846	3198	1781	1417
平远县	4062	2160	1902	1802	1053	749	866	434	432
蕉岭县	4896	2818	2078	2221	1226	995	809	400	409
兴宁市	12458	6545	5913	7939	3929	4010	3141	1668	1473

4-2 续表 8

单位：人

地区	初中			高中			大学专科		
	小计	男	女	小计	男	女	小计	男	女
汕尾市	**91652**	**54419**	**37233**	**34388**	**20737**	**13651**	**17914**	**9227**	**8687**
城 区	23162	14264	8898	12374	7487	4887	10054	4604	5450
海丰县	50767	30091	20676	15351	9334	6017	4675	2832	1843
陆河县	6104	3689	2415	1995	1152	843	788	451	337
陆丰市	11619	6375	5244	4668	2764	1904	2397	1340	1057
河源市	**213374**	**115492**	**97882**	**112555**	**62885**	**49670**	**44614**	**23887**	**20727**
源城区	144184	75644	68540	76510	42454	34056	30844	16339	14505
紫金县	18155	10840	7315	7327	4207	3120	2987	1671	1316
龙川县	13696	7482	6214	7578	4392	3186	3584	2222	1362
连平县	7972	4565	3407	3712	2116	1596	1739	936	803
和平县	5202	2987	2215	2968	1711	1257	1286	730	556
东源县	24165	13974	10191	14460	8005	6455	4174	1989	2185
阳江市	**114029**	**64523**	**49506**	**60889**	**34761**	**26128**	**35961**	**19101**	**16860**
江城区	56154	31887	24267	32860	18566	14294	22706	11549	11157
阳东区	36384	20529	15855	16739	9777	6962	7726	4460	3266
阳西县	9453	5366	4087	4637	2672	1965	2187	1253	934
阳春市	12038	6741	5297	6653	3746	2907	3342	1839	1503
清远市	**241637**	**141204**	**100433**	**107601**	**62574**	**45027**	**85035**	**45675**	**39360**
清城区	140052	82790	57262	61630	36151	25479	66298	35232	31066
清新区	37878	21005	16873	16444	9520	6924	5985	3185	2800
佛冈县	13259	8179	5080	5738	3466	2272	2373	1409	964
阳山县	6232	3533	2699	3020	1729	1291	1421	820	601
连山壮族瑶族自治县	1937	1025	912	840	470	370	453	249	204
连南瑶族自治县	1765	918	847	890	485	405	525	263	262
英德市	33844	19833	14011	15093	8800	6293	6391	3656	2735
连州市	6670	3921	2749	3946	1953	1993	1589	861	728
东莞市	**3785520**	**2269293**	**1516227**	**1836576**	**1146340**	**690236**	**475902**	**277040**	**198862**
市辖区	3785520	2269293	1516227	1836576	1146340	690236	475902	277040	198862
中山市	**1223810**	**730046**	**493764**	**476768**	**292794**	**183974**	**159801**	**89714**	**70087**
市辖区	1223810	730046	493764	476768	292794	183974	159801	89714	70087
潮州市	**108641**	**65379**	**43262**	**37294**	**20389**	**16905**	**13064**	**6339**	**6725**
湘桥区	35280	20204	15076	20719	10496	10223	7747	3457	4290
潮安区	67827	42055	25772	14459	8672	5787	4205	2263	1942
饶平县	5534	3120	2414	2116	1221	895	1112	619	493
揭阳市	**74589**	**45716**	**28873**	**29771**	**17253**	**12518**	**15235**	**7472**	**7763**
榕城区	17781	11570	6211	5363	3063	2300	6140	2400	3740
揭东区	17061	10993	6068	7185	4191	2994	1587	967	620
揭西县	7627	4368	3259	2838	1588	1250	1372	746	626
惠来县	6567	3757	2810	3506	1990	1516	1765	1017	748
普宁市	25553	15028	10525	10879	6421	4458	4371	2342	2029
云浮市	**83938**	**47515**	**36423**	**40377**	**23191**	**17186**	**23990**	**13684**	**10306**
云城区	38833	22037	16796	18176	10660	7516	9211	5106	4105
云安区	5609	3634	1975	3471	2279	1192	2944	1783	1161
新兴县	17651	10492	7159	8795	4608	4187	2780	1471	1309
郁南县	6120	3194	2926	2676	1509	1167	1482	781	701
罗定市	15725	8158	7567	7259	4135	3124	7573	4543	3030

4-2 续表 9 单位：人

地区	大学本科			硕士研究生			博士研究生		
	小计	男	女	小计	男	女	小计	男	女
广 东	**3566194**	**1918870**	**1647324**	**300447**	**163784**	**136663**	**36897**	**24023**	**12874**
广州市	**1117993**	**562190**	**555803**	**110194**	**55540**	**54654**	**16320**	**9891**	**6429**
荔湾区	62078	30689	31389	4808	2492	2316	560	326	234
越秀区	49841	22340	27501	7745	3648	4097	985	578	407
海珠区	102727	47293	55434	13331	6178	7153	2604	1598	1006
天河区	221445	113796	107649	27171	13483	13688	3960	2406	1554
白云区	211871	104099	107772	14675	6931	7744	2629	1421	1208
黄埔区	97856	53734	44122	9761	5325	4436	1175	777	398
番禺区	181678	93989	87689	24364	13018	11346	3577	2217	1360
花都区	68904	32106	36798	2581	1431	1150	216	149	67
南沙区	21979	12956	9023	1568	886	682	197	134	63
从化区	38466	19769	18697	1101	459	642	106	80	26
增城区	61148	31419	29729	3089	1689	1400	311	205	106
韶关市	**43459**	**22233**	**21226**	**1840**	**1079**	**761**	**164**	**114**	**50**
武江区	11210	5830	5380	787	449	338	47	39	8
浈江区	20590	9899	10691	439	245	194	72	50	22
曲江区	2162	1210	952	115	76	39	12	6	6
始兴县	866	477	389	45	26	19	2	2	
仁化县	1679	1002	677	66	51	15	6	5	1
翁源县	1316	703	613	73	43	30	6	2	4
乳源瑶族自治县	1303	741	562	107	77	30	7	5	2
新丰县	827	493	334	48	25	23	4	2	2
乐昌市	2147	1135	1012	98	55	43	5	2	3
南雄市	1359	743	616	62	32	30	3	1	2
深圳市	**1146856**	**651279**	**495577**	**119585**	**67672**	**51913**	**11036**	**7799**	**3237**
罗湖区	62573	31526	31047	7034	3558	3476	535	362	173
福田区	107318	55783	51535	17657	9143	8514	1441	1020	421
南山区	162048	91360	70688	29501	17032	12469	3663	2460	1203
宝安区	298440	177834	120606	22889	13675	9214	1449	1091	358
龙岗区	236931	131850	105081	20428	11794	8634	1850	1343	507
盐田区	11596	6182	5414	1543	789	754	208	138	70
龙华区	197160	112141	85019	14937	8357	6580	1283	917	366
坪山区	26237	16505	9732	2603	1524	1079	223	175	48
光明区	44553	28098	16455	2993	1800	1193	384	293	91
珠海市	**131710**	**68352**	**63358**	**8779**	**4583**	**4196**	**1679**	**1035**	**644**
香洲区	90613	47284	43329	7132	3652	3480	1436	876	560
斗门区	10069	5919	4150	761	412	349	70	47	23
金湾区	31028	15149	15879	886	519	367	173	112	61
汕头市	**23499**	**12794**	**10705**	**1771**	**932**	**839**	**239**	**146**	**93**
龙湖区	7873	4235	3638	444	262	182	64	39	25
金平区	8960	4797	4163	1048	518	530	141	89	52
濠江区	765	502	263	32	17	15	3	1	2
潮阳区	2205	1221	984	88	51	37	9	4	5
潮南区	1774	943	831	77	38	39	11	6	5
澄海区	1759	1010	749	76	43	33	10	6	4
南澳县	163	86	77	6	3	3	1	1	
佛山市	**213392**	**117812**	**95580**	**12406**	**7011**	**5395**	**1260**	**853**	**407**
禅城区	39858	21220	18638	2116	1126	990	188	121	67
南海区	92030	50522	41508	5012	2737	2275	536	347	189
顺德区	55485	32033	23452	4121	2498	1623	436	313	123
三水区	21621	11351	10270	869	467	402	83	59	24
高明区	4398	2686	1712	288	183	105	17	13	4

4-2　续表 10

单位：人

地　区	大学本科			硕士研究生			博士研究生		
	小计	男	女	小计	男	女	小计	男	女
江门市	**55285**	**31998**	**23287**	**2446**	**1453**	**993**	**250**	**178**	**72**
蓬江区	26654	15416	11238	1075	645	430	116	86	30
江海区	7740	4283	3457	430	252	178	39	26	13
新会区	5916	3465	2451	338	210	128	21	16	5
台山市	4210	2611	1599	206	128	78	8	3	5
开平市	3267	1904	1363	129	63	66	26	16	10
鹤山市	4964	2899	2065	171	102	69	26	21	5
恩平市	2534	1420	1114	97	53	44	14	10	4
湛江市	**106897**	**51253**	**55644**	**3638**	**1930**	**1708**	**508**	**330**	**178**
赤坎区	27314	10187	17127	565	326	239	153	100	53
霞山区	20775	11299	9476	1257	646	611	162	102	60
坡头区	2909	1591	1318	203	115	88	10	8	2
麻章区	37356	18477	18879	754	388	366	71	50	21
遂溪县	3873	2042	1831	188	98	90	26	13	13
徐闻县	2620	1453	1167	112	65	47	18	9	9
廉江市	4999	2502	2497	252	126	126	31	22	9
雷州市	4128	2160	1968	179	90	89	24	17	7
吴川市	2923	1542	1381	128	76	52	13	9	4
茂名市	**34360**	**17987**	**16373**	**1202**	**653**	**549**	**190**	**140**	**50**
茂南区	20845	10922	9923	511	275	236	101	79	22
电白区	4720	2401	2319	280	135	145	41	28	13
高州市	2344	1246	1098	130	79	51	9	5	4
化州市	4326	2235	2091	193	110	83	29	22	7
信宜市	2125	1183	942	88	54	34	10	6	4
肇庆市	**55966**	**27908**	**28058**	**1192**	**633**	**559**	**112**	**73**	**39**
端州区	27753	12633	15120	423	211	212	42	28	14
鼎湖区	7776	3696	4080	137	72	65	15	11	4
高要区	9913	5286	4627	55	34	21	8	3	5
广宁县	1227	673	554	58	27	31	6	2	4
怀集县	913	514	399	46	24	22	5	4	1
封开县	920	548	372	46	27	19	4	3	1
德庆县	767	393	374	60	30	30	2		2
四会市	6697	4165	2532	367	208	159	30	22	8
惠州市	**116906**	**67254**	**49652**	**5934**	**3487**	**2447**	**608**	**405**	**203**
惠城区	63097	35795	27302	2965	1824	1141	295	199	96
惠阳区	33870	19972	13898	1971	1117	854	218	140	78
博罗县	12102	7010	5092	554	300	254	64	42	22
惠东县	5713	3306	2407	332	187	145	22	15	7
龙门县	2124	1171	953	112	59	53	9	9	
梅州市	**40669**	**19676**	**20993**	**1223**	**660**	**563**	**157**	**110**	**47**
梅江区	23849	10672	13177	511	274	237	73	56	17
梅县区	5942	3151	2791	235	128	107	25	17	8
大埔县	2115	1125	990	79	45	34	13	7	6
丰顺县	1645	897	748	64	34	30	11	8	3
五华县	2911	1612	1299	143	79	64	12	8	4
平远县	859	477	382	33	22	11	2	2	
蕉岭县	717	339	378	48	23	25			
兴宁市	2631	1403	1228	110	55	55	21	12	9

4-2 续表 11

单位：人

地　区	大学本科			硕士研究生			博士研究生		
	小计	男	女	小计	男	女	小计	男	女
汕尾市	**9943**	**5883**	**4060**	**724**	**398**	**326**	**68**	**45**	**23**
城　区	3743	2297	1446	243	145	98	19	16	3
海丰县	3786	2290	1496	352	193	159	35	22	13
陆河县	537	278	259	19	11	8	2	1	1
陆丰市	1877	1018	859	110	49	61	12	6	6
河源市	**25786**	**13706**	**12080**	**1068**	**617**	**451**	**107**	**73**	**34**
源城区	14409	7763	6646	651	407	244	57	40	17
紫金县	2490	1348	1142	85	47	38	12	9	3
龙川县	2605	1508	1097	111	52	59	8	8	
连平县	1343	709	634	55	31	24	12	5	7
和平县	1108	579	529	38	16	22	7	4	3
东源县	3831	1799	2032	128	64	64	11	7	4
阳江市	**17197**	**9935**	**7262**	**882**	**519**	**363**	**94**	**54**	**40**
江城区	8419	4661	3758	469	261	208	59	34	25
阳东区	4450	2774	1676	201	123	78	18	9	9
阳西县	1857	1134	723	87	56	31	7	6	1
阳春市	2471	1366	1105	125	79	46	10	5	5
清远市	**33499**	**18459**	**15040**	**1954**	**1173**	**781**	**211**	**142**	**69**
清城区	19113	10425	8688	1311	780	531	129	88	41
清新区	4258	2267	1991	191	110	81	28	19	9
佛冈县	1471	881	590	77	50	27	4	3	1
阳山县	1219	694	525	56	38	18	9	7	2
连山壮族瑶族自治县	474	253	221	17	9	8	2	1	1
连南瑶族自治县	526	275	251	26	12	14	1		1
英德市	5122	2922	2200	227	142	85	31	21	10
连州市	1316	742	574	49	32	17	7	3	4
东莞市	**265863**	**152670**	**113193**	**19871**	**12181**	**7690**	**3308**	**2252**	**1056**
市辖区	265863	152670	113193	19871	12181	7690	3308	2252	1056
中山市	**84636**	**46613**	**38023**	**3940**	**2226**	**1714**	**372**	**248**	**124**
市辖区	84636	46613	38023	3940	2226	1714	372	248	124
潮州市	**18840**	**8200**	**10640**	**568**	**332**	**236**	**75**	**50**	**25**
湘桥区	14202	5652	8550	308	186	122	53	34	19
潮安区	3655	1926	1729	219	124	95	16	12	4
饶平县	983	622	361	41	22	19	6	4	2
揭阳市	**7263**	**3942**	**3321**	**413**	**226**	**187**	**48**	**23**	**25**
榕城区	1112	601	511	61	40	21	6	3	3
揭东区	972	544	428	57	29	28	6	5	1
揭西县	1189	592	597	67	35	32	8	4	4
惠来县	1582	905	677	96	51	45	12	3	9
普宁市	2408	1300	1108	132	71	61	16	8	8
云浮市	**16175**	**8726**	**7449**	**817**	**479**	**338**	**91**	**62**	**29**
云城区	5970	3259	2711	317	190	127	23	16	7
云安区	3375	1703	1672	67	33	34	13	9	4
新兴县	2361	1385	976	238	142	96	27	20	7
郁南县	1356	721	635	57	34	23	5	1	4
罗定市	3113	1658	1455	138	80	58	23	16	7

4-2a 各地区分性别、受教育程度的15岁及以上人口(城市)

单位：人

地区	15岁及以上人口			未上过学		
	合计	男	女	小计	男	女
广东	**38190414**	**21665947**	**16524467**	**247807**	**58763**	**189044**
广州市	**8153191**	**4461145**	**3692046**	**42726**	**11397**	**31329**
荔湾区	596641	320208	276433	5301	1767	3534
越秀区	321218	163739	157479	1848	480	1368
海珠区	873890	458318	415572	2979	694	2285
天河区	1375520	746759	628761	5105	1381	3724
白云区	1966036	1077167	888869	9966	2387	7579
黄埔区	662325	388945	273380	4403	1088	3315
番禺区	1343211	728495	614716	6480	1854	4626
花都区	515917	288262	227655	2953	895	2058
南沙区	246696	150860	95836	2062	540	1522
从化区	54081	29594	24487	179	36	143
增城区	197656	108798	88858	1450	275	1175
韶关市	**241516**	**120264**	**121252**	**3569**	**572**	**2997**
武江区	108394	54372	54022	1516	243	1273
浈江区	89994	44161	45833	1156	183	973
曲江区	25301	12480	12821	596	73	523
始兴县						
仁化县						
翁源县						
乳源瑶族自治县						
新丰县						
乐昌市	10645	5414	5231	222	66	156
南雄市	7182	3837	3345	79	7	72
深圳市	**11842121**	**6752513**	**5089608**	**76794**	**13287**	**63507**
罗湖区	625478	327057	298421	4920	704	4216
福田区	802159	436660	365499	5722	862	4860
南山区	925131	518574	406557	6582	1244	5338
宝安区	3390315	1962693	1427622	18005	3147	14858
龙岗区	2800515	1562976	1237539	21294	3848	17446
盐田区	128399	73300	55099	958	159	799
龙华区	1891733	1106058	785675	10146	1588	8558
坪山区	395447	235653	159794	3363	663	2700
光明区	882944	529542	353402	5804	1072	4732
珠海市	**906323**	**505266**	**401057**	**8946**	**2005**	**6941**
香洲区	625026	346064	278962	6398	1370	5028
斗门区	95148	55407	39741	1120	291	829
金湾区	186149	103795	82354	1428	344	1084
汕头市	**386936**	**214330**	**172606**	**4838**	**1380**	**3458**
龙湖区	145892	80315	65577	1425	456	969
金平区	110891	58546	52345	1953	404	1549
濠江区	13053	8110	4943	174	39	135
潮阳区	23549	13441	10108	285	97	188
潮南区	27716	16397	11319	404	212	192
澄海区	65835	37521	28314	597	172	425
南澳县						
佛山市	**4212292**	**2493213**	**1719079**	**25122**	**7631**	**17491**
禅城区	531007	297301	233706	2429	734	1695
南海区	1859107	1106473	752634	10801	3281	7520
顺德区	1575824	942384	633440	9889	3164	6725
三水区	122442	71874	50568	1357	242	1115
高明区	123912	75181	48731	646	210	436

4-2a 续表 1

单位：人

地区	15岁及以上人口			未上过学		
	合计	男	女	小计	男	女
江门市	**764137**	**428493**	**335644**	**5561**	**1396**	**4165**
蓬江区	316811	177527	139284	2543	700	1843
江海区	174865	97947	76918	1587	345	1242
新会区	91847	52384	39463	639	139	500
台山市	46359	26649	19710	202	55	147
开平市	44454	23351	21103	216	57	159
鹤山市	75772	42912	32860	299	78	221
恩平市	14029	7723	6306	75	22	53
湛江市	**426469**	**214258**	**212211**	**3864**	**1011**	**2853**
赤坎区	136362	65280	71082	1003	252	751
霞山区	208482	104923	103559	2143	558	1585
坡头区	11286	5833	5453	94	11	83
麻章区	33446	19654	13792	195	62	133
遂溪县	1702	876	826	50	13	37
徐闻县						
廉江市	15233	6821	8412	117	38	79
雷州市	5592	2920	2672	60	21	39
吴川市	14366	7951	6415	202	56	146
茂名市	**163910**	**89583**	**74327**	**1271**	**317**	**954**
茂南区	91302	50111	41191	792	175	617
电白区	12059	6919	5140	147	43	104
高州市	35369	18636	16733	121	37	84
化州市	14317	7899	6418	95	35	60
信宜市	10863	6018	4845	116	27	89
肇庆市	**362565**	**205251**	**157314**	**2324**	**562**	**1762**
端州区	168466	89909	78557	1215	267	948
鼎湖区	41616	23577	18039	317	98	219
高要区	17258	9739	7519	65	20	45
广宁县						
怀集县						
封开县						
德庆县						
四会市	135225	82026	53199	727	177	550
惠州市	**1378009**	**797894**	**580115**	**13943**	**3505**	**10438**
惠城区	741636	418128	323508	8823	2017	6806
惠阳区	621591	371128	250463	5048	1477	3571
博罗县	14782	8638	6144	72	11	61
惠东县						
龙门县						
梅州市	**213826**	**105981**	**107845**	**1413**	**369**	**1044**
梅江区	133323	66674	66649	1020	273	747
梅县区	66423	32449	33974	307	64	243
大埔县						
丰顺县						
五华县	460	277	183	7	4	3
平远县						
蕉岭县						
兴宁市	13620	6581	7039	79	28	51

4-2a　续表 2　　　　单位：人

地　　区	15岁及以上人口			未上过学		
	合计	男	女	小计	男	女
汕尾市	**53663**	**28275**	**25388**	**1150**	**312**	**838**
城　区	46915	24714	22201	1051	284	767
海丰县						
陆河县						
陆丰市	6748	3561	3187	99	28	71
河源市	**271521**	**137875**	**133646**	**2861**	**513**	**2348**
源城区	271521	137875	133646	2861	513	2348
紫金县						
龙川县						
连平县						
和平县						
东源县						
阳江市	**166820**	**86482**	**80338**	**1490**	**425**	**1065**
江城区	113081	58645	54436	1107	331	776
阳东区	41749	21773	19976	249	64	185
阳西县						
阳春市	11990	6064	5926	134	30	104
清远市	**273568**	**138637**	**134931**	**4421**	**769**	**3652**
清城区	202422	103330	99092	3058	540	2518
清新区	42929	20833	22096	1082	167	915
佛冈县						
阳山县						
连山壮族瑶族自治县						
连南瑶族自治县						
英德市	20084	10504	9580	191	43	148
连州市	8133	3970	4163	90	19	71
东莞市	**6618935**	**3887873**	**2731062**	**34019**	**9753**	**24266**
市辖区	6618935	3887873	2731062	34019	9753	24266
中山市	**1421826**	**815869**	**605957**	**9220**	**2468**	**6752**
市辖区	1421826	815869	605957	9220	2468	6752
潮州市	**166088**	**90654**	**75434**	**2636**	**676**	**1960**
湘桥区	78200	40918	37282	1012	253	759
潮安区	87888	49736	38152	1624	423	1201
饶平县						
揭阳市	**69130**	**38943**	**30187**	**873**	**226**	**647**
榕城区	30056	16643	13413	487	109	378
揭东区	17632	10232	7400	235	66	169
揭西县						
惠来县						
普宁市	21442	12068	9374	151	51	100
云浮市	**97568**	**53148**	**44420**	**766**	**189**	**577**
云城区	79353	42982	36371	645	150	495
云安区	1685	1050	635	7	1	6
新兴县						
郁南县						
罗定市	16530	9116	7414	114	38	76

4-2a 续表 3　　单位：人

地　区	学前教育			小　学		
	小计	男	女	小计	男	女
广　东	**28245**	**11974**	**16271**	**3683170**	**1714256**	**1968914**
广州市	**4506**	**1908**	**2598**	**622698**	**286605**	**336093**
荔湾区	554	266	288	65452	31845	33607
越秀区	194	96	98	24512	10249	14263
海珠区	363	163	200	68975	31321	37654
天河区	605	263	342	65767	29313	36454
白云区	1020	383	637	167876	76379	91497
黄埔区	302	104	198	45302	20807	24495
番禺区	872	399	473	95220	44402	50818
花都区	271	131	140	46139	21412	24727
南沙区	189	59	130	24003	11627	12376
从化区	19	10	9	2269	1028	1241
增城区	117	34	83	17183	8222	8961
韶关市	**224**	**92**	**132**	**28873**	**11672**	**17201**
武江区	104	39	65	13290	5386	7904
浈江区	93	40	53	9264	3758	5506
曲江区	13	6	7	3849	1430	2419
始兴县						
仁化县						
翁源县						
乳源瑶族自治县						
新丰县						
乐昌市	7	2	5	1688	729	959
南雄市	7	5	2	782	369	413
深圳市	**5213**	**1599**	**3614**	**869999**	**363259**	**506740**
罗湖区	334	83	251	51286	20536	30750
福田区	355	88	267	59044	24412	34632
南山区	428	209	219	63622	26742	36880
宝安区	1310	404	906	221006	90815	130191
龙岗区	1450	459	991	239268	100820	138448
盐田区	50	15	35	9723	4010	5713
龙华区	772	197	575	107836	42434	65402
坪山区	188	58	130	40991	18868	22123
光明区	326	86	240	77223	34622	42601
珠海市	**747**	**293**	**454**	**86815**	**40845**	**45970**
香洲区	549	208	341	57963	26630	31333
斗门区	64	24	40	11901	5561	6340
金湾区	134	61	73	16951	8654	8297
汕头市	**488**	**207**	**281**	**69316**	**34395**	**34921**
龙湖区	121	44	77	23672	11623	12049
金平区	116	45	71	19406	8850	10556
濠江区	13	8	5	1676	945	731
潮阳区	79	46	33	3994	2011	1983
潮南区	23	8	15	5976	3351	2625
澄海区	136	56	80	14592	7615	6977
南澳县						
佛山市	**4619**	**2331**	**2288**	**539360**	**279901**	**259459**
禅城区	431	203	228	46877	22884	23993
南海区	2209	1120	1089	251560	132879	118681
顺德区	1799	917	882	207837	107014	100823
三水区	108	59	49	18086	9024	9062
高明区	72	32	40	15000	8100	6900

4-2a　续表 4　　　　单位：人

地　区	学前教育			小　学		
	小计	男	女	小计	男	女
江门市	**546**	**227**	**319**	**110869**	**51576**	**59293**
蓬江区	308	131	177	44572	20433	24139
江海区	114	44	70	25978	11708	14270
新会区	43	16	27	16834	8270	8564
台山市	17	6	11	4703	2405	2298
开平市	34	17	17	6978	3114	3864
鹤山市	20	7	13	10231	4909	5322
恩平市	10	6	4	1573	737	836
湛江市	**435**	**214**	**221**	**40404**	**17555**	**22849**
赤坎区	117	57	60	10457	4604	5853
霞山区	217	111	106	22022	9240	12782
坡头区	14	2	12	976	394	582
麻章区	50	23	27	1818	811	1007
遂溪县				382	187	195
徐闻县						
廉江市	7	4	3	1257	546	711
雷州市	11	5	6	702	338	364
吴川市	19	12	7	2790	1435	1355
茂名市	**135**	**69**	**66**	**15202**	**6986**	**8216**
茂南区	60	28	32	8798	3867	4931
电白区	16	7	9	1368	733	635
高州市	28	13	15	2115	1024	1091
化州市	25	17	8	1384	657	727
信宜市	6	4	2	1537	705	832
肇庆市	**395**	**188**	**207**	**34108**	**16328**	**17780**
端州区	180	71	109	13536	5895	7641
鼎湖区	83	52	31	4528	2496	2032
高要区	18	11	7	1146	568	578
广宁县						
怀集县						
封开县						
德庆县						
四会市	114	54	60	14898	7369	7529
惠州市	**1641**	**656**	**985**	**165182**	**78507**	**86675**
惠城区	1004	391	613	89820	40216	49604
惠阳区	629	262	367	73198	37217	35981
博罗县	8	3	5	2164	1074	1090
惠东县						
龙门县						
梅州市	**210**	**90**	**120**	**20531**	**8622**	**11909**
梅江区	127	50	77	12629	5211	7418
梅县区	64	28	36	6457	2679	3778
大埔县						
丰顺县						
五华县				77	38	39
平远县						
蕉岭县						
兴宁市	19	12	7	1368	694	674

4-2a 续表 5

单位：人

地区	学前教育			小学		
	小计	男	女	小计	男	女
汕尾市	**66**	**26**	**40**	**10971**	**5318**	**5653**
城区	62	26	36	9617	4632	4985
海丰县						
陆河县						
陆丰市	4		4	1354	686	668
河源市	**256**	**88**	**168**	**34937**	**13967**	**20970**
源城区	256	88	168	34937	13967	20970
紫金县						
龙川县						
连平县						
和平县						
东源县						
阳江市	**257**	**120**	**137**	**25153**	**11471**	**13682**
江城区	208	99	109	17302	8061	9241
阳东区	37	17	20	6470	2807	3663
阳西县						
阳春市	12	4	8	1381	603	778
清远市	**258**	**92**	**166**	**44080**	**18292**	**25788**
清城区	207	77	130	32322	13232	19090
清新区	40	10	30	8344	3446	4898
佛冈县						
阳山县						
连山壮族瑶族自治县						
连南瑶族自治县						
英德市	7	2	5	2445	1172	1273
连州市	4	3	1	969	442	527
东莞市	**6658**	**3076**	**3582**	**693607**	**337218**	**356389**
市辖区	6658	3076	3582	693607	337218	356389
中山市	**1150**	**496**	**654**	**203830**	**98119**	**105711**
市辖区	1150	496	654	203830	98119	105711
潮州市	**272**	**121**	**151**	**41728**	**21349**	**20379**
湘桥区	79	31	48	15158	7349	7809
潮安区	193	90	103	26570	14000	12570
饶平县						
揭阳市	**80**	**41**	**39**	**12415**	**6606**	**5809**
榕城区	23	10	13	5800	3184	2616
揭东区	49	27	22	3485	1794	1691
揭西县						
惠来县						
普宁市	8	4	4	3130	1628	1502
云浮市	**89**	**40**	**49**	**13092**	**5665**	**7427**
云城区	73	26	47	11192	4788	6404
云安区	1	1		187	107	80
新兴县						
郁南县						
罗定市	15	13	2	1713	770	943

4-2a　续表 6　　　　单位：人

地　区	初　中			高　中			大学专科		
	小计	男	女	小计	男	女	小计	男	女
广　东	**16450788**	**9681206**	**6769582**	**9719323**	**5841343**	**3877980**	**4605288**	**2489114**	**2116174**
广州市	**2854110**	**1644754**	**1209356**	**2228794**	**1288575**	**940219**	**1313802**	**679267**	**634535**
荔湾区	206500	117858	88642	166537	91731	74806	84851	43234	41617
越秀区	100558	55673	44885	92699	50661	42038	42836	20014	22822
海珠区	380919	213152	167767	201059	110442	90617	100933	47477	53456
天河区	280163	158863	121300	436697	251846	184851	334607	175408	159199
白云区	779062	452195	326867	538982	310191	228791	301326	152663	148663
黄埔区	211252	127876	83376	191216	121500	69716	106169	60505	45664
番禺区	477187	271406	205781	375389	213289	162100	191216	94293	96923
花都区	261660	151560	110100	99840	59089	40751	61031	33898	27133
南沙区	95452	59619	35833	74037	48573	25464	31181	18842	12339
从化区	7980	4618	3362	9316	5661	3655	22448	12680	9768
增城区	53377	31934	21443	43022	25592	17430	37204	20253	16951
韶关市	**81048**	**42678**	**38370**	**63125**	**33033**	**30092**	**28703**	**14249**	**14454**
武江区	39896	21099	18797	28774	14762	14012	13099	6738	6361
浈江区	24494	12809	11685	23618	12457	11161	10816	5043	5773
曲江区	10214	5329	4885	6489	3478	3011	2561	1310	1251
始兴县									
仁化县									
翁源县									
乳源瑶族自治县									
新丰县									
乐昌市	4079	2161	1918	2468	1304	1164	1081	570	511
南雄市	2365	1280	1085	1776	1032	744	1146	588	558
深圳市	**4846165**	**2834940**	**2011225**	**3045020**	**1868823**	**1176197**	**1724008**	**945568**	**778440**
罗湖区	216602	120490	96112	183304	102291	81013	98890	47507	51383
福田区	258202	148400	109802	224317	132787	91530	128103	64165	63938
南山区	262258	153584	108674	237860	141337	96523	159241	84663	74578
宝安区	1572486	914311	658175	799368	501773	297595	455362	259643	195719
龙岗区	1154369	668388	485981	723661	431709	291952	403438	214258	189180
盐田区	45934	27710	18224	40743	24925	15818	17644	9372	8272
龙华区	715929	429268	286661	514416	325707	188709	329254	185449	143805
坪山区	181004	108583	72421	99170	64315	34855	41977	25125	16852
光明区	439381	264206	175175	222181	143979	78202	90099	55386	34713
珠海市	**326994**	**193272**	**133722**	**234163**	**139653**	**94510**	**118094**	**62733**	**55361**
香洲区	217504	126695	90809	171535	101417	70118	75461	40298	35163
斗门区	42725	26051	16674	24563	15178	9385	9079	5101	3978
金湾区	66765	40526	26239	38065	23058	15007	33554	17334	16220
汕头市	**173736**	**101383**	**72353**	**90248**	**51213**	**39035**	**27594**	**14557**	**13037**
龙湖区	63705	37104	26601	35906	19991	15915	12877	6678	6199
金平区	43577	24693	18884	26431	14458	11973	9928	5033	4895
濠江区	4311	2932	1379	5738	3470	2268	651	421	230
潮阳区	8011	4650	3361	8570	5092	3478	1660	1016	644
潮南区	15727	9507	6220	4130	2521	1609	747	418	329
澄海区	38405	22497	15908	9473	5681	3792	1731	991	740
南澳县									
佛山市	**2099621**	**1290849**	**808772**	**981279**	**599849**	**381430**	**355581**	**197615**	**157966**
禅城区	248621	143811	104810	136858	79249	57609	57156	30007	27149
南海区	915654	567659	347995	412838	252386	160452	169732	96190	73542
顺德区	815573	503034	312539	375634	234985	140649	105248	58539	46709
三水区	57085	36789	20296	29286	16378	12908	8885	5075	3810
高明区	62688	39556	23132	26663	16851	9812	14560	7804	6756

4–2a 续表 7　　单位：人

地　区	初　中			高　中			大学专科		
	小计	男	女	小计	男	女	小计	男	女
江门市	**337636**	**198142**	**139494**	**182207**	**107639**	**74568**	**77716**	**41256**	**36460**
蓬江区	128924	76299	52625	72876	43531	29345	39812	20332	19480
江海区	78102	45686	32416	41796	25085	16711	19079	10518	8561
新会区	43675	26378	17297	19709	11472	8237	6228	3512	2716
台山市	20054	12001	8053	15425	8843	6582	3497	1951	1546
开平市	20256	10868	9388	12238	6700	5538	2922	1562	1360
鹤山市	40433	23396	17037	16408	9886	6522	4898	2682	2216
恩平市	6192	3514	2678	3755	2122	1633	1280	699	581
湛江市	**142682**	**72569**	**70113**	**127821**	**68311**	**59510**	**50822**	**25758**	**25064**
赤坎区	41770	21337	20433	37720	19672	18048	17306	8768	8538
霞山区	76148	37833	38315	62058	32936	29122	23891	12295	11596
坡头区	2479	1234	1245	3009	1556	1453	2329	1318	1011
麻章区	8338	4568	3770	15457	9368	6089	3114	1605	1509
遂溪县	733	392	341	292	162	130	144	72	72
徐闻县									
廉江市	4775	2361	2414	5243	2418	2825	2236	718	1518
雷州市	1846	987	859	1439	778	661	676	356	320
吴川市	6593	3857	2736	2603	1421	1182	1126	626	500
茂名市	**54381**	**30905**	**23476**	**50615**	**29816**	**20799**	**21527**	**10085**	**11442**
茂南区	27737	15586	12151	25455	14976	10479	12405	6655	5750
电白区	5072	3184	1888	2930	1589	1341	1254	678	576
高州市	11952	6826	5126	14495	8682	5813	5427	1397	4030
化州市	5100	2722	2378	4973	3008	1965	1391	746	645
信宜市	4520	2587	1933	2762	1561	1201	1050	609	441
肇庆市	**125177**	**74655**	**50522**	**104952**	**62275**	**42677**	**46616**	**27491**	**19125**
端州区	44386	24603	19783	56367	32317	24050	24564	13884	10680
鼎湖区	12852	8126	4726	8759	5075	3684	7604	4200	3404
高要区	3446	1982	1464	2522	1479	1043	2722	2027	695
广宁县									
怀集县									
封开县									
德庆县									
四会市	64493	39944	24549	37304	23404	13900	11726	7380	4346
惠州市	**662328**	**396926**	**265402**	**311181**	**190289**	**120892**	**130922**	**74821**	**56101**
惠城区	333082	194917	138165	171655	103396	68259	77174	43353	33821
惠阳区	320609	196823	123786	136614	85120	51494	53016	31017	21999
博罗县	8637	5186	3451	2912	1773	1139	732	451	281
惠东县									
龙门县									
梅州市	**75528**	**38649**	**36879**	**62852**	**32943**	**29909**	**22589**	**10997**	**11592**
梅江区	43566	22565	21001	39768	21634	18134	12087	6098	5989
梅县区	26636	13392	13244	18840	9470	9370	8900	4059	4841
大埔县									
丰顺县									
五华县	197	129	68	99	60	39	46	32	14
平远县									
蕉岭县									
兴宁市	5129	2563	2566	4145	1779	2366	1556	808	748

4-2a 续表 8 单位：人

地区	初中			高中			大学专科		
	小计	男	女	小计	男	女	小计	男	女
汕尾市	**19206**	**10800**	**8406**	**9985**	**5917**	**4068**	**9292**	**4089**	**5203**
城　区	16081	9221	6860	8796	5222	3574	8726	3754	4972
海丰县									
陆河县									
陆丰市	3125	1579	1546	1189	695	494	566	335	231
河源市	**121885**	**63297**	**58588**	**68864**	**37525**	**31339**	**28440**	**14794**	**13646**
源城区	121885	63297	58588	68864	37525	31339	28440	14794	13646
紫金县									
龙川县									
连平县									
和平县									
东源县									
阳江市	**63275**	**34106**	**29169**	**40402**	**22022**	**18380**	**25181**	**12367**	**12814**
江城区	40827	22247	18580	26509	14326	12183	19803	9587	10216
阳东区	18438	9842	8596	10549	5952	4597	3638	1845	1793
阳西县									
阳春市	4010	2017	1993	3344	1744	1600	1740	935	805
清远市	**108756**	**58900**	**49856**	**57046**	**31340**	**25706**	**38989**	**18509**	**20480**
清城区	78862	43213	35649	40781	23099	17682	32344	15138	17206
清新区	18925	9718	9207	8841	4638	4203	3422	1713	1709
佛冈县									
阳山县									
连山壮族瑶族自治县									
连南瑶族自治县									
英德市	8013	4387	3626	4946	2561	2385	2342	1200	1142
连州市	2956	1582	1374	2478	1042	1436	881	458	423
东莞市	**3454818**	**2061000**	**1393818**	**1704096**	**1057503**	**646593**	**448251**	**259480**	**188771**
市辖区	3454818	2061000	1393818	1704096	1057503	646593	448251	259480	188771
中山市	**756909**	**447694**	**309215**	**292713**	**178710**	**114003**	**103497**	**58282**	**45215**
市辖区	756909	447694	309215	292713	178710	114003	103497	58282	45215
潮州市	**74514**	**43820**	**30694**	**29019**	**15726**	**13293**	**10353**	**4920**	**5433**
湘桥区	31745	17971	13774	18479	9604	8875	7118	3210	3908
潮安区	42769	25849	16920	10540	6122	4418	3235	1710	1525
饶平县									
揭阳市	**30314**	**18741**	**11573**	**14479**	**8271**	**6208**	**9038**	**3992**	**5046**
榕城区	13097	8487	4610	4096	2248	1848	5721	2160	3561
揭东区	7719	4847	2872	4937	2768	2169	825	507	318
揭西县									
惠来县									
普宁市	9498	5407	4091	5446	3255	2191	2492	1325	1167
云浮市	**41705**	**23126**	**18579**	**20462**	**11910**	**8552**	**14273**	**8284**	**5989**
云城区	35793	20005	15788	17098	9986	7112	8709	4819	3890
云安区	743	487	256	533	333	200	111	67	44
新兴县									
郁南县									
罗定市	5169	2634	2535	2831	1591	1240	5453	3398	2055

4-2a 续表 9

单位：人

地 区	大学本科			硕士研究生			博士研究生		
	小计	男	女	小计	男	女	小计	男	女
广 东	**3138700**	**1692742**	**1445958**	**282313**	**153948**	**128365**	**34780**	**22601**	**12179**
广州市	**966407**	**486425**	**479982**	**104511**	**52784**	**51727**	**15637**	**9430**	**6207**
荔湾区	62078	30689	31389	4808	2492	2316	560	326	234
越秀区	49841	22340	27501	7745	3648	4097	985	578	407
海珠区	102727	47293	55434	13331	6178	7153	2604	1598	1006
天河区	221445	113796	107649	27171	13483	13688	3960	2406	1554
白云区	151618	75217	76401	13673	6426	7247	2513	1326	1187
黄埔区	93217	51223	41994	9346	5098	4248	1118	744	374
番禺区	170894	88485	82409	22592	12277	10315	3361	2090	1271
花都区	41763	19958	21805	2093	1200	893	167	119	48
南沙区	18147	10671	7476	1442	808	634	183	121	62
从化区	11416	5363	6053	416	168	248	38	30	8
增城区	43261	21390	21871	1894	1006	888	148	92	56
韶关市	**34483**	**17101**	**17382**	**1364**	**772**	**592**	**127**	**95**	**32**
武江区	10894	5623	5271	777	443	334	44	39	5
浈江区	20069	9593	10476	415	229	186	69	49	20
曲江区	1495	804	691	74	45	29	10	5	5
始兴县									
仁化县									
翁源县									
乳源瑶族自治县									
新丰县									
乐昌市	1042	548	494	56	33	23	2	1	1
南雄市	983	533	450	42	22	20	2	1	1
深圳市	**1144617**	**649781**	**494836**	**119310**	**67485**	**51825**	**10995**	**7771**	**3224**
罗湖区	62573	31526	31047	7034	3558	3476	535	362	173
福田区	107318	55783	51535	17657	9143	8514	1441	1020	421
南山区	161979	91306	70673	29498	17029	12469	3663	2460	1203
宝安区	298440	177834	120606	22889	13675	9214	1449	1091	358
龙岗区	235015	130539	104476	20200	11634	8566	1820	1321	499
盐田区	11596	6182	5414	1543	789	754	208	138	70
龙华区	197160	112141	85019	14937	8357	6580	1283	917	366
坪山区	25983	16372	9611	2559	1500	1059	212	169	43
光明区	44553	28098	16455	2993	1800	1193	384	293	91
珠海市	**120927**	**61346**	**59581**	**8066**	**4164**	**3902**	**1571**	**955**	**616**
香洲区	87358	45095	42263	6881	3516	3365	1377	835	542
斗门区	5209	2936	2273	448	240	208	39	25	14
金湾区	28360	13315	15045	737	408	329	155	95	60
汕头市	**18919**	**10226**	**8693**	**1582**	**838**	**744**	**215**	**131**	**84**
龙湖区	7692	4123	3569	430	257	173	64	39	25
金平区	8293	4456	3837	1046	518	528	141	89	52
濠江区	466	282	184	22	13	9	2		2
潮阳区	920	510	410	28	19	9	2		2
潮南区	685	364	321	20	13	7	4	3	1
澄海区	863	491	372	36	18	18	2		2
南澳县									
佛山市	**193774**	**107540**	**86234**	**11721**	**6681**	**5040**	**1215**	**816**	**399**
禅城区	36484	19243	17241	1970	1054	916	181	116	65
南海区	90872	49918	40954	4912	2697	2215	529	343	186
顺德区	55300	31928	23372	4108	2490	1618	436	313	123
三水区	7123	4007	3116	458	267	191	54	33	21
高明区	3995	2444	1551	273	173	100	15	11	4

4-2a 续表 10

单位：人

地 区	大学本科			硕士研究生			博士研究生		
	小计	男	女	小计	男	女	小计	男	女
江门市	**47320**	**26902**	**20418**	**2080**	**1206**	**874**	**202**	**149**	**53**
蓬江区	26589	15372	11217	1072	643	429	115	86	29
江海区	7740	4283	3457	430	252	178	39	26	13
新会区	4456	2442	2014	249	144	105	14	11	3
台山市	2352	1335	1017	106	52	54	3	1	2
开平市	1737	996	741	61	29	32	12	8	4
鹤山市	3345	1871	1474	123	70	53	15	13	2
恩平市	1101	603	498	39	16	23	4	4	
湛江市	**57874**	**27411**	**30463**	**2230**	**1213**	**1017**	**337**	**216**	**121**
赤坎区	27276	10167	17109	561	324	237	152	99	53
霞山区	20595	11209	9386	1248	641	607	160	100	60
坡头区	2210	1214	996	168	98	70	7	6	1
麻章区	4343	3145	1198	122	68	54	9	4	5
遂溪县	98	48	50	3	2	1			
徐闻县									
廉江市	1539	701	838	55	31	24	4	4	
雷州市	827	416	411	28	17	11	3	2	1
吴川市	986	511	475	45	32	13	2	1	1
茂名市	**20061**	**10992**	**9069**	**613**	**333**	**280**	**105**	**80**	**25**
茂南区	15544	8531	7013	429	229	200	82	64	18
电白区	1206	646	560	58	32	26	8	7	1
高州市	1167	621	546	58	32	26	6	4	2
化州市	1296	685	611	47	25	22	6	4	2
信宜市	848	509	339	21	15	6	3	1	2
肇庆市	**48075**	**23251**	**24824**	**844**	**448**	**396**	**74**	**53**	**21**
端州区	27753	12633	15120	423	211	212	42	28	14
鼎湖区	7368	3473	3895	95	49	46	10	8	2
高要区	7332	3645	3687	6	6		1	1	
广宁县									
怀集县									
封开县									
德庆县									
四会市	5622	3500	2122	320	182	138	21	16	5
惠州市	**87826**	**50195**	**37631**	**4513**	**2686**	**1827**	**473**	**309**	**164**
惠城区	57163	32027	25136	2648	1632	1016	267	179	88
惠阳区	30409	18031	12378	1862	1051	811	206	130	76
博罗县	254	137	117	3	3				
惠东县									
龙门县									
梅州市	**29857**	**13840**	**16017**	**745**	**396**	**349**	**101**	**75**	**26**
梅江区	23553	10520	13033	500	267	233	73	56	17
梅县区	5006	2637	2369	199	109	90	14	11	3
大埔县									
丰顺县									
五华县	34	14	20						
平远县									
蕉岭县									
兴宁市	1264	669	595	46	20	26	14	8	6

4-2a 续表 11

单位：人

地　区	大学本科			硕士研究生			博士研究生		
	小计	男	女	小计	男	女	小计	男	女
汕尾市	**2803**	**1709**	**1094**	**175**	**93**	**82**	**15**	**11**	**4**
城　区	2411	1480	931	157	84	73	14	11	3
海丰县									
陆河县									
陆丰市	392	229	163	18	9	9	1		1
河源市	**13610**	**7272**	**6338**	**618**	**385**	**233**	**50**	**34**	**16**
源城区	13610	7272	6338	618	385	233	50	34	16
紫金县									
龙川县									
连平县									
和平县									
东源县									
阳江市	**10454**	**5624**	**4830**	**549**	**315**	**234**	**59**	**32**	**27**
江城区	6906	3758	3148	371	209	162	48	27	21
阳东区	2249	1180	1069	110	61	49	9	5	4
阳西县									
阳春市	1299	686	613	68	45	23	2		2
清远市	**18844**	**10033**	**8811**	**1070**	**633**	**437**	**104**	**69**	**35**
清城区	13900	7454	6446	866	523	343	82	54	28
清新区	2181	1093	1088	84	42	42	10	6	4
佛冈县									
阳山县									
连山壮族瑶族自治县									
连南瑶族自治县									
英德市	2032	1076	956	99	56	43	9	7	2
连州市	731	410	321	21	12	9	3	2	1
东莞市	**255287**	**146044**	**109243**	**19028**	**11638**	**7390**	**3171**	**2161**	**1010**
市辖区	255287	146044	109243	19028	11638	7390	3171	2161	1010
中山市	**51832**	**28582**	**23250**	**2429**	**1359**	**1070**	**246**	**159**	**87**
市辖区	51832	28582	23250	2429	1359	1070	246	159	87
潮州市	**7103**	**3758**	**3345**	**413**	**249**	**164**	**50**	**35**	**15**
湘桥区	4291	2299	1992	281	175	106	37	26	11
潮安区	2812	1459	1353	132	74	58	13	9	4
饶平县									
揭阳市	**1823**	**1002**	**821**	**98**	**58**	**40**	**10**	**6**	**4**
榕城区	784	414	370	43	28	15	5	3	2
揭东区	368	215	153	13	7	6	1	1	
揭西县									
惠来县									
普宁市	671	373	298	42	23	19	4	2	2
云浮市	**6804**	**3708**	**3096**	**354**	**212**	**142**	**23**	**14**	**9**
云城区	5526	3020	2506	299	177	122	18	11	7
云安区	101	54	47	2		2			
新兴县									
郁南县									
罗定市	1177	634	543	53	35	18	5	3	2

4-2b　各地区分性别、受教育程度的15岁及以上人口(镇)

单位：人

地　区	15岁及以上人口			未上过学		
	合计	男	女	小计	男	女
广　东	**3378646**	**1950703**	**1427943**	**27956**	**7657**	**20299**
广州市	**613444**	**350722**	**262722**	**3282**	**889**	**2393**
荔湾区						
越秀区						
海珠区						
天河区						
白云区	171129	96367	74762	528	144	384
黄埔区	12216	5931	6285	192	28	164
番禺区	38016	23061	14955	189	70	119
花都区	55427	30565	24862	274	62	212
南沙区	64502	40016	24486	431	158	273
从化区	58265	36394	21871	111	32	79
增城区	213889	118388	95501	1557	395	1162
韶关市	**60483**	**31798**	**28685**	**1033**	**195**	**838**
武江区	291	165	126	5	1	4
浈江区	7028	4109	2919	81	26	55
曲江区	5080	2912	2168	149	33	116
始兴县	5683	2892	2791	92	11	81
仁化县	12100	6307	5793	257	45	212
翁源县	6371	3027	3344	99	16	83
乳源瑶族自治县	8735	4551	4184	150	27	123
新丰县	6441	3410	3031	38	8	30
乐昌市	6749	3320	3429	139	22	117
南雄市	2005	1105	900	23	6	17
深圳市	**4995**	**3929**	**1066**	**54**	**18**	**36**
罗湖区						
福田区						
南山区	3956	3443	513	43	15	28
宝安区						
龙岗区						
盐田区						
龙华区						
坪山区	1039	486	553	11	3	8
光明区						
珠海市	**178231**	**115952**	**62279**	**1916**	**602**	**1314**
香洲区	41071	30434	10637	539	257	282
斗门区	73121	43657	29464	816	188	628
金湾区	64039	41861	22178	561	157	404
汕头市	**116079**	**67254**	**48825**	**1218**	**453**	**765**
龙湖区						
金平区						
濠江区	255	177	78	23	16	7
潮阳区	50450	29430	21020	382	168	214
潮南区	18737	10635	8102	209	82	127
澄海区	44319	25843	18476	536	165	371
南澳县	2318	1169	1149	68	22	46
佛山市	**271768**	**170255**	**101513**	**1655**	**513**	**1142**
禅城区	105691	64516	41175	590	203	387
南海区	31501	19575	11926	142	56	86
顺德区						
三水区	122935	78611	44324	850	227	623
高明区	11641	7553	4088	73	27	46

4-2b 续表 1

单位：人

地区	15岁及以上人口			未上过学		
	合计	男	女	小计	男	女
江门市	**116528**	**68478**	**48050**	**887**	**221**	**666**
蓬江区						
江海区						
新会区	29080	17236	11844	290	72	218
台山市	7076	4098	2978	44	15	29
开平市	33181	18761	14420	274	63	211
鹤山市	37941	22780	15161	170	46	124
恩平市	9250	5603	3647	109	25	84
湛江市	**112668**	**57362**	**55306**	**921**	**339**	**582**
赤坎区						
霞山区	773	370	403	12	6	6
坡头区	4413	2404	2009	80	28	52
麻章区	49484	24511	24973	100	55	45
遂溪县	18761	8864	9897	197	65	132
徐闻县	14498	7997	6501	184	56	128
廉江市	13466	7279	6187	130	37	93
雷州市	4366	2284	2082	139	71	68
吴川市	6907	3653	3254	79	21	58
茂名市	**32393**	**16882**	**15511**	**429**	**139**	**290**
茂南区	2239	1151	1088	40	12	28
电白区	13908	7451	6457	204	60	144
高州市	5725	2969	2756	58	13	45
化州市	7668	3886	3782	89	39	50
信宜市	2853	1425	1428	38	15	23
肇庆市	**94418**	**56729**	**37689**	**621**	**196**	**425**
端州区						
鼎湖区	14222	8861	5361	88	24	64
高要区	37718	22971	14747	282	103	179
广宁县	7789	4407	3382	53	21	32
怀集县	7555	4545	3010	40	10	30
封开县	5577	3176	2401	35	9	26
德庆县	6059	3086	2973	71	12	59
四会市	15498	9683	5815	52	17	35
惠州市	**555224**	**319648**	**235576**	**4565**	**1190**	**3375**
惠城区	64882	37562	27320	555	144	411
惠阳区	69213	40538	28675	428	133	295
博罗县	262070	152107	109963	1971	464	1507
惠东县	143362	80753	62609	1465	417	1048
龙门县	15697	8688	7009	146	32	114
梅州市	**55123**	**29789**	**25334**	**605**	**168**	**437**
梅江区	646	349	297	17	8	9
梅县区	4749	2543	2206	45	16	29
大埔县	9138	4650	4488	67	19	48
丰顺县	12277	6895	5382	105	32	73
五华县	13063	7324	5739	138	53	85
平远县	5566	2870	2696	91	13	78
蕉岭县	6554	3311	3243	112	21	91
兴宁市	3130	1847	1283	30	6	24

4-2b　续表 2　　　　单位：人

地　区	15岁及以上人口			未上过学		
	合计	男	女	小计	男	女
汕尾市	**95100**	**52490**	**42610**	**1257**	**321**	**936**
城　区	5440	3607	1833	50	5	45
海丰县	73375	39985	33390	922	241	681
陆河县	8070	4658	3412	94	27	67
陆丰市	8215	4240	3975	191	48	143
河源市	**85551**	**45853**	**39698**	**570**	**157**	**413**
源城区	24172	13171	11001	142	31	111
紫金县	16604	9194	7410	100	37	63
龙川县	12947	6422	6525	90	19	71
连平县	7368	3983	3385	78	28	50
和平县	5524	3049	2475	21	7	14
东源县	18936	10034	8902	139	35	104
阳江市	**29551**	**16035**	**13516**	**508**	**140**	**368**
江城区	6930	3894	3036	194	66	128
阳东区	7649	4272	3377	145	41	104
阳西县	11919	6306	5613	126	25	101
阳春市	3053	1563	1490	43	8	35
清远市	**125889**	**72240**	**53649**	**1703**	**436**	**1267**
清城区	79217	46907	32310	1131	290	841
清新区	5435	3026	2409	75	23	52
佛冈县	12185	6657	5528	101	27	74
阳山县	6799	3568	3231	93	19	74
连山壮族瑶族自治县	2668	1359	1309	30	3	27
连南瑶族自治县	3070	1528	1542	59	10	49
英德市	15055	8401	6654	190	57	133
连州市	1460	794	666	24	7	17
东莞市	**63268**	**36976**	**26292**	**247**	**68**	**179**
市辖区	63268	36976	26292	247	68	179
中山市	**661291**	**380558**	**280733**	**5233**	**1267**	**3966**
市辖区	661291	380558	280733	5233	1267	3966
潮州市	**34632**	**18087**	**16545**	**539**	**148**	**391**
湘桥区	12728	5187	7541	85	39	46
潮安区	15901	9681	6220	334	64	270
饶平县	6003	3219	2784	120	45	75
揭阳市	**32082**	**18356**	**13726**	**445**	**126**	**319**
榕城区	2749	1632	1117	50	9	41
揭东区	6233	3955	2278	123	27	96
揭西县	4887	2635	2252	61	22	39
惠来县	7784	4193	3591	88	26	62
普宁市	10429	5941	4488	123	42	81
云浮市	**39928**	**21310**	**18618**	**268**	**71**	**197**
云城区						
云安区	6845	4082	2763	51	21	30
新兴县	22612	11889	10723	116	27	89
郁南县	7059	3628	3431	60	13	47
罗定市	3412	1711	1701	41	10	31

4-2b 续表 3

单位：人

地区	学前教育			小学		
	小计	男	女	小计	男	女
广东	**3132**	**1382**	**1750**	**469491**	**235314**	**234177**
广州市	**396**	**162**	**234**	**54652**	**27182**	**27470**
荔湾区						
越秀区						
海珠区						
天河区						
白云区	66	29	37	9936	4676	5260
黄埔区	4		4	1447	479	968
番禺区	16	8	8	3841	2186	1655
花都区	22	8	14	3723	1620	2103
南沙区	55	32	23	8530	5013	3517
从化区	26	18	8	2244	1123	1121
增城区	207	67	140	24931	12085	12846
韶关市	**62**	**23**	**39**	**8742**	**3678**	**5064**
武江区				51	29	22
浈江区	5	4	1	599	248	351
曲江区	5	1	4	959	466	493
始兴县	4	1	3	815	294	521
仁化县	19	6	13	1826	739	1087
翁源县	7	3	4	893	343	550
乳源瑶族自治县	5	3	2	1312	562	750
新丰县	8	3	5	710	287	423
乐昌市	7	1	6	1186	497	689
南雄市	2	1	1	391	213	178
深圳市	**1**		**1**	**502**	**290**	**212**
罗湖区						
福田区						
南山区	1		1	388	252	136
宝安区						
龙岗区						
盐田区						
龙华区						
坪山区				114	38	76
光明区						
珠海市	**245**	**140**	**105**	**22945**	**12869**	**10076**
香洲区	136	106	30	6101	4281	1820
斗门区	61	17	44	8903	4281	4622
金湾区	48	17	31	7941	4307	3634
汕头市	**83**	**38**	**45**	**23709**	**12889**	**10820**
龙湖区						
金平区						
濠江区				71	52	19
潮阳区	37	24	13	8100	4543	3557
潮南区	16	4	12	4227	2328	1899
澄海区	29	10	19	10769	5675	5094
南澳县	1		1	542	291	251
佛山市	**235**	**100**	**135**	**35198**	**18907**	**16291**
禅城区	109	43	66	12459	6859	5600
南海区	31	12	19	3946	2234	1712
顺德区						
三水区	78	35	43	16859	8770	8089
高明区	17	10	7	1934	1044	890

4-2b　续表 4　　　　单位：人

地　区	学前教育			小　学		
	小计	男	女	小计	男	女
江门市	**115**	**54**	**61**	**20827**	**10291**	**10536**
蓬江区						
江海区						
新会区	58	30	28	6197	3122	3075
台山市	4	2	2	1278	657	621
开平市	32	14	18	6811	3228	3583
鹤山市	14	6	8	4829	2398	2431
恩平市	7	2	5	1712	886	826
湛江市	**108**	**32**	**76**	**9391**	**4699**	**4692**
赤坎区						
霞山区				105	46	59
坡头区	4	2	2	724	391	333
麻章区	11	3	8	1113	644	469
遂溪县	53	9	44	2077	999	1078
徐闻县	17	8	9	2467	1260	1207
廉江市	10	5	5	1231	546	685
雷州市	4	2	2	619	309	310
吴川市	9	3	6	1055	504	551
茂名市	**31**	**14**	**17**	**5305**	**2447**	**2858**
茂南区	2	1	1	428	202	226
电白区	14	7	7	2140	1041	1099
高州市	6	3	3	962	429	533
化州市	4		4	1236	543	693
信宜市	5	3	2	539	232	307
肇庆市	**113**	**46**	**67**	**13155**	**6821**	**6334**
端州区						
鼎湖区	10	8	2	2340	1140	1200
高要区	55	16	39	5783	3032	2751
广宁县	10	4	6	792	412	380
怀集县	4	3	1	1077	733	344
封开县	9	6	3	574	268	306
德庆县	9	3	6	727	281	446
四会市	16	6	10	1862	955	907
惠州市	**543**	**241**	**302**	**87303**	**43826**	**43477**
惠城区	71	35	36	8415	4136	4279
惠阳区	43	17	26	10425	5107	5318
博罗县	214	94	120	35781	17693	18088
惠东县	206	91	115	30158	15536	14622
龙门县	9	4	5	2524	1354	1170
梅州市	**56**	**30**	**26**	**7681**	**3756**	**3925**
梅江区				113	60	53
梅县区	4	2	2	511	219	292
大埔县	10	7	3	1210	547	663
丰顺县	8	5	3	2121	1125	996
五华县	16	8	8	1633	868	765
平远县	6		6	794	328	466
蕉岭县	7	7		952	406	546
兴宁市	5	1	4	347	203	144

4-2b 续表 5

单位：人

地区	学前教育			小学		
	小计	男	女	小计	男	女
汕尾市	**105**	**44**	**61**	**23571**	**11411**	**12160**
城区	2		2	1109	686	423
海丰县	89	40	49	18910	9009	9901
陆河县	6	3	3	1572	813	759
陆丰市	8	1	7	1980	903	1077
河源市	**58**	**20**	**38**	**10013**	**4587**	**5426**
源城区	8	2	6	2281	884	1397
紫金县	18	6	12	2018	1021	997
龙川县	10	3	7	1437	580	857
连平县	6	4	2	1068	542	526
和平县	1		1	679	432	247
东源县	15	5	10	2530	1128	1402
阳江市	**48**	**23**	**25**	**5347**	**2601**	**2746**
江城区	12	6	6	1427	745	682
阳东区	18	8	10	1680	818	862
阳西县	12	6	6	1748	828	920
阳春市	6	3	3	492	210	282
清远市	**129**	**55**	**74**	**20267**	**10070**	**10197**
清城区	100	41	59	13528	6971	6557
清新区	2	1	1	818	373	445
佛冈县	8	5	3	1448	634	814
阳山县	1		1	868	413	455
连山壮族瑶族自治县	4	2	2	417	186	231
连南瑶族自治县				482	207	275
英德市	12	5	7	2440	1154	1286
连州市	2	1	1	266	132	134
东莞市	**29**	**18**	**11**	**7010**	**3446**	**3564**
市辖区	29	18	11	7010	3446	3564
中山市	**608**	**246**	**362**	**96678**	**46630**	**50048**
市辖区	608	246	362	96678	46630	50048
潮州市	**94**	**67**	**27**	**6491**	**3430**	**3061**
湘桥区	57	50	7	872	457	415
潮安区	21	9	12	4646	2477	2169
饶平县	16	8	8	973	496	477
揭阳市	**37**	**16**	**21**	**6181**	**3282**	**2899**
榕城区	1		1	625	339	286
揭东区	7	4	3	1386	769	617
揭西县	9	3	6	950	512	438
惠来县	8	5	3	1204	611	593
普宁市	12	4	8	2016	1051	965
云浮市	**36**	**13**	**23**	**4523**	**2202**	**2321**
云城区						
云安区	2		2	487	275	212
新兴县	24	8	16	2653	1307	1346
郁南县	8	4	4	784	367	417
罗定市	2	1	1	599	253	346

4-2b 续表 6

单位：人

地区	初中			高中			大学专科		
	小计	男	女	小计	男	女	小计	男	女
广东	**1637408**	**981375**	**656033**	**671395**	**410879**	**260516**	**319307**	**180167**	**139140**
广州市	**221850**	**132570**	**89280**	**124885**	**75588**	**49297**	**117958**	**66280**	**51678**
荔湾区									
越秀区									
海珠区									
天河区									
白云区	48797	29212	19585	33234	20460	12774	43891	24820	19071
黄埔区	2621	1408	1213	2052	1042	1010	2285	1115	1170
番禺区	14053	8637	5416	12136	7983	4153	2983	1843	1140
花都区	21173	12556	8617	11663	6606	5057	5046	2700	2346
南沙区	35414	22072	13342	13402	8746	4656	4419	2642	1777
从化区	10923	6795	4128	7256	4818	2438	23316	14757	8559
增城区	88869	51890	36979	45142	25933	19209	36018	18403	17615
韶关市	**22373**	**11982**	**10391**	**14739**	**8168**	**6571**	**7650**	**4482**	**3168**
武江区	121	67	54	54	27	27	29	17	12
浈江区	1572	864	708	2687	1562	1125	1839	1261	578
曲江区	2443	1435	1008	846	547	299	387	249	138
始兴县	2185	1154	1031	1313	739	574	605	324	281
仁化县	4266	2276	1990	2870	1558	1312	1461	855	606
翁源县	2499	1238	1261	1447	732	715	649	330	319
乳源瑶族自治县	2765	1495	1270	2185	1185	1000	1189	641	548
新丰县	2885	1569	1316	1596	890	706	639	346	293
乐昌市	2831	1439	1392	1343	707	636	658	346	312
南雄市	806	445	361	398	221	177	194	113	81
深圳市	**2396**	**2066**	**330**	**1129**	**958**	**171**	**532**	**377**	**155**
罗湖区									
福田区									
南山区	2232	1978	254	926	872	54	294	269	25
宝安区									
龙岗区									
盐田区									
龙华区									
坪山区	164	88	76	203	86	117	238	108	130
光明区									
珠海市	**82756**	**54610**	**28146**	**43229**	**29936**	**13293**	**16936**	**11117**	**5819**
香洲区	17796	13861	3935	8557	6519	2038	4416	3068	1348
斗门区	33547	20156	13391	19395	12675	6720	6389	3829	2560
金湾区	31413	20593	10820	15277	10742	4535	6131	4220	1911
汕头市	**69630**	**41042**	**28588**	**16477**	**9948**	**6529**	**3073**	**1836**	**1237**
龙湖区									
金平区									
濠江区	109	73	36	27	20	7	12	9	3
潮阳区	31905	18621	13284	8089	4914	3175	1326	812	514
潮南区	10602	6145	4457	2682	1532	1150	557	313	244
澄海区	26066	15704	10362	5261	3295	1966	996	615	381
南澳县	948	499	449	418	187	231	182	87	95
佛山市	**155982**	**100162**	**55820**	**50846**	**33688**	**17158**	**20408**	**12390**	**8018**
禅城区	59016	36869	22147	21880	13734	8146	8110	4754	3356
南海区	20265	12843	7422	5242	3374	1868	1269	738	531
顺德区									
三水区	69616	45679	23937	21925	15385	6540	10518	6538	3980
高明区	7085	4771	2314	1799	1195	604	511	360	151

4-2b 续表 7

单位：人

地区	初中			高中			大学专科		
	小计	男	女	小计	男	女	小计	男	女
江门市	**64501**	**38549**	**25952**	**22065**	**14361**	**7704**	**5169**	**3131**	**2038**
蓬江区									
江海区									
新会区	15479	9465	6014	5393	3492	1901	1124	687	437
台山市	3704	2199	1505	1322	798	524	364	210	154
开平市	19020	11074	7946	5387	3410	1977	1049	597	452
鹤山市	21467	12839	8628	8447	5614	2833	2028	1267	761
恩平市	4831	2972	1859	1516	1047	469	604	370	234
湛江市	**29587**	**16901**	**12686**	**20486**	**11672**	**8814**	**14649**	**6012**	**8637**
赤坎区									
霞山区	433	214	219	182	85	97	22	12	10
坡头区	2126	1176	950	852	494	358	366	179	187
麻章区	4412	3170	1242	5568	3481	2087	5689	2077	3612
遂溪县	6552	3496	3056	4106	2158	1948	4180	1292	2888
徐闻县	6094	3410	2684	3150	1789	1361	1398	813	585
廉江市	4985	2827	2158	4402	2405	1997	1851	1017	834
雷州市	1525	787	738	949	534	415	556	294	262
吴川市	3460	1821	1639	1277	726	551	587	328	259
茂名市	**12672**	**6660**	**6012**	**7382**	**4134**	**3248**	**3489**	**1985**	**1504**
茂南区	1081	589	492	387	196	191	171	84	87
电白区	4915	2688	2227	2896	1589	1307	2031	1249	782
高州市	2339	1254	1085	1673	938	735	357	177	180
化州市	3070	1492	1578	1907	1109	798	693	360	333
信宜市	1267	637	630	519	302	217	237	115	122
肇庆市	**54596**	**33945**	**20651**	**17080**	**10627**	**6453**	**5015**	**2939**	**2076**
端州区									
鼎湖区	8863	5655	3208	2226	1571	655	497	338	159
高要区	24120	15095	9025	5977	3830	2147	1028	628	400
广宁县	3597	2121	1476	1783	1020	763	772	429	343
怀集县	3615	2218	1397	1451	818	633	715	401	314
封开县	2085	1185	900	1378	806	572	750	445	305
德庆县	2557	1328	1229	1455	812	643	636	333	303
四会市	9759	6343	3416	2810	1770	1040	617	365	252
惠州市	**307008**	**181790**	**125218**	**99676**	**60698**	**38978**	**36902**	**20977**	**15925**
惠城区	30076	18138	11938	14116	8777	5339	9160	4914	4246
惠阳区	44787	26832	17955	9654	6198	3456	2733	1617	1116
博罗县	144599	85876	58723	51854	31847	20007	17487	10232	7255
惠东县	81379	47378	34001	19988	11650	8338	6118	3427	2691
龙门县	6167	3566	2601	4064	2226	1838	1404	787	617
梅州市	**24928**	**13853**	**11075**	**11700**	**6553**	**5147**	**5075**	**2698**	**2377**
梅江区	305	172	133	113	55	58	52	26	26
梅县区	2914	1578	1336	870	523	347	224	105	119
大埔县	3654	1857	1797	2134	1136	998	961	515	446
丰顺县	5498	3158	2340	2390	1348	1042	1136	656	480
五华县	5603	3206	2397	3023	1738	1285	1351	726	625
平远县	2408	1282	1126	1117	641	476	525	254	271
蕉岭县	2789	1521	1268	1465	778	687	586	280	306
兴宁市	1757	1079	678	588	334	254	240	136	104

4-2b　续表 8　　单位：人

地　区	初　中			高　中			大学专科		
	小计	男	女	小计	男	女	小计	男	女
汕尾市	**46149**	**26541**	**19608**	**14790**	**8815**	**5975**	**5021**	**2916**	**2105**
城　区	2184	1571	613	844	575	269	602	369	233
海丰县	36136	20479	15657	11184	6633	4551	3323	1935	1388
陆河县	4169	2531	1638	1396	807	589	516	308	208
陆丰市	3660	1960	1700	1366	800	566	580	304	276
河源市	**43334**	**22929**	**20405**	**19100**	**11064**	**8036**	**7586**	**4423**	**3163**
源城区	13890	7250	6640	5424	3430	1994	1824	1182	642
紫金县	8196	4655	3541	3442	1926	1516	1538	845	693
龙川县	5416	2520	2896	3294	1745	1549	1592	967	625
连平县	3287	1785	1502	1632	938	694	767	419	348
和平县	2111	1121	990	1509	840	669	638	365	273
东源县	10434	5598	4836	3799	2185	1614	1227	645	582
阳江市	**12435**	**6861**	**5574**	**6559**	**3783**	**2776**	**2760**	**1584**	**1176**
江城区	2980	1703	1277	1387	824	563	598	364	234
阳东区	3395	1941	1454	1557	938	619	541	351	190
阳西县	4628	2496	2132	3012	1664	1348	1330	703	627
阳春市	1432	721	711	603	357	246	291	166	125
清远市	**61903**	**37297**	**24606**	**23308**	**14014**	**9294**	**10405**	**5770**	**4635**
清城区	40500	25464	15036	13757	8491	5266	6145	3411	2734
清新区	2501	1380	1121	1049	668	381	389	206	183
佛冈县	5639	3091	2548	2807	1654	1153	1246	715	531
阳山县	2729	1431	1298	1594	853	741	777	426	351
连山壮族瑶族自治县	1082	575	507	509	264	245	288	157	131
连南瑶族自治县	1179	606	573	578	311	267	368	185	183
英德市	7599	4372	3227	2816	1668	1148	1045	586	459
连州市	674	378	296	198	105	93	147	84	63
东莞市	**37849**	**22218**	**15631**	**14143**	**8810**	**5333**	**2834**	**1749**	**1085**
市辖区	37849	22218	15631	14143	8810	5333	2834	1749	1085
中山市	**343099**	**204925**	**138174**	**143727**	**87323**	**56404**	**46692**	**25748**	**20944**
市辖区	343099	204925	138174	143727	87323	56404	46692	25748	20944
潮州市	**13141**	**8329**	**4812**	**4446**	**2239**	**2207**	**1351**	**662**	**689**
湘桥区	1875	1211	664	1836	650	1186	356	114	242
潮安区	8639	5671	2968	1460	965	495	370	233	137
饶平县	2627	1447	1180	1150	624	526	625	315	310
揭阳市	**15530**	**9306**	**6224**	**5852**	**3426**	**2426**	**2111**	**1162**	**949**
榕城区	1414	896	518	433	268	165	120	61	59
揭东区	3353	2258	1095	875	592	283	276	176	100
揭西县	2228	1224	1004	882	480	402	410	220	190
惠来县	3175	1731	1444	1823	1018	805	767	415	352
普宁市	5360	3197	2163	1839	1068	771	538	290	248
云浮市	**15689**	**8839**	**6850**	**9776**	**5074**	**4702**	**3691**	**1929**	**1762**
云城区									
云安区	1649	1110	539	1253	882	371	520	329	191
新兴县	9470	5376	4094	6480	3068	3412	1975	997	978
郁南县	2975	1543	1432	1482	812	670	904	450	454
罗定市	1595	810	785	561	312	249	292	153	139

4-2b 续表 9

单位：人

地　区	大学本科			硕士研究生			博士研究生		
	小计	男	女	小计	男	女	小计	男	女
广　东	**239221**	**127960**	**111261**	**9689**	**5259**	**4430**	**1047**	**710**	**337**
广州市	**86891**	**46223**	**40668**	**3173**	**1589**	**1584**	**357**	**239**	**118**
荔湾区									
越秀区									
海珠区									
天河区									
白云区	34114	16759	17355	522	234	288	41	33	8
黄埔区	3212	1649	1563	352	182	170	51	28	23
番禺区	4168	2055	2113	557	237	320	73	42	31
花都区	13283	6898	6385	225	104	121	18	11	7
南沙区	2178	1308	870	65	38	27	8	7	1
从化区	14001	8659	5342	363	172	191	25	20	5
增城区	15935	8895	7040	1089	622	467	141	98	43
韶关市	**5584**	**3088**	**2496**	**280**	**170**	**110**	**20**	**12**	**8**
武江区	29	23	6	2	1	1			
浈江区	229	135	94	14	8	6	2	1	1
曲江区	281	175	106	10	6	4			
始兴县	636	351	285	31	16	15	2	2	
仁化县	1339	781	558	57	43	14	5	4	1
翁源县	732	344	388	41	20	21	4	1	3
乳源瑶族自治县	1047	583	464	76	51	25	6	4	2
新丰县	539	295	244	26	12	14			
乐昌市	564	298	266	20	10	10	1		1
南雄市	188	103	85	3	3				
深圳市	**323**	**187**	**136**	**47**	**27**	**20**	**11**	**6**	**5**
罗湖区									
福田区									
南山区	69	54	15	3	3				
宝安区									
龙岗区									
盐田区									
龙华区									
坪山区	254	133	121	44	24	20	11	6	5
光明区									
珠海市	**9478**	**6225**	**3253**	**624**	**378**	**246**	**102**	**75**	**27**
香洲区	3218	2167	1051	249	134	115	59	41	18
斗门区	3753	2355	1398	231	138	93	26	18	8
金湾区	2507	1703	804	144	106	38	17	16	1
汕头市	**1791**	**992**	**799**	**87**	**48**	**39**	**11**	**8**	**3**
龙湖区									
金平区									
濠江区	13	7	6						
潮阳区	584	332	252	25	15	10	2	1	1
潮南区	413	216	197	28	13	15	3	2	1
澄海区	629	358	271	28	17	11	5	4	1
南澳县	152	79	73	6	3	3	1	1	
佛山市	**7035**	**4266**	**2769**	**381**	**206**	**175**	**28**	**23**	**5**
禅城区	3374	1977	1397	146	72	74	7	5	2
南海区	553	297	256	52	21	31	1		1
顺德区									
三水区	2897	1853	1044	173	107	66	19	17	2
高明区	211	139	72	10	6	4	1	1	

4-2b　续表 10　　　　单位：人

地　区	大学本科			硕士研究生			博士研究生		
	小计	男	女	小计	男	女	小计	男	女
江门市	**2863**	**1802**	**1061**	**85**	**59**	**26**	**16**	**10**	**6**
蓬江区									
江海区									
新会区	513	352	161	25	16	9	1		1
台山市	349	209	140	10	8	2	1		1
开平市	587	365	222	17	7	10	4	3	1
鹤山市	961	591	370	18	14	4	7	5	2
恩平市	453	285	168	15	14	1	3	2	1
湛江市	**36662**	**17253**	**19409**	**791**	**402**	**389**	**73**	**52**	**21**
赤坎区									
霞山区	19	7	12						
坡头区	252	130	122	8	3	5	1	1	
麻章区	31965	14750	17215	574	293	281	52	38	14
遂溪县	1515	805	710	74	36	38	7	4	3
徐闻县	1132	628	504	48	29	19	8	4	4
廉江市	803	416	387	52	24	28	2	2	
雷州市	552	275	277	20	10	10	2	2	
吴川市	424	242	182	15	7	8	1	1	
茂名市	**2903**	**1398**	**1505**	**163**	**91**	**72**	**19**	**14**	**5**
茂南区	125	64	61	5	3	2			
电白区	1587	755	832	111	55	56	10	7	3
高州市	320	146	174	9	9		1		1
化州市	635	321	314	27	16	11	7	6	1
信宜市	236	112	124	11	8	3	1	1	
肇庆市	**3635**	**2044**	**1591**	**180**	**100**	**80**	**23**	**11**	**12**
端州区									
鼎湖区	188	118	70	5	4	1	5	3	2
高要区	457	258	199	14	8	6	2	1	1
广宁县	744	386	358	34	14	20	4		4
怀集县	622	344	278	29	16	13	2	2	
封开县	705	432	273	37	22	15	4	3	1
德庆县	561	294	267	41	23	18	2		2
四会市	358	212	146	20	13	7	4	2	2
惠州市	**18243**	**10385**	**7858**	**898**	**483**	**415**	**86**	**58**	**28**
惠城区	2350	1338	1012	122	68	54	17	12	5
惠阳区	1104	613	491	37	20	17	2	1	1
博罗县	9710	5649	4061	403	220	183	51	32	19
惠东县	3787	2111	1676	249	134	115	12	9	3
龙门县	1292	674	618	87	41	46	4	4	
梅州市	**4865**	**2611**	**2254**	**195**	**110**	**85**	**18**	**10**	**8**
梅江区	44	27	17	2	1	1			
梅县区	176	97	79	3	2	1	2	1	1
大埔县	1071	555	516	27	13	14	4	1	3
丰顺县	971	541	430	41	25	16	7	5	2
五华县	1242	693	549	52	29	23	5	3	2
平远县	606	338	268	19	14	5			
蕉岭县	600	277	323	43	21	22			
兴宁市	155	83	72	8	5	3			

4-2b 续表 11

单位：人

地　区	大学本科			硕士研究生			博士研究生		
	小计	男	女	小计	男	女	小计	男	女
汕尾市	**3837**	**2237**	**1600**	**340**	**185**	**155**	**30**	**20**	**10**
城　区	613	375	238	32	22	10	4	4	
海丰县	2497	1481	1016	289	151	138	25	16	9
陆河县	312	166	146	5	3	2			
陆丰市	415	215	200	14	9	5	1		1
河源市	**4700**	**2564**	**2136**	**170**	**96**	**74**	**20**	**13**	**7**
源城区	574	371	203	25	18	7	4	3	1
紫金县	1251	684	567	37	17	20	4	3	1
龙川县	1061	566	495	46	21	25	1	1	
连平县	499	251	248	25	13	12	6	3	3
和平县	555	277	278	8	6	2	2	1	1
东源县	760	415	345	29	21	8	3	2	1
阳江市	**1818**	**1000**	**818**	**69**	**38**	**31**	**7**	**5**	**2**
江城区	313	176	137	15	8	7	4	2	2
阳东区	304	172	132	9	3	6			
阳西县	1026	561	465	35	21	14	2	2	
阳春市	175	91	84	10	6	4	1	1	
清远市	**7706**	**4315**	**3391**	**417**	**248**	**169**	**51**	**35**	**16**
清城区	3779	2075	1704	245	141	104	32	23	9
清新区	567	355	212	32	19	13	2	1	1
佛冈县	887	498	389	46	31	15	3	2	1
阳山县	703	401	302	30	22	8	4	3	1
连山壮族瑶族自治县	328	167	161	10	5	5			
连南瑶族自治县	388	200	188	16	9	7			
英德市	907	534	373	36	19	17	10	6	4
连州市	147	85	62	2	2				
东莞市	**1028**	**590**	**438**	**109**	**64**	**45**	**19**	**13**	**6**
市辖区	1028	590	438	109	64	45	19	13	6
中山市	**23957**	**13645**	**10312**	**1210**	**711**	**499**	**87**	**63**	**24**
市辖区	23957	13645	10312	1210	711	499	87	63	24
潮州市	**8454**	**3148**	**5306**	**97**	**54**	**43**	**19**	**10**	**9**
湘桥区	7613	2651	4962	19	7	12	15	8	7
潮安区	369	223	146	61	38	23	1	1	
饶平县	472	274	198	17	9	8	3	1	2
揭阳市	**1794**	**972**	**822**	**121**	**61**	**60**	**11**	**5**	**6**
榕城区	102	56	46	4	3	1			
揭东区	195	122	73	18	7	11			
揭西县	319	158	161	27	15	12	1	1	
惠来县	669	367	302	45	19	26	5	1	4
普宁市	509	269	240	27	17	10	5	3	2
云浮市	**5654**	**3015**	**2639**	**252**	**139**	**113**	**39**	**28**	**11**
云城区									
云安区	2844	1445	1399	27	12	15	12	8	4
新兴县	1678	976	702	194	112	82	22	18	4
郁南县	822	431	391	22	8	14	2		2
罗定市	310	163	147	9	7	2	3	2	1

4-2c　各地区分性别、受教育程度的15岁及以上人口(乡村)

单位：人

地　区	15岁及以上人口			未上过学		
	合计	男	女	小计	男	女
广　东	**3712635**	**2242294**	**1470341**	**35261**	**10851**	**24410**
广州市	**858188**	**520576**	**337612**	**4388**	**1441**	**2947**
荔湾区						
越秀区						
海珠区						
天河区						
白云区	319153	189931	129222	1313	368	945
黄埔区	30893	20548	10345	190	63	127
番禺区	138559	85706	52853	558	215	343
花都区	187765	113006	74759	1129	386	743
南沙区	70875	44908	25967	393	132	261
从化区	41427	22121	19306	273	90	183
增城区	69516	44356	25160	532	187	345
韶关市	**73565**	**44280**	**29285**	**1086**	**296**	**790**
武江区	7950	4690	3260	145	31	114
浈江区	6588	3844	2744	166	49	117
曲江区	16489	10317	6172	114	32	82
始兴县	4384	2506	1878	62	13	49
仁化县	7034	4298	2736	171	45	126
翁源县	9993	6097	3896	135	38	97
乳源瑶族自治县	4032	2503	1529	48	14	34
新丰县	5782	3663	2119	55	25	30
乐昌市	6545	3586	2959	132	35	97
南雄市	4768	2776	1992	58	14	44
深圳市	**36661**	**23409**	**13252**	**386**	**79**	**307**
罗湖区						
福田区						
南山区						
宝安区						
龙岗区	36661	23409	13252	386	79	307
盐田区						
龙华区						
坪山区						
光明区						
珠海市	**68531**	**42076**	**26455**	**826**	**178**	**648**
香洲区	915	699	216	16	6	10
斗门区	61586	37358	24228	708	148	560
金湾区	6030	4019	2011	102	24	78
汕头市	**98627**	**60135**	**38492**	**1256**	**460**	**796**
龙湖区	8158	4660	3498	138	38	100
金平区	1280	701	579	11	3	8
濠江区	11768	8331	3437	71	20	51
潮阳区	26089	15339	10750	428	171	257
潮南区	19946	12023	7923	243	104	139
澄海区	30807	18706	12101	345	116	229
南澳县	579	375	204	20	8	12
佛山市	**191019**	**122260**	**68759**	**1258**	**388**	**870**
禅城区						
南海区	60534	39529	21005	341	109	232
顺德区	22890	14893	7997	131	52	79
三水区	99326	62647	36679	684	206	478
高明区	8269	5191	3078	102	21	81

4-2c 续表 1

单位：人

地　区	15岁及以上人口			未上过学		
	合计	男	女	小计	男	女
江门市	**222966**	**135384**	**87582**	**2386**	**642**	**1744**
蓬江区	2535	1611	924	27	7	20
江海区						
新会区	67174	41267	25907	673	175	498
台山市	35250	21235	14015	377	104	273
开平市	45789	26893	18896	583	168	415
鹤山市	42310	26371	15939	297	61	236
恩平市	29908	18007	11901	429	127	302
湛江市	**145468**	**77098**	**68370**	**2747**	**879**	**1868**
赤坎区	700	389	311	7		7
霞山区	2577	1340	1237	60	18	42
坡头区	6592	3745	2847	147	35	112
麻章区	18736	10073	8663	238	75	163
遂溪县	22461	11848	10613	482	172	310
徐闻县	16977	9283	7694	366	113	253
廉江市	33739	16497	17242	594	178	416
雷州市	24821	13421	11400	519	183	336
吴川市	18865	10502	8363	334	105	229
茂名市	**118498**	**59226**	**59272**	**1657**	**534**	**1123**
茂南区	27265	12467	14798	205	64	141
电白区	36028	18863	17165	474	135	339
高州市	13666	7091	6575	272	82	190
化州市	27347	13632	13715	432	166	266
信宜市	14192	7173	7019	274	87	187
肇庆市	**92819**	**57017**	**35802**	**935**	**285**	**650**
端州区						
鼎湖区	4353	2774	1579	42	19	23
高要区	30438	18803	11635	301	70	231
广宁县	9536	5904	3632	126	44	82
怀集县	5509	2987	2522	102	31	71
封开县	4330	2589	1741	48	14	34
德庆县	4338	2403	1935	55	24	31
四会市	34315	21557	12758	261	83	178
惠州市	**425066**	**263797**	**161269**	**4274**	**1333**	**2941**
惠城区	113508	71126	42382	989	316	673
惠阳区	123002	76123	46879	1005	297	708
博罗县	104845	64566	40279	1146	370	776
惠东县	63780	39336	24444	924	257	667
龙门县	19931	12646	7285	210	93	117
梅州市	**74775**	**41519**	**33256**	**1348**	**504**	**844**
梅江区	4071	2278	1793	89	35	54
梅县区	12594	6878	5716	229	84	145
大埔县	10329	5972	4357	163	73	90
丰顺县	7660	4139	3521	140	45	95
五华县	18692	10621	8071	339	144	195
平远县	3700	2009	1691	73	22	51
蕉岭县	3923	2303	1620	47	10	37
兴宁市	13806	7319	6487	268	91	177

4-2c 续表 2

单位：人

地 区	15岁及以上人口			未上过学		
	合计	男	女	小计	男	女
汕尾市	**55511**	**33954**	**21557**	**930**	**315**	**615**
城 区	10776	7039	3737	144	59	85
海丰县	28683	17918	10765	436	139	297
陆河县	3971	2210	1761	77	26	51
陆丰市	12081	6787	5294	273	91	182
河源市	**105546**	**61046**	**44500**	**1248**	**453**	**795**
源城区	13401	8033	5368	126	40	86
紫金县	20536	12163	8373	295	123	172
龙川县	19176	11491	7685	230	92	138
连平县	10405	5921	4484	143	62	81
和平县	7016	4125	2891	103	42	61
东源县	35012	19313	15699	351	94	257
阳江市	**83516**	**49978**	**33538**	**1329**	**387**	**942**
江城区	26696	16700	9996	474	158	316
阳东区	31607	18719	12888	406	101	305
阳西县	11033	6389	4644	247	60	187
阳春市	14180	8170	6010	202	68	134
清远市	**166856**	**101217**	**65639**	**2286**	**713**	**1573**
清城区	63075	39423	23652	504	163	341
清新区	33645	19589	14056	690	193	497
佛冈县	14656	9300	5356	173	66	107
阳山县	7563	4438	3125	154	66	88
连山壮族瑶族自治县	1883	1035	848	32	10	22
连南瑶族自治县	1483	805	678	28	11	17
英德市	38049	22658	15391	595	172	423
连州市	6502	3969	2533	110	32	78
东莞市	**516258**	**325379**	**190879**	**2535**	**814**	**1721**
市辖区	516258	325379	190879	2535	814	1721
中山市	**219166**	**132595**	**86571**	**1421**	**354**	**1067**
市辖区	219166	132595	86571	1421	354	1067
潮州市	**42530**	**24226**	**18304**	**1030**	**232**	**798**
湘桥区	5487	2547	2940	84	27	57
潮安区	30793	18111	12682	820	173	647
饶平县	6250	3568	2682	126	32	94
揭阳市	**59910**	**34598**	**25312**	**1062**	**286**	**776**
榕城区	6119	3790	2329	157	31	126
揭东区	11331	6815	4516	246	51	195
揭西县	11888	6573	5315	193	60	133
惠来县	8750	5052	3698	142	50	92
普宁市	21822	12368	9454	324	94	230
云浮市	**57159**	**32524**	**24635**	**873**	**278**	**595**
云城区	6502	4043	2459	107	42	65
云安区	8894	5339	3555	102	32	70
新兴县	14490	8864	5626	157	48	109
郁南县	6747	3545	3202	123	38	85
罗定市	20526	10733	9793	384	118	266

4-2c 续表 3

单位：人

地 区	学前教育			小 学		
	小计	男	女	小计	男	女
广 东	**3381**	**1596**	**1785**	**564281**	**299033**	**265248**
广州市	**439**	**201**	**238**	**93882**	**50079**	**43803**
荔湾区						
越秀区						
海珠区						
天河区						
白云区	135	50	85	31889	16282	15607
黄埔区	9	3	6	3901	2369	1532
番禺区	107	51	56	14533	8084	6449
花都区	87	42	45	21970	11697	10273
南沙区	19	6	13	8436	4408	4028
从化区	19	11	8	3210	1710	1500
增城区	63	38	25	9943	5529	4414
韶关市	**95**	**48**	**47**	**11521**	**6110**	**5411**
武江区	8	2	6	1533	800	733
浈江区	16	11	5	1162	602	560
曲江区	17	7	10	1605	876	729
始兴县	2		2	687	364	323
仁化县	4	2	2	1407	759	648
翁源县	10	4	6	1545	815	730
乳源瑶族自治县	5	2	3	658	377	281
新丰县	19	15	4	885	475	410
乐昌市	8	5	3	1150	550	600
南雄市	6		6	889	492	397
深圳市	**13**	**6**	**7**	**4223**	**2207**	**2016**
罗湖区						
福田区						
南山区						
宝安区						
龙岗区	13	6	7	4223	2207	2016
盐田区						
龙华区						
坪山区						
光明区						
珠海市	**49**	**21**	**28**	**10666**	**5424**	**5242**
香洲区	1	1		184	124	60
斗门区	41	18	23	9348	4663	4685
金湾区	7	2	5	1134	637	497
汕头市	**81**	**46**	**35**	**21614**	**12088**	**9526**
龙湖区	9	7	2	1810	910	900
金平区				115	54	61
濠江区	7	2	5	533	291	242
潮阳区	21	12	9	5400	3024	2376
潮南区	29	16	13	4504	2558	1946
澄海区	15	9	6	9118	5168	3950
南澳县				134	83	51
佛山市	**146**	**58**	**88**	**31055**	**17664**	**13391**
禅城区						
南海区	50	19	31	10514	6129	4385
顺德区	4	1	3	3427	2061	1366
三水区	65	24	41	15192	8398	6794
高明区	27	14	13	1922	1076	846

4-2c　续表 4

单位：人

地　区	学前教育			小　学		
	小计	男	女	小计	男	女
江门市	**193**	**88**	**105**	**49156**	**25215**	**23941**
蓬江区	2	1	1	532	288	244
江海区						
新会区	59	29	30	16047	8288	7759
台山市	24	10	14	7968	4044	3924
开平市	49	19	30	10947	5505	5442
鹤山市	23	12	11	7670	3968	3702
恩平市	36	17	19	5992	3122	2870
湛江市	**183**	**69**	**114**	**24826**	**12450**	**12376**
赤坎区				95	45	50
霞山区	7	3	4	504	249	255
坡头区	6	3	3	1175	618	557
麻章区	15	5	10	2110	1138	972
遂溪县	23	7	16	3674	1934	1740
徐闻县	24	9	15	3559	1800	1759
廉江市	48	19	29	5849	2674	3175
雷州市	44	17	27	4394	2227	2167
吴川市	16	6	10	3466	1765	1701
茂名市	**150**	**62**	**88**	**17144**	**8044**	**9100**
茂南区	20	10	10	2596	1326	1270
电白区	46	23	23	4652	2133	2519
高州市	24	9	15	2445	1093	1352
化州市	37	15	22	4584	2183	2401
信宜市	23	5	18	2867	1309	1558
肇庆市	**74**	**31**	**43**	**16091**	**8507**	**7584**
端州区						
鼎湖区	2	2		688	363	325
高要区	24	9	15	6363	3380	2983
广宁县	11	7	4	1357	741	616
怀集县	7	2	5	1121	571	550
封开县	5		5	617	324	293
德庆县	4	2	2	565	296	269
四会市	21	9	12	5380	2832	2548
惠州市	**342**	**171**	**171**	**70278**	**38383**	**31895**
惠城区	95	43	52	15126	8569	6557
惠阳区	75	38	37	19515	10300	9215
博罗县	66	35	31	17842	9543	8299
惠东县	88	46	42	13746	7545	6201
龙门县	18	9	9	4049	2426	1623
梅州市	**95**	**50**	**45**	**12265**	**6476**	**5789**
梅江区	2	2		634	314	320
梅县区	18	13	5	1869	939	930
大埔县	10	5	5	1587	873	714
丰顺县	9	2	7	1442	745	697
五华县	26	12	14	3277	1789	1488
平远县	1		1	677	368	309
蕉岭县	4	2	2	664	362	302
兴宁市	25	14	11	2115	1086	1029

4-2c 续表 5

单位：人

地区	学前教育			小学		
	小计	男	女	小计	男	女
汕尾市	**59**	**33**	**26**	**11476**	**6230**	**5246**
城区	10	7	3	1491	848	643
海丰县	29	18	11	6706	3694	3012
陆河县	2	1	1	845	416	429
陆丰市	18	7	11	2434	1272	1162
河源市	**138**	**68**	**70**	**15033**	**8261**	**6772**
源城区	18	4	14	1810	903	907
紫金县	24	18	6	3629	2030	1599
龙川县	25	15	10	2749	1540	1209
连平县	16	9	7	1629	897	732
和平县	13	6	7	1114	660	454
东源县	42	16	26	4102	2231	1871
阳江市	**139**	**70**	**69**	**16564**	**8365**	**8199**
江城区	80	45	35	5236	2770	2466
阳东区	25	12	13	6457	3224	3233
阳西县	14	6	8	2577	1283	1294
阳春市	20	7	13	2294	1088	1206
清远市	**174**	**77**	**97**	**23058**	**12363**	**10695**
清城区	47	21	26	5284	2859	2425
清新区	56	27	29	6118	3102	3016
佛冈县	10	3	7	2179	1234	945
阳山县	14	9	5	1275	678	597
连山壮族瑶族自治县	1		1	344	186	158
连南瑶族自治县				251	152	99
英德市	39	14	25	6561	3570	2991
连州市	7	3	4	1046	582	464
东莞市	**649**	**337**	**312**	**66667**	**35722**	**30945**
市辖区	649	337	312	66667	35722	30945
中山市	**167**	**71**	**96**	**34649**	**17730**	**16919**
市辖区	167	71	96	34649	17730	16919
潮州市	**37**	**14**	**23**	**11941**	**6241**	**5700**
湘桥区	1		1	758	417	341
潮安区	26	10	16	9967	5230	4737
饶平县	10	4	6	1216	594	622
揭阳市	**77**	**35**	**42**	**12633**	**6647**	**5986**
榕城区	3	2	1	1315	704	611
揭东区	8	5	3	2789	1530	1259
揭西县	18	10	8	2443	1268	1175
惠来县	17	5	12	1547	825	722
普宁市	31	13	18	4539	2320	2219
云浮市	**81**	**40**	**41**	**9539**	**4827**	**4712**
云城区	13	10	3	1295	741	554
云安区	14	4	10	1094	589	505
新兴县	7	3	4	2293	1242	1051
郁南县	10	4	6	1125	507	618
罗定市	37	19	18	3732	1748	1984

4-2c 续表 6

单位：人

地 区	初 中			高 中			大学专科		
	小计	男	女	小计	男	女	小计	男	女
广 东	**1909671**	**1198511**	**711160**	**706667**	**457181**	**249486**	**295586**	**171665**	**123921**
广州市	**429482**	**272088**	**157394**	**191469**	**124381**	**67088**	**70997**	**41455**	**29542**
荔湾区									
越秀区									
海珠区									
天河区									
白云区	149796	94135	55661	73315	46415	26900	36011	20225	15786
黄埔区	14014	9538	4476	7909	5529	2380	3374	2134	1240
番禺区	66674	41632	25042	38349	25119	13230	10364	6567	3797
花都区	106760	67435	39325	32488	21446	11042	11179	6604	4575
南沙区	40509	26215	14294	16001	10869	5132	3796	2255	1541
从化区	14038	8513	5525	8523	4883	3640	1950	1018	932
增城区	37691	24620	13071	14884	10120	4764	4323	2652	1671
韶关市	**33750**	**20792**	**12958**	**12094**	**7655**	**4439**	**11414**	**7191**	**4223**
武江区	4140	2556	1584	1364	830	534	462	282	180
浈江区	3464	2073	1391	1038	649	389	439	281	158
曲江区	5538	3576	1962	1883	1176	707	6913	4393	2520
始兴县	2110	1185	925	892	576	316	387	232	155
仁化县	3485	2242	1243	1120	707	413	497	313	184
翁源县	5043	3128	1915	1801	1188	613	841	541	300
乳源瑶族自治县	1926	1238	688	704	431	273	403	256	147
新丰县	2853	1786	1067	1128	791	337	528	358	170
乐昌市	2818	1594	1224	1250	749	501	622	351	271
南雄市	2373	1414	959	914	558	356	322	184	138
深圳市	**18143**	**11677**	**6466**	**8669**	**5844**	**2825**	**3053**	**2103**	**950**
罗湖区									
福田区									
南山区									
宝安区									
龙岗区	18143	11677	6466	8669	5844	2825	3053	2103	950
盐田区									
龙华区									
坪山区									
光明区									
珠海市	**37235**	**23643**	**13592**	**15342**	**10067**	**5275**	**3013**	**1916**	**1097**
香洲区	375	307	68	200	168	32	100	69	31
斗门区	33589	21127	12462	14047	9075	4972	2659	1661	998
金湾区	3271	2209	1062	1095	824	271	254	186	68
汕头市	**54147**	**34150**	**19997**	**11795**	**7583**	**4212**	**6830**	**4179**	**2651**
龙湖区	4616	2769	1847	1094	641	453	296	178	118
金平区	293	187	106	159	98	61	33	18	15
濠江区	4707	3776	931	1793	1315	478	4360	2709	1651
潮阳区	14791	8875	5916	3814	2342	1472	894	516	378
潮南区	10903	6771	4132	2754	1731	1023	804	467	337
澄海区	18527	11563	6964	2105	1406	699	415	273	142
南澳县	310	209	101	76	50	26	28	18	10
佛山市	**106904**	**71325**	**35579**	**31360**	**21898**	**9462**	**7392**	**4783**	**2609**
禅城区									
南海区	34177	22776	11401	12795	8925	3870	1998	1241	757
顺德区	13760	9126	4634	4958	3281	1677	412	259	153
三水区	54216	36263	17953	12638	9062	3576	4682	3101	1581
高明区	4751	3160	1591	969	630	339	300	182	118

4-2c 续表 7 单位：人

地区	初中			高中			大学专科		
	小计	男	女	小计	男	女	小计	男	女
江门市	**126973**	**80081**	**46892**	**30834**	**20744**	**10090**	**8009**	**5113**	**2896**
蓬江区	1417	961	456	375	238	137	113	70	43
江海区									
新会区	37760	24082	13678	9731	6762	2969	1887	1205	682
台山市	18493	11383	7110	4967	3312	1655	1818	1245	573
开平市	25545	15768	9777	6034	3902	2132	1627	956	671
鹤山市	26683	17041	9642	5586	3906	1680	1359	925	434
恩平市	17075	10846	6229	4141	2624	1517	1205	712	493
湛江市	**59104**	**31407**	**27697**	**31486**	**17908**	**13578**	**14046**	**7419**	**6627**
赤坎区	325	190	135	172	100	72	58	31	27
霞山区	1220	661	559	423	231	192	191	88	103
坡头区	3047	1788	1259	1256	772	484	485	267	218
麻章区	7102	3611	3491	6296	3772	2524	1859	855	1004
遂溪县	8330	4393	3937	5138	2786	2352	2424	1298	1126
徐闻县	6756	3862	2894	3115	1762	1353	1595	871	724
廉江市	14840	7062	7778	6501	3477	3024	3080	1615	1465
雷州市	8926	4929	3997	5298	3034	2264	2741	1486	1255
吴川市	8558	4911	3647	3287	1974	1313	1613	908	705
茂名市	**40333**	**20392**	**19941**	**22992**	**12856**	**10136**	**24334**	**11466**	**12868**
茂南区	6864	3797	3067	3254	2063	1191	9054	2822	6232
电白区	9824	4950	4874	8648	4609	4039	10323	5951	4372
高州市	5832	3058	2774	3066	1731	1335	1105	600	505
化州市	11639	5511	6128	5511	3034	2477	2614	1413	1201
信宜市	6174	3076	3098	2513	1419	1094	1238	680	558
肇庆市	**53044**	**33947**	**19097**	**13979**	**9014**	**4965**	**4257**	**2526**	**1731**
端州区									
鼎湖区	2256	1568	688	857	547	310	251	151	100
高要区	16263	10507	5756	4263	2758	1505	1060	675	385
广宁县	5393	3458	1935	1541	1002	539	599	350	249
怀集县	2785	1528	1257	841	476	365	342	199	143
封开县	2341	1452	889	829	535	294	266	143	123
德庆县	2272	1309	963	922	513	409	295	153	142
四会市	21734	14125	7609	4726	3183	1543	1444	855	589
惠州市	**241746**	**155954**	**85792**	**63285**	**42595**	**20690**	**33732**	**18331**	**15401**
惠城区	55697	36454	19243	21170	14559	6611	16641	8623	8018
惠阳区	77674	49398	28276	17152	11545	5607	5142	3162	1980
博罗县	61082	39686	21396	14088	9366	4722	8322	4255	4067
惠东县	36974	23685	13289	7564	5002	2562	2465	1547	918
龙门县	10319	6731	3588	3311	2123	1188	1162	744	418
梅州市	**32131**	**18197**	**13934**	**15910**	**9184**	**6726**	**6758**	**3704**	**3054**
梅江区	1994	1188	806	783	448	335	308	160	148
梅县区	5565	3122	2443	3092	1724	1368	1019	557	462
大埔县	4290	2603	1687	2112	1235	877	1062	575	487
丰顺县	3191	1749	1442	1518	865	653	659	365	294
五华县	7758	4457	3301	3758	2236	1522	1801	1023	778
平远县	1654	878	776	685	412	273	341	180	161
蕉岭县	2107	1297	810	756	448	308	223	120	103
兴宁市	5572	2903	2669	3206	1816	1390	1345	724	621

4-2c 续表 8

单位：人

地区	初中			高中			大学专科		
	小计	男	女	小计	男	女	小计	男	女
汕尾市	**26297**	**17078**	**9219**	**9613**	**6005**	**3608**	**3601**	**2222**	**1379**
城区	4897	3472	1425	2734	1690	1044	726	481	245
海丰县	14631	9612	5019	4167	2701	1466	1352	897	455
陆河县	1935	1158	777	599	345	254	272	143	129
陆丰市	4834	2836	1998	2113	1269	844	1251	701	550
河源市	**48155**	**29266**	**18889**	**24591**	**14296**	**10295**	**8588**	**4670**	**3918**
源城区	8409	5097	3312	2222	1499	723	580	363	217
紫金县	9959	6185	3774	3885	2281	1604	1449	826	623
龙川县	8280	4962	3318	4284	2647	1637	1992	1255	737
连平县	4685	2780	1905	2080	1178	902	972	517	455
和平县	3091	1866	1225	1459	871	588	648	365	283
东源县	13731	8376	5355	10661	5820	4841	2947	1344	1603
阳江市	**38319**	**23556**	**14763**	**13928**	**8956**	**4972**	**8020**	**5150**	**2870**
江城区	12347	7937	4410	4964	3416	1548	2305	1598	707
阳东区	14551	8746	5805	4633	2887	1746	3547	2264	1283
阳西县	4825	2870	1955	1625	1008	617	857	550	307
阳春市	6596	4003	2593	2706	1645	1061	1311	738	573
清远市	**70978**	**45007**	**25971**	**27247**	**17220**	**10027**	**35641**	**21396**	**14245**
清城区	20690	14113	6577	7092	4561	2531	27809	16683	11126
清新区	16452	9907	6545	6554	4214	2340	2174	1266	908
佛冈县	7620	5088	2532	2931	1812	1119	1127	694	433
阳山县	3503	2102	1401	1426	876	550	644	394	250
连山壮族瑶族自治县	855	450	405	331	206	125	165	92	73
连南瑶族自治县	586	312	274	312	174	138	157	78	79
英德市	18232	11074	7158	7331	4571	2760	3004	1870	1134
连州市	3040	1961	1079	1270	806	464	561	319	242
东莞市	**292853**	**186075**	**106778**	**118337**	**80027**	**38310**	**24817**	**15811**	**9006**
市辖区	292853	186075	106778	118337	80027	38310	24817	15811	9006
中山市	**123802**	**77427**	**46375**	**40328**	**26761**	**13567**	**9612**	**5684**	**3928**
市辖区	123802	77427	46375	40328	26761	13567	9612	5684	3928
潮州市	**20986**	**13230**	**7756**	**3829**	**2424**	**1405**	**1360**	**757**	**603**
湘桥区	1660	1022	638	404	242	162	273	133	140
潮安区	16419	10535	5884	2459	1585	874	600	320	280
饶平县	2907	1673	1234	966	597	369	487	304	183
揭阳市	**28745**	**17669**	**11076**	**9440**	**5556**	**3884**	**4086**	**2318**	**1768**
榕城区	3270	2187	1083	834	547	287	299	179	120
揭东区	5989	3888	2101	1373	831	542	486	284	202
揭西县	5399	3144	2255	1956	1108	848	962	526	436
惠来县	3392	2026	1366	1683	972	711	998	602	396
普宁市	10695	6424	4271	3594	2098	1496	1341	727	614
云浮市	**26544**	**15550**	**10994**	**10139**	**6207**	**3932**	**6026**	**3471**	**2555**
云城区	3040	2032	1008	1078	674	404	502	287	215
云安区	3217	2037	1180	1685	1064	621	2313	1387	926
新兴县	8181	5116	3065	2315	1540	775	805	474	331
郁南县	3145	1651	1494	1194	697	497	578	331	247
罗定市	8961	4714	4247	3867	2232	1635	1828	992	836

4-2c 续表 9 单位：人

地　区	大学本科			硕士研究生			博士研究生		
	小计	男	女	小计	男	女	小计	男	女
广　东	**188273**	**98168**	**90105**	**8445**	**4577**	**3868**	**1070**	**712**	**358**
广州市	**64695**	**29542**	**35153**	**2510**	**1167**	**1343**	**326**	**222**	**104**
荔湾区									
越秀区									
海珠区									
天河区									
白云区	26139	12123	14016	480	271	209	75	62	13
黄埔区	1427	862	565	63	45	18	6	5	1
番禺区	6616	3449	3167	1215	504	711	143	85	58
花都区	13858	5250	8608	263	127	136	31	19	12
南沙区	1654	977	677	61	40	21	6	6	
从化区	13049	5747	7302	322	119	203	43	30	13
增城区	1952	1134	818	106	61	45	22	15	7
韶关市	**3392**	**2044**	**1348**	**196**	**137**	**59**	**17**	**7**	**10**
武江区	287	184	103	8	5	3	3		3
浈江区	292	171	121	10	8	2	1		1
曲江区	386	231	155	31	25	6	2	1	1
始兴县	230	126	104	14	10	4			
仁化县	340	221	119	9	8	1	1	1	
翁源县	584	359	225	32	23	9	2	1	1
乳源瑶族自治县	256	158	98	31	26	5	1	1	
新丰县	288	198	90	22	13	9	4	2	2
乐昌市	541	289	252	22	12	10	2	1	1
南雄市	188	107	81	17	7	10	1		1
深圳市	**1916**	**1311**	**605**	**228**	**160**	**68**	**30**	**22**	**8**
罗湖区									
福田区									
南山区									
宝安区									
龙岗区	1916	1311	605	228	160	68	30	22	8
盐田区									
龙华区									
坪山区									
光明区									
珠海市	**1305**	**781**	**524**	**89**	**41**	**48**	**6**	**5**	**1**
香洲区	37	22	15	2	2				
斗门区	1107	628	479	82	34	48	5	4	1
金湾区	161	131	30	5	5		1	1	
汕头市	**2789**	**1576**	**1213**	**102**	**46**	**56**	**13**	**7**	**6**
龙湖区	181	112	69	14	5	9			
金平区	667	341	326	2		2			
濠江区	286	213	73	10	4	6	1	1	
潮阳区	701	379	322	35	17	18	5	3	2
潮南区	676	363	313	29	12	17	4	1	3
澄海区	267	161	106	12	8	4	3	2	1
南澳县	11	7	4						
佛山市	**12583**	**6006**	**6577**	**304**	**124**	**180**	**17**	**14**	**3**
禅城区									
南海区	605	307	298	48	19	29	6	4	2
顺德区	185	105	80	13	8	5			
三水区	11601	5491	6110	238	93	145	10	9	1
高明区	192	103	89	5	4	1	1	1	

4-2c　续表 10　　　　单位：人

地　区	大学本科			硕士研究生			博士研究生		
	小计	男	女	小计	男	女	小计	男	女
江门市	**5102**	**3294**	**1808**	**281**	**188**	**93**	**32**	**19**	**13**
蓬江区	65	44	21	3	2	1	1		1
江海区									
新会区	947	671	276	64	50	14	6	5	1
台山市	1509	1067	442	90	68	22	4	2	2
开平市	943	543	400	51	27	24	10	5	5
鹤山市	658	437	221	30	18	12	4	3	1
恩平市	980	532	448	43	23	20	7	4	3
湛江市	**12361**	**6589**	**5772**	**617**	**315**	**302**	**98**	**62**	**36**
赤坎区	38	20	18	4	2	2	1	1	
霞山区	161	83	78	9	5	4	2	2	
坡头区	447	247	200	27	14	13	2	1	1
麻章区	1048	582	466	58	27	31	10	8	2
遂溪县	2260	1189	1071	111	60	51	19	9	10
徐闻县	1488	825	663	64	36	28	10	5	5
廉江市	2657	1385	1272	145	71	74	25	16	9
雷州市	2749	1469	1280	131	63	68	19	13	6
吴川市	1513	789	724	68	37	31	10	7	3
茂名市	**11396**	**5597**	**5799**	**426**	**229**	**197**	**66**	**46**	**20**
茂南区	5176	2327	2849	77	43	34	19	15	4
电白区	1927	1000	927	111	48	63	23	14	9
高州市	857	479	378	63	38	25	2	1	1
化州市	2395	1229	1166	119	69	50	16	12	4
信宜市	1041	562	479	56	31	25	6	4	2
肇庆市	**4256**	**2613**	**1643**	**168**	**85**	**83**	**15**	**9**	**6**
端州区									
鼎湖区	220	105	115	37	19	18			
高要区	2124	1383	741	35	20	15	5	1	4
广宁县	483	287	196	24	13	11	2	2	
怀集县	291	170	121	17	8	9	3	2	1
封开县	215	116	99	9	5	4			
德庆县	206	99	107	19	7	12			
四会市	717	453	264	27	13	14	5	4	1
惠州市	**10837**	**6674**	**4163**	**523**	**318**	**205**	**49**	**38**	**11**
惠城区	3584	2430	1154	195	124	71	11	8	3
惠阳区	2357	1328	1029	72	46	26	10	9	1
博罗县	2138	1224	914	148	77	71	13	10	3
惠东县	1926	1195	731	83	53	30	10	6	4
龙门县	832	497	335	25	18	7	5	5	
梅州市	**5947**	**3225**	**2722**	**283**	**154**	**129**	**38**	**25**	**13**
梅江区	252	125	127	9	6	3			
梅县区	760	417	343	33	17	16	9	5	4
大埔县	1044	570	474	52	32	20	9	6	3
丰顺县	674	356	318	23	9	14	4	3	1
五华县	1635	905	730	91	50	41	7	5	2
平远县	253	139	114	14	8	6	2	2	
蕉岭县	117	62	55	5	2	3			
兴宁市	1212	651	561	56	30	26	7	4	3

4-2c 续表 11　　单位：人

地区	大学本科			硕士研究生			博士研究生		
	小计	男	女	小计	男	女	小计	男	女
汕尾市	**3303**	**1937**	**1366**	**209**	**120**	**89**	**23**	**14**	**9**
城　区	719	442	277	54	39	15	1	1	
海丰县	1289	809	480	63	42	21	10	6	4
陆河县	225	112	113	14	8	6	2	1	1
陆丰市	1070	574	496	78	31	47	10	6	4
河源市	**7476**	**3870**	**3606**	**280**	**136**	**144**	**37**	**26**	**11**
源城区	225	120	105	8	4	4	3	3	
紫金县	1239	664	575	48	30	18	8	6	2
龙川县	1544	942	602	65	31	34	7	7	
连平县	844	458	386	30	18	12	6	2	4
和平县	553	302	251	30	10	20	5	3	2
东源县	3071	1384	1687	99	43	56	8	5	3
阳江市	**4925**	**3311**	**1614**	**264**	**166**	**98**	**28**	**17**	**11**
江城区	1200	727	473	83	44	39	7	5	2
阳东区	1897	1422	475	82	59	23	9	4	5
阳西县	831	573	258	52	35	17	5	4	1
阳春市	997	589	408	47	28	19	7	4	3
清远市	**6949**	**4111**	**2838**	**467**	**292**	**175**	**56**	**38**	**18**
清城区	1434	896	538	200	116	84	15	11	4
清新区	1510	819	691	75	49	26	16	12	4
佛冈县	584	383	201	31	19	12	1	1	
阳山县	516	293	223	26	16	10	5	4	1
连山壮族瑶族自治县	146	86	60	7	4	3	2	1	1
连南瑶族自治县	138	75	63	10	3	7	1		1
英德市	2183	1312	871	92	67	25	12	8	4
连州市	438	247	191	26	18	8	4	1	3
东莞市	**9548**	**6036**	**3512**	**734**	**479**	**255**	**118**	**78**	**40**
市辖区	9548	6036	3512	734	479	255	118	78	40
中山市	**8847**	**4386**	**4461**	**301**	**156**	**145**	**39**	**26**	**13**
市辖区	8847	4386	4461	301	156	145	39	26	13
潮州市	**3283**	**1294**	**1989**	**58**	**29**	**29**	**6**	**5**	**1**
湘桥区	2298	702	1596	8	4	4	1		1
潮安区	474	244	230	26	12	14	2	2	
饶平县	511	348	163	24	13	11	3	3	
揭阳市	**3646**	**1968**	**1678**	**194**	**107**	**87**	**27**	**12**	**15**
榕城区	226	131	95	14	9	5	1		1
揭东区	409	207	202	26	15	11	5	4	1
揭西县	870	434	436	40	20	20	7	3	4
惠来县	913	538	375	51	32	19	7	2	5
普宁市	1228	658	570	63	31	32	7	3	4
云浮市	**3717**	**2003**	**1714**	**211**	**128**	**83**	**29**	**20**	**9**
云城区	444	239	205	18	13	5	5	5	
云安区	430	204	226	38	21	17	1	1	
新兴县	683	409	274	44	30	14	5	2	3
郁南县	534	290	244	35	26	9	3	1	2
罗定市	1626	861	765	76	38	38	15	11	4

4–3　各地区分性别、受教育程度的16–59岁人口

单位：人

地　　区	16–59岁人口			未上过学		
	合计	男	女	小计	男	女
广　东	**42287109**	**24337191**	**17949918**	**149167**	**45388**	**103779**
广州市	**8949981**	**4989340**	**3960641**	**23813**	**8219**	**15594**
荔湾区	510757	274579	236178	1367	470	897
越秀区	284207	146141	138066	651	225	426
海珠区	799104	421723	377381	1205	393	812
天河区	1292949	705528	587421	2356	843	1513
白云区	2304134	1284022	1020112	6399	1922	4477
黄埔区	662314	394267	268047	2301	801	1500
番禺区	1431445	794058	637387	3603	1452	2151
花都区	715157	408922	306235	2558	983	1575
南沙区	360416	224508	135908	1577	582	995
从化区	144340	82843	61497	204	59	145
增城区	445158	252749	192409	1592	489	1103
韶关市	**322869**	**170218**	**152651**	**1691**	**446**	**1245**
武江区	98507	50481	48026	497	124	373
浈江区	90011	45459	44552	393	108	285
曲江区	40590	22765	17825	207	60	147
始兴县	8872	4792	4080	50	8	42
仁化县	16147	9052	7095	146	34	112
翁源县	14450	8038	6412	98	28	70
乳源瑶族自治县	11028	6157	4871	51	13	38
新丰县	10986	6340	4646	34	12	22
乐昌市	19962	10337	9625	162	47	115
南雄市	12316	6797	5519	53	12	41
深圳市	**11157160**	**6433388**	**4723772**	**34017**	**7512**	**26505**
罗湖区	568539	300389	268150	2029	372	1657
福田区	732350	404580	327770	2179	429	1750
南山区	845599	484639	360960	2854	667	2187
宝安区	3239509	1889711	1349798	8203	1835	6368
龙岗区	2639977	1491578	1148399	9239	2115	7124
盐田区	116299	67714	48585	348	86	262
龙华区	1793015	1058587	734428	4249	885	3364
坪山区	373811	224555	149256	1714	411	1303
光明区	848061	511635	336426	3202	712	2490
珠海市	**1064496**	**619033**	**445463**	**4796**	**1567**	**3229**
香洲区	614043	351324	262719	2849	926	1923
斗门区	210975	126731	84244	1018	318	700
金湾区	239478	140978	98500	929	323	606
汕头市	**551514**	**314800**	**236714**	**4263**	**1421**	**2842**
龙湖区	137192	76357	60835	774	315	459
金平区	99821	53088	46733	1013	214	799
濠江区	23063	15364	7699	175	48	127
潮阳区	92979	54194	38785	616	253	363
潮南区	61695	36257	25438	536	257	279
澄海区	134123	78136	55987	1097	318	779
南澳县	2641	1404	1237	52	16	36
佛山市	**4416386**	**2650967**	**1765419**	**14901**	**5439**	**9462**
禅城区	599402	343022	256380	1355	575	780
南海区	1835784	1104784	731000	5938	2202	3736
顺德区	1519181	916075	603106	5460	2052	3408
三水区	326619	203577	123042	1712	439	1273
高明区	135400	83509	51891	436	171	265

4-3 续表 1 单位：人

地 区	16-59岁人口			未上过学		
	合计	男	女	小计	男	女
江门市	**1008282**	**583260**	**425022**	**4400**	**1305**	**3095**
蓬江区	290236	165115	125121	1226	432	794
江海区	159637	90701	68936	782	235	547
新会区	174321	103419	70902	915	249	666
台山市	80384	47176	33208	295	78	217
开平市	110473	62239	48234	544	149	395
鹤山市	146937	87153	59784	439	116	323
恩平市	46294	27457	18837	199	46	153
湛江市	**597218**	**301573**	**295645**	**2474**	**835**	**1639**
赤坎区	120925	57499	63426	278	85	193
霞山区	186499	93780	92719	726	248	478
坡头区	18823	10107	8716	112	27	85
麻章区	93138	49570	43568	159	78	81
遂溪县	35253	17031	18222	216	60	156
徐闻县	26476	14305	12171	213	62	151
廉江市	52999	25336	27663	241	65	176
雷州市	28307	14910	13397	263	130	133
吴川市	34798	19035	15763	266	80	186
茂名市	**271425**	**141585**	**129840**	**1127**	**284**	**843**
茂南区	107453	56886	50567	308	89	219
电白区	53814	28608	25206	343	64	279
高州市	47417	24486	22931	171	45	126
化州市	40945	20553	20392	190	62	128
信宜市	21796	11052	10744	115	24	91
肇庆市	**502746**	**293842**	**208904**	**1525**	**519**	**1006**
端州区	149933	80434	69499	363	128	235
鼎湖区	54775	32390	22385	163	83	80
高要区	80966	49004	31962	394	127	267
广宁县	15265	9060	6205	59	20	39
怀集县	11784	6779	5005	76	22	54
封开县	8964	5246	3718	28	9	19
德庆县	9073	4809	4264	27	10	17
四会市	171986	106120	65866	415	120	295
惠州市	**2172521**	**1284395**	**888126**	**11216**	**3600**	**7616**
惠城区	834727	484108	350619	4690	1421	3269
惠阳区	757598	458041	299557	3253	1172	2081
博罗县	357284	211809	145475	1825	543	1282
惠东县	190839	111167	79672	1275	404	871
龙门县	32073	19270	12803	173	60	113
梅州市	**286261**	**146302**	**139959**	**1050**	**374**	**676**
梅江区	115380	57927	57453	326	125	201
梅县区	69763	34466	35297	190	67	123
大埔县	16027	8542	7485	64	23	41
丰顺县	17214	9439	7775	102	29	73
五华县	26475	14704	11771	140	59	81
平远县	7780	4032	3748	48	15	33
蕉岭县	8904	4761	4143	62	17	45
兴宁市	24718	12431	12287	118	39	79

4-3 续表 2

单位：人

地区	16-59岁人口			未上过学		
	合计	男	女	小计	男	女
汕尾市	**182165**	**102310**	**79855**	**1584**	**440**	**1144**
城区	56738	31833	24905	602	163	439
海丰县	91735	52141	39594	650	188	462
陆河县	10290	5861	4429	67	21	46
陆丰市	23402	12475	10927	265	68	197
河源市	**398800**	**212051**	**186749**	**1496**	**451**	**1045**
源城区	265336	137806	127530	874	261	613
紫金县	32087	18328	13759	174	62	112
龙川县	27696	15385	12311	96	29	67
连平县	15032	8229	6803	80	31	49
和平县	10773	6090	4683	41	13	28
东源县	47876	26213	21663	231	55	176
阳江市	**244859**	**133627**	**111232**	**1237**	**350**	**887**
江城区	127000	68748	58252	600	192	408
阳东区	72239	40059	32180	346	91	255
阳西县	20236	11167	9069	163	39	124
阳春市	25384	13653	11731	128	28	100
清远市	**496547**	**276286**	**220261**	**3035**	**800**	**2235**
清城区	303142	169168	133974	1592	407	1185
清新区	70362	37428	32934	667	150	517
佛冈县	24263	14523	9740	140	47	93
阳山县	12262	6795	5467	100	38	62
连山壮族瑶族自治县	3984	2069	1915	21	6	15
连南瑶族自治县	3818	1950	1868	27	10	17
英德市	65107	36965	28142	413	121	292
连州市	13609	7388	6221	75	21	54
东莞市	**6934521**	**4111918**	**2822603**	**22367**	**7634**	**14733**
市辖区	6934521	4111918	2822603	22367	7634	14733
中山市	**2189444**	**1272486**	**916958**	**9099**	**2922**	**6177**
市辖区	2189444	1272486	916958	9099	2922	6177
潮州市	**224229**	**122855**	**101374**	**2926**	**731**	**2195**
湘桥区	86863	43776	43087	623	178	445
潮安区	126408	73041	53367	2162	508	1654
饶平县	10958	6038	4920	141	45	96
揭阳市	**145178**	**82746**	**62432**	**1415**	**319**	**1096**
榕城区	36246	20548	15698	526	93	433
揭东区	32564	19487	13077	414	88	326
揭西县	14245	7728	6517	123	33	90
惠来县	13925	7724	6201	57	17	40
普宁市	48198	27259	20939	295	88	207
云浮市	**170507**	**94209**	**76298**	**735**	**220**	**515**
云城区	75843	42067	33776	278	100	178
云安区	15669	9401	6268	70	21	49
新兴县	33077	18726	14351	126	30	96
郁南县	11776	6019	5757	70	16	54
罗定市	34142	17996	16146	191	53	138

4−3 续表 3

单位：人

地 区	学前教育			小 学		
	小计	男	女	小计	男	女
广 东	**23754**	**10808**	**12946**	**3720162**	**1822439**	**1897723**
广州市	**3480**	**1562**	**1918**	**584607**	**285188**	**299419**
荔湾区	224	115	109	38143	18848	19295
越秀区	112	59	53	15543	6792	8751
海珠区	225	107	118	51765	24663	27102
天河区	391	184	207	46546	21565	24981
白云区	871	344	527	169572	80531	89041
黄埔区	194	76	118	37407	18500	18907
番禺区	704	354	350	87806	44094	43712
花都区	266	130	136	57823	28683	29140
南沙区	192	74	118	33658	17871	15787
从化区	43	26	17	5343	2741	2602
增城区	258	93	165	41001	20900	20101
韶关市	**212**	**101**	**111**	**31223**	**14220**	**17003**
武江区	71	31	40	9401	4121	5280
浈江区	56	26	30	6602	2826	3776
曲江区	16	7	9	3917	1828	2089
始兴县	1		1	1054	482	572
仁化县	13	7	6	2054	990	1064
翁源县	11	5	6	1739	835	904
乳源瑶族自治县	5	3	2	1274	627	647
新丰县	17	13	4	1174	569	605
乐昌市	10	3	7	2528	1160	1368
南雄市	12	6	6	1480	782	698
深圳市	**3136**	**1073**	**2063**	**656520**	**283512**	**373008**
罗湖区	177	54	123	36212	15169	21043
福田区	218	57	161	42280	18297	23983
南山区	283	158	125	44237	20189	24048
宝安区	806	273	533	170601	71738	98863
龙岗区	832	286	546	179961	78679	101282
盐田区	28	10	18	6709	2965	3744
龙华区	453	132	321	78117	31318	46799
坪山区	120	41	79	33562	15724	17838
光明区	219	62	157	64841	29433	35408
珠海市	**717**	**351**	**366**	**90942**	**46655**	**44287**
香洲区	475	254	221	47798	24249	23549
斗门区	110	40	70	22918	11364	11554
金湾区	132	57	75	20226	11042	9184
汕头市	**475**	**211**	**264**	**95804**	**50280**	**45524**
龙湖区	90	37	53	19655	9981	9674
金平区	73	30	43	14498	6691	7807
濠江区	14	7	7	1912	1083	829
潮阳区	97	58	39	14747	8103	6644
潮南区	51	17	34	12731	7151	5580
澄海区	149	62	87	31686	16948	14738
南澳县	1		1	575	323	252
佛山市	**3645**	**1870**	**1775**	**502074**	**269051**	**233023**
禅城区	327	158	169	45384	23628	21756
南海区	1628	839	789	220972	120144	100828
顺德区	1418	741	677	177583	93694	83889
三水区	193	91	102	42751	22876	19875
高明区	79	41	38	15384	8709	6675

4-3　续表 4　　　　单位：人

地　区	学前教育			小　学		
	小计	男	女	小计	男	女
江门市	**553**	**242**	**311**	**140425**	**69750**	**70675**
蓬江区	204	91	113	32513	15771	16742
江海区	83	32	51	19349	9219	10130
新会区	114	54	60	33152	16954	16198
台山市	26	9	17	10889	5559	5330
开平市	62	30	32	19160	9353	9807
鹤山市	39	15	24	19032	9619	9413
恩平市	25	11	14	6330	3275	3055
湛江市	**405**	**166**	**239**	**46002**	**21166**	**24836**
赤坎区	66	32	34	5993	2700	3293
霞山区	122	66	56	14628	6248	8380
坡头区	15	3	12	1763	902	861
麻章区	48	20	28	3131	1649	1482
遂溪县	54	6	48	3114	1436	1678
徐闻县	23	9	14	4065	1977	2088
廉江市	25	8	17	4825	1986	2839
雷州市	23	8	15	3159	1513	1646
吴川市	29	14	15	5324	2755	2569
茂名市	**178**	**77**	**101**	**23090**	**10468**	**12622**
茂南区	47	22	25	7306	3555	3751
电白区	43	19	24	5276	2335	2941
高州市	31	14	17	3752	1687	2065
化州市	36	17	19	4198	1848	2350
信宜市	21	5	16	2558	1043	1515
肇庆市	**394**	**196**	**198**	**47126**	**24527**	**22599**
端州区	126	55	71	8235	3948	4287
鼎湖区	66	49	17	5444	3025	2419
高要区	73	27	46	11532	6076	5456
广宁县	10	4	6	1357	714	643
怀集县	7	4	3	1757	1075	682
封开县	9	4	5	827	424	403
德庆县	7	4	3	847	396	451
四会市	96	49	47	17127	8869	8258
惠州市	**1791**	**793**	**998**	**256493**	**131318**	**125175**
惠城区	814	344	470	83851	40953	42898
惠阳区	546	237	309	83310	43600	39710
博罗县	208	102	106	46909	24020	22889
惠东县	206	102	104	37123	19674	17449
龙门县	17	8	9	5300	3071	2229
梅州市	**196**	**86**	**110**	**24106**	**11535**	**12571**
梅江区	75	29	46	7484	3356	4128
梅县区	51	20	31	5524	2540	2984
大埔县	9	6	3	1580	765	815
丰顺县	3	1	2	2561	1334	1227
五华县	16	7	9	2818	1486	1332
平远县	3		3	917	411	506
蕉岭县	7	6	1	1118	550	568
兴宁市	32	17	15	2104	1093	1011

4-3 续表 5

单位：人

地区	学前教育			小学		
	小计	男	女	小计	男	女
汕尾市	**142**	**65**	**77**	**36425**	**18040**	**18385**
城　区	49	21	28	9780	4911	4869
海丰县	77	39	38	20779	10274	10505
陆河县	4	1	3	1671	852	819
陆丰市	12	4	8	4195	2003	2192
河源市	**253**	**102**	**151**	**37537**	**17868**	**19669**
源城区	149	55	94	23427	10261	13166
紫金县	27	14	13	3878	2116	1762
龙川县	20	9	11	2593	1340	1253
连平县	8	5	3	1599	834	765
和平县	9	3	6	1184	761	423
东源县	40	16	24	4856	2556	2300
阳江市	**265**	**138**	**127**	**33303**	**15887**	**17416**
江城区	186	103	83	16060	7849	8211
阳东区	45	23	22	11201	5236	5965
阳西县	18	8	10	3194	1529	1665
阳春市	16	4	12	2848	1273	1575
清远市	**294**	**122**	**172**	**60220**	**28649**	**31571**
清城区	168	72	96	34700	16264	18436
清新区	62	24	38	10570	4753	5817
佛冈县	14	6	8	2778	1453	1325
阳山县	8	6	2	1338	656	682
连山壮族瑶族自治县	2		2	531	245	286
连南瑶族自治县				439	215	224
英德市	32	9	23	8436	4339	4097
连州市	8	5	3	1428	724	704
东莞市	**5709**	**2778**	**2931**	**666548**	**330798**	**335750**
市辖区	5709	2778	2931	666548	330798	335750
中山市	**1353**	**605**	**748**	**291286**	**143922**	**147364**
市辖区	1353	605	748	291286	143922	147364
潮州市	**315**	**158**	**157**	**52756**	**27502**	**25254**
湘桥区	103	65	38	13164	6663	6501
潮安区	195	84	111	37936	20026	17910
饶平县	17	9	8	1656	813	843
揭阳市	**111**	**51**	**60**	**25322**	**13337**	**11985**
榕城区	18	8	10	6774	3684	3090
揭东区	44	25	19	6730	3592	3138
揭西县	13	3	10	2421	1245	1176
惠来县	9	5	4	1727	873	854
普宁市	27	10	17	7670	3943	3727
云浮市	**130**	**61**	**69**	**18353**	**8766**	**9587**
云城区	53	22	31	8629	4047	4582
云安区	9	3	6	1249	684	565
新兴县	24	8	16	3709	1938	1771
郁南县	7	3	4	1169	519	650
罗定市	37	25	12	3597	1578	2019

4-3 续表 6

单位：人

地区	初中			高中			大学专科		
	小计	男	女	小计	男	女	小计	男	女
广东	**19001932**	**11288346**	**7713586**	**10437451**	**6330660**	**4106791**	**5109776**	**2772425**	**2337351**
广州市	**3287982**	**1928059**	**1359923**	**2361682**	**1387888**	**973794**	**1465347**	**764867**	**700480**
荔湾区	178236	101555	76681	145204	79822	65382	81706	41269	40437
越秀区	88608	49654	38954	81912	45254	36658	40385	18575	21810
海珠区	356814	200440	156374	177660	98472	79188	95904	44617	51287
天河区	255341	145686	109655	412171	238655	173516	327674	171545	156129
白云区	926829	546076	380753	601456	352135	249321	373583	193111	180472
黄埔区	214743	131389	83354	190196	121930	68266	109955	62558	47397
番禺区	529984	306785	223199	404584	235133	169451	198800	99415	99385
花都区	373832	222475	151357	134463	81589	52874	75315	41932	33383
南沙区	164557	103798	60759	98488	65252	33236	38613	23245	15368
从化区	29599	17934	11665	22487	13763	8724	47342	28236	19106
增城区	169439	102267	67172	93061	55883	37178	76070	40364	35706
韶关市	**121050**	**65974**	**55076**	**78229**	**42096**	**36133**	**45709**	**24487**	**21222**
武江区	38577	20675	17902	25643	13069	12574	12620	6389	6231
浈江区	25606	13478	12128	23837	12722	11115	12591	6238	6353
曲江区	16270	9152	7118	8186	4592	3594	9744	5865	3879
始兴县	3923	2093	1830	1993	1187	806	950	529	421
仁化县	6825	3919	2906	3508	1963	1545	1874	1103	771
翁源县	6899	3939	2960	2888	1667	1221	1440	835	605
乳源瑶族自治县	4183	2407	1776	2566	1424	1142	1548	871	677
新丰县	5266	3049	2217	2514	1524	990	1126	671	455
乐昌市	8497	4469	4028	4334	2341	1993	2219	1155	1064
南雄市	5004	2793	2211	2760	1607	1153	1597	831	766
深圳市	**4622954**	**2716244**	**1906710**	**2887332**	**1782744**	**1104588**	**1694524**	**928259**	**766265**
罗湖区	197428	110704	86724	168674	94289	74385	95787	45656	50131
福田区	236820	137813	99007	205392	123175	82217	122600	61157	61443
南山区	237545	142737	94808	216290	131187	85103	153434	81587	71847
宝安区	1517785	883126	634659	770728	484996	285732	450785	256656	194129
龙岗区	1106833	643979	462854	688758	412519	276239	398852	211590	187262
盐田区	42345	25831	16514	37023	23046	13977	16952	8981	7971
龙华区	681893	410533	271360	492017	313033	178984	325135	182865	142270
坪山区	174319	104478	69841	93762	61042	32720	41521	24839	16682
光明区	427986	257043	170943	214688	139457	75231	89458	54928	34530
珠海市	**420628**	**256103**	**164525**	**272893**	**168248**	**104645**	**134420**	**73536**	**60884**
香洲区	220245	132100	88145	167756	101187	66569	77328	41859	35469
斗门区	104165	63845	40320	54381	34638	19743	17698	10302	7396
金湾区	96218	60158	36060	50756	32423	18333	39394	21375	18019
汕头市	**280628**	**166509**	**114119**	**108961**	**63069**	**45892**	**36390**	**19814**	**16576**
龙湖区	63076	36892	26184	32961	18380	14581	12555	6443	6112
金平区	39760	22483	17277	24708	13446	11262	9727	4896	4831
濠江区	8452	6333	2119	6719	4251	2468	5004	3131	1873
潮阳区	52400	30782	21618	19082	11490	7592	3780	2265	1515
潮南区	35425	21257	14168	9060	5440	3620	2049	1157	892
澄海区	80339	48106	32233	15968	9844	6124	3071	1821	1250
南澳县	1176	656	520	463	218	245	204	101	103
佛山市	**2277711**	**1411827**	**865884**	**1016630**	**628128**	**388502**	**377205**	**210890**	**166315**
禅城区	294308	173144	121164	152059	89279	62780	64300	34122	30178
南海区	932840	581067	351773	408451	251651	156800	169783	96202	73581
顺德区	804029	496999	307030	367272	230436	136836	104100	57796	46304
三水区	175035	114990	60045	60691	38881	21810	23831	14533	9298
高明区	71499	45627	25872	28157	17881	10276	15191	8237	6954

4-3 续表 7

单位：人

地区	初中			高中			大学专科		
	小计	男	女	小计	男	女	小计	男	女
江门市	**497825**	**297932**	**199893**	**218325**	**132400**	**85925**	**89420**	**48459**	**40961**
蓬江区	121182	72147	49035	68215	40718	27497	39316	19992	19324
江海区	73943	43218	30725	38609	23219	15390	18781	10301	8480
新会区	92621	57129	35492	32245	20113	12132	9084	5291	3793
台山市	39321	23684	15637	19876	11787	8089	5584	3337	2247
开平市	59938	34813	25125	21910	12915	8995	5494	3037	2457
鹤山市	85236	51199	34037	28919	18435	10484	8164	4785	3379
恩平市	25584	15742	9842	8551	5213	3338	2997	1716	1281
湛江市	**201436**	**103158**	**98278**	**160104**	**86149**	**73955**	**76938**	**37443**	**39495**
赤坎区	36476	18430	18046	33677	17510	16167	16702	8346	8356
霞山区	69126	33826	35300	56809	29789	27020	23250	11823	11427
坡头区	6488	3473	3015	4358	2370	1988	3033	1668	1365
麻章区	17499	10007	7492	23689	14524	9165	10523	4440	6083
遂溪县	12880	6521	6359	8408	4354	4054	6566	2553	4013
徐闻县	11118	6143	4975	5492	3039	2453	2877	1589	1288
廉江市	21209	10195	11014	14588	7310	7278	6953	3211	3742
雷州市	10017	5276	4741	6727	3705	3022	3842	2050	1792
吴川市	16623	9287	7336	6356	3548	2808	3192	1763	1429
茂名市	**92466**	**48945**	**43521**	**71085**	**40579**	**30506**	**48138**	**22735**	**25403**
茂南区	31190	17466	13724	26248	15387	10861	21072	9215	11857
电白区	17335	9272	8063	12452	6661	5791	13389	7733	5656
高州市	17475	9502	7973	16801	9864	6937	6755	2081	4674
化州市	16803	7894	8909	10712	6012	4700	4532	2404	2128
信宜市	9663	4811	4852	4872	2655	2217	2390	1302	1088
肇庆市	**218458**	**133829**	**84629**	**124034**	**74507**	**49527**	**54443**	**31967**	**22476**
端州区	39898	22213	17685	49641	28069	21572	23683	13283	10400
鼎湖区	22436	14387	8049	10644	6544	4100	8188	4576	3612
高要区	42151	26502	15649	12096	7662	4434	4766	3301	1465
广宁县	8204	5051	3153	3040	1835	1205	1321	744	577
怀集县	5888	3420	2468	2085	1151	934	1029	581	448
封开县	4118	2437	1681	2049	1243	806	975	559	416
德庆县	4322	2342	1980	2156	1185	971	898	459	439
四会市	91441	57477	33964	42323	26818	15505	13583	8464	5119
惠州市	**1147101**	**696276**	**450825**	**438017**	**272002**	**166015**	**196630**	**110822**	**85808**
惠城区	390241	232882	157359	189213	116163	73050	100537	55240	45297
惠阳区	423329	261147	162182	152841	96608	56233	59131	34648	24483
博罗县	205531	125240	80291	64084	40018	24066	26171	14661	11510
惠东县	112695	67464	45231	25304	15316	9988	8306	4799	3507
龙门县	15305	9543	5762	6575	3897	2678	2485	1474	1011
梅州市	**111146**	**58488**	**52658**	**75894**	**39932**	**35962**	**32592**	**16031**	**16561**
梅江区	38001	19836	18165	33572	18024	15548	11785	5784	6001
梅县区	29240	14849	14391	19119	9513	9606	9647	4344	5303
大埔县	6644	3624	3020	3636	1955	1681	1927	1019	908
丰顺县	7696	4276	3420	3464	1933	1531	1705	955	750
五华县	11459	6400	5059	5978	3418	2560	3057	1675	1382
平远县	3548	1831	1717	1572	892	680	820	398	422
蕉岭县	4335	2479	1856	1905	1022	883	742	351	391
兴宁市	10223	5193	5030	6648	3175	3473	2909	1505	1404

4-3 续表 8

单位：人

地区	初中			高中			大学专科		
	小计	男	女	小计	男	女	小计	男	女
汕尾市	**85001**	**50059**	**34942**	**30924**	**18543**	**12381**	**17514**	**8957**	**8557**
城区	21462	13160	8302	11006	6653	4353	9906	4517	5389
海丰县	47594	27985	19609	13982	8463	5519	4530	2727	1803
陆河县	5515	3294	2221	1730	985	745	755	425	330
陆丰市	10430	5620	4810	4206	2442	1764	2323	1288	1035
河源市	**190319**	**102071**	**88248**	**99365**	**54591**	**44774**	**43272**	**22882**	**20390**
源城区	128137	66641	61496	67911	36905	31006	29939	15648	14291
紫金县	16290	9605	6685	6324	3590	2734	2866	1579	1287
龙川县	12137	6515	5622	6704	3820	2884	3469	2138	1331
连平县	6964	3896	3068	3293	1823	1470	1698	908	790
和平县	4549	2554	1995	2617	1482	1135	1239	694	545
东源县	22242	12860	9382	12516	6971	5545	4061	1915	2146
阳江市	**102652**	**57649**	**45003**	**54259**	**30711**	**23548**	**35223**	**18573**	**16650**
江城区	49753	28082	21671	29277	16402	12875	22307	11261	11046
阳东区	33629	18860	14769	14851	8644	6207	7559	4344	3215
阳西县	8584	4805	3779	4219	2395	1824	2130	1212	918
阳春市	10686	5902	4784	5912	3270	2642	3227	1756	1471
清远市	**219634**	**128135**	**91499**	**95263**	**54947**	**40316**	**83216**	**44426**	**38790**
清城区	127312	75524	51788	54153	31492	22661	65153	34463	30690
清新区	34401	18857	15544	14568	8315	6253	5736	3022	2714
佛冈县	12334	7588	4746	5176	3166	2010	2300	1356	944
阳山县	5505	3080	2425	2677	1511	1166	1372	781	591
连山壮族瑶族自治县	1756	906	850	750	415	335	437	238	199
连南瑶族自治县	1523	783	740	778	416	362	507	248	259
英德市	30966	18000	12966	13766	7955	5811	6194	3512	2682
连州市	5837	3397	2440	3395	1677	1718	1517	806	711
东莞市	**3690993**	**2212317**	**1478676**	**1791782**	**1119198**	**672584**	**471125**	**274022**	**197103**
市辖区	3690993	2212317	1478676	1791782	1119198	672584	471125	274022	197103
中山市	**1186401**	**708134**	**478267**	**456969**	**281036**	**175933**	**156837**	**87789**	**69048**
市辖区	1186401	708134	478267	456969	281036	175933	156837	87789	69048
潮州市	**102786**	**61837**	**40949**	**33607**	**18227**	**15380**	**12572**	**5977**	**6595**
湘桥区	32436	18514	13922	18551	9267	9284	7526	3295	4231
潮安区	65231	40473	24758	13127	7869	5258	3966	2090	1876
饶平县	5119	2850	2269	1929	1091	838	1080	592	488
揭阳市	**69201**	**42332**	**26869**	**26575**	**15337**	**11238**	**14947**	**7264**	**7683**
榕城区	16896	11008	5888	4777	2751	2026	6092	2370	3722
揭东区	16192	10427	5765	6612	3847	2765	1550	941	609
揭西县	6654	3782	2872	2471	1345	1126	1317	701	616
惠来县	5649	3184	2465	3117	1735	1382	1704	972	732
普宁市	23810	13931	9879	9598	5659	3939	4284	2280	2004
云浮市	**75560**	**42468**	**33092**	**35521**	**20328**	**15193**	**23314**	**13225**	**10089**
云城区	35415	20065	15350	16395	9555	6840	8832	4857	3975
云安区	5073	3288	1785	2909	1910	999	2920	1761	1159
新兴县	16340	9713	6627	7576	4092	3484	2706	1421	1285
郁南县	5363	2715	2648	2349	1292	1057	1426	738	688
罗定市	13369	6687	6682	6292	3479	2813	7430	4448	2982

4-3 续表 9 单位：人

地　区	大学本科			硕士研究生			博士研究生		
	小计	男	女	小计	男	女	小计	男	女
广　东	**3511704**	**1882509**	**1629195**	**297054**	**161229**	**135825**	**36109**	**23387**	**12722**
广州市	**1098117**	**549314**	**548803**	**108905**	**54577**	**54328**	**16048**	**9666**	**6382**
荔湾区	60588	29741	30847	4738	2440	2298	551	319	232
越秀区	48347	21419	26928	7676	3596	4080	973	567	406
海珠区	99815	45422	54393	13140	6033	7107	2576	1576	1000
天河区	217628	111370	106258	26926	13308	13618	3916	2372	1544
白云区	208339	101724	106615	14491	6788	7703	2594	1391	1203
黄埔区	96686	52989	43697	9685	5271	4414	1147	753	394
番禺区	178383	91859	86524	24065	12798	11267	3516	2168	1348
花都区	68163	31600	36563	2534	1392	1142	203	138	65
南沙区	21599	12691	8908	1547	871	676	185	124	61
从化区	38168	19587	18581	1067	434	633	87	63	24
增城区	60401	30912	29489	3036	1646	1390	300	195	105
韶关市	**42787**	**21732**	**21055**	**1808**	**1052**	**756**	**160**	**110**	**50**
武江区	10880	5596	5284	771	437	334	47	39	8
浈江区	20422	9773	10649	433	239	194	71	49	22
曲江区	2125	1181	944	113	74	39	12	6	6
始兴县	857	468	389	42	23	19	2	2	
仁化县	1657	982	675	66	51	15	4	3	1
翁源县	1296	684	612	73	43	30	6	2	4
乳源瑶族自治县	1288	731	557	106	76	30	7	5	2
新丰县	805	476	329	46	24	22	4	2	2
乐昌市	2111	1107	1004	96	53	43	5	2	3
南雄市	1346	734	612	62	32	30	2		2
深圳市	**1129316**	**639587**	**489729**	**118549**	**66848**	**51701**	**10812**	**7609**	**3203**
罗湖区	60784	30319	30465	6931	3478	3453	517	348	169
福田区	104004	53664	50340	17449	8993	8456	1408	995	413
南山区	158063	88837	69226	29299	16874	12425	3594	2403	1191
宝安区	296399	176436	119963	22783	13589	9194	1419	1062	357
龙岗区	233444	129456	103988	20242	11642	8600	1816	1312	504
盐田区	11204	5918	5286	1494	748	746	196	129	67
龙华区	195112	110701	84411	14779	8223	6556	1260	897	363
坪山区	26004	16337	9667	2587	1509	1078	222	174	48
光明区	44302	27919	16383	2985	1792	1193	380	289	91
珠海市	**129837**	**67104**	**62733**	**8643**	**4481**	**4162**	**1620**	**988**	**632**
香洲区	89163	46327	42836	7031	3580	3451	1398	842	556
斗门区	9875	5782	4093	743	398	345	67	44	23
金湾区	30799	14995	15804	869	503	366	155	102	53
汕头市	**23010**	**12441**	**10569**	**1749**	**912**	**837**	**234**	**143**	**91**
龙湖区	7588	4022	3566	430	248	182	63	39	24
金平区	8860	4727	4133	1044	514	530	138	87	51
濠江区	752	493	259	32	17	15	3	1	2
潮阳区	2160	1188	972	88	51	37	9	4	5
潮南区	1757	935	822	75	37	38	11	6	5
澄海区	1730	990	740	74	42	32	9	5	4
南澳县	163	86	77	6	3	3	1	1	
佛山市	**210734**	**116038**	**94696**	**12252**	**6893**	**5359**	**1234**	**831**	**403**
禅城区	39391	20891	18500	2093	1106	987	185	119	66
南海区	90715	49663	41052	4932	2678	2254	525	338	187
顺德区	54807	31583	23224	4085	2470	1615	427	304	123
三水区	21471	11253	10218	855	457	398	80	57	23
高明区	4350	2648	1702	287	182	105	17	13	4

4-3　续表 10　　　　单位：人

地　区	大学本科			硕士研究生			博士研究生		
	小计	男	女	小计	男	女	小计	男	女
江门市	**54670**	**31565**	**23105**	**2422**	**1435**	**987**	**242**	**172**	**70**
蓬江区	26401	15242	11159	1064	637	427	115	85	30
江海区	7629	4205	3424	425	249	176	36	23	13
新会区	5834	3405	2429	336	208	128	20	16	4
台山市	4180	2592	1588	205	127	78	8	3	5
开平市	3214	1866	1348	125	60	65	26	16	10
鹤山市	4913	2862	2051	171	102	69	24	20	4
恩平市	2499	1393	1106	96	52	44	13	9	4
湛江市	**105771**	**50446**	**55325**	**3597**	**1893**	**1704**	**491**	**317**	**174**
赤坎区	27025	9980	17045	555	316	239	153	100	53
霞山区	20438	11048	9390	1242	633	609	158	99	59
坡头区	2844	1544	1300	202	114	88	8	6	2
麻章区	37272	18419	18853	750	385	365	67	48	19
遂溪县	3805	1994	1811	184	94	90	26	13	13
徐闻县	2558	1412	1146	112	65	47	18	9	9
廉江市	4883	2420	2463	247	122	125	28	19	9
雷州市	4077	2124	1953	179	90	89	20	14	6
吴川市	2869	1505	1364	126	74	52	13	9	4
茂名市	**33977**	**17724**	**16253**	**1180**	**638**	**542**	**184**	**135**	**49**
茂南区	20687	10812	9875	498	265	233	97	75	22
电白区	4657	2362	2295	278	134	144	41	28	13
高州市	2295	1210	1085	128	78	50	9	5	4
化州市	4257	2187	2070	190	108	82	27	21	6
信宜市	2081	1153	928	86	53	33	10	6	4
肇庆市	**55485**	**27610**	**27875**	**1172**	**617**	**555**	**109**	**70**	**39**
端州区	27531	12507	15024	415	204	211	41	27	14
鼎湖区	7685	3646	4039	135	70	65	14	10	4
高要区	9892	5273	4619	54	33	21	8	3	5
广宁县	1210	663	547	58	27	31	6	2	4
怀集县	891	498	393	46	24	22	5	4	1
封开县	909	540	369	45	27	18	4	3	1
德庆县	755	384	371	59	29	30	2		2
四会市	6612	4099	2513	360	203	157	29	21	8
惠州市	**114839**	**65781**	**49058**	**5845**	**3416**	**2429**	**589**	**387**	**202**
惠城区	62166	35121	27045	2930	1795	1135	285	189	96
惠阳区	33047	19410	13637	1930	1085	845	211	134	77
博罗县	11946	6891	5055	548	294	254	62	40	22
惠东县	5581	3209	2372	327	184	143	22	15	7
龙门县	2099	1150	949	110	58	52	9	9	
梅州市	**39936**	**19117**	**20819**	**1188**	**633**	**555**	**153**	**106**	**47**
梅江区	23568	10455	13113	497	263	234	72	55	17
梅县区	5744	2998	2746	225	120	105	23	15	8
大埔县	2077	1099	978	77	44	33	13	7	6
丰顺县	1610	869	741	62	34	28	11	8	3
五华县	2854	1574	1280	141	77	64	12	8	4
平远县	838	462	376	33	22	11	1	1	
蕉岭县	687	313	374	48	23	25			
兴宁市	2558	1347	1211	105	50	55	21	12	9

4-3 续表 11 单位：人

地　区	大学本科			硕士研究生			博士研究生		
	小计	男	女	小计	男	女	小计	男	女
汕尾市	**9793**	**5772**	**4021**	**715**	**390**	**325**	**67**	**44**	**23**
城　区	3677	2253	1424	238	140	98	18	15	3
海丰县	3738	2251	1487	350	192	158	35	22	13
陆河县	527	271	256	19	11	8	2	1	1
陆丰市	1851	997	854	108	47	61	12	6	6
河源市	**25400**	**13409**	**11991**	**1056**	**607**	**449**	**102**	**70**	**32**
源城区	14202	7597	6605	643	399	244	54	39	15
紫金县	2432	1307	1125	85	47	38	11	8	3
龙川县	2561	1475	1086	108	51	57	8	8	
连平县	1324	697	627	54	30	24	12	5	7
和平县	1089	563	526	38	16	22	7	4	3
东源县	3792	1770	2022	128	64	64	10	6	4
阳江市	**16958**	**9759**	**7199**	**869**	**507**	**362**	**93**	**53**	**40**
江城区	8298	4572	3726	461	254	207	58	33	25
阳东区	4392	2732	1660	198	120	78	18	9	9
阳西县	1834	1117	717	87	56	31	7	6	1
阳春市	2434	1338	1096	123	77	46	10	5	5
清远市	**32772**	**17931**	**14841**	**1913**	**1143**	**770**	**200**	**133**	**67**
清城区	18661	10106	8555	1280	757	523	123	83	40
清新区	4147	2182	1965	186	108	78	25	17	8
佛冈县	1442	856	586	75	48	27	4	3	1
阳山县	1198	679	519	55	37	18	9	7	2
连山壮族瑶族自治县	468	249	219	17	9	8	2	1	1
连南瑶族自治县	517	266	251	26	12	14	1		1
英德市	5045	2869	2176	225	140	85	30	20	10
连州市	1294	724	570	49	32	17	6	2	4
东莞市	**263258**	**150994**	**112264**	**19531**	**11988**	**7543**	**3208**	**2189**	**1019**
市辖区	263258	150994	112264	19531	11988	7543	3208	2189	1019
中山市	**83266**	**45670**	**37596**	**3879**	**2175**	**1704**	**354**	**233**	**121**
市辖区	83266	45670	37596	3879	2175	1704	354	233	121
潮州市	**18636**	**8048**	**10588**	**558**	**326**	**232**	**73**	**49**	**24**
湘桥区	14102	5576	8526	306	184	122	52	34	18
潮安区	3562	1858	1704	213	121	92	16	12	4
饶平县	972	614	358	39	21	18	5	3	2
揭阳市	**7150**	**3861**	**3289**	**411**	**224**	**187**	**46**	**21**	**25**
榕城区	1096	591	505	61	40	21	6	3	3
揭东区	961	535	426	56	28	28	5	4	1
揭西县	1171	580	591	67	35	32	8	4	4
惠来县	1555	885	670	95	50	45	12	3	9
普宁市	2367	1270	1097	132	71	61	15	7	8
云浮市	**15992**	**8606**	**7386**	**812**	**474**	**338**	**90**	**61**	**29**
云城区	5904	3218	2686	315	188	127	22	15	7
云安区	3360	1693	1667	66	32	34	13	9	4
新兴县	2333	1364	969	236	140	96	27	20	7
郁南县	1330	701	629	57	34	23	5	1	4
罗定市	3065	1630	1435	138	80	58	23	16	7

4–3a　各地区分性别、受教育程度的16–59岁人口(城市)

单位：人

地　　区	16–59岁人口			未上过学		
	合计	男	女	小计	男	女
广　东	**35700154**	**20427445**	**15272709**	**117477**	**35593**	**81884**
广州市	**7553242**	**4159579**	**3393663**	**19663**	**6760**	**12903**
荔湾区	510757	274579	236178	1367	470	897
越秀区	284207	146141	138066	651	225	426
海珠区	799104	421723	377381	1205	393	812
天河区	1292949	705528	587421	2356	843	1513
白云区	1834431	1009384	825047	5315	1577	3738
黄埔区	623346	369899	253447	2150	760	1390
番禺区	1261238	688917	572321	3158	1262	1896
花都区	484916	272427	212489	1777	697	1080
南沙区	231223	143152	88071	1087	381	706
从化区	50466	27651	22815	48	13	35
增城区	180605	100178	80427	549	139	410
韶关市	**205631**	**103236**	**102395**	**980**	**257**	**723**
武江区	91345	46220	45125	451	113	338
浈江区	78141	38469	39672	311	80	231
曲江区	20953	10611	10342	115	30	85
始兴县						
仁化县						
翁源县						
乳源瑶族自治县						
新丰县						
乐昌市	8802	4512	4290	83	31	52
南雄市	6390	3424	2966	20	3	17
深圳市	**11118102**	**6407476**	**4710626**	**33747**	**7444**	**26303**
罗湖区	568539	300389	268150	2029	372	1657
福田区	732350	404580	327770	2179	429	1750
南山区	841690	481228	360462	2813	652	2161
宝安区	3239509	1889711	1349798	8203	1835	6368
龙岗区	2605674	1469476	1136198	9012	2063	6949
盐田区	116299	67714	48585	348	86	262
龙华区	1793015	1058587	734428	4249	885	3364
坪山区	372965	224156	148809	1712	410	1302
光明区	848061	511635	336426	3202	712	2490
珠海市	**834214**	**470061**	**364153**	**3504**	**1090**	**2414**
香洲区	573581	321218	252363	2407	704	1703
斗门区	87226	51508	35718	481	169	312
金湾区	173407	97335	76072	616	217	399
汕头市	**350041**	**195134**	**154907**	**2726**	**877**	**1849**
龙湖区	129671	72062	57609	712	302	410
金平区	98600	52417	46183	1005	213	792
濠江区	11613	7262	4351	106	22	84
潮阳区	21247	12183	9064	130	47	83
潮南区	26045	15354	10691	299	157	142
澄海区	62865	35856	27009	474	136	338
南澳县						
佛山市	**3972919**	**2369480**	**1603439**	**13185**	**4834**	**8351**
禅城区	498306	280953	217353	1027	431	596
南海区	1747678	1048142	699536	5656	2097	3559
顺德区	1497064	901652	595412	5382	2017	3365
三水区	113035	67197	45838	770	145	625
高明区	116836	71536	45300	350	144	206

4-3a 续表 1

单位：人

地 区	16-59岁人口			未上过学		
	合计	男	女	小计	男	女
江门市	**696886**	**395386**	**301500**	**2747**	**885**	**1862**
蓬江区	287943	163651	124292	1214	429	785
江海区	159637	90701	68936	782	235	547
新会区	85262	49031	36231	369	97	272
台山市	42619	24528	18091	115	34	81
开平市	38599	20497	18102	98	30	68
鹤山市	70612	40252	30360	145	51	94
恩平市	12214	6726	5488	24	9	15
湛江市	**374988**	**187769**	**187219**	**1247**	**418**	**829**
赤坎区	120349	57186	63163	275	85	190
霞山区	183638	92322	91316	711	246	465
坡头区	9667	5030	4637	35	4	31
麻章区	29275	17371	11904	56	30	26
遂溪县	1387	695	692	21	3	18
徐闻县						
廉江市	13415	5828	7587	37	13	24
雷州市	4516	2302	2214	10	4	6
吴川市	12741	7035	5706	102	33	69
茂名市	**144225**	**79277**	**64948**	**388**	**121**	**267**
茂南区	80579	44781	35798	213	64	149
电白区	10859	6237	4622	52	15	37
高州市	31506	16518	14988	50	16	34
化州市	12560	6880	5680	43	18	25
信宜市	8721	4861	3860	30	8	22
肇庆市	**329652**	**188234**	**141418**	**792**	**281**	**511**
端州区	149933	80434	69499	363	128	235
鼎湖区	37662	21567	16095	116	61	55
高要区	16237	9222	7015	21	6	15
广宁县						
怀集县						
封开县						
德庆县						
四会市	125820	77011	48809	292	86	206
惠州市	**1257892**	**737517**	**520375**	**6376**	**2076**	**4300**
惠城区	667614	381662	285952	3895	1147	2748
惠阳区	576515	347791	228724	2444	922	1522
博罗县	13763	8064	5699	37	7	30
惠东县						
龙门县						
梅州市	**178753**	**88257**	**90496**	**436**	**170**	**266**
梅江区	111485	55785	55700	295	116	179
梅县区	55801	27012	28789	106	39	67
大埔县						
丰顺县						
五华县	347	199	148	3	1	2
平远县						
蕉岭县						
兴宁市	11120	5261	5859	32	14	18

4-3a　续表 2　　单位：人

地　区	16-59岁人口			未上过学		
	合计	男	女	小计	男	女
汕尾市	**48426**	**25398**	**23028**	**578**	**154**	**424**
城　区	42221	22176	20045	521	136	385
海丰县						
陆河县						
陆丰市	6205	3222	2983	57	18	39
河源市	**230041**	**117786**	**112255**	**748**	**224**	**524**
源城区	230041	117786	112255	748	224	524
紫金县						
龙川县						
连平县						
和平县						
东源县						
阳江市	**144991**	**75216**	**69775**	**457**	**149**	**308**
江城区	97482	50512	46970	310	102	208
阳东区	37002	19384	17618	110	34	76
阳西县						
阳春市	10507	5320	5187	37	13	24
清远市	**233433**	**119502**	**113931**	**1385**	**315**	**1070**
清城区	172113	88948	83165	897	205	692
清新区	36204	17589	18615	389	75	314
佛冈县						
阳山县						
连山壮族瑶族自治县						
连南瑶族自治县						
英德市	18109	9534	8575	73	28	45
连州市	7007	3431	3576	26	7	19
东莞市	**6372603**	**3759839**	**2612764**	**20493**	**7007**	**13486**
市辖区	6372603	3759839	2612764	20493	7007	13486
中山市	**1350989**	**780800**	**570189**	**5344**	**1801**	**3543**
市辖区	1350989	780800	570189	5344	1801	3543
潮州市	**152198**	**83460**	**68738**	**1800**	**487**	**1313**
湘桥区	69615	36563	33052	522	143	379
潮安区	82583	46897	35686	1278	344	934
饶平县						
揭阳市	**64374**	**36265**	**28109**	**608**	**140**	**468**
榕城区	28029	15501	12528	360	66	294
揭东区	16503	9595	6908	174	45	129
揭西县						
惠来县						
普宁市	19842	11169	8673	74	29	45
云浮市	**86554**	**47773**	**38781**	**273**	**103**	**170**
云城区	70201	38571	31630	227	83	144
云安区	1521	964	557	3	1	2
新兴县						
郁南县						
罗定市	14832	8238	6594	43	19	24

4－3a 续表 3

单位：人

地区	学前教育			小学		
	小计	男	女	小计	男	女
广东	**19379**	**8749**	**10630**	**2880775**	**1385838**	**1494937**
广州市	**2899**	**1312**	**1587**	**460932**	**219986**	**240946**
荔湾区	224	115	109	38143	18848	19295
越秀区	112	59	53	15543	6792	8751
海珠区	225	107	118	51765	24663	27102
天河区	391	184	207	46546	21565	24981
白云区	719	280	439	133900	62529	71371
黄埔区	188	75	113	33581	16313	17268
番禺区	620	320	300	72037	35188	36849
花都区	198	101	97	36515	17520	18995
南沙区	140	46	94	18908	9563	9345
从化区	13	6	7	1361	636	725
增城区	69	19	50	12633	6369	6264
韶关市	**131**	**57**	**74**	**17563**	**7492**	**10071**
武江区	67	30	37	8309	3550	4759
浈江区	46	17	29	5441	2272	3169
曲江区	6	3	3	2192	912	1280
始兴县						
仁化县						
翁源县						
乳源瑶族自治县						
新丰县						
乐昌市	5	2	3	1073	492	581
南雄市	7	5	2	548	266	282
深圳市	**3127**	**1069**	**2058**	**652583**	**281452**	**371131**
罗湖区	177	54	123	36212	15169	21043
福田区	218	57	161	42280	18297	23983
南山区	282	158	124	43867	19948	23919
宝安区	806	273	533	170601	71738	98863
龙岗区	824	282	542	176449	76879	99570
盐田区	28	10	18	6709	2965	3744
龙华区	453	132	321	78117	31318	46799
坪山区	120	41	79	33507	15705	17802
光明区	219	62	157	64841	29433	35408
珠海市	**478**	**208**	**270**	**63835**	**31518**	**32317**
香洲区	344	151	193	42063	20187	21876
斗门区	40	16	24	8911	4365	4546
金湾区	94	41	53	12861	6966	5895
汕头市	**365**	**163**	**202**	**55914**	**28300**	**27614**
龙湖区	86	34	52	18125	9233	8892
金平区	73	30	43	14408	6649	7759
濠江区	9	6	3	1410	799	611
潮阳区	66	42	24	3229	1648	1581
潮南区	18	4	14	5286	2950	2336
澄海区	113	47	66	13456	7021	6435
南澳县						
佛山市	**3366**	**1753**	**1613**	**444096**	**236731**	**207365**
禅城区	256	130	126	34806	17694	17112
南海区	1570	816	754	208105	112707	95398
顺德区	1415	741	674	174523	91846	82677
三水区	79	43	36	14458	7557	6901
高明区	46	23	23	12204	6927	5277

4-3a 续表 4

单位：人

地 区	学前教育			小 学		
	小计	男	女	小计	男	女
江门市	**372**	**159**	**213**	**83015**	**40543**	**42472**
蓬江区	203	90	113	32078	15537	16541
江海区	83	32	51	19349	9219	10130
新会区	30	11	19	14251	7231	7020
台山市	12	4	8	3690	1930	1760
开平市	23	13	10	4497	2117	2380
鹤山市	15	6	9	8192	4049	4143
恩平市	6	3	3	958	460	498
湛江市	**252**	**126**	**126**	**25380**	**11219**	**14161**
赤坎区	66	32	34	5943	2679	3264
霞山区	120	65	55	14212	6041	8171
坡头区	10		10	560	245	315
麻章区	32	15	17	1087	484	603
遂溪县				240	106	134
徐闻县						
廉江市	3	2	1	749	315	434
雷州市	6	2	4	354	167	187
吴川市	15	10	5	2235	1182	1053
茂名市	**85**	**44**	**41**	**9507**	**4717**	**4790**
茂南区	35	18	17	5286	2565	2721
电白区	8	2	6	969	519	450
高州市	17	8	9	1555	792	763
化州市	20	13	7	948	474	474
信宜市	5	3	2	749	367	382
肇庆市	**267**	**146**	**121**	**23688**	**12126**	**11562**
端州区	126	55	71	8235	3948	4287
鼎湖区	59	42	17	3155	1880	1275
高要区	13	11	2	786	408	378
广宁县						
怀集县						
封开县						
德庆县						
四会市	69	38	31	11512	5890	5622
惠州市	**1159**	**478**	**681**	**124127**	**61652**	**62475**
惠城区	691	283	408	64538	30319	34219
惠阳区	463	195	268	57748	30408	27340
博罗县	5		5	1841	925	916
惠东县						
龙门县						
梅州市	**134**	**53**	**81**	**12126**	**5488**	**6638**
梅江区	74	28	46	7014	3118	3896
梅县区	45	17	28	4244	1921	2323
大埔县						
丰顺县						
五华县				31	12	19
平远县						
蕉岭县						
兴宁市	15	8	7	837	437	400

4-3a 续表 5

单位：人

地　区	学前教育			小　学		
	小计	男	女	小计	男	女
汕尾市	**44**	**16**	**28**	**8921**	**4264**	**4657**
城　区	43	16	27	7747	3686	4061
海丰县						
陆河县						
陆丰市	1		1	1174	578	596
河源市	**134**	**50**	**84**	**20176**	**8810**	**11366**
源城区	134	50	84	20176	8810	11366
紫金县						
龙川县						
连平县						
和平县						
东源县						
阳江市	**155**	**80**	**75**	**16870**	**7827**	**9043**
江城区	123	65	58	11051	5232	5819
阳东区	26	14	12	4899	2184	2715
阳西县						
阳春市	6	1	5	920	411	509
清远市	**133**	**51**	**82**	**28521**	**12239**	**16282**
清城区	96	39	57	20357	8665	11692
清新区	27	7	20	5685	2356	3329
佛冈县						
阳山县						
连山壮族瑶族自治县						
连南瑶族自治县						
英德市	6	2	4	1844	934	910
连州市	4	3	1	635	284	351
东莞市	**5143**	**2474**	**2669**	**600644**	**295686**	**304958**
市辖区	5143	2474	2669	600644	295686	304958
中山市	**810**	**361**	**449**	**176525**	**86861**	**89664**
市辖区	810	361	449	176525	86861	89664
潮州市	**211**	**92**	**119**	**36453**	**18993**	**17460**
湘桥区	53	23	30	11862	5978	5884
潮安区	158	69	89	24591	13015	11576
饶平县						
揭阳市	**57**	**30**	**27**	**10916**	**5796**	**5120**
榕城区	16	7	9	5090	2783	2307
揭东区	35	20	15	3184	1637	1547
揭西县						
惠来县						
普宁市	6	3	3	2642	1376	1266
云浮市	**57**	**27**	**30**	**8983**	**4138**	**4845**
云城区	46	17	29	7742	3538	4204
云安区				126	75	51
新兴县						
郁南县						
罗定市	11	10	1	1115	525	590

4-3a　续表 6　　　　单位：人

地　区	初　中			高　中			大学专科		
	小计	男	女	小计	男	女	小计	男	女
广　东	**15630448**	**9220362**	**6410086**	**9144701**	**5516060**	**3628641**	**4505224**	**2427638**	**2077586**
广州市	**2662921**	**1539783**	**1123138**	**2061763**	**1197758**	**864005**	**1278626**	**658565**	**620061**
荔湾区	178236	101555	76681	145204	79822	65382	81706	41269	40437
越秀区	88608	49654	38954	81912	45254	36658	40385	18575	21810
海珠区	356814	200440	156374	177660	98472	79188	95904	44617	51287
天河区	255341	145686	109655	412171	238655	173516	327674	171545	156129
白云区	735465	427358	308107	500405	288569	211836	294346	148495	145851
黄埔区	199353	121222	78131	180936	115755	65181	104421	59384	45037
番禺区	451677	258047	193630	354972	202548	152424	185549	91074	94475
花都区	250375	145195	105180	93147	55187	37960	59471	32869	26602
南沙区	90933	57032	33901	70273	46382	23891	30490	18413	12077
从化区	7053	4092	2961	8015	4880	3135	22258	12564	9694
增城区	49066	29502	19564	37068	22234	14834	36422	19760	16662
韶关市	**70313**	**36710**	**33603**	**54203**	**28074**	**26129**	**27040**	**13104**	**13936**
武江区	34662	18276	16386	24330	12283	12047	12151	6108	6043
浈江区	21045	10848	10197	20577	10794	9783	10340	4717	5623
曲江区	8960	4596	4364	5661	2999	2662	2467	1240	1227
始兴县									
仁化县									
翁源县									
乳源瑶族自治县									
新丰县									
乐昌市	3519	1849	1670	2061	1085	976	983	491	492
南雄市	2127	1141	986	1574	913	661	1099	548	551
深圳市	**4603096**	**2702966**	**1900130**	**2878335**	**1776336**	**1101999**	**1691038**	**925835**	**765203**
罗湖区	197428	110704	86724	168674	94289	74385	95787	45656	50131
福田区	236820	137813	99007	205392	123175	82217	122600	61157	61443
南山区	235333	140776	94557	215371	130319	85052	153140	81318	71822
宝安区	1517785	883126	634659	770728	484996	285732	450785	256656	194129
龙岗区	1089310	632729	456581	680834	407042	273792	395874	209529	186345
盐田区	42345	25831	16514	37023	23046	13977	16952	8981	7971
龙华区	681893	410533	271360	492017	313033	178984	325135	182865	142270
坪山区	174196	104411	69785	93608	60979	32629	41307	24745	16562
光明区	427986	257043	170943	214688	139457	75231	89458	54928	34530
珠海市	**305817**	**181238**	**124579**	**217213**	**130143**	**87070**	**114743**	**60707**	**54036**
香洲区	202600	118326	84274	159267	94695	64572	72849	38754	34095
斗门区	40301	24636	15665	23114	14281	8833	8818	4936	3882
金湾区	62916	38276	24640	34832	21167	13665	33076	17017	16059
汕头市	**161930**	**94513**	**67417**	**82183**	**46504**	**35679**	**26650**	**13912**	**12738**
龙湖区	58671	34259	24412	31921	17769	14152	12265	6268	5997
金平区	39492	22308	17184	24552	13350	11202	9696	4879	4817
濠江区	3932	2724	1208	5036	3009	2027	641	415	226
潮阳区	7502	4340	3162	7763	4606	3157	1621	982	639
潮南区	15047	9061	5986	3962	2401	1561	731	407	324
澄海区	37286	21821	15465	8949	5369	3580	1696	961	735
南澳县									
佛山市	**2021636**	**1244870**	**776766**	**937074**	**574262**	**362812**	**349578**	**193837**	**155741**
禅城区	236977	137292	99685	130821	75920	54901	56256	29410	26846
南海区	879784	546436	333348	391104	239813	151291	166544	94240	72304
顺德区	790566	488074	302492	362365	227190	135175	103689	57538	46151
三水区	54198	35054	19144	27295	15211	12084	8695	4943	3752
高明区	60111	38014	22097	25489	16128	9361	14394	7706	6688

4-3a 续表 7

单位：人

地区	初中			高中			大学专科		
	小计	男	女	小计	男	女	小计	男	女
江门市	**316673**	**186129**	**130544**	**168494**	**99370**	**69124**	**76510**	**40416**	**36094**
蓬江区	119863	71254	48609	67866	40497	27369	39207	19925	19282
江海区	73943	43218	30725	38609	23219	15390	18781	10301	8480
新会区	41812	25234	16578	18017	10467	7550	6125	3440	2685
台山市	18862	11277	7585	14025	7976	6049	3463	1923	1540
开平市	18110	9713	8397	11211	6083	5128	2875	1528	1347
鹤山市	38601	22326	16275	15397	9268	6129	4817	2626	2191
恩平市	5482	3107	2375	3369	1860	1509	1242	673	569
湛江市	**125432**	**62831**	**62601**	**114070**	**60433**	**53637**	**48994**	**24513**	**24481**
赤坎区	36202	18274	17928	33523	17423	16100	16648	8318	8330
霞山区	67639	33048	34591	56256	29506	26750	23049	11730	11319
坡头区	2010	978	1032	2504	1280	1224	2220	1247	973
麻章区	7353	3987	3366	13295	8132	5163	3034	1545	1489
遂溪县	628	327	301	261	142	119	138	69	69
徐闻县									
廉江市	4185	2033	2152	4696	2075	2621	2177	676	1501
雷州市	1440	728	712	1209	637	572	650	338	312
吴川市	5975	3456	2519	2326	1238	1088	1078	590	488
茂名市	**47709**	**27173**	**20536**	**45075**	**26339**	**18736**	**20898**	**9636**	**11262**
茂南区	24136	13661	10475	23000	13392	9608	11992	6357	5635
电白区	4726	2971	1755	2649	1416	1233	1201	641	560
高州市	10561	6038	4523	12749	7668	5081	5369	1359	4010
化州市	4544	2391	2153	4329	2567	1762	1344	714	630
信宜市	3742	2112	1630	2348	1296	1052	992	565	427
肇庆市	**116097**	**69428**	**46669**	**94787**	**56055**	**38732**	**45430**	**26690**	**18740**
端州区	39898	22213	17685	49641	28069	21572	23683	13283	10400
鼎湖区	11780	7477	4303	7713	4525	3188	7456	4102	3354
高要区	3059	1761	1298	2307	1365	942	2716	2022	694
广宁县									
怀集县									
封开县									
德庆县									
四会市	61360	37977	23383	35126	22096	13030	11575	7283	4292
惠州市	**622000**	**373612**	**248388**	**286062**	**175463**	**110599**	**127053**	**72247**	**54806**
惠城区	308323	180788	127535	156031	94088	61943	74939	41837	33102
惠阳区	305367	187845	117522	127439	79804	47635	51391	29966	21425
博罗县	8310	4979	3331	2592	1571	1021	723	444	279
惠东县									
龙门县									
梅州市	**62486**	**31849**	**30637**	**52017**	**26711**	**25306**	**21361**	**10075**	**11286**
梅江区	36053	18705	17348	32776	17593	15183	11432	5603	5829
梅县区	22114	11014	11100	15767	7667	8100	8482	3739	4743
大埔县									
丰顺县									
五华县	153	93	60	85	49	36	44	30	14
平远县									
蕉岭县									
兴宁市	4166	2037	2129	3389	1402	1987	1403	703	700

4-3a　续表 8　　　　单位：人

地　区	初　中			高　中			大学专科		
	小计	男	女	小计	男	女	小计	男	女
汕尾市	**17730**	**9839**	**7891**	**9030**	**5326**	**3704**	**9180**	**4020**	**5160**
城　区	14810	8402	6408	7932	4693	3239	8631	3698	4933
海丰县									
陆河县									
陆丰市	2920	1437	1483	1098	633	465	549	322	227
河源市	**106578**	**54761**	**51817**	**60766**	**32286**	**28480**	**27566**	**14128**	**13438**
源城区	106578	54761	51817	60766	32286	28480	27566	14128	13438
紫金县									
龙川县									
连平县									
和平县									
东源县									
阳江市	**56225**	**30004**	**26221**	**35729**	**19307**	**16422**	**24663**	**12007**	**12656**
江城区	35723	19227	16496	23599	12634	10965	19462	9342	10120
阳东区	16927	9007	7920	9187	5159	4028	3525	1770	1755
阳西县									
阳春市	3575	1770	1805	2943	1514	1429	1676	895	781
清远市	**96315**	**51930**	**44385**	**49528**	**26748**	**22780**	**37916**	**17770**	**20146**
清城区	69421	38017	31404	35242	19616	15626	31522	14571	16951
清新区	16906	8506	8400	7715	3947	3768	3273	1609	1664
佛冈县									
阳山县									
连山壮族瑶族自治县									
连南瑶族自治县									
英德市	7351	4011	3340	4453	2288	2165	2279	1160	1119
连州市	2637	1396	1241	2118	897	1221	842	430	412
东莞市	**3366923**	**2008440**	**1358483**	**1661272**	**1031718**	**629554**	**443597**	**256548**	**187049**
市辖区	3366923	2008440	1358483	1661272	1031718	629554	443597	256548	187049
中山市	**733484**	**434129**	**299355**	**279591**	**171113**	**108478**	**101617**	**57054**	**44563**
市辖区	733484	434129	299355	279591	171113	108478	101617	57054	44563
潮州市	**70329**	**41367**	**28962**	**26071**	**14001**	**12070**	**9933**	**4607**	**5326**
湘桥区	29190	16466	12724	16565	8473	8092	6905	3050	3855
潮安区	41139	24901	16238	9506	5528	3978	3028	1557	1471
饶平县									
揭阳市	**28902**	**17841**	**11061**	**13013**	**7456**	**5557**	**8973**	**3953**	**5020**
榕城区	12449	8064	4385	3613	2007	1606	5683	2137	3546
揭东区	7366	4625	2741	4553	2548	2005	813	499	314
揭西县									
惠来县									
普宁市	9087	5152	3935	4847	2901	1946	2477	1317	1160
云浮市	**37852**	**20949**	**16903**	**18425**	**10657**	**7768**	**13858**	**8014**	**5844**
云城区	32665	18241	14424	15400	8944	6456	8341	4580	3761
云安区	691	456	235	491	313	178	109	66	43
新兴县									
郁南县									
罗定市	4496	2252	2244	2534	1400	1134	5408	3368	2040

4-3a 续表 9

单位：人

地区	大学本科			硕士研究生			博士研究生		
	小计	男	女	小计	男	女	小计	男	女
广 东	**3088881**	**1659586**	**1429295**	**279192**	**151586**	**127606**	**34077**	**22033**	**12044**
广州市	**947721**	**474287**	**473434**	**103315**	**51892**	**51423**	**15402**	**9236**	**6166**
荔湾区	60588	29741	30847	4738	2440	2298	551	319	232
越秀区	48347	21419	26928	7676	3596	4080	973	567	406
海珠区	99815	45422	54393	13140	6033	7107	2576	1576	1000
天河区	217628	111370	106258	26926	13308	13618	3916	2372	1544
白云区	148285	72971	75314	13513	6306	7207	2483	1299	1184
黄埔区	92340	50614	41726	9282	5051	4231	1095	725	370
番禺区	167627	86378	81249	22296	12058	10238	3302	2042	1260
花都区	41209	19569	21640	2063	1175	888	161	114	47
南沙区	17798	10429	7369	1423	795	628	171	111	60
从化区	11285	5280	6005	402	157	245	31	23	8
增城区	42799	21094	21705	1856	973	883	143	88	55
韶关市	**33938**	**16699**	**17239**	**1338**	**750**	**588**	**125**	**93**	**32**
武江区	10570	5390	5180	761	431	330	44	39	5
浈江区	19904	9470	10434	409	223	186	68	48	20
曲江区	1470	783	687	72	43	29	10	5	5
始兴县									
仁化县									
翁源县									
乳源瑶族自治县									
新丰县									
乐昌市	1022	530	492	54	31	23	2	1	1
南雄市	972	526	446	42	22	20	1		1
深圳市	**1127123**	**638126**	**488997**	**118281**	**66666**	**51615**	**10772**	**7582**	**3190**
罗湖区	60784	30319	30465	6931	3478	3453	517	348	169
福田区	104004	53664	50340	17449	8993	8456	1408	995	413
南山区	157994	88783	69211	29296	16871	12425	3594	2403	1191
宝安区	296399	176436	119963	22783	13589	9194	1419	1062	357
龙岗区	231565	128176	103389	20019	11485	8534	1787	1291	496
盐田区	11204	5918	5286	1494	748	746	196	129	67
龙华区	195112	110701	84411	14779	8223	6556	1260	897	363
坪山区	25759	16210	9549	2545	1487	1058	211	168	43
光明区	44302	27919	16383	2985	1792	1193	380	289	91
珠海市	**119166**	**60175**	**58991**	**7942**	**4070**	**3872**	**1516**	**912**	**604**
香洲区	85926	44152	41774	6784	3446	3338	1341	803	538
斗门区	5088	2851	2237	436	231	205	37	23	14
金湾区	28152	13172	14980	722	393	329	138	86	52
汕头市	**18499**	**9917**	**8582**	**1563**	**819**	**744**	**211**	**129**	**82**
龙湖区	7412	3915	3497	416	243	173	63	39	24
金平区	8194	4387	3807	1042	514	528	138	87	51
濠江区	455	274	181	22	13	9	2		2
潮阳区	906	499	407	28	19	9	2		2
潮南区	678	358	320	20	13	7	4	3	1
澄海区	854	484	370	35	17	18	2		2
南澳县									
佛山市	**191214**	**105827**	**85387**	**11579**	**6571**	**5008**	**1191**	**795**	**396**
禅城区	36036	18927	17109	1949	1035	914	178	114	64
南海区	89564	49061	40503	4833	2638	2195	518	334	184
顺德区	54625	31480	23145	4072	2462	1610	427	304	123
三水区	7034	3948	3086	453	264	189	53	32	21
高明区	3955	2411	1544	272	172	100	15	11	4

4-3a　续表 10　　　　　　　　　　　　　　　　　　　　　　　　　　　　单位：人

地　区	大学本科			硕士研究生			博士研究生		
	小计	男	女	小计	男	女	小计	男	女
江门市	**46819**	**26549**	**20270**	**2060**	**1191**	**869**	**196**	**144**	**52**
蓬江区	26337	15199	11138	1061	635	426	114	85	29
江海区	7629	4205	3424	425	249	176	36	23	13
新会区	4397	2398	1999	247	142	105	14	11	3
台山市	2343	1331	1012	106	52	54	3	1	2
开平市	1714	978	736	59	27	32	12	8	4
鹤山市	3308	1843	1465	123	70	53	14	13	1
恩平市	1091	595	496	39	16	23	3	3	
湛江市	**57086**	**26835**	**30251**	**2200**	**1185**	**1015**	**327**	**209**	**118**
赤坎区	26989	9962	17027	551	314	237	152	99	53
霞山区	20262	10961	9301	1233	628	605	156	97	59
坡头区	2156	1175	981	167	97	70	5	4	1
麻章区	4292	3109	1183	120	66	54	6	3	3
遂溪县	96	46	50	3	2	1			
徐闻县									
廉江市	1510	680	830	55	31	24	3	3	
雷州市	816	407	409	28	17	11	3	2	1
吴川市	965	495	470	43	30	13	2	1	1
茂名市	**19861**	**10847**	**9014**	**602**	**324**	**278**	**100**	**76**	**24**
茂南区	15419	8443	6976	420	221	199	78	60	18
电白区	1188	634	554	58	32	26	8	7	1
高州市	1142	602	540	57	31	26	6	4	2
化州市	1280	674	606	47	25	22	5	4	1
信宜市	832	494	338	20	15	5	3	1	2
肇庆市	**47693**	**23024**	**24669**	**826**	**433**	**393**	**72**	**51**	**21**
端州区	27531	12507	15024	415	204	211	41	27	14
鼎湖区	7281	3426	3855	93	47	46	9	7	2
高要区	7329	3643	3686	5	5		1	1	
广宁县									
怀集县									
封开县									
德庆县									
四会市	5552	3448	2104	313	177	136	21	16	5
惠州市	**86216**	**49067**	**37149**	**4442**	**2628**	**1814**	**457**	**294**	**163**
惠城区	56323	31426	24897	2616	1604	1012	258	170	88
惠阳区	29641	17506	12135	1823	1021	802	199	124	75
博罗县	252	135	117	3	3				
惠东县									
龙门县									
梅州市	**29376**	**13464**	**15912**	**719**	**375**	**344**	**98**	**72**	**26**
梅江区	23283	10311	12972	486	256	230	72	55	17
梅县区	4842	2505	2337	189	101	88	12	9	3
大埔县									
丰顺县									
五华县	31	14	17						
平远县									
蕉岭县									
兴宁市	1220	634	586	44	18	26	14	8	6

4–3a 续表 11 单位：人

地区	大学本科			硕士研究生			博士研究生		
	小计	男	女	小计	男	女	小计	男	女
汕尾市	**2756**	**1678**	**1078**	**173**	**91**	**82**	**14**	**10**	**4**
城　区	2368	1452	916	156	83	73	13	10	3
海丰县									
陆河县									
陆丰市	388	226	162	17	8	9	1		1
河源市	**13415**	**7117**	**6298**	**610**	**377**	**233**	**48**	**33**	**15**
源城区	13415	7117	6298	610	377	233	48	33	15
紫金县									
龙川县									
连平县									
和平县									
东源县									
阳江市	**10298**	**5508**	**4790**	**536**	**303**	**233**	**58**	**31**	**27**
江城区	6804	3682	3122	363	202	161	47	26	21
阳东区	2212	1153	1059	107	58	49	9	5	4
阳西县									
阳春市	1282	673	609	66	43	23	2		2
清远市	**18484**	**9763**	**8721**	**1053**	**622**	**431**	**98**	**64**	**34**
清城区	13644	7268	6376	854	515	339	80	52	28
清新区	2121	1044	1077	81	41	40	7	4	3
佛冈县									
阳山县									
连山壮族瑶族自治县									
连南瑶族自治县									
英德市	1997	1050	947	97	54	43	9	7	2
连州市	722	401	321	21	12	9	2	1	1
东莞市	**252750**	**144415**	**108335**	**18707**	**11453**	**7254**	**3074**	**2098**	**976**
市辖区	252750	144415	108335	18707	11453	7254	3074	2098	976
中山市	**50993**	**28006**	**22987**	**2388**	**1324**	**1064**	**237**	**151**	**86**
市辖区	50993	28006	22987	2388	1324	1064	237	151	86
潮州市	**6943**	**3634**	**3309**	**408**	**244**	**164**	**50**	**35**	**15**
湘桥区	4202	2231	1971	279	173	106	37	26	11
潮安区	2741	1403	1338	129	71	58	13	9	4
饶平县									
揭阳市	**1798**	**986**	**812**	**98**	**58**	**40**	**9**	**5**	**4**
榕城区	770	406	364	43	28	15	5	3	2
揭东区	364	213	151	13	7	6	1	1	
揭西县									
惠来县									
普宁市	664	367	297	42	23	19	3	1	2
云浮市	**6732**	**3662**	**3070**	**352**	**210**	**142**	**22**	**13**	**9**
云城区	5466	2983	2483	297	175	122	17	10	7
云安区	99	53	46	2		2			
新兴县									
郁南县									
罗定市	1167	626	541	53	35	18	5	3	2

4–3b　各地区分性别、受教育程度的16–59岁人口(镇)

单位：人

地　区	16–59岁人口			未上过学		
	合计	男	女	小计	男	女
广　东	**3153967**	**1830885**	**1323082**	**14391**	**4621**	**9770**
广州市	**579308**	**332851**	**246457**	**1622**	**554**	**1068**
荔湾区						
越秀区						
海珠区						
天河区						
白云区	164024	92337	71687	259	86	173
黄埔区	9856	4871	4985	49	8	41
番禺区	36705	22328	14377	114	48	66
花都区	51539	28721	22818	133	31	102
南沙区	61532	38374	23158	260	112	148
从化区	56132	35225	20907	44	15	29
增城区	199520	110995	88525	763	254	509
韶关市	**52296**	**27733**	**24563**	**322**	**78**	**244**
武江区	253	144	109	2		2
浈江区	6088	3610	2478	18	5	13
曲江区	4384	2559	1825	51	19	32
始兴县	4990	2569	2421	28	5	23
仁化县	10106	5330	4776	88	16	72
翁源县	5603	2632	2971	40	11	29
乳源瑶族自治县	7554	4012	3542	31	7	24
新丰县	5792	3053	2739	9	3	6
乐昌市	5745	2849	2896	50	10	40
南雄市	1781	975	806	5	2	3
深圳市	**4755**	**3810**	**945**	**43**	**16**	**27**
罗湖区						
福田区						
南山区	3909	3411	498	41	15	26
宝安区						
龙岗区						
盐田区						
龙华区						
坪山区	846	399	447	2	1	1
光明区						
珠海市	**167209**	**109865**	**57344**	**992**	**394**	**598**
香洲区	39590	29440	10150	429	218	211
斗门区	66919	40420	26499	289	79	210
金湾区	60700	40005	20695	274	97	177
汕头市	**109704**	**63613**	**46091**	**820**	**295**	**525**
龙湖区						
金平区						
濠江区	225	157	68	20	15	5
潮阳区	47942	28000	19942	261	112	149
潮南区	17514	9941	7573	126	53	73
澄海区	41898	24445	17453	374	105	269
南澳县	2125	1070	1055	39	10	29
佛山市	**260733**	**164281**	**96452**	**999**	**360**	**639**
禅城区	101096	62069	39027	328	144	184
南海区	30504	18984	11520	95	43	52
顺德区						
三水区	118070	76001	42069	532	155	377
高明区	11063	7227	3836	44	18	26

4-3b 续表 1

单位：人

地区	16-59岁人口			未上过学		
	合计	男	女	小计	男	女
江门市	**108884**	**64346**	**44538**	**515**	**137**	**378**
蓬江区						
江海区						
新会区	27102	16149	10953	179	48	131
台山市	6492	3747	2745	22	7	15
开平市	30746	17523	13223	148	40	108
鹤山市	36336	21903	14433	124	34	90
恩平市	8208	5024	3184	42	8	34
湛江市	**102234**	**51384**	**50850**	**350**	**158**	**192**
赤坎区						
霞山区	699	333	366	3	2	1
坡头区	3772	2042	1730	33	14	19
麻章区	47902	23596	24306	43	31	12
遂溪县	16151	7395	8756	58	21	37
徐闻县	12332	6708	5624	69	19	50
廉江市	11767	6320	5447	36	9	27
雷州市	3565	1820	1745	79	53	26
吴川市	6046	3170	2876	29	9	20
茂名市	**27610**	**14186**	**13424**	**158**	**48**	**110**
茂南区	1868	941	927	15	3	12
电白区	12155	6476	5679	83	21	62
高州市	4869	2481	2388	27	8	19
化州市	6493	3224	3269	22	13	9
信宜市	2225	1064	1161	11	3	8
肇庆市	**88688**	**53543**	**35145**	**315**	**117**	**198**
端州区						
鼎湖区	13228	8342	4886	29	13	16
高要区	36380	22160	14220	204	77	127
广宁县	7143	4025	3118	17	5	12
怀集县	7062	4255	2807	16	5	11
封开县	5046	2907	2139	6	3	3
德庆县	5254	2688	2566	15	5	10
四会市	14575	9166	5409	28	9	19
惠州市	**516629**	**299040**	**217589**	**2432**	**754**	**1678**
惠城区	59950	34960	24990	284	95	189
惠阳区	64868	38139	26729	209	73	136
博罗县	245249	143077	102172	1064	295	769
惠东县	132669	75150	57519	799	270	529
龙门县	13893	7714	6179	76	21	55
梅州市	**47249**	**25315**	**21934**	**225**	**77**	**148**
梅江区	524	285	239	4	1	3
梅县区	3939	2084	1855	11	7	4
大埔县	7709	3815	3894	31	11	20
丰顺县	10964	6150	4814	57	20	37
五华县	11012	6099	4913	39	18	21
平远县	4812	2458	2354	25	5	20
蕉岭县	5545	2801	2744	46	13	33
兴宁市	2744	1623	1121	12	2	10

4–3b 续表 2

单位：人

地 区	16–59岁人口			未上过学		
	合计	男	女	小计	男	女
汕尾市	**85017**	**47033**	**37984**	**578**	**162**	**416**
城 区	4949	3351	1598	17	2	15
海丰县	65942	35968	29974	439	127	312
陆河县	7038	4083	2955	35	9	26
陆丰市	7088	3631	3457	87	24	63
河源市	**78002**	**41827**	**36175**	**281**	**83**	**198**
源城区	22882	12507	10375	72	16	56
紫金县	14959	8259	6700	52	20	32
龙川县	11547	5709	5838	35	11	24
连平县	6203	3297	2906	39	14	25
和平县	5009	2757	2252	10	2	8
东源县	17402	9298	8104	73	20	53
阳江市	**26352**	**14294**	**12058**	**187**	**54**	**133**
江城区	6008	3382	2626	64	20	44
阳东区	6844	3817	3027	51	16	35
阳西县	10785	5698	5087	52	16	36
阳春市	2715	1397	1318	20	2	18
清远市	**112663**	**65265**	**47398**	**697**	**205**	**492**
清城区	71309	42719	28590	476	132	344
清新区	4638	2600	2038	23	11	12
佛冈县	10946	6053	4893	40	15	25
阳山县	6010	3155	2855	36	10	26
连山壮族瑶族自治县	2354	1198	1156	8	3	5
连南瑶族自治县	2604	1312	1292	16	5	11
英德市	13508	7531	5977	85	25	60
连州市	1294	697	597	13	4	9
东莞市	**61352**	**35864**	**25488**	**181**	**57**	**124**
市辖区	61352	35864	25488	181	57	124
中山市	**628190**	**363911**	**264279**	**2926**	**877**	**2049**
市辖区	628190	363911	264279	2926	877	2049
潮州市	**32755**	**17075**	**15680**	**383**	**102**	**281**
湘桥区	12179	4918	7261	51	24	27
潮安区	15087	9213	5874	263	46	217
饶平县	5489	2944	2545	69	32	37
揭阳市	**28724**	**16449**	**12275**	**242**	**57**	**185**
榕城区	2557	1525	1032	40	6	34
揭东区	5770	3673	2097	89	18	71
揭西县	4178	2235	1943	24	7	17
惠来县	6888	3675	3213	30	7	23
普宁市	9331	5341	3990	59	19	40
云浮市	**35613**	**19200**	**16413**	**123**	**36**	**87**
云城区						
云安区	6357	3776	2581	28	12	16
新兴县	20219	10848	9371	57	14	43
郁南县	6229	3181	3048	28	9	19
罗定市	2808	1395	1413	10	1	9

4-3b 续表 3

单位：人

地区	学前教育			小学		
	小计	男	女	小计	男	女
广东	**2174**	**1011**	**1163**	**386976**	**197281**	**189695**
广州市	**278**	**116**	**162**	**44050**	**22551**	**21499**
荔湾区						
越秀区						
海珠区						
天河区						
白云区	51	25	26	7936	3786	4150
黄埔区	3		3	680	211	469
番禺区	8	3	5	3317	1922	1395
花都区	11	3	8	2723	1223	1500
南沙区	36	23	13	7465	4499	2966
从化区	23	16	7	1700	888	812
增城区	146	46	100	20229	10022	10207
韶关市	**28**	**15**	**13**	**5758**	**2540**	**3218**
武江区				31	19	12
浈江区	2	2		340	147	193
曲江区				681	338	343
始兴县				557	215	342
仁化县	10	5	5	1077	457	620
翁源县	4	2	2	643	256	387
乳源瑶族自治县	3	2	1	852	392	460
新丰县	3	2	1	509	212	297
乐昌市	4	1	3	773	344	429
南雄市	2	1	1	295	160	135
深圳市	**1**		**1**	**425**	**260**	**165**
罗湖区						
福田区						
南山区	1		1	370	241	129
宝安区						
龙岗区						
盐田区						
龙华区						
坪山区				55	19	36
光明区						
珠海市	**204**	**128**	**76**	**18850**	**10882**	**7968**
香洲区	130	102	28	5565	3948	1617
斗门区	42	12	30	6746	3326	3420
金湾区	32	14	18	6539	3608	2931
汕头市	**67**	**28**	**39**	**21072**	**11463**	**9609**
龙湖区						
金平区						
濠江区				55	40	15
潮阳区	24	14	10	7039	3959	3080
潮南区	15	4	11	3718	2054	1664
澄海区	27	10	17	9790	5150	4640
南澳县	1		1	470	260	210
佛山市	**167**	**71**	**96**	**30619**	**16742**	**13877**
禅城区	71	28	43	10578	5934	4644
南海区	22	8	14	3537	2013	1524
顺德区						
三水区	64	30	34	14868	7889	6979
高明区	10	5	5	1636	906	730

4-3b　续表 4　　单位：人

地　区	学前教育			小　学		
	小计	男	女	小计	男	女
江门市	**76**	**37**	**39**	**17512**	**8743**	**8769**
蓬江区						
江海区						
新会区	45	24	21	5327	2704	2623
台山市	2	1	1	986	496	490
开平市	15	7	8	5795	2785	3010
鹤山市	10	3	7	4172	2108	2064
恩平市	4	2	2	1232	650	582
湛江市	**77**	**18**	**59**	**5926**	**2952**	**2974**
赤坎区						
霞山区				74	31	43
坡头区	3	2	1	494	286	208
麻章区	6	3	3	810	494	316
遂溪县	44	5	39	1078	482	596
徐闻县	14	6	8	1725	859	866
廉江市	4	1	3	672	284	388
雷州市	2		2	318	141	177
吴川市	4	1	3	755	375	380
茂名市	**19**	**7**	**12**	**3521**	**1572**	**1949**
茂南区	1		1	268	121	147
电白区	9	5	4	1443	679	764
高州市	4	1	3	707	317	390
化州市	3		3	803	338	465
信宜市	2	1	1	300	117	183
肇庆市	**85**	**33**	**52**	**10849**	**5727**	**5122**
端州区						
鼎湖区	6	6		1792	893	899
高要区	46	11	35	5272	2744	2528
广宁县	6	3	3	558	291	267
怀集县	3	2	1	919	645	274
封开县	4	4		376	193	183
德庆县	6	3	3	467	192	275
四会市	14	4	10	1465	769	696
惠州市	**384**	**185**	**199**	**73250**	**37357**	**35893**
惠城区	52	27	25	6810	3435	3375
惠阳区	26	12	14	8667	4279	4388
博罗县	157	75	82	29875	15015	14860
惠东县	142	69	73	25895	13545	12350
龙门县	7	2	5	2003	1083	920
梅州市	**31**	**18**	**13**	**5151**	**2538**	**2613**
梅江区				66	40	26
梅县区	2	1	1	272	118	154
大埔县	7	5	2	788	347	441
丰顺县	2	1	1	1681	908	773
五华县	7	4	3	931	482	449
平远县	3		3	539	216	323
蕉岭县	6	6		660	296	364
兴宁市	4	1	3	214	131	83

4-3b 续表 5

单位：人

地区	学前教育			小学		
	小计	男	女	小计	男	女
汕尾市	**66**	**28**	**38**	**18872**	**9167**	**9705**
城区	1		1	943	606	337
海丰县	60	28	32	15341	7305	8036
陆河县	2		2	1133	605	528
陆丰市	3		3	1455	651	804
河源市	**41**	**15**	**26**	**7473**	**3536**	**3937**
源城区	6	2	4	1878	735	1143
紫金县	14	5	9	1491	783	708
龙川县	8	2	6	970	400	570
连平县	2	1	1	619	310	309
和平县	1		1	547	377	170
东源县	10	5	5	1968	931	1037
阳江市	**22**	**10**	**12**	**4031**	**1923**	**2108**
江城区	6	2	4	1005	505	500
阳东区	6	2	4	1332	621	711
阳西县	7	4	3	1339	640	699
阳春市	3	2	1	355	157	198
清远市	**67**	**29**	**38**	**15251**	**7695**	**7556**
清城区	54	24	30	10361	5433	4928
清新区				565	254	311
佛冈县	5	3	2	1037	482	555
阳山县	1		1	590	283	307
连山壮族瑶族自治县	1		1	288	127	161
连南瑶族自治县				305	136	169
英德市	6	2	4	1906	884	1022
连州市				199	96	103
东莞市	**22**	**11**	**11**	**6201**	**3039**	**3162**
市辖区	22	11	11	6201	3039	3162
中山市	**416**	**187**	**229**	**84070**	**41227**	**42843**
市辖区	416	187	229	84070	41227	42843
潮州市	**79**	**57**	**22**	**5805**	**3072**	**2733**
湘桥区	49	42	7	732	383	349
潮安区	19	8	11	4299	2290	2009
饶平县	11	7	4	774	399	375
揭阳市	**18**	**7**	**11**	**4927**	**2605**	**2322**
榕城区	1		1	552	299	253
揭东区	6	3	3	1189	657	532
揭西县	2		2	699	374	325
惠来县	3	3		880	442	438
普宁市	6	1	5	1607	833	774
云浮市	**26**	**11**	**15**	**3363**	**1690**	**1673**
云城区						
云安区				385	226	159
新兴县	21	8	13	2115	1072	1043
郁南县	4	2	2	520	250	270
罗定市	1	1		343	142	201

4-3b 续表 6

单位：人

地区	初中			高中			大学专科		
	小计	男	女	小计	男	女	小计	男	女
广东	**1560704**	**934543**	**626161**	**628939**	**385131**	**243808**	**313640**	**176339**	**137301**
广州市	**210972**	**126189**	**84783**	**116456**	**70664**	**45792**	**116433**	**65316**	**51117**
荔湾区									
越秀区									
海珠区									
天河区									
白云区	46488	27755	18733	31257	19182	12075	43443	24544	18899
黄埔区	2031	1075	956	1574	790	784	2187	1060	1127
番禺区	13556	8324	5232	11961	7878	4083	2961	1826	1135
花都区	19934	11922	8012	10407	5996	4411	4890	2594	2296
南沙区	34334	21416	12918	12847	8385	4462	4359	2601	1758
从化区	10314	6434	3880	6624	4425	2199	23194	14692	8502
增城区	84315	49263	35052	41786	24008	17778	35399	17999	17400
韶关市	**19936**	**10452**	**9484**	**13019**	**7123**	**5896**	**7428**	**4322**	**3106**
武江区	114	63	51	46	21	25	29	17	12
浈江区	1352	728	624	2305	1333	972	1828	1253	575
曲江区	2208	1275	933	783	509	274	377	242	135
始兴县	1998	1030	968	1169	652	517	579	308	271
仁化县	3657	1901	1756	2492	1332	1160	1397	805	592
翁源县	2257	1085	1172	1268	614	654	624	309	315
乳源瑶族自治县	2456	1307	1149	1936	1049	887	1160	627	533
新丰县	2643	1415	1228	1471	803	668	608	322	286
乐昌市	2518	1253	1265	1185	609	576	635	329	306
南雄市	733	395	338	364	201	163	191	110	81
深圳市	**2335**	**2028**	**307**	**1073**	**931**	**142**	**508**	**363**	**145**
罗湖区									
福田区									
南山区	2212	1961	251	919	868	51	294	269	25
宝安区									
龙岗区									
盐田区									
龙华区									
坪山区	123	67	56	154	63	91	214	94	120
光明区									
珠海市	**79230**	**52344**	**26886**	**41119**	**28561**	**12558**	**16718**	**10954**	**5764**
香洲区	17284	13478	3806	8299	6333	1966	4381	3037	1344
斗门区	31691	19043	12648	17935	11754	6181	6268	3740	2528
金湾区	30255	19823	10432	14885	10474	4411	6069	4177	1892
汕头市	**67099**	**39501**	**27598**	**15781**	**9508**	**6273**	**3006**	**1788**	**1218**
龙湖区									
金平区									
濠江区	102	69	33	24	18	6	12	9	3
潮阳区	30910	18043	12867	7806	4738	3068	1304	796	508
潮南区	10112	5838	4274	2558	1456	1102	545	305	240
澄海区	25086	15088	9998	5003	3126	1877	968	594	374
南澳县	889	463	426	390	170	220	177	84	93
佛山市	**151998**	**97639**	**54359**	**49276**	**32707**	**16569**	**20284**	**12307**	**7977**
禅城区	57331	35852	21479	21238	13359	7879	8044	4712	3332
南海区	19869	12570	7299	5127	3306	1821	1252	728	524
顺德区									
三水区	67907	44583	23324	21153	14877	6276	10483	6512	3971
高明区	6891	4634	2257	1758	1165	593	505	355	150

4-3b 续表 7　　　　单位：人

地　区	初　中			高　中			大学专科		
	小计	男	女	小计	男	女	小计	男	女
江门市	**61741**	**36837**	**24904**	**20992**	**13658**	**7334**	**5118**	**3089**	**2029**
蓬江区									
江海区									
新会区	14881	9073	5808	5021	3255	1766	1117	681	436
台山市	3486	2052	1434	1283	773	510	358	205	153
开平市	18019	10485	7534	5123	3243	1880	1044	592	452
鹤山市	20879	12479	8400	8158	5418	2740	2013	1255	758
恩平市	4476	2748	1728	1407	969	438	586	356	230
湛江市	**25679**	**14423**	**11256**	**18373**	**10341**	**8032**	**14409**	**5860**	**8549**
赤坎区									
霞山区	405	198	207	178	84	94	20	11	9
坡头区	1881	1014	867	755	427	328	348	167	181
麻章区	3977	2891	1086	4819	3038	1781	5675	2070	3605
遂溪县	5553	2873	2680	3737	1925	1812	4106	1257	2849
徐闻县	5276	2891	2385	2754	1533	1221	1329	755	574
廉江市	4258	2355	1903	4145	2250	1895	1820	1000	820
雷州市	1228	605	623	838	459	379	537	283	254
吴川市	3101	1596	1505	1147	625	522	574	317	257
茂名市	**11005**	**5622**	**5383**	**6466**	**3541**	**2925**	**3402**	**1923**	**1479**
茂南区	949	506	443	343	166	177	167	80	87
电白区	4360	2353	2007	2595	1403	1192	1978	1213	765
高州市	2031	1060	971	1423	771	652	351	172	179
化州市	2647	1221	1426	1684	967	717	676	349	327
信宜市	1018	482	536	421	234	187	230	109	121
肇庆市	**52464**	**32566**	**19898**	**16276**	**10123**	**6153**	**4889**	**2843**	**2046**
端州区									
鼎湖区	8560	5456	3104	2159	1523	636	484	326	158
高要区	23553	14706	8847	5814	3733	2081	1020	623	397
广宁县	3365	1965	1400	1665	948	717	755	417	338
怀集县	3410	2091	1319	1370	767	603	697	388	309
封开县	1923	1088	835	1273	740	533	724	425	299
德庆县	2271	1164	1107	1293	707	586	606	307	299
四会市	9382	6096	3286	2702	1705	997	603	357	246
惠州市	**293148**	**173332**	**119816**	**92335**	**56261**	**36074**	**36181**	**20479**	**15702**
惠城区	28387	17138	11249	12962	8071	4891	9031	4825	4206
惠阳区	42942	25682	17260	9229	5897	3332	2676	1580	1096
博罗县	138532	82175	56357	48376	29695	18681	17206	10020	7186
惠东县	77665	45096	32569	18313	10695	7618	5910	3299	2611
龙门县	5622	3241	2381	3455	1903	1552	1358	755	603
梅州市	**21885**	**11955**	**9930**	**10206**	**5603**	**4603**	**4804**	**2492**	**2312**
梅江区	259	145	114	99	47	52	50	24	26
梅县区	2511	1320	1191	760	451	309	209	90	119
大埔县	3098	1508	1590	1806	924	882	906	474	432
丰顺县	5002	2847	2155	2151	1211	940	1076	611	465
五华县	4845	2728	2117	2621	1478	1143	1296	683	613
平远县	2146	1114	1032	991	549	442	500	234	266
蕉岭县	2444	1324	1120	1233	639	594	537	245	292
兴宁市	1580	969	611	545	304	241	230	131	99

4-3b　续表 8　　　　单位：人

地　区	初　中			高　中			大学专科		
	小计	男	女	小计	男	女	小计	男	女
汕尾市	**43057**	**24530**	**18527**	**13451**	**7956**	**5495**	**4843**	**2792**	**2051**
城　区	2036	1485	551	751	519	232	569	350	219
海丰县	33872	19003	14869	10231	6020	4211	3219	1862	1357
陆河县	3833	2314	1519	1228	700	528	494	289	205
陆丰市	3316	1728	1588	1241	717	524	561	291	270
河源市	**40550**	**21280**	**19270**	**17415**	**9997**	**7418**	**7412**	**4291**	**3121**
源城区	13504	7012	6492	5027	3193	1834	1802	1165	637
紫金县	7517	4235	3282	3115	1713	1402	1492	810	682
龙川县	4907	2237	2670	2983	1546	1437	1550	936	614
连平县	2827	1498	1329	1444	804	640	750	408	342
和平县	1922	1013	909	1360	746	614	613	344	269
东源县	9873	5285	4588	3486	1995	1491	1205	628	577
阳江市	**11456**	**6255**	**5201**	**6083**	**3488**	**2595**	**2700**	**1537**	**1163**
江城区	2704	1536	1168	1321	785	536	583	353	230
阳东区	3175	1798	1377	1441	865	576	532	343	189
阳西县	4276	2279	1997	2754	1500	1254	1302	683	619
阳春市	1301	642	659	567	338	229	283	158	125
清远市	**57747**	**34784**	**22963**	**21038**	**12667**	**8371**	**9952**	**5469**	**4483**
清城区	38197	24053	14144	12498	7738	4760	5859	3232	2627
清新区	2260	1239	1021	869	554	315	351	187	164
佛冈县	5219	2863	2356	2519	1491	1028	1206	681	525
阳山县	2455	1257	1198	1452	780	672	749	405	344
连山壮族瑶族自治县	985	513	472	456	234	222	280	151	129
连南瑶族自治县	1021	523	498	510	273	237	355	173	182
英德市	6995	3997	2998	2559	1506	1053	1009	560	449
连州市	615	339	276	175	91	84	143	80	63
东莞市	**37077**	**21700**	**15377**	**13905**	**8657**	**5248**	**2816**	**1738**	**1078**
市辖区	37077	21700	15377	13905	8657	5248	2816	1738	1078
中山市	**332118**	**198510**	**133608**	**138080**	**83844**	**54236**	**45766**	**25155**	**20611**
市辖区	332118	198510	133608	138080	83844	54236	45766	25155	20611
潮州市	**12563**	**7956**	**4607**	**4054**	**2048**	**2006**	**1325**	**646**	**679**
湘桥区	1737	1118	619	1621	579	1042	351	113	238
潮安区	8348	5478	2870	1371	905	466	364	229	135
饶平县	2478	1360	1118	1062	564	498	610	304	306
揭阳市	**14339**	**8578**	**5761**	**5253**	**3071**	**2182**	**2044**	**1109**	**935**
榕城区	1348	860	488	393	242	151	117	59	58
揭东区	3185	2143	1042	821	554	267	271	173	98
揭西县	1960	1072	888	762	409	353	390	203	187
惠来县	2852	1522	1330	1665	920	745	748	399	349
普宁市	4994	2981	2013	1612	946	666	518	275	243
云浮市	**14305**	**8062**	**6243**	**8288**	**4382**	**3906**	**3602**	**1866**	**1736**
云城区									
云安区	1551	1044	507	1002	711	291	513	322	191
新兴县	8736	4996	3740	5480	2698	2782	1932	967	965
郁南县	2642	1345	1297	1329	717	612	875	430	445
罗定市	1376	677	699	477	256	221	282	147	135

4-3b 续表 9 单位：人

地 区	大学本科			硕士研究生			博士研究生		
	小计	男	女	小计	男	女	小计	男	女
广 东	**236605**	**126141**	**110464**	**9536**	**5147**	**4389**	**1002**	**671**	**331**
广州市	**86041**	**45691**	**40350**	**3118**	**1548**	**1570**	**338**	**222**	**116**
荔湾区									
越秀区									
海珠区									
天河区									
白云区	34037	16701	17336	514	226	288	39	32	7
黄埔区	2944	1528	1416	342	176	166	46	23	23
番禺区	4158	2048	2110	557	237	320	73	42	31
花都区	13203	6841	6362	220	100	120	18	11	7
南沙区	2159	1294	865	64	37	27	8	7	1
从化区	13867	8580	5287	347	160	187	19	15	4
增城区	15673	8699	6974	1074	612	462	135	92	43
韶关市	**5511**	**3027**	**2484**	**275**	**165**	**110**	**19**	**11**	**8**
武江区	29	23	6	2	1	1			
浈江区	227	133	94	14	8	6	2	1	1
曲江区	274	170	104	10	6	4			
始兴县	629	344	285	28	13	15	2	2	
仁化县	1324	768	556	57	43	14	4	3	1
翁源县	722	334	388	41	20	21	4	1	3
乳源瑶族自治县	1035	574	461	75	50	25	6	4	2
新丰县	524	285	239	25	11	14			
乐昌市	559	293	266	20	10	10	1		1
南雄市	188	103	85	3	3				
深圳市	**314**	**181**	**133**	**45**	**25**	**20**	**11**	**6**	**5**
罗湖区									
福田区									
南山区	69	54	15	3	3				
宝安区									
龙岗区									
盐田区									
龙华区									
坪山区	245	127	118	42	22	20	11	6	5
光明区									
珠海市	**9386**	**6161**	**3225**	**612**	**370**	**242**	**98**	**71**	**27**
香洲区	3200	2153	1047	245	132	113	57	39	18
斗门区	3698	2316	1382	225	133	92	25	17	8
金湾区	2488	1692	796	142	105	37	16	15	1
汕头市	**1763**	**975**	**788**	**86**	**48**	**38**	**10**	**7**	**3**
龙湖区									
金平区									
濠江区	12	6	6						
潮阳区	571	322	249	25	15	10	2	1	1
潮南区	409	216	193	28	13	15	3	2	1
澄海区	619	352	267	27	17	10	4	3	1
南澳县	152	79	73	6	3	3	1	1	
佛山市	**6986**	**4230**	**2756**	**376**	**202**	**174**	**28**	**23**	**5**
禅城区	3355	1964	1391	144	71	73	7	5	2
南海区	549	295	254	52	21	31	1		1
顺德区									
三水区	2874	1834	1040	170	104	66	19	17	2
高明区	208	137	71	10	6	4	1	1	

4-3b　续表 10

单位：人

地　区	大学本科			硕士研究生			博士研究生		
	小计	男	女	小计	男	女	小计	男	女
江门市	**2830**	**1776**	**1054**	**85**	**59**	**26**	**15**	**10**	**5**
蓬江区									
江海区									
新会区	507	348	159	25	16	9			
台山市	344	205	139	10	8	2	1		1
开平市	581	361	220	17	7	10	4	3	1
鹤山市	955	587	368	18	14	4	7	5	2
恩平市	443	275	168	15	14	1	3	2	1
湛江市	**36565**	**17186**	**19379**	**785**	**397**	**388**	**70**	**49**	**21**
赤坎区									
霞山区	19	7	12						
坡头区	249	128	121	8	3	5	1	1	
麻章区	31949	14740	17209	572	292	280	51	37	14
遂溪县	1496	794	702	72	34	38	7	4	3
徐闻县	1109	612	497	48	29	19	8	4	4
廉江市	781	398	383	50	22	28	1	1	
雷州市	542	268	274	20	10	10	1	1	
吴川市	420	239	181	15	7	8	1	1	
茂名市	**2859**	**1369**	**1490**	**162**	**91**	**71**	**18**	**13**	**5**
茂南区	121	62	59	4	3	1			
电白区	1566	740	826	111	55	56	10	7	3
高州市	316	143	173	9	9		1		1
化州市	625	315	310	27	16	11	6	5	1
信宜市	231	109	122	11	8	3	1	1	
肇庆市	**3608**	**2023**	**1585**	**179**	**100**	**79**	**23**	**11**	**12**
端州区									
鼎湖区	188	118	70	5	4	1	5	3	2
高要区	455	257	198	14	8	6	2	1	1
广宁县	739	382	357	34	14	20	4		4
怀集县	616	339	277	29	16	13	2	2	
封开县	700	429	271	36	22	14	4	3	1
德庆县	553	287	266	41	23	18	2		2
四会市	357	211	146	20	13	7	4	2	2
惠州市	**17934**	**10146**	**7788**	**882**	**471**	**411**	**83**	**55**	**28**
惠城区	2289	1291	998	119	67	52	16	11	5
惠阳区	1082	597	485	35	18	17	2	1	1
博罗县	9592	5557	4035	398	215	183	49	30	19
惠东县	3689	2036	1653	244	131	113	12	9	3
龙门县	1282	665	617	86	40	46	4	4	
梅州市	**4738**	**2514**	**2224**	**191**	**108**	**83**	**18**	**10**	**8**
梅江区	44	27	17	2	1	1			
梅县区	169	94	75	3	2	1	2	1	1
大埔县	1043	533	510	26	12	14	4	1	3
丰顺县	949	522	427	39	25	14	7	5	2
五华县	1217	675	542	51	28	23	5	3	2
平远县	589	326	263	19	14	5			
蕉岭县	576	257	319	43	21	22			
兴宁市	151	80	71	8	5	3			

4-3b 续表 11

单位：人

地　　区	大学本科			硕士研究生			博士研究生		
	小计	男	女	小计	男	女	小计	男	女
汕尾市	**3785**	**2197**	**1588**	**335**	**181**	**154**	**30**	**20**	**10**
城　区	599	366	233	29	19	10	4	4	
海丰县	2467	1456	1011	288	151	137	25	16	9
陆河县	308	163	145	5	3	2			
陆丰市	411	212	199	13	8	5	1		1
河源市	**4641**	**2516**	**2125**	**170**	**96**	**74**	**19**	**13**	**6**
源城区	565	363	202	25	18	7	3	3	
紫金县	1237	673	564	37	17	20	4	3	1
龙川县	1047	555	492	46	21	25	1	1	
连平县	491	246	245	25	13	12	6	3	3
和平县	546	268	278	8	6	2	2	1	1
东源县	755	411	344	29	21	8	3	2	1
阳江市	**1797**	**984**	**813**	**69**	**38**	**31**	**7**	**5**	**2**
江城区	306	171	135	15	8	7	4	2	2
阳东区	298	169	129	9	3	6			
阳西县	1018	553	465	35	21	14	2	2	
阳春市	175	91	84	10	6	4	1	1	
清远市	**7466**	**4151**	**3315**	**396**	**232**	**164**	**49**	**33**	**16**
清城区	3606	1958	1648	228	128	100	30	21	9
清新区	538	336	202	30	18	12	2	1	1
佛冈县	872	486	386	45	30	15	3	2	1
阳山县	694	396	298	29	21	8	4	3	1
连山壮族瑶族自治县	326	165	161	10	5	5			
连南瑶族自治县	381	193	188	16	9	7			
英德市	902	532	370	36	19	17	10	6	4
连州市	147	85	62	2	2				
东莞市	**1023**	**585**	**438**	**108**	**64**	**44**	**19**	**13**	**6**
市辖区	1023	585	438	108	64	44	19	13	6
中山市	**23539**	**13354**	**10185**	**1195**	**700**	**495**	**80**	**57**	**23**
市辖区	23539	13354	10185	1195	700	495	80	57	23
潮州市	**8434**	**3132**	**5302**	**95**	**53**	**42**	**17**	**9**	**8**
湘桥区	7605	2644	4961	19	7	12	14	8	6
潮安区	362	218	144	60	38	22	1	1	
饶平县	467	270	197	16	8	8	2		2
揭阳市	**1769**	**956**	**813**	**121**	**61**	**60**	**11**	**5**	**6**
榕城区	102	56	46	4	3	1			
揭东区	191	118	73	18	7	11			
揭西县	313	154	159	27	15	12	1	1	
惠来县	660	362	298	45	19	26	5	1	4
普宁市	503	266	237	27	17	10	5	3	2
云浮市	**5616**	**2987**	**2629**	**251**	**138**	**113**	**39**	**28**	**11**
云城区									
云安区	2839	1441	1398	27	12	15	12	8	4
新兴县	1663	964	699	193	111	82	22	18	4
郁南县	807	420	387	22	8	14	2		2
罗定市	307	162	145	9	7	2	3	2	1

4–3c 各地区分性别、受教育程度的16–59岁人口(乡村)

单位：人

地 区	16–59岁人口			未上过学		
	合计	男	女	小计	男	女
广 东	**3432988**	**2078861**	**1354127**	**17299**	**5174**	**12125**
广州市	**817431**	**496910**	**320521**	**2528**	**905**	**1623**
荔湾区						
越秀区						
海珠区						
天河区						
白云区	305679	182301	123378	825	259	566
黄埔区	29112	19497	9615	102	33	69
番禺区	133502	82813	50689	331	142	189
花都区	178702	107774	70928	648	255	393
南沙区	67661	42982	24679	230	89	141
从化区	37742	19967	17775	112	31	81
增城区	65033	41576	23457	280	96	184
韶关市	**64942**	**39249**	**25693**	**389**	**111**	**278**
武江区	6909	4117	2792	44	11	33
浈江区	5782	3380	2402	64	23	41
曲江区	15253	9595	5658	41	11	30
始兴县	3882	2223	1659	22	3	19
仁化县	6041	3722	2319	58	18	40
翁源县	8847	5406	3441	58	17	41
乳源瑶族自治县	3474	2145	1329	20	6	14
新丰县	5194	3287	1907	25	9	16
乐昌市	5415	2976	2439	29	6	23
南雄市	4145	2398	1747	28	7	21
深圳市	**34303**	**22102**	**12201**	**227**	**52**	**175**
罗湖区						
福田区						
南山区						
宝安区						
龙岗区	34303	22102	12201	227	52	175
盐田区						
龙华区						
坪山区						
光明区						
珠海市	**63073**	**39107**	**23966**	**300**	**83**	**217**
香洲区	872	666	206	13	4	9
斗门区	56830	34803	22027	248	70	178
金湾区	5371	3638	1733	39	9	30
汕头市	**91769**	**56053**	**35716**	**717**	**249**	**468**
龙湖区	7521	4295	3226	62	13	49
金平区	1221	671	550	8	1	7
濠江区	11225	7945	3280	49	11	38
潮阳区	23790	14011	9779	225	94	131
潮南区	18136	10962	7174	111	47	64
澄海区	29360	17835	11525	249	77	172
南澳县	516	334	182	13	6	7
佛山市	**182734**	**117206**	**65528**	**717**	**245**	**472**
禅城区						
南海区	57602	37658	19944	187	62	125
顺德区	22117	14423	7694	78	35	43
三水区	95514	60379	35135	410	139	271
高明区	7501	4746	2755	42	9	33

4-3c 续表 1

单位：人

地区	16-59岁人口			未上过学		
	合计	男	女	小计	男	女
江门市	**202512**	**123528**	**78984**	**1138**	**283**	**855**
蓬江区	2293	1464	829	12	3	9
江海区						
新会区	61957	38239	23718	367	104	263
台山市	31273	18901	12372	158	37	121
开平市	41128	24219	16909	298	79	219
鹤山市	39989	24998	14991	170	31	139
恩平市	25872	15707	10165	133	29	104
湛江市	**119996**	**62420**	**57576**	**877**	**259**	**618**
赤坎区	576	313	263	3		3
霞山区	2162	1125	1037	12		12
坡头区	5384	3035	2349	44	9	35
麻章区	15961	8603	7358	60	17	43
遂溪县	17715	8941	8774	137	36	101
徐闻县	14144	7597	6547	144	43	101
廉江市	27817	13188	14629	168	43	125
雷州市	20226	10788	9438	174	73	101
吴川市	16011	8830	7181	135	38	97
茂名市	**99590**	**48122**	**51468**	**581**	**115**	**466**
茂南区	25006	11164	13842	80	22	58
电白区	30800	15895	14905	208	28	180
高州市	11042	5487	5555	94	21	73
化州市	21892	10449	11443	125	31	94
信宜市	10850	5127	5723	74	13	61
肇庆市	**84406**	**52065**	**32341**	**418**	**121**	**297**
端州区						
鼎湖区	3885	2481	1404	18	9	9
高要区	28349	17622	10727	169	44	125
广宁县	8122	5035	3087	42	15	27
怀集县	4722	2524	2198	60	17	43
封开县	3918	2339	1579	22	6	16
德庆县	3819	2121	1698	12	5	7
四会市	31591	19943	11648	95	25	70
惠州市	**398000**	**247838**	**150162**	**2408**	**770**	**1638**
惠城区	107163	67486	39677	511	179	332
惠阳区	116215	72111	44104	600	177	423
博罗县	98272	60668	37604	724	241	483
惠东县	58170	36017	22153	476	134	342
龙门县	18180	11556	6624	97	39	58
梅州市	**60259**	**32730**	**27529**	**389**	**127**	**262**
梅江区	3371	1857	1514	27	8	19
梅县区	10023	5370	4653	73	21	52
大埔县	8318	4727	3591	33	12	21
丰顺县	6250	3289	2961	45	9	36
五华县	15116	8406	6710	98	40	58
平远县	2968	1574	1394	23	10	13
蕉岭县	3359	1960	1399	16	4	12
兴宁市	10854	5547	5307	74	23	51

4-3c　续表 2　　　　单位：人

地　区	16—59岁人口			未上过学		
	合计	男	女	小计	男	女
汕尾市	**48722**	**29879**	**18843**	**428**	**124**	**304**
城　区	9568	6306	3262	64	25	39
海丰县	25793	16173	9620	211	61	150
陆河县	3252	1778	1474	32	12	20
陆丰市	10109	5622	4487	121	26	95
河源市	**90757**	**52438**	**38319**	**467**	**144**	**323**
源城区	12413	7513	4900	54	21	33
紫金县	17128	10069	7059	122	42	80
龙川县	16149	9676	6473	61	18	43
连平县	8829	4932	3897	41	17	24
和平县	5764	3333	2431	31	11	20
东源县	30474	16915	13559	158	35	123
阳江市	**73516**	**44117**	**29399**	**593**	**147**	**446**
江城区	23510	14854	8656	226	70	156
阳东区	28393	16858	11535	185	41	144
阳西县	9451	5469	3982	111	23	88
阳春市	12162	6936	5226	71	13	58
清远市	**150451**	**91519**	**58932**	**953**	**280**	**673**
清城区	59720	37501	22219	219	70	149
清新区	29520	17239	12281	255	64	191
佛冈县	13317	8470	4847	100	32	68
阳山县	6252	3640	2612	64	28	36
连山壮族瑶族自治县	1630	871	759	13	3	10
连南瑶族自治县	1214	638	576	11	5	6
英德市	33490	19900	13590	255	68	187
连州市	5308	3260	2048	36	10	26
东莞市	**500566**	**316215**	**184351**	**1693**	**570**	**1123**
市辖区	500566	316215	184351	1693	570	1123
中山市	**210265**	**127775**	**82490**	**829**	**244**	**585**
市辖区	210265	127775	82490	829	244	585
潮州市	**39276**	**22320**	**16956**	**743**	**142**	**601**
湘桥区	5069	2295	2774	50	11	39
潮安区	28738	16931	11807	621	118	503
饶平县	5469	3094	2375	72	13	59
揭阳市	**52080**	**30032**	**22048**	**565**	**122**	**443**
榕城区	5660	3522	2138	126	21	105
揭东区	10291	6219	4072	151	25	126
揭西县	10067	5493	4574	99	26	73
惠来县	7037	4049	2988	27	10	17
普宁市	19025	10749	8276	162	40	122
云浮市	**48340**	**27236**	**21104**	**339**	**81**	**258**
云城区	5642	3496	2146	51	17	34
云安区	7791	4661	3130	39	8	31
新兴县	12858	7878	4980	69	16	53
郁南县	5547	2838	2709	42	7	35
罗定市	16502	8363	8139	138	33	105

4-3c 续表 3

单位：人

地 区	学前教育			小 学		
	小计	男	女	小计	男	女
广 东	**2201**	**1048**	**1153**	**452411**	**239320**	**213091**
广州市	**303**	**134**	**169**	**79625**	**42651**	**36974**
荔湾区						
越秀区						
海珠区						
天河区						
白云区	101	39	62	27736	14216	13520
黄埔区	3	1	2	3146	1976	1170
番禺区	76	31	45	12452	6984	5468
花都区	57	26	31	18585	9940	8645
南沙区	16	5	11	7285	3809	3476
从化区	7	4	3	2282	1217	1065
增城区	43	28	15	8139	4509	3630
韶关市	**53**	**29**	**24**	**7902**	**4188**	**3714**
武江区	4	1	3	1061	552	509
浈江区	8	7	1	821	407	414
曲江区	10	4	6	1044	578	466
始兴县	1		1	497	267	230
仁化县	3	2	1	977	533	444
翁源县	7	3	4	1096	579	517
乳源瑶族自治县	2	1	1	422	235	187
新丰县	14	11	3	665	357	308
乐昌市	1		1	682	324	358
南雄市	3		3	637	356	281
深圳市	**8**	**4**	**4**	**3512**	**1800**	**1712**
罗湖区						
福田区						
南山区						
宝安区						
龙岗区	8	4	4	3512	1800	1712
盐田区						
龙华区						
坪山区						
光明区						
珠海市	**35**	**15**	**20**	**8257**	**4255**	**4002**
香洲区	1	1		170	114	56
斗门区	28	12	16	7261	3673	3588
金湾区	6	2	4	826	468	358
汕头市	**43**	**20**	**23**	**18818**	**10517**	**8301**
龙湖区	4	3	1	1530	748	782
金平区				90	42	48
濠江区	5	1	4	447	244	203
潮阳区	7	2	5	4479	2496	1983
潮南区	18	9	9	3727	2147	1580
澄海区	9	5	4	8440	4777	3663
南澳县				105	63	42
佛山市	**112**	**46**	**66**	**27359**	**15578**	**11781**
禅城区						
南海区	36	15	21	9330	5424	3906
顺德区	3		3	3060	1848	1212
三水区	50	18	32	13425	7430	5995
高明区	23	13	10	1544	876	668

4－3c　续表 4　　　　单位：人

地　区	学前教育			小　学		
	小计	男	女	小计	男	女
江门市	**105**	**46**	**59**	**39898**	**20464**	**19434**
蓬江区	1	1		435	234	201
江海区						
新会区	39	19	20	13574	7019	6555
台山市	12	4	8	6213	3133	3080
开平市	24	10	14	8868	4451	4417
鹤山市	14	6	8	6668	3462	3206
恩平市	15	6	9	4140	2165	1975
湛江市	**76**	**22**	**54**	**14696**	**6995**	**7701**
赤坎区				50	21	29
霞山区	2	1	1	342	176	166
坡头区	2	1	1	709	371	338
麻章区	10	2	8	1234	671	563
遂溪县	10	1	9	1796	848	948
徐闻县	9	3	6	2340	1118	1222
廉江市	18	5	13	3404	1387	2017
雷州市	15	6	9	2487	1205	1282
吴川市	10	3	7	2334	1198	1136
茂名市	**74**	**26**	**48**	**10062**	**4179**	**5883**
茂南区	11	4	7	1752	869	883
电白区	26	12	14	2864	1137	1727
高州市	10	5	5	1490	578	912
化州市	13	4	9	2447	1036	1411
信宜市	14	1	13	1509	559	950
肇庆市	**42**	**17**	**25**	**12589**	**6674**	**5915**
端州区						
鼎湖区	1	1		497	252	245
高要区	14	5	9	5474	2924	2550
广宁县	4	1	3	799	423	376
怀集县	4	2	2	838	430	408
封开县	5		5	451	231	220
德庆县	1	1		380	204	176
四会市	13	7	6	4150	2210	1940
惠州市	**248**	**130**	**118**	**59116**	**32309**	**26807**
惠城区	71	34	37	12503	7199	5304
惠阳区	57	30	27	16895	8913	7982
博罗县	46	27	19	15193	8080	7113
惠东县	64	33	31	11228	6129	5099
龙门县	10	6	4	3297	1988	1309
梅州市	**31**	**15**	**16**	**6829**	**3509**	**3320**
梅江区	1	1		404	198	206
梅县区	4	2	2	1008	501	507
大埔县	2	1	1	792	418	374
丰顺县	1		1	880	426	454
五华县	9	3	6	1856	992	864
平远县				378	195	183
蕉岭县	1		1	458	254	204
兴宁市	13	8	5	1053	525	528

4-3c 续表 5

单位：人

地 区	学前教育			小 学		
	小计	男	女	小计	男	女
汕尾市	**32**	**21**	**11**	**8632**	**4609**	**4023**
城 区	5	5		1090	619	471
海丰县	17	11	6	5438	2969	2469
陆河县	2	1	1	538	247	291
陆丰市	8	4	4	1566	774	792
河源市	**78**	**37**	**41**	**9888**	**5522**	**4366**
源城区	9	3	6	1373	716	657
紫金县	13	9	4	2387	1333	1054
龙川县	12	7	5	1623	940	683
连平县	6	4	2	980	524	456
和平县	8	3	5	637	384	253
东源县	30	11	19	2888	1625	1263
阳江市	**88**	**48**	**40**	**12402**	**6137**	**6265**
江城区	57	36	21	4004	2112	1892
阳东区	13	7	6	4970	2431	2539
阳西县	11	4	7	1855	889	966
阳春市	7	1	6	1573	705	868
清远市	**94**	**42**	**52**	**16448**	**8715**	**7733**
清城区	18	9	9	3982	2166	1816
清新区	35	17	18	4320	2143	2177
佛冈县	9	3	6	1741	971	770
阳山县	7	6	1	748	373	375
连山壮族瑶族自治县	1		1	243	118	125
连南瑶族自治县				134	79	55
英德市	20	5	15	4686	2521	2165
连州市	4	2	2	594	344	250
东莞市	**544**	**293**	**251**	**59703**	**32073**	**27630**
市辖区	544	293	251	59703	32073	27630
中山市	**127**	**57**	**70**	**30691**	**15834**	**14857**
市辖区	127	57	70	30691	15834	14857
潮州市	**25**	**9**	**16**	**10498**	**5437**	**5061**
湘桥区	1		1	570	302	268
潮安区	18	7	11	9046	4721	4325
饶平县	6	2	4	882	414	468
揭阳市	**36**	**14**	**22**	**9479**	**4936**	**4543**
榕城区	1	1		1132	602	530
揭东区	3	2	1	2357	1298	1059
揭西县	11	3	8	1722	871	851
惠来县	6	2	4	847	431	416
普宁市	15	6	9	3421	1734	1687
云浮市	**47**	**23**	**24**	**6007**	**2938**	**3069**
云城区	7	5	2	887	509	378
云安区	9	3	6	738	383	355
新兴县	3		3	1594	866	728
郁南县	3	1	2	649	269	380
罗定市	25	14	11	2139	911	1228

4-3c　续表 6

单位：人

地　区	初　中			高　中			大学专科		
	小计	男	女	小计	男	女	小计	男	女
广　东	**1810780**	**1133441**	**677339**	**663811**	**429469**	**234342**	**290912**	**168448**	**122464**
广州市	**414089**	**262087**	**152002**	**183463**	**119466**	**63997**	**70288**	**40986**	**29302**
荔湾区									
越秀区									
海珠区									
天河区									
白云区	144876	90963	53913	69794	44384	25410	35794	20072	15722
黄埔区	13359	9092	4267	7686	5385	2301	3347	2114	1233
番禺区	64751	40414	24337	37651	24707	12944	10290	6515	3775
花都区	103523	65358	38165	30909	20406	10503	10954	6469	4485
南沙区	39290	25350	13940	15368	10485	4883	3764	2231	1533
从化区	12232	7408	4824	7848	4458	3390	1890	980	910
增城区	36058	23502	12556	14207	9641	4566	4249	2605	1644
韶关市	**30801**	**18812**	**11989**	**11007**	**6899**	**4108**	**11241**	**7061**	**4180**
武江区	3801	2336	1465	1267	765	502	440	264	176
浈江区	3209	1902	1307	955	595	360	423	268	155
曲江区	5102	3281	1821	1742	1084	658	6900	4383	2517
始兴县	1925	1063	862	824	535	289	371	221	150
仁化县	3168	2018	1150	1016	631	385	477	298	179
翁源县	4642	2854	1788	1620	1053	567	816	526	290
乳源瑶族自治县	1727	1100	627	630	375	255	388	244	144
新丰县	2623	1634	989	1043	721	322	518	349	169
乐昌市	2460	1367	1093	1088	647	441	601	335	266
南雄市	2144	1257	887	822	493	329	307	173	134
深圳市	**17523**	**11250**	**6273**	**7924**	**5477**	**2447**	**2978**	**2061**	**917**
罗湖区									
福田区									
南山区									
宝安区									
龙岗区	17523	11250	6273	7924	5477	2447	2978	2061	917
盐田区									
龙华区									
坪山区									
光明区									
珠海市	**35581**	**22521**	**13060**	**14561**	**9544**	**5017**	**2959**	**1875**	**1084**
香洲区	361	296	65	190	159	31	98	68	30
斗门区	32173	20166	12007	13332	8603	4729	2612	1626	986
金湾区	3047	2059	988	1039	782	257	249	181	68
汕头市	**51599**	**32495**	**19104**	**10997**	**7057**	**3940**	**6734**	**4114**	**2620**
龙湖区	4405	2633	1772	1040	611	429	290	175	115
金平区	268	175	93	156	96	60	31	17	14
濠江区	4418	3540	878	1659	1224	435	4351	2707	1644
潮阳区	13988	8399	5589	3513	2146	1367	855	487	368
潮南区	10266	6358	3908	2540	1583	957	773	445	328
澄海区	17967	11197	6770	2016	1349	667	407	266	141
南澳县	287	193	94	73	48	25	27	17	10
佛山市	**104077**	**69318**	**34759**	**30280**	**21159**	**9121**	**7343**	**4746**	**2597**
禅城区									
南海区	33187	22061	11126	12220	8532	3688	1987	1234	753
顺德区	13463	8925	4538	4907	3246	1661	411	258	153
三水区	52930	35353	17577	12243	8793	3450	4653	3078	1575
高明区	4497	2979	1518	910	588	322	292	176	116

4-3c 续表 7

单位：人

地区	初中			高中			大学专科		
	小计	男	女	小计	男	女	小计	男	女
江门市	**119411**	**74966**	**44445**	**28839**	**19372**	**9467**	**7792**	**4954**	**2838**
蓬江区	1319	893	426	349	221	128	109	67	42
江海区									
新会区	35928	22822	13106	9207	6391	2816	1842	1170	672
台山市	16973	10355	6618	4568	3038	1530	1763	1209	554
开平市	23809	14615	9194	5576	3589	1987	1575	917	658
鹤山市	25756	16394	9362	5364	3749	1615	1334	904	430
恩平市	15626	9887	5739	3775	2384	1391	1169	687	482
湛江市	**50325**	**25904**	**24421**	**27661**	**15375**	**12286**	**13535**	**7070**	**6465**
赤坎区	274	156	118	154	87	67	54	28	26
霞山区	1082	580	502	375	199	176	181	82	99
坡头区	2597	1481	1116	1099	663	436	465	254	211
麻章区	6169	3129	3040	5575	3354	2221	1814	825	989
遂溪县	6699	3321	3378	4410	2287	2123	2322	1227	1095
徐闻县	5842	3252	2590	2738	1506	1232	1548	834	714
廉江市	12766	5807	6959	5747	2985	2762	2956	1535	1421
雷州市	7349	3943	3406	4680	2609	2071	2655	1429	1226
吴川市	7547	4235	3312	2883	1685	1198	1540	856	684
茂名市	**33752**	**16150**	**17602**	**19544**	**10699**	**8845**	**23838**	**11176**	**12662**
茂南区	6105	3299	2806	2905	1829	1076	8913	2778	6135
电白区	8249	3948	4301	7208	3842	3366	10210	5879	4331
高州市	4883	2404	2479	2629	1425	1204	1035	550	485
化州市	9612	4282	5330	4699	2478	2221	2512	1341	1171
信宜市	4903	2217	2686	2103	1125	978	1168	628	540
肇庆市	**49897**	**31835**	**18062**	**12971**	**8329**	**4642**	**4124**	**2434**	**1690**
端州区									
鼎湖区	2096	1454	642	772	496	276	248	148	100
高要区	15539	10035	5504	3975	2564	1411	1030	656	374
广宁县	4839	3086	1753	1375	887	488	566	327	239
怀集县	2478	1329	1149	715	384	331	332	193	139
封开县	2195	1349	846	776	503	273	251	134	117
德庆县	2051	1178	873	863	478	385	292	152	140
四会市	20699	13404	7295	4495	3017	1478	1405	824	581
惠州市	**231953**	**149332**	**82621**	**59620**	**40278**	**19342**	**33396**	**18096**	**15300**
惠城区	53531	34956	18575	20220	14004	6216	16567	8578	7989
惠阳区	75020	47620	27400	16173	10907	5266	5064	3102	1962
博罗县	58689	38086	20603	13116	8752	4364	8242	4197	4045
惠东县	35030	22368	12662	6991	4621	2370	2396	1500	896
龙门县	9683	6302	3381	3120	1994	1126	1127	719	408
梅州市	**26775**	**14684**	**12091**	**13671**	**7618**	**6053**	**6427**	**3464**	**2963**
梅江区	1689	986	703	697	384	313	303	157	146
梅县区	4615	2515	2100	2592	1395	1197	956	515	441
大埔县	3546	2116	1430	1830	1031	799	1021	545	476
丰顺县	2694	1429	1265	1313	722	591	629	344	285
五华县	6461	3579	2882	3272	1891	1381	1717	962	755
平远县	1402	717	685	581	343	238	320	164	156
蕉岭县	1891	1155	736	672	383	289	205	106	99
兴宁市	4477	2187	2290	2714	1469	1245	1276	671	605

4-3c 续表 8

单位：人

地区	初中			高中			大学专科		
	小计	男	女	小计	男	女	小计	男	女
汕尾市	**24214**	**15690**	**8524**	**8443**	**5261**	**3182**	**3491**	**2145**	**1346**
城　区	4616	3273	1343	2323	1441	882	706	469	237
海丰县	13722	8982	4740	3751	2443	1308	1311	865	446
陆河县	1682	980	702	502	285	217	261	136	125
陆丰市	4194	2455	1739	1867	1092	775	1213	675	538
河源市	**43191**	**26030**	**17161**	**21184**	**12308**	**8876**	**8294**	**4463**	**3831**
源城区	8055	4868	3187	2118	1426	692	571	355	216
紫金县	8773	5370	3403	3209	1877	1332	1374	769	605
龙川县	7230	4278	2952	3721	2274	1447	1919	1202	717
连平县	4137	2398	1739	1849	1019	830	948	500	448
和平县	2627	1541	1086	1257	736	521	626	350	276
东源县	12369	7575	4794	9030	4976	4054	2856	1287	1569
阳江市	**34971**	**21390**	**13581**	**12447**	**7916**	**4531**	**7860**	**5029**	**2831**
江城区	11326	7319	4007	4357	2983	1374	2262	1566	696
阳东区	13527	8055	5472	4223	2620	1603	3502	2231	1271
阳西县	4308	2526	1782	1465	895	570	828	529	299
阳春市	5810	3490	2320	2402	1418	984	1268	703	565
清远市	**65572**	**41421**	**24151**	**24697**	**15532**	**9165**	**35348**	**21187**	**14161**
清城区	19694	13454	6240	6413	4138	2275	27772	16660	11112
清新区	15235	9112	6123	5984	3814	2170	2112	1226	886
佛冈县	7115	4725	2390	2657	1675	982	1094	675	419
阳山县	3050	1823	1227	1225	731	494	623	376	247
连山壮族瑶族自治县	771	393	378	294	181	113	157	87	70
连南瑶族自治县	502	260	242	268	143	125	152	75	77
英德市	16620	9992	6628	6754	4161	2593	2906	1792	1114
连州市	2585	1662	923	1102	689	413	532	296	236
东莞市	**286993**	**182177**	**104816**	**116605**	**78823**	**37782**	**24712**	**15736**	**8976**
市辖区	286993	182177	104816	116605	78823	37782	24712	15736	8976
中山市	**120799**	**75495**	**45304**	**39298**	**26079**	**13219**	**9454**	**5580**	**3874**
市辖区	120799	75495	45304	39298	26079	13219	9454	5580	3874
潮州市	**19894**	**12514**	**7380**	**3482**	**2178**	**1304**	**1314**	**724**	**590**
湘桥区	1509	930	579	365	215	150	270	132	138
潮安区	15744	10094	5650	2250	1436	814	574	304	270
饶平县	2641	1490	1151	867	527	340	470	288	182
揭阳市	**25960**	**15913**	**10047**	**8309**	**4810**	**3499**	**3930**	**2202**	**1728**
榕城区	3099	2084	1015	771	502	269	292	174	118
揭东区	5641	3659	1982	1238	745	493	466	269	197
揭西县	4694	2710	1984	1709	936	773	927	498	429
惠来县	2797	1662	1135	1452	815	637	956	573	383
普宁市	9729	5798	3931	3139	1812	1327	1289	688	601
云浮市	**23403**	**13457**	**9946**	**8808**	**5289**	**3519**	**5854**	**3345**	**2509**
云城区	2750	1824	926	995	611	384	491	277	214
云安区	2831	1788	1043	1416	886	530	2298	1373	925
新兴县	7604	4717	2887	2096	1394	702	774	454	320
郁南县	2721	1370	1351	1020	575	445	551	308	243
罗定市	7497	3758	3739	3281	1823	1458	1740	933	807

4-3c 续表 9

单位：人

地　区	大学本科			硕士研究生			博士研究生		
	小计	男	女	小计	男	女	小计	男	女
广　东	**186218**	**96782**	**89436**	**8326**	**4496**	**3830**	**1030**	**683**	**347**
广州市	**64355**	**29336**	**35019**	**2472**	**1137**	**1335**	**308**	**208**	**100**
荔湾区									
越秀区									
海珠区									
天河区									
白云区	26017	12052	13965	464	256	208	72	60	12
黄埔区	1402	847	555	61	44	17	6	5	1
番禺区	6598	3433	3165	1212	503	709	141	84	57
花都区	13751	5190	8561	251	117	134	24	13	11
南沙区	1642	968	674	60	39	21	6	6	
从化区	13016	5727	7289	318	117	201	37	25	12
增城区	1929	1119	810	106	61	45	22	15	7
韶关市	**3338**	**2006**	**1332**	**195**	**137**	**58**	**16**	**6**	**10**
武江区	281	183	98	8	5	3	3		3
浈江区	291	170	121	10	8	2	1		1
曲江区	381	228	153	31	25	6	2	1	1
始兴县	228	124	104	14	10	4			
仁化县	333	214	119	9	8	1			
翁源县	574	350	224	32	23	9	2	1	1
乳源瑶族自治县	253	157	96	31	26	5	1	1	
新丰县	281	191	90	21	13	8	4	2	2
乐昌市	530	284	246	22	12	10	2	1	1
南雄市	186	105	81	17	7	10	1		1
深圳市	**1879**	**1280**	**599**	**223**	**157**	**66**	**29**	**21**	**8**
罗湖区									
福田区									
南山区									
宝安区									
龙岗区	1879	1280	599	223	157	66	29	21	8
盐田区									
龙华区									
坪山区									
光明区									
珠海市	**1285**	**768**	**517**	**89**	**41**	**48**	**6**	**5**	**1**
香洲区	37	22	15	2	2				
斗门区	1089	615	474	82	34	48	5	4	1
金湾区	159	131	28	5	5		1	1	
汕头市	**2748**	**1549**	**1199**	**100**	**45**	**55**	**13**	**7**	**6**
龙湖区	176	107	69	14	5	9			
金平区	666	340	326	2		2			
濠江区	285	213	72	10	4	6	1	1	
潮阳区	683	367	316	35	17	18	5	3	2
潮南区	670	361	309	27	11	16	4	1	3
澄海区	257	154	103	12	8	4	3	2	1
南澳县	11	7	4						
佛山市	**12534**	**5981**	**6553**	**297**	**120**	**177**	**15**	**13**	**2**
禅城区									
南海区	602	307	295	47	19	28	6	4	2
顺德区	182	103	79	13	8	5			
三水区	11563	5471	6092	232	89	143	8	8	
高明区	187	100	87	5	4	1	1	1	

4-3c 续表 10

单位：人

地 区	大学本科			硕士研究生			博士研究生		
	小计	男	女	小计	男	女	小计	男	女
江门市	**5021**	**3240**	**1781**	**277**	**185**	**92**	**31**	**18**	**13**
蓬江区	64	43	21	3	2	1	1		1
江海区									
新会区	930	659	271	64	50	14	6	5	1
台山市	1493	1056	437	89	67	22	4	2	2
开平市	919	527	392	49	26	23	10	5	5
鹤山市	650	432	218	30	18	12	3	2	1
恩平市	965	523	442	42	22	20	7	4	3
湛江市	**12120**	**6425**	**5695**	**612**	**311**	**301**	**94**	**59**	**35**
赤坎区	36	18	18	4	2	2	1	1	
霞山区	157	80	77	9	5	4	2	2	
坡头区	439	241	198	27	14	13	2	1	1
麻章区	1031	570	461	58	27	31	10	8	2
遂溪县	2213	1154	1059	109	58	51	19	9	10
徐闻县	1449	800	649	64	36	28	10	5	5
廉江市	2592	1342	1250	142	69	73	24	15	9
雷州市	2719	1449	1270	131	63	68	16	11	5
吴川市	1484	771	713	68	37	31	10	7	3
茂名市	**11257**	**5508**	**5749**	**416**	**223**	**193**	**66**	**46**	**20**
茂南区	5147	2307	2840	74	41	33	19	15	4
电白区	1903	988	915	109	47	62	23	14	9
高州市	837	465	372	62	38	24	2	1	1
化州市	2352	1198	1154	116	67	49	16	12	4
信宜市	1018	550	468	55	30	25	6	4	2
肇庆市	**4184**	**2563**	**1621**	**167**	**84**	**83**	**14**	**8**	**6**
端州区									
鼎湖区	216	102	114	37	19	18			
高要区	2108	1373	735	35	20	15	5	1	4
广宁县	471	281	190	24	13	11	2	2	
怀集县	275	159	116	17	8	9	3	2	1
封开县	209	111	98	9	5	4			
德庆县	202	97	105	18	6	12			
四会市	703	440	263	27	13	14	4	3	1
惠州市	**10689**	**6568**	**4121**	**521**	**317**	**204**	**49**	**38**	**11**
惠城区	3554	2404	1150	195	124	71	11	8	3
惠阳区	2324	1307	1017	72	46	26	10	9	1
博罗县	2102	1199	903	147	76	71	13	10	3
惠东县	1892	1173	719	83	53	30	10	6	4
龙门县	817	485	332	24	18	6	5	5	
梅州市	**5822**	**3139**	**2683**	**278**	**150**	**128**	**37**	**24**	**13**
梅江区	241	117	124	9	6	3			
梅县区	733	399	334	33	17	16	9	5	4
大埔县	1034	566	468	51	32	19	9	6	3
丰顺县	661	347	314	23	9	14	4	3	1
五华县	1606	885	721	90	49	41	7	5	2
平远县	249	136	113	14	8	6	1	1	
蕉岭县	111	56	55	5	2	3			
兴宁市	1187	633	554	53	27	26	7	4	3

4-3c 续表 11

单位：人

地区	大学本科			硕士研究生			博士研究生		
	小计	男	女	小计	男	女	小计	男	女
汕尾市	**3252**	**1897**	**1355**	**207**	**118**	**89**	**23**	**14**	**9**
城　区	710	435	275	53	38	15	1	1	
海丰县	1271	795	476	62	41	21	10	6	4
陆河县	219	108	111	14	8	6	2	1	1
陆丰市	1052	559	493	78	31	47	10	6	4
河源市	**7344**	**3776**	**3568**	**276**	**134**	**142**	**35**	**24**	**11**
源城区	222	117	105	8	4	4	3	3	
紫金县	1195	634	561	48	30	18	7	5	2
龙川县	1514	920	594	62	30	32	7	7	
连平县	833	451	382	29	17	12	6	2	4
和平县	543	295	248	30	10	20	5	3	2
东源县	3037	1359	1678	99	43	56	7	4	3
阳江市	**4863**	**3267**	**1596**	**264**	**166**	**98**	**28**	**17**	**11**
江城区	1188	719	469	83	44	39	7	5	2
阳东区	1882	1410	472	82	59	23	9	4	5
阳西县	816	564	252	52	35	17	5	4	1
阳春市	977	574	403	47	28	19	7	4	3
清远市	**6822**	**4017**	**2805**	**464**	**289**	**175**	**53**	**36**	**17**
清城区	1411	880	531	198	114	84	13	10	3
清新区	1488	802	686	75	49	26	16	12	4
佛冈县	570	370	200	30	18	12	1	1	
阳山县	504	283	221	26	16	10	5	4	1
连山壮族瑶族自治县	142	84	58	7	4	3	2	1	1
连南瑶族自治县	136	73	63	10	3	7	1		1
英德市	2146	1287	859	92	67	25	11	7	4
连州市	425	238	187	26	18	8	4	1	3
东莞市	**9485**	**5994**	**3491**	**716**	**471**	**245**	**115**	**78**	**37**
市辖区	9485	5994	3491	716	471	245	115	78	37
中山市	**8734**	**4310**	**4424**	**296**	**151**	**145**	**37**	**25**	**12**
市辖区	8734	4310	4424	296	151	145	37	25	12
潮州市	**3259**	**1282**	**1977**	**55**	**29**	**26**	**6**	**5**	**1**
湘桥区	2295	701	1594	8	4	4	1		1
潮安区	459	237	222	24	12	12	2	2	
饶平县	505	344	161	23	13	10	3	3	
揭阳市	**3583**	**1919**	**1664**	**192**	**105**	**87**	**26**	**11**	**15**
榕城区	224	129	95	14	9	5	1		1
揭东区	406	204	202	25	14	11	4	3	1
揭西县	858	426	432	40	20	20	7	3	4
惠来县	895	523	372	50	31	19	7	2	5
普宁市	1200	637	563	63	31	32	7	3	4
云浮市	**3644**	**1957**	**1687**	**209**	**126**	**83**	**29**	**20**	**9**
云城区	438	235	203	18	13	5	5	5	
云安区	422	199	223	37	20	17	1	1	
新兴县	670	400	270	43	29	14	5	2	3
郁南县	523	281	242	35	26	9	3	1	2
罗定市	1591	842	749	76	38	38	15	11	4

4–4　各地区分性别、受教育程度的25岁及以上人口

单位：人

地　区	25岁及以上人口			未上过学		
	合计	男	女	小计	男	女
广　东	**36785614**	**21012206**	**15773408**	**302457**	**72103**	**230354**
广州市	**7395885**	**4129817**	**3266068**	**47994**	**12297**	**35697**
荔湾区	499845	267204	232641	5169	1698	3471
越秀区	260461	132051	128410	1805	451	1354
海珠区	718265	379133	339132	2895	641	2254
天河区	945454	520645	424809	4838	1231	3607
白云区	1864430	1048178	816252	11395	2641	8754
黄埔区	571099	336613	234486	4166	805	3361
番禺区	1179691	657968	521723	6841	1904	4937
花都区	601423	344587	256836	4063	1181	2882
南沙区	326132	198946	127186	2825	788	2037
从化区	61217	35055	26162	543	149	394
增城区	367868	209437	158431	3454	808	2646
韶关市	**298091**	**155613**	**142478**	**5620**	**1033**	**4587**
武江区	96671	49007	47664	1643	261	1382
浈江区	68670	34495	34175	1390	253	1137
曲江区	35705	19015	16690	848	134	714
始兴县	9005	4835	4170	154	24	130
仁化县	17399	9635	7764	423	88	335
翁源县	14445	8075	6370	234	54	180
乳源瑶族自治县	11187	6190	4997	196	40	156
新丰县	11026	6359	4667	91	33	58
乐昌市	21502	11056	10446	488	121	367
南雄市	12481	6946	5535	153	25	128
深圳市	**9856772**	**5612314**	**4244458**	**75830**	**12495**	**63335**
罗湖区	520208	271959	248249	4824	647	4177
福田区	650921	349904	301017	5647	811	4836
南山区	743424	417583	325841	6522	1191	5331
宝安区	2822462	1630942	1191520	17679	2951	14728
龙岗区	2383130	1331567	1051563	21337	3706	17631
盐田区	106310	60488	45822	948	152	796
龙华区	1553544	908272	645272	9833	1387	8446
坪山区	333432	196465	136967	3327	636	2691
光明区	743341	445134	298207	5713	1014	4699
珠海市	**901544**	**524272**	**377272**	**11465**	**2639**	**8826**
香洲区	522465	297976	224489	6836	1563	5273
斗门区	196309	115491	80818	2584	586	1998
金湾区	182770	110805	71965	2045	490	1555
汕头市	**488911**	**276563**	**212348**	**7104**	**2165**	**4939**
龙湖区	128195	71380	56815	1518	460	1058
金平区	89117	47341	41776	1934	391	1543
濠江区	10948	7057	3891	259	71	188
潮阳区	83151	47883	35268	1062	418	644
潮南区	57423	33828	23595	815	372	443
澄海区	117423	67660	49763	1429	423	1006
南澳县	2654	1414	1240	87	30	57
佛山市	**3911269**	**2322279**	**1588990**	**27220**	**8042**	**19178**
禅城区	534589	303904	230685	2920	880	2040
南海区	1634185	972237	661948	10912	3226	7686
顺德区	1345987	799745	546242	9766	3057	6709
三水区	275591	172177	103414	2833	639	2194
高明区	120917	74216	46701	789	240	549

4–4 续表 1

单位：人

地区	25岁及以上人口			未上过学		
	合计	男	女	小计	男	女
江门市	**922471**	**525556**	**396915**	**8653**	**2146**	**6507**
蓬江区	247917	137625	110292	2517	677	1840
江海区	142660	80069	62591	1548	321	1227
新会区	162415	94886	67529	1572	368	1204
台山市	76944	44898	32046	613	169	444
开平市	108030	59942	48088	1055	273	782
鹤山市	137375	80450	56925	746	172	574
恩平市	47130	27686	19444	602	166	436
湛江市	**505531**	**261200**	**244331**	**7348**	**2125**	**5223**
赤坎区	98997	50338	48659	982	235	747
霞山区	170403	83987	86416	2169	554	1615
坡头区	19508	10420	9088	317	73	244
麻章区	39116	23157	15959	503	171	332
遂溪县	35511	18581	16930	717	243	474
徐闻县	27692	15233	12459	535	163	372
廉江市	47915	23433	24482	819	241	578
雷州市	30643	16453	14190	701	266	435
吴川市	35746	19598	16148	605	179	426
茂名市	**218216**	**114961**	**103255**	**3276**	**953**	**2323**
茂南区	76587	40982	35605	1013	242	771
电白区	43489	22949	20540	803	228	575
高州市	31745	17046	14699	440	125	315
化州市	41752	21040	20712	602	232	370
信宜市	24643	12944	11699	418	126	292
肇庆市	**409187**	**239402**	**169785**	**3781**	**991**	**2790**
端州区	101540	54094	47446	1174	248	926
鼎湖区	41038	25151	15887	438	135	303
高要区	65635	39518	26117	634	183	451
广宁县	15381	9161	6220	174	64	110
怀集县	11571	6698	4873	140	41	99
封开县	8788	5156	3632	81	22	59
德庆县	9146	4848	4298	123	35	88
四会市	156088	94776	61312	1017	263	754
惠州市	**1935970**	**1126383**	**809587**	**22161**	**5650**	**16511**
惠城区	725558	412544	313014	10110	2336	7774
惠阳区	680767	404393	276374	6256	1751	4505
博罗县	314281	183960	130321	3095	786	2309
惠东县	184458	106930	77528	2348	654	1694
龙门县	30906	18556	12350	352	123	229
梅州市	**275932**	**144156**	**131776**	**3288**	**999**	**2289**
梅江区	96789	49211	47578	1101	304	797
梅县区	71292	36115	35177	562	152	410
大埔县	17418	9522	7896	223	88	135
丰顺县	17657	9746	7911	237	74	163
五华县	28659	16240	12419	474	194	280
平远县	8388	4418	3970	164	35	129
蕉岭县	9537	5145	4392	157	30	127
兴宁市	26192	13759	12433	370	122	248

4-4　续表 2

单位：人

地　区	25岁及以上人口			未上过学		
	合计	男	女	小计	男	女
汕尾市	**168526**	**95478**	**73048**	**3257**	**905**	**2352**
城　区	46566	27062	19504	1207	331	876
海丰县	87818	49739	38079	1334	362	972
陆河县	10462	5960	4502	169	53	116
陆丰市	23680	12717	10963	547	159	388
河源市	**385433**	**204141**	**181292**	**4572**	**1071**	**3501**
源城区	258000	132063	125937	3061	552	2509
紫金县	32473	18690	13783	387	156	231
龙川县	27684	15299	12385	313	107	206
连平县	15749	8793	6956	211	85	126
和平县	11027	6343	4684	123	48	75
东源县	40500	22953	17547	477	123	354
阳江市	**233266**	**127277**	**105989**	**3267**	**922**	**2345**
江城区	118077	64359	53718	1751	546	1205
阳东区	69546	38111	31435	777	189	588
阳西县	20051	10987	9064	370	85	285
阳春市	25592	13820	11772	369	102	267
清远市	**456023**	**250872**	**205151**	**8299**	**1857**	**6442**
清城区	261971	143674	118297	4632	954	3678
清新区	71499	37213	34286	1830	376	1454
佛冈县	23198	13934	9264	268	92	176
阳山县	12604	7070	5534	241	83	158
连山壮族瑶族自治县	4006	2145	1861	61	13	48
连南瑶族自治县	4035	2092	1943	86	21	65
英德市	65139	37102	28037	962	264	698
连州市	13571	7642	5929	219	54	165
东莞市	**5987035**	**3510775**	**2476260**	**35498**	**9820**	**25678**
市辖区	5987035	3510775	2476260	35498	9820	25678
中山市	**1953147**	**1120061**	**833086**	**15486**	**3844**	**11642**
市辖区	1953147	1120061	833086	15486	3844	11642
潮州市	**197965**	**111054**	**86911**	**4143**	**1023**	**3120**
湘桥区	68973	37368	31605	1162	311	851
潮安区	118098	67699	50399	2739	638	2101
饶平县	10894	5987	4907	242	74	168
揭阳市	**127802**	**73949**	**53853**	**2332**	**615**	**1717**
榕城区	28330	17084	11246	686	145	541
揭东区	28414	17104	11310	594	138	456
揭西县	14753	8063	6690	248	78	170
惠来县	14510	8120	6390	225	73	152
普宁市	41795	23578	18217	579	181	398
云浮市	**156638**	**86083**	**70555**	**1863**	**511**	**1352**
云城区	72579	39456	33123	734	178	556
云安区	10563	6503	4060	157	53	104
新兴县	29429	17223	12206	270	74	196
郁南县	12126	6324	5802	176	47	129
罗定市	31941	16577	15364	526	159	367

4-4 续表 3

单位：人

地 区	学前教育			小 学		
	小计	男	女	小计	男	女
广 东	**27180**	**10772**	**16408**	**4556207**	**2147615**	**2408592**
广州市	**3929**	**1490**	**2439**	**744577**	**347354**	**397223**
荔湾区	435	197	238	63282	30530	32752
越秀区	129	57	72	23567	9652	13915
海珠区	247	99	148	66870	30047	36823
天河区	396	152	244	63204	27762	35442
白云区	882	293	589	202202	92709	109493
黄埔区	253	77	176	49293	22749	26544
番禺区	774	326	448	109071	51939	57132
花都区	244	98	146	68894	32888	36006
南沙区	219	75	144	39986	20374	19612
从化区	33	18	15	7519	3734	3785
增城区	317	98	219	50689	24970	25719
韶关市	**289**	**112**	**177**	**48249**	**20980**	**27269**
武江区	95	33	62	14626	6082	8544
浈江区	76	30	46	10795	4477	6318
曲江区	21	9	12	6316	2713	3603
始兴县	6	1	5	1476	645	831
仁化县	20	7	13	3175	1470	1705
翁源县	13	6	7	2375	1129	1246
乳源瑶族自治县	5	2	3	1943	922	1021
新丰县	23	16	7	1556	742	814
乐昌市	18	5	13	3957	1743	2214
南雄市	12	3	9	2030	1057	973
深圳市	**3998**	**979**	**3019**	**851991**	**351286**	**500705**
罗湖区	266	49	217	49856	19647	30209
福田区	277	52	225	57461	23348	34113
南山区	294	125	169	62496	25994	36502
宝安区	986	239	747	214599	86758	127841
龙岗区	1121	297	824	237464	99226	138238
盐田区	46	11	35	9572	3896	5676
龙华区	593	108	485	104865	40559	64306
坪山区	156	45	111	40353	18424	21929
光明区	259	53	206	75325	33434	41891
珠海市	**890**	**380**	**510**	**117191**	**57049**	**60142**
香洲区	607	276	331	62623	30019	32604
斗门区	132	41	91	29382	14020	15362
金湾区	151	63	88	25186	13010	12176
汕头市	**496**	**210**	**286**	**108765**	**55881**	**52884**
龙湖区	92	32	60	24492	11946	12546
金平区	76	28	48	18924	8578	10346
濠江区	14	7	7	2209	1234	975
潮阳区	111	65	46	16709	9075	7634
潮南区	53	20	33	13817	7733	6084
澄海区	150	58	92	31952	16949	15003
南澳县				662	366	296
佛山市	**4295**	**2055**	**2240**	**586115**	**303839**	**282276**
禅城区	445	184	261	57290	28477	28813
南海区	2029	991	1038	257107	135445	121662
顺德区	1521	748	773	204797	104854	99943
三水区	214	95	119	48710	25262	23448
高明区	86	37	49	18211	9801	8410

4-4　续表 4　　　　单位：人

地　区	学前教育			小　学		
	小计	男	女	小计	男	女
江门市	**643**	**253**	**390**	**176226**	**84134**	**92092**
蓬江区	260	101	159	43917	19925	23992
江海区	88	29	59	25359	11286	14073
新会区	113	53	60	38082	19027	19055
台山市	31	10	21	13586	6900	6686
开平市	74	29	45	24054	11458	12596
鹤山市	36	13	23	22207	10949	11258
恩平市	41	18	23	9021	4589	4432
湛江市	**448**	**181**	**267**	**72233**	**33356**	**38877**
赤坎区	74	30	44	10162	4426	5736
霞山区	117	52	65	21794	9063	12731
坡头区	9	4	5	2818	1367	1451
麻章区	51	17	34	4880	2505	2375
遂溪县	29	10	19	5979	3029	2950
徐闻县	30	11	19	5842	2955	2887
廉江市	52	22	30	8103	3646	4457
雷州市	50	19	31	5545	2775	2770
吴川市	36	16	20	7110	3590	3520
茂名市	**240**	**102**	**138**	**36588**	**16867**	**19721**
茂南区	60	23	37	11466	5169	6297
电白区	58	28	30	7934	3775	4159
高州市	40	15	25	5368	2467	2901
化州市	53	27	26	6982	3268	3714
信宜市	29	9	20	4838	2188	2650
肇庆市	**406**	**170**	**236**	**61438**	**30458**	**30980**
端州区	100	32	68	13121	5647	7474
鼎湖区	82	52	30	7378	3876	3502
高要区	71	24	47	12915	6755	6160
广宁县	17	9	8	2082	1116	966
怀集县	7	3	4	2050	1209	841
封开县	8	1	7	1148	574	574
德庆县	7	2	5	1241	549	692
四会市	114	47	67	21503	10732	10771
惠州市	**1949**	**759**	**1190**	**309187**	**152005**	**157182**
惠城区	909	330	579	108923	50079	58844
惠阳区	546	202	344	98134	49271	48863
博罗县	220	103	117	53344	26816	26528
惠东县	251	112	139	42443	22209	20234
龙门县	23	12	11	6343	3630	2713
梅州市	**283**	**131**	**152**	**39410**	**18219**	**21191**
梅江区	97	37	60	13034	5388	7646
梅县区	67	34	33	8577	3677	4900
大埔县	18	11	7	2733	1386	1347
丰顺县	14	5	9	3450	1800	1650
五华县	33	16	17	4859	2618	2241
平远县	6		6	1451	687	764
蕉岭县	7	5	2	1579	740	839
兴宁市	41	23	18	3727	1923	1804

4—4 续表 5

单位：人

地　区	学前教育			小　学		
	小计	男	女	小计	男	女
汕尾市	**166**	**63**	**103**	**44229**	**21949**	**22280**
城　区	55	20	35	11746	5895	5851
海丰县	81	34	47	24563	12103	12460
陆河县	7	3	4	2361	1197	1164
陆丰市	23	6	17	5559	2754	2805
河源市	**311**	**97**	**214**	**58430**	**25913**	**32517**
源城区	176	33	143	38025	15173	22852
紫金县	31	19	12	5465	2950	2515
龙川县	27	13	14	4086	2067	2019
连平县	17	9	8	2631	1396	1235
和平县	12	6	6	1755	1066	689
东源县	48	17	31	6468	3261	3207
阳江市	**339**	**151**	**188**	**45660**	**21639**	**24021**
江城区	231	109	122	23215	11144	12071
阳东区	54	20	34	14179	6627	7552
阳西县	21	10	11	4195	2030	2165
阳春市	33	12	21	4071	1838	2233
清远市	**463**	**172**	**291**	**85126**	**39411**	**45715**
清城区	297	109	188	49740	22252	27488
清新区	78	28	50	14940	6739	8201
佛冈县	14	5	9	3523	1800	1723
阳山县	14	9	5	2079	1056	1023
连山壮族瑶族自治县	2		2	750	367	383
连南瑶族自治县				718	353	365
英德市	48	17	31	11146	5719	5427
连州市	10	4	6	2230	1125	1105
东莞市	**5831**	**2559**	**3272**	**732097**	**354023**	**378074**
市辖区	5831	2559	3272	732097	354023	378074
中山市	**1558**	**607**	**951**	**324129**	**155295**	**168834**
市辖区	1558	607	951	324129	155295	168834
潮州市	**345**	**170**	**175**	**58149**	**29869**	**28280**
湘桥区	122	73	49	16326	7946	8380
潮安区	202	85	117	39690	20864	18826
饶平县	21	12	9	2133	1059	1074
揭阳市	**154**	**71**	**83**	**29938**	**15806**	**14132**
榕城区	15	4	11	7367	4006	3361
揭东区	54	32	22	7365	3937	3428
揭西县	22	11	11	3257	1707	1550
惠来县	21	9	12	2626	1367	1259
普宁市	42	15	27	9323	4789	4534
云浮市	**147**	**60**	**87**	**26479**	**12282**	**14197**
云城区	60	22	38	12237	5356	6881
云安区	12	3	9	1728	953	775
新兴县	16	5	11	4799	2461	2338
郁南县	16	7	9	1849	840	1009
罗定市	43	23	20	5866	2672	3194

4-4　续表 6　　　　单位：人

地　　区	初　中			高　中			大学专科		
	小计	男	女	小计	男	女	小计	男	女
广　东	**17228446**	**10102199**	**7126247**	**8358998**	**5110774**	**3248224**	**3619499**	**2036655**	**1582844**
广州市	**3046606**	**1765689**	**1280917**	**1872978**	**1104376**	**768602**	**938781**	**504951**	**433830**
荔湾区	182248	102600	79648	126094	69845	56249	65447	33600	31847
越秀区	86607	46651	39956	73016	39430	33586	33923	16126	17797
海珠区	340388	188306	152082	158076	86448	71628	72709	35842	36867
天河区	235198	131582	103616	295056	171477	123579	198473	108469	90004
白云区	829086	485323	343763	467088	278523	188565	215460	115673	99787
黄埔区	201833	121787	80046	156853	100603	56250	81279	47010	34269
番禺区	489975	281019	208956	325030	190313	134717	141791	75456	66335
花都区	340259	200868	139391	106017	64069	41948	48442	26823	21619
南沙区	153077	95338	57739	79594	52381	27213	30409	18139	12270
从化区	27240	16347	10893	12948	7830	5118	6411	3524	2887
增城区	160695	95868	64827	73206	43457	29749	44437	24289	20148
韶关市	**126280**	**68944**	**57336**	**62057**	**34297**	**27760**	**30276**	**16272**	**14004**
武江区	40035	21283	18752	20567	10891	9676	10514	5463	5051
浈江区	27205	14285	12920	16065	8563	7502	7639	3955	3684
曲江区	16989	9608	7381	6686	3835	2851	2901	1613	1288
始兴县	4000	2173	1827	1769	1101	668	801	450	351
仁化县	7284	4239	3045	3274	1877	1397	1666	988	678
翁源县	6876	3964	2912	2575	1582	993	1203	708	495
乳源瑶族自治县	4378	2548	1830	2211	1267	944	1271	716	555
新丰县	5331	3110	2221	2338	1456	882	932	554	378
乐昌市	9059	4829	4230	4006	2210	1796	1979	1063	916
南雄市	5123	2905	2218	2566	1515	1051	1370	762	608
深圳市	**4138598**	**2386677**	**1751921**	**2405599**	**1494019**	**911580**	**1320688**	**746839**	**573849**
罗湖区	185243	102189	83054	143068	80456	62612	77443	38115	39328
福田区	210896	117453	93443	170555	100272	70283	98185	50092	48093
南山区	230714	133433	97281	184754	111208	73546	112075	60921	51154
宝安区	1322464	757113	565351	641079	408192	232887	353247	208230	145017
龙岗区	1016512	581941	434571	582191	351641	230550	305413	167957	137456
盐田区	40642	24059	16583	30066	18819	11247	13683	7318	6365
龙华区	599155	353353	245802	403387	258523	144864	255170	148407	106763
坪山区	157505	93086	64419	75475	49263	26212	32902	19932	12970
光明区	375467	224050	151417	175024	115645	59379	72570	45867	26703
珠海市	**395703**	**237785**	**157918**	**221177**	**137252**	**83925**	**88974**	**50750**	**38224**
香洲区	209761	123922	85839	136758	82905	53853	58771	32502	26269
斗门区	96651	58689	37962	43737	28029	15708	14620	8618	6002
金湾区	89291	55174	34117	40682	26318	14364	15583	9630	5953
汕头市	**251560**	**147945**	**103615**	**78454**	**46673**	**31781**	**25102**	**14015**	**11087**
龙湖区	59646	34819	24827	25363	14806	10557	10001	5396	4605
金平区	37906	21480	16426	18719	10642	8077	7018	3762	3256
濠江区	5489	3766	1723	1573	1062	511	748	499	249
潮阳区	47468	27604	19864	12818	7818	5000	3058	1833	1225
潮南区	31877	19255	12622	7671	4665	3006	1639	952	687
澄海区	68025	40371	27654	11886	7480	4406	2453	1483	970
南澳县	1149	650	499	424	200	224	185	90	95
佛山市	**2071969**	**1270832**	**801137**	**794861**	**493155**	**301706**	**264665**	**152155**	**112510**
禅城区	273014	159367	113647	120921	71322	49599	49019	26706	22313
南海区	851440	525025	326415	325111	201437	123674	118695	68187	50508
顺德区	720085	439571	280514	284594	177915	106679	76148	44316	31832
三水区	159920	104191	55729	41216	27929	13287	13485	8503	4982
高明区	67510	42678	24832	23019	14552	8467	7318	4443	2875

4-4 续表 7

单位：人

地区	初中			高中			大学专科		
	小计	男	女	小计	男	女	小计	男	女
江门市	**472235**	**280280**	**191955**	**169860**	**104281**	**65579**	**56713**	**32238**	**24475**
蓬江区	114285	66543	47742	54241	32153	22088	20112	11097	9015
江海区	67364	39329	28035	29598	18525	11073	11725	6609	5116
新会区	87140	53461	33679	23619	15056	8563	6561	3770	2791
台山市	39049	23482	15567	15234	9137	6097	4611	2769	1842
开平市	58673	33900	24773	16967	10150	6817	4422	2489	1933
鹤山市	80054	47807	32247	23135	14831	8304	6821	4065	2756
恩平市	25670	15758	9912	7066	4429	2637	2461	1439	1022
湛江市	**204983**	**106601**	**98382**	**117711**	**63587**	**54124**	**56491**	**30452**	**26039**
赤坎区	37750	19108	18642	26750	14139	12611	13789	7261	6528
霞山区	69726	34244	35482	44099	23095	21004	18962	9760	9202
坡头区	6959	3782	3177	3709	2051	1658	2851	1587	1264
麻章区	16222	9735	6487	9061	5445	3616	4574	3045	1529
遂溪县	14078	7472	6606	7776	4169	3607	3471	1834	1637
徐闻县	11480	6534	4946	5082	2893	2189	2406	1374	1032
廉江市	20981	10184	10797	9030	4783	4247	4436	2287	2149
雷州市	10989	6040	4949	6368	3644	2724	3276	1778	1498
吴川市	16798	9502	7296	5836	3368	2468	2726	1526	1200
茂名市	**91163**	**48869**	**42294**	**45841**	**25696**	**20145**	**21450**	**11768**	**9682**
茂南区	30527	16701	13826	17354	9867	7487	8505	4692	3813
电白区	17739	9694	8045	8548	4670	3878	4291	2384	1907
高州市	14164	7935	6229	6852	3861	2991	2762	1494	1268
化州市	17842	8731	9111	8535	4698	3837	3846	2051	1795
信宜市	10891	5808	5083	4552	2600	1952	2046	1147	899
肇庆市	**210484**	**128101**	**82383**	**83515**	**51060**	**32455**	**29066**	**16835**	**12231**
端州区	40449	22213	18236	26427	14838	11589	11955	6533	5422
鼎湖区	21858	13897	7961	7275	4776	2499	2366	1472	894
高要区	39220	24560	14660	9509	6083	3426	2051	1235	816
广宁县	8183	5066	3117	2692	1648	1044	1130	645	485
怀集县	5736	3376	2360	1909	1090	819	888	504	384
封开县	3992	2401	1591	1851	1144	707	853	506	347
德庆县	4408	2405	2003	1892	1088	804	772	409	363
四会市	86638	54183	32455	31960	20393	11567	9051	5531	3520
惠州市	**1022946**	**612083**	**410863**	**343462**	**214836**	**128626**	**141747**	**83886**	**57861**
惠城区	346232	202278	143954	147065	90405	56660	66576	39076	27500
惠阳区	374064	227582	146482	121419	77531	43888	49387	29408	19979
博罗县	181089	108941	72148	48846	30786	18060	16913	10165	6748
惠东县	106706	64019	42687	20751	12855	7896	6845	4049	2796
龙门县	14855	9263	5592	5381	3259	2122	2026	1188	838
梅州市	**120918**	**63993**	**56925**	**62904**	**34512**	**28392**	**25941**	**13688**	**12253**
梅江区	42241	21753	20488	23352	12739	10613	8958	4626	4332
梅县区	31441	15986	15455	18023	9583	8440	7205	3745	3460
大埔县	7351	4138	3213	3512	1963	1549	1659	904	755
丰顺县	7802	4377	3425	3219	1835	1384	1471	831	640
五华县	12372	7130	5242	5715	3378	2337	2599	1459	1140
平远县	3739	1997	1742	1534	901	633	732	369	363
蕉岭县	4572	2638	1934	1854	1047	807	705	356	349
兴宁市	11400	5974	5426	5695	3066	2629	2612	1398	1214

4−4　续表 8　　单位：人

地　区	初　中			高　中			大学专科		
	小计	男	女	小计	男	女	小计	男	女
汕尾市	**79336**	**47078**	**32258**	**22721**	**14167**	**8554**	**9632**	**5793**	**3839**
城　区	19545	12028	7517	7061	4478	2583	3483	2142	1341
海丰县	44135	26168	17967	10605	6691	3914	3597	2213	1384
陆河县	5470	3288	2182	1342	798	544	637	362	275
陆丰市	10186	5594	4592	3713	2200	1513	1915	1076	839
河源市	**192576**	**103695**	**88881**	**74052**	**42611**	**31441**	**33599**	**18588**	**15011**
源城区	129523	67354	62169	51121	29220	21901	22983	12469	10514
紫金县	16533	9848	6685	5501	3152	2349	2451	1382	1069
龙川县	12572	6835	5737	5453	3136	2317	2933	1803	1130
连平县	7348	4198	3150	2980	1718	1262	1372	742	630
和平县	4786	2757	2029	2297	1339	958	1066	607	459
东源县	21814	12703	9111	6700	4046	2654	2794	1585	1209
阳江市	**103497**	**58423**	**45074**	**42990**	**24738**	**18252**	**22093**	**12385**	**9708**
江城区	50977	28875	22102	23243	13343	9900	11084	6109	4975
阳东区	33109	18616	14493	11093	6452	4641	6379	3691	2688
阳西县	8477	4794	3683	3612	2080	1532	1771	1006	765
阳春市	10934	6138	4796	5042	2863	2179	2859	1579	1280
清远市	**216031**	**125776**	**90255**	**77292**	**45414**	**31878**	**38031**	**20879**	**17152**
清城区	123527	72792	50735	43107	25201	17906	22800	12338	10462
清新区	34543	18896	15647	11339	6484	4855	4913	2593	2320
佛冈县	12035	7381	4654	4217	2739	1478	1804	1104	700
阳山县	5648	3224	2424	2362	1390	972	1167	674	493
连山壮族瑶族自治县	1749	950	799	669	389	280	370	207	163
连南瑶族自治县	1612	840	772	740	411	329	401	210	191
英德市	30810	18105	12705	12346	7324	5022	5262	3025	2237
连州市	6107	3588	2519	2512	1476	1036	1314	728	586
东莞市	**3192435**	**1886618**	**1305817**	**1446155**	**910678**	**535477**	**367699**	**220432**	**147267**
市辖区	3192435	1886618	1305817	1446155	910678	535477	367699	220432	147267
中山市	**1058489**	**624816**	**433673**	**369307**	**228870**	**140437**	**118302**	**68100**	**50202**
市辖区	1058489	624816	433673	369307	228870	140437	118302	68100	50202
潮州市	**94425**	**56599**	**37826**	**22674**	**13484**	**9190**	**9648**	**5177**	**4471**
湘桥区	31520	17955	13565	10478	6021	4457	5089	2715	2374
潮安区	57932	35859	22073	10451	6455	3996	3638	1947	1691
饶平县	4973	2785	2188	1745	1008	737	921	515	406
揭阳市	**64014**	**39231**	**24783**	**17661**	**10568**	**7093**	**7194**	**4068**	**3126**
榕城区	14809	9626	5183	3297	2111	1186	1165	653	512
揭东区	14618	9387	5231	3586	2310	1276	1316	802	514
揭西县	6694	3810	2884	2334	1302	1032	1139	610	529
惠来县	5834	3370	2464	2918	1646	1272	1456	838	618
普宁市	22059	13038	9021	5526	3199	2327	2118	1165	953
云浮市	**74198**	**42164**	**32034**	**27727**	**16500**	**11227**	**13407**	**7384**	**6023**
云城区	33963	19312	14651	13434	7924	5510	6607	3578	3029
云安区	5058	3254	1804	1843	1243	600	854	496	358
新兴县	15576	9354	6222	4471	2777	1694	2006	1175	831
郁南县	5527	2899	2628	2160	1233	927	1169	634	535
罗定市	14074	7345	6729	5819	3323	2496	2771	1501	1270

4-4 续表 9 单位：人

地区	大学本科			硕士研究生			博士研究生		
	小计	男	女	小计	男	女	小计	男	女
广东	**2406862**	**1368725**	**1038137**	**251413**	**140754**	**110659**	**34552**	**22609**	**11943**
广州市	**643738**	**341468**	**302270**	**81956**	**42852**	**39104**	**15326**	**9340**	**5986**
荔湾区	52091	26034	26057	4530	2379	2151	549	321	228
越秀区	34016	15992	18024	6448	3140	3308	950	552	398
海珠区	64454	31232	33222	10148	4993	5155	2478	1525	953
天河区	126592	68356	58236	17955	9336	8619	3742	2280	1462
白云区	124260	65698	58562	11811	6079	5732	2246	1239	1007
黄埔区	67316	37915	29401	8966	4917	4049	1140	750	390
番禺区	88608	47155	41453	14162	7714	6448	3439	2142	1297
花都区	30869	17157	13712	2440	1370	1070	195	133	62
南沙区	18359	10881	7478	1473	842	631	190	128	62
从化区	5338	2918	2420	1081	456	625	104	79	25
增城区	31835	18130	13705	2942	1626	1316	293	191	102
韶关市	**23414**	**12824**	**10590**	**1745**	**1038**	**707**	**161**	**113**	**48**
武江区	8395	4520	3875	750	436	314	46	38	8
浈江区	5017	2648	2369	411	234	177	72	50	22
曲江区	1826	1026	800	107	71	36	11	6	5
始兴县	753	414	339	44	25	19	2	2	
仁化县	1489	911	578	62	50	12	6	5	1
翁源县	1092	588	504	71	42	29	6	2	4
乳源瑶族自治县	1073	616	457	103	74	29	7	5	2
新丰县	706	422	284	45	24	21	4	2	2
乐昌市	1897	1031	866	94	52	42	4	2	2
南雄市	1166	648	518	58	30	28	3	1	2
深圳市	**943435**	**551792**	**391643**	**106289**	**60891**	**45398**	**10344**	**7336**	**3008**
罗湖区	52396	27122	25274	6597	3385	3212	515	349	166
福田区	90062	48210	41852	16456	8691	7765	1382	975	407
南山区	121632	69866	51766	21534	12523	9011	3403	2322	1081
宝安区	249288	153231	96057	21763	13213	8550	1357	1015	342
龙岗区	198111	114275	83836	19268	11276	7992	1713	1248	465
盐田区	9709	5350	4359	1443	749	694	201	134	67
龙华区	165398	97210	68188	13941	7870	6071	1202	855	347
坪山区	21038	13461	7577	2464	1453	1011	212	165	47
光明区	35801	23067	12734	2823	1731	1092	359	273	86
珠海市	**58033**	**33792**	**24241**	**6540**	**3648**	**2892**	**1571**	**977**	**594**
香洲区	40763	23201	17562	5003	2762	2241	1343	826	517
斗门区	8411	5065	3346	726	397	329	66	46	20
金湾区	8859	5526	3333	811	489	322	162	105	57
汕头市	**15909**	**8833**	**7076**	**1288**	**698**	**590**	**233**	**143**	**90**
龙湖区	6618	3639	2979	402	243	159	63	39	24
金平区	3773	2056	1717	629	317	312	138	87	51
濠江区	625	402	223	28	15	13	3	1	2
潮阳区	1837	1023	814	79	43	36	9	4	5
潮南区	1471	791	680	70	35	35	10	5	5
澄海区	1445	848	597	74	42	32	9	6	3
南澳县	140	74	66	6	3	3	1	1	
佛山市	**149593**	**84886**	**64707**	**11339**	**6492**	**4847**	**1212**	**823**	**389**
禅城区	28850	15793	13057	1945	1056	889	185	119	66
南海区	63935	35127	28808	4450	2468	1982	506	331	175
顺德区	44793	26626	18167	3860	2355	1505	423	303	120
三水区	8324	5065	3259	807	435	372	82	58	24
高明区	3691	2275	1416	277	178	99	16	12	4

4-4　续表 10　　　　单位：人

地　区	大学本科			硕士研究生			博士研究生		
	小计	男	女	小计	男	女	小计	男	女
江门市	**35780**	**20780**	**15000**	**2123**	**1275**	**848**	**238**	**169**	**69**
蓬江区	11635	6542	5093	840	506	334	110	81	29
江海区	6541	3706	2835	400	239	161	37	25	12
新会区	4992	2936	2056	316	200	116	20	15	5
台山市	3612	2302	1310	200	126	74	8	3	5
开平市	2648	1572	1076	112	56	56	25	15	10
鹤山市	4187	2494	1693	164	99	65	25	20	5
恩平市	2165	1228	937	91	49	42	13	10	3
湛江市	**42702**	**22874**	**19828**	**3117**	**1697**	**1420**	**498**	**327**	**171**
赤坎区	8801	4729	4072	540	311	229	149	99	50
霞山区	12264	6526	5738	1111	592	519	161	101	60
坡头区	2639	1434	1205	196	114	82	10	8	2
麻章区	3279	1937	1342	475	252	223	71	50	21
遂溪县	3259	1719	1540	176	92	84	26	13	13
徐闻县	2201	1235	966	100	59	41	16	9	7
廉江市	4226	2128	2098	237	120	117	31	22	9
雷州市	3530	1831	1699	162	84	78	22	16	6
吴川市	2503	1335	1168	120	73	47	12	9	3
茂名市	**18337**	**9950**	**8387**	**1139**	**622**	**517**	**182**	**134**	**48**
茂南区	7086	3954	3132	480	259	221	96	75	21
电白区	3804	2010	1794	272	133	139	40	27	13
高州市	1988	1070	918	122	74	48	9	5	4
化州市	3681	1906	1775	183	106	77	28	21	7
信宜市	1778	1010	768	82	50	32	9	6	3
肇庆市	**19285**	**11118**	**8167**	**1104**	**598**	**506**	**108**	**71**	**37**
端州区	7898	4362	3536	374	193	181	42	28	14
鼎湖区	1496	864	632	131	69	62	14	10	4
高要区	1174	642	532	53	33	20	8	3	5
广宁县	1044	586	458	54	25	29	5	2	3
怀集县	793	450	343	44	22	22	4	3	1
封开县	808	478	330	44	27	17	3	3	
德庆县	643	330	313	58	30	28	2		2
四会市	5429	3406	2023	346	199	147	30	22	8
惠州市	**88331**	**53444**	**34887**	**5632**	**3354**	**2278**	**555**	**366**	**189**
惠城区	42662	26115	16547	2812	1747	1065	269	178	91
惠阳区	28886	17437	11449	1878	1085	793	197	126	71
博罗县	10193	6036	4157	523	289	234	58	38	20
惠东县	4782	2843	1939	310	174	136	22	15	7
龙门县	1808	1013	795	109	59	50	9	9	
梅州市	**21876**	**11878**	**9998**	**1160**	**630**	**530**	**152**	**106**	**46**
梅江区	7435	4040	3395	498	268	230	73	56	17
梅县区	5178	2803	2375	215	119	96	24	16	8
大埔县	1835	984	851	75	42	33	12	6	6
丰顺县	1392	783	609	62	34	28	10	7	3
五华县	2465	1366	1099	131	72	59	11	7	4
平远县	728	405	323	32	22	10	2	2	
蕉岭县	618	307	311	45	22	23			
兴宁市	2225	1190	1035	102	51	51	20	12	8

4-4 续表 11　　　　单位：人

地　区	大学本科			硕士研究生			博士研究生		
	小计	男	女	小计	男	女	小计	男	女
汕尾市	**8418**	**5092**	**3326**	**699**	**386**	**313**	**68**	**45**	**23**
城　区	3213	2011	1202	237	141	96	19	16	3
海丰县	3129	1957	1172	339	189	150	35	22	13
陆河县	457	248	209	17	10	7	2	1	1
陆丰市	1619	876	743	106	46	60	12	6	6
河源市	**20797**	**11515**	**9282**	**996**	**582**	**414**	**100**	**69**	**31**
源城区	12448	6842	5606	611	383	228	52	37	15
紫金县	2019	1133	886	74	41	33	12	9	3
龙川县	2186	1278	908	106	52	54	8	8	
连平县	1126	612	514	53	29	24	11	4	7
和平县	944	500	444	37	16	21	7	4	3
东源县	2074	1150	924	115	61	54	10	7	3
阳江市	**14492**	**8472**	**6020**	**835**	**494**	**341**	**93**	**53**	**40**
江城区	7073	3949	3124	445	251	194	58	33	25
阳东区	3750	2393	1357	187	114	73	18	9	9
阳西县	1514	922	592	84	54	30	7	6	1
阳春市	2155	1208	947	119	75	44	10	5	5
清远市	**28693**	**16091**	**12602**	**1885**	**1136**	**749**	**203**	**136**	**67**
清城区	16483	9191	7292	1261	753	508	124	84	40
清新区	3647	1973	1674	183	106	77	26	18	8
佛冈县	1258	761	497	75	49	26	4	3	1
阳山县	1031	592	439	54	36	18	8	6	2
连山壮族瑶族自治县	388	210	178	15	8	7	2	1	1
连南瑶族自治县	453	246	207	24	11	13	1		1
英德市	4310	2486	1824	224	141	83	31	21	10
连州市	1123	632	491	49	32	17	7	3	4
东莞市	**186186**	**113347**	**72839**	**18173**	**11258**	**6915**	**2961**	**2040**	**921**
市辖区	186186	113347	72839	18173	11258	6915	2961	2040	921
中山市	**61841**	**36186**	**25655**	**3697**	**2116**	**1581**	**338**	**227**	**111**
市辖区	61841	36186	25655	3697	2116	1581	338	227	111
潮州市	**7974**	**4364**	**3610**	**534**	**319**	**215**	**73**	**49**	**24**
湘桥区	3937	2137	1800	287	176	111	52	34	18
潮安区	3224	1719	1505	207	121	86	15	11	4
饶平县	813	508	305	40	22	18	6	4	2
揭阳市	**6070**	**3349**	**2721**	**393**	**218**	**175**	**46**	**23**	**23**
榕城区	929	500	429	57	36	21	5	3	2
揭东区	819	464	355	56	29	27	6	5	1
揭西县	986	507	479	65	34	31	8	4	4
惠来县	1327	764	563	91	50	41	12	3	9
普宁市	2009	1114	895	124	69	55	15	8	7
云浮市	**11958**	**6670**	**5288**	**769**	**450**	**319**	**90**	**62**	**28**
云城区	5220	2889	2331	302	181	121	22	16	6
云安区	835	460	375	63	32	31	13	9	4
新兴县	2040	1224	816	224	133	91	27	20	7
郁南县	1170	631	539	54	32	22	5	1	4
罗定市	2693	1466	1227	126	72	54	23	16	7

4-5 全省分年龄、性别的15岁及以上文盲人口

单位：人、%

年 龄	15岁及以上人口			文盲人口			文盲人口占15岁及以上人口比重		
	合计	男	女	合计	男	女	合计	男	女
总 计	**45281695**	**25858944**	**19422751**	**307876**	**70627**	**237249**	**0.68**	**0.27**	**1.22**
15—19岁	**2877338**	**1664380**	**1212958**	**3662**	**2115**	**1547**	**0.13**	**0.13**	**0.13**
15	341577	192631	148946	927	549	378	0.27	0.29	0.25
16	484549	281875	202674	755	444	311	0.16	0.16	0.15
17	536787	319752	217035	631	353	278	0.12	0.11	0.13
18	642465	376162	266303	663	373	290	0.10	0.10	0.11
19	871960	493960	378000	686	396	290	0.08	0.08	0.08
20—24岁	**5618743**	**3182358**	**2436385**	**3784**	**2181**	**1603**	**0.07**	**0.07**	**0.07**
20	992050	558601	433449	825	455	370	0.08	0.08	0.09
21	1025921	578707	447214	730	417	313	0.07	0.07	0.07
22	1151243	657318	493925	755	445	310	0.07	0.07	0.06
23	1189137	675729	513408	740	428	312	0.06	0.06	0.06
24	1260392	712003	548389	734	436	298	0.06	0.06	0.05
25—29岁	**6616658**	**3815351**	**2801307**	**4016**	**2280**	**1736**	**0.06**	**0.06**	**0.06**
25	1324898	753699	571199	771	429	342	0.06	0.06	0.06
26	1255912	716590	539322	780	446	334	0.06	0.06	0.06
27	1326677	763539	563138	766	466	300	0.06	0.06	0.05
28	1342321	781491	560830	832	458	374	0.06	0.06	0.07
29	1366850	800032	566818	867	481	386	0.06	0.06	0.07
30—34岁	**7354509**	**4321826**	**3032683**	**5950**	**2965**	**2985**	**0.08**	**0.07**	**0.10**
30	1617951	948664	669287	1104	625	479	0.07	0.07	0.07
31	1524058	894283	629775	1151	569	582	0.08	0.06	0.09
32	1400125	822373	577752	1120	577	543	0.08	0.07	0.09
33	1492460	880638	611822	1318	623	695	0.09	0.07	0.11
34	1319915	775868	544047	1257	571	686	0.10	0.07	0.13
35—39岁	**5568869**	**3285317**	**2283552**	**7852**	**2878**	**4974**	**0.14**	**0.09**	**0.22**
35	1169713	689427	480286	1312	532	780	0.11	0.08	0.16
36	1153407	680100	473307	1469	574	895	0.13	0.08	0.19
37	1067832	631784	436048	1356	537	819	0.13	0.08	0.19
38	1148965	679581	469384	1805	609	1196	0.16	0.09	0.25
39	1028952	604425	424527	1910	626	1284	0.19	0.10	0.30
40—44岁	**4375828**	**2534097**	**1841731**	**14351**	**3836**	**10515**	**0.33**	**0.15**	**0.57**
40	914491	535408	379083	2087	627	1460	0.23	0.12	0.39
41	953243	557598	395645	2522	707	1815	0.26	0.13	0.46
42	855999	496363	359636	2861	758	2103	0.33	0.15	0.58
43	784711	450750	333961	3122	809	2313	0.40	0.18	0.69
44	867384	493978	373406	3759	935	2824	0.43	0.19	0.76

4-5 续表

单位：人、%

年 龄	15岁及以上人口			文盲人口			文盲人口占15岁及以上人口比重		
	合计	男	女	合计	男	女	合计	男	女
45—49岁	**4532355**	**2543816**	**1988539**	**28066**	**6651**	**21415**	**0.62**	**0.26**	**1.08**
45	884616	498182	386434	4283	1069	3214	0.48	0.21	0.83
46	968234	541403	426831	5226	1246	3980	0.54	0.23	0.93
47	931406	522137	409269	5669	1368	4301	0.61	0.26	1.05
48	892278	500210	392068	6328	1438	4890	0.71	0.29	1.25
49	855821	481884	373937	6560	1530	5030	0.77	0.32	1.35
50—54岁	**3550542**	**2004382**	**1546160**	**41358**	**9731**	**31627**	**1.16**	**0.49**	**2.05**
50	848384	476013	372371	7533	1711	5822	0.89	0.36	1.56
51	750394	424655	325739	7969	1925	6044	1.06	0.45	1.86
52	773468	436149	337319	9379	2184	7195	1.21	0.50	2.13
53	580345	327818	252527	7755	1856	5899	1.34	0.57	2.34
54	597951	339747	258204	8722	2055	6667	1.46	0.60	2.58
55—59岁	**2133844**	**1178295**	**955549**	**37238**	**7357**	**29881**	**1.75**	**0.62**	**3.13**
55	546799	308417	238382	8311	1886	6425	1.52	0.61	2.70
56	493292	273855	219437	7772	1572	6200	1.58	0.57	2.83
57	515391	286665	228726	8849	1814	7035	1.72	0.63	3.08
58	386357	209645	176712	7571	1355	6216	1.96	0.65	3.52
59	192005	99713	92292	4735	730	4005	2.47	0.73	4.34
60—64岁	**1065734**	**546694**	**519040**	**42231**	**6860**	**35371**	**3.96**	**1.25**	**6.81**
60	191995	98569	93426	5444	866	4578	2.84	0.88	4.90
61	193618	100821	92797	6853	1117	5736	3.54	1.11	6.18
62	235810	122206	113604	9320	1562	7758	3.95	1.28	6.83
63	244392	125151	119241	10950	1802	9148	4.48	1.44	7.67
64	199919	99947	99972	9664	1513	8151	4.83	1.51	8.15
65—69岁	**760277**	**375541**	**384736**	**41583**	**6552**	**35031**	**5.47**	**1.74**	**9.11**
65	190341	94803	95538	9721	1456	8265	5.11	1.54	8.65
66	179296	88284	91012	9493	1410	8083	5.29	1.60	8.88
67	148680	72945	75735	8301	1313	6988	5.58	1.80	9.23
68	133817	65839	67978	7665	1261	6404	5.73	1.92	9.42
69	108143	53670	54473	6403	1112	5291	5.92	2.07	9.71
70—74岁	**373970**	**190955**	**183015**	**22723**	**4867**	**17856**	**6.08**	**2.55**	**9.76**
70	99046	50010	49036	5656	1128	4528	5.71	2.26	9.23
71	89443	46231	43212	5403	1205	4198	6.04	2.61	9.71
72	70196	35660	34536	4433	937	3496	6.32	2.63	10.12
73	61035	31144	29891	3774	856	2918	6.18	2.75	9.76
74	54250	27910	26340	3457	741	2716	6.37	2.65	10.31
75—79岁	**201007**	**98955**	**102052**	**16353**	**3356**	**12997**	**8.14**	**3.39**	**12.74**
75	48881	24807	24074	3468	741	2727	7.09	2.99	11.33
76	43342	21799	21543	3301	711	2590	7.62	3.26	12.02
77	38664	18877	19787	3268	679	2589	8.45	3.60	13.08
78	36211	17339	18872	3038	582	2456	8.39	3.36	13.01
79	33909	16133	17776	3278	643	2635	9.67	3.99	14.82
80—84岁	**136465**	**64104**	**72361**	**16986**	**3708**	**13278**	**12.45**	**5.78**	**18.35**
80	32274	15557	16717	3432	676	2756	10.63	4.35	16.49
81	27893	13152	14741	3421	762	2659	12.26	5.79	18.04
82	27904	13024	14880	3573	804	2769	12.80	6.17	18.61
83	25050	11714	13336	3295	732	2563	13.15	6.25	19.22
84	23344	10657	12687	3265	734	2531	13.99	6.89	19.95
85岁及以上	**115556**	**52873**	**62683**	**21723**	**5290**	**16433**	**18.80**	**10.01**	**26.22**

4-5a　全省分年龄、性别的15岁及以上文盲人口(城市)

单位：人、%

年龄	15岁及以上人口			文盲人口			文盲人口占15岁及以上人口比重		
	合计	男	女	合计	男	女	合计	男	女
总　计	**38190414**	**21665947**	**16524467**	**245230**	**52972**	**192258**	**0.64**	**0.24**	**1.16**
15-19岁	**2342435**	**1354608**	**987827**	**2972**	**1753**	**1219**	**0.13**	**0.13**	**0.12**
15	278442	157502	120940	750	456	294	0.27	0.29	0.24
16	397335	230881	166454	607	365	242	0.15	0.16	0.15
17	444028	264011	180017	507	289	218	0.11	0.11	0.12
18	519665	304285	215380	547	317	230	0.11	0.10	0.11
19	702965	397929	305036	561	326	235	0.08	0.08	0.08
20-24岁	**4832053**	**2718228**	**2113825**	**3109**	**1810**	**1299**	**0.06**	**0.07**	**0.06**
20	817893	459658	358235	685	367	318	0.08	0.08	0.09
21	866946	487395	379551	601	346	255	0.07	0.07	0.07
22	996244	564283	431961	622	382	240	0.06	0.07	0.06
23	1041334	586174	455160	591	350	241	0.06	0.06	0.05
24	1109636	620718	488918	610	365	245	0.05	0.06	0.05
25-29岁	**5791879**	**3319523**	**2472356**	**3225**	**1878**	**1347**	**0.06**	**0.06**	**0.05**
25	1165449	657237	508212	622	365	257	0.05	0.06	0.05
26	1102643	624348	478295	622	357	265	0.06	0.06	0.06
27	1162409	665106	497303	619	383	236	0.05	0.06	0.05
28	1172063	679237	492826	667	374	293	0.06	0.06	0.06
29	1189315	693595	495720	695	399	296	0.06	0.06	0.06
30-34岁	**6347071**	**3718790**	**2628281**	**4620**	**2370**	**2250**	**0.07**	**0.06**	**0.09**
30	1404989	820873	584116	885	525	360	0.06	0.06	0.06
31	1318850	771599	547251	885	444	441	0.07	0.06	0.08
32	1209043	708081	500962	867	457	410	0.07	0.06	0.08
33	1283679	755447	528232	1019	489	530	0.08	0.06	0.10
34	1130510	662790	467720	964	455	509	0.09	0.07	0.11
35-39岁	**4721532**	**2779171**	**1942361**	**5799**	**2192**	**3607**	**0.12**	**0.08**	**0.19**
35	998032	586751	411281	968	403	565	0.10	0.07	0.14
36	982703	578325	404378	1094	439	655	0.11	0.08	0.16
37	906204	535015	371189	1000	414	586	0.11	0.08	0.16
38	970445	572564	397881	1327	468	859	0.14	0.08	0.22
39	864148	506516	357632	1410	468	942	0.16	0.09	0.26
40-44岁	**3629751**	**2095387**	**1534364**	**10574**	**2869**	**7705**	**0.29**	**0.14**	**0.50**
40	764858	446916	317942	1524	467	1057	0.20	0.10	0.33
41	796764	464589	332175	1856	545	1311	0.23	0.12	0.39
42	709492	410012	299480	2108	557	1551	0.30	0.14	0.52
43	647509	370439	277070	2288	589	1699	0.35	0.16	0.61
44	711128	403431	307697	2798	711	2087	0.39	0.18	0.68

4-5a 续表

单位：人、%

年 龄	15岁及以上人口			文盲人口			文盲人口占15岁及以上人口比重		
	合计	男	女	合计	男	女	合计	男	女
45-49岁	**3687388**	**2056216**	**1631172**	**21171**	**4910**	**16261**	**0.57**	**0.24**	**1.00**
45	721726	404776	316950	3143	790	2353	0.44	0.20	0.74
46	788180	438147	350033	3915	927	2988	0.50	0.21	0.85
47	758225	422424	335801	4277	992	3285	0.56	0.23	0.98
48	725361	403655	321706	4777	1055	3722	0.66	0.26	1.16
49	693896	387214	306682	5059	1146	3913	0.73	0.30	1.28
50-54岁	**2872501**	**1599286**	**1273215**	**32430**	**7319**	**25111**	**1.13**	**0.46**	**1.97**
50	685880	381018	304862	5799	1262	4537	0.85	0.33	1.49
51	606998	339416	267582	6170	1455	4715	1.02	0.43	1.76
52	625893	348154	277739	7314	1645	5669	1.17	0.47	2.04
53	469647	260872	208775	6203	1419	4784	1.32	0.54	2.29
54	484083	269826	214257	6944	1538	5406	1.43	0.57	2.52
55-59岁	**1753986**	**943738**	**810248**	**30595**	**5604**	**24991**	**1.74**	**0.59**	**3.08**
55	445352	245647	199705	6746	1429	5317	1.51	0.58	2.66
56	404029	218890	185139	6296	1201	5095	1.56	0.55	2.75
57	424726	229717	195009	7219	1367	5852	1.70	0.60	3.00
58	319786	168615	151171	6341	1049	5292	1.98	0.62	3.50
59	160093	80869	79224	3993	558	3435	2.49	0.69	4.34
60-64岁	**905417**	**452512**	**452905**	**36517**	**5448**	**31069**	**4.03**	**1.20**	**6.86**
60	162154	80948	81206	4646	666	3980	2.87	0.82	4.90
61	163982	83213	80769	5863	870	4993	3.58	1.05	6.18
62	199555	100661	98894	8006	1214	6792	4.01	1.21	6.87
63	208771	104188	104583	9586	1455	8131	4.59	1.40	7.77
64	170955	83502	87453	8416	1243	7173	4.92	1.49	8.20
65-69岁	**649537**	**314558**	**334979**	**35751**	**5304**	**30447**	**5.50**	**1.69**	**9.09**
65	162950	79467	83483	8429	1184	7245	5.17	1.49	8.68
66	153598	74147	79451	8170	1138	7032	5.32	1.53	8.85
67	126765	60928	65837	7089	1040	6049	5.59	1.71	9.19
68	114182	55168	59014	6577	1039	5538	5.76	1.88	9.38
69	92042	44848	47194	5486	903	4583	5.96	2.01	9.71
70-74岁	**310204**	**154896**	**155308**	**18370**	**3654**	**14716**	**5.92**	**2.36**	**9.48**
70	83104	41220	41884	4721	887	3834	5.68	2.15	9.15
71	74584	37702	36882	4397	919	3478	5.90	2.44	9.43
72	58190	28905	29285	3560	699	2861	6.12	2.42	9.77
73	50211	24944	25267	3004	621	2383	5.98	2.49	9.43
74	44115	22125	21990	2688	528	2160	6.09	2.39	9.82
75-79岁	**159554**	**76114**	**83440**	**12446**	**2331**	**10115**	**7.80**	**3.06**	**12.12**
75	39253	19346	19907	2669	521	2148	6.80	2.69	10.79
76	34469	16776	17693	2542	500	2042	7.37	2.98	11.54
77	30661	14511	16150	2455	453	2002	8.01	3.12	12.40
78	28633	13265	15368	2301	406	1895	8.04	3.06	12.33
79	26538	12216	14322	2479	451	2028	9.34	3.69	14.16
80-84岁	**104695**	**47432**	**57263**	**12555**	**2427**	**10128**	**11.99**	**5.12**	**17.69**
80	24912	11580	13332	2592	436	2156	10.40	3.77	16.17
81	21473	9789	11684	2502	515	1987	11.65	5.26	17.01
82	21494	9679	11815	2642	522	2120	12.29	5.39	17.94
83	19012	8530	10482	2403	461	1942	12.64	5.40	18.53
84	17804	7854	9950	2416	493	1923	13.57	6.28	19.33
85岁及以上	**82411**	**35488**	**46923**	**15096**	**3103**	**11993**	**18.32**	**8.74**	**25.56**

4-5b 全省分年龄、性别的15岁及以上文盲人口(镇)

单位：人、%

年龄	15岁及以上人口			文盲人口			文盲人口占15岁及以上人口比重		
	合计	男	女	合计	男	女	合计	男	女
总 计	**3378646**	**1950703**	**1427943**	**27240**	**7014**	**20226**	**0.81**	**0.36**	**1.42**
15-19岁	**256612**	**147072**	**109540**	**307**	**173**	**134**	**0.12**	**0.12**	**0.12**
15	31305	17413	13892	79	39	40	0.25	0.22	0.29
16	40866	23554	17312	66	37	29	0.16	0.16	0.17
17	42777	25027	17750	45	25	20	0.11	0.10	0.11
18	58094	33733	24361	58	35	23	0.10	0.10	0.09
19	83570	47345	36225	59	37	22	0.07	0.08	0.06
20-24岁	**377939**	**219286**	**158653**	**279**	**166**	**113**	**0.07**	**0.08**	**0.07**
20	87895	49123	38772	56	36	20	0.06	0.07	0.05
21	77928	44040	33888	55	32	23	0.07	0.07	0.07
22	72984	43226	29758	51	26	25	0.07	0.06	0.08
23	68344	40913	27431	71	43	28	0.10	0.11	0.10
24	70788	41984	28804	46	29	17	0.06	0.07	0.06
25-29岁	**392193**	**231136**	**161057**	**345**	**195**	**150**	**0.09**	**0.08**	**0.09**
25	74943	44664	30279	67	29	38	0.09	0.06	0.13
26	72739	42901	29838	71	47	24	0.10	0.11	0.08
27	78285	45845	32440	58	36	22	0.07	0.08	0.07
28	80975	47765	33210	68	41	27	0.08	0.09	0.08
29	85251	49961	35290	81	42	39	0.10	0.08	0.11
30-34岁	**493517**	**286861**	**206656**	**560**	**276**	**284**	**0.11**	**0.10**	**0.14**
30	102791	60143	42648	92	57	35	0.09	0.09	0.08
31	99907	57967	41940	108	52	56	0.11	0.09	0.13
32	93406	54200	39206	105	51	54	0.11	0.09	0.14
33	102998	59910	43088	126	64	62	0.12	0.11	0.14
34	94415	54641	39774	129	52	77	0.14	0.10	0.19
35-39岁	**425666**	**247378**	**178288**	**880**	**324**	**556**	**0.21**	**0.13**	**0.31**
35	85758	49686	36072	135	58	77	0.16	0.12	0.21
36	86331	50025	36306	172	64	108	0.20	0.13	0.30
37	81270	47144	34126	184	75	109	0.23	0.16	0.32
38	89928	52652	37276	181	60	121	0.20	0.11	0.32
39	82379	47871	34508	208	67	141	0.25	0.14	0.41
40-44岁	**359899**	**208280**	**151619**	**1577**	**436**	**1141**	**0.44**	**0.21**	**0.75**
40	73603	42615	30988	235	71	164	0.32	0.17	0.53
41	76588	44644	31944	264	64	200	0.34	0.14	0.63
42	70831	41175	29656	318	96	222	0.45	0.23	0.75
43	65020	37459	27561	366	98	268	0.56	0.26	0.97
44	73857	42387	31470	394	107	287	0.53	0.25	0.91

4-5b 续表 单位：人、%

年 龄	15岁及以上人口			文盲人口			文盲人口占15岁及以上人口比重		
	合计	男	女	合计	男	女	合计	男	女
45-49岁	**394037**	**223906**	**170131**	**2900**	**757**	**2143**	**0.74**	**0.34**	**1.26**
45	76720	43288	33432	467	122	345	0.61	0.28	1.03
46	84468	47723	36745	557	136	421	0.66	0.28	1.15
47	81070	45922	35148	565	153	412	0.70	0.33	1.17
48	77403	44136	33267	678	179	499	0.88	0.41	1.50
49	74376	42837	31539	633	167	466	0.85	0.39	1.48
50-54岁	**309907**	**180894**	**129013**	**3875**	**1047**	**2828**	**1.25**	**0.58**	**2.19**
50	74436	42770	31666	731	196	535	0.98	0.46	1.69
51	65759	38303	27456	774	216	558	1.18	0.56	2.03
52	67019	38947	28072	886	244	642	1.32	0.63	2.29
53	50532	29803	20729	666	170	496	1.32	0.57	2.39
54	52161	31071	21090	818	221	597	1.57	0.71	2.83
55-59岁	**175502**	**103485**	**72017**	**3130**	**747**	**2383**	**1.78**	**0.72**	**3.31**
55	46988	28042	18946	710	199	511	1.51	0.71	2.70
56	41408	24452	16956	683	160	523	1.65	0.65	3.08
57	41596	24768	16828	772	189	583	1.86	0.76	3.46
58	30664	17963	12701	594	125	469	1.94	0.70	3.69
59	14846	8260	6586	371	74	297	2.50	0.90	4.51
60-64岁	**78801**	**43450**	**35351**	**3094**	**632**	**2462**	**3.93**	**1.45**	**6.96**
60	14465	8065	6400	418	90	328	2.89	1.12	5.13
61	14308	7919	6389	508	105	403	3.55	1.33	6.31
62	18023	10038	7985	711	163	548	3.94	1.62	6.86
63	17627	9743	7884	758	156	602	4.30	1.60	7.64
64	14378	7685	6693	699	118	581	4.86	1.54	8.68
65-69岁	**53425**	**27812**	**25613**	**3228**	**605**	**2623**	**6.04**	**2.18**	**10.24**
65	13403	7116	6287	759	145	614	5.66	2.04	9.77
66	12579	6503	6076	734	129	605	5.84	1.98	9.96
67	10610	5512	5098	661	143	518	6.23	2.59	10.16
68	9397	4803	4594	605	98	507	6.44	2.04	11.04
69	7436	3878	3558	469	90	379	6.31	2.32	10.65
70-74岁	**26730**	**14145**	**12585**	**1977**	**438**	**1539**	**7.40**	**3.10**	**12.23**
70	6883	3607	3276	463	102	361	6.73	2.83	11.02
71	6340	3395	2945	464	101	363	7.32	2.97	12.33
72	5005	2606	2399	401	96	305	8.01	3.68	12.71
73	4495	2398	2097	323	68	255	7.19	2.84	12.16
74	4007	2139	1868	326	71	255	8.14	3.32	13.65
75-79岁	**15205**	**7746**	**7459**	**1538**	**348**	**1190**	**10.12**	**4.49**	**15.95**
75	3674	1940	1734	329	86	243	8.95	4.43	14.01
76	3321	1759	1562	313	73	240	9.42	4.15	15.36
77	2904	1441	1463	330	73	257	11.36	5.07	17.57
78	2688	1311	1377	273	48	225	10.16	3.66	16.34
79	2618	1295	1323	293	68	225	11.19	5.25	17.01
80-84岁	**10436**	**5080**	**5356**	**1624**	**379**	**1245**	**15.56**	**7.46**	**23.24**
80	2536	1246	1290	343	79	264	13.53	6.34	20.47
81	2123	1045	1078	349	75	274	16.44	7.18	25.42
82	2165	1063	1102	353	94	259	16.30	8.84	23.50
83	1920	936	984	301	71	230	15.68	7.59	23.37
84	1692	790	902	278	60	218	16.43	7.59	24.17
85岁及以上	**8777**	**4172**	**4605**	**1926**	**491**	**1435**	**21.94**	**11.77**	**31.16**

4－5c　全省分年龄、性别的15岁及以上文盲人口(乡村)

单位：人、%

年　龄	15岁及以上人口			文盲人口			文盲人口占15岁及以上人口比重		
	合计	男	女	合计	男	女	合计	男	女
总　计	**3712635**	**2242294**	**1470341**	**35406**	**10641**	**24765**	**0.95**	**0.47**	**1.68**
15－19岁	**278291**	**162700**	**115591**	**383**	**189**	**194**	**0.14**	**0.12**	**0.17**
15	31830	17716	14114	98	54	44	0.31	0.30	0.31
16	46348	27440	18908	82	42	40	0.18	0.15	0.21
17	49982	30714	19268	79	39	40	0.16	0.13	0.21
18	64706	38144	26562	58	21	37	0.09	0.06	0.14
19	85425	48686	36739	66	33	33	0.08	0.07	0.09
20－24岁	**408751**	**244844**	**163907**	**396**	**205**	**191**	**0.10**	**0.08**	**0.12**
20	86262	49820	36442	84	52	32	0.10	0.10	0.09
21	81047	47272	33775	74	39	35	0.09	0.08	0.10
22	82015	49809	32206	82	37	45	0.10	0.07	0.14
23	79459	48642	30817	78	35	43	0.10	0.07	0.14
24	79968	49301	30667	78	42	36	0.10	0.09	0.12
25－29岁	**432586**	**264692**	**167894**	**446**	**207**	**239**	**0.10**	**0.08**	**0.14**
25	84506	51798	32708	82	35	47	0.10	0.07	0.14
26	80530	49341	31189	87	42	45	0.11	0.09	0.14
27	85983	52588	33395	89	47	42	0.10	0.09	0.13
28	89283	54489	34794	97	43	54	0.11	0.08	0.16
29	92284	56476	35808	91	40	51	0.10	0.07	0.14
30－34岁	**513921**	**316175**	**197746**	**770**	**319**	**451**	**0.15**	**0.10**	**0.23**
30	110171	67648	42523	127	43	84	0.12	0.06	0.20
31	105301	64717	40584	158	73	85	0.15	0.11	0.21
32	97676	60092	37584	148	69	79	0.15	0.11	0.21
33	105783	65281	40502	173	70	103	0.16	0.11	0.25
34	94990	58437	36553	164	64	100	0.17	0.11	0.27
35－39岁	**421671**	**258768**	**162903**	**1173**	**362**	**811**	**0.28**	**0.14**	**0.50**
35	85923	52990	32933	209	71	138	0.24	0.13	0.42
36	84373	51750	32623	203	71	132	0.24	0.14	0.40
37	80358	49625	30733	172	48	124	0.21	0.10	0.40
38	88592	54365	34227	297	81	216	0.34	0.15	0.63
39	82425	50038	32387	292	91	201	0.35	0.18	0.62
40－44岁	**386178**	**230430**	**155748**	**2200**	**531**	**1669**	**0.57**	**0.23**	**1.07**
40	76030	45877	30153	328	89	239	0.43	0.19	0.79
41	79891	48365	31526	402	98	304	0.50	0.20	0.96
42	75676	45176	30500	435	105	330	0.57	0.23	1.08
43	72182	42852	29330	468	122	346	0.65	0.28	1.18
44	82399	48160	34239	567	117	450	0.69	0.24	1.31

4－5c　续表　　　　　　　　　　　　　　　　　　　　　　　　　　　　　单位：人、%

年　龄	15岁及以上人口			文盲人口			文盲人口占15岁及以上人口比重		
	合计	男	女	合计	男	女	合计	男	女
45－49岁	**450930**	**263694**	**187236**	**3995**	**984**	**3011**	**0.89**	**0.37**	**1.61**
45	86170	50118	36052	673	157	516	0.78	0.31	1.43
46	95586	55533	40053	754	183	571	0.79	0.33	1.43
47	92111	53791	38320	827	223	604	0.90	0.41	1.58
48	89514	52419	37095	873	204	669	0.98	0.39	1.80
49	87549	51833	35716	868	217	651	0.99	0.42	1.82
50－54岁	**368134**	**224202**	**143932**	**5053**	**1365**	**3688**	**1.37**	**0.61**	**2.56**
50	88068	52225	35843	1003	253	750	1.14	0.48	2.09
51	77637	46936	30701	1025	254	771	1.32	0.54	2.51
52	80556	49048	31508	1179	295	884	1.46	0.60	2.81
53	60166	37143	23023	886	267	619	1.47	0.72	2.69
54	61707	38850	22857	960	296	664	1.56	0.76	2.91
55－59岁	**204356**	**131072**	**73284**	**3513**	**1006**	**2507**	**1.72**	**0.77**	**3.42**
55	54459	34728	19731	855	258	597	1.57	0.74	3.03
56	47855	30513	17342	793	211	582	1.66	0.69	3.36
57	49069	32180	16889	858	258	600	1.75	0.80	3.55
58	35907	23067	12840	636	181	455	1.77	0.78	3.54
59	17066	10584	6482	371	98	273	2.17	0.93	4.21
60－64岁	**81516**	**50732**	**30784**	**2620**	**780**	**1840**	**3.21**	**1.54**	**5.98**
60	15376	9556	5820	380	110	270	2.47	1.15	4.64
61	15328	9689	5639	482	142	340	3.14	1.47	6.03
62	18232	11507	6725	603	185	418	3.31	1.61	6.22
63	17994	11220	6774	606	191	415	3.37	1.70	6.13
64	14586	8760	5826	549	152	397	3.76	1.74	6.81
65－69岁	**57315**	**33171**	**24144**	**2604**	**643**	**1961**	**4.54**	**1.94**	**8.12**
65	13988	8220	5768	533	127	406	3.81	1.55	7.04
66	13119	7634	5485	589	143	446	4.49	1.87	8.13
67	11305	6505	4800	551	130	421	4.87	2.00	8.77
68	10238	5868	4370	483	124	359	4.72	2.11	8.22
69	8665	4944	3721	448	119	329	5.17	2.41	8.84
70－74岁	**37036**	**21914**	**15122**	**2376**	**775**	**1601**	**6.42**	**3.54**	**10.59**
70	9059	5183	3876	472	139	333	5.21	2.68	8.59
71	8519	5134	3385	542	185	357	6.36	3.60	10.55
72	7001	4149	2852	472	142	330	6.74	3.42	11.57
73	6329	3802	2527	447	167	280	7.06	4.39	11.08
74	6128	3646	2482	443	142	301	7.23	3.89	12.13
75－79岁	**26248**	**15095**	**11153**	**2369**	**677**	**1692**	**9.03**	**4.48**	**15.17**
75	5954	3521	2433	470	134	336	7.89	3.81	13.81
76	5552	3264	2288	446	138	308	8.03	4.23	13.46
77	5099	2925	2174	483	153	330	9.47	5.23	15.18
78	4890	2763	2127	464	128	336	9.49	4.63	15.80
79	4753	2622	2131	506	124	382	10.65	4.73	17.93
80－84岁	**21334**	**11592**	**9742**	**2807**	**902**	**1905**	**13.16**	**7.78**	**19.55**
80	4826	2731	2095	497	161	336	10.30	5.90	16.04
81	4297	2318	1979	570	172	398	13.27	7.42	20.11
82	4245	2282	1963	578	188	390	13.62	8.24	19.87
83	4118	2248	1870	591	200	391	14.35	8.90	20.91
84	3848	2013	1835	571	181	390	14.84	8.99	21.25
85岁及以上	**24368**	**13213**	**11155**	**4701**	**1696**	**3005**	**19.29**	**12.84**	**26.94**

第三部分 跨县（市、区）流动人口（全部数据资料）

第五卷 家庭

5−1　全省不同规模的家庭户类别

单位：户

家庭户规模	家庭户户　数	一代户	二代户	三代户	四代户	五代及以上户
总　计	**19225085**	**14589247**	**3732897**	**888469**	**14454**	**18**
一人户	9261443	9261443				
二人户	5330616	4614750	715866			
三人户	2206714	451484	1688886	66344		
四人户	1422338	164928	1003627	252650	1133	
五人户	601341	49955	243293	304837	3252	4
六人户	256163	20211	56465	175406	4081	
七人户	82151	9754	15429	53856	3109	3
八人户	31111	5601	5355	18616	1538	1
九人户	14129	3097	2031	8363	636	2
十人及以上户	19079	8024	1945	8397	705	8

5-2 各地区分年龄、性别的一人户

单位：户

地区	合计			14岁及以下		
	合计	男	女	小计	男	女
广东	**9261443**	**6021235**	**3240208**	**81339**	**46052**	**35287**
广州市	**2274637**	**1424025**	**850612**	**14665**	**8228**	**6437**
荔湾区	89999	52380	37619	613	361	252
越秀区	46330	24538	21792	353	175	178
海珠区	206539	118464	88075	1535	883	652
天河区	345227	211622	133605	1230	683	547
白云区	631022	392423	238599	3603	2021	1582
黄埔区	168449	117564	50885	761	405	356
番禺区	415523	257811	157712	2537	1432	1105
花都区	184086	121109	62977	2206	1258	948
南沙区	88022	62935	25087	694	377	317
从化区	10432	6574	3858	122	72	50
增城区	89008	58605	30403	1011	561	450
韶关市	**44483**	**26982**	**17501**	**808**	**457**	**351**
武江区	14272	7964	6308	163	97	66
浈江区	8929	5279	3650	185	101	84
曲江区	5399	3685	1714	96	47	49
始兴县	1686	1032	654	29	16	13
仁化县	2806	1823	983	67	41	26
翁源县	2016	1265	751	51	28	23
乳源瑶族自治县	1331	905	426	29	16	13
新丰县	1918	1269	649	42	27	15
乐昌市	3341	1961	1380	96	53	43
南雄市	2785	1799	986	50	31	19
深圳市	**2259444**	**1457390**	**802054**	**13449**	**7507**	**5942**
罗湖区	80716	39131	41585	616	326	290
福田区	108459	57115	51344	732	380	352
南山区	111045	66403	44642	869	460	409
宝安区	710812	468243	242569	4151	2320	1831
龙岗区	541619	346521	195098	3387	1900	1487
盐田区	11223	6804	4419	128	76	52
龙华区	408838	273374	135464	1967	1099	868
坪山区	86418	60418	26000	577	348	229
光明区	200314	139381	60933	1022	598	424
珠海市	**214920**	**143305**	**71615**	**1570**	**909**	**661**
香洲区	127290	81421	45869	832	477	355
斗门区	50567	35447	15120	380	226	154
金湾区	37063	26437	10626	358	206	152
汕头市	**48681**	**30097**	**18584**	**657**	**363**	**294**
龙湖区	20403	12395	8008	134	77	57
金平区	9821	5798	4023	147	86	61
濠江区	1267	957	310	11	6	5
潮阳区	2643	1547	1096	56	27	29
潮南区	4356	2885	1471	77	43	34
澄海区	9828	6292	3536	230	123	107
南澳县	363	223	140	2	1	1
佛山市	**933735**	**625655**	**308080**	**6651**	**3824**	**2827**
禅城区	138429	88093	50336	772	429	343
南海区	380371	248621	131750	2801	1617	1184
顺德区	333051	230499	102552	2421	1410	1011
三水区	52307	37456	14851	436	240	196
高明区	29577	20986	8591	221	128	93

5−2　续表 1　　单位：户

地　区	合　计			14岁及以下		
	合计	男	女	小计	男	女
江门市	**158643**	**106612**	**52031**	**2482**	**1395**	**1087**
蓬江区	48093	31441	16652	513	284	229
江海区	24030	16333	7697	195	115	80
新会区	24171	17093	7078	453	256	197
台山市	9945	6367	3578	285	149	136
开平市	12394	8389	4005	294	160	134
鹤山市	33942	22864	11078	565	327	238
恩平市	6068	4125	1943	177	104	73
湛江市	**61030**	**33953**	**27077**	**1901**	**1083**	**818**
赤坎区	14459	7681	6778	175	103	72
霞山区	23460	12164	11296	277	155	122
坡头区	2710	1793	917	148	84	64
麻章区	4030	2644	1386	81	46	35
遂溪县	3319	1834	1485	335	198	137
徐闻县	2235	1484	751	71	41	30
廉江市	4126	2234	1892	249	141	108
雷州市	2854	1791	1063	212	116	96
吴川市	3837	2328	1509	353	199	154
茂名市	**26706**	**14893**	**11813**	**1131**	**588**	**543**
茂南区	12206	6943	5263	295	156	139
电白区	3567	2014	1553	97	49	48
高州市	4408	2405	2003	141	74	67
化州市	4881	2581	2300	546	288	258
信宜市	1644	950	694	52	21	31
肇庆市	**74320**	**47273**	**27047**	**1690**	**979**	**711**
端州区	19714	11120	8594	529	307	222
鼎湖区	2314	1373	941	44	29	15
高要区	18110	12175	5935	359	203	156
广宁县	1512	949	563	46	17	29
怀集县	2372	1397	975	35	22	13
封开县	1871	1085	786	174	92	82
德庆县	1687	939	748	59	36	23
四会市	26740	18235	8505	444	273	171
惠州市	**408831**	**275797**	**133034**	**5179**	**2842**	**2337**
惠城区	145565	97129	48436	1362	719	643
惠阳区	174818	120289	54529	1920	1072	848
博罗县	54162	35656	18506	866	475	391
惠东县	29866	19751	10115	942	530	412
龙门县	4420	2972	1448	89	46	43
梅州市	**26015**	**15014**	**11001**	**1122**	**573**	**549**
梅江区	8702	4912	3790	112	57	55
梅县区	6502	3913	2589	147	67	80
大埔县	1125	653	472	87	44	43
丰顺县	2439	1359	1080	233	123	110
五华县	2969	1730	1239	303	151	152
平远县	888	527	361	30	17	13
蕉岭县	1055	606	449	24	14	10
兴宁市	2335	1314	1021	186	100	86

5-2 续表 2

单位：户

地　　区	合　　计			14岁及以下		
	合计	男	女	小计	男	女
汕尾市	**25982**	**16442**	**9540**	**601**	**334**	**267**
城　区	8259	5623	2636	152	81	71
海丰县	13037	8251	4786	372	210	162
陆河县	951	593	358	16	8	8
陆丰市	3735	1975	1760	61	35	26
河源市	**48804**	**30521**	**18283**	**1330**	**728**	**602**
源城区	32848	20716	12132	405	224	181
紫金县	4511	2624	1887	425	218	207
龙川县	3582	2099	1483	90	50	40
连平县	955	599	356	35	19	16
和平县	878	539	339	37	15	22
东源县	6030	3944	2086	338	202	136
阳江市	**25459**	**15772**	**9687**	**683**	**396**	**287**
江城区	11189	6755	4434	283	160	123
阳东区	8558	5418	3140	275	160	115
阳西县	2603	1678	925	49	28	21
阳春市	3109	1921	1188	76	48	28
清远市	**53451**	**33050**	**20401**	**1317**	**722**	**595**
清城区	27714	17136	10578	521	287	234
清新区	9088	5414	3674	202	122	80
佛冈县	3996	2690	1306	87	45	42
阳山县	1860	1111	749	160	81	79
连山壮族瑶族自治县	531	325	206	9	9	
连南瑶族自治县	523	272	251	30	15	15
英德市	8440	5303	3137	259	143	116
连州市	1299	799	500	49	20	29
东莞市	**1935073**	**1300001**	**635072**	**18834**	**10943**	**7891**
市辖区	1935073	1300001	635072	18834	10943	7891
中山市	**580004**	**385448**	**194556**	**5362**	**3122**	**2240**
市辖区	580004	385448	194556	5362	3122	2240
潮州市	**27153**	**17979**	**9174**	**406**	**232**	**174**
湘桥区	8941	5474	3467	96	61	35
潮安区	16293	11483	4810	296	166	130
饶平县	1919	1022	897	14	5	9
揭阳市	**15834**	**9960**	**5874**	**639**	**379**	**260**
榕城区	3730	2276	1454	96	59	37
揭东区	3589	2574	1015	85	51	34
揭西县	1679	1034	645	90	46	44
惠来县	1622	894	728	176	100	76
普宁市	5214	3182	2032	192	123	69
云浮市	**18238**	**11066**	**7172**	**862**	**448**	**414**
云城区	6608	4143	2465	99	55	44
云安区	1784	1179	605	104	60	44
新兴县	4368	2707	1661	176	95	81
郁南县	1846	1066	780	193	98	95
罗定市	3632	1971	1661	290	140	150

5-2　续表 3　　　　单位：户

地　区	15—19岁			20—24岁		
	小计	男	女	小计	男	女
广　东	**228541**	**138814**	**89727**	**1210574**	**720575**	**489999**
广州市	**53964**	**31681**	**22283**	**372027**	**208595**	**163432**
荔湾区	2036	1250	786	15460	8188	7272
越秀区	783	463	320	5505	2773	2732
海珠区	4348	2416	1932	26291	14099	12192
天河区	7147	4133	3014	82091	45657	36434
白云区	17418	9753	7665	108430	57464	50966
黄埔区	2731	1734	997	24866	15289	9577
番禺区	9984	5869	4115	67232	37713	29519
花都区	5616	3452	2164	21971	13860	8111
南沙区	1897	1322	575	9907	7004	2903
从化区	250	169	81	1000	617	383
增城区	1754	1120	634	9274	5931	3343
韶关市	**823**	**452**	**371**	**3709**	**2022**	**1687**
武江区	263	146	117	1324	662	662
浈江区	205	115	90	928	492	436
曲江区	105	54	51	368	233	135
始兴县	28	17	11	139	87	52
仁化县	59	17	42	174	104	70
翁源县	24	14	10	151	82	69
乳源瑶族自治县	18	10	8	82	53	29
新丰县	38	30	8	153	95	58
乐昌市	48	25	23	203	108	95
南雄市	35	24	11	187	106	81
深圳市	**38800**	**22219**	**16581**	**311716**	**174110**	**137606**
罗湖区	927	478	449	9028	3877	5151
福田区	1512	888	624	14493	7252	7241
南山区	968	500	468	14392	7858	6534
宝安区	12605	7088	5517	99246	56027	43219
龙岗区	9987	5759	4228	76900	41911	34989
盐田区	196	116	80	854	492	362
龙华区	6624	3713	2911	62821	35377	27444
坪山区	1956	1307	649	10196	6717	3479
光明区	4025	2370	1655	23786	14599	9187
珠海市	**4487**	**2778**	**1709**	**27489**	**17286**	**10203**
香洲区	2394	1471	923	16853	10036	6817
斗门区	1284	804	480	6258	4337	1921
金湾区	809	503	306	4378	2913	1465
汕头市	**1619**	**984**	**635**	**4610**	**2732**	**1878**
龙湖区	661	370	291	2438	1312	1126
金平区	224	144	80	750	450	300
濠江区	48	36	12	140	108	32
潮阳区	54	36	18	112	76	36
潮南区	118	70	48	298	194	104
澄海区	512	328	184	861	586	275
南澳县	2		2	11	6	5
佛山市	**22020**	**14099**	**7921**	**108323**	**68401**	**39922**
禅城区	2947	1866	1081	19180	11095	8085
南海区	8677	5398	3279	44733	27472	17261
顺德区	8885	5828	3057	36807	24490	12317
三水区	947	626	321	5128	3591	1537
高明区	564	381	183	2475	1753	722

5−2 续表 4

单位：户

地 区	15−19岁			20−24岁		
	小计	男	女	小计	男	女
江门市	**4230**	**2742**	**1488**	**14344**	**9734**	**4610**
蓬江区	1452	946	506	5081	3258	1823
江海区	759	441	318	2637	1826	811
新会区	496	345	151	1816	1357	459
台山市	172	108	64	588	381	207
开平市	250	165	85	806	561	245
鹤山市	1012	682	330	3035	2093	942
恩平市	89	55	34	381	258	123
湛江市	**1790**	**1027**	**763**	**6535**	**3210**	**3325**
赤坎区	517	281	236	1929	874	1055
霞山区	761	447	314	2857	1312	1545
坡头区	57	36	21	223	158	65
麻章区	107	69	38	397	251	146
遂溪县	89	44	45	227	109	118
徐闻县	44	31	13	150	89	61
廉江市	103	62	41	312	131	181
雷州市	39	18	21	225	156	69
吴川市	73	39	34	215	130	85
茂名市	**604**	**349**	**255**	**2416**	**1275**	**1141**
茂南区	265	152	113	1519	819	700
电白区	77	48	29	277	142	135
高州市	75	41	34	196	91	105
化州市	174	104	70	333	174	159
信宜市	13	4	9	91	49	42
肇庆市	**1810**	**1111**	**699**	**5708**	**3524**	**2184**
端州区	697	408	289	1518	769	749
鼎湖区	63	36	27	182	112	70
高要区	424	276	148	1307	914	393
广宁县	34	22	12	100	51	49
怀集县	14	7	7	75	48	27
封开县	57	35	22	147	72	75
德庆县	47	29	18	127	57	70
四会市	474	298	176	2252	1501	751
惠州市	**13852**	**8674**	**5178**	**51832**	**33678**	**18154**
惠城区	5735	3523	2212	21998	13774	8224
惠阳区	5486	3538	1948	21987	14853	7134
博罗县	2088	1298	790	5732	3749	1983
惠东县	478	276	202	1769	1098	671
龙门县	65	39	26	346	204	142
梅州市	**682**	**382**	**300**	**1953**	**1071**	**882**
梅江区	228	124	104	931	475	456
梅县区	258	147	111	515	320	195
大埔县	13	8	5	62	41	21
丰顺县	51	26	25	122	58	64
五华县	71	39	32	108	65	43
平远县	7	4	3	76	35	41
蕉岭县	7	5	2	42	23	19
兴宁市	47	29	18	97	54	43

5-2 续表 5

单位：户

地　区	15-19岁			20-24岁		
	小计	男	女	小计	男	女
汕尾市	**980**	**599**	**381**	**2064**	**1254**	**810**
城　区	645	397	248	808	521	287
海丰县	249	155	94	968	570	398
陆河县	15	5	10	42	22	20
陆丰市	71	42	29	246	141	105
河源市	**1481**	**815**	**666**	**5246**	**3110**	**2136**
源城区	1128	608	520	4227	2505	1722
紫金县	122	72	50	249	121	128
龙川县	64	40	24	329	189	140
连平县	10	5	5	64	46	18
和平县	27	16	11	60	38	22
东源县	130	74	56	317	211	106
阳江市	**448**	**267**	**181**	**1998**	**1209**	**789**
江城区	165	103	62	778	447	331
阳东区	167	94	73	624	377	247
阳西县	40	28	12	317	220	97
阳春市	76	42	34	279	165	114
清远市	**1094**	**648**	**446**	**4318**	**2541**	**1777**
清城区	576	316	260	2460	1434	1026
清新区	165	118	47	618	377	241
佛冈县	74	56	18	297	186	111
阳山县	41	19	22	83	54	29
连山壮族瑶族自治县	5	3	2	36	21	15
连南瑶族自治县	10	2	8	51	23	28
英德市	201	117	84	671	389	282
连州市	22	17	5	102	57	45
东莞市	**60613**	**37684**	**22929**	**218713**	**142691**	**76022**
市辖区	60613	37684	22929	218713	142691	76022
中山市	**17618**	**11392**	**6226**	**62929**	**41464**	**21465**
市辖区	17618	11392	6226	62929	41464	21465
潮州市	**658**	**412**	**246**	**1810**	**1148**	**662**
湘桥区	189	101	88	729	377	352
潮安区	462	305	157	1015	732	283
饶平县	7	6	1	66	39	27
揭阳市	**600**	**279**	**321**	**1468**	**753**	**715**
榕城区	295	105	190	609	212	397
揭东区	90	61	29	272	185	87
揭西县	44	23	21	108	70	38
惠来县	53	30	23	147	93	54
普宁市	118	60	58	332	193	139
云浮市	**368**	**220**	**148**	**1366**	**767**	**599**
云城区	82	54	28	511	298	213
云安区	28	19	9	127	65	62
新兴县	103	51	52	336	201	135
郁南县	36	24	12	128	63	65
罗定市	119	72	47	264	140	124

5-2 续表 6

单位：户

地区	25-29岁			30-34岁			35-39岁		
	小计	男	女	小计	男	女	小计	男	女
广东	**1740627**	**1122846**	**617781**	**1731908**	**1189131**	**542777**	**1201161**	**822428**	**378733**
广州市	**478453**	**295811**	**182642**	**403306**	**269931**	**133375**	**264957**	**177836**	**87121**
荔湾区	18500	10615	7885	13327	8263	5064	8916	5569	3347
越秀区	9603	4799	4804	7478	4103	3375	4990	2773	2217
海珠区	38671	22014	16657	37136	22211	14925	24902	14941	9961
天河区	100748	61405	39343	57868	38071	19797	28792	19099	9693
白云区	126153	76727	49426	108452	73353	35099	74597	51100	23497
黄埔区	38988	26275	12713	35368	26183	9185	21162	15954	5208
番禺区	86272	53120	33152	74794	49367	25427	50026	33066	16960
花都区	29944	20095	9849	35080	24389	10691	26390	17890	8500
南沙区	14682	10817	3865	15693	11773	3920	11442	8383	3059
从化区	1433	922	511	1511	950	561	1296	802	494
增城区	13459	9022	4437	16599	11268	5331	12444	8259	4185
韶关市	**6243**	**3783**	**2460**	**5825**	**3651**	**2174**	**4801**	**2931**	**1870**
武江区	2192	1261	931	2047	1199	848	1695	967	728
浈江区	1307	812	495	1108	695	413	841	490	351
曲江区	581	378	203	720	523	197	560	389	171
始兴县	212	113	99	204	125	79	176	120	56
仁化县	345	237	108	325	219	106	245	162	83
翁源县	300	167	133	259	161	98	254	160	94
乳源瑶族自治县	179	121	58	161	112	49	136	99	37
新丰县	248	164	84	214	141	73	255	147	108
乐昌市	479	285	194	430	238	192	295	187	108
南雄市	400	245	155	357	238	119	344	210	134
深圳市	**534157**	**333714**	**200443**	**486041**	**335296**	**150745**	**285448**	**199335**	**86113**
罗湖区	17550	7959	9591	15033	6994	8039	9797	4841	4956
福田区	29223	15360	13863	21050	11255	9795	11863	6290	5573
南山区	30885	18299	12586	23121	14274	8847	12150	7872	4278
宝安区	170781	109168	61613	159049	111987	47062	93030	66474	26556
龙岗区	121405	74565	46840	104359	71400	32959	65869	45931	19938
盐田区	1810	1033	777	1699	1020	679	1323	877	446
龙华区	106395	68452	37943	98432	71705	26727	50096	36803	13293
坪山区	17350	12128	5222	17710	13002	4708	11490	8245	3245
光明区	38758	26750	12008	45588	33659	11929	29830	22002	7828
珠海市	**40517**	**26970**	**13547**	**41399**	**29063**	**12336**	**27094**	**18848**	**8246**
香洲区	25000	15650	9350	24491	16399	8092	15605	10475	5130
斗门区	9447	6974	2473	10170	7563	2607	6548	4702	1846
金湾区	6070	4346	1724	6738	5101	1637	4941	3671	1270
汕头市	**6154**	**3848**	**2306**	**7121**	**4376**	**2745**	**6111**	**3829**	**2282**
龙湖区	3068	1873	1195	3211	1932	1279	2476	1544	932
金平区	1143	689	454	1199	725	474	1094	654	440
濠江区	212	163	49	147	112	35	131	102	29
潮阳区	204	130	74	283	164	119	467	275	192
潮南区	461	306	155	673	438	235	558	372	186
澄海区	1028	665	363	1574	989	585	1343	857	486
南澳县	38	22	16	34	16	18	42	25	17
佛山市	**150592**	**100756**	**49836**	**161754**	**112364**	**49390**	**127140**	**88175**	**38965**
禅城区	26345	16387	9958	24870	16366	8504	18146	12009	6137
南海区	62360	40738	21622	64877	43669	21208	51441	34869	16572
顺德区	50849	35718	15131	58510	42489	16021	46278	33173	13105
三水区	7289	5241	2048	8563	6262	2301	7114	5215	1899
高明区	3749	2672	1077	4934	3578	1356	4161	2909	1252

5-2 续表 7

单位：户

地 区	25-29岁			30-34岁			35-39岁		
	小计	男	女	小计	男	女	小计	男	女
江门市	**20658**	**14197**	**6461**	**24706**	**17316**	**7390**	**20680**	**14149**	**6531**
蓬江区	6730	4409	2321	7667	5262	2405	6137	4157	1980
江海区	3930	2802	1128	4276	3069	1207	3148	2211	937
新会区	2612	1878	734	3218	2383	835	3015	2179	836
台山市	1068	669	399	1325	885	440	1049	638	411
开平市	1247	887	360	1700	1191	509	1611	1091	520
鹤山市	4369	3061	1308	5677	3937	1740	5018	3387	1631
恩平市	702	491	211	843	589	254	702	486	216
湛江市	**11177**	**6049**	**5128**	**9189**	**5177**	**4012**	**6157**	**3461**	**2696**
赤坎区	3102	1649	1453	2461	1418	1043	1476	798	678
霞山区	4646	2331	2315	4003	2133	1870	2537	1325	1212
坡头区	506	376	130	366	261	105	215	144	71
麻章区	633	427	206	566	371	195	401	276	125
遂溪县	455	237	218	382	189	193	259	136	123
徐闻县	229	160	69	242	156	86	228	136	92
廉江市	673	309	364	492	247	245	449	255	194
雷州市	437	266	171	298	167	131	281	186	95
吴川市	496	294	202	379	235	144	311	205	106
茂名市	**3852**	**2052**	**1800**	**3905**	**2160**	**1745**	**3047**	**1728**	**1319**
茂南区	2394	1312	1082	1936	1120	816	1361	811	550
电白区	468	253	215	475	246	229	403	243	160
高州市	318	157	161	721	374	347	744	408	336
化州市	475	222	253	615	326	289	362	171	191
信宜市	197	108	89	158	94	64	177	95	82
肇庆市	**9844**	**6079**	**3765**	**12419**	**7985**	**4434**	**10109**	**6490**	**3619**
端州区	2918	1547	1371	3235	1856	1379	2614	1480	1134
鼎湖区	329	176	153	307	187	120	237	139	98
高要区	1836	1265	571	2662	1826	836	2521	1724	797
广宁县	234	130	104	241	145	96	184	113	71
怀集县	237	148	89	435	237	198	386	224	162
封开县	246	132	114	295	175	120	204	121	83
德庆县	283	132	151	257	136	121	196	104	92
四会市	3761	2549	1212	4987	3423	1564	3767	2585	1182
惠州市	**69450**	**47718**	**21732**	**73702**	**51599**	**22103**	**51989**	**36012**	**15977**
惠城区	28016	18948	9068	25897	18099	7798	17070	11842	5228
惠阳区	30356	21455	8901	33492	23959	9533	22766	16048	6718
博罗县	7235	4852	2383	8751	5768	2983	7221	4782	2439
惠东县	3279	2111	1168	4918	3374	1544	4431	2984	1447
龙门县	564	352	212	644	399	245	501	356	145
梅州市	**3616**	**2099**	**1517**	**3128**	**1930**	**1198**	**2284**	**1333**	**951**
梅江区	1414	821	593	1212	745	467	782	459	323
梅县区	790	523	267	882	577	305	592	362	230
大埔县	142	76	66	141	83	58	85	51	34
丰顺县	321	158	163	321	186	135	135	76	59
五华县	419	229	190	215	124	91	300	167	133
平远县	140	81	59	90	57	33	82	51	31
蕉岭县	89	50	39	98	61	37	83	43	40
兴宁市	301	161	140	169	97	72	225	124	101

5-2 续表 8

单位：户

地　区	25-29岁			30-34岁			35-39岁		
	小计	男	女	小计	男	女	小计	男	女
汕尾市	**3715**	**2316**	**1399**	**3771**	**2458**	**1313**	**2898**	**1845**	**1053**
城　区	1396	968	428	1233	891	342	812	567	245
海丰县	1824	1096	728	1831	1188	643	1534	1021	513
陆河县	90	51	39	119	86	33	92	52	40
陆丰市	405	201	204	588	293	295	460	205	255
河源市	**7329**	**4684**	**2645**	**7100**	**4647**	**2453**	**5612**	**3587**	**2025**
源城区	5382	3509	1873	5014	3372	1642	3958	2562	1396
紫金县	451	266	185	529	308	221	359	212	147
龙川县	543	314	229	482	261	221	453	259	194
连平县	84	46	38	121	75	46	101	61	40
和平县	126	71	55	128	77	51	94	61	33
东源县	743	478	265	826	554	272	647	432	215
阳江市	**3357**	**2102**	**1255**	**3596**	**2301**	**1295**	**3147**	**2034**	**1113**
江城区	1438	877	561	1544	935	609	1365	840	525
阳东区	1023	651	372	1187	801	386	1136	785	351
阳西县	397	257	140	342	214	128	319	206	113
阳春市	499	317	182	523	351	172	327	203	124
清远市	**6586**	**4003**	**2583**	**7812**	**4836**	**2976**	**6339**	**3858**	**2481**
清城区	3672	2258	1414	4228	2618	1610	3292	2051	1241
清新区	996	595	401	1211	768	443	1213	687	526
佛冈县	459	298	161	564	368	196	504	320	184
阳山县	226	140	86	277	164	113	140	82	58
连山壮族瑶族自治县	70	44	26	46	22	24	45	28	17
连南瑶族自治县	69	30	39	61	27	34	56	35	21
英德市	943	546	397	1244	756	488	937	576	361
连州市	151	92	59	181	113	68	152	79	73
东莞市	**293658**	**204251**	**89407**	**365055**	**256012**	**109043**	**283849**	**196031**	**87818**
市辖区	293658	204251	89407	365055	256012	109043	283849	196031	87818
中山市	**84098**	**57962**	**26136**	**103528**	**72513**	**31015**	**82494**	**56548**	**25946**
市辖区	84098	57962	26136	103528	72513	31015	82494	56548	25946
潮州市	**2881**	**1867**	**1014**	**3706**	**2457**	**1249**	**3193**	**2016**	**1177**
湘桥区	1017	596	421	1237	713	524	1007	550	457
潮安区	1601	1145	456	2198	1590	608	1951	1359	592
饶平县	263	126	137	271	154	117	235	107	128
揭阳市	**1652**	**1062**	**590**	**2210**	**1445**	**765**	**1906**	**1197**	**709**
榕城区	302	207	95	459	304	155	427	306	121
揭东区	409	301	108	590	449	141	388	269	119
揭西县	161	103	58	214	137	77	229	125	104
惠来县	261	141	120	209	112	97	175	90	85
普宁市	519	310	209	738	443	295	687	407	280
云浮市	**2638**	**1523**	**1115**	**2635**	**1614**	**1021**	**1906**	**1185**	**721**
云城区	1115	668	447	1065	682	383	851	529	322
云安区	266	144	122	230	151	79	170	123	47
新兴县	623	371	252	608	384	224	501	329	172
郁南县	287	155	132	224	128	96	110	68	42
罗定市	347	185	162	508	269	239	274	136	138

5-2　续表 9　　单位：户

地　区	40-44岁			45-49岁			50-54岁		
	小计	男	女	小计	男	女	小计	男	女
广　东	**917132**	**602824**	**314308**	**909125**	**570191**	**338934**	**648426**	**425263**	**223163**
广州市	**195526**	**127241**	**68285**	**196296**	**121607**	**74689**	**144782**	**91841**	**52941**
荔湾区	6792	4137	2655	7838	4617	3221	6581	3979	2602
越秀区	3749	2095	1654	4081	2207	1874	3630	2030	1600
海珠区	19030	11227	7803	19781	11181	8600	16125	9296	6829
天河区	18249	11970	6279	17964	11275	6689	14408	9145	5263
白云区	55469	36714	18755	54843	34321	20522	39336	25062	14274
黄埔区	13881	10170	3711	12923	9021	3902	9210	6711	2499
番禺区	37637	24047	13590	37294	22684	14610	26104	16180	9924
花都区	19892	12860	7032	19149	11816	7333	13141	8335	4806
南沙区	9900	6897	3003	10619	7085	3534	7495	5285	2210
从化区	1194	736	458	1336	792	544	1083	708	375
增城区	9733	6388	3345	10468	6608	3860	7669	5110	2559
韶关市	**4390**	**2630**	**1760**	**5529**	**3322**	**2207**	**4793**	**3241**	**1552**
武江区	1477	768	709	1689	854	835	1283	849	434
浈江区	667	388	279	934	573	361	926	583	343
曲江区	557	395	162	693	483	210	668	505	163
始兴县	204	126	78	289	157	132	177	113	64
仁化县	244	156	88	386	261	125	372	251	121
翁源县	209	143	66	267	168	99	226	154	72
乳源瑶族自治县	144	94	50	175	121	54	170	126	44
新丰县	222	144	78	262	174	88	239	174	65
乐昌市	310	194	116	410	249	161	374	240	134
南雄市	356	222	134	424	282	142	358	246	112
深圳市	**190600**	**127842**	**62758**	**171166**	**108084**	**63082**	**117775**	**77710**	**40065**
罗湖区	7361	3739	3622	7538	3833	3705	5731	3151	2580
福田区	8017	4240	3777	8122	4226	3896	6179	3446	2733
南山区	7877	4975	2902	7869	4725	3144	5991	3688	2303
宝安区	60013	41278	18735	50119	32266	17853	33138	22228	10910
龙岗区	48595	32468	16127	47593	30063	17530	33168	22274	10894
盐田区	1246	754	492	1417	840	577	1198	777	421
龙华区	28876	20448	8428	23226	15397	7829	15592	10533	5059
坪山区	8734	5973	2761	8179	5380	2799	5568	3966	1602
光明区	19881	13967	5914	17103	11354	5749	11210	7647	3563
珠海市	**20041**	**13091**	**6950**	**20561**	**13207**	**7354**	**15584**	**10646**	**4938**
香洲区	11349	7215	4134	11711	7338	4373	9102	6022	3080
斗门区	4894	3213	1681	4805	3076	1729	3458	2376	1082
金湾区	3798	2663	1135	4045	2793	1252	3024	2248	776
汕头市	**5768**	**3489**	**2279**	**6339**	**3966**	**2373**	**4734**	**3129**	**1605**
龙湖区	2160	1306	854	2423	1555	868	1710	1160	550
金平区	1180	672	508	1332	800	532	1069	663	406
濠江区	140	106	34	151	113	38	144	110	34
潮阳区	406	233	173	387	197	190	309	190	119
潮南区	558	367	191	675	441	234	525	354	171
澄海区	1264	769	495	1314	823	491	914	611	303
南澳县	60	36	24	57	37	20	63	41	22
佛山市	**103622**	**69085**	**34537**	**107768**	**69360**	**38408**	**80780**	**54949**	**25831**
禅城区	13600	8716	4884	13763	8739	5024	10209	6785	3424
南海区	41729	27247	14482	43358	27406	15952	32563	21638	10925
顺德区	38124	26106	12018	39420	25546	13874	29475	20106	9369
三水区	6373	4426	1947	6977	4774	2203	5377	4041	1336
高明区	3796	2590	1206	4250	2895	1355	3156	2379	777

5-2 续表 10 单位：户

地 区	40-44岁			45-49岁			50-54岁		
	小计	男	女	小计	男	女	小计	男	女
江门市	**19344**	**12768**	**6576**	**21559**	**13800**	**7759**	**16058**	**10914**	**5144**
蓬江区	5457	3526	1931	6061	3854	2207	4571	3021	1550
江海区	2597	1763	834	2671	1726	945	1937	1267	670
新会区	3141	2227	914	3882	2578	1304	3068	2156	912
台山市	1277	813	464	1617	1000	617	1261	832	429
开平市	1573	1045	528	1910	1210	700	1450	1023	427
鹤山市	4471	2867	1604	4560	2857	1703	3087	2138	949
恩平市	828	527	301	858	575	283	684	477	207
湛江市	**5239**	**2719**	**2520**	**5454**	**3002**	**2452**	**4918**	**2998**	**1920**
赤坎区	1110	539	571	1091	553	538	942	539	403
霞山区	2006	961	1045	1980	1027	953	1691	954	737
坡头区	204	114	90	227	130	97	239	162	77
麻章区	381	241	140	399	251	148	395	266	129
遂溪县	319	161	158	265	140	125	277	169	108
徐闻县	225	134	91	283	190	93	286	197	89
廉江市	397	209	188	424	240	184	384	244	140
雷州市	212	133	79	285	186	99	334	226	108
吴川市	385	227	158	500	285	215	370	241	129
茂名市	**2790**	**1522**	**1268**	**3037**	**1638**	**1399**	**2007**	**1183**	**824**
茂南区	1017	586	431	1136	635	501	803	500	303
电白区	390	226	164	457	250	207	366	204	162
高州市	797	423	374	738	402	336	231	150	81
化州市	427	210	217	562	274	288	440	238	202
信宜市	159	77	82	144	77	67	167	91	76
肇庆市	**8590**	**5496**	**3094**	**9677**	**6091**	**3586**	**7255**	**4842**	**2413**
端州区	2063	1206	857	2229	1299	930	1599	992	607
鼎湖区	201	128	73	310	178	132	267	171	96
高要区	2404	1569	835	2815	1800	1015	2180	1460	720
广宁县	160	102	58	175	116	59	166	120	46
怀集县	340	196	144	367	212	155	340	195	145
封开县	164	102	62	231	132	99	157	97	60
德庆县	182	99	83	215	126	89	129	89	40
四会市	3076	2094	982	3335	2228	1107	2417	1718	699
惠州市	**40765**	**27205**	**13560**	**42076**	**27435**	**14641**	**31036**	**21264**	**9772**
惠城区	12571	8412	4159	12958	8516	4442	9826	6755	3071
惠阳区	17540	11895	5645	17462	11373	6089	12489	8538	3951
博罗县	6329	4013	2316	6709	4318	2391	5027	3399	1628
惠东县	3859	2562	1297	4372	2821	1551	3102	2127	975
龙门县	466	323	143	575	407	168	592	445	147
梅州市	**2259**	**1263**	**996**	**2997**	**1663**	**1334**	**2621**	**1593**	**1028**
梅江区	684	389	295	895	491	404	746	471	275
梅县区	568	326	242	860	496	364	645	366	279
大埔县	121	63	58	93	47	46	111	68	43
丰顺县	208	107	101	320	187	133	230	140	90
五华县	263	148	115	277	153	124	356	223	133
平远县	88	48	40	104	61	43	99	64	35
蕉岭县	137	78	59	205	97	108	157	105	52
兴宁市	190	104	86	243	131	112	277	156	121

5-2 续表 11 单位：户

地 区	40-44岁			45-49岁			50-54岁		
	小计	男	女	小计	男	女	小计	男	女
汕尾市	**2603**	**1519**	**1084**	**3515**	**2160**	**1355**	**2850**	**1902**	**948**
城 区	676	439	237	890	586	304	856	616	240
海丰县	1403	839	564	1918	1209	709	1420	940	480
陆河县	108	67	41	140	83	57	141	92	49
陆丰市	416	174	242	567	282	285	433	254	179
河源市	**5000**	**3021**	**1979**	**5806**	**3428**	**2378**	**4331**	**2882**	**1449**
源城区	3320	2009	1311	3597	2123	1474	2732	1832	900
紫金县	386	230	156	619	343	276	439	271	168
龙川县	396	228	168	426	247	179	367	210	157
连平县	96	53	43	143	84	59	116	80	36
和平县	70	38	32	107	60	47	95	70	25
东源县	732	463	269	914	571	343	582	419	163
阳江市	**2929**	**1771**	**1158**	**3368**	**1984**	**1384**	**2569**	**1645**	**924**
江城区	1313	756	557	1441	871	570	1150	767	383
阳东区	1041	668	373	1260	718	542	877	546	331
阳西县	260	161	99	297	187	110	256	161	95
阳春市	315	186	129	370	208	162	286	171	115
清远市	**5749**	**3551**	**2198**	**7067**	**4375**	**2692**	**5572**	**3746**	**1826**
清城区	2904	1828	1076	3514	2227	1287	2755	1833	922
清新区	1124	597	527	1425	784	641	982	644	338
佛冈县	520	341	179	506	363	143	461	345	116
阳山县	135	77	58	227	130	97	200	127	73
连山壮族瑶族自治县	39	20	19	85	53	32	70	42	28
连南瑶族自治县	43	29	14	53	30	23	51	29	22
英德市	846	578	268	1103	690	413	917	627	290
连州市	138	81	57	154	98	56	136	99	37
东莞市	**226250**	**149567**	**76683**	**216992**	**136160**	**80832**	**144835**	**94782**	**50053**
市辖区	226250	149567	76683	216992	136160	80832	144835	94782	50053
中山市	**68332**	**44343**	**23989**	**70871**	**43087**	**27784**	**49149**	**31346**	**17803**
市辖区	68332	44343	23989	70871	43087	27784	49149	31346	17803
潮州市	**3560**	**2321**	**1239**	**4323**	**2888**	**1435**	**3547**	**2484**	**1063**
湘桥区	1010	614	396	1321	851	470	1090	784	306
潮安区	2282	1575	707	2637	1844	793	2160	1531	629
饶平县	268	132	136	365	193	172	297	169	128
揭阳市	**2005**	**1291**	**714**	**2520**	**1604**	**916**	**1546**	**1062**	**484**
榕城区	420	294	126	560	392	168	325	236	89
揭东区	540	372	168	582	402	180	371	277	94
揭西县	246	156	90	262	160	102	135	87	48
惠来县	126	63	63	192	98	94	123	69	54
普宁市	673	406	267	924	552	372	592	393	199
云浮市	**1770**	**1089**	**681**	**2204**	**1330**	**874**	**1684**	**1104**	**580**
云城区	702	436	266	773	492	281	618	419	199
云安区	184	143	41	186	128	58	180	132	48
新兴县	454	280	174	604	357	247	440	291	149
郁南县	165	100	65	193	113	80	145	91	54
罗定市	265	130	135	448	240	208	301	171	130

5-2 续表 12

单位：户

地 区	55-59岁			60-64岁			65岁及以上		
	小计	男	女	小计	男	女	小计	男	女
广 东	**334890**	**231483**	**103407**	**117501**	**78660**	**38841**	**140219**	**72968**	**67251**
广州市	**80273**	**52859**	**27414**	**30959**	**19475**	**11484**	**39429**	**18920**	**20509**
荔湾区	4260	2618	1642	2089	1219	870	3587	1564	2023
越秀区	2593	1483	1110	1281	701	580	2284	936	1348
海珠区	9204	5534	3670	3880	2241	1639	5636	2421	3215
天河区	8857	5852	3005	3584	2211	1373	4289	2121	2168
白云区	22259	14709	7550	8863	5694	3169	11599	5505	6094
黄埔区	5076	3703	1373	1613	1115	498	1870	1004	866
番禺区	13284	8636	4648	4713	2905	1808	5646	2792	2854
花都区	6438	4391	2047	2234	1543	691	2025	1220	805
南沙区	3674	2753	921	1064	719	345	955	520	435
从化区	605	428	177	260	178	82	342	200	142
增城区	4023	2752	1271	1378	949	429	1196	637	559
韶关市	**3159**	**2236**	**923**	**1378**	**914**	**464**	**3025**	**1343**	**1682**
武江区	815	525	290	410	251	159	914	385	529
浈江区	714	474	240	338	217	121	776	339	437
曲江区	454	367	87	172	122	50	425	189	236
始兴县	108	84	24	50	36	14	70	38	32
仁化县	293	223	70	102	71	31	194	81	113
翁源县	139	109	30	45	35	10	91	44	47
乳源瑶族自治县	119	84	35	43	32	11	75	37	38
新丰县	128	93	35	44	32	12	73	48	25
乐昌市	253	168	85	116	73	43	327	141	186
南雄市	136	109	27	58	45	13	80	41	39
深圳市	**63385**	**43973**	**19412**	**22406**	**15029**	**7377**	**24501**	**12571**	**11930**
罗湖区	3531	2156	1375	1357	795	562	2247	982	1265
福田区	3705	2161	1544	1391	752	639	2172	865	1307
南山区	3508	2189	1319	1375	780	595	2040	783	1257
宝安区	17235	12185	5050	5897	4130	1767	5548	3092	2456
龙岗区	17524	12465	5059	6221	4278	1943	6611	3507	3104
盐田区	727	530	197	252	141	111	373	148	225
龙华区	8525	5923	2602	3159	2154	1005	3125	1770	1355
坪山区	2947	2215	732	907	666	241	804	471	333
光明区	5683	4149	1534	1847	1333	514	1581	953	628
珠海市	**8763**	**6200**	**2563**	**3256**	**2174**	**1082**	**4159**	**2133**	**2026**
香洲区	5353	3748	1605	1996	1291	705	2604	1299	1305
斗门区	1817	1273	544	659	450	209	847	453	394
金湾区	1593	1179	414	601	433	168	708	381	327
汕头市	**2485**	**1694**	**791**	**1101**	**704**	**397**	**1982**	**983**	**999**
龙湖区	937	645	292	440	285	155	745	336	409
金平区	591	380	211	324	178	146	768	357	411
濠江区	64	47	17	28	24	4	51	30	21
潮阳区	172	111	61	64	37	27	129	71	58
潮南区	244	175	69	82	63	19	87	62	25
澄海区	443	310	133	156	114	42	189	117	72
南澳县	34	26	8	7	3	4	13	10	3
佛山市	**40454**	**29240**	**11214**	**12441**	**8726**	**3715**	**12190**	**6676**	**5514**
禅城区	5210	3663	1547	1664	1153	511	1723	885	838
南海区	16534	11680	4854	5441	3695	1746	5857	3192	2665
顺德区	14536	10606	3930	4259	3071	1188	3487	1956	1531
三水区	2674	2096	578	727	542	185	702	402	300
高明区	1500	1195	305	350	265	85	421	241	180

5-2　续表 13　　　　　　　　　　　　　　　　　　　　　　　　　　　　单位：户

地　区	55-59岁			60-64岁			65岁及以上		
	小计	男	女	小计	男	女	小计	男	女
江门市	**8016**	**5792**	**2224**	**2618**	**1870**	**748**	**3948**	**1935**	**2013**
蓬江区	2270	1584	686	802	530	272	1352	610	742
江海区	955	632	323	308	209	99	617	272	345
新会区	1541	1139	402	423	314	109	506	281	225
台山市	697	511	186	256	193	63	350	188	162
开平市	776	607	169	281	207	74	496	242	254
鹤山市	1378	1004	374	398	311	87	372	200	172
恩平市	399	315	84	150	106	44	255	142	113
湛江市	**3119**	**2058**	**1061**	**1753**	**1118**	**635**	**3798**	**2051**	**1747**
赤坎区	628	385	243	369	207	162	659	335	324
霞山区	1132	696	436	544	331	213	1026	492	534
坡头区	139	94	45	107	69	38	279	165	114
麻章区	257	193	64	140	98	42	273	155	118
遂溪县	198	130	68	139	100	39	374	221	153
徐闻县	225	175	50	109	87	22	143	88	55
廉江市	188	133	55	128	84	44	327	179	148
雷州市	159	119	40	124	79	45	248	139	109
吴川市	193	133	60	93	63	30	469	277	192
茂名市	**1134**	**729**	**405**	**726**	**453**	**273**	**2057**	**1216**	**841**
茂南区	474	293	181	255	160	95	751	399	352
电白区	231	148	83	90	58	32	236	147	89
高州市	150	100	50	90	62	28	207	123	84
化州市	185	119	66	209	117	92	553	338	215
信宜市	94	69	25	82	56	26	310	209	101
肇庆市	**3854**	**2709**	**1145**	**1354**	**911**	**443**	**2010**	**1056**	**954**
端州区	1021	638	383	454	262	192	837	356	481
鼎湖区	147	97	50	76	42	34	151	78	73
高要区	1050	773	277	246	186	60	306	179	127
广宁县	79	62	17	31	29	2	62	42	20
怀集县	88	65	23	20	17	3	35	26	9
封开县	99	67	32	38	24	14	59	36	23
德庆县	93	69	24	31	19	12	68	43	25
四会市	1277	938	339	458	332	126	492	296	196
惠州市	**16026**	**11437**	**4589**	**5800**	**4048**	**1752**	**7124**	**3885**	**3239**
惠城区	5242	3664	1578	2044	1434	610	2846	1443	1403
惠阳区	6433	4561	1872	2257	1534	723	2630	1463	1167
博罗县	2492	1867	625	847	610	237	865	525	340
惠东县	1529	1106	423	536	377	159	651	385	266
龙门县	330	239	91	116	93	23	132	69	63
梅州市	**1623**	**1110**	**513**	**968**	**637**	**331**	**2762**	**1360**	**1402**
梅江区	582	393	189	308	185	123	808	302	506
梅县区	442	285	157	206	137	69	597	307	290
大埔县	71	51	20	63	47	16	136	74	62
丰顺县	139	89	50	100	66	34	259	143	116
五华县	141	106	35	113	82	31	403	243	160
平远县	63	51	12	34	23	11	75	35	40
蕉岭县	67	51	16	50	35	15	96	44	52
兴宁市	118	84	34	94	62	32	388	212	176

5-2 续表 14

单位：户

地 区	55-59岁			60-64岁			65岁及以上		
	小计	男	女	小计	男	女	小计	男	女
汕尾市	**1475**	**1075**	**400**	**589**	**420**	**169**	**921**	**560**	**361**
城 区	393	291	102	148	114	34	250	152	98
海丰县	754	539	215	284	192	92	480	292	188
陆河县	73	50	23	39	29	10	76	48	28
陆丰市	255	195	60	118	85	33	115	68	47
河源市	**2339**	**1719**	**620**	**1074**	**736**	**338**	**2156**	**1164**	**992**
源城区	1461	1070	391	558	382	176	1066	520	546
紫金县	260	185	75	183	114	69	489	284	205
龙川县	201	150	51	81	62	19	150	89	61
连平县	73	59	14	38	28	10	74	43	31
和平县	40	29	11	24	22	2	70	42	28
东源县	304	226	78	190	128	62	307	186	121
阳江市	**1460**	**972**	**488**	**609**	**406**	**203**	**1295**	**685**	**610**
江城区	699	445	254	330	211	119	683	343	340
阳东区	454	312	142	150	97	53	364	209	155
阳西县	146	103	43	60	47	13	120	66	54
阳春市	161	112	49	69	51	18	128	67	61
清远市	**3204**	**2220**	**984**	**1489**	**984**	**505**	**2904**	**1566**	**1338**
清城区	1696	1133	563	741	479	262	1355	672	683
清新区	527	368	159	221	146	75	404	208	196
佛冈县	260	203	57	100	67	33	164	98	66
阳山县	98	69	29	77	49	28	196	119	77
连山壮族瑶族自治县	65	42	23	21	17	4	40	24	16
连南瑶族自治县	37	28	9	19	13	6	43	11	32
英德市	432	317	115	266	177	89	621	387	234
连州市	89	60	29	44	36	8	81	47	34
东莞市	**67847**	**47138**	**20709**	**20953**	**14571**	**6382**	**17474**	**10171**	**7303**
市辖区	67847	47138	20709	20953	14571	6382	17474	10171	7303
中山市	**22843**	**15788**	**7055**	**6690**	**4537**	**2153**	**6090**	**3346**	**2744**
市辖区	22843	15788	7055	6690	4537	2153	6090	3346	2744
潮州市	**1709**	**1299**	**410**	**580**	**424**	**156**	**780**	**431**	**349**
湘桥区	582	440	142	242	164	78	421	223	198
潮安区	1069	818	251	307	239	68	315	179	136
饶平县	58	41	17	31	21	10	44	29	15
揭阳市	**761**	**556**	**205**	**214**	**157**	**57**	**313**	**175**	**138**
榕城区	152	109	43	44	33	11	41	19	22
揭东区	168	138	30	45	35	10	49	34	15
揭西县	88	62	26	33	27	6	69	38	31
惠来县	64	43	21	17	12	5	79	43	36
普宁市	289	204	85	75	50	25	75	41	34
云浮市	**961**	**679**	**282**	**543**	**366**	**177**	**1301**	**741**	**560**
云城区	378	279	99	142	97	45	272	134	138
云安区	126	95	31	43	34	9	140	85	55
新兴县	191	140	51	101	74	27	231	134	97
郁南县	90	64	26	73	47	26	202	115	87
罗定市	176	101	75	184	114	70	456	273	183

5-3　各地区有60岁及以上人口的家庭户户数

单位：户

地　　区	合　　计	有一个60岁及以上人口的户				有二个60岁及以上人口的户				有三个60岁及以上人口的户
		小计	独自居住	只与未成年人口共同居住	其他	小计	只有一对60岁及以上夫妇居住	只有一对60岁及以上夫妇与未成年人口共同居住	其他	
广　东	**1394100**	**1007426**	**257720**	**18652**	**731054**	**379910**	**141760**	**10733**	**227417**	**6764**
广州市	**302313**	**209876**	**70388**	**2841**	**136647**	**90592**	**39753**	**1523**	**49316**	**1845**
荔湾区	23746	15551	5676	435	9440	7927	3606	110	4211	268
越秀区	13324	8964	3565	125	5274	4256	2060	104	2092	104
海珠区	36797	23894	9516	254	14124	12601	6181	133	6287	302
天河区	35038	23412	7873	266	15273	11428	5281	179	5968	198
白云区	84190	59282	20462	636	38184	24404	10579	373	13452	504
黄埔区	17820	12888	3483	163	9242	4859	1821	96	2942	73
番禺区	41593	29260	10359	386	18515	12130	5249	210	6671	203
花都区	20356	15025	4259	262	10504	5247	1908	123	3216	84
南沙区	9872	7213	2019	107	5087	2624	1096	62	1466	35
从化区	3679	2947	602	40	2305	716	384	21	311	16
增城区	15898	11440	2574	167	8699	4400	1588	112	2700	58
韶关市	**25688**	**18024**	**4403**	**581**	**13040**	**7499**	**3538**	**382**	**3579**	**165**
武江区	7800	4992	1324	92	3576	2741	1346	103	1292	67
浈江区	6007	3973	1114	77	2782	1995	913	68	1014	39
曲江区	3163	2280	597	59	1624	873	370	49	454	10
始兴县	737	599	120	14	465	138	52	12	74	
仁化县	1808	1312	296	36	980	488	253	46	189	8
翁源县	1211	1031	136	19	876	175	68	20	87	5
乳源瑶族自治县	964	754	118	24	612	200	67	17	116	10
新丰县	765	616	117	15	484	139	59	10	70	10
乐昌市	2233	1703	443	56	1204	517	300	45	172	13
南雄市	1000	764	138	189	437	233	110	12	111	3
深圳市	**327174**	**229091**	**46907**	**3379**	**178805**	**96595**	**31603**	**2209**	**62783**	**1488**
罗湖区	24532	16345	3604	224	12517	8032	2768	145	5119	155
福田区	25931	16894	3563	219	13112	8878	3142	156	5580	159
南山区	28614	18070	3415	215	14440	10311	3203	202	6906	233
宝安区	75325	55712	11445	951	43316	19381	6242	547	12592	232
龙岗区	91026	63227	12832	899	49496	27385	8674	589	18122	414
盐田区	4891	3223	625	25	2573	1627	524	27	1076	41
龙华区	47213	33338	6284	430	26624	13696	4504	299	8893	179
坪山区	10363	7548	1711	141	5696	2776	947	90	1739	39
光明区	19279	14734	3428	275	11031	4509	1599	154	2756	36
珠海市	**37345**	**26231**	**7415**	**435**	**18381**	**10908**	**4505**	**278**	**6125**	**206**
香洲区	20789	14446	4600	220	9626	6212	2793	119	3300	131
斗门区	9378	6771	1506	119	5146	2560	833	92	1635	47
金湾区	7178	5014	1309	96	3609	2136	879	67	1190	28
汕头市	**18624**	**12889**	**3083**	**164**	**9642**	**5641**	**2607**	**116**	**2918**	**94**
龙湖区	6863	4091	1185	56	2850	2725	1261	35	1429	47
金平区	5388	3513	1092	56	2365	1857	877	53	927	18
濠江区	354	274	79	4	191	79	42	2	35	1
潮阳区	2082	1725	193	8	1524	347	156	14	177	10
潮南区	1669	1490	169	10	1311	172	59		113	7
澄海区	2149	1707	345	28	1334	431	191	11	229	11
南澳县	119	89	20	2	67	30	21	1	8	
佛山市	**110009**	**80797**	**24631**	**1557**	**54609**	**28685**	**11096**	**588**	**17001**	**527**
禅城区	14645	10682	3387	181	7114	3889	1545	62	2282	74
南海区	49601	35228	11298	676	23254	14105	5599	281	8225	268
顺德区	33892	25927	7746	488	17693	7816	2857	155	4804	149
三水区	8061	6093	1429	149	4515	1945	746	65	1134	23
高明区	3810	2867	771	63	2033	930	349	25	556	13

5-3 续表 1

单位：户

地　区	合　计	有一个60岁及以上人口的户				有二个60岁及以上人口的户				有三个60岁及以上人口的户
		小计	独自居住	只与未成年人口共同居住	其他	小计	只有一对60岁及以上夫妇居住	只有一对60岁及以上夫妇与未成年人口共同居住	其他	
江门市	**46041**	**33163**	**6566**	**581**	**26016**	**12695**	**4084**	**470**	**8141**	**183**
蓬江区	12112	8091	2154	119	5818	3954	1450	85	2419	67
江海区	6888	4579	925	53	3601	2281	690	31	1560	28
新会区	7199	5619	929	127	4563	1563	562	93	908	17
台山市	4199	3247	606	49	2592	939	360	60	519	13
开平市	7316	5439	777	89	4573	1849	451	85	1313	28
鹤山市	4540	3502	770	75	2657	1020	316	30	674	18
恩平市	3787	2686	405	69	2212	1089	255	86	748	12
湛江市	**39599**	**30276**	**5551**	**451**	**24274**	**9151**	**3271**	**331**	**5549**	**172**
赤坎区	6029	3767	1028	75	2664	2220	817	74	1329	42
霞山区	9873	6473	1570	133	4770	3342	1200	125	2017	58
坡头区	1887	1427	386	21	1020	454	220	11	223	6
麻章区	2898	2228	413	21	1794	652	231	18	403	18
遂溪县	4251	3405	513	52	2840	835	170	22	643	11
徐闻县	2831	2402	252	44	2106	419	150	30	239	10
廉江市	5117	4578	455	48	4075	530	193	22	315	9
雷州市	3845	3585	372	36	3177	253	107	10	136	7
吴川市	2868	2411	562	21	1828	446	183	19	244	11
茂名市	**18419**	**14962**	**2783**	**300**	**11879**	**3375**	**1528**	**182**	**1665**	**82**
茂南区	4983	3715	1006	49	2660	1237	560	36	641	31
电白区	3925	3422	326	66	3030	494	226	24	244	9
高州市	2310	1816	297	96	1423	481	248	28	205	13
化州市	4234	3812	762	44	3006	414	160	34	220	8
信宜市	2967	2197	392	45	1760	749	334	60	355	21
肇庆市	**19798**	**15152**	**3364**	**470**	**11318**	**4507**	**1371**	**182**	**2954**	**139**
端州区	5587	3951	1291	96	2564	1580	550	40	990	56
鼎湖区	2135	1422	227	29	1166	686	157	41	488	27
高要区	2541	2172	552	75	1545	364	111	21	232	5
广宁县	1317	1217	93	17	1107	99	48	5	46	1
怀集县	823	747	55	108	584	72	17	1	54	4
封开县	549	450	97	7	346	89	30	2	57	10
德庆县	696	517	99	16	402	173	46	12	115	6
四会市	6150	4676	950	122	3604	1444	412	60	972	30
惠州市	**84775**	**60791**	**12924**	**1295**	**46572**	**23564**	**8120**	**948**	**14496**	**420**
惠城区	35362	24554	4890	483	19181	10626	3608	363	6655	182
惠阳区	26669	18718	4887	470	13361	7819	2978	342	4499	132
博罗县	11671	8858	1712	173	6973	2768	824	135	1809	45
惠东县	9504	7369	1187	149	6033	2086	582	96	1408	49
龙门县	1569	1292	248	20	1024	265	128	12	125	12
梅州市	**28249**	**20366**	**3730**	**440**	**16196**	**7683**	**2768**	**368**	**4547**	**200**
梅江区	9157	5727	1116	147	4464	3341	1158	143	2040	89
梅县区	7979	5290	803	88	4399	2615	796	132	1687	74
大埔县	1835	1496	199	34	1263	334	96	14	224	5
丰顺县	1620	1402	359	10	1033	211	113	8	90	7
五华县	3050	2750	516	28	2206	289	139	18	132	11
平远县	889	743	109	15	619	144	64	12	68	2
蕉岭县	884	632	146	77	409	250	114	17	119	2
兴宁市	2835	2326	482	41	1803	499	288	24	187	10

5-3　续表 2　　　　单位：户

地　区	合　计	有一个60岁及以上人口的户				有二个60岁及以上人口的户				有三个60岁及以上人口的户
		小计	独自居住	只与未成年人口共同居住	其他	小计	只有一对60岁及以上夫妇居住	只有一对60岁及以上夫妇与未成年人口共同居住	其他	
汕尾市	**11713**	**8836**	**1510**	**95**	**7231**	**2814**	**853**	**93**	**1868**	**63**
城　区	2836	1975	398	11	1566	850	232	18	600	11
海丰县	5812	4337	764	66	3507	1442	387	45	1010	33
陆河县	948	701	115	9	577	236	98	17	121	11
陆丰市	2117	1823	233	9	1581	286	136	13	137	8
河源市	**33415**	**24668**	**3230**	**623**	**20815**	**8526**	**1911**	**497**	**6118**	**221**
源城区	21776	14585	1624	434	12527	7014	1340	383	5291	177
紫金县	3253	2908	672	28	2208	331	155	22	154	14
龙川县	2872	2479	231	67	2181	388	174	33	181	5
连平县	1341	1145	112	30	1003	189	57	12	120	7
和平县	1132	1020	94	7	919	110	43	11	56	2
东源县	3041	2531	497	57	1977	494	142	36	316	16
阳江市	**17854**	**12697**	**1904**	**202**	**10591**	**5048**	**1284**	**155**	**3609**	**109**
江城区	9100	5963	1013	108	4842	3078	704	73	2301	59
阳东区	4878	3533	514	59	2960	1316	318	42	956	29
阳西县	1611	1289	180	18	1091	307	116	24	167	15
阳春市	2265	1912	197	17	1698	347	146	16	185	6
清远市	**35987**	**26743**	**4393**	**719**	**21631**	**9066**	**2687**	**439**	**5940**	**178**
清城区	19728	13372	2096	422	10854	6234	1722	267	4245	122
清新区	6668	5128	625	162	4341	1518	393	96	1029	22
佛冈县	1279	1046	264	19	763	230	98	9	123	3
阳山县	1347	1214	273	17	924	129	56	13	60	4
连山壮族瑶族自治县	335	292	61	8	223	41	17	6	18	2
连南瑶族自治县	495	413	62	11	340	79	26	3	50	3
英德市	4634	3962	887	67	3008	657	290	39	328	15
连州市	1501	1316	125	13	1178	178	85	6	87	7
东莞市	**146063**	**113774**	**38427**	**3247**	**72100**	**31949**	**12881**	**1370**	**17698**	**340**
市辖区	146063	113774	38427	3247	72100	31949	12881	1370	17698	340
中山市	**61665**	**45442**	**12780**	**941**	**31721**	**16000**	**5790**	**436**	**9774**	**223**
市辖区	61665	45442	12780	941	31721	16000	5790	436	9774	223
潮州市	**9700**	**6798**	**1360**	**154**	**5284**	**2870**	**1268**	**64**	**1538**	**32**
湘桥区	4458	2800	663	30	2107	1646	740	37	869	12
潮安区	4407	3260	622	34	2604	1130	477	22	631	17
饶平县	835	738	75	90	573	94	51	5	38	3
揭阳市	**8025**	**7399**	**527**	**52**	**6820**	**599**	**209**	**16**	**374**	**27**
榕城区	718	619	85	10	524	97	39	3	55	2
揭东区	1167	1048	94	11	943	116	31	3	82	3
揭西县	1680	1563	102	7	1454	114	63	3	48	3
惠来县	1732	1667	96	5	1566	52	12		40	13
普宁市	2728	2502	150	19	2333	220	64	7	149	6
云浮市	**11644**	**9451**	**1844**	**125**	**7482**	**2143**	**633**	**86**	**1424**	**50**
云城区	4325	3039	414	55	2570	1260	288	38	934	26
云安区	774	676	183	6	487	96	44	2	50	2
新兴县	1774	1574	332	12	1230	194	74	7	113	6
郁南县	1281	1117	275	19	823	161	59	4	98	3
罗定市	3490	3045	640	33	2372	432	168	35	229	13

5-4 各地区有65岁及以上人口的家庭户户数

单位：户

地　　区	合　　计	有一个65岁及以上人口的户				有二个65岁及以上人口的户				有三个65岁及以上人口的户
		小计	独自居住	只与未成年人口共同居住	其他	小计	只有一对65岁及以上夫妇居住	只有一对65岁及以上夫妇与未成年人口共同居住	其他	
广　东	**7872427**	**5343882**	**1394307**	**93698**	**3855877**	**2489400**	**838218**	**82023**	**1569159**	**39145**
广州市	**1012519**	**654715**	**198813**	**6349**	**449553**	**352794**	**141023**	**5476**	**206295**	**5010**
荔湾区	102250	67909	23562	776	43571	33578	14126	547	18905	763
越秀区	116052	73547	23127	833	49587	41546	15669	898	24979	959
海珠区	150598	94955	31216	779	62960	54797	23554	786	30457	846
天河区	89395	54654	15490	544	38620	34311	14027	511	19773	430
白云区	147016	97458	29545	855	67058	48983	18364	624	29995	575
黄埔区	48180	31110	8256	242	22612	16919	6836	215	9868	151
番禺区	108022	70333	21680	584	48069	37329	15568	441	21320	360
花都区	77550	50558	14016	541	36001	26661	9847	409	16405	331
南沙区	44876	28499	8412	231	19856	16206	6892	186	9128	171
从化区	48009	33431	8512	426	24493	14438	3919	329	10190	140
增城区	80571	52261	14997	538	36726	28026	12221	530	15275	284
韶关市	**280529**	**195804**	**57805**	**5605**	**132394**	**83631**	**36293**	**4787**	**42551**	**1094**
武江区	30078	20156	5343	292	14521	9802	4413	270	5119	120
浈江区	34129	22601	7638	277	14686	11389	5776	301	5312	139
曲江区	28702	20022	5940	413	13669	8579	3770	314	4495	101
始兴县	21757	16177	4986	592	10599	5496	2234	453	2809	84
仁化县	19448	13493	3755	427	9311	5879	2511	347	3021	76
翁源县	31265	22737	6256	645	15836	8413	3353	573	4487	115
乳源瑶族自治县	17367	12454	2969	363	9122	4839	1760	270	2809	74
新丰县	19771	14530	4208	393	9929	5125	1786	298	3041	116
乐昌市	40317	27157	8901	993	17263	13029	6041	1046	5942	131
南雄市	37695	26477	7809	1210	17458	11080	4649	915	5516	138
深圳市	**403484**	**275791**	**42635**	**2669**	**230487**	**126089**	**37855**	**1799**	**86435**	**1604**
罗湖区	44382	28701	5468	220	23013	15485	5058	214	10213	196
福田区	58329	35287	5897	293	29097	22745	7856	320	14569	297
南山区	57606	35990	4874	247	30869	21270	6236	256	14778	346
宝安区	72899	53311	8802	643	43866	19422	5768	318	13336	166
龙岗区	94196	67277	9321	682	57274	26586	7011	384	19191	333
盐田区	7112	4711	710	23	3978	2354	679	22	1653	47
龙华区	42693	30884	3953	287	26644	11664	3025	159	8480	145
坪山区	10183	7587	1186	107	6294	2561	717	43	1801	35
光明区	16084	12043	2424	167	9452	4002	1505	83	2414	39
珠海市	**113172**	**72705**	**16362**	**649**	**55694**	**40010**	**14202**	**732**	**25076**	**457**
香洲区	59407	37536	8055	312	29169	21608	7903	306	13399	263
斗门区	36673	23919	5699	228	17992	12621	4117	287	8217	133
金湾区	17092	11250	2608	109	8533	5781	2182	139	3460	61
汕头市	**422788**	**288887**	**50774**	**2262**	**235851**	**131224**	**33210**	**2119**	**95895**	**2677**
龙湖区	42740	27777	3883	127	23767	14708	3805	148	10755	255
金平区	78458	51368	13056	282	38030	26701	9404	269	17028	389
濠江区	21357	14311	2587	89	11635	6923	1345	110	5468	123
潮阳区	111616	78104	12401	761	64942	32918	7489	632	24797	594
潮南区	85399	59903	8271	720	50912	24770	4164	653	19953	726
澄海区	75708	52562	8935	251	43376	22593	5722	233	16638	553
南澳县	7510	4862	1641	32	3189	2611	1281	74	1256	37
佛山市	**484132**	**306645**	**81608**	**2851**	**222186**	**175330**	**58585**	**2339**	**114406**	**2157**
禅城区	77804	46756	14393	392	31971	30701	12685	386	17630	347
南海区	169520	105428	29387	1034	75007	63412	20808	836	41768	680
顺德区	157297	102692	19293	919	82480	53779	11912	670	41197	826
三水区	47449	30256	10627	288	19341	17007	8285	285	8437	186
高明区	32062	21513	7908	218	13387	10431	4895	162	5374	118

5-4 续表 1

单位：户

地区	合计	有一个65岁及以上人口的户				有二个65岁及以上人口的户				有三个65岁及以上人口的户
		小计	独自居住	只与未成年人口共同居住	其他	小计	只有一对65岁及以上夫妇居住	只有一对65岁及以上夫妇与未成年人口共同居住	其他	
江门市	**459212**	**309237**	**90005**	**2651**	**216581**	**148098**	**52877**	**2635**	**92586**	**1877**
蓬江区	62027	38700	10174	262	28264	23040	8666	307	14067	287
江海区	21086	13176	2616	77	10483	7807	1950	75	5782	103
新会区	87179	55551	20542	382	34627	31329	14638	407	16284	299
台山市	114404	81599	23507	847	57245	32341	10285	750	21306	464
开平市	80441	55440	15637	444	39359	24705	7927	427	16351	296
鹤山市	43798	29458	8571	267	20620	14112	5318	267	8527	228
恩平市	50277	35313	8958	372	25983	14764	4093	402	10269	200
湛江市	**599186**	**389221**	**115989**	**8540**	**264692**	**206857**	**73368**	**9583**	**123906**	**3108**
赤坎区	27480	17871	4897	204	12770	9444	3232	186	6026	165
霞山区	45096	29182	8033	339	20810	15768	5767	382	9619	146
坡头区	30827	20557	6748	298	13511	10164	4064	331	5769	106
麻章区	37404	24522	8078	456	15988	12603	4444	424	7735	279
遂溪县	81725	52613	17177	1096	34340	28788	10515	1334	16939	324
徐闻县	55043	35647	9499	827	25321	19133	6456	1045	11632	263
廉江市	131525	85386	23546	2268	59572	45370	14463	2754	28153	769
雷州市	109424	72089	24354	1995	45740	36668	14197	1943	20528	667
吴川市	80662	51354	13657	1057	36640	28919	10230	1184	17505	389
茂名市	**543996**	**366416**	**104422**	**10746**	**251248**	**174621**	**58592**	**11357**	**104672**	**2959**
茂南区	79207	52945	15834	813	36298	25939	9205	793	15941	323
电白区	126546	82212	20952	2152	59108	43523	12191	2528	28804	811
高州市	133662	92531	27505	3177	61849	40371	14739	3300	22332	760
化州市	113072	75227	20858	2562	51807	37273	11846	2782	22645	572
信宜市	91509	63501	19273	2042	42186	27515	10611	1954	14950	493
肇庆市	**366492**	**262180**	**81816**	**7298**	**173066**	**102636**	**33901**	**5047**	**63688**	**1676**
端州区	42943	28350	7831	405	20114	14249	4663	299	9287	344
鼎湖区	15294	10285	3950	115	6220	4927	2425	144	2358	82
高要区	71795	48892	18161	831	29900	22667	7592	677	14398	236
广宁县	48539	36883	11783	1512	23588	11498	3846	821	6831	158
怀集县	66614	50071	12496	2289	35286	16225	4177	1405	10643	318
封开县	39800	28357	8376	966	19015	11224	3720	862	6642	219
德庆县	34259	25350	8218	593	16539	8812	2656	449	5707	97
四会市	47248	33992	11001	587	22404	13034	4822	390	7822	222
惠州市	**300350**	**210465**	**46424**	**3015**	**161026**	**88402**	**29174**	**2444**	**56784**	**1483**
惠城区	90154	61837	11833	772	49232	27892	9201	662	18029	425
惠阳区	46290	33193	7392	505	25296	12885	4405	343	8137	212
博罗县	72759	49553	12456	710	36387	22798	8642	671	13485	408
惠东县	63430	45820	9023	649	36148	17260	3974	484	12802	350
龙门县	27717	20062	5720	379	13963	7567	2952	284	4331	88
梅州市	**419142**	**296494**	**77623**	**7233**	**211638**	**120586**	**43405**	**6447**	**70734**	**2062**
梅江区	37253	24666	4986	179	19501	12381	4411	208	7762	206
梅县区	61526	44309	11620	640	32049	16914	6171	551	10192	303
大埔县	43160	31330	9931	1123	20276	11631	4713	918	6000	199
丰顺县	52166	35864	9648	885	25331	16028	5155	940	9933	274
五华县	85150	60607	12934	2232	45441	23988	6702	1893	15393	555
平远县	23185	15936	4130	307	11499	7140	3129	346	3665	109
蕉岭县	22742	15963	4754	240	10969	6688	3276	186	3226	91
兴宁市	93960	67819	19620	1627	46572	25816	9848	1405	14563	325

5-4 续表 2 单位：户

地区	合计	有一个65岁及以上人口的户				有二个65岁及以上人口的户				有三个65岁及以上人口的户
		小计	独自居住	只与未成年人口共同居住	其他	小计	只有一对65岁及以上夫妇居住	只有一对65岁及以上夫妇与未成年人口共同居住	其他	
汕尾市	**215749**	**151992**	**36208**	**3133**	**112651**	**62007**	**18689**	**2481**	**40837**	**1750**
城区	33244	23487	5419	367	17701	9586	2509	261	6816	171
海丰县	60076	43719	10400	840	32479	16014	4820	558	10636	343
陆河县	22187	16361	3216	378	12767	5688	1304	294	4090	138
陆丰市	100242	68425	17173	1548	49704	30719	10056	1368	19295	1098
河源市	**255169**	**185339**	**45970**	**6205**	**133164**	**68710**	**23258**	**4596**	**40856**	**1120**
源城区	36417	26034	2851	345	22838	10238	2362	259	7617	145
紫金县	55091	40325	9348	1250	29727	14431	4237	1051	9143	335
龙川县	63570	45342	13908	1892	29542	17953	7490	1386	9077	275
连平县	29297	21848	5194	702	15952	7344	2448	473	4423	105
和平县	37951	27115	7947	1312	17856	10705	4049	953	5703	131
东源县	32843	24675	6722	704	17249	8039	2672	474	4893	129
阳江市	**237828**	**160329**	**48728**	**2967**	**108634**	**76397**	**26257**	**3162**	**46978**	**1102**
江城区	68030	45834	12194	545	33095	21819	6509	446	14864	377
阳东区	41812	28774	8698	425	19651	12852	4218	335	8299	186
阳西县	40526	28066	8876	500	18690	12280	4212	469	7599	180
阳春市	87460	57655	18960	1497	37198	29446	11318	1912	16216	359
清远市	**352473**	**255027**	**65447**	**6814**	**182766**	**95907**	**31387**	**4992**	**59528**	**1539**
清城区	76100	50804	11420	721	38663	24903	8330	623	15950	393
清新区	56338	42321	11442	877	30002	13771	4627	611	8533	246
佛冈县	28000	20967	6435	399	14133	6949	2529	261	4159	84
阳山县	40254	31048	8347	1203	21498	9046	2647	736	5663	160
连山壮族瑶族自治县	9541	6759	1676	192	4891	2737	935	184	1618	45
连南瑶族自治县	12491	9099	2366	328	6405	3344	1131	216	1997	48
英德市	83406	60561	14187	1928	44446	22477	7083	1452	13942	368
连州市	46343	33468	9574	1166	22728	12680	4105	909	7666	195
东莞市	**265558**	**174686**	**56447**	**2803**	**115436**	**89837**	**37946**	**1572**	**50319**	**1035**
市辖区	265558	174686	56447	2803	115436	89837	37946	1572	50319	1035
中山市	**194032**	**129300**	**22756**	**1162**	**105382**	**63818**	**13237**	**740**	**49841**	**914**
市辖区	194032	129300	22756	1162	105382	63818	13237	740	49841	914
潮州市	**250353**	**168888**	**36230**	**1558**	**131100**	**79791**	**24055**	**1537**	**54199**	**1674**
湘桥区	57605	36752	9234	262	27256	20505	7722	265	12518	348
潮安区	106863	74369	12220	361	61788	31837	7214	389	24234	657
饶平县	85885	57767	14776	935	42056	27449	9119	883	17447	669
揭阳市	**468783**	**326311**	**68773**	**5104**	**252434**	**139518**	**30714**	**4531**	**104273**	**2954**
榕城区	80574	55329	9960	391	44978	24880	4802	317	19761	365
揭东区	90418	62710	13135	921	48654	27236	5953	800	20483	472
揭西县	74222	52973	12369	1197	39407	20778	5036	1004	14738	471
惠来县	78042	52059	11490	1116	39453	25346	6429	1141	17776	637
普宁市	145527	103240	21819	1479	79942	41278	8494	1269	31515	1009
云浮市	**227480**	**163450**	**49472**	**4084**	**109894**	**63137**	**20190**	**3647**	**39300**	**893**
云城区	29947	20763	5334	311	15118	9104	2586	288	6230	80
云安区	22809	16508	5204	362	10942	6226	2028	335	3863	75
新兴县	45141	32160	9733	706	21721	12807	4356	586	7865	174
郁南县	41973	30847	9088	926	20833	10909	3250	803	6856	217
罗定市	87610	63172	20113	1779	41280	24091	7970	1635	14486	347

第三部分 跨县（市、区）流动人口（全部数据资料）

第六卷 户口登记状况

6-1 各地区按现住地、户口登记地、

现住地	合计			户口		
				省内		
	合计	男	女	小计	男	女
广 东	**50792391**	**28884396**	**21907995**	**21170281**	**11372715**	**9797566**
广州市	**10458040**	**5789070**	**4668970**	**5523042**	**2916652**	**2606390**
荔湾区	677361	364063	313298	479467	247675	231792
越秀区	350607	179867	170740	211422	104626	106796
海珠区	937820	493731	444089	486512	242425	244087
天河区	1462248	794120	668128	899782	473037	426745
白云区	2657569	1474250	1183319	1418946	750584	668362
黄埔区	767736	449583	318153	364362	201448	162914
番禺区	1634695	900310	734385	796880	421035	375845
花都区	843923	478394	365529	330174	178198	151976
南沙区	417605	255299	162306	159196	93855	65341
从化区	163521	93376	70145	118294	66135	52159
增城区	544955	306077	238878	258007	137634	120373
韶关市	**454391**	**238326**	**216065**	**307073**	**154272**	**152801**
武江区	139676	71674	68002	98585	48431	50154
浈江区	122924	62478	60446	94549	46826	47723
曲江区	57112	31149	25963	39007	20403	18604
始兴县	12642	6782	5860	6976	3539	3437
仁化县	23335	12831	10504	13748	7204	6544
翁源县	20358	11184	9174	12412	6329	6083
乳源瑶族自治县	15882	8735	7147	9702	4988	4714
新丰县	14627	8346	6281	8040	4222	3818
乐昌市	30399	15632	14767	15423	7844	7579
南雄市	17436	9515	7921	8631	4486	4145
深圳市	**13330374**	**7572771**	**5757603**	**5109168**	**2749238**	**2359930**
罗湖区	716679	376971	339708	371138	187234	183904
福田区	896528	487673	408855	433378	230818	202560
南山区	1008327	565278	443049	375743	201700	174043
宝安区	3782083	2178437	1603646	1262063	691285	570778
龙岗区	3228657	1800609	1428048	1401577	745814	655763
盐田区	146305	83147	63158	74723	40263	34460
龙华区	2106418	1223383	883035	752774	406376	346398
坪山区	453881	267856	186025	151488	84391	67097
光明区	991496	589417	402079	286284	161357	124927
珠海市	**1286297**	**736172**	**550125**	**549996**	**299464**	**250532**
香洲区	737302	415606	321696	325128	176045	149083
斗门区	262922	154570	108352	104240	58165	46075
金湾区	286073	165996	120077	120628	65254	55374
汕头市	**699606**	**394613**	**304993**	**284246**	**149587**	**134659**
龙湖区	179455	98822	80633	102801	52968	49833
金平区	138195	73122	65073	84912	42768	42144
濠江区	26771	17506	9265	16759	10720	6039
潮阳区	115852	66708	49144	28856	15549	13307
潮南区	77090	44840	32250	24254	12998	11256
澄海区	158818	91808	67010	25170	13883	11287
南澳县	3425	1807	1618	1494	701	793
佛山市	**5138358**	**3044860**	**2093498**	**2031591**	**1150213**	**881378**
禅城区	697162	395654	301508	377202	204970	172232
南海区	2132680	1266953	865727	933841	533520	400321
顺德区	1761017	1048311	712706	522070	298084	223986
三水区	384420	235330	149090	141330	81552	59778
高明区	163079	98612	64467	57148	32087	25061

性别分的户口登记地在外乡镇街道的人口

单位：人

登记地								
市辖区内人户分离			省内流动人口			省　　外		
小计	男	女	小计	男	女	小计	男	女
2953097	**1462203**	**1490894**	**18217184**	**9910512**	**8306672**	**29622110**	**17511681**	**12110429**
1079215	**529967**	**549248**	**4443827**	**2386685**	**2057142**	**4934998**	**2872418**	**2062580**
121449	57714	63735	358018	189961	168057	197894	116388	81506
60022	27076	32946	151400	77550	73850	139185	75241	63944
144195	66528	77667	342317	175897	166420	451308	251306	200002
144221	70378	73843	755561	402659	352902	562466	321083	241383
282013	139670	142343	1136933	610914	526019	1238623	723666	514957
73114	37975	35139	291248	163473	127775	403374	248135	155239
129123	64490	64633	667757	356545	311212	837815	479275	358540
44677	23378	21299	285497	154820	130677	513749	300196	213553
25686	14572	11114	133510	79283	54227	258409	161444	96965
16036	8459	7577	102258	57676	44582	45227	27241	17986
38679	19727	18952	219328	117907	101421	286948	168443	118505
59643	**28433**	**31210**	**247430**	**125839**	**121591**	**147318**	**84054**	**63264**
29554	13856	15698	69031	34575	34456	41091	23243	17848
21290	10239	11051	73259	36587	36672	28375	15652	12723
8799	4338	4461	30208	16065	14143	18105	10746	7359
			6976	3539	3437	5666	3243	2423
			13748	7204	6544	9587	5627	3960
			12412	6329	6083	7946	4855	3091
			9702	4988	4714	6180	3747	2433
			8040	4222	3818	6587	4124	2463
			15423	7844	7579	14976	7788	7188
			8631	4486	4145	8805	5029	3776
907730	**450448**	**457282**	**4201438**	**2298790**	**1902648**	**8221206**	**4823533**	**3397673**
80009	37498	42511	291129	149736	141393	345541	189737	155804
92778	43791	48987	340600	187027	153573	463150	256855	206295
66466	32185	34281	309277	169515	139762	632584	363578	269006
188489	96331	92158	1073574	594954	478620	2520020	1487152	1032868
233692	116672	117020	1167885	629142	538743	1827080	1054795	772285
18241	8680	9561	56482	31583	24899	71582	42884	28698
166300	82477	83823	586474	323899	262575	1353644	817007	536637
22493	11839	10654	128995	72552	56443	302393	183465	118928
39262	20975	18287	247022	140382	106640	705212	428060	277152
36087	**17742**	**18345**	**513909**	**281722**	**232187**	**736301**	**436708**	**299593**
18247	8398	9849	306881	167647	139234	412174	239561	172613
8648	4384	4264	95592	53781	41811	158682	96405	62277
9192	4960	4232	111436	60294	51142	165445	100742	64703
88623	**44561**	**44062**	**195623**	**105026**	**90597**	**415360**	**245026**	**170334**
40332	19507	20825	62469	33461	29008	76654	45854	30800
28142	13488	14654	56770	29280	27490	53283	30354	22929
7338	4795	2543	9421	5925	3496	10012	6786	3226
7137	3739	3398	21719	11810	9909	86996	51159	35837
2535	1328	1207	21719	11670	10049	52836	31842	20994
3139	1704	1435	22031	12179	9852	133648	77925	55723
			1494	701	793	1931	1106	825
119557	**58485**	**61072**	**1912034**	**1091728**	**820306**	**3106767**	**1894647**	**1212120**
32751	14629	18122	344451	190341	154110	319960	190684	129276
43521	21991	21530	890320	511529	378791	1198839	733433	465406
28504	13853	14651	493566	284231	209335	1238947	750227	488720
9489	5216	4273	131841	76336	55505	243090	153778	89312
5292	2796	2496	51856	29291	22565	105931	66525	39406

6-1 续表 1

现住地	合计			户口 省内		
	合计	男	女	小计	男	女
江门市	**1311288**	**745880**	**565408**	**528732**	**282386**	**246346**
蓬江区	367729	205406	162323	176812	92663	84149
江海区	204023	113786	90237	94212	48527	45685
新会区	227966	132694	95272	65908	36055	29853
台山市	106031	61389	44642	39843	22022	17821
开平市	155527	86554	68973	65013	34459	30554
鹤山市	186238	108954	77284	50893	28770	22123
恩平市	63774	37097	26677	36051	19890	16161
湛江市	**839130**	**433223**	**405907**	**703059**	**356994**	**346065**
赤坎区	169399	83482	85917	149687	72736	76951
霞山区	271816	140084	131732	242367	123793	118574
坡头区	27708	14882	12826	19366	9924	9442
麻章区	112702	60171	52531	95407	48848	46559
遂溪县	53244	27095	26149	46431	23441	22990
徐闻县	38902	21287	17615	28739	15497	13242
廉江市	75050	37203	37847	54437	27685	26752
雷州市	42442	22773	19669	35980	19032	16948
吴川市	47867	26246	21621	30645	16038	14607
茂名市	**365997**	**193393**	**172604**	**273609**	**142855**	**130754**
茂南区	136683	72464	64219	105380	54003	51377
电白区	71543	38267	33276	54327	28780	25547
高州市	63314	33414	29900	44037	22850	21187
化州市	60489	31377	29112	46651	24751	21900
信宜市	33968	17871	16097	23214	12471	10743
肇庆市	**636466**	**367146**	**269320**	**349859**	**191692**	**158167**
端州区	191199	102739	88460	152935	80447	72488
鼎湖区	69894	40517	29377	44039	23487	20552
高要区	98021	58681	39340	35203	20282	14921
广宁县	20254	11840	8414	12122	6591	5531
怀集县	15401	8748	6653	7925	4303	3622
封开县	11765	6717	5048	5633	3051	2582
德庆县	13294	7068	6226	9296	4792	4504
四会市	216638	130836	85802	82706	48739	33967
惠州市	**2740849**	**1589592**	**1151257**	**1126667**	**613359**	**513308**
惠城区	1066286	606645	459641	514308	275989	238319
惠阳区	929603	550605	378998	326851	181977	144874
博罗县	444876	260004	184872	147865	81188	66677
惠东县	258455	147799	110656	117824	63397	54427
龙门县	41629	24539	17090	19819	10808	9011
梅州市	**415919**	**215283**	**200636**	**327113**	**164258**	**162855**
梅江区	162390	82084	80306	138671	68552	70119
梅县区	105556	53469	52087	83267	41010	42257
大埔县	23871	12916	10955	17995	9493	8502
丰顺县	23604	12977	10627	15058	7910	7148
五华县	38526	21576	16950	29276	15802	13474
平远县	11558	6075	5483	7130	3696	3434
蕉岭县	13114	6973	6141	7724	3822	3902
兴宁市	37300	19213	18087	27992	13973	14019

单位：人

登记地

市辖区内人户分离			省内流动人口			省外		
小计	男	女	小计	男	女	小计	男	女
68338	**32101**	**36237**	**460394**	**250285**	**210109**	**782556**	**463494**	**319062**
30426	14152	16274	146386	78511	67875	190917	112743	78174
30709	14504	16205	63503	34023	29480	109811	65259	44552
7203	3445	3758	58705	32610	26095	162058	96639	65419
			39843	22022	17821	66188	39367	26821
			65013	34459	30554	90514	52095	38419
			50893	28770	22123	135345	80184	55161
			36051	19890	16161	27723	17207	10516
136858	**68828**	**68030**	**566201**	**288166**	**278035**	**136071**	**76229**	**59842**
27959	13638	14321	121728	59098	62630	19712	10746	8966
95149	47676	47473	147218	76117	71101	29449	16291	13158
4926	2579	2347	14440	7345	7095	8342	4958	3384
8824	4935	3889	86583	43913	42670	17295	11323	5972
			46431	23441	22990	6813	3654	3159
			28739	15497	13242	10163	5790	4373
			54437	27685	26752	20613	9518	11095
			35980	19032	16948	6462	3741	2721
			30645	16038	14607	17222	10208	7014
26271	**13673**	**12598**	**247338**	**129182**	**118156**	**92388**	**50538**	**41850**
17339	9155	8184	88041	44848	43193	31303	18461	12842
8932	4518	4414	45395	24262	21133	17216	9487	7729
			44037	22850	21187	19277	10564	8713
			46651	24751	21900	13838	6626	7212
			23214	12471	10743	10754	5400	5354
59859	**31526**	**28333**	**290000**	**160166**	**129834**	**286607**	**175454**	**111153**
51690	27165	24525	101245	53282	47963	38264	22292	15972
6430	3421	3009	37609	20066	17543	25855	17030	8825
1739	940	799	33464	19342	14122	62818	38399	24419
			12122	6591	5531	8132	5249	2883
			7925	4303	3622	7476	4445	3031
			5633	3051	2582	6132	3666	2466
			9296	4792	4504	3998	2276	1722
			82706	48739	33967	133932	82097	51835
43875	**22532**	**21343**	**1082792**	**590827**	**491965**	**1614182**	**976233**	**637949**
21263	10659	10604	493045	265330	227715	551978	330656	221322
22612	11873	10739	304239	170104	134135	602752	368628	234124
			147865	81188	66677	297011	178816	118195
			117824	63397	54427	140631	84402	56229
			19819	10808	9011	21810	13731	8079
65950	**32008**	**33942**	**261163**	**132250**	**128913**	**88806**	**51025**	**37781**
39723	19177	20546	98948	49375	49573	23719	13532	10187
26227	12831	13396	57040	28179	28861	22289	12459	9830
			17995	9493	8502	5876	3423	2453
			15058	7910	7148	8546	5067	3479
			29276	15802	13474	9250	5774	3476
			7130	3696	3434	4428	2379	2049
			7724	3822	3902	5390	3151	2239
			27992	13973	14019	9308	5240	4068

6-1 续表 2

现住地	户口					
	合计			省内		
	合计	男	女	小计	男	女
汕尾市	**247685**	**137767**	**109918**	**149927**	**78848**	**71079**
城　区	74325	41276	33049	48807	25214	23593
海丰县	126291	70863	55428	70715	37512	33203
陆河县	14460	8133	6327	8917	4666	4251
陆丰市	32609	17495	15114	21488	11456	10032
河源市	**582178**	**309087**	**273091**	**431017**	**218462**	**212555**
源城区	397115	206429	190686	309387	155224	154163
紫金县	44691	25427	19264	27936	14814	13122
龙川县	39314	21765	17549	25547	13463	12084
连平县	21672	12020	9652	15823	8523	7300
和平县	15069	8505	6564	10122	5351	4771
东源县	64317	34941	29376	42202	21087	21115
阳江市	**342406**	**186400**	**156006**	**232132**	**122033**	**110099**
江城区	179388	97028	82360	136531	71669	64862
阳东区	99253	54702	44551	55863	29562	26301
阳西县	27831	15352	12479	18262	9677	8585
阳春市	35934	19318	16616	21476	11125	10351
清远市	**691203**	**379684**	**311519**	**463780**	**242861**	**220919**
清城区	417392	229397	187995	291636	153667	137969
清新区	105213	56049	49164	75789	39079	36710
佛冈县	31321	18322	12999	15305	8230	7075
阳山县	18126	9979	8147	12233	6380	5853
连山壮族瑶族自治县	5669	2974	2695	3447	1798	1649
连南瑶族自治县	5751	2947	2804	4535	2292	2243
英德市	88421	49633	38788	48169	24977	23192
连州市	19310	10383	8927	12666	6438	6228
东莞市	**7952214**	**4669818**	**3282396**	**1758711**	**994310**	**764401**
市辖区	7952214	4669818	3282396	1758711	994310	764401
中山市	**2584447**	**1486075**	**1098372**	**654445**	**356563**	**297882**
市辖区	2584447	1486075	1098372	654445	356563	297882
潮州市	**285664**	**156065**	**129599**	**110523**	**53582**	**56941**
湘桥区	112462	57229	55233	70119	32659	37460
潮安区	159114	91057	68057	33141	17136	16005
饶平县	14088	7779	6309	7263	3787	3476
揭阳市	**192787**	**108956**	**83831**	**86720**	**45241**	**41479**
榕城区	45806	25778	20028	16285	7558	8727
揭东区	43233	25362	17871	12750	6831	5919
揭西县	20436	11104	9332	12698	6666	6032
惠来县	19728	10937	8791	14913	7895	7018
普宁市	63584	35775	27809	30074	16291	13783
云浮市	**237092**	**130215**	**106877**	**168871**	**89845**	**79026**
云城区	108565	59643	48922	83571	44084	39487
云安区	19562	11654	7908	13481	7574	5907
新兴县	43113	24049	19064	23717	12497	11220
郁南县	17386	9026	8360	12276	6335	5941
罗定市	48466	25843	22623	35826	19355	16471

单位：人

登记地								
市辖区内人户分离			省内流动人口			省　　外		
小计	男	女	小计	男	女	小计	男	女
			149927	**78848**	**71079**	**97758**	**58919**	**38839**
			48807	25214	23593	25518	16062	9456
			70715	37512	33203	55576	33351	22225
			8917	4666	4251	5543	3467	2076
			21488	11456	10032	11121	6039	5082
			431017	**218462**	**212555**	**151161**	**90625**	**60536**
			309387	155224	154163	87728	51205	36523
			27936	14814	13122	16755	10613	6142
			25547	13463	12084	13767	8302	5465
			15823	8523	7300	5849	3497	2352
			10122	5351	4771	4947	3154	1793
			42202	21087	21115	22115	13854	8261
76090	**39720**	**36370**	**156042**	**82313**	**73729**	**110274**	**64367**	**45907**
53648	28355	25293	82883	43314	39569	42857	25359	17498
22442	11365	11077	33421	18197	15224	43390	25140	18250
			18262	9677	8585	9569	5675	3894
			21476	11125	10351	14458	8193	6265
84126	**42106**	**42020**	**379654**	**200755**	**178899**	**227423**	**136823**	**90600**
75784	38016	37768	215852	115651	100201	125756	75730	50026
8342	4090	4252	67447	34989	32458	29424	16970	12454
			15305	8230	7075	16016	10092	5924
			12233	6380	5853	5893	3599	2294
			3447	1798	1649	2222	1176	1046
			4535	2292	2243	1216	655	561
			48169	24977	23192	40252	24656	15596
			12666	6438	6228	6644	3945	2699
			1758711	**994310**	**764401**	**6193503**	**3675508**	**2517995**
			1758711	994310	764401	6193503	3675508	2517995
			654445	**356563**	**297882**	**1930002**	**1129512**	**800490**
			654445	356563	297882	1930002	1129512	800490
49259	**23815**	**25444**	**61264**	**29767**	**31497**	**175141**	**102483**	**72658**
37885	18344	19541	32234	14315	17919	42343	24570	17773
11374	5471	5903	21767	11665	10102	125973	73921	52052
			7263	3787	3476	6825	3992	2833
3605	**1744**	**1861**	**83115**	**43497**	**39618**	**106067**	**63715**	**42352**
1087	483	604	15198	7075	8123	29521	18220	11301
2518	1261	1257	10232	5570	4662	30483	18531	11952
			12698	6666	6032	7738	4438	3300
			14913	7895	7018	4815	3042	1773
			30074	16291	13783	33510	19484	14026
48011	**24514**	**23497**	**120860**	**65331**	**55529**	**68221**	**40370**	**27851**
46288	23567	22721	37283	20517	16766	24994	15559	9435
1723	947	776	11758	6627	5131	6081	4080	2001
			23717	12497	11220	19396	11552	7844
			12276	6335	5941	5110	2691	2419
			35826	19355	16471	12640	6488	6152

6-2 全省按户口登记地、年龄、性别分的

年 龄	合 计			户口 省 内		
	合计	男	女	小计	男	女
总 计	**50792391**	**28884396**	**21907995**	**21170281**	**11372715**	**9797566**
0-4岁	**1738648**	**935133**	**803515**	**944261**	**508447**	**435814**
0	166765	90071	76694	98382	53181	45201
1	334729	179830	154899	186438	100185	86253
2	369305	198275	171030	200469	107825	92644
3	434416	232713	201703	233668	125462	108206
4	433433	234244	199189	225304	121794	103510
5-9岁	**2073604**	**1140186**	**933418**	**1072284**	**584832**	**487452**
5	410492	223648	186844	211510	114668	96842
6	402838	220964	181874	208461	113612	94849
7	405278	223073	182205	210287	114680	95607
8	452409	249507	202902	235793	128629	107164
9	402587	222994	179593	206233	113243	92990
10-14岁	**1698444**	**950133**	**748311**	**904357**	**499346**	**405011**
10	380900	213106	167794	195578	108249	87329
11	379232	211899	167333	196676	108659	88017
12	341723	190833	150890	184763	101973	82790
13	306216	171254	134962	167897	92779	75118
14	290373	163041	127332	159443	87686	71757
15-19岁	**2877338**	**1664380**	**1212958**	**1627183**	**889458**	**737725**
15	341577	192631	148946	213451	117387	96064
16	484549	281875	202674	292010	163641	128369
17	536787	319752	217035	290908	164607	126301
18	642465	376162	266303	342871	187915	154956
19	871960	493960	378000	487943	255908	232035
20-24岁	**5618743**	**3182358**	**2436385**	**2880526**	**1513086**	**1367440**
20	992050	558601	433449	559109	291080	268029
21	1025921	578707	447214	549834	286368	263466
22	1151243	657318	493925	573857	305835	268022
23	1189137	675729	513408	578828	306199	272629
24	1260392	712003	548389	618898	323604	295294
25-29岁	**6616658**	**3815351**	**2801307**	**2967982**	**1581398**	**1386584**
25	1324898	753699	571199	636013	334018	301995
26	1255912	716590	539322	595229	313506	281723
27	1326677	763539	563138	604610	321213	283397
28	1342321	781491	560830	579497	312396	267101
29	1366850	800032	566818	552633	300265	252368
30-34岁	**7354509**	**4321826**	**3032683**	**2515389**	**1379651**	**1135738**
30	1617951	948664	669287	587367	319551	267816
31	1524058	894283	629775	530488	290692	239796
32	1400125	822373	577752	472241	259082	213159
33	1492460	880638	611822	485916	268311	217605
34	1319915	775868	544047	439377	242015	197362
35-39岁	**5568869**	**3285317**	**2283552**	**1947758**	**1086568**	**861190**
35	1169713	689427	480286	400137	221948	178189
36	1153407	680100	473307	409532	228263	181269
37	1067832	631784	436048	381514	214119	167395
38	1148965	679581	469384	390344	218107	172237
39	1028952	604425	424527	366231	204131	162100
40-44岁	**4375828**	**2534097**	**1841731**	**1397843**	**767508**	**630335**
40	914491	535408	379083	313331	173725	139606
41	953243	557598	395645	324699	179628	145071
42	855999	496363	359636	273117	150565	122552
43	784711	450750	333961	234821	127763	107058
44	867384	493978	373406	251875	135827	116048

户口登记地在外乡镇街道的人口

单位：人

登记地					
其中市辖区内人户分离			省外		
小计	男	女	小计	男	女
2953097	**1462203**	**1490894**	**29622110**	**17511681**	**12110429**
191122	**101640**	**89482**	**794387**	**426686**	**367701**
25626	13617	12009	68383	36890	31493
39320	20879	18441	148291	79645	68646
40142	21330	18812	168836	90450	78386
45706	24371	21335	200748	107251	93497
40328	21443	18885	208129	112450	95679
148336	**80076**	**68260**	**1001320**	**555354**	**445966**
34752	18666	16086	198982	108980	90002
29238	15825	13413	194377	107352	87025
27734	14959	12775	194991	108393	86598
30779	16614	14165	216616	120878	95738
25833	14012	11821	196354	109751	86603
114397	**61897**	**52500**	**794087**	**450787**	**343300**
24393	13204	11189	185322	104857	80465
23581	12830	10751	182556	103240	79316
23246	12602	10644	156960	88860	68100
22236	12101	10135	138319	78475	59844
20941	11160	9781	130930	75355	55575
241713	**128497**	**113216**	**1250155**	**774922**	**475233**
46353	23755	22598	128126	75244	52882
66745	35214	31531	192539	118234	74305
58776	31755	27021	245879	155145	90734
35116	19626	15490	299594	188247	111347
34723	18147	16576	384017	238052	145965
199627	**99537**	**100090**	**2738217**	**1669272**	**1068945**
36458	18713	17745	432941	267521	165420
32701	17007	15694	476087	292339	183748
34737	17981	16756	577386	351483	225903
42593	20967	21626	610309	369530	240779
53138	24869	28269	641494	388399	253095
339345	**155678**	**183667**	**3648676**	**2233953**	**1414723**
61618	28423	33195	688885	419681	269204
65654	30135	35519	660683	403084	257599
70352	32066	38286	722067	442326	279741
70613	32301	38312	762824	469095	293729
71108	32753	38355	814217	499767	314450
354775	**165446**	**189329**	**4839120**	**2942175**	**1896945**
78698	36243	42455	1030584	629113	401471
75187	34936	40251	993570	603591	389979
68133	31597	36536	927884	563291	364593
69486	32724	36762	1006544	612327	394217
63271	29946	33325	880538	533853	346685
265987	**127431**	**138556**	**3621111**	**2198749**	**1422362**
56745	27036	29709	769576	467479	302097
55534	26541	28993	743875	451837	292038
52561	25169	27392	686318	417665	268653
53663	25796	27867	758621	461474	297147
47484	22889	24595	662721	400294	262427
199717	**95460**	**104257**	**2977985**	**1766589**	**1211396**
42445	20255	22190	601160	361683	239477
45313	21638	23675	628544	377970	250574
39347	18965	20382	582882	345798	237084
35352	16808	18544	549890	322987	226903
37260	17794	19466	615509	358151	257358

6-2 续表

年龄	合计			户口 省内		
	合计	男	女	小计	男	女
45—49岁	**4532355**	**2543816**	**1988539**	**1381899**	**734517**	**647382**
45	884616	498182	386434	252905	134550	118355
46	968234	541403	426831	286958	151891	135067
47	931406	522137	409269	289447	153440	136007
48	892278	500210	392068	275828	146950	128878
49	855821	481884	373937	276761	147686	129075
50—54岁	**3550542**	**2004382**	**1546160**	**1160166**	**621937**	**538229**
50	848384	476013	372371	272328	145648	126680
51	750394	424655	325739	243795	131010	112785
52	773468	436149	337319	247642	132627	115015
53	580345	327818	252527	196231	105303	90928
54	597951	339747	258204	200170	107349	92821
55—59岁	**2133844**	**1178295**	**955549**	**842731**	**440571**	**402160**
55	546799	308417	238382	198467	105957	92510
56	493292	273855	219437	184557	97043	87514
57	515391	286665	228726	196041	102739	93302
58	386357	209645	176712	167994	86855	81139
59	192005	99713	92292	95672	47977	47695
60—64岁	**1065734**	**546694**	**519040**	**535363**	**267193**	**268170**
60	191995	98569	93426	92544	45896	46648
61	193618	100821	92797	101700	51337	50363
62	235810	122206	113604	118285	59300	58985
63	244392	125151	119241	121436	60771	60665
64	199919	99947	99972	101398	49889	51509
65—69岁	**760277**	**375541**	**384736**	**410435**	**202868**	**207567**
65	190341	94803	95538	98818	48795	50023
66	179296	88284	91012	94562	46423	48139
67	148680	72945	75735	80718	39696	41022
68	133817	65839	67978	73068	36173	36895
69	108143	53670	54473	63269	31781	31488
70—74岁	**373970**	**190955**	**183015**	**238110**	**126070**	**112040**
70	99046	50010	49036	60685	31448	29237
71	89443	46231	43212	55990	29986	26004
72	70196	35660	34536	45250	23797	21453
73	61035	31144	29891	39788	21219	18569
74	54250	27910	26340	36397	19620	16777
75—79岁	**201007**	**98955**	**102052**	**141763**	**73179**	**68584**
75	48881	24807	24074	33946	18036	15910
76	43342	21799	21543	30116	15820	14296
77	38664	18877	19787	27331	14108	13223
78	36211	17339	18872	25883	12975	12908
79	33909	16133	17776	24487	12240	12247
80—84岁	**136465**	**64104**	**72361**	**104087**	**50547**	**53540**
80	32274	15557	16717	23835	12051	11784
81	27893	13152	14741	21003	10324	10679
82	27904	13024	14880	21312	10271	11041
83	25050	11714	13336	19471	9314	10157
84	23344	10657	12687	18466	8587	9879
85—89岁	**77071**	**35082**	**41989**	**63878**	**29487**	**34391**
85	19802	8792	11010	15953	7209	8744
86	17852	8029	9823	14626	6660	7966
87	16559	7681	8878	13812	6488	7324
88	12437	5817	6620	10535	4977	5558
89	10421	4763	5658	8952	4153	4799
90岁及以上	**38485**	**17791**	**20694**	**34266**	**16052**	**18214**

单位：人

登记地					
其中市辖区内人户分离			省外		
小计	男	女	小计	男	女
210292	**102976**	**107316**	**3150456**	**1809299**	**1341157**
38365	18431	19934	631711	363632	268079
42762	20695	22067	681276	389512	291764
44293	21700	22593	641959	368697	273262
42242	20891	21351	616450	353260	263190
42630	21259	21371	579060	334198	244862
184179	**92985**	**91194**	**2390376**	**1382445**	**1007931**
42746	21244	21502	576056	330365	245691
39299	19749	19550	506599	293645	212954
40167	20159	20008	525826	303522	222304
30434	15553	14881	384114	222515	161599
31533	16280	15253	397781	232398	165383
163903	**85020**	**78883**	**1291113**	**737724**	**553389**
34217	17667	16550	348332	202460	145872
34763	18128	16635	308735	176812	131923
40331	20940	19391	319350	183926	135424
33668	17466	16202	218363	122790	95573
20924	10819	10105	96333	51736	44597
116750	**59631**	**57119**	**530371**	**279501**	**250870**
22534	11580	10954	99451	52673	46778
21756	11148	10608	91918	49484	42434
24691	12768	11923	117525	62906	54619
25680	13095	12585	122956	64380	58576
22089	11040	11049	98521	50058	48463
90006	**44389**	**45617**	**349842**	**172673**	**177169**
21374	10598	10776	91523	46008	45515
21164	10495	10669	84734	41861	42873
17456	8535	8921	67962	33249	34713
15960	7884	8076	60749	29666	31083
14052	6877	7175	44874	21889	22985
54253	**27003**	**27250**	**135860**	**64885**	**70975**
13333	6762	6571	38361	18562	19799
12803	6464	6339	33453	16245	17208
10404	5040	5364	24946	11863	13083
9368	4568	4800	21247	9925	11322
8345	4169	4176	17853	8290	9563
31371	**14866**	**16505**	**59244**	**25776**	**33468**
7483	3666	3817	14935	6771	8164
6804	3237	3567	13226	5979	7247
5923	2782	3141	11333	4769	6564
5678	2623	3055	10328	4364	5964
5483	2558	2925	9422	3893	5529
24906	**11163**	**13743**	**32378**	**13557**	**18821**
5407	2519	2888	8439	3506	4933
4979	2283	2696	6890	2828	4062
5156	2339	2817	6592	2753	3839
4687	2064	2623	5579	2400	3179
4677	1958	2719	4878	2070	2808
15362	**6083**	**9279**	**13193**	**5595**	**7598**
3831	1539	2292	3849	1583	2266
3712	1440	2272	3226	1369	1857
3289	1322	1967	2747	1193	1554
2413	956	1457	1902	840	1062
2117	826	1291	1469	610	859
7056	**2425**	**4631**	**4219**	**1739**	**2480**

6-3 各地区按现住地、性别分的户口登记地在外省的人口

单位：人

现住地	户口登记地					
	合计			北京		
	合计	男	女	小计	男	女
广东	**29622110**	**17511681**	**12110429**	**31435**	**18583**	**12852**
广州市	**4934998**	**2872418**	**2062580**	**6937**	**4021**	**2916**
荔湾区	197894	116388	81506	224	138	86
越秀区	139185	75241	63944	617	362	255
海珠区	451308	251306	200002	847	473	374
天河区	562466	321083	241383	1921	1067	854
白云区	1238623	723666	514957	769	455	314
黄埔区	403374	248135	155239	540	347	193
番禺区	837815	479275	358540	1307	724	583
花都区	513749	300196	213553	303	183	120
南沙区	258409	161444	96965	166	119	47
从化区	45227	27241	17986	38	22	16
增城区	286948	168443	118505	205	131	74
韶关市	**147318**	**84054**	**63264**	**132**	**81**	**51**
武江区	41091	23243	17848	26	13	13
浈江区	28375	15652	12723	60	37	23
曲江区	18105	10746	7359	4	3	1
始兴县	5666	3243	2423	3	3	
仁化县	9587	5627	3960	2	2	
翁源县	7946	4855	3091	18	12	6
乳源瑶族自治县	6180	3747	2433	6	4	2
新丰县	6587	4124	2463	1	1	
乐昌市	14976	7788	7188	5	2	3
南雄市	8805	5029	3776	7	4	3
深圳市	**8221206**	**4823533**	**3397673**	**16852**	**9989**	**6863**
罗湖区	345541	189737	155804	1294	762	532
福田区	463150	256855	206295	3845	2209	1636
南山区	632584	363578	269006	6517	3814	2703
宝安区	2520020	1487152	1032868	1617	1019	598
龙岗区	1827080	1054795	772285	1847	1108	739
盐田区	71582	42884	28698	210	107	103
龙华区	1353644	817007	536637	1173	720	453
坪山区	302393	183465	118928	176	120	56
光明区	705212	428060	277152	173	130	43
珠海市	**736301**	**436708**	**299593**	**2115**	**1180**	**935**
香洲区	412174	239561	172613	1909	1060	849
斗门区	158682	96405	62277	84	41	43
金湾区	165445	100742	64703	122	79	43
汕头市	**415360**	**245026**	**170334**	**184**	**104**	**80**
龙湖区	76654	45854	30800	63	35	28
金平区	53283	30354	22929	71	39	32
濠江区	10012	6786	3226	6	3	3
潮阳区	86996	51159	35837	16	11	5
潮南区	52836	31842	20994	10	6	4
澄海区	133648	77925	55723	18	10	8
南澳县	1931	1106	825			
佛山市	**3106767**	**1894647**	**1212120**	**1323**	**820**	**503**
禅城区	319960	190684	129276	237	144	93
南海区	1198839	733433	465406	584	347	237
顺德区	1238947	750227	488720	417	278	139
三水区	243090	153778	89312	55	35	20
高明区	105931	66525	39406	30	16	14

6-3　续表 1　　　　单位：人

现住地	户口登记地					
	合计			北京		
	合计	男	女	小计	男	女
江门市	**782556**	**463494**	**319062**	**245**	**144**	**101**
蓬江区	190917	112743	78174	130	81	49
江海区	109811	65259	44552	27	14	13
新会区	162058	96639	65419	25	15	10
台山市	66188	39367	26821	23	11	12
开平市	90514	52095	38419	8	5	3
鹤山市	135345	80184	55161	25	15	10
恩平市	27723	17207	10516	7	3	4
湛江市	**136071**	**76229**	**59842**	**185**	**111**	**74**
赤坎区	19712	10746	8966	44	28	16
霞山区	29449	16291	13158	75	38	37
坡头区	8342	4958	3384	18	11	7
麻章区	17295	11323	5972	35	23	12
遂溪县	6813	3654	3159	2	2	
徐闻县	10163	5790	4373	2	2	
廉江市	20613	9518	11095	2	2	
雷州市	6462	3741	2721	2		2
吴川市	17222	10208	7014	5	5	
茂名市	**92388**	**50538**	**41850**	**48**	**30**	**18**
茂南区	31303	18461	12842	35	22	13
电白区	17216	9487	7729	4	3	1
高州市	19277	10564	8713	4	3	1
化州市	13838	6626	7212	3	2	1
信宜市	10754	5400	5354	2		2
肇庆市	**286607**	**175454**	**111153**	**107**	**61**	**46**
端州区	38264	22292	15972	45	23	22
鼎湖区	25855	17030	8825	14	11	3
高要区	62818	38399	24419	6	5	1
广宁县	8132	5249	2883	5	2	3
怀集县	7476	4445	3031	6	4	2
封开县	6132	3666	2466			
德庆县	3998	2276	1722	2	1	1
四会市	133932	82097	51835	29	15	14
惠州市	**1614182**	**976233**	**637949**	**683**	**416**	**267**
惠城区	551978	330656	221322	267	166	101
惠阳区	602752	368628	234124	278	154	124
博罗县	297011	178816	118195	74	55	19
惠东县	140631	84402	56229	60	38	22
龙门县	21810	13731	8079	4	3	1
梅州市	**88806**	**51025**	**37781**	**52**	**32**	**20**
梅江区	23719	13532	10187	19	12	7
梅县区	22289	12459	9830	14	8	6
大埔县	5876	3423	2453	3	2	1
丰顺县	8546	5067	3479	4	1	3
五华县	9250	5774	3476	2	2	
平远县	4428	2379	2049			
蕉岭县	5390	3151	2239	3		3
兴宁市	9308	5240	4068	7	7	

6-3 续表 2 单位：人

现住地	户口登记地					
	合计			北京		
	合计	男	女	小计	男	女
汕尾市	**97758**	**58919**	**38839**	**62**	**41**	**21**
城区	25518	16062	9456	10	5	5
海丰县	55576	33351	22225	29	22	7
陆河县	5543	3467	2076	8	7	1
陆丰市	11121	6039	5082	15	7	8
河源市	**151161**	**90625**	**60536**	**87**	**51**	**36**
源城区	87728	51205	36523	47	26	21
紫金县	16755	10613	6142	21	13	8
龙川县	13767	8302	5465	3	1	2
连平县	5849	3497	2352	3	2	1
和平县	4947	3154	1793	1	1	
东源县	22115	13854	8261	12	8	4
阳江市	**110274**	**64367**	**45907**	**97**	**65**	**32**
江城区	42857	25359	17498	35	22	13
阳东区	43390	25140	18250	49	32	17
阳西县	9569	5675	3894	3	3	
阳春市	14458	8193	6265	10	8	2
清远市	**227423**	**136823**	**90600**	**103**	**72**	**31**
清城区	125756	75730	50026	66	41	25
清新区	29424	16970	12454	8	5	3
佛冈县	16016	10092	5924	4	3	1
阳山县	5893	3599	2294	7	7	
连山壮族瑶族自治县	2222	1176	1046			
连南瑶族自治县	1216	655	561			
英德市	40252	24656	15596	15	13	2
连州市	6644	3945	2699	3	3	
东莞市	**6193503**	**3675508**	**2517995**	**1529**	**959**	**570**
市辖区	6193503	3675508	2517995	1529	959	570
中山市	**1930002**	**1129512**	**800490**	**597**	**345**	**252**
市辖区	1930002	1129512	800490	597	345	252
潮州市	**175141**	**102483**	**72658**	**46**	**31**	**15**
湘桥区	42343	24570	17773	24	17	7
潮安区	125973	73921	52052	16	11	5
饶平县	6825	3992	2833	6	3	3
揭阳市	**106067**	**63715**	**42352**	**20**	**14**	**6**
榕城区	29521	18220	11301	4	3	1
揭东区	30483	18531	11952	1		1
揭西县	7738	4438	3300	2	2	
惠来县	4815	3042	1773	7	4	3
普宁市	33510	19484	14026	6	5	1
云浮市	**68221**	**40370**	**27851**	**31**	**16**	**15**
云城区	24994	15559	9435	16	6	10
云安区	6081	4080	2001	2	2	
新兴县	19396	11552	7844	8	6	2
郁南县	5110	2691	2419	1	1	
罗定市	12640	6488	6152	4	1	3

6-3　续表 3　　单位：人

现住地	户口登记地								
	天津			河北			山西		
	小计	男	女	小计	男	女	小计	男	女
广东	**18740**	**10861**	**7879**	**126560**	**77121**	**49439**	**82010**	**50005**	**32005**
广州市	**4282**	**2422**	**1860**	**31075**	**18434**	**12641**	**17822**	**10489**	**7333**
荔湾区	183	103	80	1126	654	472	480	285	195
越秀区	265	141	124	1572	866	706	705	384	321
海珠区	455	237	218	2339	1296	1043	1253	683	570
天河区	860	495	365	4887	2775	2112	3318	1897	1421
白云区	615	339	276	7722	4726	2996	3856	2326	1530
黄埔区	380	242	138	2569	1596	973	1758	1127	631
番禺区	891	474	417	4751	2795	1956	3068	1762	1306
花都区	265	163	102	2617	1558	1059	1627	931	696
南沙区	171	112	59	1491	984	507	700	460	240
从化区	17	12	5	266	168	98	250	140	110
增城区	180	104	76	1735	1016	719	807	494	313
韶关市	**71**	**49**	**22**	**899**	**520**	**379**	**388**	**250**	**138**
武江区	21	12	9	280	160	120	100	61	39
浈江区	24	21	3	229	117	112	90	56	34
曲江区	3	3		104	61	43	50	35	15
始兴县	1	1		37	21	16	17	8	9
仁化县	1	1		32	19	13	13	10	3
翁源县	4	2	2	38	20	18	22	13	9
乳源瑶族自治县	2	1	1	44	30	14	21	16	5
新丰县	1		1	32	26	6	20	15	5
乐昌市	7	4	3	62	38	24	29	20	9
南雄市	7	4	3	41	28	13	26	16	10
深圳市	**7992**	**4595**	**3397**	**42939**	**26076**	**16863**	**30822**	**18673**	**12149**
罗湖区	603	313	290	2506	1420	1086	1531	868	663
福田区	1189	621	568	4016	2309	1707	2737	1553	1184
南山区	2159	1229	930	6436	3775	2661	4642	2599	2043
宝安区	1335	824	511	10256	6245	4011	7305	4501	2804
龙岗区	1437	832	605	8944	5344	3600	6385	3841	2544
盐田区	110	70	40	589	354	235	331	210	121
龙华区	831	504	327	6613	4179	2434	5165	3285	1880
坪山区	148	90	58	1368	877	491	1230	829	401
光明区	180	112	68	2211	1573	638	1496	987	509
珠海市	**1286**	**708**	**578**	**5333**	**3130**	**2203**	**3984**	**2324**	**1660**
香洲区	917	482	435	3409	1917	1492	2478	1376	1102
斗门区	85	56	29	738	447	291	544	330	214
金湾区	284	170	114	1186	766	420	962	618	344
汕头市	**132**	**73**	**59**	**840**	**512**	**328**	**504**	**329**	**175**
龙湖区	49	30	19	220	129	91	109	80	29
金平区	40	18	22	205	113	92	119	65	54
濠江区	2	1	1	29	23	6	11	9	2
潮阳区	9	5	4	100	63	37	81	57	24
潮南区	30	18	12	171	119	52	95	57	38
澄海区	2	1	1	107	61	46	85	58	27
南澳县				8	4	4	4	3	1
佛山市	**1027**	**613**	**414**	**11507**	**7266**	**4241**	**5671**	**3621**	**2050**
禅城区	176	100	76	1388	861	527	733	456	277
南海区	398	236	162	5203	3239	1964	2298	1458	840
顺德区	378	222	156	3923	2505	1418	2073	1344	729
三水区	46	32	14	662	432	230	375	235	140
高明区	29	23	6	331	229	102	192	128	64

6–3 续表 4 单位：人

现住地	户口登记地								
	天津			河北			山西		
	小计	男	女	小计	男	女	小计	男	女
江门市	**176**	**100**	**76**	**1968**	**1247**	**721**	**1044**	**691**	**353**
蓬江区	59	32	27	669	418	251	367	232	135
江海区	20	8	12	278	181	97	146	96	50
新会区	22	15	7	329	218	111	131	93	38
台山市	16	11	5	174	110	64	92	61	31
开平市	15	6	9	188	106	82	52	30	22
鹤山市	35	21	14	273	176	97	215	145	70
恩平市	9	7	2	57	38	19	41	34	7
湛江市	**327**	**235**	**92**	**1274**	**767**	**507**	**712**	**361**	**351**
赤坎区	59	42	17	262	141	121	175	76	99
霞山区	77	44	33	367	210	157	112	47	65
坡头区	90	71	19	138	77	61	50	31	19
麻章区	72	53	19	314	215	99	254	123	131
遂溪县	7	6	1	21	7	14	3	2	1
徐闻县	4	4		40	23	17	10	9	1
廉江市	4	2	2	43	20	23	32	16	16
雷州市	4	4		20	15	5	37	30	7
吴川市	10	9	1	69	59	10	39	27	12
茂名市	**87**	**57**	**30**	**412**	**266**	**146**	**252**	**174**	**78**
茂南区	63	40	23	260	162	98	149	99	50
电白区	8	7	1	76	62	14	38	28	10
高州市	2	2		27	16	11	24	19	5
化州市	3	2	1	29	14	15	29	22	7
信宜市	11	6	5	20	12	8	12	6	6
肇庆市	**114**	**59**	**55**	**1011**	**624**	**387**	**562**	**361**	**201**
端州区	42	18	24	241	130	111	160	87	73
鼎湖区	8	5	3	100	66	34	32	24	8
高要区	4	4		75	48	27	76	58	18
广宁县				16	10	6	8	4	4
怀集县	6	4	2	38	25	13	17	10	7
封开县	1	1		50	40	10	33	29	4
德庆县	2	1	1	5	2	3	5	2	3
四会市	51	26	25	486	303	183	231	147	84
惠州市	**914**	**552**	**362**	**6082**	**3710**	**2372**	**4164**	**2684**	**1480**
惠城区	275	153	122	2189	1268	921	1679	1062	617
惠阳区	533	331	202	2796	1743	1053	1761	1137	624
博罗县	63	42	21	752	464	288	446	291	155
惠东县	34	17	17	298	201	97	240	174	66
龙门县	9	9		47	34	13	38	20	18
梅州市	**32**	**15**	**17**	**463**	**301**	**162**	**288**	**208**	**80**
梅江区	10	3	7	174	108	66	90	60	30
梅县区	7	4	3	90	57	33	67	49	18
大埔县	4	2	2	22	16	6	13	9	4
丰顺县	4	1	3	18	16	2	17	11	6
五华县				33	24	9	44	38	6
平远县				52	41	11	9	6	3
蕉岭县				18	14	4	8	6	2
兴宁市	7	5	2	56	25	31	40	29	11

6−3　续表 5　　　　单位：人

现住地	户口登记地								
	天津			河北			山西		
	小计	男	女	小计	男	女	小计	男	女
汕尾市	**45**	**29**	**16**	**350**	**230**	**120**	**192**	**130**	**62**
城　区	24	13	11	115	73	42	52	36	16
海丰县	19	15	4	172	118	54	100	70	30
陆河县				28	22	6	16	14	2
陆丰市	2	1	1	35	17	18	24	10	14
河源市	**52**	**32**	**20**	**629**	**402**	**227**	**574**	**422**	**152**
源城区	32	17	15	383	243	140	197	126	71
紫金县	12	10	2	44	24	20	33	26	7
龙川县	4	3	1	97	67	30	96	71	25
连平县	1	1		8	5	3	12	9	3
和平县	1	1		32	23	9	42	39	3
东源县	2		2	65	40	25	194	151	43
阳江市	**63**	**45**	**18**	**1026**	**627**	**399**	**240**	**174**	**66**
江城区	39	30	9	234	142	92	89	67	22
阳东区	10	6	4	78	49	29	56	42	14
阳西县	3	2	1	37	24	13	27	20	7
阳春市	11	7	4	677	412	265	68	45	23
清远市	**99**	**58**	**41**	**1298**	**820**	**478**	**682**	**470**	**212**
清城区	61	36	25	795	482	313	393	268	125
清新区	9	3	6	87	62	25	65	42	23
佛冈县				54	40	14	28	21	7
阳山县	1	1		27	19	8	23	19	4
连山壮族瑶族自治县				1	1		2	2	
连南瑶族自治县				8	6	2	7	3	4
英德市	23	14	9	266	173	93	150	105	45
连州市	5	4	1	60	37	23	14	10	4
东莞市	**1437**	**875**	**562**	**14297**	**9094**	**5203**	**10894**	**6656**	**4238**
市辖区	1437	875	562	14297	9094	5203	10894	6656	4238
中山市	**535**	**298**	**237**	**4353**	**2543**	**1810**	**2619**	**1604**	**1015**
市辖区	535	298	237	4353	2543	1810	2619	1604	1015
潮州市	**21**	**13**	**8**	**311**	**202**	**109**	**331**	**203**	**128**
湘桥区	3	3		117	63	54	57	28	29
潮安区	15	7	8	149	107	42	249	157	92
饶平县	3	3		45	32	13	25	18	7
揭阳市	**16**	**10**	**6**	**150**	**108**	**42**	**144**	**97**	**47**
榕城区	1	1		48	39	9	90	63	27
揭东区	1		1	30	21	9	19	10	9
揭西县				22	14	8	6	5	1
惠来县	10	6	4	25	19	6	8	6	2
普宁市	4	3	1	25	15	10	21	13	8
云浮市	**32**	**23**	**9**	**343**	**242**	**101**	**121**	**84**	**37**
云城区	4	3	1	235	168	67	39	29	10
云安区	5	4	1	47	29	18	12	9	3
新兴县	14	9	5	35	24	11	32	17	15
郁南县	3	3		11	9	2	5	4	1
罗定市	6	4	2	15	12	3	33	25	8

6-3 续表 6

单位：人

现住地	户口登记地								
	内蒙古			辽宁			吉林		
	小计	男	女	小计	男	女	小计	男	女
广 东	**47371**	**27183**	**20188**	**108821**	**60826**	**47995**	**117177**	**64395**	**52782**
广州市	**10400**	**5780**	**4620**	**26016**	**14420**	**11596**	**24506**	**13270**	**11236**
荔湾区	299	183	116	1197	626	571	779	407	372
越秀区	443	222	221	1087	523	564	974	480	494
海珠区	651	334	317	1994	990	1004	1661	854	807
天河区	2000	1059	941	4334	2344	1990	3734	1928	1806
白云区	2234	1251	983	6483	3675	2808	6195	3445	2750
黄埔区	936	550	386	2186	1334	852	2357	1396	961
番禺区	1811	974	837	3869	2088	1781	4008	2075	1933
花都区	887	522	365	1956	1079	877	2020	1115	905
南沙区	459	288	171	1566	1055	511	1214	760	454
从化区	56	32	24	208	109	99	259	131	128
增城区	624	365	259	1136	597	539	1305	679	626
韶关市	**270**	**168**	**102**	**476**	**274**	**202**	**567**	**320**	**247**
武江区	71	42	29	142	66	76	149	74	75
浈江区	69	40	29	88	51	37	134	69	65
曲江区	33	21	12	82	56	26	77	49	28
始兴县	9	6	3	16	10	6	12	7	5
仁化县	10	5	5	32	21	11	36	23	13
翁源县	25	18	7	36	22	14	37	26	11
乳源瑶族自治县	16	10	6	20	13	7	37	29	8
新丰县	14	9	5	10	7	3	13	9	4
乐昌市	15	11	4	20	10	10	37	13	24
南雄市	8	6	2	30	18	12	35	21	14
深圳市	**19135**	**11072**	**8063**	**45547**	**24871**	**20676**	**48217**	**26043**	**22174**
罗湖区	1246	665	581	4050	2051	1999	3770	1905	1865
福田区	2119	1160	959	5366	2690	2676	5754	2981	2773
南山区	3035	1636	1399	7711	3925	3786	7516	3816	3700
宝安区	4242	2467	1775	9551	5475	4076	10113	5635	4478
龙岗区	4239	2536	1703	9552	5303	4249	10565	5701	4864
盐田区	254	141	113	630	340	290	764	407	357
龙华区	2753	1678	1075	6132	3532	2600	6738	3772	2966
坪山区	492	310	182	1187	692	495	1210	708	502
光明区	755	479	276	1368	863	505	1787	1118	669
珠海市	**2407**	**1214**	**1193**	**5535**	**2909**	**2626**	**6344**	**3298**	**3046**
香洲区	1673	792	881	3926	1966	1960	4115	2075	2040
斗门区	277	154	123	623	356	267	802	440	362
金湾区	457	268	189	986	587	399	1427	783	644
汕头市	**289**	**172**	**117**	**487**	**302**	**185**	**490**	**287**	**203**
龙湖区	108	67	41	160	100	60	105	66	39
金平区	75	40	35	95	52	43	141	65	76
濠江区	15	12	3	18	12	6	19	12	7
潮阳区	46	30	16	74	43	31	94	57	37
潮南区	26	12	14	78	55	23	52	36	16
澄海区	19	11	8	56	37	19	74	48	26
南澳县				6	3	3	5	3	2
佛山市	**2998**	**1766**	**1232**	**6558**	**3811**	**2747**	**8752**	**5224**	**3528**
禅城区	432	248	184	905	512	393	953	513	440
南海区	1320	782	538	3041	1741	1300	4754	2936	1818
顺德区	950	552	398	2049	1205	844	2150	1255	895
三水区	207	129	78	415	256	159	681	383	298
高明区	89	55	34	148	97	51	214	137	77

6-3 续表 7 单位：人

现住地	户口登记地								
	内蒙古			辽宁			吉林		
	小计	男	女	小计	男	女	小计	男	女
江门市	**551**	**352**	**199**	**1290**	**781**	**509**	**1195**	**691**	**504**
蓬江区	169	115	54	414	219	195	415	234	181
江海区	109	64	45	185	120	65	236	129	107
新会区	75	50	25	159	98	61	156	96	60
台山市	104	68	36	157	103	54	123	78	45
开平市	20	11	9	169	112	57	71	40	31
鹤山市	61	35	26	176	108	68	170	97	73
恩平市	13	9	4	30	21	9	24	17	7
湛江市	**346**	**218**	**128**	**886**	**537**	**349**	**680**	**395**	**285**
赤坎区	61	29	32	152	82	70	115	66	49
霞山区	91	49	42	312	163	149	264	144	120
坡头区	33	16	17	55	29	26	55	30	25
麻章区	53	40	13	168	126	42	100	68	32
遂溪县	7	3	4	3		3	14	8	6
徐闻县	26	19	7	39	28	11	45	26	19
廉江市	17	8	9	30	13	17	29	11	18
雷州市	40	39	1	104	86	18	36	25	11
吴川市	18	15	3	23	10	13	22	17	5
茂名市	**111**	**67**	**44**	**326**	**219**	**107**	**294**	**188**	**106**
茂南区	62	35	27	210	136	74	179	114	65
电白区	22	13	9	64	48	16	69	47	22
高州市	12	9	3	18	12	6	23	15	8
化州市	7	6	1	23	14	9	12	6	6
信宜市	8	4	4	11	9	2	11	6	5
肇庆市	**361**	**212**	**149**	**559**	**348**	**211**	**601**	**359**	**242**
端州区	119	65	54	147	78	69	172	98	74
鼎湖区	18	10	8	42	29	13	53	33	20
高要区	28	19	9	34	24	10	30	16	14
广宁县	12	6	6	14	8	6	26	11	15
怀集县	11	7	4	21	16	5	14	10	4
封开县	14	9	5	19	13	6	11	8	3
德庆县	4	2	2	7	3	4	10	4	6
四会市	155	94	61	275	177	98	285	179	106
惠州市	**2613**	**1481**	**1132**	**4760**	**2766**	**1994**	**6249**	**3504**	**2745**
惠城区	1044	583	461	1561	910	651	2424	1349	1075
惠阳区	1203	677	526	2488	1426	1062	3023	1677	1346
博罗县	211	124	87	420	262	158	468	285	183
惠东县	132	82	50	245	134	111	284	160	124
龙门县	23	15	8	46	34	12	50	33	17
梅州市	**161**	**110**	**51**	**296**	**179**	**117**	**296**	**188**	**108**
梅江区	53	35	18	98	46	52	118	71	47
梅县区	42	27	15	71	45	26	86	52	34
大埔县	7	4	3	14	8	6	9	5	4
丰顺县	4	2	2	35	22	13	16	10	6
五华县	10	7	3	20	14	6	25	20	5
平远县	14	14		2	2		14	10	4
蕉岭县	11	9	2	14	10	4	11	8	3
兴宁市	20	12	8	42	32	10	17	12	5

6—3 续表 8 单位：人

现住地	户口登记地								
	内蒙古			辽宁			吉林		
	小计	男	女	小计	男	女	小计	男	女
汕尾市	**140**	**78**	**62**	**264**	**168**	**96**	**339**	**192**	**147**
城　区	42	24	18	70	44	26	114	63	51
海丰县	78	45	33	144	96	48	167	100	67
陆河县	2		2	12	10	2	13	7	6
陆丰市	18	9	9	38	18	20	45	22	23
河源市	**222**	**137**	**85**	**404**	**259**	**145**	**482**	**287**	**195**
源城区	135	82	53	237	145	92	336	188	148
紫金县	12	5	7	44	30	14	17	10	7
龙川县	37	27	10	70	49	21	42	30	12
连平县	4	2	2	10	4	6	12	11	1
和平县	6	3	3	14	8	6	21	11	10
东源县	28	18	10	29	23	6	54	37	17
阳江市	**175**	**111**	**64**	**220**	**146**	**74**	**327**	**184**	**143**
江城区	87	51	36	93	52	41	145	79	66
阳东区	34	26	8	62	42	20	70	48	22
阳西县	21	18	3	23	22	1	41	20	21
阳春市	33	16	17	42	30	12	71	37	34
清远市	**490**	**292**	**198**	**762**	**439**	**323**	**970**	**546**	**424**
清城区	316	173	143	481	255	226	694	385	309
清新区	38	22	16	86	56	30	121	65	56
佛冈县	29	19	10	50	28	22	29	17	12
阳山县	11	11		24	18	6	11	8	3
连山壮族瑶族自治县	3	1	2	1		1	1	1	
连南瑶族自治县	2	1	1	1	1		3	2	1
英德市	70	51	19	97	65	32	101	59	42
连州市	21	14	7	22	16	6	10	9	1
东莞市	**4671**	**2799**	**1872**	**10333**	**6116**	**4217**	**12027**	**6787**	**5240**
市辖区	4671	2799	1872	10333	6116	4217	12027	6787	5240
中山市	**1850**	**1046**	**804**	**3665**	**1980**	**1685**	**4352**	**2331**	**2021**
市辖区	1850	1046	804	3665	1980	1685	4352	2331	2021
潮州市	**63**	**36**	**27**	**171**	**117**	**54**	**175**	**100**	**75**
湘桥区	34	16	18	74	47	27	79	40	39
潮安区	20	13	7	63	44	19	75	44	31
饶平县	9	7	2	34	26	8	21	16	5
揭阳市	**46**	**30**	**16**	**89**	**65**	**24**	**179**	**129**	**50**
榕城区	6	5	1	7	4	3	7	6	1
揭东区	11	5	6	34	26	8	26	17	9
揭西县				2	1	1	3	1	2
惠来县	21	15	6	28	24	4	116	90	26
普宁市	8	5	3	18	10	8	27	15	12
云浮市	**72**	**42**	**30**	**177**	**119**	**58**	**135**	**72**	**63**
云城区	23	12	11	96	67	29	57	30	27
云安区	15	10	5	23	17	6	21	11	10
新兴县	10	6	4	39	21	18	35	15	20
郁南县	7	5	2	2	2		3	2	1
罗定市	17	9	8	17	12	5	19	14	5

6-3 续表 9

单位：人

现住地	户口登记地								
	黑龙江			上海			江苏		
	小计	男	女	小计	男	女	小计	男	女
广东	**198311**	**107767**	**90544**	**19306**	**11408**	**7898**	**163111**	**102261**	**60850**
广州市	**42264**	**22739**	**19525**	**4157**	**2316**	**1841**	**35040**	**21325**	**13715**
荔湾区	1518	810	708	176	97	79	1515	883	632
越秀区	1446	705	741	309	165	144	1807	990	817
海珠区	2780	1389	1391	547	297	250	2714	1517	1197
天河区	6595	3414	3181	1049	568	481	5327	3227	2100
白云区	12046	6586	5460	538	298	240	7972	4966	3006
黄埔区	3590	2024	1566	291	180	111	3288	2188	1100
番禺区	6432	3424	3008	757	420	337	5404	3174	2230
花都区	3438	1918	1520	216	129	87	3071	1762	1309
南沙区	1848	1152	696	107	71	36	1680	1231	449
从化区	445	213	232	29	16	13	321	202	119
增城区	2126	1104	1022	138	75	63	1941	1185	756
韶关市	**793**	**428**	**365**	**84**	**55**	**29**	**966**	**621**	**345**
武江区	199	101	98	24	16	8	268	160	108
浈江区	156	78	78	25	14	11	200	115	85
曲江区	122	77	45	17	15	2	108	86	22
始兴县	43	22	21	1	1		39	26	13
仁化县	40	20	20				49	33	16
翁源县	62	34	28	5	2	3	55	37	18
乳源瑶族自治县	45	28	17	2	2		80	59	21
新丰县	21	9	12	1	1		41	31	10
乐昌市	61	30	31				65	40	25
南雄市	44	29	15	9	4	5	61	34	27
深圳市	**82673**	**44409**	**38264**	**9299**	**5431**	**3868**	**64385**	**39950**	**24435**
罗湖区	6343	3203	3140	879	489	390	4613	2646	1967
福田区	10386	5365	5021	1982	1066	916	6714	3931	2783
南山区	11879	6088	5791	2746	1572	1174	10629	6450	4179
宝安区	17467	9704	7763	1121	700	421	14065	8904	5161
龙岗区	18440	9842	8598	1431	894	537	13452	8275	5177
盐田区	1152	607	545	101	55	46	907	558	349
龙华区	11861	6565	5296	756	444	312	8909	5678	3231
坪山区	2079	1208	871	127	95	32	1850	1249	601
光明区	3066	1827	1239	156	116	40	3246	2259	987
珠海市	**10334**	**5454**	**4880**	**1054**	**631**	**423**	**7468**	**4972**	**2496**
香洲区	6822	3482	3340	908	535	373	5418	3546	1872
斗门区	1578	856	722	56	40	16	745	505	240
金湾区	1934	1116	818	90	56	34	1305	921	384
汕头市	**669**	**383**	**286**	**144**	**87**	**57**	**1285**	**806**	**479**
龙湖区	246	147	99	48	32	16	274	167	107
金平区	147	79	68	56	30	26	404	239	165
濠江区	28	16	12	4	2	2	44	32	12
潮阳区	102	62	40	13	9	4	259	165	94
潮南区	47	26	21	11	7	4	163	110	53
澄海区	96	53	43	12	7	5	125	80	45
南澳县	3		3				16	13	3
佛山市	**11115**	**6273**	**4842**	**1029**	**625**	**404**	**11764**	**7621**	**4143**
禅城区	1433	813	620	217	129	88	1603	1017	586
南海区	5072	2831	2241	395	226	169	5058	3212	1846
顺德区	3624	2052	1572	352	220	132	3916	2571	1345
三水区	689	383	306	37	27	10	737	519	218
高明区	297	194	103	28	23	5	450	302	148

6—3 续表 10

单位：人

现住地	户口登记地								
	黑龙江			上海			江苏		
	小计	男	女	小计	男	女	小计	男	女
江门市	**1907**	**1114**	**793**	**228**	**134**	**94**	**2802**	**1860**	**942**
蓬江区	682	387	295	85	37	48	811	522	289
江海区	348	193	155	22	15	7	455	293	162
新会区	242	155	87	39	26	13	536	365	171
台山市	175	105	70	24	18	6	330	224	106
开平市	118	75	43	16	9	7	208	140	68
鹤山市	299	169	130	35	24	11	386	259	127
恩平市	43	30	13	7	5	2	76	57	19
湛江市	**1038**	**533**	**505**	**570**	**470**	**100**	**1342**	**920**	**422**
赤坎区	243	107	136	55	31	24	165	99	66
霞山区	384	201	183	141	105	36	421	261	160
坡头区	83	50	33	19	14	5	98	72	26
麻章区	154	79	75	324	298	26	466	348	118
遂溪县	19	10	9	2	1	1	18	15	3
徐闻县	39	22	17	9	6	3	52	40	12
廉江市	50	23	27	4	2	2	58	38	20
雷州市	19	11	8	8	7	1	11	8	3
吴川市	47	30	17	8	6	2	53	39	14
茂名市	**433**	**248**	**185**	**35**	**16**	**19**	**639**	**463**	**176**
茂南区	276	154	122	20	11	9	444	327	117
电白区	70	42	28	8	2	6	67	48	19
高州市	43	31	12	4	1	3	37	22	15
化州市	23	12	11	3	2	1	64	51	13
信宜市	21	9	12				27	15	12
肇庆市	**956**	**528**	**428**	**77**	**43**	**34**	**1152**	**803**	**349**
端州区	214	106	108	40	20	20	251	156	95
鼎湖区	113	61	52	3	1	2	136	108	28
高要区	89	48	41	1	1		107	73	34
广宁县	18	14	4	7	4	3	14	9	5
怀集县	14	12	2	3	1	2	19	12	7
封开县	31	19	12	1	1		73	57	16
德庆县	24	6	18				20	10	10
四会市	453	262	191	22	15	7	532	378	154
惠州市	**11826**	**6528**	**5298**	**504**	**301**	**203**	**7164**	**4596**	**2568**
惠城区	3909	2140	1769	203	123	80	2807	1731	1076
惠阳区	6283	3444	2839	196	116	80	2891	1857	1034
博罗县	1010	589	421	64	40	24	914	613	301
惠东县	549	304	245	37	19	18	465	332	133
龙门县	75	51	24	4	3	1	87	63	24
梅州市	**434**	**247**	**187**	**42**	**25**	**17**	**482**	**317**	**165**
梅江区	172	89	83	19	12	7	186	125	61
梅县区	106	65	41	5	2	3	87	51	36
大埔县	14	8	6	1	1		29	20	9
丰顺县	9	6	3				35	24	11
五华县	38	30	8	4	2	2	58	45	13
平远县	9	5	4	2	2		26	18	8
蕉岭县	19	12	7	4	2	2	29	17	12
兴宁市	67	32	35	7	4	3	32	17	15

6-3　续表 11　　　　单位：人

现住地	户口登记地								
	黑龙江			上海			江苏		
	小计	男	女	小计	男	女	小计	男	女
汕尾市	**478**	**271**	**207**	**30**	**19**	**11**	**516**	**390**	**126**
城　区	187	103	84	9	6	3	155	116	39
海丰县	232	133	99	11	6	5	277	207	70
陆河县	8	6	2				14	13	1
陆丰市	51	29	22	10	7	3	70	54	16
河源市	**795**	**472**	**323**	**49**	**26**	**23**	**785**	**525**	**260**
源城区	557	311	246	34	17	17	437	294	143
紫金县	53	33	20	4	3	1	79	49	30
龙川县	82	59	23	2	2		93	65	28
连平县	10	7	3				47	28	19
和平县	16	11	5	4	2	2	32	20	12
东源县	77	51	26	5	2	3	97	69	28
阳江市	**381**	**224**	**157**	**38**	**25**	**13**	**394**	**269**	**125**
江城区	180	107	73	27	18	9	160	104	56
阳东区	53	34	19	4	3	1	141	99	42
阳西县	51	37	14	1		1	36	25	11
阳春市	97	46	51	6	4	2	57	41	16
清远市	**1563**	**833**	**730**	**78**	**48**	**30**	**1375**	**914**	**461**
清城区	1120	567	553	53	31	22	678	427	251
清新区	111	66	45	5	3	2	113	66	47
佛冈县	77	47	30	3	2	1	75	53	22
阳山县	18	8	10				26	19	7
连山壮族瑶族自治县	3	1	2	1		1	6	5	1
连南瑶族自治县	7	3	4				7	5	2
英德市	201	127	74	16	12	4	423	308	115
连州市	26	14	12				47	31	16
东莞市	**21882**	**12340**	**9542**	**1354**	**847**	**507**	**18496**	**11607**	**6889**
市辖区	21882	12340	9542	1354	847	507	18496	11607	6889
中山市	**8269**	**4429**	**3840**	**498**	**288**	**210**	**6193**	**3714**	**2479**
市辖区	8269	4429	3840	498	288	210	6193	3714	2479
潮州市	**210**	**116**	**94**	**19**	**10**	**9**	**367**	**225**	**142**
湘桥区	91	49	42	11	4	7	149	96	53
潮安区	90	49	41	6	5	1	182	107	75
饶平县	29	18	11	2	1	1	36	22	14
揭阳市	**107**	**78**	**29**	**7**	**5**	**2**	**237**	**183**	**54**
榕城区	17	12	5	2	2		36	22	14
揭东区	14	12	2				80	58	22
揭西县	3	1	2	2	1	1	14	11	3
惠来县	42	30	12	2	2		70	65	5
普宁市	31	23	8	1		1	37	27	10
云浮市	**184**	**120**	**64**	**10**	**6**	**4**	**259**	**180**	**79**
云城区	74	49	25	3	1	2	109	76	33
云安区	14	12	2	3	2	1	33	25	8
新兴县	63	38	25	3	2	1	69	47	22
郁南县	10	4	6	1	1		25	16	9
罗定市	23	17	6				23	16	7

6-3 续表 12

单位：人

现住地	户口登记地 浙江 小计	浙江 男	浙江 女	安徽 小计	安徽 男	安徽 女	福建 小计	福建 男	福建 女
广东	**189797**	**109472**	**80325**	**596572**	**351987**	**244585**	**640230**	**377049**	**263181**
广州市	**52292**	**29793**	**22499**	**89758**	**52911**	**36847**	**122233**	**71303**	**50930**
荔湾区	3167	1726	1441	2607	1526	1081	10844	5963	4881
越秀区	3434	1872	1562	3297	1787	1510	4958	2809	2149
海珠区	9725	5368	4357	6463	3625	2838	11701	6825	4876
天河区	5726	3259	2467	14060	8205	5855	14885	8712	6173
白云区	14170	8321	5849	23849	14344	9505	38802	22740	16062
黄埔区	1603	973	630	7105	4248	2857	5765	3472	2293
番禺区	5604	3142	2462	13408	7920	5488	15908	9302	6606
花都区	5701	3272	2429	7947	4678	3269	9489	5657	3832
南沙区	771	465	306	4625	2881	1744	2811	1727	1084
从化区	416	267	149	791	461	330	1048	591	457
增城区	1975	1128	847	5606	3236	2370	6022	3505	2517
韶关市	**1895**	**1081**	**814**	**2201**	**1331**	**870**	**3353**	**2026**	**1327**
武江区	539	294	245	463	256	207	945	544	401
浈江区	406	225	181	498	286	212	709	412	297
曲江区	137	81	56	267	165	102	461	291	170
始兴县	57	30	27	72	39	33	145	96	49
仁化县	60	35	25	162	100	62	180	126	54
翁源县	86	55	31	164	110	54	190	114	76
乳源瑶族自治县	236	140	96	180	117	63	109	73	36
新丰县	68	43	25	155	118	37	154	102	52
乐昌市	148	83	65	126	76	50	227	120	107
南雄市	158	95	63	114	64	50	233	148	85
深圳市	**49230**	**28177**	**21053**	**216788**	**126929**	**89859**	**196465**	**115404**	**81061**
罗湖区	3780	2033	1747	10232	5665	4567	11988	6773	5215
福田区	7119	3890	3229	19114	10656	8458	13568	7876	5692
南山区	7025	3919	3106	24590	14239	10351	15004	8633	6371
宝安区	11755	6955	4800	53602	31761	21841	47130	27987	19143
龙岗区	9664	5491	4173	50567	29387	21180	63759	37131	26628
盐田区	447	248	199	2820	1615	1205	1562	906	656
龙华区	6386	3774	2612	35710	21363	14347	26508	15924	10584
坪山区	853	516	337	6818	4065	2753	6297	3805	2492
光明区	2201	1351	850	13335	8178	5157	10649	6369	4280
珠海市	**4086**	**2360**	**1726**	**12606**	**7489**	**5117**	**10805**	**6174**	**4631**
香洲区	2891	1644	1247	8462	4955	3507	7327	4112	3215
斗门区	549	322	227	1832	1107	725	1635	1008	627
金湾区	646	394	252	2312	1427	885	1843	1054	789
汕头市	**1920**	**1023**	**897**	**16453**	**9634**	**6819**	**30264**	**17438**	**12826**
龙湖区	330	180	150	3566	2048	1518	7462	4293	3169
金平区	580	280	300	3595	1955	1640	7242	4035	3207
濠江区	22	15	7	484	314	170	465	281	184
潮阳区	430	244	186	4375	2609	1766	5217	2993	2224
潮南区	188	111	77	2198	1361	837	2708	1611	1097
澄海区	357	189	168	1853	1130	723	6999	4131	2868
南澳县	13	4	9	382	217	165	171	94	77
佛山市	**21370**	**12616**	**8754**	**39976**	**24455**	**15521**	**44858**	**27360**	**17498**
禅城区	2610	1547	1063	5664	3516	2148	8669	5493	3176
南海区	11058	6552	4506	16288	9960	6328	20727	12435	8292
顺德区	6326	3671	2655	14012	8520	5492	11805	7227	4578
三水区	1003	612	391	2589	1602	987	2555	1552	1003
高明区	373	234	139	1423	857	566	1102	653	449

6-3 续表 13

单位：人

现住地	户口登记地								
	浙江			安徽			福建		
	小计	男	女	小计	男	女	小计	男	女
江门市	**7118**	**4180**	**2938**	**10587**	**6240**	**4347**	**9040**	**5331**	**3709**
蓬江区	1126	678	448	2345	1434	911	2385	1391	994
江海区	1206	673	533	1177	715	462	1041	614	427
新会区	907	557	350	3945	2255	1690	1222	745	477
台山市	1641	966	675	522	307	215	962	600	362
开平市	928	524	404	758	436	322	1354	762	592
鹤山市	786	475	311	1525	896	629	1746	1014	732
恩平市	524	307	217	315	197	118	330	205	125
湛江市	**1255**	**745**	**510**	**2266**	**1355**	**911**	**2549**	**1497**	**1052**
赤坎区	241	136	105	404	204	200	534	300	234
霞山区	338	190	148	666	399	267	661	388	273
坡头区	43	24	19	100	61	39	86	53	33
麻章区	202	138	64	545	366	179	410	216	194
遂溪县	55	32	23	87	51	36	92	58	34
徐闻县	80	50	30	95	52	43	158	108	50
廉江市	94	57	37	137	63	74	254	156	98
雷州市	101	57	44	50	30	20	157	109	48
吴川市	101	61	40	182	129	53	197	109	88
茂名市	**566**	**337**	**229**	**932**	**575**	**357**	**1802**	**1090**	**712**
茂南区	213	126	87	455	277	178	665	414	251
电白区	142	82	60	156	112	44	406	250	156
高州市	96	62	34	135	77	58	341	201	140
化州市	69	36	33	133	81	52	264	155	109
信宜市	46	31	15	53	28	25	126	70	56
肇庆市	**1572**	**998**	**574**	**3216**	**1989**	**1227**	**27354**	**15497**	**11857**
端州区	301	179	122	536	296	240	733	417	316
鼎湖区	123	82	41	445	291	154	340	212	128
高要区	218	132	86	371	238	133	524	335	189
广宁县	64	46	18	99	62	37	139	92	47
怀集县	77	42	35	65	38	27	118	78	40
封开县	40	25	15	72	50	22	147	120	27
德庆县	33	23	10	48	26	22	62	32	30
四会市	716	469	247	1580	988	592	25291	14211	11080
惠州市	**7190**	**4133**	**3057**	**38633**	**22680**	**15953**	**32418**	**19579**	**12839**
惠城区	2940	1678	1262	13625	7919	5706	10648	6293	4355
惠阳区	1883	1111	772	15012	8846	6166	13926	8505	5421
博罗县	1216	701	515	4806	2876	1930	4598	2779	1819
惠东县	976	542	434	4635	2671	1964	2791	1708	1083
龙门县	175	101	74	555	368	187	455	294	161
梅州市	**1103**	**638**	**465**	**1845**	**1022**	**823**	**9211**	**5270**	**3941**
梅江区	361	205	156	524	279	245	2174	1215	959
梅县区	178	104	74	338	191	147	2146	1161	985
大埔县	55	27	28	95	46	49	1657	930	727
丰顺县	83	55	28	305	169	136	434	281	153
五华县	126	70	56	102	61	41	519	358	161
平远县	65	42	23	50	27	23	360	231	129
蕉岭县	90	53	37	216	122	94	1380	781	599
兴宁市	145	82	63	215	127	88	541	313	228

6-3 续表 14

单位：人

现住地	户口登记地								
	浙江			安徽			福建		
	小计	男	女	小计	男	女	小计	男	女
汕尾市	**708**	**364**	**344**	**2138**	**1273**	**865**	**3034**	**1854**	**1180**
城　区	135	71	64	491	294	197	620	401	219
海丰县	441	231	210	1088	650	438	1564	983	581
陆河县	27	14	13	194	117	77	131	78	53
陆丰市	105	48	57	365	212	153	719	392	327
河源市	**1032**	**613**	**419**	**3253**	**1933**	**1320**	**4275**	**2602**	**1673**
源城区	514	283	231	1907	1102	805	2301	1339	962
紫金县	131	73	58	373	230	143	534	362	172
龙川县	103	65	38	355	222	133	571	351	220
连平县	124	77	47	108	67	41	217	133	84
和平县	59	39	20	121	74	47	244	158	86
东源县	101	76	25	389	238	151	408	259	149
阳江市	**864**	**528**	**336**	**852**	**543**	**309**	**1150**	**716**	**434**
江城区	356	202	154	349	222	127	510	292	218
阳东区	236	158	78	220	140	80	256	168	88
阳西县	177	116	61	88	53	35	143	95	48
阳春市	95	52	43	195	128	67	241	161	80
清远市	**2413**	**1425**	**988**	**3941**	**2364**	**1577**	**4626**	**2900**	**1726**
清城区	1352	803	549	2047	1197	850	2382	1416	966
清新区	195	126	69	473	275	198	359	213	146
佛冈县	217	123	94	226	154	72	332	231	101
阳山县	59	34	25	95	51	44	186	119	67
连山壮族瑶族自治县	44	25	19	16	7	9	32	17	15
连南瑶族自治县	22	14	8	29	11	18	52	37	15
英德市	419	239	180	960	616	344	1103	755	348
连州市	105	61	44	95	53	42	180	112	68
东莞市	**22284**	**13051**	**9233**	**119804**	**71042**	**48762**	**101063**	**60337**	**40726**
市辖区	22284	13051	9233	119804	71042	48762	101063	60337	40726
中山市	**11502**	**6649**	**4853**	**19963**	**11688**	**8275**	**19778**	**11607**	**8171**
市辖区	11502	6649	4853	19963	11688	8275	19778	11607	8171
潮州市	**578**	**277**	**301**	**6828**	**3892**	**2936**	**10879**	**6008**	**4871**
湘桥区	192	84	108	1137	645	492	2191	1182	1009
潮安区	297	145	152	5507	3143	2364	7651	4304	3347
饶平县	89	48	41	184	104	80	1037	522	515
揭阳市	**409**	**237**	**172**	**3799**	**2192**	**1607**	**3465**	**2033**	**1432**
榕城区	79	48	31	352	203	149	716	437	279
揭东区	98	54	44	333	197	136	1166	686	480
揭西县	25	16	9	40	23	17	178	100	78
惠来县	42	19	23	94	66	28	280	165	115
普宁市	165	100	65	2980	1703	1277	1125	645	480
云浮市	**410**	**247**	**163**	**733**	**450**	**283**	**1608**	**1023**	**585**
云城区	140	82	58	235	140	95	989	633	356
云安区	41	29	12	101	73	28	165	113	52
新兴县	109	69	40	203	123	80	180	108	72
郁南县	40	20	20	83	54	29	96	63	33
罗定市	80	47	33	111	60	51	178	106	72

6-3　续表 15　　　　单位：人

现住地	户口登记地								
	江西			山东			河南		
	小计	男	女	小计	男	女	小计	男	女
广　东	**2303240**	**1366219**	**937021**	**198093**	**122306**	**75787**	**2773558**	**1697693**	**1075865**
广州市	**391628**	**229066**	**162562**	**41345**	**24756**	**16589**	**559068**	**345763**	**213305**
荔湾区	8065	4650	3415	1341	807	534	51147	31678	19469
越秀区	6459	3418	3041	2043	1088	955	23130	13825	9305
海珠区	34206	19274	14932	3050	1795	1255	41749	25738	16011
天河区	42142	25216	16926	6936	4047	2889	89790	54298	35492
白云区	112533	66163	46370	8703	5366	3337	135898	84313	51585
黄埔区	23987	14492	9495	4328	2669	1659	55342	35440	19902
番禺区	86411	49884	36527	6053	3636	2417	57869	35430	22439
花都区	34774	20415	14359	4079	2342	1737	46439	27851	18588
南沙区	14655	9084	5571	1992	1361	631	26504	17956	8548
从化区	2891	1723	1168	462	269	193	5322	3307	2015
增城区	25505	14747	10758	2358	1376	982	25878	15927	9951
韶关市	**13496**	**7744**	**5752**	**1264**	**816**	**448**	**10595**	**6608**	**3987**
武江区	3190	1783	1407	364	198	166	3422	2090	1332
浈江区	2432	1382	1050	233	129	104	1940	1110	830
曲江区	1507	867	640	117	79	38	2018	1305	713
始兴县	747	429	318	27	20	7	455	285	170
仁化县	990	602	388	103	90	13	460	314	146
翁源县	853	528	325	61	44	17	518	349	169
乳源瑶族自治县	424	256	168	96	76	20	351	235	116
新丰县	542	334	208	30	21	9	452	315	137
乐昌市	689	380	309	122	95	27	593	366	227
南雄市	2122	1183	939	111	64	47	386	239	147
深圳市	**820458**	**483529**	**336929**	**82396**	**50432**	**31964**	**801963**	**491141**	**310822**
罗湖区	35440	19340	16100	5008	2965	2043	47587	28987	18600
福田区	44631	24845	19786	8159	4811	3348	47973	29510	18463
南山区	55660	31712	23948	12776	7509	5267	64557	40785	23772
宝安区	243644	145672	97972	18957	11754	7203	233087	141512	91575
龙岗区	196157	113062	83095	16859	10202	6657	182901	109628	73273
盐田区	5638	3241	2397	963	605	358	10842	6729	4113
龙华区	158149	96212	61937	12138	7690	4448	124219	77269	46950
坪山区	28021	16886	11135	3029	1960	1069	30921	19375	11546
光明区	53118	32559	20559	4507	2936	1571	59876	37346	22530
珠海市	**39672**	**23380**	**16292**	**7627**	**4589**	**3038**	**81600**	**50745**	**30855**
香洲区	24117	13873	10244	4928	2826	2102	45784	27888	17896
斗门区	7716	4793	2923	1044	657	387	15343	9756	5587
金湾区	7839	4714	3125	1655	1106	549	20473	13101	7372
汕头市	**36410**	**21274**	**15136**	**1144**	**697**	**447**	**99298**	**58817**	**40481**
龙湖区	12536	7374	5162	226	138	88	15954	9818	6136
金平区	7372	4107	3265	293	156	137	8070	4785	3285
濠江区	662	473	189	50	40	10	1757	1251	506
潮阳区	4492	2643	1849	313	202	111	5213	3210	2003
潮南区	3699	2273	1426	124	70	54	4986	3043	1943
澄海区	7458	4307	3151	130	86	44	63051	36527	26524
南澳县	191	97	94	8	5	3	267	183	84
佛山市	**170515**	**105061**	**65454**	**12700**	**8144**	**4556**	**169621**	**107485**	**62136**
禅城区	15691	9529	6162	1698	1067	631	20066	12524	7542
南海区	59140	36772	22368	5014	3191	1823	74033	46652	27381
顺德区	83552	50926	32626	4652	3023	1629	52292	33080	19212
三水区	8353	5424	2929	879	571	308	16879	11034	5845
高明区	3779	2410	1369	457	292	165	6351	4195	2156

6−3 续表 16

单位：人

现住地	户口登记地								
	江西			山东			河南		
	小计	男	女	小计	男	女	小计	男	女
江门市	**31320**	**18834**	**12486**	**2809**	**1785**	**1024**	**43964**	**27036**	**16928**
蓬江区	8845	5286	3559	1018	617	401	12482	7501	4981
江海区	5667	3343	2324	424	272	152	6565	4078	2487
新会区	7260	4401	2859	480	315	165	5495	3554	1941
台山市	1644	1015	629	259	185	74	4459	2715	1744
开平市	2400	1429	971	217	133	84	3671	2210	1461
鹤山市	4745	2851	1894	328	206	122	9883	6043	3840
恩平市	759	509	250	83	57	26	1409	935	474
湛江市	**3007**	**1619**	**1388**	**1704**	**1058**	**646**	**10291**	**6881**	**3410**
赤坎区	724	390	334	284	149	135	2252	1401	851
霞山区	810	433	377	624	348	276	2644	1673	971
坡头区	158	84	74	117	68	49	843	566	277
麻章区	566	326	240	499	378	121	2032	1583	449
遂溪县	82	34	48	23	15	8	422	256	166
徐闻县	131	77	54	36	24	12	285	186	99
廉江市	261	120	141	64	44	20	782	458	324
雷州市	79	37	42	11	7	4	351	271	80
吴川市	196	118	78	46	25	21	680	487	193
茂名市	**1894**	**1142**	**752**	**897**	**660**	**237**	**3854**	**2686**	**1168**
茂南区	650	396	254	653	483	170	2016	1439	577
电白区	426	277	149	129	98	31	852	625	227
高州市	324	195	129	67	44	23	437	282	155
化州市	258	140	118	27	21	6	329	206	123
信宜市	236	134	102	21	14	7	220	134	86
肇庆市	**7670**	**4845**	**2825**	**1098**	**706**	**392**	**20699**	**13184**	**7515**
端州区	1104	653	451	269	148	121	2726	1644	1082
鼎湖区	841	560	281	77	50	27	1634	1166	468
高要区	1044	650	394	103	66	37	1895	1222	673
广宁县	263	173	90	35	32	3	557	375	182
怀集县	186	122	64	20	10	10	277	184	93
封开县	198	124	74	37	27	10	285	226	59
德庆县	99	53	46	23	16	7	209	150	59
四会市	3935	2510	1425	534	357	177	13116	8217	4899
惠州市	**125685**	**75616**	**50069**	**10059**	**6361**	**3698**	**177456**	**107640**	**69816**
惠城区	48376	28491	19885	3849	2350	1499	72191	42788	29403
惠阳区	41685	25760	15925	4514	2902	1612	69562	42765	26797
博罗县	23254	14018	9236	1203	770	433	24187	14828	9359
惠东县	10961	6468	4493	425	287	138	8949	5649	3300
龙门县	1409	879	530	68	52	16	2567	1610	957
梅州市	**25714**	**14350**	**11364**	**493**	**329**	**164**	**4801**	**3065**	**1736**
梅江区	7111	3961	3150	145	83	62	1540	989	551
梅县区	10116	5677	4439	110	70	40	798	490	308
大埔县	627	361	266	27	21	6	272	167	105
丰顺县	1900	1081	819	21	11	10	677	394	283
五华县	911	540	371	98	80	18	588	414	174
平远县	2177	1122	1055	19	14	5	219	158	61
蕉岭县	1153	655	498	38	26	12	202	136	66
兴宁市	1719	953	766	35	24	11	505	317	188

6-3 续表 17

单位：人

现住地	户口登记地								
	江西			山东			河南		
	小计	男	女	小计	男	女	小计	男	女
汕尾市	**4164**	**2565**	**1599**	**450**	**324**	**126**	**7475**	**4983**	**2492**
城　区	845	567	278	131	85	46	1988	1399	589
海丰县	1960	1207	753	245	177	68	3135	2116	1019
陆河县	817	485	332	16	15	1	508	345	163
陆丰市	542	306	236	58	47	11	1844	1123	721
河源市	**16850**	**9962**	**6888**	**1031**	**706**	**325**	**13669**	**8684**	**4985**
源城区	10131	5853	4278	700	473	227	8797	5368	3429
紫金县	1183	748	435	73	49	24	968	659	309
龙川县	1907	1166	741	89	59	30	1117	741	376
连平县	695	426	269	30	25	5	528	354	174
和平县	699	414	285	25	19	6	397	289	108
东源县	2235	1355	880	114	81	33	1862	1273	589
阳江市	**2357**	**1378**	**979**	**499**	**358**	**141**	**5619**	**3649**	**1970**
江城区	932	540	392	238	154	84	2882	1837	1045
阳东区	778	478	300	128	99	29	1461	914	547
阳西县	241	141	100	58	50	8	511	387	124
阳春市	406	219	187	75	55	20	765	511	254
清远市	**14451**	**8704**	**5747**	**1661**	**1082**	**579**	**21705**	**13950**	**7755**
清城区	8513	5093	3420	1013	618	395	13793	8571	5222
清新区	1219	694	525	116	76	40	2565	1626	939
佛冈县	947	620	327	88	57	31	1329	917	412
阳山县	250	149	101	42	30	12	505	345	160
连山壮族瑶族自治县	70	46	24	16	11	5	51	32	19
连南瑶族自治县	65	36	29	20	13	7	42	28	14
英德市	3070	1862	1208	301	224	77	3030	2159	871
连州市	317	204	113	65	53	12	390	272	118
东莞市	**458427**	**274723**	**183704**	**23957**	**15198**	**8759**	**607265**	**363822**	**243443**
市辖区	458427	274723	183704	23957	15198	8759	607265	363822	243443
中山市	**107306**	**63786**	**43520**	**5969**	**3637**	**2332**	**114414**	**68525**	**45889**
市辖区	107306	63786	43520	5969	3637	2332	114414	68525	45889
潮州市	**20046**	**11454**	**8592**	**392**	**238**	**154**	**8382**	**5316**	**3066**
湘桥区	3630	2055	1575	152	90	62	2863	1766	1097
潮安区	15918	9113	6805	209	124	85	4799	3057	1742
饶平县	498	286	212	31	24	7	720	493	227
揭阳市	**10302**	**6059**	**4243**	**188**	**132**	**56**	**7988**	**5172**	**2816**
榕城区	2053	1262	791	36	26	10	2140	1380	760
揭东区	4932	2844	2088	62	38	24	2521	1628	893
揭西县	353	216	137	13	8	5	493	317	176
惠来县	331	200	131	32	26	6	753	591	162
普宁市	2633	1537	1096	45	34	11	2081	1256	825
云浮市	**1868**	**1128**	**740**	**410**	**298**	**112**	**3831**	**2541**	**1290**
云城区	727	440	287	242	182	60	1744	1145	599
云安区	186	127	59	50	36	14	527	421	106
新兴县	641	389	252	77	54	23	1022	648	374
郁南县	86	47	39	11	10	1	161	94	67
罗定市	228	125	103	30	16	14	377	233	144

6-3 续表 18

单位：人

现住地	户口登记地					
	湖北			湖南		
	小计	男	女	小计	男	女
广东	**2646357**	**1538154**	**1108203**	**5116703**	**2964308**	**2152395**
广州市	**540552**	**305525**	**235027**	**1012664**	**575990**	**436674**
荔湾区	10175	5679	4496	22798	12787	10011
越秀区	8117	4066	4051	26907	13689	13218
海珠区	160241	87113	73128	50477	27295	23182
天河区	53296	30380	22916	117453	65700	51753
白云区	108073	61905	46168	259512	147809	111703
黄埔区	41261	24870	16391	97657	58510	39147
番禺区	76119	42901	33218	167237	93842	73395
花都区	34862	19887	14975	143816	81305	62511
南沙区	21001	13126	7875	54131	33288	20843
从化区	3266	1972	1294	9713	5733	3980
增城区	24141	13626	10515	62963	36032	26931
韶关市	**7433**	**4213**	**3220**	**58828**	**32383**	**26445**
武江区	2261	1250	1011	16683	9091	7592
浈江区	1533	833	700	12432	6807	5625
曲江区	800	460	340	6723	3812	2911
始兴县	280	170	110	1595	892	703
仁化县	367	215	152	4526	2490	2036
翁源县	402	244	158	1721	1076	645
乳源瑶族自治县	266	161	105	2311	1348	963
新丰县	480	304	176	1348	825	523
乐昌市	559	292	267	9379	4801	4578
南雄市	485	284	201	2110	1241	869
深圳市	**978119**	**565152**	**412967**	**1462197**	**838635**	**623562**
罗湖区	41187	21258	19929	44183	22592	21591
福田区	51402	27188	24214	69338	36764	32574
南山区	88032	48754	39278	101132	56579	44553
宝安区	280769	164853	115916	483540	279243	204297
龙岗区	223089	126638	96451	297386	167162	130224
盐田区	8341	4812	3529	13126	7690	5436
龙华区	181660	108678	72982	271150	159419	111731
坪山区	33325	19951	13374	48188	28754	19434
光明区	70314	43020	27294	134154	80432	53722
珠海市	**53281**	**31093**	**22188**	**133084**	**77183**	**55901**
香洲区	30973	17651	13322	79612	45440	34172
斗门区	10459	6189	4270	25651	15062	10589
金湾区	11849	7253	4596	27821	16681	11140
汕头市	**22255**	**12519**	**9736**	**15035**	**8997**	**6038**
龙湖区	4053	2344	1709	2933	1713	1220
金平区	3290	1789	1501	2393	1356	1037
濠江区	592	400	192	615	440	175
潮阳区	2211	1230	981	4442	2624	1818
潮南区	2007	1070	937	2290	1419	871
澄海区	10031	5657	4374	2266	1391	875
南澳县	71	29	42	96	54	42
佛山市	**159404**	**96236**	**63168**	**435018**	**263792**	**171226**
禅城区	16617	9742	6875	49438	29268	20170
南海区	65314	39340	25974	188261	113827	74434
顺德区	59806	35911	23895	149922	91033	58889
三水区	12680	8098	4582	34387	21569	12818
高明区	4987	3145	1842	13010	8095	4915

6–3　续表 19　　　　单位：人

现住地	户口登记地					
	湖北			湖南		
	小计	男	女	小计	男	女
江门市	**36624**	**21547**	**15077**	**83640**	**49331**	**34309**
蓬江区	9858	5739	4119	20352	12083	8269
江海区	6356	3768	2588	14447	8417	6030
新会区	5180	3091	2089	17412	10211	7201
台山市	3217	1858	1359	6598	3880	2718
开平市	2654	1478	1176	7354	4241	3113
鹤山市	8471	5056	3415	15459	9221	6238
恩平市	888	557	331	2018	1278	740
湛江市	**5986**	**3185**	**2801**	**7807**	**4182**	**3625**
赤坎区	1104	544	560	1285	626	659
霞山区	2308	1165	1143	2210	1086	1124
坡头区	495	264	231	451	245	206
麻章区	694	451	243	1335	800	535
遂溪县	120	63	57	319	164	155
徐闻县	295	173	122	344	206	138
廉江市	396	181	215	699	321	378
雷州市	136	76	60	440	298	142
吴川市	438	268	170	724	436	288
茂名市	**2983**	**1782**	**1201**	**5645**	**3203**	**2442**
茂南区	1005	559	446	2189	1253	936
电白区	787	519	268	1254	742	512
高州市	536	339	197	950	581	369
化州市	354	188	166	655	331	324
信宜市	301	177	124	597	296	301
肇庆市	**10674**	**6851**	**3823**	**32514**	**20049**	**12465**
端州区	1541	883	658	4013	2256	1757
鼎湖区	1126	795	331	2878	1873	1005
高要区	1522	984	538	4716	2912	1804
广宁县	232	152	80	894	569	325
怀集县	211	139	72	645	417	228
封开县	168	93	75	406	270	136
德庆县	188	109	79	351	186	165
四会市	5686	3696	1990	18611	11566	7045
惠州市	**134221**	**80594**	**53627**	**252492**	**150689**	**101803**
惠城区	48374	28395	19979	83633	48888	34745
惠阳区	53631	32599	21032	84280	51454	32826
博罗县	20557	12489	8068	56920	33931	22989
惠东县	10181	6144	4037	23580	13975	9605
龙门县	1478	967	511	4079	2441	1638
梅州市	**4674**	**2696**	**1978**	**7662**	**4447**	**3215**
梅江区	1191	686	505	2158	1216	942
梅县区	1022	576	446	1667	926	741
大埔县	431	270	161	625	430	195
丰顺县	598	366	232	705	434	271
五华县	479	290	189	958	545	413
平远县	165	73	92	250	148	102
蕉岭县	268	147	121	423	264	159
兴宁市	520	288	232	876	484	392

6–3 续表 20 单位：人

现住地	户口登记地 湖北 小计	湖北 男	湖北 女	湖南 小计	湖南 男	湖南 女
汕尾市	**5837**	**3366**	**2471**	**11646**	**6857**	**4789**
城　区	1657	1033	624	2279	1483	796
海丰县	2976	1790	1186	7724	4510	3214
陆河县	345	205	140	500	310	190
陆丰市	859	338	521	1143	554	589
河源市	**10005**	**6121**	**3884**	**19606**	**11255**	**8351**
源城区	6154	3576	2578	10819	5987	4832
紫金县	881	594	287	2102	1328	774
龙川县	801	495	306	2279	1306	973
连平县	283	187	96	864	476	388
和平县	232	162	70	580	348	232
东源县	1654	1107	547	2962	1810	1152
阳江市	**2461**	**1473**	**988**	**12372**	**7189**	**5183**
江城区	1081	611	470	3757	2153	1604
阳东区	614	383	231	5022	2919	2103
阳西县	327	201	126	776	498	278
阳春市	439	278	161	2817	1619	1198
清远市	**16639**	**10030**	**6609**	**56429**	**32774**	**23655**
清城区	9747	5797	3950	31462	18192	13270
清新区	1690	972	718	8587	4772	3815
佛冈县	1147	692	455	3238	2016	1222
阳山县	272	180	92	1104	661	443
连山壮族瑶族自治县	37	19	18	578	306	272
连南瑶族自治县	38	21	17	415	210	205
英德市	3367	2111	1256	8625	5247	3378
连州市	341	238	103	2420	1370	1050
东莞市	**533269**	**315361**	**217908**	**1233746**	**718503**	**515243**
市辖区	533269	315361	217908	1233746	718503	515243
中山市	**108519**	**62838**	**45681**	**256373**	**146811**	**109562**
市辖区	108519	62838	45681	256373	146811	109562
潮州市	**7058**	**4016**	**3042**	**11190**	**6710**	**4480**
湘桥区	1688	853	835	4164	2505	1659
潮安区	5101	3007	2094	6742	4025	2717
饶平县	269	156	113	284	180	104
揭阳市	**3648**	**1981**	**1667**	**3754**	**2311**	**1443**
榕城区	537	311	226	589	382	207
揭东区	528	337	191	1105	709	396
揭西县	314	161	153	355	183	172
惠来县	422	171	251	183	115	68
普宁市	1847	1001	846	1522	922	600
云浮市	**2715**	**1575**	**1140**	**5001**	**3017**	**1984**
云城区	1311	741	570	1939	1168	771
云安区	242	162	80	538	375	163
新兴县	705	398	307	1563	951	612
郁南县	154	102	52	350	193	157
罗定市	303	172	131	611	330	281

6-3 续表 21

单位：人

现住地	户口登记地								
	广西			海南			重庆		
	小计	男	女	小计	男	女	小计	男	女
广东	**6930342**	**4150226**	**2780116**	**198454**	**109319**	**89135**	**938737**	**544085**	**394652**
广州市	**987653**	**580271**	**407382**	**41261**	**21588**	**19673**	**115215**	**65260**	**49955**
荔湾区	52442	31205	21237	1277	649	628	2356	1297	1059
越秀区	31933	17399	14534	1596	758	838	2008	991	1017
海珠区	59393	33553	25840	2891	1356	1535	7979	4344	3635
天河区	105401	59854	45547	7605	3893	3712	8640	4470	4170
白云区	270519	158773	111746	10479	5633	4846	24323	13667	10656
黄埔区	63030	39485	23545	3448	1858	1590	10561	6289	4272
番禺区	193507	111500	82007	6786	3473	3313	25973	14671	11302
花都区	99739	60388	39351	3114	1757	1357	12325	7085	5240
南沙区	48945	30226	18719	1517	845	672	10912	6475	4437
从化区	8005	4909	3096	594	318	276	1073	661	412
增城区	54739	32979	21760	1954	1048	906	9065	5310	3755
韶关市	**17102**	**9417**	**7685**	**747**	**310**	**437**	**2768**	**1683**	**1085**
武江区	4428	2566	1862	162	70	92	795	468	327
浈江区	2586	1376	1210	145	71	74	355	192	163
曲江区	2201	1241	960	76	23	53	299	188	111
始兴县	1028	555	473	37	17	20	112	67	45
仁化县	1113	645	468	34	10	24	217	145	72
翁源县	1495	856	639	69	25	44	163	112	51
乳源瑶族自治县	787	417	370	18	7	11	118	72	46
新丰县	1176	661	515	44	16	28	302	210	92
乐昌市	1112	515	597	73	26	47	211	103	108
南雄市	1176	585	591	89	45	44	196	126	70
深圳市	**1332224**	**794552**	**537672**	**67487**	**37860**	**29627**	**276896**	**159179**	**117717**
罗湖区	38094	21454	16640	3355	1538	1817	12584	6733	5851
福田区	51191	28610	22581	4576	2269	2307	28324	16125	12199
南山区	62288	36365	25923	5641	2966	2675	18355	10480	7875
宝安区	509450	303242	206208	21804	12755	9049	55729	32052	23677
龙岗区	255184	151067	104117	14805	8065	6740	89766	50859	38907
盐田区	7389	4725	2664	623	342	281	1970	1158	812
龙华区	209559	129119	80440	10642	6356	4286	33798	19999	13799
坪山区	39199	24119	15080	1715	1011	704	19279	11332	7947
光明区	159870	95851	64019	4326	2558	1768	17091	10441	6650
珠海市	**158226**	**95800**	**62426**	**7978**	**4475**	**3503**	**32025**	**18783**	**13242**
香洲区	74557	44148	30409	5122	2859	2263	21574	12480	9094
斗门区	45950	28490	17460	1441	815	626	5027	2985	2042
金湾区	37719	23162	14557	1415	801	614	5424	3318	2106
汕头市	**38594**	**23220**	**15374**	**3967**	**2188**	**1779**	**7187**	**4209**	**2978**
龙湖区	7634	4795	2839	249	136	113	1612	917	695
金平区	4013	2468	1545	384	202	182	749	382	367
濠江区	1403	974	429	86	42	44	191	126	65
潮阳区	11428	6526	4902	1889	1017	872	1949	1152	797
潮南区	8075	4880	3195	646	358	288	1889	1176	713
澄海区	5794	3440	2354	704	429	275	780	447	333
南澳县	247	137	110	9	4	5	17	9	8
佛山市	**1259186**	**774550**	**484636**	**11982**	**6726**	**5256**	**81441**	**48509**	**32932**
禅城区	117390	69458	47932	1546	809	737	12769	7658	5111
南海区	483257	299564	183693	4871	2650	2221	29209	17195	12014
顺德区	528416	322174	206242	4131	2443	1688	26731	15836	10895
三水区	88626	57174	31452	847	489	358	6934	4323	2611
高明区	41497	26180	15317	587	335	252	5798	3497	2301

6-3 续表 22

单位：人

现住地	户口登记地 广西 小计	广西 男	广西 女	海南 小计	海南 男	海南 女	重庆 小计	重庆 男	重庆 女
江门市	**319842**	**189296**	**130546**	**4018**	**2200**	**1818**	**29587**	**17322**	**12265**
蓬江区	67722	40178	27544	1281	754	527	6848	3954	2894
江海区	37251	22510	14741	463	262	201	3860	2235	1625
新会区	75765	44847	30918	456	247	209	5877	3551	2326
台山市	25972	15320	10652	533	261	272	3005	1784	1221
开平市	45290	26098	19192	557	278	279	4563	2654	1909
鹤山市	55990	33005	22985	515	290	225	4739	2688	2051
恩平市	11852	7338	4514	213	108	105	695	456	239
湛江市	**56475**	**30521**	**25954**	**3923**	**1857**	**2066**	**4125**	**2341**	**1784**
赤坎区	6336	3598	2738	415	193	222	854	456	398
霞山区	8619	4888	3731	837	407	430	1442	770	672
坡头区	2917	1751	1166	282	152	130	254	158	96
麻章区	4462	2860	1602	427	227	200	428	264	164
遂溪县	2909	1524	1385	203	90	113	94	46	48
徐闻县	4779	2671	2108	631	271	360	418	273	145
廉江市	14276	6324	7952	597	287	310	206	115	91
雷州市	3134	1633	1501	250	116	134	77	41	36
吴川市	9043	5272	3771	281	114	167	352	218	134
茂名市	**41023**	**20813**	**20210**	**4886**	**2284**	**2602**	**2254**	**1357**	**897**
茂南区	11887	6738	5149	902	422	480	648	373	275
电白区	5739	2887	2852	803	247	556	527	353	174
高州市	9874	5199	4675	902	449	453	398	244	154
化州市	8342	3627	4715	247	95	152	477	265	212
信宜市	5181	2362	2819	2032	1071	961	204	122	82
肇庆市	**93543**	**56937**	**36606**	**1286**	**709**	**577**	**10068**	**6146**	**3922**
端州区	10767	6469	4298	208	119	89	760	396	364
鼎湖区	8458	5398	3060	297	163	134	941	626	315
高要区	31301	19057	12244	144	86	58	1211	729	482
广宁县	3165	1932	1233	59	32	27	347	250	97
怀集县	3016	1542	1474	37	9	28	269	189	80
封开县	3513	1875	1638	23	12	11	62	41	21
德庆县	1549	804	745	34	15	19	53	30	23
四会市	31774	19860	11914	484	273	211	6425	3885	2540
惠州市	**233292**	**145342**	**87950**	**8056**	**4666**	**3390**	**75182**	**44535**	**30647**
惠城区	73337	46197	27140	2956	1692	1264	27149	15936	11213
惠阳区	81189	51354	29835	3031	1821	1210	25584	15197	10387
博罗县	56541	34275	22266	1305	749	556	13739	8089	5650
惠东县	19085	11509	7576	653	351	302	7528	4540	2988
龙门县	3140	2007	1133	111	53	58	1182	773	409
梅州市	**8884**	**4479**	**4405**	**1487**	**668**	**819**	**1944**	**1129**	**815**
梅江区	2268	1232	1036	341	150	191	492	285	207
梅县区	1751	899	852	248	114	134	326	164	162
大埔县	689	331	358	125	43	82	140	77	63
丰顺县	864	443	421	163	71	92	226	137	89
五华县	1413	688	725	147	68	79	312	201	111
平远县	376	149	227	41	15	26	76	42	34
蕉岭县	356	191	165	51	25	26	94	59	35
兴宁市	1167	546	621	371	182	189	278	164	114

6-3　续表 23

单位：人

现住地	户口登记地								
	广西			海南			重庆		
	小计	男	女	小计	男	女	小计	男	女
汕尾市	**11015**	**6635**	**4380**	**938**	**482**	**456**	**14029**	**8155**	**5874**
城　区	2161	1414	747	204	105	99	2984	1778	1206
海丰县	6783	4050	2733	309	166	143	9988	5793	4195
陆河县	558	340	218	292	149	143	254	169	85
陆丰市	1513	831	682	133	62	71	803	415	388
河源市	**17864**	**10173**	**7691**	**1053**	**538**	**515**	**5426**	**3190**	**2236**
源城区	8542	4968	3574	490	259	231	2823	1585	1238
紫金县	2785	1552	1233	196	88	108	959	612	347
龙川县	1655	810	845	200	107	93	386	231	155
连平县	1117	613	504	34	15	19	222	136	86
和平县	784	414	370	31	14	17	210	134	76
东源县	2981	1816	1165	102	55	47	826	492	334
阳江市	**45777**	**25898**	**19879**	**1008**	**486**	**522**	**5641**	**3228**	**2413**
江城区	16889	9795	7094	308	141	167	3375	1916	1459
阳东区	21682	12421	9261	241	129	112	1829	1053	776
阳西县	2819	1553	1266	176	79	97	214	136	78
阳春市	4387	2129	2258	283	137	146	223	123	100
清远市	**41919**	**24270**	**17649**	**1643**	**779**	**864**	**6199**	**3868**	**2331**
清城区	20113	12495	7618	833	426	407	3271	2000	1271
清新区	7152	4077	3075	262	114	148	639	387	252
佛冈县	3005	1755	1250	161	69	92	525	346	179
阳山县	1674	850	824	44	19	25	168	121	47
连山壮族瑶族自治县	1076	532	544	13	5	8	22	8	14
连南瑶族自治县	293	151	142	5	3	2	35	26	9
英德市	7205	3694	3511	284	123	161	1368	865	503
连州市	1401	716	685	41	20	21	171	115	56
东莞市	**1416643**	**854209**	**562434**	**26757**	**15987**	**10770**	**199187**	**115437**	**83750**
市辖区	1416643	854209	562434	26757	15987	10770	199187	115437	83750
中山市	**779340**	**462434**	**316906**	**7611**	**4322**	**3289**	**57229**	**32462**	**24767**
市辖区	779340	462434	316906	7611	4322	3289	57229	32462	24767
潮州市	**19994**	**11603**	**8391**	**853**	**443**	**410**	**8374**	**4934**	**3440**
湘桥区	3629	2118	1511	375	184	191	4648	2740	1908
潮安区	15654	9100	6554	432	240	192	3511	2068	1443
饶平县	711	385	326	46	19	27	215	126	89
揭阳市	**19987**	**11724**	**8263**	**623**	**314**	**309**	**2440**	**1455**	**985**
榕城区	4992	3098	1894	46	24	22	551	352	199
揭东区	5852	3505	2347	109	64	45	527	335	192
揭西县	3272	1860	1412	161	68	93	132	72	60
惠来县	703	414	289	39	14	25	57	32	25
普宁市	5168	2847	2321	268	144	124	1173	664	509
云浮市	**31759**	**18082**	**13677**	**890**	**437**	**453**	**1520**	**903**	**617**
云城区	11060	6920	4140	138	72	66	298	169	129
云安区	2366	1513	853	44	17	27	147	107	40
新兴县	8255	4924	3331	82	42	40	738	427	311
郁南县	2943	1346	1597	23	13	10	133	94	39
罗定市	7135	3379	3756	603	293	310	204	106	98

6-3 续表 24

单位：人

现住地	户口登记地								
	四川			贵州			云南		
	小计	男	女	小计	男	女	小计	男	女
广东	**2623105**	**1520120**	**1102985**	**2086831**	**1259073**	**827758**	**757083**	**445150**	**311933**
广州市	**357899**	**206080**	**151819**	**253360**	**152040**	**101320**	**72859**	**41948**	**30911**
荔湾区	9131	5146	3985	10921	6735	4186	1335	763	572
越秀区	5864	3041	2823	5345	3058	2287	1104	594	510
海珠区	26835	14998	11837	13248	7764	5484	2721	1415	1306
天河区	25550	13799	11751	18226	10287	7939	5340	2806	2534
白云区	93436	53935	39501	53598	31781	21817	18412	10485	7927
黄埔区	26495	16161	10334	19529	12674	6855	9661	6030	3631
番禺区	65854	37120	28734	57818	33650	24168	10922	5934	4988
花都区	43456	25534	17922	33346	20058	13288	10463	6021	4442
南沙区	29916	18006	11910	17598	11234	6364	7718	4761	2957
从化区	3184	1941	1243	4184	2643	1541	1306	765	541
增城区	28178	16399	11779	19547	12156	7391	3877	2374	1503
韶关市	**10632**	**6147**	**4485**	**7892**	**4889**	**3003**	**2167**	**1276**	**891**
武江区	3276	1923	1353	2201	1389	812	521	316	205
浈江区	2460	1339	1121	845	490	355	217	115	102
曲江区	1457	899	558	852	561	291	279	170	109
始兴县	345	185	160	400	241	159	79	39	40
仁化县	382	255	127	486	288	198	149	92	57
翁源县	438	247	191	978	601	377	326	192	134
乳源瑶族自治县	459	295	164	335	207	128	110	78	32
新丰县	655	401	254	778	507	271	142	85	57
乐昌市	631	295	336	519	302	217	130	75	55
南雄市	529	308	221	498	303	195	214	114	100
深圳市	**698775**	**399686**	**299089**	**402122**	**242587**	**159535**	**181806**	**107556**	**74250**
罗湖区	37097	19971	17126	14820	8802	6018	3163	1778	1385
福田区	35207	18278	16929	15549	9319	6230	5466	3095	2371
南山区	57121	32343	24778	20102	12730	7372	10106	6230	3876
宝安区	211138	121180	89958	130539	77890	52649	58556	34319	24237
龙岗区	164376	92597	71779	89139	53146	35993	39804	23224	16580
盐田区	6626	3829	2797	2642	1831	811	1236	841	395
龙华区	92037	54113	37924	60089	36993	23096	27612	16833	10779
坪山区	24895	14981	9914	23876	14566	9310	12682	7670	5012
光明区	70278	42394	27884	45366	27310	18056	23181	13566	9615
珠海市	**66593**	**39192**	**27401**	**37211**	**22519**	**14692**	**23085**	**14070**	**9015**
香洲区	35188	20552	14636	17864	10985	6879	9091	5583	3508
斗门区	17726	10423	7303	8478	5310	3168	6240	3813	2427
金湾区	13679	8217	5462	10869	6224	4645	7754	4674	3080
汕头市	**50096**	**29561**	**20535**	**71114**	**42734**	**28380**	**13733**	**7972**	**5761**
龙湖区	8241	4885	3356	8877	5463	3414	1042	602	440
金平区	3821	2084	1737	8721	5234	3487	1004	559	445
濠江区	777	517	260	2278	1489	789	293	200	93
潮阳区	21671	12799	8872	20912	12383	8529	1113	670	443
潮南区	12473	7449	5024	9061	5505	3556	1419	830	589
澄海区	3056	1792	1264	20919	12454	8465	8857	5109	3748
南澳县	57	35	22	346	206	140	5	2	3
佛山市	**323949**	**190791**	**133158**	**219077**	**133613**	**85464**	**62784**	**37308**	**25476**
禅城区	34188	20080	14108	18966	11435	7531	2998	1692	1306
南海区	100488	59577	40911	76693	46825	29868	24437	14592	9845
顺德区	164259	95708	68551	75354	45923	29431	24450	14268	10182
三水区	16974	10475	6499	36832	22361	14471	6718	4199	2519
高明区	8040	4951	3089	11232	7069	4163	4181	2557	1624

6−3 续表 25 单位：人

现住地	户口登记地								
	四川			贵州			云南		
	小计	男	女	小计	男	女	小计	男	女
江门市	**66131**	**38254**	**27877**	**86515**	**51569**	**34946**	**29724**	**17314**	**12410**
蓬江区	20580	11772	8808	22802	13607	9195	5344	3190	2154
江海区	11186	6311	4875	13481	8037	5444	3224	1887	1337
新会区	10068	5955	4113	20874	12545	8329	4136	2383	1753
台山市	7043	4178	2865	6689	3995	2694	1745	1074	671
开平市	4875	2709	2166	9410	5425	3985	5017	2834	2183
鹤山市	10276	6015	4261	10778	6385	4393	6754	3973	2781
恩平市	2103	1314	789	2481	1575	906	3504	1973	1531
湛江市	**8570**	**4966**	**3604**	**15114**	**8612**	**6502**	**3200**	**1500**	**1700**
赤坎区	1539	817	722	1769	922	847	215	94	121
霞山区	2600	1442	1158	2326	1270	1056	375	170	205
坡头区	710	407	303	823	521	302	242	96	146
麻章区	1245	803	442	1406	864	542	487	310	177
遂溪县	267	140	127	1873	1040	833	126	60	66
徐闻县	379	233	146	1745	1018	727	452	229	223
廉江市	568	292	276	1579	807	772	284	88	196
雷州市	101	51	50	1167	721	446	78	42	36
吴川市	1161	781	380	2426	1449	977	941	411	530
茂名市	**5725**	**3530**	**2195**	**11724**	**6500**	**5224**	**4359**	**2065**	**2294**
茂南区	2809	1695	1114	3679	2141	1538	1228	648	580
电白区	1029	667	362	3164	1694	1470	1149	479	670
高州市	985	612	373	2824	1534	1290	1064	529	535
化州市	501	298	203	1236	671	565	629	287	342
信宜市	401	258	143	821	460	361	289	122	167
肇庆市	**21564**	**13425**	**8139**	**40026**	**24733**	**15293**	**6375**	**3887**	**2488**
端州区	6236	3649	2587	6320	3749	2571	344	195	149
鼎湖区	2484	1679	805	4498	2964	1534	711	471	240
高要区	3439	2104	1335	13782	8355	5427	1731	1007	724
广宁县	579	399	180	1262	862	400	232	150	82
怀集县	632	409	223	1547	1013	534	183	124	59
封开县	153	93	60	608	402	206	105	76	29
德庆县	185	115	70	982	634	348	70	33	37
四会市	7856	4977	2879	11027	6754	4273	2999	1831	1168
惠州市	**177380**	**105660**	**71720**	**173806**	**106678**	**67128**	**77205**	**46871**	**30334**
惠城区	57560	33980	23580	53074	33111	19963	22175	13768	8407
惠阳区	65299	38969	26330	63606	39284	24322	35376	21344	14032
博罗县	25239	15110	10129	37962	22740	15222	15532	9310	6222
惠东县	27032	16131	10901	16006	9605	6401	3578	2097	1481
龙门县	2250	1470	780	3158	1938	1220	544	352	192
梅州市	**5637**	**3264**	**2373**	**9178**	**5839**	**3339**	**2033**	**1290**	**743**
梅江区	1224	685	539	2286	1454	832	421	227	194
梅县区	1053	555	498	1299	804	495	337	191	146
大埔县	263	139	124	521	372	149	128	80	48
丰顺县	890	559	331	1200	737	463	254	172	82
五华县	572	374	198	2090	1359	731	516	412	104
平远县	165	73	92	236	135	101	59	31	28
蕉岭县	472	293	179	327	206	121	113	66	47
兴宁市	998	586	412	1219	772	447	205	111	94

6-3 续表 26

单位：人

现住地	户口登记地								
	四川			贵州			云南		
	小计	男	女	小计	男	女	小计	男	女
汕尾市	**21841**	**12854**	**8987**	**8313**	**5290**	**3023**	**2153**	**1341**	**812**
城　区	8127	4836	3291	1917	1344	573	722	459	263
海丰县	11536	6738	4798	4635	2879	1756	1092	683	409
陆河县	907	560	347	630	422	208	157	99	58
陆丰市	1271	720	551	1131	645	486	182	100	82
河源市	**24054**	**14303**	**9751**	**21091**	**13191**	**7900**	**4606**	**2742**	**1864**
源城区	17136	9894	7242	10888	6636	4252	2033	1176	857
紫金县	2133	1454	679	3347	2176	1171	547	328	219
龙川县	1436	888	548	1586	998	588	370	235	135
连平县	477	293	184	785	486	299	154	90	64
和平县	426	297	129	770	547	223	76	43	33
东源县	2446	1477	969	3715	2348	1367	1426	870	556
阳江市	**5006**	**3114**	**1892**	**13597**	**7882**	**5715**	**8919**	**5275**	**3644**
江城区	2115	1375	740	4708	2741	1967	3812	2418	1394
阳东区	1656	968	688	5566	3167	2399	2869	1579	1290
阳西县	441	269	172	1523	864	659	1645	928	717
阳春市	794	502	292	1800	1110	690	593	350	243
清远市	**16932**	**10272**	**6660**	**20773**	**13254**	**7519**	**6602**	**4090**	**2512**
清城区	9084	5531	3553	11924	7517	4407	3316	2066	1250
清新区	2680	1483	1197	2032	1277	755	448	260	188
佛冈县	1485	928	557	1788	1169	619	687	443	244
阳山县	294	181	113	710	503	207	238	172	66
连山壮族瑶族自治县	67	42	25	150	96	54	14	9	5
连南瑶族自治县	38	13	25	96	51	45	6	3	3
英德市	3032	1938	1094	3595	2324	1271	1810	1090	720
连州市	252	156	96	478	317	161	83	47	36
东莞市	**509494**	**294723**	**214771**	**467095**	**281003**	**186092**	**212464**	**123890**	**88574**
市辖区	509494	294723	214771	467095	281003	186092	212464	123890	88574
中山市	**222370**	**126466**	**95904**	**122728**	**72432**	**50296**	**38094**	**21866**	**16228**
市辖区	222370	126466	95904	122728	72432	50296	38094	21866	16228
潮州市	**20273**	**11627**	**8646**	**55129**	**32912**	**22217**	**2740**	**1585**	**1155**
湘桥区	4001	2271	1730	12374	7372	5002	402	201	201
潮安区	15878	9137	6741	40835	24385	16450	2194	1297	897
饶平县	394	219	175	1920	1155	765	144	87	57
揭阳市	**4576**	**2759**	**1817**	**42535**	**25738**	**16797**	**717**	**427**	**290**
榕城区	546	337	209	16466	10065	6401	84	50	34
揭东区	852	541	311	11642	7076	4566	279	170	109
揭西县	207	109	98	2045	1206	839	59	38	21
惠来县	264	177	87	1107	672	435	74	41	33
普宁市	2707	1595	1112	11275	6719	4556	221	128	93
云浮市	**5608**	**3446**	**2162**	**8431**	**5058**	**3373**	**1458**	**877**	**581**
云城区	2318	1434	884	2409	1495	914	535	343	192
云安区	326	217	109	938	595	343	132	93	39
新兴县	2265	1362	903	2603	1497	1106	512	301	211
郁南县	281	186	95	545	342	203	111	67	44
罗定市	418	247	171	1936	1129	807	168	73	95

6-3 续表 27 单位：人

现住地	户口登记地								
	西藏			陕西			甘肃		
	小计	男	女	小计	男	女	小计	男	女
广东	**1755**	**834**	**921**	**452099**	**276515**	**175584**	**179490**	**106525**	**72965**
广州市	**382**	**160**	**222**	**52916**	**31736**	**21180**	**23741**	**13825**	**9916**
荔湾区	5	2	3	1222	726	496	649	399	250
越秀区	22	5	17	1404	772	632	805	432	373
海珠区	64	12	52	2696	1461	1235	1249	634	615
天河区	89	34	55	6434	3716	2718	3698	2035	1663
白云区	42	19	23	9828	5895	3933	4352	2467	1885
黄埔区	4	2	2	9587	6200	3387	4800	3062	1738
番禺区	93	40	53	9276	5353	3923	3694	2057	1637
花都区	42	33	9	4675	2775	1900	1884	1118	766
南沙区	4	2	2	4050	2620	1430	1240	805	435
从化区	10	9	1	634	386	248	248	152	96
增城区	7	2	5	3110	1832	1278	1122	664	458
韶关市	**6**	**3**	**3**	**1260**	**769**	**491**	**658**	**389**	**269**
武江区	2	2		310	168	142	149	81	68
浈江区	3	1	2	263	151	112	138	76	62
曲江区				170	113	57	103	64	39
始兴县				67	49	18	25	15	10
仁化县				66	44	22	58	33	25
翁源县				118	76	42	40	27	13
乳源瑶族自治县	1		1	52	34	18	35	25	10
新丰县				72	52	20	25	16	9
乐昌市				74	45	29	54	34	20
南雄市				68	37	31	31	18	13
深圳市	**173**	**97**	**76**	**183172**	**111746**	**71426**	**76728**	**45234**	**31494**
罗湖区	8	3	5	5926	3280	2646	2603	1402	1201
福田区	20	13	7	10668	6087	4581	3968	2208	1760
南山区	42	22	20	16891	9860	7031	6037	3505	2532
宝安区	37	22	15	57334	35345	21989	19655	11647	8008
龙岗区	30	18	12	35180	20911	14269	16940	9679	7261
盐田区				1484	977	507	561	344	217
龙华区	27	15	12	31952	20135	11817	16947	10344	6603
坪山区				8114	5111	3003	4472	2734	1738
光明区	9	4	5	15623	10040	5583	5545	3371	2174
珠海市	**251**	**93**	**158**	**12869**	**7783**	**5086**	**5486**	**3226**	**2260**
香洲区	245	89	156	7137	4185	2952	3230	1875	1355
斗门区	3	2	1	2659	1653	1006	988	572	416
金湾区	3	2	1	3073	1945	1128	1268	779	489
汕头市	**13**	**4**	**9**	**1799**	**1089**	**710**	**606**	**344**	**262**
龙湖区	3	1	2	288	169	119	154	69	85
金平区				238	125	113	88	55	33
濠江区	2		2	101	68	33	39	23	16
潮阳区	2	2		342	216	126	122	84	38
潮南区	1		1	269	169	100	77	47	30
澄海区	5	1	4	555	338	217	123	66	57
南澳县				6	4	2	3		3
佛山市	**350**	**196**	**154**	**20649**	**12964**	**7685**	**7490**	**4504**	**2986**
禅城区	144	63	81	1867	1113	754	909	533	376
南海区	152	108	44	7416	4650	2766	2709	1577	1132
顺德区	26	12	14	8668	5427	3241	2999	1855	1144
三水区	23	9	14	1987	1309	678	612	378	234
高明区	5	4	1	711	465	246	261	161	100

6-3 续表 28

单位：人

现住地	户口登记地								
	西藏			陕西			甘肃		
	小计	男	女	小计	男	女	小计	男	女
江门市	**39**	**9**	**30**	**6922**	**4282**	**2640**	**1753**	**1107**	**646**
蓬江区				2680	1587	1093	530	331	199
江海区	31	4	27	1222	770	452	277	182	95
新会区	2	1	1	832	558	274	276	184	92
台山市	2	1	1	472	303	169	130	90	40
开平市				351	198	153	173	101	72
鹤山市	4	3	1	1202	746	456	305	176	129
恩平市				163	120	43	62	43	19
湛江市	**7**	**5**	**2**	**1196**	**693**	**503**	**790**	**449**	**341**
赤坎区	4	2	2	162	85	77	146	71	75
霞山区	1	1		384	213	171	224	121	103
坡头区				105	61	44	53	34	19
麻章区				256	163	93	256	155	101
遂溪县	1	1		26	15	11	11	6	5
徐闻县				37	19	18	16	11	5
廉江市	1	1		93	46	47	33	16	17
雷州市				32	17	15	14	8	6
吴川市				101	74	27	37	27	10
茂名市	**7**	**5**	**2**	**568**	**376**	**192**	**410**	**285**	**125**
茂南区	4	4		204	115	89	285	212	73
电白区	1		1	128	97	31	53	36	17
高州市	1	1		82	52	30	28	16	12
化州市				93	76	17	19	12	7
信宜市	1		1	61	36	25	25	9	16
肇庆市	**35**	**17**	**18**	**1956**	**1275**	**681**	**803**	**486**	**317**
端州区	1	1		400	205	195	221	114	107
鼎湖区	10	4	6	309	241	68	118	82	36
高要区	19	10	9	214	132	82	72	46	26
广宁县				37	22	15	20	13	7
怀集县				30	18	12	6	4	2
封开县				44	33	11	32	19	13
德庆县				17	11	6	9	4	5
四会市	5	2	3	905	613	292	325	204	121
惠州市	**174**	**77**	**97**	**26167**	**16526**	**9641**	**15391**	**9446**	**5945**
惠城区	144	61	83	8591	5315	3276	5073	3134	1939
惠阳区	19	10	9	12592	8079	4513	8348	5072	3276
博罗县	5	3	2	3582	2185	1397	1538	950	588
惠东县	6	3	3	1219	827	392	385	263	122
龙门县				183	120	63	47	27	20
梅州市	**10**	**4**	**6**	**791**	**462**	**329**	**353**	**196**	**157**
梅江区	3	2	1	243	128	115	131	68	63
梅县区	2		2	152	85	67	89	45	44
大埔县				71	34	37	20	14	6
丰顺县				51	40	11	12	8	4
五华县	2	1	1	101	79	22	42	29	13
平远县	1		1	26	12	14	8	4	4
蕉岭县	1	1		38	24	14	17	9	8
兴宁市	1		1	109	60	49	34	19	15

6-3　续表 29　　　　单位：人

现住地	户口登记地								
	西藏			陕西			甘肃		
	小计	男	女	小计	男	女	小计	男	女
汕尾市	**3**	**1**	**2**	**1071**	**688**	**383**	**304**	**211**	**93**
城　区	1		1	279	180	99	133	89	44
海丰县	2	1	1	635	414	221	117	85	32
陆河县				74	54	20	19	16	3
陆丰市				83	40	43	35	21	14
河源市	**5**	**3**	**2**	**2044**	**1236**	**808**	**825**	**535**	**290**
源城区	1	1		1276	747	529	544	349	195
紫金县				141	97	44	61	47	14
龙川县	3	2	1	258	169	89	84	59	25
连平县	1		1	68	33	35	19	11	8
和平县				73	50	23	43	26	17
东源县				228	140	88	74	43	31
阳江市	**3**	**3**		**600**	**389**	**211**	**355**	**243**	**112**
江城区	1	1		206	118	88	131	99	32
阳东区	1	1		140	93	47	90	60	30
阳西县				126	96	30	41	24	17
阳春市	1	1		128	82	46	93	60	33
清远市	**6**	**4**	**2**	**2401**	**1587**	**814**	**931**	**564**	**367**
清城区	4	2	2	1264	794	470	558	331	227
清新区	2	2		229	145	84	68	37	31
佛冈县				246	187	59	95	59	36
阳山县				79	54	25	18	15	3
连山壮族瑶族自治县				11	7	4	3	1	2
连南瑶族自治县				14	9	5	6	4	2
英德市				493	343	150	165	102	63
连州市				65	48	17	18	15	3
东莞市	**149**	**94**	**55**	**117360**	**71742**	**45618**	**36594**	**21817**	**14777**
市辖区	149	94	55	117360	71742	45618	36594	21817	14777
中山市	**138**	**57**	**81**	**17141**	**10376**	**6765**	**5839**	**3398**	**2441**
市辖区	138	57	81	17141	10376	6765	5839	3398	2441
潮州市	**1**	**1**		**424**	**250**	**174**	**171**	**95**	**76**
湘桥区	1	1		141	80	61	71	34	37
潮安区				245	148	97	82	52	30
饶平县				38	22	16	18	9	9
揭阳市	**1**	**1**		**417**	**302**	**115**	**149**	**102**	**47**
榕城区				64	44	20	30	23	7
揭东区				223	170	53	27	20	7
揭西县				13	9	4	13	9	4
惠来县	1	1		40	31	9	40	28	12
普宁市				77	48	29	39	22	17
云浮市	**2**		**2**	**376**	**244**	**132**	**113**	**69**	**44**
云城区	1		1	144	89	55	47	27	20
云安区				63	50	13	20	15	5
新兴县	1		1	83	52	31	26	13	13
郁南县				17	11	6	2		2
罗定市				69	42	27	18	14	4

6-3 续表 30

单位：人

现住地	户口登记地								
	青海			宁夏			新疆		
	小计	男	女	小计	男	女	小计	男	女
广 东	**24059**	**13793**	**10266**	**14742**	**8827**	**5915**	**38021**	**19616**	**18405**
广州市	**4597**	**2497**	**2100**	**3677**	**2124**	**1553**	**9399**	**4566**	**4833**
荔湾区	157	85	72	163	107	56	595	272	323
越秀区	482	261	221	435	253	182	617	285	332
海珠区	341	177	164	215	122	93	823	367	456
天河区	817	442	375	539	286	253	1814	870	944
白云区	891	485	406	948	568	380	1825	930	895
黄埔区	438	248	190	278	168	110	600	300	300
番禺区	595	319	276	620	326	294	1770	865	905
花都区	359	219	140	214	137	77	625	304	321
南沙区	262	148	114	101	63	38	254	139	115
从化区	77	26	51	33	22	11	81	41	40
增城区	178	87	91	131	72	59	395	193	202
韶关市	**124**	**69**	**55**	**71**	**36**	**35**	**180**	**98**	**82**
武江区	42	23	19	8	3	5	50	23	27
浈江区	34	19	15	40	23	17	31	17	14
曲江区	8	4	4	6	2	4	24	15	9
始兴县	5	4	1	2	1	1	10	4	6
仁化县	5	3	2	3	2	1	11	4	7
翁源县	6	4	2				16	9	7
乳源瑶族自治县	3	3		6	3	3	10	8	2
新丰县	1		1	3	1	2	6	5	1
乐昌市	11	5	6	1		1	16	7	9
南雄市	9	4	5	2	1	1	6	6	
深圳市	**8017**	**4503**	**3514**	**5747**	**3443**	**2304**	**12582**	**6582**	**6000**
罗湖区	406	219	187	336	183	153	909	439	470
福田区	734	386	348	519	284	235	1516	756	760
南山区	1055	563	492	841	474	367	2059	1006	1053
宝安区	2222	1254	968	1326	807	519	2674	1428	1246
龙岗区	1466	846	620	1211	710	501	2505	1296	1209
盐田区	78	39	39	58	36	22	128	67	61
龙华区	1350	765	585	1080	692	388	1700	957	743
坪山区	211	125	86	169	111	58	462	215	247
光明区	495	306	189	207	146	61	629	418	211
珠海市	**910**	**502**	**408**	**675**	**362**	**313**	**2371**	**1070**	**1301**
香洲区	592	317	275	458	233	225	1447	635	812
斗门区	99	59	40	84	47	37	226	117	109
金湾区	219	126	93	133	82	51	698	318	380
汕头市	**214**	**117**	**97**	**43**	**27**	**16**	**191**	**107**	**84**
龙湖区	40	20	20	16	12	4	56	24	32
金平区	38	19	19	13	7	6	26	16	10
濠江区	6	5	1	1	1		12	5	7
潮阳区	41	24	17	5	3	2	35	26	9
潮南区	23	12	11	2	2		18	10	8
澄海区	66	37	29	6	2	4	44	26	18
南澳县									
佛山市	**1603**	**956**	**647**	**836**	**534**	**302**	**2214**	**1207**	**1007**
禅城区	203	119	84	79	48	31	371	197	174
南海区	439	255	184	363	233	130	847	470	377
顺德区	623	365	258	324	204	120	767	417	350
三水区	85	43	42	56	41	15	167	84	83
高明区	253	174	79	14	8	6	62	39	23

6-3 续表 31 单位：人

现住地	户口登记地								
	青海			宁夏			新疆		
	小计	男	女	小计	男	女	小计	男	女
江门市	**340**	**215**	**125**	**133**	**79**	**54**	**1044**	**449**	**595**
蓬江区	99	60	39	43	25	18	776	279	497
江海区	42	27	15	16	11	5	49	30	19
新会区	72	49	23	19	12	7	66	47	19
台山市	14	8	6	22	15	7	41	23	18
开平市	24	16	8	12	6	6	41	29	12
鹤山市	88	54	34	21	10	11	55	28	27
恩平市	1	1					16	13	3
湛江市	**139**	**80**	**59**	**50**	**28**	**22**	**257**	**108**	**149**
赤坎区	47	24	23	13	6	7	53	27	26
霞山区	38	19	19	12	8	4	86	38	48
坡头区	11	7	4	4	1	3	9	4	5
麻章区	23	20	3	8	5	3	74	21	53
遂溪县	4	2	2	1	1		2	2	
徐闻县	4	3	1	4	3	1	8	4	4
廉江市	9	4	5	3		3	8	3	5
雷州市				3	2	1			
吴川市	3	1	2	2	2		17	9	8
茂名市	**75**	**46**	**29**	**22**	**16**	**6**	**125**	**58**	**67**
茂南区	36	24	12	18	12	6	59	30	29
电白区	20	10	10				25	12	13
高州市	9	6	3	1	1		29	10	19
化州市	4	3	1	2	2		3	1	2
信宜市	6	3	3	1	1		9	5	4
肇庆市	**212**	**115**	**97**	**87**	**38**	**49**	**355**	**169**	**186**
端州区	77	34	43	49	13	36	227	91	136
鼎湖区	24	15	9	3	3		19	7	12
高要区	18	7	11	8	6	2	36	25	11
广宁县	21	14	7	2	2		5	4	1
怀集县	3	2	1	1	1		4	3	1
封开县	1		1	2	1	1	3	2	1
德庆县	7	4	3						
四会市	61	39	22	22	12	10	61	37	24
惠州市	**1721**	**1052**	**669**	**690**	**432**	**258**	**2005**	**1118**	**887**
惠城区	905	592	313	270	173	97	750	410	340
惠阳区	567	320	247	289	170	119	907	504	403
博罗县	162	93	69	103	70	33	140	85	55
惠东县	71	40	31	25	17	8	201	114	87
龙门县	16	7	9	3	2	1	7	5	2
梅州市	**118**	**69**	**49**	**37**	**23**	**14**	**285**	**163**	**122**
梅江区	52	35	17	16	9	7	99	62	37
梅县区	14	6	8	7	7		61	34	27
大埔县	3		3				11	6	5
丰顺县	9	6	3				12	10	2
五华县	14	9	5	1	1		25	13	12
平远县	3	2	1	3	2	1	1	1	
蕉岭县	5	3	2	3	1	2	26	11	15
兴宁市	18	8	10	7	3	4	50	26	24

6-3 续表 32

单位：人

现住地	户口登记地								
	青海			宁夏			新疆		
	小计	男	女	小计	男	女	小计	男	女
汕尾市	**88**	**54**	**34**	**30**	**17**	**13**	**105**	**57**	**48**
城　区	27	18	9	12	9	3	27	14	13
海丰县	52	30	22	13	7	6	52	29	23
陆河县	6	4	2	1	1		6	5	1
陆丰市	3	2	1	4		4	20	9	11
河源市	**114**	**68**	**46**	**94**	**58**	**36**	**185**	**99**	**86**
源城区	92	52	40	61	39	22	124	69	55
紫金县	5	4	1	8	5	3	9	4	5
龙川县	11	9	2	11	6	5	19	9	10
连平县	2	1	1	7	3	4	7	2	5
和平县				5	4	1	3	3	
东源县	4	2	2	2	1	1	23	12	11
阳江市	**84**	**56**	**28**	**36**	**24**	**12**	**113**	**65**	**48**
江城区	47	35	12	19	12	7	52	25	27
阳东区	12	7	5	3	2	1	29	20	9
阳西县	4	2	2	3	3		13	9	4
阳春市	21	12	9	11	7	4	19	11	8
清远市	**238**	**136**	**102**	**82**	**51**	**31**	**412**	**227**	**185**
清城区	147	75	72	51	29	22	225	112	113
清新区	20	14	6	9	5	4	36	25	11
佛冈县	54	35	19	3	2	1	94	59	35
阳山县	1	1		2	2		4	2	2
连山壮族瑶族自治县	4	2	2						
连南瑶族自治县	3	2	1	1	1		1	1	
英德市	7	5	2	14	11	3	42	21	21
连州市	2	2		2	1	1	10	7	3
东莞市	**4449**	**2666**	**1783**	**1876**	**1199**	**677**	**4700**	**2624**	**2076**
市辖区	4449	2666	1783	1876	1199	677	4700	2624	2076
中山市	**919**	**541**	**378**	**504**	**299**	**205**	**1334**	**740**	**594**
市辖区	919	541	378	504	299	205	1334	740	594
潮州市	**44**	**22**	**22**	**8**	**7**	**1**	**63**	**40**	**23**
湘桥区	19	6	13	3	3		23	17	6
潮安区	18	11	7	4	3	1	31	18	13
饶平县	7	5	2	1	1		9	5	4
揭阳市	**11**	**7**	**4**	**7**	**6**	**1**	**56**	**44**	**12**
榕城区							22	21	1
揭东区	2	2		2	2		7	4	3
揭西县	2	1	1	2	1	1	7	5	2
惠来县	5	4	1	2	2		17	12	5
普宁市	2		2	1	1		3	2	1
云浮市	**42**	**22**	**20**	**37**	**24**	**13**	**45**	**25**	**20**
云城区	26	15	11	13	7	6	22	16	6
云安区	3	2	1	14	13	1	3	1	2
新兴县	5	4	1	7	2	5	11	3	8
郁南县	4	1	3	1	1		1		1
罗定市	4		4	2	1	1	8	5	3

6-4　各地区按现住地、离开户口登记地时间分的户口登记地在外乡镇街道的人口

单位：人

现住地	离开户口登记地时间							
	合计							
	合计	半年以上，不满一年	一年以上，不满二年	二年以上，不满三年	三年以上，不满四年	四年以上，不满五年	五年以上，不满十年	十年以上
广　东	**50792391**	**9396886**	**6944788**	**6394689**	**5076646**	**3582786**	**8120078**	**11276518**
广州市	**10458040**	**2159243**	**1632903**	**1485352**	**1077857**	**707063**	**1473206**	**1922416**
荔湾区	677361	116490	95465	91394	63196	47425	100991	162400
越秀区	350607	54973	47700	47809	38448	27298	57868	76511
海珠区	937820	155332	115988	135064	102387	72052	152124	204873
天河区	1462248	293426	250725	235930	163308	102808	204045	212006
白云区	2657569	621707	410020	330597	245491	166670	362632	520452
黄埔区	767736	159731	110770	90516	73169	52272	123607	157671
番禺区	1634695	325601	261481	276326	194863	117878	205449	253097
花都区	843923	175564	149519	132923	97425	56900	112529	119063
南沙区	417605	85112	58528	51214	39462	27371	66557	89361
从化区	163521	40047	44427	27696	14754	5445	12958	18194
增城区	544955	131260	88280	65883	45354	30944	74446	108788
韶关市	**454391**	**73948**	**64761**	**56789**	**46894**	**29341**	**75147**	**107511**
武江区	139676	25552	20348	17413	14320	9625	22068	30350
浈江区	122924	16469	20024	17297	16646	7525	18936	26027
曲江区	57112	8819	8220	8104	4224	3496	10297	13952
始兴县	12642	2587	1664	1320	1222	858	2321	2670
仁化县	23335	3199	2027	1815	1577	1149	4091	9477
翁源县	20358	4117	2703	2247	1762	1264	3420	4845
乳源瑶族自治县	15882	2478	1760	1756	1458	1086	3084	4260
新丰县	14627	3298	2131	1766	1258	976	2138	3060
乐昌市	30399	4270	3449	3086	2876	2177	5802	8739
南雄市	17436	3159	2435	1985	1551	1185	2990	4131
深圳市	**13330374**	**1964898**	**1432655**	**1342581**	**1207134**	**990337**	**2558649**	**3834120**
罗湖区	716679	89214	69573	69401	65501	55006	139105	228879
福田区	896528	138680	104817	94463	83546	66421	169292	239309
南山区	1008327	146482	133000	129496	104911	87795	156311	250332
宝安区	3782083	627171	412049	371419	343864	276728	734679	1016173
龙岗区	3228657	450158	341935	325000	277675	230891	620265	982733
盐田区	146305	17733	13499	12969	10504	8820	25752	57028
龙华区	2106418	301061	231010	224617	210192	171058	422187	546293
坪山区	453881	68697	42075	36470	32836	27110	87423	159270
光明区	991496	125702	84697	78746	78105	66508	203635	354103
珠海市	**1286297**	**206489**	**172135**	**151887**	**123102**	**81240**	**211072**	**340372**
香洲区	737302	115873	91779	86116	71242	46808	121281	204203
斗门区	262922	39555	31153	27458	24966	18425	47352	74013
金湾区	286073	51061	49203	38313	26894	16007	42439	62156
汕头市	**699606**	**205059**	**120905**	**98999**	**63775**	**40560**	**77936**	**92372**
龙湖区	179455	37050	27592	27206	20418	14242	25951	26996
金平区	138195	24602	16985	17007	13918	9466	24620	31597
濠江区	26771	8458	6766	5384	1179	1025	1610	2349
潮阳区	115852	48641	30383	14863	6383	2985	5005	7592
潮南区	77090	29673	13255	13547	6323	3053	4809	6430
澄海区	158818	55940	25439	20600	15276	9484	15421	16658
南澳县	3425	695	485	392	278	305	520	750
佛山市	**5138358**	**864672**	**709806**	**744123**	**583584**	**400179**	**795447**	**1040547**
禅城区	697162	99408	97332	105331	84018	62699	113636	134738
南海区	2132680	369764	307896	326474	255569	172614	296536	403827
顺德区	1761017	286946	223570	243754	189459	127613	298813	390862
三水区	384420	80165	60598	46845	37031	23609	57221	78951
高明区	163079	28389	20410	21719	17507	13644	29241	32169

6-4 续表 1

单位：人

现住地	离开户口登记地时间							
	合计							
	合计	半年以上，不满一年	一年以上，不满二年	二年以上，不满三年	三年以上，不满四年	四年以上，不满五年	五年以上，不满十年	十年以上
江门市	**1311288**	**233489**	**175370**	**160540**	**126904**	**94294**	**233593**	**287098**
蓬江区	367729	63674	55275	50307	39376	26498	59527	73072
江海区	204023	36182	26684	23462	18769	13112	36005	49809
新会区	227966	41104	29416	25326	22080	16646	44221	49173
台山市	106031	19638	16334	14086	9717	7400	17681	21175
开平市	155527	27030	16678	17419	14241	11658	30115	38386
鹤山市	186238	35879	22943	22821	17497	14705	34762	37631
恩平市	63774	9982	8040	7119	5224	4275	11282	17852
湛江市	**839130**	**157953**	**124309**	**126103**	**94011**	**56620**	**121480**	**158654**
赤坎区	169399	27601	26683	26691	20524	11598	27302	29000
霞山区	271816	39712	40232	43134	33720	23726	47570	43722
坡头区	27708	6736	4195	3769	2494	1623	3763	5128
麻章区	112702	35465	19227	18069	16866	3816	8241	11018
遂溪县	53244	8814	7194	7768	4257	3420	7311	14480
徐闻县	38902	7530	4951	4316	2759	2379	5304	11663
廉江市	75050	14310	10429	11953	6122	4386	9690	18160
雷州市	42442	7631	5747	4889	3293	2702	5529	12651
吴川市	47867	10154	5651	5514	3976	2970	6770	12832
茂名市	**365997**	**92675**	**61654**	**47773**	**28270**	**18916**	**42766**	**73943**
茂南区	136683	37343	22118	18147	12629	7346	16089	23011
电白区	71543	18579	12030	8700	4219	3502	8283	16230
高州市	63314	18333	14331	9482	4252	2667	5357	8892
化州市	60489	11616	9009	7541	4562	3495	8013	16253
信宜市	33968	6804	4166	3903	2608	1906	5024	9557
肇庆市	**636466**	**139020**	**105874**	**90021**	**65926**	**45205**	**92040**	**98380**
端州区	191199	40715	35886	26263	20416	12646	25906	29367
鼎湖区	69894	20240	12476	6656	4596	3910	9229	12787
高要区	98021	26133	16580	15244	9810	7181	11756	11317
广宁县	20254	4753	3208	2637	1593	1273	2468	4322
怀集县	15401	4528	2648	1683	1559	951	1934	2098
封开县	11765	4040	1665	1215	1027	662	1377	1779
德庆县	13294	4537	1398	1062	955	849	1690	2803
四会市	216638	34074	32013	35261	25970	17733	37680	33907
惠州市	**2740849**	**519854**	**385543**	**326535**	**267168**	**186079**	**436261**	**619409**
惠城区	1066286	185005	129755	107234	97981	73991	177310	295010
惠阳区	929603	196681	151892	127097	96965	64055	136847	156066
博罗县	444876	97049	72969	58476	44949	27988	62822	80623
惠东县	258455	32203	24591	29352	24080	17563	53580	77086
龙门县	41629	8916	6336	4376	3193	2482	5702	10624
梅州市	**415919**	**69479**	**57965**	**47695**	**38838**	**26694**	**62753**	**112495**
梅江区	162390	29361	26195	18397	14795	8531	22676	42435
梅县区	105556	12894	11829	11664	11959	8876	19494	28840
大埔县	23871	3961	3137	2882	2091	1705	3423	6672
丰顺县	23604	4852	3475	3287	1986	1273	2770	5961
五华县	38526	7800	5403	4825	2886	2200	4572	10840
平远县	11558	1761	1452	1238	975	838	1976	3318
蕉岭县	13114	1582	1438	1394	1157	980	2449	4114
兴宁市	37300	7268	5036	4008	2989	2291	5393	10315

6-4　续表 2　　　　　　　　　　　　　　　　　　　　　　　　　　单位：人

现住地	离开户口登记地时间							
	合计							
	合计	半年以上，不满一年	一年以上，不满二年	二年以上，不满三年	三年以上，不满四年	四年以上，不满五年	五年以上，不满十年	十年以上
汕尾市	**247685**	**41526**	**37367**	**31885**	**26339**	**19678**	**40815**	**50075**
城　区	74325	13792	11124	8686	7070	5842	10366	17445
海丰县	126291	18766	19279	17648	15349	10552	23803	20894
陆河县	14460	3274	2337	1401	978	1015	1711	3744
陆丰市	32609	5694	4627	4150	2942	2269	4935	7992
河源市	**582178**	**100674**	**72568**	**66232**	**54929**	**41961**	**108360**	**137454**
源城区	397115	60498	42396	41840	38323	30163	84001	99894
紫金县	44691	10532	7082	5719	3271	2503	5680	9904
龙川县	39314	7282	5394	5032	3557	2767	5808	9474
连平县	21672	4214	3390	2605	1806	1339	3105	5213
和平县	15069	3088	2486	2201	1264	988	1833	3209
东源县	64317	15060	11820	8835	6708	4201	7933	9760
阳江市	**342406**	**59790**	**41661**	**40615**	**32620**	**24391**	**61957**	**81372**
江城区	179388	27192	20386	21098	16375	13298	33544	47495
阳东区	99253	19042	12987	12595	10793	6883	18380	18573
阳西县	27831	6231	3568	2866	2215	1819	4501	6631
阳春市	35934	7325	4720	4056	3237	2391	5532	8673
清远市	**691203**	**128265**	**105771**	**81130**	**63287**	**46367**	**116839**	**149544**
清城区	417392	79281	71261	50523	38530	28004	69350	80443
清新区	105213	13797	11761	11111	9766	7554	20853	30371
佛冈县	31321	6993	4378	3491	2823	1954	5072	6610
阳山县	18126	3326	2420	2288	1689	1176	2823	4404
连山壮族瑶族自治县	5669	1068	580	608	522	378	973	1540
连南瑶族自治县	5751	850	600	587	448	447	1076	1743
英德市	88421	19028	12004	10462	7886	5679	13652	19710
连州市	19310	3922	2767	2060	1623	1175	3040	4723
东莞市	**7952214**	**1735555**	**1205101**	**1104561**	**854844**	**544685**	**1094615**	**1412853**
市辖区	7952214	1735555	1205101	1104561	854844	544685	1094615	1412853
中山市	**2584447**	**454003**	**334151**	**305253**	**261160**	**188099**	**424140**	**617641**
市辖区	2584447	454003	334151	305253	261160	188099	424140	617641
潮州市	**285664**	**78730**	**41005**	**31858**	**22648**	**15539**	**37484**	**58400**
湘桥区	112462	24309	18958	15573	9754	5888	14531	23449
潮安区	159114	49770	20222	14799	12016	8977	21422	31908
饶平县	14088	4651	1825	1486	878	674	1531	3043
揭阳市	**192787**	**64833**	**29792**	**25282**	**13938**	**9595**	**19555**	**29792**
榕城区	45806	17049	7202	6890	3001	2014	4528	5122
揭东区	43233	13003	6942	5658	3390	2525	5432	6283
揭西县	20436	5863	2982	2265	1362	1106	2203	4655
惠来县	19728	5786	2686	2164	1447	1002	2004	4639
普宁市	63584	23132	9980	8305	4738	2948	5388	9093
云浮市	**237092**	**46731**	**33492**	**29475**	**23418**	**15943**	**35963**	**52070**
云城区	108565	17830	14291	13426	11976	7949	19097	23996
云安区	19562	5639	2920	2889	1225	819	2172	3898
新兴县	43113	8172	7964	5560	4542	3260	5995	7620
郁南县	17386	3611	2259	1889	1651	1173	2632	4171
罗定市	48466	11479	6058	5711	4024	2742	6067	12385

6–4　续表 3　　　　单位：人

现住地	离开户口登记地时间							
	省内							
	小计	半年以上，不满一年	一年以上，不满二年	二年以上，不满三年	三年以上，不满四年	四年以上，不满五年	五年以上，不满十年	十年以上
广　东	**21170281**	**3653618**	**2829026**	**2704340**	**2084657**	**1466634**	**3418345**	**5013661**
广州市	**5523042**	**1108592**	**859606**	**795275**	**557005**	**360593**	**776289**	**1065682**
荔湾区	479467	64410	64885	66554	44497	34200	74892	130029
越秀区	211422	28563	28038	29912	23916	16866	35419	48708
海珠区	486512	73091	59308	67212	48602	33063	78258	126978
天河区	899782	183501	154191	149060	98983	61811	123562	128674
白云区	1418946	308705	212255	178787	130848	89840	200363	298148
黄埔区	364362	78418	51797	43272	35587	25498	58484	71306
番禺区	796880	167683	128625	135876	93304	52657	96996	121739
花都区	330174	70983	59237	51410	36671	20283	42793	48797
南沙区	159196	33166	22750	20363	15691	10581	25332	31313
从化区	118294	30214	35932	21748	10364	2872	6628	10536
增城区	258007	69858	42588	31081	18542	12922	33562	49454
韶关市	**307073**	**46531**	**44747**	**40997**	**32705**	**19284**	**49275**	**73534**
武江区	98585	16972	14572	13129	10210	6877	15651	21174
浈江区	94549	13109	15835	13899	13391	5551	13758	19006
曲江区	39007	5230	5913	6138	2654	2184	6896	9992
始兴县	6976	1195	850	772	715	484	1360	1600
仁化县	13748	1513	1076	1032	772	631	2125	6599
翁源县	12412	1940	1443	1357	1030	748	2191	3703
乳源瑶族自治县	9702	1315	967	1087	953	673	1931	2776
新丰县	8040	1447	1007	923	754	568	1274	2067
乐昌市	15423	2326	1938	1683	1473	997	2679	4327
南雄市	8631	1484	1146	977	753	571	1410	2290
深圳市	**5109168**	**733407**	**511852**	**504808**	**449046**	**370704**	**976277**	**1563074**
罗湖区	371138	37984	32832	35787	34126	29340	76491	124578
福田区	433378	66587	49098	46919	40860	32618	84277	113019
南山区	375743	57913	50038	49893	37533	30338	54578	95450
宝安区	1262063	204539	124168	118785	111032	90580	243883	369076
龙岗区	1401577	192715	135451	134038	116025	97195	267595	458558
盐田区	74723	8542	7348	7322	5573	4494	12693	28751
龙华区	752774	108083	76605	77848	72024	59059	150109	209046
坪山区	151488	22220	12815	11265	9979	8395	28493	58321
光明区	286284	34824	23497	22951	21894	18685	58158	106275
珠海市	**549996**	**85068**	**72862**	**68140**	**53319**	**32422**	**87205**	**150980**
香洲区	325128	50146	39541	39114	32507	19608	52374	91838
斗门区	104240	13404	10792	10327	9533	7040	19358	33786
金湾区	120628	21518	22529	18699	11279	5774	15473	25356
汕头市	**284246**	**53823**	**41380**	**42431**	**26921**	**18987**	**41587**	**59117**
龙湖区	102801	16077	13893	16061	11853	8287	16479	20151
金平区	84912	13429	9892	10382	8516	5691	15559	21443
濠江区	16759	4274	4913	4424	594	640	672	1242
潮阳区	28856	7732	5735	4127	1756	1313	2845	5348
潮南区	24254	6712	3493	3684	1990	1319	2275	4781
澄海区	25170	5382	3255	3592	2092	1599	3509	5741
南澳县	1494	217	199	161	120	138	248	411
佛山市	**2031591**	**302388**	**285927**	**310087**	**236462**	**160814**	**319321**	**416592**
禅城区	377202	46294	52367	58591	46700	35183	64153	73914
南海区	933841	138518	137780	152161	113274	74456	132380	185272
顺德区	522070	79910	65108	73062	55810	38140	91880	118160
三水区	141330	26602	24461	19019	14890	8402	20525	27431
高明区	57148	11064	6211	7254	5788	4633	10383	11815

6-4　续表 4　　　　单位：人

现住地	离开户口登记地时间							
	省内							
	小计	半年以上，不满一年	一年以上，不满二年	二年以上，不满三年	三年以上，不满四年	四年以上，不满五年	五年以上，不满十年	十年以上
江门市	**528732**	**79098**	**72704**	**68160**	**52430**	**38711**	**92642**	**124987**
蓬江区	176812	28301	28731	25132	19895	12414	28091	34248
江海区	94212	14825	13145	11463	8621	6326	16547	23285
新会区	65908	8581	8385	7632	6342	4994	13071	16903
台山市	39843	6287	6198	5790	3434	2701	6163	9270
开平市	65013	8543	6059	6990	5771	5143	13238	19269
鹤山市	50893	7956	6163	7109	5464	4711	9371	10119
恩平市	36051	4605	4023	4044	2903	2422	6161	11893
湛江市	**703059**	**121731**	**103690**	**110211**	**81646**	**48839**	**102935**	**134007**
赤坎区	149687	22974	23533	24239	18546	10413	24494	25488
霞山区	242367	33651	35659	39258	30616	21778	42896	38509
坡头区	19366	4152	2925	2837	1787	1127	2624	3914
麻章区	95407	29327	15985	15681	15005	3094	6693	9622
遂溪县	46431	6770	6250	7007	3716	3063	6302	13323
徐闻县	28739	4768	3616	3432	2186	1824	4106	8807
廉江市	54437	9278	7544	9575	4232	3087	6663	14058
雷州市	35980	5745	4560	4372	2882	2428	4763	11230
吴川市	30645	5066	3618	3810	2676	2025	4394	9056
茂名市	**273609**	**66090**	**47828**	**37786**	**21306**	**14061**	**30873**	**55665**
茂南区	105380	28552	17594	14362	9919	5575	12023	17355
电白区	54327	13498	9606	7202	3125	2696	5903	12297
高州市	44037	11955	10963	7162	2770	1663	3452	6072
化州市	46651	7856	6934	6217	3623	2755	5974	13292
信宜市	23214	4229	2731	2843	1869	1372	3521	6649
肇庆市	**349859**	**74804**	**61489**	**47415**	**34269**	**23288**	**48084**	**60510**
端州区	152935	32538	29648	21312	16321	9998	20293	22825
鼎湖区	44039	11246	8907	4096	2685	2332	5835	8938
高要区	35203	7780	7355	6274	3156	2278	3744	4616
广宁县	12122	2409	1810	1591	899	730	1512	3171
怀集县	7925	1916	1027	931	804	523	1181	1543
封开县	5633	1808	746	549	441	329	689	1071
德庆县	9296	2996	877	772	748	601	1202	2100
四会市	82706	14111	11119	11890	9215	6497	13628	16246
惠州市	**1126667**	**176681**	**143849**	**127837**	**104288**	**78045**	**194534**	**301433**
惠城区	514308	75638	60505	52716	46988	36148	89415	152898
惠阳区	326851	59327	46529	42460	31412	22434	53253	71436
博罗县	147865	27086	24032	18572	14169	10146	22197	31663
惠东县	117824	11384	9801	11826	10119	8156	26842	39696
龙门县	19819	3246	2982	2263	1600	1161	2827	5740
梅州市	**327113**	**48337**	**45522**	**37832**	**30551**	**20714**	**49174**	**94983**
梅江区	138671	23152	22513	15806	12703	7104	19375	38018
梅县区	83267	9277	8973	9053	9306	6899	15245	24514
大埔县	17995	2580	2464	2319	1494	1180	2477	5481
丰顺县	15058	2480	2103	1978	1298	885	1878	4436
五华县	29276	4522	3817	3858	2267	1811	3641	9360
平远县	7130	987	876	848	607	510	1124	2178
蕉岭县	7724	914	780	764	659	621	1455	2531
兴宁市	27992	4425	3996	3206	2217	1704	3979	8465

6−4 续表 5

单位：人

现住地	离开户口登记地时间							
	省内							
	小计	半年以上，不满一年	一年以上，不满二年	二年以上，不满三年	三年以上，不满四年	四年以上，不满五年	五年以上，不满十年	十年以上
汕尾市	**149927**	**22161**	**19419**	**18992**	**15418**	**12910**	**26995**	**34032**
城　区	48807	8105	6837	5960	4323	4050	7049	12483
海丰县	70715	9130	8862	9519	8529	6616	15460	12599
陆河县	8917	1708	1099	895	630	591	1264	2730
陆丰市	21488	3218	2621	2618	1936	1653	3222	6220
河源市	**431017**	**65936**	**51806**	**49690**	**41583**	**31921**	**83199**	**106882**
源城区	309387	42942	32235	33091	30721	24235	67301	78862
紫金县	27936	5308	4087	3633	2066	1663	3570	7609
龙川县	25547	4095	3363	3357	2258	1747	3976	6751
连平县	15823	2404	2326	1982	1295	999	2347	4470
和平县	10122	1641	1420	1416	859	709	1354	2723
东源县	42202	9546	8375	6211	4384	2568	4651	6467
阳江市	**232132**	**30073**	**25372**	**28097**	**22216**	**17304**	**45063**	**64007**
江城区	136531	16542	14366	16626	12272	10374	26428	39923
阳东区	55863	6080	6297	7095	6517	4157	12510	13207
阳西县	18262	3332	2068	1887	1548	1319	3062	5046
阳春市	21476	4119	2641	2489	1879	1454	3063	5831
清远市	**463780**	**76024**	**70620**	**53510**	**41889**	**30607**	**81237**	**109893**
清城区	291636	51433	50254	34143	26214	18568	49820	61204
清新区	75789	8637	8055	8003	7132	5567	15618	22777
佛冈县	15305	2643	2023	1747	1355	999	2728	3810
阳山县	12233	1851	1572	1603	1176	811	1898	3322
连山壮族瑶族自治县	3447	570	358	398	315	250	580	976
连南瑶族自治县	4535	625	434	477	351	354	856	1438
英德市	48169	7917	5975	5767	4322	3283	7902	13003
连州市	12666	2348	1949	1372	1024	775	1835	3363
东莞市	**1758711**	**387617**	**239525**	**236873**	**187207**	**118687**	**250541**	**338261**
市辖区	1758711	387617	239525	236873	187207	118687	250541	338261
中山市	**654445**	**108578**	**77643**	**75895**	**64399**	**46503**	**111870**	**169557**
市辖区	654445	108578	77643	75895	64399	46503	111870	169557
潮州市	**110523**	**17026**	**16552**	**14975**	**9220**	**6444**	**16750**	**29556**
湘桥区	70119	10845	12115	11010	6294	3774	9703	16378
潮安区	33141	4640	3549	3197	2414	2241	6092	11008
饶平县	7263	1541	888	768	512	429	955	2170
揭阳市	**86720**	**19382**	**12999**	**14168**	**6337**	**4540**	**8616**	**20678**
榕城区	16285	3502	2467	4251	1101	735	1316	2913
揭东区	12750	2239	2606	2449	947	656	1161	2692
揭西县	12698	2535	1541	1574	893	772	1537	3846
惠来县	14913	3232	1796	1674	1166	880	1771	4394
普宁市	30074	7874	4589	4220	2230	1497	2831	6833
云浮市	**168871**	**30271**	**23634**	**21161**	**16440**	**11256**	**25878**	**40231**
云城区	83571	11518	10782	10563	9321	6277	15112	19998
云安区	13481	3953	2136	2154	780	547	1343	2568
新兴县	23717	4554	5061	2712	2097	1546	3136	4611
郁南县	12276	2092	1513	1399	1156	850	1926	3340
罗定市	35826	8154	4142	4333	3086	2036	4361	9714

6-4 续表 6

单位：人

现住地	离开户口登记地时间							
	省外							
	小计	半年以上，不满一年	一年以上，不满二年	二年以上，不满三年	三年以上，不满四年	四年以上，不满五年	五年以上，不满十年	十年以上
广　东	**29622110**	**5743268**	**4115762**	**3690349**	**2991989**	**2116152**	**4701733**	**6262857**
广州市	**4934998**	**1050651**	**773297**	**690077**	**520852**	**346470**	**696917**	**856734**
荔湾区	197894	52080	30580	24840	18699	13225	26099	32371
越秀区	139185	26410	19662	17897	14532	10432	22449	27803
海珠区	451308	82241	56680	67852	53785	38989	73866	77895
天河区	562466	109925	96534	86870	64325	40997	80483	83332
白云区	1238623	313002	197765	151810	114643	76830	162269	222304
黄埔区	403374	81313	58973	47244	37582	26774	65123	86365
番禺区	837815	157918	132856	140450	101559	65221	108453	131358
花都区	513749	104581	90282	81513	60754	36617	69736	70266
南沙区	258409	51946	35778	30851	23771	16790	41225	58048
从化区	45227	9833	8495	5948	4390	2573	6330	7658
增城区	286948	61402	45692	34802	26812	18022	40884	59334
韶关市	**147318**	**27417**	**20014**	**15792**	**14189**	**10057**	**25872**	**33977**
武江区	41091	8580	5776	4284	4110	2748	6417	9176
浈江区	28375	3360	4189	3398	3255	1974	5178	7021
曲江区	18105	3589	2307	1966	1570	1312	3401	3960
始兴县	5666	1392	814	548	507	374	961	1070
仁化县	9587	1686	951	783	805	518	1966	2878
翁源县	7946	2177	1260	890	732	516	1229	1142
乳源瑶族自治县	6180	1163	793	669	505	413	1153	1484
新丰县	6587	1851	1124	843	504	408	864	993
乐昌市	14976	1944	1511	1403	1403	1180	3123	4412
南雄市	8805	1675	1289	1008	798	614	1580	1841
深圳市	**8221206**	**1231491**	**920803**	**837773**	**758088**	**619633**	**1582372**	**2271046**
罗湖区	345541	51230	36741	33614	31375	25666	62614	104301
福田区	463150	72093	55719	47544	42686	33803	85015	126290
南山区	632584	88569	82962	79603	67378	57457	101733	154882
宝安区	2520020	422632	287881	252634	232832	186148	490796	647097
龙岗区	1827080	257443	206484	190962	161650	133696	352670	524175
盐田区	71582	9191	6151	5647	4931	4326	13059	28277
龙华区	1353644	192978	154405	146769	138168	111999	272078	337247
坪山区	302393	46477	29260	25205	22857	18715	58930	100949
光明区	705212	90878	61200	55795	56211	47823	145477	247828
珠海市	**736301**	**121421**	**99273**	**83747**	**69783**	**48818**	**123867**	**189392**
香洲区	412174	65727	52238	47002	38735	27200	68907	112365
斗门区	158682	26151	20361	17131	15433	11385	27994	40227
金湾区	165445	29543	26674	19614	15615	10233	26966	36800
汕头市	**415360**	**151236**	**79525**	**56568**	**36854**	**21573**	**36349**	**33255**
龙湖区	76654	20973	13699	11145	8565	5955	9472	6845
金平区	53283	11173	7093	6625	5402	3775	9061	10154
濠江区	10012	4184	1853	960	585	385	938	1107
潮阳区	86996	40909	24648	10736	4627	1672	2160	2244
潮南区	52836	22961	9762	9863	4333	1734	2534	1649
澄海区	133648	50558	22184	17008	13184	7885	11912	10917
南澳县	1931	478	286	231	158	167	272	339
佛山市	**3106767**	**562284**	**423879**	**434036**	**347122**	**239365**	**476126**	**623955**
禅城区	319960	53114	44965	46740	37318	27516	49483	60824
南海区	1198839	231246	170116	174313	142295	98158	164156	218555
顺德区	1238947	207036	158462	170692	133649	89473	206933	272702
三水区	243090	53563	36137	27826	22141	15207	36696	51520
高明区	105931	17325	14199	14465	11719	9011	18858	20354

6-4 续表 7

单位：人

现住地	离开户口登记地时间							
	省外							
	小计	半年以上，不满一年	一年以上，不满二年	二年以上，不满三年	三年以上，不满四年	四年以上，不满五年	五年以上，不满十年	十年以上
江门市	**782556**	**154391**	**102666**	**92380**	**74474**	**55583**	**140951**	**162111**
蓬江区	190917	35373	26544	25175	19481	14084	31436	38824
江海区	109811	21357	13539	11999	10148	6786	19458	26524
新会区	162058	32523	21031	17694	15738	11652	31150	32270
台山市	66188	13351	10136	8296	6283	4699	11518	11905
开平市	90514	18487	10619	10429	8470	6515	16877	19117
鹤山市	135345	27923	16780	15712	12033	9994	25391	27512
恩平市	27723	5377	4017	3075	2321	1853	5121	5959
湛江市	**136071**	**36222**	**20619**	**15892**	**12365**	**7781**	**18545**	**24647**
赤坎区	19712	4627	3150	2452	1978	1185	2808	3512
霞山区	29449	6061	4573	3876	3104	1948	4674	5213
坡头区	8342	2584	1270	932	707	496	1139	1214
麻章区	17295	6138	3242	2388	1861	722	1548	1396
遂溪县	6813	2044	944	761	541	357	1009	1157
徐闻县	10163	2762	1335	884	573	555	1198	2856
廉江市	20613	5032	2885	2378	1890	1299	3027	4102
雷州市	6462	1886	1187	517	411	274	766	1421
吴川市	17222	5088	2033	1704	1300	945	2376	3776
茂名市	**92388**	**26585**	**13826**	**9987**	**6964**	**4855**	**11893**	**18278**
茂南区	31303	8791	4524	3785	2710	1771	4066	5656
电白区	17216	5081	2424	1498	1094	806	2380	3933
高州市	19277	6378	3368	2320	1482	1004	1905	2820
化州市	13838	3760	2075	1324	939	740	2039	2961
信宜市	10754	2575	1435	1060	739	534	1503	2908
肇庆市	**286607**	**64216**	**44385**	**42606**	**31657**	**21917**	**43956**	**37870**
端州区	38264	8177	6238	4951	4095	2648	5613	6542
鼎湖区	25855	8994	3569	2560	1911	1578	3394	3849
高要区	62818	18353	9225	8970	6654	4903	8012	6701
广宁县	8132	2344	1398	1046	694	543	956	1151
怀集县	7476	2612	1621	752	755	428	753	555
封开县	6132	2232	919	666	586	333	688	708
德庆县	3998	1541	521	290	207	248	488	703
四会市	133932	19963	20894	23371	16755	11236	24052	17661
惠州市	**1614182**	**343173**	**241694**	**198698**	**162880**	**108034**	**241727**	**317976**
惠城区	551978	109367	69250	54518	50993	37843	87895	142112
惠阳区	602752	137354	105363	84637	65553	41621	83594	84630
博罗县	297011	69963	48937	39904	30780	17842	40625	48960
惠东县	140631	20819	14790	17526	13961	9407	26738	37390
龙门县	21810	5670	3354	2113	1593	1321	2875	4884
梅州市	**88806**	**21142**	**12443**	**9863**	**8287**	**5980**	**13579**	**17512**
梅江区	23719	6209	3682	2591	2092	1427	3301	4417
梅县区	22289	3617	2856	2611	2653	1977	4249	4326
大埔县	5876	1381	673	563	597	525	946	1191
丰顺县	8546	2372	1372	1309	688	388	892	1525
五华县	9250	3278	1586	967	619	389	931	1480
平远县	4428	774	576	390	368	328	852	1140
蕉岭县	5390	668	658	630	498	359	994	1583
兴宁市	9308	2843	1040	802	772	587	1414	1850

6-4　续表 8　　　　单位：人

现住地	离开户口登记地时间							
	省外							
	小计	半年以上，不满一年	一年以上，不满二年	二年以上，不满三年	三年以上，不满四年	四年以上，不满五年	五年以上，不满十年	十年以上
汕尾市	**97758**	**19365**	**17948**	**12893**	**10921**	**6768**	**13820**	**16043**
城　区	25518	5687	4287	2726	2747	1792	3317	4962
海丰县	55576	9636	10417	8129	6820	3936	8343	8295
陆河县	5543	1566	1238	506	348	424	447	1014
陆丰市	11121	2476	2006	1532	1006	616	1713	1772
河源市	**151161**	**34738**	**20762**	**16542**	**13346**	**10040**	**25161**	**30572**
源城区	87728	17556	10161	8749	7602	5928	16700	21032
紫金县	16755	5224	2995	2086	1205	840	2110	2295
龙川县	13767	3187	2031	1675	1299	1020	1832	2723
连平县	5849	1810	1064	623	511	340	758	743
和平县	4947	1447	1066	785	405	279	479	486
东源县	22115	5514	3445	2624	2324	1633	3282	3293
阳江市	**110274**	**29717**	**16289**	**12518**	**10404**	**7087**	**16894**	**17365**
江城区	42857	10650	6020	4472	4103	2924	7116	7572
阳东区	43390	12962	6690	5500	4276	2726	5870	5366
阳西县	9569	2899	1500	979	667	500	1439	1585
阳春市	14458	3206	2079	1567	1358	937	2469	2842
清远市	**227423**	**52241**	**35151**	**27620**	**21398**	**15760**	**35602**	**39651**
清城区	125756	27848	21007	16380	12316	9436	19530	19239
清新区	29424	5160	3706	3108	2634	1987	5235	7594
佛冈县	16016	4350	2355	1744	1468	955	2344	2800
阳山县	5893	1475	848	685	513	365	925	1082
连山壮族瑶族自治县	2222	498	222	210	207	128	393	564
连南瑶族自治县	1216	225	166	110	97	93	220	305
英德市	40252	11111	6029	4695	3564	2396	5750	6707
连州市	6644	1574	818	688	599	400	1205	1360
东莞市	**6193503**	**1347938**	**965576**	**867688**	**667637**	**425998**	**844074**	**1074592**
市辖区	6193503	1347938	965576	867688	667637	425998	844074	1074592
中山市	**1930002**	**345425**	**256508**	**229358**	**196761**	**141596**	**312270**	**448084**
市辖区	1930002	345425	256508	229358	196761	141596	312270	448084
潮州市	**175141**	**61704**	**24453**	**16883**	**13428**	**9095**	**20734**	**28844**
湘桥区	42343	13464	6843	4563	3460	2114	4828	7071
潮安区	125973	45130	16673	11602	9602	6736	15330	20900
饶平县	6825	3110	937	718	366	245	576	873
揭阳市	**106067**	**45451**	**16793**	**11114**	**7601**	**5055**	**10939**	**9114**
榕城区	29521	13547	4735	2639	1900	1279	3212	2209
揭东区	30483	10764	4336	3209	2443	1869	4271	3591
揭西县	7738	3328	1441	691	469	334	666	809
惠来县	4815	2554	890	490	281	122	233	245
普宁市	33510	15258	5391	4085	2508	1451	2557	2260
云浮市	**68221**	**16460**	**9858**	**8314**	**6978**	**4687**	**10085**	**11839**
云城区	24994	6312	3509	2863	2655	1672	3985	3998
云安区	6081	1686	784	735	445	272	829	1330
新兴县	19396	3618	2903	2848	2445	1714	2859	3009
郁南县	5110	1519	746	490	495	323	706	831
罗定市	12640	3325	1916	1378	938	706	1706	2671

6-5 全省按户口登记地、性别、受教育程度分的户口登记地在外乡镇街道的人口

单位：人

受教育程度	合计			省内		
	合计	男	女	小计	男	女
总　计	**49921592**	**28416220**	**21505372**	**20684992**	**11111524**	**9573468**
未上过学	525912	193194	332718	237951	90781	147170
学前教育	1287239	694140	593099	667979	359732	308247
小　学	7089907	3564115	3525792	2700291	1298743	1401548
初　中	20762106	12289217	8472889	6511977	3638813	2873164
高　中	11132076	6727587	4404489	5058062	2902291	2155771
大学专科	5220671	2841217	2379454	3019861	1546087	1473774
大学本科	3566322	1918934	1647388	2286616	1163083	1123533
硕士研究生	300457	163790	136667	182293	98963	83330
博士研究生	36902	24026	12876	19962	13031	6931

6-5 续表

单位：人

受教育程度	省内			省外		
	其中市辖区内人户分离					
	小计	男	女	小计	男	女
总　计	**2848009**	**1406377**	**1441632**	**29236600**	**17304696**	**11931904**
未上过学	27796	11388	16408	287961	102413	185548
学前教育	118418	63075	55343	619260	334408	284852
小　学	297525	136973	160552	4389616	2265372	2124244
初　中	472375	232166	240209	14250129	8650404	5599725
高　中	660333	334562	325771	6074014	3825296	2248718
大学专科	498444	240301	258143	2200810	1295130	905680
大学本科	657035	325486	331549	1279706	755851	523855
硕士研究生	104916	55239	49677	118164	64827	53337
博士研究生	11167	7187	3980	16940	10995	5945

6–6 各地区按现住地、受教育程度、性别分的户口登记地在本省其他乡镇街道的人口

单位：人

现住地	合计			未上过学		
	合计	男	女	小计	男	女
广　东	**20684992**	**11111524**	**9573468**	**237951**	**90781**	**147170**
广州市	**5424894**	**2864017**	**2560877**	**45747**	**18149**	**27598**
荔湾区	467781	241454	226327	6725	2796	3929
越秀区	207846	102713	105133	1898	755	1143
海珠区	478644	238190	240454	3218	1236	1982
天河区	888090	466823	421267	5098	2072	3026
白云区	1394165	737358	656807	10821	4142	6679
黄埔区	356265	197082	159183	3835	1512	2323
番禺区	783863	414017	369846	6199	2540	3659
花都区	323937	174783	149154	3098	1300	1798
南沙区	155563	91848	63715	1648	579	1069
从化区	117216	65567	51649	572	226	346
增城区	251524	134182	117342	2635	991	1644
韶关市	**298922**	**149926**	**148996**	**5718**	**1587**	**4131**
武江区	96015	47034	48981	1844	496	1348
浈江区	92406	45670	46736	1481	391	1090
曲江区	38060	19927	18133	911	205	706
始兴县	6709	3385	3324	133	35	98
仁化县	13358	6993	6365	337	95	242
翁源县	11982	6096	5886	217	79	138
乳源瑶族自治县	9386	4830	4556	195	60	135
新丰县	7833	4103	3730	109	47	62
乐昌市	14859	7559	7300	375	145	230
南雄市	8314	4329	3985	116	34	82
深圳市	**4975179**	**2677460**	**2297719**	**51932**	**18108**	**33824**
罗湖区	362384	182426	179958	4438	1270	3168
福田区	423657	225654	198003	4171	1298	2873
南山区	369877	198571	171306	3184	972	2212
宝安区	1227865	672867	554998	11701	4297	7404
龙岗区	1362594	725046	637548	15789	5523	10266
盐田区	73139	39390	33749	772	247	525
龙华区	730461	394482	335979	7080	2706	4374
坪山区	147363	82166	65197	1755	673	1082
光明区	277839	156858	120981	3042	1122	1920
珠海市	**539483**	**293893**	**245590**	**7515**	**2471**	**5044**
香洲区	319576	173080	146496	4123	1277	2846
斗门区	101322	56650	44672	1956	657	1299
金湾区	118585	64163	54422	1436	537	899
汕头市	**278454**	**146541**	**131913**	**4839**	**1778**	**3061**
龙湖区	100816	51926	48890	1346	477	869
金平区	83184	41863	41321	1633	490	1143
濠江区	16628	10643	5985	118	34	84
潮阳区	28174	15196	12978	649	278	371
潮南区	23641	12672	10969	651	325	326
澄海区	24585	13573	11012	391	154	237
南澳县	1426	668	758	51	20	31
佛山市	**1989850**	**1127378**	**862472**	**19743**	**7839**	**11904**
禅城区	368908	200474	168434	3465	1444	2021
南海区	914821	523098	391723	9100	3651	5449
顺德区	511758	292461	219297	5153	1987	3166
三水区	138530	79990	58540	1502	540	962
高明区	55833	31355	24478	523	217	306

6-6 续表 1

单位：人

现住地	合计			未上过学		
	合计	男	女	小计	男	女
江门市	**514790**	**274981**	**239809**	**6287**	**2399**	**3888**
蓬江区	172614	90461	82153	1759	635	1124
江海区	91563	47140	44423	1105	377	728
新会区	64100	35103	28997	812	301	511
台山市	38805	21456	17349	540	229	311
开平市	63166	33487	29679	815	342	473
鹤山市	49482	27981	21501	458	184	274
恩平市	35060	19353	15707	798	331	467
湛江市	**683776**	**346533**	**337243**	**11079**	**4616**	**6463**
赤坎区	145781	70600	75181	1901	774	1127
霞山区	235164	119825	115339	3865	1571	2294
坡头区	18637	9524	9113	361	134	227
麻章区	94024	48092	45932	830	364	466
遂溪县	45023	22700	22323	981	416	565
徐闻县	27822	15007	12815	629	271	358
廉江市	52862	26862	26000	969	418	551
雷州市	34757	18381	16376	962	435	527
吴川市	29706	15542	14164	581	233	348
茂名市	**267606**	**139598**	**128008**	**3751**	**1552**	**2199**
茂南区	103450	52962	50488	1161	405	756
电白区	53024	28065	24959	824	357	467
高州市	43355	22475	20880	493	207	286
化州市	45272	24017	21255	818	380	438
信宜市	22505	12079	10426	455	203	252
肇庆市	**342674**	**187692**	**154982**	**3736**	**1381**	**2355**
端州区	150004	78782	71222	1374	446	928
鼎湖区	43253	23062	20191	454	160	294
高要区	34668	19997	14671	313	127	186
广宁县	11755	6393	5362	209	83	126
怀集县	7669	4172	3497	129	50	79
封开县	5464	2953	2511	91	37	54
德庆县	8996	4617	4379	173	71	102
四会市	80865	47716	33149	993	407	586
惠州市	**1095490**	**596544**	**498946**	**18884**	**7663**	**11221**
惠城区	501151	268850	232301	8585	3206	5379
惠阳区	316851	176666	140185	4989	2205	2784
博罗县	143812	78975	64837	2024	874	1150
惠东县	114457	61563	52894	2979	1232	1747
龙门县	19219	10490	8729	307	146	161
梅州市	**317847**	**159440**	**158407**	**5111**	**2208**	**2903**
梅江区	135849	67085	68764	1785	709	1076
梅县区	80454	39499	40955	1273	594	679
大埔县	17342	9160	8182	338	166	172
丰顺县	14556	7666	6890	284	123	161
五华县	28348	15309	13039	604	280	324
平远县	6809	3532	3277	141	58	83
蕉岭县	7422	3659	3763	117	36	81
兴宁市	27067	13530	13537	569	242	327

6-6 续表 2

单位：人

现住地	合计			未上过学		
	合计	男	女	小计	男	女
汕尾市	**145171**	**76335**	**68836**	**4024**	**1555**	**2469**
城 区	47508	24514	22994	1341	470	871
海丰县	68298	36218	32080	1817	731	1086
陆河县	8562	4481	4081	223	99	124
陆丰市	20803	11122	9681	643	255	388
河源市	**418035**	**211334**	**206701**	**6947**	**2788**	**4159**
源城区	300183	150156	150027	5006	1869	3137
紫金县	27000	14298	12702	498	261	237
龙川县	24709	12982	11727	442	204	238
连平县	15328	8263	7065	276	130	146
和平县	9775	5168	4607	182	95	87
东源县	41040	20467	20573	543	229	314
阳江市	**225179**	**118262**	**106917**	**3834**	**1578**	**2256**
江城区	132564	69528	63036	2286	982	1304
阳东区	54146	28620	25526	760	303	457
阳西县	17710	9374	8336	384	138	246
阳春市	20759	10740	10019	404	155	249
清远市	**449536**	**235143**	**214393**	**9668**	**3181**	**6487**
清城区	282910	148903	134007	5512	1799	3713
清新区	73143	37628	35515	2267	646	1621
佛冈县	14926	8028	6898	239	108	131
阳山县	11838	6168	5670	286	112	174
连山壮族瑶族自治县	3342	1747	1595	62	24	38
连南瑶族自治县	4369	2202	2167	111	34	77
英德市	46692	24204	22488	921	362	559
连州市	12316	6263	6053	270	96	174
东莞市	**1724467**	**975747**	**748720**	**15997**	**6963**	**9034**
市辖区	1724467	975747	748720	15997	6963	9034
中山市	**637362**	**347379**	**289983**	**7461**	**2686**	**4775**
市辖区	637362	347379	289983	7461	2686	4775
潮州市	**107979**	**52227**	**55752**	**1584**	**571**	**1013**
湘桥区	68684	31918	36766	875	310	565
潮安区	32234	16635	15599	553	198	355
饶平县	7061	3674	3387	156	63	93
揭阳市	**84431**	**44053**	**40378**	**1606**	**688**	**918**
榕城区	15965	7395	8570	215	98	117
揭东区	12429	6659	5770	243	102	141
揭西县	12299	6470	5829	260	111	149
惠来县	14435	7647	6788	346	135	211
普宁市	29303	15882	13421	542	242	300
云浮市	**163867**	**87041**	**76826**	**2488**	**1020**	**1468**
云城区	80779	42496	38283	1135	444	691
云安区	13238	7444	5794	151	63	88
新兴县	23116	12152	10964	275	120	155
郁南县	11864	6110	5754	251	110	141
罗定市	34870	18839	16031	676	283	393

6-6 续表 3

单位：人

现住地	学前教育			小学		
	小计	男	女	小计	男	女
广东	**667979**	**359732**	**308247**	**2700291**	**1298743**	**1401548**
广州市	**123085**	**65969**	**57116**	**487990**	**229932**	**258058**
荔湾区	14341	7486	6855	67373	33243	34130
越秀区	4749	2552	2197	20160	9164	10996
海珠区	10219	5460	4759	42817	19591	23226
天河区	14402	7656	6746	48940	22578	26362
白云区	30920	16761	14159	124830	57790	67040
黄埔区	9012	4783	4229	30821	14232	16589
番禺区	16152	8722	7430	64415	30383	34032
花都区	8822	4794	4028	36787	18056	18731
南沙区	4350	2397	1953	17235	8182	9053
从化区	1359	739	620	5806	2856	2950
增城区	8759	4619	4140	28806	13857	14949
韶关市	**11796**	**6272**	**5524**	**53422**	**24448**	**28974**
武江区	3809	2043	1766	17156	7620	9536
浈江区	3306	1740	1566	14034	6501	7533
曲江区	1473	784	689	7394	3353	4041
始兴县	336	169	167	1365	607	758
仁化县	556	293	263	2605	1188	1417
翁源县	553	287	266	2608	1236	1372
乳源瑶族自治县	399	227	172	2119	1001	1118
新丰县	360	202	158	1462	660	802
乐昌市	645	352	293	3119	1478	1641
南雄市	359	175	184	1560	804	756
深圳市	**175543**	**94656**	**80887**	**578746**	**271553**	**307193**
罗湖区	12785	6932	5853	48253	22198	26055
福田区	14145	7578	6567	45443	21178	24265
南山区	8813	4679	4134	33829	15589	18240
宝安区	42558	23117	19441	135528	63824	71704
龙岗区	51325	27609	23716	175017	82044	92973
盐田区	2161	1140	1021	8569	4000	4569
龙华区	27297	14627	12670	73920	34594	39326
坪山区	5624	3049	2575	22252	10900	11352
光明区	10835	5925	4910	35935	17226	18709
珠海市	**14207**	**7708**	**6499**	**68887**	**32970**	**35917**
香洲区	7654	4126	3528	37045	17491	19554
斗门区	3620	1975	1645	17791	8483	9308
金湾区	2933	1607	1326	14051	6996	7055
汕头市	**9611**	**4952**	**4659**	**54554**	**26278**	**28276**
龙湖区	3284	1694	1590	18815	8764	10051
金平区	3234	1668	1566	18736	8740	9996
濠江区	164	87	77	815	419	396
潮阳区	1046	555	491	5135	2643	2492
潮南区	922	484	438	5442	2816	2626
澄海区	892	431	461	5346	2774	2572
南澳县	69	33	36	265	122	143
佛山市	**56807**	**31054**	**25753**	**266821**	**133449**	**133372**
禅城区	10134	5551	4583	41085	20047	21038
南海区	26029	14251	11778	128364	65152	63212
顺德区	14935	8222	6713	70253	34714	35539
三水区	3757	1965	1792	18855	9406	9449
高明区	1952	1065	887	8264	4130	4134

6-6 续表 4

单位：人

现住地	学前教育			小学		
	小计	男	女	小计	男	女
江门市	**20604**	**10949**	**9655**	**92796**	**43589**	**49207**
蓬江区	5765	3093	2672	26776	11824	14952
江海区	3896	2044	1852	15111	6646	8465
新会区	2945	1573	1372	13621	6614	7007
台山市	1512	800	712	6771	3356	3415
开平市	2809	1476	1333	14256	6842	7414
鹤山市	2352	1255	1097	8283	4235	4048
恩平市	1325	708	617	7978	4072	3906
湛江市	**29807**	**16263**	**13544**	**114594**	**57725**	**56869**
赤坎区	6628	3674	2954	21842	10991	10851
霞山区	12135	6696	5439	45016	22322	22694
坡头区	999	512	487	3440	1735	1705
麻章区	2076	1112	964	7918	3997	3921
遂溪县	2001	1071	930	8859	4612	4247
徐闻县	1225	653	572	5980	3119	2861
廉江市	2014	1068	946	8952	4570	4382
雷州市	1446	781	665	7042	3658	3384
吴川市	1283	696	587	5545	2721	2824
茂名市	**8728**	**4666**	**4062**	**37758**	**18922**	**18836**
茂南区	3060	1648	1412	11936	5688	6248
电白区	1718	893	825	7934	4078	3856
高州市	1035	566	469	4707	2418	2289
化州市	1951	1045	906	8528	4392	4136
信宜市	964	514	450	4653	2346	2307
肇庆市	**11177**	**6182**	**4995**	**48115**	**23729**	**24386**
端州区	4603	2576	2027	16427	7688	8739
鼎湖区	1457	840	617	7215	3573	3642
高要区	942	537	405	5244	2800	2444
广宁县	466	257	209	2121	1081	1040
怀集县	336	169	167	1439	772	667
封开县	218	115	103	917	434	483
德庆县	468	238	230	1862	913	949
四会市	2687	1450	1237	12890	6468	6422
惠州市	**43432**	**23144**	**20288**	**198746**	**97164**	**101582**
惠城区	18380	9908	8472	81762	38205	43557
惠阳区	13187	6926	6261	56545	28422	28123
博罗县	5715	3091	2624	25185	12702	12483
惠东县	5415	2833	2582	31845	16067	15778
龙门县	735	386	349	3409	1768	1641
梅州市	**11826**	**6262**	**5564**	**52913**	**25498**	**27415**
梅江区	3983	2144	1839	19987	9130	10857
梅县区	3535	1846	1689	13582	6493	7089
大埔县	760	406	354	3299	1678	1621
丰顺县	560	281	279	2796	1457	1339
五华县	1176	645	531	5633	2917	2716
平远县	327	175	152	1284	672	612
蕉岭县	403	221	182	1497	689	808
兴宁市	1082	544	538	4835	2462	2373

6–6 续表 5

单位：人

现 住 地	学前教育			小 学		
	小计	男	女	小计	男	女
汕尾市	**6398**	**3407**	**2991**	**37402**	**17954**	**19448**
城 区	1733	930	803	10542	5045	5497
海丰县	3481	1846	1635	19879	9488	10391
陆河县	383	199	184	1964	940	1024
陆丰市	801	432	369	5017	2481	2536
河源市	**20308**	**10817**	**9491**	**81759**	**38166**	**43593**
源城区	15515	8276	7239	60446	27489	32957
紫金县	1152	607	545	5025	2529	2496
龙川县	1053	549	504	4760	2373	2387
连平县	668	371	297	3105	1652	1453
和平县	402	201	201	1720	906	814
东源县	1518	813	705	6703	3217	3486
阳江市	**9429**	**5055**	**4374**	**46750**	**23128**	**23622**
江城区	5429	2911	2518	27966	13985	13981
阳东区	2359	1268	1091	10994	5309	5685
阳西县	683	359	324	3816	1918	1898
阳春市	958	517	441	3974	1916	2058
清远市	**21446**	**11559**	**9887**	**96383**	**46057**	**50326**
清城区	13334	7214	6120	58348	27413	30935
清新区	4359	2354	2005	19449	9414	10035
佛冈县	542	291	251	2607	1275	1332
阳山县	502	267	235	2546	1296	1250
连山壮族瑶族自治县	156	87	69	666	343	323
连南瑶族自治县	184	104	80	980	481	499
英德市	1953	1028	925	9513	4691	4822
连州市	416	214	202	2274	1144	1130
东莞市	**54644**	**29742**	**24902**	**219790**	**110170**	**109620**
市辖区	54644	29742	24902	219790	110170	109620
中山市	**24702**	**13237**	**11465**	**99198**	**47037**	**52161**
市辖区	24702	13237	11465	99198	47037	52161
潮州市	**4311**	**2295**	**2016**	**18950**	**8875**	**10075**
湘桥区	2480	1330	1150	11160	5113	6047
潮安区	1564	824	740	6496	3125	3371
饶平县	267	141	126	1294	637	657
揭阳市	**2790**	**1462**	**1328**	**14361**	**7420**	**6941**
榕城区	414	215	199	2167	1099	1068
揭东区	396	215	181	1929	988	941
揭西县	479	253	226	2410	1270	1140
惠来县	591	306	285	3055	1543	1512
普宁市	910	473	437	4800	2520	2280
云浮市	**7328**	**4081**	**3247**	**30356**	**14679**	**15677**
云城区	4364	2447	1917	16963	7874	9089
云安区	305	170	135	1463	747	716
新兴县	783	447	336	3486	1800	1686
郁南县	597	329	268	2225	1078	1147
罗定市	1279	688	591	6219	3180	3039

6-6 续表 6

单位：人

现住地	初中			高中			大学专科		
	小计	男	女	小计	男	女	小计	男	女
广东	**6511977**	**3638813**	**2873164**	**5058062**	**2902291**	**2155771**	**3019861**	**1546087**	**1473774**
广州市	**1346767**	**746414**	**600353**	**1433267**	**806968**	**626299**	**1064973**	**540856**	**524117**
荔湾区	125652	66957	58695	126718	67948	58770	68686	34340	34346
越秀区	49815	26259	23556	58609	31118	27491	29801	13575	16226
海珠区	133626	71462	62164	121453	64142	57311	74214	33688	40526
天河区	132499	71212	61287	267414	150353	117061	244228	124411	119817
白云区	402016	225117	176899	375119	210116	165003	277085	139853	137232
黄埔区	78697	45029	33668	89616	54263	35353	69541	37844	31697
番禺区	194662	107624	87038	213872	120082	93790	134713	64502	70211
花都区	112031	64423	47608	63471	37273	26198	46204	25300	20904
南沙区	47163	28348	18815	47246	30640	16606	23109	13450	9659
从化区	14662	8235	6427	17014	10174	6840	43565	25954	17611
增城区	55944	31748	24196	52735	30859	21876	53827	27939	25888
韶关市	**85452**	**43643**	**41809**	**66043**	**34512**	**31531**	**38353**	**20314**	**18039**
武江区	29273	14678	14595	23234	11596	11638	10901	5531	5370
浈江区	21914	11241	10673	21741	11367	10374	10864	5298	5566
曲江区	11257	5864	5393	6572	3590	2982	8773	5257	3516
始兴县	2162	1076	1086	1305	748	557	693	369	324
仁化县	4192	2239	1953	2785	1505	1280	1504	865	639
翁源县	4251	2131	2120	2136	1168	968	1081	612	469
乳源瑶族自治县	2736	1451	1285	1913	1036	877	1068	553	515
新丰县	2764	1403	1361	1641	963	678	793	435	358
乐昌市	4462	2290	2172	2966	1556	1410	1578	840	738
南雄市	2441	1270	1171	1750	983	767	1098	554	544
深圳市	**1588424**	**887225**	**701199**	**1201703**	**698039**	**503664**	**757945**	**378619**	**379326**
罗湖区	101939	53928	48011	96423	52123	44300	55036	25096	29940
福田区	118382	67693	50689	108391	63251	45140	64015	30447	33568
南山区	85004	47914	37090	91597	51868	39729	69189	35021	34168
宝安区	448814	250417	198397	271250	162456	108794	172916	88714	84202
龙岗区	441647	244508	197139	335796	191555	144241	205760	101477	104283
盐田区	20941	11952	8989	21967	12770	9197	9919	4817	5102
龙华区	213628	120813	92815	173867	101474	72393	132247	66381	65866
坪山区	51727	29132	22595	35354	21625	13729	16836	8949	7887
光明区	106342	60868	45474	67058	40917	26141	32027	17717	14310
珠海市	**158046**	**90799**	**67247**	**127947**	**76073**	**51874**	**78806**	**41435**	**37371**
香洲区	88289	50187	38102	81290	47506	33784	43338	22881	20457
斗门区	38334	22047	16287	24867	15246	9621	8893	4930	3963
金湾区	31423	18565	12858	21790	13321	8469	26575	13624	12951
汕头市	**89251**	**48797**	**40454**	**69326**	**37786**	**31540**	**29785**	**15706**	**14079**
龙湖区	32523	17534	14989	26047	13705	12342	11292	5744	5548
金平区	24546	12827	11719	18755	9842	8913	8225	4000	4225
濠江区	4030	3051	979	6370	3923	2447	4574	2805	1769
潮阳区	8899	4755	4144	8742	4968	3774	2000	1119	881
潮南区	9184	4945	4239	4102	2310	1792	1679	918	761
澄海区	9659	5497	4162	5002	2896	2106	1854	1042	812
南澳县	410	188	222	308	142	166	161	78	83
佛山市	**743023**	**442584**	**300439**	**501168**	**297621**	**203547**	**243947**	**130495**	**113452**
禅城区	143264	80350	62914	95445	54418	41027	44449	22579	21870
南海区	338062	203721	134341	225268	134098	91170	115486	63314	52172
顺德区	193458	116254	77204	136468	82689	53779	57462	29833	27629
三水区	48475	30518	17957	32242	19236	13006	15995	9482	6513
高明区	19764	11741	8023	11745	7180	4565	10555	5287	5268

6−6 续表 7

单位：人

现住地	初中			高中			大学专科		
	小计	男	女	小计	男	女	小计	男	女
江门市	**166219**	**91646**	**74573**	**119927**	**68653**	**51274**	**64213**	**32675**	**31538**
蓬江区	46546	25252	21294	38838	22225	16613	30413	14609	15804
江海区	28777	15067	13710	23190	13002	10188	13697	7031	6666
新会区	21787	12520	9267	15078	8706	6372	5432	2940	2492
台山市	12023	6777	5246	10903	6190	4713	3703	2072	1631
开平市	24508	13193	11315	13945	7868	6077	4070	2208	1862
鹤山市	18845	10931	7914	11482	6894	4588	4481	2494	1987
恩平市	13733	7906	5827	6491	3768	2723	2417	1321	1096
湛江市	**196618**	**99359**	**97259**	**163423**	**88352**	**75071**	**70754**	**33893**	**36861**
赤坎区	39245	19654	19591	34723	17962	16761	15775	7957	7818
霞山区	75865	37463	38402	58146	30786	27360	21647	11063	10584
坡头区	5158	2580	2578	4166	2232	1934	2280	1194	1086
麻章区	15769	7905	7864	25184	14995	10189	9095	3284	5811
遂溪县	13872	7239	6633	8895	4777	4118	6482	2525	3957
徐闻县	9569	5218	4351	5330	2986	2344	2626	1436	1190
廉江市	15812	8180	7632	13939	7257	6682	6342	2977	3365
雷州市	10630	5620	5010	7130	4003	3127	3630	1885	1745
吴川市	10698	5500	5198	5910	3354	2556	2877	1572	1305
茂名市	**71871**	**37587**	**34284**	**68818**	**39446**	**29372**	**44664**	**20876**	**23788**
茂南区	24378	12824	11554	24418	14245	10173	19704	8460	11244
电白区	12686	6537	6149	12694	6736	5958	12589	7180	5409
高州市	13028	7025	6003	16097	9419	6678	5790	1660	4130
化州市	14301	7215	7086	10924	6365	4559	4381	2358	2023
信宜市	7478	3986	3492	4685	2681	2004	2200	1218	982
肇庆市	**99074**	**56427**	**42647**	**86774**	**50244**	**36530**	**44343**	**25629**	**18714**
端州区	33104	17572	15532	47319	26727	20592	21690	12254	9436
鼎湖区	12024	6943	5081	8243	4682	3561	6962	3715	3247
高要区	10466	6205	4261	5034	3037	1997	3595	2510	1085
广宁县	4386	2413	1973	2330	1346	984	1129	616	513
怀集县	2733	1484	1249	1475	828	647	784	435	349
封开县	1858	1009	849	1179	672	507	600	338	262
德庆县	3258	1676	1582	1836	1012	824	734	364	370
四会市	31245	19125	12120	19358	11940	7418	8849	5397	3452
惠州市	**417227**	**235212**	**182015**	**217265**	**127080**	**90185**	**118200**	**61973**	**56227**
惠城区	175218	96885	78333	105679	62030	43649	66333	34328	32005
惠阳区	129783	75236	54547	62119	36514	25605	28268	15239	13029
博罗县	57337	32507	24830	29457	17271	12186	16028	8225	7803
惠东县	48452	27002	21450	15399	8713	6686	5690	3110	2580
龙门县	6437	3582	2855	4611	2552	2059	1881	1071	810
梅州市	**99675**	**50026**	**49649**	**78442**	**41415**	**37027**	**31082**	**15359**	**15723**
梅江区	39467	19611	19856	36784	19762	17022	11354	5621	5733
梅县区	27531	13540	13991	19552	9835	9717	9208	4171	5037
大埔县	5439	2878	2561	3623	1995	1628	1827	966	861
丰顺县	4806	2489	2317	3015	1653	1362	1533	838	695
五华县	9140	4855	4285	5986	3448	2538	2922	1595	1327
平远县	2272	1126	1146	1289	717	572	734	372	362
蕉岭县	2548	1291	1257	1513	797	716	670	319	351
兴宁市	8472	4236	4236	6680	3208	3472	2834	1477	1357

6-6 续表 8 单位：人

现住地	初中			高中			大学专科		
	小计	男	女	小计	男	女	小计	男	女
汕尾市	**48676**	**26793**	**21883**	**25282**	**14637**	**10645**	**15119**	**7342**	**7777**
城　区	13138	7409	5729	9280	5380	3900	8651	3653	4998
海丰县	25544	13982	11562	10698	6194	4504	3705	2157	1548
陆河县	3260	1746	1514	1555	871	684	667	367	300
陆丰市	6734	3656	3078	3749	2192	1557	2096	1165	931
河源市	**156228**	**78486**	**77742**	**92193**	**49977**	**42216**	**37176**	**19069**	**18107**
源城区	116714	58031	58683	63615	34429	29186	25931	13273	12658
紫金县	9553	5037	4516	5865	3237	2628	2565	1385	1180
龙川县	8237	4153	4084	5494	3082	2412	2523	1449	1074
连平县	5380	2902	2478	3041	1704	1337	1517	810	707
和平县	3030	1557	1473	2319	1294	1025	1098	602	496
东源县	13314	6806	6508	11859	6231	5628	3542	1550	1992
阳江市	**72087**	**38121**	**33966**	**48286**	**26796**	**21490**	**29710**	**15166**	**14544**
江城区	41220	22126	19094	27497	15156	12341	20439	10155	10284
阳东区	18073	9281	8792	12724	7196	5528	5288	2906	2382
阳西县	6086	3240	2846	3519	1941	1578	1761	955	806
阳春市	6708	3474	3234	4546	2503	2043	2222	1150	1072
清远市	**147104**	**79797**	**67307**	**75517**	**42273**	**33244**	**71618**	**37679**	**33939**
清城区	88749	49045	39704	44007	25212	18795	57402	30127	27275
清新区	26096	13865	12231	12348	6914	5434	4873	2514	2359
佛冈县	5455	3020	2435	3319	1803	1516	1606	884	722
阳山县	3924	1984	1940	2299	1253	1046	1167	637	530
连山壮族瑶族自治县	1064	529	535	598	332	266	362	203	159
连南瑶族自治县	1404	712	692	755	408	347	457	224	233
英德市	16448	8499	7949	9176	4949	4227	4501	2437	2064
连州市	3964	2143	1821	3015	1402	1613	1250	653	597
东莞市	**684918**	**396538**	**288380**	**456166**	**274006**	**182160**	**157421**	**84912**	**72509**
市辖区	684918	396538	288380	456166	274006	182160	157421	84912	72509
中山市	**234919**	**133129**	**101790**	**146484**	**85447**	**61037**	**75298**	**40272**	**35026**
市辖区	234919	133129	101790	146484	85447	61037	75298	40272	35026
潮州市	**28628**	**14934**	**13694**	**25422**	**12725**	**12697**	**11251**	**5209**	**6042**
湘桥区	16672	8608	8064	17119	8279	8840	6931	2993	3938
潮安区	9840	5281	4559	6812	3630	3182	3434	1755	1679
饶平县	2116	1045	1071	1491	816	675	886	461	425
揭阳市	**23112**	**12370**	**10742**	**21852**	**11994**	**9858**	**13750**	**6477**	**7273**
榕城区	3129	1687	1442	3294	1622	1672	5712	2128	3584
揭东区	3237	1813	1424	4618	2433	2185	1111	632	479
揭西县	4130	2150	1980	2468	1359	1109	1309	709	600
惠来县	4499	2402	2097	2962	1653	1309	1539	847	692
普宁市	8117	4318	3799	8510	4927	3583	4079	2161	1918
云浮市	**54658**	**28926**	**25732**	**32757**	**18247**	**14510**	**21453**	**12131**	**9322**
云城区	29328	15514	13814	15245	8723	6522	8181	4483	3698
云安区	3067	1740	1327	2541	1592	949	2650	1593	1057
新兴县	7650	4180	3470	6694	3279	3415	2218	1141	1077
郁南县	4066	2055	2011	2179	1214	965	1300	664	636
罗定市	10547	5437	5110	6098	3439	2659	7104	4250	2854

6-6 续表 9

单位：人

现住地	大学本科			硕士研究生			博士研究生		
	小计	男	女	小计	男	女	小计	男	女
广东	**2286616**	**1163083**	**1123533**	**182293**	**98963**	**83330**	**19962**	**13031**	**6931**
广州市	**841543**	**412517**	**429026**	**71757**	**37152**	**34605**	**9765**	**6060**	**3705**
荔湾区	53623	26233	27390	4164	2155	2009	499	296	203
越秀区	37179	16433	20746	5018	2486	2532	617	371	246
海珠区	82333	37207	45126	9344	4511	4833	1420	893	527
天河区	158441	79594	78847	15242	7813	7429	1826	1134	692
白云区	161027	77381	83646	10608	5214	5394	1739	984	755
黄埔区	67836	35540	32296	6098	3334	2764	809	545	264
番禺区	135865	70017	65848	15746	8722	7024	2239	1425	814
花都区	51723	22631	29092	1646	902	744	155	104	51
南沙区	13594	7569	6025	1057	576	481	161	107	54
从化区	33441	17045	16396	726	287	439	71	51	20
增城区	46481	22867	23614	2108	1152	956	229	150	79
韶关市	**36807**	**18349**	**18458**	**1212**	**718**	**494**	**119**	**83**	**36**
武江区	9287	4759	4528	474	281	193	37	30	7
浈江区	18683	8909	9774	335	188	147	48	35	13
曲江区	1611	832	779	63	40	23	6	2	4
始兴县	684	362	322	29	17	12	2	2	
仁化县	1326	767	559	49	37	12	4	4	
翁源县	1076	549	527	55	32	23	5	2	3
乳源瑶族自治县	884	454	430	67	45	22	5	3	2
新丰县	660	370	290	40	21	19	4	2	2
乐昌市	1648	858	790	61	38	23	5	2	3
南雄市	948	489	459	39	19	20	3	1	2
深圳市	**545105**	**286745**	**258360**	**70395**	**38716**	**31679**	**5386**	**3799**	**1587**
罗湖区	38056	18108	19948	5099	2533	2566	355	238	117
福田区	57281	28057	29224	10974	5576	5398	855	576	279
南山区	66669	35933	30736	10765	6037	4728	827	558	269
宝安区	129488	70843	58645	14740	8551	6189	870	648	222
龙岗区	121877	63428	58449	14239	8087	6152	1144	815	329
盐田区	7571	3795	3776	1118	577	541	121	92	29
龙华区	91228	47662	43566	10322	5607	4715	872	618	254
坪山区	12309	6988	5321	1381	755	626	125	95	30
光明区	20626	11931	8695	1757	993	764	217	159	58
珠海市	**79898**	**40114**	**39784**	**3531**	**1906**	**1625**	**646**	**417**	**229**
香洲区	54485	27780	26705	2801	1486	1315	551	346	205
斗门区	5491	3105	2386	343	186	157	27	21	6
金湾区	19922	9229	10693	387	234	153	68	50	18
汕头市	**19686**	**10445**	**9241**	**1255**	**716**	**539**	**147**	**83**	**64**
龙湖区	7055	3735	3320	395	237	158	59	36	23
金平区	7366	3906	3460	629	357	272	60	33	27
濠江区	537	313	224	17	10	7	3	1	2
潮阳区	1619	832	787	76	42	34	8	4	4
潮南区	1581	835	746	70	33	37	10	6	4
澄海区	1373	743	630	62	34	28	6	2	4
南澳县	155	81	74	6	3	3	1	1	
佛山市	**149844**	**79537**	**70307**	**7700**	**4277**	**3423**	**797**	**522**	**275**
禅城区	29610	15302	14308	1336	707	629	120	76	44
南海区	68499	36664	31835	3619	1995	1624	394	252	142
顺德区	31761	17437	14324	2061	1185	876	207	140	67
三水区	17092	8494	8598	547	303	244	65	46	19
高明区	2882	1640	1242	137	87	50	11	8	3

6–6　续表 10　　　　　　　　　　　　　　　　　　　　　　　　　　　单位：人

现住地	大学本科			硕士研究生			博士研究生		
	小计	男	女	小计	男	女	小计	男	女
江门市	**43017**	**24046**	**18971**	**1558**	**912**	**646**	**169**	**112**	**57**
蓬江区	21843	12406	9437	610	373	237	64	44	20
江海区	5515	2827	2688	242	127	115	30	19	11
新会区	4200	2309	1891	211	130	81	14	10	4
台山市	3183	1927	1256	163	103	60	7	2	5
开平市	2632	1492	1140	105	50	55	26	16	10
鹤山市	3429	1894	1535	138	83	55	14	11	3
恩平市	2215	1191	1024	89	46	43	14	10	4
湛江市	**94521**	**44701**	**49820**	**2657**	**1424**	**1233**	**323**	**200**	**123**
赤坎区	25137	9276	15861	451	263	188	79	49	30
霞山区	17531	9402	8129	862	464	398	97	58	39
坡头区	2113	1074	1039	113	58	55	7	5	2
麻章区	32691	16192	16499	424	217	207	37	26	11
遂溪县	3725	1951	1774	183	96	87	25	13	12
徐闻县	2340	1256	1084	106	60	46	17	8	9
廉江市	4582	2262	2320	223	110	113	29	20	9
雷州市	3719	1896	1823	175	87	88	23	16	7
吴川市	2683	1392	1291	120	69	51	9	5	4
茂名市	**30897**	**15899**	**14998**	**985**	**551**	**434**	**134**	**99**	**35**
茂南区	18365	9441	8924	371	206	165	57	45	12
电白区	4318	2146	2172	230	116	114	31	22	9
高州市	2080	1103	977	117	73	44	8	4	4
化州市	4156	2136	2020	184	104	80	29	22	7
信宜市	1978	1073	905	83	52	31	9	6	3
肇庆市	**48564**	**23624**	**24940**	**815**	**427**	**388**	**76**	**49**	**27**
端州区	25133	11339	13794	327	163	164	27	17	10
鼎湖区	6804	3098	3706	85	44	41	9	7	2
高要区	9019	4749	4270	47	29	18	8	3	5
广宁县	1069	575	494	41	20	21	4	2	2
怀集县	731	410	321	37	20	17	5	4	1
封开县	577	335	242	23	12	11	1	1	
德庆县	634	327	307	29	16	13	2		2
四会市	4597	2791	1806	226	123	103	20	15	5
惠州市	**77560**	**41822**	**35738**	**3796**	**2229**	**1567**	**380**	**257**	**123**
惠城区	43204	23046	20158	1795	1110	685	195	132	63
惠阳区	20511	11292	9219	1329	750	579	120	82	38
博罗县	7655	4089	3566	369	190	179	42	26	16
惠东县	4425	2462	1963	236	134	102	16	10	6
龙门县	1765	933	832	67	45	22	7	7	
梅州市	**37621**	**18021**	**19600**	**1058**	**573**	**485**	**119**	**78**	**41**
梅江区	22030	9854	12176	417	226	191	42	28	14
梅县区	5533	2887	2646	218	119	99	22	14	8
大埔县	1971	1023	948	72	41	31	13	7	6
丰顺县	1494	787	707	58	31	27	10	7	3
五华县	2749	1493	1256	126	68	58	12	8	4
平远县	732	391	341	28	19	9	2	2	
蕉岭县	640	288	352	34	18	16			
兴宁市	2472	1298	1174	105	51	54	18	12	6

6-6 续表 11 单位：人

现住地	大学本科			硕士研究生			博士研究生		
	小计	男	女	小计	男	女	小计	男	女
汕尾市	**7700**	**4324**	**3376**	**516**	**288**	**228**	**54**	**35**	**19**
城　区	2657	1520	1137	153	96	57	13	11	2
海丰县	2891	1666	1225	254	137	117	29	17	12
陆河县	489	247	242	19	11	8	2	1	1
陆丰市	1663	891	772	90	44	46	10	6	4
河源市	**22451**	**11466**	**10985**	**877**	**501**	**376**	**96**	**64**	**32**
源城区	12406	6441	5965	504	317	187	46	31	15
紫金县	2250	1188	1062	80	45	35	12	9	3
龙川县	2094	1121	973	98	43	55	8	8	
连平县	1278	661	617	51	28	23	12	5	7
和平县	979	493	486	38	16	22	7	4	3
东源县	3444	1562	1882	106	52	54	11	7	4
阳江市	**14266**	**7942**	**6324**	**740**	**434**	**306**	**77**	**42**	**35**
江城区	7284	3966	3318	397	223	174	46	24	22
阳东区	3752	2240	1512	180	110	70	16	7	9
阳西县	1388	778	610	66	39	27	7	6	1
阳春市	1842	958	884	97	62	35	8	5	3
清远市	**26232**	**13660**	**12572**	**1394**	**825**	**569**	**174**	**112**	**62**
清城区	14583	7515	7068	878	516	362	97	62	35
清新区	3572	1817	1755	155	88	67	24	16	8
佛冈县	1090	605	485	64	39	25	4	3	1
阳山县	1052	577	475	53	35	18	9	7	2
连山壮族瑶族自治县	418	221	197	14	7	7	2	1	1
连南瑶族自治县	456	230	226	21	9	12	1		1
英德市	3986	2116	1870	164	102	62	30	20	10
连州市	1075	579	496	45	29	16	7	3	4
东莞市	**125776**	**67276**	**58500**	**8633**	**5361**	**3272**	**1122**	**779**	**343**
市辖区	125776	67276	58500	8633	5361	3272	1122	779	343
中山市	**47041**	**24274**	**22767**	**2057**	**1168**	**889**	**202**	**129**	**73**
市辖区	47041	24274	22767	2057	1168	889	202	129	73
潮州市	**17396**	**7362**	**10034**	**387**	**220**	**167**	**50**	**36**	**14**
湘桥区	13230	5151	8079	187	113	74	30	21	9
潮安区	3353	1720	1633	167	91	76	15	11	4
饶平县	813	491	322	33	16	17	5	4	1
揭阳市	**6530**	**3416**	**3114**	**384**	**205**	**179**	**46**	**21**	**25**
榕城区	972	505	467	56	38	18	6	3	3
揭东区	837	446	391	52	25	27	6	5	1
揭西县	1168	579	589	67	35	32	8	4	4
惠来县	1346	716	630	85	42	43	12	3	9
普宁市	2207	1170	1037	124	65	59	14	6	8
云浮市	**14161**	**7543**	**6618**	**586**	**360**	**226**	**80**	**54**	**26**
云城区	5324	2857	2467	220	141	79	19	13	6
云安区	3000	1506	1494	51	26	25	10	7	3
新兴县	1847	1079	768	140	89	51	23	17	6
郁南县	1189	627	562	52	32	20	5	1	4
罗定市	2801	1474	1327	123	72	51	23	16	7

6-7　各地区按现住地、受教育程度、性别分的户口登记地在外省的人口

单位：人

现住地	合计			未上过学		
	合计	男	女	小计	男	女
广　东	**29236600**	**17304696**	**11931904**	**287961**	**102413**	**185548**
广州市	**4881845**	**2844108**	**2037737**	**38909**	**14035**	**24874**
荔湾区	195398	114994	80404	1729	647	1082
越秀区	137970	74608	63362	1137	369	768
海珠区	448236	249636	198600	2299	827	1472
天河区	557406	318388	239018	3711	1304	2407
白云区	1224233	716017	508216	9466	3359	6107
黄埔区	398192	245401	152791	3459	1038	2421
番禺区	830247	475277	354970	6281	2444	3837
花都区	507582	296944	210638	4557	1804	2753
南沙区	255350	159850	95500	2651	1003	1648
从化区	44745	26976	17769	381	143	238
增城区	282486	166017	116469	3238	1097	2141
韶关市	**144451**	**82502**	**61949**	**2470**	**787**	**1683**
武江区	40320	22826	17494	609	200	409
浈江区	27866	15369	12497	507	160	347
曲江区	17734	10538	7196	260	96	164
始兴县	5538	3180	2358	89	23	66
仁化县	9397	5519	3878	247	78	169
翁源县	7805	4779	3026	162	57	105
乳源瑶族自治县	6063	3681	2382	88	30	58
新丰县	6478	4065	2413	66	31	35
乐昌市	14631	7612	7019	324	88	236
南雄市	8619	4933	3686	118	24	94
深圳市	**8105955**	**4761848**	**3344107**	**74441**	**21694**	**52747**
罗湖区	341427	187531	153896	3106	845	2261
福田区	458251	254189	204062	4320	1042	3278
南山区	626781	360437	266344	5895	1553	4342
宝安区	2482801	1467219	1015582	20179	6326	13853
龙岗区	1800928	1040841	760087	19332	5620	13712
盐田区	70688	42426	28262	717	206	511
龙华区	1333151	805982	527169	10331	2861	7470
坪山区	297767	180997	116770	3658	1116	2542
光明区	694161	422226	271935	6903	2125	4778
珠海市	**726657**	**431541**	**295116**	**9663**	**3271**	**6392**
香洲区	407239	236949	170290	5555	1829	3726
斗门区	156227	95085	61142	2139	747	1392
金湾区	163191	99507	63684	1969	695	1274
汕头市	**410023**	**242242**	**167781**	**7068**	**2985**	**4083**
龙湖区	75693	45362	30331	1104	505	599
金平区	52423	29900	22523	1126	320	806
濠江区	9892	6721	3171	219	70	149
潮阳区	85724	50525	35199	1666	815	851
潮南区	52172	31482	20690	1092	570	522
澄海区	132213	77163	55050	1788	674	1114
南澳县	1906	1089	817	73	31	42
佛山市	**3070781**	**1875269**	**1195512**	**27314**	**11134**	**16180**
禅城区	316416	188745	127671	2314	983	1331
南海区	1186367	726749	459618	9880	4076	5804
顺德区	1224257	742326	481931	11062	4604	6458
三水区	239136	151623	87513	3175	1113	2062
高明区	104605	65826	38779	883	358	525

6−7 续表 1

单位：人

现住地	合计			未上过学		
	合计	男	女	小计	男	女
江门市	**769752**	**456503**	**313249**	**8893**	**3242**	**5651**
蓬江区	188172	111261	76911	2166	817	1349
江海区	107823	64190	43633	1401	463	938
新会区	159189	95062	64127	1897	693	1204
台山市	65138	38792	26346	734	292	442
开平市	88903	51208	37695	1219	447	772
鹤山市	133155	78987	54168	1064	372	692
恩平市	27372	17003	10369	412	158	254
湛江市	**133483**	**74841**	**58642**	**2256**	**707**	**1549**
赤坎区	19371	10563	8808	224	83	141
霞山区	28884	15970	12914	398	132	266
坡头区	8110	4828	3282	157	48	109
麻章区	17131	11238	5893	130	50	80
遂溪县	6597	3537	3060	177	47	130
徐闻县	9925	5666	4259	258	82	176
廉江市	20198	9307	10891	400	110	290
雷州市	6291	3655	2636	160	50	110
吴川市	16976	10077	6899	352	105	247
茂名市	**90773**	**49655**	**41118**	**1617**	**480**	**1137**
茂南区	30791	18170	12621	440	140	300
电白区	16950	9337	7613	398	95	303
高州市	18965	10391	8574	314	107	207
化州市	13555	6480	7075	237	77	160
信宜市	10512	5277	5235	228	61	167
肇庆市	**282711**	**173304**	**109407**	**2960**	**1197**	**1763**
端州区	37725	22004	15721	448	164	284
鼎湖区	25564	16868	8696	243	116	127
高要区	61955	37916	24039	728	289	439
广宁县	8029	5193	2836	80	42	38
怀集县	7343	4382	2961	117	50	67
封开县	6007	3602	2405	73	26	47
德庆县	3924	2235	1689	62	23	39
四会市	132164	81104	51060	1209	487	722
惠州市	**1591645**	**964180**	**627465**	**21871**	**8039**	**13832**
惠城区	543759	326222	217537	8501	2886	5615
惠阳区	594862	364440	230422	6720	2517	4203
博罗县	292707	176497	116210	3933	1491	2442
惠东县	138855	83473	55382	2384	1016	1368
龙门县	21462	13548	7914	333	129	204
梅州市	**87249**	**50176**	**37073**	**1510**	**549**	**961**
梅江区	23381	13353	10028	334	127	207
梅县区	21828	12202	9626	367	135	232
大埔县	5761	3365	2396	72	25	47
丰顺县	8417	5001	3416	133	53	80
五华县	9077	5674	3403	167	73	94
平远县	4346	2340	2006	131	28	103
蕉岭县	5303	3099	2204	129	35	94
兴宁市	9136	5142	3994	177	73	104

6-7 续表 2

单位：人

现住地	合计			未上过学		
	合计	男	女	小计	男	女
汕尾市	**96411**	**58226**	**38185**	**1776**	**707**	**1069**
城　区	25213	15908	9305	520	208	312
海丰县	54769	32935	21834	884	364	520
陆河县	5478	3437	2041	87	33	54
陆丰市	10951	5946	5005	285	102	183
河源市	**148364**	**89180**	**59184**	**2485**	**936**	**1549**
源城区	86012	50309	35703	1472	533	939
紫金县	16443	10444	5999	315	139	176
龙川县	13500	8180	5320	171	71	100
连平县	5730	3437	2293	97	38	59
和平县	4864	3107	1757	83	31	52
东源县	21815	13703	8112	347	124	223
阳江市	**108406**	**63357**	**45049**	**1770**	**623**	**1147**
江城区	42195	25010	17185	741	277	464
阳东区	42649	24736	17913	593	201	392
阳西县	9403	5573	3830	200	63	137
阳春市	14159	8038	6121	236	82	154
清远市	**223464**	**134628**	**88836**	**3310**	**1180**	**2130**
清城区	123508	74476	49032	1705	584	1121
清新区	28902	16699	12203	446	161	285
佛冈县	15819	9998	5821	213	90	123
阳山县	5761	3515	2246	112	50	62
连山壮族瑶族自治县	2164	1142	1022	35	10	25
连南瑶族自治县	1183	640	543	36	13	23
英德市	39591	24273	15318	641	231	410
连州市	6536	3885	2651	122	41	81
东莞市	**6119619**	**3635741**	**2483878**	**52921**	**21059**	**31862**
市辖区	6119619	3635741	2483878	52921	21059	31862
中山市	**1901680**	**1114168**	**787512**	**18938**	**7166**	**11772**
市辖区	1901680	1114168	787512	18938	7166	11772
潮州市	**172263**	**100925**	**71338**	**4245**	**1358**	**2887**
湘桥区	41703	24214	17489	789	264	525
潮安区	123835	72778	51057	3275	1035	2240
饶平县	6725	3933	2792	181	59	122
揭阳市	**104155**	**62667**	**41488**	**2492**	**874**	**1618**
榕城区	28935	17904	11031	851	248	603
揭东区	29926	18230	11696	749	264	485
揭西县	7591	4356	3235	200	74	126
惠来县	4764	3013	1751	66	25	41
普宁市	32939	19164	13775	626	263	363
云浮市	**66913**	**39635**	**27278**	**1052**	**390**	**662**
云城区	24526	15292	9234	374	149	225
云安区	5984	4022	1962	91	36	55
新兴县	19108	11386	7722	214	70	144
郁南县	4961	2612	2349	109	41	68
罗定市	12334	6323	6011	264	94	170

6-7 续表 3 单位：人

现住地	学前教育			小学		
	小计	男	女	小计	男	女
广东	**619260**	**334408**	**284852**	**4389616**	**2265372**	**2124244**
广州市	**77790**	**41974**	**35816**	**612884**	**316925**	**295959**
荔湾区	3709	2078	1631	30333	16304	14029
越秀区	1768	974	794	16295	7710	8585
海珠区	4480	2530	1950	51598	26057	25541
天河区	7210	3851	3359	49380	24872	24508
白云区	20173	10877	9296	161438	82338	79100
黄埔区	6957	3704	3253	43193	22491	20702
番禺区	11054	6015	5039	94580	49402	45178
花都区	10246	5452	4794	72449	37459	34990
南沙区	4314	2300	2014	38096	20813	17283
从化区	799	420	379	5981	3235	2746
增城区	7080	3773	3307	49541	26244	23297
韶关市	**5177**	**2777**	**2400**	**31816**	**16290**	**15526**
武江区	1288	682	606	8080	4211	3869
浈江区	966	522	444	5776	2869	2907
曲江区	629	340	289	3898	2032	1866
始兴县	234	136	98	1283	672	611
仁化县	380	203	177	2499	1289	1210
翁源县	253	147	106	1698	883	815
乳源瑶族自治县	217	119	98	1314	718	596
新丰县	198	109	89	1225	658	567
乐昌市	627	320	307	3928	1844	2084
南雄市	385	199	186	2115	1114	1001
深圳市	**171245**	**92168**	**79077**	**906940**	**432900**	**474040**
罗湖区	6598	3550	3048	43813	20610	23203
福田区	7939	4282	3657	54503	25440	29063
南山区	9790	5277	4513	64460	30368	34092
宝安区	52963	28504	24459	249715	118867	130848
龙岗区	41909	22500	19409	234314	112743	121571
盐田区	1378	749	629	9317	4517	4800
龙华区	28681	15421	13260	118668	54608	64060
坪山区	6563	3499	3064	45038	22687	22351
光明区	15424	8386	7038	87112	43060	44052
珠海市	**15069**	**8105**	**6964**	**108969**	**57700**	**51269**
香洲区	7967	4282	3685	57317	30117	27200
斗门区	3545	1909	1636	26504	13816	12688
金湾区	3557	1914	1643	25148	13767	11381
汕头市	**9893**	**5342**	**4551**	**107141**	**58794**	**48347**
龙湖区	1958	1073	885	18641	10396	8245
金平区	1930	1035	895	13870	7232	6638
濠江区	217	115	102	2220	1249	971
潮阳区	2123	1171	952	19858	11024	8834
潮南区	1016	525	491	14446	8263	6183
澄海区	2593	1397	1196	37472	20268	17204
南澳县	56	26	30	634	362	272
佛山市	**55850**	**30478**	**25372**	**528409**	**290377**	**238032**
禅城区	5059	2709	2350	41180	22720	18460
南海区	19690	10763	8927	211704	117950	93754
顺德区	23925	13098	10827	207908	112315	95593
三水区	4934	2680	2254	48373	26499	21874
高明区	2242	1228	1014	19244	10893	8351

6-7 续表 4

单位：人

现住地	学前教育			小学		
	小计	男	女	小计	男	女
江门市	**25082**	**13642**	**11440**	**184473**	**96513**	**87960**
蓬江区	4985	2693	2292	39734	20560	19174
江海区	3533	1919	1614	22928	11722	11206
新会区	5638	3059	2579	44676	23607	21069
台山市	1899	1038	861	15483	8217	7266
开平市	3655	1995	1660	26727	13934	12793
鹤山市	4799	2608	2191	28445	15020	13425
恩平市	573	330	243	6480	3453	3027
湛江市	**4087**	**2174**	**1913**	**29374**	**14993**	**14381**
赤坎区	558	295	263	3431	1781	1650
霞山区	896	493	403	5540	2867	2673
坡头区	276	131	145	1767	940	827
麻章区	229	116	113	1917	1166	751
遂溪县	296	154	142	1767	866	901
徐闻县	381	197	184	3240	1687	1553
廉江市	750	404	346	4845	2038	2807
雷州市	217	125	92	1773	892	881
吴川市	484	259	225	5094	2756	2338
茂名市	**2963**	**1558**	**1405**	**21892**	**10475**	**11417**
茂南区	941	496	445	6394	3360	3034
电白区	438	211	227	4329	1961	2368
高州市	620	326	294	4671	2276	2395
化州市	542	291	251	3586	1600	1986
信宜市	422	234	188	2912	1278	1634
肇庆市	**7495**	**4077**	**3418**	**55182**	**30126**	**25056**
端州区	944	499	445	6312	3410	2902
鼎湖区	543	300	243	5176	3066	2110
高要区	1479	804	675	14204	7673	6531
广宁县	198	107	91	1263	691	572
怀集县	163	84	79	1784	1080	704
封开县	207	97	110	1101	580	521
德庆县	116	74	42	790	393	397
四会市	3845	2112	1733	24552	13233	11319
惠州市	**37470**	**20057**	**17413**	**296937**	**158379**	**138558**
惠城区	13629	7247	6382	94675	49300	45375
惠阳区	12310	6546	5764	97430	52130	45300
博罗县	7288	3920	3368	59922	31843	28079
惠东县	3773	2069	1704	39072	21652	17420
龙门县	470	275	195	5838	3454	2384
梅州市	**2592**	**1351**	**1241**	**19314**	**10104**	**9210**
梅江区	603	328	275	4310	2198	2112
梅县区	770	401	369	5065	2565	2500
大埔县	191	85	106	1315	690	625
丰顺县	180	96	84	2302	1257	1045
五华县	219	117	102	1982	1140	842
平远县	178	86	92	1154	546	608
蕉岭县	165	97	68	1322	683	639
兴宁市	286	141	145	1864	1025	839

6-7 续表 5

单位：人

现住地	学前教育			小学		
	小计	男	女	小计	男	女
汕尾市	**2325**	**1199**	**1126**	**28177**	**15386**	**12791**
城　区	452	239	213	6612	3703	2909
海丰县	1513	791	722	16803	9141	7662
陆河县	94	46	48	1472	828	644
陆丰市	266	123	143	3290	1714	1576
河源市	**4688**	**2560**	**2128**	**32721**	**18006**	**14715**
源城区	3113	1689	1424	19255	10163	9092
紫金县	399	216	183	3842	2251	1591
龙川县	370	202	168	2576	1451	1125
连平县	174	95	79	1275	733	542
和平县	125	69	56	1115	727	388
东源县	507	289	218	4658	2681	1977
阳江市	**3459**	**1876**	**1583**	**28799**	**14812**	**13987**
江城区	1283	706	577	10860	5725	5135
阳东区	1407	779	628	12059	6152	5907
阳西县	252	131	121	2761	1419	1342
阳春市	517	260	257	3119	1516	1603
清远市	**7428**	**4024**	**3404**	**47194**	**25076**	**22118**
清城区	4299	2368	1931	24791	13152	11639
清新区	989	552	437	6509	3324	3185
佛冈县	360	177	183	3089	1696	1393
阳山县	240	123	117	1340	713	627
连山壮族瑶族自治县	98	50	48	618	298	320
连南瑶族自治县	50	23	27	301	164	137
英德市	1206	639	567	9052	4940	4112
连州市	186	92	94	1494	789	705
东莞市	**128648**	**69777**	**58871**	**886497**	**457417**	**429080**
市辖区	128648	69777	58871	886497	457417	429080
中山市	**45875**	**24689**	**21186**	**354089**	**182482**	**171607**
市辖区	45875	24689	21186	354089	182482	171607
潮州市	**6178**	**3370**	**2808**	**60984**	**32980**	**28004**
湘桥区	1257	691	566	12972	7060	5912
潮安区	4746	2582	2164	46337	25055	21282
饶平县	175	97	78	1675	865	810
揭阳市	**3821**	**2079**	**1742**	**31929**	**17242**	**14687**
榕城区	1115	615	500	8780	4863	3917
揭东区	1220	671	549	10016	5428	4588
揭西县	266	136	130	2635	1363	1272
惠来县	92	49	43	1042	602	440
普宁市	1128	608	520	9456	4986	4470
云浮市	**2125**	**1131**	**994**	**15895**	**8395**	**7500**
云城区	764	417	347	5953	3401	2552
云安区	164	86	78	1224	727	497
新兴县	494	257	237	4175	2246	1929
郁南县	221	121	100	1244	557	687
罗定市	482	250	232	3299	1464	1835

6−7　续表 6

单位：人

现住地	初中			高中			大学专科		
	小计	男	女	小计	男	女	小计	男	女
广　东	**14250129**	**8650404**	**5599725**	**6074014**	**3825296**	**2248718**	**2200810**	**1295130**	**905680**
广州市	**2273947**	**1367724**	**906223**	**1118841**	**685274**	**433567**	**437990**	**246265**	**191725**
荔湾区	93734	58057	35677	40566	24190	16376	16167	8895	7272
越秀区	55659	32169	23490	34318	19670	14648	13035	6439	6596
海珠区	257466	147397	110069	80102	46574	33528	26723	13791	12932
天河区	159376	94198	65178	170235	101995	68240	90422	51021	39401
白云区	601171	364904	236267	271952	167765	104187	104217	57896	46321
黄埔区	156350	97856	58494	111883	73976	37907	42299	25918	16381
番禺区	379819	223353	156466	212885	126798	86087	69853	38203	31650
花都区	289888	174050	115838	81151	50191	30960	31109	17937	13172
南沙区	128585	82022	46563	56482	37696	18786	16288	10290	5998
从化区	19716	12460	7256	8282	5292	2990	4149	2501	1648
增城区	132183	81258	50925	50985	31127	19858	23728	13374	10354
韶关市	**63746**	**38121**	**25625**	**24501**	**14642**	**9859**	**9415**	**5609**	**3806**
武江区	18245	10845	7400	7163	4134	3029	2689	1506	1183
浈江区	10563	6076	4487	5787	3392	2395	2231	1288	943
曲江区	8546	5311	3235	2704	1646	1058	1088	695	393
始兴县	2522	1464	1058	913	574	339	299	187	112
仁化县	4223	2628	1595	1222	768	454	454	303	151
翁源县	3899	2509	1390	1125	759	366	409	259	150
乳源瑶族自治县	2471	1564	907	988	585	403	524	344	180
新丰县	3335	2144	1191	1105	727	378	374	269	105
乐昌市	6297	3418	2879	2136	1221	915	783	427	356
南雄市	3645	2162	1483	1358	836	522	564	331	233
深圳市	**3468306**	**2067828**	**1400478**	**1858589**	**1180231**	**678358**	**969784**	**569502**	**400282**
罗湖区	130065	75127	54938	87344	50411	36933	43860	22416	21444
福田区	153733	88228	65505	116352	69736	46616	64093	33720	30373
南山区	191667	114446	77221	147671	90558	57113	90346	49911	40435
宝安区	1170635	690205	480430	529152	339815	189337	282462	170934	111528
龙岗区	784505	465618	318887	398114	246781	151333	200785	114909	85876
盐田区	28112	17555	10557	18897	12196	6701	7729	4558	3171
龙华区	526265	321922	204343	341208	224548	116660	197035	119091	77944
坪山区	137530	84110	53420	64330	42928	21402	25398	16291	9107
光明区	345794	210617	135177	155521	103258	52263	58076	37672	20404
珠海市	**309961**	**192522**	**117439**	**165660**	**104076**	**61584**	**59242**	**34334**	**24908**
香洲区	158936	97104	61832	99480	60863	38617	36640	20554	16086
斗门区	76414	48076	28338	33352	21810	11542	9234	5661	3573
金湾区	74611	47342	27269	32828	21403	11425	13368	8119	5249
汕头市	**223862**	**136288**	**87574**	**49925**	**31338**	**18587**	**7713**	**4867**	**2846**
龙湖区	40076	24722	15354	11161	7026	4135	1881	1112	769
金平区	23675	14349	9326	7992	4805	3187	1736	1051	685
濠江区	5312	3848	1464	1232	909	323	449	334	115
潮阳区	47706	28436	19270	11891	7455	4436	1881	1226	655
潮南区	29476	18234	11242	5512	3497	2015	429	280	149
澄海区	76717	46156	30561	11951	7551	4400	1288	837	451
南澳县	900	543	357	186	95	91	49	27	22
佛山市	**1686016**	**1058298**	**627718**	**565019**	**359336**	**205683**	**139452**	**84304**	**55148**
禅城区	172336	105028	67308	63612	38739	24873	20819	12184	8635
南海区	655765	413210	242555	206744	131197	75547	57518	34858	22660
顺德区	662054	411097	250957	245089	156160	88929	48203	28969	19234
三水区	137900	91368	46532	31792	21694	10098	8092	5234	2858
高明区	57961	37595	20366	17782	11546	6236	4820	3059	1761

6-7 续表 7

单位：人

现住地	初中			高中			大学专科		
	小计	男	女	小计	男	女	小计	男	女
江门市	**394979**	**242968**	**152011**	**116396**	**74748**	**41648**	**26688**	**16829**	**9859**
蓬江区	91714	56358	35356	34730	21714	13016	9514	5795	3719
江海区	53416	32868	20548	18738	12141	6597	5384	3488	1896
新会区	81331	50839	30492	19990	13158	6832	3807	2464	1343
台山市	32992	20340	12652	10981	6861	4120	1977	1334	643
开平市	45230	27270	17960	9883	6228	3655	1529	908	621
鹤山市	74389	44996	29393	19074	12577	6497	3804	2380	1424
恩平市	15907	10297	5610	3000	2069	931	673	460	213
湛江市	**57586**	**34189**	**23397**	**17869**	**10291**	**7578**	**8768**	**5299**	**3469**
赤坎区	7725	4592	3133	3478	1944	1534	1590	843	747
霞山区	10947	6339	4608	4938	2683	2255	2460	1333	1127
坡头区	3146	1958	1188	975	604	371	900	570	330
麻章区	5713	4342	1371	2546	1831	715	1567	1253	314
遂溪县	3222	1873	1349	715	367	348	266	137	129
徐闻县	4408	2657	1751	983	591	392	368	249	119
廉江市	10611	5020	5591	2319	1104	1215	825	373	452
雷州市	2768	1687	1081	616	382	234	343	251	92
吴川市	9046	5721	3325	1299	785	514	449	290	159
茂名市	**42899**	**24472**	**18427**	**12952**	**7771**	**5181**	**4713**	**2668**	**2045**
茂南区	13547	8393	5154	4858	3093	1765	1947	1104	843
电白区	8415	4998	3417	1887	1093	794	1020	699	321
高州市	8523	4922	3601	3456	2092	1364	1103	518	585
化州市	7095	3376	3719	1598	870	728	318	161	157
信宜市	5319	2783	2536	1153	623	530	325	186	139
肇庆市	**147466**	**93810**	**53656**	**50244**	**32251**	**17993**	**11548**	**7328**	**4220**
端州区	14835	9048	5787	9580	5899	3681	2874	1630	1244
鼎湖区	13510	9229	4281	3669	2552	1117	1393	975	418
高要区	35602	22696	12906	7825	5092	2733	1215	820	395
广宁县	5055	3401	1654	1014	684	330	242	163	79
怀集县	3984	2422	1562	831	473	358	273	165	108
封开县	2805	1745	1060	1036	674	362	416	250	166
德庆县	2036	1217	819	559	326	233	197	122	75
四会市	69639	44052	25587	25730	16551	9179	4938	3203	1735
惠州市	**850488**	**530691**	**319797**	**259778**	**168004**	**91774**	**83380**	**52171**	**31209**
惠城区	266498	165301	101197	102627	65383	37244	36662	22574	14088
惠阳区	329620	206835	122785	102057	66750	35307	32624	20557	12067
博罗县	166514	103503	63011	39878	25977	13901	10516	6716	3800
惠东县	76965	47909	29056	12378	8061	4317	2893	1864	1029
龙门县	10891	7143	3748	2838	1833	1005	685	460	225
梅州市	**44568**	**26762**	**17806**	**12674**	**7596**	**5078**	**3340**	**2040**	**1300**
梅江区	10878	6601	4277	4219	2542	1677	1093	663	430
梅县区	10882	6323	4559	3380	1952	1428	935	550	385
大埔县	3189	1947	1242	647	388	259	196	124	72
丰顺县	4456	2722	1734	926	576	350	262	183	79
五华县	5312	3417	1895	942	611	331	276	186	90
平远县	2096	1188	908	523	341	182	132	62	70
蕉岭县	2737	1710	1027	720	437	283	139	81	58
兴宁市	5018	2854	2164	1317	749	568	307	191	116

6-7 续表 8

单位：人

现住地	初中			高中			大学专科		
	小计	男	女	小计	男	女	小计	男	女
汕尾市	**49389**	**31094**	**18295**	**9482**	**6275**	**3207**	**2797**	**1886**	**911**
城　区	11757	7783	3974	3286	2193	1093	1404	951	453
海丰县	28812	18070	10742	4788	3209	1579	970	675	295
陆河县	3197	2127	1070	459	288	171	121	84	37
陆丰市	5623	3114	2509	949	585	364	302	176	126
河源市	**76138**	**47109**	**29029**	**21351**	**13383**	**7968**	**7444**	**4821**	**2623**
源城区	41584	25111	16473	13509	8323	5186	4918	3069	1849
紫金县	9673	6377	3296	1547	1013	534	422	286	136
龙川县	6641	3940	2701	2157	1347	810	1061	773	288
连平县	3194	1964	1230	699	430	269	222	126	96
和平县	2556	1637	919	668	429	239	188	128	60
东源县	12490	8080	4410	2771	1841	930	633	439	194
阳江市	**51879**	**31765**	**20114**	**13156**	**8254**	**4902**	**6252**	**3936**	**2316**
江城区	20144	12583	7561	5680	3582	2098	2267	1394	873
阳东区	21256	12838	8418	4175	2663	1512	2438	1554	884
阳西县	4124	2542	1582	1149	746	403	427	299	128
阳春市	6355	3802	2553	2152	1263	889	1120	689	431
清远市	**111568**	**70572**	**40996**	**32680**	**20602**	**12078**	**13419**	**7997**	**5422**
清城区	60854	38959	21895	17966	11107	6859	8898	5106	3792
清新区	14938	8864	6074	4182	2652	1530	1112	671	441
佛冈县	8549	5547	3002	2447	1676	771	767	525	242
阳山县	2894	1830	1064	751	496	255	254	183	71
连山壮族瑶族自治县	1017	565	452	246	139	107	91	46	45
连南瑶族自治县	513	274	239	140	79	61	68	39	29
英德市	19612	12507	7105	5989	3890	2099	1890	1219	671
连州市	3191	2026	1165	959	563	396	339	208	131
东莞市	**3194380**	**1926707**	**1267673**	**1385141**	**874947**	**510194**	**318508**	**192139**	**126369**
市辖区	3194380	1926707	1267673	1385141	874947	510194	318508	192139	126369
中山市	**1027042**	**618811**	**408231**	**331566**	**208047**	**123519**	**84517**	**49453**	**35064**
市辖区	1027042	618811	408231	331566	208047	123519	84517	49453	35064
潮州市	**85314**	**53361**	**31953**	**12077**	**7761**	**4316**	**1814**	**1131**	**683**
湘桥区	21036	12885	8151	3715	2262	1453	817	465	352
潮安区	60631	38272	22359	7720	5086	2634	771	508	263
饶平县	3647	2204	1443	642	413	229	226	158	68
揭阳市	**55464**	**35539**	**19925**	**8200**	**5389**	**2811**	**1485**	**995**	**490**
榕城区	15487	10347	5140	2129	1461	668	428	272	156
揭东区	14704	9648	5056	2621	1782	839	476	335	141
揭西县	4023	2497	1526	383	236	147	63	37	26
惠来县	2521	1620	901	570	349	221	226	170	56
普宁市	18729	11427	7302	2497	1561	936	292	181	111
云浮市	**35131**	**21773**	**13358**	**7913**	**5080**	**2833**	**2541**	**1556**	**985**
云城区	12628	8267	4361	3027	1978	1049	1033	626	407
云安区	2830	2056	774	987	721	266	294	190	104
新兴县	10872	6769	4103	2175	1352	823	562	330	232
郁南县	2524	1378	1146	509	302	207	182	117	65
罗定市	6277	3303	2974	1215	727	488	470	293	177

6-7 续表 9

单位：人

现住地	大学本科			硕士研究生			博士研究生		
	小计	男	女	小计	男	女	小计	男	女
广 东	**1279706**	**755851**	**523855**	**118164**	**64827**	**53337**	**16940**	**10995**	**5945**
广州市	**276488**	**149689**	**126799**	**38439**	**18389**	**20050**	**6557**	**3833**	**2724**
荔湾区	8455	4456	3999	644	337	307	61	30	31
越秀区	12663	5908	6755	2727	1162	1565	368	207	161
海珠区	20397	10088	10309	3987	1667	2320	1184	705	479
天河区	63009	34205	28804	11929	5670	6259	2134	1272	862
白云区	50858	26723	24135	4068	1718	2350	890	437	453
黄埔区	30022	18195	11827	3663	1991	1672	366	232	134
番禺区	45817	23973	21844	8619	4296	4323	1339	793	546
花都区	17186	9477	7709	935	529	406	61	45	16
南沙区	8386	5388	2998	511	310	201	37	28	9
从化区	5027	2724	2303	375	172	203	35	29	6
增城区	14668	8552	6116	981	537	444	82	55	27
韶关市	**6653**	**3884**	**2769**	**628**	**361**	**267**	**45**	**31**	**14**
武江区	1923	1071	852	313	168	145	10	9	1
浈江区	1908	990	918	104	57	47	24	15	9
曲江区	551	378	173	52	36	16	6	4	2
始兴县	182	115	67	16	9	7			
仁化县	353	235	118	17	14	3	2	1	1
翁源县	240	154	86	18	11	7	1		1
乳源瑶族自治县	419	287	132	40	32	8	2	2	
新丰县	167	123	44	8	4	4			
乐昌市	499	277	222	37	17	20			
南雄市	411	254	157	23	13	10			
深圳市	**601804**	**364565**	**237239**	**49194**	**28959**	**20235**	**5652**	**4001**	**1651**
罗湖区	24526	13423	11103	1935	1025	910	180	124	56
福田区	50042	27730	22312	6683	3567	3116	586	444	142
南山区	95380	55427	39953	18736	10995	7741	2836	1902	934
宝安区	168963	106999	61964	8152	5126	3026	580	443	137
龙岗区	115073	68434	46639	6190	3708	2482	706	528	178
盐田区	4026	2387	1639	425	212	213	87	46	41
龙华区	105936	64481	41455	4615	2750	1865	412	300	112
坪山区	13930	9517	4413	1222	769	453	98	80	18
光明区	23928	16167	7761	1236	807	429	167	134	33
珠海市	**51812**	**28238**	**23574**	**5248**	**2677**	**2571**	**1033**	**618**	**415**
香洲区	36128	19504	16624	4331	2166	2165	885	530	355
斗门区	4578	2814	1764	418	226	192	43	26	17
金湾区	11106	5920	5186	499	285	214	105	62	43
汕头市	**3813**	**2349**	**1464**	**516**	**216**	**300**	**92**	**63**	**29**
龙湖区	818	500	318	49	25	24	5	3	2
金平区	1594	891	703	419	161	258	81	56	25
濠江区	228	189	39	15	7	8			
潮阳区	586	389	197	12	9	3	1		1
潮南区	193	108	85	7	5	2	1		1
澄海区	386	267	119	14	9	5	4	4	
南澳县	8	5	3						
佛山市	**63552**	**38277**	**25275**	**4706**	**2734**	**1972**	**463**	**331**	**132**
禅城区	10248	5918	4330	780	419	361	68	45	23
南海区	23531	13858	9673	1393	742	651	142	95	47
顺德区	23727	14597	9130	2060	1313	747	229	173	56
三水区	4530	2858	1672	322	164	158	18	13	5
高明区	1516	1046	470	151	96	55	6	5	1

6-7　续表 10　　　　单位：人

现住地	大学本科			硕士研究生			博士研究生		
	小计	男	女	小计	男	女	小计	男	女
江门市	**12272**	**7954**	**4318**	**888**	**541**	**347**	**81**	**66**	**15**
蓬江区	4812	3010	1802	465	272	193	52	42	10
江海区	2226	1457	769	188	125	63	9	7	2
新会区	1716	1156	560	127	80	47	7	6	1
台山市	1028	684	344	43	25	18	1	1	
开平市	636	413	223	24	13	11			
鹤山市	1535	1005	530	33	19	14	12	10	2
恩平市	319	229	90	8	7	1			
湛江市	**12377**	**6552**	**5825**	**981**	**506**	**475**	**185**	**130**	**55**
赤坎区	2177	911	1266	114	63	51	74	51	23
霞山区	3245	1897	1348	395	182	213	65	44	21
坡头区	796	517	279	90	57	33	3	3	
麻章区	4665	2285	2380	330	171	159	34	24	10
遂溪县	148	91	57	5	2	3	1		1
徐闻县	280	197	83	6	5	1	1	1	
廉江市	417	240	177	29	16	13	2	2	
雷州市	409	264	145	4	3	1	1	1	
吴川市	240	150	90	8	7	1	4	4	
茂名市	**3464**	**2088**	**1376**	**217**	**102**	**115**	**56**	**41**	**15**
茂南区	2480	1481	999	140	69	71	44	34	10
电白区	403	255	148	50	19	31	10	6	4
高州市	264	143	121	13	6	7	1	1	
化州市	170	99	71	9	6	3			
信宜市	147	110	37	5	2	3	1		1
肇庆市	**7403**	**4285**	**3118**	**377**	**206**	**171**	**36**	**24**	**12**
端州区	2621	1295	1326	96	48	48	15	11	4
鼎湖区	972	598	374	52	28	24	6	4	2
高要区	894	537	357	8	5	3			
广宁县	158	98	60	17	7	10	2		2
怀集县	182	104	78	9	4	5			
封开县	343	213	130	23	15	8	3	2	1
德庆县	133	66	67	31	14	17			
四会市	2100	1374	726	141	85	56	10	7	3
惠州市	**39351**	**25432**	**13919**	**2141**	**1259**	**882**	**229**	**148**	**81**
惠城区	19895	12749	7146	1171	715	456	101	67	34
惠阳区	13359	8680	4679	644	367	277	98	58	40
博罗县	4449	2921	1528	185	110	75	22	16	6
惠东县	1288	844	444	96	53	43	6	5	1
龙门县	360	238	122	45	14	31	2	2	
梅州市	**3048**	**1655**	**1393**	**165**	**87**	**78**	**38**	**32**	**6**
梅江区	1819	818	1001	94	48	46	31	28	3
梅县区	409	264	145	17	9	8	3	3	
大埔县	144	102	42	7	4	3			
丰顺县	151	110	41	6	3	3	1	1	
五华县	162	119	43	17	11	6			
平远县	127	86	41	5	3	2			
蕉岭县	77	51	26	14	5	9			
兴宁市	159	105	54	5	4	1	3		3

6-7 续表 11　　　　单位：人

现住地	大学本科			硕士研究生			博士研究生		
	小计	男	女	小计	男	女	小计	男	女
汕尾市	**2243**	**1559**	**684**	**208**	**110**	**98**	**14**	**10**	**4**
城　区	1086	777	309	90	49	41	6	5	1
海丰县	895	624	271	98	56	42	6	5	1
陆河县	48	31	17						
陆丰市	214	127	87	20	5	15	2		2
河源市	**3335**	**2240**	**1095**	**191**	**116**	**75**	**11**	**9**	**2**
源城区	2003	1322	681	147	90	57	11	9	2
紫金县	240	160	80	5	2	3			
龙川县	511	387	124	13	9	4			
连平县	65	48	17	4	3	1			
和平县	129	86	43						
东源县	387	237	150	22	12	10			
阳江市	**2932**	**1994**	**938**	**142**	**85**	**57**	**17**	**12**	**5**
江城区	1135	695	440	72	38	34	13	10	3
阳东区	698	534	164	21	13	8	2	2	
阳西县	469	356	113	21	17	4			
阳春市	630	409	221	28	17	11	2		2
清远市	**7268**	**4799**	**2469**	**560**	**348**	**212**	**37**	**30**	**7**
清城区	4530	2910	1620	433	264	169	32	26	6
清新区	686	450	236	36	22	14	4	3	1
佛冈县	381	276	105	13	11	2			
阳山县	167	117	50	3	3				
连山壮族瑶族自治县	56	32	24	3	2	1			
连南瑶族自治县	70	45	25	5	3	2			
英德市	1137	806	331	63	40	23	1	1	
连州市	241	163	78	4	3	1			
东莞市	**140099**	**85401**	**54698**	**11239**	**6821**	**4418**	**2186**	**1473**	**713**
市辖区	140099	85401	54698	11239	6821	4418	2186	1473	713
中山市	**37600**	**22343**	**15257**	**1883**	**1058**	**825**	**170**	**119**	**51**
市辖区	37600	22343	15257	1883	1058	825	170	119	51
潮州市	**1445**	**838**	**607**	**181**	**112**	**69**	**25**	**14**	**11**
湘桥区	973	501	472	121	73	48	23	13	10
潮安区	302	206	96	52	33	19	1	1	
饶平县	170	131	39	8	6	2	1		1
揭阳市	**733**	**526**	**207**	**29**	**21**	**8**	**2**	**2**	
榕城区	140	96	44	5	2	3			
揭东区	135	98	37	5	4	1			
揭西县	21	13	8						
惠来县	236	189	47	11	9	2			
普宁市	201	130	71	8	6	2	2	2	
云浮市	**2014**	**1183**	**831**	**231**	**119**	**112**	**11**	**8**	**3**
云城区	646	402	244	97	49	48	4	3	1
云安区	375	197	178	16	7	9	3	2	1
新兴县	514	306	208	98	53	45	4	3	1
郁南县	167	94	73	5	2	3			
罗定市	312	184	128	15	8	7			

6–8 全省分年龄、性别、迁移原因的户口登记地在外乡镇街道的人口

单位：人

年 龄	合 计			工作就业		
	合计	男	女	小计	男	女
总 计	**50792391**	**28884396**	**21907995**	**35924895**	**21621138**	**14303757**
0–4岁	**1738648**	**935133**	**803515**			
0	166765	90071	76694			
1	334729	179830	154899			
2	369305	198275	171030			
3	434416	232713	201703			
4	433433	234244	199189			
5–9岁	**2073604**	**1140186**	**933418**			
5	410492	223648	186844			
6	402838	220964	181874			
7	405278	223073	182205			
8	452409	249507	202902			
9	402587	222994	179593			
10–14岁	**1698444**	**950133**	**748311**	**13534**	**7961**	**5573**
10	380900	213106	167794	2354	1370	984
11	379232	211899	167333	2539	1453	1086
12	341723	190833	150890	2327	1385	942
13	306216	171254	134962	2460	1458	1002
14	290373	163041	127332	3854	2295	1559
15–19岁	**2877338**	**1664380**	**1212958**	**1094153**	**695243**	**398910**
15	341577	192631	148946	35412	22152	13260
16	484549	281875	202674	105390	68744	36646
17	536787	319752	217035	205510	132826	72684
18	642465	376162	266303	311201	197859	113342
19	871960	493960	378000	436640	273662	162978
20–24岁	**5618743**	**3182358**	**2436385**	**4287185**	**2526660**	**1760525**
20	992050	558601	433449	547259	338144	209115
21	1025921	578707	447214	686933	412846	274087
22	1151243	657318	493925	914220	537586	376634
23	1189137	675729	513408	1024618	594679	429939
24	1260392	712003	548389	1114155	643405	470750
25–29岁	**6616658**	**3815351**	**2801307**	**5932743**	**3522904**	**2409839**
25	1324898	753699	571199	1182424	688936	493488
26	1255912	716590	539322	1123028	658539	464489
27	1326677	763539	563138	1190420	705980	484440
28	1342321	781491	560830	1206307	725179	481128
29	1366850	800032	566818	1230564	744270	486294

6—8 续表 1

单位：人

年龄	合计			工作就业		
	合计	男	女	小计	男	女
30—34岁	**7354509**	**4321826**	**3032683**	**6640642**	**4035329**	**2605313**
30	1617951	948664	669287	1462757	885993	576764
31	1524058	894283	629775	1377208	835308	541900
32	1400125	822373	577752	1263641	767962	495679
33	1492460	880638	611822	1349229	823304	525925
34	1319915	775868	544047	1187807	722762	465045
35—39岁	**5568869**	**3285317**	**2283552**	**4971951**	**3036169**	**1935782**
35	1169713	689427	480286	1048463	640073	408390
36	1153407	680100	473307	1030729	629778	400951
37	1067832	631784	436048	951586	582793	368793
38	1148965	679581	469384	1025438	627360	398078
39	1028952	604425	424527	915735	556165	359570
40—44岁	**4375828**	**2534097**	**1841731**	**3885532**	**2317473**	**1568059**
40	914491	535408	379083	812441	491304	321137
41	953243	557598	395645	843002	508764	334238
42	855999	496363	359636	759086	452886	306200
43	784711	450750	333961	698031	412272	285759
44	867384	493978	373406	772972	452247	320725
45—49岁	**4532355**	**2543816**	**1988539**	**3996640**	**2310930**	**1685710**
45	884616	498182	386434	787992	455744	332248
46	968234	541403	426831	860081	493773	366308
47	931406	522137	409269	820811	473911	346900
48	892278	500210	392068	783543	453280	330263
49	855821	481884	373937	744213	434222	309991
50—54岁	**3550542**	**2004382**	**1546160**	**2933556**	**1766842**	**1166714**
50	848384	476013	372371	728224	426590	301634
51	750394	424655	325739	630219	377139	253080
52	773468	436149	337319	639358	385057	254301
53	580345	327818	252527	467501	285409	182092
54	597951	339747	258204	468254	292647	175607
55—59岁	**2133844**	**1178295**	**955549**	**1434415**	**923445**	**510970**
55	546799	308417	238382	406261	257031	149230
56	493292	273855	219437	346552	221041	125511
57	515391	286665	228726	342048	223859	118189
58	386357	209645	176712	235488	154436	81052
59	192005	99713	92292	104066	67078	36988
60—64岁	**1065734**	**546694**	**519040**	**431279**	**286844**	**144435**
60	191995	98569	93426	92926	60208	32718
61	193618	100821	92797	82874	55841	27033
62	235810	122206	113604	96433	64881	31552
63	244392	125151	119241	91146	61135	30011
64	199919	99947	99972	67900	44779	23121
65岁及以上	**1587275**	**782428**	**804847**	**303265**	**191338**	**111927**

6-8　续表 2　　　　单位：人

年　龄	学习培训			随同离开/投亲靠友			拆迁/搬家		
	小计	男	女	小计	男	女	小计	男	女
总　计	**4127791**	**2212129**	**1915662**	**3647767**	**1816340**	**1831427**	**2438789**	**1272456**	**1166333**
0-4岁	**143914**	**77939**	**65975**	**1000041**	**537761**	**462280**	**118606**	**64094**	**54512**
0	3187	1753	1434	97788	52838	44950	12387	6724	5663
1	9983	5391	4592	198199	106681	91518	22269	12037	10232
2	17724	9625	8099	218365	117281	101084	25292	13582	11710
3	47329	25457	21872	246114	131600	114514	30348	16405	13943
4	65691	35713	29978	239575	129361	110214	28310	15346	12964
5-9岁	**778134**	**432526**	**345608**	**870262**	**477556**	**392706**	**132897**	**71637**	**61260**
5	70360	38638	31722	222042	121201	100841	27280	14563	12717
6	154837	85849	68988	168031	91859	76172	25292	13673	11619
7	173413	96468	76945	157208	86229	70979	25798	13850	11948
8	199493	111115	88378	171627	94505	77122	28697	15528	13169
9	180031	100456	79575	151354	83762	67592	25830	14023	11807
10-14岁	**771764**	**436112**	**335652**	**600552**	**335100**	**265452**	**122585**	**66874**	**55711**
10	170801	96686	74115	140722	78507	62215	24993	13663	11330
11	171516	96773	74743	137594	76703	60891	25888	14111	11777
12	153937	87188	66749	121117	67260	53857	25515	13921	11594
13	138205	77957	60248	106185	59213	46972	24269	13226	11043
14	137305	77508	59797	94934	53417	41517	21920	11953	9967
15-19岁	**1413950**	**760012**	**653938**	**201814**	**115857**	**85957**	**66394**	**37377**	**29017**
15	211100	116858	94242	57642	32727	24915	15472	8634	6838
16	303105	169711	133394	43947	25382	18565	12688	7128	5560
17	262957	148103	114854	36583	21182	15401	12396	6887	5509
18	266051	141396	124655	33161	19034	14127	12691	7160	5531
19	370737	183944	186793	30481	17532	12949	13147	7568	5579
20-24岁	**903031**	**443271**	**459760**	**135965**	**72503**	**63462**	**110603**	**59497**	**51106**
20	376644	182915	193729	28711	16352	12359	15262	8616	6646
21	268556	128946	139610	25592	14011	11581	17612	9795	7817
22	149674	76097	73577	28054	14861	13193	22773	12340	10433
23	68312	35099	33213	27220	14013	13207	26033	13779	12254
24	39845	20214	19631	26388	13266	13122	28923	14967	13956
25-29岁	**72352**	**38403**	**33949**	**112230**	**50785**	**61445**	**176029**	**89837**	**86192**
25	26264	13738	12526	25557	12418	13139	31573	16263	15310
26	16812	8855	7957	22596	10679	11917	32336	16612	15724
27	12345	6593	5752	22280	10045	12235	35128	17787	17341
28	9468	5103	4365	21172	9173	11999	37287	19005	18282
29	7463	4114	3349	20625	8470	12155	39705	20170	19535

6-8 续表 3

单位：人

年 龄	学习培训			随同离开/投亲靠友			拆迁/搬家		
	小计	男	女	小计	男	女	小计	男	女
30-34岁	**21403**	**11805**	**9598**	**93476**	**33311**	**60165**	**234121**	**119140**	**114981**
30	6799	3717	3082	22247	8617	13630	46798	23723	23075
31	4822	2686	2136	19506	7159	12347	47100	23946	23154
32	3797	2066	1731	17680	6187	11493	44873	22830	22043
33	3377	1852	1525	17993	6050	11943	48688	24823	23865
34	2608	1484	1124	16050	5298	10752	46662	23818	22844
35-39岁	**9078**	**5007**	**4071**	**67105**	**21123**	**45982**	**225396**	**117074**	**108322**
35	2186	1235	951	14297	4617	9680	44088	22807	21281
36	2043	1155	888	13991	4469	9522	45457	23508	21949
37	1761	945	816	13070	4190	8880	44052	22964	21088
38	1622	903	719	13628	4164	9464	47521	24778	22743
39	1466	769	697	12119	3683	8436	44278	23017	21261
40-44岁	**4764**	**2514**	**2250**	**50197**	**14484**	**35713**	**200418**	**104174**	**96244**
40	1181	627	554	10710	3297	7413	40706	21022	19684
41	1097	565	532	11224	3353	7871	44975	23582	21393
42	910	497	413	9861	2929	6932	39707	20872	18835
43	775	422	353	8760	2358	6402	35623	18463	17160
44	801	403	398	9642	2547	7095	39407	20235	19172
45-49岁	**3298**	**1646**	**1652**	**57207**	**13716**	**43491**	**226778**	**115843**	**110935**
45	746	369	377	10126	2537	7589	40623	20763	19860
46	697	338	359	11338	2759	8579	45778	23476	22302
47	653	346	307	11575	2816	8759	47304	23972	23332
48	651	315	336	11850	2783	9067	46027	23447	22580
49	551	278	273	12318	2821	9497	47046	24185	22861
50-54岁	**2248**	**1142**	**1106**	**77467**	**17152**	**60315**	**219785**	**112199**	**107586**
50	609	310	299	13587	2975	10612	48399	24686	23713
51	482	246	236	14513	3175	11338	45872	23240	22632
52	462	243	219	16966	3702	13264	47684	24093	23591
53	330	155	175	14807	3255	11552	37859	19653	18206
54	365	188	177	17594	4045	13549	39971	20527	19444
55-59岁	**1428**	**695**	**733**	**91522**	**22623**	**68899**	**196151**	**101832**	**94319**
55	350	183	167	18648	4317	14331	42361	21990	20371
56	348	185	163	19310	4567	14743	41968	21614	20354
57	328	138	190	22635	5681	16954	47316	24743	22573
58	275	131	144	19702	5128	14574	40432	21079	19353
59	127	58	69	11227	2930	8297	24074	12406	11668
60-64岁	**839**	**378**	**461**	**86757**	**28676**	**58081**	**138346**	**72873**	**65473**
60	153	65	88	12677	3690	8987	24901	12919	11982
61	136	62	74	14806	4758	10048	25778	13667	12111
62	190	84	106	19036	6257	12779	30102	15979	14123
63	183	91	92	21390	7337	14053	31273	16608	14665
64	177	76	101	18848	6634	12214	26292	13700	12592
65岁及以上	**1588**	**679**	**909**	**203172**	**75693**	**127479**	**270680**	**140005**	**130675**

6–8　续表 4　　　　　　单位：人

年　龄	寄挂户口			婚姻嫁娶			照料孙子女		
	小计	男	女	小计	男	女	小计	男	女
总　计	**803559**	**435662**	**367897**	**552419**	**68068**	**484351**	**1017547**	**313912**	**703635**
0–4岁	**54273**	**28609**	**25664**						
0	4598	2436	2162						
1	12451	6491	5960						
2	12763	6679	6084						
3	13223	7014	6209						
4	11238	5989	5249						
5–9岁	**49082**	**25933**	**23149**						
5	10030	5369	4661						
6	9542	5016	4526						
7	9675	5134	4541						
8	10694	5611	5083						
9	9141	4803	4338						
10–14岁	**46645**	**24948**	**21697**	**49**	**25**	**24**			
10	9156	4869	4287	6	4	2			
11	9657	5187	4470	13	7	6			
12	9776	5176	4600	11	9	2			
13	9516	5114	4402	9	4	5			
14	8540	4602	3938	10	1	9			
15–19岁	**21753**	**12548**	**9205**	**2765**	**158**	**2607**	**87**	**19**	**68**
15	5269	2969	2300	88	23	65	4	2	2
16	4207	2347	1860	167	20	147	14	4	10
17	4439	2458	1981	337	21	316	10	3	7
18	3893	2351	1542	738	35	703	28	5	23
19	3945	2423	1522	1435	59	1376	31	5	26
20–24岁	**49998**	**26260**	**23738**	**31942**	**785**	**31157**	**727**	**39**	**688**
20	4902	2925	1977	2406	64	2342	55	2	53
21	6238	3511	2727	3739	72	3667	110	10	100
22	9766	5195	4571	6029	131	5898	153	10	143
23	12726	6559	6167	8388	216	8172	182	4	178
24	16366	8070	8296	11380	302	11078	227	13	214
25–29岁	**96974**	**47283**	**49691**	**99441**	**4843**	**94598**	**1701**	**68**	**1633**
25	19408	9455	9953	14991	506	14485	309	12	297
26	19935	9557	10378	17050	641	16409	303	12	291
27	20231	9908	10323	20485	884	19601	355	11	344
28	19221	9386	9835	22940	1217	21723	355	16	339
29	18179	8977	9202	23975	1595	22380	379	17	362

6-8 续表 5

单位：人

年 龄	寄挂户口			婚姻嫁娶			照料孙子女		
	小计	男	女	小计	男	女	小计	男	女
30-34岁	**82343**	**41945**	**40398**	**134830**	**12445**	**122385**	**3954**	**489**	**3465**
30	19722	9944	9778	28562	2132	26430	882	81	801
31	17890	9074	8816	27640	2358	25282	808	95	713
32	15586	7960	7626	26027	2448	23579	776	88	688
33	15461	7923	7538	27330	2749	24581	790	114	676
34	13684	7044	6640	25271	2758	22513	698	111	587
35-39岁	**60793**	**30933**	**29860**	**103084**	**13798**	**89286**	**2874**	**494**	**2380**
35	12065	6174	5891	22484	2633	19851	600	83	517
36	12197	6220	5977	22166	2803	19363	651	104	547
37	12006	6127	5879	20039	2829	17210	541	111	430
38	12750	6476	6274	20397	2841	17556	566	106	460
39	11775	5936	5839	17998	2692	15306	516	90	426
40-44岁	**56396**	**29217**	**27179**	**64172**	**10943**	**53229**	**3284**	**643**	**2641**
40	10955	5602	5353	15218	2417	12801	438	93	345
41	12505	6511	5994	15058	2510	12548	606	150	456
42	11508	6031	5477	12424	2162	10262	576	120	456
43	10292	5299	4993	10641	1911	8730	720	128	592
44	11136	5774	5362	10831	1943	8888	944	152	792
45-49岁	**61720**	**32282**	**29438**	**50159**	**9710**	**40449**	**19272**	**2098**	**17174**
45	11241	5906	5335	10638	1977	8661	1297	179	1118
46	12825	6747	6078	11019	2065	8954	2214	241	1973
47	12968	6686	6282	10343	2048	8295	3384	365	3019
48	12466	6520	5946	9344	1826	7518	5002	511	4491
49	12220	6423	5797	8815	1794	7021	7375	802	6573
50-54岁	**54096**	**29492**	**24604**	**30912**	**6212**	**24700**	**112613**	**16467**	**96146**
50	12574	6682	5892	8111	1617	6494	11560	1237	10323
51	11446	6057	5389	6870	1385	5485	16772	2192	14580
52	11780	6457	5323	6543	1340	5203	24502	3376	21126
53	9026	5083	3943	4789	968	3821	25102	3841	21261
54	9270	5213	4057	4599	902	3697	34677	5821	28856
55-59岁	**42585**	**25333**	**17252**	**16310**	**3855**	**12455**	**235730**	**49515**	**186215**
55	9425	5532	3893	4241	891	3350	41025	7497	33528
56	9420	5566	3854	3749	899	2850	47184	9141	38043
57	10033	6007	4026	3781	925	2856	61042	13034	48008
58	8647	5247	3400	3002	738	2264	54834	12255	42579
59	5060	2981	2079	1537	402	1135	31645	7588	24057
60-64岁	**29523**	**18190**	**11333**	**8048**	**2148**	**5900**	**267076**	**88647**	**178429**
60	5074	3080	1994	1600	420	1180	38387	10854	27533
61	5594	3408	2186	1527	426	1101	44702	14045	30657
62	6565	4002	2563	1721	451	1270	59071	19709	39362
63	6615	4140	2475	1740	462	1278	67360	23638	43722
64	5675	3560	2115	1460	389	1071	57556	20401	37155
65岁及以上	**97378**	**62689**	**34689**	**10707**	**3146**	**7561**	**370229**	**155433**	**214796**

6-8　续表 6　　　　单位：人

年　龄	为子女就学			养老/康养			其　他		
	小计	男	女	小计	男	女	小计	男	女
总　计	**116479**	**38143**	**78336**	**304895**	**125801**	**179094**	**1858250**	**980747**	**877503**
0–4岁							**421814**	**226730**	**195084**
0							48805	26320	22485
1							91827	49230	42597
2							95161	51108	44053
3							97402	52237	45165
4							88619	47835	40784
5–9岁							**243229**	**132534**	**110695**
5							80780	43877	36903
6							45136	24567	20569
7							39184	21392	17792
8							41898	22748	19150
9							36231	19950	16281
10–14岁				**24**	**19**	**5**	**143291**	**79094**	**64197**
10				8	8		32860	17999	14861
11				3	1	2	32022	17664	14358
12				2	2		29038	15892	13146
13				8	5	3	25564	14277	11287
14				3	3		23807	13262	10545
15–19岁	**3395**	**1892**	**1503**	**58**	**42**	**16**	**72969**	**41232**	**31737**
15	1097	606	491	10	7	3	15483	8653	6830
16	727	393	334	11	8	3	14293	8138	6155
17	593	357	236	7	6	1	13955	7909	6046
18	536	296	240	14	11	3	14152	8015	6137
19	442	240	202	16	10	6	15086	8517	6569
20–24岁	**2765**	**845**	**1920**	**91**	**57**	**34**	**96436**	**52441**	**43995**
20	516	266	250	14	11	3	16281	9306	6975
21	415	175	240	13	9	4	16713	9332	7381
22	524	163	361	20	13	7	20030	10922	9108
23	557	117	440	22	13	9	21079	11250	9829
24	753	124	629	22	11	11	22333	11631	10702
25–29岁	**8549**	**1122**	**7427**	**114**	**66**	**48**	**116525**	**60040**	**56485**
25	967	119	848	31	19	12	23374	12233	11141
26	1184	142	1042	19	14	5	22649	11539	11110
27	1672	195	1477	20	8	12	23741	12128	11613
28	2022	262	1760	23	11	12	23526	12139	11387
29	2704	404	2300	21	14	7	23235	12001	11234

6－8 续表 7 单位：人

年龄	为子女就学			养老/康养			其他		
	小计	男	女	小计	男	女	小计	男	女
30－34岁	**23083**	**4872**	**18211**	**156**	**92**	**64**	**120501**	**62398**	**58103**
30	3730	626	3104	28	19	9	26426	13812	12614
31	4125	767	3358	40	24	16	24919	12866	12053
32	4602	928	3674	27	16	11	23116	11888	11228
33	5353	1256	4097	31	15	16	24208	12552	11656
34	5273	1295	3978	30	18	12	21832	11280	10552
35－39岁	**27625**	**8348**	**19277**	**174**	**92**	**82**	**100789**	**52279**	**48510**
35	5375	1386	3989	28	15	13	20127	10404	9723
36	5687	1582	4105	30	17	13	20456	10464	9992
37	5377	1673	3704	34	20	14	19366	10132	9234
38	5827	1888	3939	40	21	19	21176	11044	10132
39	5359	1819	3540	42	19	23	19664	10235	9429
40－44岁	**20930**	**7900**	**13030**	**260**	**105**	**155**	**89875**	**46644**	**43231**
40	4670	1625	3045	39	23	16	18133	9398	8735
41	5014	1897	3117	56	21	35	19706	10245	9461
42	4109	1508	2601	43	18	25	17775	9340	8435
43	3628	1463	2165	50	13	37	16191	8421	7770
44	3509	1407	2102	72	30	42	18070	9240	8830
45－49岁	**14328**	**6183**	**8145**	**1160**	**360**	**800**	**101793**	**51048**	**50745**
45	3381	1368	2013	115	40	75	18457	9299	9158
46	3301	1425	1876	161	55	106	20820	10524	10296
47	2984	1286	1698	206	59	147	21178	10648	10530
48	2492	1093	1399	275	94	181	20628	10341	10287
49	2170	1011	1159	403	112	291	20710	10236	10474
50－54岁	**6800**	**3050**	**3750**	**15957**	**4529**	**11428**	**97108**	**47297**	**49811**
50	1983	877	1106	1754	429	1325	21583	10610	10973
51	1505	716	789	2637	708	1929	20078	9797	10281
52	1371	638	733	3640	1019	2621	21162	10224	10938
53	980	395	585	3398	993	2405	16553	8066	8487
54	961	424	537	4528	1380	3148	17732	8600	9132
55－59岁	**3717**	**1541**	**2176**	**32927**	**10997**	**21930**	**79059**	**38459**	**40600**
55	898	391	507	5640	1861	3779	17950	8724	9226
56	831	327	504	6486	2070	4416	17444	8445	8999
57	905	382	523	8259	2674	5585	19044	9222	9822
58	707	271	436	7503	2579	4924	15767	7781	7986
59	376	170	206	5039	1813	3226	8854	4287	4567
60－64岁	**2202**	**905**	**1297**	**48909**	**21341**	**27568**	**52755**	**26692**	**26063**
60	387	160	227	6852	2740	4112	9038	4433	4605
61	403	175	228	8015	3467	4548	9783	4972	4811
62	495	206	289	10649	4689	5960	11548	5948	5600
63	509	208	301	12193	5414	6779	11983	6118	5865
64	408	156	252	11200	5031	6169	10403	5221	5182
65岁及以上	**3085**	**1485**	**1600**	**205065**	**88101**	**116964**	**122106**	**63859**	**58247**

6—9　各地区按现住地、性别、迁移原因分的户口登记地在本省其他乡镇街道的人口

单位：人

现住地	合计			工作就业		
	合计	男	女	小计	男	女
广　东	**21170281**	**11372715**	**9797566**	**11488314**	**6602075**	**4886239**
广州市	**5523042**	**2916652**	**2606390**	**3019989**	**1689894**	**1330095**
荔湾区	479467	247675	231792	135817	73908	61909
越秀区	211422	104626	106796	103222	54727	48495
海珠区	486512	242425	244087	240557	129014	111543
天河区	899782	473037	426745	554904	305361	249543
白云区	1418946	750584	668362	858100	470686	387414
黄埔区	364362	201448	162914	227134	135542	91592
番禺区	796880	421035	375845	497350	276704	220646
花都区	330174	178198	151976	178874	104735	74139
南沙区	159196	93855	65341	106520	68890	37630
从化区	118294	66135	52159	14862	9085	5777
增城区	258007	137634	120373	102649	61242	41407
韶关市	**307073**	**154272**	**152801**	**84627**	**48746**	**35881**
武江区	98585	48431	50154	30049	16163	13886
浈江区	94549	46826	47723	21088	11956	9132
曲江区	39007	20403	18604	10154	6268	3886
始兴县	6976	3539	3437	2488	1363	1125
仁化县	13748	7204	6544	5393	3369	2024
翁源县	12412	6329	6083	3509	2150	1359
乳源瑶族自治县	9702	4988	4714	3151	1929	1222
新丰县	8040	4222	3818	2576	1663	913
乐昌市	15423	7844	7579	3650	2217	1433
南雄市	8631	4486	4145	2569	1668	901
深圳市	**5109168**	**2749238**	**2359930**	**3542712**	**1987465**	**1555247**
罗湖区	371138	187234	183904	233277	121287	111990
福田区	433378	230818	202560	293907	164400	129507
南山区	375743	201700	174043	256044	143616	112428
宝安区	1262063	691285	570778	940270	534141	406129
龙岗区	1401577	745814	655763	937071	520085	416986
盐田区	74723	40263	34460	45890	26692	19198
龙华区	752774	406376	346398	534597	300468	234129
坪山区	151488	84391	67097	96891	56599	40292
光明区	286284	161357	124927	204765	120177	84588
珠海市	**549996**	**299464**	**250532**	**297820**	**178598**	**119222**
香洲区	325128	176045	149083	191030	112394	78636
斗门区	104240	58165	46075	53110	32884	20226
金湾区	120628	65254	55374	53680	33320	20360
汕头市	**284246**	**149587**	**134659**	**80543**	**46914**	**33629**
龙湖区	102801	52968	49833	36695	21041	15654
金平区	84912	42768	42144	17855	10304	7551
濠江区	16759	10720	6039	2114	1592	522
潮阳区	28856	15549	13307	6293	3611	2682
潮南区	24254	12998	11256	7666	4293	3373
澄海区	25170	13883	11287	9630	5882	3748
南澳县	1494	701	793	290	191	99
佛山市	**2031591**	**1150213**	**881378**	**1252712**	**757757**	**494955**
禅城区	377202	204970	172232	249130	141591	107539
南海区	933841	533520	400321	567281	343649	223632
顺德区	522070	298084	223986	336922	207822	129100
三水区	141330	81552	59778	71050	46671	24379
高明区	57148	32087	25061	28329	18024	10305

6-9 续表 1

单位：人

现住地	合计			工作就业		
	合计	男	女	小计	男	女
江门市	**528732**	**282386**	**246346**	**186716**	**113659**	**73057**
蓬江区	176812	92663	84149	63426	37376	26050
江海区	94212	48527	45685	36378	21844	14534
新会区	65908	36055	29853	23048	14649	8399
台山市	39843	22022	17821	12973	8398	4575
开平市	65013	34459	30554	16589	10051	6538
鹤山市	50893	28770	22123	26015	15927	10088
恩平市	36051	19890	16161	8287	5414	2873
湛江市	**703059**	**356994**	**346065**	**164332**	**90808**	**73524**
赤坎区	149687	72736	76951	40485	21903	18582
霞山区	242367	123793	118574	81507	43136	38371
坡头区	19366	9924	9442	3443	2262	1181
麻章区	95407	48848	46559	13970	8752	5218
遂溪县	46431	23441	22990	4159	2395	1764
徐闻县	28739	15497	13242	5122	3270	1852
廉江市	54437	27685	26752	5727	3107	2620
雷州市	35980	19032	16948	3614	2140	1474
吴川市	30645	16038	14607	6305	3843	2462
茂名市	**273609**	**142855**	**130754**	**47928**	**29092**	**18836**
茂南区	105380	54003	51377	25375	14994	10381
电白区	54327	28780	25547	6800	4465	2335
高州市	44037	22850	21187	6680	3894	2786
化州市	46651	24751	21900	5031	3116	1915
信宜市	23214	12471	10743	4042	2623	1419
肇庆市	**349859**	**191692**	**158167**	**116856**	**72120**	**44736**
端州区	152935	80447	72488	39831	22859	16972
鼎湖区	44039	23487	20552	12574	7961	4613
高要区	35203	20282	14921	12115	7476	4639
广宁县	12122	6591	5531	3104	2039	1065
怀集县	7925	4303	3622	2259	1417	842
封开县	5633	3051	2582	2298	1485	813
德庆县	9296	4792	4504	2947	1709	1238
四会市	82706	48739	33967	41728	27174	14554
惠州市	**1126667**	**613359**	**513308**	**526328**	**315477**	**210851**
惠城区	514308	275989	238319	245901	144477	101424
惠阳区	326851	181977	144874	164448	100186	64262
博罗县	147865	81188	66677	69320	41536	27784
惠东县	117824	63397	54427	40237	25002	15235
龙门县	19819	10808	9011	6422	4276	2146
梅州市	**327113**	**164258**	**162855**	**56413**	**32865**	**23548**
梅江区	138671	68552	70119	25056	14306	10750
梅县区	83267	41010	42257	16558	9499	7059
大埔县	17995	9493	8502	2533	1574	959
丰顺县	15058	7910	7148	2422	1481	941
五华县	29276	15802	13474	3242	2081	1161
平远县	7130	3696	3434	1368	857	511
蕉岭县	7724	3822	3902	2039	1240	799
兴宁市	27992	13973	14019	3195	1827	1368

6-9　续表 2　　单位：人

现住地	合计			工作就业		
	合计	男	女	小计	男	女
汕尾市	**149927**	**78848**	**71079**	**34104**	**22235**	**11869**
城　区	48807	25214	23593	11892	7814	4078
海丰县	70715	37512	33203	17341	11148	6193
陆河县	8917	4666	4251	1552	1051	501
陆丰市	21488	11456	10032	3319	2222	1097
河源市	**431017**	**218462**	**212555**	**116939**	**66591**	**50348**
源城区	309387	155224	154163	91911	51317	40594
紫金县	27936	14814	13122	4911	3205	1706
龙川县	25547	13463	12084	5803	3496	2307
连平县	15823	8523	7300	2490	1617	873
和平县	10122	5351	4771	1829	1170	659
东源县	42202	21087	21115	9995	5786	4209
阳江市	**232132**	**122033**	**110099**	**38457**	**24125**	**14332**
江城区	136531	71669	64862	17660	10774	6886
阳东区	55863	29562	26301	12224	7772	4452
阳西县	18262	9677	8585	4368	2947	1421
阳春市	21476	11125	10351	4205	2632	1573
清远市	**463780**	**242861**	**220919**	**113897**	**68935**	**44962**
清城区	291636	153667	137969	70181	42405	27776
清新区	75789	39079	36710	19079	10764	8315
佛冈县	15305	8230	7075	5196	3456	1740
阳山县	12233	6380	5853	2144	1349	795
连山壮族瑶族自治县	3447	1798	1649	1115	719	396
连南瑶族自治县	4535	2292	2243	1317	753	564
英德市	48169	24977	23192	12363	7853	4510
连州市	12666	6438	6228	2502	1636	866
东莞市	**1758711**	**994310**	**764401**	**1322592**	**773519**	**549073**
市辖区	1758711	994310	764401	1322592	773519	549073
中山市	**654445**	**356563**	**297882**	**417778**	**242632**	**175146**
市辖区	654445	356563	297882	417778	242632	175146
潮州市	**110523**	**53582**	**56941**	**17846**	**10484**	**7362**
湘桥区	70119	32659	37460	9447	5259	4188
潮安区	33141	17136	16005	6862	4225	2637
饶平县	7263	3787	3476	1537	1000	537
揭阳市	**86720**	**45241**	**41479**	**10309**	**6156**	**4153**
榕城区	16285	7558	8727	1944	1215	729
揭东区	12750	6831	5919	1981	1245	736
揭西县	12698	6666	6032	1082	656	426
惠来县	14913	7895	7018	1752	1026	726
普宁市	30074	16291	13783	3550	2014	1536
云浮市	**168871**	**89845**	**79026**	**39416**	**24003**	**15413**
云城区	83571	44084	39487	23524	13925	9599
云安区	13481	7574	5907	2692	1872	820
新兴县	23717	12497	11220	6841	4380	2461
郁南县	12276	6335	5941	2698	1624	1074
罗定市	35826	19355	16471	3661	2202	1459

6-9 续表 3 单位：人

现住地	学习培训			随同离开/投亲靠友			拆迁/搬家		
	小计	男	女	小计	男	女	小计	男	女
广　东	**2732406**	**1430608**	**1301798**	**1862591**	**923653**	**938938**	**2099596**	**1094113**	**1005483**
广州市	**858938**	**445260**	**413678**	**308704**	**151868**	**156836**	**573907**	**289951**	**283956**
荔湾区	19350	9880	9470	29724	14391	15333	121951	62309	59642
越秀区	18253	8457	9796	17015	8307	8708	22616	11558	11058
海珠区	58862	27474	31388	33213	16259	16954	88128	43485	44643
天河区	162567	82407	80160	37803	18489	19314	59800	30235	29565
白云区	211160	113815	97345	63390	31270	32120	147523	73636	73887
黄埔区	42997	23362	19635	18249	8983	9266	27719	14123	13596
番禺区	118144	59435	58709	48295	23879	24416	44894	22783	22111
花都区	66879	32722	34157	23881	12077	11804	21566	11167	10399
南沙区	11862	6846	5016	11080	5518	5562	8084	4121	3963
从化区	78586	44871	33715	3280	1616	1664	7891	4243	3648
增城区	70278	35991	34287	22774	11079	11695	23735	12291	11444
韶关市	**51491**	**26314**	**25177**	**48716**	**23149**	**25567**	**59225**	**30572**	**28653**
武江区	12520	6240	6280	14261	6743	7518	23965	12289	11676
浈江区	26609	13091	13518	16927	8098	8829	15081	7800	7281
曲江区	8467	5038	3429	6478	3021	3457	6608	3407	3201
始兴县	431	245	186	1008	498	510	1267	674	593
仁化县	727	351	376	1996	978	1018	1700	920	780
翁源县	675	325	350	1903	899	1004	2245	1197	1048
乳源瑶族自治县	651	347	304	1536	753	783	1438	757	681
新丰县	361	169	192	1016	504	512	1566	839	727
乐昌市	690	336	354	2321	1083	1238	3428	1711	1717
南雄市	360	172	188	1270	572	698	1927	978	949
深圳市	**535194**	**292872**	**242322**	**376648**	**186480**	**190168**	**179266**	**88231**	**91035**
罗湖区	43080	23458	19622	32529	15924	16605	18045	8765	9280
福田区	44247	23833	20414	26430	12648	13782	18490	8979	9511
南山区	52543	26831	25712	27565	13558	14007	12271	6097	6174
宝安区	116576	64848	51728	75357	37249	38108	28687	14073	14614
龙岗区	147203	80818	66385	112265	55831	56434	57401	28406	28995
盐田区	10589	5401	5188	6785	3274	3511	4594	2258	2336
龙华区	69508	38046	31462	53601	26500	27101	30856	15187	15669
坪山区	22513	13072	9441	11882	5952	5930	5044	2529	2515
光明区	28935	16565	12370	30234	15544	14690	3878	1937	1941
珠海市	**93336**	**46085**	**47251**	**59818**	**29931**	**29887**	**31173**	**16737**	**14436**
香洲区	48810	24491	24319	31884	15745	16139	12200	6294	5906
斗门区	5881	3317	2564	17699	8955	8744	13693	7618	6075
金湾区	38645	18277	20368	10235	5231	5004	5280	2825	2455
汕头市	**35173**	**19070**	**16103**	**47064**	**21613**	**25451**	**68819**	**36338**	**32481**
龙湖区	7648	3420	4228	20041	9071	10970	24644	12925	11719
金平区	9945	4760	5185	18107	8244	9863	26701	13937	12764
濠江区	11412	7535	3877	552	272	280	1058	555	503
潮阳区	4541	2534	2007	3057	1477	1580	6366	3469	2897
潮南区	673	354	319	2365	1137	1228	4164	2258	1906
澄海区	933	457	476	2794	1348	1446	5550	3019	2531
南澳县	21	10	11	148	64	84	336	175	161
佛山市	**169810**	**92390**	**77420**	**214151**	**111186**	**102965**	**149887**	**79872**	**70015**
禅城区	19544	10789	8755	40128	20735	19393	24882	13006	11876
南海区	78861	45642	33219	96579	50337	46242	70854	37853	33001
顺德区	32452	16584	15868	57419	29792	27627	37160	19888	17272
三水区	30867	15564	15303	13072	6745	6327	12074	6527	5547
高明区	8086	3811	4275	6953	3577	3376	4917	2598	2319

6-9　续表 4　　　　单位：人

现住地	学习培训			随同离开/投亲靠友			拆迁/搬家		
	小计	男	女	小计	男	女	小计	男	女
江门市	**62385**	**32166**	**30219**	**75147**	**36493**	**38654**	**118407**	**62115**	**56292**
蓬江区	33573	17732	15841	24782	11983	12799	31389	16287	15102
江海区	11624	4981	6643	16968	8090	8878	19707	10204	9503
新会区	5707	3153	2554	10220	4961	5259	14618	7710	6908
台山市	3371	1873	1498	4254	2045	2209	8981	4754	4227
开平市	3478	1883	1595	9146	4380	4766	23948	12539	11409
鹤山市	3428	1926	1502	6794	3528	3266	7626	4040	3586
恩平市	1204	618	586	2983	1506	1477	12138	6581	5557
湛江市	**129204**	**61677**	**67527**	**82471**	**41448**	**41023**	**133451**	**71674**	**61777**
赤坎区	29090	11096	17994	17814	9008	8806	31274	16778	14496
霞山区	29959	16840	13119	42248	21393	20855	44200	23653	20547
坡头区	1517	780	737	2191	1061	1130	5133	2670	2463
麻章区	54402	26437	27965	6551	3268	3283	7717	4217	3500
遂溪县	3092	825	2267	3929	1900	2029	10537	5763	4774
徐闻县	1104	598	506	1915	984	931	6128	3325	2803
廉江市	8381	4223	4158	3103	1508	1595	11251	6002	5249
雷州市	690	357	333	1863	893	970	9670	5107	4563
吴川市	969	521	448	2857	1433	1424	7541	4159	3382
茂名市	**73039**	**38166**	**34873**	**18289**	**9182**	**9107**	**44294**	**24023**	**20271**
茂南区	35820	18100	17720	7495	3648	3847	14226	7837	6389
电白区	13590	7528	6062	3169	1609	1560	9423	5000	4423
高州市	19382	9912	9470	2684	1414	1270	5307	2862	2445
化州市	3018	1948	1070	2638	1294	1344	10328	5556	4772
信宜市	1229	678	551	2303	1217	1086	5010	2768	2242
肇庆市	**92892**	**50097**	**42795**	**36074**	**18340**	**17734**	**44779**	**23996**	**20783**
端州区	55515	29435	26080	12859	6617	6242	19916	10749	9167
鼎湖区	14471	6999	7472	6577	3352	3225	5900	3231	2669
高要区	12553	7363	5190	2816	1487	1329	2632	1354	1278
广宁县	512	230	282	680	324	356	1886	1004	882
怀集县	191	102	89	663	315	348	1816	939	877
封开县	192	96	96	681	336	345	772	390	382
德庆县	583	316	267	1519	752	767	1717	892	825
四会市	8875	5556	3319	10279	5157	5122	10140	5437	4703
惠州市	**131574**	**69811**	**61763**	**136181**	**66959**	**69222**	**119898**	**64216**	**55682**
惠城区	78253	41087	37166	45969	22822	23147	44918	23815	21103
惠阳区	24532	13291	11241	45703	22393	23310	32689	17487	15202
博罗县	19805	10746	9059	17456	8776	8680	15170	8027	7143
惠东县	7619	4002	3617	25346	12142	13204	24336	13410	10926
龙门县	1365	685	680	1707	826	881	2785	1477	1308
梅州市	**43691**	**20287**	**23404**	**40336**	**18903**	**21433**	**81982**	**42757**	**39225**
梅江区	31529	15071	16458	16950	7579	9371	35483	18227	17256
梅县区	7949	3373	4576	15979	7687	8292	23495	12316	11179
大埔县	543	292	251	862	417	445	3668	1912	1756
丰顺县	324	174	150	1247	612	635	3691	1970	1721
五华县	584	304	280	1331	678	653	6039	3283	2756
平远县	341	181	160	763	380	383	1202	639	563
蕉岭县	432	212	220	1150	532	618	1611	845	766
兴宁市	1989	680	1309	2054	1018	1036	6793	3565	3228

6-9 续表 5 单位：人

现住地	学习培训			随同离开/投亲靠友			拆迁/搬家		
	小计	男	女	小计	男	女	小计	男	女
汕尾市	**14694**	**6767**	**7927**	**28393**	**12887**	**15506**	**34073**	**18879**	**15194**
城　区	10398	4587	5811	8165	3711	4454	8010	4439	3571
海丰县	3170	1626	1544	16987	7681	9306	16737	9402	7335
陆河县	559	293	266	1066	537	529	2668	1444	1224
陆丰市	567	261	306	2175	958	1217	6658	3594	3064
河源市	**52741**	**26204**	**26537**	**60348**	**29085**	**31263**	**100972**	**53353**	**47619**
源城区	37064	18802	18262	51206	24559	26647	75863	40280	35583
紫金县	1390	769	621	2217	1108	1109	6244	3292	2952
龙川县	2122	1140	982	2103	1069	1034	4939	2524	2415
连平县	333	166	167	1457	719	738	3372	1818	1554
和平县	521	268	253	803	404	399	2192	1109	1083
东源县	11311	5059	6252	2562	1226	1336	8362	4330	4032
阳江市	**21066**	**10226**	**10840**	**33840**	**16712**	**17128**	**87821**	**48244**	**39577**
江城区	15622	7102	8520	20227	10033	10194	56598	31469	25129
阳东区	3817	2256	1561	9018	4416	4602	20381	10954	9427
阳西县	579	331	248	2247	1106	1141	5542	2977	2565
阳春市	1048	537	511	2348	1157	1191	5300	2844	2456
清远市	**67458**	**35926**	**31532**	**61238**	**30269**	**30969**	**116917**	**61675**	**55242**
清城区	56010	30070	25940	37382	18698	18684	79000	41653	37347
清新区	6016	3487	2529	12360	6099	6261	19038	10029	9009
佛冈县	1423	624	799	1566	757	809	2693	1457	1236
阳山县	515	258	257	1504	739	765	2640	1370	1270
连山壮族瑶族自治县	153	75	78	475	233	242	470	245	225
连南瑶族自治县	271	130	141	576	278	298	852	466	386
英德市	1894	935	959	6096	2880	3216	9215	4872	4343
连州市	1176	347	829	1279	585	694	3009	1583	1426
东莞市	**167839**	**92108**	**75731**	**125992**	**64771**	**61221**	**25205**	**12887**	**12318**
市辖区	167839	92108	75731	125992	64771	61221	25205	12887	12318
中山市	**73467**	**38651**	**34816**	**66834**	**34055**	**32779**	**33119**	**17192**	**15927**
市辖区	73467	38651	34816	66834	34055	32779	33119	17192	15927
潮州市	**21209**	**7746**	**13463**	**12632**	**5623**	**7009**	**38890**	**20466**	**18424**
湘桥区	19387	6862	12525	8247	3589	4658	24627	13016	11611
潮安区	1641	796	845	3896	1807	2089	12609	6561	6048
饶平县	181	88	93	489	227	262	1654	889	765
揭阳市	**15159**	**7090**	**8069**	**5154**	**2507**	**2647**	**19143**	**10111**	**9032**
榕城区	5604	1819	3785	744	351	393	2754	1463	1291
揭东区	2815	1385	1430	933	457	476	2486	1315	1171
揭西县	477	263	214	751	352	399	3288	1734	1554
惠来县	225	132	93	957	479	478	4121	2138	1983
普宁市	6038	3491	2547	1769	868	901	6494	3461	3033
云浮市	**22046**	**11695**	**10351**	**24561**	**12192**	**12369**	**38368**	**20824**	**17544**
云城区	6797	3773	3024	18575	9164	9411	21427	11754	9673
云安区	5139	2881	2258	745	392	353	1542	817	725
新兴县	4608	1685	2923	1817	942	875	3758	2023	1735
郁南县	425	211	214	1267	627	640	2740	1417	1323
罗定市	5077	3145	1932	2157	1067	1090	8901	4813	4088

6–9 续表 6

单位：人

现住地	寄挂户口			婚姻嫁娶			照料孙子女		
	小计	男	女	小计	男	女	小计	男	女
广　东	**790732**	**429312**	**361420**	**351035**	**45720**	**305315**	**410791**	**128093**	**282698**
广州市	**202150**	**109791**	**92359**	**99484**	**17872**	**81612**	**90558**	**28349**	**62209**
荔湾区	90103	49139	40964	11591	2243	9348	4756	1618	3138
越秀区	12887	6936	5951	10740	2560	8180	4841	1612	3229
海珠区	10929	5838	5091	16355	3173	13182	7318	2436	4882
天河区	16119	8684	7435	12219	2191	10028	12614	4039	8575
白云区	21094	11390	9704	15194	2610	12584	17143	4974	12169
黄埔区	7852	4309	3543	6902	919	5983	11655	3441	8214
番禺区	14881	8061	6820	12158	2457	9701	13982	4459	9523
花都区	8110	4424	3686	3956	397	3559	6131	1925	4206
南沙区	3356	1818	1538	4690	870	3820	4823	1471	3352
从化区	5709	3152	2557	2015	165	1850	700	233	467
增城区	11110	6040	5070	3664	287	3377	6595	2141	4454
韶关市	**16912**	**9112**	**7800**	**13319**	**1447**	**11872**	**6755**	**2185**	**4570**
武江区	3851	2083	1768	3535	479	3056	3040	967	2073
浈江区	3453	1834	1619	3337	358	2979	1703	581	1122
曲江区	1662	931	731	1947	141	1806	753	224	529
始兴县	631	312	319	283	34	249	155	52	103
仁化县	1101	597	504	791	103	688	239	68	171
翁源县	1546	839	707	833	59	774	149	49	100
乳源瑶族自治县	881	461	420	609	82	527	284	90	194
新丰县	828	471	357	756	67	689	91	35	56
乐昌市	1964	1049	915	750	66	684	248	85	163
南雄市	995	535	460	478	58	420	93	34	59
深圳市	**52568**	**27421**	**25147**	**25964**	**2514**	**23450**	**137137**	**41804**	**95333**
罗湖区	4032	2080	1952	3262	347	2915	11113	3499	7614
福田区	5910	3062	2848	3135	431	2704	12158	3983	8175
南山区	5971	3086	2885	559	57	502	9170	2957	6213
宝安区	10241	5376	4865	4868	447	4421	30045	8585	21460
龙岗区	14484	7571	6913	8087	649	7438	43386	13458	29928
盐田区	484	259	225	468	54	414	2255	699	1556
龙华区	7759	3942	3817	3181	342	2839	18727	5623	13104
坪山区	1668	931	737	1282	107	1175	3775	1103	2672
光明区	2019	1114	905	1122	80	1042	6508	1897	4611
珠海市	**14985**	**8129**	**6856**	**9756**	**1341**	**8415**	**12876**	**3991**	**8885**
香洲区	8619	4696	3923	5532	913	4619	8478	2691	5787
斗门区	3391	1800	1591	2765	251	2514	2193	637	1556
金湾区	2975	1633	1342	1459	177	1282	2205	663	1542
汕头市	**21247**	**11544**	**9703**	**5668**	**1089**	**4579**	**1676**	**573**	**1103**
龙湖区	4391	2440	1951	1798	374	1424	837	290	547
金平区	3333	1791	1542	2470	578	1892	608	204	404
濠江区	719	406	313	250	17	233	12	5	7
潮阳区	4229	2304	1925	368	24	344	62	17	45
潮南区	5138	2745	2393	149	9	140	59	23	36
澄海区	3189	1728	1461	438	75	363	86	31	55
南澳县	248	130	118	195	12	183	12	3	9
佛山市	**55569**	**30229**	**25340**	**36782**	**8108**	**28674**	**38730**	**12334**	**26396**
禅城区	10362	5722	4640	7858	1509	6349	6519	2057	4462
南海区	25498	13864	11634	13310	3592	9718	17438	5688	11750
顺德区	13514	7328	6186	12649	2536	10113	10319	3236	7083
三水区	3390	1831	1559	2048	352	1696	3195	953	2242
高明区	2805	1484	1321	917	119	798	1259	400	859

6-9 续表 7

单位：人

现住地	寄挂户口			婚姻嫁娶			照料孙子女		
	小计	男	女	小计	男	女	小计	男	女
江门市	**27686**	**15120**	**12566**	**13729**	**1521**	**12208**	**8189**	**2654**	**5535**
蓬江区	3854	2106	1748	5057	609	4448	4535	1512	3023
江海区	1320	716	604	2384	257	2127	1590	498	1092
新会区	4960	2704	2256	1907	207	1700	692	219	473
台山市	4394	2430	1964	1226	86	1140	197	65	132
开平市	4712	2572	2140	1459	144	1315	437	142	295
鹤山市	2447	1377	1070	957	168	789	639	186	453
恩平市	5999	3215	2784	739	50	689	99	32	67
湛江市	**79273**	**43244**	**36029**	**20635**	**1194**	**19441**	**6718**	**2003**	**4715**
赤坎区	6979	3841	3138	3872	350	3522	1821	581	1240
霞山区	10853	5876	4977	7367	555	6812	3717	1082	2635
坡头区	2594	1413	1181	1013	27	986	252	66	186
麻章区	5031	2723	2308	1290	60	1230	321	100	221
遂溪县	13822	7561	6261	1420	36	1384	105	26	79
徐闻县	7679	4198	3481	931	44	887	103	26	77
廉江市	14386	7795	6591	2170	40	2130	203	66	137
雷州市	11644	6375	5269	731	30	701	98	27	71
吴川市	6285	3462	2823	1841	52	1789	98	29	69
茂名市	**40608**	**22221**	**18387**	**11533**	**477**	**11056**	**2518**	**784**	**1734**
茂南区	6564	3571	2993	4288	253	4035	1773	532	1241
电白区	11124	6039	5085	2532	63	2469	157	47	110
高州市	4079	2277	1802	1343	61	1282	214	77	137
化州市	14047	7728	6319	2036	40	1996	110	28	82
信宜市	4794	2606	2188	1334	60	1274	264	100	164
肇庆市	**15804**	**8659**	**7145**	**8137**	**1214**	**6923**	**5739**	**1943**	**3796**
端州区	2926	1605	1321	4460	886	3574	2816	877	1939
鼎湖区	1136	612	524	730	35	695	738	265	473
高要区	2384	1296	1088	230	16	214	255	98	157
广宁县	3019	1661	1358	438	18	420	69	25	44
怀集县	1512	861	651	216	6	210	42	23	19
封开县	595	307	288	275	11	264	57	24	33
德庆县	540	287	253	401	34	367	132	46	86
四会市	3692	2030	1662	1387	208	1179	1630	585	1045
惠州市	**63087**	**34341**	**28746**	**19867**	**1516**	**18351**	**26912**	**8754**	**18158**
惠城区	22939	12463	10476	8409	810	7599	19480	6433	13047
惠阳区	21104	11471	9633	4005	286	3719	4354	1364	2990
博罗县	8559	4678	3881	2799	169	2630	2228	704	1524
惠东县	7119	3850	3269	3599	198	3401	734	218	516
龙门县	3366	1879	1487	1055	53	1002	116	35	81
梅州市	**42895**	**23278**	**19617**	**12525**	**1030**	**11495**	**4786**	**1735**	**3051**
梅江区	8982	4961	4021	4329	379	3950	2077	729	1348
梅县区	5172	2811	2361	3576	277	3299	1908	675	1233
大埔县	5656	3072	2584	567	25	542	110	46	64
丰顺县	4065	2188	1877	593	30	563	89	32	57
五华县	9811	5328	4483	1007	78	929	176	97	79
平远县	1597	897	700	643	106	537	95	30	65
蕉岭县	578	288	290	641	51	590	148	48	100
兴宁市	7034	3733	3301	1169	84	1085	183	78	105

6-9　续表 8　　　　单位：人

现住地	寄挂户口			婚姻嫁娶			照料孙子女		
	小计	男	女	小计	男	女	小计	男	女
汕尾市	**14115**	**7742**	**6373**	**4978**	**230**	**4748**	**874**	**270**	**604**
城　区	2900	1574	1326	1523	75	1448	361	114	247
海丰县	5258	2907	2351	2248	88	2160	407	127	280
陆河县	1125	611	514	585	35	550	48	15	33
陆丰市	4832	2650	2182	622	32	590	58	14	44
河源市	**31490**	**17153**	**14337**	**14573**	**737**	**13836**	**11949**	**3959**	**7990**
源城区	8788	4789	3999	10501	412	10089	10398	3416	6982
紫金县	6744	3651	3093	1286	59	1227	129	53	76
龙川县	5157	2823	2334	810	57	753	400	138	262
连平县	4377	2398	1979	665	85	580	43	16	27
和平县	2429	1336	1093	414	60	354	94	37	57
东源县	3995	2156	1839	897	64	833	885	299	586
阳江市	**21712**	**11849**	**9863**	**8845**	**429**	**8416**	**1068**	**328**	**740**
江城区	11373	6265	5108	3781	246	3535	604	187	417
阳东区	4166	2238	1928	2647	86	2561	227	65	162
阳西县	2205	1193	1012	1217	29	1188	74	17	57
阳春市	3968	2153	1815	1200	68	1132	163	59	104
清远市	**37697**	**20610**	**17087**	**13441**	**611**	**12830**	**11296**	**3759**	**7537**
清城区	13913	7505	6408	5748	270	5478	8183	2722	5461
清新区	7067	3898	3169	2280	50	2230	2105	720	1385
佛冈县	1688	966	722	925	44	881	232	82	150
阳山县	2828	1556	1272	547	24	523	93	36	57
连山壮族瑶族自治县	514	288	226	272	26	246	37	7	30
连南瑶族自治县	557	301	256	241	27	214	81	23	58
英德市	8835	4827	4008	2920	116	2804	477	144	333
连州市	2295	1269	1026	508	54	454	88	25	63
东莞市	**1471**	**779**	**692**	**9929**	**1923**	**8006**	**25446**	**7265**	**18181**
市辖区	1471	779	692	9929	1923	8006	25446	7265	18181
中山市	**723**	**343**	**380**	**12455**	**1853**	**10602**	**14793**	**4533**	**10260**
市辖区	723	343	380	12455	1853	10602	14793	4533	10260
潮州市	**8557**	**4664**	**3893**	**3073**	**352**	**2721**	**544**	**179**	**365**
湘桥区	3328	1850	1478	1256	194	1062	366	122	244
潮安区	3533	1901	1632	1311	113	1198	142	43	99
饶平县	1696	913	783	506	45	461	36	14	22
揭阳市	**21324**	**11602**	**9722**	**1172**	**50**	**1122**	**249**	**102**	**147**
榕城区	3096	1668	1428	144	6	138	45	18	27
揭东区	2610	1465	1145	156	7	149	28	8	20
揭西县	4163	2230	1933	298	18	280	27	13	14
惠来县	4571	2459	2112	213	4	209	88	42	46
普宁市	6884	3780	3104	361	15	346	61	21	40
云浮市	**20859**	**11481**	**9378**	**5170**	**212**	**4958**	**1978**	**589**	**1389**
云城区	4585	2488	2097	2435	85	2350	1411	396	1015
云安区	1644	908	736	393	17	376	51	17	34
新兴县	3484	1932	1552	371	40	331	276	84	192
郁南县	2453	1391	1062	791	27	764	72	26	46
罗定市	8693	4762	3931	1180	43	1137	168	66	102

6-9 续表 9

单位：人

现住地	为子女就学			养老/康养			其他		
	小计	男	女	小计	男	女	小计	男	女
广　东	**80664**	**29021**	**51643**	**191256**	**80644**	**110612**	**1162896**	**609476**	**553420**
广州市	**18943**	**7673**	**11270**	**51238**	**20855**	**30383**	**299131**	**155139**	**143992**
荔湾区	1077	457	620	4776	1761	3015	60322	31969	28353
越秀区	2634	1192	1442	2459	884	1575	16755	8393	8362
海珠区	2016	893	1123	5372	2010	3362	23762	11843	11919
天河区	2904	1198	1706	5151	2105	3046	35701	18328	17373
白云区	4041	1564	2477	13991	5591	8400	67310	35048	32262
黄埔区	1801	687	1114	3140	1303	1837	16913	8779	8134
番禺区	2222	909	1313	9014	3869	5145	35940	18479	17461
花都区	746	250	496	2326	1066	1260	17705	9435	8270
南沙区	448	152	296	1855	799	1056	6478	3370	3108
从化区	104	39	65	877	440	437	4270	2291	1979
增城区	950	332	618	2277	1027	1250	13975	7204	6771
韶关市	**1716**	**609**	**1107**	**5843**	**2381**	**3462**	**18469**	**9757**	**8712**
武江区	668	271	397	1942	737	1205	4754	2459	2295
浈江区	320	125	195	1433	567	866	4598	2416	2182
曲江区	202	67	135	637	232	405	2099	1074	1025
始兴县	54	13	41	130	64	66	529	284	245
仁化县	79	24	55	722	289	433	1000	505	495
翁源县	109	30	79	178	88	90	1265	693	572
乳源瑶族自治县	66	20	46	156	75	81	930	474	456
新丰县	55	14	41	164	105	59	627	355	272
乐昌市	123	35	88	340	153	187	1909	1109	800
南雄市	40	10	30	141	71	70	758	388	370
深圳市	**25393**	**8405**	**16988**	**42672**	**16997**	**25675**	**191614**	**97049**	**94565**
罗湖区	4434	1726	2708	3893	1470	2423	17473	8678	8795
福田区	4595	1855	2740	4386	1654	2732	20120	9973	10147
南山区	492	128	364	2769	1060	1709	8359	4310	4049
宝安区	4418	1144	3274	7691	3063	4628	43910	22359	21551
龙岗区	6111	1945	4166	13983	5698	8285	61586	31353	30233
盐田区	680	245	435	934	342	592	2044	1039	1005
龙华区	3012	953	2059	6313	2628	3685	25220	12687	12533
坪山区	738	214	524	1102	444	658	6593	3440	3153
光明区	913	195	718	1601	638	963	6309	3210	3099
珠海市	**1535**	**526**	**1009**	**5618**	**2240**	**3378**	**23079**	**11886**	**11193**
香洲区	1139	390	749	3383	1342	2041	14053	7089	6964
斗门区	204	79	125	1162	475	687	4142	2149	1993
金湾区	192	57	135	1073	423	650	4884	2648	2236
汕头市	**409**	**171**	**238**	**1918**	**822**	**1096**	**21729**	**11453**	**10276**
龙湖区	128	59	69	979	398	581	5640	2950	2690
金平区	196	78	118	572	232	340	5125	2640	2485
濠江区	9	5	4	78	34	44	555	299	256
潮阳区	19	8	11	100	56	44	3821	2049	1772
潮南区	14		14	98	55	43	3928	2124	1804
澄海区	42	21	21	88	46	42	2420	1276	1144
南澳县	1		1	3	1	2	240	115	125
佛山市	**3044**	**1342**	**1702**	**20023**	**8521**	**11502**	**90883**	**48474**	**42409**
禅城区	479	193	286	2536	1019	1517	15764	8349	7415
南海区	1581	737	844	11868	5150	6718	50571	27008	23563
顺德区	601	258	343	3850	1570	2280	17184	9070	8114
三水区	307	124	183	1369	608	761	3958	2177	1781
高明区	76	30	46	400	174	226	3406	1870	1536

6-9 续表 10

单位：人

现住地	为子女就学			养老/康养			其他		
	小计	男	女	小计	男	女	小计	男	女
江门市	**896**	**375**	**521**	**4844**	**2034**	**2810**	**30733**	**16249**	**14484**
蓬江区	330	149	181	2207	919	1288	7659	3990	3669
江海区	178	72	106	1040	359	681	3023	1506	1517
新会区	88	34	54	423	180	243	4245	2238	2007
台山市	61	21	40	209	122	87	4177	2228	1949
开平市	76	29	47	496	230	266	4672	2489	2183
鹤山市	137	64	73	354	165	189	2496	1389	1107
恩平市	26	6	20	115	59	56	4461	2409	2052
湛江市	**5954**	**2110**	**3844**	**5014**	**2447**	**2567**	**76007**	**40389**	**35618**
赤坎区	1613	580	1033	1276	578	698	15463	8021	7442
霞山区	3126	1179	1947	1572	673	899	17818	9406	8412
坡头区	270	70	200	397	230	167	2556	1345	1211
麻章区	360	134	226	496	242	254	5269	2915	2354
遂溪县	87	18	69	227	129	98	9053	4788	4265
徐闻县	79	20	59	170	94	76	5508	2938	2570
廉江市	142	38	104	311	175	136	8763	4731	4032
雷州市	65	21	44	221	116	105	7384	3966	3418
吴川市	212	50	162	344	210	134	4193	2279	1914
茂名市	**1318**	**481**	**837**	**3481**	**1960**	**1521**	**30601**	**16469**	**14132**
茂南区	659	294	365	1630	769	861	7550	4005	3545
电白区	160	46	114	357	225	132	7015	3758	3257
高州市	171	61	110	536	317	219	3641	1975	1666
化州市	174	35	139	264	156	108	9005	4850	4155
信宜市	154	45	109	694	493	201	3390	1881	1509
肇庆市	**1810**	**770**	**1040**	**2777**	**1246**	**1531**	**24991**	**13307**	**11684**
端州区	1242	566	676	1285	485	800	12085	6368	5717
鼎湖区	213	82	131	272	127	145	1428	823	605
高要区	79	35	44	121	69	52	2018	1088	930
广宁县	40	6	34	143	102	41	2231	1182	1049
怀集县	19	5	14	52	36	16	1155	599	556
封开县	17	4	13	53	29	24	693	369	324
德庆县	54	16	38	100	48	52	1303	692	611
四会市	146	56	90	751	350	401	4078	2186	1892
惠州市	**4779**	**1592**	**3187**	**13840**	**5892**	**7948**	**84201**	**44801**	**39400**
惠城区	2664	862	1802	8123	3330	4793	37652	19890	17762
惠阳区	1433	525	908	3482	1557	1925	25101	13417	11684
博罗县	387	115	272	1217	535	682	10924	5902	5022
惠东县	195	58	137	840	374	466	7799	4143	3656
龙门县	100	32	68	178	96	82	2725	1449	1276
梅州市	**1584**	**588**	**996**	**5703**	**2830**	**2873**	**37198**	**19985**	**17213**
梅江区	664	277	387	2287	967	1320	11314	6056	5258
梅县区	558	214	344	1525	717	808	6547	3441	3106
大埔县	85	20	65	280	162	118	3691	1973	1718
丰顺县	23	7	16	144	86	58	2460	1330	1130
五华县	50	14	36	465	337	128	6571	3602	2969
平远县	28	8	20	83	42	41	1010	556	454
蕉岭县	49	13	36	216	114	102	860	479	381
兴宁市	127	35	92	703	405	298	4745	2548	2197

6–9 续表 11

单位：人

现住地	为子女就学			养老/康养			其他		
	小计	男	女	小计	男	女	小计	男	女
汕尾市	**374**	**112**	**262**	**1342**	**654**	**688**	**16980**	**9072**	**7908**
城　区	154	52	102	347	159	188	5057	2689	2368
海丰县	151	41	110	800	389	411	7616	4103	3513
陆河县	40	13	27	98	57	41	1176	610	566
陆丰市	29	6	23	97	49	48	3131	1670	1461
河源市	**3842**	**1379**	**2463**	**2768**	**1204**	**1564**	**35395**	**18797**	**16598**
源城区	2974	1106	1868	2068	826	1242	18614	9717	8897
紫金县	58	16	42	200	109	91	4757	2552	2205
龙川县	279	79	200	104	54	50	3830	2083	1747
连平县	23	5	18	85	52	33	2978	1647	1331
和平县	44	8	36	115	70	45	1681	889	792
东源县	464	165	299	196	93	103	3535	1909	1626
阳江市	**357**	**123**	**234**	**1025**	**474**	**551**	**17941**	**9523**	**8418**
江城区	223	85	138	544	242	302	9899	5266	4633
阳东区	37	13	24	217	92	125	3129	1670	1459
阳西县	37	10	27	85	39	46	1908	1028	880
阳春市	60	15	45	179	101	78	3005	1559	1446
清远市	**3109**	**1125**	**1984**	**6484**	**2982**	**3502**	**32243**	**16969**	**15274**
清城区	2178	872	1306	4400	1916	2484	14641	7556	7085
清新区	484	151	333	1091	518	573	6269	3363	2906
佛冈县	68	25	43	206	117	89	1308	702	606
阳山县	57	8	49	114	74	40	1791	966	825
连山壮族瑶族自治县	27	7	20	52	26	26	332	172	160
连南瑶族自治县	53	18	35	70	32	38	517	264	253
英德市	179	36	143	359	199	160	5831	3115	2716
连州市	63	8	55	192	100	92	1554	831	723
东莞市	**3304**	**843**	**2461**	**7638**	**3113**	**4525**	**69295**	**37102**	**32193**
市辖区	3304	843	2461	7638	3113	4525	69295	37102	32193
中山市	**1534**	**515**	**1019**	**6705**	**2715**	**3990**	**27037**	**14074**	**12963**
市辖区	1534	515	1019	6705	2715	3990	27037	14074	12963
潮州市	**206**	**86**	**120**	**653**	**304**	**349**	**6913**	**3678**	**3235**
湘桥区	167	71	96	433	189	244	2861	1507	1354
潮安区	18	8	10	158	80	78	2971	1602	1369
饶平县	21	7	14	62	35	27	1081	569	512
揭阳市	**66**	**22**	**44**	**392**	**228**	**164**	**13752**	**7373**	**6379**
榕城区	11	1	10	45	24	21	1898	993	905
揭东区	13	3	10	70	42	28	1658	904	754
揭西县	10	4	6	94	53	41	2508	1343	1165
惠来县	12	3	9	64	38	26	2910	1574	1336
普宁市	20	11	9	119	71	48	4778	2559	2219
云浮市	**491**	**174**	**317**	**1278**	**745**	**533**	**14704**	**7930**	**6774**
云城区	324	123	201	464	212	252	4029	2164	1865
云安区	26	10	16	148	99	49	1101	561	540
新兴县	49	16	33	192	119	73	2321	1276	1045
郁南县	28	7	21	131	83	48	1671	922	749
罗定市	64	18	46	343	232	111	5582	3007	2575

6-10　各地区按现住地、性别、迁移原因分的户口登记地在外省的人口

单位：人

现住地	合计			工作就业		
	合计	男	女	小计	男	女
广　东	**29622110**	**17511681**	**12110429**	**24436581**	**15019063**	**9417518**
广州市	**4934998**	**2872418**	**2062580**	**4129426**	**2488245**	**1641181**
荔湾区	197894	116388	81506	156515	95946	60569
越秀区	139185	75241	63944	107790	61844	45946
海珠区	451308	251306	200002	392703	224351	168352
天河区	562466	321083	241383	457925	271965	185960
白云区	1238623	723666	514957	1068727	640620	428107
黄埔区	403374	248135	155239	341506	219887	121619
番禺区	837815	479275	358540	708449	418156	290293
花都区	513749	300196	213553	419059	252779	166280
南沙区	258409	161444	96965	222901	144487	78414
从化区	45227	27241	17986	29439	19271	10168
增城区	286948	168443	118505	224412	138939	85473
韶关市	**147318**	**84054**	**63264**	**82685**	**54580**	**28105**
武江区	41091	23243	17848	24730	15632	9098
浈江区	28375	15652	12723	13353	8487	4866
曲江区	18105	10746	7359	10778	7414	3364
始兴县	5666	3243	2423	3473	2260	1213
仁化县	9587	5627	3960	5382	3802	1580
翁源县	7946	4855	3091	5508	3841	1667
乳源瑶族自治县	6180	3747	2433	3748	2617	1131
新丰县	6587	4124	2463	4554	3248	1306
乐昌市	14976	7788	7188	6468	4139	2329
南雄市	8805	5029	3776	4691	3140	1551
深圳市	**8221206**	**4823533**	**3397673**	**6869592**	**4206081**	**2663511**
罗湖区	345541	189737	155804	273403	157846	115557
福田区	463150	256855	206295	369623	216627	152996
南山区	632584	363578	269006	510285	308052	202233
宝安区	2520020	1487152	1032868	2160732	1321488	839244
龙岗区	1827080	1054795	772285	1491517	901664	589853
盐田区	71582	42884	28698	55316	35526	19790
龙华区	1353644	817007	536637	1152163	726968	425195
坪山区	302393	183465	118928	249104	157537	91567
光明区	705212	428060	277152	607449	380373	227076
珠海市	**736301**	**436708**	**299593**	**559299**	**354572**	**204727**
香洲区	412174	239561	172613	312717	194310	118407
斗门区	158682	96405	62277	122120	78766	43354
金湾区	165445	100742	64703	124462	81496	42966
汕头市	**415360**	**245026**	**170334**	**310732**	**190067**	**120665**
龙湖区	76654	45854	30800	58328	36598	21730
金平区	53283	30354	22929	31456	19621	11835
濠江区	10012	6786	3226	7588	5522	2066
潮阳区	86996	51159	35837	60417	36523	23894
潮南区	52836	31842	20994	41361	25550	15811
澄海区	133648	77925	55723	110307	65409	44898
南澳县	1931	1106	825	1275	844	431
佛山市	**3106767**	**1894647**	**1212120**	**2641645**	**1658856**	**982789**
禅城区	319960	190684	129276	274081	167805	106276
南海区	1198839	733433	465406	1032324	648542	383782
顺德区	1238947	750227	488720	1048378	653917	394461
三水区	243090	153778	89312	200657	132285	68372
高明区	105931	66525	39406	86205	56307	29898

6-10 续表 1

单位：人

现住地	合计			工作就业		
	合计	男	女	小计	男	女
江门市	**782556**	**463494**	**319062**	**560904**	**349840**	**211064**
蓬江区	190917	112743	78174	139943	86532	53411
江海区	109811	65259	44552	80459	50678	29781
新会区	162058	96639	65419	115180	72602	42578
台山市	66188	39367	26821	44771	28744	16027
开平市	90514	52095	38419	58181	35340	22841
鹤山市	135345	80184	55161	102654	62772	39882
恩平市	27723	17207	10516	19716	13172	6544
湛江市	**136071**	**76229**	**59842**	**80652**	**54021**	**26631**
赤坎区	19712	10746	8966	11380	7229	4151
霞山区	29449	16291	13158	17326	10783	6543
坡头区	8342	4958	3384	4912	3631	1281
麻章区	17295	11323	5972	9974	8009	1965
遂溪县	6813	3654	3159	3874	2559	1315
徐闻县	10163	5790	4373	6590	4306	2284
廉江市	20613	9518	11095	9796	6200	3596
雷州市	6462	3741	2721	4260	2874	1386
吴川市	17222	10208	7014	12540	8430	4110
茂名市	**92388**	**50538**	**41850**	**52245**	**35190**	**17055**
茂南区	31303	18461	12842	19647	13296	6351
电白区	17216	9487	7729	10670	7650	3020
高州市	19277	10564	8713	10821	6827	3994
化州市	13838	6626	7212	6561	4221	2340
信宜市	10754	5400	5354	4546	3196	1350
肇庆市	**286607**	**175454**	**111153**	**213761**	**138240**	**75521**
端州区	38264	22292	15972	23498	14692	8806
鼎湖区	25855	17030	8825	19786	13946	5840
高要区	62818	38399	24419	51470	32256	19214
广宁县	8132	5249	2883	6157	4310	1847
怀集县	7476	4445	3031	5356	3567	1789
封开县	6132	3666	2466	4005	2807	1198
德庆县	3998	2276	1722	2620	1693	927
四会市	133932	82097	51835	100869	64969	35900
惠州市	**1614182**	**976233**	**637949**	**1275002**	**811951**	**463051**
惠城区	551978	330656	221322	425231	270149	155082
惠阳区	602752	368628	234124	491608	315039	176569
博罗县	297011	178816	118195	238064	149086	88978
惠东县	140631	84402	56229	103232	66273	36959
龙门县	21810	13731	8079	16867	11404	5463
梅州市	**88806**	**51025**	**37781**	**49958**	**34039**	**15919**
梅江区	23719	13532	10187	12654	8480	4174
梅县区	22289	12459	9830	11058	7265	3793
大埔县	5876	3423	2453	3557	2524	1033
丰顺县	8546	5067	3479	6036	4034	2002
五华县	9250	5774	3476	6511	4777	1734
平远县	4428	2379	2049	1943	1338	605
蕉岭县	5390	3151	2239	2972	2064	908
兴宁市	9308	5240	4068	5227	3557	1670

6-10　续表 2　　　　单位：人

现住地	合计			工作就业		
	合计	男	女	小计	男	女
汕尾市	**97758**	**58919**	**38839**	**63201**	**42498**	**20703**
城　区	25518	16062	9456	17634	12373	5261
海丰县	55576	33351	22225	34638	23005	11633
陆河县	5543	3467	2076	3767	2690	1077
陆丰市	11121	6039	5082	7162	4430	2732
河源市	**151161**	**90625**	**60536**	**104906**	**69192**	**35714**
源城区	87728	51205	36523	59009	37698	21311
紫金县	16755	10613	6142	12221	8623	3598
龙川县	13767	8302	5465	9433	6398	3035
连平县	5849	3497	2352	3918	2647	1271
和平县	4947	3154	1793	3366	2507	859
东源县	22115	13854	8261	16959	11319	5640
阳江市	**110274**	**64367**	**45907**	**70120**	**45085**	**25035**
江城区	42857	25359	17498	26824	17385	9439
阳东区	43390	25140	18250	28333	17547	10786
阳西县	9569	5675	3894	6324	4321	2003
阳春市	14458	8193	6265	8639	5832	2807
清远市	**227423**	**136823**	**90600**	**151092**	**101716**	**49376**
清城区	125756	75730	50026	82644	54893	27751
清新区	29424	16970	12454	18933	11959	6974
佛冈县	16016	10092	5924	12431	8552	3879
阳山县	5893	3599	2294	3625	2691	934
连山壮族瑶族自治县	2222	1176	1046	1139	773	366
连南瑶族自治县	1216	655	561	689	445	244
英德市	40252	24656	15596	27733	19565	8168
连州市	6644	3945	2699	3898	2838	1060
东莞市	**6193503**	**3675508**	**2517995**	**5354844**	**3252457**	**2102387**
市辖区	6193503	3675508	2517995	5354844	3252457	2102387
中山市	**1930002**	**1129512**	**800490**	**1609641**	**970373**	**639268**
市辖区	1930002	1129512	800490	1609641	970373	639268
潮州市	**175141**	**102483**	**72658**	**134185**	**82051**	**52134**
湘桥区	42343	24570	17773	31512	19253	12259
潮安区	125973	73921	52052	97682	59495	38187
饶平县	6825	3992	2833	4991	3303	1688
揭阳市	**106067**	**63715**	**42352**	**76653**	**49253**	**27400**
榕城区	29521	18220	11301	22177	14449	7728
揭东区	30483	18531	11952	21517	13980	7537
揭西县	7738	4438	3300	5278	3376	1902
惠来县	4815	3042	1773	3679	2537	1142
普宁市	33510	19484	14026	24002	14911	9091
云浮市	**68221**	**40370**	**27851**	**46038**	**30756**	**15282**
云城区	24994	15559	9435	17924	12132	5792
云安区	6081	4080	2001	4164	3163	1001
新兴县	19396	11552	7844	14711	9345	5366
郁南县	5110	2691	2419	2708	1845	863
罗定市	12640	6488	6152	6531	4271	2260

6-10 续表 3

单位：人

现住地	学习培训			随同离开/投亲靠友			拆迁/搬家		
	小计	男	女	小计	男	女	小计	男	女
广　东	**1395385**	**781521**	**613864**	**1785176**	**892687**	**892489**	**339193**	**178343**	**160850**
广州市	**261241**	**141833**	**119408**	**223337**	**110601**	**112736**	**46678**	**22820**	**23858**
荔湾区	7535	4339	3196	15487	7996	7491	4397	2171	2226
越秀区	7124	3327	3797	8765	4199	4566	1896	906	990
海珠区	18207	8982	9225	16275	8176	8099	5996	2963	3033
天河区	42371	22213	20158	22892	11096	11796	4318	1998	2320
白云区	63273	34904	28369	42405	21096	21309	6803	3316	3487
黄埔区	17794	10348	7446	14736	7038	7698	1706	757	949
番禺区	43227	22600	20627	36644	18206	18438	7154	3520	3634
花都区	28197	16136	12061	29140	14744	14396	6861	3414	3447
南沙区	9621	5602	4019	11479	5638	5841	1612	784	828
从化区	8087	4578	3509	3010	1470	1540	1511	804	707
增城区	15805	8804	7001	22504	10942	11562	4424	2187	2237
韶关市	**10335**	**5617**	**4718**	**24824**	**11900**	**12924**	**12511**	**6619**	**5892**
武江区	2938	1605	1333	5948	2886	3062	3154	1674	1480
浈江区	3357	1862	1495	5873	2899	2974	2534	1343	1191
曲江区	1122	602	520	3053	1456	1597	1276	683	593
始兴县	337	175	162	847	409	438	336	184	152
仁化县	486	244	242	1656	793	863	784	427	357
翁源县	258	134	124	979	475	504	267	150	117
乳源瑶族自治县	325	192	133	1023	486	537	207	121	86
新丰县	198	104	94	815	402	413	250	132	118
乐昌市	932	500	432	3078	1365	1713	2539	1277	1262
南雄市	382	199	183	1552	729	823	1164	628	536
深圳市	**408629**	**230728**	**177901**	**394168**	**188580**	**205588**	**21709**	**9962**	**11747**
罗湖区	17492	9649	7843	19911	9288	10623	2157	997	1160
福田区	23260	12676	10584	21232	9663	11569	2801	1217	1584
南山区	33163	18855	14308	38395	17701	20694	2958	1291	1667
宝安区	120754	68073	52681	99648	47871	51777	4002	1848	2154
龙岗区	97256	54645	42611	94606	45688	48918	6013	2831	3182
盐田区	4755	2656	2099	5480	2550	2930	410	184	226
龙华区	60492	34007	26485	59874	28129	31745	2351	1106	1245
坪山区	21263	12455	8808	13792	6699	7093	490	221	269
光明区	30194	17712	12482	41230	20991	20239	527	267	260
珠海市	**52838**	**27167**	**25671**	**60165**	**29452**	**30713**	**9421**	**4882**	**4539**
香洲区	30385	15345	15040	32271	15537	16734	3425	1638	1787
斗门区	6596	3938	2658	15858	7951	7907	3919	2097	1822
金湾区	15857	7884	7973	12036	5964	6072	2077	1147	930
汕头市	**13296**	**7533**	**5763**	**49180**	**25375**	**23805**	**13799**	**7567**	**6232**
龙湖区	2505	1398	1107	9782	4936	4846	2142	1156	986
金平区	3070	1617	1453	11031	5355	5676	4530	2379	2151
濠江区	730	514	216	964	427	537	228	130	98
潮阳区	1859	1064	795	10052	5410	4642	3110	1839	1271
潮南区	1328	749	579	5358	2926	2432	445	255	190
澄海区	3776	2176	1600	11744	6222	5522	3276	1775	1501
南澳县	28	15	13	249	99	150	68	33	35
佛山市	**92319**	**53808**	**38511**	**212176**	**111125**	**101051**	**40432**	**22513**	**17919**
禅城区	7564	4324	3240	19862	10248	9614	3986	2195	1791
南海区	31873	18767	13106	71200	37083	34117	14357	8107	6250
顺德区	38968	22640	16328	93041	49105	43936	16146	8913	7233
三水区	9759	5594	4165	18799	9810	8989	4446	2465	1981
高明区	4155	2483	1672	9274	4879	4395	1497	833	664

6-10　续表 4　　　　单位：人

现住地	学习培训			随同离开/投亲靠友			拆迁/搬家		
	小计	男	女	小计	男	女	小计	男	女
江门市	**47014**	**26771**	**20243**	**96137**	**49472**	**46665**	**42006**	**22805**	**19201**
蓬江区	10559	6039	4520	21865	11371	10494	9383	5103	4280
江海区	4588	2487	2101	15025	7542	7483	4957	2750	2207
新会区	10211	5809	4402	21347	10916	10431	8486	4612	3874
台山市	4095	2271	1824	8146	4081	4065	4066	2170	1896
开平市	7712	4424	3288	13073	6683	6390	7026	3795	3231
鹤山市	8684	5068	3616	14103	7564	6539	5233	2797	2436
恩平市	1165	673	492	2578	1315	1263	2855	1578	1277
湛江市	**13878**	**6989**	**6889**	**14608**	**6910**	**7698**	**6649**	**3456**	**3193**
赤坎区	1904	728	1176	2045	966	1079	1579	836	743
霞山区	2779	1632	1147	3325	1527	1798	1984	1005	979
坡头区	245	136	109	851	391	460	669	336	333
麻章区	5298	2516	2782	890	417	473	219	118	101
遂溪县	402	207	195	1064	506	558	293	154	139
徐闻县	587	336	251	1186	560	626	304	168	136
廉江市	1764	899	865	2776	1317	1459	991	502	489
雷州市	290	171	119	692	343	349	180	94	86
吴川市	609	364	245	1779	883	896	430	243	187
茂名市	**7356**	**3964**	**3392**	**10884**	**5474**	**5410**	**4484**	**2451**	**2033**
茂南区	3347	1840	1507	3187	1600	1587	1072	596	476
电白区	712	397	315	1756	839	917	413	216	197
高州市	1930	949	981	2430	1309	1121	1266	702	564
化州市	907	525	382	1876	907	969	956	484	472
信宜市	460	253	207	1635	819	816	777	453	324
肇庆市	**19160**	**11104**	**8056**	**30634**	**15972**	**14662**	**6694**	**3631**	**3063**
端州区	5877	3377	2500	3132	1585	1547	1646	870	776
鼎湖区	1979	1109	870	2363	1185	1178	802	438	364
高要区	3820	2236	1584	5155	2812	2343	231	130	101
广宁县	294	160	134	496	256	240	138	71	67
怀集县	201	106	95	703	348	355	327	162	165
封开县	203	105	98	772	365	407	279	153	126
德庆县	198	101	97	454	239	215	166	89	77
四会市	6588	3910	2678	17559	9182	8377	3105	1718	1387
惠州市	**75650**	**42560**	**33090**	**125036**	**61878**	**63158**	**28908**	**15419**	**13489**
惠城区	34430	19288	15142	37018	18409	18609	7402	3836	3566
惠阳区	20795	11636	9159	42878	20982	21896	9813	5136	4677
博罗县	15281	8718	6563	24373	12361	12012	4151	2244	1907
惠东县	4471	2534	1937	18603	9055	9548	7032	3909	3123
龙门县	673	384	289	2164	1071	1093	510	294	216
梅州市	**5154**	**2553**	**2601**	**11811**	**5512**	**6299**	**9224**	**4956**	**4268**
梅江区	2237	1008	1229	3209	1449	1760	3063	1681	1382
梅县区	1223	664	559	3904	1807	2097	3212	1765	1447
大埔县	366	198	168	569	264	305	315	144	171
丰顺县	196	100	96	894	439	455	439	219	220
五华县	255	153	102	755	353	402	147	74	73
平远县	226	111	115	591	277	314	674	369	305
蕉岭县	226	115	111	676	325	351	647	351	296
兴宁市	425	204	221	1213	598	615	727	353	374

6-10 续表 5

单位：人

现住地	学习培训			随同离开/投亲靠友			拆迁/搬家		
	小计	男	女	小计	男	女	小计	男	女
汕尾市	**2078**	**1089**	**989**	**14512**	**6344**	**8168**	**7914**	**4611**	**3303**
城　区	528	272	256	2920	1245	1675	2112	1196	916
海丰县	1062	610	452	9609	4238	5371	4612	2756	1856
陆河县	147	76	71	573	258	315	343	197	146
陆丰市	341	131	210	1410	603	807	847	462	385
河源市	**8608**	**4691**	**3917**	**16320**	**7908**	**8412**	**7753**	**4144**	**3609**
源城区	5605	3075	2530	10555	5047	5508	5105	2727	2378
紫金县	519	283	236	1729	857	872	716	379	337
龙川县	678	360	318	1320	674	646	601	316	285
连平县	152	83	69	783	395	388	271	149	122
和平县	224	114	110	479	221	258	194	98	96
东源县	1430	776	654	1454	714	740	866	475	391
阳江市	**5486**	**3083**	**2403**	**14282**	**7126**	**7156**	**11392**	**6230**	**5162**
江城区	2306	1297	1009	5185	2624	2561	5217	2797	2420
阳东区	2325	1316	1009	6210	3086	3124	4072	2339	1733
阳西县	254	145	109	1038	522	516	831	421	410
阳春市	601	325	276	1849	894	955	1272	673	599
清远市	**13402**	**7420**	**5982**	**26252**	**13007**	**13245**	**15463**	**8116**	**7347**
清城区	8735	4830	3905	12923	6582	6341	9972	5214	4758
清新区	1984	1186	798	3855	1978	1877	2126	1151	975
佛冈县	594	322	272	1340	643	697	536	277	259
阳山县	345	169	176	957	456	501	259	132	127
连山壮族瑶族自治县	112	52	60	402	179	223	99	46	53
连南瑶族自治县	88	45	43	200	86	114	62	35	27
英德市	1226	664	562	5511	2593	2918	1965	1036	929
连州市	318	152	166	1064	490	574	444	225	219
东莞市	**254751**	**145330**	**109421**	**295404**	**151152**	**144252**	**23118**	**11818**	**11300**
市辖区	254751	145330	109421	295404	151152	144252	23118	11818	11300
中山市	**86359**	**49422**	**36937**	**123000**	**63361**	**59639**	**21235**	**11056**	**10179**
市辖区	86359	49422	36937	123000	63361	59639	21235	11056	10179
潮州市	**7367**	**4116**	**3251**	**21039**	**10658**	**10381**	**4720**	**2512**	**2208**
湘桥区	2437	1256	1181	4094	2079	2015	2632	1348	1284
潮安区	4736	2760	1976	16399	8306	8093	1926	1085	841
饶平县	194	100	94	546	273	273	162	79	83
揭阳市	**6552**	**3606**	**2946**	**13327**	**6793**	**6534**	**1735**	**958**	**777**
榕城区	1605	905	700	3669	1901	1768	153	100	53
揭东区	2865	1574	1291	4061	2087	1974	247	135	112
揭西县	454	237	217	1011	484	527	110	57	53
惠来县	56	31	25	398	190	208	143	80	63
普宁市	1572	859	713	4188	2131	2057	1082	586	496
云浮市	**3912**	**2137**	**1775**	**8080**	**4087**	**3993**	**3348**	**1817**	**1531**
云城区	1221	678	543	3348	1712	1636	1165	646	519
云安区	763	445	318	569	296	273	109	62	47
新兴县	1079	538	541	1862	953	909	538	289	249
郁南县	262	126	136	761	382	379	350	187	163
罗定市	587	350	237	1540	744	796	1186	633	553

6-10 续表 6

单位：人

现住地	寄挂户口			婚姻嫁娶			照料孙子女		
	小计	男	女	小计	男	女	小计	男	女
广　东	**12827**	**6350**	**6477**	**201384**	**22348**	**179036**	**606756**	**185819**	**420937**
广州市	**1777**	**854**	**923**	**35287**	**5115**	**30172**	**93980**	**30164**	**63816**
荔湾区	146	58	88	2760	343	2417	2944	998	1946
越秀区	111	49	62	2634	440	2194	5453	1911	3542
海珠区	106	57	49	3556	548	3008	5700	1855	3845
天河区	213	103	110	4151	559	3592	13053	4426	8627
白云区	331	156	175	6152	742	5410	15478	4530	10948
黄埔区	117	61	56	2622	298	2324	13843	4266	9577
番禺区	361	182	179	5811	1089	4722	14091	4652	9439
花都区	189	87	102	2570	261	2309	9296	3052	6244
南沙区	44	24	20	1921	535	1386	5308	1627	3681
从化区	59	26	33	885	95	790	737	239	498
增城区	100	51	49	2225	205	2020	8077	2608	5469
韶关市	**230**	**112**	**118**	**6742**	**884**	**5858**	**3805**	**1245**	**2560**
武江区	52	21	31	1311	191	1120	1433	490	943
浈江区	18	11	7	1193	148	1045	810	275	535
曲江区	19	8	11	689	57	632	392	130	262
始兴县	9	6	3	315	63	252	109	34	75
仁化县	21	11	10	589	75	514	240	61	179
翁源县	16	6	10	523	54	469	77	22	55
乳源瑶族自治县	3	1	2	327	65	262	198	65	133
新丰县	42	20	22	401	45	356	65	22	43
乐昌市	23	13	10	881	75	806	367	117	250
南雄市	27	15	12	513	111	402	114	29	85
深圳市	**2167**	**1134**	**1033**	**20767**	**1422**	**19345**	**299143**	**91066**	**208077**
罗湖区	151	75	76	2010	152	1858	15508	5076	10432
福田区	169	79	90	2153	207	1946	25375	8532	16843
南山区	153	72	81	831	60	771	34318	11857	22461
宝安区	482	259	223	5177	263	4914	71286	19874	51412
龙岗区	423	215	208	5696	401	5295	76728	23829	52899
盐田区	20	10	10	325	19	306	3422	1144	2278
龙华区	291	155	136	2632	174	2458	48970	14264	34706
坪山区	114	63	51	870	62	808	9323	2804	6519
光明区	364	206	158	1073	84	989	14213	3686	10527
珠海市	**425**	**227**	**198**	**6776**	**983**	**5793**	**21805**	**7110**	**14695**
香洲区	205	105	100	3848	602	3246	13582	4581	9001
斗门区	90	49	41	1744	219	1525	4075	1276	2799
金湾区	130	73	57	1184	162	1022	4148	1253	2895
汕头市	**266**	**131**	**135**	**3023**	**426**	**2597**	**1407**	**479**	**928**
龙湖区	42	14	28	696	83	613	410	135	275
金平区	43	17	26	807	185	622	303	84	219
濠江区	4	1	3	215	29	186	33	8	25
潮阳区	129	72	57	545	40	505	272	118	154
潮南区	17	9	8	262	17	245	191	84	107
澄海区	30	17	13	395	63	332	193	48	145
南澳县	1	1		103	9	94	5	2	3
佛山市	**1489**	**748**	**741**	**21799**	**3980**	**17819**	**35108**	**11019**	**24089**
禅城区	112	55	57	2610	546	2064	4108	1321	2787
南海区	491	234	257	6522	1289	5233	12990	4110	8880
顺德区	683	358	325	10427	1875	8552	13483	4251	9232
三水区	137	67	70	1468	183	1285	3212	929	2283
高明区	66	34	32	772	87	685	1315	408	907

6-10 续表 7 单位：人

现住地	寄挂户口			婚姻嫁娶			照料孙子女		
	小计	男	女	小计	男	女	小计	男	女
江门市	**441**	**204**	**237**	**7365**	**910**	**6455**	**7556**	**2183**	**5373**
蓬江区	110	48	62	1690	289	1401	2612	850	1762
江海区	37	17	20	774	90	684	1726	516	1210
新会区	111	52	59	1578	169	1409	1027	233	794
台山市	29	12	17	1192	87	1105	376	106	270
开平市	78	43	35	804	73	731	661	160	501
鹤山市	56	26	30	773	170	603	1046	282	764
恩平市	20	6	14	554	32	522	108	36	72
湛江市	**242**	**113**	**129**	**10345**	**397**	**9948**	**2488**	**754**	**1734**
赤坎区	13	6	7	793	81	712	519	167	352
霞山区	35	16	19	1236	127	1109	1153	379	774
坡头区	21	12	9	645	13	632	331	99	232
麻章区	13	7	6	358	13	345	125	30	95
遂溪县	26	13	13	739	15	724	29	6	23
徐闻县	14	8	6	712	32	680	59	13	46
廉江市	67	29	38	3984	48	3936	155	32	123
雷州市	15	6	9	562	16	546	46	11	35
吴川市	38	16	22	1316	52	1264	71	17	54
茂名市	**301**	**138**	**163**	**10741**	**304**	**10437**	**986**	**311**	**675**
茂南区	45	26	19	1794	106	1688	555	174	381
电白区	46	19	27	2930	46	2884	76	21	55
高州市	65	31	34	1412	48	1364	114	36	78
化州市	66	22	44	2560	48	2512	46	13	33
信宜市	79	40	39	2045	56	1989	195	67	128
肇庆市	**194**	**84**	**110**	**3902**	**431**	**3471**	**3045**	**962**	**2083**
端州区	37	19	18	908	204	704	656	218	438
鼎湖区	11	4	7	248	15	233	215	77	138
高要区	20	10	10	347	11	336	217	58	159
广宁县	26	10	16	303	7	296	36	11	25
怀集县	29	11	18	406	5	401	30	6	24
封开县	13	4	9	394	15	379	108	25	83
德庆县	11	3	8	242	14	228	63	16	47
四会市	47	23	24	1054	160	894	1720	551	1169
惠州市	**890**	**438**	**452**	**11782**	**1229**	**10553**	**33892**	**10847**	**23045**
惠城区	322	145	177	4598	561	4037	18515	6052	12463
惠阳区	240	118	122	2725	238	2487	11048	3558	7490
博罗县	201	117	84	1904	216	1688	3499	1032	2467
惠东县	109	52	57	2027	179	1848	725	180	545
龙门县	18	6	12	528	35	493	105	25	80
梅州市	**152**	**76**	**76**	**5821**	**617**	**5204**	**1177**	**414**	**763**
梅江区	19	9	10	818	93	725	290	99	191
梅县区	31	10	21	1202	139	1063	400	145	255
大埔县	9	6	3	502	40	462	112	33	79
丰顺县	26	12	14	474	22	452	56	17	39
五华县	27	17	10	943	71	872	42	13	29
平远县	7	3	4	604	111	493	119	40	79
蕉岭县	6	2	4	421	70	351	67	27	40
兴宁市	27	17	10	857	71	786	91	40	51

6–10　续表 8　　　　单位：人

现住地	寄挂户口			婚姻嫁娶			照料孙子女		
	小计	男	女	小计	男	女	小计	男	女
汕尾市	**155**	**86**	**69**	**2540**	**250**	**2290**	**412**	**129**	**283**
城　区	18	11	7	458	33	425	191	68	123
海丰县	93	55	38	1012	109	903	157	44	113
陆河县	32	17	15	371	53	318	33	9	24
陆丰市	12	3	9	699	55	644	31	8	23
河源市	**175**	**97**	**78**	**4342**	**497**	**3845**	**2724**	**864**	**1860**
源城区	122	64	58	1700	167	1533	2118	663	1455
紫金县	20	13	7	775	59	716	75	21	54
龙川县	12	8	4	714	97	617	198	63	135
连平县	6	4	2	419	58	361	34	12	22
和平县	9	5	4	324	46	278	66	23	43
东源县	6	3	3	410	70	340	233	82	151
阳江市	**171**	**72**	**99**	**3528**	**195**	**3333**	**955**	**272**	**683**
江城区	83	36	47	891	73	818	387	115	272
阳东区	30	12	18	919	60	859	221	50	171
阳西县	26	12	14	609	17	592	59	19	40
阳春市	32	12	20	1109	45	1064	288	88	200
清远市	**322**	**159**	**163**	**6335**	**434**	**5901**	**5417**	**1676**	**3741**
清城区	172	86	86	1502	122	1380	4002	1283	2719
清新区	22	7	15	858	38	820	564	173	391
佛冈县	12	7	5	459	18	441	178	44	134
阳山县	17	8	9	396	16	380	51	11	40
连山壮族瑶族自治县	7	6	1	312	60	252	33	8	25
连南瑶族自治县	4	1	3	91	6	85	37	11	26
英德市	52	24	28	2239	115	2124	463	121	342
连州市	36	20	16	478	59	419	89	25	64
东莞市	**2256**	**1126**	**1130**	**18226**	**1804**	**16422**	**66466**	**18582**	**47884**
市辖区	2256	1126	1130	18226	1804	16422	66466	18582	47884
中山市	**795**	**366**	**429**	**14209**	**1994**	**12215**	**24457**	**7240**	**17217**
市辖区	795	366	429	14209	1994	12215	24457	7240	17217
潮州市	**137**	**62**	**75**	**2201**	**258**	**1943**	**639**	**159**	**480**
湘桥区	13	4	9	487	47	440	145	31	114
潮安区	107	54	53	1087	116	971	471	121	350
饶平县	17	4	13	627	95	532	23	7	16
揭阳市	**140**	**75**	**65**	**2129**	**129**	**2000**	**514**	**125**	**389**
榕城区	29	16	13	361	20	341	139	28	111
揭东区	20	9	11	389	28	361	191	53	138
揭西县	32	16	16	380	25	355	27	8	19
惠来县	15	9	6	176	8	168	11	4	7
普宁市	44	25	19	823	48	775	146	32	114
云浮市	**102**	**48**	**54**	**3524**	**89**	**3435**	**780**	**218**	**562**
云城区	20	11	9	458	21	437	302	90	212
云安区	7	3	4	246	9	237	47	13	34
新兴县	18	9	9	300	13	287	256	74	182
郁南县	25	9	16	700	16	684	53	10	43
罗定市	32	16	16	1820	30	1790	122	31	91

6-10 续表 9

单位：人

现住地	为子女就学			养老/康养			其他		
	小计	男	女	小计	男	女	小计	男	女
广东	**35815**	**9122**	**26693**	**113639**	**45157**	**68482**	**695354**	**371271**	**324083**
广州市	**5397**	**1680**	**3717**	**17505**	**6966**	**10539**	**120370**	**64140**	**56230**
荔湾区	182	61	121	494	193	301	7434	4283	3151
越秀区	263	105	158	782	308	474	4367	2152	2215
海珠区	294	106	188	1028	395	633	7443	3873	3570
天河区	650	198	452	2486	958	1528	14407	7567	6840
白云区	1338	398	940	3125	1186	1939	30991	16718	14273
黄埔区	578	141	437	1281	516	765	9191	4823	4368
番禺区	675	215	460	3839	1561	2278	17564	9094	8470
花都区	469	141	328	1583	651	932	16385	8931	7454
南沙区	206	48	158	1084	466	618	4233	2233	2000
从化区	64	18	46	272	105	167	1163	635	528
增城区	678	249	429	1531	627	904	7192	3831	3361
韶关市	**586**	**166**	**420**	**1108**	**454**	**654**	**4492**	**2477**	**2015**
武江区	89	20	69	303	117	186	1133	607	526
浈江区	73	26	47	267	110	157	897	491	406
曲江区	74	17	57	120	53	67	582	326	256
始兴县	29	12	17	32	11	21	179	89	90
仁化县	55	18	37	95	36	59	279	160	119
翁源县	27	4	23	31	17	14	260	152	108
乳源瑶族自治县	27	12	15	51	18	33	271	170	101
新丰县	15	4	11	14	7	7	233	140	93
乐昌市	153	43	110	170	76	94	365	183	182
南雄市	44	10	34	25	9	16	293	159	134
深圳市	**11091**	**1937**	**9154**	**41002**	**15662**	**25340**	**152938**	**76961**	**75977**
罗湖区	672	169	503	3466	1318	2148	10771	5167	5604
福田区	1068	286	782	5513	2024	3489	11956	5544	6412
南山区	351	58	293	5000	1909	3091	7130	3723	3407
宝安区	3345	453	2892	7918	2987	4931	46676	24036	22640
龙岗区	2599	475	2124	10827	4199	6628	41415	20848	20567
盐田区	140	34	106	615	242	373	1099	519	580
龙华区	1652	270	1382	5208	2043	3165	20011	9891	10120
坪山区	407	69	338	927	349	578	6103	3206	2897
光明区	857	123	734	1528	591	937	7777	4027	3750
珠海市	**1491**	**458**	**1033**	**7153**	**2951**	**4202**	**16928**	**8906**	**8022**
香洲区	1044	330	714	4537	1844	2693	10160	5269	4891
斗门区	220	73	147	1242	534	708	2818	1502	1316
金湾区	227	55	172	1374	573	801	3950	2135	1815
汕头市	**280**	**90**	**190**	**406**	**169**	**237**	**22971**	**13189**	**9782**
龙湖区	57	18	39	111	43	68	2581	1473	1108
金平区	49	11	38	92	41	51	1902	1044	858
濠江区	10	2	8	10	4	6	230	149	81
潮阳区	59	29	30	52	24	28	10501	6040	4461
潮南区	28	7	21	77	35	42	3769	2210	1559
澄海区	76	23	53	61	20	41	3790	2172	1618
南澳县	1		1	3	2	1	198	101	97
佛山市	**2169**	**817**	**1352**	**7913**	**3197**	**4716**	**51717**	**28584**	**23133**
禅城区	211	77	134	818	337	481	6608	3776	2832
南海区	1002	387	615	3163	1306	1857	24917	13608	11309
顺德区	586	216	370	3022	1190	1832	14213	7762	6451
三水区	301	109	192	692	277	415	3619	2059	1560
高明区	69	28	41	218	87	131	2360	1379	981

6-10 续表 10 单位：人

现住地	为子女就学			养老/康养			其他		
	小计	男	女	小计	男	女	小计	男	女
江门市	**663**	**259**	**404**	**1570**	**634**	**936**	**18900**	**10416**	**8484**
蓬江区	183	78	105	688	286	402	3884	2147	1737
江海区	131	54	77	253	103	150	1861	1022	839
新会区	110	41	69	222	72	150	3786	2133	1653
台山市	42	12	30	99	41	58	3372	1843	1529
开平市	70	17	53	138	58	80	2771	1502	1269
鹤山市	116	56	60	146	67	79	2534	1382	1152
恩平市	11	1	10	24	7	17	692	387	305
湛江市	**379**	**98**	**281**	**776**	**321**	**455**	**6054**	**3170**	**2884**
赤坎区	82	25	57	159	66	93	1238	642	596
霞山区	87	33	54	226	89	137	1298	700	598
坡头区	36	8	28	59	26	33	573	306	267
麻章区	24	9	15	40	14	26	354	190	164
遂溪县	12	5	7	23	13	10	351	176	175
徐闻县	16	3	13	84	34	50	611	330	281
廉江市	78	11	67	88	36	52	914	444	470
雷州市	14	1	13	53	22	31	350	203	147
吴川市	30	3	27	44	21	23	365	179	186
茂名市	**299**	**83**	**216**	**875**	**470**	**405**	**4217**	**2153**	**2064**
茂南区	67	26	41	228	106	122	1361	691	670
电白区	45	10	35	54	32	22	514	257	257
高州市	48	21	27	131	71	60	1060	570	490
化州市	59	10	49	45	23	22	762	373	389
信宜市	80	16	64	417	238	179	520	262	258
肇庆市	**413**	**161**	**252**	**627**	**260**	**367**	**8177**	**4609**	**3568**
端州区	132	57	75	172	65	107	2206	1205	1001
鼎湖区	53	19	34	55	24	31	343	213	130
高要区	59	23	36	37	13	24	1462	850	612
广宁县	17	3	14	17	9	8	648	412	236
怀集县	19	11	8	9	5	4	396	224	172
封开县	8	2	6	13	5	8	337	185	152
德庆县	16	6	10	18	9	9	210	106	104
四会市	109	40	69	306	130	176	2575	1414	1161
惠州市	**3340**	**954**	**2386**	**10516**	**4333**	**6183**	**49166**	**26624**	**22542**
惠城区	1443	360	1083	4404	1769	2635	18615	10087	8528
惠阳区	1377	472	905	4727	2018	2709	17541	9431	8110
博罗县	351	80	271	715	281	434	8472	4681	3791
惠东县	137	35	102	647	253	394	3648	1932	1716
龙门县	32	7	25	23	12	11	890	493	397
梅州市	**378**	**105**	**273**	**821**	**393**	**428**	**4310**	**2360**	**1950**
梅江区	56	15	41	203	85	118	1170	613	557
梅县区	122	41	81	178	72	106	959	551	408
大埔县	73	16	57	67	38	29	306	160	146
丰顺县	7	2	5	22	9	13	396	213	183
五华县	14		14	53	32	21	503	284	219
平远县	34	11	23	52	27	25	178	92	86
蕉岭县	14	3	11	62	26	36	299	168	131
兴宁市	58	17	41	184	104	80	499	279	220

6-10 续表 11 单位：人

现住地	为子女就学			养老/康养			其他		
	小计	男	女	小计	男	女	小计	男	女
汕尾市	**55**	**13**	**42**	**225**	**100**	**125**	**6666**	**3799**	**2867**
城　区	19	6	13	67	26	41	1571	832	739
海丰县	19	2	17	102	46	56	4272	2486	1786
陆河县	8	4	4	30	16	14	239	147	92
陆丰市	9	1	8	26	12	14	584	334	250
河源市	**485**	**125**	**360**	**420**	**179**	**241**	**5428**	**2928**	**2500**
源城区	245	68	177	297	118	179	2972	1578	1394
紫金县	23	5	18	32	14	18	645	359	286
龙川县	111	22	89	30	14	16	670	350	320
连平县	6	2	4	10	8	2	250	139	111
和平县	37	8	29	19	11	8	229	121	108
东源县	63	20	43	32	14	18	662	381	281
阳江市	**104**	**33**	**71**	**212**	**87**	**125**	**4024**	**2184**	**1840**
江城区	53	19	34	75	27	48	1836	986	850
阳东区	12	6	6	61	25	36	1207	699	508
阳西县	14	3	11	11	5	6	403	210	193
阳春市	25	5	20	65	30	35	578	289	289
清远市	**1409**	**419**	**990**	**1695**	**724**	**971**	**6036**	**3152**	**2884**
清城区	1062	343	719	1307	562	745	3437	1815	1622
清新区	133	28	105	202	84	118	747	366	381
佛冈县	35	11	24	47	20	27	384	198	186
阳山县	37	6	31	15	8	7	191	102	89
连山壮族瑶族自治县	15	4	11	12	4	8	91	44	47
连南瑶族自治县	6	3	3	9	4	5	30	19	11
英德市	84	17	67	75	28	47	904	493	411
连州市	37	7	30	28	14	14	252	115	137
东莞市	**5173**	**1099**	**4074**	**12987**	**5078**	**7909**	**160278**	**87062**	**73216**
市辖区	5173	1099	4074	12987	5078	7909	160278	87062	73216
中山市	**1728**	**541**	**1187**	**7364**	**2964**	**4400**	**41214**	**22195**	**19019**
市辖区	1728	541	1187	7364	2964	4400	41214	22195	19019
潮州市	**98**	**20**	**78**	**157**	**72**	**85**	**4598**	**2575**	**2023**
湘桥区	37	13	24	68	32	36	918	507	411
潮安区	46	7	39	68	29	39	3451	1948	1503
饶平县	15		15	21	11	10	229	120	109
揭阳市	**153**	**35**	**118**	**96**	**46**	**50**	**4768**	**2695**	**2073**
榕城区	32	6	26	15	9	6	1341	786	555
揭东区	69	16	53	14	6	8	1110	643	467
揭西县	29	8	21	20	10	10	397	217	180
惠来县	2	1	1	3	1	2	332	181	151
普宁市	21	4	17	44	20	24	1588	868	720
云浮市	**124**	**29**	**95**	**211**	**97**	**114**	**2102**	**1092**	**1010**
云城区	36	7	29	49	15	34	471	247	224
云安区	9	1	8	6	3	3	161	85	76
新兴县	22	7	15	34	13	21	576	311	265
郁南县	16	3	13	15	10	5	220	103	117
罗定市	41	11	30	107	56	51	674	346	328